U0936935

珍藏本·增订本

纪念版

汉译世界学术名著丛书

政治经济学原理

及其在社会哲学上的若干应用

〔英〕约翰·穆勒　著

上　卷

赵荣潜　桑炳彦　朱泱　胡企林　译

胡企林　朱泱　校

下　卷

胡企林　朱泱　译

John Stuart Mill
PRINCIPLES OF POLITICAL ECONOMY
With
Some of Their Applications to
Social Philosophy
Vol. I
The Colonial Press 1900
本书根据美国殖民出版社 1900 年版译出

汉译世界学术名著丛书
（120 年纪念版·珍藏本）
增订本出版说明

2017 年 10 月，为纪念商务印书馆创立 120 周年，本馆推出“汉译世界学术名著丛书”（120 年纪念版·珍藏本），计七百种。近五六年来，仰赖学界同人倾力支持，订正旧译，增补新译，拓展新著，积累日多。为满足读者需要，本馆在七百种的基础上，继续推出“汉译世界学术名著丛书”（120 年纪念版·珍藏本·增订本）三百种。至此，“汉译世界学术名著丛书”累计出版已达千种。

今后，本馆将继续推进丛书的翻译出版工作，在积累单本名著的基础上陆续分辑刊行，汇印出版。为促进中外文明互鉴、推动我国学术发展，使“汉译世界学术名著丛书”这项对我国学术文化有基本建设意义的重大工程发挥更大作用，诚望海内外学术界、翻译界继续给予支持，帮助我们把这套丛书出得更好。

商务印书馆编辑部

2024 年 2 月

汉译世界学术名著丛书
（120年纪念版·珍藏本）
出版说明

2017年2月11日，商务印书馆迎来120岁的生日。120年前，商务印书馆前贤怀揣文化救国的理想，抱持“昌明教育，开启民智”的使命，立足本土，放眼寰宇，以出版为津梁，沟通中西，为中国、为世界提供最富智慧的思想文化成果。无论世事白云苍狗，潮流左右激荡，甚至战火硝烟弥漫，始终践行学术报国之志，无改初心。

迻译世界各国学术名著，即其一端。早在20世纪初年便出版《原富》《天演论》等影响至今的代表性著作，1950年代后更致力于外国哲学和社会科学经典的译介，及至1980年代，辑为“汉译世界学术名著丛书”，汇涓为流，蔚为大观。丛书自1981年开始出版，历时三十余年，迄今已推出七百种，是我国现代出版史上规模最大、最为重要的学术翻译工程。

丛书所选之书，立场观点不囿于一派，学科领域不限于一门，皆为文明开启以来，各时代、各国家、各民族的思想与文化精粹，代表着人类已经到达过的精神境界。丛书系统译介世界学术经典，引领时代思想，为本土原创学术的发展提供丰富的文化滋养，为推动中国现代学术和现代化进程做出了突出的贡献。

为纪念商务印书馆成立120周年，我们整体推出“汉译世界学术名著丛书”120年纪念版的珍藏本，寄望既利于文化积累，又便于研读查考，同时向长期支持丛书出版的译者、编者和读者致以敬意。

两甲子后的今天，商务印书馆又站在了一个新的历史时间节点上。我们不仅要铭记先辈的身影和足迹，更须让我们的步伐充满新的时代精神。这是商务人代代相传的事业，更是与国家和民族的命运始终紧密相连的事业。我们责无旁贷，必须做好我们这代人的传承与创造，让我们的努力和成果不仅凝聚成民族文化的记忆，还能成为后来人可以接续的事业。唯此，才能不负前贤，无愧来者。

商务印书馆编辑部

2017年10月

中译本序言

陈岱孙

约翰·斯图亚特·穆勒(1806—1873年),在1848年发表了他名世的经济学著作《政治经济学原理——及其在社会哲学上的若干应用》(以下简称《原理》)。

西方一些经济学家吹捧《原理》为19世纪下半期西方国家一本无可争议的经济学的圣经。可以不同意这一说法;但不能否认,直至19世纪末年,这本书一直是英、美等讲英语国家的大学初级经济学课程的基础教科书。19世纪70年代兴起的所谓"边际主义革命"对这本书中的基本原理提出了挑战,严重地动摇了它的权威地位。但只是在1890年,马歇尔的《经济学原理》出版之后,它的地位才完全为后者所代替。

穆勒自认为《原理》只是祖述亚当·斯密和大卫·李嘉图经济理论的著作。在本书导言中,他说,他的目的只是在于写一本适应现在时代更广泛的知识和新进的思想的"现代《国富论》"。对于李嘉图,穆勒认为他只是对李嘉图的学说作一些补充或引申。在他写给一位友人的信中,他说,"我怀疑在这本书中,有任何一个思想不表现为来自他(李嘉图)的学说的推论"。后来的西方经济学者不完全承认这个说法。他们认为,虽然《原理》的确祖述了斯密的《国富论》和李嘉图的《原理》,但恰恰是在结合现代广泛的知识和新进的思想对旧理论加以补充、引申时，穆勒提出了许多他自己的意见。然而，他们却也不能不承认穆勒的意见实际上是折衷主义的综合物。在《原理》中，混合了斯密和李嘉图古典的和以后种种反古典的经济思想。

经济理论的调和折衷主义是公认的穆勒《原理》的特征。追随者认为，这一特征标志着《原理》作为一承前启后的著作，总结了从亚当·斯密起到19世纪中叶大半个世纪西方经济学发展的过程，奠定了政治经济学的完整体系。而批判者则认为，穆勒的调和折衷主义只是资产阶级经济学破产的宣告。

追随者和批判者在论证穆勒的折衷主义特征时，似乎都忽略了《原理》中也应该作为折衷主义一部分内容的、结合理论分析和政策结论二者矛盾的调和论。也许只是为简便起见，我们都称这本书为《政治经济学原理》，而略去实际上很重要的“及其在社会哲学上的若干应用”的副标题。而恰恰是这个副标题意味着穆勒在写本书时力图把经济学从李嘉图以次的英国经济学家们的教条精神中拯救出来；在经济理论分析中注入大量的对人类福利的关注和容忍的精神；从而对他先前所服膺的边沁的功利主义和以之为社会哲学基础的李嘉图经济学，作了修正。这一新立场部分是受浪漫主义者的影响，但更多地源于英法早期的社会主义者。《原理》是在这一转变之后的产物。写于1829—1831年间的《略论政治经济学的某些有待解决的问题》一书不具有这个特征，而表现为基本上与李嘉图相同的观点，就是一明证。

穆勒并没有完全放弃功利主义，也没有对竞争的资本主义制度的优越失去信心。但他理解到社会现象的复杂性，对于利己主义的自发功利作用发生怀疑。于是在《原理》中就出现了接受对现行制度的某些改革的主张，甚至容忍这些改革所可能带来的政府对于私人经济行为的干预。这种对经济理论和政策的新看法自然形成英国经济界主流的传统。我们可以在这个意义上，来理解穆勒之所以自认为《原理》只期待着成为一本"现代《国富论》"的含义和半个世纪之后出现的马歇尔的《经济学原理》可以看作穆勒《原理》的后继者的论断。我们甚至可以说，这个经济思想传统仍然存留于今日的英国经济学界。因此，在今日，《原理》不但是一本有历史意义的书，而且由于在一种思想体系传统的发展中处于承前启后的关键地位，它对于了解眼前国外经济学界的发展还具有某种启迪的作用。

1990 年 6 月

目　　录

[上卷]

特别导言……………………………… 亚瑟·T. 哈德利 1
穆勒序言……………………………………………… 7
绪论 ………………………………………………… 13

第一编　生产

第一章　论生产要素 ………………………………… 36
　第一节　何谓生产要素 …………………………… 36
　第二节　给劳动的作用下定义 …………………… 37
　第三节　自然力是否在某些行业中比在另一些行业中更有助于提高劳动效率？ …………………… 40
　第四节　有些自然要素的数量是有限的，另一些自然要素的数量则实际上是无限的 …………………… 41
第二章　论作为生产要素的劳动 …………………… 43
　第一节　劳动或是直接用于所生产的物品，或是用于生产的预备性作业 ……………………………… 43
　第二节　用于生产随后劳动所需口粮的劳动 …… 45
　第三节　用于生产原料的劳动 …………………… 47
　第四节　用于制造工具的劳动 …………………… 49
　第五节　用于保护劳动的劳动 …………………… 51
　第六节　用于产品运输和分配的劳动 …………… 52
　第七节　与人有关的劳动 ………………………… 54

第八节　发现和发明的劳动 …………………………… 56
第九节　农业上、工业上和商业上的劳动………………… 57
第三章　论非生产性劳动 ……………………………… 60
第一节　劳动生产的不是物品，而是效用………………… 60
第二节　效用分成三种 ……………………………… 62
第三节　所谓生产性劳动，是指产生固定和体现在物体中的效用的劳动 ……………………………… 63
第四节　所有其他劳动，不论多么有用，都归入非生产性劳动类 ……………………………… 66
第五节　生产性消费和非生产性消费 ………………… 69
第六节　为生产性消费供给物品的劳动和为非生产性消费供给物品的劳动 ……………………………… 70
第四章　论资本 ……………………………………… 72
第一节　资本是拨出来运用于再生产的财富 ………… 72
第二节　指定用于生产的资本要多于生产中实际使用的资本 ……………………………… 75
第三节　考察某些可以说明资本概念的实例 ………… 77
第五章　关于资本的基本命题 ………………………… 82
第一节　劳动受资本的限制 ………………………… 82
第二节　但劳动并非总是达到资本设置的限度 ……… 84
第三节　资本的增加可以使更多的劳动得到雇用，而且这没有明确的限度 ……………………………… 85
第四节　资本是节省的结果 ………………………… 88
第五节　资本都是要消费掉的 ……………………… 90
第六节　资本不是靠保存，而是靠不断再生产积累起来的 ……………………………… 94
第七节　为何国家会迅速从灾难状态恢复过来 ……… 95
第八节　用公债支付政府开支的后果 ………………… 96

第九节　对商品的需求并非对劳动的需求…………… 100
第十节　关于征税的谬误…………………………… 110
第六章　论流动资本和固定资本……………………… 113
第一节　固定资本和流动资本的含义……………… 113
第二节　在牺牲流动资本的情况下增加固定资本，对劳动者可能是有害的……………………………… 116
第三节　但这种情况很少发生……………………… 119
第七章　论决定生产要素生产力程度的原因………… 123
第一节　土地、劳动和资本在不同的时间地点具有不同的生产力……………………………………… 123
第二节　生产力较高的原因。有利的自然条件…… 124
第三节　较大的劳动干劲…………………………… 126
第四节　较高的技能和知识………………………… 128
第五节　整个社会的知识水平和相互信任程度较高……… 130
第六节　较高的安全感……………………………… 135
第八章　论合作或劳动的联合………………………… 138
第一节　劳动联合是生产力较高的一个主要原因……… 138
第二节　分工的作用………………………………… 140
第三节　城镇和乡村间劳动的联合………………… 143
第四节　较高程度的职业划分……………………… 145
第五节　试析分工带来的利益……………………… 146
第六节　分工受到的限制…………………………… 153
第九章　论大规模生产和小规模生产………………… 155
第一节　制造业中大规模生产方法带来的好处…… 155
第二节　合股原则的优点和缺点…………………… 160
第三节　大规模生产所需的条件…………………… 165

第四节　大面积耕作和小面积耕作之比较…………………… 167
第十章　论劳动增加规律………………………………………… 179
第一节　生产增加规律取决于劳动、资本和土地三要素增加的规律………………………………………………… 179
第二节　人口规律………………………………………………… 180
第三节　人口的增长实际上受哪些抑制因素的限制……… 182
第十一章　论资本增加规律…………………………………… 187
第一节　节约的手段和动机取决于什么……………………… 187
第二节　造成积累欲望的实际强度参差不一的原因……… 189
第三节　积累欲望不强烈的例证……………………………… 191
第四节　积累欲望过强的例证………………………………… 198
第十二章　论土地与生产增加规律的关系…………………… 201
第一节　有限的土地数量及其有限的生产力，是对生产的真正限制…………………………………………………… 201
第二节　土地生产规律，即随着所使用的劳动和资本的增加而报酬递减的规律…………………………………… 202
第三节　抵消报酬递减规律的因素；生产技术的进步 …… 206
第十三章　前述规律的后果…………………………………… 215
第一节　当生产是因积累欲望不足而受到限制时的补救办法………………………………………………………… 215
第二节　并非仅仅在财产不平等的国家有必要限制人口 … 216
第三节　即使在粮食进出口方面实行自由贸易，也必须限制人口……………………………………………………… 220
第四节　即使向外国移民，一般说来也必须限制人口 …… 223

第二编　分配

第一章　论所有制……………………………………………… 226
第一节　绪言……………………………………………………… 226

第二节　问题的提出…………………………………… 228
第三节　对共产主义的考察…………………………… 231
第四节　对圣西门主义和傅立叶主义的考察………… 238
第二章　续论所有制………………………………………… 244
第一节　私有制意味着可按契约自由取得财产……… 244
第二节　规定的合法性………………………………… 246
第三节　私有制还包含遗赠权,但不包含继承权;继承问题的考察………………………………………… 247
第四节　应否对遗赠权有所限制,如何限制？……………… 252
第五节　土地所有权的根据不同于动产所有权的根据…… 256
第六节　土地所有权只有在某些条件下才是有效的,但这些条件不是总能实现的。对有关所有权的各种限制条件的考察………………………………………… 258
第七节　所有权的滥用………………………………… 263
第三章　论获得产品分配的各阶级…………………………… 265
第一节　有时产品由三个阶级分享…………………… 265
第二节　有时产品全部归于一个阶级………………… 266
第三节　有时产品分属于两个阶级…………………… 267
第四章　论竞争和习惯……………………………………… 270
第一节　竞争并非产品分配的惟一调节者…………… 270
第二节　习惯对地租和土地租佃的影响……………… 271
第三节　习惯对价格的影响…………………………… 274
第五章　论奴隶制…………………………………………… 277
第一节　从奴隶状况来看奴隶制……………………… 277
第二节　从生产状况来看奴隶制……………………… 279
第三节　从奴隶所有者的利害关系来看奴隶解放…… 281
第六章　论自耕农…………………………………………… 284
第一节　英国和欧洲大陆对自耕农制度的不同看法……… 284

第二节　关于瑞士自耕农制度的证词……………… 286
第三节　关于挪威自耕农制度的证词……………… 291
第四节　关于德国自耕农制度的证词……………… 295
第五节　关于比利时自耕农制度的证词…………… 300
第六节　关于英法海峡群岛自耕农制度的证词…… 306
第七节　关于法国自耕农制度的证词……………… 308
第七章　续论自耕农…………………………………… 314
第一节　自耕农制度对劳动积极性的促进作用…… 314
第二节　自耕农制度具有锻炼才智的作用………… 316
第三节　自耕农制度具有促使人们深谋远虑和自我控制的作用…………………………………… 318
第四节　自耕农制度对人口的影响………………… 319
第五节　自耕农制度对土地细分的影响…………… 329
第八章　论分益佃农…………………………………… 335
第一节　分益佃农制度的性质及其种类…………… 335
第二节　分益佃农制度的优缺点…………………… 337
第三节　有关各国分益佃农制度所起作用的例证… 340
第四节　废除分益佃农制度是否合乎需要？……… 351
第九章　论投标佃农…………………………………… 354
第一节　投标佃农制度的性质和作用……………… 354
第二节　在人口过多的国家内，实行这一制度的必然结果是名义地租的产生…………………… 357
第三节　这种名义地租是同勤勉、节俭或节制人口不协调的……………………………………… 360
第四节　印度的租佃制度…………………………… 361
第十章　废除投标佃农制度的方法…………………… 366
第一节　爱尔兰投标佃农应当转变为自耕农……… 366
第二节　这一问题的现状…………………………… 374

第十一章　论工资…………………………………………… 380
第一节　工资取决于对劳动的需求和供给，换句话说，取决于人口和资本………………………… 380
第二节　关于工资的若干通俗见解的检讨……………… 381
第三节　除少数情况以外，高工资是以限制人口为前提的 … 387
第四节　人口的限制在某些情况下是由法律规定的……… 391
第五节　人口的限制在其他情况下是特殊习惯的结果…… 394
第六节　适度的人口限制是劳动阶级的惟一保障………… 396
第十二章　论补偿低工资的一般方法……………………… 401
第一节　由法律或习惯决定工资的最低限额，并保证就业 … 401
第二节　这种最低工资限额及就业保证，其必要的条件是用法律限制人口………………………… 403
第三节　用以补足工资的各种津贴……………………… 408
第四节　租地分配制度…………………………………… 410
第十三章　再论补偿低工资的方法………………………… 416
第一节　人口问题舆论的有害方向……………………… 416
第二节　希望改善的根据………………………………… 419
第三节　改善劳动人民习惯的两种相互有关的方法之一——教育………………………………………… 425
第四节　改善劳动人民习惯的两种相互有关的方法之二——通过国外和国内的殖民（移民），予以大规模的直接救济…………………………………… 426
第十四章　论工资因职业而异……………………………… 430
第一节　工资因各种职业的引诱力不同而不同………… 430
第二节　由自然的垄断产生的工资差别………………… 436
第三节　接受补助金的人们在参加竞争时对工资的影响 … 440
第四节　有独立生活来源者参加竞争时对工资的影响…… 443
第五节　妇女的工资何以低于男子……………………… 447

第六节　由限制性法律和团体组织造成的工资差别……… 449
第七节　关于工资取决于习惯的各种情况……………………… 450
第十五章　论利润…………………………………………………… 452
第一节　利润可分解为三部分,即利息、保险费和监督工资…………………………………………………………… 452
第二节　利润的最低限度以及这一限度的变动…………… 455
第三节　利润因事业性质的不同而不同……………………… 457
第四节　利润均等化的一般倾向………………………………… 458
第五节　利润既不取决于价格,也不取决于购买和销售 … 464
第六节　资本家的垫款,最终是由劳动工资构成的 ……… 466
第七节　利润率决定于劳动费用………………………………… 468
第十六章　论地租…………………………………………………… 472
第一节　地租是自然垄断的结果………………………………… 472
第二节　某种质量或位置的土地,如果其数量不少于需求,这样的土地就不能产生地租…………………………… 473
第三节　某一土地的地租由其收获超过已耕作的最劣等土地的收获的部分构成…………………………………… 476
第四节　或者由超过在最不利情况下使用的资本的报酬的部分构成…………………………………………………… 478
第五节　投于土地的资本,其报酬是地租还是利润? …… 481
第六节　地租不在农业生产物的生产费用之内…………… 486

第三编　交换

第一章　论价值……………………………………………………… 490
第一节　绪言………………………………………………………… 490
第二节　使用价值、交换价值和价格的定义 ……………… 492
第三节　一般购买力是指什么…………………………………… 493
第四节　价值是一个相对的术语。价值的一般上升或下降

是一种自相矛盾的说法 …… 495
第五节 价值法则在应用于零售交易时应如何修改 …… 497
第二章 论需求和供给,以及它们与价值的关系 …… 499
第一节 价值的两个条件:效用和获得的困难 …… 499
第二节 获得商品的三种困难 …… 502
第三节 数量绝对有限的商品 …… 503
第四节 这类商品的价值法则及其需求和供给的方程式 …… 505
第五节 受上述法则制约的各种情况 …… 507
第三章 论生产费用及其与价值的关系 …… 510
第一节 不增加费用就能无限增加的各种商品,它们的价值法则,生产费用 …… 510
第二节 这个法则由于供给的可能变动(而不是实际的变动)而发生作用 …… 513
第四章 对生产费用的最后分析 …… 517
第一节 生产费用的主要组成部分——劳动数量 …… 517
第二节 工资不是生产费用的组成部分 …… 519
第三节 但是,当工资因行业不同而有所不同时,则另当别论 …… 521
第四节 就利润因行业不同而有所不同而言,利润是生产费用的组成部分 …… 522
第五节 就利润延续的时间长短不一而言,利润是生产费用的组成部分 …… 524
第六节 生产费用的偶然组成部分:赋税以及原料的稀缺性价值 …… 528
第五章 论地租与价值的关系 …… 532
第一节 在增加生产费用的条件下可以无限增加的商品。这种商品的价值法则,及其在现有最为不利的条件下的生产费用 …… 532

第二节　在较为有利的条件下生产出来的这类商品，会产生地租；这种地租等于生产费用的差额 ………… 535
第三节　矿山和渔场的租金以及建筑物的地租………… 538
第四节　类似地租的额外利润………………………… 541

［下卷］

第六章　价值理论概要 …………………………………… 544
第一节　价值理论要点概述 ……………………………… 544
第二节　价值理论在劳动者自耕自给的情况下有何修正 … 546
第三节　价值理论在奴隶劳动的情况下有何修正 ……… 548
第七章　论货币 …………………………………………… 550
第一节　流通媒介的目的 ………………………………… 550
第二节　金银为什么适合于流通媒介的各种目的 ……… 552
第三节　货币只是便利交换的工具，对价值法则并无影响 … 554
第八章　论货币的价值取决于需求和供给 ……………… 557
第一节　货币的价值是一暧昧的用语 …………………… 557
第二节　货币的价值在其他条件不变的情况下取决于其数量…… 558
第三节　货币的价值还取决于流通速度 ………………… 563
第四节　上述原理的说明和所受的限制 ………………… 565
第九章　论货币的价值取决于生产费用 ………………… 569
第一节　在自由状态下，货币的价值与其所包含的金银块的价值相一致 ……………………………………… 569
第二节　金银块的价值由生产费用决定 ………………… 572
第三节　上述法则与前一章提出的原理具有什么样的关系 … 574
第十章　论复本位制及辅币 ……………………………… 578
第一节　复本位制的缺点 ………………………………… 578
第二节　以两种金属作为货币，但不使二者皆成为法定

货币,情况又将如何 …… 580
第十一章 论作为货币的替代物的信用 …… 582
第一节 信用不是生产手段的创造,而是它的转移 …… 582
第二节 信用如何帮助生产 …… 583
第三节 信用具有减少使用货币的作用 …… 586
第四节 汇票 …… 587
第五节 本票 …… 592
第六节 存款和支票 …… 593
第十二章 信用对价格的影响 …… 596
第一节 钞票、汇票和支票对价格的影响,是信用的影响的一部分 …… 596
第二节 信用同货币一样是购买力 …… 597
第三节 信用急剧扩大和收缩的结果;对商业恐慌现象的分析 …… 599
第四节 影响价格的手段,票据比账面信用更为有力,钞票比票据更为有力 …… 604
第五节 账面信用、票据和钞票之间的上述区别实际上并不重要 …… 607
第六节 支票同钞票一样,是影响价格的有力手段 …… 612
第七节 钞票是货币吗? …… 614
第八节 在钞票和其他信用形式之间,不存在种类上的区别 …… 616
第十三章 论不兑现纸币 …… 619
第一节 不兑现纸币的价值取决于其数量,是可以随意调节的 …… 619
第二节 不兑现纸币如由金银块的价格调节,也许是安全的,但不方便 …… 622
第三节 考察不兑现货币如果代表现实财产就是安全的这一学说 …… 624
第四节 考察增加通货可以促进产业发展这一学说 …… 627
第五节 通货贬值是对社会的课税,是对债权人的欺骗 …… 629

第六节　考察进行这种欺骗的某些口实 …………………… 631
第十四章　论供给过剩 ………………………………… 635
第一节　在一般情况下，商品会供给过剩吗？ ………… 635
第二节　商品的供给一般不会超过购买力 …………… 637
第三节　商品的供给一般从不超过消费意愿 ………… 638
第四节　一般供给过剩概念的起源和说明 …………… 640
第十五章　论价值的尺度 ……………………………… 644
第一节　交换价值的尺度，在什么意义上说是可能的 ……… 644
第二节　生产费用的尺度 ……………………………… 646
第十六章　论价值的若干特殊情形 …………………… 650
第一节　具有连带生产费用的商品的价值 …………… 650
第二节　不同种类的农产品的价值 …………………… 653
第十七章　论国际贸易 ………………………………… 656
第一节　生产费用不是国际价值的决定者 …………… 656
第二节　远地之间的商品交换并非取决于商品绝对生产费用的不同，而是取决于商品比较生产费用的不同 …… 658
第三节　通商的直接利益在于增加世界上各种生产力的效率 …… 661
第四节　通商的直接利益不在于输出品有销路或商人有利得 …… 662
第五节　通商在经济上和道德上的间接利益，比直接利益更大 … 664
第十八章　论国际价值 ………………………………… 667
第一节　输入商品的价值取决于国际交换的条件 ………… 667
第二节　国际交换的条件取决于国际需求方程式 ………… 669
第三节　运输费用对国际价值的影响 ………………… 674
第四节　适用于两国之间和两种商品之间的价值法则，在许多国家之间、许多商品之间也适用 ………… 675
第五节　生产上的改进对国际价值的影响 …………… 679
第六节　上述理论并不完整 …………………………… 683
第七节　国际价值不仅取决于需求量，而且也取决于各国

可以为供应外国市场而加以利用的生产手段 …… 685
第八节 实际结果几乎不受上述后一因素的影响 ………… 690
第九节 一国输入品的费用，取决于哪些因素 ………… 693
第十九章 论作为输入品的货币 ………………………… 697
第一节 货币以两种方式输入，一是当作商品，一是当作交换媒介 ……………………………… 697
第二节 货币作为一种商品输入时，依循同其他输入品一样的价值法则 ………………………… 698
第三节 货币的价值并不完全取决于其在矿山的生产费用 … 701
第二十章 论国外汇兑 ………………………………… 703
第一节 货币作为交换媒介由一国流至另一国的目的 …… 703
第二节 汇兑是如何调整国际收支的 …………………… 704
第三节 有的汇兑可以自行调整，有的汇兑只能通过价格来调整，这两者之间的区别 ………………… 709
第二十一章 论贵金属在商业世界的分配 ……………… 712
第一节 用货币代替物物交换不会对输出和输入产生影响，也不会对国际价值法则产生影响 ………… 712
第二节 进一步说明上述定理 ……………………………… 716
第三节 作为货币的贵金属与作为商品的贵金属具有相同的价值，而且根据同一法则分配于各国 ………… 719
第四节 非商业性质的国际收支 …………………………… 721
第二十二章 通货对汇兑和对外贸易的影响 …………… 723
第一节 由通货造成的汇兑变化 …………………………… 723
第二节 金属通货突然增加，或突然发行银行券或其他货币代替物，会产生什么样的影响 ………………… 724
第三节 增加不兑现纸币所产生的影响：实际汇兑与名义汇兑 … 729
第二十三章 论利率 …………………………………… 732
第一节 利率取决于贷款的需求与供给 ………………… 732

第二节 哪些因素决定贷款的经常性需求与供给 …………… 733
第三节 哪些因素使利率发生变动 …………………………… 736
第四节 利率在什么程度上和在什么意义上与货币的价值有关 ………………………………………………………… 740
第五节 利率决定土地的价格和证券的价格 ……………… 745
第二十四章 论可兑换纸币的调节 …………………………… 747
第一节 关于银行发行纸币所产生的影响,有两种相反的理论 …… 747
第二节 考察上述两种理论 ………………………………… 750
第三节 为什么说 1844 年的通货条例在某种程度上产生了预期的有益结果 ……………………………………… 754
第四节 但 1844 年条例所造成的损害却大于它所带来的利益 …… 760
第五节 是否只应该由一个机构发行钞票 ………………… 772
第六节 是否应以特殊方式保护钞票持有者,使其免遭银行无力兑付的损害 …………………………………… 775
第二十五章 论各国在同一市场上的竞争 …………………… 777
第一节 一国能以低价驱逐另一国的原因 ………………… 777
第二节 低工资究竟是不是使一国能以低价驱逐另一国的原因 ………………………………………………………… 780
第三节 只有当某些产业部门的工资较低时,低工资才是使一国能以低价驱逐另一国的原因 ………………… 782
第四节 若所有产业部门的工资都较低,则低工资便不是使一国能以低价驱逐另一国的原因 ………………… 784
第五节 一些反常事例 ……………………………………… 786
第二十六章 论交换对分配的影响 …………………………… 789
第一节 交换和货币不影响工资法则 …………………… 789
第二节 交换和货币不影响地租法则 …………………… 792
第三节 交换和货币不会影响利润法则 ………………… 793

第四编 社会进步对生产和分配的影响

第一章 财富增长状态的一般特征 …… 798
第一节 绪言 …… 798
第二节 社会进步有助于增加对自然力的支配，有助于增加安全，有助于增加合作能力 …… 799
第二章 产业发展和人口增长对价值和价格的影响 …… 804
第一节 所有商品的价值和生产费用都趋于下降 …… 804
第二节 只有农产品和矿业品的价值和生产费用趋于上升 …… 806
第三节 生产改良时常抵消农产品和矿产品价值和生产费用上升的趋势 …… 808
第四节 社会进步有助于缓和价值的波动 …… 809
第五节 投机商人和谷物商人的影响 …… 811
第三章 产业发展和人口增长对地租、利润以及工资的影响 …… 816
第一节 第一种情形：人口增长，资本保持不变 …… 816
第二节 第二种情形：资本增加，人口保持不变 …… 820
第三节 第三种情形：人口和资本以相同的速度增加，生产技术保持不变 …… 821
第四节 第四种情形：生产技术进步，人口和资本保持不变 …… 822
第五节 第五种情形：三个要素都向前发展 …… 830
第四章 论利润降至最低限度的趋势 …… 834
第一节 亚当·斯密的资本竞争学说 …… 834
第二节 威克菲尔德先生的使用范围学说 …… 836
第三节 什么决定最低利润率 …… 838
第四节 在富国，利润总是接近于最低点 …… 841
第五节 商业突变往往会阻止利润降至最低点 …… 844
第六节 生产改良也会阻止利润降至最低点 …… 846

第七节　输入廉价生活必需品和生产工具也会阻止利润降至最低点 …… 847
第八节　资本输出也阻止利润降至最低点 …… 850
第五章　利润降至最低点的趋势带来的种种后果 …… 852
第一节　抽走资本并不一定会使国家遭受损失 …… 852
第二节　在富裕国家，机器的广泛使用不仅对劳动者无害，反而有益 …… 855
第六章　论静止状态 …… 859
第一节　著作家们所惧怕和嫌恶的财富和人口的静止状态 …… 859
第二节　静止状态本身并不可恶 …… 861
第七章　论劳动阶级可能的未来 …… 866
第一节　依附和保护理论已不适用于现代社会状况 …… 866
第二节　劳动阶级未来的幸福主要依赖于他们自己的精神文明程度 …… 871
第三节　智力水平的提高也许会使人口得到较好的控制，妇女社会地位的独立也有助于人口得到较好的控制 …… 873
第四节　雇佣关系将逐渐被废除 …… 874
第五节　劳动者与资本家合伙经营的例子 …… 877
第六节　劳动者自己的合伙经营 …… 883
第七节　竞争非但无害，反而是有用而不可或缺的 …… 904

第五编　论政府的影响

第一章　论政府的一般职能 …… 908
第一节　政府的必要职能与任选职能 …… 908
第二节　政府的必要职能是多种多样的 …… 909
第三节　分类 …… 914
第二章　论课税的一般原则 …… 916
第一节　课税的四条根本原则 …… 916

第二节 赋税公平原则的依据 …… 918
第三节 是否应对不同数额的所得按相同的比例课税？ …… 920
第四节 是否应对世袭性收入和非世袭性收入按相同的比例课税？ …… 925
第五节 应对自然增加的地租课以特别税 …… 932
第六节 土地税有时并不是赋税，而是为公众利益收取的一种租费 …… 935
第七节 落在资本上的赋税不一定都应加以反对 …… 936
第三章 论直接税 …… 939
第一节 对所得或支出课征的直接税 …… 939
第二节 地租税 …… 940
第三节 利润税 …… 941
第四节 工资税 …… 943
第五节 所得税 …… 946
第六节 房屋税 …… 949
第四章 论货物税 …… 955
第一节 若对所有商品课征货物税，则这种税会落在利润上 …… 955
第二节 若只对某些商品课征货物税，则这种税会落在消费者身上 …… 956
第三节 对生活必需品课税所产生的特殊影响 …… 958
第四节 利润趋于最低点的趋势是如何减轻上述影响的 …… 962
第五节 差别税的影响 …… 967
第六节 进出口税对国际贸易产生的影响 …… 971
第五章 论其他一些税 …… 980
第一节 契约税 …… 980
第二节 信息传递税 …… 983
第三节 法律税 …… 985
第四节 课征地方税的各种目的与方式 …… 985

第六章　直接税与间接税的比较 …… 988
第一节　赞成课征直接税和反对课征直接税的论点 …… 988
第二节　哪种间接税最合适 …… 992
第三节　课征间接税的实际原则 …… 994
第七章　论国债 …… 998
第一节　是否应该通过借款应付特殊的公共支出 …… 998
第二节　用普遍课税的方式偿还国债是不适当的 …… 1001
第三节　在哪种情况下适宜于用财政盈余偿还国债 …… 1004
第八章　论政府的一般职能及其经济影响 …… 1007
第一节　人身和财产不十分安全的影响 …… 1007
第二节　过度课税的影响 …… 1009
第三节　法律不完善与司法不完善的影响 …… 1011
第九章　论政府的一般职能及其经济影响(续) …… 1016
第一节　财产继承法 …… 1016
第二节　长子继承法与习惯 …… 1018
第三节　限定继承权 …… 1022
第四节　强迫均分遗产的法律 …… 1024
第五节　公司法 …… 1026
第六节　有限责任公司和特许公司 …… 1028
第七节　两合公司 …… 1032
第八节　破产法 …… 1037
第十章　论以错误理论为依据的政府干预 …… 1044
第一节　保护本国工业的学说 …… 1044
第二节　高利贷法 …… 1055
第三节　控制商品价格的尝试 …… 1060
第四节　垄断 …… 1061
第五节　禁止工人联合的法律 …… 1063
第六节　对思想和出版的限制 …… 1069

第十一章　论自由放任或不干预原则的依据和所受到的限制 …… 1071
第一节　政府的干预可以分为命令式的和非命令式的两种 …… 1071
第二节　反对政府干预的理由：干预本身是强制性的，课征干预所需的税款也是强制性的 …… 1073
第三节　政府职能的增加会增加政府的权力和影响 …… 1075
第四节　政府职能的增加会增加政府的工作和责任 …… 1076
第五节　私人经营因为对所经营的对象具有较大的利害关系因而效率较高 …… 1078
第六节　使人民养成共同行动的习惯 …… 1079
第七节　自由放任是一般原则 …… 1081
第八节　自由放任有许多例外。消费者不能鉴别商品的各种情形。教育 …… 1084
第九节　一些人可以对另一些人行使权力的情形。保护儿童和青少年；保护低等动物。妇女的情形则与此不同 …… 1088
第十节　永久性契约 …… 1092
第十一节　委托经营 …… 1093
第十二节　有时政府干预对于实现当事人的愿望是必不可少的。这方面的例子有规定劳动时间的长短和出售殖民地的土地 …… 1095
第十三节　利他行为。济贫法 …… 1100
第十四节　开拓殖民地 …… 1103
第十五节　其他事例 …… 1109
第十六节　对于适宜于私人去做但却没有人做的事情，政府便有必要进行干预 …… 1112

译后记 …… 1114

[上卷]

特别导言

约翰·斯图亚特·穆勒的《政治经济学原理》在学术界享有的持久地位，稳如磐石，能做到这一点的科学著作为数甚少。固然，亚当·斯密更具有启发性，马尔萨斯更富于独创性，李嘉图更有条理性，可事实依然是，穆勒知道如何总结这三个人的发现，知道如何把这些发现首尾一致地联结在一起，使普通人对其有所了解。他的伟大不在于为后人发现了真理，而在于充分表达出了当时人们所信赖的那些真理。

不管整个经济理论发生什么样的变化，穆勒的著作都将永远具有不朽的重要意义，它所记录的那些经济理论曾推动了19世纪前半叶政治形势的发展。不管我们认为它有关人类行为的分析正确与否，它都无疑是一份价值极高的历史文件。也许穆勒对人类行为方式的描述是不全面的乃至错误的，但毫无疑问，他非常精彩和真实地描述了19世纪中叶知识阶层的行为方式。

为穆勒的这本书写导言，最好的方法莫过于叙述一下它是在哪些因素的影响下写出来的。因为，正如伊丽莎白时代马洛或莎士比亚的戏剧，其灵感来自观众，其人物反映了德雷克和雷利的精神那样，维多利亚时代的经济学则从19世纪英国公众那里获得其灵感并反映了当时政治家的精神，这些政治家在19世纪上半叶已为商业英帝国奠定了基础。

穆勒的《政治经济学原理》发表于1848年。相同主题的另一本书即亚当·斯密的《国富论》，发表于大约四分之一个世纪以前，就对公众的影响而言，只有这部书能与穆勒的《政治经济学原理》相匹敌。比较对照一下这两部著作可以给人以启发，特别是因为这两部书的作者在气质上有某种相同之处。穆勒和斯密都受过哲学方面的训练，而又都对实际事务感兴趣。他们各自都把理论视为影响政治和商业活动的手段；各自在研究人们从事政治和商业活动的动机时，都发现自己的理论使自己具有了比其同事更宽广锐利的眼光。不过，斯密的眼光是预言家式的，而穆勒的眼光则是哲学历史学家式的。斯密不得不为其理论开辟道路，而穆勒面对的听众则已准备好接受其理论，把其理论看作是人类智慧的体现。自斯密时代以来，已有两代英国政治家实施了斯密的理论；这种理论已为诸如坎宁和赫斯基森、科布登和皮尔这样的人开展活动奠定了基础；在立法方面取得的无比辉煌的成就，已证明这种理论是正确的。穆勒的整个一生是在这种进步事业的拥护者当中度过的。他父亲曾是上述第一代政治家的领袖；他本人则曾经在第二代政治家开展的斗争中搏斗厮杀，与这些政治家的政治生命光荣地联系在一起。他曾参加那场伟大的斗争，最终废除了弊端百出的政府救济制度；曾参加那场改革，使整个国家的通货具有了牢固的基础；曾参与确立自由贸易为英国的基本国策；曾参与创建了英国的殖民帝国体系，同世界古往今来的其他殖民体系相比，这一体系从原则上说更为开明，从结果上说更为仁慈。约翰·斯图亚特·穆勒所面对的便是被这些成就弄得眼花缭乱的读者，读者信赖穆勒一方面是由于他为取得这些成就出了一份力，而更具决定意义的理由则是，他成功地表述的那些思想成了这些政治运动的基础，把这些政治运动纳入了一完整的社会哲学体系。

对于凡人来说，享有这样的地位是危险的。假如穆勒不是那么伟大，这样的地位很可能毁了他，使他不可能产生持久的影响。一个人在这一代是深孚众望的大师，到下一代则往往名誉扫地，尽管这也许不那么公平。在政治经济学方面产生了穆勒的那个时代与条件，在音乐方面产生了门德尔松，在文学方面产生了麦考利；门德尔松和麦考利表现出一副对过去无所不知、对未来确信无疑的神态。这使上了年纪的莫尔本勋爵禁不住感叹道："但愿我能像汤姆·麦考利那样对一切都确信无疑。"莫尔本历尽沧桑，不相信只需一代人整个世界的智慧便会达到顶峰。那些忽视未来的人，已遭到未来的报复。门德尔松正像当年被评价过高那样，现在则被评价过低；麦考利对未来的确信无疑，常使人用这样一句名言来讥讽他的作品："既然其他一切没有什么两样，所以我总是宁愿做快活的撒谎者而不愿做呆子。"

穆勒则较为尊重未来，因而也得到了未来的较好回报。的确，很少有人能像穆勒那样经受住成名的考验。他能避开成名后可能遇到的陷阱，是因为他有很强的敬畏心和同情心。穆勒在其《自传》中描述了自己所受的教育，若是性格不那么坚强的人，这种教育也许会窒息这两种感情，但就穆勒来说，反而使这两种感情更加不受外部环境的影响。同情心使他不洋洋自得，敬畏心使他不为任何人的吹捧所动，不把任何人的评判当作最后定论。即便在他的这本书里有些话语带有师长的口气——比如，穆勒在一著名段落中说，在基本价值法则方面，几乎没有剩下什么东西或根本未剩下任何东西可供以后的作家加以改造——令人惊奇的也不是为何会出现这种权威口气，而是这种权威口气为何出现得这样少。

尽管穆勒竭力不摆权威的架子，但他却能很好地利用自己享有的各种有利条件。他对读者心中有数。他与亚当·斯密不同，不必先对历史进行考察，以使读者在思想上有所准备，能吃下他预备的丰盛宴席。他发现读者已作好了准备而且饿得很。斯密曾不得不创造出公共财富或国民财富这一概念，而穆勒只需把这一现成概念拿过来进行分析就行了。对斯密的读者而言，财富自然指的是一笔钱，因而他不得不经常尽力消除他们的这种错误观念。对穆勒的读者来说，财富包含的内容则要多得多。尽管他们非常熟悉皮尔和科布登的富于机智的讲演，但他们所受的教育却使他们不相信纯粹重商主义的国家政策理论，而把国民财富看作是可用以增进人类幸福的全部商品。如何生产这些商品，如何分配这些商品，如何交换这些商品，这些便是斯密所要考察的题目。他只需分析当时在英国占支配地位的社会哲学提供的材料。与其同时代的人相比，他的分析不仅具有更强的条理性，而且还具有更广阔的视野；不过，正是从同代人那里，他不加怀疑地接受了他所考察的那些概念。论断是他自己的，但所讨论的问题却取自当时几乎显得陈腐的思想。

当时的那些思想观念对穆勒产生了非常强烈而又微妙的影响，这一点可以从诸如卡莱尔或金斯利的著作中看出来。这两位作家试图采取与穆勒相对立的立场，他们的思想基础是这样一健全而有益的观念，即不应把物质财富提升到独立实体的高度，而与享用者的幸福断绝关系。但无论是卡莱尔还是金斯利，似乎都未能真正有效地表达出这种反对意见。他们不是拒绝接受穆勒的概念，而是谩骂指责他所得出的结论。同穆勒一样，在他们那里，所讨论的问题是现成的，论断则是他们自己作出的；但他们都不如穆勒那么有条理，不如穆勒那么耐心地考察，因而所作的论断便不如穆勒的那么正确。

过了将近一代人的时间，穆勒的方法与假设才受到了真正致命的批判。诚然，历史学派先是在德国，然后在英国和美国提出了强烈的反对意见。但是，他们与穆勒的分歧远非像表面看到的那么巨大。他们抱怨穆勒把其时代特有的某些制度和行为方式当作所有时代普遍存在的制度和行为方式。白哲特的《英国政治经济学中的假设》，就是这种批判的一个极好的例子。但这并未触及事情的本质。穆勒时代的政治经济学，弱点与其说是在于它把特殊形态的财富当作绝对和独立的思考对象，还不如说是在于它以这种方式看待**任何**形态的财富。向前真正迈出第一步的人是杰文斯及其同代人；他们分析的不是人们假想的物品固有的效用，而是物品在什么条件下才对活人具有效用。在杰文斯的《政治经济学理论》问世以来的 28 年间，这在年轻一代政治经济学家的著作中一直是清晰的主音调，而且一直在给予他们的分析以新的灵感，在加宽他们的论述范围。

尽管如此，这些年轻人的著作却没有一本能够取代穆勒的著作。他们的研究工作仍处于发育期，既有发育期的长处，又有发育期的短处。正如俗话所说，有所得必有所失。没有哪一位现代经济学家能像穆勒那样泰然自若，心中有数。谁要想寻求最新发现，想寻求有关未来发展的最深刻启示，那他不要到穆勒那里去寻找。

但大多数读者没有当探索者的野心，宁愿沿着老路前行，直到弄清哪条新道路能把他们带到目的地为止，他们需要的是父辈得出的结论，而不是儿子辈的胡猜乱想。对这样的读者来说，穆勒的《政治经济学原理》仍具有其权威地位。

亚瑟·T.哈德利

穆勒序言

本书论述的题目，已有许许多多优秀的著作论述过了，因而看来需要对于本书的出版做一点解释。

也许只要说一下现有政治经济学专著都没有包含这方面理论上的最新进展就够了。最近几年的讨论，特别是关于通货、外贸以及或多或少与殖民化密切相关的重要课题的讨论，已产生了很多新的思想和对这些新思想的应用。看来有理由对政治经济学领域重新全面地审视一遍。即令只为采纳这些思考的结果和使它们与最优秀的思想家对这一主题先前所制定的原理协调一致，也应当这样做。

然而给具有类似书名的以往著作补充不足之处，并不是作者所要达到的惟一甚或主要的目的。本书的构思不同于英国在亚当·斯密的著作问世以后所出版的任何一本有关政治经济学的专著。

亚当·斯密的著作的最大特点，使它和某些其他著作最不相同的特点，乃是它始终把原理和应用联系在一起。而其他著作虽然和它是不相上下或甚至还略胜一筹，但只不过是这一主题一般原理的说明。这本书包含着比将政治经济学看作抽象思维的分支更为广泛的思想和课题。实际上，政治经济学是同社会哲学的很多其他分支不可分离地纠缠在一起的。除了一些单纯的枝节问题，也许没有任何实际问题，即令是其性质最接近于纯经济问题的问题，可以单独地根据经济前提来决定。因为亚当·斯密从未忘记这一真理；他在政治经济学的应用方面经常进行远多于纯政治经济学的思考——他对为了实践目的来掌握这一主题的原理，提出了有充足理由的看法。由于这一点，在众多的政治经济学著作中，只有《国富论》这部著作，不仅受到一般读者的欢迎，而且在上层社交界人物和国会议员们的心中都留下了强烈的印象。

本书作者认为，一本在目的和总概念上类似于亚当·斯密，而与现代更广泛的知识和进步观念相适应的书，是目前政治经济学所需要的贡献。《国富论》的很多部分已经过时，而且整个说来是不完善的。严格意义上的政治经济学，自从亚当·斯密的时代以来已经脱离了襁褓期。而社会哲学（实际上这位著名的思想家从未使他所论述的特殊问题与社会哲学分开）虽然尚处于发展的最初时期，同亚当·斯密时代相比也已大为进步。然而，自从有了这种学说以来，还没有人做过将他探讨问题的注重实际的方法和已增加的知识结合起来的尝试，或者像他使那个时代的哲学同社会经济现象相联系并取得那么令人钦佩的成就那样，坚持用现代最好的社会思想来说明社会经济现象。

这就是本书作者摆在自己面前的设想。即令在实施中只有部分成功，也会是一项十分有用的成就，因而他愿冒一切失败的危险。然而，这里需要补充一句，即，虽然他的目标是切实可行的，并且在问题的性质许可的范围内，他将尽可能使其著作具有通俗性，但是，他并未试图用牺牲严格的科学论证来换得这些好处。尽管他希望本书应该不止是仅仅说明政治经济学的抽象学说，他也认为其中应该有这种说明。

〔在 1849 年第二版中对序言所作的增补〕

本版中的增补和改动一般都不重要;但是,自从本书写成以后,关于社会主义的论战显示出这一问题的重要性愈益增加,因而将论述社会主义的篇幅扩大一些是合乎需要的。特别是因为在书中对某些社会主义者所提的具体方案提出了一些反对意见,这些意见被误解为一概指责一般以社会主义这一名称概括的一切计划,这样做更有必要。不过,妥善而充分地评述社会主义及其所提出的各种问题,只能在其他单独的著作中进行。

第三版序言〔1852 年 7 月〕

本版作了全面修订。有几章内容大大地增加了或完全重写了。其中需要指出的是,《废除投标佃农制度的方法》这一章所包含的建议只与爱尔兰有关,而爱尔兰的状况已由于后来发生的事件而有了很大的变化。对第三编第十八章所提出的国际价值学说作了增补。

论所有制的一章几乎完全重写了。该章虽然包含对最著名的社会主义者所提方案的反对意见,但我完全不想把它当作被看成人类发展的最终结果的社会主义的谴责。在这一版中可以看到的唯一具有重要意义的反对意见是,一般说来人类尚处于没有作好准备的状态,劳动阶级更是如此。他们对于要求他们具有高度的才智或道德的各种行为规则目前还很不适应。在我看来,社会改良的崇高目的,应该是通过教养,使人类适应于将最大的个人自由和劳动成果的公平分配(现行的财产法规并不以公平分配为目标)结合起来的社会状态。当智育和德育达到这一状态时,无论是某种形式的私有财产(虽然这与目前的形式大不相同)还是生产手段的共有和产品有规则的分配,是否会最有利于造成幸福环境并使人性达到最完善的地步,都是必须留给那个时候的人民去解决的问题。现在的人们无力解决这个问题。

《论劳动阶级可能的未来》一章,已以本书第一次出版以来法国合作社所提供的经验大大充实。这一重要的经验表明,比欧洲受到诽谤的民主运动发生以前所能顺利地做到的更广泛、更迅速地在劳动者中间建立合作社的时机已经成熟,这个民主运动虽然在目前已被蛮力压制下去,但它已广泛地播下了未来改进的种子。我已尽力更加清楚地指出以这种合作社为第一步的社会改革的趋势;同时尽力将言过其实的或完全错误的对竞争的攻击(这是合作社的支持者极其沉迷的)同合作社运动的宗旨区别开来。

〔在1857年第四版中对序言所作的增补〕

本版(第四版)作了全面修订,并在看来有必要的地方插入了某些补充解释。增补最多的是《信用对价格的影响》和《论可兑换纸币的调节》两章。

〔在1862年第五版中对序言所作的增补〕

第五版作了全面修订,与某些主题有关的事实取材到比以前各版更近的日期。在看来有必要的地方插入了补充的论据和例证,但文字一般都不太长。

〔在1865年第六版中对序言所作的增补〕

本版同以前各版一样作了全面修订。在看来有必要的地方插入了补充解释,或对新的反对意见的答复,但文字一般都不太长。作了最大增补的是关于《论利率》的一章;该章所采用的大部分新材料以及很多细小的改进，我受益于友人凯纳斯教授的建议和批评。他是当前最科学的政治经济学家之一。

〔在1865年“大众版”中对序言所作的增补〕

除将所有的外语引文和大部分外语词句译成英语，并将看来是多余的极少数引文全部或部分删去以外，本版完全据第六版翻印。过去作为附录重印的有关作者同《每季评论》在法国土地所有状况问题上进行的论战的文章，本版也删掉了。

第七版序言〔1871年〕

本版除了少量的文字修改以外，同原先的“文库版”和“大众版”完全一样。自从这几版出版以来，在供求理论及罢工和工会对工资的影响问题上作过几次有益的讨论，由此我们增进了对这些问题的了解。但其成果，在作者看来，还没有成熟到可收入政治经济学综合著作的地步。由于类似的理由，对于根据新近的条例对爱尔兰土地法进行的修改，要推迟到多年的经验表明这一用意良好的尝试已在处理爱尔兰经济制度最大的弊病中所起的作用时再予评论。

绪　论

在人类活动的每一个领域，实践都长期领先于科学。对自然力作用方式的系统研究，是长期努力将自然力应用于实际以后的产物。因此，将政治经济学看作科学的一个分支是最近的事。但是它所研究的主题在各个时代却必然是人类所主要关心的事情之一，并在某些时代，是最最关心的事情。

这个主题就是财富。政治经济学家们声称是讲授或研究财富的性质及其生产和分配规律的，包括直接或间接地研究使人类或人类社会顺利地或不顺利地追求人类欲望的这一普遍对象的一切因素所起的作用。并不是任何一本政治经济学著作都能论述甚或是列举出所有这些因素，但总要尽量阐明制约它们起作用的规律和原理。

每个人对财富指什么都有一对于日常用途来说是足够正确的看法。与财富有关的研究不会同人类所关心的任何其他研究工作混为一谈。谁都知道致富是一回事，而有知识、勇敢或仁慈是另一回事。研究一个国家如何才能富裕，和研究一个国家如何才能自由、公正或在文学、艺术、军事、政治方面声名卓著，是完全不同的两个问题。实际上，这些事情全都间接地有联系并且相互影响。一国人民有时会先富起来才得到自由，有时又先自由了才富起来。一国人民的信仰和法律对他们的经济状况起很大作用，而经济状况通过对智力发展和社会关系的影响，又作用于人民的信仰和法律。但是，这些事情虽说密切相关，可又有本质上的区别。人们对此从来没有异议。

本书不打算给名词所表达的概念穿凿附会地下精确的定义，只要所表达的概念足够明确，能满足实际需要就行了。但是，尽管很少有人认为，在像什么是财富这样简单的问题上，概念会发生严重的混乱，可历史上确曾出现过这样的概念混乱。理论家和政治家在某一时期都曾普遍地受到这方面的影响。许多世代以来，概念的混乱引导欧洲的政策走上一条彻头彻尾错误的道路。我指的是从亚当·斯密的时代以来被称为重商主义的一套学说。

重商主义流行时，在国家全部政策中都或明或暗地将财富看成只由货币或贵金属（没有铸成货币的贵金属是能够直接转变为货币的）组成。按照当时流行的学说，有助于一个国家积累货币或金银块的无论什么事情都会增加其财富。而将贵金属从一个国家运出则会使其变穷。如果一个国家没有金银矿藏，它惟一能借以致富的产业便是对外贸易。只有这个产业才能带来货币。在货币上出多于入的任一贸易部门，不论以别的形式获得的收益多么多，多么有价值，都会被看作是失败的贸易。货物的出口受到优待和鼓励（甚至靠极耗费国家人力物力的方法），因为出口的货物规定要用货币偿付，有希望由此而得到金银。除贵金属外任何东西的进口，都被看作是国家的损失，损失额相当于进口物品的全部价钱，除非输入是为了再出口以获取利润，或除非作为国内某些企业的材料或工具，因而使出口物品能以较低的成本生产并从而提高出口数量。世界商业被看成国家之间的斗争，为了争夺现存金银的最大份额。在这一竞争中，只有使别的国家受到损失，或至少防止它们有所得，一个国家才能有所得。

一代人的普遍信念——若不靠智慧和勇气进行非凡的努力，当时便没有人能够摆脱它——常常到下一代时会变得如此明显地荒谬可笑，以致惟一的困难是去想象当时人们怎么会相信它。货币是财富的同义词这种学说就是如此。现在把这种观念作为严肃的意见来对待，似乎太可笑了。它看来像是童年时期的一个不成熟的幻想，只要任何成年人讲一句话就马上可以纠正。但可以肯定，如果生活在其流行的日子里，无人会幸免于被迷惑。日常生活和生意所造成的联想协力于促进这一观念的形成。只要这些联想是考察这一问题的惟一媒介，我们现在认识到的显而易见的谬论就似乎是自明之理。事实上，若一旦有了怀疑，它就站不住脚了。但如果一个人不熟悉描述和思考经济现象的某些方式，他就不大会对这种观念提出疑问。而只是通过亚当·斯密和其解释者的影响，人们才对这些方式有了大体的理解。

在日常交谈中，财富总是用货币表示的。如果问一个人有多富，得到的答复是他有几千镑。所有的收入和支出，所有的得益和损失，用来使人致富的每一件东西都是用出入多少货币来计算的。的确，在一个人的财产账上不仅包括他所实际拥有的或者应归于他的货币，而且还包括一切其他有价物品。然而，有价物品不是以它们本身的性质登录在账上，而是按它们能卖多少钱来登记的。如果它们的卖价降低，虽然这些物品本身还是一样，其所有者的富裕程度就会被认为降低了。同样确实的是，人们不会因有钱不用而致富，他们必须愿意为了获利而把钱花掉。那些靠做生意致富的人，是通过用钱易货和用货易钱来做到这一点的。前者和后者都是这一过程的必不可少的组成部分。但是，为了获利而购买货物的人，会再把货物卖出去换取货币，以期赚更多的钱。因此，即令对这个人来说，赚钱似乎也是整个过程的最终目的。他常常并不付钱，而是付出某些别的东西：买进等价的货物，用来抵消他所出售的货物。但他是按货币价格接受货物的，相信这些货物带来的钱，最终会超过购买它们时所花的钱。一个商人做大量生意，迅速地周转他的资本，在某个时候手头上只有很少的现钱。但他只有在资本可转换成货币时才会感到对他有价值。净收益尚未以货币偿付或记入贷方以前，他不会认为交易已结账。他歇业时，要把全部所有都转换成货币，只有在转换成货币之后，他才认为获得了收益，似乎货币是惟一的财富，货币的价值是获得财富的惟一手段。如果现在问一下，除了满足本人或其他人的欲望或享受以外，还为了什么目的要去弄钱，重商主义的拥护者根本不会对这个问题感到为难。确实，他会说，这些是财富的用途，并且当只限于购买本国商品时是非常值得称赞的用途。因为在这种情况下，以你所花去的款项，使你的同胞致富了。如果你乐意，把你的财富花在任何嗜好上都行。但是你的财富不是这些嗜好，而是你花在嗜好上的货币总额或年货币收入。

虽然有很多事情使重商主义所依据的前提条件看上去似是而非，但重商主义断然把货币和其余各种有价财产区别开来还是有一些理由的，尽管理由很不充分。的确，我们在衡量一个人因拥有财富而得到的好处时，不是看他实际享有多少有用而合意的物品，而是看他对一般有用而合意的物品拥有多大支配权，即看他在应付紧急需要或满足欲望方面有多大能力。而货币本身便是这种能力。在一个文明国家内，所有其他物品似乎只因能换取货币才具有这一能力。拥有任何其他物品，便仅仅是拥有这一具体物品。如果你不想要这件物品而想要另一件物品，你首先要把它卖掉，或者如果可能的话，费很多事，花很多时间寻找持有你想要的物品并愿意和你进行物物交换的人。但是用货币你就可以立刻买到市场上出售的任何东西，因而一个人拥有的若是货币，或是可以迅速转换为货币的物品，那么在他本人和别人看来，他所拥有的就不是某一件物品，而是可以用货币随意购买的所有物品。超过一定数量的财富所具有的最大效用，不是它所买到的享受，而是其拥有者具有的达到一般目的的能力，没有任何一种财富能像货币那样直接和有把握地具有这种能力。只有货币这种财富不仅能用于某一用途，而且还能立即转而用于任何一种用途。这种区别尤其会对政府产生影响，因为它对政府有重大意义。文明国家的政府若不能征得货币租税，则得自税收的好处便很少，因为如果它要支付大笔意外的款项，特别是如果为了征服别国或不被别国所征服（这在近代以前是国家政策的两个主要目标）而需要在国外支付战费或补助费，则除了货币以外几乎没有别的支付媒介可供此用。所有这些原因共同使得个人和政府，在估算其财力时，几乎只重视实际有的（in esse）或可能有的（in posse）货币，而把所有别的东西（当把它们看作是其财源的一部分时）仅仅看作是获得货币的间接手段，因为只有获得了货币，才能对欲望对象拥有无限的而又即时的支配权，这便是重商主义者对财富观念所作的最好解释。

然而，谬论终归还是谬论，尽管我们发现了一些表面原因使它看起来似乎有道理。当人们开始(尽管是以不完善的方式)探究事物的本质,开始从基本事实而不是从日常谈话的方式和语句来探究事物的前提时,他们便会看出重商学说的真正性质。一旦人们自问货币的真正意义是什么——它在本质上是什么,以及它所执行的职能的精确性质是什么——人们便会想到,货币同别的东西一样,只是因为它有用人们才想占有它。货币的用途并不像其虚假地表现出来的那样是无限的,而是受到严格限制的,货币是用来按照产品分享者的意愿便利产品的分配的。进一步的思考表明,增加一个国家的货币流通量,不会增加货币的用处。货币所能做到的事并不因流通量的多寡而有所不同。200 万夸特谷物不能养活 400 万夸特谷物所能养活的人口,但 200 万英镑却能与 400 万英镑做同样规模的生意,买卖同样多的商品,虽然名义价格要低一些。货币本身不能满足任何需要。货币之所以对人有价值,只是因为货币具有方便的形态,人可以借此得到自己的各种收入,然后在适当的时候再把这些收入转变成对自己有用的物品。虽然使用货币的国家和完全不使用货币的国家有很大差别,但差别只不过是便利与不便利。使用货币能节约时间和减少麻烦,就像用水力代替人工磨面,或像(用亚当·斯密的例子)得自道路的好处。把货币误认为财富,就如同把通往你家住房或土地最便捷的道路误认为房屋和土地本身那样,是大错而特错的。

货币作为对政府和私人都有重要用途的工具,被看作是财富,是正当的;但所有其他对人有用而大自然又不是无偿提供的东西,也是财富。所谓富有,就是拥有大量有用的物品,或购买这些物品的手段。因此,每一件具有购买力的东西都是财富的组成部分,因为用它可以交换有用或合意的东西。在政治经济学所使用的术语中，凡是不能用来交换的东西，不论它们多么有用或不可缺少，都不是财富。例如，空气虽然是绝对必需的，但因为可以免费获得，在市场上却没有任何价格，把它储藏起来不会使任何人获利或得到好处，其生产和分配规律是与政治经济学很不相同的研究主题。但虽然空气不是财富，可人类却由于能无偿地获得它而富了许多，因为无需花时间和劳动来满足这一最迫切的需要，所节省的时间和劳动可用于别处。我们可以想象一下空气变成财富的情形。如果人们习惯于长期居住在空气不能自然地进入的地方（例如沉入海中的潜水钟），那么，人工供应的空气就会像自来水那样具有价格。如果由于自然界的剧烈变革，空气变得极为稀薄，不足以满足人类的需要，或可以独占空气，空气便会获得非常高的市场价格。在这种情况下，超过自己需要而占有的空气，就会成为占有者的财富，因而乍看起来，如此巨大的灾难反倒似乎增加了人类的总财富。错误是在于没有考虑到，不管空气的所有者在损害社会其他成员的情况下变得多么富有，所有其他人都更穷了，因为他们不得不为以前无偿得到的空气付款。

这就使用来指个人占有物的财富与用来指国家或人类占有物的财富在含义上有了重大区别。在人类的财富中，不包括那些本身不能满足某种实用或享乐目的的东西。但对于个人来说，某样东西虽然本身是无用的，但只要能使他从别人那里换到有用的或可供享受的东西，便是财富。例如，抵押一块地产获得 1000 镑借款。这对于靠它收租或也许能在市场卖掉来还债的人来说是一项财富。但它对国家来说却不是财富，因为如果契约被宣告无效，国家既不会因此而更富也不会因此而更穷。受抵人会损失 1000 镑，土地所有者会得到这 1000 镑。从整个国家来说，抵押本身并不是财富，只不过使甲可以得到乙的一部分财富。它对甲来说是一项财富，是可以转让给第三者的一项财富。但他所转让的实际上乃是以 1000 镑为限的、仅仅在名义上属于乙的土地的一种共有权。国家证券持有人或公债所有者的情况与此相类似。他们是国家总财富的受押人。废除债务不会造成财富的毁灭，而只是财富的转移，这是为了政府或纳税人的利益从社会某些成员那里不正当地夺取财富的一种手法。因此，公债不能计作国民财富的一部分。统计学家往往忘记这一点。例如，在根据所得税的收入估算国家总收入时，往往不把得自公债的收入排除在外，而对纳税人则是按其全部名义收入课税，不允许从名义收入中扣除购买公债的款项。因此在这种计算中，国家的一部分总收入被重复计算了，使总收入额看来比实际数额要多出差不多 3000 镑，然而，一个国家却可以把其公民所持有的全部外国公债以及别国欠其公民的其他债务计入其财富。但外国公债之所以对该国来说是财富，仅仅是由于它们对别国持有的财富拥有部分所有权。它们并不是人类集体财富的一部分。它们是分配中的一个因素，而不是总财富的一个组成部分。

另一个例子是奴隶，同上面的例子一样，这种占有物对持有者来说是财富，但对整个国家或整个人类来说却不是财富。许可蓄奴的国家，概念混乱得令人不可思议，竟把所谓奴隶财产按每个奴隶的价钱计入财富总额或资本总额中。如果把一个人看作是一件具有生产力的物品，这种生产力被别人拥有时他是国民财富的一部分,那么这种生产力归他本人所有时他也同样是国民财富的一部分。他在他主人心目中的价值乃是可从他身上榨取多少资财,这种榨取并不能增加两个人合在一起的财产,也不能增加他们两人所在国家的财产。然而,按照正当的分类,一个国家的人民不应算作这个国家的财富。国家的财富是为了人民而存在。财富这一名词是用来指他们所拥有的满足其需要的物品,并不包括他们本身,而是与之对立的。虽然他们是获取财富的手段,可他们对自己来说并不是财富。

有人提出将财富定义为“手段”:不仅是指工具和机器,而且指个人或社会为达到其目的所使用的一切手段。例如,田地是一种手段,靠它可得到谷物。谷物是一种手段,靠它可得到面粉。面粉是一种手段,靠它可得到面包。面包也是一种手段,靠它来充饥和维持生命。由此最终便得到了不是手段的东西,这些东西由于自身的原因而被人所需要,不是达到其他目的的手段。这样来看财富,在哲学上是正确的,或者更确切地说,这种表达方式可以和别的方式一道使用,不是为了标新立异,而是为了使通常的看法更清晰和更符合实际。然而,它与习惯说法相距太远,不大可能被普遍接受,只能偶尔用来说明财富。

因此,可将财富定义为一切具有交换价值的有用的或合意的物品;换言之,所谓财富就是一切有用的或合意的物品,只是要刨除那些不付出劳动或作出牺牲便可随意得到的物品。对于这个定义,惟一的反对意见看来是,它留下了一个引起很多争论的问题未能予以解决,即所谓非物质产品可否视作财富,例如,是否可将工人的技能或任何其他天生的或后来获得的体力或智力称为财富。

这个问题并不十分重要，因而有关这个问题的讨论，为方便起见可放在另一个地方。[①]

关于财富我们已作了以上预述，下一步将转而考察财富在不同国家与不同时代之间的巨大差异，考察财富在数量和种类方面的差异，并考察在社会成员之间分配财富的方式方面的差异。

现在也许没有完全靠采集野生植物维持生活的人民或社会了。但有很多部落仍完全依靠或几乎完全依靠渔猎而生活。他们的衣着是兽皮；他们的住所是用原木或树枝搭起来的简陋小屋，可以随时放弃。他们的食物不易储藏，因而没有食物储备，常常极为缺乏生活必需品。这样的社会所拥有的财富，只不过是他们所穿的兽皮；少量装饰品，大多数野蛮人都有这种嗜好；一些粗糙的器皿；用以捕杀猎物或与敌手争夺生活资料的武器；用以渡河过湖或下海捕鱼的独木舟；也许还有一些毛皮或其他野生物，用来和文明人交换毛毯或烟酒；可能还有少许未消费掉的外来产品。还应把土地计入这个贫乏的物质财富清单；同定居的社会相比，他们对土地这种生产手段利用得很少，但这仍是他们生活资料的源泉。如果附近有需要更多土地的农业社会，他们的土地便具有市场价值。这是迄今所知的最为贫穷的社会状态，不过在有些富裕得多的社会中，部分居民的生活境况比野蛮人也好不了多少。

摆脱这种状况的第一个伟大进步，是驯养较为有用的动物，由此而进入了畜牧或游牧生活。人类不再依靠狩猎而是依靠奶和奶制品，依靠牛群和羊群逐年的增加而生活。这种状况不仅本身更加符合人的心意，而且也更有利于进一步的发展。在这种状况下

① 参看第一编第三章。

可以积聚起多得多的财富。只要地球上广大的天然牧场还没有被完全占用，牧草的生长快于消耗，生活资料的储备就会很多而且会不断增加，所付出的劳动仅仅是守卫好畜群以防野兽的袭击和强人的明抢暗夺。因此，勤勉和节俭的人靠自己的努力，以及氏族和部落首领靠其忠顺子民的努力终于拥有了大量的牛群和羊群。这样一来在游牧状态下就出现了财产的不平等。这在野蛮状态下是罕见的，那时无人拥有绝对必需品以外的物品，匮乏时连绝对必需品也必须和部落其他成员共享。在游牧状态下，有些人拥有大量畜群，足以供众多人食用，而另一些人则没有多余的物品，或许根本没有牲畜。但是生计不再是朝不保夕的了，因为较幸运的人除了用多余物品养活那些运气不好的人以外别无他用，而与他们联系在一起的人愈多，他们愈感到安全，拥有的力量也愈大。这样一来，他们就可摆脱所有劳动，而只进行监督管理，就可迫使部属在战时为他们打仗，在和平时期为他们干活。这种社会状态的特点之一，是部分社会成员，甚至在某种程度上全体社会成员，有了闲暇。只需要花一部分时间来获取食物，其余时间既无须为将来担忧，也无须用于劳累后的歇息。这样一种生活对新欲望的发展是非常有利的，也有可能满足新的欲望。因而人们想得到比野蛮时代更好的衣着、器皿和家具，而多余的食物也使部落的一部分人能生产这些东西。因而在所有的或大多数游牧社会中，都有粗糙的家庭制造业，有些社会甚至有精细的家庭制造业。有充分的证据表明，当世界上那些现代文明的发源地尚处于游牧状态时，人们就已在毛织物的织造和染色、皮革的制作和看来难度更大的金属加工方面达到了相当高的技艺水平。甚至思维科学也产生于这一社会

发展阶段所独具的闲暇时间。根据很可能是真实的传说，最早的天文观测要归功于迦勒底的牧羊人。

从这种社会状态向农业的过渡不是很容易的（因为人类习惯的重大改变没有不困难的，一般都是痛苦的，或很缓慢的），但这种过渡却是事物的所谓自然发展进程。人口和牲畜的增长终于开始使天然牧草出现不足。这无疑便使人们开始耕种土地，正如后来使尚存的游牧部落袭击农业部落那样。后来农业部落变得强大得能够击退这种入侵，入侵的部落便失去了这种出路，也就被迫变成农业社会。

但在迈出了这伟大的一步以后，人类随后的进步似乎并不像预期的那么快（除了某些罕见的情况以外）。即令在最糟糕的农业制度下，土地所能提供的食物也远比在单纯放牧状况下要多得多，结果是人口大量增加。但是只有靠大量增加劳动，才能生产出更多的粮食，因此不仅农业人口比起游牧人口来说空闲时间要少得多，而且由于长期使用不完善的工具和不熟练的技艺（在世界上很大一部分地区直到现在仍是这样），除了在气候和土壤特别有利的情况下，农民们生产不出超过自身消费量很多的余粮，因而供养不了大群从事其他产业的劳动者。而且这点余粮，不论是多还是少，通常都被政府以及领主（所谓领主就是靠强力或靠宗教或传统的从属观念成为土地贵族的人）从生产者那里掠夺去了。

那些从史前就占据着亚洲平原的幅员辽阔的君主国，最先采用了这种政府占有方式。这些国家的政府，虽然会因君主的个人品质不同而在好坏上有所不同，但却很少给耕作者留下除生活必需品以外的东西，甚至常常连生活必需品也拿走，以致在拿走了他们的全部产品以后，不得不再把其中的一部分借给耕作者，以使他们有种子种地，能把生命维持到下一个收获季节。在这种制度下，虽然大部分居民都在受苦，但政府依靠从民众那里收取贡物，如果政治上还算过得去，就能显示出一种与社会一般状况完全不相称的富裕状况。因而在欧洲人的心目中，东方国家是极其繁荣昌盛的，这种根深蒂固的印象直到最近才被消除。不算被税吏拿走的很大一部分，除皇亲贵戚外，还会有很多人分享这一财富。很大一部分被分配给政府各式各样的官员，以及君王的宠臣。偶尔也用一部分修建公共工程。水库、水井和灌溉渠（在很多热带地区没有这些很难进行耕种），以及堤防、商市和旅舍，这些设施没有一个能靠使用者贫乏的财力来修建，它们的存在要归功于王公们的慷慨大方和考虑自身利益的明智，或者靠各处富人的乐善好施或摆门面讲阔气。这些人的财产如追根溯源总是直接或间接地来自财政收入，常常是来自君主的直接赏赐。

这种社会的统治者把大部分财富用于供养他本人和他所关心的一切人，用来供养他觉得为保卫自己的安全或地位所必需的大量士兵，在这之后，就挥霍多余的部分用于交换奢侈品。那些靠他的恩赐或靠掌管财政收入致富的阶级也会这样做。这样一来就出现了一个狭小而富裕的市场，出现了对精美昂贵器物的需求。所需要的物品常常几乎完全由先进社会的商人来供应，但常常也会在这个国家自身内兴起一个工匠阶级。这些人对物品的性质没有太多的了解，全靠敏锐的感觉、耐心的观察和灵巧的双手做出某些非常精致的物品，如印度的某些棉织品就是这样。这些工匠是靠政府和政府官吏获得的多余粮食生活。实际上，在有些国家内，工人不是把活计拿回家去做，做完后再收取报酬，而是带上工具到顾客的家中，在那里吃住到把工作干完。然而，在这种社会状态下，由于人们对所有财产都感到不安全，因而最富有的买主首先考虑的是要置办那些不会朽坏的、体积小而价值高的、适合于隐藏或携带的物品。所以，金银珠宝便构成了这些国家的很大一部分财富。很多富有的亚洲人把几乎其全部财产都带在自己或妻妾的身上。除去君主以外，谁也不想把财富投资于不动产。如果君主感到江山很牢固，确信宝座能传给自己的子孙，有时他会沉溺于大兴土木，金字塔、泰姬陵以及卡里亚王陵就是这样修建起来的。用来满足耕种者需要的原始制造业由乡村工匠逐步建立起来，这些人靠耕种不收租的土地或村民从政府留下的收成中付给他们的实物获得报酬。然而，这种社会状况并不妨碍商人阶级的出现。这个阶级由两部分人组成，即粮商和高利贷者。粮商通常不向生产者购买谷物，而是向政府的官吏购买。后者愿将收来的实物租税委托别人运送到王公、文武官员、军队和满足这些人需要的工匠们所聚居的地方。高利贷者放债给因年成不好或苛捐杂税而破产的农民，用以维持他们的生活和耕作，到下一次收获时收回贷款并得到巨额利息。有时，他们以更大的规模贷款给政府，或贷款给衣租食税的贵族。这种贷款是用交出某些地区归放债人所有或让他们指派税吏收税来作担保的。这样他们就可以从税收中得到偿还。为了使他们能收回贷款，通常要把政府的很大一部分权力交给他们行使，直到这些地区被赎回，或债务已被税收抵消时为止。由此可见，这两种商人的生意是主要依靠构成政府税收的那部分产品进行的。他们的资本从这些税收定期地得到偿还并获得利润，而且他们最初的资本也往往得自政府税收。在大多数亚洲国家，从有文字记载的历史以来，只要没有受到外来影响，直到今天〔1848年〕，其经济状况的一般特点依然如此。

在古代欧洲的农业社会中（对其早期的状况我们很清楚），事物的发展与亚洲大不一样。这些社会最初大都是小城邦社会，建立在无人居住的地区或原先的居民已被赶走的地区，所获得的土地以相等或分级的份额分配给社会的各个氏族。在某些情况下，不是有一个城邦，而是有一个城邦联盟，据说是属于同一种族、同一时间到达该地的人所占据。每个氏族生产自己的粮食和衣料，衣料通常由本氏族的妇女在氏族内部加工成当时人们喜欢的粗糙织物。这种社会不课征租税，因为那时没有领取俸禄的政府官员，即使有，俸禄也是由奴隶耕种的禄田提供。军队是由全体公民组成的。因此，土地的全部出产不折不扣地归耕种土地的氏族所有。只要事物的发展允许这种处置财产的方式持续下去，这种社会状况对于大多数自由农民来说也许并不坏。在这种制度下，人类文化的进步有时特别迅速和辉煌。特别是如果除了种族优越，气候宜人以及有利的意外事件（尽管已无从对其加以考证）层出不穷外，还兼有地理位置上的优越，文化的发展就更为迅速。所谓优越的地理位置，是指位于辽阔的内海沿岸，而对岸已有人居住。这种地理位置有利于了解国外的生产情况，易于接受国外的思想和发明，从而使这些社会较容易摆脱成规的束缚，这样的束缚对于未开化人民通常是十分强烈的。这里仅谈一下工业上的发展；他们很早就有多种多样的需要和欲望，促使他们用已知的方法从土地上获得尽可能多的产品。若土地贫瘠，或已达到了产量的极限，他们

常常转而经商，在别国之间从事转口贸易以获取利润。

然而，事物的这种状态从一开始就是不稳定的，这些小社会几乎永远处于战争状态。这有许多原因。在不大开化的单一农业社会中，常见的原因是，不断增长的人口对有限的土地施加愈来愈大的压力。这种压力常常由于歉收、农业的原始状态以及要靠非常狭小的国土来供应粮食而加剧。由于这些原因，这种社会常常集体迁移，或者派出大批的武装年轻人去夺取一些不太好战的人民的土地，把他们赶走或作为奴隶留下，为掠夺者耕种土地。落后的部落这样干是为生活所迫，而较富裕的部落则是由于野心和尚武精神。过了一段时间以后，所有的城邦不是成为征服者就是被别人征服。有时，战胜国满足于向战败国征收贡物。而被征服的人民，在尽了这样的义务之后，却换得了免除自身的军费和麻烦的好处，由此而可能在他国的保护下经济呈现一派繁荣景象，而保护国则获得剩余的财富，供共同过奢侈豪华生活之用。靠这种剩余财富，建造起了帕提农神殿和希腊雅典卫城的入口，购买了菲迪亚斯的雕刻作品，举办了庆祝盛典，埃斯库罗斯、索福克勒斯、欧里庇得斯和阿里斯托芬的戏剧，就是为这些盛典创作的。但是这种政治关系虽然对人类的进步和终极利益非常有益，却不能持久。小征服者若不兼并被征服者，最终总会被别人征服。因此，世界的统治权最终便落入了深谙此道的人即罗马人之手；不论是否还采用其他谋略，罗马人总是一开始或最后让他们自己的领袖们占有大部分土地，并让其余土地的大所有者加入统治集团。这里没有必要详细讲述罗马帝国悲惨的经济史。一个社会一旦开始有了财富的不平等，而又不靠发展产业来弥补对财富造成的损失，这种不平

等就会愈来愈巨大,吞并会愈演愈烈。在罗马帝国的版图上最后见到的,便是少数几个家族所拥有的大片地产。于是为了他们的奢侈生活,以及更多地为了他们的炫富心理,开始生产最昂贵的物品,而土地耕种者则变成了奴隶,小佃农也几乎处于被奴役的境地。从此时起帝国的财富就逐渐枯竭了。开始时,财政收入和富人的财力至少还可以在意大利各地修建堂皇的私人建筑或公家建筑,但到了最后,由于管理不善,财力日渐缩小,以致无法使已有的建筑免于颓败。文明世界的力量和财富变得不足以抵抗北方边境游牧居民的入侵。这些人蹂躏了帝国,随后建立了不同的秩序。

在由此而确立的欧洲社会的新格局中,每个国家的居民可以认为是由两个不同的民族或种族、即征服者和被征服者以不同的比例组成的。前者是土地的所有者,后者是土地的耕种者。这些耕种者被允许按照一定的条件占有土地。这些条件由于是暴力的产物,常常是很苛刻的,但很少是完全奴役性的。在罗马帝国的后期,奴隶制就已经广泛地转变成了一种农奴制。罗马人的所谓 coloni 与其说是事实上的奴隶不如说是农奴。而蛮族征服者的无能和不愿亲自监督生产,别无选择地只得允许耕种者从土地上取得某些实在的利益,以刺激他们干活。例如,强迫他们每周为领主劳动 3 天,而其余时间的出产则归他们自己所有。若要求他们供应城堡日常消费所需的各种给养,并常常向他们征调额外的东西,则只要满足了这些需要,就允许他们自行处理剩余的产物。在这种制度下,中世纪的农奴同现代俄国(在那里,直到新近实施了农奴解放措施以前,仍然基本上是这种制度)的农奴一样,并非不可能获得财产,事实上,他们的积累是现代欧洲财富的原始来源。

在这个暴力和混乱的年代里,能积聚一点点存粮的农奴,要做的第一件事,就是赎回自由并迁移到某个从罗马统治时期保留下来而未被毁坏的城镇或设防村庄;或者不赎回自由,而潜逃到那里。在那个周围都是本阶级其他成员的避难所里,靠他本人和同伴们的勇敢,他可以在某种程度上免受武士阶级的凌辱和勒索。这些获得了解放的农奴大都成了工匠,用自己的产品换取封建主土地上生产出的剩余粮食和原料以此为生。这样,欧洲便呈现出与亚洲各国极为相似的经济状况。不过亚洲各国只有一个君主和一大群宦海沉浮的宠臣和官吏,而欧洲则有一个人数众多和相当稳定的大土地所有者阶级,后者远不及前者穷奢极欲,因为他们就个人来说拥有的剩余产品要少得多,而且在很长一段时间内还要用大部分剩余产品供养他们的家臣。由于社会的好战习俗以及政府无力给予保护,当时大土地所有者为了自身的安全必须豢养一批家臣。这种社会状况同经济上与之相对应的亚洲政体相比,使个人地位较为安稳固定,而这正是它有利于进步的一个主要原因。自那时起,经济进步从未中断过。人身和财产的安全缓慢地但却稳步地增加。有益于生活的技艺不断进步。掠夺不再是积累的主要来源。封建的欧洲发展成了商业和制造业的欧洲。在中世纪后期,意大利和佛兰德的市镇、德国的自由城、法国和英国的某些市镇,住有大批精力旺盛的工匠,以及很多富有的自由民。这些人的财富是靠制造业或买卖制造业产品获得的。英国的平民、法国的第三等级以及北美洲大陆上的中产阶级,通常便是这些人的后代。由于这些人喜欢节俭,而封建贵族子弟挥霍成性,前者便逐渐取代后者成为大部分土地的所有者。这种自然趋势有时因颁布旨在将土地保持在现有所有者家族手中的法律而受阻，有时又因政治革命而加速。渐渐地，虽然比较缓慢，在所有文明程度较高的国家内，土地的直接耕种者脱离了奴隶或半奴隶状态，尽管他们所获得的法律地位和经济地位在欧洲各国大不相同，在由欧洲人后裔在大西洋彼岸建立的各大社会也大不相同。

世界现在有几个广阔的区域，它们拥有的各种财富，在丰富程度方面过去是难以想象的。不靠强制的劳动，每年从土地上便可获得大量的粮食。这些粮食除了养活实际生产者外，还养活着同样数目、有时甚至更多的生产无数种便利品和奢侈品或从事运输业的劳动者，还养活着大批指挥和监督这种种劳动的人员，除此之外，还养活着比最奢华的古代社会多得多的从事非直接生产性职业和无业的人员。在同一块土地上（至少是在同一区域内）种植出的粮食可养活比以前多得多的人口；而且可以十拿九稳地养活，欧洲早期历史上常见的、目前在东方诸国仍周期性地发生的那种饥荒，已经看不到了。除了食物的数量大大增加以外，质量和品种也大大改善和增加了，与此同时，食物以外的便利品和奢侈品不再只限于供人数很少的富裕阶级享用，已大量普及到很多日益扩大的社会阶层手中。这种社会的集体财力是空前巨大的，可以用来作一番惊人的事业：例如供养舰队和军队；修建公共工程，不论是有用的还是装饰性的；兴办国家慈善事业，如为西印度奴隶提供赎金；建立殖民地，教育当地人民；简而言之，可干一切要花钱的事业，而无需勒紧居民的裤腰带，甚至不必牺牲他们的主要的享受。

但是在现代工业社会的所有这些特点方面，各个社会间相互差别很大。虽然财富比过去多，但它们之间富足的程度却各不相

同。即令在公认为最富的诸国中，有些国家对生产资源利用得比较充分，获得了相对于疆土来说比别国高得多的产量；它们不仅在财富的数量方面，而且在财富的增长速度方面也有很大差别。财富分配的差别比生产的差别还要大。在不同的国家，最贫困阶级的状况也大不一样，最贫困阶级之上的其余各阶级在人口比例和富裕程度上也有很大差别。参与土地产品初始分配的阶级在性质和名称上，各地也有不小的差别。在一些地方，土地所有者是独立的阶级，几乎完全脱离生产，在另一些地方，土地所有者则几乎全都是耕种者，亲自扶犁下田。在地主本人不耕种土地的地方，有时候在地主和劳动者之间，有一个中间媒介，即农业经营者，他付给劳动者口粮，提供生产工具，付给土地所有者地租以后获得全部产品；在另一些情况下，则由地主、受雇的代理人和劳动者共同分享土地产品。制造业的情形如何呢？有时制造业是由分散的个人经营的，这些人自备或租用所需要的工具和机器，除自己的家人外很少雇用外人；有时制造业则是由富有的工业家经营，他备有昂贵而复杂的机器，使许多人在一座建筑物里共同工作。商业活动方面也有同样的差别。批发业务固然到处都是由大资本经营的；但整个说来占用大量资本的零售业，有时是在小店里经营的，主要靠店主本人和其家人干活，也许还雇用一两个学徒，有时则由大公司经营，其资金由富有的个人或合伙组织提供，雇有人数众多的店员。以上是通常所谓文明世界的不同地方在经济现象上表现出来的差异，除此以外，我们前面所评述过的所有较早期的状态，在世界的某些地方直到今天仍然存在。美洲仍有狩猎社会，阿拉伯和北亚大草原上仍有游牧社会；东方社会本质上依然如故；俄罗斯大帝国在很多方面至今仍和封建时代的欧洲没有多大不同。人类社会的每一重大形态，包括爱斯基摩人或巴塔哥尼亚人的社会形态，现在都依然存在于世上。

在财富的生产和分配方面，人类各民族之间的这些显著差异，同所有别的现象一样，肯定是由很多因素造成的。把这种差异完全归因于人们在不同时间和地点对自然规律和工艺技术掌握程度上的不同，是不够的。还有许多其他因素在起作用；物理知识的进步和传播的不均，既是财富生产和分配状况的原因，也是财富生产和分配状况的结果。

就各国的经济情况取决于物理知识而言，这是自然科学和建立在自然科学之上的工艺技术所要研究的问题。但是，就原因是道德的或心理的，依赖于各种制度和社会关系，依赖于人类的本性而言，这些则不属于自然科学的范畴，而是属于道德和社会科学的范畴，是所谓政治经济学研究的对象。

生产财富，从物质世界索取人类生存和享受的手段，显然不是一件随心所欲的事，而是有其必要条件的。这些条件中有些是物理方面的，取决于物质的性质，取决于人们在特定地点和时间对这些性质了解的程度。政治经济学不研究这些，而只是予以默认，让人们从自然科学或日常经验中去寻找原因。政治经济学把这些有关外部世界的事实同有关人类本性的其他真理结合起来，试图探索出一些次要的或派生的规律；这些规律决定了财富的生产，可用来解释现在和过去贫富的差异，以及预言财富会有什么样的增加。

与生产规律不同，分配规律在某种程度上是人为的制度，因为某一社会中财富分配的方式取决于通行于该社会的法令或习惯。

但是，虽说政府或国家有权决定应该有什么样的制度，可它们却不能任意确定这些制度起作用的方式。它们对财富分配拥有的权力依赖于哪些条件，社会所接受的各种行为方式是如何影响分配的，这些同任何自然规律一样是科学研究的主题。

生产和分配的规律，以及由这些规律推断出来的某些实际结论是本书的主题。

第一编

生产

第一章　论生产要素

第一节　何谓生产要素

生产要素有两种：劳动和适当的自然物品。

劳动或是体力的，或是脑力的；说得更明白些，这一区别乃是肌肉的或是神经的；在劳动这一观念中，不仅应包括所作的努力本身，还应包括在某一职业中因进行思考或使用肌肉而引起的一切不愉快感觉，一切肉体上的不适或精神上的烦恼，或两者兼而有之。关于另一种生产要素（适当的自然物品），需要指出的是，某些能满足人类需要的物品是自然存在或生长的。洞窟和树穴可以提供藏身之处；果实、根茎、野生蜂蜜以及其他天然产物可以用来维持人类的生命。但即令是这些东西，通常也需要花费相当数量的劳动，不是为了制造它们，而是用于寻找和占有它们。除了这些为数很少且不重要的（不过在人类社会的早期是重要的）情形外，自然所供应的物品仅在由人力进行了某种程度的转化以后，才可用于满足人类的需要。即便是狩猎部落和捕鱼部落赖以为生的森林中和海洋中的野生动物，虽然对其所进行的劳动主要是捕捉，但在将其用作食物之前，还必须将其杀死、切成块和进行烹调，这些都需要一定程度的人类劳动。天然物质在变成可供人类直接使用的形态之前所需的转化量，是千差万别的，可以是像上面那样的变化，或物品的性质和外观更少程度的改变，也可以是非常巨大的变化，以致看不出原先的形态和构造。地球上的一块矿物和一张犁、一把斧、一把锯之间相似之处很少；陶瓷和制作它所用的花岗石粉之间，混有海藻的沙子和玻璃之间也极少相似之处。羊毛与绒面呢，或一把棉籽与一匹平纹细布之间的差别更大。兰和棉籽本身不是自然生长的，而是以往劳动和照管的结果。在上述几个例子中，最终产品和自然界供给的物质大不相同，因此按习惯的说法，自然界仅仅提供原料。

然而，自然界不只是提供原料，它还提供动力。地球上的物质不是毫无生气的，在形状和性质上完全听人摆布的。它具有活动的能量，可与劳动合作，甚至代替劳动。在远古时代，人们把小麦放在两块石头之间碾成面粉；随后发明了一种装置，转动一个手柄便可使一块石头在另一块上面旋转，这一方法略加改进以后，仍为东方常用的办法。然而，这是很费劲的，因而常用来惩罚冒犯主人的奴隶。后来人们逐渐感到应节省奴隶的劳动，减轻他们的痛苦。这一时代来临时，人们想出了一种方法，不再用人力而用风力或水力来转动石头，所需的大部分体力劳动就是多余的了。在这种情况下，自然力，即风力或水力，做了一部分原先由劳动所做的工作。

第二节　给劳动的作用下定义

在上述情况下，节省了一定数量的劳动，工作转由某种自然力来做。类似这样的情况，很容易使人对劳动和自然力的相对作用产生错误的观念，似乎自然力与人类劳动的合作只限于自然力代替劳动工作的情形，似乎在手工制作物品的情况下（如常说的那样)，自然界仅仅提供被动的材料。这是一种错觉。自然力在前一种情况下和在后一种情况下都起着积极主动的作用。工人取一根亚麻或大麻，将其剖成一根根的纤维，借助于一个称为纺锤的简单工具用手指把几根纤维捻在一起；由此而做成一根纱，再把很多这样的纱并列起来，用另一些类似的纱横穿过它们，使其排成交叠的十字形，这部分工作是用一个称为梭子的工具协助完成的。这样，他便生产出一匹布，根据原料的不同，或者是亚麻布或者是麻袋布。说来他是用手干的这个，看上去没有与自然力合作。但是，这种作业的每一步有可能实现，以及布匹在生产出来后能连结在一起，靠的是什么力量？靠的乃是纤维的黏性，或内聚力，这是自然界中的一种力，我们能参照其他机械力精确地测定它，并能弄清它足够抵消或抗衡多大的机械力。

考察一下所谓人作用于自然的其他情况，我们同样会发现，一旦将物品置于适当的位置，自然力或换言之物质的性质，便会起作用。将物品放到适当的位置，使其受到自身内在力的作用和其他自然物品内在力的作用，乃是人对于物质所做的或所能做的惟一事情。人只是把一件物品移向另一件物品或把两件物品分离开。人把一颗种子移入地下，植物的自然力使根、茎、叶、花和果陆续长出来。人将斧子移过树木，树由于自然重力而倒下；人以特定方式使锯移过被砍倒的树，由于物理性质的作用，即较软的物质要让位于较硬的物质，木材便被分割成木板；人按某种方式排列这些木板，钉上钉子或用胶粘住，就做成桌子或造成房子。人将火花移向燃料，燃料就点着了，靠燃烧中所产生的力烹调食品，熔化或软化铁，把麦芽或甘蔗汁转化为啤酒或糖，而这些东西都是他事先移到此处的。人除了移动物质外，无法再对物质产生其他作用。运动和阻碍运动，是人的肌肉生来所能做的惟一事情。靠着肌肉的收缩，人能给予外物以压力，压力如果足够强的话，可使外物产生运动，如果物体已在运动中，则可以阻止，改变或完全停止其运动。除此之外，人不能再做别的事，但这却足以使人类具有比其自身大无数倍的支配自然力的能力。这种支配力现在已经很大，而且毫无疑问注定会变得更大。人运用这种支配力的方法是，要么利用现有的自然力，要么对物体进行混合和结合，借此产生自然力。例如，人用点着的火柴引燃燃料并把水放进燃料上面的锅炉中，便可产生蒸汽的膨胀力，人类已广泛利用这种力来达到各种目的。①

因此，在物质世界中，劳动总是而且仅仅是用来使物体产生运动。其余的事便由物质的性质即自然规律去做。人类的技能和才智主要用于发现靠人力可以实现的而且能带来预想效果的运动。但是，虽说运动是人类靠其肌肉所能立即和直接产生的惟一效果，但这并不是说他必须直接靠其肌肉来产生他所需要的一切运动。最早和最明显的替代物乃是牛的肌肉运动。渐渐地，非生物界的动力也用来协助人力，例如想办法把风、水、运动物体的一部分运动传送到轮子上，而在此之前轮子是靠肌肉力转动的。这一工作虽说是由风力或水力完成的，但却先得有人的肌肉的运动，肌肉运动按一定位置摆放某些物体，由此制造出所谓机器；但所需的肌肉运动，只需要一次，无需不断反复，因而总的看来，大大节省了

① 这条有关人对自然的支配力的基本而首要的规律，我认为是由詹姆斯·穆勒在其《政治经济学纲要》的第1章中首次加以说明并确立为政治经济学的一项基本原理的。

劳动。

第三节　自然力是否在某些行业中比在另一些行业中更有助于提高劳动效率？

某些作家提出了这样的问题，自然力对劳动的帮助，是否会因行业的不同而有差别；并说在某些行业中劳动起的作用最大，而在另一些行业中自然力起的作用最大。然而，在这方面，看来存在着严重的思想混乱。自然力在人类任何工作中所起的作用都是无限的，无法计量的。不可认为自然力在某一事物中比在另一事物中起的作用要大。甚至也不能说劳动起的作用要小些。可能需要较少的劳动，但是如果所需要的劳动是绝对不可少的，则所得到的结果既是自然力的产物，也是劳动的产物。当两个条件对于产生结果同样必不可少时，说结果多少是由一种条件产生的，多少是由另一种条件产生的，是毫无意义的；这就如同试图确定剪刀的哪一半在剪切动作中起的作用最大，或者说因子 5 和 6 中哪一个对乘积 30 的贡献最大。这种想法的通常表现是，认为自然力给予人类农业活动的帮助多于给予制造业活动的帮助。这一看法为法兰西经济学派所持有，亚当·斯密也未免受其影响，乃是起源于对地租性质的误解。由于地租是支付给自然要素的价格，由于在制造业活动中无需支付这种价格，这些著述家便认为，既然支付了价格，就是因为自然要素提供了较多的服务需要给予报酬。然而，好好思考一下这个问题，就会看出，之所以要为使用土地付出代价，只是因为土地的数量是有限的，若空气、热力、电力、化学力及制造业所使用的其

他自然力都供应量很少，并可以像土地那样被垄断和占有，则使用它们也得支付租金。

第四节　有些自然要素的数量是有限的，另一些自然要素的数量则实际上是无限的

由此而产生了一种区别，我们很快就会看到这种区别具有头等重要意义。在自然力当中，有些从数量上说是无限的，另一些从数量上说则是有限的。所谓数量无限，当然不能从字面上去理解，而是指实际上是无限的，即数量超过了在任何情况下或至少在目前情况下所能利用的程度。在某些新建立的国家内，土地在数量上实际上是无限的，即供该国现有人口或以后几代增加的人口使用而绰绰有余。但是即令在这些国家，靠近市场或交通便利的土地，通常在数量上也是有限的，也就是说，适于人们占有、耕作或利用的土地不是那么多。在所有古老的国家，能耕种的土地，至少是具有一定肥力的土地，必须列入数量有限的自然要素之列。水对日常用途来说，在河岸或湖边可以认为是无限丰富的；但是如果用于灌溉，即便是在河岸或湖边也有可能不足以满足全部需要，而在用水依赖于水池、水塘或者水源不丰富、易干枯的水井的地方，水则属于数量受到最严格限制的事物之列。在水本身丰富的地方，水力资源，即可用其机械力服务于产业的有落差的水流，同水利资源如果较为丰富，人们可能对其加以利用的程度相比，也许是极其有限的。煤炭、金属矿石和地球上所能找到的其他有用物质，同土地相比更为有限。它们不仅严格地局限于某些地点，而且是可耗尽

的，不过在某一地点和时间，即令可无偿得到它们，它们的储量也会远远超过所需的数量。海洋渔场在大多数情况下是一种数量实际上无限的自然赠品，但北冰洋捕鲸场已有很长时间不足以满足需求了，即令以很高的价格来支付捕捞费用，需求仍降不下来。南海捕鲸业因此而大大扩展，但也会照样把资源耗尽。内河渔场是数量非常有限的自然资源，如果不加限制地允许每一个人使用，就会迅速地枯竭。空气，在大多数情况下，甚至在我们称为风的状态下，对于每一种可能的用途在数量上总是足够的。海边或大河上的水运也是如此，不过在很多情况下，为这种运输方式服务的码头或泊位则远远不能满足需要。

我们在后面将会看到，社会经济在多大程度上依赖于某些最重要的自然要素特别是土地的有限数量。这里我仅仅指出，只要某种自然要素的数量实际上是无限的，则除非能被人垄断，否则它在市场上就不会有任何价值，因为没有人会用东西换取可以无偿得到的东西。但是，一旦数量实际上受到限制，也就是说，一旦不能想占用多少就占用多少，该自然要素的所有权或使用权就会具有交换价值。一旦某一地区对水力资源的需要量超过水利资源的供应量，人们就得为使用水利资源支付等价物。一旦耕作所需要的土地超过某一地方所拥有的土地，或一定品质和位置的土地不足以满足耕作所需，则这种品质和位置的土地就可以卖得价钱，就可以租出去收取年租。后面将详尽讨论这一问题，但是对于我们尚未充分论述的原理和推论，预先略作提示，往往是有用的。

第二章　论作为生产要素的劳动

第一节　劳动或是直接用于所生产的物品，或是用于生产的预备性作业

生产对人类有用的物品时所使用的劳动，或是直接施加于该物品上，或是用于前面的作业中，这些作业旨在使随后的作业得以实现，也许对完成随后的作业来说是必不可少的。例如，制作面包时，施加在物品本身上的劳动是面包师傅的劳动；但是磨坊主的劳动，虽然不是直接施加于面包的生产而是施加于面粉的生产，也同样是生产面包所需劳动总和的一部分；播种者和收割者的劳动也是如此。也许有人认为，应把所有这些人看作是对此物品直接施加劳动的人，因为小麦、面粉和面包只不过是处于三种不同状态的同一物质。这里不准备对这一问题进行咬文嚼字的争论，不过除了上面所说的三种人外，还有耕作者，他为播种翻地，其劳动从未接触以任何状态出现的这种物质；还有制犁匠，他与面包的关系更为间接。所有这些人的劳动最终都从面包或其售价那里获得报酬，制犁匠也和其余人一样，其原因是犁除了翻土外，没有别的用处，因而除非犁地能增加土地的收益，使制犁匠的劳动得到充分报酬，否则谁也不会制作或使用犁。如果产品是以面包的形式使用或消费，则这种报酬就必须来自面包。面包必须足以对所有这些

劳动者和其他劳动者付酬，所谓其他劳动者是指建造农场房屋的木匠和瓦匠、为保护农作物而修建围篱和挖沟的工人、开采或冶炼制作犁及其他农具所用钢铁的矿工和冶炼工。然而，这些人和制犁匠的报酬，并非仰仗于用一次收成制作的面包，而是仰仗于直到犁、房屋和篱笆用坏为止用所有各次收成制作的面包。而我们还必须加上另一种劳动，就是把产物从产地运到使用地点的劳动。这包括把小麦运到市场的劳动，把小麦从市场运到磨坊的劳动，把面粉从磨坊运到面包房的劳动和把面包从面包房运到最终消费地点的劳动。这种劳动有时是相当可观的：面粉可能是从大西洋对岸运到英国来的（1848 年），小麦可能是从俄国中部运来的；而且除直接雇用的劳动者以外，还有车把式和水手，还有昂贵的器械，如船只，在建造船只时也花费了很多劳动。然而，这种劳动不是仰仗面包获得其全部报酬，而只是部分地仰仗面包，因而船只在其使用期内，通常用于运送各种各样的商品。

所以估算任何一种商品包含的劳动不是一件简单的事情。计算的项目很多——也许有些人会认为是无限的，因为如果我们把制犁匠的劳动看作是制造面包所用劳动的一部分，为什么就不计入制造铁匠所用工具的劳动，为什么不计入制造这些工具所用工具的劳动，为什么不追溯这些物品的来源，把一切劳动都计算在内呢（会有人提出这样的问题的）？但是沿着这一台阶爬了一两步后，就会进入一个琐细得无法计算的领域。例如，设想一张犁在磨损以前可以用 12 年，则只需把制犁劳动的十二分之一列入每年的收获账。制犁劳动的十二分之一还是一可觉察的数量。但是同一套工具也许足以供制犁匠锻制上百张犁，而且这些犁可在其12年使用期内为很多不同的农场翻土。所以，在一个农场一年的收获中所耗费的，不过是制作工具劳动的一千二百分之一。当把这一数量进一步分摊到每袋小麦或每只面包上时，一下子就可看出这种数量在和商品有关的任何实际意义上都是不值得考虑的。的确，如果工具制造者不劳动，就永远不会生产出小麦和面包；但是计入了他的劳动以后，小麦和面包售价提高的幅度却不会超过四十分之一便士。

第二节　用于生产随后劳动所需口粮的劳动

劳动间接地对物品生产起作用的另一种方式，也需要给予特别注意，即用劳动生产粮食，以维持从事生产的劳动者的生活。预先运用这种劳动，除对极小规模的生产以外，对任何生产活动都是必不可少的条件。除了猎人和渔夫的劳动以外，几乎没有一种劳动是可以立即得到报偿的。生产活动在获得成果以前，需要持续一定时间。除非劳动者在开始工作以前，就拥有许多食物，或者能够从别人那里得到补给，其数量足以使他维持到生产完成，否则他只能断断续续地一边寻找食物一边劳动。他是无法获得十分丰富的食物的。对于每一种获取食物的方式来说都要求已经有食物的储备。农业要花几个月的时间才能生产出食物。农民的劳动虽然不一定在整个时期都持续进行，但肯定会占用相当长一段时间。不仅农业事先不生产出食物是不可能进行的，而且必须事先备好大量食物才能使相当规模的社会完全依靠农业维持其本身。像英国和法国这样的国家，之所以能进行当年的农业生产活动，仅仅是因为这些国家或其他国家以往各年的农业已生产出足够的食物，可供养其农业人口到一个收获季节。它们之所以能生产出除食物以外的许许多多其他物品，仅仅是因为上一次收获结束时储藏的食物不仅足以养活农业劳动者，而且还能养活大量的工业人口。

生产粮食储备的劳动是过去劳动的重大组成部分，要使现在的劳动能进行下去，就得有过去的劳动。但在这种劳动和其他种类的先前或预备性劳动之间是有区别的，需对其加以特别注意。磨坊主、收割者、耕耘者、制犁匠、车把式和造车工匠，乃至水手和造船工匠，只要被雇用，就会从最终产品即面包那里获得报酬，因为他们对于制作面包用的小麦付出过劳动或者提供过作业工具。为所有这些劳动者生产食物的劳动，虽然同其他劳动一样对于最终产品（即本次收获季节作出的面包）来说是必不可少的，但它却不像别的劳动那样从最终产品取得报酬。这种先前的劳动已经从先前的食物取得了报酬。为了得到某种产品，需要有劳动、工具、原料和养活劳动者的食物。但是工具和原料，除了用于获取产品外，是毫无用处的，或者至少不可作他用，制造它们所耗费的劳动只能从生产出的产品得到补偿。相反，食物本身就是有用的，可直接用于养活人类。生产食物所耗费的并由食物所酬报的劳动，不需要从食物后来养活的劳动者的产品中再次取得报酬。如果我们假设一群劳动者既进行制造，同时又种粮食养活自己，则会有食物和制成品报偿他们的辛苦。但如果他们只种植原料和制造工具，则他们的辛苦只会得到制成品的报偿。

由于拥有可用于养活劳动者的食物而要求得到的报酬，是另

一种性质的报酬，是因节欲而不是因劳动得到的报酬。如果一个人储藏有食物，则他有权在懒散中自行消费掉，有权用以养活侍候他或为他打仗、唱歌、跳舞的人。如果他不这样做，而是将食物给予生产劳动者，使他们在工作期间不致挨饿，他便可以而且自然也会要求从生产出来的产品那里得到报酬。单纯的偿还不会使他满意。如果偿还额与借出额相等，那他的处境还同原先一样，并没有因为推迟将节省的食物用于自身的利益或享乐，而得到任何好处。他力求自己的节制能得到某种补偿。他希望预付的食物在收回时会有所增加，用商业术语来说，就是希望得到利润。对利润的追求，在某种程度上通常会使他节省和积存食物，或者至少会使他不用积存的食物过舒适的生活。用于供养其他工人在生产工具和原料时所需的食物，也要由某个人预先提供，而这个人也要从最终产品那里获得利润。但却有一点不同，即此时最终产品不仅要提供利润，还要提供劳动的报酬。的确，工具制造者（例如制犁匠）通常并不要等到收获以后才得到报酬；农民会预先支付给他货款，而成为犁的所有者。但是，支付的货款将从收获中获得，因为除非农民预期收获会使货款得到偿还，并会带来利润，也就是说，除非收获在给农场劳动者带来报酬外，还有足够的余额来支付制犁匠的报酬，给予制犁匠和农民两者以利润，否则他是不会支付货款的。

第三节　用于生产原料的劳动

由此可见，在列举和划分各种间接促进生产的劳动时，无需把为生产性劳动者生产口粮或其他生活必需品的劳动包括在内，因为这种劳动的主要目的就是生产口粮本身；虽然储存有粮食可使其他工作得以进行，但这只不过是附带的结果。间接促进生产的其余劳动方式，可以归为以下五类。

第一，用于生产原料的劳动，这些原料是工业以后要使用的。在很多情况下，这种劳动仅仅是占有；邓诺耶恰当地称其为采掘业。举例来说，矿工的劳动是把地下的物质挖出来，这些物质可以由工业转化成各种适合人类使用的物品。不过，采掘业并不限于采掘原料。例如煤炭不仅用于工业生产过程，还直接供人们取暖。这样用时，煤炭就不是生产原料了，而是最终产品。宝石采掘业的情况也是如此。只有少量宝石用在生产方面，例如用钻石划玻璃，用金刚砂和刚玉抛光，它们的主要用途是直接用来作装饰品，尽管在这样使用以前，通常要经过某种加工，因而我们也许有理由将其看作是原料。而各种金属矿石则纯粹是原料。

原料生产方面的劳动，还应包括伐木工人的劳动，他们为建筑业、为木匠或其他手艺人伐木，准备木材。在美国、挪威、德国、比利牛斯山和阿尔卑斯山的森林中，伐木工人砍伐的主要是自然生长的树木。在其他情况下，则除了伐木工人的劳动外，还应加上种树育林人的劳动。

这种原料生产方面的劳动，还包括农民的下述劳动，如种植亚麻、大麻、棉花、油料作物，养蚕，种饲料，剥树皮，生产染料以及很多其他东西，生产这些东西仅仅是为了满足其他工业部门的需要。猎人的劳动若目的在于获取皮毛，也是如此；牧羊人和养牛人的劳动，就皮毛、角、猪鬃和马鬃等等而言，也是如此。作为原料用于某种制造过程的物品是各式各样的，取自动物、植物和矿物界的几乎每一个方面。除此之外，很多工业部门的成品又是另一些工业部门的原料。纺纱业纺出的纱，除了作为织布业的原料之外，几乎没有什么别的用处。织出来的布也主要是用作制衣业或家具业的原料，或用作船帆制造业的原料。鞣皮制革业的全部工作，在于将未加工的原料转化成所谓加过工的原料。严格说来，几乎全部食物，当其来自农民手中时，只不过是面包师傅或厨师的原料。

第四节　用于制造工具的劳动

第二种间接劳动是制造劳动工具或器具所使用的劳动。我是按最广泛的意义来使用工具这一术语的。从打火用的燧石和火镰，直到轮船，或最复杂的机器，生产所使用的全部耐用工具或辅助器具都包括在内。工具和原料之间的界线可能有某些含糊不清之处。生产中使用的某些物品（例如燃料）在日常用语中也许既不称为工具，也不称为原料。由于不同性质的需要，通俗用语和科学术语是不一样的。为了避免没有科学意义的繁杂的分类和名称，政治经济学家一般将用作直接生产手段（下面马上将讨论非直接生产手段）的全部物品或归入工具类或归入原料类。最常见的同时也是最方便的区分方法，也许是将每一种只能用一次并使用一次后就损坏（至少是作为服务于眼前目的的工具来说）的生产工具看作是原料。例如燃料，一旦烧过以后，再也不能当作燃料使用，能作这样用的只不过是第一次未烧尽的部分。它不仅不能在不被消耗掉的情况下使用，而且只有在被消耗掉时才有用。因为如果任何部分的燃料都未被毁灭，就不会产生热量。再者，羊毛在纺成线时会被

毁掉，而线在织成毛料时再也不能当线使用。但是斧头在砍树时不会毁坏，以后还可以使用成百上千次。虽然每一次使用都会使它有所损耗，但它与靠毁灭自身来完成工作的煤炭和羊毛不同，不是靠损耗来完成工作的；相反，它越不容易损耗越好。也有些物品，将其划归原料是完全正确的，但却可以使用两三次，不过，这样使用时，原先用它们做成的产品就不存在了。做成冰箱或管子的铁可以再次熔化来做犁或蒸汽机；造房屋的石头可以在将该座房屋推倒后再用于建造另一座房屋。但在原来的产品存在时，却无法做到这一点；第一次使用结束以前，是不能再把它们当作原料使用的。划归工具类的物品则与此不同；工具可反复用来制作新的物品，直到用坏为止，有时用坏要花很长时间，而用工具制作的物品则会继续存在，制作的物品只会因其自身的规律或其自身的事故而毁坏。[①]

由原料和工具的区别造成的具有重大意义的惟一实际差别，在前面某个地方已引起了我们的注意。既然原料一经使用就会毁灭，所以为生产它们所需的全部劳动，以及提供生产手段的人的节欲，都必须从这种使用所产生的成果中得到报酬。与此相反，工具是可重复使用的，因而可用它们生产的全部产品，来为制造工具的劳动，以及那些用存粮养活劳动的人的节欲支付报酬。每一产品

---

① 一位有才华而态度友好的人士在《爱丁堡评论》(1848 年 10 月号)上评论了本书，此人对原料和工具所作的区分与我的区分大不相同。他建议把原料看作是这样的物品，“这些物品在生产中被改变形态后，自身变成了可交换的物品”，而器具(即工具)则是这样的物品，“这些物品被用来产生这种形态的变化，但自身却不变成可交换物品的一部分”。按照这种定义，工厂消耗的燃料便不是原料，而是工具。这种区分法要比本书提出的区分法更符合“原料”一词的原义，但却与政治经济学几乎是不相干的。

只需贡献一丁点，通常是微不足道的一丁点，就足以酬报上面所说的劳动和节欲，就足以补偿直接生产者预付给工具制造者的报酬。

第五节　用于保护劳动的劳动

第三，除了劳动对象材料和帮助劳动的工具外，还必须防止劳动受到干扰，防止劳动产品受到损害。这些干扰或损害或是来自破坏性的自然力量，或是来自人们的暴力或强取。由此便出现了另一种使用劳动方式，即不是对产品本身直接运用劳动，而是帮助它进行生产，也就是说，用来保护劳动。所有工业用建筑物，如厂房、仓库、船坞，以及谷仓、牲口棚或农业劳动用房，其目的都是如此。劳动者居住的，或供他们个人使用的房屋不在此列，这些房屋同劳动者的食物一样，是用来满足实际需要的，因而应计入他们的劳动报酬内。劳动还以其他许多方式更为直接地用来保护生产活动。牧人的全部工作几乎就是保护畜群不受伤害，做到了这一点，畜群自己就会发展壮大。我已提及了筑篱、挖沟、砌墙或建防护栏的劳动。此外，还必须加上士兵、警察和法官的劳动。的确，这些官吏并非专门雇用来保护劳动的，付给他们的报酬也不是每个生产者生产开支的一部分。但是，他们的报酬得自税收，而税收则来自劳动产品；在任何治理得较好的国家，这些官吏为生产提供的服务，都远远超过其开销所值。所以，对整个社会来说，付给他们的报酬也就是生产开支的一部分。如果生产所带来的收益不足以供养这些劳动者以及所有其他必不可少的劳动者，那么生产至少就不能在现有的形式和方式下进行。此外，如果政府不为生产活动

提供保护，则生产者就必须从生产中抽出大量时间和精力用于保护生产或雇用武装人员保护他们；在这种情况下，所有这些劳动都必须直接从产品中得到报酬；而不能为这种额外劳动支付报酬的产品，便不再被生产。在目前的制度安排下，产品是按一定比例向这种保护支付费用的，尽管存在着挥霍浪费政府开支的现象，还是能够以较低的费用得到较好的保护。

第六节　用于产品运输和分配的劳动

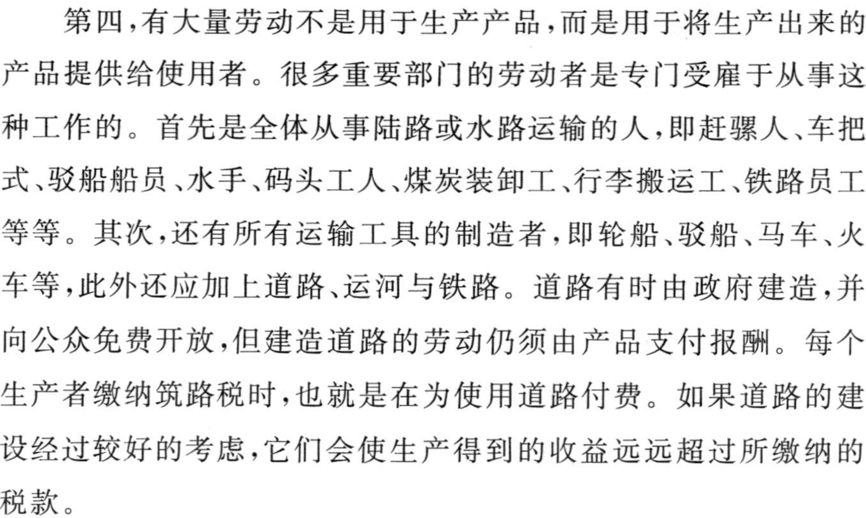

第四，有大量劳动不是用于生产产品，而是用于将生产出来的产品提供给使用者。很多重要部门的劳动者是专门受雇于从事这种工作的。首先是全体从事陆路或水路运输的人，即赶骡人、车把式、驳船船员、水手、码头工人、煤炭装卸工、行李搬运工、铁路员工等等。其次，还有所有运输工具的制造者，即轮船、驳船、马车、火车等，此外还应加上道路、运河与铁路。道路有时由政府建造，并向公众免费开放，但建造道路的劳动仍须由产品支付报酬。每个生产者缴纳筑路税时，也就是在为使用道路付费。如果道路的建设经过较好的考虑，它们会使生产得到的收益远远超过所缴纳的税款。

还有另一类劳动者，也是把生产出来的物品提供给消费者，这就是商人，或者可把他们称为产品分配者。如果消费者只能直接从生产者那里获得所需要的物品，那这会浪费很多时间，带来不少麻烦，常常无法得到所需要的物品。生产者和消费者都过于分散，而且后者常常离前者很远。为了节省时间和劳动，人们很早就不得不求助于集市和市场，在集市和市场上，消费者和生产者可以定期晤面，而不需要任何中间媒介。这一方法适用于很多物品，特别是适用于农产品，因为农民在某些季节有一定的空闲时间。但是，对于从事其他职业，而且不住在附近的买主来说，赶集却常常是很麻烦和很不方便的。同时，有许多物品的生产需要生产者连续不断地照管，对于所有这些物品来说，这种定期的市场就必须很长时间才能举行一次，因而要么很早就必须准备物品以满足消费者的需要，要么消费者的需要在很长时间内便得不到满足，以致在社会的财力物力还未允许开设店铺以前，就普遍由行商来满足这种需要了。每月来一次的货郎，比一年举行一两次的集市更受欢迎。在远离市镇或大村庄的乡农，现在仍可见到货郎。但是，有固定住所和固定顾客的商人更值得信赖，若离得近，顾客更喜欢到这样的商人那里买东西，因而哪里有足够多的顾客，可提供报酬，哪里就有人开设店铺。

在很多情况下，生产者和商人是同一个人，至少就资金的所有权和业务的管理来说是这样。裁缝、鞋匠、面包师傅以及很多其他手艺人，就生产的最后阶段来说，既是物品的生产者，又是物品的销售者。不过，只有当物品的制造地点就是零售地点或靠近零售地点，而且物品的制造量和销售量较少时，制造者和零售商的职能才能进行这种合并。物品必须从远处运来时，同一个人便无法有效地对制造和销售两者进行监督；当物品能又好又便宜地大规模生产出来时，单个制造厂便需要很多渠道来销售其产品，因而最好是委托其他机构从事零售业务。甚至是鞋子和衣服，在要求一下子提供很大数量时，例如向军队和济贫院供应此类物品时，通常也不是直接从生产者那里取得，而是从中间商那里获得，因为他们知道从哪些生产者那里可以得到最好、最便宜的物品。即令物品最后要以零售方式卖掉，为了方便起见，很快也会出现批发商阶级。当产品和交易不断增加而超过某一限度时，当一家制造厂向许多商店供货，而一家商店又常常从许多不同的制造厂进货时，对于制造厂和零售商两方面来说，相互直接打交道所损失的时间和引起的麻烦会使他们感到和少数大商人打交道会更方便些。这些商人仅仅买进卖出，从许多生产者那里进货，然后把货物分配给零售商，让零售商再进一步分配给消费者。以上各式各样的人，就组成了分配阶级，其作用是对生产阶级的活动给以补充。这样分配的产品或其价格，便是分配者的劳动和节欲获得报酬的来源，正是通过节欲，他们才预先拿得出分配业务所需的资金。

第七节　与人有关的劳动

我们现已列举完各种劳动方式。在这些方式中，用于外部自然界的劳动是从属于生产的。但是还有另一种使用劳动的方式，同样有助于生产，只是更为间接而已，这就是将人作为对象的劳动。每个人从婴儿到被抚养成人，要花费某个人或数个人大量的劳动。不花费这种劳动或只花费其中一部分，孩子就不会长大成人，代替父母一代而成为劳动者。对于整个社会来说，抚育幼年人口的劳动和花费是支出的一部分，是生产的一个条件，是要从幼年人口未来的劳动产品中加倍偿还的。就个人来说，付出这种劳动和花费通常则是由于其他动机，不是为了最终得到偿还，因而对于政治经济学的大多数论题来说，不必将其作为生产支出来考虑。但是，社会的技术教育或工业教育，即用于学习或讲授生产技艺的劳动，用于获得和传授生产技能的劳动，却实际上而且一般说来仅仅是为了获得更多或更有价值的产品才付出的，为的是学习者可以获得与其劳动价值相等或超过其劳动价值的报酬，并使所雇用的教师的劳动得到适当的报酬。

因为造就生产力的劳动，不论是体力的还是脑力的，可以看作是社会完成其生产活动所用劳动的一部分，换言之，可以看作是生产使社会付出的代价的一部分，所以用于维持生产力的劳动，防止它们因事故或疾病而毁坏或减弱的劳动也可以这样来看待。内科医生或外科医生的劳动，在被生产者利用时，应看作是社会经济作出的牺牲，用以保护固定在生产性社会成员的生命和体力脑力中的那部分生产资源，使其不因死亡和生病而消失。对于个人来说，这实际上只不过是促使他们接受治疗的动机的一部分，有时甚至是难以觉察到的一部分。人们不会主要从经济动机出发来截肢，或尽力治愈寒热，尽管若只有经济动机，他们也会接受治疗。所以这种劳动和支出，虽然有益于生产，却不是为生产，不是为获取利润而付出的，因而不属于生产性劳动，不属于政治经济学的研究范围，不过，当所考虑的是社会而不是个人时，这种劳动和支出则应看作是垫支的一部分，社会靠这种垫支来完成其生产活动，这种垫支因此而由产品来偿付。

第八节　发现和发明的劳动

另一种劳动，即工业生产工艺发明家的劳动，通常归入脑力一类，但是同体力劳动一样也直接有助于最终产品的生产，虽然不是立即有助于最终产品的生产。我之所以说通常归入脑力类，是因为事实上它并非完全是脑力劳动。所有的人类努力都是某些脑力和体力因素的混合。最愚笨的小工，尽管每天只是在梯子上爬上爬下，但这种机械动作在某种程度上也要运用智力，无论如何加以训练，恐怕最聪明的狗或大象也不会爬梯子。哪怕是最迟钝的人，只要事先给予指导，也会转动磨盘，但要是没有人驱赶和照管，马是不会转动磨盘的。另一方面，即使是最纯粹的脑力劳动，在产生任何外在成果时，也有某种体力成分。牛顿不可能不动笔或不口述就写出《自然哲学的数学原理》；他在心中酝酿这本书时，肯定画了许多图，在纸上作了很多计算和证明。发明家除了运用他们的大脑从事劳动外，通常还要用他们的手从事很多劳动，在他们的思想能够成功地付诸实行以前，他们必须制作一些模型和做一些实验。然而，他们的劳动，不论是脑力的还是体力的，都是使生产得以进行的劳动的一部分。瓦特发明蒸汽机的劳动，同机械工建造蒸汽机或车工开动蒸汽机的劳动一样，都是生产必不可少的组成部分，而且前者同后者一样，都指望从产品那里获得报酬。发明的劳动常常同制作实施的劳动一样按同一办法估价和付酬。很多装饰品制造商都雇用发明家，这些人由于设计图样而领取工资或薪水，正像其他人由于临摹图样而领工资一样。设计和临摹严格说来都是生产劳动

的一部分。恰如一本书的作者的劳动和印刷工与装订工的劳动同是生产的一部分那样。

从整个国家或整个世界的观点来看，学者或思想家的劳动，在非常狭窄的意义上，同实际技艺发明家的劳动一样，也是生产的一部分；很多这种发明乃是理论发现的直接后果，而且有关自然力的知识的每一次扩展，都会产生丰富的实际应用成果。电报是奥斯特的实验和安培的数学研究最出乎人预料而令人惊异的结果；现代航海技术则意外地产生于亚历山大的数学家们对由一平面和一圆锥相交所形成的三条曲线的性质进行的纯粹思辨性的、显然仅仅是出于好奇的探索。即便是从纯粹生产的和物质的观点来看，纯粹思维的重要意义也是无限的。然而，因为这种物质成果很少是学者追求的目的，所以他们的报酬也就不取自他们的发现往往经过很长时间偶然引起的增产；对于大部分政治经济学论题来说，不需要考虑这种终极影响；思想家一般只是被归类于书籍生产者之列，或归类于其他有用的或可以出售的物品的生产者之列，因为这些都直接出自他们之手。但当（在政治经济学中应该经常准备这样做）我们改变观点，考虑的不是个人行动和决定个人行动的动机，而是对整个国家和整个世界的影响时，就必须把思想看作是社会生产劳动最重要的组成部分，必须把从事这种劳动和酬报这种劳动的社会资源看作是社会支出中具有重大生产意义的部分。

第九节　农业上、工业上和商业上的劳动

上面考察了运用劳动促进生产的各种方式，在这种考察中，我

几乎未采用通常的分类方法，没有把产业分为农业、工业和商业三大类。这是因为，这种分类方法实际上很难达到分类的目的。很多大生产部门无法归入这三类，或者不作很多曲解就无法归入这三类；例如（且不谈猎人或渔夫）矿工、筑路工人和水手就是如此。在农业和工业之间也无法精确地划出界限。例如，磨坊主和面包师傅——是应该把他们算作农民呢，还是应该算作制造者？他们的职业从性质上来说是制造；粮食在运交他们以前已经最终地和土地断绝了联系；但这一点对打谷者、扬谷者、奶油和奶酪的制作者来说也是同样正确的；这些人的劳动总是被看成农业劳动，也许是因为这些工作通常是由住在农场上的人们完成的，和耕种受到同样的监督。为了许多目的，所有这些人，包括磨坊主和面包师傅在内，应归类于耕作者和收割者之列。他们全都和食物生产有牵连，他们的报酬都取自所生产的食物。其中一些人兴旺发达了，另一些人也会兴旺发达。他们共同组成了“农业界”。他们以联合起来的劳动向社会只提供一种服务，并从一个共同的来源得到报酬。再者，即令是耕作者，当其产品不是食物，而是工业原料时，在很多方面也应划归社会经济中制造业者的行列。卡罗莱纳州的植棉者和澳大利亚的牧羊业者与纺织工人具有较多的共同利益，而与小麦种植者具有较少的共同利益。但另一方面，我们将看到，直接和土地打交道的劳动，具有某些特殊性质，这些性质会造成很多重要后果，并使这种劳动和所有随后的生产阶段有所区别，不论随后的生产活动是否由同一个人进行，使它既与打谷者和扬谷者的劳动有所区别，又与纺纱工的劳动有所区别。因此，我谈论农业劳动时，通常便指直接和土地打交道的劳动，并且专指这种劳动，除非在上下文中另有说明。制造这个词过于含糊不清，要求精确表述时便没多大用处，因而我使用这个词时，希望读者能按通俗的含义而不是科学的含义去理解。

第三章　论非生产性劳动

第一节　劳动生产的不是物品，而是效用

劳动对于生产来说是必不可少的，但并非总是以生产为目的。有很多劳动，是高度有用的，却不以生产为目的。劳动因此而被分成生产性的和非生产性的。政治经济学家就什么样的劳动应算作非生产性劳动这一问题进行过不少的争论，而未能看出，这一问题实际上没有什么好争论的。

很多著述家认为，除非劳动的结果可以感受为某种物质实体，能够从一个人转移给另一个人，否则这种劳动就不能说是生产性的。另一些著述家（其中包括麦克库洛赫先生和萨伊先生）则把非生产性一词看作是贬义的，反对将这个词用于任何被认为是有用的劳动，所谓有用的劳动，是指所带来的好处或快乐与所付出的代价价值相等的劳动。他们认为，如果政府官员、军官、医生、律师、教师、音乐家、舞蹈家、演员、家庭仆役等等确实完成了无愧于所获报酬的工作，并且其人数不多于对其工作的需要量，就不应把他们的劳动"诬蔑"为非生产性的。看来这些著述家把非生产性一词看成了浪费或无价值的同义词。但这似乎是误解了争论的问题。生产并不是人类生存的惟一目的，因而非生产性一词不一定意味着耻辱，且从来就没有人打算这样做。问题仅在于用词和分类的不

同。然而，用词的不同，即令不是出于意见的分歧，也决不是不重要的；因为虽然这两个词语可能都完全符合事实真相，但它们通常却会引起对其不同部分的注意。所以我们必须谈谈生产性和非生产性这两个词用于修饰劳动时可能具有的各种意思。

首先，即令在所谓物质实体的生产方面，也必须记住，所生产的并非是组成物质实体的物质。世界上所有人的全部劳动连一粒物质也生产不出来。织绒面呢只不过是按独特方式重新排列羊毛的粒子；种植小麦仅仅是将一些称为种子的物质放入某一位置，在那里它可以从土地和空气中聚拢物质粒子，形成称为植物的新的组合物。虽然我们不能创造物质，我们却能使物质具有某些性质，依靠这些性质，可使物质从对我们无用，变为有用。我们所生产的，或者想要生产的，正如萨伊所正确称谓的，乃是效用。劳动并不创造物品，而是创造效用。再者，我们也并不消费和毁坏物品本身；组成物品的物质依然存在，只是形式或多或少有所改变，实际上所消费掉的只是一些性质，物品靠这些性质来适合于应用它们的目的。所以，萨伊先生和其他人问得好：既然说生产物品时，生产的只不过是效用，那为什么不把所有产生效用的劳动都看作是生产性的呢？为什么拒绝把这一称号给予绑扎肢体的外科医生、维护秩序的法官或议员，而把它给予切割和磨光钻石的宝石工？为什么拒绝把这一称号给予向我们传授生活技艺而我们靠这种技艺获取面包的老师，而把它给予为使我们暂时享受一种味道而制作糖果的商人？

毫无疑问，所有这些种类的劳动都产生效用；如果效用的产生足以表达人类通常已形成的有关生产性劳动的观念，我们现在所

讨论的问题就不成其为问题了。生产和生产性，当然是省略的表达方式，包含有生产出某种东西的意思。但我想，生产出来的东西，在一般人的理解中，并非效用而是财富。生产性劳动意味着生产财富的劳动。所以，我们便回到了第一章接触到的问题：什么是财富，是应该仅把物质产品包括在财富内，还是应该把全部有用的产品都包括在财富内。

第二节　效用分成三种

劳动产生的效用有三种。它们是：

第一，固定和体现在外界物体中的效用，即运用劳动使外物具有能使它们对人有用的性质。这是常见的情况，无需说明。

第二，固定和体现在人身上的效用：在此情况下，劳动用于使人具备能使他们对自己和别人有用的品质。所有与教育沾边的人的劳动，不仅仅是学校教师、家庭教师、教授，而且还有政府官员（就其成功地改善了人民的素质来说）、道德家、传教士（就其有益方面来说）、医生（就其有助于维护生命和体脑功效来说）、体育教师和各种行当、科学和艺术的教师，以及学习者向他们求教的劳动，任何人在整个一生中为求知或培养自己或他人体力或脑力才能所花费的全部劳动，都属于这一类。

第三，也是最后一种效用并未固定或体现在任何物体中，而只存在于所提供的服务中，即给予一种快乐，消除不便或痛苦，时间可长可短，但不会使人或物的性质得到永久性改善。在这里，劳动是用于直接产生一种效用，而不是（像前两种情况那样）提供某种别的东西来给予效用。例如乐师、戏剧演员、朗诵或吟诵演员和节目主持人的劳动就是如此。毫无疑问，这种劳动会在较长时间内在观众的感觉性情或心境的愉快方面给他们带来某些益处，或者不是益处而是创伤；但这种较长时期的益处或创伤不是表演者进行表演和观众付钱观看表演所寻求的结果，观众所寻求的只不过是当时的快乐。陆军和海军的劳动也是如此；他们充其量只不过是能防止国家被征服，被伤害，或被欺辱，这是一种服务，但在所有其他方面，既不会使国家进步也不会使国家退化。议员、法官、审判长和政府所有其他人员的劳动也是如此，只要不考虑他们可能对改善国民心理状态产生的影响，而只考虑其日常工作。他们提供的服务是维持和平与安宁，这便是他们提供的效用。某些人可能认为，运输业者和商人也应归入这一类，因为他们的劳动并不给物品增添任何性质。但我的答复是，他们的劳动给物品增添了性质，使物品处在人们需要它们的地方，而不是别的地方。这是一种非常有用的性质，它所提供的效用体现在了物品上，物品现在实际上是在人们需要它们的地方，由此而增加了效用，物品可以按较高的价格出售，价格提高的幅度与所花费的劳动成比例。因此，这种劳动不属于第三类，而属于第一类。

第三节　所谓生产性劳动，是指产生固定和体现在物体中的效用的劳动

我们现在要考虑这三类劳动中哪一类应算作生产财富的劳动，因为单独使用生产性这个词时，其含义便是指生产财富。第三

类效用，即只在享用时才存在的快乐和只在执行时才存在的服务，除了可比喻为财富外，不能称为财富。对于财富这一概念来说，最重要的是可以被积累。我认为，物品生产出来以后，若不能在使用以前保存一段时间，则决不会被人称作财富，因为不管能生产、能享用多少这种东西，受益于这种东西的人也不会变得更富有，境况也不会丝毫有所改善。但是，把任何既是有用又是可积累的产品看作财富，却不会那么明显而绝对地违反习惯用法。手艺人的技能、精力和坚韧不拔精神，完全可以像他们使用的工具和器械那样，看作是国家财富的一部分。① 按照这个定义，我们应把所有用来创造耐久效用的劳动都看作是生产性的，不论这种效用是体现在人身上，还是体现在任何其他生物和非生物身上。我在以前出版的一本著作② 中推荐过这种命名方法，说它最有助于分类工作，我现在仍这样认为。

但用财富这个词指人类从事工业活动的能力，在一般人看来，似乎总是心照不宣地和物质产品相关联。手艺人的技能，只是因

① 某些权威人士认为，财富概念中不可或缺的要素是，财富不仅应该能够被积累，而且还应该能够被转移。因为一个人的宝贵品质乃至生产能力不能与他分离而转移给另一个人，所以他们拒绝承认这些是财富，并且不承认花费在学习生产技能方面的劳动是生产性劳动。然而，在我看来，(例如)手艺人的技能既是一种值得向往的财产，又有一定的耐久性(且不说还能生产出物质财富)，如果只因为它附着在人身上便拒绝承认它是财富，那么也应该拒绝承认煤矿或制造厂是财富，因为他们是附着于某个地点的。而且，尽管技能本身不能与人分离而转移给买主，但技能的使用却可以转移给买主；尽管不能出售技能，却可以雇用技能，况且在所有法律允许买卖人口的国家内，技能是连同人一道出售的。技能在可转移方面的缺陷不是来自天然的障碍，而是来自法律和道德的障碍。

如前所述，我并未将人本身归于财富之列，财富是为人而存在的。但是人所学到的能力，只作为方法而存在，是靠劳动获得的，因而在我看来，当然应归于财富之列。

② 《略论政治经济学的某些有待解决的问题》，第三篇论文，《论生产性和非生产性这两个词语》。

为是获取物质财富的手段，才算作财富；任何无助于达到这一目的的才能，都不算作财富。不管一个国家的居民具有多么宝贵的创造能力，多么宝贵的美德，多么宝贵的才能，也不能说该国因此而更为富有，除非在比喻的意义上这么说，除非人们把这些看作是可以出售的物品，可用来吸引其他国家的物质财富，就像古希腊人和一些现代国家所做的那样。因此，虽然若是让我创造新的术语的话，我宁愿把产品的耐久性而不是物质性当作区别的标准，但是，当习惯用法已深入人心时，使用术语时最好还是尽可能不违反习惯用法；因为通过歪曲普遍接受的意义而对术语所作的任何改进，通常是不值得的，会因新旧联想间的冲突而使其含义变得模糊不清。

因此在本书中，讲到财富时，指的仅仅是物质财富，生产性劳动指的仅仅是这样的努力，这种努力产生了体现在物质对象中的效用。但是，既然对词语的含义作了这样的限定，我就打算充分利用这种被限定的含义。对不以物质产品作为其直接成果的劳动，只要物质产品的增加是其终极后果，我将不拒绝称其为生产性的。例如，我把花费在学习制造技能上的劳动看作是生产性的，不是由于技能本身，而是由于用技能创造的制成品，学习技能的劳动从本质上说是有助于产品生产的。政府官员的劳动是以某种方式提供保护，这种保护对工业的繁荣来说是必不可少的，因而也必须将其看作是生产性的，甚至是生产物质财富的，因为没有它，物质财富不可能像现在这样丰富。这种劳动可以说是间接生产性的，而耕作者及棉纺工的劳动则是直接生产性的。它们的共同之处是，它们使社会的物质产品比以前更为丰富；它们增加了或有助于增加物质财富。

第四节　所有其他劳动，不论多么有用，都归入非生产性劳动类

与生产性劳动相反，非生产性劳动是指不创造物质财富的劳动；无论多么大规模地或成功地从事这种劳动，它都不会给整个社会和整个世界带来更丰富的物质产品，反而会使物质产品减少，减少额等于被雇用来从事这种劳动的人消费的物质产品额。

用政治经济学的术语来说，凡是最终只带来眼前享受，而不增加耐久性享受手段积累量的劳动，都是非生产性劳动。按照我们在本书中所下的定义，所有那些带来持久利益的劳动，只要所获得的利益中不包含物质产品的增加，则不论多么重要，都应归入非生产性劳动类。搭救一个朋友生命的劳动不是生产性的，除非这个朋友是个生产性劳动者，并且生产的东西比他消费的东西要多。对于一个信教的人来说，灵魂的得救要远比生命的得救重要得多，但他不会因此而把传教士或牧师称为生产性劳动者，除非他们像"南海布教团"有时所做的那样，除传教以外还传授文明世界的生产技艺。显而易见，一个国家供养的传教士或牧师愈多，它能花在其他方面的钱就愈少；而它明智地在养活工农业劳动者方面花的钱愈多，它能用于干其他各种事情的钱也就愈多。在其他情况不变的条件下，该国的物质产品存量，会因前一种做法而减少，因后一种做法而增加。

非生产性劳动可能和生产性劳动一样有用；或者从持久利益

的观点来看，甚至更为有用；或者用途可能只存在于愉快的感觉之中，随着感觉的消失而消失，不留任何痕迹；或者连愉快的感觉也没有，是完完全全的浪费。总之，社会或人类不会因它而更富些，只会因它而更穷些。非生产人员消费掉多少物质产品，就会暂时从社会拥有的物质产品中减掉多少物质产品。但是，虽然社会不能靠非生产性劳动变富，个人却能靠非生产性劳动变富。非生产性劳动者可以从那些因他的劳动而得到享乐的人手中，得到一笔相当可观的财富作为他的报酬。但是，前者的所得正是后者的所失；后者的花费也许得到了充分报偿，但他们花费多少，也就穷了多少。裁缝做好一件上衣并把它卖掉时，钱从顾客那里转移给裁缝，除此之外还多出了一件以前没有的上衣；但演员却仅仅是从观众口袋中得到钱，而并未留下物质财富酬报观众。因而演员的劳动没有使整个社会得到任何东西。演员花费掉多少自己所挣的收入，社会也就损失多少物质财富，而只保留下他所积存的。然而，一个社会却可以利用非生产劳动靠损害其他社会来增加财富，就像个人可以利用非生产性劳动靠损害他人来增加自己的财富那样。意大利的歌剧演唱家、德国的家庭女教师、法国的芭蕾舞演员等在国外的收入，在他们回国时，便成为本国财富的一个来源。希腊境内的一个个小城邦，特别是那些比较原始和落后的城邦，是士兵的来源；他们受雇于东方的王公贵族来从事无用和破坏性的战争，然后携带积蓄回到自己的国家安度晚年；他们是非生产性劳动者，他们得到的报酬连同掠夺所得，对于提供这些报酬的国家来说是没有回报的支出；但是，虽说整个世界毫无所得，可希腊却有所收获。晚些时候，希腊及其殖民地向罗马帝国提供了另一类冒险

家，即所谓哲学家或演说家，这些人向上层阶级子弟传授所谓最宝贵的技艺；他们大都是非生产性劳动者，但他们优厚的报酬却是本国财富的一个来源。以上这些人都不会增加世界的财富。这些劳动者的服务，即便是有用的，对整个世界来说，也是通过牺牲一部分物质财富而获得的；如果没有用，则对整个世界来说，这些劳动者消费了多少物质财富，也就浪费了多少物质财富。

然而，浪费是一种不局限于非生产性劳动的倾向，生产性劳动如果所花费掉的多于对生产的实际贡献，也可能同样被浪费掉。如果劳动者技术欠佳或领班判断失误导致了滥用生产性劳动，如果一个农民坚持用三匹马和两个人耕地，而经验已表明两匹马和一个人就已足够，那么，多使用的劳动，虽说是用于生产目的，却被浪费了。如果所采用的一种新生产方法并不比以前的方法好，甚至还不如以前的方法好，那么花费在完成和应用这个发明上的劳动，虽说是用于生产目的，却也被浪费了。如果生产性劳动所产生的财富（即所增加的有用物品或合意物品的存量），不是人们当前需要的，例如当商品因生产数量超过目前的需求而卖不出去时，或者当投机者过早地修建船坞和仓库时，生产性劳动反而会使国家更穷。北美的一些无力还债的州过早地修建铁路和运河，看来就犯了这种错误；有人认为英国过快地发展铁路事业，在某种程度上也重蹈了北美的覆辙。当社会有紧急需要或财源有限而要求迅速回收资金时，为了在遥远的未来获得收益而投入劳动，不但会使国家在当时陷于贫困，即所雇用的劳动者消费多少，国家就损失多少，而且即使是到最后，国家也不如采取另一种做法富裕，所谓另一种做法，就是从一开始便寻求眼前的收益，而推迟远期获利的事业。

第五节　生产性消费和非生产性消费

生产性和非生产性的区别不仅适用于劳动，而且也适用于消费。虽然并非所有社会成员都是生产者，但所有社会成员却都是消费者，而消费或是非生产性的或是生产性的。谁对生产既没有直接贡献也没有间接贡献，谁就是非生产性消费者。只有生产性劳动者才是生产性消费者，所谓生产性劳动，当然既包括执行的劳动，也包括指挥的劳动。但即令是生产性劳动者的消费也不全是生产性消费。生产性消费者也有非生产性的消费。他们在保持或改善健康、体力和工作能力，或抚养下一代生产性劳动者方面的消费，乃是生产性消费。但是娱乐或奢侈方面的消费，不论是懒惰者所为，还是勤劳者所为，因为生产既不是其目的，也不会因此而有任何进步，所以必须看作是非生产性的。不过，也许一定数量的享乐可以认为是必需的，因为缺了它，会使劳动达不到最高效率。只有用于保持和提高社会生产力的消费，才是生产性消费，而社会生产力或蕴藏在土壤、原料、生产工具的数量和效率中，或蕴藏在人民中。

有很多产品，可以说除作非生产性消费外别无他用。每年在金线带、菠萝形装饰品，或香槟酒方面的消费必须看作是非生产性的，因为这些东西既对生产毫无帮助，又不是用于维持生命或体力，而可以用便宜得多的东西来替代。因此可以说，用于制造这些东西的劳动，不应当看作是政治经济学家所说的生产性劳动。我承认，为非生产性消费者生产物品所耗费的劳动，无助于社会的持久富裕。为非生产人员做上衣的裁缝是生产性劳动者；但几周或几个月后，衣服破损了，而穿上衣的人并未生产任何东西代替它。社会财富没有因这个裁缝的劳动而有所增加，其结果和用这笔钱到歌剧院去看戏一样。不过，在上衣未被穿坏以前，社会财富却因这个裁缝的劳动而有所增加，也就是说，在该劳动产品被某一非生产性社会成员拿去消费以前财富有所增加。金线带或菠萝形装饰品的情形与此没有什么不同，只不过同上衣相比，它们距离必需品更远。这些东西在被消费掉以前也是财富。

第六节　为生产性消费供给物品的劳动和为非生产性消费供给物品的劳动

然而，我们由此却可以看出，对于社会财富来说，有一种甚至比生产性劳动和非生产性劳动之间的区别还要重要的区别，即为生产性消费供给物品的劳动和为非生产性消费供给物品的劳动之间的区别，也就是维持或增加国家生产资源的劳动和其他方面的劳动之间的区别。一国的生产物中，只有一部分注定要用于满足生产性消费，其余的生产物则用来满足生产者的非生产性消费和非生产性阶级的全部消费。假如用于前者的生产物占年生产物的一半，那么就只有一半生产性劳动者为国家生产持久性财富。另一半生产性劳动者则年复一年、代复一代地生产没有回报的、一经消费便消失的物品；因此，就国家资源所受到的持久性影响来说，这一半生产性劳动者所消费掉的物品，同非生产性消费一样，被白白浪费掉了。假设这后一半劳动人口停止工作，政府或教区让他们赋闲并供养他们一整年，即便在这种情况下，前一半劳动人口也能像以前一样生产出他们自己的必需品和后一半劳动人口的必需品，并能保持原料和工具的存量不减少；的确，非生产性阶级要么会挨饿，要么将被迫生产自己的口粮，整个社会在一年中将只有刚够维持生活的必需品；但是，生产的源泉却未受到损害，下一年的产量不一定会比没有出现这种停产的状况时少；而如果情况倒转过来，如果前一半劳动者暂时停止日常生产，后一半劳动者继续工作，那么国家在年底就会陷入一贫如洗的境地。

富国每年用很大一部分生产物去满足非生产性消费，若对此表示惋惜，那就大错特错了。社会从必需品中抽出这样多的物品来供人享乐，供人从事更高级活动，这并没有什么可惋惜的。正是用这部分生产物满足了除最低生存以外的所有社会需要，衡量出了社会具有多少供人享乐的手段，具有多大的能力来达到除生产以外的所有目的。如此多的剩余可用来达到这些目的，实际上是值得庆贺的事。应感到惋惜的只不过是，这种剩余的分配太不公平了，大部分用在了毫无价值的事情上，落入了不提供等价服务，不给予回报的人手中，当然，这种状况并非无法加以纠正。

第四章　论资本

第一节　资本是拨出来运用于再生产的财富

如前面几章所述，除了劳动和自然力这两种基本的和普遍的生产要素外，还有另一种生产要素，若没有它，工业便只能处于最初的原始而简陋的状态，而不可能进行任何其他生产活动。这就是以前劳动产物的积累。这种劳动产物的积累称为资本。彻底弄清资本在生产中的作用是极其重要的，因为有关资本的很多错误观念都来源于对这一点的不全面的、混乱的理解。

在完全不熟悉这一问题的人看来，资本就是货币。要揭穿这一误解，就得重复一下绪论中说过的话。货币不是财富，同样也不是资本。货币本身并不能执行资本的任何职能，因为它不能向生产提供任何帮助。为了向生产提供帮助，必须把货币换成别的东西；而任何能与其他东西交换的东西，都能在相同程度上对生产作出贡献。资本为生产所做的事情，是提供工作所需要的场所、保护、工具和原料，以及在生产过程中供养劳动者。这些是当前的劳动向过去的劳动，向过去劳动的产物要求提供的服务。无论什么东西，只要用在这方面，即用来满足生产性劳动所必需的以上各种先决条件，就是资本。

为了熟悉这一概念，让我们看一下投入一国各生产性行业的资本究竟用在了哪些方面。例如，某一制造商的资本，一部分以建筑物的形式存在，为从事生产活动提供场所。另一部分以机器的形式存在。第三部分取决于他制造的产品，如果他是纺纱业者，便以原棉、亚麻或羊毛的形式存在，如果他是织布业者，便以麻纱、毛线、丝或棉纱的形式存在，如此等等。按现代的习惯，工人所需的食品衣着，不由他直接提供；除了食品或衣着的生产者外，很少有资本家使其资本中任何值得一提的部分以食品或衣着的形式出现。每个资本家持有的不是食品或衣着，而是货币，他把钱付给工人作为报酬，让工人自己去购买食品衣着。此外，仓库中还有制成的货物，把这些货物卖掉后，他可获得更多的钱，用这些钱支付工人的报酬，以及用来补充原料，修理房屋和机器，更换报废的房屋和机器。不过，他拥有的货币和制成品并不全都是资本，因为他不是把它们全部用在这些方面。他用一部分货币和出售制成品所得的货款来满足他个人和他家庭的消费，雇用马夫和听差，供养猎人和猎犬，教育子女，缴纳税款或捐给慈善机构。那么，他的资本是什么呢？精确地说，乃是他用于进行再生产的那部分所有物，不论这些所有物以什么形式存在。其中一部分甚或全部，是否能直接用来满足工人的需要，这无关紧要。

例如，假定资本家是一个五金制造商，假定他的资本，除机器外，目前全都是铁制品。铁制品是不能用来养活劳动者的。然而，只要改变一下铁制品的用途，他就能供养劳动者。假设他原来打算用一部分收入养一群猎狗，或雇一些仆人，而现在改变了主意，把这部分收入用于从事生产活动，用于向增加的工人支付工资。这些工人由此而能购买和消费原来会被猎狗或仆人消费掉的食物。由此可见，雇主无需看一眼或碰一下食物，便能使该国较多的食物用来供养生产性劳动者，而使较少的食物用在非生产性消费上。现在改变这个假设，设想不是用养仆人或猎狗的钱来改发工资，而用购买餐具和珠宝的款项改发工资。为了使结果更加明显，我们假定这一改变的规模相当大，购买餐具和珠宝的一大笔钱转移来雇用生产性劳动者，假定这些劳动者像爱尔兰农民那样，以前处于半失业状态。这些劳动者得到增发给他们的工资后，不会用来购买餐具和珠宝，而是用来购买食物。然而该国没有多余的食物，而且也不像在前面的例子中那样，可把一些非生产性劳动者或动物的食物转用于生产目的。因此如果可能，将进口食物；如果不可能，劳动者暂时仍将处于半饥半饱的状态。但是，资本家的花费从非生产性支出转变为生产性支出，会使商品需求发生变化，其结果乃是下一年生产的食物将增多，而餐具和珠宝将减少。这再次表明，无需直接对劳动者的食物做任何事情，只要有人将其一部分财产（不论是哪类财产）从非生产性用途转变为生产性用途，就会使生产性劳动者消费的食物增加。由此可见，“资本”与“非资本”之间的区别并不在于商品的种类，而是取决于资本家的意向，看他将其用于何种目的；任何一种财产，不论多么不适合于劳动者使用，但只要这种财产或得自这种财产的价值用于生产性再投资，它就是资本的一部分。由各个所有者指定用于生产性再投资的全部价值总和构成了国家的资本。这些价值是否都具有可直接用于生产的形式，这无关紧要。不论它们以什么形式出现，都是暂时的和偶然的；一旦被指定用于生产，它们就会以某种方式转变成能够应用于生产的东西。

第二节　指定用于生产的资本要多于生产中实际使用的资本

因为凡是用于生产的产品都是资本，所以反过来便可以说，国家的全部资本都用于生产。不过，对第二个命题，必须施加一些限制并作一些解释。一笔资金可能正在寻求用于生产，但可能尚未找到符合其所有者心意的用途，此时这笔资金虽说是资本，却是未使用的资本。或者，资本可能是尚未出售的货物，不能直接用于生产性目的，一时又卖不出去，因而这些货物在卖掉以前，也处于未使用的资本状态。再有，人为或意外情况可能使人必须提前拥有较大量的资金，也就是说，开始生产之前拥有的资本必须多于生产本来需要的资本。设想政府在生产的较早阶段就征税，例如征收原料税。制造商必须提前纳税，在开始生产以前就纳税。因而制造商拥有的资金，就必须多于生产所需要或实际使用的资金。他必须用较多的资本来维持同样的生产性劳动量，或者换句话说，他必须用给定的资本来维持较少的劳动。因此，这种课税方式不必要地限制了国家的产业。所有者指定用于生产的基金，有一部分偏离了其目的，成了垫付给政府的款项。

另一个例子：农场主租种土地时，可能被要求在获得收成以前支付 1/4、1/2 乃至 3/4 的地租。因此，这种地租必须从他的资本中支付。如果支付地租是为了土地本身，而不是为了劳动对土地的改良，则这种地租就不是生产性开支。支付这种地租不是为了养活劳动者，不是为了准备工具或原料（它们是劳动产品），而是为使用一种已被人占有的自然要素而付出代价。的确，这种自然要素同工具一样是必不可少的（甚至比工具更不可缺少），但却不是必须为使用它付出代价。就工具（劳动生产的一种物品）来说，支付某种代价是其存在的必要条件，而土地却是自然存在的。因此，为土地支付的款项不是生产性开支；由于必须从资本中支付这种款项，因而必须拥有的资本额，或必须拥有的过去劳动产品的积累额，就得大于自然需要的数额，或大于另一种土地制度下需要的数额。这种额外需要的资本，虽然其所有者原打算用在生产方面，但实际上却被用在了非生产方面，每年不是由其自身生产的产品来偿还，而是由农场主其余的资本养活的劳动者所生产的产品来偿还。

最后，一个国家的生产资本虽然有很大一部分用于支付劳动者的工资和薪金，但很显然，这部分资本并非全都是生产所必不可缺的。超过维持生命和健康实际需要的那部分（就熟练劳动者来说，通常会超出很多），不是用于养活劳动者，而是用于酬劳劳动者，劳动者可以等到生产完成后再得到这种酬劳，因而不必作为资本而预先存在。即使劳动者不幸必须完全放弃这种酬劳，生产也丝毫不会受到影响。要每日或每周向劳动者预付全部报酬，就必须事先准备好比足够维持现有生产规模更多的资本，将其拨归生产使用。不论劳动者得到多少报酬，总要比精明的奴隶主为了自身利益而给予奴隶的报酬要多些。事实上，只有在已经积累起大量资本以后，才有可能预先向劳动者支付超出最低限度口粮的报酬，因为付给劳动者的这种报酬，实际上不是用于生产，而是用于生产性劳动者的非生产性消费，这就需要有足够充分的生产基金，将其一部分经常用于单纯的享乐。

人们可能注意到了，我一直假设劳动者总是靠资本而生存，实际情况显然就是这样，尽管资本并不一定非得由称为资本家的人提供。当劳动者靠自己的资金为生，当自耕农靠自己的土地产品生活或工匠自立门户工作时，他们依然是靠资本为生，也就是靠预先准备好的资金为生。农民不是靠当年的收成过日子，只是靠上一年的收成过日子。工匠不是靠手中正在干的活生活，而是靠已经制成和已卖掉的产品生活。他们各自靠自己的小额资本为生，定期用其劳动产品予以补充。大资本家也同样是靠事先准备好的资金为生。如果他亲自经营管理自己的业务，则他个人或家庭的开支只要不超过按市价计算的他的劳动报酬，就应看作是生产资本的一部分，而他的个人消费，就生活必需品而言，乃是生产性消费。

第三节　考察某些可以说明资本概念的实例

尽管可能会使读者感到厌烦，我还是要再加上几个实例，来把资本概念说得更明白清楚些。正如萨伊先生所指出的，用实例来说明政治经济学的基本原理是非常有用的，因为政治经济学中一些常见的大错误，都可以归因于没有透彻地理解基本概念。这没有什么好奇怪的，一根树枝有病，所有其余部分仍可能是健壮的，但树根有病却会使整棵树枯萎。

因此让我们来看一下，那些靠利息生活而本人不参加生产的人的财产能不能算作资本，以及在什么情况下可看作是资本。在日常用语中，这种财产被称为资本，仅就个人来说，这没有什么不妥之处。任何一笔资金，若所有者能从中获取收入，又能在不消耗资金本身的情况下使用这种收入，则这笔资金对所有者来说就相当于资本。但把对个人来说是正确的命题轻率地转变为普遍正确的命题，则是政治经济学中无数错误的根源。在本例中，对个人来说实际上是资本的资金，对整个国家来说是不是资本，这要看其他人有没有把它(我们假设所有者没有把它挥霍掉)挥霍掉。

例如，甲拥有一万镑财产，借给农场主或制造商乙，用在乙的事业上而产生利润。该财产就如同是属于乙的资本。甲本人虽不是农场主或制造商，但就其财产来说，实际上却可以把他看作是农场主或制造商。价值一万镑的资本被用于生产——用于养活劳动者并提供工具和原料。这笔资本属于甲，而由乙来使用，乙得到的报酬是该资本产生的利润与付给甲的利息之间的差额。这是最简单的情况。

接下来我们假定甲的一万镑，不是借给乙，而是在有抵押的条件下借给土地所有者丙，丙用这笔钱筑篱、排水、修路或改良土壤，以此提高其地产的生产力。这一万镑被投在土地上，而没有被挥霍掉。它们会产生持久的报酬。如果使用得当，土地的产量会增加。足以在几年内收回这笔钱，最终使其增加好几倍。这样，这一万镑乃是用于提高国家的产量。它便是一笔资本。如果丙把土地租给了别人，他就会以高地租的形式得到报酬，而放债人甲则以利息的形式按约定的金额每年得到报酬。我们现在把所说的情况改变一下，假定丙并未用这笔贷款改良土地，而是用于归还以前的债务，或为子女存起来。这样用掉的一万镑是不是资本，取决于最终得到的人如何使用这笔钱。如果其子女把所得到的财产投资于生产，或者收回贷款的债主又把这笔钱借给另一个土地所有者去改良土地，或借给制造商去扩充其业务，这笔钱就仍然是资本，因为用在了生产方面。

然而，假设这个借钱的地主丙是一浪荡子，他以土地作抵押借来的钱不是用于增加他的财产，而是挥霍浪费掉，用于声色犬马之好。在一两年内就用光，得不到回收，甲仍然像以前一样富有。但他不再有他的一万镑，而是有土地的扣押权，可以把土地卖掉来收回这笔钱。丙则比以前要少拥有一万镑，而没有人会比以前富有。有人会说，花费这笔钱时从中得利的人会比以前富有。毫无疑问，如果丙是因赌博而丧失了这笔钱，或这笔钱是被仆人骗走了，这仅仅是一种转移，而不是毁灭，得到这笔钱的人还可将其用于生产。但若丙花费这笔钱已得到相等价值的生活必需品或奢侈品，而这又全被他本人或他的仆役、宾客消费掉了，则这些商品将不复存在，而且没有生产出什么来替代这些商品。反之，若把同一笔钱用于耕种或制造，则在年终时，劳动所创造的产品便能抵消所发生的消费而有余。由于丙的浪费，本来在消费时能得到收益的资金被白白浪费掉了。卖商品给丙的那些人，固然可在这一交易过程中得到利润。但假如资本是用于生产，则建筑工人、篱笆匠、工具制造者和向劳动阶级供应消费品的商人也会创造出相等的利润，在约定期满时，丙会收回一万镑（且不说还有利息），而现在却失掉了这一万镑。因此，从总的结果来看，对社会是不利的，至少是有一万镑的差异，即丙的那笔非生产性支出额。对于甲来说，这个差异不是实质性的，因为他的收入是有保证的，只要担保是可靠的，市场利率保持不变，他就总能按原价将抵押品售出。因此，对于甲来

说，对丙的地产的那一万镑扣押权实际上就是那笔资本。但对于社会来说也是这样吗？不是的，甲曾有一万镑资本，但这已经消失——被丙浪费挥霍掉了。甲现在的收入，不是来自其资本的生产物，而是来自属于丙的另一收入来源，或许是来自丙的地租，也就是说，来自农场主从他们自己的资本生产物中付给丙的款项。整个国家的资本减少了一万镑，整个国家的收入也有所减少，减少额等于把那一万镑当作资本使用所能产生的收入总额。损失不会落到甲的身上，因为挥霍者已经同意给予赔偿。挥霍者的损失也仅仅是社会所遭受的损失的一小部分，因为可以供债主使用和消费的只是利息；资本本身本来可以经常用于养活一定数量的劳动者，这些劳动者可不断再生产出他们所消耗的资本，但现在他们却被剥夺了这种维持生活的资本而得不到任何补偿。

现在让我们进一步改变假设，设想钱不是借给某个地主，而是借给国家。甲将其资本借给政府去进行一场战争。他向国家购买所谓公债，即每年支付一定利息的国债券。如果政府用这笔钱修铁路，这笔钱便是用在了生产上，甲的财产仍然是用作资本。但因为现在是用于战争，用于向什么也不产生的军官和士兵支付薪饷，用于购买弹药，政府便处于丙的位置，即那个挥霍成性的地主的位置。作为国家的资本来说，甲的那一万镑已不复存在了，实际上就财富或生产来说，等于是扔到大海里了，虽然根据其他理由这样使用可能是正当的。甲以后的收入不是来自他自己资本的生产物，而是来自对社会其余资本的生产物课征的赋税。对于社会来说，甲的资本没有产生任何收益来补偿这种支出。甲的资本已被花掉而不复存在了，甲现在所拥有的是对其他人的资本和劳动收益的要求权。他可以出售这种要求权，收回其资本的等价物，然后可将其用于生产。实际情况确实如此，但他收回的并不是他自己的资本，也不是他的资本所生产出来的东西。他的资本连同全部可能的收益已被毁灭了。他所得到的乃是另一个人的资本，此人愿意用自己的资本换取甲对赋税的扣押权。另一个资本家代替甲成了公众的债权人，而甲则代替这个资本家成了生产(或可用于生产的)资金的所有者。社会生产力不会因这一交换而增加或减少。政府用掉甲的钱时，国家的资本已被毁掉，已从生产中提取了一万镑资金，转用于非生产性消费，并把它毁灭了而未创造出等价物。

第五章　关于资本的基本命题

第一节　劳动受资本的限制

如果前面的解释已达到预定目的，则读者不仅对资本的定义已有了很全面的了解，而且还熟悉了具体的资本，熟悉了在各种复杂而含混的情况下出现的资本。这就足以使甚至外行的读者也能理解某些关于资本的基本命题或定理。全面理解这些命题或定理，乃是从黑暗走向光明的重大一步。

这些命题中的第一个乃是，劳动受资本的限制。这一点是显而易见的，以致在日常用语中都有所表现；但是偶尔领悟某一真理是一回事，而经常承认该真理，不容许任何命题与其相违背则是另一回事，直至最近，这一公理还普遍受到国会议员和政论家的漠视；而与其不相容的学说仍在被大肆宣扬和鼓吹。

下面列举的日常用语，就包含有这一真理。把劳动用于某一行业，通常说成“把资本运用于”该行业。把劳动运用于土地，就是向土地投资。把劳动运用于制造业，就是向制造业投资。这意味着，劳动的规模要受资本的限制。其实，只要有了清楚的理解，就必定会同意这个命题。当然，“运用资本”是比喻性的说法，实际运用的是劳动，资本是一必不可少的条件。此外，我们常说“资本的生产力”。这种说法严格说来是不正确的。只有劳动和自然要素才具有生产力；即使能牵强附会地说资本的某一部分具有生产力，这也只是指工具和机器，这些东西，可以说能像风或水一样与劳动相配合。劳动者的食物和用于生产的原料，是没有生产力的，但若没有食物和原料，劳动也就无法发挥其生产力。劳动不可能超过可用于加工的原料和可供食用的食物的供应量。一个国家的人民，不是靠现在劳动的生产物而是靠过去劳动的生产物来供养的，其需要也不是靠现在劳动的生产物而是靠过去劳动的生产物来满足的，这一点是不言自明的，但却常常被人忘记。他们消费的是已经生产出来的东西，而不是即将生产出来的东西。不过，在已经生产出来的东西中，只有一部分拨出来用于供养生产性劳动；因而生产性劳动不可能超过拨出来的生产物（即国家的资本）所能供养并供给生产用原料和工具的劳动。

然而，尽管以上事实是显而易见的，可人们长期以来一直认为，法律和政府在不创造资本的情况下，便能创造出劳动。不是靠使人们更加勤劳，或提高他们劳动的效率；这些是政府在某种程度上能间接地作出贡献的目标。人们认为，即使不提高劳动者的技能或能力，不促使懒惰的人去劳动，政府也能在不增加资金的条件下创造出更多的就业机会。一国政府可以靠禁运法制止某种商品的输入；这样一来，就可促使该商品在国内生产，因此而可以吹嘘使国家增添了一新的产业部门，把产量和就业人口数都堂而皇之地列入统计表，把所有这些都看作是禁运法给国家带来的利益。虽然这种政治算术在英国已受到一些人的怀疑，但在欧洲大陆各国还是很能蛊惑人心的。假如议员们意识到劳动受资本的限制，他们就会看出，由于国家的资本总量并未增加，因而他们通过法律转向新兴产业部门的那部分资本，必然是从其他部门提取或扣除的。

这部分资本在新的部门所雇用的劳动量，也许和在原来的部门雇用的劳动量差不多。①

第二节　但劳动并非总是达到资本设置的限度

然而，我们并不能因为劳动受资本的限制便推论说，劳动总是达到了资本设置的限度。资本可能暂时未得到使用，如在货物未售出，或资金未找到投资目标时就是如此；此时，资本未使任何劳动投入工作。或者可能没有那么多的劳动者来让资本供养和雇用。在新开辟的殖民地就发生过这种事，在这些地方资本有时因缺乏劳动力而被无所谓地花掉。斯旺河殖民地（现称西澳大利亚）在建立后的头几年就是一例。另外，有很多人靠现有资本供养，却什么也不生产，或生产出来的东西远远少于所能生产的东西。如果降低这些劳动者的工资，或在同样工资条件下使他们工作更长时间，或使其已由资本供养的家属对增加产量作出更大贡献，则某一给定资本就会使更多的劳动投入工作。生产性劳动者的非生产性消费，现在全都靠资本供应，可以停止这种消费，或把这种消费

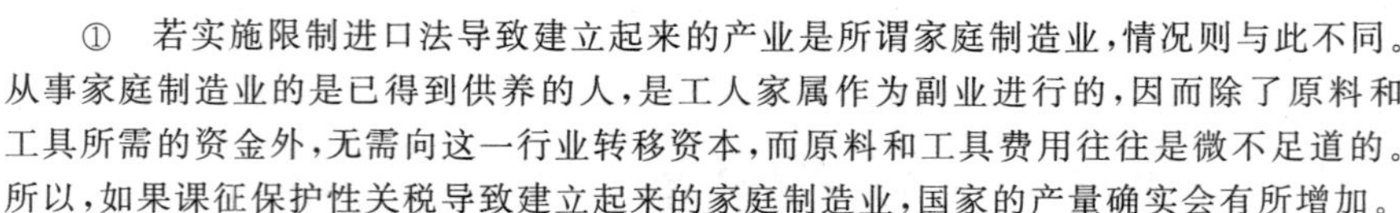

① 若实施限制进口法导致建立起来的产业是所谓家庭制造业，情况则与此不同。从事家庭制造业的是已得到供养的人，是工人家属作为副业进行的，因而除了原料和工具所需的资金外，无需向这一行业转移资本，而原料和工具费用往往是微不足道的。所以，如果课征保护性关税导致建立起来的家庭制造业，国家的产量确实会有所增加。

为了使我们的理论命题无懈可击，必须考虑到这种特殊情况，但这并不损害实际执行的自由贸易理论。家庭制造业从本质上说无需加以保护，其原因是，从事家庭制造业的劳动者的口粮来自其他方面，因而产品的价格，不管降到多低，几乎全部是净收益。所以，如果家庭生产者退出竞争，这决不会是出于迫不得已，而是因为在这些最精明的人看来，花费劳动制作产品已得不偿失。与其自己缝制衣服，还不如花钱买衣服穿。除非社会给予他们的报酬高于他们自己估价的产品价值，否则他们便不会再生产这种产品。

推迟到产品到手时；由此而可以用这笔钱供养更多的生产性劳动者。靠这种方法，社会可以从其现有资源中获取较大数量的产品，实际上，每当有很大一部分资本被突然毁灭，因而暂时必须让剩下的资本发挥尽可能大的效用时，就不得不采用这种方法。

在劳动未达到资本设置的限度时，政府可以用各种方法，例如靠输入劳动者，使其接近于这一限度，譬如向西印度群岛输入苦力和自由黑人。政府还可以用另一种方法创造更多的劳动。它们可以创造资本，即征收租税，把征得的税款用在生产方面。政府采用以下方法，也可以达到几乎相同的目的，即可以对收入和支出课税，将征得的税款用于偿还公债。公债持有者得到偿还后，仍想从其财产中再得到收入，因而会将大部分财产用于生产，而政府征得的税款很大一部分来自非生产性资金，因为人们不会完全用本来打算用于储蓄的钱交税，缴纳的税款即令不是大部分，也至少有一部分是来自本来会花掉的钱。还应补充一句：由于技术的改进等而造成的资本（或更加确切地说，是劳动）生产力的提高，会促使劳动就业机会增加，因为当总产量增加时，总有可能把增加的一部分节省下来转化为资本，特别是当生产性劳动的收益增加时，会更加诱使人们将资金从非生产性用途转向生产性用途。

第三节　资本的增加可以使更多的劳动得到雇用，而且这没有明确的限度

一方面，劳动受资本的限制，因而另一方面，资本的每一增加都会或者说能够使更多的劳动得到雇用，而且这是没有明确限度

的。我并不想否认资本或部分资本可能被固定在机器、房屋、土地改良等等上，因而不能用于供养劳动者。资本大量增加时，常有很大一部分资本如此使用，仅仅与劳动者相配合，而不是供养他们。我想说的只是，(假如其他情况不发生变化)指定用于供养劳动者的那部分资本可以无限增加，不会找不到使用的地方。换句话说，如果有能干工作的人，有供他们吃的食物，则总可以雇用他们生产某种东西，对这一命题需要多说一点，因为这类命题用日常语言表述时，人们很容易接受，但面对错综复杂的社会事实，却不那么好把握。而且该命题也与常见的学说大相径庭。一般人总认为，富人的非生产性开支对穷人的就业来说是必需的。在亚当·斯密以前，几乎没有人对此提出疑问，甚至在他之后，一些非常著名和卓越的著述家[①]仍认为，如果消费者节约和转化为资本的收入超过一定份额，用于非生产性消费的金额不占国家资本的一定比例，则多余的积累会白白浪费掉，因为将没有人购买用这种资本生产出来的商品。在政治经济学中，有许多错误产生于人们不是先考察简单的事例，而是一头扎进复杂的具体现象中而不能自拔，我认为，上述学说就属于此列。

每个人都可以看出，如果一个仁慈的政府拥有社会的全部食物，全部工具和原料，则它给予所有能劳动的人一份食物，便能迫使他们从事生产性劳动，而无需担心这种生产性劳动没有用武之地，因为只要有某个人的某一需要尚未得到满足(并且这种需要能用物品来予以满足)，社会拥有的劳动就会转而生产能满足这一需要的物品。拥有资本的个人在用新的积累增加其资本时，所做的

① 例如马尔萨斯先生、查默斯博士、西斯蒙第先生。

事情与我们假设仁慈的政府所做的事情完全一样。既然可以借助于假设来进行说明，就让我们设想一种最极端的情况。假定每个资本家都认为自己没有品行端正的劳动者贡献大，不应比他们生活得好，因而从良心出发把剩余利润储存起来；或者假定这种禁欲不是自觉自愿的，而是法律或舆论强加在所有资本家和地主头上的。非生产性开支由此会降到最低限度。于是人们会问：增加的资本怎样才能找到出路？谁会购买增加的资本生产的商品？甚至连以前已经生产出来的商品也不再有人购买。因此，（据说）这些商品将卖不出去，将在仓库中腐烂掉，直到资本数量降至原先的水平，或更确切地说，直到资本数量降至与消费需求相等的程度。但这似乎只是事情的一半。在所假设的情形下，就资本家和地主而言，不会再有对奢侈品的需求。但当这些阶级将其收入转变为资本时，他们并没有因此而消灭他们的消费力，而只不过将消费力转移给了他们雇用的劳动者。就劳动者而言，可能会出现以下两种情况，就是劳动者的人数要么随着资本的增加而增加，要么资本增加，而劳动者的人数不增加。如果是前一种情况，则事情便很简单。新人口所需生活必需品的生产取代了一部分原先的奢侈品生产，并恰好补足所失去的就业机会。但假设人口不增加，则以前资本家和地主花在奢侈品上的那些钱就会以增加工资的形式分配给现有的劳动者。我们假定这些劳动者的生活必需品本已得到充分的供应。那么会出现什么情况呢？这些劳动者会成为奢侈品的消费者，原先用于生产奢侈品的资本仍可以用于生产奢侈品。所不同的只是，奢侈品由社会普遍分享，而不是仅限于少数人享用。严格说来，增加的积累和增加的生产可以持续下去，直到每个劳动者

对财富的每一种欲望都得到满足(假定他们的劳动力从物质上来说是足以为他们全体生产出所有这些东西的)。由此可见,财富的限度决不会是消费者的不足,而是生产者和生产力的不足。资本的每一增加要么会创造更多的就业机会,要么会增加劳动报酬,要么会使国家更富裕,要么会使劳动阶级更富裕起来。如果能找到更多的人手去工作,总产量会增加。如果人数不变,他们可得到较大的份额。甚至在后一种情况下,由于劳动者受到刺激后会更卖力地干活,产量本身也会扩大。

第四节　资本是节省的结果

有关资本的第二条基本定理讲的是资本的来源。资本是节省的结果。前面有关这一主题的论述中,具有这方面的大量证据。但对这一命题仍需进一步作些说明。

如果每个人都把自己生产的全部东西以及从他人那里得到的全部收入花在个人癖好上,资本便不会增加。全部资本,除很少一部分外,最初都是节省的结果。我说有很少一部分是例外,是因为一个自食其力的人可以把他所生产的全部东西都为自己花掉,而不会变穷,同时在他获得收获或卖掉商品以前维持他生存的那些必需品,虽然实际上也是资本,却不能说是节省下来的,因为这些必需品全都用于满足他自身的需要,也许会像坐吃山空那样很快消耗光。我们可以假想一些个人或家庭各自居住在分散的小片土地上,每个人或家庭都自食其力并且把全部产品都消费掉。但即令如此,也必须从他们个人的消费中节省下种子。因此,即使在这种最简单的经济状态下，也必须节省下一些产品；人们生产出来的东西必须多于使用掉的东西，或者说使用掉的东西必须少于生产出来的东西。人们必须节省下更多的东西，才能雇用其他劳动者，才能使产量超过靠自己的手所能生产出来的产量。任何人用以供养他人劳动的产品，最初必定是靠节省积聚起来的；必定有人先生产出了这些产品，并克制自己不把它们消费掉。因此，我们大体上可以说，所有资本，特别是全部增加的资本，乃是节省的结果。

在充满暴力的原始社会状态下，拥有资本的人往往并不是节省资本的人，而是某个较强壮或有权有势的人。他靠掠夺，将资本占为己有。即令在财产受到保护的状态下，很长一段时期以来，资本的增加通常也主要来自剥夺，剥夺虽然在本质上和节省是一回事，一般却不叫这个名称，因为它不是自愿的。实际的生产者是奴隶，他们在暴力威胁下被逼迫着生产尽量多的东西，而只消费严厉的主人出于自身利益的考虑，或出于往往很微弱的仁慈心允许他们消费的那一点点东西。然而，这种强制性的节省，除非其中一部分被主人自愿地再一次节省下来，否则是不会使资本增加的。如果他把迫使奴隶生产并节省下来的全部东西用来满足个人欲望，那他就不会使自己的资本增加，也无法供养更多的奴隶。要供养奴隶，就得事先节省下一些产品，至少是事先要储备一些食物。然而，这些产品或食物可能不是靠奴隶主的自我剥夺节省下来的，而更可能是靠奴隶的自我剥夺节省下来的；剥夺了奴隶人身自由的战争或劫掠，也把他们的积累转移给了征服者。

在另一些情况下，节省这个词，连同这个词通常引起的各种联想，并不完全适合于描述资本赖以增加的方式。例如，如果说加速

资本增加的惟一途径是更多地节省，那也许会使人联想到要更加节制欲望，生活会更加贫困。但很显然，只要劳动生产力有所提高，就会创造出可节省下来的额外资金，就可以扩大资本，不但生活不会更贫困，个人消费反而会增加。不过，从科学意义上说，节省下来的还是增多了。虽然消费得多了，但节省下来的更多。生产超过了消费。因而称其为更大的节省是完全正确的。虽然这个词不理想，却也没有比它更理想的词了。消费少于生产，就是节省；这就是资本赖以增加的方式；消费不一定要绝对地减少。我们不应沦为词语的奴隶，不敢越雷池一步，在上述意义上使用节省这个词。这样使用这个词时，只要记住以下一点也就够了，就是除了减少消费外，还有另一种增加资本的方法，即增加生产。

第五节　资本都是要消费掉的

资本的第三条基本定理，与刚刚讨论过的紧密相联，即资本虽说是节省下来的，是节省的结果，但却要被消费掉。节省这个词并不意味着不把节省下来的消费掉，甚至也不一定意味着要推迟消费；仅仅意味着，如果立即被消费掉，并不是由节省者来消费。如果仅仅留作将来使用，就说是储藏起来了；而若储藏起来，就是不消费。但若用作资本，则要全部消费掉，虽然不是被资本家消费掉。部分换成了工具和机器，工具和机器在使用中被磨损；部分换成了种子或原料，种子或原料本身在播种或加工过程中被毁掉，然后在最终产品被消费掉时被完全毁灭。其余部分作为工资付给生产性劳动者，他们用其满足日常需要；或者如果他们也节省一部分的话，这一部分一般说来也不是被贮藏起来，而是（通过储蓄银行、互助储金会或某些其他渠道）重新用作资本并消费掉。

上述原理是有关资本的最基本的原理之一，但未思考过这一问题的人一般却对此一无所知，有人告诉他们时，又大都不愿予以承认，这就充分说明，确实有必要强调一下有关资本的那些最基本的原理。对一般人来说，所节省的都要消费掉，并不是显而易见的事。对他们来说，每个节省者看上去都像是守财奴。他们或许认为，若是为了养家糊口而节省，这种行为还情有可原，甚至是值得称道的。但是他们没有想到这会对别人有什么好处。对他们说来，节省就是为自己保存一件东西，而花费则是把东西分给别人。谁把自己的财产花在非生产性消费上，谁反而被认为是在施惠于左右，会大受称赞，以至于花费别人财产的人也会受到称赞。花费别人财产的人不但毁掉了自己的资本（假如他有资本的话），而且还通过借贷，通过对偿还的承诺，获得了别人的资本，把别人的资本也毁掉。

这一流行的错误产生于人们往往只注意到了节省或花费所带来的一小部分结果，而完全未想到所有那些看不到的结果。眼睛所看到的，只是节省的钱放进了保险箱，花费的钱落入了商人和仆人之手。在这两种情况下，人们都未看到钱的最终去处。节省（即为生产性投资而节省）和花费在其过程的第一阶段很相似。两者都以消费开始，最初都毁灭一部分财富；区别仅仅在于消费的物品不同，消费的人不同。在一种情况下，工具被磨损，原料被毁灭，一定数量的食物和衣着被劳动者使用而丧失；在另一种情况下，消费即毁灭的则是酒、器皿和家具。至此，对国民财富造成的后果是一样的；在两种情况下都毁掉了同样数量的财富。但就花费来说，最初阶段就是最后阶段；一定数量的劳动产品消失了，没有留下任何东西；反之，节省者则在毁灭的同时，使劳动者从事恢复工作；劳动者最终不仅将补足所消费掉的物品，而且还会生产出更多的物品。因为即便没有新的节省这一过程也能无限重复下去，所以一次节省下来的钱可以成为永久供养相应数目劳动者的基金，这些劳动者每年都会再生产出他们自己的给养外加一定数量的利润。

正是由于货币的介入，外行人往往看不清这些现象的实质。几乎所有支出都是用货币进行的，货币便被看作是交易中的主要因素；因为货币不消失，仅仅转手，人们便忽视了发生于非生产性支出情况下的毁灭。货币只是被转移，人们就认为财富也只是从浪荡子手里转到其他人手里。但这实际上是把货币和财富混淆在一起。所毁掉的财富不是货币，而是用货币购买的酒、器皿和家具；这些东西被无偿地毁掉了，整个社会的财富因此也就相应减少。有人也许会说酒、器皿和家具不是口粮、工具和原料，无论如何不能用来供养劳动；它们只能用在非生产性消费方面；因而它们是在生产时而不是消费时给社会财富造成损害的。就这种论点本身而言，我乐于表示赞同，如果这些昂贵的奢侈品取自现有的资本，无需加以补充，这些人也说到了点子上。但因为情况与此相反，只要有人消费奢侈品，奢侈品就会不断被生产出来，而且如果要求增长，产量也会增长，所以，如果消费者每年花5000镑购买奢侈品，那每年就会有相当数目的劳动者被雇用来生产这些对生产毫无用处的东西；这些劳动者所做的工作对国民财富的增长毫无帮助；而他们每年消费的工具、原料和食物要从可用于生产的社会总资本中

扣除。一国的某一阶级愈奢侈浪费，该国的劳动便愈多地用来生产供该阶级享用的奢侈品；此时不仅所雇用的生产性劳动者会减少，而且赖以雇用生产性劳动者的口粮和工具实际上也会减少。

简言之，节省会使社会与个人富裕，而花费则使之变穷；换句话说就是，整个社会会因用于供养和帮助生产性劳动的支出而变富，会因用于享乐的支出而变穷①。

① 固然，在某些情况下，个人的挥霍使总财富遭受的损害在某种程度上会有所减轻，或损害本身会或多或少地提供补偿。这些情况是值得予以注意的。其中一种情况是，挥霍者通常并未成功地花掉他们的全部钱财。由于他们大手大脚惯了，他们便在各方面经常被骗、被盗，而行骗者和盗窃者则往往是具有节俭习惯的人。一些大手大脚的财主雇用的代理人、管家甚至于仆人，常积聚有大量财产。这些财主无论购买什么东西，支付的价格都比精打细算的人高得多，这使他们成为受欢迎的顾客。所以，他们实际上所能占有和毁灭的财富，决不等于他们挥霍掉的财产。很大一部分只是转移给了别人，这些人会节省下一部分。应注意到的另一件事是，某些人的挥霍可能会强迫另一些人节省。假定某一挥霍者忽发奇想，大量购买某种商品，致使需求突然增加，由于事先没有预料到需求增加，供应通常不会增加。在这种情况下，价格将上升，并且可能上升得超过某些经常性消费者的资力所能承受的限度，他们因此而可能放弃惯常的嗜好，节省下这笔钱。如果他们不这样，而是继续像以前一样花费同等数量的钱在这种商品上，那么，商人出售同以前一样多的物品，就可以获得更多的报酬，增加的报酬来自挥霍者支付的全部货款。因而挥霍者损失的那笔钱全部转移给了商人，加到了商人的资本中。挥霍者的个人消费增加多少，其他买主的个人消费也就减少多少，这些买主用同一代价所能得到的满足减少了。另一方面，某处肯定在进行与此相反的过程，因为挥霍者在该方面的支出增加，在其他方面就得减少购货量。他收回的也许是用于供养生产性劳动者的资金。在这种情况下，出售粮食和生产工具的商人就会有东西卖不出去，或者虽然卖出的数量和以前相同，但得到的报酬却比以前少。不过，勤劳的人在收入或资本方面遭受的这种损失，除非数额特别巨大，否则是会通过省吃俭用来弥补的。因此，社会的资本总的看来不会减少。挥霍者纵欲所损害的，可能不是永久性的资源，而是别人的暂时享乐和舒适。因为，如果某人的花费致使其他人缩减开支，社会的富裕程度就不会减低。某些人的挥霍还会以另一些更为隐秘的方式致使其他人更加节省，从而补偿挥霍造成的损失，但是，这些只能留待第四编去考察了，该编将论述限制资本积累的因素。

第六节　资本不是靠保存，而是靠不断再生产积累起来的

再来看我们的基本定理。生产出来的每件物品都是要消费掉的。节省下来的和花费掉的都是如此，而且两者消费得同样快。日常语言却往往掩盖这一点。当人们谈到一个国家的古代财富，谈到从祖先那里继承下来的财富时，总认为这些传下来的财富是很早以前生产出来的，是最初获得它们时生产出来的，总认为除当年增加到资本总额上的以外，当年未生产出任何其他资本。事实并非如此。英国现有的大部分资本是人力在最近 12 个月中生产出来的。巨大的资本总额中实际上只有很小一部分是 10 年前就存在的——除农场房屋和厂房，少数几条船和机器以外，国家现有生产资本中只有极小一部分是原有的；即令这些东西，如果在一段时期内没有投入劳动进行维护保养，大都也不会用得这样久。土地，而且几乎只有土地能长久存在。生产出来的每件东西都会消失，而且大部分东西会很快消失。大多数资本从其性质来看不适宜长期保存。少数产品、而且也只有少数产品可以存在很长时间。威斯敏斯特大教堂已存在了许多世纪，只偶尔需要进行维修；一些希腊雕像已存在了两千多年；金字塔存在的时间更长，也许已达四千或六千年。但这些都是用在非生产方面的东西。如果把桥梁和沟渠（在某些国家还需加上水池和堤坝）刨除掉，工业用建筑物就很少有能用得久的；这类建筑物既不耐损耗，把它们建造得按永久保存所要求的那样坚固也不值得。资本得以一代一代地存在下去，靠

的不是保存，而是再生产。资本的每一部分通常在生产出来后很快就被用掉和毁掉。但消费这些东西的人同时也被雇用来生产更多的东西。资本的增长类似于人口的增长。每个人都有生有死，但每年出生的人数却要超过死亡人数。因此，人口总是在增长，虽然构成人口的每一个人都是最近才来到人世的。

第七节　为何国家会迅速从灾难状态恢复过来

资本的这种不断的消费和再生产，可解释一种常常使人惊奇的现象，即国家能极其迅速地从灾难状态恢复过来，地震、洪水、飓风和战争所造成的一切破坏迹象在短时间内会消失。敌国可以用火与剑使一个国家变为废墟，把它全部可搬动的财富都毁掉或拿走，使全部居民都破产，可过不了几年，一切又几乎都恢复了原样。这种自愈力一直让人百思不得其解，一直被引用来证明节省原则的神奇力量，认为是节省在如此短的时间内弥补了这么巨大的损失。其实这毫无神奇之处。敌人所毁坏的，是居民自身在短期内同样会毁坏的，而他们如此迅速地再生产出来的财富，也是无论如何在同样短的时间内所需要并会再生产出来的。除了在再生产时这些居民现在不能消费以前所生产出来的东西以外，什么都没有发生变化。他们能否迅速从灾难中恢复过来，主要取决于国家人口有无减少。如果其劳动人口在战时并未被灭绝，战后也没有饿死，那么，由于他们以前掌握的技能和知识依然存在，由于土地和对土地的永久性改良并未受到破坏，由于较坚固的房屋并未遭到损坏，或是只遭到了部分损坏，他们就拥有生产出以往产量的全部

必要条件。如果留下来的食物，或能用于购买食物的值钱东西能使他们在勒紧裤带的条件下生存下来和干活，他们就将在短时间内把产量提高到以前的水平，就将共同创造出和从前同样多的财富和资本；而要做到这一点，他们只需在各自的职业中花费同以前一样多的力气。这也并未表明一般意义上的节省原则具有的力量，因为所发生的并不是有意识的禁欲，而是非自愿的贫困。

然而，学者们却不可救药地习惯于仅仅依靠一套专门术语思考问题，而又没有理由自夸不具有俗人的那种智力缺陷，因而就我所知，在查默斯博士以前，没有一个政治经济学家曾作出过这样简单的解释。查默斯博士的许多观点我认为并不正确，但这个人却有这样一个优点，即常常直接研究各种现象，并用自己的话来表达看法。他们看法常常揭示出真实情况，而标准术语却往往掩盖真实情况。

第八节　用公债支付政府开支的后果

查默斯博士沿着同一思路就另一与此紧密相关的问题，得出了一些重要结论，这个问题就是政府为战争或其他非生产性开支而举债会产生什么结果。这种公债是从资本中抽出来的（这和赋税不一样，赋税通常由收入支付，并且部分或全部因经济的增长而得到补偿），因而依据我们提出的原理，必定会使国家贫困，然而，这种开支规模最大的年份却常常是表面很繁荣的年份。国家的财富和资源并没有减少，相反却在这一过程中显示出迅速增长的迹象，而且在其结束后扩充到很大的规模。众所周知，英国在上一次旷日持久的欧洲大陆战争(译者按:指 1792—1815 年的拿破仑战争)期间就出现了这种情况;由此而在政治经济学中产生了许多无根据的理论,人们一时都相信这些理论。这些理论几乎都赞扬非生产性支出,而贬损生产性支出。列举出所有这些理论,要占很大篇幅。有许多因素致使这种对一国生产资源的突然抽取没有产生预料的结果,我们不准备仔细观察所有这些因素,而只假设有可能出现最为不利的情况,即政府借得并毁灭的全部款项是放债人从已投入生产的投资中抽出来的。因此国家在该年的资本也就相应减少。但是,除非所抽走的款项非常巨大,否则该国的资本在下一年就没有理由不和以往一样多。公债不可能取自购成工具、机器和房屋的那部分资本。公债肯定全部取自支付劳动报酬的那部分资本,劳动者会因此而受苦。但如果没有劳动者饿死,如果他们能忍受工资的这种减少,如果慈善机构能使他们免于陷入绝对贫困,就没有理由认为他们的劳动在下一年会比上一年生产得少。如果他们生产得同往年一样多,而他们所得到的报酬却少了几百万镑,那么这些钱就落入了雇主手中。这样,国家资本遭受的损失立即得到了弥补,不过这是用劳动阶级的贫困以及真正的苦难换来的。这就是为什么在这种时期,即令在最不利的情况下,仍有人会很容易地获得暴利,而这些人的兴旺发达往往被社会看作是国家的繁荣昌盛。①

① 另一方面,则必须记住,战争从生产中不仅抽走资本,而且还抽走劳动者,从生产性劳动者的报酬中抽走的资金部分用于支付给这些劳动者或其他人以进行非生产性劳动,这部分资金即战争开支造成的影响正好与查默斯博士所指出的相反,直接抵消了正文中描述的那些结果。就从生产部门征用劳动者去服兵役而言,劳动阶级并未受损,资本家并未得益,只是国家的总产量因战争开支而减少了。因此,查默斯博士的学说,虽

由此便导向了查默斯博士特别提到的那个令人伤脑筋的问题，即一国政府在额外的非生产性开支方面所需的资金，是靠发行公债来筹措，赋税只提供利息好呢，还是靠课征赋税一下子把所需的款项都筹齐(用财政术语来说，这叫年收年支)好。查默斯博士坚决主张采用后一种方法。他说，一般认为，要求在一年内得到全部金额，这是在要求做不可能做到的事或很难办到的事；人们一下子从年收入中付出全部金额困难很大；最好是要求人们每年以利息形式支付小笔金额，而不是一下子作出这样大的牺牲。对此查默斯的看法是：在两种情况下所作的牺牲是同样的。不论花费多少，都得从年收入中抽取。国内生产的全部或每一部分财富，产生或帮助产生了人们的年收入。以赋税形式抽取所需款项固然会带来贫困，但以公债形式抽取所需款项，同样会带来贫困。苦难并未被防止，只不过转嫁给了劳动阶级，转嫁给了最无能力并且最不应该负担的阶级，而为了经常支付利息课征租税所产生的一切身体上、道德上和政治上的麻烦，也是纯粹的损失。每当从生产中或从生产基金中抽取资本，借给国家用在非生产性方面时，抽走的全部金额便是从劳动阶级身上扣得的。所以，公债实际上当年就得到了偿还；偿还公债所需作的全部牺牲实际上也已作出，只是付错了

然适用于我国，却完全不适用于情况不同的国家，例如不适用于拿破仑战争时期的法国。在拿破仑战争时期，法国连续多年从劳动人口中抽走了大量人力，而大部分战争费用则靠对法国军队蹂躏的国家课税来提供，只有一小部分取自法国的资本。因此，在法国，工资并未下降反而上升了；劳动的雇主们并未得益，反而受到损失；国民财富由于生产性劳动被如此大量地中止或全部取消而减少。在英国，所有这些事情都是反过来的。英国相对而言很少雇用更多的美国士兵和水手，同时却从生产部门拨出几亿资本用于供应大陆盟国的军火和军队。因此，正如正文所说的那样，英国是劳动者受苦，资本家发财，国家的永久性生产资源并未减少。

人，因而并未消除债权；并且是靠最坏的赋税，一种只向劳动阶级征收的赋税来偿付的。而在以这种最痛苦和最不公正的方式作出了偿还债务所需的全部努力之后，债务却依然存在，依然要长久地为其支付利息。

我认为，就公债所吸收的价值如不这样使用就可用于国内生产这一点而言，上述观点是完全正确的。然而，实际情况却很少完全符合这样的推测。不太富裕的国家的公债，主要来自外国资本，外国资本也许只会向较有保证的政府债券投资。而富裕繁荣的国家的公债，通常不是从生产资金中抽取的，而是来自收入不断造成的新积累，一部分新积累如果不这样使用，就会转移到殖民地，或者向国外寻求别的投资机会。在这种情况下（后面将对此进行更加详细的考察[①]），靠公债获得所需的款项，非但不会损害劳动者，不会扰乱整个国家的工业秩序，反而同靠课税筹集款项的方法相比，也许对劳动者和整个国家的工业更为有利，因为赋税，特别是沉重的赋税，几乎总有一部分要由本来可以节省下来增添到资本上去的资金来支付。而且很显然，如果一个国家每年能如此大量地增加其财富，能拿出一部分作非生产性开支而不会减少资本，甚至不会妨碍资本大幅度增加，那么在这样的国家，即使公债抽取的都是资本，都是在国内可以得到利用的资金，劳动阶级遭受的损害，也要比所假设的第一种情况少得多，反对靠公债筹款的理由也弱得多。有关这一问题的讨论放在后面也许更为合适；这里简要地预先予以讨论，是为了防止人们从列出的前提条件中得出错误的推论。

① 参见本书第四编第四、五章。

第九节　对商品的需求并非对劳动的需求

现在来讨论有关资本的第四个基本定理，该定理也许比前面任何一个定理更经常地被人忽视和误解。维持和雇用生产性劳动的，是其工作所花费的资本，而不是买主对劳动产品的需求。对商品的需求并非对劳动的需求。商品需求决定的是劳动和资本将用于哪一个生产部门，决定的是劳动的方向，而不是劳动本身的多少，不是维持劳动的手段和支付给劳动的报酬的多少。这些取决于资本量，或其他直接用于劳动的供养和报酬的资金。

例如，假设有对天鹅绒的需求，有用于购买天鹅绒的资金，却没有建立天鹅绒制造业的资本。在这种情况下，不管这种需求有多大，都毫无用处；除非有资本被吸引进这一行业，否则便造不出天鹅绒，因而什么也买不到；事实上，除非买主的欲望是如此强烈，以致他把要付的一部分价款事先付给工人，使他们可以从事天鹅绒的制造，也就是说，除非他将一部分收入转化为资本，并将这部分资本投放于天鹅绒制造业，否则什么也不会发生。我们现在把这一假设反过来，设想有足够的资本准备好用于制造天鹅绒，但没有任何需求。在这种情况下，也不会制造出天鹅绒；但资本并不是专门用于制造天鹅绒的。制造商和劳动者进行生产不是为了使顾客高兴，而是为了满足自己的需要，既然他们拥有资本和劳动这两样生产要素，他们就可以生产人们需要的其他东西，或者如果人们不需要其他东西而他们自己需要某种东西，他们可以生产他们自身消费所需要的物品。所以，劳动是否被雇用不取决于买主，而取决于资本。当然，这里没有考虑情况突然发生变化所带来的结果。如果商品已经生产出来之后，需求出乎意料地中止，则这会使问题发生某种变化：资本实际上已用于生产没有人需要或使用的东西，因而资本已毁灭，劳动的雇用也终止了，这不是因为没有需求，而是因为没有资本。所以，这一事例并未能检验我们的原理。要真正检验我们的原理，就得假设变化是逐步的，是被预料到的，没有资本被浪费掉。停止制造天鹅绒仅仅是由于未更换磨损的机器，未把出售产品得到的钱重新投资于天鹅绒制造业。因此，资本可随时投放于新的事业，在这一事业中，资本得维持和以前一样多的劳动。制造商和工人遭受的损失是，他们在天鹅绒制造业中获得的技能和知识现在没用了，这种技能和知识在其他行业中只有一部分使用得上。这就是社会因这种变化所遭受的损失。但是这些劳动者们仍能工作，以前雇用这些劳动者的资本，仍会被原先的老板或者被借得这些资本的其他人，用于雇用他们或相同数目人员来干其他工作。

这一定理，即购买产品并非雇用劳动，对劳动的需求取决于生产前预付的工资，而不是取决于对商品的需求，需要尽量详尽地予以说明。在一般人看来，这是一种谬论。即令在著名政治经济学家中，也很难指出哪个人自始至终掌握了这一定理。除李嘉图先生和萨伊先生外，几乎所有其他人都认为，购买商品即劳动产品的人是劳动的雇主，就像以支付工资的方式直接购买劳动本身那样，实际上创造了对劳动的需求。由于这一基本问题尚未得到解决，所以无怪乎政治经济学发展得如此缓慢。在我看来，如果对劳动的需求意味着工资可因此而提高或雇用的劳动者人数可因此而增加，则对商品的需求便不构成对劳动的需求。我认为，购买商品自行消费的人没有给劳动阶级带来益处，只有节制消费，把节省的钱直接付给劳动者以换取劳动，才能给劳动阶级带来益处，才能使他们的就业人数有所增加。

为了更好地说明这一原理，让我们来看以下情形。消费者可以把其收入或用于购买劳务，或用于购买商品。他可以用其一部分收入雇用泥瓦匠造房子，雇人挖掘人工湖，雇人种植树木和布置娱乐场；或者不做这些，而用这笔钱购买天鹅绒和花边。问题乃是，这两种花费收入的不同方式会对劳动阶级的利益产生什么影响。明摆着的是，在前一种情况下，他雇用劳动者，在后一种情况下，这些人将不会受雇，或至少不会受到这样的雇用。但是，与我意见不同的那些人说，这没有什么意义，因为消费者购买天鹅绒和花边，同样要雇用劳动者，即雇用制造天鹅绒和花边的人。然而，我坚持认为，在后一种情况下他并没有雇用劳动者，而仅仅决定了另外某个人雇用劳动者来干什么样的工作。消费者并不用自己的钱来支付纺织工和花边工每天的工资。他购买做好的商品，即已由劳动和资本生产出来的商品，他既没有付工钱也没有提供资本，这些都是制造商提供的。假设他过去习惯于用这部分收入雇用泥瓦匠，这些泥瓦匠把工资花在食物和衣着上，这些东西也是靠劳动和资本生产出来的。然而，他现在决定要天鹅绒，由此而创造了对天鹅绒的额外需求。这种需求没有额外的供应便得不到满足，而这种供应没有额外的资本也生产不出来。那么，资本来自何处呢？消费者改变主意决不会使国家的资本增加。因此，假如天鹅绒需求增加时未腾出增加天鹅绒生产所需的资本，则增加的需求量暂

时就得不到供应。消费者现在用于购买天鹅绒的款项，以前是付给泥瓦匠的，他们曾用它来购买食物和生活必需品，而现在或者不再买，或者通过竞争从其他劳动者那里挤榨过来。因此，以前为泥瓦匠生产必需品的劳动和资本，被剥夺了市场，必须寻找别的出路。他们在为新的需求制造天鹅绒方面找到了出路。我并不是说，就是生产必需品的那些劳动和资本转而去生产天鹅绒，而是说不管它们怎么转弯子，总之最后生产出了天鹅绒。现有资本可用于做两件事中的一件，要么制造天鹅绒，要么为泥瓦匠生产必需品，但不能两件事都干。究竟生产什么，这得看消费者的意愿；如果他决定要天鹅绒，泥瓦匠就不会有必需品。

为了进一步说明，让我们假设情形与上面所说的相反。消费者已习惯于购买天鹅绒，但决定不再继续这种花费，而将每年用于购买天鹅绒的钱用来雇用泥瓦匠。如果一般看法是正确的，则花费方式的这一改变不会增加被雇用的人数，只不过把制造天鹅绒的工人转变成了泥瓦匠。然而，若加以更为仔细的考察，就会看到，用于支付劳动报酬的总金额增加了。假设天鹅绒制造商事先知道对其商品的需求将减少，则他会减产，相应地腾出一部分资本。从天鹅绒制造者那里所抽出的这笔资本，并不是顾客用于供养泥瓦匠的那笔资金，而是另一笔资金。因此，现在有两笔资金用于供养劳动者和为劳动付酬，而以前只有一笔。天鹅绒制造工人并没有改行去当泥瓦匠，而是泥瓦匠的就业机会增加了，天鹅绒制造工人改行去当了别的劳动者，很可能是去生产泥瓦匠消费的食物和其他东西。

对此有人会说，虽然花在购买天鹅绒上的钱不是资本，但它却替代了资本；虽然它并未创造出对劳动的新的要求，它却是维持现有需求的必要手段。（有人会说）制造商的资金搁死在天鹅绒上时，不能直接用于供养劳动；只有在天鹅绒被卖掉，制造天鹅绒的资本从买主的花费中得到补充以后，制造商的资金才构成对劳动的需求；因而有人会说天鹅绒制造者和天鹅绒买主没有两笔资本，在他们之间只有一笔资本，这笔资本通过购买由买主转移给制造商，所以如果买主购买劳动而不是购买天鹅绒，他只不过是把这笔资本转移到了别处，在一处创造了多少对劳动的需求，在另一处也就消灭了多少对劳动的需求。

这一论点的前提是不容否定的。腾出一笔原先搁死在商品上，不能用来供养劳动的资本，这对于劳动者的利益来说，无疑和创造出一笔新资本是一样的。的确，如果我花1000镑来购买天鹅绒，我就使制造商可用1000镑来供养劳动，天鹅绒未卖出去时，这些劳动就不会被如此雇用，如果我不购买，天鹅绒永远卖不出去，因此毫无疑问，当我改变主意，不购买天鹅绒而雇用泥瓦匠时，我并未创造出对劳动的新需求，因为当我一方面用1000镑雇用劳动时，我在另一方面却永远消灭了天鹅绒制造者的1000镑资本。但是，这把突然变化所产生的结果与变化本身所产生的后果混淆在了一起。如果买主停止购买时，用于为他制造天鹅绒的资本必定消失，则他用购买天鹅绒的钱雇用泥瓦匠并没有创造就业机会，而仅仅是使人改行。除非天鹅绒制造者的资本能腾出来，否则我所说的劳动就业是不会增加的，而且也只有等到天鹅绒制造商的资本腾出来时，劳动就业才会增加。但每个人都知道，如果时间足够长，投放于某一行业的资本是能够抽出来的。如果天鹅绒制造商由于未接到往常的订货单而事先得知需求有所减少，他就会少生产 1000 镑天鹅绒，把相应的资本腾出来。如果他事先毫无所知，因而货物留在他的手中，则库存量的增加会导致他下一年度在把存货处理掉以前停产或减产。这一过程完成时，制造商会发现自己和过去一样富有，雇用一般劳动的能力并未降低，虽然现在他的一部分资本会被用于维持另一种劳动。直到这种调整发生以前，对劳动的需求仅仅发生了变化，并没有增加，可是一旦调整完毕，对劳动的需求便增加了。以前只有一笔资本用于供养织工来制造价值 1000 镑的天鹅绒，现在这同一笔资本用来制造别的物品，此外还有 1000 镑分配给泥瓦匠。现在有两笔资本用于支付两批劳动者的报酬，而在以前，这两笔资本中的一笔，即顾客的那一笔，只不过充当机器上的一个轮子，以使制造商的那笔资本能年复一年地雇用劳动。

我的看法实际上可表述如下：即一个人不是靠他消费，而是靠他不消费来对劳动者做好事。这在某些人看来是自明之理，另一些人却认为是谬论。如果我不用 100 镑购买酒或丝绸，而用它来付工资，两种情况对商品的需求是完全相等的。在一种情况下，是对价值 100 镑的酒或丝绸的需求，在另一种情况下，是对具有同样价值的面包、啤酒、工作服、燃料和其他物品的需求。但是，在后一种情况下，社会上的劳动者会多出价值 100 镑的社会产品在他们之间分配。我的消费减少了 100 镑，我的消费力转让给了劳动者。如果不是这样，我减少了消费而并不能使别人消费得多些，则这显然是有矛盾的。生产未减少时，一个人所少消费的东西一定会分配给另一个人，因为前者把购买力转移给了后者。在这种假设的情况下，我的消费不一定最终会减少，因为我所雇用的劳动者会给我造一座房屋，或为我将来的消费制造出一些别的东西。但无论如何我推迟了我的消费，将我在当前社会产品中所应享有的那一份额的一部分转给了劳动者。如果过一段时间我得到补偿，这不是来自现有产品，而是来自随后增加的产品。因此我让别人消费更多的现有产品，而且使劳动者有力量来消费这些产品。

济贫法可以最有力地证明与此相反的学说是不能成立的。如果不论我花钱购买物品供自己消费，还是拨出一部分以工资或施舍的形式供劳动阶级直接消费，对劳动阶级都同样有益，那么，既然我的非生产性花费对劳动阶级同样有好处，而且我还能由此而得到享乐，又怎样才能证明要我出钱供养贫民的政策是正确的呢？如果社会能使鱼与熊掌两者兼得，它又何乐而不为？但常识告诉每一个人，就他个人来说（他并不能看得更远），他所缴纳的济贫税，实际上要从他本人的消费中节省出来，而且并不会因支付的提前或推迟而使两个人能吃同一碗饭。如果没有让他缴这种税，因此他能自己花这笔钱，则贫民所占有的国家总产量的份额会相应减少，他本人则可以相应地多消费一些。①

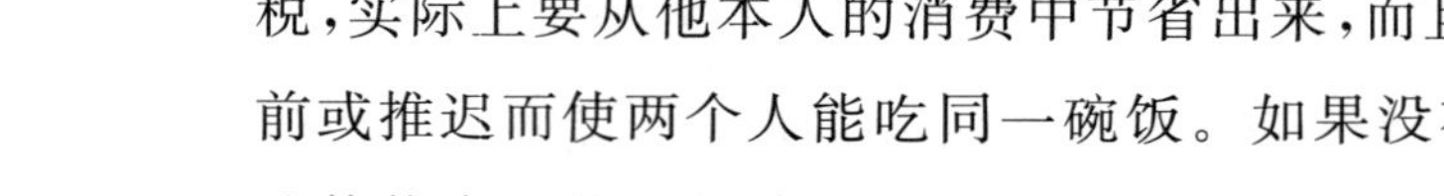

① 下面的事例，以略微不同的形式表述了我的论点，可以用作进一步的说明。

假定有一个富人某甲，每天以工资或施舍方式花掉一笔钱，而接受者在得到这笔钱后立即以粗茶淡饭形式将其花掉和消费掉。甲死后将其财产留给乙。乙停止了这一开支项目，代之以每天把这笔钱花在自己餐桌上的美味佳肴上。我这样假设，是为了使两者的情况完全相同，而只在要进行比较的那一点上有所不同。为了不让货币交易这一迷惑人的媒介掩盖基本事实，我们进一步假定甲和其继承人乙都是地主；接受甲付款的人所消费的食物和供乙享用的奢侈品，都是他们庄园自身生产的；他们收取实物地租，事先指定要什么样的产品。问题是，乙的花费是否也和甲的花费一样给予穷邻居同样多的就业机会或同样多的食物。

按照所述的情形，甲活着时，他花在工资或施舍上的那部分收入会从其庄园以食物

由此可见，把需求推迟到工作完成以后，不提供任何垫款，而

形式给予劳动者，并会这样消费掉，而继承人乙则代之以获得美味佳肴供其家庭消费；因而同甲活着时相比，农民在乙的统治下每天生产的普通食物减少，而昂贵的美味佳肴增加，结果在全年中劳动阶级和贫民阶级所分配到的食物便相应减少。以上所述同正文阐述的原理相一致。但想法不同的人一定认为，乙所要求的奢侈品不是代替而是增加到先前供应给甲的劳动者的食物生产上，因而国家的总产量会有所增加。但如果问如何进行这种双重生产，即当租地农场主的资本和劳动被全部占用时，他如何能在不减少别的物品生产的条件下满足乙的新要求，则回答只能是，他应首先生产出食物，然后把这些食物给予甲原先供养的劳动者，靠他们的劳动生产出乙需要的奢侈品。这似乎就是反对者们被追问时实际所能给予的回答。但对此显然可以这样说，根据这一假设，乙必须等到下一年才能得到奢侈品，而当年却得不到。可是按照原来的假设，他天天要消费这些美味佳肴，而且要和以前甲作为口粮分发给他的劳动者的面包和马铃薯同步地消费。没有时间先来供养劳动者，然后再供应乙。乙的需要和劳动者的需要不能同时得到满足，乙只能通过听任劳动者的一部分需要（即以前用甲的资金满足的那部分需要）得不到满足，才能满足自己的需要。

的确，反对者会回答说，既然在这种情况下，只要有充足的时间，就可以使乙的花费雇用的劳动和甲的花费雇用的劳动一样多，那么为什么我们不可以假设乙会推迟自己对个人奢侈品的额外消费，直到甲雇用的人的劳动能提供这些奢侈品为止呢？对此我们可以说，在这种情况下，乙雇用和供养的劳动会与其前人一样多。毫无疑问会这样，但为什么会这样呢？因为他的收入和其前人的收入完全一样地花在了支付工资上。甲从他个人消费上留出一笔资金直接付给劳动者。乙也是这样做，只不过不是由他本人付给他们，而是交给租地农场主由其代付。根据这一假设，在第一年中，乙就其个人而言，既没有按甲的方式也没有按他自己的方式把这笔钱花掉，实际上是把这部分收入节省下来借给了租地农场主。如果在以后几年中，乙只使用当年的收入，他就使租地农场主欠下了一笔钱，这笔欠款变成了追加资本，租地农场主可以用这笔资本维持雇用和供养甲的劳动者们。没有人认为这样一种变化，即从把收入花在劳动工资上转变为将其节省下来作为投资，会使任何劳动者失业。认为会使劳动者失业的，是我们原先假设的那种变化；即从雇用劳动者转变为购买个人使用的商品。

在我们的说明中，我们假设没有买卖，也没有使用货币。但我们所描述的情形，除作用过程的细节外，却完全符合实际情况。任何国家从整体上看实际上都是一个农场和制造厂，每个社会成员从中取得指定的产品份额，一定数量的称为英镑的筹码放到他的手中，他可以用这些筹码在合适的时候换回自己所喜爱的商品。他并不像我们所假想的情形中那样，事先通知他需要什么东西；但是商人和生产者完全能通过观察发现他需要什么，因而需求发生变化后，供应会立即相应地发生变化。如果一个消费者改变主意，不再把他的一部分收入用来支付工资，而于当天（不是以后遥远的某一天）用这部分收入购买供自己消费的物品，并且保持这一做法直到生产有时间来适应需求的这种变化，那么，从那时起该国为劳动者生产的食物和其他物品就会减少，减少量正好等于现在额外需要的奢侈品的价值，因而劳动者作为一个阶级来说，其生活境况便相应地恶化。

只偿还由别人提供的垫款，对劳动的需求是毫无贡献的；这样花费的钱，对劳动阶级的就业来说，全部结果只不过等于零；它只能靠牺牲已经存在的其他就业机会来创造新的就业机会。

然而，虽然对于劳动和资本的使用来说，对天鹅绒的需求只不过使原有的劳动和资本不转入其他方面，但对于已经从事天鹅绒生产而又不打算退出该行业的人来说，这一点却具有极其重要的意义。对于他们来说，需求的减少是实实在在的损失，即令货物最终全都卖得出去，这种损失也会使他们不堪忍受，为减少遭受的损害而不得不退出该行业。反之，需求增加则使他们能扩充业务，也就是说，如果他们拥有更多的资本或能借到更多的资本，使他们能获得更多的利润；由于资本周转得更为迅速，他们将更经常地雇用劳动者，或比以前雇用更多的劳动者。因此，一种商品需求的增加，在该特定部门实际上常常使同样多的资本能雇用更多的劳动。错误在于人们未察觉到，在上面所假设的情形下，一个部门中的劳动和资本所得到的这种好处，全部取自另一个部门；一旦这种变化产生其自然结果，即相对于需求的增加而把额外的资本吸引进该行业，这种好处也就不复存在了。

充分理解了一个命题的依据，通常也就会对该命题受到的限制有所了解。上面叙述的一般原理是，商品需求决定的只是劳动的方向和新生产的财富的种类，而不是劳动的数量或效率，或财富的总量。但这一原理有两个例外。第一，当劳动已被供养，但并未得到充分利用时，若对劳动所能生产的某种物品产生新需求，则这种需求会刺激劳动更加努力，其结果是财富增加，使劳动者自己和其他人都得到好处。另有生活来源的人在业余时间干的工作，（如前所述)不需要从其他行业抽取资本,只需要一笔钱来支付工具和原料方面的开支(通常很小),而且即令这点开支常常也由专门为此储蓄的钱支付。这样一来,我们的定理的依据就不存在了,因而定理本身也就不成立了,某种商品的需求的突然增加,可以在不剥夺其他行业的就业机会的条件下,产生生产该商品的行业。即令在这种情况下,需求也只是通过现有资本对劳动产生作用,但它提供了一种刺激,致使现有资本能调动比以前更多的劳动。

第二个例外我将在下一章详尽论述,涉及商品市场的扩大所产生的那个众所周知的结果,即商品市场的扩大乃使分工得以不断发展,从而使社会生产力得到了更有效的分配。这一例外和第一个例外一样,与其说是实质上的例外,不如说是表面上的例外。不是买主支付的钱,而是生产者的资本,为劳动付酬,因为需求仅仅决定以什么方式使用资本,以及资本为哪一种劳动付酬;但如果需求增加,使人们大规模地生产该商品,则它就能使相同的资本生产更多的商品,并且由于间接地使资本增加,而最终使劳动者的报酬也增加。

商品需求在交换理论方面比在生产理论方面是一个更重要的问题。总起来看,并从长远观点来看,生产者的报酬是来自生产者自己的资本的生产力。出售产品以换取钱币,随后用钱购买商品,仅仅是为了彼此的便利而交换相等的价值。诚然,行业的划分是提高劳动生产力的主要手段之一,交换力使产量大幅度增长;但即令如此,给劳动和资本以报酬的,仍是生产而不是交换。交换,无论是物物交换,还是借助于货币的交换,都仅仅是这样一种过程,通过这一过程,每个人能将其劳动或资本的报酬转化为最便于持有的那种形式，而决不是报酬本身的来源，关于这一点，我们的想象愈严格愈好。

第十节　关于征税的谬误

上述各项原理表明很多流行的论点和学说是错误的，但这些论点和学说却以新的形式重新出现。例如，课征所得税的理由是，这种税只落在上层和中层阶级身上，穷人可以不交所得税，但一些辜负了众望的人却认为，这种看法是错误的；有些人甚至说这是欺诈；因为他们认为，这种税从富人那里拿走了本来可以花在穷人身上的钱，所以如同向穷人直接征收一样，会对穷人造成损害。对于这种学说，我们现在知道应该怎样看。的确，从富人那里征收的税款，如果不征收的话，也许会节省下来，转变为资本，或用于供养仆役或任何其他非生产性劳动者，用于向他们支付工资，就此而言，劳动的需求无疑会减少，穷人无疑会因为对富人征税而受到不利影响；而由于几乎总是或多或少地会产生这种影响，因而对富人征税时总有一部分税转嫁到贫民身上。但即令如此，也有这样的问题，即政府收到税款以后，难道不会像纳税人那样用一部分税款直接购买劳动吗？在全部税款中，有一部分如果不付给政府，本来会用于购买商品（甚或花在劳务上，如果资本已预付税款），这部分税款，根据前面考察的原理，肯定会落在富人身上，而决不会落在穷人身上。就这部分税款而言，课税以后和课税以前，劳动需求不会发生任何变化。迄今用于雇用劳动者的资本保留了下来，并且仍能雇用同样数目的劳动者。同样数量的产品用于支付工资，或用

于向劳动者提供衣食。

如果那些与我争论的人是正确的，则除了向穷人征税以外不可能向任何人征税。如果向劳动者征税，即对花在劳动产品上的钱征税，则劳动阶级将支付全部税款。然而，根据与我争论的那些人的论点，同样可以证明，根本不可能向劳动者征税，因为税款要么花在劳动上，要么花在商品上，最终会全部还给劳动者；结果税收会具有这样一个奇怪的性质，即它落不到任何人身上。按照这一说法，把劳动者的全部所有拿走，分配给社会其他成员，不会给劳动者造成任何损害，因为拿走的东西反正会“花费在他们中间”，而根据上述理论，这和不拿走没什么两样。之所以会产生这种错误，是因为没有直接观察现象的本质，而把注意力仅仅放在了支付和花费这一表面现象上。如果我们注意的不是对仅仅转一下手的货币产生的影响，而是对所使用和消费的商品产生的影响，我们就可以看出，由于课征所得税，支付所得税的阶级实际上将减少他们的消费。正是由于他们减少了消费，所得税落在了他们身上。所得税是用他们本来可以使用和享受的东西支付的。另一方面，如果所得税并未落在他们的消费开支方面，而是落在他们本来可以节省下来维持生产的开支方面，或落在可用于供养非生产性劳动者的开支方面，则这种所得税会相应地减少劳动阶级使用和享受的物品。但是，如果政府实际上拿出一部分税款，数额与纳税人本来要花在生产上的完全相等，用来直接雇用劳动，如雇用水手、士兵和警察，或者用于还债（若用于还债，甚至会使资本增加），那么，劳动阶级不仅不会因为课征所得税丧失任何就业机会，反而有可能得到一些就业机会，全部所得税便落在了缴纳所得税的人的

身上。

在国家的全部生产物中，劳动者以外的人为他自身所真正消费掉的那部分生产物，丝毫无助于供养劳动。纯粹的消费只是使消费者本人受益。一个人不能既消费自己的收入，又把收入让给别人消费。通过征税取走一部分收入不会同时剥夺他和别人的消费，而只会要么剥夺他的消费，要么剥夺别人的消费。要弄清谁是受害者，就得了解谁的消费会因此减少。不论这个人是谁，他都是真正负担租税的人。

第六章　论流动资本和固定资本

第一节　固定资本和流动资本的含义

资本通常分为两类，为了全面说明这一主题，就必须谈及这一点。这种区别是非常明显的，前面两章虽然没有给其取名称，但已常常谈到。现在是给其下精确定义并指出由此而带来的一些后果的时候了。

生产任何一种商品的资本中，都有一部分用过一次以后，就再也不是资本了；再也不能对生产提供服务，至少不能提供同样的服务，也不再能对同一种生产提供服务。例如，由原料构成的那部分资本就是如此。用来做肥皂的牛脂和烧碱，一旦用于制造肥皂，就不再是牛脂和烧碱了，并且不能再用于肥皂制造业了，尽管其变体肥皂可以在其他制造部门作为原料或工具使用。作为工资而支付的那部分资本，或作为劳动者的生活资料而消费掉的那部分资本，也应归入这类资本。棉纺业主付给其工人的那部分资本，一旦付出以后，就不再是他的资本了，其中工人消费掉的那部分资本，就根本不再是资本了，即令工人节省下一些，也只能把节省下的资本看作是新资本，看作是第二次积累行为的结果。以这种方式完成全部生产职能的资本，即作一次使用的资本，称作流动资本。这一名称并非十分恰当，取这一名称是因为这部分资本需要靠出售成品来不断地更新，而更新后便用来购买原料和支付工资。因此它

不是靠保持、而是靠转手来执行其职能。

然而，还有很大一部分资本，存在于耐久性或大或小的生产器械之中。这部分资本不是靠转手、而是靠保持来起作用，其效用不会由于一次使用而耗尽。属于这一类的有房屋、机器以及称为器具或工具的全部或大部分物品。其中一些是十分耐久的，它们作为生产器械的功能能持续存在于多次重复的生产操作中。投资于土地的永久性改良的资本，也应归于这一类。此外还有在事业开始时为以后的经营铺平道路所一次花费的资本，例如，开矿、开渠、筑路、筑船坞的开支。还可以举出另一些例子，但这些已足够了。凡以上述耐久形态存在、并在与此相应的时期内产生收益的资本，均称为固定资本。

有些固定资本需要不定期地或定期地更新。所有器械和房屋就是如此。它们每隔一段时间便需要通过维护检修来部分更新，最终会完全用坏，再也不能当房屋和器械使用，重新归入原料类。在另一些情况下，除非遭受某种不寻常的事故，否则固定资本不需要完全更新，但也总需要一些支出用于维护，这种支出或者是定期的或者至少是不定期的。船坞或运河，一旦造成后，除非有意识地加以破坏，或除非因地震那样的大灾难使其堵塞，是不需要像机器那样重新制造的。但是需要有定期和经常性的开支来对其进行维修。开矿的费用无需花第二次，但除非有人肯花钱排水，否则矿井很快就会废弃。各类固定资本中最持久的，是用于提高某一自然要素如土地的生产力的资本。给像贝德福平原这样的沼泽地带或洪水泛滥的地带排水，填海造田或筑堤防护，都是永久性的改良，但排水沟和堤防需要经常维护检修。挖地下排水沟所进行的土地改良也具有同样永久的性质，这种改良能大大提高黏土的生产能力；施加长效肥，也是对土地的永久性改良，所谓施加长效肥就是加到土壤中去的，不是会进入植物因而会被植物消耗掉的物质，而是这样一些物质，它们仅仅改变土壤与空气和水的关系，如对重质土壤掺沙和石灰，对轻质土壤掺黏土和泥灰。然而，即令是这样的改良，也需要有不定期的开支来维持其发挥充分的效力，尽管开支数额也许很小。

然而，这些改良会名副其实地提高收益，在扣除了进行改良的全部开支以后还会有一个余额。这个余额便是最初投资的收益，这种收益不像机器那样，由于机器的磨损而告终，而会永远存在下去。由此而提高了生产力的土地，在市场上会具有与此成比例的价值，因而通常认为投入土地改良的资本仍存在于增加了的土地价值中。然而，决不应产生误解。此处的资本和其他所有的资本一样，已经消耗掉了，消耗在了土地改良者的生活上和他们使用的工具的磨损上。但它却消耗在了生产上，对人们占有的自然要素土地产生了永久性影响，提高了土地的生产力。我们可以认为，产量的增加是土地和固定于土地的资本共同作用的结果。但是因为资本实际上已消耗掉，不能再抽走，因而其生产力此后便和土壤的原品质所具有的生产力不可分割地融和在了一起；所以使用土地的报酬此后便不再依赖于支配劳动和资本收益的法则，而是依赖于支配自然要素报酬的法则。什么是支配自然要素报酬的法则我们将在后面论述。[①]

① 参见本书第二编第十六章(《论地租》)。

第二节　在牺牲流动资本的情况下增加固定资本，对劳动者可能是有害的

流动资本和固定资本对国家总产量的作用有很大差别。由于流动资本一经使用，自身便被毁灭了，或至少对于其所有者来说就不复存在，由于靠这种一次性使用所得到的产品是所有者收回资本，或为生产性使用获取报酬的惟一源泉，因而所得到的产品必须足以达到这些目的，换句话说，这种一次性使用必须再生产出所用掉的全部流动资本外加一定的利润。不过，固定资本的情况则不一定是这样。因为例如机器不会因使用一次就全部消费掉，所以也就不必用使用一次得到的产品收回全部固定资本。如果机器在每一段时间内带来的收益，足以抵补修理费和折旧费，外加一可以为机器的总价值带来通常利润的余额，则这台机器对于其所有者来说就是合算的。

由此可见，固定资本若是靠牺牲流动资本而增加，则必然有损于劳动者的利益，至少是暂时有损于劳动者的利益。这不仅对机器来说是如此，而且对一切需要投资的改良来说也是如此，它们会使资本永远不能用于供养劳动和为劳动付酬。假设有一个人耕种自己的土地，有资本 2000 夸特小麦，用来维持劳动者 1 年的生活（为简单起见我们略去了种子和工具）。这些劳动者的劳动为他每年生产出 2400 夸特小麦，利润为 20%。我们假设他每年都把利润消费掉了，年复一年地以他原来的 2000 夸特资本进行经营。我们现在假设他花掉一半资本来对土地进行永久性改良，这种改良

由他的一半劳动者来进行，他只雇用这些人1年，在此之后他将只需要从前一半的劳动者来有效地耕种他的土地。其余的资本仍像往常那样使用。头一年劳动者的状况没有什么变化，只是有一部分劳动者现在是因改良土地领取报酬，而以前他们是因耕地、播种和收割取得报酬。然而到年末，这个土地改良家就不再像以前那样拥有2000夸特资本了。只有1000夸特资本是照往常那样再生产出来。他现在只有1000夸特资本和经过改良的土地。他在下一年及以后每年中将只雇用半数劳动者，并在他们之间分配仅相当于原数量一半的口粮。如果改良的土地以及减少的劳动量像以前那样生产出2400夸特，损失会很快得到弥补，因为收益增加得这么多可能会促使土地改良家节省下一部分，加到资本上，从而雇用更多的劳动。但可以想象情况不会是这样，因为(我们可以假设改良将无限期地有效，要维持它也花不了多少钱)即使土地现在出产的不是2400夸特，而是1500夸特，土地改良家从改良中得到的收益还是很大，原因是1500夸特便可以收回目前1000夸特的流动资本，而且对包括固定资本和流动资本在内的全部资本来说，利润将达到25%(而不是以前的20%)。所以，这一改良对他说来是非常有利的，但对劳动者来说却是非常有害的。

上述假设纯粹是理想的，或至多只适用于例如将耕地改作牧场的情形，人们在以前常常这样做，但现代农业家却认为这不是改良，而是倒退。本世纪在苏格兰北部把一些小租地农场主赶走，就是这方面的一个事例，从马铃薯荒和谷物法废除以来的爱尔兰，是另一个事例。最近爱尔兰农业总产量引人注目的下降，在某种程度上显然就是将供养劳动者的土地改用于饲养牲畜引起的，而不通过移民和屠杀把很大一部分爱尔兰居民搞掉，是不可能改变土地用途的。因此，在最近的这两个事例中，所谓的农业改良反而降低了国家供养其居民的能力。不过，现代科学技术所引起的所有改良则会增加总产量，或无论如何也不会减少总产量。但是，这对我们的论点并无实质性的影响。假设改良不是按上面假设的方式进行，不能节省下一部分原先雇用来耕种土地的劳动，而能使相同的劳动生产出更多的产品。并假设相同的劳动靠改良从土地中获得的较多产品，是人们所需要的，是能够找到买主的。土地改良家在这种情况下会需要与以前同样数目的劳动者，工资也不变。但从何处他能找到资本来支付他们呢？他已不再拥有可用于这一目的的原来那 2000 夸特资本。其中 1000 夸特已不复存在，用于搞改良了。如果他要雇用同以前一样多的劳动者，并且支付同样高的工资，他就必须借入，或从其他方面获得 1000 夸特来弥补这一缺额。但这 1000 夸特已用于供养，或已准备用于供养同等数量的劳动。它们不是新创造出来的，只不过是从一个生产部门转到另一个生产部门。虽然这个农业家弥补了其流动资本的缺额，但整个社会流动资本的缺口却没有堵上。

一些人认为机器决不会损害劳动阶级。这些人的论点大都是：机器可以降低产品价格，大大增加需求，从而很快就会使比以往更多的人找到工作。在我看来，这一论点并不像通常所认为的那么有力。不过，虽然有夸大其辞之处，情况却毫无疑问常常是这样。印刷术的发明固然导致了抄写员的失业，但毫无疑问其人数很快就被取代他们的排字工和印刷工超过了；现在棉纺业中劳动者的人数，要比哈格瑞夫斯和阿克赖特的发明问世以前多好几倍，这表明,棉纺业现在不仅投入的固定资本数额巨大,而且还使用了比以往任何时候都多得多的流动资本。但如果这种流动资本是抽自其他行业,如果替补昂贵的机器投资的资金不是由改良引致的增多的储蓄所提供,而是抽自社会的总资本,那么劳动阶级怎样会从这种单纯的转移中得到好处呢?流动资本转变为固定资本使劳动阶级遭受的损失,难道仅仅由于一部分剩余的流动资本从老行业转到新行业就会得到补偿吗?

一些人力图证明,劳动阶级作为整体来说不会因采用机器,或投资于永久性的改良而受苦,我认为这种看法肯定是错误的。通常都承认,而且常识也告诉我们,在实施革新的特定二业部门劳动阶级会吃苦头。但人们常常说,虽然一个部门的就业机会减少了,但另外一些部门的就业机会相应增加,因为消费者由于某一物品降价所省下的钱,使他们能扩大其他物品的消费,从而增加对其他种类劳动的需求。这看来似乎有道理,但如上一章所示,包含有一个谬误;商品需求和劳动需求,是完全不同的两码事。确实,消费者现在有更多的财力来购买其他物品,但这并不会创造出其他物品,除非有资本用于生产它们,而改良纵然没有从其他行业吸收资本,可也未腾出任何资本。因此,其他部门的生产和就业机会并不会像所推测的那样增加。某些消费者对商品需求的增加,会被另一部分人需求的停止所抵消。这部分人就是被改良所取代的劳动者。他们现在要么靠竞争,要么靠施舍才能在别人的锅中分享一杯羹。

第三节　但这种情况很少发生

然而,我认为,实际情况是,生产上的改良很少对整个劳动阶级造成哪怕是暂时的损害。只有在突然而大量地进行生产上的改良时才会损害劳动阶级，因为此时投入的许多资本必定要由已经用作流动资本的资金来提供。但改良总是进行得很缓慢，很少或从不从实际生产中抽取流动资本，而是靠每年增加的资本来完成。在流动资本不迅速增加的时候和地方，固定资本很少大幅度增加。贫穷落后的国家不会进行耗资巨大的大规模生产改良。为持久收益而向土地投资——或采用昂贵的机器——是为长远目标牺牲眼前利益的行为；并表明，第一，财产所受到的保障较为全面；其次，工商业很活跃；第三，所谓“有效的积累欲望”很高，这三者正是资本迅速增加的社会的特征。所以，虽然不仅在固定资本靠牺牲流动资本而增加的情况下，而且甚至在固定资本增加得过多过快而阻碍流动资本按人口增长速度相应增加的情况下，劳动阶级都必然会吃苦头，但实际上却几乎不可能发生这种情况，因为也许不会有哪个国家的固定资本从比例上说增加得比流动资本快。假如在1845年的投机狂热时得到国会批准的全部铁路都已如期竣工，则很可能会发生这种本来不会发生的意外情况；但这一事例却提供了一突出例证，说明要把供给老行业的很大一部分资本转为新的用途时会遇到多大的困难，大得足以阻止要求投资的事业发展太快，阻止其对雇用现有劳动的资本造成损害。

此外应补充说一句，即令改良暂时真的减少了社会的总产量和流动资本，改良最终也会使两者都增加。改良会增加资本的收益，资本收益的增加，必然会使资本家和顾客都受益，使前者的利润增加，使顾客所付的价格降低，在这两种情况下，都会增加进行积累的资金，同时利润的增加也会刺激积累。在前面所假设的那种情况下，改良的直接结果是把总产量从2400夸特减到了1500夸特，然而资本家的利润却不是原来的400夸特，而是现在的500夸特，额外的100夸特，如果定期节省下来，就会在几年内补足减少的那1000夸特流动资本。所以，凡进行改良的部门，其业务量几乎肯定会扩充，这会强烈刺激该部门的资本家增加资本，因而改良最终吸收的大部分资本，是以人们通常进行改良的缓慢步伐，从改良本身带来的增加的利润和增加的储蓄中抽取的。

生产上的改良有助于增加积累，从而有助于最终增加总产量，尽管有时会暂时减少总产量。如果资本的积累和土地产量的提高都有规定的限度，这一趋势会更为明显。一旦达到这些限度，产量的进一步增长就会停止，但生产上的改良，不论会产生其他什么影响，却有助于使其中一个限度或两个限度都向后移。这是千真万确的真理，到考察的下一阶段人们会看得更加清楚。人们将看到，一国积累的甚或能够积累的资本量，以及一国生产的甚或能够生产的总产量，是同该国现有的生产技术状况相适应的；每一项改良纵然暂时会减少流动资本和总产量，但最终却会使两者都比以前有所增长。这就是对反对机器的论点的明确答复；并由此而证明，即令在目前的社会状况下，机器的发明最终也会造福于劳动者，读者在下文将看到，这一证明是不容反驳的。[①] 但这并不能使政府推卸应负的责任，政府有责任减轻并尽力阻止这种最终的福利源泉可能给当代劳动者带来的不幸。如果投资于机器或有用工程的速度非常快，以致大大减少了供养劳动的资金，议员们就义不容辞地应采取措施来降低其速度。既然从整体上来说并不减少就业机

① 参见本书第四编第五章。

会的改良，几乎总是会使某一特定阶级的劳动者失业，所以国会议员关心的对象，就应是那些为了其同胞和子孙后代的利益而作出了牺牲的人。

让我们回到固定资本和流动资本的理论区别上来。因为用于再生产的全部财富都归入资本类，所以有些资本从定义上说就既不是固定资本，也不是流动资本。例如，制造商或商人任何时候在其仓库内都有一些尚未出售的成品存货。这种存货虽然从目的上来看是资本，但还不是实际运用的资本。它尚未参与生产，先要卖掉或交换掉，也就是说，先要转化为另一些商品的等价物，因而还既不是固定资本也不是流动资本，但将会变成其中任何一个，或最终在两者之间分配。制造商售出成品得到收入后，会把一部分收入付给工人，一部分用来补充原料，一部分用来添置新的厂房和机器或维修旧厂房和机器；但究竟各个方面使用多少，则要看他所从事的是哪种制造业，要看当时的需要而定。

应该进一步指出，以种子或原料的形式消耗的那部分资本，虽然和固定资本不一样，需要从总产量中一下子取出，但它与劳动就业的关系却同固定资本是一样的。花费在原料上的资本和投入机器的资本，都同样要从供养和酬报劳动者的资本中抽出来。如果现在花在工资上的资本转而用来准备原料，则对劳动者造成的损害同把它转变成固定资本是一样的。然而，决不会发生这种变化。生产上的改良总是趋于节省，而决不会增加给定产量在种子或原料上的花费；因而不必担心劳动者的利益会受到损害。

第七章　论决定生产要素生产力程度的原因

第一节　土地、劳动和资本在不同的时间地点具有不同的生产力

我们已对生产要素作了全面论述。我们已发现可将它们归结为三种：劳动、资本以及由自然提供的原料和动力。其中，劳动和地球上的原料是基本的和必不可少的。自然动力可以用于协助劳动，是生产的助手，但不是生产所必需的条件。另一要素即资本，本身是劳动的产物，因此它对于生产所起的作用，实际上就是劳动间接地对生产发生的作用。不过，资本仍需要单独予以说明。为了产生出工作时所要耗费的资本，需要事先投入劳动，这种劳动在必要性上丝毫不亚于工作本身所使用的劳动。而且绝大部分资本只有通过维持生产劳动的生存才能对生产作出贡献，其余资本即工具和原料，同自然要素和自然供给的原料一样，直接对生产作出贡献。

现在来讨论政治经济学中的第二个大问题，即这些生产要素的生产力程度取决于什么因素？显而易见，生产要素的生产效率在不同的时间、地点变化很大。具有同样的人口和领土，有些国家

的产量比另一些大得多，而同一个国家的产量在某一时候也比在另一时候要大。请把英国同俄国境内相同大小的一块土地或相等的俄国人口作一番比较；请把现时的英国同中世纪的英国作一番比较；请把现在的西西里、北非或叙利亚同它们在被罗马征服以前最繁荣的时候作一番比较。造成生产力差别的某些原因是明显的，另一些则不那么明显。下面我们将说明其中的几个原因。

第二节　生产力较高的原因。有利的自然条件

生产力较高的最明显原因是有利的自然条件。这些条件很多。土壤的肥力是主要之一。在这方面情况差别很大，从阿拉伯的沙漠到恒河、尼日尔河及密西西比河的冲积平原，良好的气候甚至比肥沃的土地更加重要。有些国家适宜居住，但对农业来说却过于寒冷。其居民不能超越游牧阶段。他们若不是像可怜的爱斯基摩人那样以渔猎为生，就是像拉普兰人那样靠饲养驯鹿生活。还有些国家只长燕麦，不长小麦，例如苏格兰北部。还有些地方小麦虽能生长，但因雨量过多和日照不足，收成是靠不住的，如爱尔兰的部分地区就是这样。一步步向南，或者从欧洲的温和地区一步步向东，某些新的农业部门先是有可能存在，然后成为有利可图的部门；葡萄、玉米、无花果、橄榄、蚕丝、大米、海枣等相继出现，终于有了糖、咖啡、棉花、香料等。在这些地方的气候条件下，可以种植较常见的农作物，并且只要略加耕作，一年就可以收获两三次。不仅在农业方面气候的差别是重要的，它们的影响在很多其他生产

部门也是感受得到的。例如经受风吹雨打的建筑物就是如此。假如凯尔奈克和卢克索的庙宇没有受到人为破坏，它们也许可以完好无损地永远存在下去，因为残留下的一些碑文，虽然是史前的文物，却比我们这里50年前的碑文还要清晰。而在圣彼得堡，三四十年前用花岗岩建造的一些宏伟建筑物，由于交替地受到酷暑和严寒的侵袭，据旅行家告诉我们，几乎已需要加以重建。南欧织物在色彩的丰富和明亮方面要胜过英国的织物，原因就在于气候较好，在我们潮湿多雾的气候下，无论化学家具有多么高深的知识，无论染色工具和技术有多么好，也不能造出与其完全一样的东西。

气候的另一种影响在于可以减少生产者的物质需要。在热带地区，即使住房条件较差，衣着较少，人们也可以过得很舒服；在寒冷的气候下，燃料是必不可少的生活必需品，但在热带地区，除了供工业使用外，即使没有燃料，人们也可以生活。热带地区的人们需要的食物也较少；这一点早已被经验所证明，理论是这样来加以说明的：我们所消费的大部分食物并不是实际滋养人体器官所需要的，而只是用于保持体温，用于给予生命机能必要的刺激，而这些在热带气候下空气和阳光便可以充足地提供。所以，在热带地区，无须像其他地方那样，为获得简单的生活必需品而花费很多劳动；如果其民族特性没有诱使他们把这些有利条件耗费在过快地增加人口和贪图安逸上，他们就拥有较多的劳动可用来达到更崇高的目的，获得更高级的享受。

在有利的自然条件中，除土壤和气候外，还必须提到丰富的矿藏，特别是如果这种矿藏位于交通便利的地方，不用花太多劳动就可以开采的话。例如英国的煤田，这种有利条件对某些居民来说可

以补偿气候上的不利；还有英国和美国拥有的高品位和浅埋藏的富饶的铁矿资源，这些资源紧挨着可供炼铁使用的煤田。在山区和丘陵区，丰富的水力资源可大大补偿这些地区通常由于土地贫瘠所处的不利地位。但最大的有利条件也许是位于海边，特别是当伴随有良好的天然港口时。第二大有利条件是拥有大的通航河流。这些有利条件固然只在于节省运输费用，但是，没有考虑过这个问题的人，不会充分理解这会带来多么巨大的经济利益；若不想一想交换和所谓分工对生产的影响，也无法对带来的经济利益作出充分的估计。这种有利条件十分重要，常常足以补偿土壤的贫瘠和几乎每一种不利的自然条件，特别是在工业发展的早期，那时劳动和科学还不能提供能和自然相匹敌的人工交通手段。在古代和中世纪，最繁荣的社会不是疆土最辽阔、土地最肥沃的社会，而是这样一些社会，这些社会由于土地贫瘠而不得不最大限度地利用其有利的海洋性地理位置，如雅典、提尔、马赛、威尼斯、波罗的海沿岸的各自由城市就是这样。

第三节　较大的劳动干劲

关于有利的自然条件，就谈这些。若其他条件相同，则有利的自然条件的重要性是显而易见的，不会被人所低估。但是经验证明，有利的自然条件对一个社会所起的作用不会比命运和地位对人的性格和能力起的作用更大。无论是现在还是过去，拥有最佳气候和土壤的国家并非就是最富强的国家，反而（就人民大众来说）通常属于最贫穷的国家之列，不过全体人民在贫困之中倒也过得挺快活。在这些国家，人只要有点东西吃就能活下去，穷人很少感到焦虑，气候使人活着就很舒服，人们最喜欢的奢侈生活就是游手好闲。在感情发出呼唤时，他们也有旺盛的精力，但却不表现在坚韧不拔的劳动上。因为他们不那么关心远大目标，未建立起良好的政治制度，因而对产业的热情由于其成果得不到良好的保护而被进一步削弱。成功的生产同很多其他成就一样，更多的是依靠人的素质，而不是工作环境。活跃的体力和脑力是在艰难困苦中而不是在安逸舒适中培养起来的。因此，侵犯和征服别人并使别人为自己劳动的部落，大都是兴起于困厄之中。他们或者生活在北部的森林之中，或者像希腊人和罗马人那样用人为的严格军事纪律来创造艰苦的条件。自从现代社会环境中断了这种纪律以来，南欧再也没有出现过征服者的国家。尚武精神以及思辨活动和工业活力，这一切的重心都转移到了自然条件较差的北方。

因此，我们可以把较大的劳动干劲列为生产力较高的第二个原因。这种干劲不能只有五分钟热度，而应是有规律的和习惯性的。北美印第安人比任何其他人都更能毫无怨言地承受大量暂时性的疲劳和痛苦，更能使其体力和脑力处于长时间的极度紧张之中。然而，众所周知，只要他能从当前需要的压力下获得一点喘息时间，他就会懒散起来。个人或国家在强烈短暂的刺激下能够和愿意进行的努力差别并不大，差别在于为远大目标所作的努力，和日常坚持不懈的工作。在某种程度上具有这种品质是人类取得任何伟大进步的必要条件。为使野蛮人开化，必须激发起新的要求和欲望，即令是不很高尚的要求和欲望，只要能刺激他们的体力和脑力进行稳定而有规律的努力。如果牙买加和德梅拉拉的黑人在获得解放以后像所预料的那样仅仅满足于享有生活必需品，不肯多干一点儿活（因为在人口稀少而富饶的热带土地上，只要干一点儿活，就足以维持生存），则虽然他们也许不会比原先的奴隶状态更为不幸，但却会陷入更加野蛮的境地。最常用的诱使他们工作的方法，是利用他们对精美衣着和个人首饰的喜爱。没有人会支持培养这种嗜好，在大多数社会中，沉溺于这种嗜好只会带来贫困，而不会带来富裕。但就黑人的精神状态来说，只有这种嗜好能刺激他们自觉地从事经常性劳动，从而养成和保持自觉劳动的习惯，然后才谈得上做更有价值的事情。在英国，需要向人们灌输的，不是对财富的欲望，而是如何更好地使用财富，如何正确看待财富所买不到的或无需财富便可以获得的欲望对象。如果真想改善英国人的性格，不论是使他们有更高的抱负，还是仅仅使他们更正确地评价眼前的欲望对象，就得减弱他们追求财富的热情。然而，却没有必要减少那种勤勤恳恳、踏踏实实的实干精神，英国最优秀的工人都具有这种精神，这是他们最宝贵的品质。

值得向往的是一条中庸之道，但人类却常常未认识到这一点，即劳动时应竭尽全力，特别是要倾注全部心智；但若仅仅是为了赚钱，则一天劳动的时数要少些，一年中劳动的日数要少些，一生中劳动的年数要少些。

第四节　较高的技能和知识

决定社会劳动生产力的第三个要素，是社会拥有的技能和知识，不论是劳动者本人掌握的技能和知识，还是劳动管理者掌握的技能和知识。工人灵巧的双手、管理者的才智以及有关自然力和物体性质的知识(这种知识可转而服务于工业),都极大地提高了工业的效率,这一点是无需加以说明的。同样不言自明的是,一国人民的劳动生产力是受他们所掌握的技术知识的限制的;技术知识的进步及其在工业上的应用,会使同样数量和同样强度的劳动生产出更多的产品。

技术改良的一个主要领域是工具和机器的发明和使用。在本书中无需专门详细论述技术改进是如何提高产量和节约劳动的。巴巴奇先生在其著名的《机器和制造业经济》一书中已科学地且通俗地对此作了说明,并列举了许多实例。该书用整整一章的篇幅列举实例,来说明机器在“发挥人力所达不到的力量,和进行人手所不能完成的精细操作”方面的功效。我们可以很容易地找到例子来说明劳动不靠工具的帮助是无法发挥作用的。没有蒸汽机或其他机器驱动的水泵,在许多情况下就排不掉矿井中聚集的水,这些矿井未挖多深就会报废;没有大小船只,就永远无法跨越海洋;没有某种工具,就砍不倒树,也不能穿凿岩洞;要耕种土地,就得有犁,至少得有锄头。不过,迄今为止人类所从事的大部分工作,实际上只要有非常简单和原始的工具提供帮助就足够了;后来的发明主要是使活儿能干得更好,特别是能大大减少劳动量,由此而节省的劳动可用于别处。

知识对生产的帮助,决不限于使用机器这一种方式。在农业和园艺中,除犁和少数另外几种简单农具的发明和不断改进以外,机器只是现在才开始表明它能从事某些重要工作。最伟大的农业发明在于对土地本身和生长在土地上的植物直接应用更合理的农艺:例如采用轮作法,以避免土地每隔两三季便休耕一季;为提高地力而施肥,以恢复因种植作物而消耗掉的肥力;翻耕表土和底土,为表土和底土排水;把泥塘和沼泽地改造成可耕地;以经验证明值得采用的各种方法对植物和树木进行修剪、整枝和支撑;若不惜花钱,还可以疏种或移栽以及将根和种子四周的土壤弄得更细。在制造业和商业中,一些最重要的改良带来的益处是节约时间,使劳动和支出能更迅速地获得收益。另一些改良带来的益处则在于节省原料。

第五节　整个社会的知识水平和相互信任程度较高

关于较高的知识水平对增加社会财富的作用,因为最没有文化的人也可以从像铁路和轮船这样惹人注目的事例中看到,故无需作多少说明。尚未被人们十分理解和认识到的一件事,是知识在人民当中的广泛传播所具有的经济价值。企业管理人员,甚至多少需要运用一些脑力的技职人员总是供不应求的,这可以从付给这些人员的薪水和普通劳动者的工资之间的巨大差别看出来。头脑简单和缺乏条理使大多数劳动者糊里糊涂,连生活也安排不好,大手大脚,马里马虎,什么都没有计划,因而他们必然只能从事低级劳动,劳动效率低下。普通教育的重要性,即令从这有限的方面来看,也是值得政治家们,特别是英国的政治家们,给予充分注意的;因为据一些常年雇用不同民族的劳动者而又善于观察的人说:他们常常发现其他国家的工人无需指导就表现得很聪明,而英国的劳动者除了伐木或打水外，从事任何其他工作，都得先接受有关的教育然后才能动手干，尽管他们大都是靠自修来接受这种教育。苏黎世的埃歇尔先生（一个工程师和棉纺织家，雇有不同民族的工人近两千名）在其1840年提供的有关培训乞儿的证词（见《济贫法委员会报告》）中，将英国工人和欧洲大陆工人做了一番对比。我相信，所有具有类似经验的人都会同意他所作出的结论。

"意大利人头脑敏捷，这表现在他们能很快理解任何放到他们手中的新活计的说明书，能迅速理解雇主的意思，能很快适应新的环境。在这方面他们比别国工人要强得多。法国工人具有类似的自然素质，但略差些。我们发现，英国、瑞士、德国和荷兰工人在理解力方面要迟钝得多。毫无疑问，作为工人来说，英国人比较受人喜爱，因为正如我们所看到的，他们全都是专门人才，在有关的领域受过较好的训练，并能集中思想干工作。不过，若是挑选业务人员或一般职员，挑选雇主身边的人员，我则宁愿要撒克逊人和瑞士人，特别是撒克逊人，因为他们受过很全面的普通教育，这使他们的知识面超出某一专门行业，稍加准备，就能拿得起交给他们的任何工作。如果我让一个英国工人安装蒸汽机，他就只会安装蒸汽机，而对于机械领域的其他事情或其他分支，不论与蒸汽机关系多么密切，他都一筹莫展，不知如何应付可能出现的各种情况，不知应采取什么适当的措施，提不出合理的建议，甚至连工作报告也写不清楚。"

关于劳动阶级的教养和道德之间的关系，埃歇尔先生说："我们发现，受过较好教育的工人在每一方面都表现出较高的道德品质。首先，他们不酗酒；在享乐上很谨慎，他们的享乐是有理性的

和文雅的;他们喜欢与上层社会交往,表现得彬彬有礼,因而很容易被上层社会所接受;他们喜欢音乐,喜欢读书,喜爱风景,并结伴到乡间旅行;他们是节俭的,不仅为自己省钱而且还为主人省钱;因而他们是诚实和值得信任的。"在回答有关英国工人的问题时,埃歇尔先生说:"就他们受过专门训练的工作来说,他们是最有技术的,但就品行来说,他们却是最伤风败俗、最放荡和最不守秩序的,是我们所雇用的各国工人当中品行最差、最不诚实的工人。我的这些话,表达了曾与我交谈过的每一个欧洲大陆制造商的经验,特别是英国制造商的经验,他们的怨气最大。这些堕落行为不会出现在受过教育的英国人身上,而是出现在另一些英国人身上,所受的教育越少,堕落得越厉害。未受过教育的英国工人,在英国被雇主用铁的纪律束缚着,一旦他们解脱出来,受到大陆上有教养的工人从雇主那里得到的文雅而友好的对待,他们就忘乎所以了,忘记了自己的地位,很快就变得无法无天,不堪雇用了。"[①] 这一观察结果为英国本身的经验证实。一旦平等观念进入未受过教育的英国工人的头脑,他的头脑就会被搅乱。他不再卑屈顺从时,便目空一切。

劳动者的道德品质对其劳动的效率和价值来说与智力是同等重要的。且不说放纵对其体力和脑力的影响,且不说轻浮毛躁的脾性对其工作干劲和持久性的影响(这些影响是显而易见的,无需再加以说明),只是好好想一想他们劳动的总效果在多大程度上依赖于他们的诚实可信。现在要花费大量劳动监督或检验工人的工

① 不仅这个聪明而有经验的劳动雇主的全部证词值得重视,而且该报告中其他证人在类似问题上提供的证词也值得重视。

作，在这样一种辅助性职能上花费多少劳动，实际上就会减少多少生产性劳动，这种职能并不是事物本身所需要的，而只是用来对付工人的不诚实。大量的表面预防措施不会有多大效力，因为当前在几乎所有使用雇佣劳动者的地方，只要略微放松一下警惕，就会有人乘机不履行合同。建立相互信任的关系对人类的好处，表现在人类生活的各个方面，经济方面的好处也许是最微不足道的，但即使如此，也是无限大的。让我们只看一下人类的不诚实所造成的财富浪费中最明显的那部分；在所有富裕社会中，都有一些居民靠掠夺或欺骗他人为生；其人数无法可靠地查清，但按最低估计，在像英国这样的国家，这样的人也是非常多的。供养这些人是国民产业的一个直接负担。由于有这样的人而不得不承受的第二个负担，是警察机关，整个惩罚和刑事机关以及部分民事审判机关。收费昂贵的律师业，就其工作并非由律师自己制造的法律漏洞造成的而言，主要是靠人类的不诚实来维持的。随着整个社会诚实程度的提高，所有这些花费会逐渐减少。但这只是单纯的节省，而如果劳动者诚实地完成他们所从事的工作，雇主精神振作，感到心里很有底，信心十足地安排各项工作，确信工人会很好地干活，那就会大幅度提高产量，节省大量时间和开支，由此而带来的利益不知要比单纯的节省大多少倍。人们在多大的程度上相互信任，就有可能在多大的程度上开展协作。在一些具有一流工业能力的欧洲国家，妨碍做大生意的最严重障碍，是很少有人在收付大笔款项方面值得信任。商人对有些国家的商品是怀有戒心的，因为他们无法相信货物的质量是否同样品一致。在英国的出口贸易方面，这种目光短浅的欺诈行为并非很少见。大家都已听说过“魔鬼的

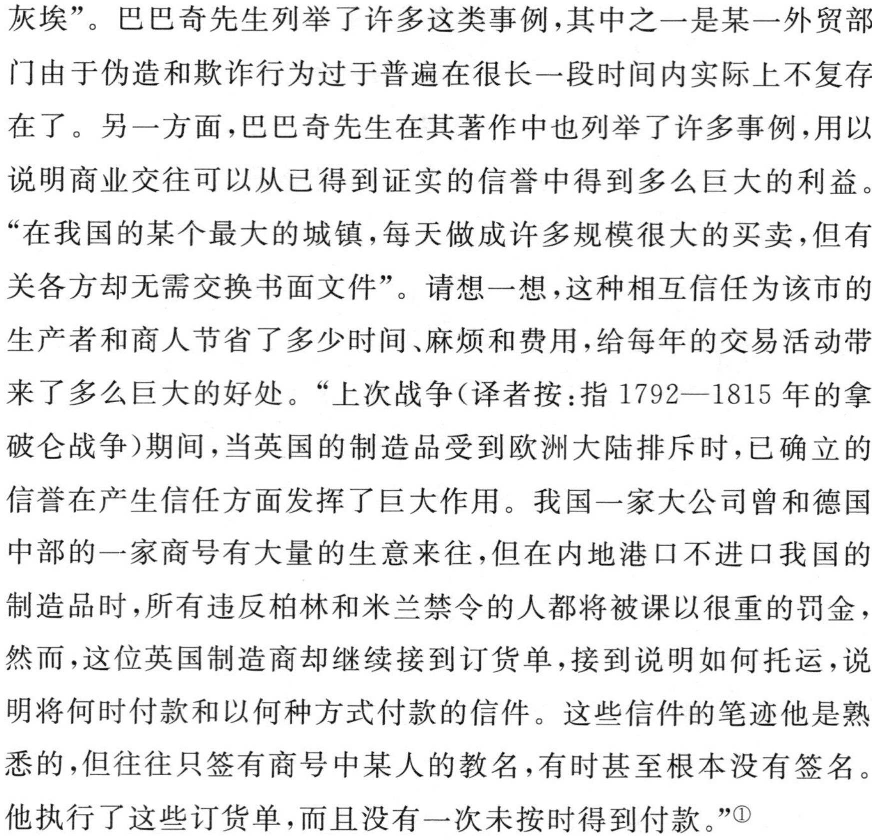

灰埃”。巴巴奇先生列举了许多这类事例，其中之一是某一外贸部门由于伪造和欺诈行为过于普遍在很长一段时间内实际上不复存在了。另一方面，巴巴奇先生在其著作中也列举了许多事例，用以说明商业交往可以从已得到证实的信誉中得到多么巨大的利益。“在我国的某个最大的城镇，每天做成许多规模很大的买卖，但有关各方却无需交换书面文件”。请想一想，这种相互信任为该市的生产者和商人节省了多少时间、麻烦和费用，给每年的交易活动带来了多么巨大的好处。“上次战争（译者按：指 1792—1815 年的拿破仑战争）期间，当英国的制造品受到欧洲大陆排斥时，已确立的信誉在产生信任方面发挥了巨大作用。我国一家大公司曾和德国中部的一家商号有大量的生意来往，但在内地港口不进口我国的制造品时，所有违反柏林和米兰禁令的人都将被课以很重的罚金，然而，这位英国制造商却继续接到订货单，接到说明如何托运，说明将何时付款和以何种方式付款的信件。这些信件的笔迹他是熟悉的，但往往只签有商号中某人的教名，有时甚至根本没有签名。他执行了这些订货单，而且没有一次未按时得到付款。”①

---

①　我们可以列举巴巴奇先生提到的几个小事例来进一步说明社会成员相互不信任所造成的浪费。

“买主的花费是他为货物所付的价款，加上检验货物质量是否符合合同规定的费用。在某些情况下，货物的好坏一看便知。在这类情况下，不同商店中的价格不会有多大差别。例如糖块的好坏一看便知，因而其价格在不同的商店基本一致，利润很小，没有一个杂货商急于卖掉它。另一方面，茶叶的质量则非常难于判断，掺假的茶叶，甚至能骗过有经验的眼睛，因而茶叶有很多种不同的价格，每个杂货商都急于把它卖给顾客。在某些情况下，检验的难度和费用会大得使人认为偏离公认的原理是正当的。例如，有这样一条通用的原理，即政府购买物品要比自己制造物品便宜，然而，人们却认为，政府建立庞大的面粉厂（如德普福德的那些面粉厂）自己磨面，比起检验每袋购入的面粉和雇人来发明鉴别层出不穷的掺假的办法要节省一些。”如果诸如美国这样的国家如此不受人信任，它就会丧失很大一部分面粉出口贸易。

第六节 较高的安全感

在决定生产要素的生产力的次要原因中,最重要的是安全感。这里所说的安全感,是指社会为其成员提供全面的保护而使人感到很安全。这包括政府提供的保护和针对政府的保护。后者更为

再有:“几年以前,一种以所谓‘整复’的工艺来特别处理旧三叶草种子的方法变得如此流行,以致引起了下议院的注意。根据提交给一个委员会的证词:整复白三叶草旧种子的方法,是先将其略微弄湿,然后用硫磺烘干;整复红三叶草种子的方法,是将种子和少量靛蓝放入口袋中摇匀来改善其颜色。但过了一段时间则发现,整复家们使用了一种洋苏木制剂,有时用少许绿矾,有时用铜绿来澄清过滤。这样一来,旧种子的外观虽然好看了,但却降低了(如果不说破坏了)旧种子本来已经衰老的生长力。即使这种处理方法对好种子并无任何损害,可外观的改善却会使每英担的市价从 5 先令提高到 25 先令。但这种处理方法带来的最大弊害,是使无用的旧种子在外观上看起来同最好的种子一样。有个证人试种了一些经过处理的种子,发现 100 粒中发芽的连 1 粒也不到,而且长出来的后来也死掉了,而未经过处理的种子通常则有约 80%或 90%发芽。这样处理过的种子卖给了国内的零售商(他们当然力图以最便宜的价格买进),零售商又卖给了农民。但无论是零售商还是农民都无法鉴别种子的真假。因此,很多耕种者减少了对这种物品的消费,另一些人则不得不出较高的价钱向那些能够鉴别真假且诚实可信的人购买。”

巴巴奇先生说,爱尔兰的亚麻虽然其自然品质一点也不比其他地方的差,但却要比其他国家或英国的亚麻在市场上每磅少卖一至两个便士。差价部分是由加工上的疏忽造成的,部分则是由柯里先生的证词提及的原因造成的。柯里先生曾当过多年爱尔兰亚麻管理委员会的干事,他说:“亚麻的所有者几乎都是社会下层人士,认为可以通过欺骗买主来最大限度地增进自身的利益。亚麻是按重量出售的,于是便采用方法来加大分量。每一种方法都是有害的,特别是加水,这是一种常用的方法,会使亚麻在以后发热。每捆(捆的大小也各不相同)内都塞满了卵石或泥沙以增加重量。这样的亚麻便出售和出口到大不列颠。”

有人向下议院的一个委员会提供证词说,诺丁汉的花边贸易,由于有人制造假货和次品而一落千丈。“有人制造出了一种称为单边锁口的花边”(我仍引用巴巴奇先生的话),“这种花边虽然看上去不错,但洗过以后就会因脱纱而几乎完全损坏。一千人中没有一个能区别单边锁口和双边锁口的花边。即令是工人和制造商也必须使用放大镜才能把它们区别开来;此外还有另一种称为荷叶边的花边,也得使用放大镜才分辨得出来。”

重要。若一个人被人知道拥有一定资产，总担心随着局势的每一次动荡会被贪得无厌的政府官吏夺走，那就不大可能会有很多人努力生产多于生活必需品的东西。这是亚洲很多一度很富庶的地区陷于贫困的公认原因。从这里到欧洲治理得最好的地区，安全感按程度来说可以分很多层次。大革命以前，在法国的很多省份，残酷的土地税收制度以及无法抗拒的横征暴敛，使每个耕作者不得不装出穷困的样子，因此而不好好种田。只有一种不安全感会完全挫伤生产者的积极性，那就是政府或政府官吏造成的不安全感。对于所有其他掠夺者的掠夺，还有靠自身进行防卫的可能。古代世界的希腊和希腊殖民地、中世纪的佛兰德和意大利，并未享有现代意义上的安全感，社会动荡不安，生命和财产的安全时刻受到威胁，但它们是自由国家。人民通常既不受其政府任意的压迫，也不受其政府有组织的掠夺。各项制度使个人焕发的活力，足以对外敌进行成功的抵抗，因而这些国家的劳动具有特别高的生产力，在它们仍是自由国家时，财富也在不断增长。罗马的专制统治结束了整个帝国内部的战争与争吵，使人民摆脱了以往的不安全感。但是因为专制统治残酷掠夺本国人民，人民变得衰微贫困了，以致后来被野蛮的但却是自由的侵略者轻而易举地打败了。他们不愿再战斗或劳动了，因为政府不再允许他们享有他们战斗和劳动的成果。

现代国家中人身财产的安全感大多是来自习俗和舆论，而不是来自法律。在现代或近代的一些欧洲国家，君主虽然从名义上说是专制的，但是由于公认惯例的约束作用，事实上没有一个臣民感到会出现政府随意没收其财产或向他们征收贡品的危险。然而，由于专制统治的一般特征是缺少公开性，因而在这种统治下，必然无法克服下级官吏很多小量的勒索和其他暴行。在英国，人民受到了制度和习俗的较好保护，得以免受政府官吏的敲诈勒索；但是人们能免受其他坏蛋的侵害，靠的却不是惯例和制度。当法律要收取令人咋舌的费用才能保护财产，以致人们宁愿财产受损也不要这种保护时，便不能说法律提供了这种保护。在英国，财产的安全靠的是舆论（除受到公开的暴力威胁外）和对揭露的畏惧，这些比法律和法庭的威力还要有用得多。

除了社会对合法财产提供的保护不完善以外，不良的制度还以许多其他方式妨碍国家生产资源得到最佳利用。我们将随着讨论的深入提及很多这方面的事例。在此只要指出以下一点就够了：劳动效率的高低取决于劳动者能在多大程度上得到其劳动成果；社会协议是否有利于调动劳动积极性，要看能否使每个人的劳动报酬尽可能与其所作的贡献成比例。所有只有利于一个阶级或一类人的法律或惯例，由于会妨碍其他人追求幸福，会把劳动和劳动成果分离开来，因而是违背经济政策的基本原则的，会降低社会的总生产力，尽管还可以根据其他各种理由谴责这种法律或惯例。

第八章　论合作或劳动的联合

第一节　劳动联合是生产力较高的一个主要原因

前面列举了提高劳动生产力的一些因素，但尚未提及一个因素。这一因素因极为重要且涉及面太广，需要单独加以论述。这就是合作，或许多人的联合行动。这一因素对生产的促进作用非常巨大，由此而出现了一独立的研究领域，名之为分工，引起了政治经济学家们很大的注意。这确实是非常值得的，但却忽视了有关这一内容广泛的法则的其他事例和例证。我认为，是韦克菲尔德先生首先指出，错误在于以偏概全，由此而带来了有害的后果；在分工法则的背后，还有一个更为基本的法则，包含了前一法则的内容。

韦克菲尔德指出①，合作有“两种，第一种合作是几个人从事同一工作时的互相帮助；第二种合作是几个人从事不同工作时的互相帮助。前者可称为简单合作，后者可称为复杂合作。”

“简单合作的好处可用打猎的例子来说明。据说，使两只猎犬一同追要比 4 只猎犬狼奔豕突能杀死更多的野兔。在人类所从事的很多简单工作中，两人共同劳动显然要比4个人或16个人分

① 韦克菲尔德版亚当·斯密：《国富论》第 1 卷，第 26 页编者注。

开来劳动所干的活儿多。例如，在抬重物、伐木、锯木、抢收，在大片土地上赶时间排水、拉纤，为大船划桨、开矿、搭脚手架、敲碎铺路用的石头等等。在所有这些简单工作中，许多人在同一时间、同一地点、以同样方式工作，是绝对必需的。新荷兰的野蛮人即令在最简单的工作中也是从不互相帮忙的，因而他们的境况并不比他们时常捕到的野兽强，在某些方面还不及野兽。只要设想一下英国的劳动者突然停止在简单工作中的互相帮助，就会明白简单合作的巨大好处。在无数工作中，劳动产量在某种程度上是和工人间的相互帮助成比例的。这是社会进步的第一步。”第二步是：一旦“一群人联合起来劳动生产出超过自身需要的食物，就会促使另一群人联合起来劳动，以生产出超过自身需要的衣着，这样，一群劳动者就可以用剩余的衣着购买另一群劳动者剩余的食物；如果这两群劳动者合起来生产出的食物和衣着多于他们的需要，则他们通过交换就可获得适当的资本，可在各自的行业中使更多的劳动者工作。”由此便在简单合作之外，产生了韦克菲尔德先生所谓的复杂合作。前者指的是若干劳动者联合起来在同一组作业中相互帮助，后者指的是若干劳动者联合起来靠作业分工来互相帮助。

“在简单合作和复杂合作之间有一个重要的区别。前者，合作者在合作时总能意识到，对最无知、最粗俗的人也是明显的。后者则只有非常少的人在某种程度上觉察得出来。之所以有这种区别，原因很容易看出来。当若干人在同一时间、同一地点抬起同一重物或拉同一绳索时，毫无疑问他们是在相互合作。一眼就可以看出这个事实。但当若干人或若干群人在不同时间、不同地点干不同的事时，他们彼此之间的合作，虽然也是确定无疑的，却不像前一种情况能那么容易地觉察出来，要觉察出这种合作，得动脑筋好好地思考一番。”

在目前的社会状况下，养羊是一部分人的工作；为纺毛工精整羊毛是另一部分人的工作；将羊毛纺成毛线是第三部分人的工作；将毛线织成绒面呢是第四部分人的工作；染色是第五部分人的工作；做上衣是第六部分人的工作，这尚未把这一过程各个阶段使用的许许多多搬运工、批发商、代理商和零售商计算在内。所有这些人彼此并不认识也不了解，但却为生产出最终产品即上衣而相互合作。然而，合作生产上衣的人远非限于这些人，这些人都需要食物，以及很多其他消费品，除非他们能指望别人会为其生产这些物品，否则他们是不能把全部时间花在自己的工作上的。每个为这些生产者生产食物或盖房子的人，也都不知不觉地把自己的劳动与这些生产者的劳动结合在了一起。依靠一种未明说出来的但却是实实在在的协作，“拥有多余食物的那群人得以同拥有多余衣服的那群人进行交换。如果这两群人因相隔太远或因不愿彼此往来而相互隔绝——除非这两群人实际上合为一群人，以生产足够全体需要的食物和衣着作为共同目标——他们就不能把生产充足食物和衣着的全部工作分为两部分。”

第二节　分工的作用

分工对生产的影响比通常论述这一主题的方式使读者所认为的更为重要。不仅不同物品的生产成为不同人的专门或主要职业时，每种物品的产量会大得多。分工的实际作用远不止于此。没有某种程度的分工，只能生产出为数很少的几种物品。

假设一些人，或一些家庭，全都从事完全相同的活动。每个家庭住在一片自己的土地上，在这片土地上靠自己的劳动种植为维持其生存所需的粮食。因为在全都是生产者的地方，没有人购买剩余的产品，所以，每个家庭必须在其内部生产自身所消费的全部其他物品。在这种情况下，如果土壤较肥沃，人口不是紧跟在生活资料的后面增长，则毫无疑问，会有某些家庭制造业，也许会靠妇女的劳动（这是分工的第一步）在家庭内部为全家纺织衣着，而且会靠人们的联合劳动造起住房并进行维修。但是除了简单的食物（食物的供应量也是不稳定的，随季节的变化而变化）、粗劣的衣着和非常简陋的住房外，每个家庭几乎不可能生产出更多的东西。通常，他们要尽最大努力才能生产出这些东西。由于工具极为简陋，即令是在生产粮食方面，他们的力量也无法充分发挥出来。要为自己生产出便利品或奢侈品，则要花太多的时间，而且在很多情况下，还得去别的地方。因此，产业的种类很少，只有生产必需品的产业，即便是这些产业，效率也极低，不仅是由于工具不完善，还因为当土地和靠土地滋养的家庭工业可以使单个家庭自给自足时，在家庭人口保持不变的条件下就不会有动力来促使土地或劳动生产更多的产品。

但假定发生了一件事，使这小小的居留地发生了一场革命。假设一群工匠，带着工具和足够维持一年生活的食物，来到这个国家并居住下来。这些新来的移民生产的是当地淳朴的人们喜爱的用具或装饰品；他们在吃完所带的食物以前，生产出了相当数量的这些物品，并打算用来交换更多的食物。当地居民的经济情况由此而发生了巨变,他们现在可以获得舒适品和奢侈品了。这些物品过去仅仅依靠他们自己的劳动是无论如何也生产不出来的,所以也就无从获得,而现在他们若能生产出更多的食物和必需品,就能获得这些物品。他们因此而受到刺激,提高其劳动的生产力。在他们初次获得的便利品当中,可能还有较好的工具。除此以外,他们也有动力更加勤奋地劳动,有动力采用发明来提高其劳动效率。借此他们通常会成功地使其土地不仅为他们自己生产出食物,而且还会生产出余粮供应新来者,用余粮购买这些工匠的产品。新的移民建立了所谓剩余农产品市场。他们的到来不仅用他们所生产的物品使居留地富裕起来,而且还提高了粮食的产量。这些粮食如果没有他们来此消费,是不会生产出来的。

这一学说和我们以前强调的那一命题,即商品市场并不构成对劳动力的使用,毫无矛盾。[①] 农民的劳动已得到使用,不是有了新来者的需求,他们才能供养自己。这种需求对他们所起的作用,是使他们的劳动具有更大的活力和效率,以新的动力刺激他们去作新的努力。新来者的生活和工作靠的也不是农民的需求,他们备有一年的口粮,可以和原来的居民并肩住下来,可以和原来的居住者一样只生产少量食物和必需品。不过,我们可以看到,对于提高劳动者的劳动生产力来说,极其重要的是,附近有从事不同产业的生产者。一种劳动产品能与另一种劳动产品相交换,是提高劳动生产力的一个条件,若劳动产品不能交换,劳动总量几乎总是会减少。当某种劳动产品获得了新市场,从而产量增加时,产量的增加并非总是靠牺牲另一种产品而取得。多生产出来的产品常常是

① 见前面第100—107页。

新创造出来的，是新劳动的成果，或者是改良或合作帮助劳动获得的成果，而如果没有提高产量的动机，人们也许不会进行改良，也不会进行合作。

第三节　城镇和乡村间劳动的联合

从以上考察中可以看出，除非一个国家拥有大量的城镇人口，或者农产品大量出口到其他国家，否则该国就几乎不可能拥有生产力较高的农业。我是为了简便而使用城镇人口这个词，用以指非农业人口，即为了联合劳动而集中在城镇或大村庄中的人口。韦克菲尔德先生把这一真理应用在了殖民理论上，已引起很多人注意，毫无疑问还会引起更多人注意。这是有实践意义的伟大发现之一，然而这一真理一旦被发现，便昭然若揭，人们也就看不到发现者的功绩了。韦克菲尔德先生第一个指出，当时普遍采用的建立新殖民地的方法——使一些家庭相邻地定居，每家分一块土地，以完全相同的方式从事生产——虽然在有利的环境下可以确保这些家庭获得基本充足的生活必需品，但却不利于大规模生产，不利于产量的迅速增长。韦克菲尔德先生提出了另一种建立殖民地的方法，要确保每个殖民地从一开始就拥有和其农业人口成比例的城镇人口，确保土地耕作者不住得过于分散，以致因相互距离太远无法将城镇居民作为其产品的市场。这一方案所依据的原理与以下理论毫不相干，即把土地集中起来，交由雇工耕种会得到较高的生产力。即使当土地分成小块并由自耕农耕种时，确实会获得最高的产量，但城镇人口对促使这些自耕农提高产量，也同样是必需

的。如果他们离最近的非农业产业太远，以致不能把其作为吸收剩余产品的市场，从而不能靠其使他们的其他需要得到满足，那么一般说来就不会生产出这种剩余产品或与其相等的东西。

首先是城镇人口的不足限制了像印度这样的国家劳动的生产力。印度的农业完全采用小农制度。然而，劳动联合的规模相当大。村社制度与习俗是印度社会真正的框架结构，必要时靠这些来采取联合行动。这样办不到时，政府（当政治还算清明时）就会插手，靠赋税收入并靠联合劳动来建造必不可少的蓄水池、堤防和灌溉工程。然而，农具却非常原始，耕作方法非常落后，以致尽管土壤很肥沃，气候对植物生长很有利，但土地的产量却低得可怜。可以使土地在小农制度下为比现有数目多得多的居民生产出充足的粮食。但要做到这一点，要有刺激，要有众多的城镇人口，城镇与乡村靠简易而廉价的交通手段相连接。然而，城镇人口并未增长，原因是耕作者没有什么欲望，没有雄心大志（以及不久以前兵祸连绵、横征暴敛，致使财产很不安全），因此而不想消费城镇产品。在这种情况下，及早开发印度生产资源的最佳方法，便是迅速增加其农产品（棉花、靛蓝、食糖、咖啡等）向欧洲市场的出口。这些货物的生产者将消费其印度农民同胞供应的食物。由此而为余粮开辟的市场，如果伴随有清明的政治，会逐渐增加人的欲望，从而对欧洲商品产生需求，或对印度制造业人口增加后才会生产出来的物品产生需求。

第四节　较高程度的职业划分

以上讨论的职业划分，是劳动联合的一种形式，舍此就不可能有工业文明的发端。然而一旦这种划分完全确立了起来，一旦每一个生产者向其他许多人供应一种商品，又从他人那里得到自己所消费的大部分物品已成为一般习惯，则虽然紧迫性要少些，但确实有理由进一步应用职业划分原则。人们发现，职业划分得愈细，每个劳动者工作的范围愈窄，劳动生产力愈高。最后便出现了那些所谓分工的著名事例，想必本书的所有读者是熟悉这些事例的。亚当·斯密所举的制造别针的例子，虽然已尽人皆知，但因为这个例子太恰当了，所以我还要再一次引录斯密的原话。斯密说："别针的制造分为约 18 项不同的工序。一个人拔丝；另一个人弄直；第三个人切断；第四个人磨针尖；第五个人打磨其顶部以便装上别针头；做别针头需要两或三项不同的作业；装别针头是一项特殊的工作；涂白这些别针是另一项工作；甚至用纸把别针包起来也是一个行当。……我见过一个只雇了 10 个人的小厂，因此，一些人要干两三种不同的工作。但是虽然他们很穷，只有很简陋的必不可少的机器设备，可是如果他们努力工作，他们每天却能制造出约 12 磅别针。每磅有 4000 多枚中号别针。因此，这 10 个人每天能够制作出 48000 多枚别针，也就是说每人每天制作出 48000 枚别针的十分之一，即 4800 枚别针。但如果他们是分开来独立地工作，而且他们中间没有任何人曾受过这方面的专门训练，那么他们每个人一天肯定做不出 20 枚，甚至一枚也做不出来。"

萨伊先生提供了一个更加强有力的例子，用来说明分工的效果，尽管这个例子取自一个不很重要的行业，即扑克牌制造业。萨伊说："据该行业的人说，每张牌，就是像手掌那样大的纸片，在出售前，至少要经过七十道工序，每道工序都由不同的工人来完成。如果某家扑克牌制造厂没有70个工种，那是因为分工尚未达到所需的程度，因为同一工人要完成两道、三道或四道不同的工序。这种分工的影响是巨大的。我曾经见过一家扑克牌制造厂，在那里30个工人每天生产15500张扑克牌，每个劳动者的产量超过500张。可以设想，如果每个工人都必须各自完成全部工序，则即令他技术非常熟练，可能一天也做不出两张牌。因而那30个工人，就不是每天生产15500张牌，而只能生产出60张牌。"①

关于钟表制造业，巴巴奇先生说："根据提交给下议院一个委员会的证词，这个行业有120个不同的部门，每个部门都可以有自己的一个学徒。他只学他师傅的行当，学徒期满后，不能在任何其他部门工作。装配工的工作是将很多散件组装起来，是这120人中惟一能在任何其他部门工作的人。"②

第五节　试析分工带来的利益

分工之所以会提高劳动效率，其中一些原因是众所周知的，无需再加以说明，但仍值得把它们一一列举出来。亚当·斯密将其

①　萨伊：《实用政治经济学教程》第1卷，第340页。靠如此繁多的手工工序制造出来的物品，竟能以非常低的价格出售，这就无可辩驳地证明，这种精细的分工可以节省大量劳动。

②　《机器和制造业经济》第3版，第201页。

归纳为三点："第一，提高了每个工人的灵巧性；第二，节约了更换活计时通常会损失的时间；最后，发明了很多方便和节省劳动的机器，使一个人能干很多人的工作。"

其中，每个工人灵巧性的提高是最明显和最普遍的。并非是因干熟了就干好了，而是取决于工人的才智，取决于专心的程度。但一件事反复干，却会变得容易些。身体各器官若频繁使用会更加有力量：肌肉会更加强壮，筋腱会更加柔韧，脑子会更加好使，全都不那么容易感到疲劳。能够容易地干的工作至少有较多的机会干好，并且肯定会干得更快。起先干得慢者将会干得快。起先慢工出细活，最后快工也能出细活。脑力活动和体力活动都是如此。即令是幼儿，在做过大量练习以后，也能极为迅速地把一串数字加起来。讲某一种语言、流利阅读、看谱奏乐都是熟能生巧的显著事例。在体力活动方面，跳舞、体操、摆弄乐器都是要靠反复练习来达到敏捷熟练的例子。在较简单的手工操作中当然还会更快见效。亚当·斯密指出："在某些制造业中，人手从事一些工作的敏捷程度，对于从未见过的人来说，确实是难以想象的。"① 当然，分工愈细，获得这种技能所需的时间愈短，但如果工人所要执行的操作种类很多，而每一操作重复的次数不够频繁，便达不到上述熟练水平。好处并不限于最终提高了效率，还包括减少了学习技艺过程

① "在天文观测中，操作人员的感官因习惯变得如此敏锐，以致能估计出 1/10 秒的时间，能按每英寸分为 5000 份的刻度调整测量仪器。在最普通的制造工艺中也是这样。一个装别针头的孩子可以连续几小时重复一种操作，这种操作需要每分钟使肌肉做几种不同运动上百次。一份最近的曼彻斯特文件说，一种特别的编织品，刚开始时值 3 先令，现在只值 1 便士，而这不是像平常那样靠发明了新机器，完全是靠工人灵巧程度的提高。"(《爱丁堡评论》1849 年 1 月号，第 81 页。)

中损失的时间和浪费的材料。巴巴奇先生说[①]："学习技艺的每一个人总会白白消费或糟蹋一定数量的材料。他每干一种新的活计，都会报废一些原材料或半成品。如果每个人不断地变换工作岗位，报废的数量将会比固定于一个工作岗位时多得多。"通常如果每个人专心致志地学习一种技艺，比起三心二意者来，他会更快地取得合格证明。

亚当·斯密列举的分工带来的第二个好处，我认为他和别人都强调得过分了。为了公平评判他的意见，我在此要引用一下他的原话。他是这样说的："在节省因更换活计损失的时间上所带来的好处，要比我们乍看上去所能想到的要大得多。人们不可能很快地从一种工作转到使用完全不同的工具而且在不同地方进行的另一种工作。一个耕种小块土地的乡村织工，一定会在从织布机到田间的来往途中损失大量时间。当两种行当能在同一习艺所进行时，所损失的时间毫无疑问要少得多。然而，甚至在这种情况下，损失也相当大。一个人在变换活计时通常要闲逛一会儿。刚开始干新工作时，很难立即精神饱满地投入工作。如人们所说的那样，他的心还安不下来。在一段时间内，与其说他是在工作，还不如说是在闲混。由于农村劳动者不得不每半小时更换一下工作和工具，不得不几乎每天以 20 种不同的方式劳动，因而他们自然而然地或更确切地说不可避免地养成了吊儿郎当、马马虎虎的习惯，这使他们总是懒洋洋的，即令在最紧迫的场合也是没精打采的。"对能充分调动劳动积极性的国家来说，这一有关乡村劳动力效率低下的描述肯定是非常夸张的。很少有人比园丁更频繁地变换工作和工

① 第 171 页。

具。是否园丁总是没精打采的？很多高级艺人必须用各种各样的工具做许许多多种工作。诚然，他们做每一种工作的速度赶不上只干一种工作的车间工人，但是，除了单纯从手的动作速度上来说外，从所有其他意义上说，他们都是更熟练的劳动者，都是更加精神饱满的劳动者。

巴巴奇先生步亚当·斯密的后尘，这样说："人的手或人的脑若在一段时间内从事某一工作，则一旦变换工作，便不会立刻充分发挥效力。工作中所运用的四肢的肌肉在用力时会获得一种柔韧性，而工作中不运用的那些肌肉在休息时则会变得僵硬，因此而在每次刚变换工作时动作缓慢和不适应。长期的习惯也使得到使用的肌肉产生强得多的承受疲劳的能力。变换脑力劳动似乎也会发生这种情况。开始研究新课题时总是没有像过一段时间以后注意力那样集中。在相继工序中使用不同的工具，是变换作业造成时间损失的另一个原因。如果这些工具很简单且更换不太频繁，时间损失还不大。但在很多技艺中，工具非常精密，每使用一次都要进行精确的校准，用于校准工具的时间在许多情况下同使用工具的时间相比显得很长。滑动刀架、刻线机和钻机就属于此类。因此，在足够大的制造厂内，一台机器只用于一种工作是比较经济的。例如，以一台机床沿其床面全长相对于其滑动刀架做螺旋运动，只用于加工汽缸；另一台机床，具有使工件在通过夹具的位置上速度不变的运动，用来磨削表面；第三台机床则只用于切削加工轮子。"

我并非认为上述看法是毫无意义的，但我认为有些反面意见是被忽视了。如果某种体力或脑力劳动同另一种劳动不一样，那

么正是因为这一点，后一种劳动可以在某种程度上得到休息。如果说干第二种工作时不能一下子获得最大的活力，那么第一种工作也不能在不略微放松一下的情况下无限期地干下去。根据一般经验，工作的变换常常能提供换一口气的机会，否则就得完全休息。一个人在不断更换工作时，要比在全部时间内只干一种工作可以不疲倦地多干很多小时。不同的工作使用不同的肌肉或不同的脑力，某些肌肉或脑力在其他肌肉或脑力工作时可以得到休息和恢复。干脑力劳动时体力可以得到休息，反之亦然。这种变化本身对所谓元气（由于没有更科学的说法，只好使用这个词）具有刺激作用。这对于所有非机械性工作的效率来说都是重要的，即令对机械性工作来说也不是不重要的。以上因素的相对重要性对不同的人来说是不一样的。有些人比起别人来更适合于长时间从事一项工作，不大适合于变换工作。他们需要较长的时间才能鼓起劲，不大容易感到厌倦，需要较长的时间才能使他们的才能得到充分发挥，因此，一旦才能得到发挥，他们就不愿停下来，而愿不间断地长时间干下去，即令会伤害他们的健康也置之不顾。气质同这些差别也有关。有些人的才能似乎天生发挥得很慢，并且在工作很久以后才会有成就。另一些人固然才思敏捷，但要不了多久就会江郎才尽。然而，在这方面同在其他许多方面一样，虽然是有先天差别，但习惯的差别更大些。从一行很快地转入另一行的习惯，可以像其他习惯一样，靠早期培养来养成。有了这种习惯，就不会在每次变换工作后出现亚当・斯密所说的闲混的现象。非但干劲和兴趣不会减弱，养成这种习惯的工人反而会生气勃勃、精神饱满地从事每一项新工作，而如果某一项工作干得时间过长（除非有不寻常的刺激)，则不会有这种感觉。妇女比起男人来(至少在他们目前的社会环境下)具有大得多的易变性。这里讨论的问题是很多事例中的一个事例，说明在形成人类的见解方面，妇女的思想和经验是多么无足轻重。很少有妇女会认为，时间拖得愈长，工作的精神愈饱满，她们不会认为在更换新工作以后的一段时间内工作效率会降低。即令就妇女来说，我也认为造成这种差别的原因，与其说是天性，还不如说是习惯。男人从事的工作十之八九是专门性的，妇女从事的工作十之八九是一般性的，涉及多种多样零七八碎的事情，干每件事情只需很短的时间。妇女经常很快地从一种手工操作转到另一种手工操作，脑力的变换还要多些，因此很少值得她们去花力气或花时间。而男人则通常长期而稳定地从事一种工作或非常有限的几种工作。但情况有时候会反过来，性格也随之改变。妇女从事单调的工厂工作效率并不比男人低，否则就不会这样广泛地雇用妇女去干工厂工作了。一个男人若是已养成了做多种工作的习惯，则他非但不会成为亚当·斯密所描述的那种懒散怠惰的人，反而常常是精力非常充沛的，充满活力的。然而，即令对于最多才多艺的人来说，工作也确实不宜更换得太频繁。不断地变花样比起千篇一律更容易使人疲劳。

亚当·斯密所认为的分工带来的第三个好处，在某种程度上是实实在在的。一个人愈集中精力干某一项工作，干某一项工作的时间愈长，愈有可能在该项工作中搞出节省劳动的发明。一个三心二意的人不大可能对某一方面的工作作出实际的改进。但这更多地取决于全面的智力和动脑筋的习惯，而不是工作的专门化。如果这种专门化达到不利于培养智力的程度，则将失大于得。还应加上一句，不论什么是搞出发明的原因，发明一旦搞出来，劳动效率的提高就应归因于发明本身，而不应归因于分工。

从现代制造业的精细分工中获得的（仅次于工人灵巧程度的提高的）最大好处，亚当·斯密没有提到，但巴巴奇先生却注意到了，这就是按能力给工人分类，可以更为经济地分配劳动。同一工作的各不同部分，其所需的熟练程度和体力也不同。让技术最高的工人专门从事最复杂的工作，让体力最好的工人专门从事最艰苦的工作，这可以充分发挥他们的作用；谁都能干的工作可以留给只适宜于这类工作的人去做。只有当生产过程的每一部分需要多少技能和体力，便使用多少技能和体力时，生产效率才会最高。制造别针的工作，其各个不同部分看来需要程度大不相同的技能，以致工人的工资从 4.5 便士一天到 6 先令一天各不相同。如果工资最高的工人必须完成全部生产过程，那他就把一部分时间浪费在了报酬为 6 先令至 4.5 便士之间的工作上。即使不考虑完成的工作量会遭受多大损失，并假设他能在 10 个工人联合劳动制造出 10 磅别针的同样时间内制造出 1 磅别针，据巴巴奇先生计算，制造费用也会是分工时的 3 $^{3}/_{4}$ 倍。巴巴奇先生接着说，在制造缝衣针方面，差别还要大些，因为生产过程不同部分的报酬级别从一天 6 便士直到一天 20 先令不等。

上面说的是分工可以从工人的技能中获取最大的效用，在这种利益之上，可以加上与其类似的另一种利益，即分工还可以从工具中获取最大的效用。一位才华卓著的著述家说[①]："如果某个人拥有很多不同工作所需要的全部工具，则至少会有四分之三的工

① 约翰·雷：《政治经济学某些新原则的陈述》，波士顿，第 164 页。

具老是闲着不用。因而很明显，与其每个人拥有全部工具，交替地用于每一种工作，还不如建立这样一个社会，在这个社会中，把这些工具分给每个人，每人只限于干某一工作。这种改变对整个社会，从而对社会中的每个人都有很大的好处。首先，各种工具会被经常使用，由此而使购置工具的费用得到较高的报酬。因而其所有者花得起钱来改进工具的质量，使其更为完善。结果是，为整个社会未来的需要作好了更充分的准备。”

第六节　分工受到的限制

正如论述过这一主题的所有著述家所指出的，分工受市场规模的限制。如果将别针制造分成 10 项不同的工作，一天能够制造出 48000 枚别针，那么，只有在消费者的数目大到每天需要 48000 枚别针时，这才是可取的。如果只有 24000 枚的需求，则分工只能按每天生产较小数量的规模来进行。因此，对某一商品需求的增加会提高生产该商品的劳动的效率。市场规模可能受以下几个因素的限制：人口太少；人口太分散，住处相距太远，相互来往很不方便；缺少道路和水陆运输；最后，居民太贫穷，也就是说，他们的集体劳动效率太低，无力消费大量商品。因此，那些可能购买某种商品的人的懒惰、缺乏技能和缺乏劳动联合，会限制该商品生产者之间劳动联合的实际规模。在文明的早期阶段，当每一地区的需求肯定都很小时，产业只是在这样一些人当中蓬勃发展，这些人控制着海岸或通航河流，能把全世界或所有沿海地区或通航地区当作其产品的市场。世界总财富的增加，当伴随有通商自由、航运的改进以及国内道路、运河或铁路运输的改进时，会使各国产品的市场极大地扩大，其结果通常是使生产这些产品时的分工得到很大发展，从而提高各国劳动的生产力。

在很多情况下，分工还受到工作性质的限制。例如，农业就不能像很多制造部门那样分工分得那么细，因为各种农活不可能同时进行。一个人不能总是犁地，另一个人不能总是播种，另一个人不能总是收割。一个人若只干一种农活，则在一年中会有 11 个月无事可做。即使一个人一样接一样地干所有农活，在大多数气候条件下，也有很多空闲时间。进行大规模的农业改良，常常需要很多人一块工作，但通常除少数指挥人员外，他们全都以同样方式工作。运河的开凿或铁路路基的建设如果没有很多人联合起来劳动是完不成的，但是除了工程师和少数几个办事员以外，全都是挖土工。

第九章　论大规模生产和小规模生产

第一节　制造业中大规模生产方法带来的好处

从劳动联合的重要性可以明显地看出，在很多情况下，进行大规模生产，可以大大提高生产效率。如果为了最大限度地提高劳动效率，许多劳动者必须联合起来，即便只是为了简单合作而联合，那么企业的规模就必须足够大，以把许多劳动者聚在一起，资本就必须足够多，以供养这些劳动者。当工作的性质允许，市场的规模足够大时，更需要进行细致的分工。企业愈大，分工也就可以愈细。这是大型制造厂存在的主要原因之一。即便扩大生产规模不会导致进一步的分工，把生产扩大到某一规模，使每个适宜从事专门工作的人工作饱满，也会有很好的经济效果。这点巴巴奇先生已作了很好的说明。①

"如果机器 24 小时内一直工作"（显然这是使用机器的惟一经济方式），"就需要有某个人来照看工人们的交接班。不论门岗或雇来干此事的其他人，是照看一个人的进出，还是照看 20 个人的进出，他的休息都会受到同等的打扰。有时还需要调整或修理机器。这事由熟悉机器制造的工人来做要比由使用机器的工人来做好得

① 第 214 页及以下各页。

多。既然机器的良好性能和使用寿命在很大程度上取决于消除其部件的振动或缺陷的快慢，因而现场工人及时的注意将大大减少因机器磨损产生的开支。但在单台花边机或单台织机的情况下，这一办法是太费钱了。由此便出现了另一个要扩大工厂规模的情况。应该使机器的台数恰好等于一个工人的全部时间用于保持它们运转正常的台数。如果超过了这个数目，根据同样的经济原则，就必须使机器台数增加两倍或三倍，以便占用两个或三个熟练工人的全部时间。

“当工人劳动的一部分如在织布和许多类似的技艺中仅仅是运用体力时，制造商很快就会想到，如果这部分劳动由蒸汽机来完成，那么，在织布的情况下，同一个人就可以同时看两台或更多台的织机。因为我们已经假设雇用了一个或几个跟班技师，因而织机台数可以安排得使他们的时间充分用于保持蒸汽机和织机正常运转。

“遵循同样的原则，制造厂逐步变得如此大，以致夜间照明费用会达到相当可观的数目。既然已经设置了整夜不睡的值班人员，可以经常照管照明设施，又有装修机器的技师，因而增添煤气灯会导致生产的进一步扩大，同时可以减少照明开支和火灾的危险，由此而对降低制造费用作出贡献。

“在工厂达到这一规模以前很久，它就会发现需要建立财会部门，雇用职员来为工人发工资，并且监督他们是否准时上班。这个部门必然跟供应原料和出售成品的代理商有来往”。这些职员和会计为大批工人发工资比为少数工人发工资多花不了多少时间，多费不了多少事，核对大笔交易的账目比核对小笔交易的账目，也多花不了多少时间，多费不了多少事。业务量翻一番，也许需要增加会计或供销代理商的数目，但肯定无需加倍。业务规模愈大，完成全部业务活动所需的劳动量从比例上说就愈小。

一般说来，业务开支并不与业务量成比例地增加。让我们举邮政局的一系列业务活动为例。假设譬如说伦敦邮局的业务，不是集中于一个单独的康采恩，而是分给五六个相互竞争的公司去管，则每家公司就要被迫维持一个几乎同现在一样大的机构。因为每家公司都必须为收发伦敦所有地方的信件作好安排，所以每家必须派出邮递员到每条街道和几乎每条胡同，而且如果要使服务干得同现在一样好，每天的投递次数也要同现在邮政局每天投递的次数一样多。每家公司都必须在每个地区设一个收信的办事处，还得设立从不同的办事处收拢信件和分发出去的全部辅助机构。除此之外，还要雇用比过去多得多的高级职员，由他们来管理和检查下属的工作。这不仅意味着付给这些人的薪水支出将增加，而且也许在很多情况下，只能满足于雇用不太合格的人员，因此而达不到预期的目的。

在自由竞争状态下，大规模生产所得到的好处在特定情况下是否会超过小商号通常孜孜以求的蝇头微利，可以根据一准确可靠的检验标准来加以确定。在大小商号做同样生意的地方，在当前环境下生产效率最高的一方能靠降价倾销挤垮另一方。一般说来，持久降价倾销的能力只能来自劳动效率的提高。而这种能力如果是靠进一步分工，或靠给工人适当分类以节约技能获得的，就不仅会使较少的劳动生产出同样的产量，而且还会使同样多的劳动生产出较高的产量，也就是说，增加的不仅是剩余产品，而且还有劳动的总产量。如果该物品数量不需要增多，有一部分劳动者会因此失业，那么用于供养和雇用他们的资本也就会腾出来；把他们的劳动用于别处，国家的总产量也就将得到提高。

然而，出现大制造厂的另一个原因，是采用了需要配备昂贵机器的生产工艺。配备昂贵的机器，一是需要有大笔资本，二是除非打算让机器发挥全部生产能力，并有希望售出全部产品，否则是不会采用机器的。由于这两个原因，在使用昂贵机器的地方，大规模生产就不可避免了。但是在这种情况下，降价能力并不像在前一种情况下那样，是检验大规模生产是否对社会总产量产生了有利影响的准确标准。降价能力不是取决于绝对产量的增加，而是取决于产量与生产支出的比例是否有所上升，如前所述[①]，甚至在年总产量下降的情况下，这种比例也有可能上升。由于采用机器，原先不断被消耗而又不断再生产出来的流动资本转化成了固定资本，维持这种固定资本每年只需要少量开支，而且只要有少得多的产量就足以负担这点开支，足以收回生产者余下的流动资本。所以机器非常适合制造商的需要，使他可以降价挤垮竞争对手，尽管国家的总产量也许没有增加而是减少了。确实，用机器生产的物品会卖得便宜些，因此，就这一种物品来说，卖出的数量也许会增加，而不是减少，因为社会的损失从整体上说会落到工人头上，他们即便是大多数制造部门的主顾，也不是其主要的主顾。但是，虽然这一特定产业部门本身可以扩展，可它却是靠整个社会来补充其减少了的流动资本。如果该部门的劳动者避免了失业，那是因为失业分摊到了所有劳动人民头上。如果他们中的一些人沦为非

① 前面第六章。

生产性劳动者,靠自愿或法定救济为生,那么国家的总产量就会相应减少,一直到正常的积累过程将其补足为止。但如果劳动阶级的境况使他们能承受工资的暂时下降,被解雇的劳动者为其他职业所吸收,则他们的劳动仍然是生产性的,社会总产量的减少得到了弥补,尽管工人遭受的损害并未得到补偿。我把前面已经讲过的东西重复一遍,是为了使人对下面这一点有更深的印象,即一种生产方式不一定因为能使某种商品卖得便宜些,就会增加整个社会劳动的产物。售价降低一般会使产量增加,但却不是必然会使产量增加。不增加产量的情况仅仅是一种在理论上有可能出现的例外情况,而不是实际经常出现的情况,其原因前面已经说过,后面还有更详尽的说明,这里就不再说了。

用大生产体制代替小生产体制所节省的很大一部分劳动,是资本家自己的劳动。如果100个拥有小资本的生产者分别进行同一业务,则每个业主也许要花全部精力来管理企业,至少没有时间或心思去干别的事。而一个拥有相当于他们资本总和的制造商,雇用10个或12个办事员,就可以管理他们的全部业务,还有空干别的事。小资本家通常事无巨细都要管,而大资本家则把有些事交给下属去做。小农场主要亲自犁地;小商人要站柜台;小织布商要踩动自己的织机。在大多数情况下,这种职能的联合是不经济的。业主要么把其指挥才能浪费在了日常事务上,要么他只适宜于做指挥工作,因而把日常事务搞得一团糟。然而,必须指出,有人十分重视节省这种劳动,但我却不这样看。毫无疑问,花在监督很多小资本上的劳动要比花在监督大资本上的劳动多得多。然而,小生产者通常感到自己是主人,而不是某个雇主的奴仆,由此而为付出的这种劳动获得了充分的补偿。可以说，如果他们看重这种独立性，他们就会甘愿为此付出代价，甘愿减价出售其产品来同大商人或大制造商竞争。但他们不能老这样干，同时又能维持生存。因此，他们逐渐从社会上销声匿迹。在延长无望的挣扎中耗尽了自己小小的资本以后，他们或是沦为雇佣劳动者，或者依靠别人生活。

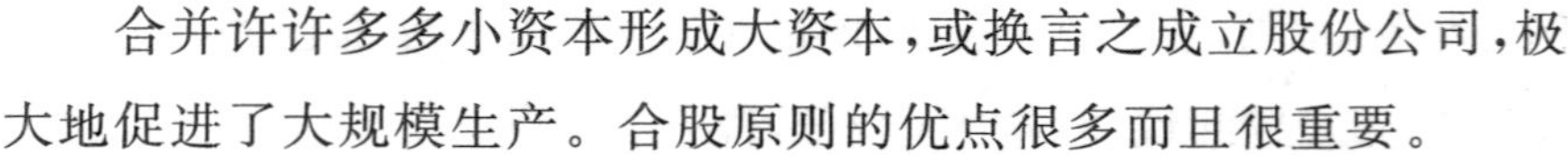

第二节　合股原则的优点和缺点

合并许许多多小资本形成大资本，或换言之成立股份公司，极大地促进了大规模生产。合股原则的优点很多而且很重要。

首先，很多事业所需要的资本量超出了最富有的个人或非公开性公司的财力。任何个人都无力修筑从伦敦到利物浦的铁路；即便建成铁路后，任何个人能否经营其运输业务，也是值得怀疑的。诚然，政府既能修建铁路，也能经营其运输业务；在合作尚处于早期阶段的国家，只能指望政府来搞需要大量资金的工程，因为政府可以通过征税获得所需的资金，而且也已习惯于管理大事业。然而，由于人所共知的以及后面要详细说明的原因，当有别的可采用的办法时，政府管理工业活动通常是最不适宜的。

其次，有些事业虽然并非个人绝对不能经营，但个人经营的规模和连续性却无法满足社会日益增长的苛求。个人完全能够从英国向世界各地发出客船和邮船，在出现股份公司以前就已有人这样干了。但是，随着人口、贸易和支付手段的增加，公众已不再满足于偶然的机会，而要求班轮定期开出，对某些地方每天开出一两次，对另一些地方每周开出一次，对另一些地方必须每月两次定期开出大型豪华轮船。很显然，要维持这样昂贵的定期的业务周转，需要有多得多的资本和多得多的合格管理人员，而这不是个别资本家所能做到的。还有另外一些事业虽然完全可以用小资本或中等规模的资本来经营，但却需要有大笔认购的股金来向公众担保金钱方面的契约将得到履行，特别是当业务的性质要求很多人愿意把自己的钱托付给有关的企业时，例如银行业和保险业的业务。合股原则对这两个行业是非常适合的。然而，由于统治者的愚蠢和自私，我国直到不久以前还用法律禁止这两个行业采用合股原则，禁止集资办银行和海损保险公司，目的在于给予政府特许的机构，即英格兰银行和两家保险公司（即伦敦交易所及皇家交易所）以有利的垄断地位。

合股或合伙经营的另一个优点，是公开性。公开性虽然不是合股原则的必然结果，但却是该原则的自然结果，并且在某些重要情况下已成了强制性的。在银行业、保险业和其他完全依赖信用的行业中，公开性比起已缴的大量资本来是取得成功的更为重要的因素。个人开办的银行发生重大亏损可以保密；即令在亏损已大到会引起银行倒闭的情况下，银行家仍可以维持好些年，试图恢复其地位，结果是更为悲惨地破产。但定期公布账目的股份公司却不那么容易隐瞒亏损情况。账目即便被窜改，也仍具有某种抑制作用；股东若在股东大会上对账目的真实性表示怀疑，便会使公众有所提防。

以上便是合股经营优于个体经营的一些方面。但看一下问题的另一面，就会发现个体经营也有大大优于合股经营的一些方面。

其中主要的是个体经营者对事业成功的关心程度要大得多。

股份公司的管理机构主要由雇员组成。尽管董事会负责监督经营管理并且实际上也由董事来任免经理，但他们仅在个人所持有的股份的范围内，与公司经营的好坏有切身利益，而他们的股份常常是公司资本的很小一部分，通常也只是董事本人财产的很小一部分，而且他们一面参与公司的管理，一面从事许多其他对其自身利益来说同样重要或更为重要的事情；除了雇用来的管理者外，没有人把股份公司的经营管理当作主要关心之事。但经验表明，表达日常经验的谚语也证明，雇佣者的经营管理不知要比切身利益者的经营管理差多少倍，不得不雇人管理企业时，“主人的眼睛”一定要盯牢。

经营管理好一个工业企业，需要有两个完全不同的条件，即忠诚和热情。雇来管理企业的人，其忠诚是可以放心的。当其工作是严格地有章可循时，不容易昧着良心去捣鬼，一旦失职饭碗就会被打破。但要使一家大企业生意兴隆，需要做许许多多事情，这些事情都无法事先确定，不可能将其转化成明确无误的责任。首先最为重要的是，要求领导人时时刻刻把企业放在心上，不断地拟订增加利润、节省开支的方案。不大可能指望一个受雇于他人、为他人利益管理企业的人，会如此强烈地关心企业的事情。人类的实践活动已证明了这一点。请看一下整个统治阶级和政府部长们的情况。委托给他们的工作是所有职业中最有趣和最激动人心的；国家的兴衰同他们的自身利益是息息相关的；而且公众对他们的毁誉褒贬，是看得见、摸得着的，对此人们有最强烈的感受和最广泛的了解。然而，绝大多数政治家却无所用心，对所有这些诱惑无动于衷。他们很少考虑造福公众的计划,除非不闻不问会给他们带来更多的麻烦;他们除混日子以外什么打算也没有,以此来逃避舆论的指责。小而言之,所有雇用过工人的人都有充分的体验,即工人只要不被解雇,就总想尽量少干活儿。再就家庭仆役来说,除非长期相处和相互照顾已使仆人变得忠心耿耿,具有了某种共同利益感,否则,只要是无法立规矩的事,主人的利益就得不到照顾,这是大家都看得很清楚的。

股份公司的另一个缺点是不会精打细算,所有大企业在某种程度上都有这一缺点。在管理大笔资本和大笔生意时,特别是当经理与其没有多少自身利益时,人们往往对小笔金额是毫不在乎的;似乎犯不上为小笔金额费神,而且不计较这些鸡毛蒜皮的事还会得到慷慨大方的美名。但是小利能聚沙成塔,小花费也会造成大亏损,对此大资本家是很清楚的,也知道应建立相应的制度,如果严格执行这种制度,就可杜绝大企业中常见的习惯性浪费。但即使建立了真正节约的制度,股份公司的经理也很少竭尽全力在企业的每件小事情上坚持不懈地贯彻执行这种制度。

根据这种考虑,亚当·斯密提出了这样一条原理,即除了在银行和保险等大体上可以照章办事的行业外,永远不能指望股份公司在没有垄断权的条件下维持下去。不过,亚当·斯密常对正确的原理加以夸张,以上所述,就是其中一例。在他生活的年代,除了他提及的那类公司外,很少有股份公司不靠垄断能持久兴旺;但从那时以来,已有了不少这样的公司。联合精神和联合能力两者的持续增长,无疑还会产生更多这样的公司。亚当·斯密只注意到独资业主会坚持不懈地以较旺盛的精力来管理自己的企业,而忽视了很多会抵消这种即令是具有很大优势的因素。

其中最重要的抵消因素之一，涉及领导者的智力水平和所具有的活力。个人利益的刺激是努力的某种保障，但如果智力低下，再努力也是没有用的。在大部分靠资本家个人经营的企业中必然会出现这种情况。当企业规模较大，且能提供足够的报酬吸引较优秀的求职者时，就有可能为企业管理部门和所有低级熟练工作岗位挑选有学问和教养的人员。他们的聪明才智足以补偿他们对经营结果的关心不足。他们比普通人精明，即令只使用一部分心思，也能发现普通人竭尽全力也看不出的获利机会。他们的知识较丰富，看事情看得比较准，使他们得以少犯错误，而别人遇到获利机会却惟恐犯错误，不敢进行越出常规的冒险。

必须进一步指出，向所雇用的人员，不论是高级职员还是低级职员支付固定薪金，并非股份经营的必然后果。有很多方式可以使雇员的利益同公司的盈亏或多或少地密切相关联。在自负盈亏到按日、周或年领取固定工资之间有各式各样的做法。即便是普通非熟练劳动，也可以实行计件工资制；这种做法效率很高，是人所共知的，只要工作可以明确地加以划分，且无需太麻烦地对工作好坏进行监督，精明的雇主就经常采用计件工资制。对于股份公司的经理，以及很多独资企业的监督管理人员，经常采用的做法是把他们的经济利益和雇主的利益挂上钩，以利润分红的方式向他们支付部分报酬。由此而给予雇员的个人利益从强度上说是无法同资本家与企业的利益相比的，但却足以极大地刺激雇员的热情和认真负责的态度，常常使工作质量提高到远远超过大多数老板自己所能达到的程度。这一报酬原则可以进一步推广，具有重大的社会和经济意义，本书还将更为详尽地加以论述。

正如我在前面对照比较大企业和小企业时已经说过的那样，在自由竞争的条件下，竞争的结果将表明在具体情况下是独资企业还是股份公司最适宜生存，因为效率最高、最经济的一方最终能靠降价挤垮另一方。

第三节　大规模生产所需的条件

大规模生产能否代替小规模生产，这当然首先取决于市场规模。大规模生产只有在交易额很大时才是有利的。因此，这意味着，必须人口众多和经济繁荣，或者具有广大的出口市场。而且，这种变化同生产方式的其他一切变化一样，在很大程度上受着资本积累的影响。一般说来，只有在一国的年资本增长额很大时，才会有大笔资本寻找投资机会，而靠新资本要比靠从现有用途抽调资本能快得多和容易得多地开办新企业。少数人手中拥有大量资本时，这种变革也会方便得多。诚然可以靠广泛集资来得到同样多的资本。但这并非适用于所有产业部门，而且还得具有这样的先决条件，即整个社会中商业信用程度非常高，弥漫着创业精神，因而只有在较为先进的工业发展阶段才能采用广泛集资的方法。

在市场最广大、商业信用和创业精神最普及、年资本增长额最大、个人拥有的大资本最多的国家，各个产业部门都愈来愈强烈地显露出了大企业代替小企业的趋势。在所有这些特征表现得最为明显的英国，不仅大制造企业在不断增多，而且在买主足够多的地方，大零售商店和大货栈也在不断增多。这些大企业几乎总能挤垮小商人，不用说，这一方面靠的是分工和量才用人，另一方面无疑是由于大规模交易节省了劳动，例如做一大笔生意并不比做一小笔生意多花多少时间和精力，而比做很多笔小生意要少花许多时间和精力。

仅仅从生产和最大限度地提高劳动效率的角度看，这一变革是完全有利的。在某些情况下会有一些弊端，与其说是经济的还不如说是社会的，其性质前面已有所暗示。但不管从小生产转变为大生产可能具有什么样的缺点，在从大生产转变为更大规模的生产时却没有这些缺点。若在某一行业，根本不可能存在独立的小生产者体制，或这一体制已被取代了，已完全确立了许多工人受一个机构管理的体制，那么在这种情况下，进一步扩大生产规模通常就是绝对有利的。举例来说，很显然，如果伦敦的煤气或自来水由一家公司供应而不是像现在这样由多家公司供应，那会不知节省多少劳动。即令只有两家公司，也意味着各种设施都是双重的，而如果只有一家公司，设施稍加扩充，就可使全部业务完成得同样好。如果有两家公司，就要有两套机器和厂房，尽管所需的全部煤气或自来水通常只用一套设备就能生产出来；如果两家公司未能就划分供应区域达成协议，甚至无法防止像双重管路这样无谓的花费。如果只有一家企业，它可降低收费，并保持现在实现的利润率不变。它会这样做吗？即令它不这样做，整个社会仍然是受益者，因为股东也是社会成员，即使消费者支付的费用不变，股东也会获得更高的利润。若认为几家公司竞争会使价格不断下降，那就错了。在竞争者非常少的情况下，他们最终总是会达成协议停止竞争。他们会步调一致地降价来搞垮一个新来者，但一旦新来

者站稳了脚跟，他们就会同他修好。因此，凡是对公众具有真正重要意义的事业，如果大规模经营才有利可图，以致几乎不允许自由竞争，那么维持几套昂贵的设施来向社会提供这种服务，就是对公共资源的一种不经济的分配。较好的办法是立即把它看作是公用事业，如果这种事业不适宜于政府经营，那就应将它全部交给能以最有利于公众的条件经营它的公司。例如，就铁路来说，谁也不愿看到在已经通铁路的地方再修筑第二条铁路，由此而造成资本和土地的巨大浪费（且不说增加公害），因为两条铁路不会比一条铁路提供更好的运输服务，过不了多久也许就会合并。应该只允许建一条这样的铁路，但国家决不应放弃控制权，而只能像在法国那样，给予暂时的特许权。国会已给予现有公司的那些法定权利，同违反公众利益的所有其他垄断权一样，只有被看作是要求赔偿的权利时，在道德上才是站得住脚的。

第四节　大面积耕作和小面积耕作之比较

农业上的大规模生产和小规模生产问题——即大面积耕作和小面积耕作问题——在很多方面从根本上不同于工业上的大规模生产和小规模生产问题。其社会方面和财富分配方面的问题将在后面讨论。但即令作为一个生产问题，大农业体制的优越性也决不像在制造业中那样明显。

我已经指出，农业经营很少得益于分工。即令在最大的农场，分工也很有限。当然，不会由同一些人来放牧、做生意和种地，但除了这些初步和简单的分工以外，就没有更细的分工了。农业中可以进行的劳动联合，主要是韦克菲尔德先生所谓的简单合作，即一些人在同一时间、同一地点相互帮助干同样的活儿。但老实说，在我看来，这位富有才华的著述家过高估计了这种合作对于严格意义上的农业具有的重要意义。没有一种普通的田间作业需要很多这种合作。让很多人在同一块田地上一起犁地、翻土、播种没有什么特别的好处。即令是收割，除非时间很紧，也无需如此。一般说来，一户人家便能提供这些田间作业所需的全部联合劳动。即便是确实需要很多人联合起来干的活儿，小农场也几乎都能干。

分地会浪费生产力，常常带来巨大灾难，但这主要是由于把土地分得太小，以致种植者没有足够多的土地耕种。在这一点上，推荐大制造厂的那同一原则也适用于农业。为了达到最高的生产效率，一般说来，每一农户应拥有足够耕种的土地，使牲畜和农具得到充分的利用（不过，即使是这一命题也必须加上限制条件才能接受）。然而，并非只有大农场能做到这一点，在英国很小的农场也能做到这一点。大农场主在畜栏方面享有某种有利条件。将很多牲畜养在一个畜栏里，比将它们分散养在几个畜栏里花钱要少些。在农具方面也享有某种有利条件。小农场主不大可能拥有昂贵的农具。但主要农具，即令是最好的，也值不了多少钱。小农需要脱粒的谷物数量较少，因而拥有一台打谷机也许是不合算的。但这种机器，或许可由邻近的农户共有，或由某人购置，租给别人使用，特别是当这种机器靠蒸汽运转，可以移动时。[1] 大农场主可以节省

① 汽犁和收割机的发明也许要求对正文中的说法作某种程度的修改。然而，这些发明物对大农场和小农场相对优势的影响，不取决于这些工具的效率，而是取决于其费用。没有理由认为小农场主或小农场主联合起来也买不起它们。

一些运输费用。把少量产品运到市场上和把大量产品运到市场上麻烦差不多；在运送肥料和日用消费品方面也是如此。大量购买东西也会便宜一些。必须在某种程度上考虑到上述各种有利条件，但却不应把它们估计得太高。在英格兰，过去几个世代几乎没有经营小农场的经验；但爱尔兰却有这方面的丰富经验，不仅有经营得最糟的经验，也有经营得最好的经验，因而可以引用爱尔兰权威人士的话反对英格兰广为流行的意见。例如，布莱克先生（此人系北爱尔兰最有经验的农业家和成功的改良家之一，他的经验主要来自耕作得最好的，同时也是划分得最细的农田）认为，租地人租佃不超过 5 至 8 英亩或 10 英亩土地就可以过得很好，就可以付出像大租地农场主那样高的地租。他说[①]："我坚信，亲自扶犁翻地的小租地农场主，如果适当轮种作物，又有畜栏饲养牲畜，是可以把大租地农场主挤垮的，换句话说，他付得起大租地农场主付不起的地租。我的这种看法已被许多很好地思考过这一问题的实干家们所证实了。……租佃有 700—800 英亩土地的英格兰农场主，便称得上是乡绅。他必须有马可以骑，还要有双轮马车，也许还得雇用一个监工来看管工人。他肯定无法亲自监督在 800 英亩土地上劳动的工人。"在作了一些其他说明以后，他又说："小租地农场主就没有这些缺陷，除了所有这些缺陷外，还要花费很多费用把肥料从所住的地方运到很远的地方，把收获的作物运回来。一匹马所消耗的土地产品比养活一个小农和他的老婆及两个孩子还要多。而更为重要的是，大租地农场主向工人说：去干活，而小租地农场主需要雇用工人时却说：来干活。我想聪明的读者都会理解其间的

① 威廉·布莱克：《爱尔兰地产管理获奖论文》（1837 年），第 23 页。

差别。”

最常见的反对小农场的一个理由是，小农场不会而且也不能相对于其土地面积而言像大农场那样饲养那么多牲畜，而这会引起肥料不足，以致使小农场的土地总是贫瘠的。然而，人们会发现，只有当小块土地落到穷得养不起足够数量的牲畜的农民手中，细分土地才会产生上述结果。小农场和饲养牲畜少的农场并不是同义语。要公正地作比较，就必须假设大农场主拥有的资本量与小农场主拥有的资本量相等。具有这种条件或接近这样的条件时，并实行厩养（厩养现在甚至在大农场上也被认为在经济上是有利的）时，经验非但不会证明小农场不利于牲畜的繁殖，反而会证明事情完全与此相反。在佛兰德的一个个小农场，牲畜成群，粪肥充裕，这可以说是佛兰德农业最引人注目的特点，一切内行人，无论是英国的还是欧洲大陆的，都对此赞不绝口。①

① 一篇有关佛兰德畜牧业的论述详尽而精辟的论文（这篇论文是根据作者的亲自观察和最可靠的资料写成的，由“有用知识传播协会图书馆”出版）指出：“全部土地为可耕地的农场竟饲养有那么多牲畜，这使那些不知道从何处得到饲料的人惊讶不已。一般的比例是每3英亩土地就有1头牲畜。在面积很小而不得不精耕细作的租种地上，比例还要高一些。对照比较一下不同地区厩养母牛的平均产奶量就会发现，佛兰德地区母牛的产奶量大大超过了我国最好的奶牛场饲养的奶牛的产奶量。而且从某一给定数量牛奶中得到的黄油数量也要大些。只租佃10英亩或12英亩松质可耕地的人竟能饲养四五头牛，确实令人惊讶，但这在瓦埃斯农村却很常见。”（第59、60页）

对于这一问题，帕西先生在其《论耕作制度及其对社会经济的影响》一书中作了非常精辟的论述，可以说，在法国出版的这类书籍中，该书最为公正地讨论了这两种耕作制度。

“无疑是英格兰，在相同的土地面积上饲养了最多的牲畜。只有荷兰和伦巴第的某些地区能同英格兰在这方面竞争。但这是否只是耕作方式的一种后果，而与气候和地理位置无关？我认为确实是这样。不论过去有什么议论，事实却是，凡是在大面积耕作和小面积耕作并存的地方，小农场主虽然不能饲养那么多羊，却拥有最大数量的造粪牲畜。

同资本主义的耕作方式相比较，如果说小面积耕作或小农耕作有缺点的话，缺点肯定主要是技能和知识的低下，但这种低下并

“例如，在比利时，农场规模最小的两个省为安特卫普和东佛兰德，在这两个省，每100公顷（250英亩）耕地平均有74头牛和14只羊。农场规模最大的两个省是那慕尔和埃诺，在这两个省，每100公顷耕地平均只有30头牛和45只羊。若根据习惯，10只羊抵1头牛，则我们会发现，在前一情况下是76头牲畜维持土壤的肥力，而在后一种情况却连35头都不到。这一差别不能不说是巨大的（参见内务部长公布的统计数字）。在比利时土地分得最细的地方，牲畜的充裕程度同英格兰差不多。只按可耕地面积计算一下英格兰的牲畜数，则每100公顷土地有65头牛和约260只羊，合计相当于91头牛，只多15头。还应记住，在比利时几乎全年都是厩养，粪便很少丢失。而在英格兰，放牧会大大减少能安全利用的数量。

“再者，在法国的诺尔省，农场规模最小的县饲养着最大数量的牲畜。里尔和哈泽布鲁克两县，除有大量马匹外，还饲养了520只羊和46头牛，而农场规模较大的敦刻尔克和阿维纳两县只饲养了440只羊和40头牛（见法国商业部长公布的统计数字）。

“考察法国其他地区的情况会得出类似的结果。在城镇的近郊，毫无疑问，不养牲畜的小农可以很容易地买到肥料，但通常要使土地出产最多，就必须更致力于提高肥力。小农场肯定不能饲养很多羊，这是一种不利，但它们却比大农场饲养更多的牛。这样做是由于在消费者有需求时它们不得不如此。如果它们不能满足这一条件，它们就肯定会垮台。

“下面引述的是有关万萨区（多姆山省）的详细资料，其准确性完全可由我引用的资料的可靠程度来担保，我引用的是万萨区区长朱塞劳博士最近公布的统计数字。这些统计数字之所以特别有价值，是因为它们全面反映出了该区小农耕作制的发展对牲畜数目和种类产生了什么样的影响，正是靠上这些牲畜的粪便，土壤的生产力得以保持和提高。该区有1612公顷土地，分成4600小块，归591个地主所有，其中耕种了1466公顷。1790年，17个农场占有全部土地的三分之二，其余土地归另外20个农场。从那以后，土地一再被划分，现在划分已达到顶点。对牲畜的数目有什么影响？增加相当多。1790年只有约300头牛和1800—2000只羊。现在牛有676头，羊只有533只。1300只羊被376头公牛和母牛代替了，因而肥料数量（把各种因素都考虑在内）以490对729的比率增加，或者说增加了48%，且不说牲畜现在更强壮和喂得更好，由此而对增加土壤肥力作出了比以前大得多的贡献。

“这就是事实对我们的论点所作的证明。说小农场饲养的牲畜比大农场少，是不正确的。相反，在同样的环境下，小农场饲养的牲畜更多，它们不得不这样做，因为要从土壤中索取更多的产品，它们就得作出更大的努力来维持土地的生产能力。对小面积耕作制提出的所有其他指责，只要和有关的事实一一加以核对，就会发现同样是没有什么根据的，并可以看出，提出这些指责仅仅是由于所比较的国家处于不同的地理位置，农业繁荣兴旺的原因不一样而已。”（第116—120页）

非普遍的事实。佛兰德和意大利是实行小面积耕作和小农耕作的国家，它们比英格兰早很多世代就有了很好的农业，并且从整体上说，它们的农业也许仍然是世界上最好的。小农常常具有很高的经验性技能，这种技能是通过日常仔细观察事物获得的。小农还具有丰富的传统性知识，例如，在出产佳酿的国家，小农就具有特别丰富的酿酒知识。毫无疑问，他们缺少科学，至少是缺少理论，在某种程度上缺少改良精神，不愿采用新方法。还缺乏做实验的资金，只有富裕的地主和资本家能有效地做实验。至于在大片土地上进行的系统性改良（如大规模的排灌工程）或由于其他原因确实需要很多人共同劳动的改良，则通常不能指望小农甚或小地主去进行，不过他们并非没有为此进行过联合，随着他们的才智进一步增加，这种联合会变得更为常见。

在小农占有土地的地方，上述不利因素均可以被极大的劳动热情所抵消，这种劳动热情在其他农业制度下是绝对见不到的。权威人士在这个问题上的意见是一致的。在一些地方，小耕作者仅仅是承租人，甚至不是按固定条件承租，而是（如在前不久的爱尔兰）按高得无力支付的名义地租承租，因此实际上是按不断变动的所能支付的最高地租承租，在这样的地方，是无法对小规模耕作制作出公正评价的。要理解小农制，就得研究这样一些地方的情况，在这些地方，耕作者自身就是土地所有者，或至少是对土地享有永久使用权的分益佃农，他所作出的提高产量和改良土地的努力，将全部或至少部分地给他本人和他的子孙后代带来好处。我们将在后面较为详细地讨论土地所有权这一重要问题，在那里再引证自耕农惊人勤奋的证据。在这里只需指出，英国农民即令没有永佃权，在政府分配的小块土地上也获得了非常高的产量，不知要比大农场主从同样大小的土地上获得的产量高多少倍。

我认为，大面积耕作之所以对于仅仅为了获利而投资来说一般是最为有利的，其真正的原因有如下述。大农场主占用的土地，从某种意义上说，并没有得到充分的耕种。花在它上面的劳动也不像花在小块土地上的劳动那么多。这并不是因为合作节省了劳动，而是因为使用的劳动愈少，相对于支出而言，收益也就愈高。自耕农甚或佃农在劳动成果全部归己时，会拼命干活儿，但却不能指望被雇用的工人像他们那样拼命干活。不过，这种劳动也是生产性的，有助于增加总产量。如果掌握的技能和知识相等，大租地农场主获得的产量肯定少于小土地所有者或受到充分刺激的小租地农场主获得的产量。但是，大租地农场主的收益虽说较少，可使用的劳动更少，既然他必须为雇用的劳动付酬，所以雇用较多的劳动是不合算的。

然而，虽然在其他条件相同的情况下，小农经济下的土地总产量最高，虽然一个国家因此而能在小农经济下供养较多的总人口，但英国著述家一般都认为，在小农经济下，所谓净产量即耕作者食用后剩下的产量肯定较少；因而可以用于所有其他方面的人口，用于制造业、用于商业和航运业、用于国防、用于提高知识水平、用于从事自由职业、用于执行政府各种职能、用于从事文学艺术的人口必然较少，因为所有这些人都依靠剩余产量为生；因而该国（暂且不谈实际耕作者的境况）一定会在国力的主要方面和一般福利的很多方面差些。然而，人们过于想当然了。毫无疑问，在小农经济下比在大农经济下非农业人口与农业人口的比例要小些。但在小农经济下，非农业人口的绝对数并不一定较少。如果农业和非农业的总人口较多，则非农业人口本身也会较多，然而占总人口的比例要小些。如果总产量较多，净产量就可能较多，然而与总产量的比例要小些。不过，连韦克菲尔德先生有时似乎也会把这些不同的概念搞混。据估计，法国三分之二的人口为农业人口，英国至多三分之一的人口为农业人口。因而韦克菲尔德先生推断说："既然在法国两个耕作者的劳动只能养活 3 个人，而在英格兰两个耕作者的劳动能养活 6 个人，所以英国农业的生产力是法国农业的两倍"，这是由于依靠劳动联合，大面积耕作的效率较高。但首先，事实本身被夸大了。在英格兰，两个人的劳动并不能养活 6 个人，因为从外国和爱尔兰进口了不少食物。在法国，两个耕作者的劳动则不止供给 3 个人的食物。它向 3 个人，有时还有外国人，提供亚麻、大麻，并在一定程度上提供蚕丝、油料、烟草，近来还提供食糖，而这些东西在英格兰全都是从国外进口的；法国所用的几乎全部木材都是国内生长的，而英格兰所用的几乎全部木材都是进口的；法国的主要燃料是靠算作农民的人采集并运到市场上，而在英国这种人则不算作农民。我没有计入皮革和羊毛，因为这两个国家都有这些产品，也没有计入国内消费的葡萄酒或白兰地，因为英格兰也相应地生产啤酒和烈性酒；但英格兰没有大量出口啤酒和烈性酒，却大量进口烈性酒，而法国则向全世界供应葡萄酒和烈性酒。我没有谈到水果、蛋类等不那么重要的农产品，法国在这些方面的出口贸易额是巨大的。但是，我们可以不过分强调这些细微之处，而只看韦克菲尔德的说法本身。假定在英格兰两个人真能生产 6 个人的食物，而在法国，为同样目的，则需要4个人的劳动。那么，英

格兰是否一定拥有较多的剩余产量可用来养活非农业人口呢？回答是不一定，只不过英格兰能将三分之二的总产量用于此目的，而不是三分之一。实际情况可能是，由于在法国的制度下所使用的劳动数量较多，同样的土地也许会生产出供养 12 个人的食物，而在英国的制度下也许只生产出供养 6 个人的食物。如果是这样（这完全符合假设的条件），那么，虽然在法国 12 个人的食物是由 8 个人的劳动生产，而在英格兰 6 个人只靠两个人的劳动供养，但在这两个国家可从事非农业活动的人却一样多。我并没有说实际情况就是这样。我知道从整体上说，法国（虽然其最先进的地区另当别论）每英亩土地的总产量平均大大低于英格兰，而且相对于这两个国家的面积和土地肥沃程度而言，英格兰在我们目前所说的意义上，拥有更多的可自由使用的人口。但这种差别肯定不应按韦克菲尔德先生的简单标准来衡量。若用韦克菲尔德先生的标准衡量，则可以说美国农业劳动的效率比法国还低，因为根据最近人口普查的数字，每 5 户人家就有 4 户从事农业生产。

法国农业的落后（就整个法国来说，必须承认这一点，虽然这一点常被过分夸大），也许更多地是该国工业技术和能力的一般平均水平较低造成的，而不是任何特殊原因造成的。即令部分是细分土地所造成的，也不能证明小面积耕作是不利的，只不过证明法国的农场常常太小了（这无疑是事实），而更糟的是，土地被分成了多得几乎令人难以置信的小块，相互隔得很远，造成了极大的不便。

就净产量而非总产量这一问题来说，大面积耕种和小面积耕种到底孰优孰劣，特别是当小农就是土地所有者时，尚不能认为已有定论。这是行家至今仍争论不休的一个问题。英国流行的看法有利于大农场，在欧洲大陆，权威人士则似乎倾向于另一边。海德堡的劳教授（此人著有一部现今论述最为全面而详尽的政治经济学著作，并与其德国同胞一样，对与自己讨论的题目有关的事实和典故如数家珍）认为以下一点是确定无疑的，即小农场或中等规模的农场不仅会生产出较多的总产量，而且还会生产出较多的净产量，不过，他补充说，还应该有一些大地主来充当新的改良的带路人。[①]我所见到的最公正、最有辨别力的意见是帕西先生的意见，他（总是针对净产量展开讨论）在谷物和饲料方面赞成大农场，但认为，需要大量劳动和照顾的作物，其优势则完全在小面积耕作方面；后者不仅包括葡萄和橄榄（对每一棵这样的植物都必须给予很多的照管，付出大量劳动），而且还包括块根植物、豆科植物和提供工业原料的经济作物。根据所有权威人士的意见，农场的规模小因而数量多对于许多次要农产品的丰富来说是十分有利的。[②]

很显然，任何劳动者只要从土地取得的食物多于他本人及其家庭的消费量，就增加了供养非农业人口的手段。即令他的剩余只够买衣着，做衣服的劳动者也是非农业人口，有可能靠他生产的食物生存。因此，任何农民家庭，只要生产出了自己的生活必需品，就对农业净产量作出了贡献。每个出生在农村、从事农业生产、刨除自己的消费后使总产量有所增加的人也是这样。问题是，

① 见 1839 年在布鲁塞尔出版的法文译本第 352、353 页，根特市的弗雷德里克·德克默特先生译。

② 帕西先生说："在诺尔省，一个占地 20 公顷（50 英亩）的农场一年可生产出价值 1000 法郎（40 英镑）的牛犊、奶产品、家禽和蛋，刨除开支后，每公顷土地增加净产品 15—20 法郎。"（见《论耕作制度》，第 114 页。）

在欧洲分得最细的由自耕农耕种的地区，农业人口的增殖是否已使土地的分割接近于或趋向接近于极限。在法国，虽然这种分割已公认过细，但却有确凿的证据表明，它还远没有达到减弱供养非农业人口的能力那一点。这已被城镇人口的剧增所证明；最近城镇人口增加得比总人口快得多①，表明（除非城镇劳动者的生活状况急剧恶化，但却没有理由相信这一点）即令按这一不公平和不适宜的比例来检验，农业生产力也必然在提高。还有同时存在的最充分的证明，即在法国比较先进的地区，和直到最近还落后的某些地区，农村人口本身所消费的农村产品增加的幅度很大。

我确信严谨的著述家在讨论政治和社会问题时应尽最大努力加以避免的错误，是不顾事实的夸张和武断，因而我在本书前几版中只发表了非常温和的看法。当时我不大清楚讲到什么程度才不致言过其实，我还没有足够的依据来说明法国农业有多大的实际进步。著名的农业统计权威莱翁斯·德拉维纳先生根据法兰西学院道德和政治研究院的要求所作的考察，得出了这样的结论：自从1789年革命以来，法国农业总产量翻了一番；利润和工资两者也增加了差不多一倍，而地租增加得更多。德拉维纳先生的最大优点之一是公正无私，他对上述考察结果确信无疑，以致他尽力要说明的不是法国农业已经取得多大成就，而是还有多少事情需要法国农业去做。他说："我国花70年时间开垦了200万公顷荒地（500万英亩），耕种了一半休闲地，农业产量翻了一番，人口增加了30%，工资增加了100%，地租增加了150%。按照这一速度，我国要达到

① 在1851年人口普查和1856年人口普查之间，仅巴黎一个城市的人口增加额就超过了全法国的人口增加总额，同时几乎所有其他大城镇的人口也有增加。

英格兰已经达到的水平，还需要七八十年。”①

在有了这一证明以后，我们现在肯定不再会认为小地产和小农场与农业进步势不两立了。惟一尚未解决的问题是速度问题，即农业在哪种制度下发展得更快；对这两种制度都很了解的人一般认为，将它们适当搭配在一起，农业发展得最快。

在本章中，我只从生产和劳动效率方面讨论了大面积耕作和小面积耕作的问题。这两种耕作方式对产品分配的影响，对耕作者本人的实际和社会福利的影响，将留待下文讨论，因为这些问题值得并且需要进行更详尽的考察。

① 《法国1789年以来的农村经济》，法兰西研究院院士和法国农业总会会员莱翁斯·德拉维纳先生著，第2版，第59页。

第十章　论劳动增加规律

第一节　生产增加规律取决于劳动、资本和土地三要素增加的规律

前面我们逐一考察了各种生产要素或生产条件，考察了如何提高这些不同要素的功效。在结束与生产有关的讨论时，还剩下一个头等重要的问题。

生产不是固定不变的，而是不断增加的。生产只要不受到有害的制度或低下的技术水平的阻碍，就总是趋于增加。生产不仅受到生产者扩大其消费手段的欲望的刺激，还受到消费者人数不断增加的刺激。什么是生产增加的规律，生产增加受哪些条件的制约，生产增加实际上有没有限度，限度是什么，在政治经济学中没有比弄清这些更重要的了。政治经济学中人们最模糊的也是这一问题，在这个问题上所犯的错误会造成而且也确实造成了最大的危害。

我们已经看到，生产的必要条件有三个，即劳动、资本和自然要素。资本这个词指的是劳动创造的所有外界物质条件，自然要素这个词所指的外界物质条件则不是劳动创造的。但在自然要素中我们无需计入那些数量无限、无法被人占有并且性质永远不会改变的东西。这些东西总是随时向生产提供同等程度的帮助，不

论生产规模有多大，如空气和阳光就是这样。既然现在要考察的是限制生产而不是便利生产的因素，所以我们需要谈一下在数量或生产力方面容易感到不足的自然要素。这些全都可以用土地这一名词来表示。从狭义上说，土地是农产品的主要源泉。如果我们扩大这个词的含义，把矿山和渔场也包括在内，即不仅包括土地表面生长和喂养的东西，而且还包括地下或水中存在的东西，那么，它就把我们现在所关心的一切都包括进去了。

这样，我们无需作太多不必要的说明，就可以说，生产的必要条件是劳动、资本和土地。因此，生产的增长取决于这些要素的性质。生产增长或是这些要素本身增加的结果，或是其生产力提高的结果。生产增长规律肯定是生产要素规律的结果；生产增长的限度肯定是生产要素规律确定的限度，不论是什么样的限度。我们将逐一考察这三种要素所产生的这种作用，或换言之，将首先考察生产增长规律对劳动的依赖，然后考察其对资本的依赖，最后考察其对土地的依赖。

第二节　人口规律

劳动的增加，就是人类的增加，也是人口的增加。关于这个问题，马尔萨斯先生的人口论所引起的讨论已弄清了事实真相，虽然没有被普遍接受，然而却已是尽人皆知，因而这里也许只需对这一问题作一比较简要的考察。

一切有机物固有的繁殖力可以看作是无限的。任何一种动植物，只要将整个地球任凭该植物和供养该植物的东西摆布，都会在短短几年内遍布地球上适宜其生存的每一区域。繁殖的快慢程度对不同纲目的生物来说是不一样的，但全都会非常迅速地布满整个地球。有很多种植物，一棵每年会长出成千胚芽。即便只有两棵长成，14 年后这两棵也会繁殖到 16000 多棵。一年翻四番的动物，只能说具有中等程度的生殖力；即使半个世纪内只增加这么多，1 万只在两个世纪后也会增加到 250 多万只。增加能力必定是按几何级数提高，只不过比值不一样而已。

就生物的这种性质而言，人类并非例外。其增殖力是无限的，如果这种增殖力得到最大限度的运用，则人类的实际增殖会是非常迅速的。这种增殖力从未得到最大限度的运用，不过在最有利于生存的环境中，即在勤劳而文明的社会所殖民的富饶地区，人口已一连几代人，不超过 20 年就增加一倍（不算新来的移居者）。[①] 人类的增殖力比这还要大。在气候适宜、盛行早婚、卫生状况良好、夭折人数很少、生活资料充裕的地方，只要看一下普通家庭有多少子女，就会明白这一点。如果我们假设，在良好的卫生条件下，每代人仅比上一代人增加一倍，那这只能说是对增殖力非常低的估计。

二三十年以前，上述命题仍然需要给予相当多的强调和解释，但有利于它们的证据是如此充分和无可争辩，以致它们成功地反驳了所有的反对意见，现在可以看作是自明的了，不过，总有人非常不愿意承认这些事实，不断地提出各种各样的短命理论，企图把人类的增殖力解释成为适应社会要求的天意安排，在不同的环

① 对于这一点，人们是有争论的，但据我所知，关于美国人口翻一番（不包括新来的移民及其后裔）所需的时间，最高的估计也不超过 30 年，这是凯里先生估计的时间。

境下有不同的增殖规律。[①]正确理解这一问题的障碍并非来自这些理论，而是由于对在大多数时候和地方人口的实际增长远远落后于增殖力的原因认识不清。

第三节 人口的增长实际上受哪些抑制因素的限制

然而，这些原因一点也不神秘。是什么阻止了野兔在地球上繁殖过多？不是缺乏生育能力，而是另有原因，即天敌众多和食物不足；不够吃并且会被吃掉。人类一般说来不会遭受天敌的威胁，与其相当的是战争和疾病。人类的繁殖如果像其他动物那样听凭盲目本能的驱使，便会像其他动物的繁殖那样受到限制；出生人数将达到人类体质所允许的最高限额，人口只有靠死亡来减

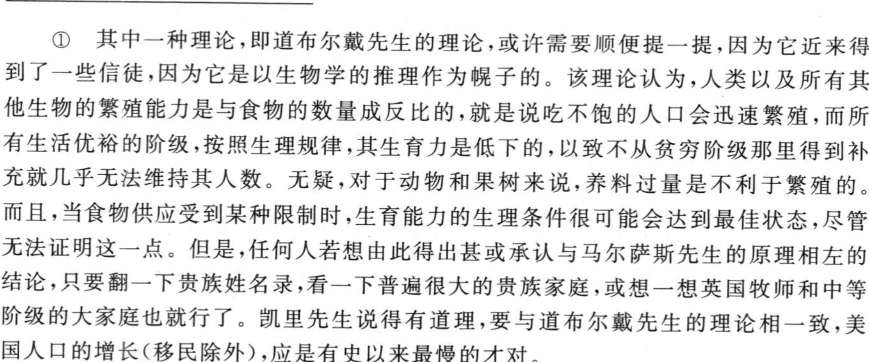

① 其中一种理论，即道布尔戴先生的理论，或许需要顺便提一提，因为它近来得到了一些信徒，因为它是以生物学的推理作为幌子的。该理论认为，人类以及所有其他生物的繁殖能力是与食物的数量成反比的，就是说吃不饱的人口会迅速繁殖，而所有生活优裕的阶级，按照生理规律，其生育力是低下的，以致不从贫穷阶级那里得到补充就几乎无法维持其人数。无疑，对于动物和果树来说，养料过量是不利于繁殖的。而且，当食物供应受到某种限制时，生育能力的生理条件很可能会达到最佳状态，尽管无法证明这一点。但是，任何人若想由此得出甚或承认与马尔萨斯先生的原理相左的结论，只要翻一下贵族姓名录，看一下普遍很大的贵族家庭，或想一想英国牧师和中等阶级的大家庭也就行了。凯里先生说得有道理，要与道布尔戴先生的理论相一致，美国人口的增长(移民除外)，应是有史以来最慢的才对。

凯里先生有他自己的理论，也是以生理学作为依据，他说有机体所接受的全部养料以最大比例送到系统中最常用的部分。据此他预料人类生殖力的降低，不是由于吃得太多，而是由于伴随先进文明出现的用脑较多。这种看法似乎很有道理，经验也许将证明这一点。但是，即便人体结构确实发生了凯里先生所假设的那种变化，该变化之所以会导致生殖力降低，也不是由于不再有自我克制的必要，而是由于能更容易地进行自我克制，因为最高的生殖率与很少运用生殖力完全是并行不悖的。

少。[①]但是人的行为或多或少受到对后果的预见的影响，受到优于动物本能的冲动的影响。因此，他们不会像猪那样繁殖，并且能够，虽然程度各不相同，靠深思熟虑或社会影响来抑制生育，以免生下来的孩子夭折或陷于贫困。随着人类脱离野蛮状态的程度不断提高，抑制人口的因素愈来愈多地是对贫困的畏惧，而不是贫困本身。即令没有饿死的问题，很多人也会因为担心失去体面的生活而抑制生育。到目前为止，在大多数人中还没有发现比上述两者更强的动机，足以抑制人口增长的倾向。中等阶级和下层阶级的大多数人，一旦不再受外界的控制，就会尽早结婚，而且在大多数国家会多生子女，限度仅仅是他们能过符合其出身的生活，或惯常过的那种生活。中等阶级当中的许多人还受改善生活境况的欲望的抑制，但这种欲望在劳动阶级中却很少出现或很少起作用。劳动者只要能养家糊口，生活不低于自己小时的生活小平，则哪怕是他们当中的深谋远虑者也会心满意足。他们常常连这也不想，只是听天由命，靠政府或民间的施舍度日。

在非常落后的社会状态下，如在中世纪的欧洲和目前亚洲的许多地区，人口确实是靠饥饿来抑制的。正常年景不会出现饿殍，荒年则饿殍遍野。在这种社会状态下，灾荒要比现在的欧洲频繁和

① 凯里先生一再强调以下推测的荒谬性，即物质呈现为有机体的最高级形态（即人类），要快于物质呈现为有机体的低级形态（即人类食物），也就是说，人类繁殖得比萝卜和白菜快。但是，按照马尔萨斯先生的学说，人类增殖的限度并不取决于萝卜和白菜的增加能力，而是取决于可以种植它们的土地数量。只要土地数量像在美国那样实际上不受限制，从而食物能按最高的自然速率增加，人类在获取口粮方面就不会遇到很大困难，就会以最高速率增加。只有当凯里先生能够证明，不是萝卜和白菜，而是土壤本身，或其所含的营养元素能自然地繁殖，并且繁殖速度能超过人类最快的增长速度时，他才说到了点子上。在此之前，他的议论，至少就上面引述的而言，可以认为是毫无意义的。

剧烈得多。在荒年，饥馑和随之而来的痨疫，会夺去很多人的生命，而随后连续几年的好年景会使人口再度膨胀，遇到荒年又大批饿死，令人惨不忍睹。在较进步的社会状态下，即令在最贫穷的人当中，几乎也没有人仅仅能维持最低限度的生活。限制人口增长的因素，不是超量死亡，而是节制生育。生育可以用各种方法来节制。在一些国家，它是深思熟虑的或自觉的自我约束的结果。劳动人民往往有其所习惯的生活；他们会察觉到，如果家庭人口过多，他们的生活水平必然会降低，或无法使他们的子女保持目前的生活水平。他们不会选择这种前途。就我所知，自觉地大规模节制生育时间最长的国家，是挪威和瑞士的部分地区。关于这两个国家，碰巧有非常可靠的资料，马尔萨斯先生细心地收集了许多资料，而从那时以来又得到了很多补充资料。在这两个国家，人口增长都很缓慢；抑制人口增长的，不是人口的大量死亡，而是出生人数较少。出生率和死亡率相对于人口而言都非常低，平均寿命是欧洲最长的。人口中孩子所占的比例较低，壮年人所占的比例则比世界上任何其他国家都高。低出生率使人民生活优裕，直接有助于延年益寿。毫无疑问，低出生率不仅有助于消除贫困的主要根源，而且也有助于消除疾病的根源。值得注意的是，这两个特别令人尊敬的国家，都是小土地所有者占主导地位的国家。

在另一些情形下，人民自己不深谋远虑，而是由国家为人民深谋远虑；在男女双方能表明他们有相当不错的收入以前，国家不允许结婚。在这种法律下(我在后面还要更详细地讨论这种法律)，据说人民生活得不错，私生子也不像所预料的那么多。而且在一些 地方，抑制人口增长的因素，与其说是个人的明智，还不如说是某种普遍的甚或偶然的习惯。在英国农村，上个世纪人口的增长非常有效地被难于找到住房所抑制。按照当时的习惯，未婚的劳动者可以在雇主那里寄居和搭伙，已婚的劳动者则必须有房子，同时英国的济贫法规定，教区必须供养其失业的贫民，这使得地主们不愿意促成婚事。上世纪末，战争和制造业对人力的巨大需求，致使人们把促进人口增长看成是爱国行为，大约与此同时，租地农场主长期受益于高涨的谷价，日益想过富人的生活，想让下等人住得远些，加上可以滥用济贫法获利的动机，他们逐步把劳动者赶入了农舍，地主们现在也不再拒绝允许盖房子了。在有些国家，流传很久的风俗是，一个姑娘在没有为自己纺织出足够的嫁妆（要够她结婚后一生所需）前不得结婚，据说这一风俗极大地抑制了人口增长。目前在英国，在经济情况不好的年份，工业区内结婚的人数便会减少，这可以看作是深谋远虑抑制了人口增殖。

但无论是在什么地方，无论是什么原因使得人口的增长速度较慢，只要抑制动机一减弱，增长率很快就会提高。劳动阶级生活境况的改善，只是使他们暂时过得宽裕一些，这很快就会被人口的增加所抵消。他们在生活境况得到改善后，往往会立即多生育子女，从而使其子孙的生活境况又趋于恶化，等于没有改善。除非普遍提高他们的文化与道德修养，或至少提高他们所习惯的舒适生活水平，使他们知道怎样更好地利用较优裕的生活境况，否则他们的生活境况是得不到永久性改善的，最为雄心勃勃的计划最终也仅仅是使人口增加，而不是使人民更幸福。所谓劳动阶级所习惯的生活水平，指的是这样一种生活水平（假如有的话）：高于它，劳动者便会增多，低于它，劳动者则不会增多。劳动者在知识水平、文化教养和社会地位方面的每一提高，都有助于提高他们所习惯的生活水平；毫无疑问，在西欧各先进国家，这一水平在逐步而缓慢地提高。在英国，口粮和就业人数从未像过去 40 年增加得那么快，但从 1821 年以来，每次人口普查都表明，人口增长率低于前一时期的水平；法国工农业产量的增长速度在不断加快，而每 5 年进行一次的人口普查则表明，出生率在不断下降。

不过，我们将在别处讨论人口与劳动阶级状况的关系这一问题。在此我们仅仅把人口看作是一种生产要素。就这一点而言，我们不能不指出，人口的自然增长力是无限的，但在大多数情况下，由于各种各样的原因，这种无限的增长力实际上只有很小一部分得到运用。在简要指出这一点后，我们将进而讨论其他生产要素。

第十一章　论资本增加规律

第一节　节约的手段和动机取决于什么

生产要素为劳动、资本和土地，从上一章中已经看出，生产增加所受到的阻碍并非来自这些要素中的第一个。劳动无论在规模上还是在速度上都不会阻碍生产的增加。人口具有按几何比率均匀而迅速地增加的能力。如果劳动是生产的惟一必要条件，产量自然就会按与人口相同的比率增加，不会有任何限度，直至人口因缺少生存空间而停止增加为止。

但生产还有其他要素，其中之一就是我们接下来要考察的资本。在得到当前劳动的产品以前，任何国家或整个世界的人口决不会超过过去劳动的产品所能供养的数目。在任何国家或整个世界上，生产性劳动者决不会超过这样一部分过去劳动产品所能供养的数目，这部分过去劳动产品是由其所有者为了进行再生产而从享用中节省出来的，被称之为资本。所以，我们接下来就要考察资本增加必须具备哪些条件、资本增加的速度取决于哪些因素以及资本增加必然会受到哪些限制。

因为所有资本都是节约的产物，是为了将来的利益而节制当前消费的产物，所以资本的增加必然取决于这样两个因素，一是能够节省的资金的数量，二是节省意向的强度。

可以节省的资金，是劳动产品向所有生产人员（其中包括补给原料的人员和维修保养固定资本的人员）供应完生活必需品后所剩下的部分。在任何情况下，节省都不会超过这一余额。尽管节省可以达到这一程度，实际上却从未达到过。这一余额用来向生产者提供生活必需品以外的享乐品，用来供养所有非生产人员，并用来增加资本。它是国家真正的净产量。净产品这个词常常在狭义上使用，只用于指资本家的利润和地主的地租，按照这一用法，净产品仅仅是偿付生产费用后资本家得到的报酬。但这一词义过于狭窄。雇主的资本形成劳动者的收入。如果用这一收入购买生活必需品后尚有节余，劳动者便可将节余用于享乐或储蓄。要想谈论工业净产品，就应把这一余额包括在净产品之内。只有把这一余额包括进去了，净产品才可衡量出国家的实力，衡量出国家可节省多少产品用于兴办公益事业，或供私人挥霍；这部分产品国家可以随意处置，可用于达到任何目的，或满足政府或个人的任何愿望；既可用于满足现在的需要，也可以为了将来的利益而节省下来。

这笔资金，这种净产品，这种超出生产者物质需要的多余部分，是决定节省量的一个因素。供养劳动者后所剩下的劳动产品愈多，能够节省下来的劳动产品也就愈多。这部分劳动产品还在某种程度上决定节省的数量。人们有节省的动机，部分是因为有可能从节省的产品中得到收入，因为用于生产的资本不仅能再生产出自身，还会使其增加。资本利润愈高，积累资本的动机也就愈强烈。事实上，诱使人进行储蓄的，不是提供储蓄手段的全部资金，不是一国土地、资本和劳动的全部净产品，而只是其中一部分，即形成资本家报酬的那一部分，这部分净产品被称为资本利润。

不过,即令尚未读到后面的解释,读者也很容易看出,当劳动和资本的总生产力很大时,资本家的收益也会很高,而且通常在这两者之间会有某种比例关系,虽然这种比例关系并非一成不变。

第二节　造成积累欲望的实际强度参差不一的原因

但储蓄倾向并非完全取决于外界的诱因,也就是说,并非完全取决于得自储蓄的利润额。同样的金钱诱因,对于不同的人和不同的社会,会引起迥然不同的储蓄倾向。实际的积累欲望不仅会因个人性格的不同而强度不一,而且还会因整个社会和文明状态的不同而强度不一。同所有其他道德品质一样,人类的储蓄倾向也因环境和社会发展阶段的不同,而显示出巨大差异。

对于一些论题,若进行充分的考察,势将超出本书分配给它们的篇幅。值得庆幸的是,我们可以向读者推荐另一些著作,这些著作对这些问题作了较详尽的论述。在人口问题上,马尔萨斯先生著名的《人口论》作出了宝贵的贡献。在现在所讨论的这个问题上,我可以同样自信地提及另一本著作,即约翰·雷博士的《政治经济学新原理》,尽管该书不及《人口论》有名。[①] 在我所知道的书

① 这部论著是经常出现的例子中的一个,说明一本书的声价更多地取决于偶然因素,而不是其质量。假如约翰·雷的著作发表得是时候,机会赶得巧,那它是具有取得伟大成功的一切必要条件的。这位著述家,一个移居于美国的苏格兰人,知识丰富,思想富于独创性,具有很强的哲学概括能力,且擅于生动而夸张地表述和说明思想概念,使读者受到强烈感染,我想,这有时也对他自己的心情产生了影响。该书的主要缺点是表现出咄咄逼人的样子,对亚当·斯密采取了敌对态度,一些人对老问题有新见解时,往往喜爱争论。我称这为一个缺点(虽然我认为很多批评是正确的,有的是很有远见

中，该书从原理和历史两方面最为清晰地论述了决定资本积累的原因。

所有的积累都要为将来利益而牺牲目前的利益。但是作这种牺牲的合算程度在不同情况下差别很大，作这种牺牲的自愿程度差别更大。

在权衡将来和现在的利害得失时，未来的不确定性是首要因素；而这种不确定性在程度上是千差万别的。因此，“凡是能增加我们自己或别人享受储蓄的可能性的因素”，都正当而合理地“有助于增强积累的实际欲望。所以，有利于健康的气候和职业，会增加预期的寿命，从而会增强这种欲望。人们从事安全的职业和生活在有利于健康的国家时，要比从事有损于健康或危险的工作和生活在对健康有害的气候下时更乐于节省。海员和士兵总是大手大脚。在西印度群岛、新奥尔良、东印度群岛，居民们花起钱来是毫不吝惜的。但同样这些人，若住在欧洲有益于健康的地方，未沾染上奢侈风尚，则会节俭地生活。战争和瘟疫过后，常常会继之以浪费和奢侈。因此，凡有助于增加社会生活安全感的因素也有利于增强积累的欲望。就此来说，法律和秩序的普遍推行以及长期和平安宁的前景，对积累欲望是有很大影响的”。[①] 安全感愈大，积累欲望就愈强烈。在财产不大安全或毁灭性的变迁比较频繁和严重的地方，很少有人储蓄。而那样做的人，大都要求更高的资本利润率，以使他们放弃目前享乐的引诱去选择难以预料的未来。

的），是因为根据约翰·雷博士的指责来看，两人并没有多少真正的意见分歧，因为他在他的伟大先行者那里发现的弱点主要是在前提中“过于注重人”，而这并非是确立他的结论所需要的或实际使用的。

① 雷，第123页。

这些因素影响着人们决定是否为了未来利益而牺牲眼前利益。但作出牺牲的倾向并不只取决于对利益的考虑。储蓄倾向常常是毫无理由的，而有时又过于理智。

积累欲望不够强烈，可能是目光短浅或对他人漠不关心造成的。目光短浅既有道德方面的原因，也有智力方面的原因。智力水平很低的个人和社会总是缺乏远见的。必须在某种程度上提高智力水平，才能使当前不存在的事物特别是未来的事物对人的想象力和意志力产生影响。只要我们想一想目前有多少积累并非是为了我们自身的利益而是以别人的利益为目的，如子女的教育、子女生活的提高，其他亲属的未来利益，以及为促进公私利益而花费金钱和时间，我们就会明白，对他人漠不关心确实会减少积累。如果人类的心情总是像在罗马帝国衰落时期那样不仅不关心朋友、公众或一切比他们存在得久的事物，而且也不关心其子孙后代，那他们就会过放纵挥霍的生活，顶多只为年老时的生活有所储蓄，而且这种储蓄会采取终身年金的形式或某种其他形式，随着年金所有者的死亡而消失。

第三节　积累欲望不强烈的例证

这些不同的原因，智力的和道德的，使各种人在积累欲望的强烈程度方面的差异比通常认为的要大。一般文明的落后状态常常更多的是积累欲望不足造成的，而不是其他原因造成的。例如，就狩猎部落的情况而言，“可以说人肯定是无远见和不顾未来的，因为在这种状态下，未来是无法预见或控制的。……不但缺少未雨绸缪的动机，而且还缺少深谋远虑的知觉和行为习惯，不能把一系列事件在头脑中连成一个整体。因此，即令有了促使人们作出努力的动机，也还面临着训练他们如何思考和行动的任务。”

例如：“在圣劳伦斯河沿岸有几处小小的印第安人村庄。它们一般是为大片土地所环绕。在这些土地上树木看来早就砍光了。此外还有大片森林。砍掉了树木的土地很少被耕种过，几乎可以说从未耕种过，也未修筑过任何林中小道来耕种土地。然而，土壤是肥沃的，即使不肥沃，房子旁边也有成堆的肥料。如果每家人圈起半英亩土地，加以耕作，种上马铃薯和玉米，收获就足够他们过上半年。但他们却时常严重地缺吃少穿，以致加上偶然的放纵，使人口迅速减少。这种我们感到很不好理解的冷漠态度，在很大程度上并非产生于对劳动的厌恶；相反，他们干马上能得到报酬的活儿是很卖力的。例如，他们总是乐于狩猎和捕鱼，除了这些他们特别感兴趣的活儿外，他们还经常被雇用来从事圣劳伦斯河上的航运业务，可以看到他们在大船上摇橹或撑竿，以及帮助木筏通过急流险滩。障碍也不是厌恶农业劳动。毫无疑问，他们对农业有一种偏见，但单纯的偏见很容易克服，不会产生这样的行动原则。当农业劳动的报酬迅速而巨大时，他们也会从事农业。例如，靠近圣雷吉斯的印第安人村落，圣法兰西斯湖上的某些小岛，适宜于种植玉米，是一本万利的营生，只要半成熟，就可以做出味道很美的饭。因此他们每年都在这些岛屿的最好土地上种植玉米。由于牲畜践踏不了岛上的这些土地，因而，不需要修筑篱笆。而如果需要这种额外开支，我猜想他们就不会耕种这些土地了，就像他们村庄邻近的公有地那样。这些公有地显然曾经被耕种过。然而附近村民的牲

畜毁坏了没有用篱笆围起来的庄稼。这种额外的必要支出阻碍了这些公有地得到耕种，把它们归入了报酬速度不够快的土地之列，这个小小社会中的实际积累欲望尚未强烈到要耕种这种土地的程度。

“在此值得注意的是，他们不耕种土地则已，若耕种的话，就仔仔细细地耕种，他们耕种的小块玉米地，都彻底地除过草、松过土。这方面稍有疏忽就会大大减少收成，经验已使他们很清楚这一点，因此而不得不仔细耕种。很显然，妨碍扩大耕作面积的因素，不是缺少必要的劳动，而是得自这种劳动的报酬遥遥无期。我敢肯定，一些住得更远的部落在耕作上花的劳动比白人还要多。同样的土地在既不休耕又不施肥的条件下耕种，如果不是用锄和用手把土地弄得更碎，恐怕是不会带来任何报酬的。在这种情况下，白人会开垦一块新土地。新土地也许不大会在头一年使他的劳动得到报偿，他要等到随后几年才能得到报酬。对于印第安人来说，随后几年似乎是远不可及的，尽管若是为了获得几个月之后的劳动收获，他们干起活来比白人还卖劲。”①

这种观点已被一些耶稣会会士的经验所证实，他们试图开化巴拉圭的印第安人，所获得的经验饶有趣味。他们得到了这些野蛮人的最充分信任，对其产生的影响足以改变其整个生活方式。野蛮人对他们俯首帖耳。他们建立了和平，教野蛮人掌握了欧洲农业的全部技术和很多比较难的手艺。据夏勒瓦说，到处都可看到“镀金工、油漆工、雕刻工、金匠、钟表匠、木匠、细木工、染色工的作坊”。这些行业都不是工匠个体经营的。产品完全由教会支配，人

① 雷，第136页。

民自愿服从其专制统治。由此而完全克服了因厌恶劳动而产生的对生产的阻碍。真正的困难是人民无远见，无能力考虑未来，因而需要指导者一刻不停地进行仔细的监督。“例如，若一开始就让他们照料耕牛，他们由于懈怠和粗心也许会让耕牛在晚上还套着犁。比这更糟的是，有时他们竟把耕牛宰了当晚餐，受到申斥时，会振振有词地说他们饿了。……据乌罗阿说，这些神父必须走访印第安人的家庭，弄清他们真正需要什么东西，不这样细心地给予照料，印第安人往往什么打算和安排也没有。屠宰牲畜时，神父们也必须在场，不仅是为了均分肉，还要注意有没有东西遗失。”但是，夏勒瓦说：“尽管给予了这么细心的照料和监督，尽管采取了一切预防生活必需品匮乏的措施，可是传教士们有时仍被弄得很狼狈。印第安人留下的谷物常常连作种子都不够。若不很好地照料他们，他们很快就会断顿。”[①]

就实际积累欲望的强度来说，作为上述情形和现代欧洲两者之间的例子，中国人的情况是值得注意的。根据他们的个人习惯和社会状况可以期望，他们在节俭和自我控制力方面要优于其他亚洲人，但比大多数欧洲民族要差。下面是有关这一事实的证明。

“耐用性是表明实际积累欲望高低的主要标志之一。旅行家们证实，中国人造的工具远不如欧洲人造的工具耐用。关于房屋，我们听说，除了较高级的以外，通常都是用土坯、泥或涂上泥的竹片造成的，屋顶则用茅草和板条盖成。我们简直无法想象还会有比这更不结实或更不耐用的建筑物。隔墙是用纸糊的，每年都得

① 雷，第140页。

换一次。农具和其他用具的情形也是如此。它们几乎全部是木头的，金属用得很少。因而它们很快就会磨损，不得不频繁地更新。若实际积累欲望较强的话，他们也许会制造较昂贵但较耐用的农具。由于同一原因，很多在别的国家会被耕种的土地，在中国却未被开垦。所有旅行家都注意到，大片土地，主要是沼泽地，仍处于原始状态。开垦沼泽地，通常需要好几年的时间。先要将水排掉，曝晒很长一段时间，做完很多工作以后才能种庄稼。虽然所花费的劳动也许会得到很多的报酬，但这种报酬要等很多年才能得到。耕种这样的土地，需要具有比目前中国更强的实际积累欲望。

"正如我们所指出的，收获的产品总是达到某种目的的手段；若用于满足未来的需求，则受与其类似的手段所服从的规律的制约。中国主要出产大米。一年收获两次，6月一次，10月一次。因此，每年要为10月和6月之间的8个月准备口粮。由于难以预料这8个月的情况，因而为了保证不受匮乏之苦，他们不得不进行自我克制。但这种自我克制的程度似乎是很小的。帕里宁神父（此人似乎是最富于才智的耶稣会士之一，曾在中国各阶级当中生活了很久）宣称，在这方面缺乏远见和不肯节俭是频繁发生灾荒和饥馑的原因。"

限制中国生产发展的不是人民不够勤劳，而是没有长远打算，这一点比在半农业化的印第安人那里还要明显。众所周知，"在很快得到报酬的地方，在所制造的工具很快见效的地方，适应国家自然条件和居民需要的技术知识所取得的巨大进步"，使人的劳动干劲和劳动效率倍增。"温暖的气候，肥沃的土地，居民在农业技艺方面已获得的知识，以及优良品种的发现与逐步推广，使他们能非常迅速地从几乎每一块土地上获得报酬，其数量远远超过耕种土地所付出的劳动。他们通常收获两次，有时三次。当所种植的是高产作物稻子时，可从几乎每一块可耕地上得到非常丰厚的收成，他们的技艺确保他们能做到这一点。因此，凡是能立即耕种的土地都种上了稻子。丘陵乃至山脉，都开成了梯田；水在这个国家是重要的生产要素，被沟渠引到了各个地方，或靠这个非凡的民族远古以来就使用的精巧而简单的水力机械提升到高处。由于山上的土层很厚，覆盖着大量腐植土，因而他们能比较容易地灌溉梯田。更甚于此者，在他们很多的湖泊河流上，常常出现类似于秘鲁水上花园的木筏。筏上覆盖以土壤并种着蔬菜。劳动由此可以很快得到报酬。当温暖的阳光、肥沃的土壤和充足的水分这三个条件都具备时，植物的生长将无比的茂盛。这表明只要所制造的工具能很快发挥出效益，他们是乐于将最难加工的材料制成工具的。但在虽然报酬很高，却要在遥远的未来才能得到时，他们却不会这样做。欧洲旅行家们见到沼泽地边上的这些小小浮动农场时无不惊讶不已，要知道沼泽地只要将水排掉就可以耕种。使旅行家们感到不可思议的是，为何不将劳动花在坚实的土地上，这样劳动成果可以长期发挥效益，却宁肯建造这些要不了几年就会腐朽和毁坏的构筑物。中国人对未来不如对现在想得那样多。中国人的实际积累欲望在这两方面是很不相同的。欧洲人着眼于遥远的未来，他们对中国人因无远见和不大关心未来而长期劳累，并且陷入照他们看来是无法忍受的不幸之中，感到十分惊奇。中国人的目光比较短浅，得过且过，相信这样一种劳碌命是出于天意安排。”①

当一个国家在现有知识状态下把生产进行到这样一个水平，该水平产生的报酬额与该国实际积累欲望的平均强度相一致时，该国便达到了所谓静止状态；在这种状态下，除非生产技术有所改进，或积累欲望更加强烈，否则资本是不会进一步增加的。在静止状态下，虽然资本从整体上说不再增加，但有些人会变得更富，另一些人会变得更穷。那些节约程度低于一般水平的人会变穷，他们的资本会消失，使积累欲望超过平均水平的人能够进行积蓄。这些人可以买下其不大俭省的同胞的土地、工厂和其他生产资料。

究竟是什么原因使一个国家的资本报酬高于另一国家，是什么原因在某些情况下使增加的资本只有降低报酬才能找到投资机会，这将在下面予以说明。由于中国像我们所设想的那样，实际上已达到了静止状态，因而当资本报酬仍然很高，法定利率为 12%，实际利率（据说）在 18%与 36%之间时，积累便停止了。由此可以推测，超过该国已有数量的资本将找不到利润率如此之高的投资机会，而较低的利润率又不足以引诱中国人放弃当前的享受。这与荷兰的情况迥然不同，在荷兰历史上最兴盛的时期，政府通常以 2%的利率就能借到款项，私人若有可靠的担保以 3%的利率也能借到款项。在缅甸或印度的土著邦，利息也很高，但这只不过是对放款人因国家或几乎所有私人借贷者信用都很差或很贫穷所冒的风险给予的一种必不可少的补偿。而中国的情形则与此不同，如果真的是在资本报酬仍然很高的时候资本就停止了增加，那便表

① 雷，第 151—155 页。

明，同大多数欧洲国家相比，中国人的实际积累欲望要低得多，只顾眼前，不考虑未来。

第四节　积累欲望过强的例证

到目前为止，我们谈的是积累欲望不够强烈的国家。在尚属安全的环境中，靠着理智和清醒的分析，积累理应更多一些。我们现在要说的是积累欲望的强度明显超过一般水平的国家。在欧洲比较繁荣的国家，有很多挥霍浪费者；在一些欧洲国家（英国也不例外），体力劳动者的节约程度一般不高，也不大为今后打算；可是，社会上却有很多种人，如自由职业者、工厂主和商人，兼备有比任何其他阶级更多的节约手段和节约动机，积累欲望非常强烈，以致到处都可以见到财富迅速增加的迹象，而且每当特定环境使大量资本投入某一方面，如铁路建设或国外投机活动时，寻找投资出路的资本数额之大总是会令人目瞪口呆。

在英国，有很多因素给予了积累倾向以特殊的推动力。英国长期幸免于战争蹂躏，很久以来财产就不再受军事暴力侵犯或任意掠夺，由此而产生了世代相传的长期信任感，人们不再害怕把钱交到别人手中，而这种信任感在大多数其他国家则出现得晚得多，也不那么稳固。在英国，由于地理上的原因，国力和国威的自然源泉是产业而不是战争，使不小比例的最有事业心和精力最旺盛的人才转向制造业和商业，使他们靠生产和节约，而不是靠占用已生产出来的和节约下来的物品来满足其欲望和野心。较好的政治制度也起了很大作用，由于给予了个人很大的行动自由，从而鼓励了个人的积极性和自立精神，由于允许自由地合伙和联合，推进了大规模工业企业的建立。这种制度还从另一方面给予了追求财富的欲望以最直接和强烈的刺激。封建主义较早的没落消除了或大大削弱了原先的商人阶级和一向瞧不起商人阶级的人们之间的恶感，由此而兴起一种使财富成为政治影响真正根源的政体；获取财富除了有其固有的效用外，还被赋予了人为的价值。财富变成了权势的同义语。因为在平民百姓看来，财富意味着权势，所以财富就成为个人追求的主要目标，成为衡量个人成就的尺度和标志。从某一社会等级上升到更高的等级，是英国中等阶级生活的最大目标，而获取财富则是上升的手段。由于至今不劳致富的人总是比劳动致富的人在社会上地位高，因而人们便力求尽量节省，不仅要在工作时能提供大笔收入，而且要在退休后也能提供足够的收入过富裕生活。在英国，人民的清心寡欲大大地增强了这些因素，清心寡欲是清教国家的特点。但是，虽然一方面不欢喜享乐使积累变得比较容易，可另一方面喜欢花费却使积累变得比较困难。个人权势与财富象征之间的联系如此密切，以致大多数英国人都愚蠢地想装出能大把花钱的样子，而且这种欲望往往同情欲一样强烈，尽管英国人从花费中得到的快乐也许比世界上任何其他国家的人都要少。因此，英国的实际积累欲望从未像荷兰那样高。荷兰没有一个懒惰的富裕阶级来树立乱花钱的榜样，商人阶级对社会有很大的影响力，可以确立自己的生活尺度和礼节标准，仍保留着节俭朴素的习惯。

很久以来在英国与荷兰，以及当前在欧洲的很多其他国家（它们正在迅速追赶英国），无需具有像亚洲那样优厚的报酬，人们就

有积累欲望，尽管当前的利润率很低，人们却照样积累资本，积累非但没有减慢，反而似乎比以往任何时候都更为迅速。增加生产的第二个要素资本一直在增长，没有任何迹象表明资本会变得不足。就资本这一要素而言，生产可以无限制地增长。

如果资本的报酬进一步减少，积累进程无疑就会受到很大阻碍。但为什么资本的增加会带来这种结果呢？这一问题促使我们去思考生产三要素中的最后一个。既然限制生产的不是劳动和资本这两种要素增加的限度，那就必须考虑从本质上说数量受到固有限制的那惟一的一种生产要素的性质。也就是说，生产的增加必然取决于土地的性质。

第十二章　论土地与生产增加规律的关系

第一节　有限的土地数量及其有限的生产力，是对生产的真正限制

土地与另外两种生产要素劳动和资本不一样，是不能无限制地增加的。土地的面积是有限的，而生产力较高的土地面积更为有限。在某一块土地上所能达到的产量显然也不是毫无限制的。有限的土地数量及其有限的生产力，是对生产增加的真正限制。

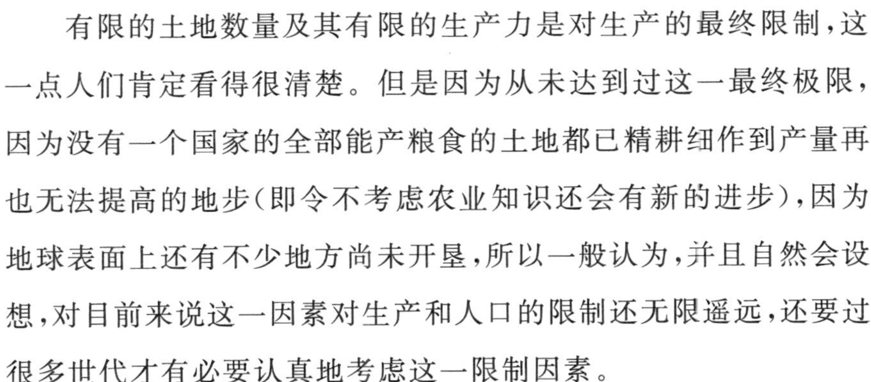

有限的土地数量及其有限的生产力是对生产的最终限制，这一点人们肯定看得很清楚。但是因为从未达到过这一最终极限，因为没有一个国家的全部能产粮食的土地都已精耕细作到产量再也无法提高的地步（即令不考虑农业知识还会有新的进步），因为地球表面上还有不少地方尚未开垦，所以一般认为，并且自然会设想，对目前来说这一因素对生产和人口的限制还无限遥远，还要过很多世代才有必要认真地考虑这一限制因素。

我认为这不仅是一个错误，而且是政治经济学整个领域中最严重的错误。这个问题比任何别的问题都更重要和更为基本。它涉及在一个富裕勤劳社会中贫穷原因的全部问题。除非彻底弄清

这一问题，否则把我们的探讨继续进行下去将是毫无意义的。

第二节 土地生产规律，即随着所使用的劳动和资本的增加而报酬递减的规律

土地的性质对生产的限制，不像一堵墙所起的阻碍作用那样。墙屹立于某个地点不动，除了使运动完全停止外没有别的阻碍作用。我们不如把土地对生产的限制比作一条弹性很大的橡皮筋，这条橡皮筋从未被绷得太紧，以致不能再拉长，然而在远未达到最后的极限以前，却会感觉到其压力，而且愈靠近这一极限，压力愈大。

一旦农业的发展达到某一并非很高级的阶段，就会出现以下土地生产规律，即在给定的农业技术和知识状态下，靠增加劳动量，产量不会以同等程度提高；增加一倍劳动不会使产量也增加一倍；或者换一种说法，产量的每一增长要求对土地施加更高比例的劳动量。

农业的这一普遍规律，是政治经济学中最为重要的命题，如果规律不是这样，则财富生产和分配的几乎全部现象就不会是现在这种样子了。在这个问题上仍然十分流行的最根本的错误并非产生于两眼只盯着表面现象，没有看到表面现象之下起作用的规律，而是由于将这些表面现象误认为是终极原因。实际上这些现象只影响终极原因的形式，事物的本质是由规律决定的。

当为了提高产量而不得不利用劣等土地时，产量显然不会与劳动按相同比例增加。所谓劣等土地，是指投入相同的劳动而产

量较低的土地。土地可以在肥沃程度或地理位置上有优劣之分。前一种劣等土地要在种植方面花费较多的劳动，后一种劣质土地要在运输方面花费较多的劳动。如果土地 A 对于给定的工资、肥料等支出可生产出 1000 夸特小麦，而为了再生产出 1000 夸特小麦必须依靠土地 B，但土地 B 肥沃程度较低或者离市场较远，那么这 2000 夸特小麦所花的劳动就不止原先 1000 夸特所花的两倍，农业产量提高的比率将小于所花费的劳动。

人们也可以不耕种土地 B，而靠精耕细作来使土地 A 提高产量。可以增加犁地或耙地的次数；以深翻来代替犁地；犁过以后可将地再锄上一遍以使土更松；多除几遍草或除得更彻底些；使用较好或较复杂的农具；施用较多或较好的肥料，或施肥时将其与土壤较仔细地混合。以上所述便是可以用来提高同一块土地产量的方法。必须提高产量时，所用的方法和日常方法也没有太大的差别。但是，耕种劣等土地这一事实表明，用以上方法提高产量花费太大了。劣等土地，或离市场较远的土地，当然带来的报酬较少，如果依靠这种土地来满足不断增加的需求，成本必然会提高，从而价格必然上涨。如果在不提高最初单位成本的条件下，仅仅通过增加劳动和资本，就能继续依靠优质土地满足增加的需求，那么，优质土地的所有者或农场主便能比较低的价格挤垮所有其他人，而占有整个市场。在这种情况下，肥沃程度较低或离市场较远的土地，虽然可由其所有者为维持自身生存或自主而耕种，却不会有人为获取利润而租种它们。从这些土地上能获得足以吸引资本进行投资的利润，证明了在较好土地上的耕种已经达到某一极限，超过这个极限更多地运用劳动和资本所得到的报酬，不会高于以同样花

费从肥沃程度较低或位置较差的土地上所能获得的报酬。

在英格兰和苏格兰的一些已得到充分开垦的地区，正在对土地进行精耕细作，这表明，人们为了提高产量已开始在不利的条件下耕种土地。这种耕作方法所费劳动较多，为获得利润，价格不得不定得比粗放耕作制度下的价格高。如果能得到肥沃程度相等的荒地，就不会采用这种耕作方法了。若能获得和已耕种的土地同样好坏的生荒地来满足社会不断增长的需要，人们就不会采用被认为是欧洲最好的耕作方法来从土地上榨取更多的产量了。土地的利用应以相对于所投入的劳动而言获得的报酬最多为限，不应超过这一点，多余的劳动应投入到新土地上。一位到过美国的富有才智的旅行家说[①]："英国人要看惯这种不高的收获量和不经心的耕种需要很长时间。人们不应忘记，这里土地非常充裕，劳动极其昂贵，因而必须遵循与人口众多的国家迥然不同的原则，以致在凡是需要付出劳动的事情上，都显得不那么令人满意和完美。"我认为，在所提到的这两个原因中，真正能够解释这种现象的是土地的充裕，而不是劳动的昂贵；因为，无论劳动多么昂贵，若需要食物，也总是会运用劳动优先生产食物。但用这种劳动耕种生荒地，要比用这种劳动更为精细地耕种原有土地，能更加有效地生产出粮食。只有当不再有可供开垦的土地或因为土地离市场太远或肥力太低，以致价格不大幅度提高就无利可图时，把欧洲的精耕细作方法应用到美国的土地上才是有利的；也许城镇近郊是例外，在这种地方，节省的运输费用可以补偿土地本身报酬的低下。正像美

① 约翰·罗伯特·戈德利：《美国来信》第1卷，第42页。并参见莱尔：《美国游记》第2卷，第83页。

国的耕作方式不如英国的耕作方式那样，英国的普通耕作方式也不如佛兰德、托斯卡纳或拉伏罗岛的耕作方式，在这些地方，靠投入多得多的劳动量得到了比英国多得多的总产量，但这种耕作方法却决不会给一心谋取利润的投机商带来好处，除非大大提高农产品的价格。

毫无疑问，在接受上述原理时，必须作一些解释和加上一些限制条件。尽管土地若已被非常仔细地耕作，则仅仅靠增加劳动或增加通常的施肥量不能产生与花费成比例的报酬，但如果投入比以前多得多的劳动和资本来改良土壤（通过排水或施加长效肥），这些劳动和资本仍会大大增加产量，从而得到和已经投入的劳动和资本同样丰厚的报酬。有时甚至会得到丰厚得多的报酬。如果资本总在寻找这种非常有利的出路并能经常找到这种出路，那就不会发生这样的事了。但如果这种非常有利的投资要等很长时间才能获利，那就只有在产业发展的高级阶段人们才会作这种选择；而即令在这种阶段，与土地所有权和土地使用权有关的法律和习惯法也常常会妨碍资本自由地流入农业改良的渠道，因而人口增长所需要的较多粮食，有时仍然要靠更精细地耕作，靠支付更多的成本来供应，尽管已知道了无需提高成本的生产方法。毫无疑问，如果下一年有充足的资本可以在联合王国的土地上进行所有已知的和得到公认的改良，而这些改良在现行价格下是有利可图的，也就是说，会使产量提高的比率与支出增加的比率一样大或更大，那么结果将是（特别是如果我们把爱尔兰也包括在假设中的话）很长一段时间将无需耕种劣等土地，也许很大一部分现在耕种的产量较低、位置不特别有利的土地将不再被耕种；或者（由于这些改良

不太适用于良田，而适用于将劣等地改造成良田）主要是靠少施肥和不那么精细地耕作来缩减耕种面积，也就是倒退到采取近似于美国的耕作方式，只有那些不易改良的劣等地才被完全放弃。因此，全部耕地的总产量与所花费的劳动的比例将上升，一般的土地报酬递减规律将在此程度内暂时不起作用。然而，即令在这种情况下，也不能想象国家所需的全部产量能完全靠最优质的土地和位置最好的土地来供应。毫无疑问，很多产量还会继续在不太有利的条件下生产，报酬比肥力最高、位置最好的土地要低一些。当人口的进一步增加要求更多地增加供应时，一般报酬递减规律会重新起作用，产量的这种增加将靠投入较高比例的劳动和资本取得。

第三节　抵消报酬递减规律的因素；生产技术的进步

在其他条件不变的情况下，土地的产量随着所使用的劳动的增加而按递减比率增加，这一真理常常受到忽视或漠视而不是被否定。然而，这一规律却受到了美国著名政治经济学家 H. C. 凯里先生的直接攻击，他坚持认为，农业的真实规律恰恰与此相反，即产量的增加要比劳动快，换言之，土地可以向劳动提供不断增加的报酬。为了证实这一看法，他争辩说，耕作不是开始于较好的土地，不是随着需求的增加，从优质土地扩展到劣质土地，而是开始于劣质土地，经过很长时间才扩展到较肥沃的土地。移居到新地方的人开始时总是耕种地势较高的贫瘠土地。河边肥沃而潮湿的洼地，由于有害于健康，由于开垦和排水要花很多和很长时间的劳动，所以开始时不会被耕种。随着人口和财富的增加，耕种面积沿着山坡往下延伸，而最肥沃的洼地通常（他甚至说普遍地）要到最后才被耕种。这些命题，连同凯里先生由此得出的推论，在他最近出版的精心之作《社会科学原理》中得到了非常详尽的阐述。他认为，他由此而摧毁了他所谓的英国政治经济学的基础，推翻了其所有实际结论，特别是自由贸易学说。

就凯里先生所说的而言，他确实具有反对政治经济学的一些最高权威的很好理由。这些权威把他们所提出的规律想当然地宣称为普遍真理，而没有注意到在一个新开辟的国家内最初的耕种情况有所不同。在人口稀少和资本不足的地方，需要大笔开垦费用的土地最初必然不会被耕种，尽管这些土地被开垦后会比早先耕种的土地出产更多的粮食，不仅绝对产量较高，而且即令算上开垦所花的劳动，单位劳动量提供的产量也较高。但是，谁都没有说报酬递减规律在社会刚建立起来时就会起作用；虽然有些政治经济学家把该规律起作用的时间说得过早了，但该规律确实很早就起作用，足以支持他们根据该规律得出的一些结论。凯里先生不会认为，在任何古老的国家，例如在英国或法国，未开垦的土地现在要比已耕种的土地肥沃，或几百年来一直是这样。即便根据他那不完善的标准即土地位置——我无须说这一标准有多么不完善——来判断，是否能说现时在英国或法国，未耕种的土地是平原和河谷，而已耕种的土地是丘陵？相反，大家都知道，未开垦的土地是高原和贫瘠的土地；当人口的增长要求扩大耕种面积时，是从平原扩展到丘陵。也许偶尔会出现排干贝德福德蓄洪区或抽掉哈勒

姆湖水的事情，但这些只不过是事物正常进程微小和短暂的例外，在古老文明的国家，已很少再有这样的事情可做了。[①]

凯里先生本人无意中最为有利地证明了他所反对的规律的真实性；因为他极力坚持的一个观点是：在先进的社会中，土地产品的价格具有不断上升的趋势。政治经济学最为基本的原理告诉我们，除非土地产品以劳动衡量的生产成本趋于上升，否则价格是不会上涨的。如果一般说来，向土地多投入劳动会使报酬递增，那么随着社会的进步，土地产品的价格不但不会上升，反而必然会下降，除非金银的生产成本下降得更多。而金银的生产成本很少大幅度下降，在整个历史上只有两个时期出现过这种情况，一是开发墨西哥和秘鲁矿山后的时期，一是我们目前所生活的时期。除这两个时期以外，贵金属的生产成本不是稳定不变就是上升的。因此，如果随着财富和人口的增加农产品的货币价格趋于上涨，那就无需其他证据便可以证明，需求增加时，在土地上生产农产品所需的劳动也趋于增加。

我不会走得像凯里先生那样远，我不会断言，农产品的生产成本因其价格必然会随着人口的增加而提高。虽然有这种趋势，但这种趋势有时会受到抑制，甚至会被抑制很长时期。这不是一个因素造成的结果，而是两个相互对立的因素造成的结果。有另外一种力量总是制约着土地报酬递减规律。我们现在就来讨论这一因素，即所谓文明的进步。我使用这个笼统的并多少有点模糊的

① 爱尔兰可以说是一个例外，该国很大一部分土地因为没有排水仍不能耕种。但是，虽然爱尔兰是一个古老的国家，可不幸的社会和政治环境使它仍处于贫穷落后的状态。即便将爱尔兰沼泽地上的水排干并对其进行耕种，也无法肯定它们是会成为凯里先生所说的肥沃的河谷土地呢，还是会成为最贫瘠的土地。

词语，是因为所包括的事情太多了，一个含义较严格的词语很难将全部有关的事情都包括进去。

其中最明显的是农业知识和技术的进步，以及新发明的不断涌现。农业的改进有两种：一些使土地无需相应增加劳动就能提高绝对产量；另一些不能提高产量，但可以减少所花费的劳动和开支。属于第一种的有采用轮作废除休耕，和推广适于轮作的新作物。上世纪末叶在不列颠农业中引种萝卜被称为一场革命。这些改进不但使土地可一年收获一次，而不再需要每隔两三年就休耕一年以恢复地力，而且还直接提高了其生产力，因为饲料的增加使牲畜数目大大增加，由此而大大增加了肥料。其次是引种了营养更丰富的新作物如马铃薯，或产量更高的品种如瑞典萝卜。在这一类改进中还应加上对肥料性质的进一步了解，和采用最有效的施肥方法；采用新的和更有效的肥料如鸟粪以及把过去的废物转变为肥料；深耕或暗渠的发明；役畜饲养的改进；饲料来源的扩大等等；另外一类改进只减少劳动，却不提高土地生产能力，它们是：改良农具；采用节约人力的新机械，如扬谷机和脱粒机；采用更省力的劳动方法，如在英格兰极为缓慢地推广苏格兰的犁地方法，即一个人赶两匹马，而不像原先那样由两个人赶三四匹马。这些改进并不提高土地的生产力，但它们同前者一样有助于抵消农产品的生产成本随人口和需求的增加而上涨的趋势。

在效果上与第二类农业改良相类似的，是交通工具的改进。好的道路也就等于好的农具。究竟是在生产粮食时节约了劳动，还是在把粮食运到消费地点时节约了劳动，这无关紧要。而且无需说，只要是减少了运送肥料的费用或方便了农场内部的运输，也就使耕种本身所花的劳动有所减少。铁路和运河实际上减少了所有通过它们而运往市场的物品的生产费用,而且实际上还减少了所有需要运输的生产资料的生产费用。有了铁路和运河,一些土地才可以耕种,否则这些土地在不提高价格的条件下是不会给予耕种者以报酬的。航运的改进,对于从海外输入粮食或原料来说,也有相同的作用。

根据类似的考虑可以看出,许多纯粹是机械上的改进,尽管从表面上看来和农业关系不大,然而却会使生产粮食所花的劳动减少。炼铁方法的巨大改进会降低农具的价格,降低铁路、车辆、船只,或许还有房屋以及其他许多东西(这些东西目前尚未用铁来制造,因为铁太贵了)的造价,由此而会降低粮食的生产费用。粮食加工方面的改进也会起同样的作用。用风力或水力来磨面会像农业中非常重要的发现一样降低面包的价格;制造面粉机方面的所有重大改进也会产生类似的影响。降低运输费用的作用已谈过了。还有一些土木工程方面的发明便利了在地球表面进行的所有大工程。水准测量方法的改进对于排水、开凿运河和修建铁路都是重要的。荷兰的沼泽地和英国某些地区的沼泽地是用风力或蒸汽作为动力的水泵来排干的。在需要灌溉渠、蓄水池或堤坝的地方,降低造价在很大程度上要依靠机械技术。

制造业方面的改进,有些丝毫无助于粮食的实际生产,因而无助于抵消土地报酬的递减。然而这些改良所起的另外一种作用,实际上却与此相等。它们虽然不能防止报酬的递减,但却能在某种程度上补偿报酬的递减。

制造业的原料全都来自土地,很多来自农业,特别是在衣着的原料方面，因而土地生产的一般规律，即报酬递减规律，最终也一定会像适用于农业那样适用于制造业。随着人口的增加和愈来愈难使土地增加产量，原料供应的增加同食物一样，必须要耗费更多的劳动。但是原料费用通常只占全部制造成本的很小一部分，因而在工业品生产中所花的农业劳动只占制造商品所花的全部劳动的很小一部分。随着产量的增加，所有其余的劳动会不断大幅度地减少。制造业比起农业来说更容易受到机械改进和节约劳动的发明的影响。前面已经说过，分工及其技术与经济上的分布在很大程度上取决于市场的规模和大规模生产的可能性。因此，在制造业中，有许多因素趋于提高劳动生产力，而只有一个因素趋于降低劳动生产力，前者的力量远远大于后者，从而社会进步引起的生产增加不会提高成本，而会不断降低成本。这一事实表现在两个世纪以来几乎每一种工业品的价格和价值的不断下降。最近七八十年中，机械的发明加速了工业品价格的下降，而且这种下降会无止境地持续下去。

现在完全可以想象，农业劳动的效率会随着产量的增加而不断下降；因此，粮食的价格会不断上升，生产粮食的人口在整个人口中所占的比例会愈来愈高；然而与此同时，所有其他产业部门的生产力会如此迅速地提高，以致可从工业中节省出所需的劳动，而且得到较大的产量，从而社会的总需求会比以前得到更好的满足。由此而带来的好处甚至会惠及最贫穷的阶级。衣着和住房的降价可以补偿粮食费用的上涨。

这样，生产技术方面任何可能的改进都会以某种方式对农业劳动报酬递减规律起相反的影响。不仅仅是工业方面的改进有这样的作用。政治上的进步以及几乎每一种道德和社会的进步，都会以同样的方式起作用。假设一个国家处于大革命以前法国的状况：税收几乎全部由工业阶级负担，似乎是在对生产课以罚金；而且贵族或宫廷给财产或人身造成任何伤害都得不到赔偿。大革命的风暴卷走了这种制度，即便仅仅从提高劳动生产力这一点来看，这场革命不也相当于许多工业发明吗？取消像什一税这样压在农业上的财政负担，其效果就如同是把生产目前产量所需的劳动一下子减少十分之一。废除谷物法或废除任何其他限制商品在成本最低的地方生产的规定，就如同生产得到了巨大改良。一旦以前用于狩猎或其他娱乐的肥沃土地改作耕种，农业的总生产力就会提高，众所周知，管理不善的济贫法在英格兰已产生了什么样的结果，有害的租佃制度又在爱尔兰产生了多么恶劣的影响，使农业劳动懒散而效率低下。改进土地使用权和所有权的法律，要比任何其他方面的改进对劳动生产力的影响都更直接。取消限定继承权、降低财产转让费以及其他一些措施会促进土地的自由买卖，使土地从不事稼穑的人那里转移到生产能人手中。用自愿的长期租佃制和人们可以容忍的租佃制度来代替糟糕透顶的爱尔兰小农制度，特别是，使耕作者对土地享有长久利益，所有这些都是同纺纱机或蒸汽机等发明一样真实的生产改良，有些甚至是同样伟大的生产改良。

教育方面的改进，可以说也有相同的作用。工人的智力是劳动生产力中一个非常重要的因素。目前在一些最文明的国家，劳动者的智力水平是如此低下，以致要使未来的生产力无限提高，最好的方法莫过于使那些目前只用手的人也能用脑。劳动者的细心、节俭和诚实可信与他们的智力水平同样重要。劳动者和雇主之间的友好关系，以及利害和感情的一致也极为重要，确切地说，是或许也极为重要，因为据我所知，现在还没有什么地方有这样的友好感情。而且不仅仅是劳动阶级智力和性格的改善，会促进产业的发展。就富裕阶级和有闲阶级来说，更高的智力、更扎实的教育以及更强的道德心、公益精神或慈善心，会使他们在国家的经济资源以及制度和风俗方面发起和促进最有价值的改进。让我们只看以下一些最明显的现象：法国农业在某些方面的落后状态，部分是富有的地主沉溺于城市的享乐造成的，而本来在这些方面是希望这一有教养的阶级能有所作为的。人类事务上的几乎所有可能的改善，都会直接或间接地促进劳动生产力的提高。固然，在很多情况下，思想更为自由和更富有创造性，会削弱对体力劳动的专心程度，但却会使实际投入的劳动更有效率。

由以上所述可见，农业的生产力取决于两种对立的力量，我们根据这两种力量的性质可得出一些基本推论。在指出这些推论以前，必须说明，上面我们有关农业的论述，几乎可以不加修改地应用于农业所能代表的其他产业，即所有从地球上获取原料的产业。例如，采矿业通常只有超比例地增加费用才能增加产量。不仅如此，即令保持年产量不变，采掘所花的劳动和资本也会愈来愈多。因为矿山不会再生产出已挖出的煤炭或矿石，所以不仅所有矿山最后都会被采尽，而且即令在还看不出任何枯竭迹象时，开采费用也会愈来愈高；井筒必须做得更深，巷道必须开得更远，排水用的动力必须更大；煤炭或矿石的提升高度也会加大，搬运距离也会更远。因此同农业相比，报酬递减规律更加无条件地适用于矿业。采矿业比农业更容易受机械改进的影响。蒸汽机的第一个伟大的应用是在矿山上，而在提取金属的化学工艺方面更具有改进的无限可能性。还有另外一种并非罕见的可能性，有利于抵消现有全部矿山被采尽的进程，即发现丰富程度相等或更丰富的新矿。

综上所述，所有数量有限的自然要素，不仅其终极的生产力是有限的，而且在远未达到其最高的生产力以前，它们就愈来愈难以满足更多的需求。然而这一规律会由于人类支配自然的力量的增强，特别是由于人类知识的进步和人类因此能在更大的程度上控制自然要素的性质和力量，而被中止或暂时受到抑制。

第十三章 前述规律的后果

第一节 当生产是因积累欲望不足而受到限制时的补救办法

从前述可以看出，生产的增长受到两方面的限制，一是资本的不足，一是土地的不足。生产的增长陷于停顿，要么是因为实际积累欲望不够强烈，不能促进资本进一步增加，要么是因为虽然拥有多余收入的人们有可能将收入的一部分节约下来，但由于社会所能支配的土地是有限的，使用追加资本所得到的报酬不足以抵偿他们为此所作的节省。

在一些国家，如亚洲各国，积累的观念很淡薄；除非受到巨大收益的引诱，否则人们既不肯储蓄，也不肯为储蓄而工作，甚至如果要等很长时间才能得到高额收益，他们也不肯储蓄；由于既没有充足的资本也无足够的远见卓识来采用新发明的机械，借以用自然力代替人力，致使生产仍很不发展，仍很原始；从经济上说，这些国家迫切需要解决的问题，是提高劳动热情，提高实际积累欲望。方法首先是要改善政治制度；使财产更加安全；降低赋税，不再以税收名义任意勒索人民；采用更持久、更有利的土地使用制度，以尽可能保障耕者所花费的劳动、技能和经济方面不可分割的利益。其次是要提高公众的知识水平；破除阻碍发挥劳动积极性的习俗和迷信;促进精神活动的发展,使人们热心于实现新的欲望。第三是要引进外国技术,以把追加资本的报酬提高到与低积累欲望相适应的水平;输入外国资本,这可以使生产的增加不再完全依靠本国居民的节俭和远见,同时还可以对他们起示范作用,这些即令并未改善居民的实际生活状况,而仅仅是灌输了新思想和打破了习惯的束缚,也会使他们产生新的需要和新的欲望,更多地为将来考虑。这些方法在不同的程度上适用于所有的亚洲居民,并且也适用于文明和工业程度较低的一些欧洲国家,如俄国、土耳其、西班牙和爱尔兰。

第二节　并非仅仅在财产不平等的国家有必要限制人口

但在另一些国家(英国居于这些国家的首位),劳动热情和实际积累欲望则无需任何鼓励;人们为了少量酬劳就会辛辛苦苦地工作,为了少量报酬就会拼命节省;虽然劳动阶级的节俭远未达到所要求的程度,但富裕阶层的积累欲望却太高了,需要的不是鼓励,而是予以降低。在这些国家,如果资本的增加不是由于报酬的锐减而被制止或陷于停顿,资本永远不会短缺。正是报酬不断递减的趋势,使得生产的增长常常伴随着生产者状况的恶化;这种趋势是土地生产的必要和固有条件带来的结果,最终会使生产的增长完全停顿。

在所有已超越了农业发展早期阶段的国家,人口增长所引起的粮食需求的每一增加,如果生产不同时得到改进,就总是会减少每个人按公平分配得到的份额。若缺少未占用的肥沃土地，又不进行有助于降低商品价格的改进，那就只有靠超比例地增加劳动才能增加生产。居民必须更辛苦地劳动，或减少粮食的消费，或牺牲一部分其他享受来换取通常所需的粮食。如果尽管人口有所增加，可这种必要性却被推迟出现，那是由于有利于生产的改良在继续，由于人类提高劳动效率的发明在与大自然进行着势均力敌的斗争，一旦原有的资源被人类的需要耗尽，就会从难以驾驭的自然力中索取到新的资源。

由此可得出这样一条重要推论，即并非像很多人所认为的那样，只有在财产很不平等的情况下才有必要限制人口。在任何一种文明状态下，较多的人口从整体上说都不会像较少的人口过得那样好。人口过多会使人受到惩罚，并不是由于社会的不公，而是由于大自然的吝啬。财富的分配不公甚至不会加剧灾难，最多只不过是使人稍微早一点感觉到灾难。有人说："口"的增加会带来"手"的增加。这种说法是不真实的。新的"口"需要和老的"口"同样多的粮食，而新的"手"却生产不出同样多的粮食。如果所有生产手段作为共同财产由全体人民所拥有，产品在他们之间绝对平均地分配，如果在这样组成的社会中，劳动干劲和现在同样大而且产品也同样的丰富，则将有足够的产品使全部现有人口都过得很舒服；但在这种条件鼓励之下，若人们的习惯保持不变，则毫无疑问，只需 20 年略多一点的时间，人口就会翻一番，到那时，人们的情况将会怎样呢？除非生产技术在同一时间内得到了空前巨大的改进，否则就得求助于贫瘠的土地，就得在优质土地上进行更费力和收获很少的耕作来为这样多的人口获取粮食，这必然会使社会中

的每一个人比以前穷。如果人口继续以同样速度增加，则每个人很快就会只拥有生活必需品，接下来每个人很快就会连充足的生活必需品都得不到，人口的进一步增长将会被死亡所阻止。

不论是在现在还是在任何其他时候，劳动生产率能否得到提高和人民的平均生活水平能否得到改善，均取决于人口的增长是快于还是慢于改良的速度。在已经达到某一人口密度，已获得了劳动联合的主要好处以后，人口的进一步增加就只会损害人民的平均生活状况；但是，改良具有相反的作用，可使人口增加时生活状况不恶化，甚至还不断地有所改善。改良在此处必须从广义上去理解，不仅包括新的工业发明，或原有发明的推广应用，还包括制度、教育、舆论以及一切人类事务上的改进，只要给予了生产新的刺激或新的便利，就应包括在内。在一国的人口有所增长，从而需要增加产量时，若该国的生产力相应提高，那就无需靠耕种劣质土地来增加产量，也无需靠在报酬递减的情况下向原有土地投入更多的劳动来增加产量；或者不论怎样，随着改良的推进，工业劳动的效率会提高，由此而可补偿地力的下降。增加的人口必然靠上述两种方法中的一种来维持生活，并可以过得同以前一样好。但是，如果人类支配自然的力量停止增长或受到削弱，而人口却不放慢增长速度，如果控制自然要素的力量保持不变，却要求自然要素提供更多的产量，那么，除非平均说来每个人付出更大的努力，或平均说来减少每个人从总量中得到的份额，否则增加的人口就不会得到较多的产品。

事实上，在某些时候人口的增长快于改良，而在另一些时候改良则快于人口的增长。在法国大革命以前的很长一段时期内，英

国的人口增加得很慢；但改良至少在农业方面似乎更慢，因为虽然并未出现使贵金属降价的任何情况，可谷物的价格却大大上涨了，英国由谷物出口国一变而为进口国。不过，这一证据并不具有结论性，因为在该世纪的前半叶丰年很多，而在后半叶丰年则不多，由此而使谷物价格在后一时期不断上涨，尽管社会的进步处于正常状态。在此时期制造业的改良或进口商品成本的降低，是否补偿了土地劳动生产力的下降，这一点尚不能肯定。但自从瓦特、阿克赖特和他们的同时代人完成了伟大的机械发明以来，劳动得到的报酬很可能增加得同人口一样快，而如果报酬的增加并未引起人类固有繁殖能力的增强，则还会超过人口增长速度。在以往的二三十年间，农业生产进步得如此迅速，以致土地产量的增加超过了所耗费的劳动量的增加；甚至在谷物法的废除暂时大大减轻了人口对生产的压力以前，谷物的平均价格就已明显降低了。但是，虽然在一段时间内改良会与人口增长保持同步，甚或超过人口的实际增长，可是毫无疑问，改良永远不会达到人口可能达到的增长速度。如果不实际限制人口，便无法阻止人类生活状况的普遍恶化。如果人口受到较严格的限制，而改良照样进行，则对整个民族或人类来说，就会有比现在多的产品。改良从自然界那里榨取的更多产品不会全部用于供养新人口。虽然总产量不会大大增加，但按人口平均的产量却会提高。

第三节　即使在粮食进出口方面实行自由贸易，也必须限制人口

如果一国的人口增长速度超过改良的速度，那就必须耕种劣质土地才能满足增加的需求，该国获取生活资料的条件就必然愈来愈不利；此时，如果人口的增长速度仍和以前一样，该国可以采用两个权宜之计来缓解这一矛盾。一个办法是从国外进口粮食，另一个办法是移民。

从外国进口较便宜的粮食同采用农业发明以低廉的成本在国内生产粮食是一样的。它同样提高了劳动生产力。以前是用一定数量的劳动种粮食而得到一定数量的粮食；现在则用同样多的劳动生产棉花、器具或其他商品，而可以交换到更多的粮食。这种改进同农业上的发明一样，可以在某种程度上换回劳动生产力的下降。但在这种情况下同在另一种情况下一样，要不了多久事物就会恢复原样；退下去的潮水会马上又涨上来。诚然，当某一国家从全球的广大地区获取其粮食供应时，地球该小角落人口的增加只会对如此广阔的地域产生很小的影响，以致该国人口可以翻两番或三番，而不会感觉到生产的发条被上紧了，也不会感觉到整个世界的粮食价格有任何上涨。但是这忽略了以下几件事情。

首先，能输出谷物的地区并不是整个地球，而只是地球上的某些地区，主要是沿海地区或通航河流的两岸。在大多数国家，沿海地区是最先有人居住和人口最稠密的地方，因而很少会有多余的粮食。所以，主要的供应来源是某些通航河流（如尼罗河、维斯杜

拉河或密西西比河)的沿岸地带;在地球的发达区域内,并没有很多这样的地方能在不加剧对土地生产力榨取的条件下无限期地满足迅速增长的需求。在当前的交通状况下,要从内地获得大量的谷物供应,在很多情况下是办不到的。靠改善道路、开凿运河和修筑铁路,最终会克服这方面的障碍,但这是一个缓慢的过程;除美国外,在所有粮食输出国中,这方面的进展都非常缓慢;而除非人口的增长受到非常有效的限制,美国粮食生产的增长也无法和人口的增长保持同步。

其次,即令供应来自输出国的全部地区,而不仅仅是其一小部分地区,所能供应的粮食数量也是有限的,并且不可能在不增加生产费用的情况下得到供应。粮食出口国可以分成两类:一类国家的实际积累欲望较高,另一类国家的积累欲望则较弱。在澳大利亚和美国,实际积累欲望较强,资本迅速增加,粮食生产或许会很快扩大。但在这些国家,人口也增长得异常迅速。它们的农业不仅要供养输入国不断增加的人口,而且还要供养它们本身不断增加的人口。因此,它们必然会很快被迫耕种较为贫瘠、较远和交通不大便利的土地,并且不得不像古老国家那样采用劳动生产率较低和花费较大的耕作方式。

但是,粮食价格低廉而产业又繁荣兴旺的国家很少,只有那些已将文明生活方式成熟地移植到富饶且未开发的土地上的国家才能做到这一点。在古老国家当中,只是产业非常落后的国家才能出口粮食,因为在这些国家,资本和人口尚未增长到会使粮食涨价的程度。俄国、波兰和多瑙河平原就属于此列。在这些地方,实际积累欲望较弱,生产技术很不完善,资本短缺,资本增长,特别是国内资本的增长很缓慢。当向其他国家出口粮食的需求增加时，只能逐步提高粮食产量来满足这种需求。英国用来交换谷物的棉布和金属制品，俄国人和波兰人目前在国内并不生产。他们没有这些也行。生产者会因市场向他们的产品开放而受到刺激，加强努力，总有一天可以指望从这种努力中得到一些东西。但是在由农奴或刚刚脱离奴隶状态的农民构成农业人口的国家内，人们的脾性对增强努力来说，并不是有利的。甚至在当前剧烈变革的年代里，人们的脾性也不会迅速改变。如果要靠增加资本支出来提高产量，这些资本要么必须在新商品和更广泛的交往（在这种情况下，人口很可能会迅速增加）的刺激下靠缓慢的节约过程来获得，要么必须从外国输入。如果英国要从俄国或波兰得到迅速增加的谷物供应，英国的资本就必须输入这些国家来生产这些谷物。然而，这样做会有很多困难，遇到很大的阻碍。其中包括语言的不同、风俗的不同和由国家制度与社会关系造成的许许多多障碍；而且最终输入的资本会不可避免地刺激当地人口的增长，靠这些资本所增产的几乎全部粮食很可能在未运出国前就被消费掉了；因此，如果这不是引入国外技术和思想以及给予这些国家的落后文明以有效刺激的惟一方式，那么，靠此方法来增加出口以及持续不受限制地增产粮食来供应其他国家是不大可能的。但是，一国文明的进步是一个缓慢的过程，在此期间，不论是在供应粮食的国家还是在得到粮食供应的国家，人口都有可能大量增加。因而在需求增加的情况下，这种方法在阻止粮价上涨方面所起的作用，在整个欧洲并不会比在某一国家更明显。

所以，只要人口的增长速度快于改良的速度，劳动报酬递减规律就不仅适用于粮食自给的国家，而且实际上也同样适用于从粮价最便宜的地方进口粮食的国家。当然，粮价的急剧下降，不论是用什么方法造成的，都会像技术上的突然改进一样，使事物的自然发展趋势向后倒退一两步，不过这并不会改变事物的进程。伴随着粮食的自由进口也许会发生一件事情，这件事情带来的暂时性后果或许比粮食自由贸易的死硬反对派或忠实信徒所想象的要大。玉米是一种在数量上足以供养我国人口的产物，虽然其营养价值较低，但价格甚至比马铃薯还要便宜。如果用玉米代替小麦作为穷人的主食，粮食生产方面的劳动生产率将大大提高，家庭生活费用将大大减少。在这种情况下，我国的人口即使像美国的人口那样迅速增长，或许也得要好几代人的时间才赶得上粮食的这种巨大增长。

第四节 即使向外国移民，一般说来也必须限制人口

当一个国家人口的增长对其土地的生产能力（不是对其资本）造成很大压力时，除去进口谷物外，还有另一种补救方法。我指的是移民，特别是以殖民方式进行移民。这一方法本身确实是有效的，等于是向别处寻找无人居住的肥沃土地，如果国内有这样的土地，就可以在不降低劳动生产率的条件下满足不断增长的人口对粮食的需求。因此，如果所殖民的地区近在咫尺，而且人民的脾性惯于移居，该方法是完全有效的。从美利坚邦联的较古老地区向新地区的移民，实质上是一种殖民，由此而使整个美国的人口得以

不受限制地增长，既未降低劳动的报酬，也未增加谋生的困难。如果澳大利亚或加拿大的内地离大不列颠像威斯康星和衣阿华离纽约那么近，如果英国的过剩人口不用跨洋过海就能迁移到那里，而且都像其新英格兰亲属那样喜欢冒险，胆大妄为，不株守家园，那么，这些无人居住的大陆对联合王国就会像美国的新州对老州那样做出贡献。但是，即便如此，尽管组织得良好的移民是迅速减轻人口压力的最重要方法，尽管在像爱尔兰那样的例外情况下，即在马铃薯歉收、济贫法和全国性退佃的三重作用下，自发性的移民在发生危机时会比按国家制定的任何计划迁走的居民都多，可是仍然有待于经验来证明这种移民能否长期继续下去，能否像在美国那样完全消除每年增加的那部分过多的人口（在人口以最快的速度增长时，这部分过多的人口由于在短时期内超过了技术进步，会使社会上所有中等家境的个人生活更加困难）。如果不能做到这一点，则即令从经济观点来看，移民也不能免却限制人口的必要性。我们在此处无法更深入地讨论这一问题。本书将在后面较详细地论述殖民这个大题目，讨论殖民所涉及的实际问题、殖民对于古老国家的重要意义以及殖民所应遵循的原则。

第 二 编

分　　配

第一章　论所有制

第一节　绪言

在本书第一编中论述的各项原理，在某些方面，和我们现在要开始考察的有很大的区别。财富生产的法则和条件具有自然真理(physical truth)的性质。它们是不以人的意志为转移的。不论人类生产什么，都必须按照外界物品构成和人类身心结构固有性质所决定的方式和条件来生产。不论他们是否喜欢，他们的生产都要受以前的积累量的限制。如果积累量是一定的，生产就与他们的精力、技能、机器的完善程度以及他们利用协作劳动的优点是否得当成比例。不论他们是否喜欢，在同一块土地上，除非在耕作过程中作了某些改良，否则，投入的劳动量增加一倍不会使粮食产量增加一倍。不论他们是否喜欢，个人的非生产性开支只会使社会相应地趋于贫困，而只有他们的生产性开支才会使其富裕起来。对这些不同事物可能具有的看法或希望，都决定不了事物本身。实际上，我们无法预测，今后由于对自然法则具有更多的了解，可以提出我们目前毫无所知的新的生产工艺，会使生产方式发生多大变化，劳动生产力有多大的提高。但是，无论我们在物品构成所决定的范围内可以得到多少活动余地，我们知道这一定会有限度。我们无法改变物质或精神的根本性质，只能或多或少成功地应用这些性质，使我们感兴趣的事件能够出现。

财富的分配不是如此。这是一件只和人类制度有关的事情。一旦物品生产出来，人类就可以个别地或集体地随意处理。他们可按任何条件将这些物品交给自己中意的任何人支配。此外，当人类在社会中生活，而不是过绝对的独居生活时，人们不论采用什么处置办法，都要取得社会或代表社会积极力量的那部分人的同意。即令是某人靠自己辛勤劳动、没有别人帮忙生产出来的物品，若非得到社会的许可，他也无法保持。不但社会能把产品从他手里夺走，而且如果社会默认，或社会既不进行集体干涉，也不雇人来保护他的所有权，私人也可以把产品从他手里夺走。因此，财富的分配要取决于社会的法律和习惯。决定这种分配的规则是依照社会统治阶级的意见和感情而形成的。这在不同的年代和国家内是很不相同的。并且，如果人们愿意，差别还可以更大一些。

毫无疑问，人类的意见和感情不是偶然产生的。它们是人类本性的各种基本法则同当时的知识、经验、社会制度、智力和道德修养状况相结合的产物。但是，关于人类意见如何产生的法则不是我们现在要谈论的。它们是人类进步一般理论的一部分。对这方面的探索比政治经济学要广泛和困难得多。我们在这里要考察的，不是财富可据以分配的法则产生的原因，而是这种法则所造成的结果。至少，这些结果并不是可以任意指定的，而是像有关生产的各种法则一样，富于自然法则的性质。人们可以控制自己的行为，但控制不了其行为给他们本人或别人带来的后果。社会可以使财富的分配按它认为最好的规则进行，但是必须通过观察和推理，像寻求自然界或精神上的其他一切真理那样，明了这些法则的作用会产生什么实际结果。

然后，我们进而考察分配土地和劳动产品的各种方式，这些方式或者是已在实践中采用，或者是在理论上可以设想的。在这些方式中间，我们首先需要注意的是主要的和基本的制度，除某些特殊情况外，这一制度一直是社会采取各种经济措施的依据，虽然它的各种次要特性曾有变化，以后也会有变化。当然，我指的是私有财产制度。

第二节　问题的提出

私有财产，作为一种制度，并非来源于对其有用性的任何考虑。这种考虑是私有制建立以后人们为其辩护所持的理由。从研究历史和观察我们时代类似的社会状况获得的有关野蛮时代的知识充分表明，起初设立裁判所（它总是先于法律而存在）不是为了确定权利，而是为了压制暴虐和排除纠纷。由于主要考虑这一目的，他们自然会对最初占有赋予法律上的效力，而把行使暴力来夺取或企图夺取别人所有物的人当作侵害者看待。政府原先的目的——维持社会秩序就这样实现了。同时，对已经占有物品的人，即令这种物品不是个人努力的成果，也确认其占有，这附带地给与了他们和其他的人一种保证，即，凡属自己努力成果的物品，可以得到保护。

在将所有制作为社会哲学的一个问题来考察时，我们必须将它在欧洲任何现存国家中的真正起源排除在考虑之外。我们可以假定一个不受原先占有牵制的社会。一群殖民者最初占据了一个无人居住的地区，他们除了共有的物品以外没有携带任何物品，可以任意采用他们认为最合适的制度和政体；因此，他们要就按私有制原则，还是依靠某种公有制和集体力量来进行生产作出抉择。

如果采用私有制，我们必须假定并未伴有妨碍古代社会的私有制原则产生有益作用的原始的不平等和不公正。我们必须假定，每个成年男子或妇女都能自由使用和发挥其体力和脑力；生产手段——土地和工具在他们之间公平地分配，这样，就外界条件而言，任何人都处于同一起跑线上。也可以设想，在原先分配时就对自然的损害给予了补偿，并让身体虚弱的社会成员在分配上占些便宜，以取得平衡。但是，这种分配一经实施，就再也不受干预；各人要靠自己的努力和一般机缘来利用其所分配到的物品。反之，如果排斥私有制，则所应采取的方案是，把土地和所有生产手段均作为社会的共同财产，并按共同核算〔原则〕进行产业的经营。社会劳动的指挥由一位或几位行政官担任，可以设想，这些官员是由社会投票选出的，又必须假定，社会成员自愿地服从他们。产品的分配也同样是公共的行为。分配原则可以是完全平均，也可以按照各人的需要或功过来分配，无论采用什么办法都要符合社会中流行的公平观念或政策。

这种社团的实例，规模较小的，有摩拉维亚教派的信徒、拉普(Rapp)党徒等等。根据他们提出的从财富极不平等状态的苦难和邪恶中解脱出来的愿望，在对社会首要原则进行积极思索的所有时期，都重新提出了大规模地应用这种思想的各种方案并进行传播。在目前这样的年代里，当全面地重新考虑全部首要原则被认为是不可避免的时候；当受难阶级的发言权比历史上的任何时期都大的时候，这种思想不可能不得到更广泛的传播。欧洲最近的一些革命已诱发大量具有这种性质的思索，因此这种思想的各式各样形态引起了异常的注意；这种注意看来不会减少，而相反会愈来愈多。

抨击私有制原则的人可以分成两类：一部分人要求生活和享乐的物质手段的分配绝对平均；另一些人认为不平等可以存在，但是它必须以某种已有的或设想的公平或整体利益原则为依据，而不像现有的很多社会不平等现象那样只是出于偶然。第一类人中为首者是欧文先生和他的信徒。他们也是现代最早宣扬这种思想的人。最近则有类似教义的著名鼓吹者路易·布朗和卡贝（虽然前者只把平均分配作为向如下更高的公平标准的过渡来鼓吹，即，所有的人都应当尽其所能地进行工作，而各自取其所需）。这一经济制度有一个独特的名称，即共产主义，此词源自欧洲大陆，最近才传入英国。社会主义一词是英国共产主义者创造的，用以称呼他们自己的学说，但目前在欧洲大陆，它的意义比较广泛，不一定是指共产主义，或完全废除私有制，而是指主张土地和生产手段不应为私人所有，应为公社、社团或政府所有的任何思想体系。在这些体系中，知识抱负最高的两种是圣西门主义和傅立叶主义，它们都是以其真实创始者或被认为是创始者的人名为名的。圣西门主义作为一种思想体系已不再存在，但在它公开传播的短短几年中已播下了几乎所有社会主义思潮的种子，后来这些思潮在法国得到了广泛的传播。傅立叶主义的信徒在人数、才能和热忱方面〔1865年〕尚处于旺盛时期。

第三节　对共产主义的考察

不论这些不同方案可能具有什么样的优缺点，它们确实不能说是不能实行的。任何有理智的人都不会怀疑，一个由几千居民组成的村社，在共有土地（其大小同现在供养上述人数所需的土地一样）的情况下进行耕作，和靠联合劳动和最先进的方法来生产他们所需的工业品，能够把产量提高到足以维持舒适生活的地步；它也有办法从该社团每个能干活的成员身上取得实现这一目标所需数量的劳动（在必要时可以强迫他们从事劳动）。

对于财产共有和产品平均分配通常有一种反对意见，即，每个人由此会不断地逃避他理应担负的工作，毫无疑问，这种异议揭示了一种实际困难。但是提这种反对意见的人忘记了，在90%的社会事业据以开展的现行制度下也存在同样的困难。这种反对意见认为，只有人们各自靠自身的努力来获利的劳动才是诚实而效率高的。但是，为自己的利益而工作的劳动者（从工资最低的到工资最高的），在英国全部劳动人口中所占的比例很小。从爱尔兰收割者或砖瓦搬运工算起，直到英国高等法院法官或大臣，社会上几乎所有的工作都是按日工资或固定薪水计酬的。工场工人在他的工作中的个人利害关系比共产主义社团的成员要少，因为他不像社团成员那样是为一个自身是其成员的合伙组织工作。确实有人会说，虽然在大多数情况下，这些劳动者本人在他们的工作中并无个人利害关系，但是，他们是处在对其工作有利害关系的人们的监视和监督之下的，那些人指挥他们的劳动，而且自行担任劳动的脑力部分。然而,即令这一点也远非普遍的事实。在所有的公共事业以及很多最大和最成功的私营企业中,不仅区区劳动〔的指挥〕,而且管理和监督也都委托领薪水的职员。虽然当主人警醒和聪明时,"主人的眼睛"具有价值,但必须记住,在一个社会主义的农场或工场内,每个劳动者不是处在一个主人之下,而是处在"全社会的眼睛"之下。在有人顽固地坚持不做其应做的工作的极端情况下,这个社会也可以采取与现今社会相同的办法,强迫他遵守社团的各种必要条件。解雇是目前惟一的纠正办法,但如可以从事这项工作的其他劳动者不比原来的劳动者好,则这种办法是无效的。解雇的权力只能使雇主从他的工人那里得到惯常的劳动量,而这种劳动也许是效率不高的。即令劳动者因懒惰或马虎而失业,在最坏的情况下,也不会比在贫民习艺所的管教下更为受罪。如果在一种制度下,避免这种痛苦的愿望可以成为劳动的充分动机,则在另一种制度下这也足够。我并没有低估如果额外努力的好处全部或大部分归劳动者所有对劳动所能起的刺激作用。但在现今的产业制度下,这种刺激在大多数情况下并不存在。即令共产主义劳动不像自耕农或自营劳动者那样富有活力,但比同他的工作根本没有个人利害关系的雇佣劳动者的劳动也许仍要好些。未受教育的雇佣劳动者阶级玩忽职守在现今的社会状况下是很可观的。共产主义纲要现在已把全民必须受教育作为一项条件,并设想做到此事后,社团所有成员毫无疑问会像领薪水的中高级职员那样勤奋地履行职责。从未想过这些职员必然会不忠于他们的职守,因为他们只要未被解雇,无论在履行职责时如何懈怠,薪水一点也不会少拿。毫无疑问,按照一般法则,以固定的薪金作为报酬不会使

任何公务员阶层以最大的热忱工作。对于共产主义劳动这样说也是适当的。

这种缺点固然会存在，但其确实的程度不如那些对于超过自己所熟悉的事物状态并无达观习惯的人所想象的。人类的公益精神比现今的人们所能想象的要强得多。历史已证明把很多人教育成爱公如私是可以做到的。最适于这种感情滋长的土壤莫过于共产主义社团。因为现在努力追求各自利益的全部劲头和身心活动能力都会用于其他方面，用于追求社会的一般福利。天主教的僧侣在说明要为教会献身时常持的理由是，除了教会的利益再无任何利益，与此相似的理由，在共产主义制度下也可以使公民依附于公社。不管社会意向是什么，社团的每个成员都必须服从最普遍、最强烈的个人意向，也就是公众舆论。这种意向具有阻止社会明确指摘的某种行为或懈怠的力量，是没有人会否认的。为得到他人赞许而尽最大努力的竞赛的力量也为经验所证明。人类会在任何情况下公开地进行竞争。即令是为了无意义的事情，或者大家都得不到好处的事情，也会这样做。为了共同利益而相互争着多干，这种竞争社会主义者并不否定。因此，在共产主义制度下劳动的干劲会降低到什么程度，或者最后是否会完全消失，不能不认为是现在(1852 年)尚未解决的一个问题。

对共产主义的另一个反对意见和对济贫法所常提的差不多。即，如果社会每个成员都肯工作，他本人和任何数目的子女都保证会有饭吃，对人类繁殖的审慎的限制就会消除，于是人口开始以一定的速度增长，生活水平由此不断降低，终于使全社会陷于真正的饥荒。如果共产主义不使人们具有限制人口的动机，人口的增加又摆脱了其他的约束因素，则这种担心确实是有不少根据的。但是，在共产主义制度下，人们正可期望舆论强烈反对这种自私的放纵。人口的任何增加都会降低人们的生活水平或者使他们更为劳累，随后就会（现在不会）使社团中的每一个人立即明显地感到不便。这些不便是无法归咎于雇主的贪婪，或富人不正当的特权的。在已变动的社会状况下，舆论一定会谴责这样那样损害社会利益的放纵行为，如果谴责还不够，则可用某种形式的刑罚来制止。共产主义方案特别劝告人们预防人口过剩的弊害，并没有给人口过剩的威胁所引起的异议留下引申的余地。

更为现实的困难是如何在社会成员中间公平地分配社会的劳动。工作的种类很多，应当用什么标准来比较量度这些工作呢？谁来判断纺了多少棉花，从仓库发出多少货物，垒了多少砖，或扫了多少烟囱是相当于犁了多少地呢？共产主义著述家们深切地感觉到在不同性质的劳动之间进行调整的难处，因而他们通常认为，必须使所有的人轮流从事各种有用的劳动。这种废止职业分工的安排会牺牲掉很多协作生产的好处，从而大大降低劳动生产率。此外，即令在同样的工作中，有些劳动名义上是平等的，实际上却很不平等，因而如果强制实行，人们就会从正义的感情出发表示反对。并非所有的人都同样适合于一切劳动。同样数量的劳动也因各人身强或体弱、坚强或脆弱、敏捷或迟钝、聪明或愚昧而成为不相等的负担。

但是，这些困难虽然是现实的，却还不是无法克服的。按个人体力和能力分配工作，遇有极端情况，则在执行一般原则时有所变通；这对人类的智力来说，在其处于公正观念指导之下时是不成问题的。而且，在一种以平等为目的的制度下，对这种事情所能作出的安排即使极不合适，极不公平，同现今的劳动分配（且不谈报酬）相比，其不平等和不公平仍是微不足道的。我们还必须记住：共产主义作为一种社会制度，还只是在观念上存在；目前人们对它所存在的困难的了解远甚于对其具有的能力的了解；人类刚刚开始以其才智策划详细的组织方法，以便克服这种制度的困难而借其能力获得最大利益。

因此，如果要在具有一切可能性的共产主义和具有各种苦难和不公的现今的社会状态之间作出选择；如果私有制必定会带来我们现在所看到的后果，即劳动产品的分配几乎同劳动成反比——根本不干的人拿得最多，只在名义上干点工作的人居其次，工作越艰苦和越讨厌报酬就越低；而最劳累、消耗体力最多的劳动甚至无法肯定能否挣到足以糊口的收入；如果要在这种状况和共产主义之间作出抉择，则共产主义的一切大大小小困难在天平上都将轻如鸿毛。但是，要作出适当的对比，我们必须将处于最好状态的共产主义同私有制可能达到的状态相比较，而不是同现今私有制的情况相比较。私有制原则从未在任何国家作过公正的试验；我国同别的国家相比也许更是如此。现代欧洲社会制度的开始，并非由于作为公平分配或勤劳所得的结果的财产分配，而是由于作为征服和暴力行为的结果的财产分配。尽管多少世纪以来一直在以勤劳缓和暴力的作用，这种制度仍然保留着那种滥觞的不少痕迹。有关财产的法规从来都是和用来为私有财产辩护的原则不一致的。它们对不应承认所有权者给予承认，而对于仅有有限制的所有权者给予绝对的所有权。它们不是对任何人都公正对待，

而是对某些人加以损害，对另一些人则给予优遇。它们故意鼓励不平等，阻止所有的人公平竞赛。固然，所有的人都在完全平等的条件下参加比赛，这是和任何私有财产法规不相符的。但是，如果肯像扩大私有财产原则的自然作用所造成的机会不均等那样，努力采用一切不破坏原则的办法来缓和不平等；如果立法的趋向有利于财产的分散，而不是集中，就会发现私有财产原则与自然和社会灾难之间并无必然的联系。几乎所有的社会主义著述家都认为两者是不可分离的。

为私有制辩护的人都认为，私有制的含义是对个人拥有其劳动和节欲的成果给予保证。对于没有任何功绩、也不作任何努力而占有别人劳动和节欲的成果的人也给予保证，这不是这种制度的本质，而不过是偶然发生的事。这种事发展到一定程度，就不但不会促进私有制合理目标的实现，而且会同这一目标相抵触。正当的为私有制辩护的理论是以公平原则（即报酬与努力成比例）为依据的。因此，要判断所有制的最终目标，我们必须假定使这一制度违反这一原则的每一件事都已纠正。我们还必须假定已实现两项条件，其一为普及教育，另一为适当地限制社会人口；没有这两者，不论是共产主义还是别的法规或制度，都不能防止大多数人处境恶化和陷入不幸。如果具备这两项条件，则即使是在现在的社会制度下，也不会产生贫困。又，如果如此假定，则社会主义的问题不是像社会主义者通常所说的那样，是奔向能避免压倒人类的各种弊害的惟一避难所的问题，而仅仅是权衡两者利弊的问题。这是将来必须加以解决的问题。我们对采取最好形式的私有制或采取最好形式的社会主义能取得什么样的成就都一无所知，因而

无法确定这两种制度中哪一种会成为人类社会的最终形态。

如果可以冒险作一下推测,也许主要会按如下问题的答案作出抉择。那就是,两种制度中何者会给人类带来更多的自由和自主。在生活资料有了保障之后,人类的下一个强烈欲望就是个人自由。这种欲望(不像物质需要那样随着文明的进展而变得更加稳健和便于控制)会随着智力和道德能力的发展而日益强烈。社会制度和实践道德的完善是要保障一切人完全独立和行动自由,除不得损害别人外不受任何限制。如果教育教导人们或社会制度要求他们以摈弃对本身行为的节制换取一定程度的舒适或富裕,或者为了得到平等而放弃自由,则这样的教育或社会制度将夺去人性最高尚特性之一。共产主义社会制度在何种程度上能够容许这种特性存在,还有待说明。毫无疑问,同对社会主义方案的其他一切反对意见一样,这一方面是被过分夸大了。社团无须要求其成员过有甚于今的共同生活,或对他们如何支配个人分内的产品和可能很多的空闲时间(如果他们只限于生产确实值得生产的物品,他们会很空闲)加以控制。无须将个人束缚于一种职业或特定的地方。同大部分人类目前的状况相比,共产主义的管束反为自由。英国和大多数其他国家的一般劳动者几乎没有选择职业或移动的自由。这些实际上都要取决于固定的规则和别人的意愿,和真实的奴隶制所差无几。人类的半数(译者按:指妇女)完全处于家庭的奴役之下,更不待言。欧文主义和大多数其他形式的社会主义都肯定妇女在一切方面具有同迄今居于支配地位的男性一样的平等权利,这一点为她们带来了极大的荣誉。但是,不能靠与目前恶劣的社会状况作比较来判断共产主义的主张。靠允诺给

予目前徒有虚名的自由民更大的身心自由也是不够的。问题在于，个性的庇护所是否还存在？舆论是否会成为暴君的桎梏？每个人绝对从属社会全体并受社会全体监督的做法，是否会使所有人的思想、感情和行动变成平庸而划一的？尽管目前的社会同共产主义制度下大概会出现的情况相比，教育和职业的种类要多得多，而个人对群体的依赖程度要低得多，但是上述那些仍然是它的一种显著的弊害。要对离心倾向进行指责的社会决非处于健全状态。还得弄清的是，共产主义计划是否会同意人性多种形式的发展，多种多样的差异；爱好和才能的五花八门和思想观点的不同；这些不仅构成人类生活的一大部分乐趣，而且才智相互冲突的刺激作用和向每个人提出他从未抱有的许多见解，会成为思想和道德进步的主要动力。

第四节　对圣西门主义和傅立叶主义的考察

至今为止我只限于对社会主义的极端——共产主义学说进行观察。按照这一学说，不仅生产手段——土地和资本都是社会的共同财产，而且产品和劳动也要尽可能平均地进行分配。对社会主义的反对意见，不论根据是否充分，矛头主要是针对它的这种形态。其他各种社会主义和共产主义的主要区别在于，前者不是单纯依靠路易·布朗所说的勤劳光荣，而是多少保留了个人金钱利益对劳动的刺激。因此，声称要实行按劳动比例付酬的原则，已是对严密的共产主义理论的一种修正。在法国由独立核算的工人的联合组织进行的将社会主义付诸实践的各种尝试，大多在开始时不考虑个人所完成的工作量,采用平分报酬的做法,但不久都放弃这种做法,而以工作量计算报酬。原先的原则要求具有较高的公平标准,因而适合于比现在高得多的人性道德状况。按照完成的工作支付报酬的做法,只在工作多做或少做可以自由选择时才是真正公平的。如果工作量取决于体力或能力的天然差别,这一报酬原则本身就是不公平的。它是锦上添花,给予天赋最优厚的那些人最高的报酬。然而,将它作为对目前道德标准所形成和现行社会制度所鼓励的自私性格的一种妥协,是非常方便的。在教育得到彻底改造以前,这样做较之在较高的理想下所进行的尝试,更有可能迅速收效。

非共产主义的社会主义的两种精巧形式,称为圣西门主义和傅立叶主义,通常极力主张反对共产主义的那些议论,对它们毫不适用。虽然它们豁达大度地对待反对自己的各种议论,然而由于它们在很多方面具有巨大的智慧力量(这是它们的特征),以及对社会和道德的某些基本问题进行了大量富于哲理性的论述,它们可以公正地当作过去和现在最引人注目的成就之一。

圣西门主义的方案不打算实行产品的平等分配,而打算实行产品的不平等分配。它不主张所有的人从事同样的工作,而主张人们的工作应依照他们的禀性和才能而有所不同。像军队中军官的情况那样,各人的职务是由指挥者选派的,薪金是和这项职务在指挥者心目中的重要程度和担任这项职务的人员的功绩成比例的。指挥机构的建立可以采用各种不同的做法,但要在根本上和该制度保持一致。它可以通过公众投票而加以任命。按照原作者的设想,指挥者都是才华出众和具有美德的人,他们可以凭借智力上的优势而得到其余人的自发支持。在某些特殊的社会条件下有成效地实施这一方案,这不是不可能的。历史上确有实行与此有点类似的方案而获得成功的实例,那就是我提到过的耶稣会在巴拉圭的实验。他们把一些蛮族用一种村社制度组织起来并置于文明人精神统治之下。这些野蛮人原先是非常厌恶为遥远的目标作出持续努力的,现在却恭恭敬敬地服从他们的绝对权威,听从他们的劝告学习文明生活的技艺并为村社劳动,但却没有一种动力能促使他们为自身劳动。这一社会制度为时不长,就被外国势力通过外交途径破坏了。它之所以能够实行,也许是由于少数几个统治者和所有被统治者之间在知识和智慧方面差距过大,在他们之间不存在任何中间等级(不论是社会的还是文化的)。在其他任何情况下,它可能会完全失败。这种社团的指挥者要有绝对的专制。如果按公众讨论的结果不时更换接受委托而实行专制的人(与这一制度倡导者们的意见相反),这种专制就不会有多大的改进。但是,设想不论怎样选拔的一个人或几个人,靠其下属机构的帮助,就能妥善地做到每个人的工作与其能力相适应,每个人的报酬与其功绩成比例,事实上成为对社会全体人员进行合理分配的执行者,或者设想他们不论如何使用这个权力,都能做到人人满意,或不靠暴力的帮助就能使人人都服从;这些几乎都是空想,无须反驳。人们会默认一定的规则,例如平等的规则,也会默认命运或苍天的安排。但如设想少数几个人会公平地估量每一个人,并完全根据自己的意志和判断,给甲多些,给乙少些,则除非大家相信这些人是超人,怀有不可思议的恐惧,否则,他们是不会服从的。

社会主义所有形态中最巧妙和最无懈可击的是傅立叶主义。

它并不打算废除私有制,甚至不打算取消继承权。相反,它公开承认要把资本同劳动一样作为产品分配的要素来考虑。它提出产业应该由有大约两千名成员的社团来经营,他们在自己选出来的首长领导之下,在面积约为一平方里格的一块土地上共同劳动。在分配上,首先对社团的每个成员,不论是否能劳动,都分给最低限度的生活资料。其余的产品则按事先确定的比例在劳动、资本和才干三个要素之间分配。社团的资本可以按不相等的股份归不同的成员所有,在这种情况下,他们就像其他任何合股公司那样按持股多少领取股息。每个人按才干应得的产品份额,是按其在所属集团中的级别或地位高低确定的。在任何情况下,这些级别都是按照集体的意愿授予的。各人得到的报酬无须共同花费或共同享用,居住是按户分开的。除去所有的社团成员都要住在同一个建筑群中(这是为了在建筑物上和家庭经济的每一方面节省劳动和开支)以外,并不要求实行其他的共同生活。社团的全部买卖业务都由一个代理人经营,现在被单纯的销售商拿走的、由很大部分劳动产品构成的巨额利润由此会减少到最低限度。

这个制度至少在理论上不像共产主义那样要把现今社会中各种促进工作的动力全部去掉。相反,如果这个制度按照它的设计者的意图实施的话,甚至还会使这些动力得到加强。因为每个人确信自己会因脑力或体力劳动技能的提高而获得更多的劳动成果,而在目前的社会制度下,只有处于最有利地位的人或运气特别好的人才能大有所获。傅立叶主义者还有一机智之处。他们相信自己已经解决了使劳动具有吸引力这一根本问题。他们以十分有力的论据争辩说,这件事不是不可能实现的。特别是在如下一点上他们和欧文主义者是一致的。这就是:人们以谋生为目的进行的劳动,不论多剧烈,其强度都不会超过其他一些人为寻乐而进行的劳动(他们已具有充分的生活资料)。这肯定是一意味深长的事实。研究社会哲学的人可以从中汲取重要的教训。但是,以此为依据的议论很容易被夸大。如果不舒适而又劳累的工作会被很多人当作娱乐随意进行,人们为什么不想一想,这样的工作成为娱乐活动,不正是因为这些工作是随意进行的,因而也可以随意不干吗?是否有离开某种工作的自由往往是痛苦和欢乐的分水岭。很多人一年到头住在同一个市镇、同一条街道或同一座房子里,从来没有搬家的念头,但是,他们若按当局的命令圈在同一地方,就会感到这样的监禁是绝对无法忍受的。

按照傅立叶主义者的看法,几乎没有一种有益劳动必然和肯定是不合心意的,除非这种劳动被认为是不光彩的,或者是过量的、无法激起竞赛兴趣或赢得他人同情的。他们坚决认为,任何人都不会过分劳累。因为在这个社会里不存在有闲阶级,不会像现在那样把大量劳动浪费在无益的事情上;组织起来又能够大大提高生产效率和节约消费。他们还认为,使劳动富有吸引力的其他必要条件是所有劳动都交给社会小组来承担。每个人可以根据自己的选择同时参加若干小组。他们在每个小组中的级别由他们的同伴根据所能提供的服务好坏投票评定。从公社的每个成员可以按照各自的兴趣和才能参加几个小组可以推断,人们从事各种各样的体力劳动和脑力劳动,并可在某一个或几个小组中占据高位。这样实际上就会达到或接近于真正的平等。但这不是靠对各种个人天赋的限制,相反却是靠最大限度地发挥这些才能来实现的。

从如此简短的概述中一定可以看出，这个制度不会违反影响人类行为的任何普遍法则（即令在现今这种德育和智育不完善的状况下也是如此）。现在说这个主义不可能成功或它的支持者的大部分希望均会成为泡影，是过于性急了。这个主义，和所有别的社会主义一样，都是令人向往的，因而完全有权利要求取得实验的机会。它们都可以适当的规模进行实验。除参加实验者外，是不会有什么人身或金钱上的风险的。要靠经验来确定哪一种公有制度可以在多大程度上或多快的时间内代替现在的以土地和资本私有制为基础的“产业组织”。同时，我们可以确信，在一个相当长的时间内，尽管无须试行限制人性的最终发展，政治经济学家所主要关心的还将是，基于私有制和个人竞争原则的社会的存在和发展条件问题；在人类进步目前阶段所具有的主要目标不是取消私有制，而是加以改良，使社会每个成员都能得到好处。

第二章　续论所有制

第一节　私有制意味着可按契约自由取得财产

下面要讲的是，私有财产的观念的含义如何，以及在私有财产原则的应用上有什么限制。

私有财产制度，就其根本要素而言，是指承认每个人有权任意处置他靠自身努力生产出来的物品，或不靠暴力和欺诈从生产者那里作为赠品或按公平的协议取得的东西。整个制度的根本是生产者对自己生产的物品具有权益。因此，对于现行的制度可能提出如下的异议，即，它承认人们对不是自己生产的物品具有所有权。例如（有人也许会说），一家工场的工人靠他们的劳动和技能创造出全部产品；但是，这些产品并不归他们所有，依照法律他们只能得到规定的工资。这些产品都要归仅仅提供资金的人所有，这个人也许对工作本身没有作过任何贡献，甚至连监督指挥都谈不上。对这一点的答复是，工业劳动只是生产商品所必须具备的条件之一。没有原料和机器，没有事先准备好的、在生产时用来向劳动者提供生活必需品的资金，劳动就无法进行。所有这些都是原先劳动的成果。如果劳动者们拥有这些，他们就无须把产品分给任何人；而只要他们没有这些，他们就必须对持有这些的人给予代价。这种代价包括两部分，一是对于原先劳动的代价，二是对于节欲（劳动产品不用于享乐，而用于上述用途）的报偿。资本也许不是、在大多数情况下肯定不是由于目前拥有资本的人从事劳动和节欲而产生的;但是,它是某个前人从事劳动和节欲的结果,也许实际上这个人被非法地剥夺了资本的所有权,而在目前的年代里,更加可能的是通过馈赠或自愿的契约把它转移到现在的资本家手中。因此,到现在的所有者为止,过去的各个所有者至少都曾经节欲。也许有人说,这些继承别人储蓄的人与其前人没有留给他们任何东西的那些勤勉的人相比,具有其不应享有的优惠,这种说法是对的。我不但同意,而且坚决主张,当富人们以其储蓄留给子孙时,这种不劳而获的利得应当削减到与公平原则相符的程度。但要是说劳动者与其祖先留有储蓄的那些人相比处于不利地位,也可以说劳动者的境况与其祖先毫无储蓄的那些不劳动者相比要好得多。他们和这些继承人共享这种利益,虽然程度有所不同。现在的劳动与过去劳动和储蓄的成果二者合作的条件是要通过当事者的协商来决定的。双方的关系是"焦不离孟,孟不离焦"。资本家离了工人什么也干不成,而劳动者没有资本也不行。劳动者为就业而竞争,资本家也在一国全部流动资本的限度内为招到劳动者而竞争。人们往往认为竞争肯定是劳动阶级困苦和地位下降的根源,似乎看不到高工资恰好同低工资一样也是竞争的产物。美国的高工资和爱尔兰的低工资都是竞争法则起作用的结果,同英国的情况相比尤其是这样。

所有权包括按契约取得财产的自由。每个人对自己产品的权利,包含着这样的意思,即,人们在经别人同意而取得别人生产的物品时,对这种物品也具有权利;因为这种物品是出于生产者的好意馈赠或以他们认为是等价的物品换得的,而妨碍他们这样做就

是侵犯他们对自己的劳动产品的所有权。

第二节　规定的合法性

在考察私有制原则所未包含的事项前，我们必须对一包含在这一原则之内的事项加以说明，这就是，过一定时期以后，应按规定赋予所有权。固然，按照所有权的基本思想，对于靠暴力或欺诈取得的物品，或因不了解情况而占有别人已先取得所有权的物品，都不应承认其为占有者的财产。但是，过一段时间之后，如果证人全部死亡或失踪，而交易的真实情况已查不清，则不以他们的非法取得为不法，是保障合法占有者所必需的。所以，任何国家的法规都承认，若干年内从未在法律上提出疑义的所有权，是完全的所有权。即令这种占有是不合法的，过一个世代以后，由也许是**真正的**所有者取回这种物品，重新行使其久未行使的权利，这样做通常会比将原先的不公置之不问，带来更大的不公正，而且经常会带来更大的公私祸害。原属正当的权利仅仅过了一段时间就宣告无效，似乎有些严酷；但是，有时过了一段时间（即令只注意个别情况，不考虑对所有者安全感的普遍影响），苦乐的天平会向另一边倾斜。人们的不公正行为同天灾一样，随着时间的推移，会愈来愈难纠正。人类的交易，即令是最简单明了的，也不能按以下方式对待，即，某事在60年前是适当的，因此在今天也是适当的。几乎没有必要指出，不去改变以往不公正行为的这种理由，不能用于对待不公正的制度或规定；因为有害的法律或习俗并不是遥远过去的一种有害行为，只要这种法律或习俗还存在，有害的行为就会反复

发生。

这就是私有制的本质。现在要考虑的是，在不同社会形态下曾经存在过或仍然存在的各种形式的私有制与私有制原则相符到什么程度，或从为私有制提供依据的理论来看是否可取。

第三节　私有制还包含遗赠权，但不包含继承权；继承问题的考察

所有权只包含以下各种权利，即每个人对自身才能、对利用自身才能所能生产的物品、对用它们在公平交易中换得的物品所享有的权利，以及他自愿将这些物品给予他人和他人接受并享用它们的权利。

因此，遗赠或死后赠与的权利成为私有制观念的一部分，但与遗赠有别的继承权却不是如此。把人们生前未作出安排的财产首先传给他们的子女，他们如无子女则传给他们最近的亲属，这种做法也许正确也许不正确，但都不是私有制原则所造成的后果。虽然解决这样的问题，不但需要作政治经济学的考察，而且要从许多方面进行思考，但在此叙述一下作者认为最可取的思想家们的观点，并非与本书无关。

没有理由可以认为在这一主题上各种现行观念是古已有之的。在古代，把死者的财产传给其子女和最近的亲属，这种措置是十分自然和明白的，不可能有其他的措置来取代它。首先，这些人通常就在现场；他们先行占有这种财产，他们即使没有别的权利，也具有这种先占的权利，这在社会早期状态下是很重要的。其次，

他们在所有者生前已经是这种财产的共有者。如果这种财产是土地，则国家通常是将它授予一个家族而不是授予个人；如果这种财产是由家畜或动产构成的，则它也许是靠家族中已达到可以劳动或可以战斗年龄的所有成员共同努力取得的，而且肯定是靠大家来保护的。近代意义的独占的私有财产，在那个时代的观念中几乎不存在；因此，当一个家族的族长死亡时，他留下的实际上只是他在分配中得到的物品，它转到了继承他权威地位的家族成员手里。如果不用这样的方法来处置财产，就会拆散这个由观念、利益和习惯联合起来的小小共同体，并使他们在世界上漂泊流浪。这些想法，虽然多半是感性的而不是理性的，但对人类思想产生了很大的影响，即人们由此建立了子女对其祖先的财产具有先天的权利的观念；这种权利是祖先本人也不能否认的。在早期社会中，遗赠很少得到认可。这件事明确地证明了(即使没有其他证明)那时所有权的观念是和现代的观念完全不一样的①。

但是家长制的最后历史形式——封建家族已消亡很久了，社会的单位不再是由一个共同祖先的全部子孙组成的家族或氏族，而是个人，或最多是一对夫妇加上他们未自立的子女。现在财产是属于个人的，而不是家族的。子女长大以后就与父母的职业或财产无关。倘若他们分得父母的金钱资产，这也是出于父亲或母亲的意愿，而且并非由于对全部财产的所有和管理具有发言权，通常只是由于某一部分财产的享有具有独占性。至少在英国父母亲有权取消他们子女的继承权，并把他们的财产留给外人(从限定继

① 关于此事的极妙例证和很多相似之处，可参阅梅因先生的渊博著作《古代法及其与现代观念的关系》。

承权或财产授予权来看有障碍者，不在此列）。通常认为较远的亲属是和家族完全脱离的，和家族的利益毫无关联。他们对于比自己富裕的亲戚所大抵具有的惟一权利，就是在其他条件相同时可以优先得到适当的职务，并在有实际需要的情况下取得某些帮助。

社会结构如此重大的变化肯定会使财产继承的依据产生很大的差异。对于没有遗嘱就死去的人的财产给予他的子女或近亲，现代著述家们所持的理由通常有如下两点：一是法律认为这种处置办法更接近于死者的心愿；二是让一直同父母一起过富裕生活的人一下子失去丰饶的享受而陷于贫困，会使他们感到痛苦。

这两种论据都有一些说服力。在死者未留下遗嘱，无人能知道他打算如何处理时，毫无疑问，法律应该按父母或保护人的责任来对待这些子女或抚养对象。然而，因为法律不能就个人的各种权利要求作出决定，它必须按一般规则行事。下面考察一下这些规则的内容。

首先，我们可以这样说，除非（对于特定的个人）有特殊的理由，任何人没有义务以金钱供养旁系亲属。除非偶尔没有直系继承人，现在没有人会指望旁系亲属继承财产；即便没有直系亲属，如果在无遗嘱的情况下法律未作出相应的规定，也不会有人指望旁系亲属继承财产。因此，我认为旁系继承权根本没有理由成立。边沁先生早就建议（别的权威人士也同意他的看法），如果在直系晚辈或直系长辈两方面都没有继承人，在死者没有遗嘱的情况下，财产应收归国有。对于较远的旁系亲属，大概对这一点不会有多少争论。很少人会坚决认为如下的事情（它时常发生）是十分合理的，即，某些无子女守财奴的积蓄在其死后（这事时常发生）应给予一位远亲，而这位远亲从未见过他，也许在得到遗产前从不知道他们之间的关系，未必比纯粹的陌生人具有更多的道义上的权利。这一理由对于一切旁系亲属甚至最近的旁系亲属也是适用的。旁系亲属都没有真正的请求权；他们和非亲属处于同等地位，在这两种情况下，若有正当的权利要求，以采用遗赠的方法处理为宜。

子女的权利要求具有另一种性质。这种权利要求是真正的，不能取消的。但即令这样，我还是认为通常采用的办法是错误的。哪些应归于子女，在某些方面会被低估，在另外一些方面在我看来是被夸大了。在所有的义务中最重要的乃是，除非其子女在童年时期能够舒适地生活，在成年时能够自行谋生，父母都不应使他们踏入社会；但在实践中它被人们忽视了，在理论上也受到轻视，在某种意义上说，这是对人类理智的一种玷污。从另一方面来说，当父母拥有财产时，要说子女对这些财产具有请求权，在我看来这种说法也是不对的。不论父母可能继承了多少财产，或除此以外可能得到了多少财产，我都不同意他仅仅因为某些人是他的子女，就把这些财产传给他们，让他们无须努力就富起来。即使其子女获得这种财产确实可以给他们带来幸福，我也不能同意。这是最靠不住的。它取决于个人性格。极端的事例姑置不论，可以肯定，在大多数情况下，遗赠给子女适度的而不是大量的财产，不论对社会或是对个人来说都更好一些。这些话是古今道德家的老生常谈。很多有识的父母也相信这样做是正确的。如果他们能不顾别人的说三道四，而更多地为子女的真正利益着想，他们会更经常地这样去做。

父母对子女的义务是和赋予人类生存权利分不开的。父母有

义务使子女成为社会良好和有用的成员，有义务尽力使子女受到教育，尽力为他们创造条件使他们能靠自己的努力在社会上获得成功。每个子女都有提出这种要求的权利；但我不能同意他们有更多的要求权。人们可以从如下一种情况正确理解这种义务，而不致被表面情况蒙蔽或搅混，这就是非婚生子女的情况。一般以为做父母的应当给予非婚生子女相当的生活费，使其一生得以过大体过得去的生活。我认为，任何子女所得到的遗产均不应多于私生子所可得到的；如果并未忽视上述义务，而父母将剩余财产捐赠于公益事业或赠送给其他人，子女是不应对此有怨言的。

为了使子女能过上他们有权过的称心如意生活，通常不应使他们从童年期就养成他成长后无法继续的那种奢侈习惯。这种义务常常被不大会有财产遗留下来的人们公然违背。富人的子女过惯了父母所过的那种日子，父母通常有义务给他们多留一些财产（比在艰苦环境成长起来的孩子要多）。我说通常有义务，是因为即令在这种情况下，问题也还有另一面。可以断定，养成战胜困境的坚强意志，早点懂得生活的酸甜苦辣和在钱财上取得一些经验，对塑造性格和人生幸福都有好处。从小过奢侈生活的孩子日后多半不能再过这样的生活，他们为此感到不平，这是有充分理由的，因此，他们对遗产的权利要求应当同他们成长的方式有某种关系；这也是一种特别容易过分强调的权利要求。贵族和乡绅的长子以下的孩子们的情况尤其如此，因为贵族和乡绅的大部分财产是传给长子的。别的儿子通常人数众多，也是生长在和未来的继承人相同的奢侈环境中，但是，他们所分到的财产根据上述理由通常足以按他们的生活习惯来供养他们自身，却不足以抚养妻室儿女。他

要成家立业就得靠自己努力，对此实际上没有人会抱怨。

因此，我以为，无论从公正还是从个人和社会的真实利益着想，父母给予私生子在义务上应该给予的数额，如同给与长子以外的孩子一般认为合理的数额，已经足够，因而，国家给予没有留下遗嘱而死亡者的子女在义务上应该给予的数额，有与上述相同的数额，即已足够。如果还有多余，我认为正确的做法是以之用于社会一般事业。然而，我并不是说父母给予孩子的数额不能超过孩子在道德上有权要求的程度。父母给予孩子的数额大大超过这一程度，在某些情况下是绝对必要的，在很多情况下是值得称赞的，而在一切情况下是可以容许的。然而，这可以采用自由遗赠的方法。父母应该有权按照他们自己的偏爱或他们自己对合理性的判断赠送他们的财富来表示慈爱，报答服务和牺牲。

第四节　应否对遗赠权有所限制，如何限制？

遗赠权应否受到限制，是一个非常重要的问题。遗赠与无遗嘱（*ab intestato*）继承不同，它是所有权的属性之一。若在所有者生前或去世时不能随意将物品赠送他人，则不能认为这种所有权是完整的。拥护私有制的一切理由均认为所有权的范围应扩展到这一程度。但所有权只是实现某一目的的手段，不是目的本身。遗赠权会像其他一切财产权一样和人类的永恒利益发生矛盾，甚至发生更大的矛盾。例如，立遗嘱者可能不以将庄园遗赠给甲为满足，事先指定甲死后应传给其长子，并如是世代相传。毫无疑问，人们有时会为建立永世的家业而更加发奋工作。但是这种永业权对社会造成的祸害超过其对工作积极性的激励作用。人们在有机会挣到大量财产的情况下,没有这种刺激也会有很高的积极性。当某人将财产遗赠于公益事业时,若试图事先规定今后使用的细节(例如,当他遗嘱建立一个教育机构时,他规定它永远只能教些什么),这也是遗赠权的滥用。任何一个人也不可能知道在他死了几百年以后,什么学问适宜于讲授。除非某一适当的当局可以不断(过一段时间以后)加以修订,法律不应同意对财产作出这样的处置。

上述这些都是明显的限制条件。但即令是最简单地行使遗赠权,如确定在立遗嘱人死亡时财产应立即交给什么人,也往往会被认为可按权宜的观念作出限制或变更的特权。到目前为止,这些限制条件几乎都只是对子女有利的。在英国,在原则上这一权利不受限制。惟一的障碍是遗赠要得到原所有者的同意。在这种情况下,眼下的所有者事实上不能把他的产业遗赠别人(他并无东西可作遗赠),他只具有终身使用权。按照欧洲大陆民法的主要依据——罗马法,原先根本不允许有遗赠。后来虽然许可遗赠,但规定有对每个孩子保留法定份额的义务。某些大陆国家的法律现在依然有这样的规定。按照大革命以后的法国法律,父母应将其财产平均分配给他们的子女,他们能以遗言处置的部分不得超过一个孩子应得的家产。这种办法可以称为限定继承,是把每个人的大部分财产交给子女共同支配。按我看来,这种办法与优待一子的限定继承相同,在原则上是不大可以辩护的,虽然它没有直接同正义观念发生冲突。虽然我曾经提出,从道德上说,子女有权利要求他们的父母将财产留给他们,但是我不同意强制他们的父母这样

做。子女可能由于不成器或不孝顺父母而失掉这些权利。他们也可能有别的财源或前景。做父母的只要以前已使他们受到教育和将他们养大成人,可说已全面尽到了道德上的责任;其他人可以取得比他们更多的权利。

法国的法律对遗赠权的极其严格的限制,是作为一种民主措施实行的,目的在于取消长子继承权和抵制所继承的财产大量集中的趋势。我赞同这些目标是比较理想的想法,但不认为采用的办法是明智的。如果我能不考虑现存的意见和情绪而编制一套自以为最好的法典,我首先将不是限制一个人可以遗赠的范围,而是限制任何人可靠遗赠或继承取得什么东西。每个人应有权随意处置他的全部财产,但不得大手大脚地滥给,使某个人得到的财富超过一定限度(这个限度可以定得很高,以保证接受者能舒适地独立生活)。勤劳、俭朴、意志、才能以及某种程度的机遇上的差异所造成的财产不平等,是和私有制原则不可分割的。我们如果承认这个原则,就必须承受其一切后果;但我以为,对任何人不以自己的能力而靠别人的恩惠获得的财产规定一个限度,是无可反对的。他如果还想增加财产,就应该为此从事劳动①。我不认为对遗赠权施加某种程度的限制会使立遗嘱人感到是一种难以忍受的约束。这位立遗嘱人如果知道他的大笔财产的实在价值,知道能以此取

① 在资本是由所有者本人用于经营某种企业的情况下,他完全有权将其独资企业的全部资金都遗赠给某个人。他应该能够把企业交给他认为最适合管理企业的继承人手中,以使企业得到有效的管理。在这种情况下,企业主去世后留下的工业或商业上的设备就不致损坏(在法国法律之下,这种有害的现象是时常发生的)。同样,应该允许财产所有者在委托他的一个继承人负责(作为一种道义上的责任)维持祖先的宅邸、园林时,留下足够维修这些产业的其他财产。

得多少享受和好处，他就可以知道拥有适当财产的人和财产5倍于前者的人在幸福和享受方面所差无几。五分之四的收益是被别人花掉了。人们认为，为其所钟爱的人所能做的最好的事情，就是给予他们大量没有内在价值但要花很多钱才能买到的物品；只要实际上这种看法还在流行，即令能通过上述法律，也不会有多大用处。因为有人如果有此倾向，总有办法规避这种法律。除非得到公众情绪的有力支持，法律也是没有效力的。在社会和政府的某些状况下（从法国舆论对强制分割法的坚决拥护可以断定）非常可能这样做，然而在目前的英国事实往往相反。如果实际上这种限制能够有效地实行，则会有很多好处。不能再用于使少数人特别富有的财产，可以用于公益目的，或者分给许多人。除去炫耀或显示不正当的权力以外，没有人会需要巨大的财富用于个人目的。拥有巨大财富的人将大大减少，而生活舒适、悠闲，享受着除虚荣以外财富所能给予的一切乐趣的人则大为增加。这些人即所谓有闲阶级，由于他们的直接努力，或他们对公众的情绪和嗜好所产生的影响，可以按照人们的期望为国家作出比目前有益得多的贡献。而且，或者由于对国家的直接遗赠，或者由于对某些社会事业机构的捐赠，大部分勤劳成果的积累可能用于公益事业。在美国（该国有关继承问题的观念和做法看来特别合理和有益）这种做法已很普遍[①]。

① “对慈善事业或教育事业的巨额遗赠或捐献形成了美国特别是新英格兰近代历史上一个引人注目的特点。富有的资本家不但普遍地用遗嘱将他们的一部分财产捐赠给国家的社会事业机构，而且不少人在他们生前也会为同样目的大量捐款。那里并没有像法国那样的在子女间均分财产的强制性法律，也不像英国那样存在限定继承权或长子继承权的习俗。因此，富人觉得自己有权在他们的亲属和公众之间分配他们的

第五节　土地所有权的根据不同于动产所有权的根据

要考察的下一个问题是，私有制所依据的各种理由，是否适用于目前其专属的所有权得到承认的一切物品；如不适用，这种承认可以什么理由来辩护。

所有制的根本原则是保证一切人能拥有靠他们的劳动生产的和靠他们的节欲积蓄的物品。这个原则不能适用于并非劳动产品的东西，如土地出产的原料。如果土地的生产力完全得自自然，而不是得自劳动，或如果有办法将从各种来源取得的生产力区别开，则听凭个人独占自然的赐予，不但是不必要的，而且是极不公正的。在以土地用于农业时，这种使用必然是“排他的”；必须承认收获的人就是犁地和播种的人。但是，土地可以像古代日耳曼人那样只占用一季，可以随人口增加而定期重新分配，也可以使国家成为总地主，土地由耕种者按租约或随意租用。

但是，虽然土地不是劳动的产物，其大部分宝贵的品质却得自劳动。劳动不仅是使用工具的必要条件，而且也是制作工具的必要条件。在开垦土地、使之适于耕作时常常要用大量劳动。在很

财富。一个家庭和父母在他们生前很长时间经常高兴地看到他们所有的子女都得到很好的抚养和独立生活，这样的家庭和父母是不可能找到的。我曾见过一张马萨诸塞州最近 30 年有关对宗教、慈善和文学事业的遗赠和捐献的清单，总额不下于 600 万美元或多于 100 万英镑。”(莱尔：《美国游记》第 1 卷，第 263 页。)

在英国，若有人在有活着的近亲时，想以其财产遗赠给公共事业或慈善事业而数额略多一点，就有在死后被陪审团宣布为精神病患者的危险，至少，大法院因为怕浪费财产而会取消这种遗赠。

多情况下，即令土地已经开垦，也完全要靠劳动和技艺才能使其有出产。贝德福平地在靠人工排水以前几乎或完全没有出产。爱尔兰的沼泽地在抽干以前只长柴草。世界上最贫瘠的土地之一，由古德温沙构成的佛兰德的 Pays de waes，已经靠劳动变得极其肥沃，成为欧洲生产力最高的地方之一。耕作还需要房屋和栅栏，这些也完全是劳动的产品。这种勤劳的成果不是在短期内可以收获的。劳动和费用是即时的，而由此产生的收益则是持续多年的，甚至是永久的。如果土地所有者本人得不到利益，而由外人获利，他是不肯付出劳动和承担开支的。如果他要进行改良，他必须等很长的时间才能从这种改良得到利益；而当他没有永久使用权时，他是无法肯定会有足够时间的①。

① “人们还可以认识到，是什么因素使人们具有聪明才智和坚强毅力去劳动，又是什么因素使他们集中力量去为有益于自己同类的目标去奋斗，这就是对土地的永久私有权的认识。最肥沃的土地总是水流冲积而成的土地，但同时又是洪水泛滥所威胁的地方，或者遭到沼泽侵蚀的地方。在得到永久私有权的保障下，人便从事长期而艰巨的劳动，使沼泽有一个排水口，建筑堤坝来防洪，利用灌溉渠道来把丰沛的水引到土地上去，而在过去，这些水却使这片土地注定颗粒无收。还是在这种保障下，人们不再满足于每年从土地得到的收成，他们从野生植物中，区分出对他们有用的多年生作物、小树和大树，他们通过栽培，加以改良，可以说改变了它们的本质，并且加以繁殖。事实上，在水果中，可以看出有一些是经过好几个世纪的栽培才达到今天的完美程度的，还有一些是从十分遥远的地方引进的。与此同时，人类把土地深深地翻开，更新它的土质，把它的各部分混和起来，加入空气，使它更加肥沃。他们把丘陵上正在流失的土壤固定下来，把原野的全部面积用茂盛的作物覆盖起来，使得无论什么地方都对人类有用。在这些劳动中，有的是他们在 10 年或 20 年后才有所收益的，还有的是他们的子孙后代在几个世纪中还可以享受到的。所有的人都同心协力去增加大自然的生产力，使人类得到无限地更加丰富的收入，其中一个重要部分是由那些没有土地产业的人消费掉的，这些人似乎由于土地瓜分而遭到剥夺，但是如果土地不瓜分，他们本来可能找不到饭吃的。”（西斯蒙第：《政治经济学研究》第 1 卷，商务印书馆 1989 年版（下同），第 112—113 页。）

第六节　土地所有权只有在某些条件下才是有效的，但这些条件不是总能实现的。对有关所有权的各种限制条件的考察

以上所述以经济观点为土地所有权辩护的理由，看来只在土地所有者就是土地改良者时，才是站得住的。一般说来，在任何国家内，只要土地所有者不再是土地改良者，政治经济学对所确立的土地所有制就无从辩护了。没有一种合理的私有制学说曾经认为土地所有者应该仅仅是坐食者。

在大不列颠，土地所有者同时是土地改良者的屡见不鲜。但不能说总是这样。在大多数情况下，他以禁止别人进行改良为条件将土地让给别人耕种。在本岛的南部，因为通常没有租约，除依靠地主的资本外几乎不能进行永久性的改良。因此，在农业改良方面，南部比英格兰的北部和苏格兰低地要落后得多。真相是，地主对土地所作的范围很广的改良很难符合长子继承权的法律或习俗。当土地全部归于继承人时，这位继承人通常得不到其他资财，这些资财要用来抚养长子以下的孩子，土地本身也会因此而担负重担。因为没有资金，继承人也就无法改良土地。因此，地主除靠借钱即增加土地抵押债务（在他们继承土地的时候，这种土地大多已负有抵押债务）来改良土地以外，没有资力可以进行耗资巨大的土地改良。但是，负有巨额抵押债务的地主的地位是很不稳固的。对于表面上的财产大大超过实际资力的人，节约是很不容易的；而对于除其财产所产生的纯收入以外，几乎别无所有的人，即

使仅仅使其纯收入有所减少的地租和价格的各种变动都是很可怕的；所以，地主很少为了将来的利益而作出眼前的牺牲，就不足为奇了。假如地主真想改良土地，则那些认真学习过科学务农原理的地主，单靠自己的力量也能做到这一点，但大地主却很少会认真地进行学习。照说他们至少可劝诱租地农场主来做他们自己不肯做或不能做的事。但是，即使在订立租约的时候，英国的大地主也以根据古旧而已废弃的农业习惯订立的契约来束缚租地人（这种做法已引起人们普遍抱怨）；大多数大地主根本不同意订立租约，只准租地农场主租种一熟，使得这些土地较之我们未开化的祖先时代更不适于改良。在那个祖先时代，

一望无际的无主土地
到处都是野生果实和谷物
请不要耕种超过一年

英格兰的地产制度从经济合理性来说是很不符合条件的。但是如果说在英格兰这种条件没有完全实现，那么，在爱尔兰可以说它完全被忽视了。除去个别例外（有些人是非常令人尊敬的），爱尔兰的地主们对其土地所做的，只是搜刮土地生产物。在关于“特别负担”的讨论中有人曾经挖苦地说过，“土地上最大的负担”就是地主，这句话用在爱尔兰地主身上是一点也没有错。地主们消费掉土地的全部产品，没有作过任何回报，只给居民留下一点仅能使他们不致饿死的马铃薯；当地主们想对土地有所改良时，第一步通常是把老百姓赶走，连这样一点微薄的收入都不留给他们，而任凭他们去行乞甚至饿死①。如果土地所有权建立在这样的基础上，

① 我必须恳求读者记住本段是在18年以前（1848年）写的。在我们的年代里道

就再也没有什么可以为它辩解的了。现在是这种情况应当有所改变的时候了。

当谈到“所有权的神圣性”时，应该经常记住，土地所有权并非在同样程度上具有这种神圣性。任何人都未曾创造土地。土地是全人类世代相传的。对土地的占用完全出于人类的一般利益。如果土地私有不再有利，它就是不正当的。把任何人排除于别人产品的分配之外并非冷酷无情。农民没有义务为地主生产其所使用的物品。而地主除不能分到本不应属于他的东西以外，什么也没有损失。但是，如果在有人出生时，大自然的全部赠品都已被别人先行占有，再也没有什么留给新来者，则对这个人来说，这是很冷酷的。所以，在人们一旦认识到他们应该有做人的道义权利之后，为使大家在这件事上取得一致，就必须使他们相信，土地的私有会给全人类（包括他们自己）带来幸福。但是，如果地主和农民的关系到处都同爱尔兰一样，没有一个心智健全的人会被说服。

即令是最坚持土地私有制的人，也会认为它不同于其他私有权。在社会的大多数人不能参加土地的分配，土地成了极少数人的藜脔的情况下，人们通常都试图通过如下的解释，即土地私有与一些义务相关联，具有法律或道义上的职责，以使土地私有与他们的公正观念相一致（至少在理论上）。但若国家有权像对待公职人员那样对待土地所有者，它只要把他们解雇就是了。地主对土地的权利要求完全取决于国家的一般政策。私有财产原则给予他们的，不过是在国家的政策可能使他们丧失若干利益时有取得补偿

德和经济都发生了十分惊人的变化，如果不是不断地修改这本著作，很难跟上这种变化。

的权利。这种权利是不能废除的。如果要征发地主或国家所承认的其他财产所有者的财产，则国家必须一次支付这种财产的代价，或者每年支付相当于这种财产所能提供的收入。从私有财产的一般原则来说，这是当然的。如果土地是地主本人或其祖先以劳动产品或节欲所得买下的，则地主自应因此而得到补偿；即令不是这样，他们按照惯例仍有要求给予补偿的权利。即令为实现某一目标所必需，也不能以牺牲社会一部分人的利益来使社会全体得益。如果某项财产是他们特别喜爱的，补偿应高于地价。在这种附带条件约束下，国家有权根据社会普遍利益的要求来处理土地所有权。建筑铁路或新公路的法案通过时所局部实行的(译者按：指征发土地)，如有必要，也可推及全国。在土地的恰当耕作和决定土地占有的附带条件上，如果被称为地主的这种人已表明他们不能胜任，则社会将这些事情交给他们随意处理，是十分危险的。立法机关如果认为合适，可以使全体地主转变为公债持有人或领年金者，可以强行以爱尔兰地主的平均收入作为固定地租，而将承租人提升为业主。如果地主愿意接受这种条件，可以按土地的全价偿付他们。

后面还会讨论各种土地所有权和租佃的方式以及每种方式的优缺点。在本章中我们只谈权利本身，为其辩护的理由和(作为这些的推论)这种权利应受到的限制条件。照我看来，对土地所有权应作精确的解释，在存在疑问的一切情况下，天平不应倾向所有者，这几乎是不言而喻的公理。对动产和劳动生产物的各种所有权来说，则情况与此相反。所有者对这类财产的使用权和独占权，如果对别人没有实际损害，都应当是绝对的；至于土地，则除非独占权显然可以带来实际利益，不能给予任何人。让一部分人对共同继承的东西有独占权，另一些人则无份，已经是一种特权。一个人靠自己的劳动获得的动产不论多少，都不妨碍别人用同样的办法来获得类似的东西；土地则不然，任何人拥有土地，就能使别人不再能享用它。特权或独占权只在作为一种不可避免的邪恶时才可以认为是有理的；当它发展到不再能得到补偿的好处那种程度时就会变成不公平的行为。

例如，为了耕作而规定的土地独占权并不包含有禁止进入土地的意义。除非出于保护产品不受损坏和所有者的独处不受干扰的需要，不应承认禁止进入土地的独占权。英国有两位公爵自作主张把一部分苏格兰高地封闭起来，禁止他人进入好几平方英里的山区，以防止扰乱野兽的安宁生活，是一种权利的滥用；这已超越土地所有权的正当界限。如果地主不打算将其土地用于耕作，一般说来，他根本没有理由把它当作私产。如果某人说这块土地是他的财产，他应该知道，自己占有它是出于社会的宽容，而且，因为这样做不可能给社会带来任何好处，至少他的占有不得剥夺人们在土地未被占有以前他们可以取得的权利，这是他占有这块土地的条件。即令是耕地，虽然法律允许一个人（他只是几百万人中间的一个）占有几千英亩，他也没有资格认为这些土地都可以由他使用或滥用，而不许别人介入。他可以随意处置他能从这些土地取得的地租或利润，但是，对于这些土地，他所做的或不做的每一件事都在道义上受到约束，在可能的范围内，法律还要迫使他的利益和意向符合公益的要求。一般地说，人类仍然保有对他所居住的星球上的土地的原有权利，他们放弃的部分权利不得用于干与他

们保有的权利相抵触的事情。

第七节　所有权的滥用

除去对劳动产品的所有权和对土地的所有权以外，还有一些可以作为或者曾经是所有权的对象，却都没有被认为是所有权。不过，它们在文明世界几已绝迹，所以无须在这里阐述。首先，就是人身所有权。几乎用不着说，这种制度在任何社会特别是在自称建立在正义和人类协作基础上的社会中，不应当存在。但是，既然国家在法律上加以认可，而且多少世代以来在这种认可下人类一直被当作物品买卖，当作财产继承，则在废除这种所有权时如果不给予充分的补偿，也是不适当的。1833 年实行的一项正义措施制止了这种不适当的做法。这是一个国家集体所曾做过的一件最正直的、实际上也最有益的事。其他不应视为所有权的实例有公职所有权，例如法国旧制度下的法官职务，以及在没有完全摆脱封建制度的一些国家内同土地一起继承的司法权。英国的恰当例子有，将校任命权和牧师推荐权。有时将向公众收税权也看成所有权，还有独占权或其他专有的特权。这种所有权的滥用在半开化的国家中固属常见，但在最文明的国家内也不乏这方面的例子。在法国有几个重要的行业和职业，包括公证人、诉讼代理人、经纪人、估价人、出版商和(最近以前)面包师傅及屠户，这些人的数目是受法律限制的。因此，这种人的特权在市场上具有很高的价格。情况既已如此，如果在废除这种特权的时候不予补偿，也许有失公道。还有一些更为含混的事例。问题转到，在这些特殊情

况下，形成这种特权的时效是否充分；以及对于人们滥用特权所给予的法律承认是否足以使其制度化，或只是偶然的许可。税率显然是年年变动的，因而要求对这种变动所造成的损失给予补偿，是不合理的；要求对都铎王朝的暴君所授予的独占权给予补偿也是不合理的，因为这种特权本来就是随时可以收回的。

关于私有财产制度的说明到此为止。从政治经济学的目的来说，这个问题是必须讨论的，这种讨论如果只限于经济范围，是无益的。我们现在要研究一下，这一制度在社会不同成员间造成的各种关系之下，土地和劳动产品的分配受什么原则影响及其结果如何。

第三章　论获得产品分配的各阶级

第一节　有时产品由三个阶级分享

私有制既已认定为一事实，下一步我们就要列举它所造成的各个阶级；这些阶级的协力，或至少取得它们的同意，对生产是必要的。因此它们能按规定取得一份产品。我们要研究在有关生产者的利害关系的自发作用下，产品是根据什么法则在这些阶级之间分配的；然后进一步探讨法律、制度和政府的措施在取代或更改这些自发分配方面起着或可能起什么作用。

前已多次说过，劳动、资本和土地是生产的三要素。这里所说的资本是指过去劳动积累的成果的工具和器械，而土地是指大自然供给的原料和手段，它们或包含于地球内部，或构成其表面。因为这些生产要素可以被分别占用，所以我们认为，产业社会可以分为地主、资本家和生产性劳动者。这些阶级各自得到一份产品。如果不由它们让与产品，其他人或其他阶级就什么也得不到。事实上，社会上其余的人是向这些阶级提供或许具有相等价值的非生产性服务，而以它们的花费维持生活。因此，在政治经济学上可以认为，整个社会是由这三个阶级组成的。

第二节 有时产品全部归于一个阶级

虽然有时这三个阶级分别存在，并在它们之间分配产品，但不一定或并不总是如此。事实常常不是这样；只在一两个社会中，这些阶级的完全分离是作为一般规则存在的。世界上几乎只有英格兰、苏格兰以及比利时和荷兰的部分地区，其农业所用的土地、资本和劳动一般属于不同的所有者。通常的情况是，同一个人拥有两种要素或所有这三种要素。

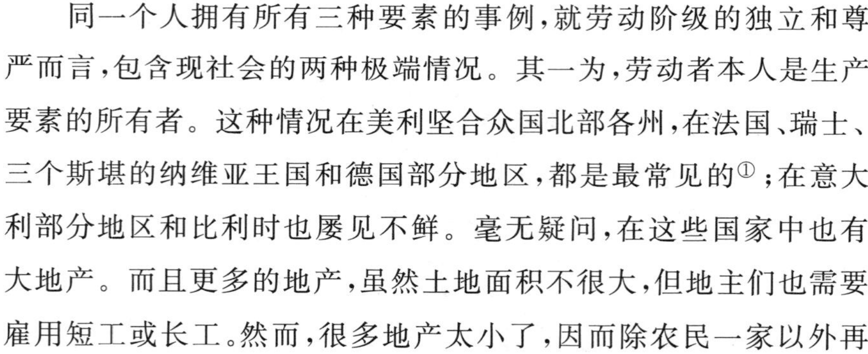

同一个人拥有所有三种要素的事例，就劳动阶级的独立和尊严而言，包含现社会的两种极端情况。其一为，劳动者本人是生产要素的所有者。这种情况在美利坚合众国北部各州，在法国、瑞士、三个斯堪的纳维亚王国和德国部分地区，都是最常见的[①]；在意大利部分地区和比利时也屡见不鲜。毫无疑问，在这些国家中也有大地产。而且更多的地产，虽然土地面积不很大，但地主们也需要雇用短工或长工。然而，很多地产太小了，因而除农民一家以外再

① 根据挪威的统计（济贫法调查委员会委员说，他们可以通过驻外大使和领事得到几乎每个欧美国家的资料），“在 1825 年的人口调查中，在 1051318 人口中，有 59464 个地产完全保有者。这么多的地产完全保有者意味着有 59464 个户主或约 300000 人拥有土地；这些地产保有者占总人口的四分之一强。麦克格里戈先生说，在丹麦（也许包括谢兰岛和附属岛屿）总人口 926110 人中地主和租地农场主有 415110 人，接近于一半人口。在斯勒斯威克—霍尔斯坦，总人口 604685 中有 196017 人，或约三分之一。在瑞典土地所有者和租地农场主在总人口中所占的比例不清楚，但斯德哥尔摩的统计估计附属于每一两人住所的土地平均面积为 1 到 5 英亩。哥腾堡的统计提供的估计数较低，但它又说农民拥有很多土地，在符腾堡，听说三分之二以上的劳动人口自有住宅，而且几乎所有的人拥有四分之三英亩（至少）到 1 英亩半的园圃。”在某些报表上，地产主和租地农场主是分开的，但“所有的统计都说散工的数目很小”（国外通讯序言，第 xxxviii 页），工人人口的多数是雇佣工人，这种情况几乎是大不列颠所特有的。

也不需要别的劳动力，甚至农民一家的劳动也已太多。所使用的资本并非总是自耕农的，很多这种小产业是抵押出去以取得耕种资金的。但是投资的风险是农民承担的。虽然他为此支付利息，但不因此而受任何人的干涉，除非在付不出利息时土地的所有权可能被剥夺。

土地、劳动和资本属于同一个人的另一种情况是奴隶国家的事例。在这种情况下，劳动者本人也属于地主所有。奴隶解放前的英国西印度殖民地和尚未采取类似的正义行动的各国产糖殖民地利用工农业劳动（糖和朗姆酒的生产是两种劳动的联合）的大企业，就是这方面的例子。在这些企业中，土地、工厂（如果可以这样称呼的话）、机器和沦落的劳动者都是资本家的财产。在这种情况下，同与其极端对立的自耕农的情况一样，产品不进行分割。

第三节　有时产品分属于两个阶级

当三个要素并非均由一个人拥有时，常常会发生两个要素属于同一个人的情况。有时同一个人拥有资本和土地，但不拥有劳动。地主直接和劳动者订立契约，并供应耕种所需的全部或部分资金。这种制度在大陆欧洲劳动者既非农奴、也非地主的那些地区是常见的。它在大革命以前的法国是非常普遍的；现今在这个国家的某些地区，当土地不是耕种者的财产时，仍在采用。在意大利的平原地带，除去诸如托斯卡纳的玛丽麻和罗马平原这些以畜牧为主的地方以外，通常也盛行这种制度。在这种制度下，产品是在两个阶级——地主和劳动者之间分配。

在另一些情况下，劳动者并不拥有土地，但拥有所使用的少量资金，按习俗地主并不供应资金。这种制度通常流行于爱尔兰。在印度几乎普遍实行，在大多数东方国家也是如此；不论是由政府保持土地所有权(通常是这样)，还是允许个人绝对地或者在一定的意义上拥有部分土地。然而，印度的情况比爱尔兰要好得多，在印度，如果农民因缺乏资金而无法耕作，地主照例要给他们垫款。对于这些垫款，土著的地主通常要求支付很高的利息；但是主要的土地所有者——政府却发放无息贷款，而在收获以后将预付款连同地租一起收回。在这里，同上述情况一样，产品也是在两个阶级——地主和劳动者之间分配。

这些是农业劳动产品分配对象的主要类别。在工业中，产品的分配决不会超出工人和资本家两个阶级。在一切国家中，最初的手工业工人不是奴隶，就是家族中的妇女。在古代的制造业中，不论其规模大小，劳动者通常属于资本家所有。总的说来，如果有什么体力劳动可以认为适合于自由民的身份，那只有农业劳动。与此相反的制度，即资本属于工人所有的制度，是和自由劳动同时出现的，在这种制度下，制造业实现了第一次伟大进步。工人拥有其所使用的织机或少量工具，自负盈亏地工作；或至少是最后如此，虽然在他成为师傅以前，他通常要先当学徒，再当满师职工，为别人干若干年。但是，永久当满师职工，即一生的地位不出于雇佣劳动者，这在中世纪的行会中是找不到的。在农村中，木匠或铁匠虽能靠他们营业的收入过活，但不能养活雇佣劳动者，即令现在还得靠自己干；与此相似，有些店主也自兼店员。但是，在任何地方，只要市场的规模足够大，在资本家或劳动的雇用者和工人阶级之间会有极大的差别。通常资本家除了指挥和监督的劳动以外不从事别的劳动。

第四章 论竞争和习惯

第一节 竞争并非产品分配的惟一调节者

在私有制的支配下，产品的分配是两个决定性力量——竞争和习惯所造成的结果。弄清这些原因所具影响力的大小，以及两者的作用相互更改的方式，是很重要的。

政治经济学家一般都惯以为常地特别重视第一种力量，即夸大竞争的作用，而忽视另一种力量和相互矛盾原则。英国政治经济学家更是如此。他们容易在一切情况下把竞争想做到的事当成实际做到的事。如果我们考虑到，只有通过竞争原则政治经济学才配得上称为科学，则重视竞争在一定程度上是可以理解的。只要地租、利润、工资、价格是由竞争决定的，就可以确定各种有关的法则。假定竞争是它们的惟一调节者，就可以制定调控它们的具有普遍意义和科学精确性的各种原理。政治经济学家认为这就是他的专门职责，这是正确的；政治经济学作为一种抽象或建立在假想之上的科学，人们不能要求它再起什么别的作用，事实上它也起不了别的作用。但是，如果认为竞争实际上具有这种无限制的支配力，这是对人类事务实际进程的一种很大的误解。这里我不是就天然的独占或人为的独占而言，也不是就当局对生产自由或交换自由的干涉而言。对这类扰乱原因，政治经济学家们一直是有所考虑的。我说的是对竞争无所限制的情况（在事情的本质上不

存在障碍,也不存在人为的障碍);然而其结果仍不取决于竞争,而取决于习惯或习俗;竞争或者根本没有出现,或者以一种与通常自然会采取的方式完全不同的方式起作用。

第二节 习惯对地租和土地租佃的影响

事实上,只是在较近时期内,竞争才在相当大的程度上成为契约的指导原则。我们看到,离开我们的时代愈远,一切交易和债务受固定习俗的影响愈大。理由是明显的,习俗是弱者防御强者侵害的最有力的武器;在保护弱者的法律或政府都不存在的地方,习俗是弱者的惟一保护者。习俗是一道屏障,即令是在压迫人类最甚的专制政府,对它也不得不有所顾忌。在一个兵荒马乱的社会里,对勤劳的人们来说,竞争自由是句空话。他们决不会由此处于对他们有利的条件下。这里总是有一个用武力强求勒索的主人,并由他将各项条件强加于人们。但虽然法律是最强者决定的,无限制地滥用法律也不符合最强者的利益,通常他也不会这样做。法律的每一次放宽都会变成一项惯例,每一项惯例都会变成一项权益。这样权利就出现了。在原始社会中,并非任何形式的竞争决定着生产者所享用产品的份额。在最近的社会以外的一切社会形态中,地主和农民之间的关系,以及农民对地主的各种支付,是按当地的习俗决定的。直到最近,未曾发现土地的占用条件(作为普遍规则)可由竞争决定的事例。如果目前的占用者履行通常的条件,普遍认为他有权保有他租入的土地;这样,他就在某种意义上成为土地的共有者。即令占用者并未取得确定的土地占有权,占用条

件也常常是固定不变的。

例如，在印度及其他具有类似社会组织的亚洲社会，有所谓ryots(译者按：一般指印度农民)或 peasant-farmers(个体农民)，他们并非地主可以解约的佃农，也不是凭租约租种的佃农。在大多数村庄中确实有一些农民是处于这种不稳定的地位，他们是由在人们所知道的较近时期定居该处的人或他们的子孙组成的。但是，被看成原居民的后代或继承人的一切人，甚至只是古时佃农的子孙或继承人的许多人，只要支付例租，也被认为有权保有他们的土地。这种例租是多少或应该是多少，多半已无法弄清；侵占、专制和异族征服已在很大程度上抹掉它们的痕迹。但是，如果对古老而纯正的印度公国受到英国政府统治或由其官员治理时税收制度的细目加以研究，通常会发现，虽然大土地所有者——国家的需求实际上已由于横征暴敛而无限度地增加，但每次增加诛求总得有独特的名称和单独的借口；因此，有时在定额地租以外还有三四十个不同的项目。如果地主拥有公认的增加地租的权利，这种迂回的增加支付的方式就肯定不会采用。这种办法的采用证明，一种有效的限制，真正的例租，确曾存在；而且，只要农民(ryot)能按惯例交租，在某一个时候他对土地的权利会高于名义上的。[①]统治印度的英国政府经常把各种各样的赋税合而为一来简化租种条件，这就使地租在名义上和实际上都可以任意决定，或至少是可按特定的协议处理。但它对农民对于土地的权益是十分尊重

① 印度人的古代法典有时将产品的六分之一称为恰当的地租，有时又将产品的四分之一称为恰当的地租；但没有证据表明这些法典中的规则确曾在某一历史时期实行。

的，虽然在现代的改革（即令目前这种改革也只有部分实现）以前，它给农民留下的粮食很少超过维持生活所必需的数量。

在近代欧洲，耕作者已逐渐脱离奴隶状态。征服西欧帝国的野蛮人发现，治理他们所征服的土地的最简单的办法是让过去的地主继续保持他们的土地，并允许奴隶在向主人交纳粮食和服役的条件下保有一定程度的行动自主，以节省监督大量奴隶这种乏味的劳动。常见的办法是划给农奴一些专用的土地（其数量仅足维持农奴的生计），并在需要时迫使农民在其主人的其他土地上劳动。这些不明确的义务逐渐变成一种明确的义务，就是供应固定数量的粮食或提供固定数量的劳动。最后，这些主人宁愿用他们的收入去购买奢侈品而不用以供养仆役，实物地租就转变为货币地租。每次让与起初都是自愿的，可随意取消的，后来逐步具有惯例的效力，最后被法庭承认并强迫执行。这样，农奴逐步地上升为自由佃户，他们永恒地按一定的条件拥有土地。这种条件有时是很苛酷的，因而人民的生活极其悲惨。但是，他们的义务是由当地的习俗或法律决定的，不是由竞争决定的。

在农民从未受过（严格意义的）人身束缚或在他们不再受人身束缚的地方，一个贫穷落后的社会的迫切需要导致了另一种制度的产生。这种制度在欧洲的某些地区，即令是高度发达的地区，直到今天都还是十分有利的。我指的是分益佃农制度。在这种制度下，土地被分割为小农场，分属于许多农家，地主通常供应为该国农业制度所必需的资金，并按一定的比例收取部分产品以替代地租和利息。这一部分通常以实物支付，一般为对半分（诸如*métayer*、*mezzaiuolo*和*medietarius*等词中就包含这样的意思）。然而，有些地方，如那不勒斯省肥沃的火山土地，地主取走三分之二，而农民靠优良的农艺还可以对付着活下去。但不论比例是三分之二还是一半，都是固定的，不因农场或佃农的不同而有所变动。国家的惯例成为普遍的规则。没有人想提高或降低地租，或在不同于惯例的条件下租种土地。作为地租调节者的竞争并不存在。

第三节　习惯对价格的影响

当没有垄断时，价格比地租更早地受到竞争的影响，并比地租更为普遍地受到竞争的制约；但即令在目前的商业竞争活动中，这种影响也决不像人们有时想象的那样绝对。在政治经济学领域中我们最常听到的说法是，在同一个市场上不可能有两种价格。毫无疑问，这是竞争在无所阻碍的情况下必然产生的结果；然而每个人都知道，在同一市场上几乎经常存在两种价格。不仅在每个大市镇、几乎每个行业中有价格便宜的店铺和价格昂贵的店铺，而且同一家店铺也常常按不同的价格把同样的商品卖给不同的顾客。作为一种普遍规则，每个零售商都按其所料想的顾客等级采用不同的价格。在大宗贸易中，批发业确实是处于竞争的支配之下。在那里，买主和卖主都是商人或厂主。他们的买卖既不受懒惰或世俗的赶时髦的影响，也不取决于个人便利这类细微的动机，而纯属商业交易。因此，在批发市场上，一般地说，确实同一物品在同一时候不会有两种价格。各时候、各地只有一个市场价格，这种价格可以在时价表上找到。但零售价格，即由真正的消费者支付的价格，它所受到的竞争的影响看来极为缓慢和不完全；当存在竞争

时，这种价格常常不是降低，而只是使较多的商人分享高价的利益。因此，消费者所付出的价款中相当大的部分变成零售商的赢利；而生产消费者所购买的各种物品的人所得的部分很少，任何人倘若调查一下实际情况，往往会大为惊讶。如果一座大城市的市场能够充分地诱引大资本家从事零售交易，人们通常会发现，较好的主意是靠廉价销售夺得巨额买卖，而不只是同别人划分营业地盘。在大城市的主要零售行业中，这种竞争的影响日益明显；而运输的迅速和运费的低廉使消费者较少地依赖于临近的商人，因而使全国愈益化为一个大城市；但迄今为止，只在一些大的商业区零售贸易才主要或在很大程度上取决于竞争。在别的地方竞争只是非经常地作为一种扰乱的力量发生作用（如果它有作用的话）；惯常起调节作用的是习惯，它不时根据买主和卖主对公平或公正的看法进行修正。

在很多行业中，交易的条件是在行业内部商定的。如有人背离了固定的习惯，行会就会采取手段使他处于麻烦的境地。众所周知，直到最近图书业还是这样的，尽管在这个行业中相互抗衡的情绪很激烈，但竞争并未自然地在打破行会规则上发生作用。所有职业的报酬都由习惯调节。医生和律师的收费几乎也是不变的。这肯定不是由于在这些职业中竞争不激烈；因为这种竞争的作用只是减少每个竞争者受聘的机会，而不会使酬金减少。

因为习惯具有对抗竞争的重大作用，即令在竞争精神由于竞争者众多和求利之心普遍而至为强烈的地方也是如此，我们可以肯定地说，更多的情况是人们满足于较少的赢利，而比较重视（对金钱利益而言）生活的舒适或欢乐。我相信在欧洲大陆常常可以看到某些地方的若干或一切价格和费用比离那里不太远的地方高得多，其原因往往只在于顾客已习惯于并默认这种高价。一位资本雄厚、有事业心的竞争者可以压低收费，并靠此发财；但那里没有这种有事业心的竞争者，拥有资本的人宁肯一成不变地运用他们的资本，或者以比较安稳的方式使用（虽然少赚些钱）。

以上所述，凡是与本书后面各章的结论有关的，不论我是否已明确指出，都应当看作是对于这种结论的一般校正。总的说来，我们的推论必须从我们所知道的下述一点出发，即，如果竞争没有受到某种实在障碍的限制，则竞争的自然后果实际上是由其产生的。在不存在妨碍竞争的事物而仍无竞争的地方，或者在存在竞争但其自然后果由于其他事物的作用而消失的地方，这种结论或多或少会不适用。为了在以政治经济学的结论应用于实际生活时避免犯错误，我们不但要考虑竞争达到最大限度时会发生什么，还要考虑竞争如果没有达到最大限度其后果会受到多大影响。

在有关经济的各种情况中，也有竞争并未发生作用，交易是由蛮力或固定的习惯决定的，这种情况首先要讨论和认识。这将是后面四章的主题。

第五章　论奴隶制

第一节　从奴隶状况来看奴隶制

在我曾经谈到的在私有财产制度的影响下采取的各种社会形态中，有两种社会形态尽管在其他方面很不相同，但有一点是非常相似的，这就是土地、劳动和资本都由同一人所有。二者之一为奴隶制社会，另一为自耕农制社会。前者是地主兼有劳动，后者是劳动者兼有土地。我们先讲前者。

在奴隶制度下，所有的产品都归地主所有。他所有的劳动者吃的粮食和其他生活必需品，都是他的支出的一部分。劳动者除持有地主认为应当给予他们的东西以外，别无所有，而且这些东西地主也随时可以收回来；他要他们怎样干他们就得怎样干，或者说，地主有可能强迫他们干多少他们就得干多少。使他们的悲惨命运有所限制的，只是地主的仁慈或金钱利益的考虑。第一点我们现且不说。关于第二点，在如此可憎的社会制度下奴隶主如何行事，取决于输入新的奴隶是否容易。如果身强力壮的成年奴隶能如数廉价输入，则奴隶主出于自身利益的考虑，会役使奴隶到死，并输入新的奴隶来补充，而不采取让奴隶们生儿育女这种替换较慢、花钱较多的办法。一般地说，奴隶主早就知道这种办法。众所周知，当奴隶贸易为法律所许可时，它在英国的蓄奴殖民地就曾实行。据说在古巴现在仍然如此。

在古代，当奴隶市场只能靠战俘或从散居在为人所知的偏僻地区的部落诱拐人口来提供所需奴隶时，通常让奴隶生儿育女以维持奴隶数目较为有利（这就必须给予他们较好的待遇）。由于这一原因，加上其他一些原因，古代社会奴隶的境况或许还不像近代各国殖民地的奴隶那样恶劣，尽管有时也极坏。古代斯巴达农奴通常被列为最骇人听闻的奴隶制的典型，但是如下事实表明这不太正确，他们是正式武装起来的（虽然没有穿上古代希腊甲兵的甲胄），并且是国家军事力量的组成部分。毫无疑问，他们属于卑贱而凋敝的等级，但是他们的农奴地位在农奴制中似乎是最轻松的一种。在罗马贵族大肆掠夺新征服的世界的时代，罗马的奴隶制显得更为残酷。罗马人是残忍的民族。无能的贵族将无数奴隶的生命视同儿戏，供他们任意取乐，如同挥霍其他不义之财一样。然而，当还存在一线希望时，奴隶制尚未陷入绝境。奴隶的解放是容易并常见的。解放的奴隶一下子就取得公民的全部权益。事实上，他们常常可以得到财富，甚至以后还可以获得荣誉。由于在历代罗马皇帝的统治下法规逐渐宽大，奴隶终于得到法律的很多保护，他们开始拥有财产，奴隶制度的弊害大为减轻。但是，在奴隶制转变为较温和的农奴制以前，奴隶的处境很难使人口或生产迅速增长，直到奴隶制转变为农奴制，奴隶们才不仅取得财产权和法律上的各种权利，而且他们的义务也多少受到习惯的限制，他们可以部分地为自己的利益而劳动。

第二节 从生产状况来看奴隶制

只要奴隶国家的居民与他们的可耕地相比为数很少，奴隶在尚可忍受的管理下进行劳动，就能生产出比他们本身需要多得多的东西；特别是，因为对他们的劳动实行了必不可少的大量监督，防止了人口的分散，保证了共同劳动的某些利益，因而，在良好的土壤和气候条件下，拥有许多奴隶的人合理地考虑自身利益，就可致富。然而，这种社会状态对生产的影响是人所共知的。不言而喻，因为怕受惩罚而不得不进行的劳动效率是很低的、不生产的。确实，在某些情况下，可以用鞭子驱使人们去干甚至完成某些工作，这些工作是无论雇主愿意支付多高的报酬，人们都不会干的。一些需要大量劳动协同进行的生产活动，例如糖的生产，如果美洲各殖民地不存在可以集中大量劳动的奴隶制，就不可能那样快地推行。也有一些野蛮部落是很不乐意从事经常性劳动的，如果他们不被征服而成为奴隶，或征服别人而使别人成为奴隶，他们就决不会从事产业活动。但是，即使充分了解这些事实的意义，仍然可以肯定，奴隶制是同高度的技术发展水平和劳动效率不相容的。凡是实行奴隶制的国家，其需要复杂技艺的产品，通常都是由国外输入的。奴隶制带来的绝望心情压抑了聪明才智。虽然在古代世界和东方各国常常鼓励奴隶发挥聪明才智，但在比较先进的社会，奴隶的聪明才智却是严重威胁主人的因素，使主人极其畏惧，因而过去在美国的某些州内教奴隶读书是要受严厉处罚的。所有靠奴隶劳动经营的生产都是以极为原始和落后的方式进行的。即令就奴

隶的体力而言，平均地说它也没有用到一半。对于蓄奴各州产业体制的低效和浪费，奥姆斯特德先生已在其重要著作中作了富有教益的说明。奴隶制的最温和形态当然是农奴制。农奴附着于土地，靠分得的土地养活自己，并每周为他的主人工作几天。只有一种意见认为农奴劳动效率极低。下面一段是从琼斯教授[①]“关于财富分配”（更确切地说，关于地租）的论著中摘引的，这本书收集了有关各国土地使用权的很多宝贵的事实。

“俄国人，或毋宁说曾经观察俄国习俗的德国著述家们就这一点提出过一些强有力的论据。他们说，两个密德尔塞克斯郡的农民一天割的草相当于6个俄罗斯农奴所割的；尽管粮食价格英国昂贵而俄国便宜，但收割一定分量干草的费用，一个英国农民只需半个戈比，而一个俄国地主则需3戈比或4戈比[②]。普鲁士参赞雅各布曾证明，虽然在俄国每样东西都很便宜，但一个农奴的劳动却比英国劳动者的劳动要贵一倍。施马茨根据他的了解和观察，对于普鲁士农奴劳动的不生产性作了一个令人惊奇的描述[③]。他明确地指出，在奥地利，一个农奴的劳动只等于自由雇佣劳动者的三分之一。在一本精心编写的农业著作中（我曾受益于从中摘引的某些资料），为实用目的所作的这一计算，曾被用来决定耕作某一给定规模的庄园所需劳动者的数目。劳动地租对农业人口的勤劳所产生的不良影响确实是显而易见的，所以，在一般改革方案不易推行的奥地利，各种各样的劳动地租抵代方案和计划受人欢

① 理查德·琼斯：《论财富的分配和赋税的来源》，第50页。

② 施马茨：《政治经济学》第1卷，法译本，第60页。

③ 同上书，第2卷，第107页。

迎的程度，不低于北德各个不平静的省份。”①

劳动本身的性质所具有的缺陷，即使有优良的指挥和监督也不能弥补。琼斯先生接着说，土地所有者“以他们自己土地的耕作者的身份，必定会成为农业人口勤劳的惟一指导者和指挥者。”因为当劳动者属于地主所有时，资本主义农业家这样一个中间阶级不可能存在。任何地方的大地主都属于怠惰阶级，或者说，如果他们想干点什么，他们所热中的只是优越者总是能为自己保留最大、最好部分的工作。正如琼斯先生所说：“贵族地主阶级为了以特权和高位保护自己，或者由于地位优越和习惯的关系，也担任军事的、政治的职务，希望他们全都成为倾注心力的耕作者，是不现实的、荒谬的。”即令在英国，如果每块土地的耕作都依靠它的所有者，则其结果如何，任何人都能看出。广泛利用科学、努力工作的事例时或有之，有一些也获得若干成就，但是农业的一般情况总是不佳。

第三节　从奴隶所有者的利害关系来看奴隶解放

奴隶所有者是否本身会因奴隶解放而受到损失，这一问题与自由劳动和奴隶劳动中何者对社会比较有效是不同的。人们曾将它作为一个抽象的命题进行很多讨论，似乎认为有可能由此得到

① 匈牙利革命政府在它短暂的存在期间，给予了这个国家一项最大的福利（即使取代革命政府的专制政府也不敢将其取消），它使农民解除了农奴制的残余束缚，劳役地租；对地主的赔偿由国家支付，而不是由解放的小农支付。

某种一般性的解答。奴隶制或自由劳动中何者对雇主更为有利，取决于自由劳动者工资的多寡。而这种工资又取决于劳动人口与资本和土地的比例。雇佣劳动的效率通常要比奴隶劳动高得多，因而雇主即使付出比他以前用于供养奴隶的费用高得多的工资，仍然可以从这一变革中获得利益，不过，他不能无限制地这样做。欧洲农奴制的衰落以及西方国家农奴制的消灭，毫无疑问会因人口的增长能给主人带来金钱利益而得到加速。人口增长加强了其对土地的压力，这时，如果在农业上没有任何进步，则供养农奴的费用必然增加，农奴的劳动价值也随之降低。假使其工资水平一如爱尔兰或英格兰（在英格兰，考虑到工资同劳动效率的比例，其劳动同爱尔兰的劳动一样便宜），恐怕没有人会认为奴隶制是有利的。如果爱尔兰的农民是奴隶，他们的主人会愿意像地主们现在所做的那样，仅仅为了摆脱他们而支付大笔款项。很少人会怀疑，在土地肥沃、人口稀少的西印度群岛，自由劳动和奴隶劳动二者的利益相比，天平的一端将大大地倾向于奴隶制，为了废除奴隶制而给予奴隶所有者的赔偿不会高于、也许甚至少于他们的损失。

对奴隶制的起因已经作过充分的评述，这里无需多讲。奴隶制的缺点也不再是一个需要争论的问题，虽然大不列颠大部分有权势的阶级对美洲的斗争所流露的心情，显示出当前这一代英国人对这个问题的看法如何严重地落后于上一代人的积极行动。西印度黑奴解放者的子孙热切期望和鼓励建立一个强大的军事国家，这个国家按照它所信奉的原则并为强烈的利害关系所驱使，发誓要以武力将奴隶制推广到它的势力能渗透到的全球每一个地区。这表明英国中上层阶级的领导集团的精神状态极为可悲，它将在英国历史上留下一个不可磨灭的污点。幸运的是,他们对于这一罪恶事业(他们不以盼望它成功为可耻)除了给予语言上的支持以外很快停止了实际援助。只是由于美国自由各州的儿女流了宝贵的鲜血,而其精神和道德的价值由于无可估量地提高,奴隶制的灾祸才在伟大的美利坚合众国绝了迹。它只在巴西和古巴找到最后的暂时庇护所。除了西班牙以外,再也没有别的欧洲国家参与这一罪恶行为。甚至农奴制目前在欧洲也不再合法了。丹麦以其为欧洲大陆国家中最先仿效英国解放其殖民地奴隶的国家而获得荣誉。英雄而遭到诽谤的法国临时政府的最早行动之一就是废除奴隶制。荷兰政府也不甘心长期落后,现在它的殖民地和附属国,我相信已经没有真实的奴隶制;虽然为政府当局进行的强迫劳动仍然是爪哇公认的一项制度。我们可以希望,它很快会为完全的个人自由所取代。

第六章　论自耕农

第一节　英国和欧洲大陆对自耕农制度的不同看法

在自耕农制度下，同在奴隶制度下一样，全部产品属于单一的所有者，不存在地租、利润和工资的区分。在所有其他方面，这两种社会状态则是完全对立的。在奴隶制度下，劳动阶级受到最大的压迫和贬黜。在自耕农制度下，劳动阶级则能最为自由地支配自己的命运。

然而，小土地所有制的利弊是政治经济学领域内最争论不休的问题之一。在欧洲大陆，虽然有些人对流行的看法持有不同意见，但在大多数人的心目中，人数众多的自耕农的优越性却是不言自明的真理。然而，英国的权威人士们或是不知道大陆农学家的看法，或者对其置之不理，声称这些人毫不了解大地产的优点，大地产的优越性只有在拥有大农场的地方才能感受到；由于大地产的耕作所需要的资本积累规模大于欧洲大陆上通常所有的资本积累规模，因而欧洲大陆上的大地产，除去用作牧场者外，绝大部分都是分成小块出租耕种的。这种说法有某些道理，但并非完全站得住脚；因为如果说欧洲大陆由于经验不足对使用大量资本的大规模耕作了解得很少的话，一般英国著述家实际上对自耕农也所知甚少，对他们的社会地位和生活方式的看法常常是非常错误的。甚至英国的古老传统也是站在欧洲大陆普遍意见一边的。英国的“自由民”在其存在时曾被夸耀为英国的光荣，消失后一直受到沉痛的哀悼，他们都是小自耕农或小租地农民。尽管他们大都已不复存在，可他们所表现出来的那种倔强的自立精神却尤为引人注目。在英国的一些地方，现在仍经常可以见到自耕农，只可惜这样的地方很少。例如在坎伯兰和威斯特摩兰就有一些“自耕农”，虽然他们通常（如果说不是普遍地）要按习惯缴纳某些捐税，但这些捐税是固定的，并不比土地税更多地影响他们的自耕农身份。在那些熟悉农村情况的人当中，只有一个人对这两个郡的这种土地占有制度给予了赞许。华兹华斯笔下的农民，其原型肯定就是英格兰这两个郡的农民。①

然而，由于英国通常的耕作制度使英国人无从了解自耕农制度的性质和运转情况，由于英国人通常对其他国家的农业经济极端无知，所以英国人对自耕农这一概念很陌生，很难理解它。甚至

① 华兹华斯先生在其描绘英国北部湖泊地区风景的一篇短文中，作了如下叙述。在溪谷的上游地带，几百年来有“一个由牧羊人和农夫组成的理想国家，这些牧羊人和农夫多半是其所占据和耕种的土地的主人。每个人的耕耘仅限于养活自己一家人，或偶尔招待一下邻居。两三头奶牛向每家人提供牛奶和干酪。教堂是惟一高耸于这些住宅之上的建筑物，宛若这个纯朴国家的最高首脑。这个国家的成员，住在一个强大帝国的中央，组成了一个理想的社会或一个有组织的公社，四周的大山显露出宪法保护者的威容。这里既没有家世显赫的贵族骑士，也没有地主乡绅，然而这里很多卑贱的山民子孙却意识到，他们所居住和耕种的土地500多年来一直归他们同姓同种的人所有。……这些溪谷中每处庄园所种的小麦刚好足够为每个家庭提供面包。多雨和潮湿的气候促使他们在山地上用石块搭起一间间小屋来作为羊群的庇护所，遇有暴风雨，便在这些小屋中喂养羊群。每户人家均用自家的羊毛纺纱织布做衣服，几乎家家都有织布工，每户人家其他方面的需要也由各家自己织的布来满足，他们靠肩背手提或马驮把布运到市场上去卖，每周都有一个小小的商队下到谷底，或翻山越岭到最近的市镇去。”（《用笔墨描绘英国北部湖泊地区的景观》，第3版，第50—53、63—65页。）

在语言上也有障碍。对土地所有者常用的称呼是“地主”，与此相关联的词被认为是“佃户”。爱尔兰发生饥荒时，国会中和报纸上有人曾建议用自耕农制度改革爱尔兰的农业，当时，一些自命不凡的著述家，全然不了解“自耕农”一词的意义，竟把爱尔兰的投标佃农制度误认为是自耕农制度。由于人们对自耕农制度了解得很少，所以我认为，在讨论其理论以前，先说明一下自耕农制度的真实情况，是至为重要的；我将列举一些证词来较详尽地说明一些国家或地区的耕作状况和耕作者舒适而幸福的生活，在这些国家或地区的大部分土地上，除耕种土地的劳动者以外，既没有地主，也没有农场主。

第二节　关于瑞士自耕农制度的证词

我不想着重论述北美洲的情形。众所周知，在北美洲，只要是在摆脱了罪恶的奴隶制的地方，耕种者就几乎普遍是土地所有者。一个国家若将美洲的天然沃土同现代欧洲的科学技术结合在一起，它就享有得天独厚的有利条件，在那里，只要财产的安全得到保障，政府民主而开明，就几乎没有什么东西能对劳动阶级的繁荣造成大的损害。我也许应像西斯蒙第那样着重讨论古代意大利的情形，特别是拉奇奥区的情形，当时这片平原人口稠密，而后来在相反的制度下，因流行疟疾而变得人烟稀少。但我宁愿引述西斯蒙第根据自己亲眼所见而提供的证词。

西斯蒙第先生说：“要判明自耕农是否幸福，特别应对瑞士进行详细的考察和研究。在瑞士我们可以看到，由成果享受者本人从事的农业能使很多居民生活得很舒适，经济地位的独立带来了人格的真正独立，全体居民优裕的生活使商业繁荣兴旺，尽管这个国家的气候恶劣，土地不很肥沃，晚霜和易变的天气常常使耕作者的希望化为泡影。看到连最穷的农民也拥有非常宽敞、非常坚固、雕满图案的木屋，不能不使人羡慕不已。在房屋内，宽敞的走廊把大家庭的各个房间隔开；每间房内只放一张床，配有帷帐、被褥和洁白的床单；床周围考究地摆放着家具；衣柜里装满了衣服；牛奶房很宽大，通风良好且异常干净；每户人家都储存有大量的谷物、咸肉、干酪和木材；牛棚内养着欧洲最优良和照管得最细心的牲畜；花园里种满了各种花；男男女女都穿得干净而温暖。妇女得意地穿着古代的服饰；所有的人都显得那么健康和强壮。让其他国家去炫耀财富好了，瑞士常以其有这样的农民而自豪。”①

这位杰出的著述家从总体上对自耕农制度发表了这样的看法：

“凡是有自耕农的地方，也就会有舒适、安全、对未来的信心和独立意识，由此而保证有幸福和道德。农民及其子女承担了祖上传下来的那小块土地上的全部活计，不向上面的任何人缴地租，也不向下面的任何人付工资。他依据自身的消费来调节生产，吃自己种的粮食，饮自己酿的酒，穿自己收获的麻毛，不大关心市场的价格，因为他很少买卖，决不会因市场情况的突然变化而破产。他对未来无所恐惧而是充满了希望。他并非为当前的需要，而是为了子孙后代的利益而不停地劳动。哪怕只有几分钟的空闲，也要用来干各种各样的事，如栽树、挖渠，改良周围动植物的品种。他

① 《政治经济学研究》，第3篇论文。

继承的小小祖业就像是储蓄银行，随时接受他的全部微薄收益并利用他的全部闲暇时间。自然界的永恒作用力给他以百倍回报。他强烈地感受到作为土地所有者的喜悦。因此他经常迫切地想以任何价格买入土地，愿为土地付出高价，即使价钱高于土地给他带来的收益也在所不惜。他这样做是为了避免在工资市场上跌价竞争，为了无需用高价来买面包，为了保证经常有机会来投入他的劳动，难道他对由此得到的好处估价过高吗？

"自耕农在所有的耕作者当中获得的土地产品最多，因为他对未来盘算得最多，经验最丰富。他也最善于使用人力，在为全家人分派活计时，能保持每天都有活儿做，没有一个人吃闲饭。在所有耕作者当中，他是最幸福的，与此同时，在实行自耕农制度的地方，土地比任何其他地方养活的人口都多，而土地的肥力却不会耗竭。最后，在所有的耕作者当中，自耕农给予工商业的刺激最大，因为自耕农最富裕。"①

这是一幅勤恳劳作和对土地充满深厚感情的图画。英国人对瑞士文化程度较高的各州所作的观察，也证实了这种情况。英格利斯先生说："在苏黎世附近的任何地方，只要向左右看一看，就会

① 在另一本著作(《政治经济学新原理》，第3卷，第3章)中，西斯蒙第说："在几乎横穿整个瑞士，以及法国、意大利和德国的几个省份时，我们从不需要问某一块土地是属于自耕农的还是农场主的。若看到土地被照料得很好，雇农生活得很愉快，田园漂亮整洁，便可知道，这是自耕农的土地。当然，暴虐的政府有可能破坏人们因为拥有地产而享有的安乐生活和表现出来的聪明才智；税收有可能窃走田地最好的出产，政府官吏的蛮横有可能扰乱农民的安宁，无力对付有权有势的邻居有可能在心头播下沮丧的种子，因此而在重新归撒丁王统治的那个美丽地区，自耕农和打短工的人穿得一样褴褛。"他在此处说的萨瓦地区，在那里农民一般都是自耕农，根据可靠的报道，这些农民都极端困苦。但是，正如西斯蒙第先生接下来所说的："只遵奉政治经济学的一条规则是徒劳无益的，单靠它是不足以带来善的，不过至少可以减少恶。"

发现居民异乎寻常地勤劳。如果我们了解到此地自耕农有10%的收益时，我们会说，‘这是应该的’。我现在讲的是农村劳动，当然我相信苏黎世人在每一行业中都非常刻苦；不过，我可以有把握地说，他们在耕种土地时所表现出来的勤劳是无与伦比的。我每天早上四五点钟打开窗子眺望湖水和远处的阿尔卑斯山时，便看到已有人下地了。而我在日落以后很久，也许是八点半钟，散步回来时，还有人在割草，或在绑扎葡萄架。……两眼所看到的每块田地、每个果园、每一处篱笆，甚至一草一木，无不使人感觉到人们花在土地上的巨大心血。例如，在穿越或紧靠田边的小路上，决不会像英国那样，让谷穗伸出到路上，任凭过路人去摘取、践踏，而是处处都围上了篱笆，每隔大约一码有一木桩，木桩间插着树枝，高约两三英尺。如果你在傍晚看一眼种有花椰菜或卷心菜的田地，你会发现每棵菜都浇了水。在苏黎世周围有很大的菜园，园内的每棵菜都得到了最仔细的照管。蔬菜似乎是以数学的精确性栽种的。看不到一根杂草，一块石子。不像我们那样用土埋起来就行了，而是种在小坑内，每个坑内放一点粪肥，每天浇水。在撒下种子的地方，上面的土层都被弄成了粉末；每一棵灌木，每一株花卉都捆扎在木桩上；在种有墙栽果树的地方，都靠墙搭有架子，把树藤绑扎在上面；那里每一件事都安排得那么妥帖。”①

这位作者是这样描述阿尔卑斯山脉上一个偏僻山谷的：②

“在整个恩加丁地区，土地归农民所有，同别的地方一样，这些

① H. D. 英格利斯：《1830年的瑞士、法国南部和比利牛斯山脉》第1卷，第2章。

② 同上书，第8和第10章。

农民拥有的产业多寡差别很大。……一般说来，恩加丁农民完全依靠土地产品生活，只有其家庭所需的少数几种物品，如咖啡、糖和酒等是例外，产于其他地方。每家都自种、自梳、自纺和自织亚麻。每家还养羊产毛，羊毛不用通过染工和裁缝的手，就可以做成蓝上衣。耕种面积已无法再扩大，勤劳而又极为贪利的农民已做了所能做的一切。在恩加丁，没有一寸荒地，尽管最低的地方并不比斯诺登山的顶峰低多少。只要能长草的地方，都种上了庄稼。任何一块能长草的岩石上，都是绿油油的。凡是裸麦能成熟之处，无不种上裸麦。大麦和燕麦也有其适当的栽种地方。并且只要有可能，总会见缝插针地种上一片小麦。在恩加丁，穷人比欧洲任何一个地方都要少。在约有600个居民的苏斯村内，没有一个人不过得富富裕裕，也没有一个人欠别人哪怕是一口粮食。”

尽管瑞士的农民普遍都过得很富足，但却不能说在全国范围内贫穷已绝迹。最大和最富有的伯尔尼州便是一个例子；虽然在该州自耕农居住的地方同其他地方一样，自耕农非常勤劳，生活很富裕，但由于济贫法在整个欧洲（除实施新济贫法以前的英国外）是管理得最差的，该州却有人数众多的贫民。[①] 在某些其他方面，瑞士也不是能说明自耕农制度的所有优点的例子。瑞士各州都有关于当地土地和人口的统计资料。这些资料包含有近期的详细数据，大都编制得很认真仔细。从这些资料可以看出，土地往往分得过细；在富庶的苏黎世州，自耕农所负的债务之多，用克诺瑙的话

① 自从我写出正文中的这句话以来，伯尔尼州在制定和实施济贫法方面已发生了很大变化。但我对变化的细节不甚了解，故而在此无法说得更详尽。

来说，“几乎难以令人置信”①。然而，从这些书中所得到的一般结论乃是，自本世纪初以来，伴随着贵族或州政府的许多大地产被分给农民，农业的几乎每一个部门以及人民的衣食住行都得到了显著而迅速的改进。普皮科费尔甚至说，自从将封建领地分给农民以后，往往用三分之一或四分之一的领地生产出的谷物和喂养的牲畜，就同以前用整个领地生产出的谷物和喂养的牲畜一样多。②

第三节　关于挪威自耕农制度的证词

挪威是自耕农历史最悠久、自耕农在人口中所占比例最高的国家之一。关于该国的社会经济状况，莱恩先生作了令人颇感兴趣的叙述。他的叙述表明他非常赞同小土地所有制，我将摘引其中的几段话。

“尽管小土地所有者不是好的农场主，可这不是与苏格兰相同的原因，即懒惰和不努力造成的。在这些峡谷和山沟中所进行的灌溉工程的规模，显示出一种努力和协作（读者应特别注意这一点）精神，而苏格兰丝毫也没有这种精神。干草是牲畜冬季的主要

① 《瑞士历史地理统计图表》第1卷，《苏黎世州》，格罗尔德·迈尔·冯·克诺瑙著，1834年，第80、81页。他还说，在苏黎世的某些村庄，所有的地产业都是抵押出去的。然而，不能说，因为债务总额很大，每一个自耕农都受到了很多牵连。例如在沙夫豪森州，据说几乎全部地产都抵押出去了，但抵押额很少超过这些土地注册价值的一半（第2卷，《沙夫豪森州》，爱德华·因森著，1840年，第52页），而且抵押土地所得的贷款常常是用于改良和扩大地产（第17卷，《图尔高州》，J. A. 普皮科费尔著，1837年，第209页）。

② 《图尔高州》，第72页。

饲料，干草和谷物，还有马铃薯，很容易因土层浅和岩石反射强烈的阳光而枯萎，因而人们花费极大的力气从峡谷的源头引水浇田。从山丘间常年有水的溪流，通过密林，跨过深谷，沿着陡直的峭壁用木槽（用剖开的树干挖空做成）引水，在主槽上再接上支槽把水引到每户田头，然后再用活动的木槽将这一水源分配于田间。在这一季节，使用类似于漂布所用的戽斗不断地向每个田垄浇水，木槽则置于每两个田梗之间。若非亲眼所见，谁都不会相信用这种人工方法能在很短时间内灌溉面积这么大的土地。主槽所通过的区域很大。我在一个峡谷中走了 10 英里，发现两侧都有木槽，而在一侧，木槽沿着主要的山谷而下，竟长达 40 英里。[①]做这种事情的人也许是拙劣的农民，但他们决不是懒惰的，他们相信协力工作的原则，愿意为共同利益维护这种设施。毫无疑问，在这方面，他们比我们苏格兰高地峡谷中的佃农村社要先进得多。他们感到自己是主人，可从自己的努力中得到好处。道路桥梁的良好状态是另一个证据，表明住在该地的人们对于维护这些设施有着共同利益。该地不征收通行费。”[②]

关于自耕农制度在总体上对欧洲大陆的影响，莱恩是这样

① 凯先生在其所著《英国和欧洲人民的社会状况和教育》一书中摘引了赖欣施佩格在《农业问题》一书中发表的以下看法：“在欧洲，以最完善的方式实施范围最为广泛，耗资最为巨大的草地和田地灌溉计划的地方，乃是土地分得非常细，土地掌握在小自耕农手中的地方。他列举出了巴伦西亚附近的平原，法国的几个南部省份，特别是沃克吕兹省和罗纳河口省，伦巴第区，托斯卡纳区，锡耶纳省，卢卡省，贝加摩省，皮埃蒙特区，德国的很多地方等等作为例证，说明在欧洲的所有这些地方，土地都在小自耕农间分得很细。在所有这些地方，都建有耗资巨大的大规模灌溉系统，而这些系统现在是靠小自耕农来维持的。由此而表明他们依靠联合可以完成需要花费大笔资本的工程。”凯，第 1 卷，第 126 页。

② 莱恩：《挪威纪事》，第 36、37 页。

说的：[1]

“如果我们听信大农场主、农学会和〔英国〕政治经济学家的言论，就会认为良好的耕作方法一定会随着大农场的消失而消失。他们认为，除了用大资本经营大农场外，不可能有其他良好的耕作方法。排水，施肥，经济合理地安排农活儿，除草，定期轮作，役使大牲畜，使用昂贵的农具，所有这些只有在大农场，在运用大笔资本和雇用劳动的情况下才能办到。这些听上去是不错的。但是，如果我们放下他们的书本去看一下他们的田地，把大规模耕作最好的地区和小规模耕作最好的地区冷静地比较一下，我们就会看到这样一个不容否认的事实，即在佛兰德、东弗里斯兰、荷尔斯泰因，简言之，在欧洲大陆从松德海峡到加来的全部可耕地，同从福斯湾到多佛尔的英国海岸上同一纬度、相等质量的土地相比，收成要好一些。在同等土壤和气候条件下，小块田地如果像在佛兰德、荷兰、弗里斯兰和荷尔斯泰因的迪特马什那样归农民所有，则精耕细作会明显地提高产量。我们的农业著述家们并不否认，甚至连贝里克郡、罗克斯巴勒郡或洛锡安的大农场主们，也无法像佛兰德的小农那样进行园田式耕作，那样认真地积肥、排水和除草、从小块贫瘠土地上获得那么高的产量。在苏格兰或英格兰耕作得最好的教区内，土地有很大的浪费。那里大农场的边角地过多，田间道路过宽(这种过宽是道路工程质量差所造成的，反之过宽又导致工程质量低劣)，有好多被遗忘的公用地、荒地、杂树丛生的无用地带。这些土地如果归拢起来耕种，可养活教区的全部贫民而有余。毫无疑问，大农场只对最好的良田才投入大量资本，而对需要花较

① 《一个旅行家的笔记》，第 299 页以后。

多的时间和劳动加以改良因而不能迅速回收投资的土地则不屑一顾。但是虽然靠雇工无法有利地进行这种耕作，可是自耕农却可以进行这种耕作。自耕农起初不考虑更高的条件，只是为了糊口而耕种土地。几代人之后，土地变肥沃了，价值增加了；于是生活也就有了改善，甚至有能力采用非常先进的耕作方法。犁沟排水，夏季厩养、稀释施肥，在佛兰德、伦巴第和瑞士的小农场是极其普遍的，而我们最先进的大农场只不过刚刚开始采用这些方法。靠很多小农合作可以提供最大量的牛奶和干酪，[①]提供财产防火和防冰雹的相互保险，进行现代最科学和最昂贵的农业生产活动——甜菜糖的生产，和向欧洲市场供应亚麻和大麻；在国外，即令是最低阶层的家常便饭，也有丰富的蔬菜、水果和家禽，而在我国，甚至在中产阶级的餐桌上也不会这样齐全，这种丰富的供应实质上是同小农经济相关连的。所有这些都是实行小自耕农制度的国家的特点。这肯定会使考察者在听到我国土地专家的宏论时要忖度一番，是否真的只有靠雇佣劳动和投入大量资本的大农场才能最大限度地提高土地的生产力，才能为一国居民提供最大量的生活必需品和便利品。”

① 值得注意的是瑞士农民共同出资合作生产干酪的方式：“瑞士每个教区通常从弗赖堡州格吕耶尔地区雇人来放牧和做干酪。每 40 头奶牛需要一个干酪师傅、一个挤奶工和一个牧羊人。每个牛主每天记下每头牛的产奶量。干酪师傅及其助手挤牛奶，把牛奶收集起来做干酪，到每季度末，每个牛主得到他那一份干酪，其重量和他的奶牛挤出的牛奶数量成比例。这种合作计划取代了小规模自给自足的干酪生产，原先每个人只能加工三四头母牛的奶，现在他得到的奶酪重量相同而质量却好得多，因为这是由专门人员做出来的。对于干酪师傅及其助手用钱或奶酪按母牛头数支付工资，有时他们也把母牛租下，付给牛主钱或干酪。”《一个旅行家的笔记》，第 351 页。法国汝拉省实行了一种与此相类似的制度。详见德·拉韦涅的《法国的农村经济》，第二版，第 139 页以下。在劳动联合的这一有趣事例中，最引人注目的是对所雇用人员诚实的信任，经验肯定已证实了他们的诚实。

第四节 关于德国自耕农制度的证词

在广泛实行自耕农制度的德国很多欣欣向荣的地区中间，我选择了帕拉廷奈加以记述，这是因为这种记述具有从英文原始资料摘引个人对这个地区的农业和人民所作的观察结果的有利条件。著述家豪伊特先生惯于从光明面来考虑英国的一切事物和社会情况，他在论述莱茵地区的农业时，虽然不客气地指出农民们使用的工具粗笨、耕作方法低劣，但他仍说，农民们在自己拥有所有权这种心情的激励下，靠提高劳动强度弥补了工具的不完善。"农民耙地和除草非常认真。他们所能收获的作物看来是很可观的。"[①]"农民[②]是农村生活中伟大的和常在的人群。他们是农村的主要居民，因为他们本身就是所有者。事实上这个农村大部分是在他们手里。土地是划分成小块后分给群众的。……这些农民大多数不像我国农民——其与所耕种土地的所有权的关系完全被切断，完全依靠别人提供的劳动耕作——他们自己就是土地的所有者，也许就是由于这一原因，他们大概是世界上最勤劳的农民。他们忙忙碌碌，起早贪黑，因为他们知道是为自己劳动。……德国的农民进行着艰辛的劳动，但是他们实际上并不穷困。每个人都有自己的住宅、果园和路边种植的树木，这些树通常都果实累累，必须采取各种方法将其撑住并拿到手，否则就会碎裂无收。他们有谷物地、饲料用甜菜地和大麻地等等。他自己是主人；他和他家

① 《德国的农村和家庭生活》，第 27 页。

② 同上书，第 40 页。

里的每一个人都具有极大的劳动积极性。从超过全世界其他地方的持续不断的勤奋劳动和无比俭省中，你可以看到这一切的作用。事实上，德国人并不像英国人那样灵敏和活泼。你从来看不到他们在奔忙，或者打算在很短的时间内做很多工作。……相反，他们是慢慢吞吞的，但一直在干着。他们日复一日、年复一年地埋头苦干——最有耐心，孜孜不倦，富于坚忍不拔的精神。英国的农民已经毫无置产的观念，他们习以为常地认为拥有土地是大地主的法规所不容许的，因此他们灰心丧气，意志消沉。……相反，德国的农民把国家看成是为他和他的伙伴而存在的。他感到自己是人；他和他的许多邻居与国家利害攸关；只要他积极肯干和节约，任何人都不能用放逐或送入济贫院来对他进行威胁。因此，他挺着腰杆走路；他以自由而自尊的神态面对别人。”

关于他们的勤奋，这位作者进一步谈到：“他们每时每刻都能找到自己可以干的工作。即使在冬天最冷的时候，如果气候允许他们走出门外，他们总能找到要干的活儿。当土地还封冻时，他们就向地里运肥。一化冰，他们就忙于清理沟渠和砍伐老朽或结实不好的果树。那些穷得无法储存足够木柴的人则不辞辛劳到深山老林去砍柴。英国的普通老百姓如果看到德国人砍柴时那样剧烈地劳动，一定会感到惊奇。在大雪封山时，你若走到山上和林间，就会看到他们在劈断树桩，砍伐树枝，并以林管局人员所允许的各种方法把它们以及一些木材收集起来，运回家里，其劳累和耐心程度令人难以置信。”[①] 在描述德国农民如何细心和吃力地栽培葡

① 《德国的农村和家庭生活》，第 44 页。

萄以后，他接着说[①]："英国有大量的牧场和大农场，一旦谷物入仓和牧草收割，农村就处于比较闲散和平静的状态。但在这里，不论什么地方或什么时候，人们都在锄地、刈草、种植、修剪、除草和采集。他们像一个以供应市场为目的的种菜园的人，总是有庄稼活儿要干。他们自己种植胡萝卜、罂粟属植物、大麻、亚麻、驴喜豆、苜蓿、油菜、芸苔、甘蓝、芜青甘蓝、黑芜菁、瑞典芜菁和白芜菁、起绒草、洋蓟、饲料用甜菜、欧洲防风、菜豆、蚕豆、豌豆、巢菜、玉米、荞麦、茜草、马铃薯、烟草和粟——全部或大部分种在自家的份地上，由自家的人照管。他们为收获这些作物，首先要播种，其中很多要移植，要锄地，要除草，要灭虫，要打尖；很多作物要相继收割和采集。他们拥有自己的灌溉牧草地（他们所有的牧草地几乎全部是灌溉牧草地），必须适时灌溉、收刈、再灌溉；要重开和更新水道；他们要把新鲜的蔬菜水果运往市场；要照料他们的牛、羊、小牛、小马（其中大部分是圈起来的）和家禽；要在暑天修剪葡萄树的繁枝茂叶。任何人都不难想象，这是一幅多么繁忙的景象啊！"

这种有趣描述的正确性，任何一位到这个耕作发达、人口稠密的地区旅行过的观察力敏锐的旅客都能提出证明。住在当地的著名教授劳在他的论述帕拉廷奈的农业的小册子[②]中所作的更加详细的叙述，也与此完全相符。劳博士不但证实了农民很勤勉，而且证明他们有较高的技能和智慧；他们的施肥方法很合理，轮作制度也很好；他们的农业在过去若干世代逐渐进步，现在他们仍在精神饱满地作进一步的改进。"这些乡下人的坚忍不拔同他们的热忱

① 《德国的农村和家庭生活》，第50页。

② 卡尔·H.劳：《论莱茵河谷特别是海德尔堡地区的农业》，海德尔堡，1830年。

一样有名，他们成年累月地忙个不停，从不闲着，因为他们把工作安排得很好，把适于工作的任何短暂时间都利用起来了，他们善于利用每一个机会，掌握有用的新颖事物，找到有利的新方法，这种热情是值得称赞的。人们很容易看出这里的农民对他的工作有长远的考虑；他对自己的做法总能提出理由，尽管这种理由并不总是站得住脚的。他同大部分观察员一样，不必靠计算，凭记忆就可以精确地进行盘算。他经常注意预示他会获益或受损的种种迹象。"①

德国其他各地的情况亦复类似。凯先生说："众所周知，在萨克森，最近 30 年，从农民成为自耕农以来，农民的住房、生活方式和衣着，特别是土地的耕作，都有迅速而持续不断的改进。在一位德国导游的陪伴下，我曾两次游历人们称为 Saxon Switzerland 的地方（在萨克森之内），目的在于查看一下那里的村庄和耕种情况；其结果，我可以有把握地排除异议，断言萨克森的那个地方的溪谷间耕作的勤勉和仔细，欧洲任何其他地方都无出其右。那里的农场同伯尔尼州、沃州和苏黎世州以及莱茵各省的农场一样，非常兴旺。它们处于美好状态，并且一直管理得很好。地面整洁，一如庭园，不为树篱或灌丛所阻塞，几乎看不到一根灯心草、蓟草或其他滋生的杂草。每个春天都用庭园的排水充分灌浇牧草地。牧草之间毫无杂草，因此，看到萨克森的牧草地，我就想起英国的草坪。农民竞相在产品的数量和质量、在土地平整和一般耕作方法上胜过别人。所有的小自耕农都渴望找到极大地提高产量的耕作方法；他们一心追求新的改进；他们把自己的孩子送到农业学校去读书

① 卡尔·H. 劳：《论莱茵河谷特别是海德尔堡地区的农业》，第 15、16 页。

以使他们今后能帮助自己工作;邻居所采用的每一新的改进措施,他们很快就会仿效。”[①] 如果这种描述没有言过其实,那么,他们的智力不仅和英国的农民大不相同,而且和英国的农场主也有很大的差别。

凯先生在1850年出版的那部著作,载有在欧洲很多地区进行的观察和调查中搜集到的大量事实,以及许多著名著述家的证词,它们都证明了自耕农制度具有积极作用。我从他所摘引的有关自耕农制度对农业的作用的证词中选录如下一些。

“住在普鲁士的土地分得很细的地方的赖欣施佩格为了说明土地完全保有制度的重大作用,出版了一部篇幅很大、阐述详尽的著作。他非常肯定地说,小农或自耕农拥有和耕种的土地,不仅其总产量高于少数大地主拥有而由租地农场主耕种的同一面积的土地,而且其扣除全部耕作费用以后的净产量也高于后者。……他举出事实证明,在地产很小的一些农村,其土地的肥沃程度一定在迅速提高。他说,普鲁士莱茵各省分成一些小地产的土地,其地价比大地产的地价要高得多,并且增长得快得多。他和劳教授都说,如果小地产的生产力不以同一比例(至少)提高,小地产的这种价格上涨就会使最后的买主破产;可是,尽管小自耕农买地时偿付的地价愈益增加,他们却愈来愈富裕,这种情况可以说明,小地产的总利润和纯利润都在逐渐增加,而且,在土地由小自耕农耕种的时候,每英亩土地的纯利润也大于由大地主耕种的土地;他的这种看

① “英国和欧洲人民的社会状况和教育,显示了外国的初级学校和地产分割的效果。”高等法庭律师和剑桥大学前巡回学士约瑟夫·凯文学硕士著,第1卷,第138—140页。

法显然是正确的。他还说(看来也是正确的),小地产地价的提高不可能仅仅是竞争的结果,因为如果只是由于这一点,小自耕农的利润和富裕程度就会降低,而地价的上涨并未产生这一结果。

“阿尔布雷希特·特尔,另一位论述各种农业制度的德国著名著述家,在其最近的著作之一《合理的农业原理》中表示,他坚决相信由小农耕种的土地的**净产量**要高于由大地主或其承租人耕种的土地。……特尔的这种意见是更加值得注意的,因为他在年轻的时候,曾经极力支持英国的大地主和大农场制度。”

凯先生根据自己的观察加上了一句话:“普鲁士、萨克森、荷兰和瑞士的小农经营是我曾目睹的任何国家的耕作方法中最完善和最经济的一种。”①

第五节　关于比利时自耕农制度的证词

但是,反对英国对自耕农耕作的偏见最为坚决的,是比利时的实例。比利时的土地原先是欧洲最劣的土地之一。麦克库洛赫先生说②:“西佛兰德、东佛兰德和埃诺各省的大片平原作物丰富,表明农民在耕作中进行过坚持不懈的照料和劳动;因为当地的天然土壤几乎完全是不毛的沙地,现在的地力则十分肥沃,这完全是非常精巧的管理和适当地施加各种肥料的结果。”在有益知识普及协会的《农场主丛书》中,收有一部精心编写的题为《佛兰芒的农业》的内容丰富的论著。作者说③:佛兰芒的农民“似乎只要有一块土

① 凯,第1卷,第116—118页。

② 《地理学词典》,“比利时”条。

③ 《佛兰芒的农业》,第11—14页。

地可以耕种就不缺什么了；不论土壤的质地如何，他们总有一天会使它生产出某种农作物。坎平的沙地只能同海滨的沙地相比拟，它原先可能就是这样的沙地。一步一步地跟踪这种土地的改良过程，是非常有趣的。你在这里看到，在这块前途无望的土地上建筑了一座小屋和简陋的牛棚。漫天的白沙被风吹成参差不一的一些沙丘，只是凭借灌木树根才聚拢在一起。只有很小一块地方是平整过的并且周围有沟渠。这块地的一部分覆盖着金雀花幼树，另一部分种着马铃薯，也许还可以看到一小片矮小的三叶草。"但是，不论是固体肥料还是液体肥料都收集起来了。"这是一个核心，过不了几年，在其周围就会出现一个小小的农场。……如果附近没有肥料，则起先只能在纯粹的沙地上种金雀花，这种植物在最贫瘠的土地上也可以生长；不到三年就可以收割，一捆一捆地卖给面包铺和砖瓦厂作为柴火，以得到若干收益。落叶可以使土壤略微肥沃一点，须根则增强了土地的紧密度。现在在这块土地上已经可以进行耕作，并且不施肥也可以种荞麦，甚至种黑麦。到荞麦或黑麦收割的时候人们也许已积起肥料，可以正式开始种庄稼，一旦种植的三叶草和马铃薯使这位农场主可以饲养奶牛和取得肥料，土地的改良就可以加速进行。要不了几年，土壤就会完全改观。它变得松软和饱含水分，并且由于获得三叶草和其他作物根部分解出来的植物质而肥沃起来。……在土地逐步改良和以正规方式耕种以后，在原先的好地和靠劳动及勤勉改良的土地之间看不出有多少差别。至少两者的收成同其他各国性质不同的土地的收成相比更为接近。这是佛兰芒制度具有优越性的一大证据；因为它表明土地可以不断改良，地力的不足可以靠耕种和施肥，特别是后者

来弥补。”

在这种小地产或小农场上进行如此剧烈的劳动(因为这是为他们自己劳动)的人们,好多世纪以来就实行了轮作和合理施肥的原则,而这些原则在英国是算作近代的新发现的。因此,即使在今天,具有权威的行家也承认他们的农业从总体上说优于英国的农业。“佛兰德贫瘠的沙土,或其中等土地的耕作”,上述作者说[①]:“通常优于不列颠有很大改进的同类农场的耕作。我们在资本、在各式各样的农具、在牛羊的选择和饲养方面大大地胜过佛兰芒的农场主(虽然按照同一作者的看法[②],他们“在奶牛的喂养方面大大领先于我们”)”,“而且,英国农场主所受的教育程度一般也多于佛兰芒的农民。但是,在对于土壤品质的关心方面,在各种肥料的处理和使用方面,在作物巧妙地交替种植方面,特别是在节约土地,使其任何部分都经常处于生产状态方面,我们仍然有一些东西需要向佛兰芒人学习。”不是向各处有教养、有事业心的那些佛兰芒人学习,而是向一般做法学习。

这个国家很多耕种很发达的地区实行自耕农制度,土地由自耕农经营,一直全部或部分靠铁锹耕种[③]。“如果土地完全靠铁锹耕种,而没有养马,则每三英亩土地饲养一头奶牛,完全喂以人工种植的牧草和草根。这种耕作方式主要在瓦埃斯地区实行。那里地产都很小。所有的劳动都由家庭的各种成员负担;”人们很快就开始“按照他们的年龄和体力,帮着干各种轻微的工作,如除草、锄

① 《佛兰芒的农业》,第 3 页。

② 同上书,第 13 页。

③ 同上书,第 73 页以后。

地、喂牛。如果他们能够生产制造自己食用的面包所需的黑麦和小麦，并能生产奶牛食用的马铃薯、芜菁、胡萝卜和三叶草，他们的生活就可以过得很好；他们生产的油菜子、亚麻、大麻、黄油的出售所得，扣除购买肥料的支出（其金额往往很大），还可以带给他们很好的收益。假设土地的总面积为 6 英亩，就农户占用的面积而言，这是很平常的，它也是一个男人所能管理的”；则（作者对耕作作了描述以后，这样说）“如果一个人连同他的妻子和 3 个年轻孩子的劳力相当于 3 个半成年男子，则这个家庭将需要 39 蒲式耳谷物、49 蒲式耳马铃薯、1 头肥猪和 1 头奶牛所供给的黄油和牛奶。1 英亩半土地将生产谷物和马铃薯，还可以收获一些玉米用于猪的催肥（除玉米外，还给这些猪喂点制造黄油的残渣）。另 1 英亩土地种植三叶草、胡萝卜、马铃薯和茬地萝卜，它们可用于饲养牛而有余。因此，两英亩半土地就足供这家人吃喝；另外 3 英亩半的出产可以出售，以其所得支付地租或购买土地的借款利息，还可以用来补充磨损的农具，增加肥料，并购买全家的衣着。但是，在这 3 英亩半土地中用于种植大麻、亚麻和菜子的部分，对农场最为有利；其中另 1 英亩土地种三叶草和块根植物，还可以养 1 头奶牛，并将其产品出售。因此，对于一个家庭如何靠 6 英亩中等土地生活和致富的问题，我们就能够作出说明”。这位作者在用计算表明这块土地无需雇工靠这个家庭就能以最完善的方式耕种以后，接着说：“在一个完全靠铁锹耕种的 10 英亩农场中，如果家庭成员增加男女各一，则所有的工作更易于进行；如果有马和马车可以用来运出肥料和运回产品，有时还可以用马拉耙，则这一家可以很好地耕种 15 英亩土地。……这样，我们就会明白”（这是几页详细记述和计算的结

果[①])，“一个仅有一小笔资本和15英亩良好沙地的勤勉的男子，靠铁锹耕作，不仅可以维持自己的生活，养活一家人，交付适当的地租，而且可以在他的一生中积蓄一大笔钱。”但是，他用以做到这一点的坚持不懈的勤劳，很大一部分不是花费在单纯的耕作上，而是为了在遥远的未来取得报酬而花费在土地本身的改良上——这种勤劳与不付地租没有任何关联吗？如果不以事实上的永佃权或某种许诺为前提，或不以在租入的土地上勤恳地劳动和实行节约，日后确实可以成为自耕农为前提，这种勤劳能够做到吗？

至于他们的生活方式，“佛兰芒的农场主和劳动者的生活比英国同一阶级的人们节俭得多；除星期天和收获期以外，他们很少吃肉。脱脂牛奶、马铃薯和黑面包是他们的日常食物。”那些在欧洲走马看花的旅行者，以此为依据，断言欧洲大陆任何国家的农民都过着贫困和悲惨的生活，它们的农业制度和社会制度是失败的，只有英国的制度才能使劳动者得到幸福。不论英国的劳动者是否幸福，他们只是在这一制度下才确实永远不会试图过得更好些。英国的劳动者习以为常地认为一个劳动者不花光他所挣到的全部收入是不大可能的，因而，他们惯常把节俭的征兆误认为贫穷的征兆。请看一下对这个现象的正确解释。

“因此，他们逐渐获得资本，他们最大的抱负是自己拥有土地。他们热切地抓住每一个购买小农场的机会，土地的价格由于竞争而大大提高，因而土地带来的收益几乎不超过购地价款2%的利息。大地产逐步消失，并分割成若干小块，它们都以高昂的价格出售 。但是，国民的财富和产业不断增加，它们散布于群众之中，而

① 《佛兰芒的农业》，第81页。

不是积聚在几个人的手里。”

这样的事实是人所共知和容易理解的，但人们大为吃惊地看到，有的人不以佛兰德的事例来推奖自耕农制度，相反地却认为它是对自耕农制度的一种警告；其理由仅为一种设想的人口过剩——这是从布拉邦特和东佛兰德的农民在发生灾荒的1846—1847年间陷入贫困推断的。我所摘引的一位熟悉这方面情况的著述家（他不靠任何经济理论来支持自己的说法）的证词，表明了这种贫困无论它可能严重到什么程度，都不是由于这些小农在正常情况下无法充分供应他们必须供养的一切人的需要而造成的。它来源于这些人耕种自己的土地，生产自己所需要的食物这一基本状况，就是说，季节旺淡的后果必须由他们自己承担，不能像大农场主那样转嫁到消费者身上。如果我们回忆起1846年的收成——所有的谷物都部分歉收，而马铃薯则几乎全部付诸东流，那么，在这样一种稀有的灾难中，6英亩土地（其中一半用于种植大麻、亚麻或菜子）的生产物不足以供应全家一年的口粮，就毫不足怪。但是，我们不应拿佛兰芒的不幸的农民去同耕种几百英亩土地的英国资本家作比较。如果这个农民是一个英国人，他不是那个资本家，而是资本家雇用的一个散工；那么，在收获不足的时期，散工的生活就不会困苦吗？我以为，没有理由可以相信，在歉收程度相同的情况下，比利时会比其他国家更为贫困。①

① 最近比利时所诉说的贫困在某种程度上带有永恒的性质，看来只限于本身从事工业劳动或既从事工业劳动又从事农业劳动的那一部分人。它是对比利时工业品的需求减少所引起的。

除前已引用的有关德国、瑞士和比利时情况的证词以外，还可以援引尼布尔有关罗马坎帕纳区情况的证词。他在发自蒂沃里的一封信中这样说：“在存在世袭的农场主或

第六节　关于英法海峡群岛自耕农制度的证词

英法海峡群岛自耕农制度的优越性具有极为有力的证据，除上述许多引证外，我还要在这里援引有关这些岛屿经济状况的部分描述。这是一位著述家通过个人观察并对别人提供的资料进行精心研究以后作出的，威廉·桑顿先生在他的《为自耕农请愿》（该书在材料和写作技巧方面颇具特色，应当看作是有关这一问题的标准著作）中就根西岛的情况作了如下的叙述："从这样狭小的地区运送这么多产品到市场上去，这在英国也很难看到。这件事本身就可以证明，这些耕作者一定在很大程度上摆脱了贫困，因为他们已成为自己生产的产品的完全所有者，所以他们出售的当然只是自己不需要的那一部分。他们在生活上的称心如意对任何观察者来说都是显而易见的，希尔先生说：'我发现根西小岛是我过去接触过的社会中最幸运的社会。'乔治·黑德爵士说：'旅行者无论走到什么地方，都可以看到那里的生活很舒适。'英国游客第一次徒步或驱车越出圣彼得港的范围时，极其意外地看到的是在其风景中稠密地散布着住宅的外观。不少住宅类似本土中层阶级人士的住宅；但是，他难于猜出住在其他一些住宅中的是哪一类人，虽然这些住宅一般对农场主来说并不够大，然而对散工来说从任何方面看都过分漂亮。……确实，全岛除少数渔民的小屋以外，任何

小自耕农的任何地方，都存在着勤勉和诚实。我相信，如果有人愿意将其大地产分割成可以由自耕农保有的小地产，山区的抢劫活动就会绝迹。"（《尼布尔的生平和信件》第2卷，第149页）

住宅都不像英国本土农场劳动者的普通住宅那样简陋。……卸任不久的根西岛行政官德·黑尔布罗克先生说:'打量一下英国农民的茅舍,并拿它们同本岛农民的村舍作比较。'……乞丐完全看不到了。……贫民,至少是身体健康的贫民,几乎同乞丐一样罕见。储蓄银行账目也就根西各劳动阶级的生活一般都很富裕提供了证明。1841 年,英国本土约 1500 万的人口中存款人数不到 70 万,即每 20 人有 1 人存款,平均存款额为 30 镑。在同一年,根西 26000 人口中存款人数为 1920 人,而平均存款额为 40 镑。"[①] 有关泽西岛和奥尔德奈情况的证词具有类似的性质。

桑顿先生就英法海峡群岛小农经济的效率和生产性提出了充分的证据,并将其效果总结如下:"由此可知,在英法海峡两个主要岛屿的农业人口密度同不列颠相比,一个大 1 倍,另一个则大两倍。在不列颠,每 22 英亩耕地只有一个耕作者,而在泽西则每 11 英亩耕地有一个耕作者,在根西为每 7 英亩耕地有一个耕作者。然而,这些岛屿的农业,除耕作者以外,还要分别供养其密度相当于不列颠 4 倍和 5 倍的非农业人口。这种差别并不是海峡群岛的土壤或气候良好所造成的,因为泽西岛的自然条件比英国南部各郡恶劣,根西岛的自然条件也不比英国南部各郡好。这种差别完全是农场主们勤奋照管和大量施肥的结果。"[②] 他在另一个地方说[③]:"1837 年,英格兰大农场中小麦的平均产量仅为 21 蒲式耳。任何一郡的最高平均产量也不超过 26 蒲式耳。自那时以后,全英格兰的最高平均产量为 30 蒲式耳。在泽西岛(该岛农场的平均面

① 威廉·托马斯·桑顿:《为农民所有者请愿》,第 99—104 页。

② 同上书,第 38 页。

③ 同上书,第 9 页。

积只有16英亩),按照英格利斯的记述,1834年每英亩小麦的平均产量为36蒲式耳;但官方提出的数字表明,在到1833年为止的5年内为40蒲式耳。在格尔恩赛(该岛农场的平均面积更小),按照英格利斯的说法,每英亩4夸特可以认为是好收成,但这还是很一般的收成。""在英格兰,人们认为每英亩30先令[①]对中等土地来说是一种很合理的租金;而在英法海峡群岛,除非常差的土地以外,每英亩土地的租金至少是4镑。"

第七节 关于法国自耕农制度的证词

自耕农制度不适宜的看法通常源自法国;人们常常断言法国是在可能最恶劣的农业条件下取得其成果的。由于土地的细分,它将很快陷入(如果不是已经陷入)饥饿的深渊。如此背离事实的看法为什么这样普遍地流行,其原因很难说明。在法国大革命以前,法国的农业极其惨淡,农民处在极端贫困之中。在那个时候,他们并非像现在这样普遍地拥有土地。然而,确有不少地方的土地在很大程度上是农民的财产,其中有很多对普遍恶劣的农业和普遍的贫困来说是极其引人注目的例外。在这一论点上的一个无可争议的权威——阿瑟·扬,是顽强地反对小农场的学者,现代英国农业学派的领袖。他在1787、1788和1789年几乎走遍了整个法兰西。当他看到非常优越的耕作方法时,毫不犹豫地承认它是自耕农制度的产物。他说[②]:"离开了索佛,我就惊奇地看到一

① 威廉·托马斯·桑顿:《为农民所有者请愿》,第32页。

② 阿瑟·扬:《法国游记》第1卷,第50页。

大片土地，那里除了巨大的岩石以外似乎什么都没有，然而其中大部分都已围住，并且在极其勤奋的照料下种植作物。每个人都有一棵橄榄树、桑树、杏树或桃树，在这些树之间散布着葡萄树；因而可以设想，整个地面是被零零散散地混杂在一起的这些植物和凸出的岩石覆盖着的。这个村庄的居民的勤勉应当受到奖励；如果我是法国的部长，我就会嘉奖他们。他们会很快地把自己周围的一切荒地变成园圃。一小群勤勉的庄稼汉之所以化岩石为沃土，我认为，这是因为那些东西属于他们自己，如果他们受到同一万能原则的激励，他们也会化荒地为沃土。”他又说[①]：“走到罗森达尔”（敦刻尔克附近），“勒布伦先生很有礼貌地带我参观了他对那里的沙丘所作的改良。在当地和市镇之间、盖了许多小巧的房屋，每座房屋都附有园圃和一两块用篱笆围住的田地。这些田地原先都是极其恶劣的沙土，色白如雪，现在已由于人们的辛勤劳动而得到改良。私有财产的魔术把沙土变成黄金。”他还说[②]：“走出甘奇以后，我惊奇地看到人们在灌溉方面作出了极其巨大的努力，其程度远远超过我过去在法国所曾见到的；随后我又经过布满耕作良好的梯田的崇山峻岭。在圣劳伦斯有很多水浇地。这个景色对农民来说是非常迷人的。从刚奇乘车穿越崎岖不平的山地，是我在法国的旅行中最赏心悦目的事情；到处是热火朝天的劳动和欣欣向荣的景象。这里有一种活力，简直可说是一往无前、无坚不摧。它使巉岩披上了绿装。如果询问其原因何在，对有常识的人来说是有失体面的；这必然是由于人们享有所有权。让一个人牢固地

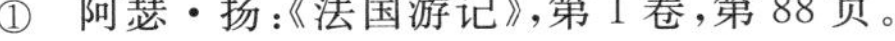

① 阿瑟·扬：《法国游记》，第1卷，第88页。

② 同上书，第51页。

拥有一块充满岩石的荒地，他会使它变成一个园圃；让他以 9 年为期租种园圃，他会使它变成一片沙漠。”

在他对西比利牛斯山脉的山麓地方所作的描述中，他不再谈他所推测的，而只谈他所知道的。“启程前往莫能[①]，不久就看到一处我在法国从未见过的景色，我几乎无法相信自己的眼睛。这里有一连串用石块堆垒起来并以砖瓦覆盖的坚实而舒适的农家小屋；每一家都有一小果园，用修剪得很整齐的蒺藜篱笆围起来，种上大量桃树和别的果树，篱笆内部三三两两地长着若干美观的栎树，对小树的照料非常细心，这样的精心抚育只在其为园地的所有者时才能做到。每一家都附有一个农场，四周用草皮围住，谷地四周也围有整齐的草皮，围栏之间有门可通。在英国有一些地方（那里还存在着自耕农）很像贝尔恩的这块土地；但是很少有和我从波城乘车前往莫内尼的 12 英里旅行中所看见的相同的。那里一切都掌握在小自耕农手中，没有多少农场小到会使居民过恶劣、悲惨的生活。整洁、温暖和舒适的气息笼罩着全部土地。这从他们新建的房屋和马厩；从他们那小小的园圃；从他们的篱笆；从门前的空地；甚至从他们的鸡笼、猪圈，都可以看出。如果一个农民的幸福受到以 9 年为期的租约的限制，他是不会想到让他的猪过得舒服一些的。我们现在来到贝尔恩，它离亨利四世的发祥地只有几英里。当地的农民是否继续享有这位明君所赐予的幸福？这位明君的温良资质似乎仍在支配这个地方；农民们的生活都很安乐。”他一再指出法属佛兰德农业的优点。在那个地方，农场“都很小，但

① 阿瑟·扬：《法国游记》，第 1 卷，第 56 页。

大多在小自耕农手里”[①]。科镇也有小自耕农的村庄，但那里的农业很糟；对此他的解释是：它“是一个工业地区，对遍布全区的棉纺织业来说，耕作不过是一种副业”。[②]现在这一地区仍然是制造业的活动中心，小自耕农也相当多，不论从庄稼的长势或从官方的统计表来判断，这里都是法国耕作得最好的地区之一。“在佛兰德、阿尔萨斯和阿图瓦的部分地区，以及在加龙河岸上，法国的农业都不亚于我们。”[③]这些地方，以及奎尔西的大部分地区，“耕作得像园圃而不像农场。也许从地产狭小这一点看，它们是太像园圃了。”[④]在这些地方，有效的轮作已经普遍实行。这种轮作在意大利早已实行，但那时在法国通常不为人所注意。“一种作物收获以后马上播种另一种作物的快速轮作”（所有的观察者在莱茵河溪地方都可以看到与此相同的事实），“几乎不能颇为完善地做到，这一点对要实现良好耕作的其他一切地方来说也许是最根本的问题，如果作物是像我们通常在这些地方看到的那样合理地分布；在种植会使耕地受到污染、地力枯竭的作物之前，要先行种植可以净化和改善耕地的作物。”

然而，不能认为阿瑟·扬在自耕农问题上的证词是始终如一地有利于自耕农的。在洛林、香槟和其他地区，他发现农业经营得很不好，小自耕农的生活很困苦。但是，按照他的说法，这是土地分得过细的结果。他这样综述自己的看法[⑤]：“我在出发旅行以前

① 阿瑟·扬：《法国游记》，第1卷，第322—324页。

② 同上书，第325页。

③ 同上书，第357页。

④ 同上书，第364页。

⑤ 同上书，第412页。

曾经认为，小农场的耕作很容易搞好；占有这些农场的人无需支付地租，这就足以使他不费力地进行改良，并精力充沛地进行耕作；但是我在法国看到的情况，大大地改变了我对自耕农抱有的美好想法。在佛兰德，我看到 30—100 英亩的地产耕作情况很好，但在这里几乎看不到在别的地方常见的那种小地产。在阿尔萨斯和加龙河岸，土壤肥沃得无需农民作出什么努力，某些小地产也耕作得很好，在贝尔恩，我穿过了一个小农较多的地区，其外表整洁、舒适和愉快给我留下深刻印象；这只有靠小地产才能实现，但是这种地产决不是微不足道的，如以房屋之间的距离来判断，其面积为 40—80 英亩。不算这些和个别其他事例，我看不出小地产除使其所有者坚持不懈地辛勤劳动以外，还有什么值得称赞的地方。当然，我必须向读者强调如下一点，即，虽然我所见过的许多小地产的耕作恶劣到难以想象的地步，然而其所有者的勤劳极其显著，富有成效，因而不论怎样赞扬都不过分。这种情况足以证明，土地所有权是激励人们持续不断地进行剧烈劳动的最有效的动力。这一真理如此有力和广泛适用，以至我不知道要使附近的村民到山顶去进行耕作，除了允许他们取得那里的所有权以外，还有什么别的办法。我们看到过这样的实例：在朗格多克的山上及其他地方，村民背着装有泥土的竹筐到不毛之地去开辟田园。”

因此，这位著名的农学家和大规模耕作的鼓吹者的经验可以说是：由自耕农耕种的小块土地，如果它们不是小到不能充分利用全家的时间和心力，就会产生很好的效果。因为他常常以很明显的理由指出，尽管农民们怀着很大的热情以他们的知识和机智所能提示的一切办法去改良他们那家传的小地产，但如这种地产的

面积太小，他们仍会有大量空闲时间。因此，他建议以法律规定土地细分的限度。如果某些地方土地的分割已然超出资本的状况和主要作物的性质所允许的限度并且仍在继续进行，则这种主张对这样的地方来说是有一定道理的。如果每个农民的一小块土地（即令他拥有全部产权）不足以使他过上舒适的生活，则这种耕作方式就具有小地产的全部缺点而几乎没有任何好处；因为这时他或者必须依靠自己土地的生产物过贫困生活，或者会失去土地而经常受雇于人，靠工资过日子。如果附近一切农场的土地面积大小差不多，他还很少有希望找到被雇用的机会。自耕农制度在他们的土地不分得过细的条件下才有好处；就是说，这些土地无需供养太多的人，供养人数同这些人能用这些土地生产的产品成比例。这一问题同大多数有关各劳动阶级状况的问题一样，也归结为人口问题。那么，小自耕农制度是会刺激人口过度增长，还是会制止人口过度增长呢？

第七章　续论自耕农

第一节　自耕农制度对劳动积极性的促进作用

在考察自耕农制度对劳动阶级最终经济利益(这种最终利益是由人口增长决定的)的影响之前,让我们先说明一下这种土地制度对道德和社会的影响,这一点可以说在道理上已经明确,也已为上一章所摘引的事实和典据所证实。

新接触这一问题的读者一定会因我提到的各种证据使那些证人产生的强烈印象——一位瑞士统计学家说,自耕农“几乎像超人那样勤奋”[①]——而感到震惊。至少自耕农的勤勉是权威们一致承认的。只见过一个小自耕农地区的人,总以为当地的居民是世界上最勤劳的。在观察家中很少会有人怀疑,这种非凡的勤劳同农民身份的某种特征有联系。这是“私有财产的魔术”。用阿瑟·扬的话来说,就是“变泥沙为黄金”。然而,财产私有的观念并不一定意味着没有地租,更不必说没有税收。它仅仅意味着地租应按定额交付,不能因土地占用者的改良或地主的意愿而违反土地占用者的利益予以提高。交免役租的承租人实际上就是地主;誊本土地保有权者或土地完全保有者无不如此。所需要的是固定租用期的长期占有。“将一块全是岩石的荒地给与某人,并保证其所有权,他会把它变成园圃;让他以9年为期租种园圃,他会把它变成一片

① 《沙夫豪森州》(见前),第53页。

沙漠。”

有关自耕农习以为常地辛勤经营的耕作制度，和他千方百计争分夺秒地努力增加今后生产物和土地的价值的情况，前面已有详细的叙述，从上述一些有权威性的著作中还可以找到更详细的论述。这种情况说明了前面[①]已经谈到的一点，即，小农场至少在其为耕作者所有时，能就同样质量的土壤，使用相同的农业知识得到大得多的总产量。《佛兰芒的耕作》一书着重阐述了不知疲倦的辛勤劳动如何能克服资源的贫乏、工具的不完善和对科学理论的无知。佛兰德和意大利的小农耕作，在相同的土壤条件下所得到的收成，比苏格兰和英格兰耕种得最好的地区还要多，这一点已经得到证实。毫无疑问，为生产这些农作物所花的劳动，如果由雇主支付工资，他会感到得不偿失；但是对自耕农来说，这种劳动不需他支付任何费用，他不过是利用闲暇时间(如果不说是以一种不能自已的热情)从事他所喜爱的活动。[②]

① 本书第一编第九章第四节。

② 关于自耕农对自己土地的感情，请参阅历史学家米什莱所作的如下描述。

“如果我们要想知道法国农民内心深处的思想感情，这是很容易的。请在星期天到乡下跟着农民走走。远远地盯着走在我们前面的他。现在是两点钟；他的妻子在做祷告，他穿着假日的衣服；我看出他是去看他的情妇。

“什么情妇？他的土地。

“我并非说他是直接到那里去。不，他今天没有事，可去可不去。从星期一到星期六他不是每天都去吗？因此，他转了个弯，走上另外一条路，他在别处有事。然而——他还是去了。

“确实，他经过了自己田地的附近；这是一个进去看看的机会。他到了那里，但是，看样子还不会走进去；为什么？然而——他却进去了。

“至少他不会做工；他穿的是假日的服装，他穿着干净的衬衫和上衣。可是，拔一下草，把那块石头扔出去，仍无妨碍。附近还有一根树桩，但他没有带工具，他打算在明天把它去掉。

“于是他交叉双臂，认真、仔细地察看着自己的田地。他看了很久、很久，似乎想得出我们也说过，佛兰芒的耕作者靠这种非凡的努力不仅取得了光辉的成就；而且，使他们具有如此巨大的劳动积极性的同一动力，还使他们较早地取得相当多的农业知识。在仅靠雇佣劳动进行耕作的地方，获得这种知识要晚得多。德拉凡尔纳先生就法国真正适合于小规模耕作的一些地区的小自耕农的农业技术提供了同样有力的证词。[①]“在佛兰德肥沃的平原，在莱茵、加龙、夏朗德、罗讷河各流域，小农们了解各种改良土壤和提高劳动生产率的办法，并且不惜花费多么大的费用加以实施。不管耕作如何积极，他们仍花很多钱收集大量肥料，用以恢复和不断提高地力。各种家畜养得很好，庄稼也长得挺壮实。有些地方生产烟草、亚麻、菜子、茜草、甜菜根；另一些地方生产葡萄、橄榄、洋李、桑葚，土地只把它们丰富的财富给予勤劳的人们。我们在巴黎附近花很多钱买到的菜园产品大部分不也是小规模耕作之所赐吗？”

第二节　自耕农制度具有锻炼才智的作用

对于自耕农制度，还有一点应当加以考虑，这就是把这一制度当作进行普通教育的必要手段。书本和办学校对教育来说都是绝对需要的，但是不够。智力运用得越多越能发展；有什么能比涉及许多利害关系的事使智力得到更多的运用呢？任何利益都不能忽视，而它们只有靠意志和智慧进行多种多样的努力才能得到。有

神。最后，如果他感到有人在注视自己，或者看到有人走过，他会慢慢地走开，走了30步，他停下来，转过身，向自己的田地阴沉而意味深长地看了最后一眼，但对能够看到这些的那些人来说，这一眼充满了热情、爱情和忠诚。”(J. 米什莱：《人民》，第1篇，第1章)

① 《论英格兰、苏格兰和爱尔兰的农业经济》，第3版，第127页。

些轻视小地产的人过分强调困扰莱因兰或佛兰德自耕农的烦恼和焦虑。正是这些烦恼和焦虑使自耕农胜过英国的散工。确实，说散工过的是无忧无虑的生活有点过甚其词。可以设想，在有可能失业的情况下，散工不能不焦虑不安；除非他们有机会得到教区慷慨的施与，并且不为要求得到这种施与而感到羞耻和勉强。在现在这种社会和人口的状况下，有很多事情使散工焦虑不安，这些事情没有任何鼓舞人心的作用，而且没有一件事情能够鼓舞人心。欧洲大陆自耕农的状况与此相反。令人精神沮丧、意志麻痹的那种顾虑——对能否糊口没有把握——他们已经极少。只是在诸如马铃薯歉收和普遍歉收同时发生的情况下，他们才会产生这样的顾虑。他们所牵挂的是平常收获的多少；他们所担心的是能否从生业（business of life）中取得公平合理的收入。他们已是自由人，并非老是孩子（按照现在通行的博爱主义，各劳动阶级似乎应当满足于孩子的地位）。他们不再是与中产阶级不同的阶层；他们具有与这些人相同的事业和目标，他们所受到的才智的磨炼，大部分也与这些人相同。如果在智力教育中有什么原则的话，则第一条原则应当是使这种训练对精神产生良好的影响，即，使精神成为主动的，而不是被动的。开发才智的秘诀，是让他们多做一些事情，并且使他们很想做这些事情。这一点也不贬低其他思想修养的重要性和必要性。农民拥有土地并不能防止他们变得粗鲁、自私和心胸狭窄。这要靠其他方面的影响和教育。但是对一种精神活动的强大刺激决不妨碍采用别的智力开发方法。反之，养成学以致用（即使获得的知识是片断的）的习惯，可以使上学读书更有成效（如果没有这种辅助的影响，则上学读书大多会像撒到岩石上的种子

那样毫无收获)。

第三节　自耕农制度具有促使人们深谋远虑和自我控制的作用

自耕农的地位不仅能起增进智力的作用。它对树立慎重、节制和自我控制的道德风尚也大有助益。散工在劳动阶级主要是由他们组成的时候,通常是不注意节约的。他们毫不在乎地花光他们的全部收入,将来的事情将来再想办法应付。这是众所周知的事实。因此,很多对劳动阶级的福利很关心的人有一种固定的看法,即,除非在增加工资的同时能使他们的嗜好和习惯得到相应的改进,否则,增加工资对他们几乎没有什么好处。自耕农以及想成为自耕农的人处于另一个极端,他们对明天考虑得太多。他们经常以吝啬、而不是以挥霍浪费受到指责。他们摒弃适当的嗜好,为了节省而甘于藿食。在瑞士,几乎每个有储蓄能力的人都有储蓄;佛兰芒农民的事例前面已作介绍。虽然法国人是一个喜欢享乐和(被认为是)放纵的民族,但其中的农村人口充满了节俭的精神,而其节俭的程度,就全体而言,是恰当的。就个别而言则可以说是过分而不是不足。有些人住的是茅舍,吃的是树皮草根,旅行家们往往把这种情况误解为普遍贫困的证据和样本。实际上,这些人当中有不少人的皮袋里藏着很多法郎银币,除非为了实现他们的宿愿——购买土地,他们也许会在身边保存 30 年。如果说农民拥有土地这种社会状况对道德有所损害,这只是说它可能造成这样的危害,即,农民们由此对自己的金钱利益过分计较,变得狡猾起

来，不怀好意地算计别人。法国的农民不是头脑简单的乡下人，也不是“莽张飞”[①]。在事实上和在小说中他们都是“狡滑的庄稼汉”。但是，这是人类才智的开发和人类的解放所必须经过的阶段，法国的农民目前正处在这样的阶段。在这一方面有点过头，同劳动阶级的漫不经心和挥霍浪费相比，其害较小，而且是暂时的；而以此作为换取自立这一最珍贵的美德（一个民族的一般特性）的代价，则这个代价是很低廉的；自立这一美德是人类具备优越品质的首要条件之一，是一种“砧木”，其他各种美德如果不在此接枝，就几乎不能生根；对劳动阶级来说，即使它要过还算可以的生活，这种品质也是不可缺少的。法国的农民和欧洲大多数国家的自耕农，都是靠这种美德胜过其他任何劳动人口的。

第四节　自耕农制度对人口的影响

一个在很多方面对节俭和审慎起促进作用的经济制度是否可能在人口增长这一根本问题上草率行事？大多数探讨过这一问题的英国政治经济学家认为这种制度会促使人口增加。麦克库洛赫先生的意见是众所周知的。琼斯先生肯定地说：[②]“报酬得自土地，并以实物消费的农民，其内在的控制力和使他们倾向于抑制人口增长的动机所起的作用是很微弱的。其结果，除非完全不以他们的意志为转移的某些外部原因迫使他们放慢人口增长率，否则，他们在有限的土地上很快会处于困乏和赤贫的状态，最终由于不可

① 见拉封丹的著名寓言。

② 《论财富的分配》，第146页。

能按自然法则获得生活资料人口增长才停止。”他在另一个地方[①]又说，这种农民“确实处于按动物本能增殖的状态，这种本能极少受上层阶级或文明人的那种使人口均衡增长的动机和愿望的制约。”琼斯先生答应在下一部著作中指出“这一特殊的原因”，但那部著作一直没有出版。因此，我无法猜测他是从什么有关人类本性和影响人类行为的动机的理论推知这种原因的。阿瑟·扬也承认“特殊”是一个事实；不过，虽然他不想使自己的意见过于和缓，他也不像琼斯先生那样把他的学说推向极端，而是如前所述，列举各种事例证明，琼斯先生所谈到的农民，既不会面临“困乏和赤贫的状态”，也不存在“不可能按自然法则获得生活资料”的危险。

对于这一问题有不同的体验，是容易说明的，到现在为止，不论劳动者是靠土地生活，还是靠工资生活，其人口总是增加到惯常的生活水准所决定的限度。当这一生活水准很低时，其他的规模或工资率也会缩小或降低到仅能糊口的程度。在自耕农制度下，人们完全可以接受极端俭朴的观念；因而如果人们一直过贫困的生活，对此已习以为常，人口就会膨胀，土地也会过度细分。但这是另一问题。真正的问题是，假定农民在其所拥有的土地足以（不是不足以）使他们过舒适生活的时候，由于漫无节制的生育而降低他们的生活水平的可能性，同生活水平与他们相仿佛的雇佣劳动者相比是大还是小？按照各种先验的（á priori）的看法，这种可能性较小。所谓工资取决于人口的多少，是一个需要思索和讨论的问题。所谓人口大量增加会引起工资下降的说法往往是不可靠的。要明确认识这一点，需要好好动一番脑筋。但是每个农民自

① 《论财富的分配》，第 68 页。

己就能对他的土地可否使几家人过得像一家人那样舒服作出有根有据的全面的正确估计。很少人愿意让他们的子女过得比自己差。有土地留给子女的父母完全能判断孩子们能否靠这点土地过日子，而靠工资生活的人无法弄清他们的子女为什么不能过上相同的日子，因而只能依靠偶然的机会。"甚至在最有用和最需要的工艺和制造业中"，莱因先生说[①]，"对劳动者的需求也是无法预见、无法估计和不稳定的"；但是在小土地所有制下的"农业中，这是可能的。农民在对自己的生计进行盘算的时候，对于他所要投入的劳动，以及利用这些劳动可以从土地得到多少生活资料，都心中有数。他那块土地能不能养活一家人？他能否结婚？这类问题谁都能毫不迟疑、不假思索地回答。英国的下层阶级和上层阶级中有些人不考虑后果轻率地结婚，造成了人口过剩的弊害，就是由于缺乏可据以作出明确判断的资料，因而只能仰赖偶然的机会。在什么都不能肯定的情况下，任何人在进行测算时一定会把机遇考虑进去。这是因为，按照英国的财富分配制度，确实能够维持生活的人在国民总数中只占一小部分，而不是占三分之二。"

西斯蒙第比任何著述家更加敏锐地感觉到人口过剩给劳动阶级带来的灾难。这是他热诚地提倡自耕农制度的原因之一。他有很多机会研究若干国家自耕农制度对人口的影响。让我们看一下他的证词。

"在保存宗法式经营的国家，人口有规律而又迅速地增长，一直增加到它的自然极限，即遗产继续在几个儿子中间分了几份，只要增加劳动，每个家庭都能在一小块土地上得到同样的收入。拥

① 《一个旅行家的笔记》，第 46 页。

有一片广阔牧场的父亲，把牧场分给儿子，让他们把这些牧场变成农田和草地；儿子们由于不肯采用休耕法还要进行再分，农业科学的每项先进的成就，都使产权有可能进行一次再分配；但是，不用担心地主生下儿女以后会使他们沦为乞丐，因为他懂得如何给儿女们留下遗产，他知道法律会替他们平均分配这种遗产；他知道如何进行这种分配，根据自己现有的状况可能传多少世代，而且无论是农民还是绅士都同样有一种正当门庭的自尊心，在使自己的子女遭到他所不能供养的程度以前，就会自动停止生养子女。即使生下了子女，这些儿女至少还可以不结婚，或者他们在几个弟兄之间推举一个接替香火的人。在瑞士的各州里，虽然由于到外国服役的风俗，农民的子女可以找到少有的出人意料的好差事，但是他们的遗产决没有被分得使自己的后代不得温饱的现象，这种情况间或也促进了他们的人口过剩。"①

关于挪威的情况也有类似的证词。虽然那里不存在有关长子继承权的法律或习俗，也不存在可以吸收过剩人口的制造业，但地产的细分并未达到有害的程度。"将土地分给子女的制度"，莱因先生说，"已经实行了一千年，从未出现过地产缩小到最低限度，以致无法维持人们生命的情况。我看到各农场有 25 头到 40 头母牛，在挪威，一个农民在 1 年中至少有 7 个月要为所有的牲口准备干饲料和畜棚。显然有某种原因使土地集中，抵消了将地产分给子女的作用。按照我长期的揣摩，在这样的社会制度下最实在的原因只能是，在不实行爱尔兰那样的租地制度，人们拥有全部土地所有权的国家，共同继承人的死亡和女性继承人嫁给（同样的）地主所

① 《政治经济学新原理》，第 111—112 页。

造成的地产集中，足以抵消子女的平等继承所造成的土地细分。我可以设想，在这种社会状况下，在任何时期，全部财产会由同样多的年收入 1000 镑、100 镑和 10 镑的地产构成。”不过，这种情况的实际出现，要以全社会对人口实行广泛有效的审慎的控制为条件，将这种审慎的人口控制部分地归功于自耕农制度特别适合于促进人口控制，是合乎情理的。

“在瑞士的某些地区”，凯先生说[①]，“例如在阿尔戈维州一个农民在 25 岁以前是决不会结婚的，通常结婚年龄比这要大得多。在这个州里，妇女在 30 岁以前出嫁的也很少。……土地的分割和土地的廉价转让不仅促进了农村劳动者的节俭，对小城镇的劳动者也有同样的作用，虽然在程度上也许差一些。小城镇的劳动者习以为常地在近郊拥有小块土地，作为自己的菜园，在傍晚进行耕种。他们在这里种植全家冬天所需的蔬菜瓜果。每天工作干完以后，他和家人聚集在菜园里干一小会儿，按照季节的要求进行栽培、播种、除草，或做播种和收获的准备工作。想拥有这样一个菜园的欲望对巩固审慎的习惯和抑制草率的结婚起着非常强烈的作用。阿尔戈维州的一些制造商告诉我，一个市镇居民在买到一处菜园或一处菜园和房屋之前很少会感到满足；城镇的劳动者通常要把他们的婚事推迟几年，以便积蓄起足够的钱来购买这些奢侈品中的一件或两件。”

同一位作者以统计资料证明[②]，普鲁士的平均结婚年龄不仅比英国要大得多，而且“通常愈来愈大”，同时，“在普鲁士出生的私

① 第 1 卷，第 67—69 页。

② 同上书，第 75—79 页。

生子也比欧洲其他任何国家少”。凯先生还说[1]，“不论我在德国北部还是在瑞士旅行，所有的一切都使我确信，所有的农民都想得到土地，这种欲望可能是对人口过度增长最有力的牵制”。[2]

按照驻在奥斯坦德的英国领事福切先生的看法[3]，在佛兰德，租地农民的儿子和具有当租地农民的资力的人都会把他们的婚事推迟到他们拥有一个农场以后再办。“他们一旦成为租地农民，其下一个目标就是当地主”。驻在哥本哈根的领事布朗先生说[4]：“丹麦人有了储蓄，首先是拿它买钟，其次是买马和母牛，用以出租，以取得很高的利息。他的志向是成为一个小地主。在丹麦，这种人的境况比任何人都好。确实，我知道这种人在生活上真正需要的物品虽然比劳动者多得多，但他们很容易取得这些物品，这是任何国家的任何人都力所不及的。”

但是，法国的经验同自耕农制度具有造成人口过剩的倾向的说法存在明显的矛盾。该国的实验并不是在最有利的情况下进行的，大部分地产过于细小。法国土地所有者的精确数目没有弄清，但从低估计也不会比 500 万少很多。即使对一家人数作最低限度的估算（对法国来说应当从低估算），拥有或有权继承地产的人也远远多于人口的一半。因此，大部分地产都小得无法维持土地所有

① 第 1 卷，第 90 页。

② 普鲁士统计部长在《普鲁士人民的生活状况》一书中用数字证明了人均粮食和衣着消费量有巨大和连续的增长，并由此正确地推断农业生产力也有相应的增长。他接着说，“1831 年以来，地产的分割愈益在全国各地盛行。现在独立的小土地所有者远比过去为多。在依赖别人的劳动者中间有很多穷人诉苦，但我们从未听到自耕农当中有人抱怨日子越来越难过”。转引自凯先生的著作，第 1 卷，第 262—266 页。

③ 见给济贫法调查委员会委员们的一封信，此信刊载于他们的《国外通信集》，第 640 页（第一份报告的附件 F）。

④ 同上书，第 268 页。

者的生计。按照某些计算的结果,在这些所有者当中有 300 万人不得不靠当雇工或按分益制佃种较多的土地来弥补生计的不足。如果拥有的地产不足以使这类所有者可以不靠工资过日子,这类所有者就会失去很多特有的效能,如对过剩人口的控制。英国人常常预言法国会变成“挤满贫民的地区”。即使这一预言实现,也不能证明这种农业经济制度在其他情况下不具有抑制人口增长的作用。但事实到底怎样?法国的人口增长率在欧洲是最低的。革命使得人民一下子摆脱毫无希望的悲惨处境而过上富裕的生活。在大革命时代,人口有了很大的增长。但是,出生于优裕环境、没有体验过悲惨生活的一代新人成长了;节俭精神在他们身上产生了最明显的作用,使人口的增长得以不超过国民财富的增长。在劳教授所制作的一张表上,列出了各国人口的年增长率。1817—1827 年间法国人口的年增长率为 0.63%,而同一时期英国为每年 1.6%,美国约为3%。[①] 按照勒哥特先生曾作分析的各种官方报

① 其表如下(见劳先生巨著的比利时译本,第 168 页):

美国	1820—1830	2.92%
匈牙利	(按照罗雷尔的计算)	2.40%
英国	1811—1821	1.78%
英国	1821—1831	1.60%
奥地利	(罗雷尔)	1.30%
普鲁士	1816—1827	1.54%
普鲁士	1820—1830	1.30%
普鲁士	1821—1831	1.27%
荷兰	1821—1828	1.28%
苏格兰	1821—1831	1.30%
萨克森	1815—1830	1.15%
巴登	1820—1830(霍尼许)	1.13%
巴伐利亚	1814—1828	1.08%
那不勒斯	1814—1824	0.83%

（接上页注文）

法国	1817—1827（马蒂厄）	0.63%
	最近（摩罗·德·戎内）	0.55%

但劳先生在附注中说，摩雷·特·琼斯提供的数字并不完全可信。

奎特勒特先生编制并收入劳先生著作的下表（见《论人类及其才智的发展》第1卷，第7章）中含有一些新的资料，某几项的数字与上表有所不同，这也许是由于作者采取了不同年份的平均值：

爱尔兰	2.45%
匈牙利	2.40%
西班牙	1.66%
英国	1.65%
莱茵河普鲁士	1.33%
奥地利	1.30%
巴伐利亚	1.08%
荷兰	0.94%
那不勒斯	0.83%
法国	0.63%
瑞典	0.58%
伦巴第	0.45%

《经济学家》杂志1847年5月号载有勒哥特先生精心编写的一个报告，下表概述了其中揭示的1846年法国人口调查的结果。

国　名	据人口调查（%）	据出生数与死亡数的差额（%）
瑞典	0.83	1.14
挪威	1.36	1.30
丹麦		0.95
俄国		0.61
奥地利	0.85	0.90
普鲁士	1.84	1.18
萨克森	1.45	0.90
汉诺威		0.85
巴伐利亚		0.71
符腾堡	0.01	1.00
荷兰	0.90	1.03
比利时		0.76
撒丁尼亚	1.08	
大不列颠（不包括爱尔兰）	1.95	1.00
法国	0.68	0.50
美国	3.27	

告[①],1801—1806年的人口增长率每年为1.28%,1806—1831年平均只有0.47%,1831—1846年平均为0.60%;1836—1841年为0.41%,而1841—1846年为0.68%。[②]在1851年的人口普查中,5年间人口仅增长0.71%,或每年0.14%。因此,用德·拉韦涅的话来说,"法国人口几乎不再增加"[③]。甚至这样缓慢的增加也完全是死亡人数减少的结果;出生人数毫不增加,而出生人数对人口的比例则不断减少。[④]在人口这样缓慢地增长的同时,资本迅速增加,因而劳动阶级的状况有了明显的改善。这一阶级中土地所有者的生活状况不容易精确地查清楚,当然是变动极大;但在大革

① 《经济学家》杂志1847年3月号和5月号。

② 勒哥特先生的看法是,1841年的人口数被缩小了,因而1841—1846年间的人口增长率被夸大了;整个时期的实际增长率当为最后两个平均值之间的某一中数,换句话说,不会超出0.5%太多。

③ 《经济学家》杂志1847年2月号。在该刊1865年1月号中,勒哥特先生对几个数字作了一点改动(我认为是改正过去的数字)。这些百分比依次为1.28、0.31、0.69、0.60、0.41、0.68、0.22和0.20。最后一次人口调查,即1861年的人口调查所得的百分比为0.32(新得各县未计),略有回升。

④ 勒哥特先生所列举的数字如下:

	年出生数	在全国人口中所占的比率
1824—1828年	981914	1/32.30
1829—1833年	965444	1/34.00
1834—1838年	972993	1/34.39
1839—1843年	970617	1/35.27
1844—1845年	983573	1/35.58

按照勒哥特先生的说法,最后两年出生数增加是受大批移民入境的影响。他又说:"在人口和结婚都持续不断地增加(虽然不很快)的同时,出生数如此减少,这只能归因于一些家庭的慎重和深谋远虑。如所预料,这是我国的各种法律和社会制度所造成的结果。动产和不动产的日益细分唤起了我国人民守旧和追求舒适生活的本能。"

在诺曼底的4县(最繁荣的2县)内,死亡数甚至超过了出生数。1856年的人口调查表明在86个县中有54个县人口绝对减少。这是一个值得注意的事实。它有力地批驳了所谓"挤满贫民的地区"的论调。参阅德·拉韦涅的报告所作的分析。

命时期没有从地产的变动中得到任何直接利益的单纯的劳动者，从那时起毫无疑问在生活条件上有了很大的改善。[1]劳博士还证明，在土地也许分得过细的另一个地方——巴拉廷纳，也存在类似

① “我国人口中仅有工资收入，因而最容易陷入贫困的阶级，现在(1846 年)在衣、食、住等方面同本世纪初相比都有很大的改善。这一点，凡是记得本世纪初的情况、并且能够把它同现在的情况作比较的人，都可以证明。在这个问题上如有怀疑，可以像我在一些地方做过的那样，请教一下老农和老工人，一切怀疑就会消除，他们不会提供任何相反的证词。我们还可以信赖精细的观察家维莱默先生在《关于劳动阶级的道德和物质生活状况的描述》第二册第 1 章中收集的事实(克莱芒：《贫困原因的研究》，第 84—85 页)。同一作者说(第 118 页)：“1789 年以来，农业散工的工资增加了不少”；并说甚至城镇居民中通常生活状况最悲惨的那部分人的生活水平也有了提高。他列举了下面的证据：“在最近 15 或 20 年中，我国工业城镇的工人的习惯有了很大的变化：他们现在花在衣着和装饰品上的钱比以往多得多。……某些部门的工人，如里昂的丝绸工人，”(从各种陈述看，这些工人同地位与他们极其相似的我国的职工一样，是工匠阶级中工资最低的部分)“他们不再像以前那样衣衫褴褛了”(第 164 页)。

1862 年作者补记：在本书前几版中记述的上述材料，就当时我所见到的材料而言是最好的。但在今天，更新、更详细、更精确的例证已可在德·拉韦涅先生的重要著作《1789 年以来法国的农村经济》中看到。按照这位刻苦钻研、见多识广和公正无私的研究者的说法，大革命开始以来，法国劳动者的平均日工资已以 19 对 30 的比率提高，而由于就业状况也比过去稳定，劳动者的总收入以更大的比率，即不少于两倍的比率增加。德·拉韦涅先生的陈述如下(第 2 版，第 57 页)：

“阿瑟·扬估计平均日工资为 19 苏(9 $\frac{1}{2}$便士)，这一金额现在大约相当于 1 法郎 50 生丁(1 先令 3 便士)，但工资的这种增加仅仅反映劳动者生活改善的一部分。虽然农村人口的数量同过去一样，1789 年以来增加的人口都集中在城镇，实际工作日数增加了。这是因为，第一，人们的寿命延长了，体格健全的人多了。其次，劳动组织得比较好，这部分是由于取消了某些节日，部分是由于比较活跃的需求所起的作用。如果我们考虑到工作日数增加了，那么，农村工人的年收入当已增加 1 倍。这种工资的增加至少会使劳动者的生活得到相应的改善，因为主要生活必需品的价格变动极小，而工业产品，例如纺织品的价格都大大地降低了。劳动者的居住条件至少在大部分(如果不是全部)省份中也得到了改善。”

德·拉韦涅先生估计的平均日工资额，是根据这种观点和其他各种经济观点，就法国各省的情况进行细致的比较以后得出的。

的事实。[①]

我不知道有什么有根有据的事例可以支持自耕农制度会促使人口迅速增殖的主张。自耕农制度未能制止人口激剧增长的事例肯定可以举出一些，其中主要的一个就是比利时；可是，比利时人口增长的前景如何，目前显然还不能断定。比利时在欧洲大陆是人口增加最快的国家；但该国的各种情况要求、也必然很快会制止人口这样快地增加，不过，要做到这一点，必须克服现有的强大的习惯势力。天主教的圣职在人们的心目中具有很大的势力，他们在任何地方都激烈反对限制人口，对人们有很大的影响。这是妨碍人口控制的不利条件之一。然而，必须记住，该国人民坚持不懈的辛勤劳动和卓越的农业技术已使得目前这种增长速度实际上没有什么害处了。尚未分割的很多大地产通过逐步分割而成为增加（必要的）总产量的资源；此外，还有很多大的工业城镇、采矿和采煤地区吸收和雇用了每年增加的人口中相当大的一部分。

第五节 自耕农制度对土地细分的影响

但是，甚至在人口过剩随同自耕农制度一起出现的地方，这一

① 见前曾摘引的劳博士论述巴拉廷纳农业的小册子。他说，战争最后几年的日工资特别高，并一直持续到 1817 年，以后货币工资额有所减少，但很多商品的价格降得更多，因而民众的生活状况有了明显的改善。雇主给予农场劳动者的食物在数量和质量两方面也都有很大的改善。“在大约 40 年以前比较贫苦的阶级只能得到很少一点肉和布丁，根本得不到干酪、黄油之类的食物，同那个时候相比，今天好多了。”（第 20 页）“这种工资的增加”（这位教授又说），“不应当以货币估算，而应当以劳动者能够得到的生活必需品和便利品的数量来估算，按照公认的看法，这证明资本量必定增加了”。不仅如此，这也证明劳动人口没有以同一比率增加；因此，这一事例同法国的事例一样，表明土地即令分得很细，基于慎重的考虑而实行的对人口的控制仍会有所加强。

弊害也不一定会带来另一经济上的损害，即土地的过度细分。地产即使分得很细，也不能说农场必定很小。正如大地产完全可以和小农场并存一样，小地产也可以同规模相当大的农场并存；占用权的细分不是自耕农生育过多的必然后果。佛兰芒的农民对于同自己的职业有关的事物，早已具有令人钦佩的知识。劳博士说：[①]"不分割地产的习俗和认为这种习俗是有利的看法，在佛兰德广为流传，因此，即使在现在，如果一个农民死后留下几个孩子，虽然这个农民的遗产不是限定继承人的财产，也不是托管财产，他的那些孩子也宁愿把地产整个卖掉，而均分所得到的价款，因为他们认为，这种地产同宝石一样，一经分割就会失去价值。"法国农民也普遍具有这种想法，这从土地的出卖异常频繁可以看出；10 年间出卖的土地共达全国土地的四分之一。帕赛先生在他的小册子《论 1800 年以来厄尔县农业状况的变化》[②]中记载的其他事实也证明了同一结论。他说："这个县的事例证明，在地产的分割和耕作的分配之间并不像某些著述家曾经设想的那样存在一条牢不可破的纽带。所有权的易手不会对地产的规模产生明显的影响。在实行小规模耕作的地区，属于同一所有者的土地常常分给很多佃户耕种，而在主要实行大规模耕作的地方，同一个农场主租种几个地主的土地也并非罕见的事情。特别是在维克辛平原，很多有活动能力和富有的耕作者并不以拥有一个农场为满足；其余的农民也要

① 布鲁塞尔出版的译本，第 334 页。这段话是劳博士作为一种典据从施威茨所著《农业》第 1 卷第 185 页中摘引的。

② 《经济学家》杂志刊载的许多重要文章之一。该刊是法国主要政治经济学家的刊物，他们的知识才能给他们带来了很大的、越来越大的荣誉。帕赛先生的论文曾以小册子形式出版。

在自己租用的土地之外，另行租用四邻所能租用的一切土地。从而使总面积在某些情况下达到或超过 200 公顷(500 英亩)。”“地产分得越细，这种活动就越频繁。因为它们对有关各方都有利，也许今后会形成习惯。”

德·拉韦涅先生说：[①]“在某些地方，例如在巴黎邻近，实行大规模耕作的好处很明显，因而农场的规模有扩大的趋势，好几个农场合并为一个农场，一些农场主通过向若干地主租借小块土地来扩大他们的农场。在其他一些地方，太大的农场和地产却趋向于分割。耕作总是自然地趋向最适合的组织形式。”据同一著名作者说[②]，诺尔、索姆、加来海峡、下塞纳、埃纳和瓦兹都是小耕地最多的县份，它们都是法国最富饶、耕作得最好的地方，其中尤以首先列举的诺尔为最；这是引人注目的事实。

无可怀疑，土地分得过细和占用的土地过小，在某些自耕农较多的国家，特别是在德国和法国的部分地区已经成为具有普遍性的弊病。巴伐利亚政府和拿索政府认为对土地的细分有必要在法律上加以限制。普鲁士政府打算对莱茵各省的地产采取同样的措施(没有成功)。但是，我并不认为小规模的耕作在任何地方都是在小农制度下实行的，而大规模的耕作则是在大地主制度下实行的。相反，我认为，在小地产分别属于很多地主的地方，大地产也是分成许多小块租佃给很多农场主。两者的原因都是资本不足，技术和农业经营处于落后状态。有理由相信，法国土地的细分都可

① 《法国的农业经济》，第 455 页。

② 第 117 页。关于具有类似倾向的各种事实，请参阅同一重要论著的第 141、250 等页。另一方面，对于土地分得过细，或分得同土壤和产品的性质不相适应所造成的有害后果，书中也列举了很多例证。

以用这种原因来说明；细分的程度在减少，而不是在增加；对于某些地区土地的日益细分感到恐惧（无论是现实的恐惧还是口头上的恐惧），是毫无根据的。①

如果自耕农制度对于土地的细分超出与一国的农业习惯（一国大地产所具有的习惯）相适应的程度有某种促进作用，则其原因当为这一制度所具有的各种有益作用之一，即，这一制度对于尚未成为自耕农而希望成为自耕农的人们厉行节约给予很大的鼓励。在英国，农业劳动者即使有储蓄，也没有地方可以投资，只能把钱存入银行，而且，即使他们可以通过节约提高自己的地位，他们也只能提高到常有破产之虞的小店主的地位；因而，在英国的散工中间丝毫看不到那种旨在使自己上升为地主的强烈的节约精神。按照几乎所有的权威人士的看法，土地细分的真正原因是，人们与其把土地整块卖给富有的买主（他们只想靠收取地租过活，而不想改良土地），不如把它卖给农民（他们想以很少的储蓄购买土

① 莱因先生在其近著《关于1848年和1849年欧洲人民社会和政治地位的考察》（本书极力赞扬英国，毁谤其他各国的任何事物，而这些事物是别人认为值得赞扬的，甚至作者过去的著作也是这样认为的。）中声称，在地主去世的时候，“虽然土地本身没有分割或再分，土地价值的分割对社会进步也是不利的。被分割的各个价值对土地来说都是一种债务或负担。”因此，农业人口的处境恶化。“虽然土地的分割一仍其旧，耕作也不比以前差，但农民的生活却一代不如一代。”他以此事说明法国小地主为什么负债累累。（第97—99页）如果他的这些说法是正确的话，那么，莱因先生在其他一些著作中明确肯定，在本书中加以重申的所谓土地的占有对防止人口过剩具有特殊作用的一切说法都将被否定。但是，他对事实全然误解了。在他提到的各国中他实际经历过的国家只有挪威一国，而对这个国家，他并不说那里自耕农的生活状况在恶化。其所引用的各种事实表明，即使对比利时、德国和瑞士三国来说，他的主张也是不切实际的；又，关于法国人口缓慢增长所记述的事实也证明，如果法国农民的生活状况在恶化，那也不是由于莱因先生所设想的原因。我认为，实际情况是这样的：在主要实行自耕农制度的任何国家，民众的生活都在改善，土地的生产物，甚至土地的肥力也在增加，由于在供养各农业阶级之后还有大量剩余，城镇人口和居民的生活水平都与日俱增。

地，作为一种投资），因为这可以使他们得到较高的代价。获得这种投资机会的希望，对没有土地的农民来说是最有力的诱惑，它诱导他们勤劳、节俭和自制，以实现他们的奢望。

通过就自耕农制度的直接作用和间接影响进行的这种研究，我以为如下几点可以给予肯定，这就是：在这种形式的土地所有制和生产技术的不完善状态之间没有必然的联系；对最有效地利用地力来说，这在很多方面是有利的，而在其他很多方面又是不适宜的；在现存的农业制度中，没有什么制度能够对国民的勤劳、才智、节俭和审慎产生比自耕农制度更大的积极作用，总的说来也没有什么制度能够比自耕农制度更为有力地阻止农民轻率地增加人口；因此，总的说来，没有什么制度能够在精神上的福利和物质上的福利两方面起比自耕农制度更大的促进作用。与利用雇佣劳动的英国耕作制度相对照，不能不认为自耕农制度是对劳动阶级极为有利的[①]。我们也可以把这一制度同劳动者社团的土地共

① 法国的历史引人注目地证实了这些结论。在以往的年代里，农民有三次成为土地的买主；而在每次购买以后不久都出现了法国农业的主要繁荣时期。

历史学家米什莱说（《人民》，第1编，第1章）："在最坏的普遍贫困时期，甚至富人也穷得不得不靠卖东西过日子，在这个时候，穷人倒可以购买物品。因为没有别的买主争购，穿着破衣服的农民带上金币到卖主那里，买下一小块土地。在受灾时期（这时农民能够以低价购得土地）之后，总会出现人们意想不到的突然繁荣，例如，在接近1500年时，法国被路易十一搞得筋疲力尽，似乎会在对意战争中彻底覆灭，参加战争的贵族们不得不将土地出售，而土地易手以后，农业却突然开始兴旺起来；人们开始劳动和建设。宫廷历史学家们将这一幸运时期称之为明君路易十二时代。

"不幸的是这一时期并未持续多久。土地刚刚能重新利用，收税官就来骚扰，接着，宗教战争发生，将一切夷为平地；还有令人畏惧的灾难，可怕的饥荒，在这些灾祸中，甚至出现母以子为食的现象。谁还会相信这个国家能够恢复？但战争刚刚结束，就从荒芜的田园和烧焦的村舍中涌现出农民窖藏的钱财。农民购置了土地；10年之后，法国面目一新；过了二三十年，一切财产的价值都增加了一两倍。这个时期，人们又以宫廷式的名称命名，称为明君亨利第四和伟大的黎塞留时代。"

有制作比较，不过目前尚无此必要。

关于第三个时代无需再说；它就是大革命时代。

任何人想研究与以上所述相反的情况，都可以把以大地产的分割和小地产的发展为特征的这些历史时期，和英国的一个历史时期比较一下，在这个时期，英国遭遇遍及全国的民族灾难，由于“清除”小自耕农，给大牧场腾地（这是16世纪英国历史上的重大经济事件），劳动阶级的状况永恒恶化。

第八章　论分益佃农

第一节　分益佃农制度的性质及其种类

以上所述是土地和劳动的产品并不分割，完全属于劳动者的情况，以下进而论述这些产品被分割，但仅在劳动者和地主两个阶级之间分配的情况；这时，资本家的角色有时由劳动者担任，有时由地主担任。确实可以设想，只有两个阶级分享产品，而资本家阶级可作为其中之一；劳动者和地主两个角色合并为另一者。这种情况可能以两种方式出现。其一为：劳动者，尽管拥有土地，可以把土地租给某个承租人，并受后者雇用。但这种情况即令会出现也非常少，它和劳动者、资本家与地主的“三重制度”也没有什么实质上的不同，因而不需要进行专门的讨论。另一为：自耕农拥有并耕种土地，但其所需要的小额资本，是以其土地抵押而借来的。这种情况并不罕见；它也具有很大的特殊性。这时，只有一个人，即农民本人才有权干预经营。像以一定的金额付给政府作为税金一样，每年以一定的金额付给资本家作为利息。我不想详细论述这些情况，仅就其具有显著特色者叙述如下。

当分享产品的双方是劳动者和地主时，在二者中何者提供资金，或像有时发生的那样，二者按一定的比例分摊资本，这不很重要。主要的差别不在这里，而在于二者之间产品的分配是由习俗调节还是由竞争调节。我们先讲前一种情况；其主要的——在欧洲几乎是惟一的——实例是分益佃农的耕作。

分益佃农制度的原则是劳动者或农民与地主直接订立契约，他不是以货币或实物支付固定的地租，而是按产品的一定比例(或者更确切地说，按从产品中扣除认为维持资本所必需的部分以后剩余的部分的一定比例，支付地租。这个比例(其含义一如其名)通常是对半开；但在意大利的某些地方是四六开。关于资金的供应，各地的习俗颇为不同；有些地方全部由地主提供，在另一些地方是地主提供一半，还有一些地方是地主提供特定的部分，例如耕畜和种子，而由劳动者准备农具[①]。"这种协议"，西斯蒙第说，主要是讲托斯卡纳的情况，[②]"经常是契约的内容，并指明对分制佃户要缴纳的租金和应从事的劳动项目；然而，这些人的义务与另外一些人的义务，它们的差别极微小；日常惯例同样能处理所有的契约；它可以补充条款中没有表明的项目，土地主人如果要排斥惯例，想比邻近的地主取得更多的地租，不想对半分成，那就会引起别人的憎恨，他确信找不到忠诚老实的佃户，至少在每个省份，佃

① 按照阿瑟·扬的说法(第 1 卷，第 403 页)，法国大革命以前，在这一方面，各地的情况大不相同。在香槟，"地主通常要供给耕牛和种子各一半，而分益佃农出劳动、农具并负担税收；但在有些地区，地主对这些也要分担。在罗西龙地主负担赋税的一半；在几内，从欧什到弗留兰，很多地主承担全部税收。在阿吉龙附近的加龙河边，分益佃农提供一半牲口。在南吉斯的法兰西岛上，我曾看到这样的协议：地主提供牲畜、农具、马具和税收，分益佃农则负担劳动及其本身的人头税；地主承担修理房屋和大门，而分益佃农承担修窗子；地主提供第一年的种子，分益佃农提供最后一年的，在其他年份各出一半。在波旁内，地主提供各种牲畜，但分益佃农要按他的意愿进行销售、交换和购买；这种买卖和交换的账目由地主的管家管理，因为分益佃农出卖产品得到的价款，地主要收取一半，而分益佃农在各种购买中支付的价款，地主要承担一半。"在皮德蒙特，他说，"地主通常承担纳税和修理房屋，承租人则准备耕牛、农具和种子。"(第 2 卷，第 151 页)

② 《政治经济学研究》，第 6 篇，《论托斯卡纳农民的生活状况》。

户的契约都是一样的，这种契约也从来没有给寻找职业的农民提供哪种竞争机会，对谁也没有提供过低廉的价格来耕种土地。”夏托维奥讲到皮德蒙特的分益佃农时，也有与此相同的叙述。① “他们把农场当作世袭财产，从未想过更新租约，只是一代一代地按同样的条件执行，既无书面的东西，也不登记。”②

第二节　分益佃农制度的优缺点

如果产品是按固定的习惯，而不是按变动不居的契约分配，则在政治经济学中无须研究分配法则。在自耕农的情况下所须考察的只是，第一，这个制度对农民精神上和物质上的影响如何，第二，它对劳动效率的影响如何。在这两方面，分益佃农制度具有自耕农制度所特有的优点，只是其有利程度较低。分益佃农勤奋努力的动机不像自耕农那样强，因为勤劳的成果只有一半、而非全部归他自己所有。但他们的这种动机比散工要强得多，后者对勤劳的成果毫不关心，他感兴趣的事只是不被解雇。如果分益佃农不违反契约，是不会被撵走的，所以他所具有的勤奋努力的动机比没有租地权的任何佃农（tenant-farmer）强烈。分益佃农至少同他的东

① 《意大利来信》。所引文摘自里格贝博士的译本（第 22 页）。

② 然而，土地使用的这种事实上的固定性，即令在意大利也不是普遍存在的。西斯蒙第把那不勒斯的一些地方、卢卡、热那亚的里维拉（在这些地方，地主从产品中分得的份额虽然仍然固定不变，但为数较多）分益佃农的生活比较困苦归因于没有这一权利。在这些地方，耕作很好，但人民极为贫困。“如果公共舆论不维护农民利益的话，托斯卡纳的人民也可能遭到同样的命运；这里的地主换一个对分制佃农，却丝毫不改变原来的契约，但是尽管如此，却不敢提出在当地没有过的苛刻条件。”[《政治经济学新原理》，商务印书馆 1977 年版（下同），第 128 页。]

家有共同经营的关系，并且可以同后者平分共同的收益。而且，他的永佃权是靠习惯保证的，因而他对土地颇为喜爱，也就是多少具有土地所有者的感情。我在这里是假定这一半产品足以使他过舒适的生活，但实际上是否如此，取决于(如果农业情况没有变化)土地细分的程度；而土地细分的程度又取决于人口原理的作用。人口增长超过土地所能适当地供养的数量，或超过工业所能吸收的数量，这种情况甚至对自耕农来说也是难以避免的，当然对分益佃农来说更是屡见不鲜。然而，我们曾经说过，在自耕农制度下促使人们在这方面慎重从事的倾向，在分益佃农制度下同样普遍。对自耕农来说，他们能否养活一家，是容易准确地计算出来的。如果容易看出拥有全部产品的所有者(译者按：指自耕农)能否靠提高生产在同样的生活水准下养活更多的人，则拥有一半产品的人(译者按：指分益佃农)也能同样简单地做到这一点。[①] 分益佃农制度除具有自耕农制度所拥有的各种人口控制力以外，似乎还具有另一种人口控制力，即在此时，地主可以拒绝同意土地的细分来发挥控制作用。然而，我并不认为这种控制十分重要，因为农场即使不细

---

① 巴师夏断言，即令在法国——无可否认，在有关分益佃农制度的事例中，它是推行这一制度最不顺利的国家——这一制度在抑制人口方面的作用也是引人注目的。

"过度繁殖的倾向主要表现在靠工资生活的阶级身上。这是一个业已查明的事实。对这些人来说，为了未来而推迟结婚的深谋远虑几乎不起任何作用，因为人口过多导致的竞争所产生的弊害，在他们看来，其事态很不明显，或者在遥远的将来才会出现。因此，一个民族的社会组织如果不包含固定的雇佣劳动者阶级，对这个民族是最有利的。在实行分益佃农制度的国家，婚姻主要取决于耕作的需要；如果由于某种原因，人数不足以致生产受到妨碍，它会增多；人满为患则会减少。农场的规模和人口数目之间的比例，是否像原先的想法那样产生影响，并取得较大的效益，是一件易于查明的事。因此，假如不能为过剩人口找到出路，人数就保持不变，像在法国南方各县可以看到的那样。"(《关于分益佃农制度的考察》，《经济学家》1846年2月号。)

分也可以负担过剩人口的生活，而且，人口增长几乎总是使总产量提高，在这种情况下，取得一半产品的地主是直接受益者，只有劳动者受到烦扰。毫无疑问，地主最后会因劳动者贫困而倒霉，他们不得不贷款给劳动者，特别是在歉收时节；对最终麻烦的这种预见，对于重视未来安全更甚于眼前利益的地主可以产生有益的作用。

对于分益佃农制度所特有的缺点，亚当·斯密作过极为清晰的描述。他指出，对分益佃农来说，"生产总额愈大，他所占有部分亦愈大。所以，他们的利益，显然在于能够生产多少，就生产多少。"接着他又说：[①]"不过，在对分佃耕制下，土地仍不能得到大的改良。地主既可不费分文，而享受土地生产物的一半，留归对分佃农享有的自属不多。在这不多的部分中，所能节省的更是有限。对分佃农决不愿用这有限的节余来改良土地。教会什一税，不过抽去生产物十分之一，已是土地改良极大的障碍。抽去生产物的一半，一定会切实阻止土地的改良。用地主供给的资本，从土地尽量取得最大量的生产物，固然是对分佃农所愿望，但若以自有资本与地主资本混合，却绝非对分佃农所愿的。在法兰西，据说，有六分之五的土地，仍由对分佃农耕作。地主常常指摘农民，不用主人的牲畜耕田，而用来拖车。因为，拖车的利润，全部归于农民，耕田的利润，却须与地主平分。"

在租佃制度下，一切要花费资本的改良必须靠地主的资本来进行，这确是这种制度的根本性质所在。然而，不论佃农是随时可以夺佃的，还是（如果阿瑟·扬是正确的话）以"9年为期的"，甚至

① 《国民财富的性质和原因的研究》上卷，第355、356页。

在英国，情况基本上也是这样。如果地主愿意提供改良所需的资本，分益佃农会抱着强烈的兴趣促其实现，因为由此产生的利益一半会归他本人。但是，在分益佃农永久享有租地权（我们现在谈论的，是习惯赋予他们的那种权利）的情况下，一切改良都必须取得农民的同意；而农民具有墨守成规、厌恶革新的特性，如果不通过教育加以改变，毫无疑问（拥护这种制度的人也承认），这会成为改良的一个严重障碍。

第三节　有关各国分益佃农制度所起作用的例证

分益佃农制从英国官方那里得不到任何同情。“这种做法毫无可取之处”。阿瑟·扬说[①]，“反对它的理由可以举出万千条。分益佃农制度保存下来的理由只有一个，那就是‘迫不得以’；租地农民十分贫困，致使地主必须在农场种牧草，否则就根本不会种牧草。这是最使地主痛心疾首的负担，他被迫用所有的办法中最危险的办法来进行耕种，把他的财产交到一般是无知的、大多是粗心大意的、少数显然是邪恶的人的手中……在所有的租地方式中最糟糕的这一方式下，受骗的地主所收到的租金微不足道；农民处于极其贫困的状态，土地的耕作十分粗劣；国家同有关各方一样受到严重的损害……。在这一制度盛行的地方[②]，没精打采的、可怜的居民必然到处可见。……我在米兰内斯所看到的那些贫瘠、干旱

① 《旅行》第 1 卷，第 404—405 页。

② 《旅行》第 2 卷，第 151—153 页。

的土地，都在分益佃农的手里。”他们几乎无时不向地主借用种子和粮食，“他们的生活状况比散工还要悲惨。……[①] 只有几个区”（在意大利）“是以货币地租将土地租给佃农耕种的；但凡采取这种办法的地方，其收获量都很大。这是分益佃农制度拙劣的明显证据。”“凡是采用分益佃农制度的地方”，麦克库洛赫先生说，[②]“所有的改良都陷于停顿，而耕作者则处于极为困苦的状态”。琼斯先生[③]也赞同这一流行的看法，并摘引杜尔哥和德斯蒂-特拉西的意见作为根据。然而，所有这些著述家的印象（尽管阿瑟·扬有时提到意大利）看来主要是来自法国，大革命以前的法国。[④] 现在处于这个旧制度下的法国分益佃农的状况再也代表不了这种契约的典型形式。在这种形式下，地主得负担所有的赋税。但是在法国，对于贵族免交直接税，政府将他们日益增加的苛捐杂税全部压在土地占用者的肩上。杜尔哥曾将分益佃农的生活极为悲惨归咎于这些苛捐杂税，在某些情况下，他们的生活状况是无比恶劣的，在利穆赞和安哥穆（他所管理的省份），按照杜尔哥的说法，在扣除一切负担以后，剩下供每人全年消费之用的金额很少超过25到30里佛尔

① 《旅行》，第2卷，第217页。

② 《政治经济学原理》，第3版，第471页。

③ 《论财富的分配》，第102—104页。

④ 德-特拉西的看法有些不一样，因为他的见闻远及大革命时期以后；但是他承认（像琼斯先生在别的地方讲的那样），他所了解的仅限于土地分得很细而地力不肥沃的地区。

帕赛的看法是，因为地主可以索取的生产物在总产量中所占的比例过高，法国农民在分益佃农制度下必然会陷于贫困，耕作也一定很糟；只是在比较有利的气候条件下农民才能在某些土地（不算最肥沃的土地）上种植生产费用较多而价值较高的农业生产物，而在将这些土地的总产量的一半作为地租付给地主以后还有剩余（《论耕作制度》，第35页）。这只是对某一特定比例提出的反对意见。这种比例确实是常见的，但并不反映这个制度的本质。

(20 到 24 先令)。“我不是指现金,而是就其全年收成中他所消费的全部实物以现金来估计。”[1] 他们不像意大利的分益佃农那样具有事实上的永佃权(阿瑟·扬说[2],“在利穆赞,分益佃农比仆人好不了多少,可以任意赶走,并且任何事情都必须服从地主的意旨”)。这一事实如果同以上所述联系起来考虑,就可以明白,那些情况不能用来作为指摘具有较好形式的分益佃农制度的论据。除一身以外别无长物的人们——一如爱尔兰的投标佃农,任何意外事情都已不能使他们的生活更加恶化——他们的人口将愈益增长,他们的土地也将愈益细分,而不受任何限制,直到实际饿死为止。

最可靠的权威在谈到意大利分益佃农的耕作时,给我们展示了一幅完全不同的景象。首先,关于土地的细分。在伦巴第,按照夏托沃的看法[3],超过 50 英亩的农场和不到 10 英亩的农场都很少。这些农场全由与地主平分收益的分益佃农占用。他们全有“宽敞和华丽的住宅,这种住宅在欧洲任何其他国家都几乎看不到。”[4] 他们的住宅设计做到“建筑物的面积极小而可以利用的空间极大。这种住宅最适于放置和保存谷物,而且极为节省,发生火灾的危险又非常小。”院子“整个看来显得整齐、宽敞,井井有条,是我们

① 《关于里摩日公民税收负担的备忘录——1766 年向参议院提出》(见《杜尔哥著作集》第 4 卷,第 260—304 页)。地主偶尔承担一部分赋税(如阿瑟·扬所指出),这种约定,按照杜尔哥的看法,是新近为实际需要所迫。“地主只在他按其他条件找不到分益佃农时才会同意这样做。因此,即令在这种情况下,分益佃农的所得往往只能使他免于饿死”(第 275 页)。

② 第 1 卷,第 404 页。

③ 《意大利来信》,第 16 页。

④ 同上书,第 19、20 页。

那些肮脏、零乱的农场无法比拟的。”对皮德蒙特也作了同样的描述。谷物的轮作是极好的。“我认为没有一个地方能像皮德蒙特那样将其出产如此大的一部分送到市场上去。”[①]虽然皮德蒙特的土地就其天然的地力来说并不很肥沃，但“城市很多”。因此，它的农业在土地的总产量上和土地的净产量上都大为有利。“每架犁要耕 32 英亩地。……玉米地锄得和翻得极为彻底和利落。当玉米长起来时，用一架犁和两头牛，就能把杂草都除掉，而不损伤一棵庄稼。”有关农业技能的情况就摘引到这里。“其先行和后继作物都得到大丰收”。“用一匹马拉着碾子来打麦子，让一个少年照管此事，工人们则用耙翻动麦秆。这一过程持续约两星期，既迅速又经济，所有的麦粒都取出。……世界上没有一个地方能够像皮德蒙特那样深刻地懂得如何经营和管理土地；这一点说明了皮德蒙特为什么会存在人口众多而粮食的出口量也很大的现象。”所有这些都是在分益佃农制度下发生的。

关于阿尔诺山谷、包括佛罗伦萨上方和下方的整个区域，上述作者说[②]：“橄榄树林覆盖了山麓部分。绿阴深处有无数小农场，那里住着山区的平民。栗子树在较高的山坡上昂首屹立，它们那健康的绿色和橄榄树暗淡的色彩形成鲜明的对照，在这个圆形剧场的上方散发出一片光明。路的两侧隐现着村舍，相隔不超过一百步。……它们离道路有一小段距离，用墙隔开，前面有几英尺宽的斜坡。墙头上通常放满了古色古香的花盆，其中种有花卉、芦荟和幼橘。房子本身也爬满了葡萄藤。……这些房子的前面，我们看到一群一

① 《意大利来信》，第 24—31 页。
② 同上书，第 78—79 页。

群的农家妇女，她们穿着白色亚麻布的衣服、丝织的胸衣，戴着饰花的草帽。……这些房子彼此靠得很近，显然其所附属的土地一定很小，在这些山谷中，地产一定分得很细；每户的面积为 3 英亩到 10 英亩。土地就在房子周围，由小沟或一排排树木（有些是桑树，绝大部分是白杨，其叶可作牲畜饲料）分成若干块。每棵树上盘着一株葡萄藤。……这样一块块长方形的田地，其大小足够用一架无轮犁和两头牛来耕种，每 10 个或 12 个农民有一对耕牛，他们依次用这些牛来耕种所有的农场。……几乎每个农场都养一匹很漂亮的马，用来拉一辆制作优美的红色两轮小车。这种小车担任农场的一切运输工作，也用来送农家妇女去参加弥撒或舞会。每逢假日，可以看到数以百计的这种小型马车向四方驶去，车上坐满了装饰着鲜花和缎带的年轻妇女。”

这不是一幅贫穷的图画；就所谈到的这些地方的农业来说，它有力地回答了英国著述家们对分益佃农制度的指责。然而，夏托维奥对耕作者的生活状况所作的证词，在有些问题上并非如此有利。[①]“构成当地居民的幸福生活的，既不是土地的自然肥力，也不是使旅行者眼花缭乱的丰裕物资；而是参与总产量分配的人数，它决定着每人可以从分配中取得的份额。而在当地这一数量是很小的。我在前面描述的确实是一种灌溉良好、土地肥沃、四季常青的令人喜爱的农村；那里的土地被分割成无数的小块，每块土地像菜园中的苗圃那样，种着各种各样的作物；如上所述，每块土地都附有漂亮的房屋，它们为葡萄藤所覆盖，并饰有花卉。但是，如果走进这些房屋，我们就会发现屋内缺乏各种生活上的便利设施，食桌

① 《意大利来信》，第 73—76 页。

简陋，穷相毕露。”在这里，夏托维奥或许无意识地将分益佃农的状况和其他国家的自耕农作了对比，而正确的标准应当是将它和农业散工作比较。

阿瑟·扬说[①]，“人家向我保证说，这些分益佃农（特别是在佛罗伦萨附近的）过得很舒服；他们在假日穿得很好，并且不缺少奢侈品，如金银绸缎，吃得也不错，有足够的面包、葡萄酒和蔬菜。在某些情况下这也许是事实，但总的说来事实却与此相反。如果认为这些分益佃农依靠用一对耕牛就可以进行耕作的这种农场，能够过得很舒服，这是很可笑的。分益佃农生活贫困的一个明显证据是，提供半数牲畜的地主，常常还得借钱给分益佃农以使他们得以购买其余的半数牲畜。……不住在城市近郊的分益佃农穷得连口粮也要向地主借。他们吃的是掺和着野豌豆的黑面包；他们的饮料称为 aquarolle，是用一点点酒掺上大量的水制成的；在星期天才有肉吃。他们的衣着十分粗劣。”琼斯先生承认佛罗伦萨附近的分益佃农过得比较舒服，并将这种情况部分地归因于编草帽缏，按照夏托维奥的说法，[②]农家妇女靠编草帽缏一天可以挣 15—20 便士。但是，这一事实对分益佃农制度毋宁是有利的；因为在英格兰的某些地方，如贝特福郡和白金汉郡的农村，劳动阶级的妇女儿童也在编草帽缏或做花边，但这个阶级的生活并不优裕，甚至不如其他地方，农业劳动的工资由于受妇女儿童工资的影响而降低了。

虽然夏托维奥就分益佃农的贫困作了一些描述，但是，至少他对意大利的分益佃农制度是赞同的。[③]“这种制度使地主忙碌起

① 《旅行》第 2 卷，第 156 页。
② 《意大利来信》，第 75 页。
③ 同上书，第 295—296 页。

来，并使他经常关心农业，这种情况对出租土地、收取一定地租的大地主来说是前所未有的。它在地主和分益佃农之间建立了一种利害相共的、友好的关系；这种友好关系（我常常亲眼目睹这方面的实例）使社会的道德状况得到很大的改善。在这一制度下，地主经常关心收成的好坏，决不会拒绝为此进行垫付，因为土地会回报以利息。正是由于这些垫付，以及由此增强的信心，这些富有的地主使意大利的农村经济逐步地完善起来。意大利拥有了许多灌溉系统，并在丘陵上实行梯田耕作。这些缓慢而持续不断的改良，是缺乏资力的普通农民永远搞不起来的。对租地农场主或出租土地、收取一定地租的大地主来说，因为他们同这种改良没有重大的利害关系，也不会实行。这样，这个制度本身使富有的地主同分益佃农结盟，前者提供改良耕作的资金，而后者则以其心思和劳动最好地利用这种垫款，以实现二者的共同利益。”

但是，对该制度最有利的证词是西斯蒙第提供的，其优点是具体和精确；他的资料并非得自旅行家，而是得自对农村生活非常熟悉的当地地主。他的陈述一般是就托斯卡纳特别是他自己的产业所在地尼埃沃尔山谷（当地并无佛罗伦萨附近地区所具有的特权）而言。这是农场规模最小的地区之一。他对该区分益佃农住宅和生活方式所作的描述如下。

“房子用灰与混凝土筑成坚固的墙，至少是两层楼，有时底层上还有两层，底层一般是厨房，还有为两头带角牲畜准备的牲口圈，以及取名蒂纳尼亚（tinaia）的仓库，称作蒂尼（tini）的酿酒用的糟池，酿这种酒不必用压榨机；在这层房子中，还锁着一些盛油和小麦的桶。在房子旁还有一个棚子，在那里修理工具。铡牲口草料时可以不受风吹日晒。在第二层或第三层，有四间带床的房间，……最宽敞和通风最好的房子，在五六月间，人们用来养蚕；大柜子是用来装衣物的，木椅子是房间里主要的家具，但是，新娘总会带一只桃木衣柜来，床没有幔帐，也没有床帷；每张床上除了装有富有弹性秸秆的褥套外，还有一两床羊毛垫子，在穷人家里是废麻脚垫子，还有绣花被子，结实的麻布褥单，在家庭里最好的床上有丝垫料的毯子，只是在节日才拿出来作摆设。只有在厨房里有烟囱；在这间房子里还有供家庭就餐的大桌子，还有几张凳子；大柜子同时充当碗橱，用来保存面包和食物，还有面缸；以及一套很完备的、但不值钱的用陶土做的瓶、盆、碟等，一两盏铜灯，罗马式秤，至少有两个用来提水的铜罐。家庭所有的内衣和外衣都是家庭主妇自己制作的。厚衣服是半毛织品的梅扎拉那(mezzalana)，薄衣服是布制的莫拉(mola)，纬线是麻或麻头，里面垫的是羊毛或棉花；衣服也是由纺织的妇女染色。农妇们为积累布匹和梅扎拉那，人们很难想象她们付出了多少辛勤劳动；库房里又有多少褥子，家庭的每一个成员又有多少衬衫、上衣、裤子、裙子和袍子。为了了解情况，我们记下了我们很熟悉的一个农民家庭的清单。这个家庭不是最穷的，也不是最富的，它靠种 10 阿尔庞土地，通过对半分成制，靠自己的劳动过着幸福的生活。[①] 这

① 1835 年 4 月 24 日，佩夏附近的波尔塔韦希亚地方，瓦朗特·帕皮尼的女儿让娜与吉奥瓦希努·兰迪结婚，嫁妆清单如下：28 件衬衣，7 件贵重衣服(绸缎的)，7 件印花布衣服，2 件冬天劳动服(梅扎拉那)，3 套夏天劳动服和劳动衬衫(莫拉)，3 条白裙子，5 条染色布围裙，1 条黑色丝围裙，9 条彩色劳动围裙(莫拉)，4 条白手巾，8 条彩色手巾，3 条丝手巾，2 条绣花面纱和 1 条罗纱巾，3 条手绢，14 双长袜，2 顶帽子，一顶是毡帽，另一顶是细草帽，2 件金浮雕，2 个金耳环，1 串带有两个罗马皮阿斯特的念珠，1 个带有金十字架的珊瑚项圈。……所有比较富有的新娘有一件丝织节日盛装。在一生中，她们只穿四五次。

位新娘有 50 埃居的嫁资，其中 20 埃居付的是现款，其余的是赊欠的，每年付 2 埃居，托斯卡纳埃居值 6 法郎(4 先令 10 便士)。在托斯卡纳其他土地面积较大的对分制农户的姑娘，他们的嫁资一般是 100 埃居，即 600 法郎。”

这能说是贫困或一贯贫困吗？西斯蒙第先生说分益佃农年轻姑娘的嫁资一般是 24 英镑，就意大利这一阶级的生活水平来说，这一金额至少相当于 50 英镑。或者，即使一个姑娘的嫁资只有此数的一半，也还可以置下前述的衣柜(西斯蒙第将此作为中等水平的标志)；这个阶级的一般生活状况肯定可以同其他国家的大部分农民，甚至资本主义农场主相比拟；除了新的殖民地或美国，任何国家的散工都远远不如。从一位旅行家得到的他们的食物质量差的印象，很难作出足以推翻上述实证的推论。食物质量差往往是出于节约，而不是由于贫困。南方的人民并不特别喜爱奢华的饮宴。所有阶级的食物都以蔬菜为主，欧洲大陆的农民不像英国的劳动者那样迷信白面包。但是，按照西斯蒙第的说法，托斯卡纳农民的食物“是节制的，但食品很讲卫生，品种也多种多样：基本食品是小麦粉做的棕色面包，但不掺和麸子和其他东西。……确实，在天气不好的季节里，农夫特别需要热的食品。那时，农夫们一天只吃两顿饭，上午 10 点吃‘波仑达’，到傍晚时分再吃面包、汤，还加一些小菜肴。夏天，农夫吃 3 顿饭，早上 8 点，下午 1 点，还有晚上 1 顿，但是，他们只是在晚上才生火做饭，晚餐包括汤、一盘腌肉或干鱼，还有夹着面包一起吃的豆类或青菜。肉类的量很少，因为对普通家庭来说，他们认为每人每年吃 40 磅也就足够了：每个星期，他们在汤里放两次腌肉。星期天桌子上总有一盘新鲜肉，这块肉大

约是 1 磅或 1.5 磅，不管家庭人数多寡，这块肉也就足够一家吃的了。一般来说，托斯卡纳农民都有橄榄油使用，它不仅用于照明，而且用来炒菜，用这种油炒的菜，滋味鲜美，富于营养。午餐时，他们吃面包，再加奶油和水果；晚餐时吃面包再加生菜。他们喝当地的质量不高的葡萄酒、用葡萄渣发酵后加水制成劣等带酸味的酒。然而，他们也为打场，或为过节准备一些质量很好的葡萄酒。对一个成年男子来说，每年大约要消费 50 瓶葡萄酸酒和 5 袋小麦（可制面包约 1 千磅）。”①

西斯蒙第对于这种社会状况对道德的影响所作的评论也是值得注意的。分益佃农的权利和义务是由习俗规定的，而一切赋税则由地主负担。“对分制佃农享有地产的一切利益，而不必负担保护地产的费用。与土地有关的一切争执都归属地主（同土地归属地主一样）；和分制佃农和睦相处，对他们来说，相互之间没有对立情绪和猜疑；佃户和地主、税务机关、教会都很和睦：佃户们卖的少，买的也少，他们没有多少钱，也没有人向他们要钱。人们经常谈起，托斯卡纳人性格温和宽厚，但是，人们没有充分注意到所以能维持这种性格的原因，由于这种性格，构成人口四分之三的农民几乎没有造成纠纷的机会。”② 只要分益佃农履行他自己的义务，他就按惯例（虽然没有法律规定）拥有稳固的土地使用权，这种情况使他依恋乡土，并产生强烈的个人利益意识（这种意识几乎是地主的特性）。“对分制佃农把租地看成祖传的土地一样，精心爱护，不断改良土地，希望能够传于子孙，世代耕种。确实，不少对分

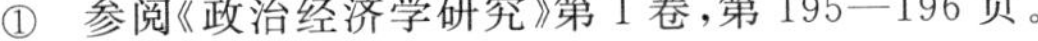

① 参阅《政治经济学研究》第 1 卷，第 195—196 页。

② 《政治经济学研究》第 1 卷，第 189 页。

制佃农世代生活在同一块土地上；他们很详细也很精确地认识到爱护土地能给予人们什么。……层层的梯田往往不超过4英尺宽，但是分成制佃户对每块土地都研究过它的特点。这块地比较干燥，那块地比较潮湿；这块地土层比较厚，那块地是地盖住岩石的地层；小麦在这块地长得好，而黑麦在那块地长得茁壮；这里种玉米是白费气力，那里不能种蚕豆和扁豆；远处亚麻长得好，沟沿适合种黄麻；因而，人们很吃惊，对分制佃农在一块10阿尔庞的地面上、斜坡上种的庄稼品种，比一个富裕的佃户在500英亩的土地上种的还多。因为富裕的佃户觉得这不过是权宜之计，按常规办事，不注意零星地种。但是，对分制佃农由于受过去经验的启发，热切想成为行家里手，由于对前途的信心，他不仅想到自己，而且想到自己的子孙后代。因此，当他栽培橄榄树这种生长百年的树木时，在低洼处修一条流水沟，以防止积水的危害，他也研究应该如何深翻地层。"①

① 《政治经济学研究》第1卷，第187—188页。

西斯蒙第曾以极其赞赏的口吻谈到这些引人注目的人们的智慧。他们中间能够阅读的人不多，但家里往往有一个人当教士，每当冬天的夜晚，他就读书给全家听。他们的语言同纯粹的意大利人几乎没有什么差别。一般都有即席赋诗的爱好。在节日，尼埃沃尔山谷的居民喜欢在夏夜9点到11点看戏，门票价格略高于法币5苏（2.5便士），阿尔菲里是他们特别喜爱的演员，这些目不识丁的农民对阿特里德斯的故事也很熟悉。他们在激烈的劳动以后想通过这位严肃的诗人演唱节目放松一下自己的身心。（参阅《政治经济学研究》第1卷，第199页。）他们与一般农民不同，喜欢从故乡的美景中寻求乐趣。"在尼埃沃尔地带，家家户户门口都有一个打麦场，面积很少超过25到30图瓦兹见方。在对分制佃户中，大致都是这个水平。这种场院俯视山谷和平原，令人心旷神怡。我几乎向来不注意欣赏风景，除非是佃户们来与我欣赏景色，用手指着秀丽河山，生怕我放过这种美的享受。"（《政治经济学研究》第1卷，第197页。）

第四节　废除分益佃农制度是否合乎需要?

我并不打算用这些引文证明分益佃农制度所固有的优越性;但它们无疑足以证明:“耕作粗劣”或“赤贫”同这个制度没有任何必然的联系;英国著述家们恣意谩骂这个制度乃是基于极其狭隘的见解。我认为,意大利的农村经济不外为有利于小土地占有(具有永久使用权的)的另一例证。这是靠永久使用权和小土地占有两种要素,在分益佃农契约的具有特殊性质的不利条件下能够做到什么的一个例子。分益佃农契约的不利之处在于,租地人所具有的勤奋努力的积极性,比按固定的地租或按某种规则变动的地租同样永久地租种土地,而可以得到他本人努力的全部利益的人要低一倍。分益佃农制度在社会有迫切需要的地方自然会产生,我们不必急于推行;但是,我们也不必仅仅因为先验地认为其有缺点就热切地想废除它。如果这一制度在托斯卡纳的实际作用和著名权威西斯蒙第所描述的,在每一个细节上都完全一样;又如人民的生活方式及其农场的规模多年来保持不变,并且仍然同西斯蒙第所说的情况一样;[①]那么,在改良农业的借口下试图采用货币地租和资本主义农场主的制度,而扰乱这种远胜于欧洲大多数国家的农村福利状态,是令人懊丧的。即令在分益佃农确实很穷、土地

① 西斯蒙第说:“对分制佃农家庭除非力不胜任,除非感到在一块较小的土地上没有把握保持固定的收获,人们从来没提过他们提出平分主人的土地的事。人们同样也看不到任何一家人的几个青年同时结婚,有几个儿子成立几个新家庭;而只是有一个儿子成家,负责管理家务;其他的弟兄,除非那个成家的弟兄没有孩子,或者另获一份对分土地,否则是从来不结婚的。”(《政治经济学新原理》,第126—127页。)

分得过细的地方，也不能认为这种变革肯定会成功。农场的扩大和农业改良措施的采用，通常会减少用于土地的劳动者的数量；如果工商业资本的增加不能为这些被排斥的人口提供就业机会，或者如果没有荒地可供他们移居开垦，那么，工资将因竞争而下降，他们作为散工所过的生活也许比当分益佃农更坏。

琼斯先生非常正确地对上世纪的法国经济学家在追求他们最向往的目标，即采用货币地租时所采取的态度进行了指责。他们一心只想用租地农场主来代替分益佃农，而没有想一想如何将现有的分益佃农转变成租地农场主。正如他所公正地指出的那样，如果不能使分益佃农积蓄金钱并拥有资金，这种转变就无法实现，而要使分益佃农能够积蓄金钱、拥有资金，地主就得长期忍受收入的减少，而不能希望收入有所增加（这通常就是那些人进行这种尝试的直接动机）。如果这样的转变得以实现，而分益佃农的处境没有什么别的变化；如果他们继续保持习惯保证使他们得到的其他一切权利，只是取消了地主要求得到一半生产物的权利，而代之以支付适度的固定地租；那么，他们的处境自然会比现在好一些，因为他们所进行的任何改良的成果现在都将全部（而不是一半）归其所有。但即令如此，他们的利益也并非没有减少。因为分益佃农本身虽然不是资本家，却有一个资本家当他的合伙人；至少就意大利而言，他们使用着相当大的一笔资本，这从农场建筑物的精致可以得到证明；然而，当无需投入资金即可得到固定的货币收入时，不可能再指望地主会同意拿他们的动产去冒农业经营的风险。这样，纵使这种变革并未改革分益佃农事实上的永久使用权，并且确实将他们变成了交免役税的自耕农，问题仍然会存在。而如果

我们假定分益佃农变成纯粹的承租人，地主可以任意夺佃，地租也因竞争而提高（提到所有谋求生存的不幸的人所能提供或允诺的高度），则分益佃农的地位所具有的用以防止其处境恶化的一切特质都将丧失，他们将以目前的半地主地位下降，成为投标佃农。

第九章　论投标佃农

第一节　投标佃农制度的性质和作用

这里所说的投标佃农制度，毫无例外地指劳动者在缔结租种土地的契约时没有租地农场主介入，而且这一契约的各种条件，特别是地租的数额，不是由习惯决定，而是由竞争决定的一切租地制度。在欧洲，这种租地制度的主要实例是爱尔兰。投标佃农这一名称就是从那里产生的。[①]爱尔兰的大多数农业人口，除了北爱尔兰租地权所造成的例外情况，直到最近都还是投标佃农。确实，即令是最小的一块土地，许多劳动者也不能以永佃户的资格得到(我们可以设想这是由于地主或已占用土地的佃农都反对将土地细分)。但是，由于缺少资本，不以货币而以土地支付工资的习惯很流行，因此，投标佃农或较大的租地农场主对其所雇用的临时工，一般也不以货币支付工资，而是向他们提供已经施肥的土地，允许他们耕作一个收获期作为工资；这种办法，当地称为 Conacre。他订有支付货币地租的契约，地租额通常为 1 英亩若干，但实际上并不支付货币，是以按货币折算的劳动来清偿债务。

在投标租佃制度下，产品被分为两部分，即地租和劳动者的报

① “投标佃农”一词的原义是指从小的租地农场主那里租借农舍和一两英亩土地的一种转租人。但是，很久以来著述家们都习惯将这一词加以引申，把这些小的租地农场主也包括进来，而且通常用来指其地租由竞争决定的所有租地农民。

酬;后者显然是由前者决定的。劳动者所得到的只是地主所未取走的。劳动者的处境取决于地租的多寡,而地租是由竞争调节的,因而它取决于土地供求之间的关系。对土地的需求取决于竞争者的数目,也就是全部农村人口。因此,这种租佃制使人口法则直接对土地发生作用,不像在英国那样对资本发生作用。在这种情况下,地租取决于人口和土地的比例。因为土地的数量是固定的,而人口却可以无限制地增加,因而如果没有力量可以抑制人口增长,对土地的竞争很快就会促使地租提高到某一最高点,超过这一点,劳动者就无法生存。因此,投标租佃所造成的结果取决于人口增长受控制的程度,这种控制或者来源于习俗,或者来自个人克制,或者来自饥荒和疾病。

要说投标租佃制度绝对不能使劳动阶级过上富裕生活,未免有点过于夸大。假定在下述习惯于高生活水准的人们中实行这种制度,这种人除土地生产物由于技术提高而增加,因而能够在生活不致感到不方便的情况下支付较高的地租以外,除非在付过地租以后还留有许多生活费,否则就不会支付较高的地租,其人口的适度增长也不致造成会引起竞争、从而促使地租提高的失业人口;那么,这一耕作阶级就可以获得同在其他制度下租种土地的人们一样良好的报酬,拥有同后者一样多的生活必需品和奢侈品。然而,如果地租是可以任意决定的,他们就不能享有托斯卡纳分益佃农从他们与土地的结合中得到的那种特别利益。他们既不能利用他们东家的资金,也不会像永佃农那样肯花力气和动脑筋来弥补资金的不足。相反,租地人的努力所造成的土地价值的提高只会使他在下一年或租约期满后支付更高的地租。地主如果比较公正,见识也较高，也许不会利用竞争带给他们的好处；地主们利用这种好处的程度也因人而异。但是，指望整个阶级或整个集团都会采取有损于其直接的金钱利益的行动，那是肯定要落空的；一个人在考虑是否要为比较遥远的未来作出目前的努力或牺牲时，如果稍有努力或牺牲的成果可能被别人拿走的疑虑，他的判断就会受到影响；因此，在这一问题上，疑虑和不确定性具有同样重大的影响力。消除这种不确定性的惟一措施是建立一个惯例，保证同一使用者具有永久租佃权，而且不经公众一致同意地租不得增加。北爱尔兰承租权就是这样一种习俗。退佃的承租人要从他们的后继者那里取得一笔相当可观的金额[①]，作为农场的转让费，这一金额首先使对此土地的竞争实际上局限于出得起这笔钱的人们；同一事实也证明，地主尚未充分利用已经受到很大限制的竞争，因为地主收到的地租没有达到新的承租人不仅承诺而且实际支付的地租总额。新的承租人付出巨额转让费，是由于他充分相信地租不会提高；因为习惯可以保证地租不提高，这种习惯不为法律所承认，但有约束力，这种约束力出自法律以外的某种制裁，而这种制裁爱尔兰人是充分了解的。[②]这些支柱少了任何一根，在进步社会中

① “一个没有租约的佃农，即使没有什么迹象表明他对土地进行过改良，也可以在出售他仅有的农场使用权时，取得相当于10—16年，甚至20年或40年地租的代价，这样的事情并不罕见。”（《德冯爵士委员会证词摘要》，序论）编者又说：“那个地区（北爱尔兰）比较平静，也许主要是由于这一事实。”

② “在大多数情况下，这不是对土地必需的花费或对土地进行的改良所作的补偿，而只是一种生命保险费或免除暴行的代价。”（同上）“北爱尔兰目前的承租权”（作者审慎地指出）“是一种根据副本享有的土地保有权（copyhold）的胚芽”。“即令在那里，如果无视承租权，不向承租人支付转让费而把他赶走，通常会引起暴行。”（第8章）“梯卜拉瑞的混乱状态和遍及爱尔兰的农民组织，不过是为获得北爱尔兰式的承租权而进行的一场‘有组织的战争’（methodized war）的表现。”

就不可能形成限制地租的习惯。如果财富和人口固定不变，则地租一般也固定不变，由于地租经久不变，人们有可能认为它是不可变动的。但是，财富和人口的一切增加，都有提高地租的倾向。在分益佃农制度下，有一种已经确定的方式，它使地主一定能够参加生产物增加部分的分配。而在投标佃农制度下，地主只能靠重订契约来做到这一点。在一个不断进步的社会里，重订契约几乎总是对地主有利。因此，地主的利益同“将地租变成一种固定的要求权”的习惯的发展显然是矛盾的。

第二节　在人口过多的国家内，实行这一制度的必然结果是名义地租的产生

在地租额不受法律或惯例限制的地方，投标佃农制度具有最坏的分益佃农制度的各种缺点，而没有这一制度任何优点（在那种租佃制的最好形式下，那些缺点是可以靠它的优点来弥补的）。投标佃农经营的农业几乎只能带来苦难。但农民的这种处境并没有必然性。因为通过对人口的充分限制可以减缓对土地的竞争，并防止极端贫困；审慎的习惯和高标准的生活一旦建立起来，就有足够的机会保持下去。不过，即令在这样有利的情况下，审慎的动机较之有习惯保护因而不致被夺佃的分益佃农（如托斯卡纳的分益佃农）仍然微弱得多。这是因为，受到这种保护的分益佃农家庭只要本身人口不毫无远见地增加，即使其他人口大量增加，也不会陷入穷困。而投标佃农家庭，不论其本身如何审慎和自制，其所负担的地租都有可能因其他家庭人口的增加而提高。保护投标佃农使

之避免这种弊害的惟一方法，是使整个阶级普遍具有责任心和荣誉感这种有益的感情。利用这个方法，他们是可以得到有力的保护的。如果这个阶级的日常生活水准很高，则年轻人就不会同意缴纳过高的租金以使自己的生活状况比以前的承担人差；或者像在某些国家实际看到的那样，在农场缺乏人手以前不结婚，这可能成为一般习惯。

但是，在考察投标佃农制度的作用时，我们无须考察植根于劳动阶级的习惯的高生活水准。投标佃农制度只能在农村劳动者的日常生活要求最低的地方找到。在这些地方，只要他们不饿死，他们总要生儿育女。人口只受疾病和短命（这是由于生活必需品短缺）的限制。爱尔兰最大部分农民的状况就是如此。如果人们落到了这样的境地（特别是自远古以来就是这样），他们要想从中解脱出来，投标佃农制度就会成为他们几乎无法逾越的障碍。在人们习惯于不到断炊的程度决不肯限制人口增长时，在他们只能靠土地获得生活必需品时，一切有关地租数额的条款和协议都只是名义上的；取得土地的竞争会使承租人答应承担他们力所不及的支付，他们在支付其所能支付的一切以后，几乎总是仍有很多应当偿付的债务未付。

“关于爱尔兰农民的状况，可以公平地说”，爱尔兰济贫法调查委员会秘书里凡先生说：[①]“每一个没有足够的土地可借以获得口粮的家庭，都会有一个或几个成员靠乞讨为生，因此不难想象，为什么农民要尽一切努力去租得一小块土地，在投标时，对于申报地

① 《爱尔兰的弊端，其原因和对策》，第 10 页。这是一本小册子，其内容除其他方面以外，还包含从华特莱大主教主持的委员会所收集的材料中精心选择的证词。

租的多少,他们所考虑的,不是土地的肥瘠和本身负担地租的能力,而只是出价多少最有希望借到土地。他们允诺缴纳的地租几乎总是超过他们的支付能力;因而他们一旦取得土地使用权,很快就会负债。他们要以地租形式交出土地的全部出产,只留下足够的马铃薯来填肚子。但就是这样,还缴不足应付的地租。他们所负的债务不断增加。在某些情况下,他们即使以其租到的土地产量最高时的生产物,或以在他们的耕作制度和最有利的气候条件下有可能收获的最大量生产物,也不足以支付约定的地租。因此,如果农民履行他们同地主订立的契约(这一点他们是极难做到的),则他们耕种土地将毫无所得,并且还要支付额外的费用以取得继续耕种的允诺。海滨的渔民和北方各郡的织机所有者所付的地租,常常高于所租种土地全部产品的市场价值。也许人们会认为,在这种情况下,他们还是以不种地为宜。但捕鱼可能在一两周内一无所获,对机织品的需求也会减少,如果他们没有种粮食的土地,遇到这种情况就会挨饿。不过,完全依照约定的数额缴纳地租的人是很少的。农民经常对地主负有债务。他那点微不足道的财产(他自己及其家属的破衣烂衫,两三张凳子和几件陶器,就是他那陋屋中的全部家当)即使全部卖掉,也还不清所欠的一般还在增加的债务。农民们大多拖欠一年地租,拖欠的原因自然是生活困难。假如某一年他租入的土地的产量比往年高一些,或者他靠机遇得到了某些财产。他的生活仍然不能过得舒适一点;他既不能吃得好些,也不能吃得多些。他既不能添置家具,也不能为他的妻室儿女改善衣着。到手的财物必须交给地主。偶然增加的收入只能使他拖欠的地租减少,因而得以推迟被迫退佃的日期。但是,这

正是他所殷切期望的。”

在德冯爵士委员会所收集的证词中收有克里的王室领地管理者赫尔利先生所供述的一项事实；这是一个极端的例子，它表明佃耕土地的竞争极为激烈，有时这种竞争会把地租抬高到荒谬的程度；赫尔利先生所作的供述如下：“这是我体验到的事实：有一个承租人愿为我非常熟悉的一处农场出价每年 50 先令；我看到竞争把租金提高到这样的地步，即他抬价到 450 先令才得标。”

第三节　这种名义地租是同勤勉、节俭或节制人口不协调的

在这种情况下，一个佃农靠勤勉和慎重能得到什么，又会因不善算计而失去什么？如果地主任何时候都充分行使他在法律上的权利，这些投标佃农恐将无法生存。即使他作出了很大的努力使所租土地的产量翻了一番，或者审慎地避免多生孩子把这些生产物吃光，他的所得也不过是由此可以多留下一点交给地主；而若他有 20 个孩子，他仍然先要养活他们，地主也只能拿走剩下的那些。几乎在人类中大概只有投标佃农是处于这样的境地，即他的生活好坏和本人所作所为一概无关。如果他勤勉或慎重，由此得益的只是地主，如果他懒惰或放纵，受到损失的也是地主。一个人的境遇与此相比更加缺乏劳动或自制的动机，是不可想象的。自由人的积极性都消失了，激励奴隶劳动的各种因素却未具备。他无所冀求，除了被夺佃以外也无所畏惧。对付夺佃的最后自卫手段是进行暴动。洛克主义运动和白衫主义运动都是除日进馇粥以外简

直一无所有的人们由于不能忍受仅有的一点食物也被夺走而采取的果断行动。

有一些自命不凡的大人先生，把爱尔兰产业的落后和爱尔兰人民缺乏改善处境的干劲，归因于凯尔特族特有的懒散和漫不经心，对于有关人类的本性和生活的最重要问题抱有这样的见解，这不是极大的讽刺吗？在一切避而不谈社会和道德对人类心理的影响的庸俗做法中，最庸俗的是把行为和品格的多样性归因于天生的差别。当各种事物安排得使人们无法靠远虑或努力得到好处时，哪个家族不会变得懒散和漫不经心？如果人们历来在这样的情况下生活和工作，已经养成这种无精打采和漠不关心的习性，则当环境变成作出努力真正可以得到利益时，人们不能马上改变这种习性，以利用这个机会，是不足为奇的。像爱尔兰人那样爱闲荡而灵敏的民族，不会像英格兰人那样安分守己地从事日常劳动，是非常自然的，因为他们脱离这种劳动也可以找到很多的人生乐趣。但是，同也属于凯尔特族的法国人相比，他们不会更不适合于劳动，同托斯卡纳人或古代希腊人相比，也是如此。一个容易激动的民族在受到适当的鼓励时，最容易激发发愤工作的精神，而人们不会在缺少刺激的条件下努力工作，这并不能说明他们没有劳动能力。英格兰或美国的劳动者都不能像爱尔兰人那样辛勤地劳动；但在投标佃农制度下，情况就不同了。

第四节　印度的租佃制度

耕种印度土地的民众的处境，与在投标佃农制度下进行耕作的农民非常相似，而同时又有很大差别。为了得出某些教训，现将两者作一番比较。在印度的大部分地区，缔约当事人只有、并且也许总是只有地主和农民二者。地主本人通常拥有全部权力，除非他用特别的证书将他的权力让给某个人，并以此人作为他的代理人。然而，农民们（即所谓 ryot）支付的地租很少（纵然也有）像爱尔兰那样决定于竞争。虽然各地的习惯千差万别，而且实际上没有一种习惯能够违反统治者的意志而保存下来，但在四邻之间总还有某种共同的规则，收租人不是和每一农民个别地商定租金，而是按照当地通行的规则来确定人们的租金。这样，承租人具有某种所有权，或者不管怎样可以永久占用的观念得以保持；而一种反常的状态也由此出现，这就是，在租地农民可以永久佃耕的同时，地主具有任意提租的权力。

当莫卧儿帝国政府在印度大部分国土上取代印度人的统治时，它推行了一种与过去不同的原则。对土地进行了详细的测量，根据这种测量分别评定了每块田地应向政府交纳的租税。如果按此税额征收而决不超征，则农民可以处于比较有利的自耕农的地位，这种自耕农的税赋虽然不轻，但其所交纳的免役税是固定不变的。然而，由于无法对付各种非法的勒索，他们所处地位的这种改善只是徒有其名，而不是现实的，除非强有力的行政官员偶尔有点人情味，否则政府的诛求除了农民无力负担这一限度以外，实际上没有任何限度。

印度在英国统治者接替莫卧儿的统治时的情况一如上述。最初，英国人曾想消除这种租税的随意性，认为对政府的诛求加以一定的限制是十分重要的。他们并不打算恢复莫卧儿的评租办法。

一般说来，英国政府不很重视早已在印度建立的各种制度的原则，而去调查现有的、在实践中受到尊重的各种权利，并加以保护和扩大，这一做法是很合理的。然而，长期以来，它严重地歪曲了事实的真相，误解了现行的习俗和权益。产生这种错误的原因是普通人的头脑没有能力思考同他们实际了解的社会关系根本不同的社会关系。英国习惯于大农庄和大地主，所以英国统治者认为印度当然也应当如此。他们到处寻找可以充当这方面的对象的人才，最后选中了称为柴明达尔（zemindar）的收税官。富于哲理的印度史著述家说：[①]“柴明达尔具有地主所有的某些特征；他征收某一特定地区的租税，他支配这个地区的农民，过着相当奢华的生活，去世后职位由他的儿子接替。因此，英国人毫不迟疑地认为柴明达尔就是印度的地主、土地贵族和乡绅。他们没有考虑到，柴明达尔虽然负责收租，但不能保有这些租金；他只留下极小的部分，其余全部解交政府。他们也没有考虑到，尽管柴明达尔支配着农民，并且在很多方面对这些人行使专制的权力，但柴明达尔并不是把农民当作自己的佃户来支配（不论这种佃户是地主可以任意解约的，还是根据契约租用土地的）。农民的土地占用权也是世袭的；柴明达尔更换佃农是不合法的。柴明达尔从农民手上拿去的每个法寻，都得入账。如果他从征收来的一切金额中，在规定的收税报酬之外多拿一文钱，那就是欺诈行为。”

“在印度有过一个机会”，这位历史学家接着说：“这个机会在世界历史上是前所未有的。君主以下与土地的利害关系最密切的是直接耕作者。对于柴明达尔所具有的权利（过去的那种权利），很

① 詹姆斯·穆勒：《英属印度史》第6册，第8章。

容易给予充分的补偿。政府已经宽宏大量地作出决定，为了国家的进步，君王的所有权可以牺牲。政府已经看到，以提供所有权作为促进进步的动力是正当的；它给予人们的影响之大是无可比拟的。在任何国家，这都是给予直接耕作者的(因为农业上的各种最重要的改良都是靠他们得到的)。这个措施可以与任何国家所曾采用的最好的改良措施并列，有助于印度人民摆脱长期处于暴政之下的不幸。但是，当时的立法者是英国的贵族；而贵族的偏见占了上风。”

就本意良好的倡导者所指望取得的效果来说，这个措施业已证明是完全失败的。任何制度的作用即令在同一国家也随同情况变化而发生变化，他们不很了解这一点，因而自以为在孟加拉各省已造就了一批英国式的地主，事实上他们只是造就了一批爱尔兰式的地主。新的土地贵族使一切希望都落了空。他们没有做任何改进他们的庄园的事情，所做的一切都是自掘坟墓。并没有像爱尔兰那样想方设法使地主避免自食恶果。由于债台高筑或拖欠租税，孟加拉地主的几乎全部土地都不得不抵押和出售，在 30 年间大多数旧有的柴明达尔都已不复存在。其他的家族，主要是加尔各答兑换商人的子孙，或在英国统治下富起来的当地官吏的子孙，填补了他们的位置。这些人依靠别人让给自己的土地过着无聊的寄生虫生活。不论政府为培植这个阶级牺牲了多少债权，这至少是一种浪费。

在英国的统治较晚实现的印度各地，避免了重犯用财政收入去养活一批无用的大地主这样的错误。在马德拉斯的大部分地区和孟买管辖区的一些地方，地租由直接耕作者直接交给政府。在西北各省，政府和村社集体缔结契约，确定每个人必须负担的数额，如有一人不履行契约，其他的人要共同承担责任。但在印度的大部分地区，直接耕作者还没有按固定的地租取得永佃权。政府按照爱尔兰地主管理他的庄园的原则来管理土地，即不是根据竞争情况定租，也不根据耕作者允诺缴纳的数额索取地租，而是先由耕作者自行决定地租额，而后由政府据以规定其所征收的地租额。在很多地区，一部分农民被认为是另一些人的佃户，政府只向被认为是村庄的原住民或征服者的后裔的那些人（这种人往往很多）征收租税。有时租金一年定一次，有时三五年定一次；但目前的政策是倾向于长期租种。在印度北部各省，租借期已延长到30年。这种制度实施的时间不长，所得到的经验还不足以表明这种长期租种在农民的内心引起的改良动机，其强度比永久租地差多少。不过，每年授田和短期租种这两种办法已肯定不适用。只能说它们比起过去无限制的压榨好一点。这些办法未经任何人批准，只是暂时性的安排，一俟对这个国家的潜在能力有了更全面的了解，并由此掌握了实行长久租种制度所需的资料，它们就会被放弃。

第十章　废除投标佃农制度的方法

第一节　爱尔兰投标佃农应当转变为自耕农

当本书第一版写成和出版时，对英国政府来说，如何解决投标佃农人口问题乃是最迫切的实际问题。800 万人口的大部分长期绝望和悲惨地挣扎于投标佃农制度之下，落到以藜藿为生，对改善他们的命运丝毫无能为力。最后，会连这样粗劣的饭食都不能自给，若无人供养则必死无疑。要不然就得根本改革迄今为止他们不幸地在其下生活的经济制度。这种紧急状况迫使立法机关和国民给予注意，但很难说有多少效果。因为弊端是根源于这种土地租佃制度。在这种制度下，除去害怕饿死以外，人民的一切勤俭动机都被清除，国会所提出的解决办法甚至连这一点都加以消除，而代之以给予他们申请救济的法律权利。对纠正弊害的原因，除空话以外什么也没有做，虽然由于这种因循误事国库花掉了几千万镑。

“没有必要”(我说过)“费力去证明爱尔兰经济弊端的真正基础是投标佃农制度；当由竞争来确定农民的地租成为这个国家的习惯做法时，期待勤劳、活力、死亡以外的人口限制，或轻微地减轻贫困程度，都无异于镜花水月。如果我们务实的政治家没有成熟到承认这一事实，或如果他们从理论上承认这一点，但却没有足够的实际感受因而不能对它制定出处理方针，仍然会有另一个他们

难以回避的纯粹实际问题。如果人们迄今所赖以为生的收获继续处于靠不住的状态，则除非对农业技术和勤劳给予某些新的、重大的刺激，否则爱尔兰的土地再也不能供养像目前这样的人口。该岛西半部的全部产品，即令不交地租，现在也无法长期养活它的全体居民。在他们的人数由于迁走或饿死而减少到适应于他们低水平的勤劳程度以前，或者如果找不到一种方法可以使这种产业的生产能力大量提高，他们一定总是帝国每年税收的负担。”

自从写了这些以来，发生了一些预料不到的事件，使爱尔兰的英国统治者摆脱了好些麻烦事，而这些事本来会因他们的冷淡和短见而给予他们公正的处罚。在投标佃农制度下的爱尔兰再也不能向其居民提供粮食了。国会采取了救济办法，但它只是促进人口增加，对生产却毫无刺激。然而，爱尔兰人民由于始料未及的原因而得到解救(并非出于政治上的明智)。自助移民——威克斐制度(靠先移出者的收入支付后继者的花费)按自愿原则大规模地实施了，目前已把人口降到在现行农业制度下能够得到工作和口粮的数目。以 1851 年的人口调查和 1841 年作比较，人口减少了约 150 万。随后的人口调查(1861 年的)表明，人口又减少了约 50 万。这样，爱尔兰人以移民到这块富饶的大陆来得到了一条出路。这块大陆能够在不降低生活水准的情况下供养全世界好几代增加的人口；爱尔兰的农民也注意到大洋彼岸的人间天堂，将其作为摆脱撒克逊人的压迫和大自然的暴虐的可靠的避难所。无可置疑，不论今后由于在爱尔兰普遍推行英格兰的耕作制度，甚或像苏塞尔兰郡那样，将整个爱尔兰改成牧场，农业劳动的出路会减少到什么程度，失去工作的人们会以与1851年以前3年100万爱尔兰人前往美

国同样的速度移居美国，而且同样无需国家出钱。认为一国的土地只是为了几千个地主的利益才存在，只要农民缴纳了地租社会和政府就履行了自己的职责的人们，无妨由这一结果考虑一下怎样才能使爱尔兰的难题得到圆满的解决。

但是，现在已不是能坚持这种蛮横主张的时代了，人心也不许如此。爱尔兰的土地，不，任何国家的土地，都属于该国人民所有。称为地主的个人从道德和公正原则来说，都只有收取地租或得到地价作为补偿的权利。对于土地本身，需要考虑的最重要的问题是采取什么占用方式和耕作方式对当地的全体居民最有利。当大多数居民因对他们及其祖先在这里过苦难生活的国家的公正原则感到绝望，纷纷到别的大陆寻求他们在国内得不到的土地所有权时，收租的地主也许会感到这对自己非常有利，但是帝国的立法机关应该用另一种眼光来看待这种几百万人民的不得已而移居国外。如果一个国家的居民由于政府没有为他们提供适于居住的地方而大批出国，政府就应该受到批评和谴责。地主的合法权利所具有的金钱价值无须减少分文，但是，爱尔兰的实际耕作者要求在爱尔兰做到在美国所做到的事情——耕者有其田，这是正当的。

良好的政策应当适应这种正当的要求。有些人既不了解爱尔兰，也不了解海外的任何国家，他们把英国的习惯做法当成社会和经济优越的惟一标准，把投标佃农转化为雇佣劳动者作为改善爱尔兰不幸状况的惟一方法。但这只是改进爱尔兰农业的方法，而不是改善爱尔兰人民处境的方法。散工的地位不会使缺乏远见、节俭和自制习惯的人们具有这一切。如果爱尔兰农民普遍地变成靠工资生活的人，而人们的旧习惯和精神状态没有变化，那么，我们所看到的只能是四五百万散工过着与过去投标佃农所过的生活同样不幸的生活；即同样安分守己地过着苦日子，同样轻率地多生孩子，也许甚至同样无精打采地工作。因为他们不会全体被解雇，即使被解雇，他们也可以靠济贫税过日子。如果使他们成为自耕农，效果就大不一样。一个在勤劳和谨慎方面有许多东西要学习的民族——在勤劳美德方面众所周知在欧洲居民中是最低的——要获得新生，就必须以强有力的刺激激励这种美德，而这样的刺激目前无过于土地所有权。使耕作者同土地建立永久的利害关系，可以保证他们坚持不懈地辛勤劳动，是目前防止人口膨胀最有效的方法（虽然不是十分可靠），如果这一方法无效，则其他任何方法也许更加起不了作用；那种弊害不是单纯的经济对策所能消除的。

爱尔兰的情况在它的需要方面与印度相似。在印度，虽然不时犯一些重大的错误，但从未有人建议，以农业改良的名义将农民赶出他们占用的土地；人们曾经谋求的改良旨在使他们的租地权更加稳固。只是在如下两种人之间意见有所不同，一种主张给予农民永久租地权，另一种则认为缔结长期租约已经足够。在爱尔兰也存在同样的问题。无可否认，即令在爱尔兰，在有时可以看到的某种地主的名义下，长期租约也会产生奇迹。但这些租约必须在租金较低的条件下签订。靠长期租约是不足以排除投标佃农制度的。在投标佃农制度存在的时候，租约总是长期的；21 年和“三代并存”是通常的租地期限。但地租是由竞争决定的，其数额比佃农所能支付的要高得多，因此佃农同土地不存在有收入权益的利害关系，也不能靠努力取得这种权益，租约的长处几乎只是名义上的。在印度,在政府没有轻率地将土地所有权让给柴明达尔的地方,它是能够防止这种弊害的。因为它本身就是地主,可以按照自己的判断来确定租金。但在私人成为地主的情况下,当地租是由竞争决定,而且竞争者是为生存而拼搏的农民时,除非人口极为稀少,使得竞争成为表面上的,否则名义地租是不可避免的。大多数地主都会攫取眼前的金钱和权力。只要他们能找到急于向他们提供一切的投标佃农,要靠他们从同情心出发克制这种非行是办不到的。

永久租地权对土地改良的刺激作用大于长期租约。这不仅是因为,长期租约,不论其期限如何长,在期限届满以前,得经历各种各样的短期租借阶段,直到租约完全解除;而且还有更根本的理由。道理也很简单,即令在纯经济学中也无需靠想象力来作解释。"永久"的效力比"最长期"的效力大;即令租期长得足以把子女及其所关注的一切人都包括在内,在他的精神境界高到公益(它也包括永久租地权)完全左右他的感情和欲求的程度以前,他不会以同样的热情去努力提高所租土地的价值,因为他同这块土地的利害关系是逐年减弱的。此外,如果永佃制像在欧洲所有国家那样成为土地所有权的普遍规则,则一种有限期的租种,不管租期多长,肯定会被认为是不值得考虑和有失身份的事情,因而人们不大会产生得到这种土地的热情,得到以后也不会对它怀有多少感情。但在一国实行投标佃农制度的时候,永久租地权问题变成次要的问题,而限制地租则成为重大的问题。资本家经营农场是为了获得利润,而不是为了获得面包。因此即令其所支付的地租由竞争决定,也不会有什么危险。劳动者所缴纳的地租却不能这样,除非这

些劳动者处在文明和进步的状态，这种状态任何地方的劳动者都还没有达到，在这样的租佃制度下也是不容易达到的。农民的地租决不是可以任意决定的，也决不是地主可以任意变动的，它绝对需要按惯例或法规固定下来。在没有确立像托斯卡纳的分益佃农制度那样的互利习惯的地方，理性和经验表明地租宜由当局规定。这样就把地租变成免役租，把租地农民变成自耕农。

为了在极大的规模上实现这样的变革，以达到完全废除投标佃农制度的目的，人们最容易想到的办法是靠国会的法令来直接而彻底地进行这一改革；例如，把爱尔兰的全部土地交给佃农所有，使现在实际支付的地租（不是名义地租）成为一种固定的租金。这是反联合协会[①]在他们的宣传鼓动最有成效的时期以"固定土地租用权"的提法提出的一项要求。其最早、最热心和最顽强的倡导者康纳先生[②]曾以"估价和永佃"的说法更为妥帖地表达这一要求。如果企求地主放弃的现在价值可以未来价值的增加给予补偿，则它对现存社会关系的破坏并不比斯坦因和哈登堡两位大臣所实行的办法激烈，他们在本世纪初期以一系列的敕令彻底改变了普鲁士王国的土地占有状况，从而成为该国的最大功臣而名垂青史。在曾著书论述爱尔兰问题的很有见识的外国人冯劳默尔和古斯洛夫·特·博蒙看来，这种补救办法确实而且显然是消除爱尔兰的弊病所必需的，所以他们很难明白，为什么这一办法至今尚未实行。

① 19 世纪初爱尔兰反对和英格兰合并成立联合王国的组织。——译者

② 康纳先生著有书名为《爱尔兰的政治经济实况》、《给德冯伯爵的信》、《关于爱尔兰重视压迫的两封信》等许多小册子。1832 年以来康纳先生一直就这个问题进行鼓动。

然而，如果实行这种办法，首先要完全征用爱尔兰各上层阶级的土地。倘若我们制定的各种原则中包含若干真理，这种征用就完全可以认为是合理的。但是，只有在它是导致很多公共福利的惟一办法时才可以实行。其次，国内只有自耕农，这决不是人们所企求的。以大资本进行耕作，并由该国受过最好教育的人——这些人靠他们受过的教育有能力正确评定科学发现的价值，承担花费巨大的实验带来的稽延和风险——拥有大农场，乃是良好的农业制度的一个重要构成部分。这样的地主即令在爱尔兰也为数不少。把他们从目前的岗位赶走，是一种公共的不幸。而且，目前大部分租入的土地，对于在最有利的条件下试验自耕农制度，也许仍嫌面积过小。佃户们也并非都是愿意当自耕农的，有不少人如让他们有希望靠勤俭取得地产，会比让他们立即拥有土地所有权起到更好的作用。

然而，有一些更为和缓的办法，不会受到与上述办法所受到的相似的反对，而且，如果将这种办法推行到所能容许的最高限度，就可以在不小的程度上实现人们所追求的目标。办法之一是制定一种法规，规定任何开垦荒地的人都可以拥有那块土地，只须缴纳等于荒地地价适度利息的免役租。当然，实行这一办法有一个必要条件，这就是在需要开垦时强迫地主交出荒地(不属于观赏性质的)。另一个权宜之计是尽可能多地收购要出售的土地，然后分成小块卖给农民。这个办法是可以由个人协力实行的。为此，曾设想根据这些原则建立一个协会(虽然这一尝试没有成功)。就所办到的而言，在英国曾经成功地建立了自由保有土地协会；主要不是为了农业，而是为了选举。

这种方法可以利用私人资本来革新爱尔兰的社会经济和农业经济，它不仅不会使资本所有者受到损失，而且会给他们带来不少利益。根据一个对租地人不大有利的方案开展活动的荒地改良协会，取得了引人注目的成功。这一事例表明，坚决保证爱尔兰的农民得益归己，可以激励他们作出很大的努力。永佃制也不是在原则上必需采用的；如果租种农民可以指望用自己可能得到的资本（荒地改良协会的租地人在协会慈善制度的影响下，可以很快取得所需的资本）购买自己的农场，那么只要像荒地改良协会①那样采用规定适度地租的长期租约就够了。土地一经出售，协会的基金就可以腾出来，重新开始用在别的地方。

① 虽然这个协会由于连年发生饥荒而不得不停止活动，但它的成就人们应当铭记在心。下面是该协会1845年报告的摘要。报告是他们聪明的干事罗宾逊上校写的。摘要登载在德冯爵士委员会的《会议录》(第84页)上。

“245个佃农，其中很多人近几年来已近似贫民。他们每人占有10—20英亩的耕地，靠自己的自由劳动和协会的帮助改良农场，使他们农场的收入增加到4396镑；其中605镑是去年增加的，整个时期每个佃农的平均收入为17镑18先令，去年为2镑9先令。这些改良的利益，每个佃农在31年租约期限内均可享用。

“这245个佃农和他们的家庭靠铁锹劳动开垦和耕种了1032英亩土地，这些土地原先都是不生产的山坡荒地，而去年他们利用它们种植的农作物，据具有权威的实际家估计，其总值为3896镑，平均每人15镑18先令。又，他们饲养的牲畜，包括牛、马、羊、猪，按邻近市场上的目前价格估计，值4162镑，其中1304镑是1844年2月以后增加的，整个时期平均每人为16镑19先令，去年为5镑6先令。在此期间他们所增加的资产价值等于他们现在每年支付的地租。上述报告中的统计表和各种记述表明佃农普遍改良了他们的小农场，使他们的耕作和收成几乎同他们家庭的劳动人数成正比地增加。”

对于小农场在任何可忍受的租佃制度下能够取得较大的总产量甚至净产量，不会有比上述证词更为有力的证据了；值得注意的是，小农中间蕴藏着异乎寻常的勤勉心和热情。罗宾逊上校指出，改良事业固然取得显著而且迅速的进展，但也有例外，这就是有些佃农是“占用着超过20英亩的较大农场，但常常缺乏成功地进行山地改良所不可缺少的干劲和勤勉心”。

第二节 这一问题的现状

以上写成于1856年。其后爱尔兰产业的巨大危机有了进一步发展，有必要考察一下爱尔兰的现状如何影响本章上一节提出的有关前景和实际措施的看法。

情况的主要变化是投标佃农大为减少，可望完全消失。各种统计报表表明，小型租地的数量大大减少，而中型租地的数量则有所增加，充分证明这是普遍的事实，而且所有的证词都表明这种趋势还在继续。①谷物法的废除，使爱尔兰的输出品从种植产品转变

① 可是有一股局部性的逆流，似乎还没有引起公众的注意。“一些人已通过地产法院取得爱尔兰土地的所有权。他们人数不多，但已足以造成很多危害。他们在所有的阶级中是对地主的职责认识最差的。他们是市镇上的小商人，凭借异常俭省，并常常兼营高利贷，在长期生活历程中成功地积攒起一笔钱，得以买下50或100英亩土地。这些人决不想当农场主，满足于地主的地位，想最大限度地利用他们的土地。最近有一件事引起了我的注意。在12年以前，这些土地尚未被他们买去时，那里的佃农过得还算可以。12年来，他们的地租被提高了三次。据当地的牧师说，现在的地租同地主开始行使支配权时相比几乎增加了1倍。其结果，原先过得还不错的佃农现在已陷于贫困。有两个人已离乡背井，跑到邻近的沼泽地边上，靠打零工度日。这种地主即使不遭到暗杀，也会由于地产的衰败而受到损害，但在此以前，他一直收取等于他买价的8%或10%的地租。这样的事情绝非罕见。这类事情引起的愤慨对于那些性质完全不同和非常合法的行为——在那里，夺佃对任何当事方都是一件好事——也有所影响。

地主要赶走投标佃农的心情也在某种程度上为中间租地人(middlemen)想获得投标佃农的心情所抵消。爱尔兰全部土地的约四分之一是按长期租约占用的；如果租约的有效期很长，所收取的地租通常比土地真实价值要低得多，这样租入的土地很少由拥有租地权的人自己耕种；他们按很高的地租将土地转租给小农，并靠他所收取的地租和交纳的地租的差额生活。这些租约中有的快要满期；就在租约尚未满期的时候这种中间租地人不惜土地永久荒废，尽量多收地租，除此以外，他们同土地没有别的利害关系。小投标佃农正好合乎他的心意。在这种状况下，中间租地人急于找到投标佃农，就像地主急于赶走他们那样。其结果，这种佃农从一部分地主转到另一部分地主手中。这种变动规模不大，但确实存在，而只要它存在，就可以抵消一般趋势。也许有人会认为，这

为畜牧产品，这件事本身或许就足以引起租佃制度的这种变革。牧场只能由一个农业资本家或地主来经营。但是，涉及规模庞大的人口转移的这种变革，通过大量移民和实施抵押土地条例，很容易、很迅速地实现了。抵押土地条例可以说是任何政府给予爱尔兰的从未有的最大恩惠，这一条例的一些最好的条款，通过地产法院永久体现在这个国家的社会制度中。有充分的理由可以相信，爱尔兰的大部分土地现在是由地主或小的资本主义农场主在耕种。这些农场主的处境是在改善，他们的资本也在增加。这是有大量证据可以证明的，特别是他们在各银行的存款大为增加，他们已成为银行的主要客户。这一阶级还欠缺的主要是租地权的保障或对它所作的改良给予补偿的保证。如何弥补这些不足现在引起了最有才能的人们的注意。朗费尔德法官在1864年秋天的演讲及其所引起的轰动，使这一问题的研究进入了一个新的阶段。现在已经达到这样的时刻，我们可以满怀信心地期望不久就有一些有效的措置付诸实施。

那么，尚未移居国外的那些被排挤的投标佃农，以及没有土地而靠农业劳动生活的整个阶级，其处境究竟如何？到目前为止，他们的生活仍然很贫困，很难指望有所改善。确实，货币工资同一世代以前低得可怜的那个水平相比已经提高了不少，但生活费开支同靠马铃薯生活的旧时代相比也大为增加，因而所谓改善是名不副实的。根据我所得到的最可靠的资料，这个阶级的生活看不出

种制度将自行再生；就是说，与导致中间租地人产生的动机相同的动机会使这一阶级永久存在；但这样的危险不会出现。地主们现在也很了解，虽然这种制度一时有些方便，但其所造成的后果是灾难性的；因而现在任何租地契约都理所当然地定有禁止转租的条款。”（凯恩斯教授的私信）

有什么改善。事实上，人口虽然减少，但仍远远超过作为英国纯粹牧区的这个国家所能供养的人数。如下的说法也许不是十分确切：如果将现有数目的居民保持在国内，则人们或者只能靠陈旧而邪恶的投标佃农制度，或者作为小土地所有者生产他们自己所需要的粮食。毫无疑问，如果小的资本主义农场主在支出上得到充分的保证，则他们利用现在仍在耕种的土地可以雇用更多的劳动者；按照某些权威评论家的看法，这种做法可以使这个国家维持现有人口的实际生活水平。但是，没有人会认为它足以使该国的大批农民过较好的生活。因此，该国的移民虽然一度减少，但一遇荒年，就又迅速增加。预测在1864年将有不少于10万的移民迁离爱尔兰。就移民本身和他们的后代而言，或者就人类的普遍利益而言，人们不必为此感到遗憾。爱尔兰移民的子女接受了美国的教育，并且比在他们祖国可能办到的更为迅速和充分地分享了较高文明的利益。过了20年或30年，他们在精神上已经无法与其他美国人区别开来。这是英国的一种损失和耻辱。英国人民和政府应该扪心自问，仅仅保有爱尔兰的土地而失去爱尔兰的居民对他们的荣誉和利益有什么影响。就爱尔兰人民现今的感情来说，或者就他们对改善处境似乎一直抱有的希望来说，英国也许只能在减少爱尔兰的人口和使一部分劳动人口转变为自耕农之间作出选择。岛国官员对在几乎一切其他文明国家盛行的农业经济形式的无知，很可能使他们从这两种方法中选择较坏的一种。然而，在爱尔兰的土地上，自耕农已开始出现，只须具有善意的国会议员给予帮助，他们就可以得到发展。从我的杰出和宝贵的朋友卡尔纳斯教授给我的私信中摘录的下面一段话，说明了这一问题。

"大约在8年或10年以前，在土地抵押法院拍卖汤孟德、波塔林顿和金斯顿的土地时，曾看到有不少租种这些土地的佃农争相购买自己农场的永佃权。我未能了解到在这种举动之后会出现什么——这些买主是继续耕种他们所有的小块土地，还是试图摆脱他们原来的生活方式去过地主的生活，但是，我知道同这一问题有联系的另外一些事实。在该国的一些普遍存在承租权的地区，为获得农场而支付的顶让费是很大的。下面的数字是从现在已由地产法院宣布的纽里附近若干农场的财务清单中抄录下来的，它有助于人们了解（虽然很不充分）这种习惯的权利所具有的一般价值。

"财务报表表明纽里附近某些农场出售承租权所获得的代价如下：

地　　目	英　亩　数	租　　金	承租权售价
1	23	74镑	33镑
2	24	77	240
3	13	39	110
4	14	34	85
5	10	33	172
6	5	13	75
7	8	26	130
8	11	33	130
9	2	5	5
总　　计	110	334镑	980镑

"此表所列价格大体上相当于3年的地租。但如上所述，这只能就经常支付以至通常支付的价格提供一个不完整的概念。这种

权利纯粹是习惯性的，因而其价值会随人们对地主的真诚的信赖程度不同而有所不同。在这里列举的实例中，各种情节是在与农场的出售有关联的诉讼过程中显露出来的，因此可以相信，在这种情况下，人们的信赖程度是不高的。上表所列的各种价格同通常的价格相比可能要低不少。我从最高当局获悉，在爱尔兰的其他地方，对承租权所付的代价相当于全部地价，这样的事例，也可以在地产法院找到一些。对于尚须交纳可观的租金的土地，还有人愿意支付相当于 20 或 25 年租金的价款去购买，这是一个引人注目的事实。也许有人会问，为什么这些人不用同样或略多一些的款项把地买断？我想，这个问题的答案应当到英国的土地法中去找。即令在地产法院，小块土地转让费与购地费相比也是很大的；而整个农场的转让也许根本无需花钱。地产法院收取的转让费，不包括印花税在内，最低限度为 10 镑（尽管该法院根据现行的法律服务报酬条例，厉行节约，尽量少收费）。这对小农场的买卖来说是非常可观的附加费用；转让 1000 英亩土地的证书所需费用或许也是这么多（大概不会比它多）。但是，这种转让费实际上只是购买小块土地的最小障碍。更大的障碍是土地所有权的情况很复杂，因而土地常常无法细分到小买主力所能及的地步。要改变这种状况，必须采取更为根本的办法，可是我担心不久就可以组织起来的众议院甚或不会有耐心来考虑此事。设立一个产权登记处可以成功地使所有权问题简化；但在复杂情况实际存在的地方，仅靠形式上的简化排除不了困难。只要目前地主享有的支配权没有缩小；只要每个殖民者或立遗嘱者具有几乎无限的特权，完全可以按其自尊心、支配欲或只是一时高兴来漫天要价；那么，在我看来，产权的登记就不能从根本上消除这种弊病。这种事情所造成的后果是奖励大规模的土地买卖——实际上在大多数情况下排斥大规模买卖以外的一切买卖。显然，只要法律是这样规定的，自耕农制度的实验就无法公正地进行。然而，我所叙述的各种事实想已非常明确地表明，在人民的心理上并不存在采用这一制度的任何障碍。”

这一讨论到此结束，它所占的篇幅几乎与本书不相称。我对社会经济的比较简单的一些形态（在这些形态下，土地产品或者完全归一个阶级所有，或者仅由两个阶级分享）的探讨就此结束。现在我们要在土地产品在劳动者、地主和资本家三者之间分配的前提下进行进一步的讨论。为了使下面的论述与我们已经讲过的尽可能衔接起来，我将从工资问题开始。

第十一章　论工资

第一节　工资取决于对劳动的需求和供给，换句话说，取决于人口和资本

在“工资”这一标题下所要考察的，第一，是一般地决定或影响劳动工资的原因；第二，是工资在各种职业间的差异。对这两类问题，分别考察比较方便。在下面讨论工资法则的时候，为方便起见，暂且假定世上没有别的劳动，而只有辛苦程度和不愉快程度相同的、普通的不熟练劳动。

工资，与其他事物一样，可用竞争或习惯来调节。在英国，如果雇主充分利用竞争，劳动的报酬就会比现在低。几乎没有一种劳动不是这样的。不过，在现在的社会情况下，必须认为竞争是工资的主要调节者，习惯和个人的性格只起修正的作用，而且这种作用也比较小。

因此，工资主要是由对劳动的需求和供给决定的，正像人们常说的，是由人口与资本的比例决定的。这里所谓人口，只是指劳动阶级的人数，或者更确切地说，是指受雇而参加工作的人数；这里所谓资本，只是指流动资本，而且，不是指其总额，只是指其直接用于购买劳动的部分。但是，这里必须加上虽不构成资本却是用以交换劳动的全部基金，例如士兵、家庭佣人和所有其他非生产工

人的工资。不幸的是，没有一个惯用的术语来表达所谓一国的工资基金总额；又因为这种工资基金的总额，绝大部分都是生产劳动的工资，所以，通常就忽视其较小、较不重要的部分，而说工资是由人口和资本决定的。虽然采用这样的表达方式比较方便，但是必须记住，它只表达出全部情况的一个大概，而没有表达出它的全部内容。

在这一术语的限制下，凡是工资，不仅由资本和人口的相对量决定，而且在竞争的支配下，决不受其他任何因素的影响。工资（当然是指一般的工资率），如果用于雇用工人的基金总额不增加，或竞相受雇的人数不减少，是不可能上升的；反之，如果用于支付劳动报酬的基金总额不减少，或领取报酬的工人人数不增加，是不可能下降的。

第二节　关于工资的若干通俗见解的检讨

然而，有些事实明显地与上述学说相矛盾，我们有义务予以考察和说明。

例如，“营业好，工资就高”。这话是人们常说的。任何一种职业，在生意兴隆时，对劳动的需求就比较迫切，所付工资也比较高。反之，在所谓“停滞”的时候，工人被解雇，留下的工人的工资也得减少。但是，上述情况都有一个假定，那就是资本不比过去增加，也不比过去减少。这当然是对的。不过，这是具体现象中的一个复杂过程，它掩盖了一般原因的作用。然而这与前面所说的原理并不矛盾。资本的所有者，如果不以其资本购买劳动，而是闲置手头，那么这种资本，对工人来说，这时等于没有。一切资本，由于营业情况的变动，有时会陷入这种状态。一个制造商如果知道对其商品的需求已经减少，他是不会雇用工人去增加难以处置的库存商品的。如果他不减少生产，而将自己的全部资本投入不能出售的商品，那么他至少不得不停业，直到商品略能出售而有所收入为止。但是，谁都不认为这样的情况会长久继续下去。如果他这样认为，那么他早就会将资本转到可以继续雇用工人的行业。在资本暂时不使用的时候，劳动市场供给过剩，工资下跌。但是，一旦需求恢复，或许生意比平时更为兴隆，甚至使制造商销售商品的速度超过他所能生产的速度。于是，他的全部资本可以充分发挥效率，如有可能，他还会借入资本（否则，这些资本将会流入其他行业）。这时，在他的行业中，工资上升。现在假定，这样的景气或停滞，同时发生于所有的行业（这种情况，严格说来，不是绝对没有的），那么，工资或者一起上升，或者一起下降。但是，这些只是一时的变动。现在闲置着的资本，明年会大有用处；反之，今年急需的资本，明年也许会堆满金库。因此，这些部门的工资就随之升降。不过，一般的工资，其长期的变动，只是由于资本的增减，即资本与劳动市场供给量相比较的增减。这里所谓资本，都是指可用于对劳动的支付的一切资金。

人们还认为，“物价涨，工资也涨”。因为物价上涨对生产者和商人都有好处，所以他们就能对工人支付较多的工资。强烈的需求会使物价一时上涨，从而引起一时的工资上升，这一点我已说过。但是物价上涨引起工资上升，只有在下述情况下才有可能，即收入增加的商人，想增加储蓄和增加资本，至少是增加对劳动的购买，所以提高工资。这是可能的。如果物价的上涨是直接降自天空，或至少是来自国外，那么，这对劳动阶级是有好处的，这不是因为物价上涨本身的关系，而是因为物价上涨引起资本增加。人们也许会说，如果物价的上涨是限制性的法规所引起的，或者社会其他成员要以某种方式来补偿（他们用以支付的资金同过去一样，并无变化），那么对劳动阶级也是有利的。但是，这种物价上涨，如果只对某一部分工人有利，那只是因为另一部分工人作出了牺牲。这是因为，如果商人可因取得较高的代价而增加其储蓄，或用其他方法增加对劳动的购买，那么，别人为了支付这种较高的价格，其用于储蓄或用于购买劳动的资金，必然会在同样程度上减少。上述两种情况，究竟哪一种对劳动市场的影响较大，则纯属偶然。工资可能在价格上涨的行业暂时增加，而在其他行业则略为减少。在这种情况下，引起人们注意的是这种现象的前半段，至于这种现象的后半段，或者不为人们所注意，或者即使被注意，也不知其真正的因果关系。再者，一部分工资的增加，也是不会持久的。这是因为，此时，这一行业商人们的利润虽然增加，但他们自己的企业却未必有让他们已经增加的储蓄进行投资的余地。他们增加的资本，恐将流向其他各种行业，从而使其他各阶级原先由于储蓄减少而引起的对劳动需求的减少得到弥补。

还有一种见解是人们常有的，即工资（当然是货币工资）随着粮食价格的变动而变动，粮价涨，工资也涨，粮价跌，工资也跌。这种见解，在我看来，只有一部分是正确的，而且即使是正确的部分，工资对于“资本与劳动的比率”的依存关系的法则，是不会改变的。这是因为，如果粮价的变动使工资发生变动，那么这种变动也是通过这一法则实现的。季节变化所引起的粮价涨跌,并不会影响工资(除了用法律或慈善的方法,根据粮价调整工资),然而存在着某种倾向,它会从与人们的想象相反的方向影响工资。因为在粮食缺乏的时候,人们为了找工作,总是进行比较激烈的竞争。结果使劳动价格降低。但是,如果粮价的涨跌带有持久的性质,而且是能预先知道的,那就会影响工资。第一(这是常有的),如果工人只能勉强维持其本身的劳动能力,并养活通常数量的孩子,但粮价持久上涨而工资并不随之增加,那么孩子过早死亡的数量将随着增加。在这种情况下,虽然工资最后是增加的,但其原因,是人口的数量比粮价低廉时减少了。第二,即使工资足够高,粮食涨价不会使工人及其家庭丧失生活必需品,即使从物质上说,他们经得起经济状况的恶化,但他们也许不肯降低其生活水平。他们也许具有过舒适生活的习惯,而且认为这是生活的必需,一旦这种必需难于满足,他们就会进一步抑制其人口的增殖力。因此,工资不是随死亡人数的增加而上升,而是随出生人数的减少而上升。所以,在这种情况下,即使是迟至大约 30 年之后,工资总会增加到与粮价相适应的程度。李嘉图认为,这两种情况是包括一切的。他假定任何地方都有一种最低工资率。这或是从物质上使人口得以维持的最低工资率,或是人民借以维持人口的最低工资率。他假定,一般的工资率总是与此最低限度相接近的,既不能长期低于此最低限度,超过人口增长率下降表面化所需要的时间,也不能长期持续地高于此最低限度。这个假定,从抽象科学的目的来说,是包含完全可以承认的真理的。李嘉图由此得出的结论是,从长期来看,工资是与粮价同期涨落的。这一结论,同他的几乎所有的结论一样,都是

正确的，如果承认他那作为出发点的假定的话。不过，在实际运用的时候，我们必须知道，李嘉图所说的最低限度，其本身是可以变动的，特别是在其为可以称作道德的最低限度的这种限度，而不是物质的最低限度的时候。如果过去的工资较高，因而有减少的余地（但工人惯常的高生活水平使这种减少不易实现），那么，粮价的上涨，或工人生活条件的任何其他不利变化，可能以下述两种方式起作用。一是通过慎重地控制人口逐渐发生作用，使工资上涨的办法来自行调整；二是劳动阶级过去的人口增殖习惯胜过其过去的舒适习惯，致使其生活水平永久地比以前降低。此时，他们所受的损害将是长久的。他们的已经降低的生活条件，将变成新的最低限度，这同过去的比较富裕的最低限度一样，有其永久化的倾向。人们忧虑的是，在上述两种起作用的方式中，第二种是最常见的。至少，它使那些所谓各劳动阶级所受的灾害具有自行恢复的性质的论调，实际上完全失去了真实性。有充分的证据可以证明，英格兰农业劳动者的生活条件，曾在英国历史上不止一次地、持续地降低，其原因不仅在于对劳动的需求减少，还在于即使人们为了保持其过去的生活水平而自行调节人口，它的效果也是一时的。不幸的是，劳动阶级这样长久地过贫困生活，终于使他们放弃了过去的生活水平。而在不知道当年富裕生活的情况下成长起来的下一代，不但不想恢复过去的富裕生活，反而使人口增加[①]。

但是，由于农业上的改良，谷物法的废止或其他类似的原因，

① 威廉·桑顿的《人口过剩及其对策》，是根据最可靠的文献写成的，其中关于英国农民阶级状况的简史，可以参照。桑顿的著作，对于影响劳动阶级经济状况的各种问题，都有合理的处置，比当代出版的大部分其他著作更为优秀。

工人的生活必需品跌价，这时就出现了相反的情况，即工人以同样的工资，可以过比过去大为优裕的生活。在这种情况下，工资不会立即下降，甚至还会上升。不过，在此繁荣期间，除非劳动阶级认为不可缺少的舒适水平能够永久地提高，否则工资终将下跌，工人的生活就会差些。不幸的是，那种好的结果并不总是人们所能企及的。提高工人认为比结婚成家更为需要的生活水平，比降低那种生活水平还要困难。如果他们只是满足于享受已有的舒适生活而无其他要求，则其结果是人口增加，他们又恢复到过去的生活水平。他们的孩子，过去因为贫困，不论营养和照顾都很差，而今大多数已养育成人，参加竞争，这将使工资跌到或许完全与粮食的廉价相适应。其结果如果不是像上面所说的那样，那就是结婚的人数增加，结婚的年龄提前，或者是每一对夫妇的生育数增多。经验表明，在粮食价格低廉而就业充分的时期，结婚的人数总是大为增加。因此，对于认为谷物法的废止（只把它看作一个工人问题）或者其他任何使工人的状况只有很少改善的计划（有的计划总是那样时髦）具有很大重要性的说法，我是不能赞成的。对工人影响极小的事情，在他们的习惯和要求上，不会留下永久的印记，他们很快就会恢复到过去的状况。如果对工人发生作用的一时的原因要产生长久的利益，就必须足以使他们的生活状况发生巨大的变化——一种将在许多年都能感觉到的变化，虽然这种变化可能会在一代人的时间内，对于人口的增加给以某种刺激。的确，当生活的改善具有这样显著的特性，并且在已经习惯于过去改善了的舒适生活的一代人长大的时候，这新的一代在人口方面的习惯是在一种较高的最低限度的基础上形成的，故其生活状况的改善是永续

的。关于这一点，最明显的例子是大革命以后的法国。当时，法国的大多数人，顷刻之间，由悲惨的生活提升到独立和比较舒适的生活；而其直接的结果是，虽然有战争的破坏，人口仍以空前的速度增长，其原因，部分是由于已经改善的生活条件使许多孩子生长成人（这些孩子，如果生活状况没有改善，早已夭折），部分是由于出生人数增加。但是，此后一代人是在生活习惯大有变化的情况下成长的。当时法国虽然处于空前繁荣的状态，但其每年的出生人数几乎没有变动①，人口的增加是极端缓慢的②。

第三节　除少数情况以外，高工资是以限制人口为前提的

因此，工资取决于劳动人口的数量与用以购买劳动的资本及其他资本（简称资本）的比例。如果某时某地的工资高于他时他地的工资，如果雇佣劳动阶级的生计和生活比较富裕，那么其原因不

① 威廉·桑顿：《人口过剩及其对策》，第 293—295 页。

② 自 1715 年至 1765 年这不平常的 50 年间，英格兰工人的生活水平也有类似的改善，虽然其改善的程度有所不同。那 50 年间的特征是少有的连续丰收（在这整个时期，确实的荒年不超过 5 年），那个时期的小麦平均价格比前半个世纪低得多。依照马尔萨斯的说法，按 1720 年前的 60 年间平均计算，工人的每月收入只能购买小麦 2/3 配克，但自 1720 年至 1750 年则可买到 1 配克。如果根据伊顿的统计表，则在 1715 年前的 50 年间，1 夸特小麦的平均价格为 41 先令 7 $^{3}/_{4}$ 便士，而在那 50 年的后 23 年间，1 夸特小麦的平均价格为 45 先令 8 便士，但此后 50 年间的小麦平均价格，没有超过 34 先令 11 便士的。劳动阶级的状况得到如此显著的改善，虽然是出于偶然的好年景，但因为持续 30 年以上，故有充分的时间可使劳动阶级的生活习惯发生变化。因此，这一时期常被认为是“所消费的食物质量显著改进和工人生活舒适和方便的标准明显提高”的时期（见马尔萨斯：《政治经济学原理》，第 225 页）。关于这一时期的特征，可以参考图克先生的名著《物价史》第 1 卷，第 38—61 页。关于谷物的价格，可参考该书的附录。

外乎是资本对于人口的比例较大。对劳动阶级来说,重要的不是积累或生产的绝对量,甚至不是在工人中分配的资金数量,而是这些资金与参加分配的人数之比。要改善这一阶级的状况,除变更这一比例,使之对他们有利以外,别无他法。因此,每一项为工人谋利益的计划,如果不以此为基础,则从长远的目的来说,都是骗人的。

在像北美洲和澳洲殖民地那样的一些国家里,既有文明生活的知识技术和高度有效的积蓄欲,又有无限广阔的未占有地,不论人口如何增加,资本总能跟着增加,不能得到足够的劳动力,反而成为资本增加迟缓的主要原因。因此,不论是谁,只要能够成长,总能找到工作,决不会使劳动市场供给过剩。在这些国家里,每个工人家庭都有丰富的生活必需品,而且也有许多便利品和若干奢侈品。除非因为个人的不检点,或实际缺乏劳动的能力,否则,他们是不会贫困的,是无须依赖别人的。即使在那些古老的国家里,由于某个部门的资本激增(不是一般的激增),有时也会使该部门的工人得到与此同样的利益(虽然程度低些)。自瓦特和阿克赖特的发明以来,英国的棉纺织工业大为发展,在需要人口增加1倍的时期内,其所使用的资本大约增加了3倍。因此,在当时的地理环境和人们的习惯或意愿所许可的范围内,从其他部门吸收了几乎所有的工人。不但如此,由于这种工业的发展,产生了对于儿童劳动的需要,使他们也变成了工人。所以,与其限制人口,不如增加人口反而有直接的金钱利益。尽管如此,在那些大的制造业中心,工资一般都很高,一个家庭的总收入,按若干年平均计算,数额可观。由于工资在今后长时期内尚无减少的倾向,所以影响所及,使

附近各地农业劳动工资的一般水平也在提高。

但是，人口能够泰然地以最大速度增加的那种情况，对一个国家或一种行业来说，是很少见的，而且是暂时的。只有很少的国家才具备其所必需的全部条件。或因产业技术落后和停滞而使资本的增加缓慢，或因实际的积蓄欲不高而使资本的增加很快就达到极限，或者这两种因素充分具备，但因缺乏像已耕地那样好的未耕地而使资本的增加受到阻碍。即使资本和人口在一个时期内同时增加 1 倍，但是，如果这种资本和人口全部要在同一土地上寻求出路，那么，除非在农业上有空前的、连续不断的发明创造，否则也不能继续使生产增加 1 倍。因此，工资如不下跌，利润必将减少；利润一旦减少，资本的增加就慢下来。而且，在这种情况下，工资即使不下跌，粮食的价格（后面将有详细的说明）也必然会上涨。这同工资下跌是一样的。

因此，除了我刚才说的极其特殊的情况之外（其中具有实际重要性的，只有新殖民地或与新殖民地情况相类似的国家），人口以最大的速度增长而不致使工资下跌，这是不可能的。或者，工资的下跌，在没有达到阻止人口增长（通过物质的或精神的作用）的程度时就停止，这也是不可能的。因此，在那些古老的国家里，人口都不是以几乎最大的速度增长，而大多是以极低的速度增长，某些国家的人口则完全不增加。这样的事实，只能从两方面来解释。一是自然所许可的最大出生率没有实现（这在某些情况下是会出现的），二是这种出生率虽已实现，但所出生的很大一部分都已死亡。人口增长迟缓，或是由于死亡，或是由于谨慎精明，或是由于马尔萨斯先生所说的“积极的抑制”或“预防性的抑制”。在所有古老的社会里，上述各种原因中，必然有一种是存在的，而且事实上也是存在的，并且是强有力地存在着。人口的增长，如果不是因为个人或国家的谨慎精明而受阻，那就是因为饥饿或疾病而受阻。

以上所说的种种阻碍，在世界各国，究竟哪一种发生了作用？马尔萨斯先生为弄清这个问题曾经煞费苦心。他在《人口论》一书中所收集的关于这一问题的实例，即使在今天读来，也颇有收获。现在的亚洲各地和以前的欧洲大部分国家（那里的劳动阶级没有陷入人身的隶属关系），除死亡之外，别无阻止人口增加的方法。死亡不一定是贫困的结果，而大多是由下面三种原因造成的，一是对于孩子的抚养缺乏经验和粗心大意，二是成人有不法或其他不健康的习惯，三是几乎周期地发生毁灭性的传染病。上述各种造成孩子过早死亡的因素，在欧洲各地已大为减少，但并没有绝迹。直至最近，英国的几乎任何一个大城市，如果人口不从乡村地区不断流入，则其人口数量是无法维持的。利物浦目前还是如此。即使在伦敦，同比它穷得多的乡村地区相比，其死亡率更高，平均寿命更短。在爱尔兰，如果马铃薯的产量略有减少，总是要发生流行性热病和由于营养不良引起体质衰弱而相继死亡。但是，尽管如此，现在还不能说，欧洲的任何地方，人口缩减主要是由疾病引起的，更不能说是由饥饿引起的，不论在直接的形态上，还是在间接的形态上，都是如此。限制人口增长的主要原因（按照马尔萨斯先生的说法），是预防性的抑制，而不是积极的抑制。但我认为，全部或大部分由雇佣劳动者组成、不能指望改变自己命运的劳动阶级，很少会谨慎明智地独自采取这种预防性的措施。例如，在英格兰，说大部分农业劳动者会对人口实行什么谨慎明智的限制，那是不可思议

的。他们一般都尽可能地早婚，而且尽可能地多生孩子，犹如当初移居美国的移民一样。他们在现行的济贫法颁布前的30年间，就已受到一种最直接的、不顾后果的奖励，即一个人在失业的时候，不但随时能以简单的条件得到生活上的帮助，而且即使在就业的时候，每周也可从教区领到与他们的孩子数量成比例的津贴（这是极普遍的）；至于家庭人口较多的已婚者，则按照一种权宜之计，可以比未婚者优先受雇；这种奖励人口的办法，现在还在实行。农业劳动者在这种奖励之下，养成了漫不经心的习惯。这种习惯，对于没有教养的人是颇为适宜的，所以，不问其产生的原因是什么，即使在这些原因消失之后，在一般情况下，还会长期地存在下去。在社会上，甚至在那单纯的表面运动不能到达的深处，有许多新的因素在起作用，因此，某种主张，可能今天是正确的，但是几年以后就必须大加修正。所以，对于某个阶级或某个集团中人们的精神状态或实际感情作出一成不变的判断，那是危险的。不过，如果人口的增长速度只是由农业劳动者决定的，那么，只要出生数不因死亡数而减少，英格兰南部各郡的人口增长速度，就会同美洲一样快。但是，在由中产阶级和熟练工人构成的绝大部分人口中，存在着限制人口的因素。这部分人在英国，几乎与普通工人的人数相等，在这部分人中间，谨慎明智的动机确实起着极大的作用。

第四节　人口的限制在某些情况下是由法律规定的

除了每天的工资以外没有财产、也没有得到财产希望的劳动阶级，他们之所以控制人口的过快增长，我认为其原因到现在为止始终有两个，一是现行法律的限制，二是某种习惯无意地使他们的行动在不知不觉中受到影响，或诱导他们不结婚。那么，欧洲有哪些国家是从法律上直接禁止轻率的结婚呢？人们一般是不知道的；在英国驻欧洲各地的公使和领事寄给当初的济贫法委员会的通讯中，含有大量有关这一问题的资料。西尼尔先生在为这些通讯写的序言[①]中说，在那些承认法律上有权请求救济的国家里，“现在实际上得到救济的那部分人，他们的结婚似乎到处都是被禁止的。被认为不具有独立赡养能力的人，很少被允许结婚。例如，有人告诉我们，在挪威，‘未经牧师证明已有固定的住处，并完全有希望维持一家人的生活，任何人都是不能结婚的。’

“在梅克伦堡，‘因为满22岁之后须服兵役6年，因而结婚推迟。而且，结婚的人须有自己的住房，否则，牧师是不许他们结婚的。男子通常在25—30岁之间结婚，女子也早不了几年，因为结婚双方都首先要有养活自己所必需的工薪收入。’

“在萨克森，‘应服兵役的男子，21岁以前不许结婚。在德累斯顿，有职业者（这也许是指手工业工人而言）在出师以前，不许结婚’。

“在符腾堡，‘男子因有服兵役的义务，非经特别许可（或买得许可），25岁以前不许结婚。即使到了25岁，仍须获得许可之后才可结婚，要获得这种许可，先得证明他和他的妻子的最低收入可以维持一个家庭或养活他们自己。这里所谓最低收入，在大城市为800—1660福罗林（合66镑13先令4便士—84镑3先令4便

① 此文被收列为该委员会的《总报告》附录F，又，当局曾印单行本。

士)，在小城市为400—500福罗林，在乡村为200福罗林(合16镑13先令4便士)'"。[①]

驻慕尼黑的公使说："该国贫民所以这样少，最主要的原因是，非经证明男女双方已具有适当的生存手段，法律禁止他们结婚，而且，这一法规在任何地方和任何时候都是被严格遵守的。正因为如此，它对巴伐利亚的人口增长缓慢产生了显著的影响。巴伐利亚的人口，就其对土地的比例来说，是很少的，但其最好的效果，是使人们避免极端贫困及由此产生的悲惨生活。"[②]

在吕贝克，"贫民结婚被延迟的原因有二：第一，男子如果要结婚，必须先证明自己有正式的服务机关和工作岗位，并能养活妻子；第二，必须成为一个市民，而且要有市民军制服(这总共需要4镑左右的费用)。"[③]在法兰克福，"政府对于结婚年龄虽无规定，但必须证明能够谋生，才允许结婚"[④]。

以上各种说法，其中某些讲到服兵役的义务，这在对于结婚并无直接法律限制的某些国家，成为法律对结婚的一种间接障碍。例如，在普鲁士，对于每一个身体强壮的男子，在其最容易轻率结婚的年龄，强迫他在军队中服务若干年。这种制度，就其对人口的影响而言，恐怕与德国一些小州的法律限制不相上下。

凯先生说："瑞士人民根据自己的经验深深懂得，推迟子女的结婚时间，对其子女是大有好处的。因此，在最民主的四五个州，其由普选产生的州议会(请注意是选举产生的)，制定了一种法律，

① 见序言第39页。
② 见序言第33页，或附录第554页。
③ 见附录第419页。
④ 见附录第567页。

规定所有的年轻人，如果未向其所在地区的官吏证明其有供养家庭的能力而擅自结婚，都要处以巨额的罚金。在卢塞恩、阿尔戈维、下沃尔登，我相信还有圣加尔、施魏兹和乌里，这种法律已经实行多年。”①

第五节　人口的限制在其他情况下是特殊习惯的结果

有些地方，没有限制结婚的一般法律，但是往往有与此相等的习惯存在。当中世纪的基尔特即行会盛行时，基尔特的法规或规章，对于由限制行业竞争所得的利益极为注意，它十分有效地控制职工结婚，使职工经过徒弟和满师职工这两个阶段而达到师傅的地位时才结婚。② 在挪威，那里的劳动主要是农业劳动，法律禁止

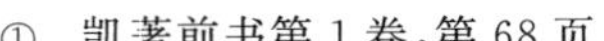

① 凯著前书第1卷，第68页。

② 西斯蒙第说：“每个行会中的师傅人数是固定的，只有师傅可以开店，可以自行买卖。每个师傅只能带一定数量的徒弟。在某些行会里，一个师傅只能带一个徒弟。每个师傅还可以雇用数量有限的工人，这种工人叫做伙计或满师职工。在每个师傅只能带一个徒弟的行业里，他也只能雇用一个或最多不超过两个满师职工。除了徒弟、满师职工或师傅之外，任何人都不能从事买卖或手工业。徒弟没有满师，不能成为满师职工，同样，满师职工必须工作满期，而且经过行会的监督评定，认为已在其行业中完成了被指定的工作，否则不能升为师傅。由此可知，这种组织的招工权完全属于师傅。只有师傅才可招收徒弟，师傅也可以拒绝招收任何徒弟。于是，他们招收徒弟时，往往要索取很高的报酬。因此，一个年轻人，如果事先没有筹集到当一个徒弟所必须支付的款项和当徒弟期间的生活费用(因为在这四五年或七年学徒期间，他的劳动全归师傅所有)，他是无法进入一个行业做事的。徒弟在满师之前对师傅的依赖是完全彻底的，师傅可以凭自己的意志，甚至可以毫无理由地对徒弟关闭这一收入颇多的职业之门。徒弟升为满师职工之后，就略有自由了，他可以任意选择师傅，也可从一个师傅转到另一个师傅。由于要升为满师职工必须经过徒弟阶段，所以满师职工现在就开始利用他辛辛苦苦得来的独占地位来获得利益。对于只允许他做而不允许别人做的工作，他几乎完全有把握得到较高的报酬。但是，他要升为师傅，还得经过行会的许可。所以他并不以为他自己的地位已

雇用农业雇工(farm-servant)的时间不满1年。英格兰过去的一般惯例也是如此。但实行济贫法以后,就废止了这种惯例,因为农场主如果暂时不需要雇工劳动,就可随时解雇,而由教区给予救济。在挪威,因为存在这种惯例,并由法律强制执行,所以人数有限的农业劳动阶级,全都缔结为期至少1年的契约。这种契约,如果双方同意,就自然地成为长期契约。因此,现在是否有空缺,或是否将有空缺,了如指掌。只要没有空缺,青年们就知道不可能找到职业,也就不会结婚。在坎伯兰和威斯特摩兰,这种惯例至今仍然存在,不过期限不是1年,而是半年。故可推想,似乎也产生了与挪威同样的结果。雇工们"住在他们主人的家里,几乎就不离开了,除非自己的亲戚或乡邻去世,由他们继承小农场的所有权或租地权。所谓过剩的劳动,在当地并不存在"。[①]我已在另一章里说过,在上一世纪,英格兰控制人口的原因,是很难找到一个独立的住处。[②]除此以外,还可举出其他限制人口的惯例。按照西斯蒙第的说法,虽然谁都知道,在意大利的某些地方,上层社会中有一种习惯,即一个人如有几个儿子,只有一个儿子可以结婚;其实,这种

有保证。一般地说,在他升为师傅之前,他是不会结婚的。

"不论从事实上还是从理论上,都可以肯定地说,行会的存在,曾经阻碍(仅仅是阻碍)人口过剩的发生。

"根据几乎所有行会的规章,任何人在25岁以前不能升为师傅;而且,如果他自己没有资本,没有足够的积蓄,那么,他当满师职工的时间要长得多。某些(恐怕是大部分)职工是一辈子当满师职工的。但是,他们在升为师傅之前就结婚的例子简直是没有的。这是因为,即使他们自己不谨慎明智而妄想结婚,也没有一个父亲肯把自己的女儿嫁给一个没有地位的男子。"(见《政治经济学新原理》第四篇第十章和亚当·斯密著《国民财富的性质和原因的研究》第一编第十章第二节。)

① 见桑顿:《过剩人口》,第18页,及其所引用的各种典故。

② 见本书第一编第十章。

习惯也在贫民中间流行。但是，在散工中间，似乎不存在这种家庭安排。这种安排是小地主和**分益佃农**所采用的一种防止土地过度分散的方法。

在英格兰，一般说来，现在已不再存在这样间接限制人口的习惯。但是也有例外，例如在某些教区，其土地为一个或少数地主所占有，有时为了防止工人居民增加，仍然禁止建筑小屋，或将已有的小屋拆毁；目的是限制人口，不使它成为当地的负担。这对于一般人口没有任何影响，这些教区所需的劳动，由住在别处的工人承担。这些教区的周围地方，经常因为这种做法而叫苦不迭，因为那些地方不能以同样的手段进行自卫。这是因为，任何没有参加这种〔自卫〕组合的人，如果他有1英亩土地，对他就极为有利，他可以在这块土地上盖满小屋，从而击败对手。面对那种叫苦，国会在几年前通过了一项法案。根据这项法案，济贫税不向教区征收，而改由全国负担。这项法案的通过，对其他各个方面都很有益，然而都排除了一种对于限制人口起过作用的旧习惯。虽然这种旧习惯，因其作用范围有限，已经变得无关紧要了。

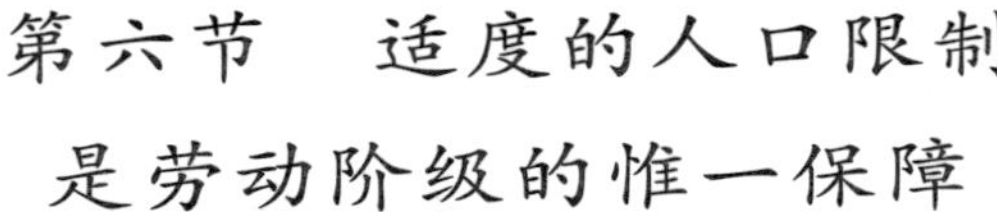

第六节　适度的人口限制是劳动阶级的惟一保障

因此，对于普通的农业劳动者，几乎可以说不存在所谓人口限制。如果城镇的数量增加，城镇所使用的资本增加，资本所雇用的工场工人迅速增加，而工人的平均工资保持原来的水平，并且不把农村每年增加的人口中的很大一部分吸收进来，那么，按照现在人们的习惯，他们的生活一定会像1846年以前的爱尔兰人那样悲惨。另外，如果我们工业制品的市场，暂且不说衰落，只要不像过去50年间那样迅速地发展，我们也难保不遭遇与此相同的命运。尽管我们不徒然预测这样的灾难（希望工人们的伟大而且不断增长的理智，会使他们的习惯适应他们所处的环境，回避这种灾难），然而目前像威尔特郡、萨默塞特郡、多塞特郡、贝德福郡、白金汉郡这样一些最排外的农业地区的劳动者，其现状已足以令人心寒。这些地方的劳动者，家庭人口多，而且即使在充分就业的时候，其每周的工资也只有8—9先令，所以有时就成为公众同情的对象。然而，只是同情是不够的，现在已经到了认清实情而采取有效措施的时候。

不幸的是，人们在讨论这些问题的时候，往往不用良知，而是只凭感情。人们固然往往对于贫民的困境逐渐加深同情，认为贫民有受到别人救济的权利，同时都几乎普遍地不愿正视贫民处境的真实困难，根本不愿注意他们物质生活的改善所应具备的各种条件。关于劳动者生活状况的讨论，关于劳动者悲惨状态的感叹，对于对此漠不关心者的谴责，以及想要改善这种状况的各种计划，在世界各国和各个时期，都没有像现在那样普遍。但是，这些论客无形中都忽视了工资的法则，或称之为“狠心的马尔萨斯主义”，把它抛在一边。但是，告诉人们可以多生孩子（孩子出生后肯定是可怜的，大部分将会堕落），比告诉人们不要生这样的孩子更为“狠心”。另外，人们虽然认为反对生育是残酷的，但是他们忘记了这种生育的行为既是当事者“对动物本能的屈从”，又是当事者“令人厌恶的权力滥用”。

半野蛮状态的人类具有野蛮人共有的怠惰与寡欲，在他们未脱离半野蛮状态的时候，是不宜限制人口的。当时人类的心理必须有物资缺乏的压力，才能够刺激其劳动与创造力，从而完成过去人类生存方式上所有变革中的最大变革。正是因为这种变革，才使近代产业生活战胜了狩猎、牧畜和军事（或掠夺）的社会状态。同奴隶制度也起作用一样，物资缺乏在当时也起作用。而在当今世界的某些角落，即使有了比较文明的社会伸手援助，这种物资缺乏也许仍会起作用。但是，在欧洲，如果说以前曾经有过这样的时代，即贫困的生活使人们变成较好的劳动者或较文明的人的时代，那么现在它早已不再存在了。相反，如果农业劳动者的生活比较富裕，那么他们显然会更有效地劳动，并且成为更好的公民。因此，我要问，他们的人数如果减少了，他们的工资是否会高一些？这就是现在惟一的问题。撇开这一问题，去抨击马尔萨斯和其他著述家的非主要的观点，以为这样的驳斥可以否定人口原理，那是徒劳的。例如，马尔萨斯认为，人口是按几何级数增长的，粮食或许是按算术级数增长的。这原是一种比喻，并不重要。有些人抓住这句话，轻易地取得了“胜利”。但是，任何公正的读者都知道，马尔萨斯并未重视用数字的精确度来说明不能用数字证实的事物这一不成功的尝试。另外，凡有推理能力的人都会明白，这一说法对于马尔萨斯的论证来说，完全是多余的。马尔萨斯的早期信徒的片言只语，曾经后来的政治经济学家修正，现在有人对此极为重视。有些作者曾说，人口的增加有快于粮食增加的倾向。这种主张的原意是，人口如果未受死亡或谨慎明智行为的限制，那么，在多数情况下，其增长快于粮食。在这个意义上，这是不错的。但因

这些限制，在不同的时候和不同的地方，其发生作用的力量是不同的，所以把这些著述家的话解释为人口的增加总是快于粮食的增加，结果是人民越来越贫困，这也未尝不可。按照上面这样的解释，反过来说也是对的，即社会越文明，谨慎明智的限制力就越强，人口的增长速度（与粮食相比较）就越缓慢。如果认为，在任何进步的社会里，人口的增加有快于粮食的增加或者其速度与粮食相同的倾向，那么，这样的主张是错误的。这里所用的"倾向"一词，其意义与有些著述家所说的"倾向"完全不同。不过，暂且不说这种用词的问题，在一些古老的国家里，人口紧紧地逼迫着粮食，这是两派一致承认的。尽管这种逼迫在减轻，但是最贫困的劳动阶级的思想和习惯还可以有更大的改进。人们希望在进步的国家里，经常能出现某些改进的倾向。然而，不论过去或现在，这种倾向都极其微弱，举个具体例子来说，尚未发展到使威尔特郡工人每周的工资超过 8 先令。这里惟一需要考虑的问题是，这种工资额，对一个工人来说，是否充分而且适当？因为，如果不充分，而且不适当，则像已经存在的事实那样，人口对于工资基金的比例就属过大。在过去的某个时期，人口的压力与现在相比是更为严重还是不那么严重；这在实际上并不重要。重要的是，如果人口与工资基金或粮食的比例在改善，那就希望通过适当的帮助和奖励，使改善的程度更大一些，速度更快一些。

然而，关于这一问题，争论的对手不是理性，而是一种嫌恶的感情。这种嫌恶的感情，用尽一切方法回避承认不受欢迎的事实，只是到了实在无法回避的时候，才勉强承认。因此，必须进而详细探讨这些回避的方法，必须攻克人口原理的敌人所占据的每一个阵地。那些反对人口原理的人，并不要求劳动者实行任何自制（不论是强制的还是自发的），也不要求对动物的增殖力进行比现在更多的限制。他们只是为劳动者寻求某种一时的避难所，寻求改善劳动者状况的某种貌似有理的方法。这个问题是下一章讨论的对象。

第十二章　论补偿低工资的一般方法

第一节　由法律或习惯决定工资的最低限额，并保证就业

提高劳动工资，并使它维持在所希望的水平上，人们所想到的最简单的方法，是由法律予以固定。为了调整工人与雇主之间的关系，过去各个不同时期曾经采用或至今仍在采用的各种方案，实际上其目的就在于此。本来，所有当事人的各种利益本身，往往要求工资应该是可以变动的，所以，恐怕没有人会主张把工资绝对地固定下来。但是，有人提议把工资的最低限额固定下来，让竞争来进行调节，使工资在这一最低限额之上浮动。现在已有另一个方案在工人领袖中找到许多支持者，该方案主张必须建立一些委员会，这在英国叫做地方商务委员会，在法国叫做劳动协议会，以及其他名称。这种委员会由劳资双方的代表组成。这些代表所协议的工资率，经当局公布之后，对于劳资双方，一般都有约束力。协议的根据不是劳动市场的情况，而是自然的平衡，目的是使工人可获得“合理的”工资，使资本家可获得合理的利润。

此外，另有一些人（当然，这些人不是劳动人民本身，而是关心

各劳动阶级利益的慈善家）不很赞成当局对劳动协约的干涉。他们担心法律的干涉将可能是轻率而无知的。他们认为，由利害冲突双方各派代表，互相商议，试按平衡（公道）的原则，调和彼此的利害，就必须首先确立一条怎样才算平衡（公道）的规则，如果没有这样一条规则，双方之间的冲突，不但不能调和，反而只会加剧。他们不想通过法律的制裁，而想以道德达到这一目的。他们以为，任何雇主都应负担**足够**的工资。如果雇主不肯自动实行，那么舆论可以强迫他实行。至于判断工资是否足够的标准，这是他们自己的感情问题，或他们认为是公众的感情问题。以上就是当前在这个问题上的主要见解，我想我已作了公正的描述。

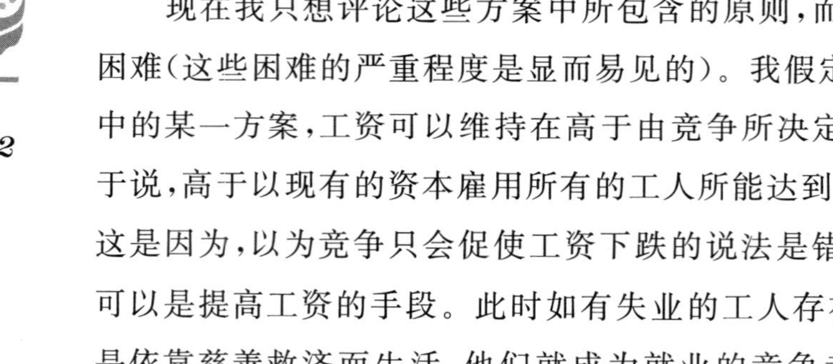

现在我只想评论这些方案中所包含的原则，而不去考虑实际困难（这些困难的严重程度是显而易见的）。我假定按照这些方案中的某一方案，工资可以维持在高于由竞争所决定的水平。这等于说，高于以现有的资本雇用所有的工人所能达到的最高工资率。这是因为，以为竞争只会促使工资下跌的说法是错误的。竞争也可以是提高工资的手段。此时如有失业的工人存在，只要他们不是依靠慈善救济而生活，他们就成为就业的竞争者，工资因而下跌。但是，如果所有失业的人都已就业，那么，即使在最自由的竞争制度下，工资也不会下跌。关于竞争的性质，有各种奇怪的想法。有的人似乎以为，竞争的效果是没有任何限度的，销售者的竞争会使价格下跌，工人的竞争会使工资下跌，一直跌到零或某个不能确定的最低限度。但是，这完全是无稽之谈。货物的价格，由于竞争的关系，只是下跌到出现足够的购买者来买走这些货物为止。而工资由于竞争的关系，只是下跌到全部工人都能参加工资基金的分配为止。如果工资跌到这一限度之下，一部分资本就会因工人的不足而被闲置起来，反而在资本家方面形成竞争，使工资上涨。

因此，由于由竞争决定的工资率，是将现有的全部工资基金总额，在全部劳动人口中间进行分配，所以，如果法律或舆论使工资固定在这一比率之上，某些工人就将失业。而迫使这些人挨饿并不是那些慈善家的本意，因此，这些工人的生活，势必要用强制增加工资基金或强制储蓄的办法来维持。即使规定了工资的最低限额，但是如果不规定对所有的求职者给予工作，或至少是给予工资，那也是毫无意义的。因此，这始终是这一方案的一部分。不仅主张工资在法律上或道德上要有最低限额的人们是这样想的，而且还有更多的人也是这样想的。有一种流行的看法认为，使所有的穷人就业是富人或国家的义务。换句话说，一般认为，如果舆论在道德上的影响，不能说服富人从他们的消费中节省足够的钱财，使所有的穷人都得到工资合理的工作，国家就有义务用地方税或捐款来达到这一目的。这样，劳动与工资基金之间的比例的变动势必对工人有利，这不是靠限制人口，而是靠增加资本。

第二节　这种最低工资限额及就业保证，其必要的条件是用法律限制人口

如果对社会的这种要求，能只限于当今这一代人，如果只要求强制积累，达到足以向现有的人口数提供工资充足的长期就业，那么，我就是这种主张的最热心的支持者。社会主要是由靠体力劳

动生存的人们组成的。而且，如果社会，也就是说，如果劳动者，他们提供其体力使人们能享受较多的物品，同时，为了公共利益，对于这些较多的物品保留课税的权利，那么，他们就有权这样做，而且始终是这样做的。在所谓公共利益中，最重要的是人民的生存。因为任何人对自己的出生都没有责任，所以，为了使现在已生存的所有的人都得到充分的物品，即使要那些持有多余物品的人牺牲一些金钱，这也是应该的，不能说是太大的牺牲。

但是，人们要求已经从事生产与积累的人节制消费，除非他们不但对目前生存的所有的人提供了衣食，而且对他们和他们的子孙任意生育的所有的人提供了衣食。这与以上所说的，是完全不同的问题。如果人们承认这种义务，并以此为行动的依据，那么，对于人口的一切限制（积极的和预防的）都将废除。结果，将无法阻止人口以最快的速度增长。由于资本的自然增长至少不会比过去快，因此，资本愈益不足。为了弥补这种不足，不能不以同样的速度增加税收。当然，还会力图迫使一些人劳动，不劳动，就不供养他们。但经验已表明从那些接受公家救济的人那里可得到什么样的劳动。他们不是因为工作而得到报酬，而是为了报酬去寻求工作。在这种情况下，劳动肯定没有效率。要使不能解雇的散工认真劳动，只能借助皮鞭的力量。毫无疑问，可以想象，人们都会默认这种异议。收税所得的资金，可以广泛地散布于一般劳动市场（法国那些支持劳动权利的人就是这样主张的），而不给予任何失业工人要求的在特定场所或特定职业上得到生活扶助的权利。在这种情况下，对个别工人的解雇权就可以保留。这样，政府的责任只是在就业不足时增加就业机会，那时，政府就同其他雇主

一样，有权选择其所使用的工人。但是，即使工人非常有效地劳动，不断增加的人口也不能使生产按比例地增加。这一点，我们已经说过多次。结果，养活所有人口以后的剩余粮食，不论从对总生产量的比例来说，还是从对人口的比例来说，都将越来越小。如果人口的增长速度不变，而生产的增长速度减慢，剩余的粮食就将全部丧失。用以支持穷人生活的税收，将吸收一国的全部收入，最后终将使支付者与收受者融为一体。此时，由于死亡或谨慎明智的人口限制，已经再也不能延缓，而必然会突然地立即发挥其作用。在这期间，把人类置于蚁巢或海狸群之上的一切事物，都将被毁灭。

这种后果，那些有名望的著述家已在其著名的而且我们容易看到的著作中一再明白地指出。所以，对一部分有教养的人来说，忽视这种后果，是不可原谅的。以公众教师自命的人，忽视并且默默地放弃对这种后果的考虑，而对工资和济贫法高谈阔论，似乎不认为这些问题可以反驳，而认为这些问题并不存在，所以他们更是大损信誉。

每个人都有生存的权利。我们认为这是对的。但是，谁也没有权利生出孩子让别人去抚养。打算坚持前一种权利的人，必须完全放弃关于后一种权利的一切主张。如果有人没有别人的帮助甚至连自己都养活不了，那么，帮助他的人就有权对他说：我不打算抚养你所生的孩子。但是，有许多著述家和演说家，包括许多炫耀自己具有高尚情感的人，他们对生活的看法真是如此粗俗，以致认为无法阻止贫民在贫民习艺所内生育世袭的贫民。后世的人有朝一日一定会惊奇地问，当时依附这样一些传教士的，到底是些什么样的人？

国家对于所有已经出生的人，都保证其就业并得到足够的工资，这不是不可能的。不过，国家如果这样做，那么，不论是为了自己，还是为了政府之所以存在的各种目的，都必须有一种规定，即非经政府许可不能生孩子。对于自制，如果没有通常的和自发的动机，就必须有其他的动机来代替。在这种情况下，必须限制结婚（限制的程度至少要像德国有些州所实行的那样），或严厉惩罚生了孩子而无力抚养的人。如果社会把穷人人口的增加置于自己的控制之下，它就能够抚养穷人。或者，如果社会对于穷人子孙的悲惨命运毫无道义感，那么，它对穷人人口的增加，就可以不加控制而让他们自己斟酌决定，对于穷人的生活，也可以不加照顾而让他们自己去维持。但是，一面让穷人自己维持生活，一面让人口自由增加，这样做是不可能不受惩罚的。

在慈善或就业的名义下，慷慨地给人民以财物，而不设法使谨慎明智的动机强有力地在他们身上起作用，这种做法是浪费对人类有益的财物，而不能达到任何目的。如果人民的生活状况明显地依存于人口的多少，那么，人民的最大的、长久的利益可以通过付出某种代价来取得，即为了改善当代人的物质福利和改善他们孩子的习惯而不惜作出任何牺牲。但是，如果不是让人们通过对自己的控制来决定工资，而是按照法律或社会感情保证他们得到一定的报偿，那么，不论你使他们的生活怎样安逸，也不足以使其本人及其子孙认识到，这样的生活水平需要以自己的节制来保持，而只会使他们愤慨地要求你继续保障他们自己和他们子孙的生活。

由于这样的理由，有些著述家根本反对英格兰的济贫法和一切救济强壮者的制度（至少，在没有一整套法律来预防人口过剩的情况下是如此）。伊丽莎白第43年公布的著名条例，就曾确定由政府向所有生活穷困的强壮者提供工作和工资。如果这一条例已经完全实施，而负责救济的行政人员又毫不设法抵消其自然的倾向，那么，毫无疑问，这个国家的土地和劳动的全部净生产物，现今都已被济贫税吸收。因此，马尔萨斯先生和其他的人早先作出反对一切济贫法的论断，是毫不奇怪的。即使在法律上和事实上承认一种可受别人抚养的绝对权利，如果要断定这种权利不至于严重地影响勤勉的动机和谨慎明智的节制生育，仍然需要有丰富经验，并对济贫法的各种运用方法加以仔细的检查。但是，这已被最初的济贫法委员会委员所做的调查充分证实。这些委员虽然受到不当的责难，说他们是反对法定救济原则的敌人，然而他们却是最早充分证明，承认穷人有被救济权利的任何济贫法，与劳动阶级及其子孙的永久利益并不矛盾。英格兰各教区所收集的业经实验证明的各种事实表明，如果实行救济时给予〔贫民〕的生活必需品很充足，然而这种救济附有人们所不喜欢的条件，包括限制某些自由或禁止某种放肆，那么，生活抚养的保障对于人们的精神和习惯，不会产生有害的影响。如果附有这样的条件，那就可以认为，人们不可更改地确立了这样的信念：社会成员的祸福无须听凭命运来摆布；社会不仅能够而且应当保证其所属的任何个人不致极端穷困；即使有不能自己养活自己的人，只要他们限制放肆，他们就不会遭受肉体上的困苦，不必担心遭受这种困苦。这确实是对人类有益的，其本身也是重要的，而且对今后再前进一步更是重要的。因

此，对于这种法律，或对于这种法律所据以成立的原理，有意无意地加以非难的人，是人类最可恶的敌人。

第三节　用以补足工资的各种津贴

以上，我们谈了那些想规定工资数额和人为地使愿意工作的人得到适当劳动报酬的各种尝试。下面要研究另一种一般的救济方法。这种方法不主张干涉契约的自由，让市场竞争来决定工资，不过，在认为工资不够的时候，努力利用一种辅助的财源，补充工人的工资。例如，教区当局在 1834 年以前的三四十年间采用的以“津贴制度”闻名的权宜的做法，就具有这种性质。当初采用这种制度，是因为当时农业连年歉收使粮食价格上涨，以致劳动工资不足以使农业劳动者的家庭获得通常数量的粮食。当时在上层社会流行的一种观点是，人民生了许多孩子，为国家增加了许多人口财富，他们是不应该因此而受苦的。这种观点，加上人道主义的感情，就使农村地区的官员以教区的救济金给予已经就业的人们。这种做法一旦被认可，农场主的直接利益就会迅速扩大，因为农场主承担的农业工人的一部分生活费用，能因此转嫁给同一教区的其他居民。这种做法的原则，显然是使每个家庭的钱财与其需要相适应。所以，其结果自然是：给予已婚者的，要多于独身者；给予家庭人口多的，要多于家庭人口少的。事实上，往往是按子女人数发给津贴。然而，这种做法，与直接的、积极的人口奖励，不是不可分的，用以补足工资的津贴可以固定地、同样地发给所有的工人。因为这一形式是这种制度所能采用的最不会遭到反对的形式，所

以我们就假定采用这一形式。

这种做法，显然只是规定最低限度工资的另一种方式，它与直接方式相比，只有一点不同，那就是，直接方式容许雇主按市场价格购买劳动，以公共基金补足工资的差额。除此之外，它与直接方式没有什么不同。因此，对直接方式所作保证的全部批评，对于上述那种做法也都适用。这种保证，对于所有的工人，不论其人数多少，都答应给予一定数量的工资，从而完全消除了人口无限制地增加的障碍（不论是积极的障碍，还是由于谨慎明智而产生的障碍）。但是，津贴制度除了受到所谓“全部尝试只是为了调剂工资，而不是节制人口”的常见的批评以外，还有其本身特有的荒谬之处。这就是，这种制度必然以右手支付工资，而以左手收回工资。工资率的最低限额只有一种，不是人们能够赖以为生的最低限额，就是人们愿意赖以为生的最低限额。我们假定它是每周 7 先令。现在某教区当局因这份工资微薄得可怜而感到震惊，于是以慈悲的心肠把它补足到 10 先令。可是，工人拿惯了 7 先令，尽管他们也乐意多拿一些，但事实证明，他们宁愿靠 7 先令维持生活，而不愿限制其增殖人口的本能。工人的习惯，将不因教区给予补助金而有所改善。他们从教区拿到 3 先令，尽管因此人口大为增加，而使工资降到 4 先令，但仍能过同过去的生活水平一样的生活。所以，他们也许不用等到人口增加，其工资就会降到 4 先令，贫民习艺所里的失业工人，足以造成这样的后果。津贴制度实际上确曾起过这样的作用，而英国的工资在它的影响下确曾降到比以前（比没有实行津贴制度以前）更低的水平。这是人所周知的事实。在上一世纪中，因为济贫法的执行颇为严格，人口增加得慢，农业工资远在饥饿线之上。

津贴制度一经实施，人口增加得非常快，工资大为降低，因而具有工资与津贴加在一起的收入的工人家庭的生活，远比过去只有工资一项收入的时候差。当工人只靠工资生活时，工资在事实上有一个最低限额。如果工资低于维持人口所必需的最低水平，那么，人口的减少会使工资至少恢复到原来的最低水平。但是，如果工资的不足部分是靠所有能够捐献的人勉强捐款来补足的话，工资就可能降到饥饿线以下，甚至降到接近零。这一可悲的制度，不但使人口中的失业部分贫民化，而且使人口全部贫民化。这种制度之坏，有甚于过去任何一种滥用济贫法的方式。自 1834 年的济贫法实施以后，这种制度已受到严格限制。幸而它还没有复活的征兆。

第四节 租地分配制度

虽然上述制度普遍受到责难，但有一种工资补贴方式仍然很受欢迎。这种方式，不论从道德还是社会的角度来看，都远比教区的津贴为好，但两者在经济上的结果恐怕非常相似。我所说的这种方式，就是非常有名的租地分配制度。这也是补足工人工资的一种办法，即给工人一些别的东西，以补充其工资的不足。不过这种补充，并不是靠济贫税的补助，而是靠工人自己，即工人可以租得一小块土地，精耕细作，栽培马铃薯和其他自用的蔬菜，如有多余，还可出售。如果他租用的是已经施过肥的土地，有时每英亩须付高达 8 镑的地租。但是工人自己及其家属的劳动是无须付酬的，所以尽管地租这样高，他们仍可由此得到若干镑的好处[①]。提

① 参阅济贫法调查委员会收集的关于租地分配问题的证词。

倡这种制度的人强调指出：租地分配是为了补充工资的不足，而不是代替工资；租地分配并不是使工人赖以为生，而只是使工人得以利用空闲的时间与其家属共同种一点庄稼。所以，他们通常限定每一份租地的面积为四分之一英亩，或四分之一至二分之一英亩。他们认为，租地的面积如果超过上述限度，以致不能全部为工人所利用，就会使工人变成不好的、不实在的租地工人。如果租地多到足以使工人完全脱离雇佣工人阶级，以致成为其惟一的生存手段，就会使工人沦为爱尔兰式的投标佃农。这一说法，就通常需要支付大量地租而言，是有一些根据的。但是，当这些怀着好意的人对投标佃作制度采取警戒态度时，他们没有觉察到，他们所提倡的那种制度，如果不是一种投标佃作制，那么，它在本质上也无异于爱尔兰式的一种收获期佃作制度。

用税收所得的资金来弥补工资的不足，与用净增国家总产量的办法来弥补工资的不足，两者之间大不相同，这是无可怀疑的。用促使工人自己勤劳的办法去帮助工人，与以促使工人变得无忧无虑和游手好闲的方式给予补助，两者之间也不相同。从这两点来看，租地分配确实比教区的津贴要好。不过，从对工资与人口的影响来看，我看不出这两种方法有什么重大的差别。所有各种工资补贴，只要不引起劳动阶级的思想和要求的变化，只要在满足工人自身的本能方面和改善工人及其家属的生活方面，工人所创造的相对价值没有变化，都会使工人所得的报酬减少，因而最终会使劳动价格（指其总额）下跌。但是，要想使租地分配制度对工人产生这样的变化，我认为是不可能的。有时我们所说，土地的占有，能使工人顾及未来。地产确实能起这样的作用。对于条件固定不变的和永久租借使用的土地的占有，与拥有地产一样，也能起这样的作用。但是，只是每年租借土地，决不会产生这样的效果。土地的占有，曾使爱尔兰人顾及未来吗？工人有了分配的租地，会使他们的行为和生活状况发生有益的变化，这样的证言确实很多，我不想去怀疑它。但是，只有当占有这种租地的人为数不多时，才能产生这样的效果。这些为数不多的人是一个特权阶级，他们具有普通水准以上的地位，不愿丧失这种地位。而且，毫无疑问，这些人几乎本来就是一个经过选拔的阶级，即由劳动人民中的最佳样板构成的阶级。但是，那些最能谨慎明智地控制生育的人，因为有了这种制度而变得容易结婚和生孩子了，这是这种制度的短处。这种做法，就它对劳动阶级一般生活状况的影响而言，我看不是无益的就是有害的。如果只有少数工人分配到租地，那么，他们当然是一些即使没有这样的租地也能过得很好的人，对这个阶级来说，并没有什么好处。如果这种制度是一般性的，每一个工人或几乎每一个工人都分配到租地，那么，我认为其效果恐怕同每一个工人或几乎每一个工人都有一份工资补贴差不多。如果在上个世纪末，英格兰一般地采用租地分配制度，而不采用津贴制度，那么，我想毫无疑问，它会同样地破坏当时确曾存在的对人口的实际限制，人口照样会像事实上已经增长的那样增长，20 年后的工资加上分配租地的收入，会像工资加上津贴的实际情形一样，其数额不会多于过去没有分配到租地时的工资。所以，租地分配制的长处，即它与其他方法的惟一差别，就在于它使人民自己创造他们自己所得的济贫税。

同时，我很乐意承认，在某种情况下，大部分工人，即使他们没有土地所有权，但他们支付适当的地租而占有土地，这并不是工资下跌的原因，而是工资提高的原因。但是，只有在工人占有的土地能使他们在实际生活需要上摆脱对劳动市场的依赖时，才是如此。有两种人，一种是依靠工资生活，把土地作为额外收入来源，另一种是在必要时能完全依靠土地谋生，出去当雇佣工人只是为了生活得更富裕些。这两种人的地位是大不相同的。当没有人被迫出卖其劳动的时候，工资将会提高。“自己拥有某种财产可以使他为自己劳动的人们，为了节省，经常以马铃薯和玉米充饥。但是，如果工资收入不能为他们提供比马铃薯和玉米更好的食物，他们是不会为了工资而出卖自己的劳动的。我们在欧洲大陆旅行的时候，听说那里的日工资率非常高，而粮食却既丰富又低廉，常常为之一惊。在欧洲大陆的许多地方，土地所有权分散在广大的人民中间，人们既无出外工作的必要，也无出外工作的想法。所以，外出当短工的人很少，短工的工资与粮价相比显得很高。”[1] 在欧洲大陆的某些地方，甚至住在城市里的人们，也几乎没有一个人是专靠其表面上的职业维持生活的。正因为如此，这些人的劳动价格很高，他们对是否被雇漠不关心。不过，如果他们的土地或其他的收入来源只向他们提供一小部分的生活费，使他们必须为了工资而向供给过剩的市场出卖其劳动，则其结果就将大不相同。此时，他们的土地可以使他们在工资较少的情况下活下去，并且，在生活水平降到他们所不愿意的低点以前，还会使人口迅速增加。

关于租地分配的效果，我们见解已如上述；能说得上与我的见

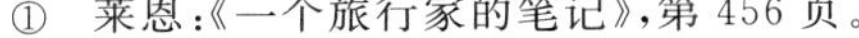

① 莱恩：《一个旅行家的笔记》，第 456 页。

解是对立的，我想只有桑顿先生的意见。[①] 桑顿先生对这个问题的意见，我认为尚待商榷。桑顿先生为租地分配制进行辩护的根据是下面这个一般原理：不考虑人口增殖的后果而增殖人口的，只是很穷的穷人。当前这一代人的生活状况如果能有很大的改善（桑顿先生认为租地分配制可以做到这一点），他们的后代就会在生活水平已经改善的情况下成长。在这些后代不能使他们未来的家庭生活得同他们自己已经享受到的一样优裕之前，他们是不会成家的。这种意见，如果能有事实证明如下一点，那么我也赞成，即穷人们生活状况的突然的、极大的改善，能够通过对他们生活习惯的影响而成为永久性的改善，例如法国大革命时期出现的情况那样。但是，我无论如何不能相信，工人住着一间小房子，单凭多了须缴纳高额地租的四分之一或二分之一英亩土地，就能（在工资由于吸收业已存在的贫民劳动而下跌之后）使他们家庭生活的舒适程度大为改善，并且继续维持一代人（约 30 年）之久，以致养成一批从孩子时代起就在生活要求和习惯上具有真正较高的永久性标准的劳动人口。这样小的一块土地，只有用来鼓励勤勉和储蓄（为了筹措资金购买土地，必须勤勉和储蓄），才会带来永久的利益。因为，这样的做法如果被推广，就会变成对整个工人阶级的一种教育，教育他们顾及未来和节俭，而其效果将不会随着起因的消失而消失。不过，这种利益的产生，不是由于给了工人什么，而是由于鼓励工人去取得什么。

救济低工资的各种方法，如果不是通过人民的意志和习惯而发生作用，都是没有效果的。如果人民的意志和习惯并不随之改

① 桑顿：《过剩人口》，第 8 章。

变，任何一种方法，即使在改善赤贫者的生活状况上一时获得成功，也会使过去限制人口增长的办法不知不觉地失去作用。因此，任何一种方法，只有当税收能使资本以同样的速度增加时，才能继续起作用。但是，这一过程是不可能长久的。这一过程一旦停止，一个国家所留下来的，是最贫困阶级人数的增加和最贫困阶级以外人数所占比例的减少。或者，如果这一过程持续的时间很长，这个比例就会等于零。这是因为，既取消对人口的自然限制、又无任何其他的限制作为替代的一切社会措施，“最终必将造成这样的局面”。

第十三章　再论补偿低工资的方法

第一节　人口问题舆论的有害方向

那么，对付贫困，应当采取什么办法呢？低工资的弊害，应当怎样消除呢？如果人们常常为此推荐的对策不适用，那么，不能想出其他对策吗？这个问题是不可能解决的吗？政治经济学除了反对任何事情、证明任何事情都属无益以外，没有别的事情可做了吗？

如果是这样，那么，政治经济学的工作固然必要，但毕竟是可悲的和徒劳的。要是人类的大多数总是像现在这样，成为与自己没有利害关系、因而感觉不到兴趣的辛苦工作的奴隶，只是从早到晚为了获得仅能维持生命的食物而忙碌；这种辛苦的工作，既不需要智慧和道德，也无从提供精神和感情；他们没有教养，因其所受的教育同其所吃的食物一样粗劣；他们自私，因为他们完全为自己着想，没有作为一个公民和社会成员所应有的关心或感情，对于自己所无和别人所有的东西一概都抱反感，认为这不公平；我真不知道有什么办法能使一个略有理智的人去关心人类的命运。不论就什么人来说，最高明的办法，也不过是以享乐主义者漠不关心的态度尽量享受，使自己和自己关心的人得到个人的满足，独善其身，但不损害别人，并且对于所谓的文明生活的毫无意义的喧闹漠不关心。但是，这样的人生观是没有客观基础的。贫困同许多社会弊害一样，是由于人们不做适当的考虑，听凭其动物的好色本能发挥作用而造成的。然而，社会是可以存在的，因为人毕竟不是没有理性的动物。所谓文明，就其任何方面来说，都是对动物本能的斗争。文明本身已经表明，它对于动物本能中即使是最强有力的本能也能充分控制。文明已经剥夺了人类中大部分人的自然性，因此，他们的许多最天然的爱好，几乎已经不留痕迹或记忆。如果说文明对于人口本能的抑制尚未达到必需的程度，那么，我们必须记住，那是因为文明尚未认真努力去做。文明过去所做的努力，其方向大多相反。不论宗教、道德还是政治，无不竞相奖励结婚，而对于已婚者，则奖励其生育(种的繁殖)。直至今日，宗教尚未停止这种奖励。罗马天主教的教士团(其他的教士团，因为对于较穷的阶级都没有很大的势力，故不足道)，无处不以鼓励结婚以防止通奸作为自己的义务。在许多人的内心，直至今日，犹有一种强烈的宗教偏见，反对正确的教义。富人们以为，那种认为天然的爱好会导致贫困的想法(他们假定这种结果与他们本身无关)，是对上帝的智慧表示怀疑。穷人们则以为，上帝不会不赐与粮食而只赐与须以粮食为生的人口。人们听了这两种意见，都认为，人类对于这一问题都没有发言权或选择权。关于这一问题的观念，完全陷于混乱的状态。其原因，在很大程度上是在于这个问题虽是有关人类幸福的一个重大问题，但人们宁可让它是非不明而隐藏在神秘之中，也不愿随便谈论和进行讨论。可是人们却几乎意识不到这种言谈上的多虑会使人类受到损失。社会的弊病，同肉体的疾病一样，如果不能以明确的语言来说明，就不能预防或治疗。全部经验告诉我们，人类的大多数，非经多次反复讲述，对于道德上的各种问题决不自下

判断，也决不知道任何事情是对还是不对。但是，如果他们不越出婚姻的范围，又有谁会对他们说，他们在这个问题上有某种义务呢？有谁会因为这种放纵（随便生孩子）使他本人和靠他供养的人遭到某些灾难，而受到最轻微的指责，或者反过来说，不会得到同情和帮助呢？一个被所有的自称为道德家的人反对和轻视的酗酒的男子，在他向好心人请求帮助时所用的一个主要理由是：家庭人口多，无法养活。[①]

对于人类的这一义务保持沉默，既会使人们忘掉肉体方面的现实后果，又会使人们根本想不到还有道德上的责任，这是不足为奇的。我国很多人对于人们能推迟结婚以及在未婚期间保持禁欲，是乐于赞成的。但是他们绝对不会想到，人们一经结婚，是否生育孩子以及生育几个孩子，是可以由人们自己决定的。人们会有这样一种想法，即孩子是上帝像下雨那样直接赐给结婚夫妇的，夫妇本人没有加减的余地。决定孩子人数的，实际上是所谓“天意”，而不是夫妇本人。但是，我们且听听欧洲大陆的一位哲学家——西斯蒙第对这个问题的意见。此人是当时最和蔼可亲的，是以结婚生活幸福著名的。

他是这样说的[②]：“如果没有人相信这些危险的偏见，如果不是宣讲神圣不可侵犯的权利的伦理来反对我们所说的对人的真正义务，特别是反对我们所说的生育子女的义务的话，任何人在自己地位上未得到可靠的生活手段以前也不肯结婚；任何家长也不会

① 只要人们的感情不把多生孩子同醉酒或其他纵欲一样看待，就不能指望在道德上有所改善。但是，当贵族和教士首先树立这种纵欲的榜样时，怎能对穷人提出什么希望呢？

② 见西斯蒙第：《政治经济学新原理》，第 439—440 页。

使子女超过他所能给予适当教养的数目。家长当然应该希望子女对他们未来的命运感到满足;那么,当他的收入丝毫也不能增加的时候,他就应该使新生的后代恰好代替将要去世的一代,要使达到结婚年龄的子女恰好代替他们的父母;应该使孙子孙媳转过来也代替儿子儿媳;应该使自己女儿在别人家里得到另一个人家里的女儿在自己家里所得到完全同样的命运;最后,应该使足够父亲应用的收入也能满足儿子的需要。”当然,财富正在增加的国家,其人口有某种程度的增加,这也是可以的。但这是枝节问题,不是原理问题。“这样的家庭组成之后,它就会基于正义和人道,要求自己也像独身者节制自己那样实行节制。只要看一下各国非婚生子的数目多么微小,就一定会承认这种节制是相当有效的。在人口不能增加或至少增加很慢,甚至几乎看不出增加的国家里,在没有成立新家庭的新地方,1 个有 8 个孩子的父亲就应该打算一下,是叫 6 个孩子夭折,还是使同代的 3 个男人和 3 个女人死去,或者是使下一代即自己的儿女的 3 个孩子因自己而不能结婚。”

第二节　希望改善的根据

有人以为,劝导劳动阶级对其家庭人口的增加采取十分谨慎明智的行动,那是没有希望的,因为他们至今还做不到这一点。这些人对于评价人类行动的一般原理,显得无能为力。要想取得上述结果,恐怕最有必要的是让人们都知道这样做是有希望的。过去还没有一个国家,曾以这样的意见作为一个道德的原理。不可理解的是,在那些人口因各人深谋远虑的自发作用而已取得比较有效限制的国家里，这样的意见也不存在。至今人们对于谨慎明智的做法，还一直不认为是一种义务。演说家和著述家大都是站在反对方面的。甚至在像英国那样广泛地蔓延着马尔萨斯情绪恐怖症的法国，也是如此。这种意见之所以尚未抓住一般人的心，除了这是一种新的学说外，还可举出许多原因。这种意见的真实性，从某些方面来说，已成了它在传播中的障碍。人们可以去怀疑，除了穷人阶级本身以外（因为他们对于这个问题的偏见是不说自明的），任何一个社会阶级是否有过提高工资的真诚愿望呢？希望减轻济贫税的人，为数不少。但是，济贫税一旦减轻，各劳动阶级的生活将更加恶化。可是人们对此却满不在乎。自己不是工人的，几乎都是雇用劳动的人，他们当然不会以廉价购买这种商品为憾。被认为是反对人口学说的官方机构的贫民救济委员会，事实上很少愿意耐心地倾听他们喜欢称为马尔萨斯主义的任何议论。农村地区的贫民救济委员会主要是由农场主构成的，众所周知，即使是租地分配制度，这些农场主一般也是不喜欢的，因为它使工人“过于独立”。至于中上阶层人士，他们与工人既很少直接接触，也很少发生利害冲突。所以对此事的态度可能会好些，而英国的中上阶层人士往往是慈善的。不过，慈善的人们具有人类的弱点，如果无人恳求他们行善，则往往会私自深为不满。从这些人那里经常能听到一种基调，即，世上之有贫民，是出于上帝的意旨。此外，凡是具有为社会的某种目的尽力的有积极性的人，都已实现了其所最喜欢的某种改革。他们认为，如果承认这一伟大的（人口）原理，就会使他们的改革相形失色。他们废止了谷物法，减轻了税收，发行了小额纸币，实施了宪章，恢复或废除了教会，废止了寡头政治。他

们把认为任何事情都重要而只有他们的事情不重要的人都当作敌人，因此，自从人口理论发表以来，人们对它的议论，有十分之九总是表示反对，剩下的十分之一有如“马耳东风”，而它在工人中间则远未普及（工人可能是最不愿意接受人口理论的）。这些都是不足为奇的。

但是，如果劳动阶级有这样一种想法，即竞争的人数过多是他们贫困的特有原因，所以他们中间的每一个人都把除了自己以外的、生育子女的人数超过社会环境所允许的限度的人，看作（与西斯蒙第的看法一样）是对自己的不正当行为，是夺走了自己应有的地位，那么，我们不妨设想一下，如果这种想法变成了劳动阶级中的普遍想法，将会产生什么样的后果。如果有人以为这样的想法对于行动不会有重大的影响，那是因为他完全不了解人类的天性。大多数男子即使照顾自己的利益，其行动有多大一部分是出于对舆论的顾虑（顾虑他的行为是否被人厌恶，被人藐视），也是很难估计的。在特殊情况下，人们过度放纵的原因，同样是由于舆论的刺激，而不单纯是动物的好色本性。这样说也并不过分。因为，舆论，特别是知识最为贫乏的各阶级的舆论，一般是使精神和权力的观念与本能的力量相结合，使自卑感与本能的节制或欠缺相结合。这种感情的反常，是由于把本能作为支配别人的手段或标记而产生的。即使仅仅除去这种人为的刺激，也会有很大的影响。如果舆论一旦转到相反的方向，则在人类行为的这一方面（译者按：指人口增殖），就会立刻发生一场革命。我们经常听说，即使完全理解工资取决于人口的道理，对于劳动男子的行为也无影响。因为一般地说，使劳动市场不景气的，决不是他自己生出来的孩子。这

的确是不错的。但是，一个士兵的逃跑，并不会使一个战役失败，这也是不错的。因此，必须考虑的，不是使每一个士兵都留在队伍里，而是要考虑到，如果很多人都逃跑，显然每个人都会遭到不幸。因为随着任何个人的这种行为而来的，必然（自然地和不可避免地）是一种耻辱。敢于面对其所属阶级的一般舆论的人很少；当然，如果受到某种超越舆论的原理的支持，或受到别处的某种强有力的舆论的支持，又当别论。

还必须记住，这方面的舆论一经广泛传播，就会在广大的妇女中得到有力的支持。因为家庭人数过多，很少是出于妻子的意愿。因家庭人数过多而产生的难以忍受的家务麻烦（一切肉体上的苦恼和大部分的贫困负担），是全部落在妻子肩上的。由此而给予解放，对大多数的妇女来说，是一种恩惠，是为她们所欢迎的。虽然至今她们还不敢提出这样的要求，但如受到社会的道德和感情的支持，她们是会提出的。容许任何人自以为有支配人格的权利，这在目前犹为法律和道德所承认的一切野蛮作风中，确实是最令人厌恶的。

如果在劳动阶级中间，一旦普遍地造成这样一种舆论，即他们的幸福要求他们适当地限制家庭的人数，那么，这个阶级中的可尊敬的而且品行端正的人们，是会遵守这种规定的。只有那些完全习惯于轻视社会义务的人，才不会遵守这种规定。因此，将会有明显的理由使“不生育将成为社会负担的孩子”这一道德上的义务，变为法律上的义务。正像在许多其他情况下舆论上的进步那样，有益的义务必然带有普遍性。如果大多数人认为有益而自愿遵守，只有少数人不肯遵守，那么，法律最终将会强迫他们遵守。但是，如果妇女有像男子一样的公民权（像她们在其他各方面有明确的“权利”那样），则法律上的制裁就毫无必要。风俗习惯使妇女只能以肉体的功能作为其生活的手段和势力的源泉，如果使她们摆脱这种限制，那么，她们将在其作用范围内开始拥有与男子平等的发言权。这将是在今天所能预见的为人类谋利益的各种改进措施中，在几乎所有各种道德的和社会的利益方面可望得到最丰硕成果的改进。

于是，必须考虑，以所谓工资的高低取决于人口的数量这一法则为基础的舆论和感情，其在各劳动阶级中产生的可能性如何？用什么方法才能唤起这样的舆论和感情？毫无疑问，很多人会不经思考就宣称上述希望只是妄想。不过，我在考虑这种希望之前，想先说一句，即，除非对于上面两个问题能作出满意的答复，否则，现在在英国盛行的被许多著述家视为文明顶点的产业制度，即社会的整个劳动阶级都依靠雇佣劳动的工资维持生活的制度，最后必然会遭到责难。我们现在所要考虑的问题，是在这种产业制度下，劳动阶级的人口过剩和生活条件恶化，是不是一种必然的结果？如果谨慎明智地节制人口的做法与雇佣劳动制度不能和谐一致的话，那么，这种制度就是一种令人讨厌的制度。此时，不论财产如何处理，不论劳动方式如何改变，经济政策的雄伟目标，应能对劳动人民施加影响，使他们在更有力和更明白的引导之下（与工人和雇主之间的关系所能起的作用相比较），在节制生育上采取谨慎明智的态度。

但是，这样不能两立的事情是不存在的。固然，贫困的原因与雇用工人人数的关系，并不是像与业主的关系或与将来社会主义

社会的关系那样一目了然的。但是，这决不是神秘莫测的。工资取决于争取就业者的人数这个道理，对于各劳动阶级来说，决不是难以理解的，也不是无法了解的。事实上，他们当中的大部分人早已认识到这一点，并且已习惯于以此作为他们行动的依据。任何一个工会都很了解，提高工资的每一次有成效的联合，都是靠在限制竞争者人数方面的措施取得成功。需要技术的行业，都渴望减少本行业的人数，大多要雇主接受（或力图使雇主接受）这样的条件，即雇用学徒不能超过规定的人数。当然，靠排斥别人来限制同业的人数，与靠对他们本身的限制来限制同业的人数，两者之间有很大差别。不过，两者对于人数与报酬之间的关系都有明确的认识。这种原理，应用在某一种行业上是容易理解的。不过，如果应用在所有的行业上，就不容易理解。其理由如下：第一，从局部来看，其作用比较容易看清楚；第二，熟练技工与普通工人相比，其智力较高，而且习惯于协作和观察其行业的全面情况，故对他们的集团利益有较多的了解；第三，也是最后一个理由，是他们的生活最好，他们储备的物品最多，所以他们也最深谋远虑。但是，认为在特定情况下可以明显地觉察到、并为人们所承认的事物是无法理解的，并且不承认它是一般真理，这是不应当的。如果各劳动阶级的头脑，能够合乎情理地观察他们自己的总的状况，那么，至少在理论上，必然会立即承认这一原理。然而，劳动阶级中的绝大多数人迄今仍做不到这一点。这或者是因为他们的智力处于尚未开发的状态，或者是由于他们贫困，这种贫困使他们既不怕生活更加恶化，也不希望生活有丝毫改善。所以，他们不关心本身行为的后果，不考虑未来。

第三节　改善劳动人民习惯的两种相互有关的方法之一——教育

因此，为了改变劳动人民的习惯，对于他们的智力和贫困，需要同时采取双重行动。首先，对于劳动阶级的子女，要进行有效的国民教育。与此同时，要采取一系列措施（像法国大革命时的情形那样），消除整个一代人的极端贫困状态。

这里不宜讨论（即使以最一般的方式）关于国民教育的基本方针及其机构问题。但是，希望关于这一问题的舆论愈益推进，希望人们现在能够认识到，单凭口头教育是不够的，甚至在向那些阶级（社会上公开表示要向其提供它所能给予的最好的教育的那些阶级）提供任何更好的东西方面，我们的进展也是缓慢的。有争议的问题暂且不说，但是可以无所顾忌地断言，对人民群众进行一切智力训练，其目的必须是使他们增加常识，使他们能对其周围的环境作出切实可靠的判断。这是教育据以建立的不可缺少的基础工程。除此以外，一切其他的内容，都属于对智力的装饰。教育首先要有目的，这种目的一经确定而被人们承认，要决定教什么和怎样教，就毫不困难了。

在人民中实施一种能传播有益常识的教育，使他们得到能够判断自己行动倾向的知识，这样的教育，即使不经过直接的反复灌输，也必定会形成一种舆论，认为各种放纵和不顾未来的行为都是不光彩的。造成劳动市场供给过剩的这种不顾未来的行为，会被认为是对公共利益的侵害行为而遭到痛斥。这样的舆论一旦形成，必定能使人口的增加具有一定的限度（我认为这是不能怀疑的），但是，这种舆论的形成，只靠教育是不够的。教育与极端的贫困是不能共存的。对穷困不堪的人进行教育是不可能收效的。没有尝过富裕生活滋味的人，是不容易知道富裕生活的价值的。或者说，总是生活在贫困之中，因而不顾一切的人，是不容易感觉到生活朝不保夕的苦恼的。就个人来说，往往有以奋斗求安乐生活的，但就全体人民来说，最多只能希望其勉强维持生活。要改进大多数不熟练短工的习惯和需要是困难的，而且不能很快见效，除非设法使所有这些工人的生活都提高到相当富裕的程度，并且能维持到新的一代人成长起来为止。

为了达到这一目的，可以采取两种方法。这两种方法，既不加害任何人，也无民间自然产生的慈善事业或政府用法律力量采取的慈善措施所常有的弊端；而且，不但不会削弱，相反却会加强对于勤勉的各种刺激和考虑未来的各种动机。

第四节　改善劳动人民习惯的两种相互有关的方法之二——通过国外和国内的殖民（移民），予以大规模的直接救济

首先是国家的大规模殖民政策。这就是，由国库补助足够的费用，一举移殖极大部分的青年农业人口，使他们在殖民地定居。像韦克菲尔德先生所提倡的那样，给青年夫妇以优先权，如果没有青年夫妇，则给有即将成人的子女的家庭以优先权。国家的这种支出，对达到这一目的是最有效的。同时，殖民地则可获得最大量的

现在的和未来的劳动力，这些劳动力，在殖民地是需要的，而在当地则是多余的。有人说过，适当规模的殖民，是用不着国家拿出什么费用的，或者用不着拿出不一定能收回的费用的。而且，其所需的资金，即使是靠借款，也绝非筹自用以维持劳动的资本，而是筹自过剩的资本。这种资本找不到投资的出路，不能给其所有者的苦心积累带来充分的报酬(利润)，如不投资海外，就会被浪费于国内不顾一切后果的投机。这种说法的依据，在本书的后面将会提到。在一国的所得之内，对于劳动阶级的福利通常无所贡献的部分，足以负担这种规模的殖民费用。

其次，是提供所有今后可以开垦的公有地，用以形成小土地所有者阶级。这些土地过去一向不是用于公共目的，而只是用以增加富人的领地。今天应当保留剩余的公有地，把它当作为穷人谋福利的财产。其管理机构已根据“一般圈地条例”建立。除此之外，我想建议的是(固然，这不可能很快就被采纳)，今后在允许把公有地圈为私有的时候，应当先出售或转让一部分土地，用以充分赔偿这些土地所有者(包括村落共同体的成员)的损失；其余的土地则每块划成 5 英亩左右，让给用自己的劳动开垦并进行耕作的劳动阶级的个人，为其绝对私有的地产。对于其积蓄足以使生活维持到庄稼第一次收获时为止的工人，或能从某个当事人那里无担保地借得必需金额的工人(这样的工人是很多的)，应当给予优先权。工具、肥料，有时还包括生活资料，则由教区或政府供给。这种借贷的利息，则作为一种具有永久性的地租，按公债的利率征收。小农可分若干年随时支付这种利息。这些小地产，如有必要，可按法律禁止其分割(固然，这种计划如果按当初的设想发生作用，土地是

不会细分到不合理的程度的)。如果土地的所有者去世时没有遗嘱而在其继承人之间发生纠纷(不能和平解决),则可由政府按其价值购回这块土地,让给能对其价格提供担保的其他工人。获得这样一份小地产的欲望,或许会像在欧洲大陆那样,成为谨慎明智和节约的一种诱因,对全部劳动人口发生影响。于是,在一部分雇佣工人中间产生了大有必要的中间阶级,即介于雇佣工人与雇主之间的中间阶级。这使工人得到两重利益,即,他们既能达到所希望的目的,又能得到可效法的样板。这样的结果,是有充分的理由可以预期的。

但是,实行上述这两种补偿方法,必须具有一定的规模。不仅要使国内全部雇佣工人获得工作,而且应使他们现在的工资增加到足以使他们过他们从未享受过的富裕而独立的生活,并在这种生活条件下养育子女。否则,上述补偿方法,不管实行哪一种,或两种同时实行,都不会有什么效果。如果目的是提高人民的永久性的生活水平,那么,采取小规模的手段,不但不能产生小规模的效果,而且会全无效果。如果不能使整个一代人像习惯于过现在的贫困生活那样习惯于过富裕生活,就等于什么事情也没有做。而且,软弱无力的权宜做法,只是消耗资源而已。还不如把这种资源保存下来,直到舆论和教育的改进造成这样一批政治家——即,他们并不认为有了计划就万事大吉,而政治才能则无所作为——以后才实行补偿。

上面所说的各种方法,虽然已经不急于在我国当前情况下专门推广,但其原理是正确的,所以仍按照当时所写的保留在这里。①

① 这是第 6 版(1865 年)新加的。

交通工具的低廉(这是当代伟大的科学成果之一),以及民众(几乎包括所有的阶级)已获得的或正在获得的有关世界各地劳动市场情况的知识,使英国向大洋彼岸的一些新国开始了自发的移民。这样的移民,目前尚无减少的迹象,反有增加的倾向。而且,国家即使没有采取任何有组织的移民措施,大不列颠的工资也已有实质性的上升(像过去在爱尔兰看到的工资上升那样),这种上升还能以同样的速度持续一代人或几代人之久。向国外的移民,不但是过剩人口一时的出路,而且正在成为他们永久的出路。这一近代历史上的新现象,加上自由贸易造成的突然繁荣,使英国这个人口过剩的国家得到暂时的喘息时间,可以用来在各个阶级(包括最贫困的阶级)的人民中实现道德上和智力上的进步,以防止人口再度处于过剩状态。这一极好的时机能否利用得当,取决于我们议会的智慧。但是,依赖我们议会的智慧总是很靠不住的。有下述情况作为依据,我们才抱有希望。这就是,在我国历史上从来没有哪个时期像现在这样,人们智力的发展,很少是靠政府,而大多是靠人民的普遍意向。现代人们的进取心,已经扩大到人类活动的许多部门,在每一个部门,从最低级的物质方面到最高级的道德或智力方面,都提出了促进公共利益的各种建议。这些建议,都被人们几乎不带偏见地听取,并且存在很好的机会得到大家了解和公正的考虑。这在英国的历史上是从所未有的。

第十四章　论工资因职业而异

第一节　工资因各种职业的引诱力不同而不同

以上对于工资所作的论述，只是限于对工资普遍发生作用的各种原因，也就是通常所谓支配正常的或平均的劳动报酬的各种法则。但是，不同种类的工作，在某种程度上受不同法则的支配，从而通常所支付的工资率也不同。关于这一点，我们尚未讲到。现在我们要考虑这些不同点，研究这些不同点以什么方式对前面所说的各种结论产生影响，或受到这些结论的影响。

关于工资问题的这一部分，在过去所有的说明中，说得最好的是亚当·斯密的著名的和人们非常熟悉的一章[①]。但我实在不能认为他的处理方法是像有时人们所认为的那样完美无缺。不过，他的分析可以说是成功的。

亚当·斯密说，这些不同点的产生，部分是由于欧洲没有一个地方实行完全自由的政策，部分是由于“各种职业本身的某些情况，这些情况，实际上，至少在一般人想象上，对某些职业的微薄货币利得有所补偿，而对另一些职业的优厚货币利得有所抵消。”他认为，这些情况包括，“第一，职业本身有愉快的有不愉快的；第二，职业学习有难有易，学费有多有少；第三，工作有安定的有不安定的；第四，职业所需担负的责任有重有轻；第五，成功的可能性有大

① 亚当·斯密：《国民财富的性质和原因的研究》，第 1 编，第 10 章。

有小。”

他曾对其中的某几点，举了很多例子加以说明。然而，其中有些例子早已过时。“劳动工资，因业务有难易、有污洁、有尊卑而不相同。例如，在大多数地方，按整年计算，缝工的所得较织工为少，这是因为缝工的工作较为容易”。关于织工的报酬，自亚当·斯密时代以后，情况大有变化。而且我想，所谓其工作比缝工难的织工，决不可能是普通的织工。“织工的所得较铁匠为少。这未必是因为织工的工作较为容易，这是因为织工的工作清洁得多。”说它所需体力较少也许更为确切。“铁匠虽然是一种技工，但 12 小时工作所得，往往少于一个普通煤矿工 8 小时工作所得，这是因为铁匠的工作不像煤矿工那么污秽危险，而且他是在地面上阳光下工作。对于一切尊贵职业，荣誉可以说是报酬的大部分。就金钱利得说，考虑到各方面，从事此等职业的报酬一般都很有限。”按照他的看法，这些人的报酬是在平均水平以下。“在卑贱的职业上，情况正好相反。屠户的职业既粗蛮又讨厌，但在许多地方，他们的利得比大部分其他普通职业多。刽子手的职业是最令人嫌恶的职业，可是，与其工作量相比，他的报酬比任何普通职业都多。”

使用手工织机的工人的报酬目前是很低的，但是他们不肯放弃这种职业，其原因之一是这种职业对工人有一种特别的吸引力，那就是有行动的自由。据近代的一位权威人士说[①]：“他们可以随意游玩或随意休息，可以早起，也可以晚起，可以勤勉一点，也可以懈怠一点，听其自便。他们因嗜好或娱乐而花费的时间，可以在任何时候加紧努力来弥补。我国劳动人口中几乎没有其他任何一部

① 见马格里奇先生给手工织机工人调查委员会的报告。

分的人，能这样自由地摆脱外界的控制。工场工人不仅缺勤要扣工资，而且如果经常缺勤就要被开除。砌砖工、木工、油漆匠、细木工、石匠、屋外工人，他们都有规定的日劳动小时数。如不注意，就会引致同样的后果。”因此，“织工的生活虽穷，但他们只要能靠织机生存下来，就不会离开织机。许多工人虽然被诱暂时离开织机，但一有原来的工作，他们就重新回到织机旁。”

亚当·斯密接着说：“有些职业比其它职业安定得多。在大部分制造业中，一个工匠要是能够劳作，一年中几乎每天都有工作。”（当然，如因市场供给过剩，或需求滞缓，或因商业危机而产生经营的中断，则属例外）“反之，石工或砌砖工在严寒或天气恶劣时就不能工作。即使在天气好的时候，他们有无工作也需取决于顾客的临时需要。因此，他们可能常常没有工作。他们受雇期间的所得，不仅要足够维持他们没有工作期间的生活，而且对于他们在不安定境遇中不时感到的焦虑和沮丧的痛苦亦需给予若干补偿。所以，大部分制造业工人的所得，推算起来和普通劳动者的日工资几乎相等，但石工和砌砖工的所得却大抵有普通劳动工资的一倍半乃至两倍。……但在各种熟练劳动中，石工和砌砖工那样的劳动似乎最容易学习。……这类劳动者的高工资，与其说是熟练的报酬，倒不如说是不安定的报酬。”

“如果除工作不经常外，还加上艰苦、不愉快和不清洁，那么，即使这种工作是最普通的劳动，那些情况有时也使其工资上升到超过最熟练技工的工资。按产量计酬的煤矿工人，在纽卡斯尔，一般可得到约两倍于普通劳动的工资；在苏格兰的许多地方，可得到约3倍于普通劳动的工资。他们得到高工资，完全是由于他们的工作艰苦、不愉快和不清洁。他们大抵都能按照他们的意愿，要工作多久就工作多久。就艰苦、不清洁和不愉快而言，伦敦运煤工人的职业几乎和煤矿工人的职业相同，但由于煤船难免不定期到达，所以大部分运煤工人的工作必定是很不固定的。所以，如果煤矿工人通常得到 2 倍、3 倍于普通劳动的工资，那么，运煤工人有时得到 4 倍、5 倍于普通劳动的工资，似乎不应该认为是不合理的。依据数年前的调查，运煤工人按照当时的工资率，……他们能挣到大约 4 倍于伦敦普通劳动的工资。……他们的所得尽管显得过高，但如果除补偿职业上一切不适意情况外还有剩余，那么在一个没有垄断特权的行业里，不久便有许许多多竞争者出现，很快就使其工资率降低。”

这种报酬的不均等(假定是为了补偿各种特定职业的各种不愉快情况)，在一定条件下，是完全自由竞争所产生的自然结果。因此，毫无疑问，在几乎同一等级、同一部类人参加的职业之间，这种不均等，大部分是实际存在的。但是，如果把这看作愉快职业和不愉快职业之间的一种普遍存在的关系，那就完全曲解了实际情况。真正费力和真正讨厌的劳动所能挣到的钱，不但不比其他的劳动多，而且几乎比其他任何一种劳动都少，因为只有那些没有选择余地的人，才做这种工作。如果一般劳动市场的情况良好，那就会产生另外一种结果。如果工人的总数不是多于、而是少于所需要的就业人数，那么一般令人厌恶的工作就不会有人去做，除非其报酬比通常的工资高。但是，如果劳动的供给大大超过对劳动的需求，因而对于能否找到工作完全没有把握(如果有人给予工作，不论条件如何，都是一种恩惠)，那么，情况就会完全相反。好的工人，即谁都想要雇用的工人，往往能够选择职业。不好的工人就不能选择职业。职业越是令人厌恶，其报酬必然越低，因为这类职业总是落在这样一些人的身上，他们最无依靠，最不受人尊重，他们或是由于极端贫困，或是由于缺少技能和教育，因而找不到其他任何职业。部分是由于这一原因，部分是由于下面要讲到的自然的垄断和人为的垄断，所以，一般地说，工资的不均等是背离报酬平衡原理的，而报酬平衡原理则被亚当·斯密错误地说成是劳动报酬的一般法则。劳动的艰难程度与工资收入，并不像社会的一些公平安排那样恰成正比，而一般是成反比的。

亚当·斯密举例说明得最好的一个论点，是有关一种职业成功的可能性对其报酬的影响的论述。如果完全失败的可能性很大，一旦成功，那么，按一般的估算，其报酬必须足以抵偿这些不利的可能性。但是，如果报酬采取少量巨奖的形式，那么，由于人性的另一条原理的作用，往往就会吸引很多的竞争者，而使平均的报酬可能不仅降到零，而且甚至降到零以下。发行彩票的成功，证明这种情况是可能发生的。因为想在彩票上得奖的人们，作为一个整体，当然是非失败不可的。否则，彩票发行者就不能获利。亚当·斯密认为，某些职业的情况也是如此。他说："各个学习职业的人能否胜任所学的职业，此可能性的大小，因职业不同而大不相同。就大部分机械职业说，成功几乎都是有把握的，但就自由职业说，却是很没有把握的。例如，送子学作鞋匠，无疑他能学会制鞋的技术；但若送子学法律，那么精通法律并能靠法律吃饭的可能性至少是 20 对 1。就完全公平的彩票说，中彩者应得到落彩者所失的全部。就成功者1人而不成功者20人的职业说，这成功的1人，应享有不成功的 20 人应得而不能得的全部。所以，大概要到将近 40 岁时才能从职业取得一些收益的律师，其所得报酬应不仅足以补偿他自己所受教育所花的那么多时间和那么大费用，而且足以补偿那些全无所得的 20 多人的教育时间与费用。尽管律师所收的费用有时显得过高，但他的真正报酬必不止此。计算一下，某一地方的鞋匠或织工这类普通工人一年间可能收入的总额和他们一年间可能支出的总额，你就会知道，他们的收入一般多于支出。如果你用同样的方法，总计各律师及各法学协会见习律师的支出与收入，你就会知道，即使你尽量提高他们年收入的估计，并尽量减低他们年支出的估计，他们的年收入，只等于年支出的极小部分。”

如以我们今天同亚当·斯密的时代相比较，少数人的收入已大得不可比拟，但是，不能如愿以偿者的人数也大为增加。他的这种论述在今天是否正确，这必须由了解实情的人来判断。但是亚当·斯密所说的报酬，除了律师所收的费用以外，还应当包括地位上和名誉上的所得以及受人尊敬。对于这些，他似乎没有充分考虑到。

一种冒险的职业，即使没有巨额的奖金，单凭喜爱刺激，有时也足以召集许多人。在这一方面，常见的是“普通青年欢欢喜喜地应募参军或出海航行……。出生入死的危险和九死一生，并不使青年人的勇气受挫折，有时似乎反而鼓励他们去选择这类职业。在下层阶级中间，慈母往往不愿把儿子送入海港城市的学校读书，害怕儿子看到海船，并受水手的谈话和冒险事迹的引诱，去参加海洋生活。在遥远将来可能发生的危险，并不使我们有所畏惧，因为我们可望凭自己的勇敢与机智来摆脱危险，因此不会提高这类职业的劳动工资。至于勇敢与机智不能有所用的职业情形就两样了。而非常不卫生的职业的劳动工资总是特别丰厚。不卫生乃是一种不愉快，而它对劳动工资所生的影响应归入不愉快那个总项目。”①

第二节　由自然的垄断产生的工资差别

以上所述，是有关各种职业的引诱力均等所必需的报酬不均等的各种情形，是表明自由竞争能起均衡作用的各种例子。下面要说的，是各种真正不均等的情形，它是由一条与此不同的原理产生的。“劳动的工资，因劳动者所须负担的责任的大小而不相同。各地方金匠和宝石匠的工资，不仅比需要同样技巧的许多其他劳动者高，而且比需要更大技巧的许多其他劳动者高。这是因为有贵重的材料托付给他们。我们把身体的健康委托于医生；把财产，有时甚至把生命和名誉委托于律师或辩护士。像这样重大的信任决不能安然委托给卑不足道的人。所以他们得到的报酬必须使他们能够保持这重大托付所需要有的社会地位。”②

这时，报酬比较高不是竞争的结果，而是没有竞争的结果。这并不是对于职业内在的不利情况的补偿，而是一种额外的利益、一种垄断的价格；这不是出于法律所起的作用，而是出于所谓“自然的垄断”所起的作用。如果所有的工人都是值得信任的，那就无须给予金匠额外的报酬作为信任的代价了。因为其所需的诚实是超

① 亚当·斯密：《国民财富的性质和原因的研究》，第1编，第10章。

② 同上。

过一般程度的，所以那些被认为具备这种条件的人，就能利用其特殊的地位，按其希罕程度，相应地获得较高的报酬。由此产生了许多可以考虑的问题。对于那些问题，不论亚当·斯密还是其他许多政治经济学家，都远未给予充分的考虑。这一疏忽使得亚当·斯密对于普通劳动报酬与熟练劳动报酬之间的重大差别的说明很不完整。

有些职业所需的学习时间比其他职业长得多，其修业过程中所需的费用也大得多。因此，正如亚当·斯密所说，这种职业得到较多的报酬是有其内在的理由的。如果一个职工，在他能有多少收入之前，为了学会工作，必须花若干年的时间，在他能相当熟练地进行操作之前，还必须再花若干年的时间，那么，他最后一定希望，他的收入足以偿付所有这些过去劳动的工资（包括推迟这种偿付的补偿）和受教育期间所支出的费用。因此，他的工资，除通常数额以外，在其一生可能劳动的时间内，每年还必须包括足以偿付上述那些款项的金额，以及按照普通利润率计算的利息。这是在考虑一切情况之后，为使熟练劳动与不熟练劳动处于同样的利益水准所必需的，是在任何时期内两种报酬之间所能存在的最小差额。因为，如果不是这样，谁都不会去学习熟练劳动。亚当·斯密的原理所说明的，只是这种差额。他似乎以为，如果报酬的差额大于这种差额，那是由于学徒法和行会的规章限制在许多熟练劳动岗位上采用新人的结果。但是，在这种或其他人为的垄断之外，还有一种使熟练工人处于比非熟练工人有利地位的自然的垄断，它使两者所得报酬的差额，以各种不同的比例超过只能平衡他们的利益的数额。如果非熟练工人只付出学习其职业的烦劳就可与熟

练工人竞争，那么，其与熟练工人的工资差额，当不超过补偿这种烦劳的普通工资额。但在事实上，工人学习业务，即使费用不多，总还需要一个教学过程，而且工人必须用其他财源来维持其相当长时间的生活费用。这就排除了大多数工人（不论在什么地方）参加任何这样一类竞争的可能性。直到最近，甚至只要求有初等教育水平（会认字和写字）的职业，仍然只能从部分阶层中招募人员；大多数人完全没有接受这种教育的机会。因此，这种工作的报酬比通常的劳动报酬要高得多。但是，自从很多人都会认字和写字以来，那些要求有初等教育水平的工作，其竞争者增加得令人难以置信，因而其垄断价格大为下跌。然而，这里仍有很大的差别，不是竞争的原理所能说明的。一个只能机械地从事抄写工作的办事员，如果拿到相当于一个砌砖工的工资，那么，他的所得就超过了他单纯劳动的价值。办事员工作的艰苦程度不及砌砖工的十分之一，而其工作同砌砖工的工作一样容易学，其工作的不稳定程度也比砌砖工要小，办事员一般都是终身职业。因此，办事员的报酬较高，看来部分是由于垄断的关系，即其所要求的那种较低的文化水平，尚未普及到足以产生相当数量的竞争者的程度，部分是由于受旧习惯残余的影响，即要求办事员必须具有薪水较高阶层的服装和仪表。有些手工操作的职业，须经过长期练习才能得其精巧。能做这种精巧工作的工人，不论给多少报酬，也难找到足够的人数。在这种情况下，付给这种工人的工资，只受买主在购买其所生产的商品时所愿支付的价格的限制。例如，有些钟表制作者和有些天文学和光学仪器制造者就是如此。能够从事这种职业的工人人数即使增加10倍，他们的制品恐怕仍会被人全部买走。至于其价格，当然不会是现在的价格，而是较低的价格。这种较低的价格，是工资降低的自然结果。类似这样的考虑，适用于，甚至在更大的程度上适用于一种被人们称为自由职业的职业。这种职业，只限于一定社会等级的人们参加。被别人认为社会等级太低的人们，是不容易获准参加的，即使获准参加，也是不容易获得成功的。

的确，迄今在各种工人之间，等级很全，界线很明显。因此，这些等级几乎等于世袭的阶级差别。每种职业的继承者，主要是已参加该职业者的子女，或是其职业已被社会认为与该职业的等级相同者的子女，或是最初等级较低，后来由于自己的努力而成功地提高自己等级者的子女。自由职业大多是由从事自由职业者或有闲阶级的子女来补充。手工操作的、熟练程度要求较高的职业，则由熟练的手工业工人的子女或与此等级相同的熟练工人的子女来补充。一些等级较低的熟练职业的情形也是如此。而不熟练工人，虽然偶有例外，但通常都是在原来的基础上父子相传。结果，迄今各等级所得的工资，与其说是决定于一国总人口的增加程度，倒不如说是取决于各该等级本身人口的增加程度。如果从事自由职业的人员过多，这是因为一向主要补充这种职业的那个社会等级的人数大为增加，因为这一等级中的大部分家庭的人数很多，而每家又至少有几个儿子参加这种职业。如果熟练工人的工资总是大大高于普通工人的工资，那么这是因为熟练工人是一个比较谨慎明智的阶级，他们不会过早结婚，或过于轻率地结婚。然而，目前在习惯上和思想上迅速发生的变化，正在逐渐消除所有这些差别。把人们束缚在世袭生活状况下的那些习惯或愚蠢行为正在迅速消失。每个等级受其下位等级的竞争威胁已经增加，或正在增加。传

统障碍的普遍突破和教育设施的增加(现在已经是谁都可以受教育,今后将在更大程度上继续如此),虽已产生了许多极好的结果,但也产生了一种相反的结果,即出现了使熟练工人工资下跌的倾向。熟练工人与非熟练工人之间报酬的不均等,固然确是很不正当,但是人们希望,这种不正当不是通过降低熟练工人的地位,而是通过提高非熟练工人的地位来纠正。然而,社会上产生的其他种种变化,如果不是随同加强对工人人口的普遍抑制,就会出现一种倾向,即等级较低的熟练工人,在一种根据比其本身生活水平更低的标准确定的增长率的影响下,如果一般群众的生活状况不改善,他们自己的生活状况就会恶化。这是因为,最低等级的人们在人口增殖方面所受到的激励,足以轻而易举地填满他们从上一等级得到的空缺。

第三节　接受补助金的人们在参加竞争时对工资的影响

还有一些情况在某种程度上妨碍上述各种原理发生作用。这些情况仍然需要加以考察。熟练劳动的收入,特别是任何一种需经学校培训的劳动的收入,之所以成为一种垄断的工资率,是因为人民大众不可能受到这种培训。这就一般原则来说固然是不错的。但是,国家的政策或许多个人的捐助,通过对许多人给予免费教育(受到这种教育的人数大大超过能够自费接受同样教育的人),大大抵消了竞争的这种限制作用,这也是事实。亚当·斯密已经指出这种原因所具有的降低一般学术性职业(特别是牧师、文人、学校教师或青年的其他老师）的报酬的作用。关于这个问题，我无法说得比他更好。

“由于人们认为，给某些职业培养适当数目的人才是非常重要的，所以有时由公共团体，有时由热诚的私人捐助基金者，为此目的，设置了许多奖金、助学金、奖学金、穷学生津贴等等。结果，就使这些职业的人数，大大超过自然的限度。我相信，一切基督教国家，大部分牧师的教育费，都是出自这个来源。完全自自费受教育的，不多见。所以，那些自费受教育的人，所花的长久时间和巨大费用以及所下苦功，未必能获得相应的报酬，因为教会中挤满了愿意接受比他们应得报酬低得多的报酬的人。这样，富者应得的报酬，就因穷者的竞争而被夺去了。我们把教区牧师助理或教堂牧师同一般行业的满师职工比较，未免有失体统，但教区牧师助理或教堂牧师的薪水与满师职工的工资，却可正当地视为有同一性质的。这三种人，都按他们和其上司所订的契约获得工作报酬。按照几次全国宗教会议所公布的规定，英格兰教区牧师助理的薪水直到 14 世纪中叶还是 5 马克，其所含白银和现今 10 镑货币所含的大约相同。在同一时期，泥水师傅的工资一日 4 便士，泥水工匠的工资一日 3 便士，前者所含银量和现今 1 先令所含相同，后者相当于现今 9 便士。[①] 所以这两种劳动者，假如能经常被雇，其工资就比教区牧师助理优越得多。假如泥水师傅每年有三分之二的时间就业，其所得工资便和教区牧师助理的薪俸相等。安妮女王第 12 年第 12 号法令宣称：‘由于对教区牧师助理没给予充分的给养与奖励，所以有些地方，这些教区牧师助理的给养很不充分。兹特

① 参阅爱德华三世第 25 年关于劳动者的法令。

授权各地主教，以签字盖章，发放足够维持生活的俸金或津贴，每年不得超过50镑，也不得少于20镑。'现今，教区牧师助理年得40镑的，即视为非常优裕。尽管上述法令限定年薪不得少于20镑，但是许多教区牧师助理，每年俸金少于20镑。……20镑这数额，确不超过许多农村教区普通劳动者通常所得的数额。无论什么时候，要是法律企图规定工资，其结果总是使工资减低，而不使它增高。可是法律曾经好多次企图抬高教区牧师助理的工资，并为保持教会的尊严，命令教区长，要给教区牧师助理以超过他们甘愿接受的极微薄生活费的报酬。法律在这两方面的企图，都毫无效果。法律从来没把教区牧师助理的工资，提高到它要提高的程度，也没把劳动者的工资减低到它要减低的程度。法律既不能阻止前者因处境穷困，竞争者众多，而甘心接受比法定生活费少的给养，也不能阻止后者，由于雇用人为要取得利润或愉快，竞相雇用，而获得超过法定生活费的给养。

"而就全无常俸的律师(?)和医师这些职业说，如果也有那么多的人由公费教育，那么这些职业上的竞争，不久就变得非常激烈，大大削减他们金钱上的报酬。这样一来，以自费教育子弟，从事这些职业，就不值得。这些职业，将完全由公共慈善团体所培养的人士充当。他们人数众多而且贫穷，一般都满足于极微薄的报酬。结果，律师和医师这些职业，就不能像现在那样受尊重。

"通常叫做文人的那班落魄的人，正处在律师和医师在上述假设下所可能有的境况。在欧洲各地，这些人大部分是为要供职教会而教育出来的，但有种种原因，使他们不能取得圣职。所以，他们的教育一般都是出于公费，而他们的人数到处又是那么多，使得他们劳动的价格，通常极其低微。

“印刷术发明以前，文人靠其才能获取报酬的惟一职业，就是充当公私教师，换言之，把自己学得的奥妙而有用的知识，授予他人。这种职业，比印刷术发明以后，为书贾执笔卖文的职业，确是更有名誉，更有效用，而且一般地说，甚至是更可获利的职业。要做一个出色教师，所需要的时间与研究，所需要的天资、知识和勤勉，至少必与著名律师和医师所需要的相同。然而，出色教师的普通报酬，却比不上律师和医师所得的报酬，因为前者的职业，挤满了靠公费受教育的穷苦的人，而后者的职业，则由以自费受教育的少数人充任。不过，公私教师的通常报酬，现今虽然很少，但若那些为面包而执笔卖文的更贫苦文人，不赶出市场，而加入竞争，那么这些教师的报酬，无疑比现今还要微薄。在印刷业发明以前，学者和乞丐，似乎是非常接近的同义语。当时各大学校长，似乎常给他们的学生发乞食证。”①

第四节　有独立生活来源者参加竞争时对工资的影响

自从亚当·斯密有了如上的叙述以来，对于文笔劳动的需要已经大为增加，而慈善教育的设施不仅没有大量增加，在经过革命的国家里，反而大为减少。所以，现今文笔劳动报酬的低落，已不能说是受慈善教育机构影响的结果。不过，今天却出现了一种几乎同样的结果，其原因与上面所说的有些相似，即，一些可以像其

① 亚当·斯密:《国民财富的性质和原因的研究》，第1编，第10章。

他艺术家那样称为业余者的人参加了竞争。所谓文笔的职业是这样一种职业，即当事者的大部分时间纵使被其他工作所占据而仍可获得成功的职业；其所需的教育，是一切有教养的人都具有的普通教育。在目前的世界的形势下，除了金钱的目的之外，文笔的职业对于那些想使虚荣心得到满足的人，或想使公众或个人的某种目标得到实现的人，也有很大的引诱力。这样的动机，今天已把许多、而且越来越多的人吸引到这种职业上来。这些人并不需要金钱上的报酬，即使完全没有这种报酬，他们也会照样干。举几个大家熟悉的例子。在英国，最有影响的和最卓越的（概括地说）哲学家（边沁）、最伟大的政治经济学家（李嘉图）、虽然短命但却极伟大的诗人（拜伦和雪莱）、最成功的散文小说家（司各脱），他们中间没有一位是职业的著述家。而且，能靠自己的著作维持生活的，在此5人之中，只有司各脱和拜伦2人。几乎所有比较高级的著述业部门，人员都同样地大为过剩。结果，成功著述家的最高金钱报酬，虽然比以往任何时期高得不可比拟，但是如果对各种机会进行任何一种合理的计算，那么在现今的竞争中，任何著述家都不能指望靠著书维持生活，靠杂志和论坛维持生活也越来越困难。今天，受过教育的人，能靠文笔维持生活的，只是那些从事比较辛苦而不愉快的文笔劳动的人。这种劳动，对于个人的名声并无好处。例如，与日报或中小型定期刊物有关的大部分劳动。总的说来，这种劳动的报酬确是很高，因为他们虽然面临常被人们称为“穷学者”（即依靠某些公共的或私人的慈善机构而受过专门教育的人）的竞争，但没有受到业余者的竞争，因为另有生活来源的人几乎都不愿做这种工作。这种种应该加以思考的现象是否同把著述活动看作

一种职业的那种根本错误的观念没有联系？专门由为面包而出卖学说的人来组成人类的教师，这样的社会安排是否应该或者可以永久存在？这是十分值得思想家们注意的问题。

牧师的职业也同文笔职业一样，往往是一些能独立维持生活的人自愿参加的。他们之所以自愿，或是由于对宗教的热诚，或是为了教职的荣誉，或是因为教职能提供获得高额报酬的机会。目前教区牧师助理的薪水如此低微，其主要原因就在于此。教区牧师助理的薪水，虽然由于舆论的影响，已大为提高，但就必须保持国立教会的牧师所应有的体面而言，以此作为他们生活的惟一来源，一般仍嫌不足。

某种职业的主要从业人员，如其生活费的主要部分另有来源，则其报酬与劳动强度相同的其他职业相比，不论多低都是可能的。这种职业的主要例子是家庭工业。那些主要生活费来自农业的家庭，在每户都从事纺织和编织的时代，他们所售产品的价格（构成其劳动报酬的价格）往往如此之低，以致需要有很完善的机制才能使他们在商业竞争中失败。这时报酬的多少，主要取决于其所生产商品的数量是否能够满足全部需求。如果不能满足全部需求，就需要有若干劳动者专门从事这种职业。于是，这种产品的价格，必须高到足以按通常的工资率支付这些劳动者的报酬。结果，家庭工业的生产者就可得到相当可观的报酬。但是，如果需求非常有限，家庭工业能满足这种需求而有余，那么，其产品的价格当然要下跌，跌到农民的家庭认为尚可继续生产的最低限度。苏黎世在欧洲市场上尚能与英国的资本和英国的燃料及机械相竞争，无疑是因为瑞士职工的生活费用并不是全部依赖于他们的织机。① 以上说的是副业的报酬。但是，劳动者具有这种补充财源的结果，几乎肯定（如果没有起反作用的特殊原因）会使其本业的工资按比例地下降。民众的习性（正如前面已多次提到的），不论在哪里，都只是要求具有某种能使他们建立起家庭的生活标准，并不要求超过这一生活标准。用来维持他们这种生活标准的收入，其来源有一个还是两个，都是一样。因此，如果收入有第二来源，那么，他们对其第一来源的要求就会降低，而且，人口会增加到一定程度，那时，他们虽有两种职业的报酬，但其所余不会多于只有一种职业的时候。至少，到目前为止情况是如此。

由于同样的理由，如果其他情况相同，那么，凡是职工家属可以作为助手的那些行业的工资，一般是最低的。这类劳动者在生活习惯上所必需的收入（他们几乎总是不断增殖人口而使收入降低），在上述那些行业里，是靠全家劳动取得，在其他一些行业里，则只靠男主人一人的劳动。这种全家劳动的收入，甚至可能比其他行业男主人一人的收入还要少。这是因为有一种直觉，即夫妇都有工作的时候，婚后的收入多于婚前，生活可以好些，所以对于结婚的慎重控制就大为削弱。例如，手工织机工人就是如此。几乎在任何编织业，妇女都能够而且已经和男子获得同样多的收入，子女在很年轻的时候就都开始工作，但是一家人的收入总额却几乎比任何其他产业都低，而结婚则比任何其他产业都早。在手工织机编织业中，有些部门的工资远远超过这一行业的一般工资率，

① 苏黎世州的制造业者有五分之四是小农，一般是自己有农场的小农。该州人口中，约有十分之一，即 23000 人专营或兼营棉纺工业。他们每人消费的棉花，其数量多于法国或英国。参阅前面引用过的《苏黎世统计记事》，第 105、108 和 110 各页。

但是，这些部门却未使用妇女和儿童，这是值得注意的。这些事实，可由 1841 年手工织机工人委员会的调查报告加以证明。然而，不能以此作为论据，排除妇女在劳动市场上进行竞争的自由。因为，即使夫妇两人的劳动收入并不大于丈夫一人的收入，但是妻子可以不依赖丈夫抚养，这可能对妇女更为有益。不过，一家的主妇（独身的妇女又当别论）为了生活而必须劳动（至少必须在家庭以外的场所劳动），如果这是劳动阶级生活中的一个永久性要素，那决不能说是好现象。至于儿童（当然是指必须依靠父母的儿童），由于他们参加竞争而使劳动市场降低价格，则是限制他们参加劳动（多给他们接受教育的机会）的问题中的一个重要因素。

第五节　妇女的工资何以低于男子

妇女的工资何以一般要低于男子，而且要低很多，这是一个应该考虑的问题。妇女的工资，并非到处都低于男子。在男女从事同样工作的地方，如果对体力的要求一样，那么，男女的工资未必两样。妇女在工场里，有时与男子取得同样的收入。在手工织机编织业中也是如此。因为手工织机编织业的工资是按件计算的，所以对妇女的效率是一种确实的试验。效率相等而报酬不同，其惟一的原因就是习惯。这种习惯的形成，不是出于偏见，就是由于现在的社会结构。从社会的角度来说，几乎把所有的妇女都当作某些男子的附属品，任何属于男女共有的东西，男子照例能获得绝大部分。但是，主要的问题是关于妇女特有职业的问题。这些职业的报酬，大大低于男子从事的技能和不愉快程度与之相同的职业的报酬。其中有些情况显然可以用前面已经说过的理由来说明的。例如家庭佣人的情况。家庭佣人的工资，一般说来，并不取决于竞争，而大大超过这种劳动的市场价值。在这一超过部分中，几乎与一切由习惯调节的事情一样，绝大部分为男佣人所取得。在雇主可以充分利用竞争的职业中，妇女的工资低于男子通常的收入。这是就业过剩的一种证明。即证明，靠工资维持生活的妇女人数，虽然远少于也靠工资维持生活的男子人数，但因法律和习惯允许妇女参加的职业为数较少，所以在妇女就业的部门。较之男子，仍是人员过剩。必须看到，人员过剩一旦达到充分的程度，就会使妇女的工资下跌到比男子的工资低得多的最低限度。妇女的工资，至少是单身妇女的工资，必须等于她们的生活费用，但无须高于这一水平。最低限度的工资，对妇女来说，是维持一人生活所绝对必需的最少金额。至于男子的工资，固然它最终也会因竞争过度而下跌，但其停留的最低点，总会高于一人的生活费。按照一般习惯，劳动男子的妻子无须补助其丈夫的收入。但是，男子的工资，至少须能养活其本人、妻子以及若干子女。因为，如果不是这样，就不能维持人口。然而，即使妻子也有若干收入，夫妻的工资合计亦须足以养活他们自己及其子女（至少在若干年之内）。因此（一时的危机，或正在衰退的职业，又当别论），除了妇女的职业之外，被雇人员借以维持生活的任何职业，其工资是几乎不会跌到低工资的最低点的。

第六节　由限制性法律和团体组织造成的工资差别

以上论述都是在如下假定下进行的，即，竞争是自由的，不受任何人为的干涉，而只受天然的原因或一般社会环境的自然作用的限制。但是，法律或习惯可以进行干涉，限制竞争。如果有学徒法或同业团体的规定，使人们不易参加某种职业，或延迟其参加的时间，或课以费用，或加以刁难，那么，这种职业的工资就能大大高于它与一般劳动工资的自然比例。如果超过一般工资率的那部分工资不必使价格相应提高，又如生产者的人数有所限制，而他们生产的全部产品的售价不受限制，那么，这种职业的工资可以不受特别限制地继续高于它与一般劳动工资的自然比例。在许多文明的国家里，虽然有过这种对竞争的限制，但是现在或已被废止，或大为和缓，而且毫无疑问，不久就将完全被取消。然而，在某些行业中，在某种程度上，工人的团体组织（工会）逐渐产生同样的作用。固然，这些工会除非也限制竞争者的人数，否则永远不可能维持某种人为的工资率。但是，工会偶尔也确曾成功地达到过这个目的。在有些行业中，工人能拒绝外人作为满师职工或学徒参加其行业，除非参加的人数不多，并且服从其所规定的种种限制。在对手工织机工人委员会的证词中曾经提到，这种做法使困苦不堪的手工织机工人的悲惨状况愈益加甚。这些工人本身的职业已经人员过剩，而且几乎已经破产。其他许多职业虽然不难学，但是，那些职业的工人团体组织（工会）都设有障碍，使外人直至今日仍无法

越过。

然而,这些工人团体在特有情况下采取的排他主义的做法虽然残酷,但总的说来,这些组织究竟是有益还是有害,这个问题,需要广泛地考察其行动的效果才能作出判断。在这种效果中,上面所说的事实并不是最重要的。工人有时会有个人的暴虐或威胁等恶行,对于这些恶行,任何严格的取缔都不为过,但是现在不讲这些。如果民众的一般习惯像现在一样不改变,那么,这种偏向一方的工人团体,即使确能通过限制某种行业的人数而提高该行业的工资,这种做法也只不过是在某一特定场所的周围设置堡垒,以防止过剩人口流入,只不过是使这个阶级的工资不取决于比该阶级更无远见和更无节俭习惯的阶级的增加率,而取决于该阶级本身的增加率。较少数人垄断其所得以防止较多数人参加分配,这初看起来似乎是不公平的。但是,即使这些多数人被容许参加分配,从长期看,也不会有好的效果,其惟一的永久效果,是使别人的生活降低到他们自己的水平。这样想来,所谓少数人的垄断也不是不公平的。那么,在劳动阶级的人口过剩普遍开始趋向缓和的时候,上述看法的说服力将会丧失到何种程度呢?行业团体组织的存在不应反对,而应赞成,其可能有的各种根据是什么呢?这些问题在本书后面有关工人联合法律问题的部分中将会讲到。

第七节　关于工资取决于习惯的各种情况

在本章结束之前,我要重复一下前面的论述,即世上有些劳动,其工资取决于习惯,而不取决于竞争。例如内科医生、外科医生、律师，甚至诉讼代理人等自由职业者的酬金或手续费。这类费用，按照一般惯例，是不变的。虽然竞争对于这些阶层的人，同对其他阶层的人一样发生作用，但是这种作用只是使其业务分散，一般地说，并不是使其报酬减低。其原因也许是，舆论普遍认为，这些人所得的报酬高(就其工作相对而言)，才更可信赖。因此，如果一个律师或内科医生的服务费用减低到通常以下的数额，则其工作不但不会增加，而且反而会减少。由于同样的理由，凡是雇主特别信任的或希望其工作超过普通服务的人，他们所得的报酬，往往大大高于其劳动的市场价格。例如，大多数人对其家庭佣人，如有可能，总是给予较多的工资，即其所支付的工资多于足够在市场上购买完全能胜任这种工作的人的劳动的数额。这些人之所以这样做，不仅是为了世俗的体面，而且还有更合理的动机。或是因为他们希望这些佣人愉快地为他们服务，而且想继续干下去，或是因为他们不愿意与经常接触的人斤斤计较，或是因为他们不愿意接触、也不愿意看到工资低的那种人通常具有的外表和习惯。事业家们对其事务员和其他雇员，也有类似的心情。雇主的这种宽仁、慷慨和信任，其动机或多或少都在于不愿充分利用竞争。而且，毫无疑问，这样的动机曾经，甚至现在仍然，在各大产业部门的雇主之间发生作用。这种动机的发生作用，是件好事。不过，这决不会使平均劳动工资提高到超过人口对资本的比率。这些大产业的雇主对每一个得到工作的人给予较多的工资，其结果减少了使一些人就业的能力。无论其道德的效果怎样出色，从经济上说，除非受其排挤的人们的穷困，导致进一步限制人口的增长，从而间接地进行重新调整，否则是不会产生好的效果的。

第十五章　论利润

第一节　利润可分解为三部分，即利息、保险费和监督工资

在对劳动者在生产物中所得的份额作了论述之后，我们将进而讨论资本家所得的份额，即资本或股本的利润。所谓资本家，就是垫付各种生产经费的人。他们以自己占有的资金支付工人的工资（或在工人工作期内供养其生活），并供给必需的建筑物、原材料、工具和机械。在通常的契约条件下，生产物归他们所有，他们可以任意支配生产物。资本家在其支出的费用得到补偿之后，一般有些剩余。这种剩余的金额，就是他们的利润，就是由其资本获得的纯收入。他们可以将这部分收入花费于生活必需品或享乐，也可用于储蓄以增加其财富。

工人的工资是对劳动的报酬，同样，资本家的利润，按照西尼尔先生的确切说法，则是对节欲的报酬。利润的获得，是因为资本家不将其资本用于自己的消费，而让生产工人用于生产消费。对于这种克制，资本家要求报酬。如果从资本家个人的享乐来说，他往往是他自己浪费掉的资本的得益者。这部分资本的总额，大于在其今后一生中这部分资本所能获得的利润的总额。但是，他保留着这部分资本，不使它减少。如果他有意或者感到需要，他有权

随时把它消费掉；在他去世时，也可将它赠给别人；在他去世之前，他可从这部分资本得到一笔收入，用以满足自己的需要或嗜好而不致贫困。

然而，由于占有资本而获得的那部分收入，确切地说，只是使用资本本身的一种等价物（译者按：即使用资本的代价），其数额等于一个有偿还能力的人在借用资本时愿意支付的报酬。谁都知道，这叫做利息，它不过是人们不立即将其资本用于消费，而允许别人将它用于生产目的时，所能获得的全部收入。在任何一个国家里，仅仅由节欲获得的报酬，可用最优担保（即排除任何丧失原本可能性的担保）的当时利率来计量。凡是自己监督其资本使用的人，其所希望的利得，总要大于普通的利息，而且一般要大很多，也就是说，利润率远高于利息率。其超过部分，有一部分是冒风险的代价。当他以充分的担保出借其资本的时候，几乎或完全不冒风险。但是，如果他自负盈亏经营事业，则其资本的一部或全部，随时都有丧失的危险，即其资本要冒相当的风险，往往风险还很大。对于这种风险，他必须得到补偿。否则，他将不冒这种风险。他对于提供自己的时间和劳动，同样必须要有报酬。产业的经营管理，往往是由供给全部或大部分资本而使事业得以进行的人担任的。因此，按照通常的安排，他或者是事业成败的惟一的利害关系人，或者是最大的（至少是直接的）利害关系人。如果其事业的规模宏大而复杂，为了有效地进行这种管理，就需要高度的勤勉，而且往往需要有非凡的手腕。这种勤勉和手腕，非有报酬不可。

资本的总利润，即生产资金提供者的所得，必须符合以下三种

目的，即对节欲给予足够的补偿，进行风险赔偿，并偿付实行监督所需劳动和手腕的报酬。这些不同的补偿，有时是付给同一个人的，有时是付给不同的人的。资本，或某一部分资本，可能是从别人那里借来的。这种借来的资本，其所有者不担当经营上的风险或烦劳。这时，资本的出借者，或资本的所有者，是进行节欲的人。他获得利息，以作为对其节欲的报酬，而利润总额与此利息的差额，则是对企业家的努力和风险的报酬。又有时，资本，或一部分资本，是由所谓“隐名股东”提供的。这种人虽然不分担经营上的烦劳，但承担事业上的风险，因此，他们从总利润中得到的不仅是利息，而且还包括契约所规定的一个份额。又有时，由一个人供给资本而且承担风险，业务也完全用他的名义经营，至于管理上的烦劳，则由别人（为此目的而受雇并领取固定薪水的人）承担。然而，这种雇来的人只关心维护自己的薪水，而不关心该事业的成败。用这种人来从事管理，除非他们是在主要利害关系人的监视之下（纵使不在其直接控制之下）工作，否则，肯定是效率很低的。因此，对于不受如此控制的经理，分给一部分利润作为报酬，通常确属明智的措施。结果，在事实上，变成了“隐名股东”。最后是，同一个人，他既有资本，又处理业务。此时，如果他愿意，而且又有能力，他可进一步在其自己的资本之下，再让其他那些信任他的资本所有者的资本参加经营。不过，这些方法不论哪一种，都有同样的三件事情要求报酬，而此报酬则必须取自总利润。这就是节欲、风险和努力。因此，利润可分解为三部分，即利息、保险费和监督工资。

第二节　利润的最低限度以及这一限度的变动

所谓可以永久存在的最低利润率，是在一定场合和一定时期内，刚够抵偿资本使用过程中所伴随的节欲、风险和努力的一个等值。从总利润中，首先，必须扣除一笔基金，一般说来，其数应足以抵偿因资本的使用而产生的一切损耗。其次，由于资本所有者暂时放弃对其资本的消费而实行节欲，对此必须给予一个等值作为补偿，其数应足以使他在当时当地继续进行节欲。这个等值究竟需要多大，则取决于当时的社会所认定的现在和将来的比较价值，(用前面用过的语句来说)即取决于实际积蓄欲的强度。在抵偿一切损耗以及对资本所有者暂时放弃其消费而给予一定的报酬之后，还必须有若干剩余，用来酬报将其时间贡献给企业的人们的劳动和技能。这种报酬，至少必须足以诱使大资本的所有者愿意尽其烦劳，或用来聘请经理以自代。如果那部分剩余不能超过此数，那么，除大资本外，都将脱离生产。如果那部分剩余少于此数，那么，全部资本都将脱离生产而被用于非生产消费。而此非生产消费，将继续到利润率复见提高(这是资本数额减少的间接结果，说明见后)时止。

因此，这是利润的最低限度。但是，这种最低限度是非常容易变动的，而且有时在有些地方是非常低的。这是因为其三个要素中有两个非常容易变动。为补偿节欲(即实际的积蓄欲)所必需的报酬率，因社会和文明的情况不同而有很大的差别。这一点我们在前面的章节中已经说过。对于风险这一要素的报酬，差别更大。

这里所说的不是同一社会中资本的各种使用方法之间的风险差别，而是在各种不同的社会情况下财产的安全程度大不相同。在亚洲的许多国家里，财产总是有被专制的政府或贪婪和蛮横的官吏掠夺的危险。拥有财富或被认为拥有财富的人，不但成为掠夺的目标，而且还可能成为强迫交代并交出其暗藏财富的目标。或者，如同在中世纪的欧洲，即使政府本身由于软弱无力而无意压制人民，但是，任何强有力的个人却恣意进行掠夺，或肆无忌惮地侵害他人的正当权利。人民既得不到任何保护，也无法要求赔偿。在这种情况下，就得有很高的利润率，才能使一般偶尔拥有钱财的人，不立即将它用于消费作乐，而甘冒上述种种风险。这种不测的灾难，对于只靠自己的资本利息生活的人或亲自参加生产的人，都有影响。在一般治安良好的社会情况下，人们只要有好的担保，就可出借其资本，无须承担因某些特殊事业的性质而产生的风险。但是在像亚洲许多地方那样的社会情况下，恐怕除了实际以黄金或宝石作抵押之外，任何其他的担保都不可靠。而且，就算把钱财贮藏起来，如果被人知道了，或被人猜疑了，则那些贮藏的钱财及其所有者都有很大的风险。这种风险决不是那些贮藏的钱财可以获得的利润所能抵偿的。因此，如果不安的社会情况更加激化，拥有钱财既不能保全生命，又不能免除重大的灾难，那么，钱财的积蓄就会比原来减少。在这样恶劣的政治条件下从事放款的人，其所受倒债的风险非常之大。在印度大多数的土著居民邦，人们放款的最低条件（即使是向政府放款）是：如果收到几年利息，即使本金全不偿还，放款的人也可获得充分的补偿。如能约定，本金 1 镑，复利几先令，这对放款的人来说，大体上是一项有利的交易。

第三节　利润因事业性质的不同而不同

各种事业的资本报酬(比劳动报酬大得多),因一种事业比他种事业更有吸引力或更为令人厌恶而各不相同。如零售商业的利润,按其所占用资本的比例来说,大于批发商业和制造业的利润,其原因之一是零售商业不如批发商业和制造业体面。然而,最大的差别在于风险程度的不同。火药制造业者,因其生命财产常有特别的风险,故其利润大大超过平均利润。但就航海一类的冒险来说,因其所冒的特殊风险可以变换为一定的支付,而且通常就是这样变换的,所以保险费被正式算在生产费用内。船主或货主从保险费得到的赔偿,并不计算在利润内,而是包括在其资本的更新中。

总利润中作为对商人或生产者的劳动和技能的报酬的那部分,也因事业的不同而大不相同。例如,药剂师的利润率非常高,其最大部分,正如亚当·斯密所说,往往只是这种职业的合理工资。因此,直到法规的最近一次更改时止,药剂师只能在药剂的价格中求得其报酬。有些职业需要很多科学的或技术的教育,因此,只有兼具这种教育和巨额资本的人才能从事那些职业。例如:工程师的职业就是如此。工程师,就其本来的意义而言,是机器制造者,就其惯用的或引申的意义而言,又是公共工程的承担者。这些职业始终是利润最多的职业。又有些职业,其规模不得不受限制,但其经营却需要很多的劳动和技能。这种职业的利润率必须高于一般利润率,才能获得一般报酬率。亚当·斯密说:“在海口小市镇上,资本百镑的小杂货商人,能获得40%或50%的利润,而同地资本万镑的大批发商人，却很少能够获得8%或10%的利润。他所经营的杂货业，对该地居民的便利说，也许是必要的，而狭小的市场不允许更大的资本投在这种营业上。可是，那小杂货商人，须靠此过活，并过着与经营这业务所必须有的各种资格相称的生活。除具有小额资本外，他不仅须能读，能写，能算，又须能相当准确地判断五六十种商品的价格与品质，并能以最低廉价格购买这些商品的市场。……像这样有才能的人，每年取得三四十镑作为劳动的报酬，决不能认为过分。从他的似乎很大的资本利润中，除去上述报酬，那么剩余的部分恐怕不会比普通利润多。所以，表面利润的大部分，在这场合，也不外是真实工资。"①

使各种劳动的报酬产生不均等（或使此不均等扩大）的所有各种自然的垄断（即由周围环境造成的垄断，不是由法律造成的垄断），在资本的不同用途之间，也起同样的作用。如果某种职业须以巨额资本经营才能有利，那么，在大多数国家，能够参加这一职业的阶层被限于很狭小的范围。因此，这些人能使他们的利润率保持在高于一般的水平上。又如某种行业，由于其本身的性质，被限于非常少数的人，因此，可靠同业的组织提高其利润。谁都知道，像伦敦的书商，虽然同业者不少，但长期以来，都存在着这样的组织。至于煤气公司和自来水公司的情况，则在前面已经说过。

第四节　利润均等化的一般倾向

在上述各种产生不均等的原因（即不同行业的风险或愉快程

① 亚当·斯密：《国民财富的性质和原因的研究》，第1编，第10章。

度和自然的或人为的垄断)充分发挥作用之后,所有行业的资本利润率就会趋于均等。这个命题是政治经济学家的通说,加以适当的说明,就成正当的学说。

利润中对节欲的实际报酬的那一部分(严格说来就是利息),在同时同地不论什么行业都是完全一样的。如果担保的可靠性相同,此时的利率,虽然不时因市场的情况而大有变动,但不因原来的用途而有所变化。在目前的产业情况下,没有一种行业的竞争像货币的贷出和借入的竞争那样经常和激烈。参加事业的人都不时借入货币,其中大多数人经常借入货币。另一方面,不参加事业的人,凡有货币财产者,都贷出货币。在这两大部分人之间,存在着一个敏捷而聪明的中间阶层,这个阶层由银行家、证券经纪人、票据经纪人和其他一些人构成,人数众多。他们对于可能的、哪怕是很小的利得,都很敏感。即使是极其细致的事件,或人们心理上极短暂的印象,只要它对当时或今后贷款需要的增减发生作用,就立刻会影响利率。在实际产生这种需求变动的行业中,在一般情况下,各种事件是连续不断地发生的,有时,甚至最优商业票据的利率,即使不发生所谓商业危机的大混乱,在一年多的时间内,也会出现从4%以下或4%上升到8%或9%的变化。但是,在同时同地,对于能够提供同样可靠的担保的人,利率都是一样的。所谓市场利率,总是谁都知道的,而且是明确的。

但是,总利润的情况则完全不同。总利润虽然不因行业的不同而有很大的差别,但就不同的个人来说,其差别是很大的,几乎任何两者都不会是相同的。这取决于资本家本人或其所雇用的人员的知识、才能、节约和活力,取决于人事关系的偶然事故,甚至取决于偶然的机运。从事同一行业的任何两个商人，即使其商品的质量相同，其价格也同样低廉，但其经营费用以及其资本的周转时间，几乎是没有相同的。如果以为相同的资本可以产生相同的利润，并且把这当作行业的公理，那就错了，犹如以为年龄或身材相同所以体力也就一样，或者以为阅读程度或经历相同所以知识也就一样。产生这种结果的原因，并不只是这里所指出的这一种，除此之外还可有 20 种之多。

但是，利润虽然如此不同，整个说来，各种行业的利润，在某种意义上，而且是在极重要的意义上，仍保持着均等性（除非存在任何自然的或人为的垄断）。一般说来（不论其不时的变动如何），资本的各种用途，对于具有平均水平的才能和优势的人们，虽不提供相等的利润，然而却提供相等的利润的希望。这里所谓相等，是指某种用途所具有（如果有的话）的不愉快或不安全的任何缺点已经抵偿以后而言。如果情况不是如此，即如果某事业的获利机会，按一般经验，显然大于其他事业，那就会有更多的人投资于这一事业，或使其孩子投身于这一事业。事实上，当人们看到某种事业是一种正在发展而兴旺的事业时，总会发生上述那种情况。例如现今的工程师职业或任何新建而繁荣的工业，都是如此。反之，如果某种事业不兴旺，如果其所能获得的利润看来会少于其他事业，那么，资本就会逐渐离开这一事业，或者，至少不可能吸引新的资本。由于资本在利润较少的行业和利润较多的行业之间的分配中发生的种种变化，因而恢复了一种均等。所以，各种不同行业的利润期望值，就长期来说，是不可能有很大差别的，即各种不同行业的利润期望值，一般虽是左右摆动，但总会趋向于共同的平均点。

资本的这种均等化的过程，即通常所说的资本由某一行业向另一行业的转移，常常被说成是一项繁重、迟缓而几乎无法实行的工作。实际上未必如此。第一，这未必总是某种行业资本的实际转移。在资本急速增加的情况下，每年新积累的资本往往是首先移向最兴旺的行业，以资调整。即使需要资本实际转移，也决不意味着任何从事不盈利行业的人们放弃该行业，不再经营。在各商业国家里，实际未尝使用的资本，经过为数众多的各种各样的信用渠道，大量流入水准较低的地方，而散布于整个行业。这种信用渠道，就是达成这种均等化的手段。至于均等化的过程，是一部分商人或生产者限制其业务中用借入资本经营的部分，而另一部分商人或生产者则予以扩充。凡是具有相当规模的商人或生产者，几乎没有一个人只使用自己的资金来经营事业。在事业兴旺的时候，他不但最大限度地使用自己的资本，而且尽量使用以其资本所能获得的信用作为补充。在其商品由于供给过剩或需求减少而不易出售或价格下跌的时候，他就收缩经营规模，不再向银行家或其他金融业者要求提供具有与过去相同规模的新贷款。反之，如属正在扩展的事业，则有希望可以有利地而且比以前更多地使用这种流动资本。因而从事此业的人就会向金融业者要求提供比过去更多的贷款（因为他们的事业状况良好，所以他们可以毫无困难地获得这种贷款）。流动资本在两种行业之间的不同分配，在使这两种行业的利润恢复均等上所起的作用，与同额资本的所有者以其资本由某一行业转投于其他行业是一样的。这种轻易而自发地使生产适合于需求的方法，足以纠正由经济波动或其他普通原因引起的不均等。如果一个行业正在完全衰落，其生产

不是暂时变动，而是必须永久地大量缩减，或许是要完全停止生产，则挽救资本的过程，无疑是缓慢的和困难的，几乎总会带来很大的损失；固定在机器、建筑物和其他永久性工程中的大量资本，或者完全不能改作他用，或者需要花很多钱加以改造后才能使用。损失最少的方法，是让固定资本耗尽而不予更新，可是时间几乎不允许作这样的变更。而且，完全变更资本的用途，在已经建立的交易关系以及已经获得的技巧和经验上都得有很大的牺牲，因而人们对此总是迟疑不决，除非已无转变命运的希望，否则，几乎总是不会下此决心。不过，这样的情况显然属于例外，何况即使在这样的情况下，利润的均等化最后仍会实现。还可能出现这样的情况，即在不均等得到纠正之前，促使不均等的另一原因又已产生，此时，恢复均等是非常缓慢的。北美南部各州的棉花生产，长期处于这样的状态，即由于工业连续不断的改进，对棉花需求的增长速度大大出乎人们的预料，多年以来供给一直不能完全赶上需求，因此，这种商品实际上维持着几乎相当于一种垄断价格的水平。但是，许多扰乱均等的原因几乎不间断地接连发生，而且都在同一个方向发生作用，这样的情况是不常有的。在没有垄断的情况下，一种行业的利润，可能有时高于一般水平，有时低于一般水平，但总是趋向于回到一般水平上，像钟摆的运动那样。

因此，一般说来，虽然利润因不同的个人而大不相同，对同一个人，也因年份的不同而大不相同，但是，除了在短时期内，或某特定行业遭到一种永久性剧变的时候以外，在同一时间和同一地方，各种行业的平均利润是不会有很大差别的（为补偿各种行业的引诱力的不同所需要的必然差别，自当别论）。如果一般认为某些行业(在没有垄断或上面所说关于棉花行业的偶然现象的情况下)比其他一些行业有利,那么这种想法很可能是错误的,因为如果消息十分灵通、动机十分正确的人们都有这样的想法,资本就会流入某些行业,利润很快就会降低到通常的水平。固然,最初持有同样数额资金的人们,其在某些行业中发大财的机会要多于其他一些行业。但是,人们会发现,就在那些行业中,破产也比较频繁。其较大的成功机会,就会被其较大的完全失败的可能性所抵消。而且往往是失败的可能性大于成功的机会。因为如前所述,所谓获得巨利的机会,其吸引竞争者的作用,远大于算术所能证明的程度。我相信,能发大财的行业,其平均利润要低于其他一些行业,后者的利得虽然比较可靠,但是来得迟缓,而且这些行业并不希望得到超过它所应得的东西。举例来说,加拿大的木材业,其资本的使用方式就富有彩票的性质。因此,一般认为,就参加这一行业的全部冒险家而言,在这一行业中损失的钱要多于在这一行业中得到的钱,换句话说,就是平均利润率在零以下。这种意见是不错的。这一点与各个民族的性格大有关系,即要看各个民族是否富于冒险心,或者说得难听些,是否富于赌博精神。这种精神,美国强于英国,英国则又强于欧洲大陆的任何国家。在欧洲大陆的某些国家中,一般人的倾向完全与此相反。所以,凡是安全和稳当的行业,其所用资本的平均利润,大概要少于那些可获大利的冒险事业。

但是一定不要忘记,即使在竞争十分激烈的国家,习惯对行业利润的多寡也起重要作用。有时,人们传播着一种想法,认为某个行业非有若干利润不可。固然,这种想法并不是所有的商人都在坚持,恐怕也没有任何商人在严格地坚持。但是,这种想法对于商人的行动却有一定的影响。在英国，流行着一种看法（虽然我不知道它广泛流传到什么程度），认为50%的利润率是零售商业中正当而且适宜的利润率。它的意思，并不是利润率占整个资本的50%，而是零售价格比批发价提高50%。零售行业的一切开支，例如，掼账，店铺的租金，职员、店员及其他各种人员的薪金，都要从这50%中支付。如果这种习惯到处都有，而且是被严格坚持的，竞争也的确仍会发生作用，不过，消费者至少在价格上，将得不到这种竞争的任何好处。从事零售行业者的利益因竞争而减少，是通过行业更加分散的方式实现的。在欧洲大陆的某些地方，这种（利润率）标准高达100%。但是竞争的加剧，至少在英国，正在迅速地趋向于破坏这种习惯。在大多数行业（至少是在大的商业中心）中，现在许多商人的座右铭是"薄利多卖"，宁可以低价进行大量交易，而不是以高价进行少量交易。他们使自己的资本迅速周转，必要时还用借来的钱增加其资本，因而往往单独获得较高的利润。如其竞争者不采取同样的方针，那么利润必然会降低。不过，前面已经说过[①]，直至今日，竞争对于零售价格的支配力不大。因此，在土地和劳动的全部生产物中，仅仅作为商业报酬的那一部分所占的比重仍是过大。而且，在社会经济中，没有一个行业像商业那样，其所供养的人数与所完成的工作量如此不成比例。

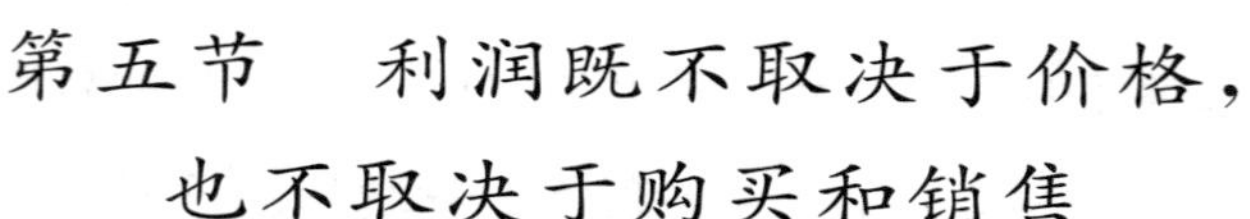

第五节　利润既不取决于价格，也不取决于购买和销售

所谓"通常利润率"这一常见的术语，其涵义，其实际存在的意

① 参照本书第二编第四章第三节。

义，以及受哪些限制，这些问题，但愿以上所论已经作了充分的说明。现在剩下要考察的是，哪些因素决定利润率的大小。

按照一般的理解，事业的利润似乎是由价格决定的。一个生产者或一个商人得到利润，似乎是由于他出售商品的所得超过了他生产这些商品的成本。人们总以为，利润完全是买与卖的结果。他们以为，商品生产者之所以能获得利润，只是因为他的商品有人购买。对于商品的需求、顾客和市场，这些都是资本家获利的原因。资本家靠出售他们的货物收回他们的资本，并使其资本的数量增加。

然而，这仅仅看到了社会经济机制的外表。我们发觉，货币由甲手转到乙手，决不是任何经济现象的实质。如果我们深入观察生产者的各种经营活动，就会觉察到，生产者以其商品交换货币，这不是他获得利润的原因，而只是他获得利润的方式。

利润产生的原因，是劳动生产出超过为维持其本身所必需的生产物。农业资本之所以产生利润，是因为人们生产的粮食数量，超过在其生长时期(包括制造工具和其他一切必要准备所花的时间)供应他们口粮所必需的数量。其结果是，如果一个资本家在生产物归其所有的情况下供养劳动者，那么，他的手里除了他收回的垫款之外，还会有若干剩余的生产物。这一公理，换一种形式来说就是，资本之所以产生利润，是因为粮食、衣服、材料和工具等物品保有的时间长于其生产所需的时间。因此，如果一个资本家在劳动者的一切生产物归其所有的情况下向那些劳动者供应粮食、衣服、材料和工具，则那些劳动者除了再生产其本身的生活必需品和工具之外，还有一部分剩余的时间替这个资本家工作。由此我们知道，利润并不是产生于交换之中，而是产生于劳动的生产力。一国的一般利润，总是由劳动的生产力产生的，不论其有无任何交换。如果没有分工，就不会有买卖，但是仍然会有利润。要是一国的劳动者共同生产了比其工资多 20％的生产物，则不论价格如何，利润也将是 20％。价格的起伏，可能在一段时间内，使一部分生产者获得的利润高于 20％，而另一部分生产者获得的利润低于 20％，一种商品的价值（在对其他商品的关系上）高于其自然价值，而其他商品的价值则低于其自然价值，直到价格恢复到正常状态为止。但是，在全部生产者中间分配的利润，却始终恰好是 20％。

为了展开以上的简单考察，我将进而更详细地说明决定利润率的方式。

第六节　资本家的垫款，最终是由劳动工资构成的

以下所有的说明，我都假定一种情况，即资本家垫付全部经费，包括劳动者的全部报酬。这种情况，在劳动者和资本家是两个不同阶级的地方，是很普遍的，几乎没有例外。资本家之所以这样做（垫付劳动者的报酬），并不是由于固有的需要。劳动者可以等到生产完了之后再领取超过生活必需品的那部分工资；如果他拥有的资金足够维持其当前的生活，他甚至可以等到生产完了之后再领取全部工资。不过在后一种情况下，劳动者由于提供了事业所需的部分资金，所以在此范围内，实际上已成了投资于此事业的资本家。即使在前一种情况下，他也可以被认为是资本家，这是因

为，由于他以低于市场上的价格提供其劳动，因而可以认为他是将这部分差额贷给雇主，而连同利息（不论利息如何计算）从企业的所得中收回。

因此可以假定，资本家支付全部垫款，取得全部生产物。他的利润由全部生产物与全部垫款两者的差额构成。其利润率，是这一差额对其垫款数额的比率。但是，这种垫款又是由什么构成的呢？

现在需要假定，资本家不交任何租金，无须购买任何已被占有的自然力使用权。事实上，这样的情况几乎是没有的。农业资本家，除非自己是所耕作的土地的所有者，否则他总是（或几乎总是）支付地租的。即使在各种工业中（不考虑地基的租金），其所加工的材料，一般都已在其生产的某一阶段付过租金。但是，关于租金的性质，我们尚未讲到。以后会看到，对于现在所讨论的问题，我们即使不考虑租金，也不会产生实质性的错误。

如果把租金问题放在一边，那么，资本家用在生产上的垫款是由什么构成的呢？我们研究这一问题就会发现，它是由劳动工资构成的。

每个资本家的大部分支出，是直接的工资付款。此外则是材料和工具（包括建筑物）的费用。但是，材料和工具是用劳动生产出来的。由于我们所假定的资本家，并不是代表单个行业，而是代表整个国家的一种产业类型，所以我们可以假定，他自制工具，自备材料。不过，资本家这样做，是靠其先前的垫款，而这种先前的垫款，仍是全部由工资构成。如果我们假定他并不是自制、而是购买材料和工具，情形也是一样的。此时，他是向先前的生产者付还其已垫付的工资。诚然，他确是加上了利润而付还的。如果这些东西是他自己生产的，那么，他就自己得到他的这一部分开支的利润，正像他得到对其他每个部分开支的利润一样。然而，归根结底，在从最初投入材料和工具到最后产出成品的整个生产过程中，所有的垫款（除了部分的有关资本家，为了便利起见，在生产过程尚未完成的时候，已经分得他们的那部分利润之外）都是由工资构成的。最后的生产物，其中除了非利润部分之外，都是付还的工资。

第七节　利润率决定于劳动费用

因此，资本家的利得似乎取决于两种因素（别无其他因素），第一是生产量的大小，换句话说，是劳动的生产力，第二是劳动者本身由此生产量中取得的份额的比率，即劳动者的报酬对其生产量的比例。此二者是决定在全国全体资本家之间作为利润分配的那部分总量的依据。但是，利润率，即对资本的百分比，是只取决于此两因素中的第二个因素，即劳动者所得到的份额的比率，而不是他们所得到的份额的总量。如果劳动的生产量增加 1 倍，而劳动者所得份额的比率与过去一样，即如果劳动者的报酬也增加 1 倍，那么，资本家的利得也同样会增加 1 倍。这是不错的。但是由于资本家的垫款也必须增加 1 倍，所以他们的利润率只能是同过去一样。

这样，我们就得到了李嘉图和其他各位所作出的结论，即利润率取决于工资，工资下跌则利润率上升，工资上升则利润率下跌。

但是，在采用这一学说的时候，我必须强调要对用语作必要的更改。让我们说“利润取决于劳动费用”（这也是李嘉图的本意），而不说“利润取决于工资”。

工资和劳动费用（前者是劳动为劳动者带来的收入，后者是资本家对劳动支付的费用），是两种完全不同的概念。明确区分这两种概念，是十分重要的。为此，不以同样的术语称呼二者（过去几乎一直使用同一术语），至为重要。一般人口头或笔下所说的工资，大多是从工资支付者的立场出发的，而很少是从工资领受者的立场出发的。故其所谓工资高或工资低，其实是劳动费用高或劳动费用低的意思。但事实往往与此相反，即工资最低的地方，劳动费用往往最高。这可能是由两种原因引起的。第一，工资虽低，但劳动的效率可能也低。在欧洲各国，爱尔兰的工资是最低的（至少过去是如此）。在爱尔兰的西部，一个农业劳动者的报酬甚至还不到英格兰人中工资最低的多塞特郡劳动者工资的一半。但是，一个爱尔兰人两天劳动所完成的工作量（因其技能较低而且不够勤勉），只及一个英格兰劳动者一天的工作量。所以，爱尔兰劳动者本身的所得虽然很少，但其劳动费用却与英格兰人的劳动费用一样多。决定资本家的利润的，是其后者，不是前者。劳动的效率，确实存在这样的不同，这不但有足够的证词可以证明，而且有下面的事实可以证明，即爱尔兰的工资虽低，但并未听说其资本的利润高于英格兰。

使工资与劳动费用不能互为尺度的另一个原因，是劳动者消费的各种物品，其价格时有变动。如果这些物品的价格低廉，则工资（对劳动者有重要意义的工资）可能高而劳动费用可能低。如果这些物品的价格昂贵，那么，虽然资本家对于劳动者的劳动可能要支付较多的费用（译者按：即劳动费用高），而劳动者的生活可能相当困难（译者按：即工资低）。后一种情况往往在人口密度过大的国家中发生。在那里，食物昂贵，劳动者得到的实际报酬不多，也未能使劳动的购买者购买劳动时所支付的费用减少。因此，低工资和低利润同时存在。相反的实例则见于美国。那里劳动者的生活，比世界其他任何国家（除某些最新的殖民地外）的劳动者都优裕得多。但是，由于物价低廉（所以能有这种生活上的优裕），同时也由于劳动的效率高，所以资本家支付的劳动费用至少不比欧洲多，而其利润率则不比欧洲低。

因此，如以数学用语来说，劳动费用是以下三种变量的函数：一是劳动的效率，二是劳动的工资（劳动者的实际报酬），三是生产或获得构成这种实际报酬的各种物品所需的费用。资本家所支付的劳动费用，都不能不受此三种变量中每一种变量的影响，这一点是容易理解的。因此，这三者同时也是决定利润率的三种变量。除此三者（或其中的任何一种）以外，利润率决不可能受其他变量的影响。如果劳动的效率一般已比过去高，而其报酬不比过去高；如果劳动的效率不降低，而其报酬降低，同时，构成这种报酬的各种物品所需的费用不增加；或者，如果那些物品的价格已下跌，而劳动者获得那些物品的数量不增加；当存在这三种情况中的任何一种情况时，利润就会增加。反之，如果劳动的效率已比过去低（降低的原因，可能是民众的体力减退，或是固定资本遭到破坏，或是教育退步）；或者，如果劳动者所得的报酬增加，而构成这种报酬的各种物品的价格没有降低；或者，如果劳动者所得的报酬没有增加，但其所取得的物品的价格却比过去高；在这三种情况下，利润就要减少。一国一般利润率的下降或上升，都不外乎这些情况的结合，不论什么行业都一样。

这些命题的论证，在我们讨论的这一阶段，还只能作一般的叙述（虽然我希望作出决定性的论证）。在考察"价值"和"价格"的理论之后，我们就能具体地说明利润法则，即说明利润法则在各种错综复杂的情况下的实际作用，那时，我们就可以对这些命题作出更充分和更有力的论证。这项工作只能在下一编完成。不过，本编还有一个问题需要讨论，这个问题可与"价值"的考察分别处理。这就是我们接着要讨论的"地租"问题。

第十六章　论地租

第一节　地租是自然垄断的结果

生产所必需的条件，是劳动、资本和自然的要素。除了劳动者和资本家之外，只有一种人，必须经他承诺才能进行生产；因此，他可以要求分得一部分生产物，作为承诺的代价。只有这种人，在社会制度上，对于某种自然的要素，拥有独占的权力。在可以被占有的各种自然的要素中，土地是主要的要素。对于使用土地所付的报酬，叫做地租。只有地主这一阶级，不论其人数多少或重要性如何，他们所占有的某种东西（土地），既不是他们自己生产的，也不是其他任何人生产的。但是他们可以通过占有这种东西，要求在生产物的分配中分享一份。如果还有与此性质相同的其他情况的话，那么，在了解了地租的性质和规律之后，对于那些情况也就容易理解了。

地租是垄断的结果，这是一目了然的。不过这是一种自然的垄断，它可以被人们控制，甚至可以为了社会全体而作为信托财产，但不能阻碍其存在。为什么地主对其土地可以要求地租呢？这是因为土地是许多人所喜欢的商品，而且只有从地主那里才能得到。如果一国的全部土地都属于一个人，那么，这个人就可任意确定地租。全体人民，为了获得生活必需品，必须顺从此人的意志，此人可以随其所好，规定任何条件。在那些认为土地是国家财产的东方国家里，实际情形就是如此。在那里，地租与税收相混同，专制君主可以强迫不幸的耕种者缴纳其所能缴纳的最大限度的地租。实际上，一国土地的独占者，必然成为该国的专制君主。如果土地为极少数人所占有，那么这些人可以彼此协约，实际上也确实彼此协约，规定地租，行动得像一个人那样。此时，其结果将与上面说的几乎一样。然而，这样的情况在任何地方都不曾有过。因此所能作的惟一假定就是自由竞争，假定地主的人数很多，因而无法联合。事实也正是如此。

第二节　某种质量或位置的土地，如果其数量不少于需求，这样的土地就不能产生地租

凡是数量有限的东西，即使其所有者并无一致的行动，也仍然是一种被垄断着的东西。但是，即使是在被垄断的情况下，凡是自然的赐物（即其存在无需任何劳动或任何支出），如在其所有者之间有竞争，那么只有当其存在量小于需要量时，才能有价格。如果一国全部的土地都需要耕作，则此全部土地都可产生地租。但是，没有一个国家（不论其面积大小），其人口的欲望要求耕作其可能耕作的全部土地。人民所必需的食物和其他农作物，即人民愿意并且能够作为报酬向其耕作者支付价格的食物和其他农作物，即使并不耕作所有的土地（有时只耕作一小部分的土地），也总是可以得到的。社会在最初阶段，首先是选择最容易耕作的土地，到了比较进步的阶段，则选择土质最肥沃的或地理位置最便利的土地。因此，不论在哪个时代，总是有若干土地不能产生丝毫的地租。所

以，土地，除非在肥沃程度上或地理位置上属于优良等级，因而其存在量小于需要量，否则决不能产生地租。对于土地的利用，如不忍受较不利的条件，则将无法获得为社会所需的所有生产物。

世界上的有些土地，像阿拉伯的沙漠，任凭投下多少劳动，都不能生产任何生产物。又如英国的硬沙质荒地，虽然可以生产一些生产物，但在土壤的现状之下，是不足以抵偿生产费用的。这样的土地，除非将化学应用于农业（这尚有待于发明），除非有人在土地的表面铺上各种新的成分，或者将它们同现有的成分相混合（实际上是创造新的土地），否则其耕作是不可能获得利润的。如果在下层土内，或在附近的地方，含有符合这种要求的成分，那么，甚至改良那些希望最少的土地，也可成为投机的对象。但是，如果这样的成分，其价格颇高，还须从远处运来，那么，即使“私有财产的魔力”有时也会使其实现，但总是很少有人会为了利润而这样做。不可能产生利润的土地，有时也在亏损的情况下耕作，这种土地的耕作者的部分生活必需品是由其他来源供给的，例如接受救济的穷人和一些修道院或慈善机关接济的农民。比利时的贫民聚居地，可以说就是其中一例。可以作为生活手段而耕作的劣等土地，其生产物必须勉强可以抵偿种子、其耕作者的食物以及查默斯博士所说的他们的第二劳动者的食物（所谓第二劳动者，即需要向他们提供工具和其余的生活必需品的劳动者）。其一定的土地，是否能够生产比这更多的东西？这不是政治经济学的问题，而是自然常识的问题。这里假定，土地既不提供利润，也不能向劳动者提供其生活必需品以外的任何东西。因此，这种土地只能由劳动者自己来耕作，否则就会在金钱上受损失，更确切地说，在任何情况下都

不可能产生地租。能作为一项投资而耕作的劣等土地，是这样一种土地，即其生产物，在收回种子之后，不但能向农业劳动者以及他们的第二劳动者提供食物，而且还能向他们提供比简单生活必需品多的当时一般水平的工资，并能向曾为上述两类劳动者垫付工资的人们提供一笔盈余，相当于这些人将其资本作任何其他用途时所能得到的利润。某一定的土地，是否果能生产比这更多的东西？这不仅是自然的问题，而部分地还取决于农产品的市场价值。土地，除了向直接间接为此土地而工作的所有的人提供食物之外，是否还能为其劳动者和资本家提供些什么？当然，这取决于其生产物的剩余部分能按怎样的价格出售。生产物的市场价值越高，则越能在土质较劣的土地上进行耕作（当然要能够对所使用的资本提供通常的利润率）。

但是，土地的肥度在上等土地与下等土地之间的逐渐变动，是不容易觉察到的，土地位置的不同，即其距离市场的远近，情形也是如此。因为有的土地肥力极差，不论其生产物的价格如何，都不足以抵偿其耕作的费用。显然，在任何一个范围广泛的地区内，一定也有一些土地，不论其生产物的价格如何，按该价格出售其生产物之后，刚能支付耕作者的工资，并对所使用的资本给以通常的利润，除此之外没有剩余。因此，这种土地，除非其生产物的价格上涨，或者，除非由于某种改良而使土地的肥力提高，否则，地租是不可能产生的。然而，社会显然需要这种土地生产的作物，因为，如果比这种土地更肥沃或地理位置更好的土地已可充分满足社会的需要，那么，其生产物的价格就不会上涨，其耕作也就无法获得利润。因此，这种土地仍会被耕作。于是，我们可以归纳出一条原理，即，在一个国家中，凡是适宜于耕作的，且其耕作不受法律或其他人为障碍阻止的土地，只要仍有一部分尚未耕作，那么，实际耕作的最劣等土地（就肥沃程度和地理位置而言），是不产生任何地租的。

第三节　某一土地的地租由其收获超过已耕作的最劣等土地的收获的部分构成

因此，如果在现耕的土地范围内，其所用劳动和资本的收获最少的那部分土地，仅能提供通常的资本利润，而无任何剩余作为地租，则此土地就为计算其他一切土地应有的地租提供一个标准。任何土地，如其生产物超过最劣等的现耕土地，则此多余部分，就是通常资本利润以外的报酬。这种多余部分就是农场主可以付给地主的地租。因为，如果农场主并不以此付作地租，则他就有超过通常利润率的收入，从而就会产生其他资本家的竞争（使各种资本利润均等化的竞争），而使地主获得这一多余的部分。故任何土地的地租，是该土地的生产物超过以同样的资本使用于最劣等现耕地时的收获的部分。这既不是分益佃农地租的界限，也不是投标佃农地租的界限（也从未有人这样认为）。这是农场主地租的界限。一个资本主义农场主在他租用土地的时候，是不会长期负担超过这一界限的地租的。如果这一土地的地租少于此数，这是因为地主放弃了其部分地租的征收（如果要征收，是可以征收的）。

这是一种地租理论，是安德森博士在上世纪末首先提出的，但在当时并未引起注意。20 年以后，这种地租理论几乎同时被爱德

华·韦斯特爵士、马尔萨斯先生和李嘉图先生重新发现。这是政治经济学的基本理论之一，如果不理解这一理论，对于各种较复杂的产业现象就无法予以充分说明。这种学说之为真理，它的证据，在我们探索有关“价值”和“价格”现象的法则时，将更清楚地显示出来。在这之前，由此学说产生的各种困难是不可能消除的。对于尚未接触过这个问题的人们，要使他们对此理论的推想具有一般以上的理解，恐怕也是不可能的。不过，对此理论的某些一般的反对意见，即使在我们现在的研究阶段，也能予以充分的回答。

过去并不承认，耕作中的任何土地，能有不提供任何地租的。其理由是，地主不会答应占用他的土地而不付给报酬。凡是强调这一点以反对上述学说的人，他们一定以为，那种只能勉强抵偿其耕作费用的土地是连成一大片的，是与较好的土地分隔开的。现在假定，如果有一批地产，全是这种土地，或都是这种土地和更劣等的土地，那么其所有者恐怕也不会毫无所获地予以使用。如果这批地产的主人是一个富裕户，那他可能以此土地用于其他目的，例如用作运动场、观赏地或狩猎场。这批地产，如只用作天然牧场，或用以生产其他自然生长的生产物，那可能会有一些收益，但是如果用于耕作，则恐怕任何农场主都不可能从中得到任何好处。然而，即使这样的土地，也未必闲着不耕作。它可能由其所有者自行耕作。这样的事例，在英格兰也不稀奇。此外，或出于博爱的动机，或为了节省济贫税，也可以此土地的一部分，分配给劳动者的家庭（作为暂时的分配地）；或者，地主将其土地任人开垦，免付地租，希望通过这些人的劳动，将来会给土地带来价值。这两种情形，都是很普通的。因此，即使有一批地产，全部都是最劣等的土

地(就其耕作所能产生的利润而言),也未必因其不提供地租而闲着不被耕作。然而,劣等的土地通常不会连接很多平方英里而不被分隔开,其中总分布着一些比较优良的小块土地。租借比较优良土地的人,同时也租借了它周围的与它相混的劣等土地。因此,他所付的地租,名义上虽是对于整个农场的,而实际上只是根据某一部分土地的产量计算的(不论那部分土地的面积在全部农场面积中所占的比例怎样小,但其产生的利润,却能超过通常的利润率)。所以,我们说其他的部分并不提供地租,这在科学上是正确的。

第四节 或者由超过在最不利情况下使用的资本的报酬的部分构成

固然,我们对于这种反对论,决不能承认它是正确的。但是,现在假定它是正确的。我们假定,社会的需求使粮食的价格提高了,致使某一定土质的土地,对于生产粮食的费用,也可给予报酬;但因这种土地的所有者一定要收地租(不是名目的、小额的地租,而是作为农场主收支计算上一个重大项目的高额地租),所以只好全部放弃耕作。那么,将会出现什么情况呢?惟一的结果是,因社会的需求而必须增加的生产物,此时不是通过扩大耕地的方式取得,而是全部(不是像通常那样只是一部分)通过在已耕土地上增加劳动和资本的方式取得。

但如前述,这种追加的资本,如果其他条件不变,则其利润总是按比例减少的。现在再假定,就在这一时期,农业上既无新的发明，过去的发明也未被广泛采用而使农业的技术和知识迅速扩大，而且除了因对谷物的需求增加而使谷价上涨以外，没有其他变化。那么，价格的上涨，就能使那些按过去的价格不能带来利润的方法，被用来增加生产。于是，农场主或者采用价值较贵的肥料，或者对过去任其自然的土地加施肥料，或者从远处运来石灰或灰泥用以覆盖土地，或者更彻底地碎土或除草，或者对部分土地施以排水、灌溉或深耕等作业（以过去的价格，是不足以抵偿这些作业的费用的），等等。如果对粮食的需求增加，而同时又无法扩大新的耕地，那么，上述这些方法或其中的某些方法，总会被采用。但是，农场主或土地改良者在想增加土地生产物的时候，只考虑他为此目的的支出是否会带来通常的利润，而不考虑是否尚有多余可付地租。因此，即使事实是所有已经耕作的土地从来也没有不付地租的，但是，总是有若干农业资本，只有通常利润率的利润，而没有任何地租，这也是不错的。因为这部分资本是最后被使用的，是用来最后增加生产物的，总之，是在最不利的情况下开始使用的。但是，能使这部分最无生产能力的资本获得普通利润的那种需求数量和价格，同样也能使其他各部分资本按比例地产生更多的剩余。而此剩余则是竞争能使地主获得的那部分剩余。全部土地的地租，是在此土地上使用的全部资本的收获之内，按其超过该资本和利润（普通利润率的利润）的部分计算的，换句话说，是按其超过同样的资本全部被用于最不利的环境下（像最无生产能力的那部分资本一样）所能收获的部分计算的，不论最无生产能力的那部分资本是用于最劣等土地，还是用于已耕地（像能以比较简易的条件进行生产的那种土地一样），以获得更多的生产物。

我不认为任何具体情况下的各种事实，都绝对符合上述原理或其他的科学原理。我们不能忘记，政治经济学的真理只是大概的真理而已。它虽然具有严密科学的确实性，但不具备严密科学的精密性。例如，农场主不耕作其报酬少于通常利润的土地，也不使用这样的资本，这并不是千真万确的。他希望其大部分的资本能获得通常的利润。但是，如果他与他的农场共命运，他的技能和努力完全寄希望于农场的收益，那么，他也许总愿将其资本投入农场（为了尽快能有报酬），不论采用什么方式，他都愿意，只要能向他提供一笔数额虽小但能超过冒险代价以及他必须偿付的借入资本或自有资本的利息（其数额相当于它投在其他方面所能获得的利息）的利润。但是，新办农场的农场主，他的计算则不同。其准备投入农场的全部资本，如果没有希望获得充分的通常利润，他是不会开始投放的。另外，在土地租借期内，农作物的价格，与签订租地契约时所预期的价格相比，可能有高有低，因此，土地的地租可能定得过高或过低。但是，即使在租地契约满期的时候，虽然地租已有减少的必要，但地主可能不同意，而农场主可能宁愿同意支付过高的地租，也不愿放弃其职业，或在所有的农场都已被占有的时候，到其他地方去找一个农场。类似这种不规则的情况，我们随时都要想到。在政治经济学上，想求得一般的公理，使它包括可以影响各种结果的复杂情况，这是不可能的。再说，只有少量资本的农场主阶级，他们从事耕作，与其说目的在求利润，不如说目的在谋生计。因此，只要借此可以生活，他是不想离开农场的。故其地租在性质上与投标佃作制度的地租相似，可因竞争（如果竞争者人数超过农场数）而提高，使农场主连通常的利润都无法获得。我们

就地租、利润、工资和价格所建立的法则,只对某些人是正确的,他们除了受一般情况所引起的各种动机的影响之外,不受其他任何动机的影响,而受通常的商业损益估算支配。这两种假定,如果应用在农场主和地主身上,那么下面所说的就是对的:农场主对其全部资本,必须得到通常的利润(通常利润率的利润);如果其资本带来的报酬超过通常的利润而有余,那么多余的部分,不论多少都要付给地主,不过,他不会支付比此更多的数额;在用于农业的资本中,有一部分,在这种生产状况下,只能产生通常的利润;这部分资本的生产物和数额相同的其他任何部分资本的生产物,两者之差,是后一资本可以地租的名义付给地主的贡纳尺度。以上所述就是地租的法则,这样的法则,只是可能近于真理到如此程度而已。当然,在个别情况下,这种法则会为既存的契约、个人的误算、习惯的影响甚至当事人特殊的感情和性格所修正,所扰乱。

第五节　投于土地的资本,其报酬是地租还是利润?

现在有一种经常听到的言论,这种言论,虽然在我看来,未免过于受到重视,但在这里,还是要提一下。在地租这一名称下,通常包括许多种支付,这些支付,不是对于土地本身原有力量的报酬,而是对于投在土地上的资本的报酬。有些著述家以为,这种额外增加的地租(是资本支出的结果)应当被看作利润,不应当被看作地租。如果认为这种看法是对的,那先得指出一种区别。租地每年的支出,几乎总是把农场建筑物的使用包括在内的,不仅包括谷仓、畜舍和其他单独的房屋,而且还包括人住的房屋,暂且不说围墙和类似的其他建筑物。对于这些东西,地主出价,租地人付租,不论怎样考虑,都要足以提供通常的利润,或者说得更确切些(这里不涉及风险和烦劳),提供通常的利息,这种利息是按建筑物的价值计算的,并且不是按建筑时的费用计算,而是按现在另建与此同样的建筑物所需的费用计算的。而且,租地人对于这些建筑物,还得加以充分的修理,使它像原来一样,否则,他当然会被要求支付比单纯的利息更大的数额。这些建筑物与农场完全不相干,好像农场上的家畜和木材与农场的关系一样。所以,对建筑物的支付款不能称为地租,正像对耕牛的支付款不能称为地租一样(如果在习惯上地主须为租地人配备耕畜的话)。建筑物与耕牛一样,不是土地,而是常被消费、常被再生产的资本。所以,对此所付的全部款项,确切地说,都是利息。

但我以为,真正投在土地改良上的、无须周期更新的、只是一次支出而可使土地增加永久性生产力的资本,其所得的报酬,完全失去了利润的特性,而由地租的原理支配。地主如果不想通过土地的改良使其增加的收入超过利息(对其支出的利息),他就不会投资去改良他的土地。从长远来说,可以把这种增加的收入看作利润。但是资本一旦支出,改良措施一旦完成,则已经改良的土地,其地租与未经改良的土地一样,受同样的法则支配。肥度相等的土地,不论其肥度是天然的或人为的,都产生相等的地租。有人认为,贝德福低地和林肯郡草原如不投下资本,几乎全无价值,所以这些土地的所有者的所得,应称为利润,而不应称为地租。但是我不这样认为。这些土地的所有者并不是资本家,而是地主。他们手头已无资本。他们的资本已被消耗，已被破坏。它与农场主和制造业者的资本不同，不会由生产物中回到他们的手里，也不应回到他们的手里。如果情况不是这样，现在，他们有了某种肥度的土地，由于人为的关系，已使土地的肥度增加，而此用人工增加其肥度的土地，与天然的具有同样肥度的土地，由于同样的作用，产生同样的地租。

部分著述家，特别是凯里先生，不顾两种地租来源的区别，完全否认其中一种来源，认为一切地租都是所投资本的结果。所以，在这方面，凯里先生说得比我更彻底。为了证明他的这一说法，他说，任何国家，例如英国或美国，其全部土地的价值总额，远不及该国由原始森林状态改进到目前状态所需费用的总额。这一令人吃惊的言论，在保护土地所有权方面，已被巴斯夏先生和其他人当作一种工具，用以证明一种比用其他办法所能证明的更加强有力的理论。凯里先生的这一主张，其最明白的意思是，如果在英国的土地上，突然增加了一块其肥度与天然肥度相等的未开垦的领土，那么对英国人来说，这块土地是不值得开垦的，因为开垦以后所得的利润，不会等于对其所投资本的通常利息。对于这样的主张，如果有什么回答的必要，那只须叙述下面的一个事实就已足够：在英国，其土质不是等于已耕地，而是远不及已耕地的那些土地，还在不断地开垦；其开垦的费用，由于此后地租的增加，在几年之内就可完全收回。而且，凯里先生的这种学说，与他自己在经济学上的主张，也是完全矛盾的。没有人比凯里先生更热中于如下无可怀疑的真理了，即由于社会人口和社会财富的增加，同时由于劳动组合的进步，土地的价值与价格日益上涨。但是，如果土地的

目前价值，还不及开垦土地并使之适于耕作的费用，那么，以上所述就决不可能成为真理。这是因为，土地一经开垦，就会具有价值，而且按照凯里先生的说法，其价值是一直在上涨的。不过，凯里先生所说的今日任何一国全部土地的价值都不及其所费资本的价值，其意思既不是说每一块地产的价值都不及用于改良土地的费用，也不是说土地的改良（从结果看）对其所有者是一种失算。他的意思是说，大不列颠的土地，目前不是不能按照过去在土地上花费的费用出售，而是不能以加上建设全部道路、运河和铁路所需费用的价格出售。这可能是对的。但是这不论就其目的性来说，或就其在政治经济学上的重要性来说，等于是说，英国土地的价格，不及在用于土地的费用之外再加上国债，或法国革命战争的费用，或其他一切为了现实的或空想的公共利益所耗费的金额。道路、铁路和运河的建设，并不是为了要增加土地的价值。相反，这些建设的自然结果是，由于使其他一些交通不方便的土地和同它竞争的土地变得也能使用，从而使该土地本身的价值降低。出于这种考虑，现在南部各郡的地主正在向国会请愿，反对建设公路。交通运输的改进，势必使接近大量消费者集合场所的土地丧失其垄断地位，从而降低现行的地租。公路和运河，其目的不在于提高已向市场供应生产物的那些土地的价值，而在于（除其他目的之外）招来远地的生产物，使农作物的供应价格低廉。这一目的愈能有效达成，地租就愈低。如果我们设想，美国的铁路和运河，不仅能使交通费用降低，而且由于经营效果极好，运费可以完全不要；密执安的生产物与长岛的生产物，以同样快的速度和同样低廉的费用运到纽约市场。如果我们可以这样设想，那么美国的全部土地（除

了所处位置便于建筑的土地)将会完全丧失其价值,确切地说,甚至最优良的土地,其价值仅相当于开垦费用和每英亩1.25美元的政府税收。这是因为,密执安的土地(美国最优良的土地)可按此价额无限制地买到。但奇怪的是,凯里先生竟认为这一事实与李嘉图的地租理论是不能两立的。即使我们完全承认他的主张,但是只要有不产生地租的土地存在,那么,产生地租的土地,其所以产生地租,是由于该土地较之其他土地,在肥沃程度上或距离市场的远近上具有某种优势的结果,这样说也仍然是对的。衡量这种优势的尺度,也就是地租的尺度。这种条件优良的土地产生地租的原因,是由于它的数量不能满足市场的需要,所以它拥有一种天然的垄断地位。李嘉图所建立的地租理论,就是由这样一些命题构成的。如果这些命题是正确的,那么,为了提高土地价值而投入的资本的利息以及为了降低土地价值而投入的资本的利息以及为了降低土地价值而投入的资本的利息两者之和,与这一土地今日所得的地租相比,究竟大小如何?这已无重大意义。

但是,凯里先生的反对论,比通常遇到的反对地租理论的辩论更为巧妙。地租理论可以说是政治经济学上的难点(Pons aninorum)。因为在我看来,拒绝承认这一理论的,大多是完全不理解这一理论的人。假装反驳地租理论的人,他们对于这种理论的理解大多不很正确,这是十分明显的。例如,不少人说李嘉图的理论是荒谬的,因为"劣等土地的耕作是产生优良土地地租的原因"的说法是荒谬的。但是,李嘉图并没有说"劣等土地的耕作",而是说"由于仅靠优良土地不足以养活不断增加的人口,所以劣等土地仍有耕作的必要"。这一命题,与被误认为是李嘉图所主张的那一命题，两者的差别，犹如需求与供给的差别。此外，还有些人以如下说法来反对李嘉图，即：即使一切土地的肥沃程度相同，也仍然可以产生地租。但是，李嘉图也曾说过与此完全相同的话。李嘉图说，如果一切土地的肥沃程度相同，那么，比其他土地更靠近市场因而运输费用负担较少的土地，就会产生与这种优越条件相等的地租，因此，在因社会需要而成为耕地的土地之中，没有地租的土地，不是最不肥沃的土地，而是地理位置最不方便的土地。再则，地理位置的不同，姑且置之不论，假定一国的全部土地，其肥沃的程度相同，则在一定的假定之下，这些土地都可产生地租，而此所谓一定的假定，就是，社会的需求使全部土地都得耕作，直到超过收获递减法则开始发生作用的一点。这显然也是李嘉图学说的一个组成部分。除非强制征收地租，否则，要在其他任何假定之下，证明一国的全部土地都可产生地租，那是不可能的。

第六节　地租不在农业生产物的生产费用之内

以上是说地租的性质和原因，现在我们回到利润问题，再来研究前一章提出的一个命题。我在前一章曾经说过，资本家的垫款（换句话说，就是生产费用），完全是劳动的工资。在资本家的支出中，不论哪一部分，不是工资，就是先前的利润，不是先前的利润，就是工资。然而，地租作为一个要素，不能分解为利润或工资，所以我们当时不得不暂时假定，资本家无须支付地租，即对已被占有的自然要素的使用，无须支付一个等值。我曾许诺，将在适当的地方，证明这一假定是可以允许的，证明地租决不构成生产费用或资本家垫款的任何一个部分。我这种主张的根据，现在已很明白。农场主全部负担地租，其他生产者阶级大部分负担地租，这确是事实。但是，如上所述，凡是耕种土地并负担地租的人，都能获得其能力大于无须付租金的其他同类工具的一种工具，作为他负担地租的报酬。工具的优良程度，与所付的地租（或租金）恰成正比。如果有几个人拥有其动力大于现有的一切蒸汽机的蒸汽机，而由于受各种自然法则的限制，这种蒸汽机的数量不能满足需要，此时，某制造业者为了想获得这样的一架蒸汽机，而愿意支付租金，这笔租金不能算是他的多余支出。这是因为，由于使用了这架蒸汽机，他就能在其他支出上节约相等（相等于购买这种蒸汽机的费用）的价值。他如果没有这种蒸汽机，那么，除非他增加一笔相当于那笔租金的费用，否则就不能完成同样的工作量。对土地来说，也是如此。真正的生产费用，是最劣等地所必需的生产费用，或是在最不利情况下使用资本所必需的生产费用。这种土地或资本，如上所述，没有地租。但是，这种土地所必需的费用，使得其他一切土地或其他一切农业资本，以地租的形态负担同样的费用。凡是支付地租的人，都从额外利益中取回其全部价值。因此，他支付地租，并不使他处于比他的同行更不利的地位，而只是处于与其相等的地位。他的同行虽然不付地租，但其所用工具的效率较差。

以上，我们已经说明了调节土地、劳动和资本的生产物分配的法则，不过这种说明，还没有单独讲到文明社会的分配要受其影响的媒介，即交换和价格机制的法则。要更完全地阐明和最终证实我们所研究的法则，并推断出其最重要的结果，先得说明交换和价

格机制的性质和作用。但因这一问题牵涉面很广而且十分复杂，故有另设一编的必要。

第 三 编

交　　换

第一章　论价值

第一节　绪言

我们现在将要讨论的问题，在政治经济学上占有非常重要和令人注目的地位，因此，某些思想家以为，它的界限就是这门科学本身的界限。一位杰出的著述家曾建议将政治经济学称为“Catallactics”，或交换学，另一些著述家则建议称之为价值科学。如果我认为这些名称在逻辑上是正确的，我就必定在我们的研究开始时讨论有关价值的各种基本法则，而不延缓到第三编才讨论；这个问题可以这样长久地展缓讨论，就充分证明，有关政治经济学性质的这种看法过于狭窄。确实，在前两编中，我们就不得不预行讨论价值理论的一小部分，特别是讲到了劳动和土地的价值。然而很明显，在政治经济学的两大部门——财富的生产和财富的分配中，只有后者与价值问题有关；而且后者也仅就分配动力为竞争而非惯例或常规而言，才与价值问题有关。即使社会安排不取决于交换，或者不许交换，生产的条件和法则也仍将同现在一样。甚至在现在的产业生活制度下（在这个制度下，职业划分越来越细，从事生产的一切人的报酬都取决于某一特定商品的价格），交换也不是产品分配的基本法则（同道路和马车不是运动的根本法则一样），而只是分配产品的手段的一部分。这些观念的混同，我认为不仅是逻辑上的错误，而且是实际上的错误。这是政治经济上很常见的一种错误，即对由事物本质产生的必然性与由社会组织产生的必然性不加区别。这种错误，我认为经常会产生两种对立的坏影响，即，一方面，使政治经济学家们将他们的学科的只是暂时性的真理列为永久而普遍的法则；而另一方面，使许多人将有关生产的一些永久法则（例如限制人口的必要性所依据的那些法则）误认为是产生于现有社会结构的偶发事件，有意构造社会组织新体系的那些人可以任性地置之不理。

但是，在产业体系完全以买卖为基础，每个人多半不是依靠他自己参加生产的物品，而是依靠通过出售之后继以购买的双重交换而获得的物品生活的社会状态下，价值问题却是根本问题。在这样构成的社会内，几乎一切有关经济利害关系的思考都包含某种价值理论。在这个问题上的错误即使是极小的，也会使我们的其他一切结论产生相应的错误；我们的价值概念中存在任何含糊不清之处，都会使其他一切概念产生混乱和含糊。幸运的是，在价值法则中已没有什么要留给现在的著述家或任何未来的著述家去澄清；有关这个问题的理论是完满的，需要克服的惟一困难是如何说明这一理论，使应用这一理论所产生的主要困惑得以预先解除；而要这样做，不可避免地要进行琐细的说明，因而要求读者具有充分的耐心。然而，读者（如果他对于这种研究缺乏经验）将为此得到很多报偿：他完全理解了这一问题，就能够容易而迅速地了解政治经济学的其余大多数问题。

第二节　使用价值、交换价值和价格的定义

我们必须从确定用语开始。亚当·斯密在常常引用的一段话中曾说到价值一词在意义上最明显的含混；即，在一种意义上，它表示有用性，在另一种意义上，则表示购买力；用他自己的话来说，就是使用价值和交换价值。但是，（正如德·昆西先生所说）亚当·斯密在说明这双重意义的时候，他自己也陷入了另一种含混。（他说）使用价值极大的物品，其交换价值往往极小，甚至根本没有；这是正确的，因为不需劳动或牺牲就能够得到的物品，无论它如何有用，如何为人所需要，都不能索取代价。可是，他接着又说，交换价值极大的物品，例如钻石，其使用价值可能很小，甚至根本没有。这里"使用"一词不是在政治经济学的意义上使用的，而是在与享受相对立的另一种意义上使用的。哲学家或道德家对于各种使用所作的比较评价，与政治经济学毫无关系。在政治经济学上，一件物品有用是指它能满足某种欲望或达到某种目的。钻石在很大的程度上具有这种能力，如果它没有这种能力，它就不会具有任何价格了。使用价值，或者按照德·昆西先生的说法，目的价值（teleologic value），是交换价值的极限。物品的交换价值，可以在任何数量上低于它的使用价值；但是，说物品的交换价值可以高于它的使用价值，却包含着矛盾；这种说法意味着，人们为了获得某一物品，作为满足他们的嗜好的手段，而愿意付出比他们对这一物品所估计的最高价值更高的价值。

价值一词在没有附加语的情况下使用时，在政治经济学上，通

常是指交换价值；或者按照亚当·斯密及其后继者的说法，指可交换的价值，这一用语，无论引用多少权威的话来辩护，也决不是好英语。德·昆西先生以交换价值来取代，这是极好的。

交换价值必须与价格区别开来。早期的政治经济学家将价值和价格作为同义语使用，甚至李嘉图也没有对它们加以区分。但是，近代最严谨的著述家们为了避免在一个观念上耗费两个良好的学术用语，已用价格一词来表示就货币而言的物品的价值，即某一物品可以换得的货币数量。因此，今后如说某一物品的价格，我们是指它用货币表示的价值；如说某一物品的价值或交换价值，是指它的一般购买力，即拥有这一物品对于一般可购商品所具有的支配力。

第三节　一般购买力是指什么

但是，这里需要作出进一步的说明。对一般商品的支配力是指什么？同一物品同某些商品交换可以换得很大数量，同另一些商品交换则只能换得很小数量。一套衣服可以换得大量面包，但只能换得很少量的宝石。某一物品的价值如与某些商品交换可能在上升，如与另一些商品交换则可能在下降。一件上衣所能换得的面包，今年可能少于去年，如果今年的收成不好，但是这件上衣却可以换得较多的玻璃或铁制品，如果对这些商品课征的某种租税免除了，或者它们的制造方法已有改进。在这些情况下，上衣的价值是下降了呢，还是上升了？我们既不能说是下降，也不能说是上升，而只能说，就一种物品而言，上衣的价值下降了，而就另一物品而言，上衣的价值是上升了。但是，还存在着另一种情况，它使任何人都可以毫不踌躇地断定，上衣的价值发生了什么变化，这种情况就是，使交换价值发生变动的原因，是直接影响上衣本身的某种东西，而不是影响面包或玻璃的东西。例如，假定发明了一种新的织机，以致织造宽幅毛料的费用可以比过去减少一半。由此产生的结果，是使上衣的价值降低，而上衣的价值如果是由于这个原因而降低，则它不仅就面包或玻璃而言是降低了，而且就一切可购物品（除了那些碰巧由于类似的原因而价值也同时下降的物品以外）而言也是降低了。因此，我们应当说，上衣的交换价值或一般购买力降低了。一般交换价值的观念产生于以下事实，即，确实存在着这样的原因，它们趋向于改变一种物品同一般物品相交换的价值，这里所谓的一般物品，是指所有那些未受具有类似趋向的原因影响的物品。

在科学地考察交换价值时，较为方便的做法是，只讨论发生于所考察的商品的各种原因，其他一些原因均略而不谈。发生于同这种商品相比较的其他各种商品的那些原因，影响这种商品相对于那些商品的价值；但发生于这种商品本身的那些原因，则影响这种商品相对于一切商品的价值。为了使我们的注意力更加集中于发生于这种商品本身的原因，假定除这种商品以外一切商品的相对价值都保持不变，比较合适。当我们考察谷物价值上升或下降的原因时，我们假定毛织品、丝织品、刀具、糖和木材等对谷物的购买力虽有变动，但它们相互交换的比例一仍其旧。按照这一假定，这些商品中的任何一种，都可以看作是其他各种商品的代表。这是因为，不管谷物的价值相对于某一商品而言发生什么变动，它相对于其他一切商品而言都会以同样的方式和同样的程度发生变动；因此，我们所须考察的只是，按某一物品计算谷物的价值是上升还是下降。所以，谷物的货币价值或价格，可以像其他任何物品那样，代表谷物的一般交换价值或购买力；由于具有这种代表性，显然也是为了方便起见，我们将常常利用谷物的货币价值或价格来讨论问题；但这要具有如下的条件，即，货币本身的一般购买力不变，除我们正在考察的那种物品以外其他一切物品的价格也不变。

第四节　价值是一个相对的术语。价值的一般上升或下降是一种自相矛盾的说法

按照我在上面对价值和价格所下的定义，二者的区别十分明显，似乎不必再作任何说明。但是，在政治经济学上，最大的谬误往往起因于忽视最明显的真理。这种区别是很简单的，但由此产生的各种推论，不熟悉价值问题的读者宜尽早充分理解。其主要推论之一如下。物价的普遍提高是可能的。一切物品的货币价格都可能提高。但是，价值的普遍提高却是不可能的。这是一种术语上的矛盾。商品 A 的价值提高，只是由于它能换得较多的商品 B 和商品 C；在这种情况下，商品 B 和商品 C 只能换得较少的商品 A。一切物品相互涨价是不可能的。如果市场上有一半商品的交换价值上升，这种说法本身就意味着另一半商品的交换价值下降；反过来说，前者下降意味着后者上升。互相交换的物品不可能全部跌价或全部涨价，一如12个赛跑者不可能每个人都跑胜，亦如100

棵树不可能每棵树都长得最高。这个真理是很简单的，但我们马上就可以看到，理论家和所谓注重实际的人最相信的某些学说，却忘记了这一真理。我可以先举出大多数人十分重视一般物价的上涨或下跌，作为一个例子。因为某一商品的价格上涨，通常表明它的价值上升，因此如果一切物品的价格上涨，人们就隐约地感到一切物品的价值都同时上升了，一切所有者都发财了。一切物品的货币价格都上涨或下跌，倘若这种上涨或下跌是相等的，并且撇开现有的各种契约不谈，则这种上涨或下跌实际上毫无意义。它不影响任何人的工资、利润或地租。每个人在前一种情况下得到的货币较多，在后一种情况下得到的货币较少；但是，他们用货币购到的物品既不比过去多，也不比过去少。它所造成的惟一差别，只是用以计算的筹码有多有少。在这种情况下，价值真正变动的物品只是货币；而获得利益或受到损失的人只是货币所有者，或必须收取或支付定额货币的人。如果领年金者和债权人获得利益，则必须支付年金和负有债务的人受到损失，反之则相反。简单地说，固定的货币契约将由此受到干扰；而这种干扰，无论是对债务人有利，还是对债权人有利，都是一种弊害。但是，对今后的交易来说，则对任何人都没有什么影响。因此，应当记住（各种场合也常常会使我们想到），价值的普遍提高或普遍下降是一种自相矛盾的说法；价格的普遍上涨或普遍下跌仅仅等于货币价值的变动，这只影响现有的固定金额收付契约，并（必须加上）影响货币生产者的利益，除此之外，便毫无任何其他影响。

第五节　价值法则在应用于零售交易时应如何修改

在开始研究价值法则和价格法则之前，我要进一步作一些说明。我要预先作以下说明以后就不再作此说明了，在我所考察的各种情况下，价值和价格仅仅由竞争所决定。它们只是在如此决定时，才能归纳为一个可以确定的法则。必须假定，买主力求贱买，卖主则力求贵卖。因此，我们的结论所能适用的价值和价格，是商业价值和价格；这种价格是市价一览表上所载的价格，是批发市场上的价格，在这种市场上，买卖都是营业行为，买主力求知道（一般也确实知道），具有一定质量的某一商品以什么最低价格可以买到。因而，在这种市场上如下的格言是正确的：质量相同的物品，在同一市场上不能有两种价格。所以，我们的命题，对于零售价格来说，即对于在商店购买个人消费品所付的价格来说，只是在有限得多的意义上说才是正确的。个人消费品，在不同的商店，甚或在同一商店，常常不仅有两种价格，而且有许多种价格：习惯和偶发事件，同一般原因一样对此大有影响。为供个人使用而购买物品，即使买主为实业界人士，也不总是依循营业原则。在赚钱的活动上起作用的感情和在花费所得的活动上起作用的感情，往往迥然不同。大多数有钱的人或者由于怠惰，或者由于不介意，或者为了摆阔，在购买消费品时所付的价款远远高于必须支付的金额；而贫民由于无知和缺乏判断力，没有时间进行搜寻和调查，以及屡见不鲜的公开或隐蔽的胁迫，也往往付价过高。由于这些原因，决定批

发价格的各种原因没有完全以可以料想的那种规则性对零售价格发生作用。这些原因所产生的影响在零售市场上终究是可以感知的，因而也是零售价格的变动具有普遍性和永久性的真实根源。但是，这里不存在有规则的、严格的一致性。同样的优质皮鞋，不同的店铺可以以大不相同的价格出售；皮革的价格下跌，往往不会导致比较富裕的阶级的买主们买鞋时所付的价款减少。不过，皮鞋的价格有时也会下跌；而当皮鞋的价格下跌时，其原因一般总是皮革跌价。而当皮革跌价时，即使在有钱人经常光顾的鞋店里没有看到其所产生的影响，但工匠和工人一般却能以较低的价格买到皮鞋，贫民习艺所或军队所需皮鞋的契约价格也会明显降低。在一切有关价格的推论中，都必须了解如下的前提条件，即："假定所有的当事人都照顾他们自己的利益。"忽视这些区别，导致人们不适当地应用政治经济学的各种抽象原理，更常见的是使人们错误地怀疑那些原理（因为他们往往用那些原理所不包括的各种事实，或者他们误认为适用那些原理的各种事实，来同那些原理相比较）。

第二章　论需求和供给，以及它们与价值的关系

第一节　价值的两个条件：效用和获得的困难

某一物品要有交换价值，必须具有两个条件。它必须具有某种效用，即，（如前所述）它必须得有助于实现某种目的，满足某种欲望。任何人都不会为了取得对自己没有用处的物品，而支付某种价格，或放弃对自己有某种用处的物品。但是，第二，这种物品不仅必须具有某种效用，而且在它的获得上必须存在若干困难。德·昆西先生说[①]："任何物品要获得那种称为交换价值的人为价值，首先它本身必须是达到某种理想目的的手段；其次，即使它无可争辩地具有这种初步的有利条件，如果能够无偿地、无须作出努力就获得它，它也决不会具有交换价值；后一条件是必要的限制因素。因为，往往会出现以下情况，即，某种称心如意的物品可以无偿地取得；一弯腰，你就可以把它拾到手；但是，这种持续不断的弯腰动作，需要作出辛勤的努力，因而你很快就会发觉，你捡拾物品实际上不是无偿的。在加拿大的大森林里，时时能够无偿地采集可以装几只船的野生草莓，但是由于弯腰的姿势和十分单调的劳动令人疲惫不堪，可以不用多久谁都乐于雇人去做这种工作。"

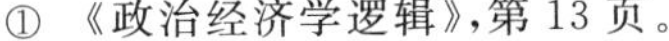

① 《政治经济学逻辑》，第 13 页。

正如前一章所指出的，某一物品在买主评价中的效用，是该物的交换价值的极限。它的价值不能超出这一限度；除非特殊情况提出这样的要求。德·昆西先生恰当地对这个问题作了说明。“走进几乎任何一家店铺，购买你所看到的第一种商品，这种商品的价格是什么决定的呢？十之八九是由要素D，即获得的困难决定的。另一要素U，即内在的效用，对此完全不起作用。假定这种商品（按照它的效用来估量），就你的目的而言，值10畿尼，你就会拿出10畿尼来购买，而不愿意放弃它；可是，如果生产这种物品的困难只值1畿尼，则1畿尼就是它所具有的价格。但是，U不发生作用，我们就能够认为U不存在吗？不能；因为，如果它不存在，毫无疑问，即使以最低的价格就可以买到这种商品，你也不会购买。U虽然不影响价格，对你却有影响。另一方面，我们假定情况与此相反（虽然这种情况极为罕见）。你坐在苏必利尔湖中的一艘轮船上，前往远离文明800英里的无人地带，意识到在未来的10年中完全没有机会购买任何奢侈品（小型的或大型的）。同行的一位旅客带有一个漂亮的配乐鼻烟盒，在日落以前你就要同他分别；根据经验，你知道这一玩具有控制你自己的感情的能力，你时时可以利用它使你的激动心情平静下来，因此你急切地想把它买到手。在离开伦敦的时候你忘了购买，现在是最后的机会。但是，持有这一玩具的那位旅客同你一样地知道你的处境，决心利用这个买卖尽可能将价格抬高到远远超出U的程度，即大大超过你按照个人的目的对这一物品所估算的内在价值。在这个场合，他完全不考虑D的控制力和缓和作用；最后，虽然这种玩具你在伦敦或巴黎可以用6畿尼买到一整车，但是当最后的钟声敲响，告诉你现在不买，你将永

远没有机会购买时，你将宁愿付出 60 畿尼，而不愿放弃这个机会。同前述情况一样，这里也只有一种要素在起作用，前者为 D，后者为 U。但是，D 虽然不起作用，毕竟并非不存在。D 不发生作用，使 U 得以发挥它的全部作用。好像在一架抽水机里，由于 D 的压缩作用已被消除，U 就像机内的水脱离空气的压力而喷出时那样发生作用。但是，很明显，纵然价格〔不是由 D 而〕是由另一者(指 U——译者)决定的，你还是把 D 放在心上；因为任何交换价值只有 U 和 D 同时存在才能形成，而且，无可争辩，在你同意把价格提高到 U 的限度以前，你对这个 D，即获得的极端困难(这时是可能存在的最大的困难，也就是获得的不可能性)，一定作过周密的考虑。特殊的 D 已经消失；但是，在你的心目中，它已为没有限度的 D 所取代。不容置疑，你已完全承认 U 是决定价格的力量；但是你仍感到 D 隐而不见地存在着。不过 D 没有什么实际的力量，因而它对价格不起任何作用——这就造成一种完全的真空，由于这种真空的存在，U 才能发挥其最大的和极限的作用。”

这种价值完全取决于买主的需要和欲望的情况，就是严格的、绝对的垄断；在这种情况下，买主想得到的物品只能从一个人那里获得，因而这个人可以强行索取任何代价，只要价格不超出一定的限度，总能找到买主。但是，即使在完全垄断的情况下，价值提高到这一极限，也不是一种必然的结果。这一点，在我们考察了价值依存于另一要素，即获得某一物品的困难程度的法则以后，就可以理解。

第二节　获得商品的三种困难

决定价值的获得的困难，并不总是同一种困难。它有时在于供给的绝对限制。有些物品要超出一定的狭隘界限来增加数量，按自然法则来说是不可能的。例如只能在具有特殊的土壤、气候和日照的情况下生产的某种葡萄酒就是这样。古代雕塑、古代名家的绘画、善本书和稀有的古币及其他古玩也是这样。面积有限的城市（例如威尼斯或需筑城防护的城市）中的房屋和建筑用地、任何城市中最理想的地点、自然景观不佳的那些地方风景特别好的房屋和庭园，都可以列入这一类。一切土地都有成为这种商品的可能性；在土地全被占有和耕作的国家，实际上也许就是这样。

另一种情况是，获得商品（包括大部分能够买卖的物品）的障碍只是生产这种商品必须付出劳动和费用。这种商品，不付出一定的劳动和费用，是无法获得的。但是，任何人如果愿意承担这些花费，就可以无限量地增加这种产品。如果有足够的劳动者和足够的机械，棉织品、毛织品或亚麻布制品的码数就可以比现在增加几千倍。毫无疑问，由于地球不能提供过多的原材料，产量达到某种程度就会停止增加。然而就政治经济学的目的而言，无须考虑这种想象的限度什么时候会成为实际的限度。

第三种情况，介于上述两种情况之间，而略为复杂。这种情况现在我只能简略地提一下，但它在政治经济学上是极为重要的。有一些商品能以劳动和费用无限量地增加，但不能以固定数量的劳动和费用无限量地增加。一定的费用只能生产有限的数量；如要生产更多的数量，就必须付出更多的费用。前面曾多次提及，农产品及一般地说土地的一切天然产物都属于这一类；这一特殊性造成了一些极其重要的结果；结果之一是必须限制人口；另一结果是必须支付地租。

第三节 数量绝对有限的商品

三类商品的情况已如上述；一切能够买卖的物品必然属于这三类之一，我们将依次加以考察。首先考察数量绝对有限的物品，例如古代雕塑和绘画。

关于这类物品，人们通常都说，它们的价值取决于它们的稀少性。但是，就我们的目的而言，这种说法不够明确。另外一些人说，它们的价值取决于需求和供给，这一说法较为精确。然而，即使是这一说法，也需要作许多解释，才能清楚地说明某一物品的价值和产生这种价值的原因之间的关系。

某一商品的供给是一个容易理解的用语。它是指提供出售的数量；也就是有意购买的人在一定的时间和地点所能购买的数量。但是，需求的含义是什么呢？它不仅是指对于商品的欲望。乞丐可能希望获得一块钻石；不过，无论他的欲望如何强烈，也不会对价格发生影响。因此，著述家们都对需求一词的含义作比较狭窄的解释，将它定义为兼备购买力的占有欲。为了区分这专门意义上的需求和与欲望同义的需求，他们称前者为有效需求[①]。有了这

① 亚当·斯密引入了“有效需求”这一用语，用以表示这样一些人的需求，这些人

个说明，通常人们就以为不存在别的困难了，因而都认为，价值取决于上述定义下的有效需求与供给之间的比率。

但是，这些用语是不能使要求观念清晰及其表达十分精确的人们感到满意的。说名称不同的两种事物之间会有比率，这是非常不恰当的说法，其中必然有混淆不清的地方。在某一数量与欲望（即使是兼有〔购买〕能力的欲望）之间怎么能有比例呢？需求与供给之间的比率，只有将需求解释为需求量，并将这一比率解释为需求量与供给量之间的比率，才易于理解。可是，需求量即使在同一时间、同一地点也不是固定不变的；它是随同价值的变动而变动的。物品价格低廉的时候，其需求量通常大于价格高昂的时候。因此，需求部分地取决于价值。然而，如前所述，价值是取决于需求的。我们将如何摆脱这个矛盾呢？将如何解决二者相互决定这一悖论呢？

虽然这些疑难问题的解答是十分明显的，但这些疑难问题本身并不是空想出来的。我如此明白地提出这些疑难问题，是因为我确信，任何研究这一题目的人，若没有老实地面对并清楚地认识到这些疑难问题，都会被这些疑难问题所困扰。毋庸置疑，一些人已对它们作出了正确的解答，可是，除了敏锐的思想家、灵巧的解说者 J. B. 萨伊以外，我想不出还有什么人在我之前作出了这种解答。然而，如果不是一些著作显示出对这一点了解不够，如果不是德·昆西先生的事例表明，即使极其聪颖、其研究又与这个论题密

愿意并且能够为商品支付他所称的自然价格，所谓自然价格就是使商品得以长期生产并供给市场的价格。参阅《国民财富的性质和原因的研究》上卷第七章“论商品的自然价格与市场价格”。

切相关的人也会完全看不到并含蓄地否认这一点，我本来还以为，一切政治经济学家都熟知这一点呢。

第四节　这类商品的价值法则及其需求和供给的方程式

让我们将需求一词理解为需求量，并记住需求量不是固定不变的，一般地说它会随同价值的变动而变动，然后假定，需求在某个时候超过供给，就是说，人们准备按市场价值购买的数量，大于市场待售的数量。在这种情况下，买主会相互竞争，致命价值上升。上升多少呢？（也许有人会这样想：）按不足的比例上升，即如果需求超过供给三分之一，价值也上升三分之一。绝非如此。因为当价值上升三分之一时，需求仍可超过供给；即使价值已经上升，需求量仍有可能大于现有的数量，因而买主之间的竞争还会持续进行。如果这种物品是生活必需品，则人们宁愿以任何价格购买，而不愿放弃不买，三分之一的供给不足，可以将价格提高 1 倍、2 倍或 3 倍。[①]或者相反，竞争在价值提高到与不足的程度成比例以前就有可能停止。价值上升不到三分之一，买主们就无法以其资力或不愿将这种物品全部买下。那么，价值的上升将停止于哪一点呢？停止于使需求和供给均等的一点（无论这一点在哪里），即停止于这种价格：它能消除那多余的三分之一需求，或者能招致另外

① “在美国，虽然歉收的程度最多不超过平均年产量的六分之一到三分之一，而且这种歉收由于外国的供给而得到了缓和，但谷物的价格却上涨了 1 倍到 2 倍，甚至 2 倍以上。如果收成不足达到三分之一，而往年没有任何剩余，也不可能通过进口得到缓解，谷物的价格就可能提高 5 倍、6 倍，甚至 10 倍。”（图克：《物价史》第 1 卷，第 13—15 页。）

一些卖主以满足多余的需求。当这两种方法中的一种，或这两者的相互配合，使需求得以和供给相等，而不超过供给时，价值的上升就会停止。

相反的情况也同样简单。让我们假定供给超过需求，而不是需求超过供给。现在竞争是发生在卖方。多余的数量只有靠引致与其相等的额外的需求才能找到市场。这可以通过降低价格的方法来实现；价值降低，就可以使更多的顾客能够购买这种物品，或者引诱原先的消费者更多地购置。恢复均衡所必需的价值下降，随情况的不同而不同。一般地说，价值下降最多的是两类截然不同的物品，即绝对必需品和只有少数人能享用的特殊奢侈品。就粮食而言，由于已有充足粮食的那些人不会因其价格低廉而多购，而宁愿拿在粮食上节省下来的钱用来购买其他物品，所以，正如经验所表明的，价格低廉所引起的消费增加，只会消除由于丰收而增加的供给的一小部分。[①]实际上，价格的下跌只是在如下两种情况下才会停止，一是农民收回谷物，待价而沽，一是投机商人在谷物价格低廉时收购并囤积起来，待需要更为迫切时再行出售。需求和供给或者由于需求增加（价格低廉的结果）而得到平衡，或者由于收回一部分供应量而得到平衡，二者必居其一。

由上述可见，比率（如需求和供给之间的比率）这一观念是不恰当的，是与问题无关的。适当的数学比拟，是方程式。需求和供给，即需求量和供给量，总会得到平衡。如果在某一时刻二者不平衡，竞争会使它们平衡，而实现平衡的方法就是调整价值。需求增加，则价值上升；需求减少，则价值降低。另一方面，供给减少，则

① 参阅图克：《物价史》，以及1821年农业委员会的报告。

价值上升；供给增加，则价值下降。价值的上升或降低将继续下去，直到需求和供给再度平衡为止。某一商品在任一市场上的价值，就是在那个市场上使需求恰好与现有的或预期的供给相等的价值。

以上所述，就是关于不能任意增加的一切商品的价值法则。毫无疑问，这种商品属于例外。种类比这多得多、数量又可以无限增加的那类物品，具有另外的法则。但是，清楚地理解和切实地掌握关于这种例外情况的理论，也是有必要的。首先，人们会看到，这对于理解较为普遍的情况大有助益。其次，关于这种例外情况的原理，较之最初人们所想象的，其所延伸的范围更广，所包含的事例也更多。

第五节　受上述法则制约的各种情况

在供给上自然地而且必然地受到限制的商品是极少的。但是，却可以人为地限制任何商品的供给。任何商品都可以成为垄断的对象，例如 1834 年以前的英国茶叶、现在法国的烟叶和英领印度的鸦片。被垄断的商品的价格，通常被认为是任意规定的，取决于垄断者的意愿，其惟一的限制（像德·昆西先生所举的配乐鼻烟盒在美国未开发地方的事例那样）是买主对其价值的最终评价。这在某种意义上是正确的，然而，就价值依赖于供给和需求而言，并没有构成例外。垄断者可以在消费者能够支付或愿意支付的限度内随意决定价值；但是，他只能通过限制供给来这样做。荷兰东印度公司能以垄断价格出售香料群岛（Spice Islands）的产品，但是，为了做到这一点，该公司不得不在香料丰收的时节销毁一部分收获。假如该公司坚持要销售其所生产的全部产品，那它就必然会大大降低售价，以致销售量较大时其所获得的赢利总额比销售量较小时还少。至少，该公司在销毁剩余香料时抱有这种看法。德·昆西先生所举的例子中的那个惟利是图的人，如果持有两个配乐鼻烟盒，而想把这两个都卖掉，即使是在苏必利尔湖，他也不能以每个 60 畿尼的价格出售。假定每个配乐鼻烟盒的成本价格为 6 畿尼，那他将宁愿出售两个共得 70 畿尼，而不愿只卖一个得 60 畿尼。这就是说，虽然他具有极大的垄断权，60 畿尼也不超过买主对这一物品的评价（就其用途而言），他仍会以每个 35 畿尼的价格出售这两个配乐鼻烟盒。因此，垄断价值并不依存于特殊的原理，它只是通常的需求和供给状况的一种变形。

另一方面，虽然供给在任何时候都不能增加（永远不能增加）的商品为数不多，但是任何商品都暂时会出现这种情况；对某些商品来说，这种情况还经常发生。例如，农产品在下一收获期以前，它的数量是不能增加的；世上现存的谷物量是下一收获期以前人们所能获得的全部数量。在这期间，谷物同数量不能增加的物品实际上是一样的。就少数商品而言，其数量的增加也需要经过一段时间；因此，如果需求增加，在相应的供给涌现出来以前，即供给能够与需求相适应以前，价值将会上升，以使需求适应于供给。

另一种情况则与此恰好相反。某些物品，其供给可以无限增加，但不能迅速减少。有些物品经久耐用，因而现有的数量与年产量相比，一直是很大的。黄金和其他比较耐用的金属都属于这一类；房屋也是如此。这种物品的供给可以通过销毁而立即减少；但是，销毁物品只有在如下情况下才对其所有者有利，即，其所有者具有对这种物品的垄断权，销毁一部分这种物品可以经由余下部分的价值增加而得到补偿。因此，这种物品的价值会因供给过多或需求减少而长期过低，使今后的生产处于完全停止的状态。供给由于消耗而减少的过程是十分缓慢的，因而即使生产完全停止，要恢复原先的价值，也需要很长的时间。在这期间，价值将完全由供给和需求决定，并将由于现存物品的消耗而逐渐上升，直到价值恢复到生产能够得到报偿，生产才又开始。

最后，还有一些商品，虽然其数量可以大大增加或大大减少，甚至可以无限增加或无限减少，但其价值仍完全取决于需求和供给。劳动这一商品尤其是这样。关于这种商品的价值，我们已在前一编作过详细的论述。此外还有许多情况，我们会看到，为了解决有关交换价值的困难问题，也有必要应用这一原理。在我们论述国际价值的时候，这一点将详细地举例说明。所谓国际价值，就是不同国家（或者比较笼统地说，相隔很远的地方）生产的物品之间的交换条件。但是，要讨论这些问题，我们必须先探讨其数量可以无限增加和任意增加的各种商品的情况，并弄清它们的永久价值，除需求和供给法则以外，还由什么法则决定。我们将在下一章讨论这个问题。

第三章　论生产费用及其与价值的关系

第一节　不增加费用就能无限增加的各种商品，它们的价值法则，生产费用

如果生产某种商品要花费劳动和费用，则无论这种商品能否无限增加，都有一种最低价值，这一价值是这种商品能够长期生产的基本条件。价值在任何时候都是供给和需求相互作用的结果，常常是为现有的供给创造市场所必需的。但是，如果这一价值不足以补偿生产费用，并提供通常期待的利润，人们就不会继续生产这种商品。资本家不会在亏本的情况下长久地继续生产。甚至利润少于他们得以维持生活的数额，他们也不会继续生产。已经投下资本而不能轻易抽回的人们，会抱着营业将好转的希望，在没有利润的情况下长期坚持生产，甚至亏本也继续生产。但是，他们不会无限期地这样做，或者说，如果没有迹象表明情况有希望好转，他们不会这样做。某一行业不仅要能提供人们期望得到的若干利润，而且这种利润还必须等于当时当地其他任何行业所能期望的利润，才会有新的资本投入（当然还得从其他方面考虑该行业是否适宜投资），否则，人们就不会这样做。在显然不能得到这种利润时，

即使人们不实际抽回他们的资本,人们至少也不会再补充已经消耗的资本。因此,生产费用加上通常的利润,可以称为劳动和资本所生产的一切物品的必要价格或价值。没有人明知会亏本还愿意生产。谁要是这样做,必定是出于估计错误,他会尽快地加以改正。

如果某种商品不仅是由劳动和资本制造,而且还能由它们无限量地制造出来,那么,这种*必要价值*,即生产者可以同意的最低价值,在竞争自由而激烈的时候,也是他们所能期望的最高价值。如果一种商品的价值,在补偿其生产费用时,不仅提供通常的利润,而且还提供更高的利润,资本就会蜂拥而至,以分享这种额外利润,并通过增加这种物品的供给而降低它的价值。这不仅是一种假定或推测,而且是熟悉商业活动的那些人所熟知的事实。每当新的行业出现,可望获得异常多的利润,或者原有的某种商业或工业被认为可以产生大于通常利润的利润时,这种商品就一定会在短期内大量地生产或输入,从而不仅消除额外利润,而且通常会走得更远,使价值像过去提得过高一样降得过低;直到进一步的生产完全停止或部分停止因而过剩的供给被制止,这种下降才会终止。如前所述,生产数量的这些变动不必以人们改换行业为前提。营业兴旺的那些人将更多地利用自己的信用来增加生产物,而得不到通常利润的那些人则将缩小他们的业务,并(拿工业用语来说)缩短工作时间。由此而可以稳当而迅速地使各行业的预期利润(也许不是利润)均等化。

因此,一般说来,各种物品趋向于以能够使每一个生产者补偿生产费用并获得通常利润的价值相互交换;换句话说,以能够使一

切生产者就其支出取得同等利润率的价值相互交换。但是，为了使在支出，即生产费用相等的地方利润也相等，一般说来，各种物品就必须以它们的生产费用的比率相互交换；生产费用相等的物品，必须具有相等的价值。因为只有这样，相等的支出才能产出相等的利润。如果一个农场主用相当于1000夸特谷物的资本，能够生产出1200夸特谷物，从而获得20%的利润；那么，在同一时期，能以1000夸特的资本生产出的其他任何物品，都必须具有1200夸特谷物的价值，即能与1200夸特谷物相交换，否则生产者的利润将多于或少于20%。

亚当·斯密和李嘉图将一种物品与其生产费用成比例的价值，称为这一物品的自然价值（或自然价格）。他们的这个名词指的是这样一点：价值在它的周围摆动，并且总是趋向于回到这一点；按照亚当·斯密的说法，是指中心价值，物品的市场价值总是朝向这一价值；与自然价值的任何背离都只是暂时的不规则，在其出现的时刻，也就使矫正这种背离的力量发生了作用。从多年的平均水平来看，偏向中心线左方的摆动与偏向中心线右方的摆动能够充分抵消，因而市场价值与自然价值取得一致；但是，在任何特定的时候，二者完全一致的情况是很少的。大海处处趋向于某一水平面，但是它从未精确地处于水平状态；它的表面经常被波浪扰乱，而且往往因有狂风暴雨而波涛汹涌。这里只须指出：至少是在外洋，没有一处是经久不变地高于别处的。各处都时高时低；但整个大洋却保持着它的水平面。

第二节　这个法则由于供给的可能变动（而不是实际的变动）而发生作用

使各种物品的价值最终与生产费用取得一致的潜在力量，是如果两者不一致而商品供给可能发生的变动。如果一种物品持续以高于其生产费用的比率的价格出售，其供给就会增加，如以低于那一比率的价格出售，其供给就会减少。但是，我们不能由此认为，供给必须在实际上减少或增加。假定一种物品的生产费用由于某种机械发明而减少，或者由于某种赋税而增加。这种物品的价值不久（即使不是立即）就会在前一情况下降低，而在后一情况下提高；这是因为，如果不是这样，供给就会在前一情况下增加，到价格下跌为止，而在后一情况下减少，到价格上涨为止。由于这一原因，并由于人们错误地认为价值取决于需求和供给之间的比率，许多人便以为，每当商品的价值发生什么变动时，这一比率必定会随之变动；如果供给不是持续不断地增加，价值就不会由于生产费用的减少而降低；如果供给不是持续不断地减少，价值就不会由于生产费用的增加而提高。但是，事实并非如此，并不需要供给发生任何实际变动；即使发生实际变动，并且这种变动是永久性的，这也不是价值变动的原因，而是价值变动的结果。确实，如果不能使供给增加，则生产费用的减少便不会使价值降低。但是，供给的增加绝非必要。往往只要有这种可能性，就足以使价值降低；商人们都知道会发生什么事情，因而他们的相互竞争使他们能够通过降低价格来避免产生恶果，某种商品的供给在生产〔费用〕减少以后是否

会不断增加，完全取决于另一个问题，即价值降低后需要量是否增加。一般说来，需要量会增加，但并非必然如此。德·昆西先生说[①]："一个人对于直接有用的物品，在其价格下跌时更愿大量购买。丝帕的价格如果降低一半，他购买的数量也许会增加2倍；可是，他不会由于蒸汽机降低而买较多的蒸汽机。他对蒸汽机的需求几乎早已由他的处境决定。假如他对费用有所考虑，他考虑得较多的当为使蒸汽机运转的费用，而不是购买蒸汽机的费用。但是，有许多物品的市场绝对受先于它们而存在的某种体系（这些物品作为附属部分或组成部分从属于这一体系）的限制。我们怎么能够通过人为地降低钟表面盘的价格，促使其销售量多于钟表内部的机件或装置呢？葡萄酒窖的销售量，不增加葡萄酒的销售量，怎么能够增加呢？或者，当造船业停滞不前的时候，造船木工工具市场能够扩大吗？……向只有3000居民的一个城市提供一批棺材，无论价格多么便宜，都不能诱使这个城市买一付。又如提供许多游艇，由于游艇的主要费用是雇用员工，装贮粮食和修理工作，因而，单凭卖价低廉，决不能诱使其习惯和爱好不在这里的任何人到市场上来购买。主教、律师和牛津学生的制服也是如此。"然而，谁都不会怀疑，所有这些物品的价格和价值，最后都会由于它们的生产费用减少，以及人们担心新的竞争者加入和供给增加而降低。不过，新的竞争者经营其市场不能大大扩充的商品，会使自己面临很大的危险，这就使地位已经稳固的商人们，同他们在更加鼓励竞争的商品上所能做到的相比，更能长期地维持原来的价格。

另一方面，让我们把情况反过来，假设商品的生产费用由于诸

① 《政治经济学逻辑》，第230—231页。

如课税之类的原因而增加。这时价值会提高，而且很可能立即提高。供给会减少吗？只有在价值的提高使需求减少的情况下，供给才会减少。我们很快就会知道是否会产生这一结果。假如产生了这一结果，价值就会由于供给过多而稍微降低，到生产缩减为止，其后又会提高。有许多物品只有大幅度地提高价格，才能大大减少对它们的需求；生活必需品，诸如人们常吃的食物（在英格兰是用小麦粉制成的面包），尤其是这样；对现有的人口来说，按现在的成本价格消费的这种面包的数量，同价格大为降低时它的消费量也许几乎是一样的。可是，特别是这种物品，通常使人将价格上涨和供给不足混同起来。歉收以后，粮食价格会因供给不足而上涨；然而，举例来说，课税引起的价格上涨，或实行谷物法引起的价格上涨，与供给不足毫无关系，这些原因不会使一国的粮食数量大为减少，供给量由于这些原因减少的，与其说是粮食，不如说是其他各种物品，因为，人们在粮食上的支付增加，在其他物品上的支付就要减少。因而，其他物品的生产将因其需求减少而缩减。

所以，数量可以任意增加的物品，其价值（除有偶然情况及调整生产所必需的期间以外）并非取决于需求和供给；相反地，需求和供给取决于价值，这种说法是完全正确的。商品在按其自然价值或成本价值出售时会有一定数量的需求，供给最终总要与这一需求相一致。如果有时供给不能与这一需求取得一致，这或者是由于估计错误，或者是由于与此有关的某些因素发生了变化，例如自然价值或生产费用发生了变化，或公众嗜好、消费者人数或财富的变动致使需求发生了变化。造成失调的这些事情是很容易发生的，当发生其中某一事情时，物品的市场价值就不再与其自然价值相一致。真正的需求和供给法则,即需求和供给之间的方程式,是适用于一切情况的。如果与自然价值不同的另一价值为使需求与供给相等所必需,市场价值就会背离自然价值;不过这种背离是暂时的;因为供给的恒常倾向是与需求相一致,经验表明,这种需求是商品按其自然价值出售时所具有的需求量。供给超过或不及这一需求量,是偶然的,这时,利润率将高于或低于通常的比率;在竞争自由并积极开展的时候,这种情况不可能长期持续下去。

概括地说,不能无限增加的一切物品,其价值都由需求和供给决定;不过,即使是这些物品,如果它们是工业生产出来的,也具有其最低价值,这个价值是由生产费用决定的。但是,就可以无限增加的一切物品而言,则其需求和供给只是在变动供给所必需的期间(不能超过这一期间)决定价值的波动。需求和供给在如此控制价值摆动的同时,其本身又服从一种较为强大的力量;这一力量将价值引向生产费用,而且如果没有新的扰乱因素不断出现,使价值再度发生背离,价值就会停留并保持在那一点上。我们可以同样打比喻地说,需求和供给经常求取平衡,但稳定的平衡状态,只是在各种物品按照它们的生产费用或自然价值(按照前面的说法)相互交换时才存在。

第四章　对生产费用的最后分析

第一节　生产费用的主要组成部分——劳动数量

本书第一编已陈述了生产费用的各个组成部分。我们已看到，生产费用的主要组成部分是劳动，劳动如此重要，以至可以说是生产费用的惟一组成部分。生产某物品使生产者或者说一系列生产者花费的，是用来生产该物品的劳动。如果把提供垫支的资本家看作是生产者，便可以用工资一词取代劳动一词：产品使资本家花费的，是他不得不支付的工资。乍一看来，这似乎只是他支出的一部分，因为他不仅要向劳动者支付工资，而且还要向他们提供工具、原料，或许还有建筑物。不过，这些工具、原料和建筑物也是由劳动和资本生产出来的；它们的价值同借助于它们生产出来的物品的价值一样，取决于生产费用，而这种生产费用又可分解为劳动。毛料的生产费用并非仅仅由毛料制造商直接支付给织工的工资构成，还包括纺纱工人和梳毛工人的工资，或许还可加上牧羊人的工资，毛料制造商在购买纱线时，不得不支付所有这些人的工资。毛料的生产费用还包括建筑工人和制砖工人的工资，这两种人的工资，承包商是在修建厂房时以承包价格的形式支付的。毛料的生产费用还包括机器制造工人、铸铁工人以及矿工的工资。此

外还应加上运输工人的工资，是他们把生产工具和器械运到了工作地点，把产品运到了出售地点。

所以，商品的价值主要取决于(我们将马上考察是否完全取决于)生产商品所需要的劳动数量；生产这一概念也包括运输。李嘉图说[①]："例如，在评定袜子的交换价值时，我们就会发现它和其他物品相对而言的价值取决于制造它和把它运到市场上所必需的劳动总量。首先是耕种生产原棉的土地所需的劳动，其次是运送棉花到织造地的劳动，其中包括以运费形式收取的制造运棉船舶所投下的劳动的一部分；第三是纺纱工人和织袜工人的劳动；第四是修建织袜厂房和制造织袜机器的工程师、锻工和木工的一部分劳动；第五是零售商人以及其他无需一一列举的人的劳动。以上各种劳动的总和决定袜子所能交换的其他物品的数量，而对于其他物品所投下的各种不同劳动量的这种考虑，也会同样决定其交换袜子时所要付出的数量。

"为了使我们确信这是交换价值的真正基础，让我们假定原棉在织成袜子运到市场以交换其他物品以前所须通过的各种过程中，有一种节省劳动的方法已经获得了某种改良，并研究其所产生的效果。如果种植原棉所需人手比以前少，或者航运所用水手、建造运棉船舶所用的造船工比以前少，或者建造厂房机器所需人手比以前少，或建成后效率增加，那么袜子的价值就必然下降，因之其所能换取的其他物品也会减少。其价值之所以下降，是因为生产所需的劳动量减少了，因而在交换没有像这样节省劳动的其他物品时所能得到的数量也会减少。

① 《政治经济学及赋税原理》，商务印书馆 1962 年版，第 1 章第 3 节，第 18 页。

“劳动使用的节约必然会使商品的相对价值下降，无论这种节约是发生在制造这种商品本身所需的劳动方面，还是发生在构造协助生产这种商品的资本所需的劳动方面。不论是织造直接需用的漂白工、纺纱工、织袜工减少，还是关系较为间接的水手、搬运夫、工程师、锻工等减少，袜子的价格都会跌落。在前一种情形下，节省的劳动全部落在袜子方面，因为这一部分劳动完全用在袜子上；在后一种情形下，只有一部分落在袜子方面，因为其余部分是应用在一切可以利用这些建筑、机器和车船来进行生产的其他各种商品方面的。”

第二节　工资不是生产费用的组成部分

李嘉图的意思似乎是，生产某种商品并把该商品运至市场所花费的劳动数量，是决定该商品价值的惟一东西。但因为生产费用对于资本家来说不是劳动而是工资，因为在劳动数量保持不变的情况下，工资可以增多可以减少，所以似乎产品的价值并不能单独由劳动数量决定，而是由劳动数量和报酬共同决定；似乎一部分价值必然取决于工资。

要弄清这一点，就得记住，价值是个相对名词；某一商品的价值，指的不是该商品本身具有的某种内在的本质特性，而是该商品所能换得的其他物品的数量。必须时刻记住，某一物品的价值是相对于另外某一种物品或一般物品而言的。因而，一种物品与另一种物品的关系，是不会被同时影响这两者的原因所改变的。一般工资的升降，会以同样方式影响所有商品，因而并不能成为改变商品交换比例的原因。假定高工资可以带来高价值，也就等于假定价值可以普遍提高。但这从词语上说，是有矛盾的：说某些物品的价值高，便是说其他物品的价值低。错误产生于没有把注意力集中在价值上，而只是把注意力集中在了价格上。虽然价值决不会普遍上升，但价格却会普遍上升。一旦我们具有明晰的价值概念，我们就会明白，工资的高低与价值毫无关系，但人们普遍认为，高工资会带来高价格。这一命题的全部荒谬之处，只有在讨论货币理论时才能完全看清楚；此处只需说，如果这一命题是正确的，则工资实际上就不可能上升；因为如果工资的上升会使每样物品的价格也相应上升，则工资实质上也就根本不会上升。这无疑是一充足的反证，同时表明，确实有一些荒谬得令人惊奇的命题成了并一直是通俗政治经济学中博得人们信任的学说。还必须记住，即便假定价格有可能普遍提高，这种高价格对于生产者或商人也毫无用处，因为这种高价格虽然可以增加生产者或商人的货币收入，但也会以相同的程度增加他们的各项开支。如果劳动成本提高，则资本家无论如何都无法通过改变价值或价格来使自己得到补偿。劳动成本提高，必然会使利润下降。如果劳动者得到的东西确实增加了，也就是说得到了较多的劳动产品，则留作利润的百分比必然会下降。这一建立在算术法则上的"分配规律"，是不可抗拒的。交换与价格机制虽然可以掩盖这一分配规律，但却完全没有力量改变它。

第三节　但是，当工资因行业不同而有所不同时，则另当别论

然而，尽管**一般**工资的高低不会影响价值，可是，如果某一行业的工资高于另一行业的工资，或者如果某一行业的工资相对于其他行业的工资来说永久上升或下降，则这种差别实际上就会影响价值。致使各行业的工资不同的原因，我们已在前一章作了考察。当某一行业的工资永久超过平均工资率时，该行业所产物品的价值就会相应超过单纯由劳动数量决定的标准。例如，熟练工人制造的物品可以换得非常多的非熟练工人制造的物品，其原因只不过是熟练工人得到的报酬较高。如果通过推广教育，熟练工人的人数大大增加，以致缩小了熟练工人和普通工人之间的工资差距，则相对于普通工人生产的物品而言，熟练工人生产的全部物品的价值就会下降，而普通工人生产的产品，则可以说是价值上升了。前面已说过，要从某一行业转入另一较为高级的行业，是很困难的，迄今为止，这种困难使彼此隔绝的各劳动阶级的工资，要比我们所想象的，更为严重地依赖于各劳动阶级人口的增加；此时劳动报酬的不平等是很大的，而如果劳动者之间的竞争可以对各行业的工资产生实际影响，则这种不平等会小得多。由此可以推论，各行业的工资不是同时升降的，而是在短期内，有时甚至在长期内，几乎彼此互不相关。所有这些差异显然会改变不同商品的相对生产费用，并会完全表现在不同商品的自然价值或平均价值上。

由此可见，由一些最为优秀的政治经济学家确立的定理，即工

资与价值无关，未免言过其实，过于夸张。工资实际上与价值有关。生产各种商品所需要的劳动的相对工资，正如相对劳动数量那样，会影响各种商品的价值。诚然，所支付的绝对工资不会影响价值，但绝对劳动数量也不会影响价值。如果对于所有商品来说，绝对劳动数量同时以相同的程度变化，价值便不会受影响。比如，倘若全部劳动的效率普遍提高，以致可以用较少的劳动生产出和以前一样多的各种商品，那么，生产费用的这种普遍降低便丝毫也不会反映在商品价值上。商品价值发生的变化，仅仅表明改良影响各种商品的程度是不同的，这种变化会使劳动节约得最多的物品价值降低，而使劳动节约得较少的物品价值上升。所以，严格说来，劳动工资与劳动数量同价值有一样大的关系。无论是李嘉图还是任何其他人都没有否认这一事实。不过，在考察价值变动的原因时，劳动数量仍是最为重要的原因，因为劳动数量的变化一般在某个时候只涉及一种或少数几种商品，而工资的变化（除暂时的波动外）则通常是普遍的变化，因而对价值没有什么大影响。

第四节　就利润因行业不同而有所不同而言，利润是生产费用的组成部分

以上考察了劳动和工资是如何成为生产费用的组成部分的。但在第一编分析生产所需要的条件时，我们已知道，若要进行生产，则除劳动外，还得具备另一个必要条件，即还得有资本；既然资本是节欲的结果，因而生产物或其价值，不仅必须足以使所需要的全部劳动得到报酬，而且还必须使所有人的节欲得到报酬，因为正

是这些节欲的人垫付了各劳动阶级的报酬。节欲的报酬是利润。而所谓利润，我们也已经看到，并不单纯是补偿了资本家的各项开支后留给资本家的剩余，在大多数情况下，利润还是支出本身的重要组成部分。亚麻线制造商的一部分支出，是用来购买亚麻和机器的，通过这两者的价格，他不仅必须支付亚麻种植者和机器制造者的工资，而且还必须支付亚麻种植者、亚麻梳理者、采矿者、炼铁者和机器制造者的利润。而所有这些利润，连同亚麻线制造商本人的利润，又是由亚麻布织造商通过其原料即亚麻线的价格垫付的，此外，亚麻布织造商还得支付一系列新的机器制造者以及采矿者和炼铁者（他们向机器制造者供应金属原料）的利润。所有这些垫款都是亚麻布生产费用的组成部分。因此，利润与工资一样，进入了决定产品价值的生产费用。

不过，价值纯粹是相对的，像不依赖于绝对工资那样，也不依赖于绝对利润，而只依赖于相对利润。利润普遍提高，像工资普遍提高那样，是不会使价值上升的，因为价值普遍提高是不合理的，是矛盾的。利润若以相同程度进入所有物品的生产费用，那它就不会对任何物品的价值产生影响。只有当利润以不同的程度进入物品的生产费用时，它才会对价值产生影响。

例如，我们已说过，有一些因素使某些行业的利润率永远高于另一些行业。较大的风险、麻烦与不便，都必须得到补偿。要得到这种补偿，就得使有关商品的销售价值超过生产所必需的劳动量应得的价值。如果火药与他物的交换比例不高于从头至尾生产火药所需劳动的比例，那就没有人办火药厂了。屠宰业者的处境无疑要好于面包制造业者，而所冒的风险似乎并不更大，因为他们破产的人数并不比面包制造业者多。所以，他们能获得较高利润，其原因似乎只能是，屠宰行业又脏又累，名声不好，使竞争受到了较多的限制。但这种较高的利润意味着，屠宰业者销售其商品时得到的价值，高于他们的劳动和支出应得的价值。必要的和永久性的利润不均等，会表现在商品的相对价值上。

第五节　就利润延续的时间长短不一而言，利润是生产费用的组成部分

不过，即使两个行业的利润率毫无差别，在两种商品的生产条件中利润所占的分量也会有所不同。也许要求一种商品比另一种商品在更长的时期内产生利润。通常用来说明这种情况的例子是葡萄酒。假设一定数量的葡萄酒和一定数量的毛料是用等量劳动生产出来的，支付给劳动的工资相同。毛料并不会因为加以保存而质量有所提高，但葡萄酒却保存得越久越好。假设要达到所希望的质量，葡萄酒需要保存 5 年。在这种情况下，除非 5 年之后葡萄生产者或葡萄酒商能得到同毛料一样的价格，外加按复利计算的 5 年利润，否则他们是不会保藏葡萄酒的。葡萄酒和毛料本来是用相等的支出生产出来的。因而在这个例子中，两种商品彼此相对的自然价值，并非仅仅与生产费用相对应，而是与生产费用外加另外某种东西相对应。实际上，除非是泛泛地谈论这一问题，否则我们总是把葡萄酒商在 5 年期间所放弃的利润计入葡萄酒的生产费用中，把这种利润看作是其他支出以外的一种额外支出，最终是要得到补偿的。

一切由机器制造的商品，都类似于，至少是近似于，上面所举的葡萄酒的例子。同完全由直接劳动制造的物品相比较，利润会更为大量地进入由机器制造的物品的生产费用。假设有两种商品，甲和乙，可以用一定数量的资本花费1年时间把它们生产出来，此处用货币来表示这一定数量的资本，假设为1000镑。甲完全是用直接劳动生产的，因而1000镑全部用来直接支付工资。乙则是用劳动和机器共同生产的，两者各花费500镑，而且机器使用1年便报废。这两种商品的价值将完全相等，若用货币计算，若利润为每年20%，则价值为1200镑。但在这1200镑中，就甲来说，只有200镑，即价值总额的六分之一是利润，而就乙来说，利润则不仅仅是200镑，在500镑机器价格之内还有机器制造者的利润，假设制造机器也需花1年时间，则这部分利润也是六分之一。因此，就甲来说，收益总额中只有六分之一是利润，而就乙来说，利润则不仅仅占价值总额的六分之一，而且还占500镑机器价格的六分之一。

在全部资本中，直接劳动开始生产以前必须具备的机器、厂房、原料或任何其他东西所占的比例愈大，生产费用中利润所占的比例也就愈大。由机器厂房构成的那部分资本延续的时间较长，会产生同这种资本数量较多时完全一样的结果，这一点虽然乍一看不那么明显，但却同样正确。前面所举的是一极端的例子，假设机器使用1年便报废，现在让我们举一更为极端的例子，假设情况与此相反，机器可以永远使用而无需修理。在这种情况（这种情况既适用于说明问题，也是有可能出现的情况）下，就不必偿付那500镑购买机器的钱了，因为机器的价值不会降低，永远值500镑，但是要像以前一样支付利润。所以，商品乙在前面假设的情况下可售得 1200 镑，其中 1000 镑用来补偿资本，200 镑为利润，现在则能以 700 镑的价格出售，500 镑用于补偿资本，200 镑为全部资本的利润。因此，利润以 200 镑比 700 镑，即全部价值的七分之二或 28 $^{4}/_{7}$%这一比率进入商品乙的价值，而商品甲的情形仍同以前一样，利润只占全部价值的六分之一，或 16 $^{2}/_{3}$%。当然，这个例子完全是虚构的，机器或其他固定资本不会永远用不坏；但机器的寿命愈长，情况也就愈接近于虚构的例子，利润在收益中所占的比例就愈大。举例来说，如果一部机器价值 500 镑，每年的使用使其价值损失五分之一，那就必须增加 100 镑收益来弥补这一损失，商品的价格就将为 800 镑。所以，利润就将以 200 镑比 800 镑即四分之一的比例进入生产费用，这一比例仍远远高于利润占商品甲的生产费用的比例，即 200 镑比 1200 镑，亦即六分之一。

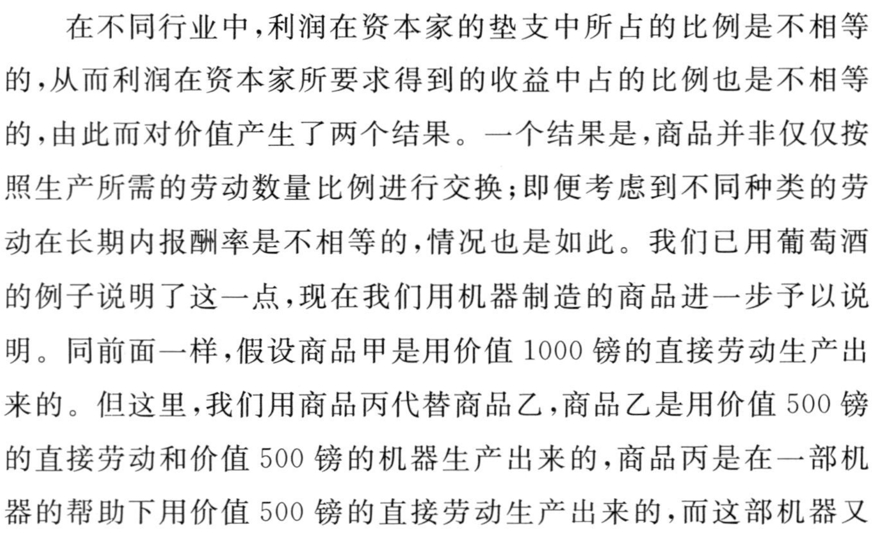

在不同行业中，利润在资本家的垫支中所占的比例是不相等的，从而利润在资本家所要求得到的收益中占的比例也是不相等的，由此而对价值产生了两个结果。一个结果是，商品并非仅仅按照生产所需的劳动数量比例进行交换；即便考虑到不同种类的劳动在长期内报酬率是不相等的，情况也是如此。我们已用葡萄酒的例子说明了这一点，现在我们用机器制造的商品进一步予以说明。同前面一样，假设商品甲是用价值 1000 镑的直接劳动生产出来的。但这里，我们用商品丙代替商品乙，商品乙是用价值 500 镑的直接劳动和价值 500 镑的机器生产出来的，商品丙是在一部机器的帮助下用价值 500 镑的直接劳动生产出来的，而这部机器又是用价值500镑的直接劳动生产出来的，制造该机器需要1年的时间，使用1年便报废；利润同以前一样为20%。商品甲和商品丙是由相同数量的劳动生产出来的，劳动的报酬率相等：商品甲花费了价值1000镑的直接劳动；商品丙仅花费了500镑直接劳动，但加上制造机器所花费的劳动，也为1000镑直接劳动。假如劳动或其报酬为生产费用的惟一组成部分，这两种商品就会相互交换。但它们会相互交换吗？肯定不会。机器是经过1年时间花费500镑制造出来的，利润为20%，因而机器的自然价格当为600镑，这追加的100镑必须由商品丙的制造者在其他开支以外垫付，偿还时，也应支付20%的利润。所以，若商品甲的售价为1200镑，商品丙的售价便不能长久低于1320镑。

第二个结果是，一般利润的每一次升降都会影响价值。这不是因为利润的升降会普遍提高或降低价值（我们已一再说明，普遍提高或降低价值是不可能的，这种说法是有矛盾的），而是因为利润的升降会改变商品价值受不同利润支付期影响的程度。我已经说过，两种商品即使是由等量劳动生产的，但如果其中一种商品产生利润所需的年数或月数多于另一种商品，它们的价值也是不相等的。利润越大价值的这种差别也就越大，利润越少，价值的这种差别也就愈小。须比毛料多提供5年利润的葡萄酒，其价值超过毛料的程度，在利润为40%的时候，要远远大于利润为20%的时候。商品甲和商品丙是用等量劳动生产出来的，售价分别为1200镑和1320镑，价值相差10%，但如果利润减少一半，售价则将分别为1100镑和1155镑，价值仅仅相差5%。

由此可以推论出，工资的普遍上升，如果致使实际劳动成本增加，便会在某种程度上影响价值。工资的普遍上升能影响价值，并

非像一般人所想象的那样，因为普遍提高了价值。但劳动成本的增加却会降低利润，从而降低利润高于平均水平的商品的自然价值，而提高利润低于平均水平的商品的自然价值。利润下降时，对于生产中机器发挥较大作用的商品来说，特别是如果机器的寿命很长的话，所有这种商品的相对价值便会下降；换句话说，其他商品的相对价值便会上升。这一真理有人用一种似乎有道理但实际上并不正确的方式来表达，他们说，工资的上升会提高劳动制造的商品的价值，而降低机器制造的商品的价值。但机器制造的商品，完全同其他商品一样，也是用劳动制造出来的，换言之，机器本身也是劳动制造的，惟一的差别是，就机器制造的商品而言，其生产中包含的利润较多，不过主要的支出项目仍是劳动。所以，最好还是把价值所受到的影响归因于利润的下降而不是工资的上升；特别是，工资上升这种说法是极其暧昧不明的，它使人想到的，是劳动者的实际报酬有所增加，而不是真正与此有关的那一点，即劳动成本对于雇主而言有所增加。

第六节　生产费用的偶然组成部分：赋税以及原料的稀缺性价值

生产费用的自然的和必要的组成部分是劳动和利润，除此之外，还有另外一些人为的和偶然的组成部分，例如赋税。麦芽税同劳动者的工资一样，也是麦芽生产费用的组成部分。法律所强加的费用，同自然所强加的费用一样，必须用产品的价值来偿付，外加普通利润，否则人们就不会再生产有关的产品了。但赋税对价值的影响，同工资和利润对价值的影响一样，受着相同条件的制约。产生影响的，不是一般赋税，而是差额赋税。如果对所有商品都课税，从所有商品中取走相同的比例，那就决不会扰乱相对价值。如果只对少数商品课税，它们的价值就会上升；如果只对少数商品免征赋税，它们的价值就会下降。如果对一半商品课税，一半商品不课税，则前一半商品的价值将上升，后一半商品的价值将下降。只有这样，所有行业的预期利润才会相等，否则，被课税的行业即使不是被人们立即放弃，最终也是会被人们放弃的。但如果普遍课征数额相同的税，从而不扰乱不同产品彼此间的关系，这种税就不会对价值产生任何影响。

以上我们假设，凡影响商品生产费用的生产资料和工具，其本身的价值都取决于它们的生产费用。然而，有些商品的数量是不能随意增加的，若需求超过一定数量，这些商品便具有稀缺性价值。意大利的许多装饰品，是用所谓古代红染料、黄染料和绿染料制成的，据说，这些材料是通过毁坏古代的圆柱和其他装饰性建筑物获得的（我不知道这是否真实），因为采集这些石料的采石场已被开采完，或其地点已无人知晓。[①] 这种材料，若对其需求量很大的话，便会具有稀缺性价值，这种价值会进入制成品的生产费用，从而进入制成品的价值。贵重毛皮具有稀缺性价值的日子，似乎正在临近。在西伯利亚旷野和爱斯基摩海沿岸，产生贵重毛皮的野兽正日趋减少，不过，到目前为止，野兽数量的减少虽说对毛皮的价值有影响，但还只是增加了获得给定数量毛皮所必需的劳动量，毫无疑问，在一段时间内，投入足够的劳动，仍可获得比现在多

① 我相信，人们已重新发现了一些这样的采石场，并已重新开采。

得多的贵重毛皮。

但是，谈到稀缺性价值致使生产费用增加的问题，主要还得讨论自然要素的情形。自然要素在尚未被人占有而可以自由取用时，与生产费用无关，即使有关，也限于使自然要素适于运用而必须花费的劳动。正如我们已经看到的，自然要素即便已经被人占有，也不会仅仅因为被人占有而具有价值，而只能因为稀缺，即供应量有限而具有价值。不过，同样可以肯定的是，自然要素确实常常具有稀缺性价值。假设有一瀑布，在其坐落的地方，水磨的数量超过了水力的供应量；在这种情况下，使用这个瀑布便具有稀缺性价值，这一价值足以压低需求，使需求与供应相等，或足以促使人们创造效率与水力相等的人工动力，例如蒸汽动力等。

自然要素是永久性占有物，只有通过不断使用它而带来产品才有用处，因而靠拥有自然要素获取利益的一般方法，是由使用自然要素的人从年收入中支付等价物。这种等价物通常可以称为地租，而且一般也是这么叫的。所以，关于占有自然要素对价值产生的影响，人们常提出下述问题：地租是否进入生产费用？最优秀的政治经济学家会作出否定的回答。这种笼统的回答是应受许多限制条件制约的，但即便是知道这些限制条件的人，也还是宁愿给予否定的回答，因为这种回答会把一般原理牢牢地印在人的脑子里，而如果一味强调一般原理所受的实际限制，则会把人搞糊涂。但这种回答也会使人感到困惑，把人引入歧途，使人对政治经济学产生不好的印象，似乎政治经济学无视确凿的事实。谁都不能否认，租金有时是生产费用的组成部分。如果我购买或租借了一块土地，在上面盖起一座制造毛料的工厂，那么地租便合理合法的是我的生产支出的一部分，必须由产品来偿付。因为所有工厂都建在土地上，而且大多数工厂建在地皮特别昂贵的地方，所以一般说来，所支付的地租必须由工厂制造的物品的价值来偿付。那么，在何种意义上地租不进入生产费用，不影响农产品的价值呢？这一点将在下一章予以说明。

第五章 论地租与价值的关系

第一节 在增加生产费用的条件下可以无限增加的商品。这种商品的价值法则，及其在现有最为不利的条件下的生产费用

前面考察了决定两类商品价值的法则。其中一类商品由于数量是给定的，价值完全取决于供给与需求，即使有生产费用，这种生产费用也仅仅构成一最低限额，价值不能永久低于这一最低限额，此类商品不多；另一类则可以用劳动和资本任意增加，其生产费用既决定了它们与其他商品相交换的最低价，也决定了它们与其他商品相交换的最高价，此类商品很多。但还有第三类商品需要加以考察。此类商品不是有一种生产费用，而是有几种生产费用；这类商品在数量上总是可以用劳动和资本来增加，但不是用同一数量的劳动和资本；用一定的生产费用，可以生产许多这种商品，但如果进一步增加产量，就得增加生产费用。这类商品属于中间类型，兼具前面两类商品的性质。此类商品中的主要一种就是农产品。我们已一而再再而三地提及以下一条基本真理，即在农业中，在给定的技术状态下，增加一倍劳动并不能使产品也增加一倍；若需要增加产品数量，则追加的供应量只能用比以前高的费用获得。举例来说，假设某一村庄原来只需要 100 夸特谷物，而随着

人口的增加，现在需要通过开垦劣质土地，或通过更加精细地耕种已开垦的土地，来多生产 100 夸特，那么，这追加的 100 夸特或至少其中的一部分所需的生产费用，就会比以前多一倍或两倍。

如果最初那 100 夸特谷物全都是用相同的费用种植出来的（只耕种最优质的土地），如果这种费用以每夸特 20 先令的售价便可得到偿付并得到普通利润，那么，只要谷物需要量不超过 100 夸特，谷物的自然价格就将是每夸特 20 先令；只有在因气候变化或由于其他原因供应量发生变动时，自然价格才会高于或低于这一水平。但如果那个村庄的人口增加，则养活人口所需的谷物量就迟早会超过 100 夸特。我们必须假设，该村庄无法从其他地方获得谷物。在这一假设下，除非该村庄耕种劣质土地或改而采用花费较大的耕作方法，否则就生产不出 100 夸特以上的谷物。无论采用哪一种方法，都会致使价格上升。价格的这种上升，会由需求的增加逐渐引发。只要价格上升，而上升的幅度又不足以补偿追加谷物的生产费用及其普通利润，则这有限供应量增加了的价值，便具有稀缺性价值的性质。假设每夸特谷物的收益低于 25 先令，耕种次好或次远的土地便是不合算的；并假设要从头等土地上生产出更多的产品，也需要有这一价格才能补偿花费较大的耕作。如果是这样，价格便会由于需求的增加而不断上升，直至上升到每夸特 25 先令。现在 25 先令就成了自然价格；价格若达不到这一水平，就不会生产出社会所需的谷物量。然而，价格达到这一水平后，谷物在一段时间内就会按这一价格生产下去；而假如人口不增加的话，谷物也许会永远按这一价格生产下去。价格一旦达到这一水平，就不会再降低（尽管偶然的大丰收会使其暂时下跌）；只要

无需再一次增加生产费用就可获得社会所需的谷物量，价格也不会进一步上升。

在上述推理中，为方便起见，我把价格当作价值的符号，因为价格这一观念是人们比较熟悉的；在以下论述中，如有必要，我仍将这样做。

在上面假设的情况下，谷物供应量的不同部分有不同的生产费用。虽然追加的20、50或150夸特是用每夸特25先令的费用生产出来的，但原来每年所需的那100夸特仍仅仅是用每夸特20先令的费用生产出来的。这一点是显而易见的，如果原来的供应量和追加的供应量是在不同质量的土地上生产出来的。即便是在同一块土地上生产出来的，上述说法也同样正确。假设质量最好的土地以前是按每夸特20先令的费用生产100夸特谷物，现在则要运用花费较大的方法生产150夸特，而除非谷物的价格为每夸特25先令，否则采用这种花费较大的方法就是不合算的。只有那追加的50夸特的生产费用为每夸特25先令，而原来那100夸特的生产费用仍是每夸特20先令，这100夸特由此可获得需求的增加所导致的价格上升带来的好处，所以，除非追加的50夸特能补偿全部追加的费用，否则谁也不会增加费用来生产追加的50夸特。由此可见，追加的50夸特将相应于其生产费用，按每夸特25先令的自然价格生产出来，而原来那100夸特，相对于其自然价格而言（即相对于足以补偿其生产费用的价格而言），每夸特将多获得5先令。

如果生产任何一部分供应量（哪怕是最小的一部分）的必要条件是需要有一定价格，则其余各部分供应量也会得到这一价格。我们不会因为一个面包所使用的谷物产于较肥沃的土地，因而生产

费用对种植来说较低，就能以较低的价格买到这块面包。所以，一种物品的价值（亦即其自然价值或平均价值），取决于以最大费用生产并运至市场的那部分供应量的生产费用。所有商品可以分为三类，这就是其中第三类商品的“价值法则”。

第二节　在较为有利的条件下生产出来的这类商品，会产生地租；这种地租等于生产费用的差额

如果在最为不利的条件下生产出来的那部分产品，可获得与其生产费用成比例的价值，那么，在较为有利的条件下生产出来的所有其他产品，由于也必须按这种价值出售，便可获得高于其生产费用的价值。正确地说，这些产品的价值并不是稀缺性价值，因为它取决于生产条件，而不是取决于压低需求、使需求与有限的供给相一致所必需的昂贵程度。然而，这些产品的所有者却享有一项特权；他们所获得的价值，可带来高于普通水平的利润。如果获得这种利益依靠的是诸如免税这样的特殊待遇、体力或脑力上的优势、只有自己知道的某种秘诀、较多的资本或可以枚举出来的其他各种因素，那么，他们获得的这种利益就是高于一般资本利润的超额利得，或多或少具有垄断利润的性质。但是，如果像在我们正较为仔细地考察的情况下那样，获得这种利益依靠的是拥有某种特殊质量的生产要素，比如拥有较肥沃的土地，可带来高于一般水平的商品价值，如果这种土地不为耕种者所有，那么，拥有这种土地的人，就能以地租的形式，从耕种者手里拿走耕种这种土地所产生

的全部超额利得。我们由此而经由另一条道路也得到了第二编末尾一章所考察的地租规律。我们再次看到,地租是运用于土地的各部分资本的不同报酬之间的差额。任何一部分农产品,只要所产生的剩余超过现有社会需求逼迫人们运用同量资本在最差的土地上或在花费最大的耕作方式下所产生的剩余,则不论这种超出额为多少,都将自然而然地作为地租,由资本所有者支付给土地所有者。

长期以来,政治经济学家一直认为,土地产品总是具有垄断价值,因为(他们说)除了普通利润率外,土地产品还总是带来地租。现在我们知道,这种看法是错误的。一种物品如果其供给只要我们愿意增加生产费用就可以无限增加,则这种物品就决不会具有垄断价值。谷物产量之所以停留在现在的水平上而不继续增加,是因为谷物的价值尚未上升到足够高的水平,使多种植谷物的人得到报偿。凡是在现有价格和现有耕作方式下能产生普通利润的土地(若没有留作他用或供人娱乐的话),如果不受到人为的妨害,即使不产生地租,也几乎肯定会被人们耕种。只要还有在现行价格下不产生利润但却适于耕种的土地,就肯定有比这好一点的土地,这种土地虽不产生地租,却产生普通利润;这种土地若在农场内,就会被农场主耕种;若不在农场内,也许会被地主或地主默许的其他人耕种。不管怎么说,肯定有一些这样的土地在被人耕种。

所以,地租不是决定农产品价值的生产费用的组成部分。毫无疑问,我们可以想象,在一些情况下地租是生产费用的组成部分,甚至是生产费用的很大组成部分。我们可以想象一个国家的人口众多,其可耕地已都被耕种,以致多生产任何数量的谷物所需的劳力，都多于生产出来的谷物所能养活的劳力；若假设整个世界的情况是这样，或者某个没有外来供应的国家的情况是这样，那么，如果人口继续增加的话，土地和其产品就都会具有垄断价格或稀缺性价格。但也许除了在某一与世隔绝的小岛上外，实际上在任何地方都从未出现过这种情况，也不用担心会出现这种情况。不管怎么说，目前在所有已知的地方确实没有出现这种情况。我们已说过，垄断之能影响价值，只是因为它限制了供给。所有国家，无论面积大小，除了已耕种的土地外，均还有尚未耕种的土地；而且只要有多余的未耕种土地，则不管其数量是多少，都可以说其数量是无限的。实际上，供应量有限的，仅仅是质量较好的土地；而即便就这种土地来说，也不能要求得到过多的地租，致使尚未耕种的土地加入竞争；一块土地的地租必须略低于这块土地的生产力与尚未能被有利可图地耕种的最好土地的生产力之间的差额；也就是说，一块土地的地租必须大致等于这块土地的生产力与已经被有利可图地耕种的最差土地的生产力之间的差额。在实际运用的土地或资本中，那些条件最为不利的土地或资本是不支付地租的；支配全部产品价值的生产费用正是由这种土地或资本决定的。因此，正如我们已经说过的，地租决不是价值的原因，而是一种特权的价格，由于各部分农产品的报酬不相等，除了最为不利的那部分农产品外，各部分农产品都享有这种特权。

简言之，地租所起的作用只不过是使地主能占有优越的自然条件带来的全部超额利得，从而使各部分农业资本的利润相等。如果地主一致放弃地租，那他们只是把地租转让给了农民，而丝毫无益于消费者，因为谷物的现行价格仍将是生产出一部分现行供应

量所必不可少的条件，而如果一部分供应量获得现行价格，则全部供应量都将获得现行价格。所以，除非限制性法令人为地提高地租，否则地租就决不会成为消费者的负担；地租不会提高谷物的价格，也不会有损于公众，这就像如果地租归国家所有或者国家以土地税的形式征收地租，地租会成为有利于普遍利益而不是私人利益的基金那样。

第三节　矿山和渔场的租金以及建筑物的地租

并不是只有农产品同时具有几种不同的生产费用，并不是只有农产品由于几种生产费用之间存在着差额而能与这种差额成比例地提供地租。矿山也是这方面的一个例子。几乎各种采于地下的原料，如金属、煤炭、宝石等，都得自富饶程度有很大差别的矿山，所谓富饶程度有很大不同，就是使用相同数量的劳动和资本得到的产品数量有很大不同。由此人们显然会提出这样的问题：为什么不使劲开采最富的矿来满足市场的全部需要呢？对于土地就不会产生这样的问题，因为很显然，不可能仅仅用最肥沃的土地来满足一人口众多的国家的全部需求；即使能满足，其中一部分产量所耗费的劳动和支出，也必然和在最差的土地上生产出这部分产量所耗费的劳动和支出相等。矿山的情形则不是这样，至少不是普遍这样。也许在某些情况下，不可能在给定的时间内从某一矿脉中采掘出超过某一数量的矿石，因为暴露出来的矿脉面是有限的，在其上面同时工作的工人不能超过一定数量。但并非所有的矿山都是这样。例如就煤矿来说，就必须寻找其他原因来解释产量为什么会受到限制。在一些情况下，矿山主限制产量，是为了不过快地耗竭矿山；在另一些情况下，据说矿山主联合起来限制产量，以便维持垄断价格。不管由于什么原因，人们在开采富饶程度不同的矿山总是事实；因为矿产品的价值是按（从富饶程度和所处位置两方面来说）最差的矿山的生产费用计算的，所以最好的矿山的产品价值必然高于生产费用。因此，任何一座矿山，只要其产量高于实际开采的最差矿山，就会产生租金，租金额等于产量的高出额。富矿会产生较多的租金，甚至最差的矿山也会产生租金。由于矿山的数量较少，其品质不像土地那样形成一个个相连的等级；而且巨大的需求会使矿产品的价值远远高于目前正在开采的最差的矿山的生产费用，而又不足以诱使人们开采更差的矿山。在此期间，矿产品实际上便具有稀缺性价格。

另一个例子是渔场。公海上的渔场是没有主人的，但湖泊或河流中的渔场却几乎都是有主人的，海岸边的牡蛎场及其他特殊的渔场也是有主人的。我们可以拿鲑渔场作为例子来说明渔场的情况。一些河流要比另一些河流产出的鲑鱼多得多。然而，任何河流中的鲑鱼都会被捕尽，都只能满足很有限的需求。像英国这样的国家，其对鲑鱼的需求只能由许多生产力不同的河流来满足，因而鲑鱼的价值必须足以补偿从生产力最低的河流中捕捉鲑鱼的费用。因而所有其他河流若被人占有的话，便会提供租金，租金额与其生产力的高出额相等。假如有些产鲑鱼的河流因为距离遥远或生产力低下而未被利用来满足市场的需要，那么，租金就不会远远超过生产力的高出额。假如产鲑鱼的河流都已被利用，则毫无疑问，鲑鱼的价值会大大上涨，以致具有稀缺性价值，此时，就连被利用的最差的渔场也会带来很高的租金。

无论就矿山还是渔场来说，事物的自然秩序都有可能由于开辟一比现有的某些矿山或渔场更好的新矿山或渔场而被打乱。这种偶然事件所产生的第一个后果，就是会使供应量增加；这当然会降低产品价值，致使需求增加。由于价值降低，现有最差的矿山或渔场将不再得到充足的报酬，因而会被废弃。如果较好的矿山或渔场加上那一新开辟的矿山或渔场，能生产出足够的产品来满足因生产费用降低而价值降低后的需要量，那么，价值的降低就将是永久性的，而且那些没有被放弃的矿山或渔场的租金也将相应降低。在这种情况下，事物得到永久性调整后所带来的结果将是，满足市场需要的按质量优劣排列的矿山或渔场表格，其下端将被裁去一截，而在上端的某个地方则将插进新的一截；因而现在开发的最差的矿山或渔场——正是它们决定了较优的矿山或渔场的租金以及产品的价值——要比过去决定租金和价值的矿山或渔场质量好。

土地除了用于农业外，还用于其他方面，特别是用于供人居住；在被这样利用时，土地也产生地租，决定这种地租的原理同上面所阐述的原理是一样的。一座房子的地皮租金连同其庭院或花园的地租，不会少于这块土地用于农业所能提供的地租，反而有可能比后者无限地多，之所以会比后者多，要么是由于环境优美，要么是由于便利的缘故，而便利往往能获得金钱上的好处。环境特别优美的地点供应量通常是有限的，因而如果需求很大，便会具有稀缺性价值。仅在便利方面较为优越的地点，其价值是受普通地租原理支配的。一个小村庄内一座房子的地皮租金，只会略高于旷野里一块相同大小的土地的地租，但切普赛德街（译者按：伦敦中部东西向大街名，中名时为闹市。）上一座商店的地皮租金，则会远远高于旷野中一块同样大小的土地的地租，究竟高多少，要看人们对在这一闹市区开店能赚多少钱所作的估计。码头、船坞、海港、房屋、供水站以及其他许多设施的租金，也可以按照相同的原理来分析。

第四节　类似地租的额外利润

在工业活动中，经常可以见到类似于地租的额外利润，常见程度要比一些人所想象的程度高。例如，让我们来看专利权的情况。所谓专利权，就是独享某种能降低生产费用的方法的特权。如果有关产品的价值，仍由不得不沿用老方法的那些人支付的生产费用来支配，那么，享有专利权的人便可获得额外利润，其数额等于新方法优于老方法的程度。这种额外利润实质上与地租相同，有时甚至就以地租的形式出现；专利权获得者有时允许其他生产者使用他的特权，但使用者每年必须向他缴纳一笔费月。只要专利权获得者以及那些被允许使用专利权的人没有生产出足够的产品来满足市场的全部需要，最初的生产费用既然是生产一部分产品的必要条件，就仍会支配全部产品的价值；专利权获得者就能继续收取地租，地租额等于新生产方法使他享有的利益。诚然，开始时他很可能会放弃一部分利益，以便用低价打垮竞争者：他所提供的追加的供应量会降低产品价值，因而对于那些无缘分享这种专利权的人来说，生产该产品的行业将成为无利可图的行业，在这种情

况下，许多人将逐渐退出该行业，或缩小营业额，或与专利权获得者达成使用专利权的协议。专利权获得者所供应的产品数量将增加，其他人供应的产品数量将相应减少，与此同时，价值将略有降低。但是，如果新生产方法尚未满足市场的全部需要，专利权获得者就停止增加产量，则产品价值将回复到革新以前的自然价值水平，改良所带来的利益将完全归于专利权所有者。

某一生产者或商人凭借高超的经营才能或高超的业务安排所得到的额外利得，也非常类似于地租。如果他的所有竞争者也具有这种优势并运用这种优势，那么所带来的利益便会通过物品价值的下跌而转移给他们的顾客。某一生产者或商人之所以能获得额外利得，只是因为在产品取决于较高的费用时，他能以较低的费用向市场提供产品。实际上，就此而言，某一竞争者相对于另一竞争者来说所享有的有利条件，无论是与生俱来的还是后天获得的，无论是个人努力的结果还是社会安排造成的，都会把利用这种有利条件生产出来的商品归于第三类商品，都会使享有这种有利条件的人无异于收取地租的人。工资和利润是生产的普遍性要素，而地租则可以看作是生产的差异性和特殊性要素。有利于某些生产者的差异，或有利于某些条件下的生产的差异，可带来一种利得，这种利得虽然在并非定期由一个人支付给另一个人时，不叫做地租，但却受与地租法则完全相同的法则支配。为生产某种商品的差异性有利条件而支付的价格，是不会进入该商品的一般性生产费用的。

毫无疑问，某些商品即使在最为不利的生产条件下，也能产生地租；但只有当它们的供应量暂时绝对有限，因而它们能以稀缺

性价格出售时，它们才会产生地租；任何产生地租的重要商品都决不会长期出现这种情况，也从未出现过这种情况，除非它们是矿产品（例如煤炭），已接近于枯竭，或虽然产量已无法再增加，但人口继续增长；不过，这种可能性是微乎其微的，因为从长远看，人类文明与进步几乎是不可避免的，而我们刚刚跨入人类文明迅速发展的时期。

[下卷]

第六章　价值理论概要

第一节　价值理论要点概述

现在我们获得了一个很好的时机来回顾并综观本篇开始以来我们所作的论述。迄今我们已确定的价值理论原理，有如下述。

1. 价值是一个相对的术语。一件物品的价值，是指它能换取的某一其他物品或一般物品的数量。因而，所有物品的价值不可能同时提高或降低。价值普遍提高或普遍降低，这样的情况是不存在的。一件物品价值的任一提高意味着其他物品的价值降低，而一件物品价值的任何降低则意味着其他物品的价值提高。

2. 一件物品的暂时价值或市场价值取决于需求和供给；它由于需求增加而提高，由于供给增加而降低。然而，需求随价值而变化，价值低廉时对物品的需求，一般大于价值高昂时的需求；价值总是自行调整到使需求与供给相等的程度。

3. 各种物品除它们的暂时价值外，还有永久价值，也可以称为**自然价值**，市场价值在经历各种变动以后，总是趋于恢复到自然价值；各种摆动相互抵消，其结果，平均地说，各种商品围绕它们的自然价值进行交换。

4. 某些物品以稀缺价值作为它们的自然价值；但是，大多数物品是以它们的生产费用的比率或它们的所谓**费用价值**，自然地相互交换。

5. 自然并永久具有稀缺价值的物品，是指其供给根本不能增加，或不能以其费用价值充分满足全部需求的那些物品。

6. 垄断价值就是稀缺价值。除非限制供给，否则垄断是不能赋予任何物品以价值的。

7. 凡供给可以依靠劳动和资本无限增加的商品，都是按生产成本最大的那部分必要供给并把它们运至市场所必需的费用，与其他物品交换的。自然价值就是费用价值，因而，一件物品的费用价值，是指其成本最大的部分的费用价值。

8. 生产费用由若干要素构成，其中有一些是经久不变的、普遍的，另外一些是偶然的。生产费用的普遍要素是劳动的工资和资本的利润。偶然的要素是赋税和由某些生产要素的稀缺价值引起的额外费用。

9. 地租不是产生它的商品的生产费用中的一个要素，除非它来自或代表稀缺价值，而这种情况与其说是实际存在的，不如说是想象出来的。但是，如果在农业上能够提供地租的土地被用于某一别的目的，则其本来可以提供的地租便是它所产商品的生产费用的一个要素。

10. 如果撇开一些偶然的要素，则容许无限增加的各种物品，都按照为生产它们而必须支付的比较工资额和支付那些工资的资本家所应获得的比较利润额，自然地、持久地相互交换。

11. 比较工资额不取决于工资本身。不是工资高价值就高，也不是工资低价值就低。比较工资额部分地取决于所需要的劳动的比较额，部分地取决于其报酬的比较率。

12. 同样，利润的比较率不取决于利润本身；也不是利润高价值就高，或利润低价值就低。它部分地取决于资本使用时间的比较长度，部分地取决于不同用途中利润的比率。

13. 如果两种物品是由等量劳动制造的，而对这样的劳动以同一比率付酬，又如劳动者的工资的垫付期间也相同，用途的性质也无须利润率长期存在差别；则不论工资和利润的高低，也不论耗费的劳动量的多少，平均地说，这两种物品就可以相互交换。

14. 如果两种物品之一，平均地说，其所具有的价值大于另一物品，则其原因当为：其生产或者需要较大的劳动量，或者需要长期以较高的比率付酬的某种劳动；或者维持这种劳动的资本或资本的一部分的垫付期间较长；最后，或者其生产伴有必须长期以较高利润率加以偿付的某种情况。

15. 在这些要素中，最重要的是生产所必需的劳动量；其他要素的作用较小，虽然它们当中没有一个是无关紧要的。

16. 利润愈低，生产费用中一些次要的要素愈不重要，而各种商品与同它们的生产所必需的劳动的数量和质量成比例的价值的背离也愈小。

17. 但是，利润的下降在一定程度上降低用许多机器或耐用机器制造的各种物品的费用价值，而提高手工制作的各种物品的费用价值；利润的每一提高则都导致相反的结果。

第二节　价值理论在劳动者自耕自给的情况下有何修正

以上便是交换价值的一般理论。然而，必须指出，这一理论所考察的生产制度，是资本家为获得利润而经营的生产，不是劳动者为维持生活而经营的生产。如果我们承认后一假定——在大多数国家，至少在农产品方面，我们必须在很大程度上承认这一假定——则上述有关价值取决于生产费用的那些定理，就要相应地加以修正。这些定理都以如下的假定为依据，即，生产者的目的是以其资本求得利润。如果同意这一点，则结论必然是：他须以能提供通常利润率的价格出售他的商品，也就是说，他的商品须以其费用价值与其他各种商品交换。但是，自耕农、分益佃农，甚至小农或持有份地的农民——这些劳动者，不论其名称如何，都为自己的利益进行生产——并非为其微薄资本寻找投放对象，而是为其时间和劳动寻求有利的用途。他的支出超过维持他自己及其家庭生活所需的部分如此微小，致使出售产品所得几乎全部是劳动工资。当他和他的家庭以其农场的产品为食物的来源（他们穿的衣服多半也是用农场生产的原料，在家里缝制的）时，就其由出售剩余产品获得补充的报酬而言，他可以同这样的劳动者相比拟，这些劳动者具有独立的生活来源，因而能随心所欲地以任何价格出卖他们的劳动。以其产品的一部分维持他自己及其家庭的生活的小农，出售其剩余产品的价格往往比资本家认定的费用价值低得多。

然而，即使在这种情况下，仍存在价值的最低限度或下限。他带到市场的产品，必须给他带来他不得不购买的一切必需品的价值；它还必须使他能够缴纳地租。在小农耕作制度下，地租不受前几章阐述的那些原理的支配，它或者取决于习惯，例如在分益佃农制度下，或者，如果是通过竞争确定的，取决于人口对土地的比率。因而，在这种情况下，地租是生产费用的一个要素。小农必须努力生产，直到他结清地租和他购买的一切必需品的价格。此后，只有在产品能以消除他对劳动的厌恶的价格出售时，他才会继续劳动。

上述最低限度（的价值）是小农在以他的全部剩余产品进行交换时所必须获得的。但是由于这种剩余的数量不是固定不变的，而是按照他的勤勉程度可大可小的，因此，其全部剩余的最低限度价值，并不是一定数量商品的最低限度价值。从而，在这种情况下，很难说价值必然取决于生产费用。它完全取决于需求和供给，也就是说，取决于小农自愿生产的剩余粮食数量与非农业人口——或者更确切地说，非小农人口——数量之间的比率。如果买者为数众多而种植者怠惰，粮食也许会长期持有稀缺价格。但据我所知，这种情况实际上在任何地方都不存在。如果种植者很勤奋，而买者很少，则粮食价格将极为低廉。这种情况也不常发生，虽然法国某些地方的情况与此近似。一般情况是，或者像最近的爱尔兰那样，小农阶级怠惰而买者很少，或者像比利时、意大利北部及德国部分地区那样，小农勤勉，而城镇人口众多，繁荣昌盛。产品的价格如果不因非小农生产者的竞争或国外市场的价格的影响而有所变更（在许多情况下正是如此），就要根据上述那些不同的情况自行调整。

第三节　价值理论在奴隶劳动的情况下有何修正

另一例外是奴隶生产的产品的情况。不过，它决不像上述情况那样复杂。奴隶主是一种资本家，他从事生产的动机是以其资本求得利润。这种利润的比率必须相当于通常的比率。就其支出而言,他的地位与他的奴隶们像自由劳动者那样以他们目前的效率进行劳动,并以与他们目前的费用相等的工资受雇时相同。如果其费用与自由劳动的工资相比,其比率低于奴隶付出的劳动,则他将由此得到较大的利润。但如一国的其他一切生产者享有同样的利益,则各种商品的价值将完全不受它的影响。惟一可能使之受到影响的情况是,享有廉价劳动优惠的仅限于一些特殊生产部门,而其余的部门仍以较高的工资雇用劳动者。在这种情况下,同各种不同的职业之间的工资永不相等的一切情况一样,价格和价值被公认为是不相等的。奴隶所生产的各种商品将以低于生产它们所必需的劳动量的比率,与非奴隶所生产的各种商品相交换;与奴隶制度不存在时相比,前者的价值较低,而后者的价值较高。

理解力高的读者可以自己把价值理论应用于现存的或可能存在的各种产业制度,这样做是有好处的。孟德斯鸠说得很好:“探究一个题目不应穷原竟委到了不留任何事情给读者做。问题不应该是让人去阅读,而应该是让人去思考。”①

① 孟德斯鸠:《论法的精神》上册,第十一章结语,商务印书馆 1961 年版,第 187 页。

第七章 论货币

第一节 流通媒介的目的

前面探讨了价值的一般规律，没有引入货币的概念(除在说明时偶然使用外)。现在，我们必须考察使用所谓“交换媒介”对各种商品相互交换的原理产生的影响。

要了解流通媒介的各种职能，最好的办法是考察一下我们没有这样一种媒介时所感受的主要不便。第一种也是最明显的不便，当为对各种不同的价值缺乏通用的尺度。如果一个裁缝仅有上衣，而想买面包或一匹马，在没有这种媒介时，他很难确定一件上衣可以换多少面包，或者为了得到一匹马他应当交付多少上衣。每次以上衣与各种不同的物品作物物交换，他都必须根据不同的资料重新计算；这样，就不可能有所谓时价或价值的正式行市。而现在，每件物品都有以货币表示的时价，他的上衣定价为四镑或五镑，一块四镑的面包定价为六便士或七便士，按此计算，他就克服了一切困难。同各种长度以几英尺几英寸的共同语言来表示易于比较一样，各种价值以镑、先令和便士来表示也易于比较。其他方法都不能以一个尺度来区分各种价值的高低；其他方法也不能使一个人简便地计算他的财产总额；而且，确定和记住许多物品同一种物品的关系，也比确定和记住许多物品之间无数错综复杂的关系容易得多。具有可以表现价值的这种共同语言，即使就其本身而言，它的利益也如此巨大，以致镑或先令纵然并不表现任何真实的物品，而只是计算单位，也可用这种方法来表现和计算价值。据说，在非洲的一些部族中，实际上流行着这种人为的设计。它们以一种称为“马库蒂”(macoutes)的记账货币来计算物品的价值。它们说，某一物品值十“马库蒂”，另一物品值十五“马库蒂”，又一物品值二十“马库蒂”。[①] 所谓“马库蒂”并非实物；它是人们为便于各种物品的相互比较而习用的一种单位。

然而，在因使用货币而获得的经济利益中，这种利益只是很小的一部分。物物交换极为不便，因而，如果没有便于实行交换的某种方法，则分工很难大幅度扩大。一个只有上衣的裁缝，在遇到有面包出售而需要上衣的人以前，也许会饿死；此外，他一时也许并不需要与一件上衣的价值相等的面包，而上衣又不能分割。因此，任何人在任何时候都急需将他的商品换成某种物品——这种物品虽然也许不合乎他自己的直接需要，但具有巨大而广泛的需求，而且易于分割——以便有把握地用它来购买任何待售的物品。基本的生活必需品在很大的程度上具有这些特性。面包是极可分割的，而且是一般欲望的对象。但它仍非人们所需要的那种物品；因为，除非预计食物将会匮乏，谁也不愿使一时拥有的数量多于目前消费所需；因此，一个有食品出售的人未必有把握立即找到买者；而食品如不能马上脱手，则其中大部分就会腐烂。人们选定为购买手段、留在手头的物品，除可分割，并为一般所需求外，尚须不因保存而变质。这就使选择的范围仅限于少数物品。

① 孟德斯鸠：《论法的精神》下册，第二十二章第八节。

第二节　金银为什么适合于流通媒介的各种目的

几乎所有的国家在很早的时期就已达成了默契，确定将某些金属，特别是金银，用于这一目的。其他物质都不能像金属那样既在极大的程度上具有各种必需的特性，又具有许多次要的优点。在野蛮社会中，除食物和衣服外(在一些气候条件下，甚至超过衣服)，人们最爱好的东西是个人装饰品，以及由于这种装饰品稀少或昂贵而获得的尊荣。直接的生活必需品的需要获得满足后，每个人都渴望尽可能多地蓄积昂贵而且具有装饰作用的物品，这主要是金银和宝石。这些物品每个人都最乐于据有，而且十拿九稳地能找到愿以任何种类的产品来交换的人。它们在所有物质中最不易磨损。它们也便于携带，并且在很小的容积中包含很大的价值，因而易于隐藏，这一点在不安定的时代是极其重要的。宝石在可分性上不及金银；而且它们具有多种多样的品质，不大费周章，就不能精确地加以鉴别。金银极易分割，而且纯金银，总是具有同样的品质；它们的纯度也可由公共机关确定和证明。

因而，虽然有些国家曾以兽皮为货币，另一些国家则以家畜为货币，中国的鞑靼曾以茶砖为货币，西非海岸则以人们称为玛瑙贝的贝壳为货币；而阿比西尼亚现今仍以岩盐块为货币；虽然较贱的金属有时也被选用作货币，如古代斯巴达人基于禁欲主义政策而以铁为货币，早期罗马共和国由于人民贫困而以铜为货币；但是一般地说，能够通过工业、商业或征服获得金银的国家，都愿以金银

为货币。金银除具有上述令人喜爱的各种品质外，还具有另一种品质，其重要性是逐渐显露的。这就是，在一切商品中，金银所受到的引起价值变动的任何原因的影响最少。没有一种商品可以完全不受这种变动的影响。由于美洲矿山的发现，金银曾经受空前强烈的、持久的价值变动；又如在上次大战(指拿破仑战争——译者)中，金属为人们收藏，并不断地被战场庞大军队的金库吸收，也使金银价值发生暂时的变动。在现代，诸如乌拉尔山脉、加利福尼亚和澳大利亚等丰富的新的供给源泉的开发，也许会导致另一个价值下跌的时期；目前推测这种下跌的限度，是徒劳的。然而总的说来，没有一种商品受变动原因的影响像金银那样少。它们的生产费用的变动比几乎任何物品都少。而且，由于它们所具有的耐久性，其现存总量任何时候在比例上都远远大于其年供给量，因而生产费用即使有所变动，这种变动也不致对价值产生急剧的影响。大大减少其现有数量，需要很长的时间，而大大增加其现有数量，也不能很快做到。因此，金银比其他任何商品都更适于充当远期定额收付契约的对象。如果契约以谷物为对象，则某年谷物的歉收可使支付的负担增至原定数额的四倍，另一年的大丰收又可使这种负担减至四分之一。如果约定对象为毛织品，则制造上的某种发明可以使支付额持久地减少到其原来价值的十分之一。这种情况即使在约定以金银为对象的场合也会发生，但是到目前为止，惟一可以证实的事例，只是美洲发现后金银价值的大跌，而且在这一场合，变动的过程长达许多年，因而变动的速度极为迟缓。

金银一旦实际上成为交换的媒介，成为人们一般出售商品所企求的物品或一般购买商品所须支付的物品，很明显，人们就会想

到制造铸币。金银经过铸造，被分成宜于使用的各个部分，它们可以小到任何程度，但各部分之间保有人们公认的比率。这样，所有人的每一变更所带来的秤量和化验的麻烦就可以省免（在进行小额购买时，这种麻烦是难以忍受的）。各国政府察觉，它们有责任自己掌握此项工作，而禁止一切私人铸造。实际上，它们的保证往往是人们惟一可以信赖的，虽然政府常常辜负人们的这种信赖。直至最近，一些恣意挥霍的政府为了掠夺它们的债权人，仍很少顾忌地采用降低铸币标准这种浅薄而厚颜无耻的伎俩，以致其他一切债务人也获准掠夺他们的债权人。在一切欺骗方法中最露骨的，是称一先令为一镑，这样，一百镑的债务可以一百先令来偿还。这种方法和制定法规以百当五同样简单，其目的也相同，即贬损一切有关金钱的契约，而这真是无耻之尤。虽然现在仍有人推举这种政策手段，但除偶或以纸币为媒介（在这一场合，由于问题更加隐蔽，其性质也较为暧昧）外，它们已停止实行。

第三节　货币只是便利交换的工具，对价值法则并无影响

货币在其使用形成习惯时，就会成为社会不同成员的所得由以分配的媒介，成为估计他们的财产的尺度。由于人们经常依靠货币提供各种必需品，他们就在头脑里产生了一种有力的联想，即，货币是比其他任何物品具有更为特殊的意义的财富。因而，甚至毕生从事最有用物品生产的人们，也养成了一种习惯，即认为，这些物品之所以重要，主要是由于它们具有换取货币的能力。以

货币换取商品的人，如果其意不在转售，人们就认为，这种交易不如以商品换取货币合算，因为前者似乎是消耗资产，后者则似乎是增加资产。这种错觉现在虽已有所削减，但仍具有很大的影响力，足以支配欧洲每一个政治家（思辨政治家和实践政治家）的头脑。

然而，如下一点当是明显的，即，单纯采用一种特殊方法来相互交换各种物品——先以物品交换货币，再以货币交换其他某种物品，不会影响交易的根本性质。各种物品并不是真正用货币购买的。没有一个人的所得（除了金银矿开采者的所得）来自贵金属。某人每周或每年领受的若干镑或若干先令，并不构成他的所得；它们只是一种票证或票券，他可以在其所中意的任何店铺用以支付货款，并因据有它们而有权取得其所选择的、具有一定价值的任何商品。租地农场主用这种单据向其工人和地主进行支付，因为这对他自己和他们都是最便利的方法。但是他们的真正所得是租地农场主从收获的谷物、家畜和干草中分给他们的份额，而租地农场主是直接把它们分给他们，还是代他们卖掉它们而给予代价，在本质上并无差别。但是，如果他不把它们拿去出卖以取得货币，他们就得自行销售，而他无论如何都要把它们脱售，因此，对大家来说最适宜的办法是，他把自己份内的同他们的那份一起拿去出卖，使工人有更多的时间做工，地主有更多的时间闲逛。资本家（除贵金属的生产者外）的所得的任何部分都不是出自这些金属，因为他们只有用自己的产品来购买贵金属，才能得到贵金属。同时，其他一切人的所得是由资本家给予的，或者由曾从资本家那里得到支付的那些人给予的，而由于资本家起先除他们的产品外没有别的东西，因而资本家所提供的一切所得，都是由这种产品提供

的。总之，在社会经济中，货币从本质上来说是最无意义的；它的意义只在于它具有节省时间和劳动的特性。它是一种使人办事迅速和方便的机械，没有它，要办的事仍可办到，只是较为缓慢，较为不便。它像其他许多机械一样，只是在发生故障时，才会发生它自己的显著而独特的影响。

货币的采用对于前几章记述的价值规律的作用并无妨碍。各种物品的暂时价值或市场价值取决于需求和供给，它们的平均价值和永久价值取决于它们的生产费用，这些道理像适用于物物交换制度一样，也适用于货币制度。在物物交换时可以互相交换的各种物品，如果用来换取货币，也可以换得等量的货币，因此这仍然是互相交换，只是交换过程由一种活动改为两种活动。各种商品的相互关系不因货币而有所改变。由此发生的新的关系，只是这些商品与货币本身的关系，即，它们可以换得多少货币，换句话说，货币本身的交换价值如何决定。把货币看作一种特殊物品，认为它不受同其他各种物品一样的规律支配这样的错觉一经消除，这个问题就不难解决。货币是一种商品，同其他各种商品一样，它的暂时价值取决于需求和供给，永久的、平均的价值取决于生产费用。在将这些原理应用于货币时，由于一向缺乏科学训练的那些人在这个问题上常常产生混乱，因而对这些原理必须作出详细的论证。这种混乱之所以产生，部分是由于多年来的错误联想尚有残余，部分是由于政治经济学上的这个问题，近年比任何其他问题更多地引起浮夸的、没有根据的空谈。因此，我另设一章来讨论货币的价值。

第八章　论货币的价值取决于需求和供给

第一节　货币的价值是一暧昧的用语

不幸，一开始讨论这个问题，我们就必须从我们的道路上消除术语上的一种极大的含混。从外表上看，货币的价值这一术语是精确的，它像科学上的任何术语一样不会引起人们的误解。一种物品的价值，就是这种物品所能交换的其他物品的数量。货币的价值，就是货币所能交换的其他物品的数量，亦即货币的购买力。物价低，货币就可以购买较多的其他物品，也就是货币的价值较高。物价高，则货币只能购买较少的其他物品，也就是货币的价值较低。货币的价值与一般物价成反比：一般物价上涨则下跌，一般物价下跌则上涨。

但是很不幸，同一用语（指货币的价值——译者）在通行的商业用语中具有完全不同的意义。货币通常被理解为财富的同义语，在借贷上，货币更加是表示财富的通用术语。某人借钱给另一个人，同他向别人支付工资或地租一样，其所转移的不纯粹是货币，而是取得国内产品（它可以任人选择）的一定价值的权利。贷者先以其资本的一部分来购买这种权利。他真正贷出的只是那么多资本，货币不过是转移的工具。但资本由贷者转给接受者，通常是以货币或可以取得货币的单据为媒介，无论如何，用以计算和估计资本的是货币。因此，借用资本一般称为借用货币，借贷市场称为货币市场；拥有资本可以贷出的那些人称为有产阶级，而使用资本所付的代价，换句话说，也就是利息，不仅被称为货币的利息，而且由于术语的很拙劣的误用，还被称为货币的价值。这种术语的误用，加上我们将在后面[①]加以说明的一些假象，就在实业界人士中引起了一种一般的见解，即认为意指利息率的货币的价值与本来意义上的货币的价值（即流通媒介的价值或购买力）密切相关。我们很快就要回到这个问题上来，现在只须说，所谓价值，我始终是指交换价值，而所谓货币，是指交换的媒介，不是指通过这一媒介从甲手转到乙手的资本。

第二节　货币的价值在其他条件不变的情况下取决于其数量

货币的价值或购买力，首先取决于需求和供给。但就货币而言，其需求和供给的情况，与其他各种物品的需求和供给略有不同。

某种商品的供给是指这一商品提供出售的数量。但通常不说出售货币。人们通常不说买进货币或售出货币。然而，这只是用语上的一种偶然性。实际上，每当用货币购买和出售其他物品时，货币像其他各种物品一样是被买卖的。任何人出售谷物、兽脂或棉花，都是购买货币。任何人购买面包、葡萄酒或毛织品，都是向

① 参阅本编第二十三章。

出售这些物品的商人出售货币，人们用以购买物品的货币，就是其所出售的货币。因而，货币的供给就是人们所要使用的货币数量，也就是人们所拥有的——除去他们所贮藏的或至少是留供今后应急的部分——全部货币。简言之，货币的供给就是当时在流通的全部货币。

再说货币的需求，它是由提供出售的全部货物构成的。每一个出售货物的人都是购买货币的人，而他所带来的货物构成他对货币的需求。货币的需求和其他各种物品的需求的不同在于，它只受购买者的资力的限制。其他各种物品的需求有一定的限度，不能超过，而货币的需求则总是能要多少就要多少。当然，如果人们不能就其所拥有的货物获得他们认为充足的价格，他们可能拒绝出售，并从市场撤回自己的货物。但这种情况只是在他们认为价格将会上升，等一等就可以获得更多的货币时才会发生。如果他们认为这一低价很可能持久不变，他们就会收取所能取得的货币。对商人来说，卖掉他的货物，总是一绝对必须做的事情。

一如市场上的全部货物构成对货币的需求，市场上的全部货币也构成对各种货物的需求。货币和货物都在为相互交换而相互寻求。它们互为供给，又互为需求。在表述这种现象的特征时，我们既可说货物的需求和供给，也可说货币的供给和需求。两种说法的含义是相同的。

我们将进而更充分地说明这一命题。在作这种说明时，读者当能注意到，我们现在讨论的这类问题，和前此在有关价值的论述中讨论的一些问题，有很大的不同。在考察价值时，我们只涉及对各种特殊商品起作用的原因而不及其余。对所有商品发生同样影响的原因，对价值不起作用。但是在考察货物和货币的关系时，我们所特别关心的，是对任何货物都发生影响的原因。我们是以各种各样的货物为一方，以货币为另一方，将它们当作互相交换的物品进行比较。

假定其他一切情况不变，但由于，比方说，有一个外国人携带大量金银来到某地，因而货币的数量增加。他一开始花费这些金银（是用于生产性的用途，还是用于非生产性的用途，这个问题无关紧要），他就增加了货币的供给，并由于同一行为而增加了对货物的需求。毫无疑问，最初他只是增加某几种，即他所选购的那几种货物的需求。他会使这些货物的价格立即上涨，就他个人来说，也只是使这些货物的价格上涨。如果他用他的资财宴请宾客，他就会使食物和葡萄酒的价格上涨。如果他用他的资财建立工厂，他就会使劳动和原料的价格提高。但是，由于价格提高，较多的货币将转入出卖上述各种物品的人们的手中；而这些人，不论他们是劳动者还是商人，都将有较多的货币可供支出，从而增大了对他们惯常购买的各种物品的需求；于是，这些物品的价格也将上升，这样发展下去，一切物品的价格都将上升。我说"一切物品"当然并不否认下述情况可能发生，即，货币可能通过某一类新消费者的出现而流入，或者货币的流入改变各类消费者相互之间的比例，因而今后在各种物品上的花费在国民收入中所占的份额，某些物品比过去大，另一些物品则比过去小。这正像社会的爱好和需要发生变化一样。如果发生这种情况，那末，在生产使自己适应于这一对各种物品的相对需求的变化以前，就会在价值上发生实质性的变化，某些物品的价格上升的幅度将超过其他一些物品，而某些物品

的价格则也许完全不提高。然而，这种结果显然不是单纯出自货币的增加，而是出自随同货币的增加而附带产生的一些情况。目前我们所须考察的，只是货币的增加本身所产生的影响。假设个人手里的货币都增加了，而整个社会在消费方面的需要和爱好一仍其旧，则需求的增加将均等地扩展到一切物品，因而价格将普遍上涨。我们可以仿照休谟，假定国内每个人在某天早晨醒来，发现他的口袋里有一金币；然而，在这个例子中，各种商品的需求所占的比例将发生变化；首先是，穷人的奢侈品的价格同其他各种物品相比将大幅度上升。因此，我们毋宁假设，每个人原有一镑、一先令或一便士，现在突然都增加了一镑、一先令或一便士。在这种情况下，各种物品对货币的需求都将增加，从而它们的货币价值或价格都将上升。这种价值的提高对任何人都没有好处，除须以较大的数字来计算镑、先令和便士以外，不会产生什么差别。这只是以货币计算的价值增加了，而货币只是购买其他各种物品所必需的工具，因而任何人所能购买的物品都不会比过去多。价格将按一定的比例上升，而货币的价值则将按同一比例下降。

应当注意，这种货币价值下降的比例恰好和货币数量增加的比例一致。如果流通中的全部货币增加了一倍，则价格也会提高一倍。如果前者只增加四分之一，则后者也将提高四分之一。这时，货币比过去增加了四分之一，它们都会被用来购买某几种货物。如果这种新增的货币供给有时间扩展到一切市场，或者（按照人们习用的比喻）进入一切流通渠道，则所有的价格都将上涨四分之一。但价格的普遍提高与这一扩散、平均化的过程无关。即使某些物品的价格提高较多，另一些物品的价格提高较少，平均地说各种物品价格提高的幅度仍将为四分之一。这是如下事实的必然结果，即，以超额四分之一的货币交换同一数量的货物。因而，一般价格总是提高四分之一。

如果我们假设货物减少，而货币不增加，则对价格也会产生完全相同的结果。而如货物增加或货币减少，则会产生相反的结果。如果社会上的货币减少，而待售的货物数量一仍其旧，则由于与这些货物相交换的货币减少，这些货物将以较低的价格出售。价格降低的比率与货币减少的比率恰好一致。因此，如果其他情况不变，货币的价值与其数量成反比地变动。数量的任何增加都使价值按恰好相等的比率下降，而数量的任何降低则使价值按恰好相等的比率上升。

应当注意，这是货币特有的性质。就各种商品而言，我们没有发现以下情况一般是真实的，即，商品供给的减少使其价值恰好与供给不足成比例地上升，或者商品供给的任何增加使其价值恰好与供给过剩成比例地下降。某些物品（在价值上）所受的影响，通常大于其供给过剩或不足的比率，另一些物品所受的影响，则通常小于其供给过剩或不足的比率。这是因为，就正常的需求而言，人们的欲望（即对物品本身的欲望）也许较强，也许较弱，而他们愿意为此花费的钱数总是有限的，因而各种物品所受的影响会因获得的难易而极为不同。而就货币——它作为一般购买手段而为人们所企求——而言，其需求系由人们必须出售的一切物品所构成，而他们所愿让出的物品，其惟一的限度，是他们只能罄其所有而不能提供更多的物品。全部货物总是与进入市场、用以进行支付的全部货币相交换，因此，它们能够售得多少货币，恰好与市场上货币数量的多少成比例。

第三节　货币的价值还取决于流通速度

由上所述，我们可以暂且假定，一个国家在任一时间出售的全部货物都与同时存在的流通中的全部货币相交换；或者，换句话说，一个国家流通中的货币数量，在价值上总与当时当地出售的全部货物相等。但这完全是误解。支出的货币在价值上与其所购买的货物相等；但支出的货币数量与流通中的数量并不相同。由于货币会由此手转到彼手，同一笔货币在某一时间出售的一切物品都被人购买，最终离开市场以前，已被支出多次，因而，每一镑或每一元均应按其为达到这一目的而转手的次数，计算为许多镑、许多元。大部分货物也要计算一次以上，这不仅是因为在它们以一定的形态最终被消费以前，要经过若干厂主和商人之手，而且还由于在投机时期（所有时期差不多都是这样的时期）同一货物在为消费目的而被买走以前，常常被反复转卖牟利。

如果我们假定出售的货物数量和这些货物转卖的次数固定不变，则货币的价值当取决于货币的数量及每一笔货币在转卖过程中易手的平均次数。出售货物的总量（同一货物的每次转卖都被当作是这一货物的增加）是与货币总额乘每一笔货币的平均购买次数之积相交换。因此，在货物的数量和交易额不变时，货币的价值与货币的数量乘所谓流通速度之积成反比。而流通中的货币数量则等于出售的全部货物的货币价值除以流通速度。

对流通速度这一用语须作若干注解。不可把它的含义理解为，每一笔货币在一定时间内用以进行购买的次数。所要考虑的不是时间。社会的情况可能是这样：每一笔货币在一年内只进行一次购买。但是，如果这一情况是由于交易额小而发生的——即源自从事经营的行业数量少，交易不活跃，或者交易大部分属于物物交换，则它不构成价格下降或价值提高的理由。要点不在于同一笔货币在一定时间内转手多少次，而在于同一笔货币为了进行一定数量的交易而转手多少次。我们不应当以货币在一定时间内购买的次数与时间本身相比较，而应当与同一时间内出售的货物相比较。如果一百万英镑的货物售出时，每一笔货币平均须转手十次，则很明显，使这些货物流通所必需的货币为十万英镑。与此相反，如果流通中的货币为十万英镑，而用以购买货物的每一笔货币在一个月内转手十次，则每月货物的销售额平均应为一百万英镑。

流通速度一词很不适于表示它惟一必须表示的事物，而且由于它使人联想到与其本意迥然不同的意义，因而有使问题混淆不清的倾向，如能废除这一用语，而代以更能直接表达其意的其他用语，就太好了。例如“货币的效率”一词，虽非完美无缺，但比较地说更为合适。因为它不会引起以时间估计工作数量的想法，而使人们将注意力集中于工作的数量。在得以创造一个适当的术语以前，为了避免词意含糊，我们只好满足于用以下惟一能够充分表达其意义的冗长辞句来加以表述，即为了实现一定金额的交易，每一笔货币所进行的平均购买次数。

第四节　上述原理的说明和所受的限制

上述命题，即一般价格取决于流通中的货币数量，应当理解为，它只适用于如下情况：货币，即金银，是惟一的交换手段，而且在每一次购买中它都由一人之手转到他人之手，人们不知道任何形式的信用。一旦与手头现金不同的信用成为购买手段，则如后所述，价格和流通媒介数量之间的联系将不再那么间接和密切，而且，其实际联系也不再能用那么简单的方法来表达。但是，论述通货和价格这样十分复杂的问题时，我们的理论必须建立在对一些最简单的情况的彻底了解的基础上；我们常常会看到，这些情况是实际发生的那些情况的基础或根基(Substratum)。货币数量的增加使价格上升，而货币数量的减少则使价格下跌，这是通货理论中最根本的命题，没有这一命题，我们就无从解释其他任何命题。然而，在任何情况(除了我们上面设想的简单的、原始的情况以外)下，这一命题只是在其他各种事物不变的条件下才是正确的，而应当不变的其他各种事物是指什么，我们尚未及加以叙述。不过，我们现在就可以指出在试图运用这一原理来实际说明各种现象时所必须注意的若干事项。因为这个学说虽然是科学上的真理，但近年来较之与交换有关的其他任何命题，在更大的程度上成为大量错误理论和对事实的错误解释的基础，因而这些注意事项更为重要。自从英格兰银行根据 1819 年的法令再度开始付现以来，特别是 1825 年的商业危机以后，人们对价格的任何上升或下跌都爱用“通货”来解释；而这个学说像大多数通俗的理论一样，人们加以运

用时极少注意使之正确无误所必需的条件。

例如，人们惯常认为，国内货币数量或现存的货币数量较大时，价格必然随之上升。然而这决不是一种必然的结果。对任何商品来说，决定它的价值的不是现存的数量，而是提供出售的数量。国内的货币数量不论有多少，其中只有进入商品市场并实际上与货物相交换的那一部分能影响价格。能够增加国内这一部分货币数量的任何事物，都有提高价格的倾向。但贮藏的货币对价格不发生影响。个人保存以备万一的货币，在意外事件未发生时，也不影响价格。英格兰银行金库中的货币，或私人银行留作贮备的货币，在提出以前都不影响价格，即使提出，如果不用在商品上，也不影响价格。

经常发生这样的情况：大量货币流入国内，实际上用作资本，其后又流出国外，它从未影响商品市场，而只影响证券市场，或其名称虽不恰当但人们通常使用的金融市场。让我们回到前面为了说明问题而列举的一个例子，即有一个外国人携带一批金银财宝来到本国。我们曾假定这个外国人用这些金银财宝购买自己使用的货物，或者建立工厂并雇用工人，在这两种情况下，如果其他情况不变，他都会使价格上升。但是，很有可能他不这样做，而热衷于利用他的财产来牟取利息。我们假定，为此他采用了下述很简单的方法，即使自己成为一部分公债、财政部证券、铁路公司债券、商业证券、典契等(任何时候它们都在公众的手里)的争购者。他这样做会使上述各种证券的价格上升，换句话说，会使利息率下降。而由于这种情况搅乱了国内资本利息率和其他各国资本利息率之间的原有关系，也许会导致拥有流动资本、正在谋求投资机会的某些人，把他们的流动资本输送到国外进行投资，而不愿以高昂的价格购买国内的证券。这就会有与前此流入的数量相等的货币流到国外，因而货币的暂时流入对商品价格不会产生什么影响。这是一个非常值得注意的事例。现在人们已开始认清如下的事实，即，贵金属由一国转移到其他国家，其由各国借贷市场状况决定的程度，比过去所设想的大得多，而由价格状况决定的程度，则比过去所设想的小得多。

为了避免在解释商业现象时犯重大的错误，还有一点必须注意。如果在某一时候即付交易的数量增加了，这可能是由于投机活动的不同而连续发生的，甚至是在一年中的某一季节发生的（因为若干种交易只在特定的季节进行），这时通货只是与交易的数量成比例地增加，而且这种增加持续的时间不长，因而不具有提高价格的倾向。在英格兰银行按季支付公债利息的时期，公众手中的货币急剧增加，增加的数量估计可达到总发行额的五分之一到五分之二。但是，这对价格从未发生影响；在如此充沛的现金供给以后，公众向英格兰银行提出的以贴现或贷款的方式提供现金的要求大为减少，因此，在几星期以内，通货就又缩减到通常的数量。同样，农业地区的通货数量在一年中的各个季节也有变动。8 月总是最低。“此后到圣诞节逐渐增加，到第二年的报喜节（3 月 25 日）前后达到顶点，这时农业经营者通常要购买家畜、农具，并缴纳地租和夏季的税款”。因此，他会向地方银行提出大量贷款的请求。“这些变动像季节的变迁那样有规则地进行，并且正像英格兰银行纸币的四季变动一样，对市场几乎毫无干扰。各种额外的支付一结束，过剩的‘估计为五十万镑的通货’，一定会马上被吸收而

绝迹”[①]。

如果没有额外的通货来进行这些额外的支付，就会发生下述三种情况之一：1. 或者是不用货币，而用某些可以不用货币的方法来进行支付；2. 或者是增加货币的流通速度，使同额货币得以实行较多的支付；3. 或者是（如果上述两种办法都不能实行）从商品市场抽出货币来实行额外的支付，其结果，价格必定下跌。流通媒介的增加，如果在程度和持续时间上与营业的暂时扩张相适应，就不会提高价格，而只会防止价格下跌。

接下来的研究将告诉我们，流通媒介的价值取决于需求和供给，而与其数量成反比这一命题，必然还会受到其他许多限制；在诸如英国目前存在的那种复杂的信用制度下，这些限制使这个命题对事实的反映极不正确。

① 富拉顿：《通货的调节》，第 87—89 页。

第九章　论货币的价值取决于生产费用

第一节　在自由状态下，货币的价值与其所包含的金银块的价值相一致

但货币同一般商品一样，其价值最终并不取决于需求和供给。货币价值的最后规定者是生产费用。

当然，我们假定各种事物是自由放任的。但各国政府并不总是听任各种事物自由发展。它们都阻碍货币的数量按照自然规律来自我调整，而力图随心所欲地加以控制；其目的通常在于使为数较多的货币（与不那样做时相比）留在国内。直至最近，各国政府的政策都是禁止货币的输出和熔化。与此同时，它们力图通过奖励其他各种物品输出并阻止其输入，使货币不断地流入。通过这种方法，它们使两种偏见得到满足：1. 它们由此已使，或它们认为已使较多的货币流入国内，而较多的货币，它们认为等于较多的财富；2. 它们已给予，或它们认为已给予一切生产者和商人较高的价格，而较高的价格，虽然并不是真实的利益，人们却总认为是真实的利益。

各国政府凭借货币的供给人为地控制货币价值的这种尝试，

在程度上，甚或在方式上，都从未奏效。它们有关铸币输出或熔化的禁令，从来不是有效的。与其价值相比容积如此微小的商品很容易私运出境，更易于熔化，因而即使采用非常严厉的措施，也无法制止这些行为。很普通的利润就会使人们甘冒政府权力所加于这些行为的一切风险。[①] 为实现同一目的而采取的比较间接的方法，是不准以货币以外的商品作为出口商品的报酬，这个方法不是毫无成效的。确实，各国政府在使货币不断流入国内这一点上未获得成功，但是，它们能够在一定程度上使货币的价值水平高于其自然水平，并在这一限度内使货币的价值不完全取决于（在没有人为干预的情况下）决定物品价值的那些原因。

然而，我们所应假定的状态，不是人为调节的状态，而是自由状态。在这种状态下，如果再假定货币的铸造不收费，则货币的价值将与用以造币的金银块的价值相一致。一磅重的金银铸币，可以精确地与重量相同的金银块互相交换。在处于自由状态的假定下，金银块形态的金银，其价值不会大于铸币形态的金银。否则，由于铸币的熔化既不费时，又几乎不花钱，人们自然会把铸币熔化掉，直到流通中的铸币数量减少到铸币的价值与同等重量的金银块的价值相等时为止。然而，人们也许会这样想：铸币的价值虽然不能小于其所含有的金银，但却可以、而且作为制造品自然可以大于其所含有的金银，这同亚麻织品的价值大于同等重量的亚麻纱，属于同一原理。假如不是像英国和其他一些国家的政府那样免费

① 然而，这种禁令的效果不像有关这个问题的著述家们所设想的那样毫不足道。富拉顿先生在《通货的调节》一书第 7 页注中列举的事实表明，在铸币和金银块之间必须有比通常想象的更大的价值差额，才能诱使人们把铸币投入熔化锅。

为人们铸造货币，上述想法容或是正确的。铸造货币的劳动和花销如果不由所有者承担，就不会提高物品的价值。如果政府设立一个办事处，该处对于交付一定重量的棉纱、要求换取棉布的任何人，都给予同等重量的棉布，则市场上棉布的价值就不会大于其所包含的棉纱的价值。铸币的价值只要略高于金银块的价值，持有金银块并把它送去铸造货币的人就会从中获利。然而，如果政府让金银块的所有者承担一定的造币费（这是合理的），以收取手续费来弥补开支（办法是偿付的铸币分量略少于所收金银块的分量，而称之为课征铸币税），则铸币的价值将按所课征的铸币税的多少提高到金银块的价值以上。如果造币厂扣留1%来抵偿造币的开支，则在铸币的价值至少比金银块的价值高1%以前，金银块的所有者就不会有兴趣拿金银块去铸造货币。因而，铸币的价值将比免费铸造时高出1%，而之所以如此的原因，只是由于铸币的数量较之免费铸造时减少了1%。

政府可以凭借这种业务（指铸造货币——译者）牟取利润，并可为此目的而征收铸币税，但如它们收取的造币费超过铸造的开支，则将使私人铸造货币也有利可图。铸造货币虽然不像熔化货币那样容易，但也不是一种艰难的工作，而且，私铸的铸币具有充足的重量和标准的成色，是很难察觉的。因此，如果铸造良币能够获得利润，人们肯定会这样做，其结果，以铸币税为国家收入来源的尝试将归于失败。不靠征收铸币税，而用拒绝铸造货币的方法把铸币的价值保持在某一人为高度的任何尝试，也同样会失败。①

① 在英国，虽然对铸造金币不征收铸币税（造币厂以铸币付还与其所收取的金块重量相同的纯金），但自交付金块到获得铸币，这中间却得耽搁几个星期，由此导致

第二节　金银块的价值由生产费用决定

因此，货币的价值经常——在自由状态下几乎直接——与用以造币的金属的价值相一致。造币费是否加在价值之内，视这种费用由私人负担还是由国家负担而定。这使我们在这里必须加以考察的问题极度简化了，因为金银块像其他任何物品一样都是商品，它们的价值也像其他物品一样取决于它们的生产费用。

对大多数文明国家来说，金银都是外国产品，而左右外国产品价值的各种情况，提出了我们现在还不准备加以探讨的一些问题。因此，现在我们必须假定，我们以之作为研究对象的国家，它的金银是由本国的矿山供给的，至于我们的结论在应用于更普通的情况时必须作多大的修正，只能留待以后考察。

各种商品可以分成三类，即：供给绝对受限制的商品，可以用一定的生产费用无限量取得的商品，以及虽可无限量取得，但其生产费用愈益增加的商品。各种贵金属是矿山的产物，所以属于第三类。因而，它们的自然价值最终与当前最不利情况下的生产费用成比例，换句话说，与为了获得必需的供给而必须加以开采的最低劣的矿山的生产费用成比例。在生产黄金的各国，一磅重的黄金最后趋向于与其生产费用和黄金本身的生产费用相等的其他一

了利息的损失，对金块的所有者来说，等于缴纳了少量铸币税。由于这一原因，铸币的价值一般略高于铸币所含有的纯金的价值。1 盎司黄金，按照 1 英镑所含有的金属数量，应值 3 镑 17 先令 10 便士半，但在市面上通常开价 3 镑 17 先令 6 便士，这种情况一直延续到 1844 年颁布英格兰银行特许条例为止，该条例规定，对于向英格兰银行提供的纯金，该行必须按 3 镑 17 先令 9 便士的比率付给其所发行的钞票。

切商品相交换；黄金本身的生产费用是指，当时为了满足实际需求而必须加以开发的生产能力最为低下的供给来源所需花费的劳动和费用。黄金的平均价值趋向于与它的自然价值相一致，一如其他各种物品的价值趋向于与它们的自然价值相一致。假定黄金的售价高于它的自然价值（黄金的自然价值等于开采黄金的劳动和花销加上失败机会极大的产业部门的风险报酬），则寻找投资场所的大量流动资本就会有一部分投向采金企业。因而，供给将增加，而价值则将降低。反之，如果黄金的售价低于它的自然价值，矿主得不到通常的利润，他们就会缩小他们的业务；如果售价大大低于自然价值，有些劣等矿山或许会完全停止开采。而每年供给的减少使每年的消耗不能全部得到补偿，从而，存量将逐渐减少，价值又提高。

如果更仔细地探讨上述过程，则其详情有如下述。如果黄金价值高于它的自然价值或费用价值——如前所述，铸币的价值与金块的价值相一致——则货币的价值将提高，而包括劳动在内的其他一切物品的价格则将下跌。这种价格的下跌会使一切生产者的费用减少，但是，由于他们的报酬也会减少，任何生产者都不能从中获益。只有黄金的生产者属于例外，他的报酬得自矿山，不取决于价格，因而将一如过去，但是他的开支减少了，因而他将获得额外的利润，并在这种刺激下扩大他的生产。反之，如果黄金的价值低于它的自然价值，则由于这等于价格上升，一切生产者的货币支出都将非常大；然而，因为价格上升，其他一切生产者都将由货币报酬的增加得到补偿；只有矿主不能从他的矿山采得比过去更多的黄金，而他的支出却比过去扩大了，因而，他的利润将减少或消失，即使他不放弃他的事业，他也会缩小他的生产。

这样，货币的价值就趋向于与其由以铸造的金属的生产费用相一致。然而，把以前说过的如下一句话重说一遍也许是适当的，这就是，像贵金属那样人们普遍需要而又耐用的商品，这种调整的完成需要很长的时间。这些金属不仅大量地用作货币，而且大量地用来制造器皿和装饰品，因而其现存数量在任何时候都非常大。同时，它们的磨损又极为缓慢，因而只要有较小的年产量就足以维持供给，并足以提供由于流动货物的增加或者由于富人对金银制品需求的增加而可能需要的增加量。即使这种少量的年供给完全停止，要使现存的数量减少到价格发生重大的变化，也得有许多年。现存数量的增加可能大大快于现存数量的减少，但这种增量必须非常大，才能对整个商业世界现有的贵金属总额产生重大的影响。因此，贵金属生产条件的一切变化的影响，最初只是、以后许多年仍将是数量的问题，与生产费用几乎没有关系。在如下情况下尤其是这样，即，现在有许多新的供给资源在同时开发，其中大部分只须使用劳动，除一把鹤嘴锄和一星期的食物以外无须垫付任何资本，而且这种作业还完全是试验性的，各种资源的较长期的生产能力完全没有查明。

第三节　上述法则与前一章提出的原理具有什么样的关系

然而，由于货币的价值同其他各种物品的价值一样，实际上与它的生产费用相一致（虽然较为缓慢），因而一些政治经济学家完全反对这样的说法，即，货币的价值取决于它的数量和流通速度。他们认为，这一说法为货币设想了一种其他任何商品所没有的规律，而实际上货币是受与其他商品完全相同的规律支配的。对此，我们的回答是，第一，上述说法并未设想任何特殊的规律，只不过是人们都承认的、适用于一切商品的需求和供给的规律；而且，就货币而言，和大多数其他商品一样，这个规律也是受生产费用规律支配，而不是与生产费用规律无关的，因为如果生产费用对供给毫无影响，它就不能对价值发生影响。但是，第二，在某一方面，货币的价值和它的数量之间的关系，确实比其他物品的价值和它们的数量之间的关系更为密切。其他各种物品的价值顺应生产费用的变化，无须以供给的任何实际变化为条件，只要有可能的变化就够了；而且，即使发生实际的变化，这种变化也只是暂时的，除非价值的变化会引起需求的变化，而这样就要有供给的增加或减少，作为价值变化的结果（不是原因）。就被视为装饰品和奢侈品的费用的金银而言，这一点也是正确的，但就货币而言却是不正确的。即使黄金的永久生产费用减少四分之一，买来制作器皿，镀金或当作贵重饰物的黄金可能也不会比过去多；如果这样，虽然黄金的价值会下跌，但为这些目的而从矿山采取的黄金数量也不会比过去多。用作货币的部分则不是这样，这一部分，如果它的数量不是实际增加四分之一，它的价值就不会下跌四分之一；因为，价格上涨四分之一，要实行惯常的购买，就要有比过去的数量多四分之一的货币；如果没有这部分货币，某些商品就会无人购买，价格也就不能维持。因此，贵金属生产费用的变化，只是与它的数量的增加或减少成比例地影响货币的价值；对其他任何商品，都不能这样说。

所以，我认为，摈弃货币的价值与货币的数量有关的主张，在学术上和实际上都是错误的。

然而，很明显，生产费用最终规定数量；而每一个国家所拥有并在流通的货币数量（不计各种暂时的变动），都刚好使一切交换得以进行，使货币的价值同它的生产费用始终保持一致。一般说来，各种物品的价格将是这样：货币按其本身的费用同其他一切货物相交换。同时，正因为货币的数量不可避免地会影响货币的价值，因而货币数量本身将（由于一种自动机制）保持于与价格水平相一致的数额，即保持于为按这种价格进行一切交易所必需的数额。

“所需的货币数量部分取决于生产黄金的费用，部分取决于货币的流通速度。流通速度为已定时，货币数量将取决于生产费用；而生产费用为已定时，则货币数量将取决于货币的流通速度。”①

在作了以上表述以后，我希望对这些命题不需要再作任何进一步的说明了。

这样，货币和一般商品一样，就具有取决于它的生产费用、并同它的生产费用成比例的价值；这个原理一经人们承认，货币理论表面上存在的大部分奥秘就可以揭示出来。然而，我们不应忘记：这个学说只适用于实际生产贵金属的地方；我们尚须研究，价值取决于生产费用的规律，是否适用于在远方生产的各种物品的交换。但是，无论如何，我们有关价值的命题只须作如下一点变更，即：在货币是进口物品的地方，货币的价值不是取决于货币的生产费用，

① 引自西尼耳先生的一些已经印刷、但未发行的讲义。其中饶有兴味地说明了，由于社会和文明状况不同，借助于货币进行的交易和货币的流通速度大为不同。

而是取决于在国内获得的费用。任何外国商品都是以提供某种国内产品为代价获得的；而我们为（获得）某种外国商品（而）花费的劳动和资本，等于我们为生产用以交换这种外国商品的某一数量的本国货物而花费的劳动和资本。这一数量取决于什么——即决定一国产品和他国产品的交换比例的是什么——固然是比我们迄今所考察的那些问题多少复杂一些的一个问题，但是，至少如下一点是不可争辩的，这就是，在一国内部，进口商品的价值取决于为（获得）它们（而）提供的等价物的价值，从而取决于这种等价物的生产费用；因而货币，在它是进口物品的地方，也受同样的规律支配。

第十章　论复本位制及辅币

第一节　复本位制的缺点

一般商品很难完全具备适于用作货币的各种不可或缺的特性，但有两种商品十分明显地具有这些特性，而且它们所具备的程度几乎相等；这就是人们所说的两种贵金属——黄金和白银。因而，某些国家已试行不加区别地以这两种金属作为它们的流通媒介。

用比较贵重的金属进行大额支付，而用比较低廉的金属进行小额支付，显然是便利的；惟一的问题是，这样做用什么方法最合适。最常采用的方法是在这两种金属之间确定一定的比例；例如，1 枚称为金镑的金币等于 20 枚称为先令的银币；在国内通常的记账货币中，二者都用同一名称，即称为 1 镑；而必须支付 1 镑的人用金币支付还是用银币支付，则听凭自便。

最初规定两种金属的相互价值（例如 20 先令等于 1 金镑，21 先令等于 1 畿尼）时，人们也许已经尽可能使这一比例与以两种金属的生产费用为依据的它们通常的相对价值相一致。如果这种自然价值或费用价值持续不断地保持同一比例，这样的办法似乎是无可非议的。然而，事实远非如此。在所有的商品中，黄金和白银的价值虽然最不易变动，但也并不是永恒不变的，而且它们并不总是同时变动的。例如，由于美洲一些矿山的发现，白银的永久价值相对于黄金来说就下跌了；而非经常地发生的价值的微小变动，也不对两种金属产生同样的影响。假定这样的变动发生了，两种金属的相互价值不再同规定的比例相一致，有一种金属的估价就将低于它的金属价值，因而将它熔化，当有利可图。

例如，假定同白银比较黄金的价值相对地上升了，因而1金镑所含金量的价值大于20先令所含银量的价值。在这种情况下，两种结果将随之产生。任何债务人都会发觉，以黄金还债不合算。他将经常以白银还债，因为20先令是偿还1镑债务的合法货币，而且他可以用少于1金镑所含的金量，换得可兑换20先令的银量。另一结果是，如果1金镑不能售得20先令以上，所有的金币都将被熔化，因为它们作为金块，较之它们作为铸币，可以换得较多的先令。如果比较价值上升的金属不是黄金，而是白银，则所发生的情况将与上述一切相反。这时1金镑已不值20先令，因而任何必须支付1镑的人，都愿以1金镑进行支付；而银币则将为加以熔化而收集起来，并作为银块，以它们的实际价值，即高于法定价值的价值，售得黄金。因此，社会上的货币实际上永远不会是由两种金属构成；而只是由在一定的时期最适合债务人利益的一种金属构成；而通货的本位将持续不断地由一种金属转变为另一种金属，每一次转变时造币费的损失，都由逐渐弃置不用的金属承担。

因而，两种金属按规定的比价都成为法定货币，较之以黄金或白银为惟一的本位货币时，货币的价值似乎更容易经常发生变动。它容易受两种金属的生产费用变化的干扰，而在后一种情况下则只受一种金属的生产费用变化的影响。通货由于有两种法定本位而很容易发生的特殊变动是价值下跌，或通常所说的贬值；因为实际上在两种金属中，总是其实际价值低于规定价值的一种金属成为本位(货币)。如果两种金属的价值趋于上涨，则一切支付都将用上涨最少的那种金属来进行；而如两种金属的价值趋于下跌，则一切支付都将用下跌最多的那种金属来进行。

第二节　以两种金属作为货币，但不使二者皆成为法定货币，情况又将如何

复本位的方案有时仍被著作家或演说家当作通货上的一大进步提出。大概在大多数拥护这种方案的人看来，它的主要优点是具有一种贬值的倾向；对于任何——不论是公开的还是隐蔽的——降低成色的方法，任何时候都有大量的支持者。然而，有些人是受对复本位的利益的一种过高估计的影响。这种利益在一定程度上是真实的，即它能利用商品世界中黄金和白银的合计存量来加强流通，而如果只限用黄金和白银中的一种，则由于货币会偶然地被吸收，它将不能十分迅速地得到补充。获得复本位的利益而避免它的不利的最好办法，似乎是像有些国家那样只以这两种金属中的一种为法定货币，而另一种也用以铸造货币，并允许它按照市场价值流通。

如果这个方案被采用，则作为一种商业物品任人买卖的，自然是较为昂贵的金属。但有些国家，如英国，采用两种金属中较为昂贵的一种作为它们的本位货币，而为使两种金属都能流通，采用了一种不同的办法，即规定白银也是法定货币，但只用以进行小额支付。在英格兰，40先令以上的支付，谁都不能强迫别人接受银币。

这一规定与如下的另一规定当然是分不开的，即，银币的估价，与金币相比较，可以略高于它的内在价值；也就是说，20 先令所含有的银量的价值，可以低于 1 金镑。因为，假使市场发生对银价有利的轻微变化，银价就会高于 1 金币，致使熔化银币有利可图。对银币的过高估价，会诱使人们购买白银，并将它送到造币厂去铸造银币，因为白银经过铸造，它的价值将高于其所固有的价值；然而，这可以通过如下办法来加以防止，即限制银币的铸造数量，使之不像金币那样听任私人自由决定，而由政府确定，并限定于应为小额支付所必需的数额。惟一必须提防的，是不要给产银币过高的估价，以致对私人铸造产生强大的诱惑力。

第十一章　论作为货币的替代物的信用

第一节　信用不是生产手段的创造，而是它的转移

信用的作用问题所引起的误解和思想混乱不亚于政治经济学上的任何专题。这不是由于有关这一问题的理论存在特殊的难点，而是由于信用的各种形式所引起的一些商业现象的复杂性质；因此，人们往往不注意一般信用的性质，而只注意信用的特殊形式所具有的特性。

我们可以援引人们在谈到信用对"国民生计的重要意义"时所常用的夸张言词，作为在信用的性质上存在思想混乱的一个例子。信用虽然具有伟大的力量，但并不像许多人所想象的那样具有魔力。它不能无中生有。人们常讲信用的扩张等于资本的创造，或似乎信用实际上就是资本。信用只是对于使用别人资本的许可，人们不能由以增加、而只能由以转移生产手段，这一点还需要在这里指出，似乎是不可思议的。借主的生产手段和雇用劳动的手段由于他所获得的信用而增加多少，贷方的这些手段就减少多少。同一金额不能由所有者和借主同时用作资本：它不能以工资、工具

和原材料的形式同时向两组工人提供它的全部价值。确实，甲由乙处借来并用于他的业务的资本，就其他用途而言，依然是乙的财富的组成部分，乙可以靠它缔结契约，并在必要时以它为担保借得相同的金额。因而，表面看来，似乎乙和甲是同时使用这项资本。但是，稍加考虑就可以看到，一旦乙将他的资本交给了甲，它作为资本使用就属于甲一个人的权限，而乙除利用对它的最后要求权由第三者丙处获得另一资本的使用权外，不能再将它用于其他用途。任何人真正使用的(不是他自己的)一切资本，都是而且必然是对他人资本的同等数额的扣除。①

第二节　信用如何帮助生产

虽然信用只是资本从甲手到乙手的转移，但资本通常自然是转到更能在生产上有效地利用资本的人手中。如果不存在信用这样的东西，或者由于普遍不安定和缺乏信任，信用(制度)实行得很不够，则拥有或多或少的资本的许多人，就会因为自己所从事的职

① 要使正文中的命题臻于精确，需作很细微的订正。某一国家在一定期间所具有的流通媒介，部分用于购买生产性的商品，部分用于购买非生产性的商品。这个国家的实际资本的大小，视用于这一方面或另一方面的部分所占比例的大小而定。因而，如果只是不生产的消费者手中的流通媒介增多，则现有的商品储备的较大部分将被买来用于非生产性消费，而较小部分将被买来用于生产性消费。这种情况如果持续下去，其意义将相当于资本减少。反之，如果生产者手中预定用于他们的业务的流通媒介增多，则这个国家的商品的较大部分眼下将用作资本，而较小部分将用于生产性目的。这后一种状况自然地带有某些信用扩张的意义，特别是采用钞票或其他交换手段的形式时更是如此。增加的钞票一般是先向生产者或商人发行，由他们用作资本；因而，国内的商品储备虽然不比过去多，但其中由生产者和商人购得的份额增加了，原来非生产性地消费的商品按照上述份额增加的程度转用于生产，从而使资本实际上增加。一旦增加的信用断绝，钞票回收，上述作用即停止，而相反的过程随之产生。

业，或因为缺乏必需的技能和知识，不能亲自监督资本的使用，将不能从资本获得任何利益。他们的资金或者被搁置，或者在笨拙的牟利尝试中浪费和丧失。这一切资本现今都可以收息出借，可以用在生产目的上。这样的资本已成为任何商业国家的生产资源的巨大组成部分；而且，它们很自然地为以下这些生产者或商人所吸引，他们拥有最大的企业，具有最有利地运用这种资本的各种手段；他们最想得到这种资本，并且能够提供最好的担保。因此，一国的生产资金虽然不因信用而增加，但它将由此而处于更完满的生产活动状态。随着信用基础——信任——的扩大，（利用信用的）各种方法将得到发展，借助于这些方法，甚至数额极小的资本（每个人留在手头以应不时之需的金钱）也可以用于生产性用途。实现这一目的的主要工具是储蓄银行。在没有这种银行的地方，小心谨慎的人就得在身边保留足够的金额来满足自己意想不到的需要。然而，在人们不自行保管这种准备金，而把它存入银行这样的习惯形成以后，原先闲置的许多小额款项就会积聚在银行家的手里；而银行家则根据经验，知道在一定期间这笔金额的多大部分需要留作准备，并知道，虽然某些存款人要求提取的金额偶或超过平均数，但另一些存款人要求提取的金额却会小于平均数，因而他能将剩余部分，即存款中的最大部分借给生产者和商人。因此，虽然现有的资本数量实际上没有增加，但使用的资本数量却由此增加，从而使社会总产量相应地增加。

信用既为使一国的全部资本成为生产性的所不可缺少，又是使一国的产业才能更好地用于生产目的的手段。许多自己没有或只有少许资本，但具有为资本所有者所了解和赏识的经营才能的

人，将能借到金钱，或更经常地借助于信用取得货物，从而使他们的产业才能有助于增进公众的财富。如果由于较好的法律和较好的教育，人们比过去诚实得多，因而个人的品格就可以充分保证他人的财物不仅不会被不正当地占用，而且不会被用来做不正当的投机生意，则社会得到的上述利益将更为巨大。

从最一般的观点来说，以上所述就是信用对整个世界的生产资源的效用。但是，这种考察只适用于向各勤劳阶级——生产者和商人——提供的信用。商人向不生产的消费者提供的信用决不能增加公众财富的源泉，而总是损害这种源泉。这种信用不是使不生产阶级的资本转让给生产阶级暂时使用，而是使生产阶级的资本转让给不生产阶级暂时使用。如果商人甲向土地所有者或领年金者乙提供各种货物，货款在 5 年以后偿付，则甲的资本中就有与这些货物的价值相等的一部分在这 5 年内处于不生产状态。如果货款在提供货物时就得到偿付，则这笔钱在这 5 年间便会支出和收回好几次，与这笔钱相当的货物也就生产、消费和再生产了好几次。因而，即使乙在 5 年间未偿付的 100 镑最后会付给甲，社会各劳动阶级也会在这一期间受到数倍于这个金额的绝对损失。就甲个人而言，他可以通过提高他的货物的价格来得到补偿，这一价格终将由乙支付，但各劳动阶级却无所补偿，每当资本转用（无论是永久还是暂时）于非生产性用途，它们总是主要的受害者。乙从甲的资本中取走了 100 镑，用于非生产性支出，虽然他预计到了自己未来的偿付能力，但只是在 5 年以后，才从他的收入中分出一笔钱给甲以偿还债务，使之转化为资本，由此可见，在这 5 年期间，国家减少了 100 镑资本。

第三节　信用具有减少使用货币的作用

上面讲的是信用在生产中的一般作用。没有信用,已经存在的生产力就不能得到充分利用,但信用本身并不是生产力。然而,信用理论中最复杂的部分是信用对物价的影响;这是一部分商业现象使观察者感到困惑的主要原因,在惯常地有大量信用提供的商业状况下,一般物价在任何时候都较多地取决于信用状况,而很少取决于货币数量。因为信用虽然不是生产力,但它是一种购买力;而且,具有信用可以用来购买货物的人,其所创造的对货物的需求,及其所引起的物价上涨的趋势,一如他用现金购买等量的货物。

目前我们所要考察的信用,作为一种与货币无关的、独特的购买力,当然不是最简单的信用,即一个人借钱给另一个人,并且直接把钱交到他的手里这种形式的信用;因为借主用借来的钱购买货物时,他是用货币,而不是用信用进行购买,因而他所运用的购买力,没有超出货币所赋予的购买力。创造购买力的信用形式是,当时不使用货币,而且通常是完全不使用任何货币,各种交易与大量的其他交易计入一个账目,而只付差额。实行这种信用的方法很多,我们将对此进行考察,按照我们的惯例,从最简单的开始。

第一,假定甲和乙是两个商人,他们互相作为买主和卖主进行交易。甲以信用由乙处买进。乙也以信用由甲处买进。年终,以甲欠乙的款项和乙欠甲的款项相比较,确定谁应支付差额。这一差额可能小于各种交易分别计算的数额,而必然小于各种交易的合计额，是惟一要用货币来支付的；甚至这一差额或许也不支付，只是转入第二年的往来账目。这样，为数 100 镑的一次付款，就足以清算一系列的交易，其中有些交易的价值达数千镑。

但是，第二，甲欠乙的债务，即使乙对甲不负有债务，也无须用货币清偿。甲可以将他对第三者丙的债权转让给乙来加以清偿。借助于名为汇票的一种书面票据，就可以很方便地做到这一点。这种汇票实际上是债权人发给债务人的可转让通知单，它一经债务人接受，即经他签名加以认证，就成为债务的承认书。

第四节　汇票

最初使用汇票是为了节省由一地把贵金属运往另一地的费用和风险。亨利·桑顿先生说："假定伦敦有 10 个制造商，将制品卖给约克郡的 10 个店主，由他们零售；再假定约克郡有制造其他商品的 10 个制造商，将商品卖给伦敦的 10 个店主。在这种情况下，伦敦的 10 个店主就无须每年运送畿尼到约克郡付给那里的制造商，而约克郡的 10 个店主也无须每年运送同样多的畿尼到伦敦。约克郡的制造商们只须由当地各店主处收取那笔钱，而报以承认钱已收讫的证书；证书中并应指示各自在伦敦的债务人，将他们手头的现金付给伦敦的制造商们，以便以与抵消约克郡方面的债务相同的方法抵消伦敦方面的债务。运送货币方面的一切费用和风险都因此而免除。这种处理债务转移的证书，现在称为汇票。它们是以某人的债务与另一个人的债务相调换的票据；也可能是以应于某地偿还的债务与应于另一地偿还的债务相调换的票证。”①

汇票用作清偿远地债务的手段，不必花费运送贵金属的费用，这种便利被人们发现以后，汇票的使用就由于另外一种动机而大为扩大。各行业对于购买货物的人常常提供一定期间的信用，3个月、6个月、1年，甚至两年，视各业的便利和习惯而定，有一个商人将货物售出，可于6个月后收取货款，但他想马上得到偿付，于是他开立一张他的债务人可在6个月后付款的票据，拿它向银行家或放款人贴现，也就是交出票据，而取得票面额减去贴现日至到期日的利息后的金额。这样，他就可以将某人应当偿还他的债务用作由另一人处获得信用的手段；这已成为汇票的主要作用之一。这种方法的便利，导致了一种常见的汇票的产生，开票人对于先前对他不负有任何债务的票据的承付者，也开这种汇票。这种汇票被称为融通汇票；有时被贬称为空头票据。关于这种汇票的性质，刚才我引用的著作有明确的说明和有见识的评论，现抄录全文如下。②

“甲因有100镑的急需，请乙承兑两个月到期的票据或汇票，因此，从表面上看来，乙对此负有付款的义务；然而，他们已取得这样的默契，即甲将设法自行清偿汇票，或向乙提供资金，由乙加以清偿。这样，甲就依靠2人的联合信用而以票据换得现金。汇票到期时甲履行付款的诺言，从而结束这一交易。然而，乙向甲提供的这种服务往往会得到如下的报偿，即，乙在某一时间按照自己的

① 《大不列颠票据信用的性质和作用的探讨》，第24页。此书出版于1802年，据我了解，甚至在今天它还是用英语对商业社会中提供和获得信用的方法作出的最清楚的说明。

② 《大不列颠票据信用的性质和作用的探讨》，第29—33页。

方便依样开立汇票,由甲承兑,并予以贴现。

“现在我们试以这种票据与真实票据作一比较。试行考察在那几点上二者有所不同或似乎不同,而在什么地方它们又相同。

“它们相同,因为它们都可以贴现,也都是出于贴现的目的而开立的,而且实际上大概都被贴现。因此,它们都可以用作商人的投机手段。此外,就汇票和票据成为一国的所谓流动媒介或纸币,使硬币免于使用这一点来说,空头票据和真实票据也是相同的;因而,如果商品的价格与纸币的数量成比例地上涨,则空头票据和真实票据对这种上涨所起的作用完全相同。

“在我们进而考察它们的不同之处以前,我们先注意这样一点,在这一点上,二者通常被认为是相异的,但不能说它们常常是或必然是不同的。

“(有时人们这样说,)真实票据代表现实的资产。每一张真实票据,都有实际存在的货物作为它的对应物。不是由于货物的出售而开的票据,是一种欺骗国民的虚假财富。这种票据只提供一种假想的资本;另一种票据(真实票据)则表示真实的资本。

“为了反驳这种言论,我们可以指出,首先,不能认为,票据是由于实际出售货物而开付的,就确实代表真实的资产。假定甲以6个月为期,将价值100镑的货物赊卖给乙,因而得到了一张为期6个月的汇票;而乙在1个月以后也以6个月为期,将这一货物赊卖给丙,得到一张同样的汇票;随后,丙在下一个月又将这一货物赊卖给丁,得到一张同样的汇票,……这样,6个月终了时将有各为100镑的6张汇票同时存在;而且,其中任何一张都可能已经贴现。而所有这些汇票中只有一张代表真实的资产。

“如果要证明所谓真实票据代表真实资产这一假定有理由，那么，汇票持有者就应当具有某种权力，可以制止汇票所代表的资产转用于清偿汇票以外的其他用途。这种权力并不存在；持有真实票据的人和将它贴现的人，对于汇票所代表的特定货物都没有任何所有权。他们都像任何空头票据持有者一样信赖开付汇票的人的一般支付能力，在许多场合，空头票据也许是拥有巨大的、众所周知的资本的人发出的，这时，不妨说它代表这种资本的一部分。因此，所谓真实票据代表资产而空头票据则不代表资产的假设，似乎是对一者评价过高，而对另一者则评价过低。

“下面我们考察它们的一些不同之处。

“第一，人民动辄作为理由对空头票据或融通票据表示异议的一点是，它以无充有。然而，这种异议只适用于当作真实票据流通的那些空头票据。在很多场合，这种票据之为空头票据是十分明显的。第二，一般地说，空头票据不像真实票据那样能够如期兑付。一般认为，带着空头票据的商人是比小心谨慎地避免使用空头票据的人更爱冒险的投机者。因而，第三，空头票据除不大安全外，在数量上也不易加以限制。一个人的实际销售额对他的真实票据的数量是一种限制；而且，在商业上，人们非常希望信用以某种正常而适当的比例分配给一切人，因此，一个人的实际销售额——这可以用他凭借那些销售而开的票据来证实——这一尺度，在这种情况下便是某种准绳，虽然它在许多方面还很不完善。

“空头票据或融通票据在本质上显然同普通的本票一样；在如下一点上，前者还优于后者，即，本票只有一个保证人，而空头票据则有两个保证人。人们对商人过度利用筹款手段如此深具戒心，以致商人所开的票据，虽然在一般性质上与不从事商业的人所开的票据（他们所能开付的惟一票据）相同，但总被认为不大可靠。而由于这种票据如果在商人手中，必然会假充货物出售时发出的票据，因而它被加上了‘空头’这一形容词；这一形容词似乎助长了这样一种糊涂的、错误的观念，即，在一国的票据和表面财富中有相当部分具有完全虚假的、不可靠的性质。”

汇票如果只被贴现而在到期前保存在贴现者的公事包中，则不起货币的作用，或者说，它不代替货币，而只是本身被人用钱买卖。它像公债或其他证券一样不是通货。可是，如晃开给某人的票据为了清偿债务或解除金钱要求权而付给另一人（甚或付给同一人），它就做了假使票据不存在就要由货币来做的事，就是说，它起了通货的作用。人们常常这样使用汇票。桑顿先生接着说[①]："票据不仅节省现金的使用，而且在许多场合还取代现金。我们试行设想，农村有一农场主，给予附近的杂货商一张金额为 10 镑的票据来清偿同额的债务，这张汇票是伦敦的谷物商人在首都出售农场主提供的谷物而开给他的；而杂货商在背书后，将这张票据转付给附近的制糖业者，以清偿同额的债务；制糖业者另行背书后，又将它转给外港的西印度商人，而西印度商人则将它交给地方银行，后者也作了背书，使它继续流通。在这种情况下，这张票据当完成 5 次付款，一如持票人求兑即付的 10 镑钞票。许多票据就按上述方法在国内商人之间流通；即使从最严格的意义上说，它们显然也构成了王国流动媒介的一部分。”

许多汇票（国内的和国外的）在最后兑付时差不多背面已签满

① 《大不列颠票据信用的性质和作用的探讨》，第 40 页。

了名字，每一次背书都表示进行了新的贴现，或者表示进行了新的金钱交易，在这些贴现和交易中，汇票依次执行了货币的职能。在现代，兰开夏郡票面金额 5 镑以上的流通媒介几乎全部是由这种汇票构成的。

第五节　本票

将信用用作通货替代物的第三种形式是本票。开给某人并由他承兑的汇票，和由它发出并允诺支付同一金额的本票，对他来说，除以下两点外，是完全相同的。这两点是：前者通常是有利息的，后者一般是没有利息的；前者通常是过一段时间才能兑付，后者则是见票即付的。但是，在商业国家中，主要以后一形式发行货币替代物，已成为一种专门职业。从事货币交易的商人（其不适当的名称为职业贷款者）同其他的商人一样，想超出他们自己的资力所能经营的程度来扩展他们的业务。他们不仅想出借自己的资本，而且想出借自己的信用；不仅想出借由自己的现存资金构成的那一部分信用，而且想在自己认为能够安全地加以运用的限度内，出借自己通常从公众那里获得信用的能力。要做到这一点，最方便的办法，是出借自己的、持票人求兑即付的本票。借主愿意将它当作同额货币来接受，因为贷款者的信用使其他的人在借主购买货物或作其他支付时甘愿接受它。因此，这些本票执行了通货的一切职能，并使先前流通的等额货币成为不必要。然而，由于它们是求兑即付的，它们随时可能回到发行者那里求兑，发行者为了避免破产，必须在手头保存足够的货币，以便应付在他筹集更多款项

的过程中可能会出现的那种承兑要求。而为慎重起见，发票人应根据经验把所发行的本票限制在一定数额以内，以免发行过多，人们要求兑现。

各国政府一旦看到这种（可以说是）“把信用铸造货币”的方法的便利，就采用了同样的办法，在支付它们的费用时发行自己的本票；因为这是它们可以不付利息而借钱的惟一方法，它们的凭票即付的允诺，在持票人的心目中，具有与手中的货币相同的意义，因而这种方法对政府更为有用。对于政府发行的这种票据和私营银行发行的票据之间的实际差别，以及这种货币替代物可能存在的其他差别，我们将很快加以考察。

第六节　存款和支票

使信用适合货币目的的第四种方法——如果极其广泛地推行这种方法，货币会全部被取代——是用支票进行支付，把为当前用途或不时之需而节省下的钱保存在银行家的手中，除小额支付外，其他一切支付都用银行支票来进行，这种做法正被愈来愈多的英国公众所采用。如果付款人和收款人都在同一银行有存款，则实行支付无须货币介入，而只须在银行账簿上将付款额由付款人的贷方转至收款人的贷方。如果伦敦的一切人在同一银行都存有现金，并用支票实行一切支付，则在伦敦开始、在伦敦终结的任何交易都不需要货币，也无须使用货币。就商人之间的交易而言，这种理想的境界实际上几乎已经达到。现在使用货币或钞票的，主要是商人和消费者之间的零售交易以及工资的支付，而且只限于其中的小额支付。在伦敦,凡是拥有一些资本或营业稍具规模的店主,通常都在银行开立账户;这些账户除安全和方便外,对店主还有其他好处,这就是,开立账户的人享有银行同意的拿他们的票据去贴现的权利,如果没有这种账户,他们就不能指望获得这种权利。至于批发商和大商人则在经营过程中经常用支票来进行一切支付。然而,他们不是全部和同一银行打交道,因而,甲给乙一张支票,乙通常不把它解入同一银行,而把它解入某一其他银行。不过,由此而产生了一种便利于经营的安排,它使伦敦商业中心区的一切银行为一定的目的而事实上变成了一个组织。银行家不把解入他的银行的各种支票送到开票银行要求兑现。有一建筑物,称为票据交换所,伦敦商业中心区的每家银行都在每天下午把当天收到的其他银行的一切支票送到那里,与已解入其他银行的应由本行兑付的支票相交换,而仅以货币支付余额;甚或这一余额也不以货币支付,而以英格兰银行所开的支票支付。依靠这种办法,伦敦商业中心区当天的一切商业交易(金额常达数百万镑),加之金额巨大的地方交易(由各地方银行开给他们的伦敦往来银行的支票表示),以平均不超过 200000 镑的付款额即可加以清算。①

依靠方才说明的各种信用工具,在像英国这样的国家,数额巨大的交易,以数量小得惊人的贵金属即可进行。英国所必需使用的贵金属数量,相对于所买卖的商品的金钱价值而言,比法国和其他国家要少好几倍,因为在法国和其他国家,人们尚未普遍养成提

① 据图克先生说(《通货原理研究》,第 27 页),票据交换所的清算额,“1839 年总计为 954401600 镑,这使平均每天 3000000 镑以上的汇票和支票的支付,以 200000 镑钞票即可完成。”目前每天清算的交易额远比上述数字为大,这种清算已完全不用钞票,而改用英格兰银行的支票。

供信用的习惯和脾性，因而不像在英国那样，那么普遍地采用这种所谓“经济实惠的方法”。货币在其职能被取代之后情况如何？货币是怎样从流通中消失的？这些问题稍后就会加以讨论。

第十二章　信用对价格的影响

第一节　钞票、汇票和支票对价格的影响，是信用的影响的一部分

既然我们已基本了解了信用替代货币的各种方式，就必须进而考察，使用这种替代物是怎样影响货币的价值，或者说商品的价格的。几乎不须说，货币的永久价值——各种商品的自然价格和平均价格——不是这里要谈论的问题。这是由生产或获得贵金属的费用决定的。一盎司黄金或白银最终将与能以和它们一样的费用生产或输入的其他一切商品相交换。而一盎司黄金的汇单、本票或凭票即付的汇票，在出票人的信用没有降低时，其价值既不大于也不小于黄金本身。

然而，我们现在讨论的不是最后的或平均的价格，而是当前的、暂时的价格。如前所述，这种价格可能远远脱离生产费用水平。价格变动的原因之一，是流通中的货币数量。在其他情况不变时，流通中的货币增加使价格上升，而其减少则使价格下降。如果投入流通的货币多于能按与它的生产费用相一致的价值流通的数量，则货币的价值在过剩持续期间将一直低于生产费用水平，而一般价格则将一直高于自然价格。

但是，现在我们已经知道，有另一些东西，例如钞票、汇票和支

票，同货币一样流通，并执行货币的一切职能。这就发生了如下的问题：这些替代物是否同货币本身一样影响价格？可转让的票据数量的增加，是否同货币数量的增加一样，具有以同样的方式和同样的程度提高价格的趋向？有关通货问题的一些著作对这一点曾经作过不少论述，但尚未获得任何普遍赞同的、无可争辩的答案。

我认为，钞票、汇票或支票本身对价格完全不发生影响。对价格发生影响的是信用，无论它以什么形式提供，也不管它是否产生可以流通的、可转让的票据。

下面拟对这一看法加以解释和证明。

第二节　信用同货币一样是购买力

货币只是在用以交换商品时才影响价格。影响商品价格的需求是由用以交换商品的货币构成的。但是用以交换商品的货币并不等于人们拥有的货币。它有时较少，有时又较多。固然，人们使用的货币最后将既不多于、也不少于他们拥有的货币，但就一定时期而言，情况远非如此。有时人们为应不时之需或等待更有利的使用时机而在手头保存货币。在这种情况下，可以说货币不是处在流通之中。用更为平易的话来说，它不是用来交换商品，也不准备用来交换商品。不处在流通之中的货币对价格不发生影响。然而，更常见的是与此相反的情况，即，人们用并非自己拥有的货币来购买商品。例如，用银行支票偿付货款的商品不但不是用付款人拥有的货币来购买，而且通常也不是用银行拥有的货币来购买，因为银行已将（除通常的准备金之外的一切）货币贷给他人。刚才我们曾假设，一切人都与银行有来往，而且都与同一银行有来往，各种支付完全以支票进行。在这种理想的情况下，除掌握在银行手中的以外，任何地方都不复存在货币。因此，银行可以毫无危险地用以下办法将所有的货币脱手：将它当作金银块出售，或者将它贷出、运到外国去交换货物或外国的证券。但是，这时虽然货币已不被占有，或者最后甚至不复存在，但它仍会出现，并被人们用来购买商品，正像现在一样。人们将继续以货币计算他们的收入和资本，并以汇单（作为实际上不存在的东西的收据）来从事日常的购买。只要货币消失时在其他东西中留下相等的价值，在货币的原所有者提出要求时可用以进行偿付，那就没有什么可以抱怨的。

然而，在以支票进行支付的情况下，买主用以从事购买的虽然不是他手头拥有的货币，但却是他有权要求得到的货币。但他也可以用只是他预料会取得的甚或只是他自吹会取得的货币来从事购买。他可以用将来付款的承兑汇票、本票或简单的账面信用（即只是答应付款）来取得货物。所有这些购买对价格的影响，同他们用现金来进行完全一样。一个人所能运用的购买力的数量，是由他拥有的或应当付给他的货币以及他具有的全部信用构成的。他只有在特殊情况下才会运用他的全部购买力，但是他一直拥有这种购买力，因而他在某个时候运用的那部分购买力，就成为他对价格产生的影响的尺度。

假设他预料某种商品将涨价，因而决定不仅用他的全部现金，而且用他的财力能够从生产者或进口商处获得的信用来购买这种商品。谁都知道，他这样做对价格产生的影响，比他只限于用实际持有的货币来购买要大。他用自己的货币和他所获得的信用这两者的总和创造了对这种商品的需求，因而使价格与二者成比例地上升。在这种情况下，虽然没有使用人们称之为通货替代物的书面票据，虽然交易没有引起汇票的使用，也没有引起普通钞票的发行，但价格还是受到了影响。买主也许不采用纯粹的账面信用，而提供同一金额的票据；或者用借自银行的钞票来偿付货款，这样，这种购买就不是利用他自己对卖主的信用来进行，而是利用银行对卖主的信用和他自己对银行的信用来进行。如果他这样做，则他对价格产生的影响将等于而不会大于用银行信用进行的同一金额的购买。发生影响的原因是信用本身，而不是信用的形式和提供信用的方法。

第三节　信用急剧扩大和收缩的结果；对商业恐慌现象的分析

商业界人士是否会将他们的全部或大量的信用用作购买力来增加对商品的需求，取决于他们对利润的预期。如果一般认为，由于需求增加，低产，输入发生障碍，或者其他原因，某种商品的价格似乎会上涨，商人们就会倾向于增加他们的存货，以便靠预期的涨价来获得利润。这种倾向本身就有助于产生人们所期望的结果，即价格上涨。如果这种上涨是大幅度的、递增的，对其他投机者就会产生吸引力，在价格开始下降以前，这些人总是愿意相信价格将继续上涨。由于他们参与购买，价格进一步上涨。这样，最初有若干合理根据的价格上涨，由于纯属投机性的购买而加剧，直到大大超过证明最初有合理根据的上涨幅度为止。过了一段时间，这一点开始被人们察觉;价格停止上涨,持有商品的人感到实现利润的时机已到,就渴望将商品出售。因此,价格开始下降。持有商品的人为了避免更大的损失而拥入市场,而愿意在价格正在下降的市场上购买商品的人很少,因而价格的下降比它的上涨更为急剧。那些以比合理计算的价格为高的价格购买商品的人,以及在他们实现利润以前就受到价格急剧变化的突然袭击的人,都是损失者,其所受到的损失,与价格下跌的程度以及他们所持有或必须偿付的商品数量成比例。

所有这些结果在不知信用为何物的社会也会产生:某些商品的价格可能由于投机而上涨到极高的程度,然后急剧回跌。但是,如果没有信用这种东西,则就一般商品而言,这种情况几乎是不可能发生的。如果一切购买都用现金进行,则对某些涨价商品支付货款,将使这个社会的很大部分货币流入这些商品的市场,因此,货币必然会退出其他各种商品的市场,这样,其他各种商品的价格就会下跌。固然,这种空隙可以用增加流通速度来部分地加以弥补;而这样做,在投机盛行的时期,这个社会的货币实际上是增加了,因为人们几乎不在手头保存货币,一旦收到货币,就尽快地用于具有诱惑性的投机。然而,这种办法的作用是有限的。总的说来,如果货币的数量不变,则人们要在某些物品上多用一些,就必须在其他物品上少用一些。然而,他们不能用现金办到的事,却可以通过扩大信用来办到。如果人们进入市场,以其期望在将来得到的货币从事购买,则他们所取用的钱款就是无限的,而不是有限的。这样进行的投机无论在多少种商品上进行,也不会妨碍其他商品的交易。它甚至可以同时在一切商品上进行。我们可以设想,在投

机的狂热像流行病那样发作时，所有的商人不仅照常向制造商或种植业者订购他们经售的商品，而且尽他们的资本和信用之所能，开始囤积他们所能够购得的一切。在这种情况下，即使货币没有增加，也没有票据信用，只靠账面信用扩大购买，所有商品的价格也将大幅度上升。过了一段时间，买进商品的那些人切望出售，于是价格又暴跌。

这是所谓商业危机的典型的、极端的事例。如果大多数商人难以或担心自己将难以偿还债务，人们就说发生了商业危机。这种普遍性困难的最通常的起因，是价格由于投机风潮声势很大，而且扩展到许多商品而上涨以后又回跌。某些使人们预期价格上涨的意外事件，例如新的国外市场的开放，或者多种主要商品同时呈现供给不足的迹象，会使投机活动在若干主导部门同时产生。价格上涨，持有商品的人将获得巨大的收益，或者似乎有能力获得巨大的收益。在公众的某种心理状态下，这种财产迅速增加的事例招来大量的模仿者，而投机不仅会大大超过由最初预期价格上涨的理由所规定的限度，而且会扩展到毫不具有这种理由的各种商品。然而，对这些商品的投机活动一开始，它们的价格就像其他的商品一样上涨。此时信用便急剧扩张。患有这种传染病的人不仅比平时更自由地使用信用，而且他们实际上也具有更多的信用，因为他们似乎在赚得巨大的收益，也由于当时流行的一种轻率的爱冒险的情绪，使人们愿意比其他时候更多地提供和取得信用，甚至向没有资格取得信用的人提供信用。这样，在著名的投机年 1825 年，以及 19 世纪的其他好多时期，许多主要商品的价格都大幅度上涨，其他各种商品的价格又不下降，因而可以说，一股价格上涨

了（这样说并无不妥）。如果在这种上涨以后发生反作用，价格开始下跌，即使最初也许只是由于持有商品的人想售出商品，获得利润，投机性的各种购买也会停止。如果只是这样，则价格将只下降到它开始上涨时的水平，或者下降到从消费和供给状况看来是合理的水平。然而，价格会下降到更低的水平，因为，在价格愈益上涨，从表面上看每个人都在发财的时候，人们很容易获得任何数量的信用，同样，在每个人似乎都在亏本，许多人完全破产的时候，甚至以殷实著称的一些商号也难以获得它们习常取得的信用，而得不到信用，它们将感到极不方便；因为所有的商人都有需要清偿的债务，而且谁也不能肯定他已付托给别人的那部分资产可以按时收回使用，因此，没有一个人愿意贷放现金，或者延缓索取现金。这种情况发展到顶点时，除了这些合理的考虑，还会增添一种同原先的过分自信一样不合理的恐慌；人们愿以几乎任何利率短期借用货币，如能即时收款，也愿作出几乎任何牺牲来出售货物。这样，在商业大变动中，一般价格下跌到通常的水平以下，一如它在以前的投机时期上涨到通常的水平以上。这种下跌同上涨一样，不是起始于影响货币的某种情况，而是起始于信用的状况；即，信用的使用先是异乎寻常地扩大，随后又急剧缩减，尽管没有完全停止。

然而，并非在所有信用收缩——商业危机的特征——之前，必然会有异乎寻常的、不合理的信用扩张。还有其他一些原因会导致信用收缩；例如，最近发生的危机之一，即 1847 年的危机，在发生前就没有异乎寻常的信用扩张，除铁路股票的投机外也没有其他投机活动，铁路股票的投机虽然大多十分猖狂，但通常都是用投机者能够承担损失的那部分资产来进行，不大可能引起普遍性的破产（造成普遍性破产的原因，是人们把他们的大部分资本投放在惯常经营的各种商品上，致使这些商品的价格发生剧烈变动）。1847年的危机属于另一种商业现象。各种情况的偶然凑合，使供给借贷市场的大部分资本从这一市场退出。就这次危机来说，这些情况是，由于棉花价格高涨和粮食空前地大量输入而需要向外国支付大笔款项，以及由于铁路公司催收股款和大肆借债而不断增加了对流动资本的需求，把流动资本变成了固定资本，不能再作贷款之用。这种种需求像往常一样，主要落在借贷市场上。输入的粮食的大部分（虽然不是最大部分）实际上是用政府借款的收益偿付的。购买谷物和棉花的人以及铁路股票持有人必须支付的额外的款项，或者是用他们自己的存款来支付，或者是用临时筹借的钱来支付。假若是第一种情况，他们将从银行提取存款，从而削除供应借贷市场的（货币）流量的一部分；假若是第二种情况，则他们将出售证券，或者付息借款，实际上是从借贷市场汲取资金。借贷需求的增加和可用以出借的资金的削减相结合，使利率提高，除非具有最好的担保，否则是借不到钱的。因此，一些已经由于经营不善而暂时地或永久性地亏损了资本的厂商，便不能使以前使他们得以勉力维持下去的信用不断地得到更新。这些厂商终于停止偿债。它们的破产或多或少地使曾经借款给它们的其他许多厂商深受牵连；而在这种情况下，通常称为“恐慌”的普遍不信任就开始出现，如果不存在几乎可以说是偶然的一些情况，使政府能以极其简单的措施（暂时停止实行1844年的银行特许条例）侥幸地发挥消除恐慌的力量（就这一措施本身来说，它毫不具有这样的效

力），就会同1825年一样地发生信用崩溃。①

第四节　影响价格的手段，票据比账面信用更为有力，钞票比票据更为有力

信用对价格的一般作用既如上述，很明显，如果信用的哪一种特定方式或形式被认为对价格具有比其他方式或形式更好的作用，这只能是由于它对一般信用交易的增加给予了更大的便利或更大的鼓励。例如，如果钞票或票据对价格具有比账面信用更大的影响，那么，这并不是由于信用交易有什么差别，它们无论用哪种方式进行，本质上都是一样的；而很可能是由于若采用钞票或票据，则信用交易较多的缘故。如果用钞票或票据作为工具，较之只靠记账提供信用时能够使信用更广泛地用作购买力，则在这一限度内，也只是在这一限度内，我们有理由认为，前者对市场的影响大于后者。

似乎确实存在着上述这种差别。如果甲购买乙的货物，是用单纯的信用，或者是给予票据，或者是用银行家丙借给他的钞票来偿付，则就这一特定的交易而言，对价格的影响没有什么差别。差别是在以后的阶段发生的。如果甲以账面信用购买货物，就没有什么明显的或方便的方法使乙能够以甲欠自己的债为手段来扩充自己的信用。究竟乙具有多少信用，要看人们对他的偿付能力的

① 1864年的商业困难，虽然谈不上是商业危机，但其起因本质上和上述情况相同。以高昂的价格对输入的棉花实行巨额支付，对银行业及其他合股企业进行的大规模投资，加上一些外国政府的借贷业务，从借贷市场汲取了巨额资金，致使商业票据的贴现率高达9%（1865年版注）。

一般评价。特别是乙不能将甲的债务抵押给第三者,作为借用货币或购买货物的担保。但是,如果甲给予他等额的票据,他就可以拿这张票据去贴现,这和他用甲和自己的联合信用来借用货币相同。或者,他可以在交换货物时付出这张票据,这是用上述的联合信用来购得货物。无论在哪一种情况下,都产生了第二次信用交易,它是以第一次信用交易为依据的,而且,如果第一次信用交易没有票据介入,则第二次信用交易就不会发生。交易也不用到此终止。票据在兑付以前可以多次贴现,或多次用来购买货物。如下说法未必正确:逐次持有票据的这些人即使没有这张票据,也可以利用他们自己与商人的信用关系来达到购买货物的目的。他们未必全部是具有信用的人,或者,他们已经充分利用了他们自己的信用。而且,不管怎样,不论是货币还是货物,靠两个人的信用总比只靠一个人的信用易于获得。谁都不会认为,一个商人靠他自己的信用借取 1000 镑,和拿同一金额的票据去贴现(如果付款人具有众所周知的偿付能力)一样容易。

现在我们如果假定,甲购买乙的货物时不用票据,而用由银行家丙处借得的钞票来进行偿付,那么,我们将发现,其间的差别更大。乙现在甚至可以不依赖于贴现者:甲的票据只有熟知他的偿付能力的那些人才愿收受,而银行对公众通常是具有信用的,它所发行的钞票至少在本地区人人都愿接受。因而,按照习惯(它已逐渐变成法律),以钞票进行支付,对付款人来说已完全清欠,而如他以票据进行支付,则在出票人于票据到期日不能付款时,他仍负有偿还债务的责任。因此,乙可以用光(他持有的)全部钞票而毫不牵连他自己的信用。他以前具有的以账面信用获得货物的能力，依然无所减损地留在他的手里，此外，他还因为持有钞票而获得一种购买力。这番话同样适用于可以相继地得到钞票的每一个人。只有甲，第一个持有者（他利用自己的信用向发行者告贷而获得钞票）也许会发现，他在其他方面所享有的信用因此而减少了；然而，即使就甲而言，这样的结果也不一定会产生；因为，虽然从理论上说，如果大家都知道他的一切情况，则他以自己的信用进行的每一次借贷，都该相应地减少他获得更多信用的能力，但是实际上，更常发生的是相反的情况，他得到一个人的信任，被认为是其他的人也可以无危险地信任他的证据。

因此，作为提高价格的手段，钞票似乎比票据更为有力，而票据又似乎比账面信用更为有力。当然，这并不是说，因为人们可以较多地利用信用，人们就一定会这样做。如果经济状况没有提供可以使人利用信用来进行大规模购买的特殊的诱惑物，则商人们将只使用信用力的一小部分，而他们使用的这一部分采取什么形式，仅仅取决于哪一种形式对他们方便，只有在市场状况和商人的心理状态使许多人想异乎寻常地扩充他们的信用时，各种信用形式才会显示出它们各自的独特性质。已经以账面债务形式极度扩充的信用，可以用票据进一步加以扩充，并可以用钞票更进一步加以扩充。这是因为，第一，每一个商人除他自己的信用以外，都可以用他向别人提供的信用创造更大的购买力；第二，银行对一般公众所具有的信用，一经赋予钞票形式（coined into notes），就像将金银块铸成便于携带和分割的货币一样，可以使相继持有钞票的每一个人，在他可以用自己的信用获得的购买力以外，增加相当数量的购买力。换另一种方式来说，在账面信用的形式下，信用力只被使用一次，只是一次购买的基础；但如开给票据，则同一部分信用可以按照票据转手的次数，供多次购买之用；而所发行的每一张钞票，都将比照它的数额，使银行信用成为相继持有钞票的一切人手中的一种购买力，而丝毫无损于持有人也许拥有的用他们自己的信用进行各种购买的能力。总之，信用具有与货币完全相同的购买力；货币不仅与它的数量成比例地影响价格，而且与它的数量和转手次数的乘积成比例地影响价格，信用也是如此；因而，可以由一手转至另一手的信用，按照这个比例，比只能实行一次购买的信用更为有力。

第五节　账面信用、票据和钞票之间的上述区别实际上并不重要

然而，所有这些购买力，只按其被使用的次数对价格发生作用；因此，这种作用只是在各种机遇适于引起信用异乎寻常地扩大使用的情况下才为人们所感觉到。在这种情况下，即在投机时期，我认为，如下一点是不能否认的，即用钞票进行投机性的购买要比用票据进行投机性的购买，用票据进行投机性的购买要比用账面信用进行投机性的购买，更能使价格上升。但是，这一点实际上远不如最初所能想象的那样重要；因为，实际上，投机性的购买在大多数情况下不是用钞票或票据进行，而几乎全部是用账面信用进行的。论述这类问题的最高权威者图克先生说[①]："要求英格兰银行扩大贴现的事情"（对其他银行的要求或许也是如此），"在范围

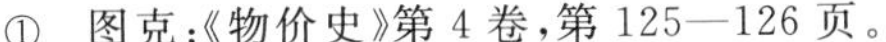

① 图克：《物价史》第4卷，第125—126页。

广泛的商品投机开始时或进行过程中即使曾经发生，也是极少的。这种投机的最大部分（虽非全部）最初都是以按各个行业例行的期限使用的信用开始的；因此，当事人无须在他们自己的可利用的资金以外，立即为这一目的借用可能需要的那么多资金。这一点特别适用于以转卖为目的的现货的投机性购买。但是，一般说来，这只是信用交易的较小部分。因预料价格将上涨而进行的这种交易，大部分与从国外输入商品有关。对于商品输出，如果它大部分是以发货人或收货人的信用进行，这一表述也是适用的。只要各种机遇继续带来人们所希望的有利结果，一般地说，当事人的信用就可以维持下去。如果他们当中有一些人希望变现，则其他拥有资本和信用的人随时可以取代这些人；如果后来各种情况充分证明开始从事投机交易的理由是有根据的（因此，可以及时〔将货物〕脱售，供人们消费，而收回所投下的资本），就不致对借贷资本产生特别大的需求来维持交易。只有当政局变化、季节改变或其他偶然事件，使人们觉得现有的供给量将超过原来估计的消费率，以致价格将下降时，对资本的需求才会增加；这时，市场利率上升，向英格兰银行提出的贴现要求增加。”因此，钞票及其他可转让票据的增加，大都不带来投机或助长投机；钞票及其他可转让票据主要是在局势正在转变、人们开始感到困难的时候发生作用。

对于各种投机交易只靠账面信用，毫不增加通常所说的通货，也可以发展到非常高的程度，知道的人极少。图克先生说[①]：“拥有资本和信用的人所具有的购买力，远非实际上不了解投机市场的那些人所能想象。……一个人如果人们都知道他拥有足够的资

① 《通货原理研究》，第 79、136—138 页。

本应付日常业务的需要，在其行业中又享有很好的信用，如果他认为自己所经营的商品将看涨，而且在投机开始和进行时诸事顺遂，那他就会大量购进这种商品，购进的数量会远远大于他所拥有的资本额。”图克先生用若干极好的实例证实了这一说法，这些实例证明，不属于钞票或汇票一类的信用也可以发挥巨大的购买力，引起价格上涨：

“1839 年英国和中国之间发生了纠纷，人们因此而认为茶价将上涨，早期的投机者中有若干零售商和茶商。当时在这个行业中人们的一般意向是囤积，换句话说，是购贮一定的数量，以满足未来几个月他们的顾客可能会有的需求。然而，他们中间有些人比其他的人更为乐观、更爱冒险，利用自己同进口商和批发商的信用关系，来进行大大超过自己业务的预计需要的大量购买。由于这种购买最初在表面上，而且很可能在实际上，是出于正当的目的，而且是在他们平常的业务范围内进行的，因而当事人在购买时可以不付保证金（而如果知道他们是投机商的话，则要支付每箱 2 镑的保证金，以抵补这种商品的付款期限（3 个月）届满以前可能产生的价格差额）。因此，他们丝毫不支出实际资本或任何形式的通货，就可以购买大量茶叶；当购买量大到引起人们注意时，他们用转卖一部分购得物所得的利润，就能够缴纳进一步的购买所需支付的保证金。在付款期限将近届满以前，投机用这个办法一直继续下去，使价格不断上涨（上涨了百分之百以上）。而且，如果当时的情况证明流行一时的看法——将来一切供给会断绝——是有道理的，则价格还要上涨，至少不会回跌。在这种情况下，投机商们即使不实现他们所预期的全部利润，也会赚到一大笔钱；他们可

借此大大扩展自己的业务，或者退隐，落得个这样发财十分聪明的好名声。但是，结果不是这样有利。碰巧有两三船转载的茶叶运到这里，出乎人们意料地获准报关进口，而且人们发现进一步的间接装运还在进行。这样，供给的增加超出了投机商的估计，与此同时消费量却由于价格高昂而减少了。其结果，市场上茶价猛跌，投机商们只得以亏本的价格脱售，因此他们当中有一些人破产了。据说，其中有一个人拥有的资本不超过 1200 镑（这笔钱已搁死在他的业务上），但他却千方百计地购得了 4000 箱茶叶，其价值超过 80000 镑，由于茶价猛跌，他损失了大约 16000 镑。”

“我要举的另一个例子，是 1838—1842 年间谷物市场上的投机交易。有一个人在开始进行大规模投机时拥有的资本不超过 5000 镑（根据以后的调查得知），但一开头就获得成功，投机交易进行中又诸事顺遂，当他停止偿付债务时，人们发现他已千方百计地使他的购买额增加到了 500000 镑至 600000 镑之间。还可以举出其他的例子来说明，根本没有资本的人，只靠信用，也能在行市对他们有利的时候进行巨额购买。

“还要看到一点，用少量资本或者不用资本实行大量购买的这种投机，是在 1839 年和 1840 年进行的，当时金融市场处于极度紧缩状态，或者用现代的术语来说，货币奇缺。”

虽然投机性购买的主要工具是账面信用，但有一点仍是无可争辩的，即，在投机时期，汇票和钞票的数量都在增加。固然，就钞票而言，这种增加在投机的最初阶段很少出现，（据图克先生说）人们向银行告贷不是为了购买，而是由于通常的信贷期限已经到期，而其所指望的高价格尚未达到，因而他们想继续保存货物不予出售。但是，图克先生所说的茶叶投机商如果不能由银行获得贷款（假如其所预期的价格上涨仍在继续，他们是很可能做到这一点的），则超过他们这一行的通常信贷期限（3 个月），他们就不能继续进行投机。

既然钞票形式的信用是比账面信用更加有力的提高价格的工具，那么，无限制地使用这一工具，就会延长投机性的价格上涨的时期，并使这种上涨加剧，从而使其后的回跌更为剧烈。但是，其程度如何？我们又应赋予这种可能性以什么样的重要意义？考察一下投机时期极度增加的钞票对汇票一项（不说对国内的信用总额）所具有的比例，对我们就这一点形成某种判断会有助益。有人推测，任一时期现存票据的平均（流通）额都大大超过 1 亿英镑[①]。大不列颠和爱尔兰的钞票流通额很少超过4000万镑，在投

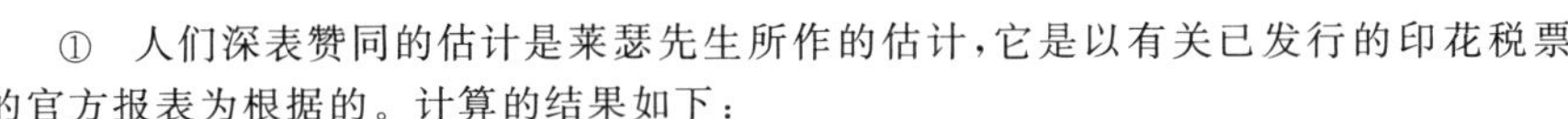

① 人们深表赞同的估计是莱瑟先生所作的估计，它是以有关已发行的印花税票的官方报表为根据的。计算的结果如下：

年　　度	大不列颠和爱尔兰发出的票据（根据印花局有关其所发行的印花税票的报表）	各年某一时期的平均流通额
1832	356153400 镑	89038352 镑
1833	383659585	95914896
1834	379155052	94788763
1835	405403051	101350762
1836	485943473	121485868
1837	455084445	113771111
1838	465504041	116376010
1839	528493842	132123460

图克先生说，“莱瑟先生说明了他根据有关印花税票的报表所提供的资料得出上述结果的步骤”。我倾向于认为：“在资料的性质容许达到的限度内，这种结果最接近于真理。”（《通货原理研究》，第 26 页）纽马奇先生（《1857 年银行条例委员会报告》附录三

机时期增加的数额最多也不过 2000 万或 3000 万镑。而且，如前所述，这种增加在投机高度扩展时期（这时趋势显示出转变的迹象，商人一般都只想设法偿付现有的债务，而不谋求加以扩展）以前很少出现；而现有的票据流通额则从投机伊始就会大大增加。

第六节　支票同钞票一样，是影响价格的有力手段

众所周知，近些年来许多政治经济学家以及大多数国民都认为，人为地限制钞票的发行，是防止（如果不能防止，则使之减轻）投机热的非常有效的手段；这个意见受到议会的注意和认可，因而颁布了 1844 年的通货条例。然而，就我们研究所及而言，虽然我们承认钞票对价格的影响力大于票据或账面信用，但我们却没有理由认为，这种优越的效力是投机时期引起价格上涨的重要原因，因而也不能认为，对这一工具加以限制，就能像人们常常设想的那样，有效地缓和价格的上涨，或者缓和其后的回跌。如果我们计及信用交易的第四种形式，即由银行承付的支票和银行账簿的过户（这种信用交易在一切方面都同钞票极其相似，对信用的扩张提供同样的便利，并能同样有力地影响价格），则我们更不能作如是想。用富拉顿先生的话来说[①]：“现今以英格兰银行钞票的力量达到的目的，没有一项不可以用以下的办法达到，即每一个人在银行开一

十九及《物价史》第 6 卷，第 587 页）提示了下述看法的根据，这一看法是，1857 年的票据流通总额略小于 1.8 亿英镑，有时增加到 2 亿英镑。

① 《论通货的调节》，第 41 页。

账户，以支票进行5镑和5镑以上的支付。”银行不借给商人钞票，而可给商人开立账户，并以它已同意垫付的金额记入该账户的贷方；按照事先的商定，商人除对他有必要实行偿付的收款人开给支票以外，不应以其他任何方法提出那笔钱。这些支票很可能也像钞票那样转手；然而，更常见的是，接受支票的人将支票解入与自己有往来的银行，而在他需要用钱的时候开一张新的支票来支取。因此，反对者也许会提出，由于原支票很快就要求兑付，那时必须付以钞票或铸币，因而必须准备等额的钞票或铸币作为最后结算手段。然而，事实并非如此。得到支票的人可能与同一银行有往来，因而这张支票可能回到开出支票的那个银行；这种情况在农村地区屡见不鲜。如果这样，银行就不必付款，只须在账簿上转一下账就可以清算交易。即使支票交给其他银行，也可以不付款，而通过与其他支票抵消来清算；而且，在各种情况有利于银行信用的普遍扩张时，曾经提供较多信用，从而由其承付的支票也较多的银行，将持有较多的应由其他银行兑付的支票，因而它只需准备足以支付尾数的钞票或现金；精明的银行只要有相当于债务三分之一的经常准备金，就足够了。而即使它靠发行自己的钞票来提供更多的信用，也同样要以铸币或英格兰银行钞票的形式保有通常的准备金。因此，正如富拉顿先生所说，可以通过钞票流通提供的信用的一切便利，银行可以通过不妨称为“支票流通”的方式来提供。

借助于在银行账簿上记账进行的这种信用扩张，同前已提及的依靠钞票进行的信用扩张一样，具有影响价格的一切高效力。将一张20镑的钞票付给某人，这是在他自己具有的信用以外，给予他以信用为依据的20镑购买力；付给他一张支票，情况也是如

此。因为，虽然他不能用这张支票来购买任何物品，但是他可以将它存入银行，并据此开发支票。由于这种凭一张已经交换并已付讫的支票而可以开支票的行为，能够同以钞票从事购买一样反复进行，因此，它同样可以导致购买力的增加。银行向客户提供的最初的贷款或信用，在相继得到部分信用的人们手里作为购买手段有可能成倍增加，正像钞票的购买力在钞票回到发行者手中以前，按照它在人们之间转手的次数成倍增加一样。

近来人们很希望用人为的规则来限制钞票的发行，以此缓和商业的变动，但从上述考察看来，这种肤浅的方法不会产生多大的效果。探讨这种限制的一切后果，以及对赞成和反对的理由作出判断，都必须暂缓到讨论完外汇和金银块的国际移动以后进行。现在我们只研究价格的一般理论，其主要部分为各种信用对价格的不同影响。

第七节　钞票是货币吗？

上述几种信用形式是不是货币？特别是钞票是否应当视为货币？对于这个问题，人们已进行了很多的讨论和争论。但是，这个问题完全是文字上的问题，几乎不值得提出来。人们为什么如此重视这个问题，叫人难以理解，除非有一些权威人士依然坚持社会和政治经济学幼年时期的学说，认为决定一般价格的是相对于商品数量的货币数量，认为要维护只有钞票能影响价格、其他的信用形式都不影响价格这种论断，就要着重证明钞票是货币，而其他的信用形式都不是货币。然而，很明显，价格不取决于货币，而取决于购买。存在银行里不提取的货币，或不是为了从事购买而提取的货币，都同未曾使用的信用一样，对价格不发生影响。用以购买商品的信用，则同货币一样影响价格。因此，在对价格的影响上，货币和信用完全一样；从这一点说，无论我们把钞票看作货币还是信用，都无关紧要。

然而，这一专门用语问题既已提起，似乎就应该予以解答。认为钞票是货币的理由是，按照法律和习惯，它同金属货币一样，具有可用以最后结算交易的特性，而把债务转给他人的其他偿债方式则不具有这种特殊权能。这里，首先使人联想到的一点是，按照这种说法，则至少私人银行的钞票不是货币；因为偿还债务时，不能强迫债权人接受这种钞票。如果债权人予以接受，交易自然可以得到结算；但是，按照同一假设，一捆衣料或一桶葡萄酒也会起这种作用，可是，它们并不因此就被看作货币。货币是法定货币，这似乎是货币概念的本质部分。人们普遍承认，成为法定货币的不兑现纸币是货币；在法语中，“纸币”（papier-monnaie）这一用语的意思实际上就是不兑现纸币，而可兑现纸币只是“不记名票据”（billets à porteur）。只是就兑换法下的英格兰银行钞票来说，才产生了问题。因为，虽然这种钞票由该行以外的其他一切人支出时是一种法定货币，但由该行自己支出时却不是法定货币。就买主而言，英格兰银行钞票无疑可用以了结交易。一旦他以英格兰银行钞票作了支付，人们就决不能要求他再次支付。但我承认，我不明白，就卖主而言，如果他只是在英格兰银行遵守支付诺言的条件下才能得到他的商品的价款，那怎么能够认为交易已经完结了呢？一种票据如果有可能因为公司破产而丧失一切价值，那它

在货币与信用相对立的意义上，就决不是货币。它或者不是货币，或者既是货币，又是信用，将它称为“被创造出来的信用”（coined credit），也许最为适宜。其他的信用形式可称为“铸块形态的信用”（creditin ingots），以与前者区别开来。

第八节　在钞票和其他信用形式之间，不存在种类上的区别

一些具有高级权威的人士断言，就对价格的影响来说，钞票与其他信用形式之间的差别要大于我们在前面所承认的差别，而且不是程度上的差别，而是本质上的差别。他们以如下事实作为这种差别的依据，即一切票据、支票以及账面信用都是最初就打算、而且实际上最后也是以铸币或钞票清偿的。因此，按照这些权威人士的说法，流通中的钞票和铸币同为其他一切信用手段的基础；而上层建筑是与基础相适应的；因而钞票的数量决定其他一切信用形式的数量。在他们看来，如果钞票增加，则票据、以支票进行的支付都会增加，而且（我想）账面信用也会增加。他们还认为，调节和限制钞票的发行，则由于其所产生的间接影响，其他一切信用形式均将受到类似的限制。虽然我在任何地方都没有看到这些权威人士这样明确地说，因而我感到还不能完全肯定理解了他们的意思，但是我相信自己已准确地表述了他们的看法。随着钞票的增加或减少，一般地说（虽然并不总是如此）其他各种信用也增加或减少，这也许是正确的；因为导致某一形式的信用增加的事态，也会导致其他形式的信用增加。但是，我觉得没有理由认为，前者

是后者的原因。固然，如果我们从铸币和钞票决定价格这样的假定（我觉得人们暗中就是这样假定的）出发，他们所坚持的命题就必然会随之产生；因为，随着价格的提高或降低，同样的购买将引起票据、支票和账面信用数额的增多或减少。但是，这一推理的前提正是有待证明的命题。如果撇开这一假定，我不知道这个结论怎样才能得到证实。人们向与之交易的某人提供的信用，并非取决于当时在流通的钞票或铸币的数量，而是取决于他们对他的偿付能力的判断；如果他们在计算中还要考虑某种更具普遍性的问题，那仅仅是在借贷市场不景气的时候，因为此时他们拿不准自己能否获得惯常依靠的信用；而且，即使在这样的时候，他们所注意的也是借贷市场的一般状况，而不是钞票的数量（撇开先入之见不谈）。以上讨论的是愿不愿意提供信用的问题。而商人是否愿意使用信用，则取决于他对赢利的预期，即取决于他对商品未来价格的判断；这种判断或者以已在进行的价格的上涨或下跌为依据，或者以他对供给和消费情况的预计为依据。如果商人将他的购买扩大到超过了他现有的支付手段，而与人约定在某一指定的时间付款，那么他所以这样做，或者是由于他预期在那一时间到来以前交易将顺利了结，或者是由于他预计那时自己将从其他交易的收益取得足够的现款。这种预期能否实现取决于价格，而非特别取决于钞票的数量。毋庸置疑，这个商人也会自问，倘若这种预期落空，他在最坏的情况下可以在什么地方获得暂时的贷款来履行契约。但是，第一，这种对未来的深思熟虑——即考虑在渡过难关的过程中会碰到多少困难——似乎过少，在被认为应当大胆冒险的时期，对于充满自信而敢于超出自己的财力去冒险的人来说，不足以成

为一种自制力量。其次，我以为，他们自信在万一倒霉的时候也能获得救助，主要是凭靠对自己个人信用的估计，以及（或许是）对借贷市场的一般状况的某种考虑（不是通货的数量）。他们知道，如果发生商业危机，他们将难以获得贷款。但是，如果他们感到在自己把商品卖出，收回货币以前很可能发生商业危机，他们就不会从事投机。如果没有发生一般信用的大紧缩，他们当时的业务状况使贷方确信贷款完全有希望收回，他们就有把握获得自己确实需要的贷款。

第十三章　论不兑现纸币

第一节　不兑现纸币的价值取决于其数量，是可以随意调节的

经验表明，只要在没有内在价值的一张纸上标明它等于一定数额的法郎、美元或英镑，它就能够按这一金额流通，并使发行者获得同额铸币所能产生的一切利益。因而，各国政府感到，如果它们自己能够不受私人发行纸币时所受到的那种制约（即一经人们求兑，就须付以票面署明的金额），而将这种利益据为己有，这当是一种巧妙的方法。它们决定尝试一下看能否摆脱上述可厌的义务，而仅凭称一张纸为一镑，并应允人们用以纳税，就使所发行的这张纸作为一镑流通。几乎一切既定的政府一般都能以其具有的权力来顺利地达到这一目的。我认为可以这样说：它们暂时总是成功的，只是由于它们明目张胆地滥用权力而使之受到损害，它们才丧失了这种权力。

就不兑现纸币来说，执行货币职能的是这样一种东西，这种东西执行货币职能的权力完全得自协定。而协定也完全能够授予这种权力。这是因为，使某人将某种东西当作货币来接受，甚至按某一任意规定的价值加以接受，只需要做到这样一点，那就是使他确信，别人也会按同样的条件从他那里接受这种东西。惟一的问题

是，决定这种通货的价值的是什么？因为它不会像金银(或者可随意同金银交换的纸币)那样取决于生产费用。

然而，前已提及，即使是金属通货，决定其价值的直接因素也是它的数量。如果它的数量能够由官方任意规定，而不取决于通常商业上的盈亏动机，则它的价值将取决于官方的命令，而不取决于生产费用。持有人不能随意用来兑换金属的纸币，其数量是可以任意规定的；如果发行者是拥有最高权力的政府，则情况更是如此。因此，这种通货的价值完全是任意规定的。

假定完全以金属硬币作为通货的一个国家，突然发行纸币，发行量相当于流通中的金属硬币的一半，不由金融机构发行，也不采取贷款方式，而是由政府发行，用以支付薪金和购买商品。由于通货突然增加了一半，所有物品的价格都将上涨，特别是金银制品的价格将上涨。一盎司经过制作加工的黄金，其价值本来就大于一盎司金币的价值，现在则更要大于通常用来补偿工艺价值的那一差额；因而为制作加工的目的而熔化金币，将是有利可图的，这种熔化会一直继续到金币的减少额等于纸币的发行额为止。由此，价格将回复到最初的水平，除原有的金属货币的一半为纸币所取代以外，别无变化。现在，假定纸币又一次发行；同样的一系列结果将再次产生；这种情况将一直继续下去，直到全部金属货币消失为止，也就是说，如果所发行的纸币的最低面额与铸币的最低面额相同，金属货币才会消失；如果不是这样，则会留下一些铸币，进行小额支付。上述情况导致的可作装饰用的金银数量的增加，将使金银制品的价值暂时略有下降；在这种情况下，即使纸币的发行额已达到金属货币原先的流通额，也仍将有一些铸币继续同纸币一起流通，其数量适足使通货的价值下降到金属材料已降低的价值。但是，价值一旦下降到低于生产费用，则来自矿山的供给的停止或减少，就会使剩余为通常的破坏作用所消除，因而金属和通货将恢复它们的自然价值。这里我们仍是假定（过去我们始终这样假定），该国自有矿山，同其他国家没有商业关系；因为，在有对外贸易的国家，由于纸币的发行而显得过多的铸币，会被人们以更迅速得多的方式消除。

到此为止，不论纸币可否兑换硬币，其作用大体相同。当金属完全被取代、完全被排除在流通之外时，可兑换纸币和不兑现纸币之间的差别才开始表现出来。假定在黄金或白银已全部退出流通（领域），而被等量的纸币所取代后，纸币发行额仍在增加。同样的一系列现象将重新产生：价格上涨，金银制品的价格也在其列，因而像过去那样，人们会想方设法获取铸币，将其熔化为金银块。于是铸币不再流通；但是，如果纸币是可以兑换的，则人们仍可以此向发行者换取铸币。因此，在金属完全被取代以后强行流通的一切增发的纸币，将会与铸币交换而回到发行者的手中；从而，可兑换纸币能够在流通界保持的数量，不会多到使它的价值低于它所代表的金属价值。然而，不兑现纸币的情况就不是这样了。它的增加（如果法律准许）无所阻碍。发行者可以无限增发，相应地降低它的价值而提高物价；换句话说，他们可以使通货无限贬值。

这种权力无论授予什么人，都是一种难以忍受的弊害。流通媒介的价值的一切变动都是有害的：它们扰乱现有的各种契约和预期，这种变动的可能性，也使一切长期的金钱契约变得极不可靠。为自己购买，或给予他人 100 镑年金的人，不知道几年后它将相当于200镑还是50镑。这种弊害即使仅由偶发事件引起，也已很大，如果出自个人或团体的任意处置，则尤为巨大；这种人或团体可因财产价值的人为变动而得到很大好处；而由于每次发行本身就是利润的源泉，他们无论如何都对尽可能多地发行（纸币）抱有强烈的兴趣。不用说，降低通货的价值可以使发行者获得直接利益，而在通货为政府纸币的情况下则总是如此，因为他们自己的债务是用这种媒介计算的。

第二节　不兑现纸币如由金银块的价格调节，也许是安全的，但不方便

为了防止通货的价值被人们故意改变，并尽可能缩小它因偶发事件而发生的变动，一切文明国家都以所有已知商品中价值最不易变动的商品，即贵金属，作为流通媒介的价值标准；凡其价值不与贵金属的价值相一致的纸币，均不应存在。这一根本准则，即使是最滥发不兑现纸币的政府也未尝完全无视。即令它们没有（像它们通常所做的那样）表示要在某一不确定的未来时日以硬币兑付，它们至少也要给它们所发行的纸币以铸币的名称，实际上表示（虽然通常是虚假地）要使纸币的价值与铸币的价值保持一致。甚至就不兑现纸币而言，这也不是不能实行的。固然没有可自由兑换条件下的那种自动控制，但却有一个清晰而明确的指标，可用以判断通货是否贬值，以及贬值到什么程度。这个指标就是贵金属的价格。如果纸币持有人不能要求把铸币兑换成金银块，如果铸币在流通界已荡然无存，则金银块的价格同其他各种物品一样

升降；而如果金银块的价格高于造币厂的价格，例如，如果 1 盎司黄金可以铸成相当于 3 镑 17 先令 10 便士半的铸币，但却可售得 4 镑或 5 镑纸币，则通货的价值即按此程度跌至金属通货的价值以下。因而，如果不兑现纸币的发行受各种严格的规则——其一为，金银块的价格一涨至造币厂的价格以上，发行额即应缩减，直至金银块的市场价格和造币厂的价格再度一致——的限制，这种通货就不会产生通常被认为是不兑现纸币所固有的一些弊害。

但是，这种通货制度并不具有足以劝使人们采用的优点。由金银块的价格调节的不兑现通货，它的一切变动同可兑换通货完全一样；因而，可以由此获得的利益只是，保持贵金属储备的必要性得以消除。不过，这并不是十分紧要的，特别是对政府来说，只要它的信用不受到怀疑，它就无须像私人发行者那样保有大量的准备金；由于人们对它的偿付能力从来不会产生真正的怀疑，它不致遇到重大的、突然的兑付要求。同这一微小的利益相对照，在这种通货制度下，第一，存在着为影响通货而以欺诈手段扰乱金银块价格的可能性；一如在谷物法有效期间受到人们那么多的、正当的指责的，有些人虚售谷物，以影响谷物的平均价格。但是更有力的理由是，遵守最无教养的人也易于理解的简单原则，是很重要的事情。每个人都能理解自由兑换；每个人都知道，能在任何时候与 5 镑相交换的物品，具有 5 镑的价值。凭借金银块的价格进行调节，是一个比较复杂的观念，对此，人们不可能通过上述普通的联想而得到了解。一般国民对受到这样的调节的不能自由兑换的货币的信任，远远不如对可兑换纸币的信任；而最有教养的人也有理由怀疑，这一规则人们能否严格遵守。这一规则的根据不为国民所充

分了解，舆论也许就不会同样严格地推行，而且，在某种困难情况下，也许还会表示反对，而就政府本身而言，停止自由兑换，较之放松也许可以认为多少是一种人为规则的东西，似乎是更激烈、更极端的措施。因此，有很充足的理由可以认为，即使是调节得最好的不能自由兑换的货币，也不如可兑换纸币。在金融紧急时期，过度发行的诱惑至为强烈，因而不允许有任何东西削弱（不论程度如何微小）防止过度发行的壁垒。

第三节　考察不兑现货币如果代表现实财产就是安全的这一学说

虽然在政治经济学上没有其他学说较之如下的学说有更为明显的依据，即，纸币如果不依靠可兑换性，不依靠使之等于金属货币的某种限制原则而与金属货币保持同样的价值，就会带来弊害，虽然经过多年的讨论，近来这一学说已经深入人心，但是持不同意见者仍然很多，而且经常有人提议用无限制地发行不兑现纸币的方法来消除社会上的一切经济弊病。老实说，这种想法确有很大的诱惑力。如果人们一旦敢于相信，在纸片上印几个数字，就可以不课税而偿还国债，支付政府的费用，总之，使全社会发财，那倒真是前景光明灿烂。人们所指望于点金石者，也不过如此。

然而，由于这些计划常常以失败告终，又总是有人重新提出，因此，考察一下使计划者本身受到蒙蔽的若干谬误，并不是多余的。最普通的一种谬误是，只要每一张纸币都代表财产，或者说，它有现实的财产作为依据，纸币的发行就不会过度。所谓“代表”

和“依据”这些用语，大多不具有任何清晰的或十分明确的含义；如果说它们具有这样的含义，那么，它们的意思不过是，纸币的发行者必须拥有等于其所发行的全部纸币的价值的财产（不论这种财产是他们自己的，还是别人委托他们保管的），虽则拥有财产的目的不很清楚；这是因为，如果不能用纸币换取这种财产，则仅只存在这种财产，如果能用以维持纸币的价值，就难以测知了。不过，我相信，人们是拿它作为这样一种担保，即，如果某一麻烦事件导致一切业务终止，它可以保证纸币的持有者最终得到赔偿。以这一理论为基础，产生了许多计划，如“以全国的土地为担保发行货币”的计划以及类似的计划。

如果认为这种想法多少有点道理，那是因为，人们混同了纸币易于产生的两种完全不同的弊害。其一为，发行者无力偿付；如果纸币是以发行者的信用为依据（即约定见票即付或在将来某一时间兑付现金），则发行者无力偿付当然会使纸币失去导源于这种约定的所有价值。这种弊害，不论纸币信用如何适度使用，也一样容易产生。对此，如果规定这样的条件，即一切发行均应“以财产为依据”，例如，规定纸币只能在有某种贵重物品作担保，明确规定这种物品必须用于赔偿的条件下发行，则确能有效地加以预防。但是，这一理论没有考虑到另外一种弊害，这种弊害，即使是最有偿付能力的商号、公司或政府发行的纸币，也是容易产生的，那就是：发行数量过多会贬值。法国大革命期间发行的“指券”（assignats）纸币，就是根据这种原理发行的通货。指券“代表”巨额极其贵重的财产，即王室、教会、修道院和移民[1]的土地，其数量可能达到法国

① emigrants，此处可能指亡命者。——译者

领土的一半。指券实际上就是上述大宗土地的定单或让与书。革命政府确实曾想把这些土地“铸”成货币。但是，说句公道话，最初他们并不打算大大增加发行额，最后不得不这样做，是由于其他一切财源枯竭。按照他们的想法，指券会很快回到发行者手中来换取土地，而且，在土地全部卖掉以前，他们可以持续不断地重新发行指券，而不致使流通中的纸币多于适度的数量。他们的希望落空了，土地没有像他们所期望的那样很快售出。买主不愿将他们的货币投放在土地上，因为如果革命失败，其所购买的土地很可能被无偿地收回。代表土地的纸片惊人地增加，以致不能再保持它们的价值，一如所有的土地如果同时拿到市场上出售，它们本身的价值就不能保持。其结果，购买 1 磅黄油，得支付 600 法郎的指券。

有人说，指券的例子不具有结论性，因为指券只代表一般的土地，而不代表一定量的土地。他们断言，防止指券贬值的适当方法，是对所没收的一切财产，都按金属价值估定它们的价值，而以这种价值为限度（不超出这一限度）来发行指券；并给予持有指券的人一种权利，即他们可按登记的价值，用指券换取任何一块土地。毫无疑问，这种方法要优越于实际采用的那种方法。如果采用了这种方法，指券的价值就决不会降到那种不像话的程度。这是因为，不管指券的购买力相对于其他各种物品而言会下降多少，指券对土地都将保持其全部购买力，不等指券的市场价值大量丧失，人们就很可能拿它们来换取土地了。然而，必须记住，指券不贬值的前提是，其流通的数量不大于可兑换成现金时的数量。因此，虽然在革命时期，这种一经提出要求就可兑换为土地的通货，作为一种以最少的损失迅速出售大量土地的手段，也许是合宜的，但却很难看出如当作一国的经常制度，它与可兑换铸币的通货相比，具有什么优越性。而其不利之处则是显而易见的，因为土地的价值远比金银的价值易于变化，此外，对大多数人来说，与其说土地是一种称心的财产，不如说它是一种累赘(除可换成货币外)，所以，只要纸币稍微贬值，人们就会要求以纸币兑换金银；但如纸币只能交换土地，则在一定限度以内，他们也许宁可让它贬值，而不以之交换土地。①

第四节　考察增加通货可以促进产业发展这一学说

不兑现纸币的鼓吹者所凭借的另一种谬论，是通货加速产业发展的学说。这种思想始见于休谟的《论货币》，后来它获得了许多热诚的支持者。伯明翰通货学派就热心支持这种学说，阿特伍德曾是该学派最著名的代表。阿特伍德先生认为，纸币增加所引起的物价上涨，会激励每一个生产者作出最大的努力，并使一国的全部资本和劳动得到充分利用；他认为，这种情况在物价以极大规模上涨的一切时期，是经常发生的。然而，我以为，阿特伍德先生所说的那种能使一切从事生产的人焕发出巨大热情的东西，必然是生产者的一种期待，即期待着用自己的劳动产品换得更多的一

① 说也奇怪，我们发现有些很聪明的作家竟对一些非常荒唐的通货计划表示赞许，其中的一项计划有如下述：政府接受以某一种或某一数量的财产，诸如土地、资本等为担保或抵押品，而贷给所有者等于其估计值的不兑现纸币。这种通货甚至不具有正文所设想的那种指券的优点；因为从政府处得到这种纸币的人以此付给别人，别人却不能把它还给政府，要求交换土地或资本(它们只是抵押品，而未经转让)。类似这种纸币的指券是不会回流的，因而其贬值也就是无限的。

般商品、更多的真实财富，而不只是换得更多的纸币。但是，按照上述假设，这一期待必然会落空，因为，既然假定一切价格都以同样幅度上涨，那么谁都不能以自己的货物真正换得比过去多的货物。那些与阿特伍德先生看法相同的人，要想诱使人们异常努力地干活，就只有延长人们的幻觉，即使货币价格逐渐上涨，从而使每一个生产者经常感到他们获得的报酬正在增加，尽管实际上决不会增加。对于这个计划，除了指出它完全不能实行以外，无须再列举其他反对的理由。它指望全世界的人都永远相信，纸片越多，财富也就越多，而看不到，即使使用它们的全部纸币，他们也不能买到比过去多的物品。这一学派虽然这样重视物价高涨时期的经验，但是在任何物价高涨时期，人们都没有犯过这样的错误。阿特伍德先生所误认为的繁荣时期，实际上只不过是投机时期（一切物价高涨时期，在通货可以自由兑换的制度下，必然如此）。在这样的时期，投机家们都认为他们的财富增加不是由于高物价持续下去，而是由于高物价不再持续，即，任何在物价持续高涨时期设法脱售的人将会发现，在物价回跌以后，自己拥有较多的英镑，它们的价值并没有减少。如果在投机临近结束时发行一种纸币，足以使物价保持在物价高涨时期达到的最高点，则最失望的莫过于投机家了；因为他们认为靠及时脱售已经获得的收益（使他们的竞争者遭受了损失，这些人在他们出售时买进，而在物价回跌后不得不卖出）会从他们的手中消失，除手里点数的纸票多了几张外，他们别无所得。

休谟对于这一学说的描述，和阿特伍德先生略有不同。他认为，一切商品的价格不会同时上涨，因而如果某些人在他们想购买

的物品尚未涨价时，能通过出售他们必须出售的物品获得较多的货币，这些人就可以获得一种实在的利益。（他似乎认为）获得这种利益的人始终是行动最早的人。但是，很明显，既然有人由此获得比平常多的利益，就必然有人所得少于平常。如果事情像休谟所设想的那样，则受损失的人当为涨价最迟的商品的卖主；按照假设，他要按旧价将他的货物卖给已由新价获利的买主。这种卖主出售他的商品时只获得惯常数量的货币，而这时某些物品用从前那样多的货币已不再能够买到。因此，如果他知道这一点，他就会提高他的商品的价格，从而使买主无从获得那种被设想为能够对他的勤勉起刺激作用的利益。相反地，如果卖主不知道这个情况，只是在他支出货币时才发现事情已经演变到这样的地步，则他的劳动和资本的报酬就将低于通常水平；其他商人的勤勉受到激励，而他的勤勉则显然由于相反的原因而减弱。

第五节　通货贬值是对社会的课税，是对债权人的欺骗

物价普遍而持久地上涨，换句话说，货币贬值，不损害某些人，就不能使任何人获利。用纸币代替金属货币，可使国家获利；但超出这一限度增发纸币，就成了一种劫掠。

发行纸币显然可以给发行者带来利益，在人们拿纸币兑现以前，发行者可以把纸币当作真实的资本来利用；只要通货不因发行纸币而持续增加，而只是用纸币来代替同等数额的金银，则在发行者获得利益时，就不会有任何人遭受损失，因为利益得自给社会节省了较昂贵的材料的费用。但是，如果没有金银被替代——如果发行纸币使通货增加，而不是用纸币替代通货中的金属货币——则持有通货的一切人，将因其贬值而蒙受同发行者的利得恰好相等的损失。这实际上是为发行者的利益而向他们征收的一种租税。有些人也许会反对这种说法，他们的理由是，由于增发纸币而获得了贷款的生产者和商人也能获利。然而，他们的利益并不是一种额外的利益，而只是发行者在损害一切货币持有人的情况下获得的利益的一部分。发行者并没有把向公众征税带来的利润全部留给自己，而是同他的顾客分享。

但是，除发行者或其他人通过发行者在损害一般公众的情况下获得的利益外，还有一种不正当的利益，由人数更多的一个阶层，即负有固定金钱债务的那些人获得。所有这些人都由于通货贬值而解除了一部分债务或其他债务负担。换句话说，他们的债权人的一部分财产，无偿地转让给了他们。从表面上看，也许会认为这对产业是有利的；因为各生产阶级都是大借主，其对各不生产阶级（其中包括实际上不从事营业活动的一切人）所负的债务要大于各不生产阶级对它们所负的债务；如果将公债包括在内，尤其如此。只有这样，也就是通过减轻固定负债的压力，物价的普通上涨才能为生产者和商人带来利益。如果诚实和信誉对于整个世界，特别是对于产业和商业并不重要，那么这可以认为是一种利益。然而，很少有人会说，仅仅由于使国家和私人的债权人丧失一部分债权是值得想望的，通货就应当贬值。具有这一趋向的各种计划几乎总是出于某种特殊的、带有偶然性的原因，例如，需要补偿以前在相反方面造成的不公平。

第六节　考察进行这种欺骗的某些口实

例如在英国，自1819年以后，多年来有人坚决主张，仍旧存在的大部分公债和大量私人债务是1797—1819年间欠下的，当时英格兰银行无须以现金兑现钞票；现在借主（如属公债，则为全体纳税人）对于这种用贬值的通货借得的钱，须按相同的名义数额用具有十足价值的通货支付利息，这是极不公平的。按照某作者的看法，当时货币贬值的程度平均为30%、50%，时或超过50%；因而结论是，我们或者应当恢复这已经贬值的通货，或者应当从过去的公债、抵押债务或其他私人债务中，减除与估计的贬值程度相应的百分比。

对于这个学说，通常是这样辩驳的。姑且承认恢复现金支付而不降低兑换标准，这对债务人是不公平的，因为这是使债务人用价值提高的通货偿付贬值时所借的通货。但现今对这种损害作出补偿，已为时太晚。现在的债务人和债权人，已不是1819年的债务人和债权人。岁月的流逝，已使社会的金钱关系完全改变；现在要确定当时谁是受益人，谁是受害人，已不可能，走回头路不能纠正错误，而只是在已有的不公正行为之外，加上另一普遍的不公正行为。就实际问题而言，这种论证当然是具有结论性的；但是，这一正直的结论，却是以很狭隘、很粗俗的理由为依据的。它承认，1819年的所谓皮尔法案（该法案规定重新以3镑17先令10便士半的原来标准来兑付现金），确如人们所说，是不公正的。但是这种承认是完全违背事实真相的。当时国会别无选择；它完全有义务坚持过去所承认的标准，这可以用三种不同的理由——两种是事实上的，一种是原理上的——来证明。

事实上的理由是这样的。第一，所谓在英格兰银行限制兑现时产生的公私债务，是以比现在用来支付利息的通货价值低的通货订约的，这不是事实。中止履行兑现义务，曾经给予英格兰银行降低通货价值的权力，确是事实。英格兰银行真正行使了这种权力，也是事实，虽然行使的程度远低于人们常说的那种程度；因为黄金的市场价格和造币厂的估价之间的差别，在此期间的大部分时间内，是微不足道的，即使在战争的最后 5 年差别最大时，也没有超过 30%。通货按照这一幅度贬值了，也就是说，通货的价值要低于它表示要坚持的标准的价值。但是，当时欧洲的情况是：由于贵金属异乎寻常地被人们大量贮藏，并为各国庞大军队（这些军队使当时欧洲大陆遭到破坏）的军用金库所吸收，标准本身的价值已大为提高。而最大的权威们（只要列举其中的图克先生，就足够了）在进行了仔细的调查研究以后，也相信纸币和金块之间的差别，并不大于黄金本身价值提高的程度；纸币的价值虽然相对地低于当时黄金的价值，但并不低于黄金或不可兑换纸币在其他时期的通常价值。如果这是真的（事实根据在图克的《物价史》中有确切的记述），那么，以通货贬值为理由反对公债持有人和其他债权人的全部论辩的根据就被推翻了。

但是，第二，即使在英格兰银行限制兑现的各个时期，通货的价值已按其标准的贬值程度而降低，我们也必须记住，公债或其他长期债务只有一部分是在英格兰银行限制兑现时期产生的。其很大部分是 1797 年以前订立的契约；其更大部分是在限制兑现时期

的最初几年订立的契约，当时纸币和黄金之间的差别尚小。对于第一部分持有人，由于有 22 年是用已经贬值的通货来支付利息，因而他们遭受了损害；对于第二部分持有人，在用（相对于借款时所用的通货）已经贬值的通货支付利息的那些年，也有所损害。假如重新按较低的标准兑付现金，那就是为了避免给予第三种债权人（在通货贬值程度最大的几年间贷出货币的那些人）不正当的利益，而使上述两种债权人所受的损害永久化。事实上，这是对一部分人支付不足，而对另一部分人支付过多。已经去世的米什先生曾经不辞辛劳地对这两种金额进行了算术的比较。通过计算，他断定，假如有人在 1819 年计算一下公债持有人由于纸币脱离兑换标准而得到的利益和遭受的损失，则可看出，就全体而言，他们是损失者；因此，如果以通货贬值为理由认为对这种损失作出补偿是正当的，则全体公债持有人都应当**得到**补偿，而不应由他们**提供**补偿。

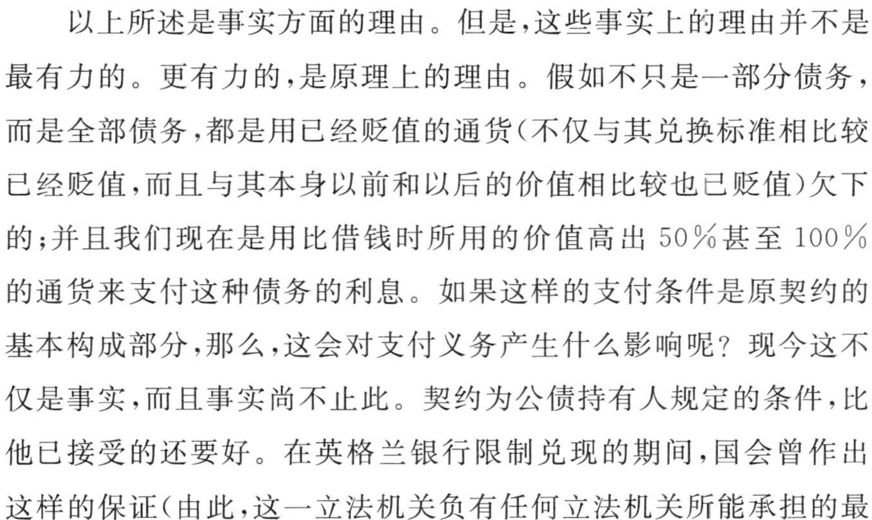

以上所述是事实方面的理由。但是，这些事实上的理由并不是最有力的。更有力的，是原理上的理由。假如不只是一部分债务，而是全部债务，都是用已经贬值的通货（不仅与其兑换标准相比较已经贬值，而且与其本身以前和以后的价值相比较也已贬值）欠下的；并且我们现在是用比借钱时所用的价值高出 50%甚至 100%的通货来支付这种债务的利息。如果这样的支付条件是原契约的基本构成部分，那么，这会对支付义务产生什么影响呢？现今这不仅是事实，而且事实尚不止此。契约为公债持有人规定的条件，比他已接受的还要好。在英格兰银行限制兑现的期间，国会曾作出这样的保证（由此，这一立法机关负有任何立法机关所能承担的最高义务)，即至迟在全面媾和后6个月内，就要按照过去的标准重新开始兑付现金。因而，这已成为每次借款的实际条件；借款条件也因此而更为有利。如果没有这样的规定，那么除非依照向印度王侯贷款时规定的条件，否则政府是不可能指望得到借款的。如果当时政府暗示或者明言，借到钱以后，其计算标准会持续降低，降低到借主的立法机关的“集体智慧”认为适当的程度，那么谁都不会知道要用什么样的利率才能诱使具有常识的人用其储蓄进行这样的冒险活动。无论公债持有人由于恢复现金兑付而获得了多少利益，都是契约规定的条件保证他们得到的。他们所提供的价值，已超过他们所得到的价值；因为现金兑付不是在媾和后6个月内，而且在媾和多年后恢复的。因此，即使撇开我们的一切议论(除了最后这一点以外)，而且承认有关这一问题的反对方面所坚持的一切事实，公债持有人也还是没有得到不正当的利益，反而是受害者；而且，假如不是由于对此不可能作出判决，假如不是由于应遵循法律和政策上一项有益的一般准则，即凡事都应有个了结，那他们还有要求赔偿的权利。

第十四章　论供给过剩

第一节　在一般情况下，商品会供给过剩吗？

我们在前几章中对货币理论作了初步说明，现在回过头来讨论一般价值理论中的一个问题。这个问题在对货币的性质和作用具有一定程度的了解以前，是不可能进行令人满意的探讨的，因为我们所须反驳的谬见主要来源于对货币作用的误解。

前已提及，一切物品的价值都趋向于一定的中心点（我们已称其为“自然价值”），即，在这一中心点，每一物品与其他一切物品按各自的生产费用的比率互相交换。我们也曾提到，实际价值或市场价值，只是按若干年的平均数计算，才与自然价值相一致，或接近于一致；它不断地由于需求的变化或供给的偶然波动，而提高到自然价值以上，或者降低到自然价值以下。但是，由于供给具有与商品按自然价值出售时所有的需求相适应的趋势，因而这些变动可以自行得到矫正。这样，两种相互对立的力量经过平衡后，反而会趋向于同一中心点。所有商品都有时供给不足，或短缺，有时供给过剩，或者用商业用语来说，供过于求。在前一种情况下，只要商品持续短缺，商品就会向生产者或卖主提供异常高的利润率；在后一种情况下，由于商品的供给超过了需求水平，售价无法提供通常的利润，因而卖主不得不满足于较少的利润，在非常情况下还不得不甘受损失。

由于任何一种商品都可能发生供给过剩的现象，并由此而给生产者或商人带来不利或损失，因此有许多人（包括一些著名的政治经济学家）认为，所有商品有可能同时发生这种现象；财富的一般生产过剩是可能的；商品的供给总额超过需求总额也是可能的；其结果，一切生产阶级将陷于不景气状态。这种学说的主要倡导者，在英国有马尔萨斯先生和查默斯博士，在欧洲大陆有西斯蒙第先生。对于这种学说，我已在本书第一篇中予以反驳；但是，在我们的探讨的那一阶段，要充分考察这种谬误（我这样想），是不可能的，因为这种谬误实质上是以对价值和价格现象的误解为依据的。

在我看来，这一学说在它的概念中就包含着许多矛盾，因此，我感到，要对这一学说作出人们能立即明白的叙述，使它的支持者满意，是很困难的。他们一致主张，一般地说，总产量有可能超过需求水平，而且有时确实如此；一旦发生这种情况，产品就无法按生产费用加利润的价格卖出去；其结果，价格或价值（对此二者，他们几乎不能精确地加以区分）普遍下跌，因而，生产者生产得愈多，就愈穷，而不是愈富；所以查默斯博士谆谆教诲资本家，要用道德抑制对利润的追求；而西斯蒙第则反对机械及提高生产力的各种发明。他们都认为，资本的积累，不仅对于生产者和积累者精神上的利益来说，而且对于这些人的物质利益来说，都有进行过快的可能；因此他们嘱咐富人要大量进行非生产性消费，以防止这种弊害。

第二节　商品的供给一般不会超过购买力

这些作家谈论商品的供给超过需求时，有一点没有说清楚，即，需求有两个要素，一个是所有欲，一个是购买手段，他们指的是哪一个；也就是说，他们没有说清楚，他们指的是现有消费品的数量多于公众想要消费的数量呢，还是仅指消费品的数量多于人们所能购买的数量。由于这一点不能确定，因此这两个假设我们都需加以考察。

首先，假设所生产的商品数量不大于社会想要消费的数量，在这种情况下，是否有可能由于支付手段不足而对一切商品缺乏需求呢？认为有这种可能的那些人没有好好想一想商品的支付手段是由什么构成的。商品的支付手段仍是商品。每一个人购买别人生产物的手段，是由他自己所有的生产物构成的。一切卖主必然是，而且最终都是买主。如果我们能够使本国的生产力突然增加一倍，我们就将使每一市场商品的供给增加一倍。但是，我们同时也将使购买力增加一倍。每个人的需求都会像供给一样增加一倍；因为每个人所能提供交换的物品已增加一倍，因而每个人所能购买的物品也增加一倍。当然，这时某些物品是有可能过剩的。社会虽然愿意使消费总量增加一倍，但社会对某些商品的需要量也许已经饱和，因此，它也许宁愿使其他商品的消费增加一倍以上，或者宁愿将所增加的购买力用来购买其他新的物品。要是这样，供给将相应地自行调整，而各种物品的价值则将继续与其生产费用相一致。无论如何，认为一切物品的价值会同时下跌，从而一

切生产者都得不到充分报偿，这是极其荒谬的。如果价值一仍其旧，价格如何是不重要的，因为生产者的报酬并不取决于他们在交换货物时可以得到多少货币，而是取决于他们此时可以获得多少可供消费的物品。而且，货币也是一种商品；如果假定一切商品的数量都增加了一倍，我们就必须假定货币也增加一倍，这样，像价值并不降低一样，价格也不下跌。

第三节　商品的供给一般从不超过消费意愿

前已说明，普遍的供给过剩，或所有商品的供给超过需求，从需求是由支付手段构成的这一点来说，是不可能的。但是，也许有人会这样想，即，短缺的不是购买力，而是拥有的欲望；产业的总产品可以大于社会的消费欲望，至少大于社会上能够为其提供等价物的那部分人的消费欲望。很明显，生产物造成生产物的市场，国内也具有可用以购买国内一切财富的财富；但是，拥有购买手段的人也许没有购买欲望，而有购买欲望的人也许不具有购买手段。因此，生产出来的商品会有一部分由于有消费欲望的那些人缺乏购买手段，拥有购买手段的那些人缺乏消费欲望，而找不到市场。

这是这种学说的似乎最有道理的一种表现形式，它不像我们最初所探讨的那样包含矛盾。任何特定商品的数量都有可能大于具有购买力的人们所想要购买的数量，而且可以想象，一切商品都可能发生这种情况。谬误在于人们不了解，虽然能够提供等价物的一切人所想购买的所有可供消费的物品都有可能得到充分供应，但如果他们仍继续增加生产，这就证明实际情况并非如此。为此我们可以作以下最为有利的假设：在一个狭小的社会内，每一个成员都已拥有他想要的所有必需品和一切已知的奢侈品；而由于需求已经完全得到满足的人们为了获得他们不想要的物品而从事劳动和节约，是不可想象的，所以我们假定，有一个外国人到来，并生产在该国已很充足的某种物品，使其数量增加。有人会说，这是生产过剩；我的回答是，确是如此；但这是特定物品的生产过剩。社会对那种物品已经没有更大的需求，但它需要别的物品。确实，原来的居民已不需要什么，但那个外国人也不需要什么吗？当他生产过剩的物品时，难道他是在毫无动机地干活吗？他生产的是不适当的物品，而不是适当的物品。或许他需要食物，但却生产了每个人都已得到充分供应的钟表。这个新来者带来了他对各种商品的需求（等于他的勤劳所能生产的一切），现在他要做的事情，是察看他所带来的供给是否适合那个需求。如果他不能生产可以激起社会上新的需求或欲望的某种物品，以使某人为满足这种欲望而愿意生产较多的食物来同他交换，他就只能从以下两种办法中选择一种来自行生产食物，即，如果那里还有未被占用的荒地，他就在这种土地上生产，或者充当已经占有土地但想减少一部分劳动的那种人的承租人、合伙人或仆人。他生产了人们所不需要的物品，而不是人们所需要的物品；而且，他自己也许不是人们所需要的生产者；但是，并不由此发生生产过剩；生产没有过剩，只是不协调而已。前已提及，将追加的商品带到市场的人，同时也带来了追加的购买力；现在我们看到，他也带来了追加的消费欲望；因为如果他没有这种欲望，他就不会辛劳地从事生产。因此，当供给增加时，需求的两个要素都不会缺少；虽然人们所需求的是某种物品，

而供给则不幸由其他物品所构成，是完全可能的。

被逼得走投无路的反对者也许会说，有些人从事生产和积累只是由于习惯；不是因为他们想要增加财富，也不是因为他们想要增加某方面的消费，而是由于惰性。他们继续进行生产，是因为机器已经装好，他们进行储蓄并以其储蓄再行投资，是因为他们无意将储蓄另作他用。我承认这是可能的，在某些情况下也很可能发生；不过，这些对我们的结论毫无影响。因为，这些人用他们的储蓄来做什么呢？他们把储蓄投放在生产上，即用来雇用劳动。换句话说，他们拥有多余的购买力，自己不知道如何使用，于是将这剩余的部分用来增进劳动阶级的一般利益。劳动阶级会不会也不知道用它来做什么呢？我们能否设想他们的需要也已完全得到满足，而继续进行劳动仅仅是由于习惯？在这成为事实以前，在劳动阶级也达到满足的程度以前，无论资本怎样迅速地积累，对它的生产物的需求也不会缺乏；因为如果资本别无他用，它总是能够用来生产劳动阶级的必需品或奢侈品。而且，如果劳动阶级也不再需要更多的必需品或奢侈品，他们可以通过减少工作来取得工资进一步增加的利益。只有在这时，生产过剩在观念上才是可能的，但是由于缺乏劳动者，甚至这时生产过剩实际上也不会发生。这样，以任何方法观察这一问题，纵使我们尽可能作出对一般生产过剩理论有利的假设，这个理论也总是荒谬的。

第四节　一般供给过剩概念的起源和说明

那么，对于各种经济现象作过许多思考，甚至曾以富有独创性的探索对理解这些现象作过贡献的人们，为什么也信奉上述如此荒谬的学说呢？我认为，他们是受了对某些商业事实的错误解释的蒙骗。他们以为，各种商品的一般供给过剩的可能性，已为经验所证明。他们相信，他们在某些市场状况中曾经看到过这种现象，其实，对这种市场状况是可以作出完全不同的解释的。

我在前面已经描述了伴随着所谓商业危机而出现的商品市场状况。在此期间，一切商品确实超过货币需求；换句话说，货币供给不足。由于大量信用突然消失，每一个人都想掌握现金而不愿脱手，许多人由于渴望获得现金而不惜承受任何损失。因此，几乎人人都是卖主，而几乎没有买主；因而，由于商品充斥或货币缺乏（两种说法可以不加区别），一般物价确实会极度下跌，虽则只是在危机持续期间会下跌。但是，像西斯蒙第那样认为商业危机是一般生产过剩造成的，却是大错而特错的。商业危机仅仅是过度的投机性购买造成的。低物价不是逐渐出现，而是过高价格的突然反跌；其直接原因是信用收缩，因此补救的方法不是减少供给，而是恢复信用。如下一点也很明显，即，市场的这种暂时混乱成为一种弊害，只是因为它是暂时的。下跌的只是货币的价格，如果物价不再上涨，则任何商人都不会受到损失，因为对他来说，现在较低的价格具有和过去较高的价格相等的价值。这种现象与那些著名经济学家就生产过剩的弊害所作的描述毫不相符。这些作者以为，由于缺乏市场，生产者的境况会长久衰微下去，但是，这种想法从商业危机的性质那里是得不到支持的。

对于一般财富过剩和积累过剩的概念似乎予以支持的另一现象，具有较为永久的性质，即，随着人口的增加和生产的发展，利润

和利息会自然而然地降低。利润下降的原因是维持劳动的费用增加，而这种费用的增加又是人口和对食物的需求增加(超过了农业改良的进展)所造成的。对于各国经济发展中的这一重要特征，我们将在下一编[①]加以详细的考察和论述。这和商品市场的缺乏显然完全是两回事，虽则在生产阶级和商业阶级的抱怨中常常将二者混同起来。近代或现在产业经济的真实情况是，如果人们能够满足于小额的利润，则任何数量的营业几乎没有不可进行的；而这一点，一切勤勉而精明的工商业界人士都完全懂得；但是，甚至那些遵从历史趋势的人，也不满意于这种历史趋势，他们希望资本少一些，或者像他们所说的，竞争少一些，以得到较高的利润。然而，低利润和需求不足是两回事；而只是降低利润的生产和积累，不能称为供给过剩或生产过剩。这种现象的真相如何，其作用和必然界限如何，我们将在探讨这一特殊问题时给予说明。

据我所知，除了上面提到的那两个经济事实外，其他任何经济事实都不会使人认为，在实际经验中出现过各种商品的一般生产过剩。我确信，无论要解释商业事务方面的什么事实，都不需要作这种空想的假定。

这一点是十分重要的，在这一点上的任何不同意见，都牵涉到对政治经济学的根本不同的看法，特别是在它的实际应用方面。依据一方的见解，我们只须考察如何使充分的生产能够同最佳的分配结合起来；但是依据另一方的见解，则尚须考察第三件事情，即怎样才能为生产物创造市场，或者怎样才能使生产不超过市场容量所规定的限度。在本质上如此自相矛盾的一种理论，只会使

① 参阅第四编第四章。

经济学的核心发生混乱，使它无法清晰地理解许多较为复杂的社会经济现象。我以为，这个错误是前述三位卓越的经济学家即马尔萨斯、查默斯和西斯蒙第的体系（如果当作体系）的致命伤，虽然这三位经济学家对政治经济学的若干基本定理作了极好的表述和说明，但是这个致命的误解，却像一块幕布，把这些定理和经济学的较为棘手的部分隔了开来，不许有一丝光线穿透。更不用说，这样一种混乱的观念在连续不断地妨碍着智力不及这些经济学家的人们的思索，使他们一直迷惑不解。为了公平对待两位杰出的人物，必须促使大家注意这一事实，即，对这一最重要之点作出正确说明的功绩，在欧洲大陆主要应归功于卓有见识的让·巴蒂斯特·萨伊，在英国则主要应归功于詹姆斯·穆勒先生；穆勒先生（除在《政治经济学原理》一书中对这个问题作了确切的说明以外）在为参与当时的论战而发表的题为《为商业辩护》的早期小册子中，十分有力而清晰地阐述了这个正确的学说；在他的著作中，这本小册子是使他出名的第一部著作，而且他格外珍视这本小册子，因为正是通过这本小册子，他开始认识了大卫·李嘉图，并同李嘉图建立了他生平最宝贵、最亲密的友谊。

第十五章　论价值的尺度

第一节　交换价值的尺度，在什么意义上说是可能的

关于价值的尺度，在政治经济学家之间曾经发生许多争论。人们对这一问题的重视超过了其所应得的程度，而有关这一问题的著作也曾提供不少口实，使人们据以指责政治经济学家们的思辨为口舌之争，这种责难虽则颇为夸张，但不是毫无根据的。然而，即使只是为了指明对于这个问题所要说的多么少，也有必要讨论一下。

按照“尺度”一词的通常意义，价值尺度应当是指某种物品，通过同这种物品相比较，我们就可以确定其他一切物品的价值。如果我们进一步考虑到，价值本身是相对的，除了用以测量价值的第三种物品外，尚须有两种物品来构成价值，那么，我们就可以下这样的定义：所谓价值尺度是以任何两种物品与其相比较，我们即可推知这些物品相互价值的某种物品。

在这个意义上，任何商品在一定的时间和地点都可以用作价值尺度；因为如果我们知道两种物品各自与任何第三种物品相交换的比率，就总是可以推知这两种物品相互交换的比率。充当方便的价值尺度，是被选为交换媒介的商品的职能之一。一切其他

物品的价值，通常都用这种商品来估计。我们说，甲物值 2 镑，乙物值 3 镑；现在，不明说我们也知道，甲物值乙物的三分之二，或这些物品按二比三的比率相交换。货币是这些物品价值的一种完满的尺度。

但是，政治经济学家所寻求的，不是各种物品在同一时间和地点的价值尺度，而是同一物品在不同的时间和地点的价值尺度；也就是要寻求某种物品，任何一种物品同这种物品相比较，就可以知道它在现在的价值大于还是小于一世纪前的价值，或者它在英国的价值大于还是小于在美国或中国的价值。但是，如果我们能够获得同样的资料；如果我们能够用价值观念所必需的两种或更多的商品，而不只是一种商品，同这个尺度相比较，则货币或任何其他商品仍可以像在同一时间和地点一样，完全实现这一目的。如果现在 1 夸脱小麦值 40 先令，1 头肥羊也值 40 先令，而在亨利二世时代 1 夸脱小麦值 20 先令，1 头羊值 10 先令，我们就知道，那时 1 夸脱小麦值两头羊，而目前则只值 1 头，因此，我们也知道，以小麦计算的肥羊价值，现在比那时大一倍；这两个时期的货币价值，无论就这两种物品而言（我们假定价值是下跌的），还是就其他各种商品而言（对于这些商品，我们不必作任何假设），都与上述比较毫无关系。

然而，讨论价值问题的作家们想得到的，似乎是某种媒介，一种商品只须同这个媒介相比较，而不必额外地同任何其他特定的商品相比较，它的价值就可以确定。他们希望，仅凭 1 夸脱小麦现在值 40 先令，而过去值 20 先令这一事实，毋须选择第二种商品，例如 1 头羊，来同小麦相比较，就可以断定小麦的价值有无变动以

及变动的程度如何；因为他们所想知道的，不是小麦的价值同肥羊相比较发生了多大的变化，而是它同一般物品相比较发生了多大的变化。

第一个障碍产生于一般交换价值——不是相对于某一商品的价值，而是相对于一般商品的价值——这一观念不可避免的含糊不清。即使我们确切地知道，在以前的某一时期，用 1 夸脱小麦可以分别购买多少可销售的物品，确切地知道目前用 1 夸脱小麦购得的哪些物品较多，哪些物品较少，我们仍往往会发现，要断定小麦的价值相对于一般物品是上升还是下降了，是不可能的。如果我们只知道小麦的价值相对于价值尺度发生了多少变动，那就更不可能了。要使某一物品在两个不同时期的货币价格能够测量这一物品所能交换的一般物品的数量，同样的货币额就必须在这两个时期和同样的一般物品数量相对应，这就是说，货币必须始终具有同样的交换价值，具有同样的一般购买力。目前，不但货币或任何其他商品都不是这样的，而且我们甚至不能设想在某种情况下会是这样的。

第二节　生产费用的尺度

既然不可能有交换价值的尺度，作家们便在价值尺度的名义下制造了一种概念；其实，把这个概念称为生产费用的尺度，或许更为恰当。他们设想有一种商品总是由同量劳动生产出来；对于这个假设，必须附加如下一点，即，生产中使用的固定资本必须始终与直接劳动的工资保持相同的比例，而且必须始终具有同样的耐久性；简言之，必须在同样长的时间垫付同样的资本，以使由利润构成的价值要素和由工资构成的价值要素都成为不变的。这样，我们就有了一种商品，它始终是在影响永久价值的一切因素的不变组合下生产出来的。这种商品的交换价值并不是固定不变的；因为（即使不考虑由供给和需求引起的暂时波动）这种商品的交换价值会因同它相交换的各种物品的生产情况的每一变化而改变。但是，假如这样的商品果真存在，则我们可以由此获得如下的利益，即，每当其他任何物品相对于这种商品而发生永久的变化，我们就可以知道，变化的原因不在于这种商品，而在于其他物品。因而，这种商品固然不适于用作其他各种物品的价值尺度，但是适于用作它们的生产费用尺度。如果一种商品相对于这种不变的商品取得了较大的永久购买力，这种商品的生产费用就肯定上升了；反之则下降了。这种生产费用尺度，就是政治经济学家一般所说的价值尺度。

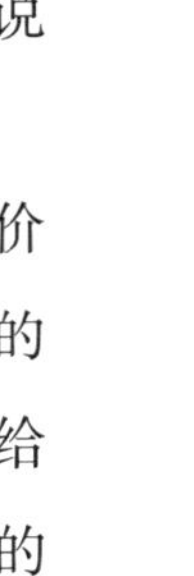

生产费用尺度虽然是完全可以想象的，但实际上它同交换价值尺度一样是不存在的。生产费用不变的商品是没有的。金银的生产费用是变动最少的，但是，即使是这些物品，由于原有的供给源泉的枯竭，新的供给源泉的发现，以及开采方法的改进，它们的生产费用也会发生变化。如果我们试图由货币价格的变动，来推定某种商品生产费用的变动，则所得到的结论应当尽可能参照其间货币本身生产费用的变动来加以修正。

亚当·斯密认为，以下两种商品特别适于用作价值尺度，即谷物和劳动。关于谷物，他说，它的价值虽然每年变动很大，但是每个世纪的变动却不大。现在我们知道，这是错误的；无论是在英国,还是在英国从其得到一部分谷物供应的其他国家,谷物的生产费用都往往随着人口的增加而上升,随着农业的改良而下降。亚当·斯密所设想的谷物生产费用恒定不变,依赖于这两种对抗力量的完全平衡,但是,这种平衡即使实现过,那也只能是偶然的。关于作为价值尺度的劳动,亚当·斯密的话不是始终如一的。有时他把劳动说成是只在短期内适用的价值尺度,他说,劳动的价值(或工资)由一代人到另一代人的变动虽然很大,但是它每年的变动是不大的,有时他又说,由于一个男人每天通常的体力劳动,就这个男人而言,总是可以看作等量的努力或牺牲,因此,劳动是内在的最适当的价值尺度。但是,这一说法,无论其本身是否说得通,总是抛弃了交换价值的概念,而代以一个完全不同的、更类似于使用价值的概念。如果用一天的劳动在美国可以买到的普通消费品,比在英国多一倍,那么坚持认为劳动在这两个国家具有同样的价值,不同的只是其他各种物品的价值,则似乎是一种徒劳无益的狡辩。在这种情况下,无论就市场还是就劳动者本身而言,说美国劳动的价值比英国劳动的价值大一倍,都是正确的。

如果目的在于获得一种近似的用以评定使用价值的尺度,则可以入选的最合适的物品或许是一个普通男子一天的口粮(以非熟练劳动阶级所消费的通常食物计算)。假如在某一国家,一磅玉米面可以维持一个男工一天的生活,那么,某种物品价值的大小,根据它可以换到多少磅玉米面,就可以估定。如果某一物品,以它本身或以它所能购买的物品,可以维持一个男工一天的生活,而另外一种物品则能维持一个男工一星期的生活,则就人类的通常用途而言,说后者的价值7倍于前者的价值,是有相当理由的。但是，这却测量不出这种物品对于持有者所具有的价值，这种价值可能在相当程度上大于(而不能小于)用这种物品所能购得的粮食的价值。

我们不应把价值尺度的概念同价值规定者或决定价值的原理相混淆。当李嘉图及其他一些人说一件物品的价值由劳动的数量决定时，他们不是指这一物品所能换得的劳动量，而是生产这一物品所必需的劳动量。他们所要证明的是，这种劳动量决定了这一物品的价值，是这一物品具有这么多(而不是别的)价值量的原因。但是，当亚当·斯密和马尔萨斯说劳动是价值的尺度时，他们所说的劳动不是指生产一种物品或能生产这种物品的劳动，而是指这种物品所能交换或购买的劳动量；换句话说，是用劳动评定的这种物品的价值。他们的意思不是说，这种劳动量规定这种物品的一般交换价值，或者在决定该物品具有多大的一般交换价值上具有某种作用，而只确定它具有多大的一般交换价值，以及这种交换价值是否会因为时间和地点的不同而发生变化，如果会发生变化，变化的程度又如何。混同这两个概念，几乎无异于忽略寒暑表和火的区别。

第十六章　论价值的若干特殊情形

第一节　具有连带生产费用的商品的价值

我们已考察了在同一国家内商品交换在一切比较重要的情形下的一般价值法则。第一，我们考察了垄断情形下的价值法则，在这种情形下，价值由自然或人为的数量限制所决定，即由需求和供给所决定。第二，我们考察了自由竞争情形下的价值法则，在这种情形下，人们能够按同样的费用生产出无限数量的物品，物品的永久性价值由生产费用决定，只是价值的变动由供给和需求决定。第三，我们考察了混合情形下的价值法则，在这种情形下，人们能够按不同的费用生产出无限数量的物品，物品的永久性价值取决于为获得必需的供给而必须承担的最大费用。最后，我们知道，货币本身是属于第三类的一种商品；在自由状态下，它的价值，同这一类的其他各种商品的价值一样，受同一法则的支配；因而，价格同价值一样，遵循相同的法则。

由上述可见，需求和供给支配价值和价格在一切情况下的变动，并左右其供给不为自由竞争的作用所决定的一切物品的永久性价值和价格，但是，在竞争制度下，一般地说，各种物品是按可以给予一切生产者阶级相等预期利益的价值相互交换，并按这样的

价格出售的；不过，这种情况只是在各种物品按照它们的生产费用的比例相互交换时才能出现。

然而，这里我们应注意到某些特殊情形，对于这些情形，上述交换价值法则是不适用的。

有时，两种不同的商品具有所谓连带生产费用。它们都是同一生产活动或同一组生产活动的产品，其支出是出于二者共同的需要，而非部分支出是出于一者的需要，部分支出是出于另一者的需要。如果所产物品之一不是人们所需要的或者人们根本不用，则同样的支出不得不由二者之一承担。在生产上如此联合起来的商品是不少的。例如，焦炭和煤气是以同一原料在同一生产活动中生产出来的。从较不完全的意义上说，羊肉和羊毛也是这方面的例子，还有牛肉、牛皮和牛脂，小牛和乳制品，鸡肉和鸡蛋。在这里，生产费用与各种联合〔生产出来的〕商品的相互价值的确定无关。它只决定它们的连带价值。煤气和焦炭必须一起偿付它们的生产费用，加上通常的利润。要做到这一点，一定量的煤气连同其副产品——焦炭，就须按照它们的连带生产费用来同其他各种物品相交换。但是，生产者的报酬有多少得自焦炭，有多少得自煤气，尚有待于确定。生产费用并不决定它们各自的价格，而只决定它们的价格总额。现在还没有一种原理能在二者之间分配生产费用。

既然生产费用（法则）在这里对我们并不适用，我们就必须回到先于生产费用的更根本的价值法则，即需求供给法则上来。按照这个法则，商品的需求随同价值的变动而变动，而价值则自行调整，从而使需求与供给相等。这提供了我们所寻求的分配原理。

假设一定量的煤气已生产出来，并按照某一价格出售，其副产品焦炭也以某一价格出售，这一价格连同煤气的价格能够偿付各种费用和通常的利润。又假定，煤气和焦炭按照上述价格分别出售，全部煤气很容易卖出，没有剩余，也没有不足，而同煤气相对应的焦炭却不能全部卖出去。在这种情况下，为了把焦炭全部卖出去，焦炭将以较低的价格出售。但是，这种较低的价格，加上煤气的价格，不能使制造商得到足够的报酬；整个煤气制造业不能抵偿各种费用及通常的利润，在这种条件下，将无法继续经营。因而，煤气必须以较高的价格出售，以弥补焦炭〔售价〕之不足。结果需求缩小，产量有所减少；当煤气价格的上涨和焦炭价格的下降同时发生作用，使前者的销售量减少，后者的销售量增加，致使煤气制造业在现有规模下所生产的全部焦炭都有了市场时，二者的价格就不会升降了。

或假设情况与此相反，按照现行价格，焦炭的需求大于满足煤气需求的生产所能供应的数量。现在，焦炭供应不足，因而价格将上涨。全部生产活动将产生高于通常利率的利润，从而吸引更多的资本到煤气制造业中来。尚未满足的对焦炭的需求将得到供给；但是，不同时增加煤气的供给，就不能做到这一点；而由于对煤气的现有的需求已经得到充分供给，增加的煤气只有降低价格，才能找到市场。其结果，虽然二者会共同产生为〔抵偿〕它们的连带生产费用所需要的收益，但是这种收益中由焦炭提供的部分比过去多，由煤气提供的部分比过去少。当对一种物品的需求同对另一种物品的需求非常吻合，以致对一种物品的需要量，恰好产生出对另一种物品的需要量时，便达到了平衡。如果任何一方有了剩余或不足；假如对焦炭有需求，而对同它一起生产出来的煤气完全没有需求，或者情况相反，则这两种物品的价值和价格将自行调整，直到二者都找到市场为止。

因此，如果两种或两种以上的商品有连带生产费用，则它们彼此相对的自然价值，便能按照由生产过程所造成的各种商品的数量比例，创造出对每一种商品的需求。这个定理本身并不怎么重要，但特别值得注意的是，它说明了需求法则，并说明了生产费用法则不适用时如何以其他法则来填补空隙。在下一章中，我们将看到，在一些很重要的情况下会发生颇为相似的事情。

第二节　不同种类的农产品的价值

另一种值得注意的有关价值的情况，是不同种类的农产品的价值。这个问题比上述问题复杂，要求我们注意到更多的影响价值的因素。

如果不同的农产品可以在同样的土地上，或者在完全不同的土地上，以相等的利益毫无差别地生产出来，那就没有什么特殊的地方需要指出。困难产生于以下两点：第一，大多数土地生产某种产品比生产另外一种产品更为适宜（并非绝对不适于生产其他产品）；第二，轮作制。

为了简化问题，我们假定只有两种农产品，例如小麦和燕麦。如果一切土地都同样适合于种植小麦和燕麦，则二者将毫无区别地在一切土地上种植，它们的相对生产费用由于到处相同，因而将支配它们的相对价值。如果在某一块土地上，以同样的劳动种植小麦可以收获3夸脱，种植燕麦经常能收获5夸脱，则3夸脱小麦和5夸脱燕麦便具有同样的价值。又如，小麦和燕麦根本不能在相同的土地上种植，则其各自的价值将取决于在现有的需求下在品质最劣的土地上种植它们所花费的生产费用。然而，实际上小麦和燕麦在几乎任何土地上都可以种植，不过有些土地，例如黏土比较适宜于小麦，而另一些土地（沙土）则比较适宜于燕麦。有些土地以同量劳动可以生产3夸脱小麦、4夸脱燕麦，另一些土地可以生产不到3夸脱小麦、5夸脱燕麦。在这些差异中，决定这两种物品的相对价值的是什么呢？

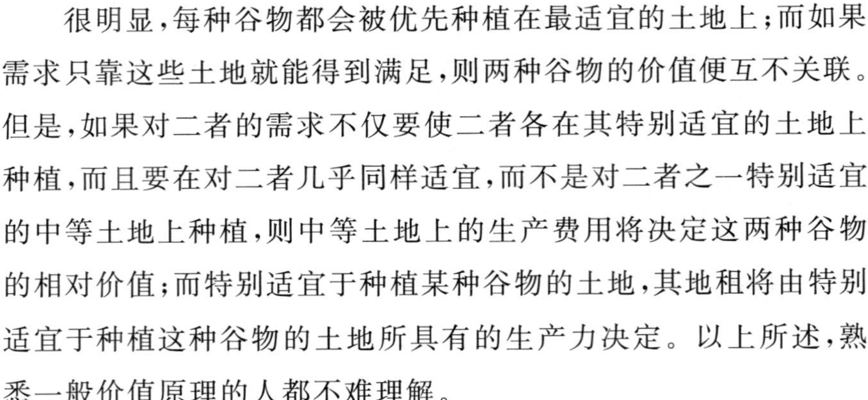

很明显，每种谷物都会被优先种植在最适宜的土地上；而如果需求只靠这些土地就能得到满足，则两种谷物的价值便互不关联。但是，如果对二者的需求不仅要使二者各在其特别适宜的土地上种植，而且要在对二者几乎同样适宜，而不是对二者之一特别适宜的中等土地上种植，则中等土地上的生产费用将决定这两种谷物的相对价值；而特别适宜于种植某种谷物的土地，其地租将由特别适宜于种植这种谷物的土地所具有的生产力决定。以上所述，熟悉一般价值原理的人都不难理解。

然而，可能出现这样的情况，即，对两种谷物中的一种、例如小麦的需求可能大大超过对另一种谷物（例如燕麦）的需求，因而小麦的种植不仅占据了特别适宜于小麦的土地，而且完全占用了同样适宜于两者的土地，甚至侵占了更为适宜于燕麦的土地。要诱使人们如此不均等地分配土地的耕种，小麦的价格必须相对地高于按照它在中等土地上的生产费用所定的价格，而燕麦的价格则相对地低于按照它在中等土地上的生产费用所定的价格。它们的相对价值必然与某一品质(不论是什么品质)的土地上的生产费用成比例,对这两种谷物的相对需求,要求人们必须在这种品质的土地上同时种植这两种谷物。如果需求状况使这两种谷物在这样一种土地上相遇,这种土地对一种谷物比对另一种谷物更为适宜,那么,同我们在前面假设的那种成比例的需求相比,在这两种谷物之间,或者相对于一般物品而言,前者就较便宜,后者就较贵。

由此我们获得了一个新的例证,它以多少有点不同的方式说明了需求的作用,说明需求不是价值的偶然扰乱者,而是与生产费用一道或作为生产费用的补充,充当价值的永久管理者。

轮作制的情况,同煤气和焦炭的情况一样,属于连带生产费用的事例,因此毋须单独分析。如果一切土地都隔年轮种谷物和蔬菜,如此轮作为一方所必需,也是为另一方所必需,则农民将由一年种谷物和另一年种蔬菜的收获取得两年开支的报酬,而二者的价格将自行调整,使谷物的需求和蔬菜的需求相等。

要找出有关价值的另外一些例外情形并不困难,而且讨论它们也是一种有益的训练;但是,在像本书这样的著作中,超过说明原理所必需的程度去作更为详细的叙述,既不合乎需要,也不可能。因此,现在我将开始论述一般交换理论中惟一尚未涉及的部分,即国际交换部分,更一般地说,也就是远地之间的交换部分。

第十七章　论国际贸易

第一节　生产费用不是国际价值的决定者

为了便于消费，商品似乎应当在尽可能接近销售市场的地方生产，但是，有时它却是从远方运来的，对于造成这种情况的原因，人们通常的看法都是相当肤浅的。有些物品如果不是处于温度、土壤、水或空气的特殊环境，是自然不可能生产出来的。但是，有许多物品虽然在本国可以毫无困难地尽量生产，却仍由远方输入。对于这种情况的一般解释是，输入比生产便宜；这种解释确实是有道理的。但是，这个解释本身仍需要加以解释。在同一地点生产的两种物品，如果一种比另一种便宜，则其原因是，前者可以用较少的劳动和资本——简言之，用较少的费用——生产。在不同地点生产的物品之间，情况是否也是这样呢？物品是否只是从生产所需的劳动（或生产费用的另一要素，时间）较少的地方输入？永久性价值与生产费用成比例的法则是否像适用于邻近地方所生产的各种商品那样，也适用于远方所生产的各种商品？

我们将看到，情况不是这样。售价最低的物品有时并不是在能以最少的劳动和节欲生产的地方生产的。英格兰可以从波兰输入谷物，而以毛织品偿付，虽然英格兰在谷物和毛织品的生产上都比波兰具有大得多的优势。英格兰也可以将棉织品输往葡萄牙以换取葡萄酒，虽然葡萄牙能以少于英格兰的劳动和资本生产棉织品。

这样的事情在毗连的地方是不会发生的。如果泰晤士河北岸在鞋的生产上拥有比南岸有利的条件，那就没有一双鞋会在南岸生产；鞋铺老板们将携带资本迁往北岸，或者一开始就在北岸开业；因为，他们要在同一市场上同北岸的人竞争，不能靠牺牲消费者的利益来弥补自己的损失；这种损失得全部由他们的利润负担；因而，如果他们只要渡河经营就可以增加利润，他们就不会长期满足于较小的利润。但是，在远地之间，特别是在不同的国家之间，利润仍会不同；因为如果没有非常强烈的动机，人们通常不会迁居远地，或者将他们的资本转移到那里。如果资本向远地移动，像它由同一城市的甲区向乙区移动一样容易，而且这种移动毋须有多大的诱因；如果人们能够节省百分之几的费用就随时可以将他们的工厂迁到美国或中国；则利润在全世界都会相同（或相等）；而一切物品都会在同样的劳动和资本能够生产出数量最大、品质最优良的物品的地方生产。即使在现在，我们也可以看到，事情正在向这方面发展；资本愈益具有世界性；在各文明国家之间，风俗和制度的类似点比过去多得多，感情的隔膜比过去少得多，现在人口和资本只要受到比以前小得多的诱惑，就会从这些国家中的甲国向乙国移动。但是，在世界各地之间，工资和利润的差别仍然非常大。只需要有极小的诱因，资本甚或人口就会由沃里克郡移向约克郡；但是，资本和人口移向印度、殖民地或爱尔兰，却需要有大得多的诱因。资本向法国、德国或瑞士移动，则或许几乎同向殖民地移动一样容易；语言和政体的不同不会像气候和距离那样形成很大的障碍。如果不存在能获得极大的超额利润的诱因，资本就不

会向依然处于野蛮状态的国家或刚刚开始开化的国家(例如俄国或土耳其)移动。

因此,在一定程度上,在所有的远地之间,特别是在不同的国家之间(无论是否由同一个最高政府统治),劳动和资本的报酬可能存在极大的不均等,但这并不会使大量劳动和资本由一地向另一地移动从而消除这种不均等。属于一国的资本,大部分会长久地留在该国,即使在该国运用资本比不上在其他国家运用资本那么具有生产性。不过,一国即使处于这种情况之下,也很可能仍会继续同其他各国进行贸易。它甚至可以将某些物品输往能以少于它所花费的劳动和资本来生产这些物品的国家;这是因为,虽然这些国家在一切生产上较之这一国家都居优势,但是它们生产某些物品可能比生产其他物品更为有利,它们将由此发现,输入在生产上优越性最小的物品,从而能以较多的劳动和资本来生产优越性最大的物品,是它们的利益所在。

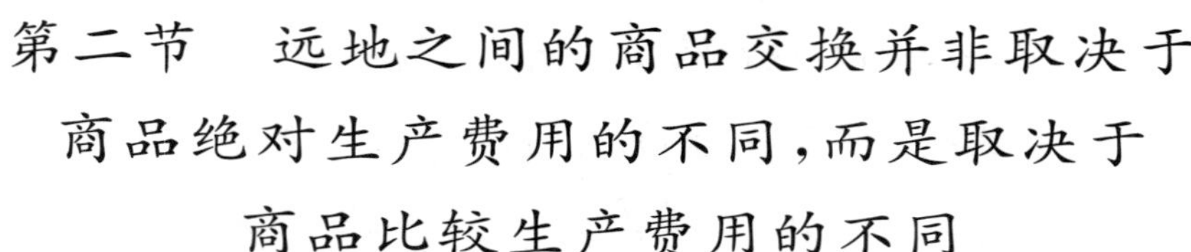

第二节　远地之间的商品交换并非取决于商品绝对生产费用的不同,而是取决于商品比较生产费用的不同

我曾在别的地方[①],继李嘉图(在这个问题的说明上贡献最大的思想家)[②]之后,说过这样的话:“决定交换的不是**绝对**生产费用

① 《略论政治经济学的某些有待解决的问题》,略论一。

② 有一个时期我曾经相信,李嘉图先生是目前政治经济学家所普遍承认的一种学说,即关于一国得自对外贸易的利益的性质和尺度的学说的惟一创始者。但是,由于托伦斯上校的早期著作之一《对经济学家的反驳》的再版,至少已证实托伦斯有权同

的不同，而是比较生产费用的不同。虽然英格兰的矿山和棉纺厂较之瑞典都更具生产性。但是英格兰用棉织品交换瑞典的生铁，仍可获得利益；因为如果英格兰生产棉织品的利益大于瑞典一半，而生产生铁的利益只大于瑞典四分之一，而且，如果英格兰可以按照瑞典自行生产时所必须支付的价格将棉织品卖给瑞典，那么，英格兰换取瑞典的生铁，将同生产棉织品一样获得大于瑞典二分之一的利益。在同外国人做生意时，我们常常能以小于外国人自己生产时所需花费的劳动和资本来获得他们的商品。这种交易对外国人仍然是有利的，因为他在交换中得到的商品，虽然我们生产时所花费的较少，但是他自己生产却需较多的费用。”

为了说明两国之间在什么情况下会交换商品，在什么情况下不会交换商品，詹姆斯·穆勒先生在《政治经济学原理》一书中曾经假设，波兰在毛织品和谷物的生产上都具有超过英格兰的有利条件。他首先假定，这两种商品的优势同样大；毛织品和谷物在波兰各需 100 天的劳动，在英格兰则各需 150 天的劳动。“由此产生的结果必然是，英格兰用 150 天劳动生产的毛织品如果运到波兰，将等于波兰用 100 天劳动生产的毛织品；因此，如果与谷物交换，只能换得用 100 天劳动生产的谷物。但是，前已假设，在波兰需要用 100 天劳动生产的谷物，在英格兰需要花费 150 天的劳动。因此，英格兰用 150 天劳动生产的毛织品，在波兰所能换得的谷物，只相当于它在国内用 150 天劳动所能生产的数量；而且它在输入时还要付运费。在这种情况下，两国是不会交换商品的。”[①] 在这

李嘉图先生一起成为这个学说的创始者，而就他最早发表这一点而言，他还可以独占创始这个学说的功绩。

① 第 3 版，第 120 页。

一场合，这两种物品在英格兰和波兰的比较生产费用被假设为相等，虽然它们的绝对生产费用有差别；根据这个假设，我们认为，两个国家限定各自的产业只生产两种产品中的一种，而从国外输入另外一种，并不能由此而节省劳动。

如果两个国家的两种物品不仅绝对生产费用不同，而且比较生产费用也不同，情况就不是这样了。詹姆斯·穆勒先生继续说："如果在波兰用100天劳动生产的毛织品，在英格兰需用150天劳动来生产，在波兰用100天劳动生产的谷物，在英格兰要用不少于200天的劳动才能生产，那就会产生交换的充分诱因。英格兰用150天劳动生产的毛织品，虽然只能在波兰购得用100天劳动生产的谷物，但是，波兰用100天劳动生产的数量，却同英格兰用200天劳动生产的数量一样大。"因此，英格兰由波兰输入谷物，而以毛织品偿付，就可以用150天劳动来换得需花费它200天劳动来生产的物品；这种交易每次进行都可以节省50天的劳动；而且，不仅对英格兰是节省，绝对地说也是节省；因为，这不是在损害波兰的情况下获得的，波兰以它花费100天劳动所生产的谷物，换得了如果在国内生产也要花费100天劳动的毛织品。因而，按照这个假设，波兰无所损失；但是，它也没有从这种交易中得到利益，输入的毛织品如果在国内生产，也要花费同量的劳动。要使波兰能够从这种交易中获得一些利益，就必须对英格兰的所得作若干扣除；波兰以100天劳动所生产的谷物，在英格兰购得的毛织品，必须多于波兰以同量劳动所能生产的毛织品，因而必须多于英格兰以150天劳动所能生产的毛织品。这样，英格兰要换得需要它花费200天劳动来生产的谷物，就必须花费150天以上（虽然不到

200 天)的劳动。因此,英格兰不再独占两国因相互交易而共同节省的劳动总量。

第三节 通商的直接利益在于增加世界上各种生产力的效率

从以上论述,我们可以看出国际交换的利益(易言之,对外贸易的利益)何在。将它可以使一些国家借此获得它们自己完全不能生产的商品这一点略去不计,它的好处在于能使世界上的各种生产力得到更为有效的利用。如果相互交易的两国试图在物质条件许可的范围内,为它们自己生产目前相互输入的物品,那么,两国的劳动和资本就不会具有现在这样大的生产性,两国也不会获得如果将劳动和资本用于生产(为本国,也为别国)劳动效率相对最高的物品而可能获得的那么多商品。因而,两国生产物的增加,便是从事贸易的利益所在。很可能存在如下的情况,即,两国之中有一国的各种生产能力可能全部不如另一国,它的劳动和资本如果全部移至他国,则可得到最有利的运用。为使荷兰适于居住而投入的劳动和资本如果移至美国或爱尔兰,就会产生大得多的收益。如果一切物品都在对生产具有最大的绝对的便利的地方生产,则整个世界的生产物将比现在更多,或者所花费的劳动比现在更少。但是,至少在现代,国民是不会大规模迁移的。因而,当一国的劳动和资本仍留在本国时,假如本国不拥有任何在生产上具有优势的物品,这些劳动和资本就应当最有利地用来为本国市场和外国市场生产其不利程度最小的物品。

第四节　通商的直接利益不在于输出品有销路或商人有利得

在进一步讨论以前，让我们将上述有关国际贸易利益的见解，同有关这一问题的曾经很流行而且现今仍相当流行的其他各种理论比较一下。

按照我们现在叙述的学说，对外贸易的惟一直接利益在于输入。一个国家或者可以通过对外贸易获得本国完全不能生产的某些物品，或者可以获得它必须用比生产供偿付用的输出品所花费的更多的劳动和资本才能生产的某些物品。因而，这一国家可由同一劳动和资本获得其所必需的商品的更充分的供给；或者以较少的劳动和资本换得同样的供给，而以剩余的劳动和资本生产其他物品。庸俗的理论无视这种利益，认为通商的利益在于输出；似乎一国对外贸易的利益不是由其所输入的物品构成，而是由其所输出的物品构成。人们在谈到同外国通商的益处和可取之处时总是说，它能扩大国内生产物的市场，增加本国货物的消费，为剩余产品找到销路。我们只要想到迄今就商业问题发表意见的作家和领袖人物总是属于销售阶级，就不难理解这种意见了。这实际上是重商主义理论的残余，按照这种理论，货币是惟一的财富，出售，或换句话说，以货物交换货币，（对国内没有矿山的国家来说）是致富的惟一方法，而输入货物，也就是说，失去货币，则是对利益的相应扣除。

只有货币是财富这种观点早已过时，但它却留下了许多残余；

甚至破除这种观点的亚当·斯密也持有不能不追溯到它的某些见解。亚当·斯密关于对外贸易的利益的学说是，对外贸易为一国的剩余生产物提供销路，使该国的一部分资本能自行补偿，并带来利润。这种说法所包含的观念同人们清楚地看到的与此有关的现象是不相容的。剩余生产物一词似乎含有这样的意思，即，一国生产其所输出的谷物或毛织品，是迫不得已的；因而，不由本国消费的那部分生产物，如果别国无需求，也不消费，则生产出来就毫无用处，或者如果不生产，则相应的那部分资本就会闲置不用，该国的总生产量就将相应减少。这两种推测都是完全错误的。一国生产超过本国需要的可输出物品，并不是出于什么内在的必然性，而是因为这是本国得到其他物品的最便宜的方法。如果这种剩余物品的输出受阻，该国就会停止生产这种物品，而由于不能提供等价物，它也不再输入任何物品；曾经用来生产输出品的劳动和资本，就会用来生产原先由国外输入的其所需要的物品；或者，如果其中有一些物品是本国不能生产的，就用来生产代用品。生产这些物品所需的费用，当然要大于先前生产用以从国外换取这些物品的输出品所需的费用。但是，这些物品的价值和价格将按比例提高；因而资本恰如用于为国外市场生产物品时一样，可以从收益中获得补偿，并获得普通的利润。惟一受到损失的（在带来暂时不便的转变实现以后）只是一向消费输入品的人们；他们将被迫停止使用这些物品，而消费他们不大愿意使用的某些代用品，或者为继续享用这些物品而支付高于过去的价格。

关于通商对一国有什么利益，通常的看法含有许多错误。当通商被说成是国民财富的源泉时，人们的注意力往往集中在商人

所获得的巨大财富上，而不是放在消费者所付的较低价格上。实际上，如果商人不享受独占特权，他们的收益是不会大于国内使用的资本所获得的利润的。如果有人说，现在用于对外贸易的资本在国内市场上派不上用场，我可以回答说，这是我在前面某一章中已经论述过的一般生产过剩的谬论；但是，在这一特殊情况下，事情是很明显的，毋须再诉诸任何一般理论了。我们不仅知道商人的资本会找到用途，而且知道它会找到什么用途。所产生的资本用途大抵等于其所失去的用途。输出停止，相等价值的输入也会停止，因而一国收入中过去在输入品上花费的部分，将很快在国内生产的同种物品或代用品上消耗掉。通商实际上是使生产物便宜的一种方法；因此在这种情况下，最终得到利益的人是消费者；当然，无论买主以其货币购得的物品是多还是少，商人最终也会获得利润。我们这样说并不否认商品价格降低会起提高利润的作用（前面已经提到了这种作用，后面还要加以充分讨论），也就是说，我们并不否认，如果降价的商品是劳动者所消费的商品，从而对决定利润率的劳动费用产生影响，则利润就会提高。

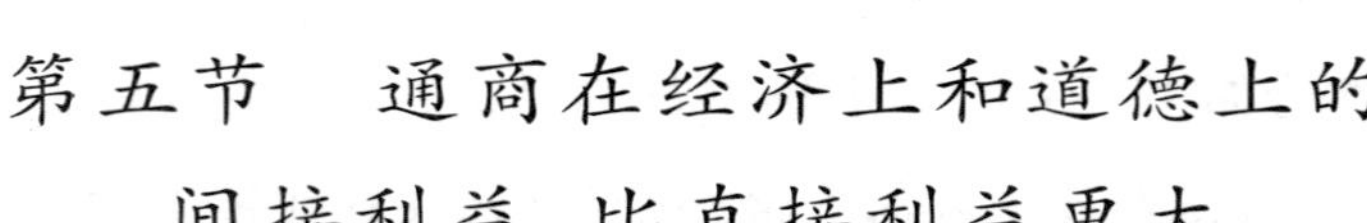

第五节　通商在经济上和道德上的间接利益，比直接利益更大

以上论述的是对外贸易带来的直接经济利益。但是除此以外，它还有间接的作用，应该看作是更高一级的利益。一是市场的每一次扩大都具有改进生产过程的趋向。为比国内市场大的市场进行生产的国家，可以采用更广泛的分工，可以更多地使用机械，

而且更有可能对生产过程有所发明和改进。凡是能使某种物品在同一地方更多地生产的事物，都有助于普遍增加世界上的各种生产力。[①]还有一种考虑主要适用于产业发展的早期阶段。某一民族会因为其全部爱好或者已经得到充分满足，或者完全没有得到发展，而处于沉寂、怠惰、未开化的状态，他们因为没有足够的欲望，也就不能发挥自己的全部生产能力。开展对外贸易，可以使他们开始知道各种新的物品，或者使他们较易获得以前没有想到可以得到的各种物品，这种引诱，有时会在由于人民缺乏干劲和抱负而其资源尚未开发的国家引起一种产业革命；引诱过去满足于少数舒适品和少量工作的人们，为了满足他们新的爱好而更加勤奋地工作，甚至为了将来能够更加充分地满足这些爱好而积蓄金钱和积累资本。

但是，在重要性上超过通商的经济利益的，是通商在知识和道德上所起的作用。在现今人类进步程度很低的情况下，使人们接触与自己不同的人，接触自己不熟悉的思想方式和行为方式，其意义之大，简直是无法估计的。人们过去主要是通过战争，现在则主要是通过商业活动进行这种接触。来自比较先进的国家的商业冒险家，通常是最先使野蛮人开化的人，通商也是各文明国家之间绝大部分交往的目的。这种交往一直是在现代尤其是进步的主要源泉。目前的教育水平还不足以使人们不出差错地养成优良的品质，因而不断用本民族的想法和习惯与处境不同的人们的经验和做法相比较，是不可或缺的。任何一个民族都需要向其他民族借鉴一些东西，不仅在特殊的技术或做法上是如此，而且在不如其

① 参阅本书第一编第九章第一节。

他民族的基本民族特性上也是这样。最后，通商首先使各民族认识到，应当以善意来看待彼此的财富和繁荣。过去的爱国者，除其中极有教养，能将天下视同自己的国家的人而外，都希望本国以外的一切国家衰弱、贫穷和管理不善；现在他们从其他国家的富裕和进步中发现了本国富裕和进步的直接源泉。通商还能加强和增加与战争天然对立的个人利益，从而迅速消除战争。可以毫不夸张地说，国际贸易的高度扩展和迅速增加，是世界和平的主要保证，是人类的思想、制度和品性不断进步的巨大而永久的保障。

第十八章　论国际价值

第一节　输入商品的价值取决于国际交换的条件

在同一地方生产的商品，或在资本可以在其间自由移动的一些毗连地方生产的商品（为了简单起见，我们可以说，在同一国家生产的商品），其价值取决于它们的生产费用（撇开暂时的变动不谈）。但是，由远地，特别是由外国运来的商品，其价值并不取决于其产地的生产费用。那么，它们取决于什么呢？在任何地方，一件物品的价值都取决于在当地获得它所支付的费用，就输入品而言，也就是取决于用以偿付这种输入品的输出品的生产费用。

因为一切贸易实际上都是物物交换，货币只是各种物品相互交换的手段，所以为简单起见，我们拟先假定国际贸易在形式上（事实上它也总是如此）是一种物品换取另一种物品的实物交换。由前面所述，我们已经知道，无论是否使用货币，一切交换法则在本质上都是相同的；货币从来没有支配、而总是服从这些一般法则。

因而，如果英格兰由西班牙输入葡萄酒，而为每桶葡萄酒付出一包毛织品，则一桶葡萄酒在英格兰的交换价值，将不取决于这桶葡萄酒在西班牙生产可能花费多少，而取决于这包毛织品在英格兰生产花费多少。虽然在西班牙生产这桶葡萄酒也许只花费10天的劳动,但如果在英格兰生产这包毛织品要花费20天劳动,那么将葡萄酒运到英格兰,就可以换得英格兰20天劳动的生产物,外加运费以及进口商的资本用于进口货物而不作他用所应得到的通常利润。

因而,在任何国家,外国商品的价值都取决于为交换这种商品而必须给予外国的本国生产物的数量。换句话说,外国商品的价值取决于国际交换条件。那么,这些条件又取决于什么呢?就上述假定而言,是什么使来自西班牙的一桶葡萄酒,恰好可以换到那一数量的英格兰毛织品呢?我们已经说过,不是它们的生产费用。如果毛织品和葡萄酒都是在西班牙制造的,它们就要按其在西班牙的生产费用相交换;如果它们都是在英格兰制造的,它们就要按其在英格兰的生产费用相交换;但是,现在所有的毛织品都是在英格兰制造的,而所有的葡萄酒都是在西班牙制造的,因此,正如我们前面已经说明的,生产费用法则不适用于它们。所以,像前面我们在遇到类似困难时所做的那样,我们必须求助于一种前提法则,即供给和需求法则;依循这个法则,我们的困难将再次得到解决。

我在前面已经提到的《略论》一文讨论过这个问题;引用当时所作的部分说明,是对我现今有关这个问题的见解的最好介绍。我必须提请大家注意:我们现在讨论的是政治经济学中最为复杂的问题;这个问题是无法加以简化的;而且,要理解一系列的推论,就必须比以前更加专心致志。不过,我们即将掌握的线索,其本身还是很简单和易于理解的,惟一的困难是在错综复杂的国际交换中抓住这一线索。

第二节　国际交换的条件取决于国际需求方程式

“两国之间的贸易建立起来以后，在这两个国家，两种商品的交换就将按相同的交换比例进行——减去运输费用，目前不考虑这一项，较为方便。因此，为了便于讨论，假定将商品由一国运到另一国，无需花费劳动，也无需支付费用，则贸易往来一旦建立起来，两种商品的价值（以一种商品估价另一种商品）在这两个国家就会处于同一水平。”

“假设 10 码宽幅毛料所花费的劳动在英格兰和 15 码亚麻布所花费的劳动相同，在德国和 20 码亚麻布所花费的劳动相同。”同我的大多数前辈一样，我也认为，在这些复杂的研究中，用数字举例，以使概念具有明确性和稳定性，是适宜的。这些例子有时不得不全然是想象的，现在也是如此。我倒愿意举一些真实的例子；但是，最重要的是，这些数字应在后面由它们所构成的各种组合中易于计算和理解。

按照上述假设，英格兰从德国输入亚麻布是有利的，德国从英格兰输入毛料也是有利的。“如果两国各自生产这两种商品，则在英格兰 10 码毛料可以交换 15 码亚麻布，在德国 10 码毛料可以交换 20 码亚麻布。现在 10 码毛料在两国都与同一码数的亚麻布相交换，码数是多少呢？如果是 15 码，则英格兰将同过去完全一样，德国将获得全部利益。如果是20码，则德国将一仍其旧，英格兰将获得全部利益。如果是15码和20码之间的某一码数，则利益将由两国分享。例如，如果10码毛料可以交换18码亚麻布，则英格兰从每15码中可以得到3码的利益，法国从每20码中可以节省2码。问题在于，是什么决定了英格兰的毛料和德国的亚麻布相互交换的比率。”

“众所周知，在这个场合，和在任何其他场合一样，交换价值是不断变动的，因此，无论我们开头假定它是多少，都没有关系；我们很快就可以知道，是否存在着某一固定点，交换价值在它的周围摆动，并总是趋近于和停留在这一点上。现在，我们假定，由于亚当·斯密所说的市场‘讨价还价’的作用，10码毛料在两国同17码亚麻布相交换。”

“对某一商品的需求，即它能够找到买主的数量，如前所述，随同价格的变动而变动。现在，在德国，10码毛料的价格等于17码亚麻布，或相当于与17码亚麻布等值的那个货币量。在这一价格下，就会有某一码数的毛料为人们所需求，或按这个价格可以找到买主。也就是说，毛料如果多于这一数量，就不能按这一价格卖出去，如果少于这一数量，按这一价格出售就不能充分满足需求。我们假定这一数量是1000×10码。”

“现在将我们的注意力转到英格兰。在英格兰，17码亚麻布的价格等于10码毛料，或相当于与10码毛料等值的那个货币量。某一码数的亚麻布以这个价格出售，将恰好满足需求。我们假定这一数量是1000×17码。”

“因为17码亚麻布等于10码毛料，因而1000×17码亚麻布等于1000×10码毛料。按照现在的交换价值，英格兰所需要的亚麻布，恰恰可以偿付德国在同样的交换条件下所需要的毛料。每一方的需求正好抵消对方的供给。需求和供给原理所要求的条件得到了满足，两种商品将不断按我们所假定的 17 码亚麻布对 10 码毛料的比率相互交换。”

“但是，我们还可以作不同的假设。假设按照假定的交换比率，英格兰所愿意消费的亚麻布数量不超过 800×17 码，则很明显，按照假定的比率，这个数量不足以抵偿我们前曾假设的德国依照假定的价值所需要的 1000×10 码毛料。按照这一价格，德国所能获得的毛料将不超过 800×10 码。德国为了获得其余的 200×10 码，就要提供 17 码以上的亚麻布来交换 10 码毛料（除此以外，它别无他法）；我们假定它提供 18 码。按照这一价格，英格兰也许愿意购买较多的亚麻布。按照这一价格，它或许会消费 900×18 码。另一方面，由于毛料的价格上涨，德国对毛料的需求或许会减少。如果现在它满足于 900×10 码（而不是 1000×10 码），则这一数量恰好可以抵偿英格兰愿意按照已经改变的价格买下的 900×18 码亚麻布；每一方的需求又适足抵消相应的供给，而 10 码对 18 码将是两国毛料和亚麻布相交换的比率。”

“如果假定英格兰按 10 与 17 之比需要 1200×17（而不是 800×17）码亚麻布，则将出现相反的情况。在这种情况下，需求得不到充分满足的，是英格兰；由于需要较多的亚麻布，这次得由英格兰改变交换比率而使自己遭受损失；因而 10 码毛料的价值在两国将跌到 17 码亚麻布的价值以下。由于毛料跌价，也可以说，由于亚麻布涨价，德国对毛料的需求将增加，英格兰对亚麻布的需求将减少，直到交换比率自行调整到毛料和亚麻布恰好能够互相抵偿为止;而一旦达到这一点,价值就不再变动。”

“因此,可以断定,当两国相互交换两种商品时,这两种商品的相对交换价值,将按照两国消费者的爱好和境况而自行调整,以使一国所需要的由邻国输入的物品数量,与后者所需要的由前者输入的物品数量,适足相互抵偿。由于消费者的爱好和境况不能简化为一项法则,所以两种商品的交换比例也不能简化为一项法则。我们知道,这种变动所不能超出的限界,是这两种商品在其中一个国家生产费用的比率和这两种商品在另一个国家生产费用的比率。10 码毛料不能与 20 码以上的亚麻布相交换,也不能与 15 码以下的亚麻布相交换。但是它们可以按某一中间数量相交换。因此,两国可以分享贸易利益的比率是多种多样的。对于比较间接地决定各国所占比率的各种情况,也只能作很笼统的说明。”

“产生于交换的全部利益由一国获得,另一国毫无所获,这种极端的事例,并不是不可想象的。一定数量的某种商品,有可能是人们在无论什么价格下所需要的全部数量,这一数量的商品一经人们购得,不管它的交换价值怎样下跌,都不能招徕其他的消费者,或者导致已经得到供给的那些人更多地购买,这样的假设,也没有什么不合理的地方。我们假定毛料在德国的情况就是如此。德国在与英格兰通商以前,当获得 10 码毛料需要花费同获得 20 码亚麻布一样多的劳动时,它仍然消费了在任何情况下都需要的那么多毛料,因而,即使它能够以 10 码毛料对 15 码亚麻布的比率获得毛料,它也不会增加毛料的消费。假设这一定数量是 1000×10 码。然而,按照 10 对 20 的比率,英格兰所需要的亚麻布数量,将多于与这一数量的毛料等值的亚麻布。因而,英格兰会以较高的价值来换取亚麻布，换句话说，它会以较低的比率提供毛料。但是，因为价值的降低并不能诱使德国购买更大数量的毛料，所以在英格兰对亚麻布的需求，由于亚麻布价值的提高而减少到1000×10码毛料所能换得的数量以前，亚麻布〔价值〕的上升或毛料〔价值〕的下跌将无限制地进行下去。要使需求减少，毛料的价值也许非得跌到10码毛料交换15码亚麻布的比率不可。这时，德国将获得全部利益，而英格兰的情况则和贸易开始以前恰好一样。然而，德国使亚麻布的价值略低于英格兰生产亚麻布的价值，以免受到英格兰生产者的排挤，这对德国也是有利的。因此，英格兰总会由于贸易的存在而得到一定的利益，虽然这种利益也许是微不足道的。”

我认为，以上所述包含了有关国际价值的基本原理。在上述抽象和假设的事例中，我对各种情况所作的假定比实际情况简单得多，这是必需的；第一，撇开了运输费用；第二，假定只有两国相互进行贸易；最后，假定它们交换的商品只有两种。但是，为了完整地说明这个原理，有必要将前面为了简化论证而暂时略去的各种情况补充进去。惯于进行科学研究的人们或许毋须正式的论证就会理解，这些情况的插入并不会改变有关这一问题的理论。不论多少国家之间的贸易，也不论多少商品之间的贸易，都必然要按照同两国、两种商品之间的贸易一样的基本原理进行。插入大量十分相似的因素，并不会改变这些因素的活动法则，正如增加天平的两个秤盘的重量，不能改变引力法则一样。这只是改变数字上的结果而已。然而，为了使论述更为完整，我们将像说明比较简单的情况时一样详细地说明各种复杂情况。

第三节　运输费用对国际价值的影响

首先，我们加进运输费用这一因素。这时发生的主要变化是，毛料和亚麻布在两国不再以恰好相同的比率相互交换。亚麻布必须运到英格兰，因而它在那里将因为必须加上运输费用而较为昂贵；毛料在德国也将由于必须加上运输费用而较为昂贵。用毛料计算，亚麻布在英格兰的价值将高于其在德国的价值，高出额相当于这两种物品的运输费用；用亚麻布计算，毛料的情况也是如此。假定每种物品的运输费用等于1码亚麻布；又假定，如果它们可以无所花费地运送，交换条件为10码毛料交换17码亚麻布。起初看来，似乎各国将支付本身的运输费用，即支付各国输入物品的运输费用；在德国，10码毛料将交换18码亚麻布，也就是，原来的17码，加上用以偿付毛料运输费用的1码；而在英格兰，10码毛料只能换取16码亚麻布（原为17码，为弥补亚麻布的运输费用而从中扣除1码）。然而，情况不一定是这样；只有当英格兰消费者愿意以10比16的价格购买的亚麻布，恰好可以偿付德国消费者愿意以10比18的价格购买的毛料时，情况才会是这样。二者的价值（不管它们是多少），必须建立这种平衡。因此，一如在利益的分配上不能制定绝对的法则，在运输费用的分配上也不能制定绝对的法则；而且不能说，利益是以某一比率分配的，运输费用也会以同样的比率分配。即使能免除运输费用，我们仍不能断言，获利益最多的是生产国还是输入国。这取决于国际需求的作用。

运输费用还有另一种作用。倘若无需支付运输费用，则各种商

品便会(假定贸易是自由的)经常地输入或输出。各国便会只生产那些同时为本国和其他国家所需要的物品。但是,由于有运输费用,有许多物品,特别是大件物品,一切国家或几乎一切国家都在国内生产。尽管各国可以输出在国内生产最有利的各种物品,而输出在国内生产最不利的各种物品,但还有许多物品居于两者之间,它们的比较生产费用在一国和其他各国之间的差别很小,以致通过输入一种物品、输出另一种物品而节省下来的那些生产费用,不足以抵偿运输费用。日常消费的许多商品就是如此;其中包括质量比较低劣的许多食品和制造品,而高级食品和制造品则是各国之间大规模交换的物品。

第四节　适用于两国之间和两种商品之间的价值法则,在许多国家之间、许多商品之间也适用

到目前为止,我们一直假定交换的商品只有两种,现在,我们假定交换的商品有很多种。不过,假定在英格兰和德国,比较生产费用差别最大的还是毛料和亚麻布;因而,如果两国之间的贸易限于两种商品,则英格兰和德国进行毛料和亚麻布方面的贸易,获利最大。我们现在仍将运输费用略去,因为前已指明,它对问题的实质不发生影响,而只是使问题的说明受到不必要的干扰。另外,我们假定,英格兰对亚麻布的需求比德国对毛料的需求大得多,或者由于价格低廉而很容易扩大,因而,如果德国所愿向英格兰购买的商品只有毛料一种,那么,英格兰的需求会把交换条件提高到

10码毛料只能交换16码亚麻布，其结果，英格兰所能得到的利益仅为15和16之间的差额，德国所能得到的利益则为16和20之间的差额。但是，现在我们假定，英格兰还有一种商品，例如生铁，为德国所需要，在英格兰与10码毛料具有同等价值的生铁数量（比方说一英担[①]），如果在德国生产，将花费同生产18码亚麻布一样多的劳动，因而英格兰如按17码亚麻布的价格出售生铁，就会把德国的生铁生产者挤出市场。在这种情况下，亚麻布对10码毛料的比率不致提高到16码，而将在17码（假定如此）上止住；这是因为，虽然按照这一交换比率，德国不会购买足以抵偿英格兰所需要的亚麻布的那么多毛料，但是余下的部分，可以由德国买下生铁来偿付，而对英格兰来说，它提供以同样的费用生产的一英担生铁或10码毛料，是一样的。如果我们现在又在英格兰方面加上煤炭或棉花，而在德国方面加上葡萄酒、谷物或木材，也不会对原理产生什么影响。每一国的输出必然恰好抵偿输入；这里所说的输出和输入是指总输出和总输入，不是指个别商品的输出和输入。英格兰50天劳动的生产物，无论是毛料、煤炭、生铁，还是其他输出品，将按照国际的需求，与德国40天、50天或60天劳动的生产物如亚麻布、葡萄酒、谷物或木材相交换。两国之间存在着某种比率，按照这种比率，甲国对乙国生产物的需求同乙国对甲国生产物的需求完全一致；因此，英格兰供给德国的各种物品，将由德国供给英格兰的各种物品完全抵偿。因而，这种比率当为英格兰的劳动生产物和德国的劳动生产物可以相互交换的比率。

所以，如果有人问，什么样的国家可以从贸易中获得最大的利

① 重量单位，在英国等于112磅。——译者

益,我们就可以回答说,获利最大的是这样的国家,其生产物在其他各国具有最大的需求,而这种需求又最容易随同价格的降低而增加。只要某一国家的生产物具有这种性质,该国就能以较少的费用获得一切外国商品。外国对它的输出品的需求强度愈大,它获得输入品的代价就愈低。该国本身对输入品的需求程度和强度愈小,它获得输入品的代价就愈低。市场总是对需求最小者价格最低廉。一个国家如果只想得到少数外国生产物,对这些生产物的需求量也有限,而本国的各种商品在外国却有很大的需求,则这个国家以极小的费用即可获得为数有限的输入品,也就是说,以极小量劳动和资本的生产物即可与这些输入品相交换。

我们在上文中已将两种以上的商品引入假设,最后,让我们也把两个以上的国家引入假设。在英格兰对德国亚麻布的需求将交换比率提高到 10 码毛料交换 16 码亚麻布以后,假设英格兰与另一个同样输出亚麻布的国家开始通商。让我们假设,如果英格兰只同这第三国通商,则国际需求的作用,将使它能以 10 码毛料或其等价物,从这一国家换得 17 码亚麻布。很明显,它不会再以 10 对 16 的比例由德国购买亚麻布;德国迫于这种低价的压力,将不得不同意像第三国那样也提供 17 码。在这个场合,第三国的生产和需求情况被假定为,同德国的情况相比对英格兰更为有利;但是,这种假定并不是必需的;我们也可以假定,如果同德国的贸易不存在,英格兰将被迫向第三国提供同向德国提供的条件一样有利的条件,即 10 码毛料交换 16 码,甚至 16 码以下的亚麻布。即使如此,同第三国通商,对英格兰的利益仍有很大影响。现在英格兰输出品的市场已增加一倍,而英格兰对亚麻布的需求却同过去一样。这种情况必然使英格兰获得较为有利的交换条件。这两个国家对英格兰生产物的总需求,比其中任何一国的单独需求大得多,因而为了获得英格兰生产物,它们不得不以较低的价值提供本国的输出品,以增加国外对这种输出品的需求。

有一点应当引起注意,即,纵使需要英格兰产品的第三国没有英格兰所愿购买的任何物品可以出售,上述那种由于英格兰输出品市场的扩大而产生的有利于英格兰的作用也依然存在。假设第三国虽然需要英格兰的毛料或生铁,但却不生产英格兰所需要的亚麻布或任何其他物品。不过,它也生产某些可输出的物品,否则它将无法偿付输入品;它的输出品虽然不合英格兰消费者的口味,但是可以在别处找到市场,由于我们的假设限于三个国家,所以我们必须假定它在德国找到了这种市场,并用由德国顾客付款的汇单偿付由英格兰输入的物品。因此,现在德国除必须为本国的输入品付款外,还因为第三国而对英格兰负有债务,而付款和还债二者所需的资金都必须取自本国的可输出产品。因而,德国必须以对英格兰十分有利的条件向英格兰提供这种产品,以创造足以抵消这两种债务的需求。这时所发生的一切恰如第三国先以本国生产的货物购买德国的生产物,然后向英格兰提供这种生产物,以换取英格兰的生产物。对英格兰货物的需求业已增加,这种增加的需求必须以德国货物来抵偿;而这只有通过增加英格兰对德国货物的需求,即降低这些货物的价值,才能做到。这样,任何其他国家对某一国输出品需求的增加,都会使该国能够廉价获得输入品,即使这种输入品来自别的地方。反之,如果该国对任何其他国家商品的需求有所增加,而其他情况不变,则它就不得不对一

切外国商品支付较高的价格。

以上我们说明的法则，可以恰当地称为“国际需求方程式”。对此可以作如下的简述。一国的生产物总是按照该国的全部输出品适足抵偿该国的全部输入品所必需的价值，与其他国家的生产物相交换。这一国际价值法则只是更为一般的价值法则，即我们称之为供给和需求方程式的延伸。[①]我们已经知道，商品的价值经常自行调整，以使需求恰好与其供给相等。但是，一切贸易，无论是国家之间的，还是个人之间的，都是商品交换，在这种交换中，国家或个人各自所须出售的物品，也构成了他们的购买手段；一方所带来的供给，构成了他对另一方所带来的物品的需求。因此，供给和需求只是相互需求的另一表达方式；而所谓价值将自行调整，以使需求与供给相等，实际上是说，价值将自行调整，以使一方的需求与另一方的需求相等。

第五节　生产上的改进对国际价值的影响

通过研究繁多的细节来探寻这一国际价值法则的各种结果，不是这里为这个目的提供的篇幅所能做到的，但是，我要谈一谈这个法则的一种应用，因为这种应用本身是重要的，与我们将在下一章讨论的问题有关，特别是因为它有助于我们更完整而清楚地理解这个法则。

我们已经知道，一国购买外国商品所付的价值，与这种商品在出产国的生产费用并不一致。现在假定，其生产费用有了变动；例

① 参阅本书第三编第二章第四节。

如，制造过程有所改进。这种改进的利益其他国家也可以充分享受吗？商品在国内的生产费用降低了，在向外国人出售时它的价格是否也相应降低呢？这一问题，以及为解决这一问题而必须讨论的一些问题，都很适合于检验这个理论的价值。

我们首先假定，生产的改进创立了一个新的输出部门，从而使外国人到该国购买原先在国内生产的商品。按照这一假设，外国对该国的需求增加了；这必然会改变国际价值，使之有利于该国而不利于外国，因此，虽然外国分享新产品的利益，但这种利益必须用如下办法来换取，即以高于过去的比率来抵偿该国的其他一切生产物。比率高出多少，将取决于在这些新的条件下重新确立国际需求方程式所必需的程度。很明显，这种结果是国际价值法则造成的，因此我不拟占用篇幅来加以说明，而打算提出更常见的一种情况来探讨，这种情况就是，生产的改进并不创造新的输出品，而是降低该国原输出品的生产费用。

在讨论这种复杂的情况时运用明确的数字较为便利，因此，我们将回到原先的例子上来。10 码毛料如果在德国生产，将需花费与生产 20 码亚麻布等量的劳动和资本；但是，由于国际需求的作用，德国可以用 17 码亚麻布从英格兰换得 10 码毛料。现在假定，因为德国改进了某种机械（但这种改进不能传到英格兰），过去用来生产 20 码亚麻布的劳动和资本现在可以生产出 30 码亚麻布。在德国市场上，亚麻布的价值同德国生产的其他商品相比下跌了三分之一。是不是它同英格兰的毛料相比也将下跌三分之一，从而使英格兰得以同德国一样享受这种改进的全部利益？或者（我们毋宁应当说），既然英格兰获得亚麻布所需的费用不是取决于德国生产亚麻布所需的费用，因此，英格兰过去就没有得到以 10 码毛料可以交换德国 20 码亚麻布的全部利益，而只换得 17 码；那么，为什么仅仅因为理论上的界限前移 10 度，英格兰现在就可以获得更多的物品呢？

很明显，在开头时，这种改进将使德国亚麻布的价值相对于德国市场上的其他一切商品的价值而降低，其中甚至包括那种输入的商品，即毛料。如果 10 码毛料原先交换 17 码亚麻布，则现在可以交换此数的一倍半，即 25.5 码亚麻布。但这种情形是否会继续下去，则将取决于亚麻布价格的这种降低对国际需求的影响。英格兰对亚麻布的需求大概不会不增加。但是增加的程度既可能与价格下降的程度成比例，也可能大于或小于价格下降的程度。

如果需求的增加与价格下降的程度成比例，则英格兰购买的亚麻布原先是 17 码的若干倍，现在是 25.5 码的同样倍数。英格兰为购买亚麻布而付出的毛料，或毛料的等价物，简言之，它为购买亚麻布而付出的国民总收入，将和过去一样多。德国方面按照这一交换比率所需要的毛料数量很可能同过去一样，因为它在毛料上的花费实际上同过去一样；在德国市场上，现在 25.5 码亚麻布的价值和过去 17 码亚麻布的价值相等，因此，在这种情况下，10 码毛料交换 25.5 码亚麻布，就是在新的条件下恢复国际需求方程式的交换比率；因此，英格兰将以比过去低三分之一的价格获得亚麻布，同德国所得到的利益一样多。

然而，亚麻布价格的这种大幅度下降，可能会使英格兰对亚麻布需求的增加大于亚麻布价格下降的程度；因而，如果英格兰以前需要1000×17码，则现在可能需要$1000\times25\frac{1}{2}$码以上才能满足需求。如果是这样，国际需求方程式就不会按上述交换比率来确立；为了抵偿亚麻布，英格兰必须以更为有利的条件提供毛料，比方说，以 10 码毛料交换 21 码亚麻布；因此，英格兰不会得到改进生产亚麻布的方法带来的全部利益。而德国则除得到这种利益外，还可以减少对毛料的偿付。但另一方面，英格兰也可能不想按亚麻布价格降低的程度来增加对亚麻布的消费；它也许不想要 $1000\times25\frac{1}{2}$码那么多的亚麻布；在这种情况下，德国就必须提供 $25\frac{1}{2}$码以上的亚麻布交换 10 码毛料，以此来增加需求；亚麻布在英格兰要比在德国更为严重地跌价；而德国则将以更为不利的条件和高于过去的交换价值来换取毛料。

作了如上说明之后，就无须详细讨论把更多的国家和更多的商品引入假设，会如何改变上述结果了。但是，另有一种情况也会改变这些结果。按照上述假设，德国的消费者由于亚麻布跌价而有一部分收入可以自由使用，他们固然可以用这部分收入增加亚麻布的消费，但也可以用来购买其他物品，其中包括毛料或其他输入品。这是国际需求中的一个新因素，会或多或少地改变交换的条件。

价格下降对需求的影响可能有以下三种，即需求增加超过价格下降的幅度；需求增加的幅度同价格下降的幅度相等；需求增加的幅度小于价格下降的幅度。在这三种之中，哪一种可能性较大呢？这取决于特定商品的性质和买主的爱好。如果这种商品是普遍需要的，而价格的下跌又使它成为远比过去广大的收入阶级所能购买的商品，则需求增加的比率就往往大于价格的下跌，一般说来也就会有较多的货币用来购买这种商品。当咖啡的价格由于税负减轻而降低时，情况就是如此。糖、葡萄酒和大批别的商品，它们虽然不是必需品，但是消费的数量很大，许多消费者在它们价格低廉时尽情享用，而在价格高昂时则实行节约，这类商品的情况或许也是如此。但是，更常见的情况是：某种商品价格下跌，花费在这种商品上的货币却比过去少；消费的数量增加了，但商品价值却没有增加。由于物品跌价而节省了货币的消费者，很可能将其所节省的部分用来增加其他物品的消费；因此，除非这种物品的跌价能够吸引大批新的买主（他们过去或者不消费这种物品，或者只是小量、偶然地购买），否则，花费在这种物品上的货币总额将会减少。因此，一般地说，我们列举的三种情况中的第三种是最可能发生的，也就是说，输出品生产方法的改进很可能同有利于生产国一样有利于（如果不是更有利于）外国。

第六节[①]　上述理论并不完整

本书第一版和第二版所载有关国际价值的理论，有如上述。但是，富有才智的批评（主要是我的朋友威廉·桑顿先生的批评）及后来进行的深入研究表明，上述学说虽然是正确的，但还不是有关这一论题的完整理论。

如前所述，两国之间（如果假定通商的国家在两国以上，则为世界各国之间）的输出品和输入品，必然在总额上相互抵偿，因而它们相互交换的价值，必须与国际需求方程式取得一致。然而，这种表述还没有充分揭示有关这一现象的法则，这一点，只要考虑到

① 本节至第八节，都是1852年第三版增加的。——译者

如下情况就可以明白，即有时有几种不同的国际价值比率可以同样满足这个法则所要求的条件。

我们曾假定：英格兰能用生产15码亚麻布的劳动生产出10码毛料，而德国必须用生产20码亚麻布的劳动才能生产出10码毛料；自从这两个国家之间的贸易开始以后，英格兰专门生产毛料，德国专门生产亚麻布；如果10码毛料可以交换17码亚麻布，则英格兰和德国恰好能够各自满足对方的需求；例如，按照这个价格，如果英格兰需要17000码亚麻布，德国将恰好需要10000码毛料，这些毛料大抵是按照这个价格英格兰为获得17000码亚麻布所需付出的。在这些假设下，10码毛料交换17码亚麻布，似乎就是实际上的国际价值。

但是，另外一种比率，例如10码毛料交换18码亚麻布，也完全有可能满足国际需求方程式的条件。假使按照这个比率，英格兰所需要的亚麻布比交换比率为10对17时要多，但增加的幅度不等于亚麻布跌价的幅度；即，它不需要现在用10000码毛料可以买到的18000码亚麻布，而满足于17500码，对此它只须偿付9722码毛料(按照10对18的新比率)。德国因为必须以高于10对17的比率来购买毛料，也许会将毛料的消费量减少到10000码以下，有可能减少到上述9722码那样的数量。在这些条件下，国际需求方程式仍可成立。因此，10对17的比率，和10对18的比率，都同样能满足需求方程式的条件；其他许多比率也同样能满足需求方程式的条件。可以想象，任何可以假定的比率都会同样满足这种条件。因此，国际价值自行调整的比率中仍有一部分是不能确定的，这表明，我们尚无法考虑到影响国际价值比率的全部因素。

第七节　国际价值不仅取决于需求量，而且也取决于各国可以为供应外国市场而加以利用的生产手段

我们将看到，为了弥补这一缺陷，不仅要像我们已经做的那样考虑到各国对各种输入商品的需求量，而且还必须考虑到产业方向的改变能使各国腾出多少生产手段用来满足这种需求。

为了说明这一点，有必要选用比前此使用的那些数字更为便利的数字。假定在通商以前，在英格兰 100 码毛料可换得 100 码亚麻布，在德国 100 码毛料可换得 200 码亚麻布。通商以后，按照某种交换价值，英格兰向德国供给毛料，德国向英格兰供给亚麻布；这种交换价值，部分取决于前面已讨论过的那一因素，即价格的降低分别使这两个国家的需求有多大程度的增加，部分取决于尚未计及的其他一些因素。为了把这种未知因素与已知因素分离开来，必须对已知因素作某种明确的、不变的假设。因此，我们假定，价格下降对于需求的影响，系依循两国和两种商品所共有的某种简单的法则。我们假定，最简单和最便利的法则是，在两国，价格的下降都使消费精确地按比例增加；换句话说，花费在这种商品上的价值，即为获得这种商品而支付的费用，无论这笔费用所能提供的商品数量较大还是较小，都总是相同的。

现在我们假定，在通商以前，英格兰需要 100 万码亚麻布，以英格兰的生产费用计算，其价值等于100万码毛料。英格兰如果

将过去用来生产亚麻布的全部劳动和资本转用来生产毛料，就可以生产出供输出用的毛料100万码。又假定这100万码正是德国通常消费的数量。英格兰可以按照德国的价格在德国将这些毛料全部卖掉，固然，在将德国的生产者逐出市场以前，它不得不同意以略低的价格将这些毛料卖给德国，但是，德国的生产者一旦被逐出，它就能够以100万码毛料交换200万码亚麻布；因为这200万码亚麻布是德国的织造业者将其用以生产毛料的全部劳动和资本转用来生产亚麻布所能制造的数量。这样，英格兰将得到贸易的全部利益，而德国则一无所获。这同国际需求方程式毫不矛盾；因为英格兰（按照前段的假设）现在需要200万码亚麻布（仅用同过去购得100万码亚麻布一样的费用即可购得这么多的亚麻布），当毛料的价格在德国没有变动时，德国恰好像过去一样需要100万码毛料，而它把从毛料生产中解放出来的劳动和资本用来生产英格兰所需要的200万码亚麻布，也能够获得100万码毛料。

上面我们假定，英格兰用先前制造亚麻布的全部劳动和资本转用来制造毛料，多生产的毛料恰好足以满足德国现有的全部需求。这里我们假定，这批毛料除满足德国需求外还有剩余。假定英格兰能用解放出来的资本制造供输出用的毛料100万码，但德国目前只需要80万码毛料，就德国的生产费用而言，仅仅等于160万码亚麻布。因而，英格兰在德国不能按照德国的价格将100万码毛料全部卖掉。可是，无论贵贱（按照我们的假设），英格兰都想获得能够同100万码毛料相交换的那么多亚麻布；而这些亚麻布只能从德国买到，或者用花费较大的生产方法在国内生产，因此，这100万码毛料的持有人将因相互竞争而被迫以能诱使德国全部买进的条件(只要价格不低于英格兰的生产费用)向德国提供毛料。这些条件的内容,可以由我们所作的假设精确地加以规定。德国消费的80万码毛料,其费用在德国与160万码亚麻布相等,而无论德国以这笔费用能够获得多少毛料,它愿意花在毛料上的费用总是这些,永远不变。因此,英格兰为了诱使德国购买100万码毛料,不得不同意用100万码毛料与160万码亚麻布相交换。这样,国际价值当为100万码毛料对160万码亚麻布,介于这两种物品在英格兰的生产费用比率和在德国的生产费用比率之间;这两国将分享贸易的利益,英格兰总计多得60万码亚麻布,德国则多得20万码毛料。

现在我们进一步将前面的假设加以引申,假定德国先前消费的毛料不仅少于英格兰因为停止在国内生产亚麻布而得以提供的100万码,而且同英格兰在生产上具有的优势也不完全成比例,即德国只需要50万码。在这种情况下,德国完全停止生产毛料,可以增产100万码(但也只是100万码)亚麻布。因为这100万码的生产费用与过去50万码的生产费用相等,所以无论毛料的价格如何低廉,这都是德国在毛料上所能花费的一切。英格兰将因其本身的竞争而不得不付出整整100万码毛料来换取这100万码亚麻布,正像它在前述情况下不得不付出100万码毛料来换取160万码亚麻布一样。但是,英格兰能以同样的费用自行生产100万码亚麻布。因此,在这种情况下,英格兰不能从国际贸易中得到任何利益。德国获得全部利益;现在可以用它过去购买50万码毛料的费用获得100万码毛料。简言之,德国在第三种情况下所处的地位,与英格兰在第一种情况下所处的地位恰好一样;只要把数字颠

倒过来，这一点就可以得到证明。

按照上述三种情况的一般结果，可以提出如下定理，即，在我们所作的需求恰好与价格下降幅度成比例的假设下，国际价值法则有如下述。

英格兰以过去专用于亚麻布生产的资本所能制造的全部毛料，可以与德国过去专用于毛料生产的资本所能制造的全部亚麻布相交换。

或者，更一般地说，两国都因为输入对方的产品而拥有闲置的劳动和资本，各自用这种闲置的劳动和资本所能生产的出口产品，正好可以互相交换。

这个法则及由此产生的关于利益分配的三种不同的可能性，可以方便地运用下述代数符号予以一般化。

假设英格兰用停止生产亚麻布节省的劳动和资本所能制造的毛料数量为 n。

假设德国过去（按照德国的生产费用）所需要的毛料数量为 m。

则 n 量的毛料总是恰好可以交换 $2m$ 量的亚麻布。

因此，如果 $n=m$，则全部利益将归于英格兰。

如果 $n=2m$，则全部利益将归于德国。

如果 n 大于 m，而小于 $2m$，则两国分享这种利益；英格兰以前只获得 n 量的亚麻布，现在可以获得 $2m$ 量的亚麻布；德国以前只获得 m 量的毛料，现在可以获得 n 量的毛料。

几乎用不着说，我们在这里举出 z 这个数字，只是因为要用它来表示，以毛料计算，德国在亚麻布的生产上对英国具有优势，而（这是一回事）以亚麻布计算，英格兰在毛料的生产上对德国具有优势。如果我们假定，在通商以前，在德国，100 码毛料可以交换 1000 码（不是 200 码）亚麻布，则 n（在通商以后）便可以交换 $10m$（不是 $2m$）。如果我们假定 100 码毛料只能交换 150 码（不是 1000 码或 200 码）亚麻布，则 n 就只能交换$\frac{3}{2}m$。如果（总之）毛料在德国的成本价值（以亚麻布计算），按照 p 对 g 的比率超过其在英格兰的成本价值（也以亚麻布计算），则在通商以后，n 便可以交换$\frac{p}{g}m$。①

① 也许有人会问，为什么我们假定 n 的两个极限为 m 和 2m（或$\frac{p}{g}$m）？为什么 n 不能小于 m 或大于 2m？如果这样，其结果如何？

现在我们将对此进行考察。作了这种考察，就可以看到，n 实际上总是在这两个界限之内。

例如，假定 n 小于 m，或者回到我们以前所用的数字，假定英格兰所能制造的毛料不能满足德国通商前的全部需求，这个需求（假定）为 120 万码。则乍一看似乎英格兰会在 100 万码的限度内向德国供给毛料，其余 20 万码德国将通过国内生产自行供给；而前一部分供给将规定全部毛料的价格；因此，英格兰将能够永远按照德国的生产费用（即 100 万码毛料对 200 万码亚麻布）把 100 万码毛料卖给德国，从而获得通商的全部利益，德国的情况则一点也不比过去好。

然而，我们很快就会明白，实际结果并非如此。德国对另外那 20 万码毛料的需求，向英格兰提供了它可以利用的增进对外贸易利益的途径；虽然英格兰已不能再从亚麻布的生产中抽出劳动和资本来生产这额外的 20 万码毛料，但德国肯定还有另外一些商品对英格兰具有相对优势（尽管这种优势或许不像亚麻布那样大）；现在英格兰将输入这些商品，不再自己生产，而从前用于生产这些商品的劳动和资本将转用于生产毛料，直到需要量得到补足。如果这种转变正好能补足 20 万码，则现在这增大的 n 将等于 m；英格兰的 120 万码毛料将全部按其在德国的价值出售，并且仍将得到通商的全部利益。但是，如果这种转变所补给的毛料在 20 万码以上，则英格兰将有 120 万码以上的毛料可供出售；n 将大于 m，因而英格兰必须放弃相当大的利益来诱使德国购买这剩余的部分。这样，乍一看似乎超出了那两个界限，实际上却会转变为与其中任何一个界限相一致，或者介于两个界限之间。可以想象的任何其他情况也是如此。

第八节　实际结果几乎不受上述后一因素的影响

我们已经得到了似乎是最简单和最一般的国际价值法则。但是，我们在研究这一法则时，从一开始便极为任意地假定了需求和价格下降之间的关系。我们曾经假定，这种关系是固定的，虽然实质上它是可变的。我们曾经假定，每次价格下降，都会完全按比例地扩大需求；换句话说，用于某种商品的价值，不论这种商品的贵贱如何，总是恒定不变的；因而我们所研究的法则只是在这种假设或实际上与此相同的假设下才成立。因此，现在我们将这个问题的两个可变的因素（对于它们各自的变动，我们曾分别加以考察）结合起来考察。我们假定，需求与价格下降之间的关系发生变化，致使按照前述定理制定的交换规则不能满足国际需求方程式的条件。例如，假定英格兰对亚麻布的需求恰好与价格的下降成比例，但是，德国对毛料的需求与价格的下降却不成比例。再回到前述三种情况中的第二种，即英格兰由于停止生产亚麻布，可以生产供输出用的100万码毛料，而德国由于停止生产毛料，可以增产160万码亚麻布。如果这些毛料和亚麻布恰好可以相互交换，则英格兰的需求在我们现在的假设下恰好可以得到满足，因为它需要100万码毛料所能换取的所有这些亚麻布；然而，德国虽然在其费用与160万码亚麻布相等时需要80万码毛料，但在用同样的费用能够获得100万码毛料时，也许不需要整整100万码，也许需要100万码以上。第一，假定德国不需要这么多毛料，而只需要现在能用150万码亚麻布换取的数量。英格兰仍将提供100万码毛料来换取这150万码亚麻布，但这仍不能诱使德国购买100万码毛料；因而，如果不论亚麻布的价格如何，英格兰继续在这种物品上付出与以前同样多的费用总额，那么，它为了诱使德国购买100万码毛料，就不得不同意德国用任何数量（但不少于100万码）的亚麻布都可以换得这100万码毛料。假定这一数量为140万码。现在英格兰从贸易中得到的利益已不是60万码亚麻布，而只是40万码亚麻布；而德国除多得20万码毛料外，购得毛料的费用也仅为过去自行供给毛料时所花费的劳动和资本的八分之七，节省下来的八分之一当可用来增加国内对亚麻布或其他商品的消费。

反之，假定德国在交换比率为100万码毛料交换160万码亚麻布时需要100万码以上的毛料。而英格兰如果不缩减先前留给国内的数量，就只有100万码毛料可以提供，因此，德国为了获得较多的毛料，就不得不将160对100之比提高到某一比率（比方说170对100），借以或者将国内对毛料的需求降低到100万码的限度，或者诱使英格兰放弃先前国内消费的一些毛料。

接下来我们假定，需求与价格下降的比例关系，不是在一国成立而在另一国不成立，而是在两国都不成立，而且不成比例的程度两国都一样；例如两国中任何一国的需求增加幅度和价格下降幅度都不相等。按照这一假定，在交换比率为100万码毛料交换160万码亚麻布时，英格兰不想要160万码亚麻布，德国也不想要100万码毛料；如果两国需求不足的程度恰好相同，即，如果英格兰所需要的亚麻布数量仅为160万码的十分之九（即144万码），德国所需要的毛料数量仅为100万码的十分之九（即90万码），则交易将继续以同一比率进行。又如英格兰所需要的亚麻布数量比160

万码多十分之一，德国所需要的毛料数量也比 100 万码多十分之一，则其结果也是如此。这种一致（有一点要注意，即，它的前提是，需求按与价格下降相应的程度扩大，而不是按与价格下降相同的程度扩大①）除纯属偶然的情况外，显然不可能存在；因而，在其他任何情况下，国际需求方程式都要求对国际价值做出不同的调整。

于是，我们所能确立的惟一的一般法则，有如下述。一国生产物与外国生产物交换时的价值取决于以下两点：第一，取决于相对于该国对外国商品的需求而言，外国对该国商品需求的数量和可延性；第二，取决于该国可以从国内消费用的本国商品的生产中抽出多少资本。外国对该国商品的需求较之该国对外国商品的需求愈大，以及该国为生产出口产品所能抽出的资本较之外国为生产该国需要的产品所能抽出的资本愈少，则交易条件就对该国愈有利，也就是说，该国用一定数量的本国商品，就可以换得较多的外国商品。

但是，这两种发生影响的因素实际上可以归结为一种；因为一国从本国自用的商品的生产中抽出的资本，是与该国对外国商品的需求成比例的；用于购买外国商品的部分在一国总收入中占多大比例，该国在其生产物缺乏国内市场的情况下撤出的资本在该国资本中就占多大比例。因此，我们为谋求科学上的正确性而引进国际价值理论的这个新的因素，对实际结果似乎没有实质性的

① 需求由 80 万增加到 90 万，和由 100 万增加到 144 万，不但二者本身不相等，而且也不是按与价格下降程度相同的比率增加的。德国对毛料的需求增加八分之一，而价格下降了四分之一。英格兰对亚麻布的需求增加 44%，而价格下降了 60%。

影响。看来以最有利的条件进行对外贸易的国家，是这样一些国家，这些国家对外国商品的需求最小，而外国对这些国家商品的需求最大。由此可以作出各种推论，其中之一是，在其他条件相同时，最富的国家从一定量的对外贸易中获得的利益最少；因为，最富的国家一般说来对商品的需求较大，所以对外国商品的需求可能也较大，从而使交换条件变得不利于它们。毫无疑问，它们从对外贸易中得到的利益总额，一般大于比较贫穷的国家，因为它们所进行的这种贸易规模较大，而且由于〔它们的商品〕消费量较大而可以获得价格低廉的利益；但是，就所消费的每一种商品来说，它们所得到的利益却较小。

第九节　一国输入品的费用，取决于哪些因素

我们现在来看国际价值理论的另一基本组成部分。所谓一国可以通过对外贸易较为便宜地获得商品，有两种意义，即价值方面的意义和费用方面的意义。就第一种意义而言，一国由于这些商品的价值相对于其他各种商品下降了，因而能以比较低廉的价格获得这些商品；同样数量的这些商品可以换到的该国其他生产物的数量比过去少了。让我们回到原先列举的数字上来。在英格兰，通商以后，所有消费亚麻布的人们以过去只能换得 15 码亚麻布的一定量其他物品可以换得 17 码或更多的亚麻布。价格下降的程度，在这一意义上，取决于已在前几节中详细说明的国际需求法则。但是，在另一意义即费用的意义上，只有当一国能够用同样的劳动和资本获得较多数量的某种商品时，才可以说该国较为

便宜地获得了这种商品。在这一意义上,价格的下降在很大程度上取决于与前者性质不同的另一因素;一国所获得的输入品的价格低廉程度,同国内产业的一般生产效率成比例,也同该国劳动的一般效率成比率。一国的劳动,从总体上说,可以具有比另一国的劳动高得多的效率;虽然全部或大部分商品两国都能生产,但是其中一国能以少于另一国的绝对费用生产它们;如前所述,这并不一定会妨碍这两国交换商品。享有较大优势的国家由别国输入的物品,自然是该国最不易生产的物品。但是,它输入这些物品所获得的利益,同它在为换取它们而输出的物品上所获得的利益是一样的。因此,能以最小费用获得本国生产物的国家,也能以最小费用获得输入品。

如果我们假定有两个相互竞争的国家,这一点将更为明显。英格兰将毛料运到德国,用 10 码毛料交换 17 码亚麻布,或交换在德国与 17 码亚麻布等值的其他物品。另一国家,例如法国,也照此行事。一国(英格兰)既然以 10 码毛料来交换一定量的德国商品,另一国(法国)就必须如此。因此,如果在英格兰生产这 10 码毛料所需要的劳动仅为在法国生产所需要的劳动的一半,则德国的亚麻布或其他商品在英格兰〔生产〕所需要的劳动量就仅为在法国〔生产〕所需要的劳动量的一半。这样,英格兰可按在毛料生产上其劳动效率高于法国的比率,以少于法国的费用获得输入品;在我们所假设的这种情况下,这可以视为英格兰一般劳动效率的近似估计;因为法国同英格兰一样,也选择毛料作为它的输出品,这表明毛料在法国也是劳动效率相对地最高的商品。由此可见,一切国家都按其劳动一般效率的比例,以较小的费用获得输入品。

西尼耳先生[①]首先弄清和阐述了这一命题，但是他认为该命题只适用于贵金属的输入。我认为必须指出，这一命题同样适用于其他一切输入品，进一步说，这还只是真相的一部分。因为，在我们所假定的情况下，对英格兰来说，它以10码毛料来偿付的亚麻布的费用，不仅取决于英格兰本身制造10码毛料的费用，而且部分地取决于以这些毛料可以换得多少码亚麻布。英格兰在输入品上花费的费用，等于两个变量的函数，这两个变量是：英格兰用来交换亚麻布的本国商品的数量；这些商品的费用。在这两个变量中，只是后者取决于英格兰的劳动效率；前者系取决于国际需求法则，即取决于相对于英格兰对外国商品的需求而言，外国对英格兰商品的需求具有怎样的强度和可延性。

在上述英格兰和法国相互竞争的假定下，国际价值的状况对两个竞争者同样发生影响，因为，按照我们的假定，两国是和同一国家交易，而且输出和输入的商品也相同。因此，它们花费在输入品上的费用的差别，只取决于另外一个因素，即两国劳动效率的不同。它们提供的数量是一样的，所以可能产生差别的只是生产费用。但是，如果英格兰用毛料与德国做生意，法国用生铁与德国做生意，则德国对这两种商品的比较需求便参与决定英格兰和法国为获得德国生产物而以劳动和资本的形式付出的比较费用。如果德国对生铁的需求大于对毛料的需求，则法国的损失便可因此而得到部分补偿；如果德国对生铁的需求小于对毛料的需求，则它的

① 关于“获得货币的费用”的三个讲义。

损失还会加大。因此，一国的劳动效率并不是决定该国为获得输入品所付出的费用的惟一因素，劳动效率也不参与决定输入品的交换价值或价格（下面就要谈到的）。

第十九章　论作为输入品的货币

第一节　货币以两种方式输入，一是当作商品，一是当作交换媒介

我们在对外贸易理论方面的探讨进展到目前这样的程度，前此我们对货币理论所作考察之不足即可予以弥补。在这项研究完成以后，就可以回过头来结束有关对外贸易问题的讨论。

货币或构成货币的材料，在大不列颠和大多数其他国家都是一种外国商品。因此，它的价值和分配不是由毗邻各地之间通行的价值法则规定的，而是由适用于输入商品的价值法则即国际价值法则规定的。

在我们马上要进行的讨论中，我将不加区别地使用货币和贵金属这两个名词。这样做不会引起任何误解；前已说明，当货币由贵金属或随时可以兑现的纸币构成时，其价值完全由金属本身的价值支配；除非铸造费由个人支付而不是由国家负担，否则两者的价值决不会长期相异。

货币输入一个国家，有两种不同的方式。一种方式是，它像其他任何商品一样，作为一种有利的商品而输入（主要以金银块的形式）。另一种方式是，货币作为交换媒介，为了偿还欠这个国家的债务（由于它输出货物或因有其他账目）而输入。人们偶尔也以其

他方式输入货币，但在通常的交易过程中人们是通过上述两种方式得到货币的，这两种得到货币的方式还决定了货币的价值。货币流入一个国家有上述两种不同的方式，而其他各种商品通常则只是以这两种方式中的第一种方式输入，这就使货币输入问题比其他商品输入问题更为复杂和模糊，仅仅由于这一原因，也就需要对这个问题加以特别详细的说明。

第二节　货币作为一种商品输入时，依循同其他输入品一样的价值法则

贵金属以通常的贸易方式输入时，其价值必然同其他任何外国生产物的价值一样，取决于相同的原因，并服从相同的法则。金银主要就是以这种方式由各开采国散布到商业世界其他一切地方的。金银是这些国家的主要商品，至少是它们经常大量输出的物品之一；而且金银像其他各种可输出的商品一样，是为进行投机买卖而装运海外的。因此，如果我们假定只有两国、两种商品进行交易，一国（例如英格兰）为换取一定量的金银块而需提供的本国生产物的数量，就将取决于相对于开采国（例如巴西）对英格兰所能提供的物品的需求而言英格兰对金银块的需求。这些物品必须以这样的比例相交换，即，它能使双方的需求都完全得到满足，从而这些物品的价值不因竞争而有所变动。英格兰所需要的金银块与巴西所需要的英格兰棉布或其他商品，必须恰好相互抵偿。然而，如果我们以实际存在的复杂情况来取代这种简化的情况，则国际需求方程式必然不在英格兰所需要的金银块和巴西所需要的棉布

或宽幅毛料之间确立，而在英格兰的全部输入品和全部输出品之间确立。外国对英格兰生产物的需求必然与英格兰对外国生产物的需求保持均衡；因而，包含金银块在内的一切外国商品必然以这样的比例同英格兰的生产物相交换，即，它能通过这些商品对需求产生的影响来建立这种均衡。

贵金属的特殊性质或用途，丝毫不会使贵金属成为一般需求原理的例外。只要人们为了享受或在工艺上对贵金属有需要，对贵金属的需求就会像对任何其他商品的需求一样，不规则地随着价格的下降而增加。只要贵金属为制造货币所必需，对它们的需求就会十分规则地随着价格的下降而增加，需要量总是与其价值成反比例。就需求而言，这是货币和其他物品之间惟一真正的差别；而这种差别对目前的论题来说是无关紧要的。

因此，货币如果只当作商品输入，则将像其他各种输入品一样，其价值在外国对其输出品的需求最大而本国对外国商品的需求最小的国家最小。然而，除这两点外，还要加上另外两点，它们是通过运输费用产生影响的。获得金银块的费用是由两个因素构成的，即购买金银块时所提供的货物和运输费用；金银块出产国将在国际价值调整过程中承担一部分（虽然是不确定的一部分）运输费用。运输费用包括两部分，一部分是运送货物到金银块出产国的费用，一部分是运回金银块的费用，这些费用都受矿山距离的影响，前者还深受货物体积的影响。其可输出的生产物由精细的制造品构成的国家，同只有笨重的原料可供输出的国家相比，如果其他的情况相同，可以用较少的费用获得金银块和其他一切外国物品。

因此，为了精确地说明问题，我们应当说，其可输出的生产物在海外具有最大的需求、输出品体积最小而包含的价值最大、离矿山最近、对外国生产物的需求又最小的国家，是货币价值最低的国家，换句话说，也就是物价常常最高的国家。如果我们谈论的不是货币的价值，而是货币的费用（即一国为获得货币而必须消耗的劳动量），则除上述导致币值低廉的四个条件外，我们还应当加上第五个条件，那就是，“其生产性产业的效率最高”。然而，最后一个条件完全不影响以商品计算的货币的价值；它只影响物品的一般充裕程度和获得一切物品（包括货币和各种商品）的便利程度。

因此，虽然西尼耳先生的以下说法是正确的，即英格兰很高的劳动效率，是英格兰能以小于大多数国家的费用获得贵金属的主要原因，但是我不能像他那样认为，这是贵金属在英格兰价值较小的原因，是它所能购得的商品数量较少的原因。如果这是事实而非错觉，那么，这必然是由如下两个原因引起的，即外国对英格兰的各种主要商品需求很大；英格兰的这些商品与各商业国家的输出品如谷物、葡萄酒、木材、糖、羊毛、皮革、动物脂、大麻、亚麻、烟叶、原棉等相比，其体积一般都较小。这两个原因可以说明，为什么英格兰的一般物价会高于其他国家，尽管英格兰本身对外国商品的巨大需求对物价有抵消作用。然而，我坚决认为，所谓英格兰商品的价格高，货币的购买力低，是表面现象而不是事实。确实，食物比较贵；而由于食物支出在收入少而子女多的家庭的支出中占很大比重，因而对这样的家庭来说，英格兰是物价高的国家。而且，大多数劳务费用英格兰也比欧洲其他国家高昂，因为大陆上各贫穷阶级的生活方式所费较少。但是，制造品（除了大部分要有高度鉴赏力的那些制造品外)在英格兰显然是比较便宜的;或者说,如果买主们满足于同样的原材料和加工质量,它们就会比较便宜。所谓英格兰生活费用高,不是不可避免的,而主要是出于愚蠢的习俗;在英格兰,生活状况比日工好的一切阶级都认为,他们所消费的物品的品质绝对必须与比他们富裕得多的人们所使用的那些物品相同,或至少在外表上几乎没有区别。

第三节　货币的价值并不完全取决于其在矿山的生产费用

由上述可见,那些持以下看法的人是大错特错的,他们认为,在货币是一种输入品的国家,货币的价值必然完全取决于货币在出产国的价值,如果货币在矿山的生产费用不发生什么变化,则货币的价值将永远不会上升或下降。实际情况与此相反,就某一国家而言,任何扰乱国际需求方程式的事情,都会而且必将影响该国货币的价值,即使货币在矿山的价值一仍其旧。英格兰设立新的出口贸易部门,外国对英国生产物的需求由于事情的自然发展或关税的取消而增加,英格兰对外国商品的需求由于英格兰征收输入税或其他国家征收输出税而受到限制,以上这些以及具有类似趋向的其他一切事情,都会使英格兰的输入(包括金银块和其他各种物品)不再与其输出相等;因而,购买英格兰输出品的国家不得不以较低的价格提供包括金银块在内的商品,以重新建立需求方程式。这样,英格兰将以较低的价格获得货币,从而导致物价水平一般较高。与此相反的事情会产生相反的结果,即降低物价,换句

话说，也就是提高贵金属的价值。但是必须注意，货币的价值只是对本国商品来说是提高了，对一切输入品来说仍和过去一样，因为输入品的价值所受的影响和货币的价值所受的影响，在方向上和程度上都相同。由于上述各种原因而能比较便宜地获得货币的国家，也能比较便宜地获得其他一切输入品。

对英格兰商品的需求增加，虽然使英格兰能够以较低的价格获得金银块，但却未必会使各开采国增加对英格兰商品的需求。英格兰也许不向这些国家输出任何物品，但只要其他一些国家对英格兰货物具有十分强烈的需求，而这些货物它们须间接地以得自各开采国的金银来偿付，则英格兰就仍可能是以最低的价格由各开采国获得金银块的国家。一国是以它的全部输出品同它的全部输入品相交换，而不是以输往某一国家的输出品与来自这个国家的输入品相交换；外国对一国生产物的全部需求，决定该国必须为其输入品提供多少等价物，才能在销售总额和购买总额之间建立平衡，这同该国与另一国之间个别地保持类似的平衡毫不相关。

第二十章　论国外汇兑

第一节　货币作为交换媒介由一国流至另一国的目的

以上我们考察了贵金属作为一种商品像其他商品一样在通常的贸易过程中输入的问题，也考察了在这种情况下那些因素决定贵金属的价值。但是，贵金属还以另一种形式即作为交换媒介而被输入，也就是说，贵金属不再是为获得货币而出售的一种商品，而是本身就被当作可用以偿还债务或实现财产转让的货币。尚待考察的是，金银为了这种目的而由一国运到另一国，是否会以某种方式更改我们已经在前面得出的结论？或者说，这是否会使支配这些金属的价值法则，和国际贸易实行直接的物物交换时既支配这种金属又支配其他一切输入品的价值法则有所不同？

货币由一国输至另一国，有种种目的，例如：支付黄金或补助金；把财政收入汇往属地或由属地汇来财政收入，或把地租或其他收入汇给不在所有者；输出资本，即向外国投资。但是，最普通的目的还是偿付货款。为了说明货币在什么情况下会为这个目的或前述的某一目的而由一国实际转到另一国，需要简要说明一下当国际贸易并非物物交换而以货币为媒介时它是怎样进行的。

第二节　汇兑是如何调整国际收支的

实际上，一国的输出品和输入品，不仅不直接相互交换，而且往往不由同一个人经手。每种物品是分别购买、分别由货币偿付的。然而，如前所述，即使在同一国家，在以货币购买物品时，货币实际上也不是每次都易手，在不同国家之间，货币就更不是每次都易手了。国与国之间通常是使用汇票来收付货款。

英格兰商人甲向法国商人乙输出英格兰商品。法国的另一商人丙向英格兰商人丁输出法国商品（假定其价值与甲输出的商品相等）。很明显，法国的乙毋须向英格兰的甲运送货币，英格兰的丁也毋须向法国的丙运送等额的货币。一方的债务可用以偿付另一方的债务，从而使双方都节省了运输费用，也避免了风险。甲开出一张乙所欠金额的汇票，丁因在法国有等额的欠款需要偿付，所以向甲购买这张汇票，交给丙，汇票到期时，丙就将它向乙出示，要求兑现。这样，法国欠英格兰的债务和英格兰欠法国的债务，没有从一国向另一国运送一盎司金银，就都偿清了。

但是，在这一陈述中，我们假定，法国欠英格兰的款项和英格兰欠法国的款项数额相等，即两国所须付出的金银和可以收取的金银数量恰好相等。这意味着（如果我们现在只谈贸易过程中的国际收支，而不考虑所有其他国际收支）输出与输入正好相抵，换句话说，也就是能够建立起国际需求方程式。如果这是实际情况，则国际交易毋须由一国向另一国运送货币就可以得到清偿。但是，如果英格兰欠法国的金额大于法国欠英格兰的金额，或者与此相反，则这些债务就不能简单地用汇票来相互抵消。在尽量以一方的债务抵偿另一方的债务以后，其差额不得不以贵金属偿付。实际上，未付清的商人这时也可以汇票支付。当某人需向外国汇款时，他不会亲自去寻觅可从该国收取货币的人，向其购买汇票。在这一业务部门，像其他业务部门一样，有一种中介人或经纪人，他们使买主与卖主见面，或居于二者之间，向可以收取货币的那些人购买汇票，并将它卖给须付货币的那些人。当某一顾客到经纪人那里寻求一张在巴黎或阿姆斯特丹兑付的汇票时，这个经纪人或者将自己在当天早上从某一商人那里买进的汇票卖给他，或者将自己开给那一外国城市的往来商号的汇票卖给他；而为了使他的往来商号能够如期兑付他所开的一切汇票，他就须将自己已经买进而尚未转卖的一切汇票都寄给这家往来商号。用这种方法，这些经纪人承担了远地之间金钱交易的一切结算，而按照他们卖出或买进的每张汇票的金额收取小额手续费（或按汇票金额的百分比收费）作为报酬。此时，即使经纪人发现，一方向他们购买的汇票金额大于另一方向他们提供的汇票金额，他们也不会因此而拒绝提供汇票，但是，由于在这种情况下他们除了按差额运去一部分金银以外，没有别的办法能够使接受他们开出的汇票的往来商号在汇票到期时兑付现款，因而他们会要求向其购买汇票的人额外支付一笔费用，以补偿金银的运费和保险费，加上足以使他们为此付出的辛劳和他们暂时垫付的资本得到补偿的利润。这种“升水”（人们这样称呼）买主是愿意支付的，因为不如此他们就必须自己花钱运送贵金属，而这件事由那些专门以此为业的人去办，花费要少一些。可是，虽然在有债务需要偿付的人们中实际上只有一

部分人须运送货币，但由于彼此竞争，所有的人都不得不支付这种升水；由于同一原因，经纪人也不得不向出卖汇票给他们的那些人支付升水。如果输出额与输入额两相比较，一国不是有差额需要偿付，而是有差额可以收取，就会发生与此相反的情况。经纪人将发觉，向他们出售的汇票金额，多于要求他们发出的汇票金额。因此，由外国兑现的汇票就要有贴水；但经纪人之间的竞争（这种竞争是非常激烈的）却使他们不能将这种贴水留作自己的利润，而不得不将这一利益让给为了汇款而购买汇票的人。

假定随着政治改良的发展，总有一天一切国家会使用同样的通货；这种通货假定就是英格兰的通货（因为英格兰的通货虽然不是最好的，却是读者最熟悉的）。如果英格兰必须付给法国的英镑数与法国必须付给英格兰的英镑数相等，则英格兰的一群商人所想获得的汇票金额与另一群商人所想出售的汇票金额就应当相等；因而，开给法国的100镑汇票，恰好卖100镑，或者用商人的术语来说，汇兑当按平价进行。按照这个假设，由于法国必须支付的英镑数和可以收取的英镑数也相等，因而，英格兰开出的汇票，在法国将平价兑付，法国开出的汇票，在英格兰也将平价兑付。

然而，如果英格兰必须付给法国的金额，大于它可由法国取得的金额，则人们所需购买的在法国付款的汇票金额将大于可以收取货币的人所发出的汇票金额。在法国付款的100镑汇票，可以卖100镑以上，这种汇票人们就说有升水。但是，这种升水不能超过输送金币的运费和风险费外加小额利润；因为如果超过这一限度，则债务人就会自行运送金币，而不愿购买汇票。

反之，如果英格兰可从法国收取的货币额大于应付给法国的货币额，则可以提供出售的汇票金额将大于汇款所需的汇票金额，因而汇票价格将跌到平价以下。100 镑的汇票不用 100 镑就可以买到，这种汇票人们就说有贴水。

英格兰付多于收，则法国收多于付，法国付多于收，则英国收多于付。因此，如果法国兑付的汇票在英格兰有升水，那么，英格兰兑付的汇票在法国就有贴水；如果法国兑付的汇票在英格兰有贴水，那么，英格兰兑付的汇票在法国就有升水。如果这些汇票在一国按平价出售，则如前所述，在另一国也按平价出售。

使用同一通货的两国或两地之间的情况就是如此。然而，即使是最文明的国家，它们之间的交易也仍保留着许多原始成分，几乎所有独立的国家为了表明它们具有独立国的地位，都各自选用一种独特的通货，尽管这种通货对它们自己和对邻国都不方便。对我们目前的论题来说，这种情况所导致的惟一差别，就是我们不得不以**等价**(equivalent)金额这一说法来代替**等额**(egual)货币的说法。当两种通货系以同一种金属制成时，等价金额一词的意思是，这两种通货所包含的这种金属，在重量和成色上恰好相等；但是，在像法国和英格兰那样使用不同的金属制造货币的情况下，等价金额是指，一种货币所包含的黄金数量与另一种货币所包含的白银数量，在世界的一般市场上具有相同的价值，也就是说，这两种金属的相对价值在一地与另一地之间没有重大差别。假定 25 法郎(与实际比价相差无几)等于 1 英镑。如果法国必须偿付 25 法郎的若干倍，英格兰必得偿付 1 英镑的同一倍数，则这两个国家的债务和债权相等。如果情况果真如此，则法国兑付的 2500 法郎汇票，在英格兰当值100镑，英格兰兑付的100镑汇票，在法国当

值 2500 法郎。这时，这种汇兑被称为平价汇兑，而 25 法郎（实际上是略多于 25 法郎）[①]被称为法国的外汇平价。如果英格兰应该付给法国的金额大于法国应该付给英格兰的金额，则 2500 法郎的汇票就有升水，即值 100 镑以上。如果法国应该付给英格兰的金额大于英格兰应该付给法国的金额，则 2500 法郎汇票的价值就在 100 镑以下，即有贴水。

当外国兑付的汇票有升水时，按照通常的说法，就是汇兑“逆着”本国或“不利于”本国。要理解这些用语，我们就必须了解在商人的语言中“汇兑”一词的真正含义是什么。它是指一国货币所具有的购买外国货币的能力。假定 25 法郎恰好是汇兑的平价，则当人们购买一张 2500 法郎的汇票需要花 100 镑以上的时候，100 镑英格兰货币的价值就将低于法国货币的真正价值；这就是所谓不利于英格兰的汇兑。但是，在英格兰，真正受到不利影响的只是一些必须在法国付出货币的人，因为他们作为买主进入汇票市场，不得不付升水。但是，这种事情对于可以在法国收取货币的人却是有利的，因为他们作为卖主进入汇票市场，可以得到升水。然而，升水总是意味着英格兰应当支付差额，这个差额最终必须由英格兰以贵金属来清偿。按照旧时的理论，贸易的利益在于本国挣得货币，这种偏见导致了一种习惯的称呼，即，当汇兑表明有差额可以收取时，称为有利，而当汇兑表明有差额应当支付时，则称为不利。这些用语转过来又趋向于维持这种偏见。

① 这是在这两种金属的相对价值由于发现金矿而发生变化之前写的。现在，金币和银币之间的汇兑平价是变化无常的，任何人都无法预知它会停在哪一点上。（1862 年版注）

第三节　有的汇兑可以自行调整，有的汇兑只能通过价格来调整，这两者之间的区别

乍一看，人们也许会认为，当汇兑不利时，或者说，当汇票有升水时，这种升水必然总是等于运送货币的全部费用，因为，既然确实有差额必须支付，既然须汇款的某些人必须支付全部运费，那么，这些人之间的竞争必将使所有的汇款人都不得不甘心作出同样的牺牲。如果任何注定要付的款项都必须立即支付，情况就确是如此。倘若人们预期最近将向外国支付巨额款项，则这种预期有时会对汇兑产生极其惊人的影响。[①] 但是，输入略微超过输出，或其他要向外国偿还的小额债务，通常则不会严重影响汇兑，虽然也会有升水，但升水却不会等于运送金银块的费用加风险费。规定的贷款期限，一般都容许一部分债务人延期偿付，在此期间，差额可能转向另一方，使债务和债权毋须实际运送金银就恢复平衡。由于汇兑本身的变动有一种自我调整的力量，这种情况是很容易发生的。汇票由于输入的货币价值大于输出的货币价值而有升水。但这种升水本身对输出者来说是一种超额利润。他们除得到

① 拿破仑逃出厄尔巴岛并已登陆的消息传开后，汇票的价格在一天内上涨了10%。当然，这种升水并不仅仅相当于运输费用，因为，像黄金这样的物品的运费，即使加上战时保险费，也决不可能有这么多。这一高价格的出现并不是由于运送黄金很困难，而是由于人们预料到获得所要运送的黄金很困难。当时人民预料，将会有大量现金以补助金的形式和作为军队的维持费输往欧洲大陆，国内金银块储备将受到严重影响(当时国内已完全不流通硬币)，甚至在短期内来不及补充。因此，金银块的价格也同样骤然上涨。几乎用不着说，这是在英格兰银行停止兑现期间发生的。在通货可以自由兑换的情况下，若英格兰银行不停止兑现，这样的事情是不可能发生的。

货款外，在开发汇票时还可以得到升水。另一方面，这种升水对输入者来说则意味着利润的减少。他们除支付货款外，还不得不为汇款支付升水。因此，所谓不利的汇兑实际上鼓励输出，抑制输入。如果必须支付的差额很小，而且是通常的交易过程中某种偶然干扰的结果，则差额可以很快用商品来清偿，账目将由汇票调整，毋须运送任何金银块。然而，如果使汇兑不利于输入国的入超是由某种永久性原因引起的，情况就不是这样了。在这种情况下，扰乱平衡的必然是价格，只有变动价格才能恢复平衡。在价格处于引起入超的水平时，想用汇票升水所产生的属于输出方面的超额利润来使输出永远与输入保持平衡，是不可能的；因为，如果输出与输入保持平衡，汇票就不会有升水，也就不会有超额利润。要纠正这种状况，就必须采取调整商品价格的办法。

因此，输入和输出平衡的扰乱及由此产生的汇兑的扰乱，可以分为如下两类。一类是偶然或偶发的，如果其规模不太大，可以通过汇票升水自行纠正，完全不必运送贵金属。另一类是由物价的一般状况引起的，只有减少一国现有的流通货币或者废止与此相等的信用才能得到纠正；因为只是输送金银块（与货币有区别）对物价不会产生什么影响，因而不能消除产生扰乱的原因。

尚须提及的一点是，汇兑不取决于一国与另一国单独计算的债务与债权的差额，而是取决于该国与其他一切国家全部债务与债权的差额。英格兰可能欠法国的债，但不能因此就说，英格兰与法国之间的汇兑不利于英格兰，法国兑付的汇票会有升水。因为荷兰或汉堡可能欠英格兰的债，因而英格兰可以用这些地方的汇票来偿还欠法国的债；用术语来说，这种情况叫做套汇。用这种迂回的方法来清偿债务，要付出少量额外费用（一部分是手续费，另一部分是利息的损失），在这微小差额的限度内，一国对另一国的汇兑可以撇开它对其他一些国家的汇兑而单独变动；但是，一国对所有国家的汇兑大体上是一起变动的，而如何变动则随一国对外交易的总结果是有应收差额还是有应付差额而定。

第二十一章　论贵金属在商业世界的分配

第一节　用货币代替物物交换不会对输出和输入产生影响，也不会对国际价值法则产生影响

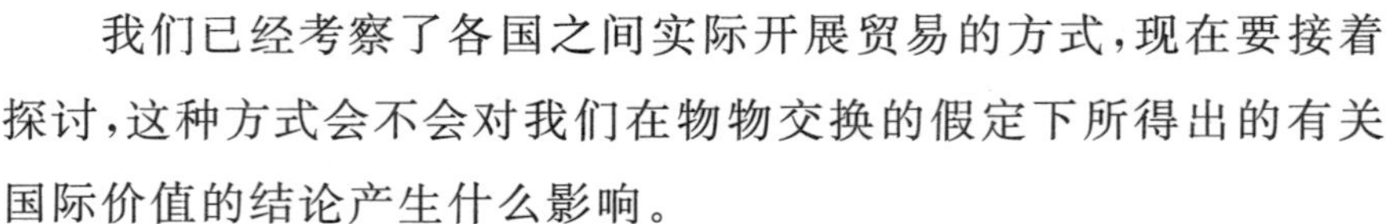

我们已经考察了各国之间实际开展贸易的方式，现在要接着探讨，这种方式会不会对我们在物物交换的假定下所得出的有关国际价值的结论产生什么影响。

最近似的比拟会使我们作出否定的回答。我们已经知道，货币及其代替物的介入对适用于毗连地方之间的价值法则没有什么影响。物物交换时价值相等的物品，值等额货币。引入货币只是增加一种商品而已，这种商品的价值同其他一切商品的价值一样，受同一法则的支配。因此，如果我们看到，决定国际价值的原因，在货币和汇票制度下同在物物交换制度下一样，货币除提供一种比较价值的便利方法外没有任何其他作用，我们是不会感到惊奇的。

一切交换在实质和结果上都是物物交换；无论谁出售商品并用由此获得的货币购买其他货物，实际上都是用他自己的商品购买这些货物。国与国之间也是如此，国际贸易不过是输出品与输

入品的交换;无论是否使用货币,输出品和输入品都总是恰好相互抵偿。如果输出品和输入品恰好相互抵偿,则国与国之间互欠的货币额就会相等,债务就会用汇票来清偿,就没有差额要以贵金属支付。贸易似乎经常处于力学上所说的稳定平衡状态。

但是,事情偶尔偏离这种状态而又恢复这种状态,其过程在物物交换制度下和在货币制度下,至少在外表上并不相同。在物物交换制度下,入超的国家必须以较低的价格提供输出品,因为只有这样才能为输出品创造足够的需求以重新建立平衡。但在使用货币的情况下,这个国家的做法似乎与此完全不同。它以同过去一样的价格购买超出输出的那部分输入品,由于不相应增加输出,国际收支会出现逆差,汇兑会变得不利,差额必须以货币支付。这种情况在外表上是和上述情况截然不同的。下面我们想考察一下,这种不同是本质上的,还是只是具体方法上的。

假定应当支付差额的国家是英格兰,而可以收取差额的国家是法国。由于贵金属的这种转输,英格兰的通货数量减少而法国的通货数量增加。这是我随意假设的。如后所述,如果认为国际收支差额的一切支付都是如此,那是十分错误的。必须一次付清的差额,例如粮食歉收时由于输入较多的粮食而作的支付,可以用窖藏的财宝或银行的准备金来支付,而不影响货币流动。但是,现在我们假定,输入超过输出,是因为尚未建立起国际需求方程式造成的,也就是说,在通常的价格水平上,英格兰对法国货物的经常需求,大于法国所能偿付的对英格兰货物的经常需求。在这种情况下,如果价格不发生变化,则永远会有一个差额须以货币支付。输入必须不断减少,或者输出必须不断增加,而这只有通过调整价格才能实现;因此,这种差额即使最初可以用窖藏的财宝或通过输出金银块来支付,终究总是会影响货币流通,因为不如此,贵金属的外流就不会停止。

因此,如果价格状况使得国际需求方程式建立不起来,使一国所需要的输入品多于其输出品所能偿付的数额,那就表明,该国流通领域的贵金属或它们的代替物已多于长期流通所需要的数量,只有使其中一部分退出流通领域,才能恢复平衡。因此,通货将收缩,价格(其中包括可输出的各种物品的价格)将下降;由此,外国对这些输出品的需求会增加。与此同时,输入的各种商品的价格或许会因货币流入外国而上升,至少不会像输出品等商品的价格那样下跌。但是,倘若英格兰货物价格下降的幅度不足以使外国购买英格兰货物的金额增加,或者外国货物价格上升(绝对的或相对的)的幅度不足以使英格兰购买外国货物的金额减少,英格兰的输出品就仍同过去一样抵偿不了输入品,已经开始流出的英格兰贵金属就仍会外流。这种外流将一直持续下去。直到英格兰物价的下跌使过去从未进入外国市场的某种英格兰商品现在可以进入外国市场,或英格兰输出品的跌价使海外对它们的需要量增加到足以抵偿输入品,外国货物价格的上涨(不论是绝对的还是相对的),或许也会促使英格兰减少对它们的需求。

这正是在我们原先所作的物物交换的假设下所发生的那个过程。因此,国与国之间的贸易,无论是否使用货币,不仅都具有在输出品和输入品之间建立平衡的趋向,而且建立这种平衡的方法实质上也是相同的。其输出品不足以抵偿其输入品的国家,将以较低的价格出售输出品,直到能创造出必要的需求为止。换句话说，在货币制度下，同在物物交换制度下一样，国际需求方程式就是国际贸易的法则。每一国家输出和输入的物品及其数量在货币制度下和在物物交换制度下是一样的。在物物交换制度下，贸易趋向于输入总额和输出总额恰好相抵的那一点；在货币制度下，贸易则趋向于输入总额和输出总额可以与同一数量的货币相交换的那一点。因为等于同一物品的各种物品彼此相等，所以货币价格相等的各种输出品和输入品，不用货币也恰好可以互相交换。①

① 现从上面提及的《略论政治经济学有待解决的几个问题》一书中摘出一段，附载于此，我想对理解这个现象会有所帮助。这段话涉及《略论》中为说明问题而一贯使用的一个假想事例，即有关英格兰和德国之间的毛料和亚麻布贸易的事例。

“开始时我们可以就货币的价值作任何假定。因此，我们假定，在通商以前，毛料的价格在两国是相同的，即每码 6 先令。由于假定 10 码毛料在英格兰可以交换 15 码亚麻布，在德国可以交换 20 码亚麻布，因而我们必须假定每码亚麻布在英格兰可卖 4 先令，在德国可卖 3 先令。运输费用和进口商的利润像前面一样不予考虑。

“在这种物价状态下，毛料显然不能由英格兰输入德国；但是，亚麻布却能由德国输入英格兰，这种输入实际上也会进行，而且，起初亚麻布将以货币偿付。

“货币由英格兰流出而流入德国，将提高德国的货币价格，而降低英格兰的货币价格。在德国，亚麻布的价格将提高到每码 3 先令以上，毛料的价格将提高到每码 6 先令以上。在英格兰，由德国输入的亚麻布的价格，将（由于不计算运输费用）下跌到与德国相同的水平；同时，毛料的价格将下降到每码 6 先令以下。一旦英格兰毛料的价格低于德国，它就会开始输出。因而，毛料在德国的价格将下降到与英格兰相同的水平。只要输出的毛料不足以抵偿输入的亚麻布，货币就会继续由英格兰流入德国，一般说来，英格兰的物价就将继续下降，德国的物价则将继续上升。然而，毛料的价格在英格兰下跌，在德国也将下跌，因而德国对毛料的需求将会增加。亚麻布的价格在德国上升，在英格兰也必然上升，因而英格兰对亚麻布的需求将会减少。由于毛料价格下跌而亚麻布价格上升，在这两种物品之间会出现某种价格，按照这种价格，输出的毛料和输入的亚麻布恰好能够相互抵偿。物价将停留在这一点上，因为这时货币将停止由英格兰流入德国。这一点究竟是多少，将完全取决于双方买主的境况和爱好。如果毛料价格的下降没有使德国对毛料的需求大为增加，而亚麻布价格的上升没有使英格兰对亚麻布的需求迅速减少，则在恢复平衡以前，英格兰不得不将大量货币输往德国；毛料的价格将大跌，而亚麻布的价格将上涨，也许会涨到英格兰自行生产亚麻布而必须支付的价格水平。但是，与此相反，如果毛料价格的下降使德国对毛料的需求迅速增加，而亚麻布价格的上升使英格兰对亚麻布的需求急剧减少（同通商初期廉价影响下

第二节　进一步说明上述定理

由此可见，国际价值法则及由此造成的贸易利益在各贸易国之间的分配，在使用货币的假定下，和在物物交换的情况下是相同的。在国际交易中，像在通常的国内交易中一样，货币对商业来说，有如润滑油之于机械，铁轨之于机车，只是一种减少摩擦的东

的情况相比），那么，毛料很快就会足以抵偿亚麻布，两国之间就几乎没有货币的转移，英格兰就将得到这项贸易的大部分利益。这样，我们在使用货币的假定下所得出的结论，和在上述物物交换的假定下所得出的结论完全相同。

“两国以什么形式从这项贸易中得到利益，这是十分清楚的。德国在通商前对宽幅毛料支付的价格是每码 6 先令，现在它可按较低的价格获得这种毛料。然而，这并不是德国得到的全部利益。由于德国其他一切商品的货币价格都已上涨，因而德国一切生产者的货币收入都增加了。他们在相互购买时不能从中得到任何利益，因为他们所购买的物品的价格同他们所出售的物品的价格是以同样的比率上涨的。但是，他们购买尚未涨价的物品，特别是已经跌价的物品，却可以获得利益。因此，他们作为毛料的消费者，不仅由于毛料价格下跌而获利，而且还由于其他物品价格上涨而获利。假定获得的利益为十分之一。他们以其货币收入中与过去相同的部分，即可满足他们的其他需要；剩下的部分（由于收入总额增加了十分之一）将使他们能够比过去多买十分之一的毛料，即使毛料的价格没有下跌；但是实际上毛料的价格已经下跌，因此他们获得了双重的利益。他们以较少的货币购买同样数量〔的毛料〕；因而有较多的货币可以用来满足他们的其他需要。

“反之，在英格兰，货币价格则普遍下跌。然而，亚麻布价格下跌的幅度要大于其他物品，其原因是，亚麻布价格的下跌是因为亚麻布输自价格比较低廉的国家，而其他物品价格的下跌却只是货币流出的结果。因此，虽然货币价格普遍下跌，但是英国的生产者在其他任何方面都和过去完全一样，只是作为亚麻布的买主而获得了利益。

“恢复平衡所必需的货币流出愈多，德国可以从毛料价格的下跌和国内一般价格的上涨中获得的利益也就愈大。恢复平衡所必需的货币流出愈少，则英格兰可以获得的利益就愈大；因为亚麻布会继续保持低价，而国内的一般价格却不会下降那么多。然而，不能认为，高货币价格本身是好的，而低货币价格本身是坏的。不过，无论在哪一国家，货币价格愈高，则该国购买那些由国外输入因而与国内保持高物价的原因无关的商品的资力就愈大。”

实际上，毛料和亚麻布的价格不会像这里所假定的那样在英格兰和德国处于相同

西。为了进一步检验这些结论，我们将在使用货币的假定下，再次考察已经在物物交换的假定下研究过的一个问题，即输出品生产方法的改进所产生的利益，输入国可以分享多少？

这种改进也许表现在：一、使一国的主要输出品减价；二、建立起一新的出口部门，或可以输出一种新物品。由于二者之中输出新物品的情况多少简单一点，我们就从这种情况说起。

所带来的结果首先是这种物品的价格下跌，国外产生对这种物品的需求。这种新的输出打破了平衡，改变了汇兑关系，使货币流入该国（我们假定是英格兰），这种流入会持续到物价上涨时为止。物价的上涨多少会抑制外国对新输出品的需求，而且会减少外国对英格兰惯常输出的其他各种物品的需求。这样，输出将会减少；与此同时，英格兰国民持有的货币增加，因而对外国商品的购买力随之增加。如果他们实际利用这一新增加的购买力，则输入就会增加；由于输入增加和输出受到抑制，输入和输出就会恢复平衡。这种改进对外国的影响是，它们不得不为其他输入品支付高于过去的价格，但却可以较为便宜地购得这种新的商品，尽管不像在英格兰那么便宜。我在这样说的时候，完全知道，这种物品的价格（运输费用除外）在英格兰和在其他国家实际上完全相同。然而，这种物品的价格低廉程度不仅应该用货币价格来衡量，而且还应该用与消费者的货币收入相比较的价格来衡量。该物品的价格

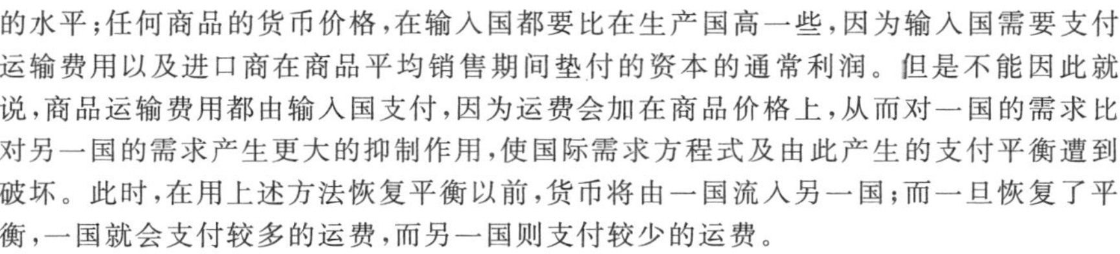

的水平；任何商品的货币价格，在输入国都要比在生产国高一些，因为输入国需要支付运输费用以及进口商在商品平均销售期间垫付的资本的通常利润。但是不能因此就说，商品运输费用都由输入国支付，因为运费会加在商品价格上，从而对一国的需求比对另一国的需求产生更大的抑制作用，使国际需求方程式及由此产生的支付平衡遭到破坏。此时，在用上述方法恢复平衡以前，货币将由一国流入另一国；而一旦恢复了平衡，一国就会支付较多的运费，而另一国则支付较少的运费。

对英格兰的消费者和外国的消费者都是相同的；但是，前者是用由于重新分配贵金属而业已增加的货币收入来支付这种价格，而后者则用由于重新分配重金属而很可能减少的货币收入来支付。因此，这种贸易没有将英格兰的消费者从生产改进中得到的利益全部给予外国的消费者，而只是给予了一部分；同时，英格兰又在外国商品的价格上获得利益。因此，导致建立新的出口贸易部门的任何产业改进，不仅使一国因被改进的物品价格下降而受益，而且还因一切输入品价格普遍下降而受益。

现在我们改变假定，即假定生产的改进不是使英格兰产生一种新的输出品，而是使某种现有的输出品价格下降。我们在物物交换的假定下考察这种情况时已经知道，外国的消费者可能由此获得的利益，或者与英格兰相同，或者少于英格兰，或者甚至多于英格兰，究竟多少，要看这种跌价物品的消费量因其价格降低而增加的程度如何。我们将看到，这一结论在使用货币的假定下也是正确的。

假定得到改进的商品是毛料。这种改进所带来的结果首先是毛料的价格下跌，外国市场对毛料的需求增加。但是，其需要量是不确定的。假定外国消费者完全按毛料价格下降的幅度增加购买量，换句话说，假定用同过去一样多的金额购买毛料。外国应该付给英格兰的总金额将同过去一样，输出和输入的平衡未受破坏，因而外国人将获得毛料价格下降带来的全部利益。但是，如果外国对毛料的需求具有这样的特征，即它以大于价格下降的幅度增加，则外国人为购得这些毛料而应付给英格兰的金额将比过去大，而这笔钱的支付将使英格兰的物价（其中包括毛料的价格）上涨；然而，这种上涨只会影响外国的买主，因为英国人的收入在以相应的比例提高；这样，外国消费者从这种改进中得到的利益将少于英格兰。反之，如果毛料价格的下降，没有按相同比例扩大外国对毛料的需求，则外国人为购买毛料而应付给英格兰的金额将比过去小，而英格兰应向外国偿付的其他债务金额却同往常一样；这时英格兰便会出现贸易逆差，货币将被输出，物价（其中包括毛料价格）将下跌，其结果是，生产方法的改进使毛料价格下降的幅度，在外国消费者那里比在英格兰更大。这些结论同我们在物物交换的假定下所得出的结论完全一样。

以上论述的结果，借用李嘉图的如下一段话来总结最为恰当："金与银已被选为普遍的流通媒介，商业的竞争使其在世界各国的分配比例，能够适应于假定没有这两种金属存在、国际贸易纯然是一种物物交换时所将出现的自然贸易情况。"① 从这一原理可以作出很多推断；在此以前，对外贸易理论处于难以理解的混乱状态；李嘉图先生是这一原理的真正创始人，虽然他没有研究它的各项细节。李嘉图先生之前的作家似乎都没有察觉这一原理，即使在李嘉图时代以后，也很少有人充分认识到这一原理的科学价值。

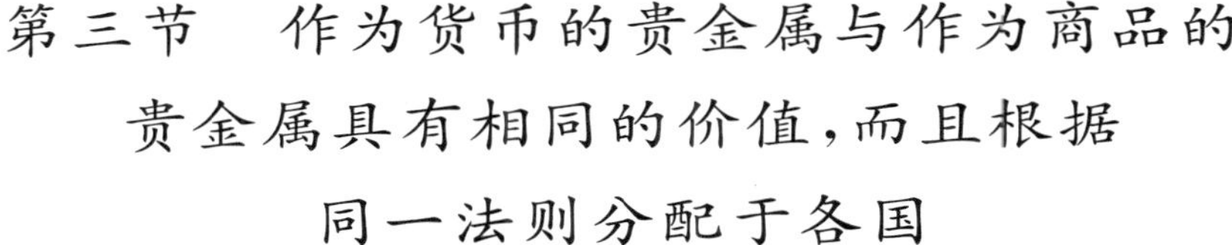

第三节　作为货币的贵金属与作为商品的贵金属具有相同的价值，而且根据同一法则分配于各国

现在必须研究，贵金属通过汇兑进行分配的这个法则，如何影

① 《政治经济学及赋税原理》，商务印书馆 1972 年版，第 115 页。

响货币本身的交换价值，以及这一法则如何与我们发现的另一法则相吻合，这另一法则就是，货币的价值是在货币仅仅作为一种商品而输入时被决定的。这两个法则表面上是相互矛盾的，我认为，这正是使某些卓越的政治经济学家抵制前述各种学说的最重要原因。他们正确地认为，货币不能例外于一般价值法则；货币同其他一些物品一样是商品，它的平均价值或自然价值取决于它的生产费用，至少是取决于获得它的费用。因此，这些思想家无论如何不能接受以下学说，这种学说认为，货币在全世界的分配以及货币在各地的不同价值经常发生变动，并不是由影响货币本身的各种因素造成的，而是由与货币无关的许多因素造成的，这些因素影响了其他各种商品的贸易，以致破坏了输出和输入的平衡。

但是，这种假想的反常现象只存在于表面。通过汇兑使货币流入一国或由一国流出，以恢复贸易平衡，而使货币的价值在某些国家上涨、在另一些国家下降的原因，和当货币只被当作商品输入和直接从矿山输入时决定当地货币价值的原因完全相同。如果一国的货币价值由于贸易顺差、货币流入而长期下降，则其原因假如不是生产费用减少，就必然是使国际需求方程式重新调整以利于该国的下列原因之一，即，或者是外国对该国商品的需求增加，或者是该国对外国商品的需求减少。外国对该国商品的需求增加，或该国对外国商品的需求减少，按照一般的贸易原理，是使该国能够以较低的价值购买一切输入品的真正原因，因而也是使该国能够以较低的价值购买贵金属的真正原因。因此，获得贵金属的两种方法虽然表面上不同，但所产生的结果非但不相矛盾，而且是完全一致的。货币由于各种商品的国际需求的变化而由一国流入他国，因而改变其本身的地方价值（local value），这一情况与贵金属由各开采国流入世界不同地区的流量的相对大小发生变动相比较，二者所实现的结果相同，只是前者的实现过程较快，而后者的实现过程较慢。因此，如前所述，货币作为交换媒介的用途，丝毫不改变同一国家内或国际间决定其他各种商品价值的法则，也不改变决定贵金属本身价值的法则；因而这里阐述的有关国际价值的全部学说，具有真理所必须具备的统一性与协调性。

第四节　非商业性质的国际收支

在结束这一讨论以前，应当提一下非商业性的国际收支会以什么方式和在什么程度上影响上述结论。所谓非商业性的国际收支，是指无论在货币方面还是在商品方面都得不到等价物的收支，例如贡金、付给不在地主的地租、付给外国债权人的利息或政府的海外支出，如英格兰对它的一些殖民地承担的管理费用。

先讲物物交换时的情况。假定每年的汇款都以商品支付，而且这种商品的输出没有任何报偿，因而，输入和输出不再有互相偿付的必要；相反，每年必须有相当于汇款价值的出超。如果在该国有义务进行这种常年支付以前，对外贸易处于自然平衡状态，那么，该国为了向国外汇款，就必须诱使外国购买数量大于过去的输出品；这只有以价格比较低廉的条件提供这些输出品，或者换句话说，只有对外国商品支付较高的价格，才能做到。国际价值将自行调整，使输出增加，或者输入减少，或者二者兼而有之，从而造成必需的出超；而这种出超将成为经常的状态。其结果是，需经常向外国付款的国家，除损失其所支付的款项外，还由于它的生产物不得不按照较为不利的条件与外国商品相交换而另有所失。

在使用货币的假定下，结果是一样的。因为我们假设强制性的汇款开始时商业处于平衡状态，因而最初的汇款必须使用货币。这会使汇款国的物价下跌，而使收款国的物价上涨。其自然结果为，输出的商品将比过去多，输入的商品将比过去少；因而仅就商业来说，收款国将经常欠付款国一个货币差额。这样，如果每年应当向进贡国偿付的债务等于每年得自进贡国的贡金或其他经常付款，则两国间将不会运送货币；输出和输入不再保持平衡，但收支却仍将保持平衡；汇兑将按平价进行，两国的债务将相互抵消，而贡金或汇款实际上是以货物支付。前已提及，这种情况在两国的利益关系上造成的结果将是：付款国将以较高的价格购买来自收款国的一切物品，而收款国除收取贡金外，还可以按较低的价格购得进贡国的输出品。

第二十二章　通货对汇兑和对外贸易的影响

第一节　由通货造成的汇兑变化

在研究有关国际贸易的各项法则时，我们首先考察了在物物交换的假设下决定国际交换和国际价值的各种原理。接着，我们说明了，采用货币作为交换媒介，不会对国与国之间和个人与个人之间的交换法则和价值法则产生任何影响，因为贵金属在这些法则的影响下分配于世界各国的比例，会使货币制度下的交换和交换的价值同物物交换制度下的情况完全一样。最后，我们考察了，商品的需求和供给或商品生产费用的变化所引起的贸易状况的那些变化，如何影响货币本身的价值。尚待考察的是，不是由商品而是由货币引起的贸易状况的变化。

金银的生产费用虽然不像其他各种物品那样容易发生变动，但也同其他各种物品一样会发生变动。外国对金银的需求也会变化。使用在工艺和装饰上的金银增加，或生产和交易的增加使经由流通媒介来完成的业务量扩大，都会使对金银的需求增加。相反的原因，或节省金属货币的方法得到推广，则会减少对金银的需求。这些变化会影响采矿国和非采矿国之间的贸易，会按照有关输入品的一般法则影响贵金属的价值；这一点前几章已有详细说明。

我在这一章要考察的，不是改变货币永久性价值的那些因素，而是货币价值偶然或暂时的变动对国际贸易产生的影响，货币价值的这种偶然变动与影响货币永久性价值的各种原因毫无关系。这个问题很重要，因为它同过去60年间引起许多辩论的一个实际问题即通货管理问题有关。

第二节　金属通货突然增加，或突然发行银行券或其他货币代替物，会产生什么样的影响

假定某国的流通媒介完全是用金属制成的，由于下述那样的原因，这种流通媒介由于偶然原因突然增加，例如由于过去在外国入侵或国内动乱时期隐藏的金银财宝被投入流通领域。其自然结果是物价上涨。这将阻碍输出，鼓励输入；输入将超过输出，汇兑将不利于该国，新获得的货币将散布于与该国进行贸易的一切国家，并进而逐渐散布于整个商业世界。这样溢流出去的货币将均匀地散布到一切商业国家。因为货币在输出和输入再度平衡以前会不断外流；而（由于假定国际需求的经常状况没有发生任何变化）输出和输入只有在下述情况下才能恢复平衡，即，货币将非常均等地散布，致使所有国家的物价都以同样的比率提高，从而物价的变动没有任何实际意义，输出和输入的货币估价虽然较高，实际上却和原先完全相同。全世界货币价值的这种降低（至少如果降低的幅度很大的话），将使矿山每年的供给暂时停止，至少是有所减少，因

为所产贵金属不再具有与其最高生产费用相等的价值。因此，每年的损耗将不能得到充分弥补，通常的损毁原因将使贵金属总量减少到先前的数量；此后，贵金属的生产将重新以先前的规模进行。由此可见，金银财宝的发现只能产生暂时的影响，即，在金银财宝散布到全世界以前暂时扰乱国际贸易，接着使贵金属的价值暂时降低到为生产或获得贵金属所需的费用以下，这种降低将因贵金属生产国的生产暂时减少和输入国的输入暂时减少而逐渐得到纠正。

随同纸币或其他货币代替物取代贵金属的过程而产生的结果，同金银财宝的发现所产生的结果是一样的。假定英格兰拥有完全是贵金属制成的通货 2000 万镑，但突然有 2000 万镑纸币投入流通。如果这些纸币是由银行家发行的，它们就会用于贷款或购买证券，因而使利率突然下降；利率的下降，很可能使 2000 万镑金币中的大部分来不及影响物价就被当作资本输出国外，去寻求较高的利率。但是，如果我们假定，这种纸币不是由银行家发行或任何种类的放款人发行的，而是制造商在支付工资和购买原材料时发行的，或政府在支付经常费用时发行的，则全部纸币将迅速为交换商品而进入市场。其自然结果将如下述，即，所有商品的价格都将上涨；输出几乎停止；输入受到异常的刺激；有大量的差额必须偿付；汇兑转为对英格兰不利，不利的程度高到等于输出货币的费用；剩余的货币将按各国在地理上和商业上与英格兰接近的程度，迅速地流向世界各地。这种流出将一直进行到各国的通货达到同一水平为止；所谓达到同一水平，不是指货币在任何地方都达到同样的价值，而只是指各国货币的价值恢复到先前与货币获得

费用的经常差额相当的程度。如果所有国家的物价以同样的程度上涨，则任何国家的输出和输入都将恢复原状，相互抵消，因而汇兑也将恢复平价。像 2000 万镑这样大的金额散布于整个商业世界，虽然会明显地提高一般物价水平，但其所起的作用却不会持久。获得贵金属的一般条件无论在整个世界还是在世界上的任何地方都没有发生变化，所以降低的价值将得不到补偿，而矿山的供给将部分地停止或全部停止，直到这 2000 万镑全被吸收为止；① 在其被吸收以后，一切国家的通货在数量和价值上都将几乎恢复到原来的水平。我说"几乎"，是因为精确地说，会有微小的差别。此时，由于世界上遭受损耗的金属货币少了 2000 万镑，因而每年所需要的贵金属的供给将略有减少。所以，自此以后，各采矿国与世界其余国家之间的收支要保持平衡，各采矿国就必须多输出一些金属以外的物品，或少输入一些外国商品；这意味着，各采矿国的物价水平将略低于过去，其他一切国家的物价水平将略高于过去；前者的通货较少，后者的通货较多。这个结果是发行纸币可能使国际贸易或各国的通货价值或数量发生的惟一永久性变化，但是这个结果太微不足道了，除在说明原理时外毋须加以注意。

然而，还可能产生另一种结果。过去处于非生产形态的 2000 万镑金属货币，现在转变成了生产性资本，或者可以转变为生产性资本。这种利益最初由英格兰在损害其他国家的情况下获得，后者买走前者昂贵的非生产性剩余物品，而为此向前者提供价值相

① 我在这里假定，开采金银，是一个永久性的产业部门，是在已知条件下进行的，而不像现在这样是在不确定的条件下进行的。眼下采集黄金是一件碰运气的事情，人们是以冒险精神、而不是以从事正常产业活动的精神进行这项事业。（1862 年版注）

等的其他各种物品。这些国家的损失，会随着从矿山流入的贵金属不断减少而逐渐得到弥补，最后，整个世界的生产资源实际上将增加2000万镑。亚当·斯密所作的说明虽为人们所熟知，但因其十分恰当，仍值得在这里复述。他认为，用纸币代替贵金属，好比在空中架设公路，使现今被道路占用的土地可以用于农业生产。在这种情况下，是一部分土地得到了解放，而发行纸币则可以使一部分积蓄的财富得到解放，过去这部分财富的职能只是使其他土地和资本用于生产，现在它本身也可以用于生产；它过去所履行的职能将由无所花费的媒介物同样出色地执行。

不使用金属货币而为社会节省的价值，是提供货币代替物的那些人净得的一种利益。他们可以使用2000万镑流通媒介，而所费只是雕版工制作铜版的费用。如果他们将所增加的这笔财产用作生产性资本，则它将和同等数额的其他任何资本一样，可以使一国的生产物增加，使社会受益。是否这样使用，多少取决于发行方式。如果是由政府发行，并用以偿还公债，它就很可能成为生产性资本，然而，政府可能更愿将这一特别财源用作经常费用；可能将它毫无裨益地挥霍掉，或者只是用以暂时代替同等数额的赋税；在最后那一情况下，全体纳税人可以将这笔钱节省下来，他们或者将它加入自己的资本，或者作为收入用于消费。如果纸币像在我国那样是由银行家和金融公司供给的，则这一金额几乎全部会变成生产性资本；因为既然发行者有义务随时偿付，他们就决不会将它浪费掉，倘若发行者不能随时予以偿付，那就肯定有人在搞欺诈，或者是管理不当造成的。银行家的业务乃是贷款者的业务，因而他发行纸币，只是扩大了他的通常业务。他将这一金额贷给农场主、

厂主或商人，他们将它用于各自的业务。如此使用，它就会像其他任何资本那样，给劳动带来工资，给资本带来利润。这种利润将在银行家和一系列借款者（大部分是短期借款者）之间分配，银行家获得利息，借款者获得支付利息后剩下的那部分利润，或相当于利润的便利。资本本身最后会全部变为工资，而且在通过出售产品而得到偿付时会再次变为工资；由此而为维持生产性劳动提供了价值 2000 万镑的永久性基金，并增加了一国的年生产物，增加额相当于用这笔资本所能生产的全部产品。此外还有一种利益，这就是可以为一国节省补偿金属通货的磨损和其他损耗所必需的贵金属的常年供给。

因此，只要能确保安全可靠，就应尽量用纸币代替贵金属；所需保有的金属通货额，只要能在事实上和公众的信心上保持纸币的可兑换性就行了。像英格兰那样具有广泛商业关系的国家，往往要突然向外国支付巨额款项，有时作为贷款或其他海外投资，有时作为特别输入某种货物（最常见的事例是歉收时大量输入粮食）的货款。为了适应这种需求，流通领域或银行的金库中必须拥有巨额铸币或金银块，而且由于某一突然事件而流出的这些铸币或金银块，在突然事件过去以后，必须能流回来。但是，因为输出所必需的黄金几乎总是取自各银行的准备金，在银行还有偿付能力时决不会直接取自流通领域，所以为日常需要而保持一部分金属通货所能获得的惟一利益是，各银行有时可以由此补充它们的准备金。

第三节　增加不兑现纸币所产生的影响：实际汇兑与名义汇兑

当金属货币已为等额纸币所取代，而完全被逐出流通领域时，如果纸币是可以兑现的，则力图在流通领域增加更多纸币的任何尝试，就必然会完全失败。进一步发行纸币会再次产生那一系列驱逐金币的后果。此时贵金属会同先前一样需要被输出，而为此目的从银行取出的数量将等于过剩纸币总额；因此，这些过剩纸币不可能再流通。固然，如果纸币是不兑现的，则其数量的增加就不会受到这样的阻碍。当流通领域仍有可以取代的铸币时，不兑现纸币起作用的方式会与可兑现纸币一样；只有当所有铸币（除为了便于小额兑换而保留的一些以外）都被逐出流通领域，而纸币发行额仍在增加时，二者的差别才会显露出来。纸币在数量上一旦超过其所驱逐的金属通货，物价很自然地就会上涨；根据具体情况，原来值 5 镑金属货币的物品，现在也许会值 6 镑不兑现纸币，或 6 镑以上不兑现纸币。但是，这种物价上涨和前面考察的情况不同，不会促进输入，抑制输出。输入和输出是由物品的金属价格决定的，而不是由物品的纸币价格决定的；只是在纸币可以随意与贵金属交换的时候，纸币价格才必然与金属价格一致。

我们假定，英格兰是一个纸币贬值的国家。假定在其通货仍为金属通货时，英格兰的某种产品可以用 5 镑购得，而在法国则可以卖 5 镑 10 先令，二者的差额用以偿付开支和所冒的风险，并向商人提供利润。由于纸币贬值，这种商品现今在英格兰的价格为

6 镑，而在法国却不能卖到 5 镑 10 先令以上，尽管如此，它仍将像过去一样输出。为什么？这是因为，输出商在法国出售这种商品所能得到的 5 镑 10 先令，不是已经贬值的纸币，而是黄金或白银；在英格兰，金银块已按与其他物品相同的比率涨价，因而，如果商人将黄金或白银带回英格兰，这 5 镑 10 先令就可以卖 6 镑 12 先令，同过去一样，可以获得 10%的收益作为利润和补偿开支。

由此可见，通货贬值并不影响一国的对外贸易；对外贸易将和通货保持原来价值时一样进行。但是，虽然贸易不受影响，汇兑却受影响。当输入和输出处于平衡状态时，在使用金属通货的情况下，汇兑将按平价进行；与 5 金镑硬币等值的一张法国汇票仍值 5 金镑硬币。但是，5 金镑硬币或其中的含金量，如果在英格兰已值 6 镑，则法国兑付的 5 镑汇票也值 6 镑。因此，当实际的汇兑为平价时，会出现一种名义上的汇兑，它按通货贬值的幅度不利于一国。如果通货贬值 10%、15%或 20%，则无论实际的汇兑会因国际债务和债权的变动而发生什么样的变动，汇价总是会同实际的汇兑相差 10%、15%或 20%。但无论这种名义上的升水多么高，它也不会使人们将黄金运出本国，并发出用它抵付的期票，以谋取这种升水的利益；因为这样输出的黄金不像可兑换通货那样可以按平价由银行取得，而必须在市场上以较高的价格(提价程度相当于这种升水)取得。在这种情况下，比较正确的说法是平价有所变动，而不是汇兑不利，因为同过去相比，现在要有较多的英格兰通货才能与某一数量外国通货的价值相等。然而，汇兑依然按照金属平价计算。因而，在通货贬值时，汇价是由如下两种要素或因素合成的，即实际的汇兑和名义上的汇兑，前者随着国际收支的变动

而变动，后者则因通货贬值而变动，而只要通货有所贬值，这种汇兑总是不利的。通货贬值多少可以按照金银块的市场价格超过造币厂估价的幅度来精确计算，因此我们有了一种可靠的标准，可用以决定汇价的那一部分与通货贬值有关，可以作为名义上的汇价加以核减；这样订正后的结果就是实际的汇兑。

增加可兑换纸币的发行额会扰乱汇兑和国际贸易，扩大信用同样会扰乱汇兑和国际贸易，因为扩大信用同增加通货一样会影响物价，这一点我们已在前面作过详细的说明。每当投机受到刺激，致使依靠信用进行的购买大为增加时，每个依靠信用进行购买的人像用货币购买一样，总是使货币物价上涨。因此，一切结果必然相似。物价上涨的一切结果是，输出受到阻碍，输入受到刺激；不过，输入事实上几乎不会等到物价上涨（这是投机的结果）之后才能增加，因为某些大宗输入品通常属于最早进行投机性过量买卖的物品。所以，在这样的时期，输入常常大大超过输出；当这些输入品必须以货币偿付时，汇兑就转为不利，黄金也就流出该国。黄金的流出究竟会对物价产生什么影响，取决于我们即将详细说明的各种情况；但是，黄金的流出会使物价回跌，这是肯定无疑而且很明显的。物价回跌一旦开始，一般就会造成总崩溃，信用的异常扩张迅即变为信用的异常收缩。因此，当信用轻率地过度扩张，因而人们过分热中于投机时，汇兑发生转变以及银行因此而不得不获取黄金输往国外，是突变的近因。不过，这些现象虽然明显地伴随着信用崩溃（也称为商业危机），却不是信用崩溃的本质部分；如前所述，信用崩溃在完全没有对外贸易的国家（如果有这样的国家），也完全有可能发生，而且有可能以同样大的规模发生。

第二十三章　论利率

第一节　利率取决于贷款的需求与供给

现在在这里讨论决定利率的各种因素，似乎最为合适。贷款的利息实际上是交换价值问题，自然属于我们目前讨论的范围；而通货和贷款这两个问题，虽然它们本身性质截然不同，但在所谓金融市场上的各种现象中，二者却如此密切地交织在一起，以致不了解一者，就不可能了解另一者，而且在许多人的头脑中，这两个问题被混在了一起，处于难分难解的混乱状态。

在上一编[①]中，我们说明了利息和利润的关系。我们已经知道，资本的总利润可以分为三部分，即对风险的报酬，对烦劳的报酬和对资本本身的报酬，可以分别称之为保险费、监督工资和利息。在对风险给予补偿以后，即，在补偿了资本由于社会的一般情况或特定事业的风险而可能遭受的一般损失以后，还有剩余。这种剩余一部分归于资本所有者作为节欲的报偿，一部分归于资本使用者作为其所费时间和烦劳的报偿。多少应归于一方，多少应归于另一方，要看两种职能分开时资本所有者能够从资本使用者那里得到多少报酬。这显然是一种需求与供给问题。需求与供给在这个场合的意义和作用和在其他一切场合没有什么不同。利率

① 参阅第二编第十五章第一节。

当为使贷款的需求与贷款的供给相等的一种比率。利率当为这样一种比率,即,使某些人愿按此比率借入的数额与某些人愿按此比率贷出的数额恰好相等。如果供过于求,利息将降低;如果求过于供,利息将提高;而降低和提高的程度,均将达到供给和需求方程式重新确立的那一点。

贷款的需求和供给的变动要比其他任何物品的需求和供给的变动更为频繁。影响其他各种物品供求的因素,为数有限;而贷款的欲望和放款的意愿则多少要受各种因素的影响,凡是影响产业或商业状况或前景(不论是影响全体还是只影响其中的某些部门)的因素,都会影响贷款的供求。因此,有可靠担保的利率(我们在这里只考察这种利率,因为包含风险补偿费的利息,是可以无限增加的),在各大金融中心几乎没有哪两天是完全相同的;这一点从公债和其他有价证券的牌价变动不居可以得到证明。不过,同其他的价值一样,在这一场合必须存在某种可以称为(按照亚当·斯密和李嘉图的说法)自然利率的利率;市场利率在这种利率的周围摆动,而且总是趋向于回归到这种利率上来。自然利率部分取决于不能自行使用储蓄的人们拥有多少积累,部分取决于社会的爱好比较偏向于积极的产业活动,还是年金领取者的那种悠闲而安逸的生活。

第二节 哪些因素决定贷款的经常性需求与供给

为了将偶然的变动排除在外,我们假定,商业处于一种静止的状态，任何行业都不特别繁荣，也不特别萧条。在这种情况下，生意较为兴隆的生产者和商人都充分使用了自己的资本，而且其中许多人能远远超过自己拥有的资本开展业务活动。这些人当然都是借主；他们想借并能为此提供担保的金额，构成了生产对贷款的需求。除此以外，必须加上政府、地主或其他可以提供可靠担保的不从事生产的消费者所需要的贷款。以上这些构成了经常性贷款需求的主体。

可以想象，无意于或不能亲自从事经营的人们所持有的资本额可能等于上述需求，甚至超过上述需求。在这种情况下，放款人方面经常会发生激烈的竞争，因而利率会低于利润率。利息将被迫下降到这样一点，即，它或者会诱使借主超过自己对营业需要所作的合理预期借入更多的钱，或者会使一部分放款人失去信心，以致停止积蓄，或亲自从事经营，承担产业活动的风险（虽然自己不劳动），以尽力增加自己的收入。

另一方面，有些人则宁愿出借资本、收取利息，不愿亲自监督资本的使用，这些人所拥有的资本可能少于贷款的经常需求。其大部分可能被公债和抵押借款所提供的投资出路所吸收，而剩余部分也许不足以满足商业的需求。如果真是这样，利率将大大提高，以重新建立平衡。当利息和利润之间只有很小的差额时，许多借主也许不再愿意为取得如此微小的报酬而加重自己的责任，运用自己的信用；某些本来会从事经营的人现在也许宁愿过闲暇生活，当放款人而不当借款人；另一些人在利息高昂、投资容易的引诱下，可能会较早地带着少量资产退出工商业。最后，在英格兰和其他一些商业国家，还可以通过另一途径获得很大部分所必需的贷款。过去贷款由不参加经营活动的人们提供，现在提供贷款本身就可以成为一种经营活动。工商业所使用的一部分资本可以由专门的放款者阶级供给。然而，这些贷款者不仅须取得利息，而且还要在斟酌风险及其他一切情况以后，凭借他们的资本取得相当于通常利润率的收益。但是，如果那些为放款而借入资本的人，必须把赚得的全部利润用来支付资本利息，那他们就不合算了。因此，经常向各行业提供贷款，作为一种职业，只能由这样一些人来从事，这些人除出借自己的资本外，还能出借自己的信用，换句话说，也就是能出借别人的资本；这些人就是银行家和实际上是银行家的那些人（例如票据经纪人），因为他们接受存款。以本行钞票提供贷款的银行，是出借从社会借来的资本，而对这种借来的资本，它是不付任何利息的。储蓄银行出借由社会一点一点地收集拢来的资本；对于这样收集来的资本，银行有时不付任何利息，例如伦敦一些私营银行就是这么做的；像苏格兰银行那样的合股银行和大多数地方银行虽付利息，但它们所付的利息却比所得的利息少得多；因为存款人以其他方法利用这种微小的存款余额，所得的利息也很有限，不值得为此找麻烦，所以即使利息很少，他们也愿意接受。由于有这种辅助资源，银行家才能够通过以自己的资本贷款取息，而获得相当于通常利润率的利润。其他任何方法都不能使放款作为一种正规的经营方式坚持下去，除非贷款的条件高得吓人，只有那些贪图巨利的人或有急需的人（即入不敷出的消费者或濒临破产的商人）才愿意接受。存入银行的可以自由支配的资本、钞票所代表的资本、银行家自己的资本以及他们以某种方法利用自己的信用而得以支配的资本，这一切，连同必须或愿意靠他

们财产的利息过活的那些人所掌握的资金，构成一国的一般贷放资金；而这笔资金的总额，与生产者和商人的经常需求，以及政府和不生产的消费者的经常需求相对比，便决定长期的或平均的利率；长期的或平均的利率必然常常使这两种金额相互调整。[①]但是，长期利率虽然受借出的资本总额的影响，其变动却几乎完全取决于银行家掌握的资本；因为几乎只有这一部分资本（它只用于短期贷款），持续不断地在市场上寻找投资出路。靠财产利息过活的那些人的资本，一般都已寻找到了某种固定的投资对象，例如公债、抵押证券或公司债券，这些投资如果没有特别的诱惑或需要，是不会改变的。

第三节　哪些因素使利率发生变动

利率的变动是由贷款需求的变动或贷款供给的变动引起的。贷款供给的变动虽然比贷款需求的变动小，但也是易于变动的。放款的意愿在投机时期开始时比平时强烈，而在随后人们突然抽回资本的时期则要比平时小得多。在投机时期，放款者同其他人一样，愿意通过扩大信用来扩展他们的业务；他们借出的不属于自

① 我没有将经常用以进行公债和其他证券投机买卖的资本（有时它们的数额很大）包括在上述一国的一般贷放资金之内。购买证券的人暂时确实使贷款总量增加，并在一定程度上使利率降低。但是，我在这里提到的这些人购买证券，只是为了以较高的价格再卖出去，因而他们交替地处于放款人和借款人的地位。他们的投机买卖，有的时候使利率下降，有的时候则以同样的程度使利率提高。他们的作用，同从事投机买卖的一切人一样，不是使商品的价值提高或降低，而是使其平均。当他们谨慎地做投机买卖时，他们会缓和价格的变动；当他们轻率地做投机买卖时，则常常使价格的变动加剧。

己的资本多于平时(正像其他各种商人和生产者使用的资本多于平时一样)。因此,这个时期是利率低下的时期,虽然利率降低还有其他各种原因(我们在后面会讲到)。反之,在抽回资本的时期,利息总是急剧上升,因为许多人极为迫切地需要借钱,而贷款者一般都不愿放款。这种不愿放款的心理发展到顶点,就称为“恐慌”。当商业界(有时也在非商业界)连续发生出乎意料的破产事件时,人们便会彼此不相信对方的偿付能力,以致所有的人不仅不愿提供新的信用(除非借主接受很苛刻的条件),而且会尽可能收回原先提供的一切信用,此时便会发生恐慌。银行存款被提取;钞票回到发行者那里换取硬币;银行家提高贴现率,并拒绝惯常的透支;商人则拒绝为商业票据延期。在这种时候,如果法律试图阻止人们超出一定限度支付或收取利息,则会产生最不幸的后果,以往的经验已证明了这一点。如果法律这样做,那么不能以5%的利息借到钱的人,就不是支付6%或7%的利息,而是不得不支付10%或15%的利息来借钱,以此补偿放款者有可能遭受法律制裁的危险,或者不得不大亏其本地贱卖有价证券和货物以取得现金。

在商业危机与商业危机之间的间歇时期,由于渐进的积累过程,利率通常具有逐渐降低的趋势;在各大商业国家,积累过程则快得足以使投机活动的发生具有周期性;因为,如果几年间没有发生危机,在此期间又没有为投资开辟新的、有吸引力的途径,则人们经常可以看到,在这几年里寻觅投资场所的资本大为增加,致使利率大大降低,这从证券价格和汇票贴现率〔的升降〕可以看出;利息的减少诱使〔资本〕所有者甘冒风险,以期获得较大的收益。

利率有时还会或多或少地受到不常见的偶然因素的影响,这些因素往往会改变收取利息的阶级和获得利润的阶级之间的分配比例。以下两个作用正好相反的因素就属于这一类，这两个因素是过去几年才出现的，现在正在英格兰发生巨大的影响。一是金矿的发现。不断地从各产金国运来的大量贵金属，可以有把握地说，完全加到供给借贷市场的资金之内了。增加的巨额资本没有在上述两个资本家阶级之间分配，而全部加在了收取利息的阶级所拥有的资本上，因而扰乱了这两个阶级之间的原有分配比率，并有将利息压低（与利润相对而言）的趋势。另一因素为有限责任股份公司的合法化，这一因素是新近出现的，其影响与上述情形相反。这些公司的股东（其人数目前正在迅速增加）几乎全部出自贷款阶级；过去他们是将可以自由使用的资金存入银行，由银行贷出，或者将它投放在公私证券上，收取利息。但他们在某一股份公司（金融公司除外）入股后，就在其所持有的股份的限度内成为靠自己的资本经营的商人；他们不再是贷款者，在大多数情况下甚至已转变为借主阶级。他们的认缴额是从供给借贷市场的资金中抽取的，而且，他们自己也变成了争取分享剩余借贷资金的竞争者。这一切的自然结果是利息上升。因而，在今后相当长的时期内，如果英格兰的通常利率与普通商业利润率相比所占的比率，高于新近黄金开始流入以后的任何时期，那是不会使人惊奇的。①

① 关于正文提及的利率增长的原因，现在必须增加一种，这就是《爱丁堡评论》1865 年 1 月号刊载的一篇优秀论文的作者所令人信服地坚持的：业已增强、现在还在增强的输出资本以进行海外投资的意愿。由于进入外国已十分方便，外国又不断寄来大量资料，对外投资已不再使人产生不知底蕴的恐惧心理；于是资本无所顾忌地流向预期可以提供较高利润的任何地方；整个商业世界的借贷市场正在迅速地统一起来。因此，世界上资本外流最自由的地方的利率，已不会再像过去那样，大大低于其他地方的利率。

贷款需求的变动要比贷款供给的变动大得多，而且变动的周期也较长。例如，战争时期是从借贷市场汲取资金非常多的时期。在这样的时期，政府一般会进行一些新的借款，而且，只要战争持续下去，这些借款通常会一次紧接一次地进行，因而一般利率战时总是高于平时，不论当时的利润率如何，从而使工业部门得不到通常能够得到的借款。在上次对法战争期间，有一段时间政府不能以低于6％的利润获得借款，其他一切借主自然也至少要付6％的利息。即使政府不再订立其他借款契约，这些借款的影响也不会完全消失；因为已经订约的政府借款会为该国大量增加的可以自由使用的资本继续提供投资对象，一旦国债还清，这些资本就会加在尚在寻觅投资对象的资本上，从而（且不管暂时的扰乱）必然会在某种程度上长久地降低利率。以上所述是政府的战时借款对利息产生的影响，突然开创出某种新的具有普遍吸引力的长期投资方式，也会产生这种影响。近代历史上规模可以同战时借款相比拟的惟一事例，是铁路建设所吸收的资本。可以肯定，这种资本主要得自银行存款或人们手中的储蓄，这种储蓄本来也会成为银行存款，或最终会用来购买证券，而出售证券的人则可以用所得的钱贴现票据或贷款取息。在上述任一情况下，这种资本都是对一般贷款资金的一种支取。事实上，很明显，如果不是特地为从事铁路冒险事业而储蓄的，则如此使用的金额必然来自工商业者的实际资本，或者来自本来会借给工商业者的资本。在前一情况下，工商业者因资本减少，资力不足，不得不成为较大的借主；在后一情况下，他们所能借入的金额就要减少；这两种情况都具有提高利率的趋势。

第四节　利率在什么程度上和在什么意义上与货币的价值有关

在以上的论述中，我把贷款和利率看作是与一般资本有关的问题，这和普通的看法正好相反，人们通常认为利率只与货币有关。我认为，在放款时，像在进行其他一切货币交易时一样，被转让的货币只是媒介，而真正让与的东西，即交易的真实对象是各种商品。这基本上是正确的；因为在正常情况下，借入货币的目的就在于获得对商品的购买力。在产业和商业国家，人们秘而不宣的意向通常是将商品用作资本；但是，即使借款的目的是为了非生产性的消费，例如挥霍者或政府的借款，所借的金额也取自先前的积累，这种积累如果不借给他们，就会借给从事生产的人们；因此，这一金额也是从可以正确地称为“可贷资本”的资本额中扣除的。

然而，借主的目的也往往和我在这里所假设的不同。他们有时借钱既不是为了将它用作资本，也不是用于非生产性的花费，而是用以偿还以前的债务。在这种情况下，他们所需要的就不是购买力，而是法定货币，或债权人愿意作为债务的等价物接受的东西。他特别需要的是货币，而不是商品或资本。几乎所有巨大而突然的利率变动，都是由这一原因所引起的对货币的需求造成的。这样的需求是商业危机的最初特征之一。在此时期，许多订有契约的工商业人士由于情况变化而不能及时获得他们打算用来履行契约的资金。他们不得不以任何代价来获得这些资金，否则他们就得破产；他们必须得到的是货币。其他资本不论他们掌握多少，如果不能先换成货币，都不适用于这种需要；反之，即使一国的资本毫未增加，增加的只是流通中的信用证券（如1825年恐慌时在英格兰银行保管库中发现了一箱票面为一镑的纸币，尽管这些纸币对其他的目的几乎毫无用处），只要允许借主使用这种证券，他们就可以借此达到自己的目的。以贷款形式增发钞票，就可以满足对货币的需求，并消除伴随这种需求的恐慌。然而，在这一场合，尽管借主所需要的不是资本或购买力，而是作为货币的货币，但转让给他们的却不仅是货币。货币走到哪里，就把购买力带到哪里；而投入借贷市场的货币，由于它具有购买力，实际上会使一国所增加的资本转到贷款方面。虽然所需要的只是货币，但是资本也在转移；也可以这样说，正是由于可贷资本增加，利率的提高才受到抑制并得以纠正。

然而，除此以外，在贷款与货币之间还存在着一种必须认清的现实关系。可贷资本都处于货币形态。直接用于生产的资本有许多形态，但供放款用的资本通常只有这一形态。因此，我们自然可以认为，在多少会影响利率的各种原因中，不仅可以找到通过资本发生作用的原因，而且还可以找到只通过货币就直接发生作用的某些原因。

利率与流通中的货币的数量或价值没有必然的联系。流通媒介的经常数量无论大小，都只影响价格，而不影响利率。当通货贬值已成为既成事实时，它也无从影响利率。通货贬值确实使货币对商品的购买力下降，但却没有使其对货币的购买力下降。如果100镑可以购买每年4镑的永久年金，通货贬值使这100镑的价值比过去减少一半，但它对这4镑的价值也发生同样的影响，因而二者之间的关系没有什么变动。用以表示一定数量的真实财富的筹码无论多少,都不会对放贷者或借款者的地位或利益发生影响,从而也不会对贷款的需求和供给发生影响。贷放和借入的真实资本数量是相同的,因而,如果放贷者手中的资本以较多的英镑来表示,则由于物价上涨,借款者现在同样需要使用较多的英镑才能实现他们的目的。

可是,虽然货币数量的大小本身不会对利率发生影响,但货币由少变多,或由多变少,却会对利率发生影响,事实也是如此。

假定政府为支付经费而发行不兑现通货,使货币逐渐贬值。这一事实决不会减少对真实贷放资本的需求,但是它会减少真实可贷资本,因为这种资本只存在于货币形态,它的价值会因通货数量的增加而降低。以资本计算,其供给量减少了,其需要量却同过去一样。以通货计算,其供给量同过去一样,而其需要量却因物价上涨而增大。不管怎样,利率都必然上升。在这种情况下,通货的增加确实影响利率,但结果却同人们一般想象的相反,是使利率提高,而不是使之降低。

收回贬值通货或减少贬值通货的数量,会产生相反的结果。借款者手中的货币同其他一切货币一样,其价值会提高,即,将有较多的真实资本寻觅借主;而借款者所需要的真实资本同过去一样,货币额却减少了,因此,利率趋于下降。

由此可见,就通货贬值本身而言,在其发展过程中有提高利率的趋势;如果人们预期通货会进一步贬值,这种作用便会得到加强;因为放款者预料借款者会用比贷出的通货价值低的通货来支付利息甚或偿还本金,自然会要求将利率提高到足以弥补这种可能的损失的水平。

但是，如果增加的货币不是通过购买、而是通过贷款而进入流通，则上述作用将不足以抵消与其相反的作用。在英格兰和大多数其他商业国家，通常使用的纸币都是银行家提供的，除用以购买金银的部分外，都以贷款的方式进行。因此，增加通货，也就是增加贷款；所增加的全部通货最初会进入借贷市场，从而使借贷市场膨胀。若把增加通货看作是增加贷款，增加通货便具有降低利息的趋势，而从增加通货会使通货贬值这一角度看，增加通货则具有提高利息的趋势，前一种趋势通常要大于后一种趋势，因为前一种作用取决于新货币与已贷出货币的比率，而后一种作用则取决于新货币与全部流通货币的比率。因此，由银行发行的通货持续增加时，有降低或压低利率的趋势。发现金矿所引起的货币增加，也会产生类似的作用；如前所述，从这种金矿开采出来的黄金输入欧洲后，几乎全部加在了银行存款上，因而增加了贷款的数额；而当这种存款由银行提出并投资于证券时，则可以使等量的其他可贷资本获得解放。在一定的营业状况下，新到的黄金只有通过降低利率才能找到投资机会，所以，只要黄金继续流入，假定其他一切情况一仍其旧，利率就必定会低于没有这种流入的时候。

一如增多的金银投入借贷市场有降低利率的趋势，大量金银外流也总是使利率提高；即使这种外流是在贸易过程中发生的，例如抵偿歉收所引起的入超，或抵偿眼下〔因受美国南北战争的影响而从〕世界许多地方输入的高价棉花，结果也是如此。这种抵偿所必需的货币首先取自银行家手中的存款，因而相应地减少了供给借贷市场的资金。因此，从本质上说而且从长期来看，利率取决于以贷款方式提供和求取的实际资本的比较额;但是,流通媒介的增减也会使利率受到各种暂时的扰乱;这种扰乱略为复杂一些,所产生的结果有时与人们最初看到的正好相反。所有这些区别都被人们滥用词语的习惯所掩盖和混淆了,人们常用"货币的价值"这一词语来表示利率,而严格说来,货币的价值只表示流通媒介的购买力。一般国民甚至商人都习以为常地认为,金融市场的放松程度,即以低利率借款的便利程度,是与流通中的货币数量成比例的。因此,他们不仅以为只能作为贷款起作用的钞票可以作为通货起作用,而且常常不注意那些不附带有通货作用的贷款作用所产生的结果,即使性质相似,程度更大,也不予注意。

例如,人们在考察银行的活动对刺激投机所产生的作用时,通常都认为钞票的发行具有很大的作用,而直到最近为止,几乎都不注意银行存款的运用;然而,银行信用的轻率扩张,更经常地是依靠存款、而不是发行钞票来进行,这是最为可靠的事实。图克先生说[①]:"不容置疑,银行,无论是个人的还是合股的,如果经营不善,都会使信用过度扩张,鼓励人们在商品的买卖、进出口、建筑业和采矿业方面进行投机活动,而且银行也确实常常经营得很糟糕,以致在某些情况下弄到破产的地步,并且那些得到贷款的人也终无所得。"但是,"假设银行家所接受的一切存款都是铸币,他是否就不像发行钞票的银行家那样,不会受到他不好意思拒绝的客户提出的贷款或贴现要求的纠缠,或不会受到高利息的诱惑呢?他是否就不致受到诱惑而大量挪用手头的存款,以致在某些情况下不能应付存户的提款要求?完全使用金属通货的银行家与现在伦敦

① 《通货原理研究》,第 14 章。

的银行家事实上有什么不同呢？完全使用金属通货的银行家不是货币的创造者，他不能利用发行者的特权来开展他的其他业务，但是像伦敦的银行家那样过度发行货币的可悲事例也还是有的。”

在多年来就英格兰银行的业务及其对信用状况产生的影响所进行的争论中，虽然近 50 年来每当发生商业危机，英格兰银行就总是受到强烈的指责，人们不是说它引起商业危机，就是说它加剧了商业危机，但是人们几乎一致认为，英格兰银行的影响能为人们所觉察，只是由于流通中的该行钞票数量过多了，如果能阻止该行行使发行货币的权力（这是该行地位的一个特征），它就不再具有任何可以滥用的权力了。这是一种错误看法，至少在有了 1847 年的经验以后，我们可以希望人们今后不再重犯这种错误。在 1847 年，英格兰银行所具有的发行银行的权力完全被约束住了；但是，它通过作为储蓄银行开展的业务活动，仍然同过去任何时期一样，对利率或信用状况产生了显而易见的巨大影响；它仍受到了激烈的谴责，说它滥用了影响力；结果还是发生了一场空前猛烈的商业危机。

第五节　利率决定土地的价格和证券的价格

在结束本章的讨论以前，我想就如下显而易见的事实讲几句，即，利率决定了一切土地和证券的价值和价格，人们想得到和购买这些可售物品往往不是为了这些物品本身，而是为了它们所能提供的收入。公债、股份公司的股票和各种证券的价格往往随着利率的下跌而提高。它们的售价不仅能为买价提供市场利率，而且还能为所冒的风险或所具有的便利程度提供补偿。例如，英国财政部证券通常就相应于它们所提供的利息而以高于统一公债[①]的价格出售；因为，虽然这两种证券同样安全可靠，但是持有财政部证券的人除非自愿展期，每年可以按照这种证券的面额得到报偿，所以购买这种证券的人（除非不得不在发生一般紧急情况的时刻出售）不会有转卖时遭受损失的危险（除非他购买时付过升水）。

土地、矿山及其他一切固定收入源泉的价格，同样取决于利率。土地的售价通常相应于它所提供的收入而高于公债的价格。这不仅是因为人们认为（甚至在英格兰也是如此）购买土地多少安全一点，而且因为在人们的头脑中权力和尊严也是同土地所有权相联系的。这些差别是经久不变的，或者几乎是经久不变的；如果其他情况相同，土地的价格会随着利率的长期变动（自然不是每天的变动）而变动。利息低，地价自然高昂；利息高，地价自然低廉。上一次长期战争使这一法则有了一个明显的例外，因为当时土地的价格和利率都非常高。然而，发生这种情况是有其特殊原因的。多年来谷物平均价格持续高涨，使地租提高的幅度超过了利息上升和固定收入〔源泉〕售价下跌的幅度。假如没有发生这种主要是歉收造成的偶然事件，土地的价值必然会同公债一样大幅度下跌。假使今后爆发类似的战争，土地的价值也许就会下跌；有些地主和农民从非常时期的偶然事件中引出一般性结论，长期以来一直认为，战争状态对所谓农业界特别有利，而和平状态则对农业界特别不利，他们如果听到我这样说，也许会大失所望。

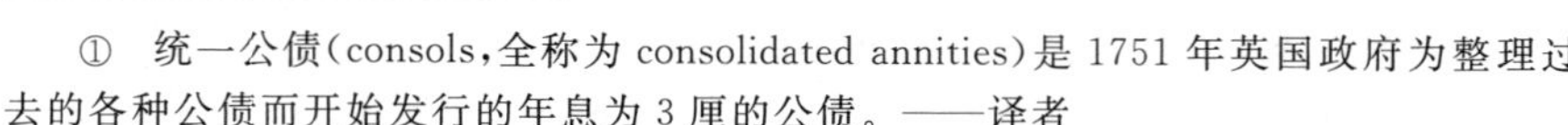

① 统一公债（consols，全称为 consolidated annities）是 1751 年英国政府为整理过去的各种公债而开始发行的年息为 3 厘的公债。——译者

第二十四章　论可兑换纸币的调节

第一节　关于银行发行纸币所产生的影响，有两种相反的理论

过去50年间频繁发生一系列令人苦恼的所谓商业危机现象，使经济学家和实际政治家都把很大的注意力放在如何防止或至少是缓和这种危机的弊害上。在英格兰银行限制兑现时期，人们逐渐养成了一种习惯，即，将物价的涨落都归因于各银行发行额〔的多少〕，这又使一切研究者把缓和物价涨落的希望寄托在调节钞票的各种计划上。有一项这样的计划，获得了权威人士的支持并且非常深入人心，于是在1844年英格兰银行更换营业执照的时候，在人们普遍认可下变成了法律；这项法令现在依然有效，不过它已不那么受欢迎了，它的信誉也由于政府两次宣布暂停兑付(第一次是在法令颁布刚满3年的时候)而受到了损害。所以，在这里考察调节可兑换纸币的计划所具有的优缺点，是适当的。在论及1844年罗伯特·皮尔条例的各种实际规定以前，我想简略地说明这个条例所依据的理论的性质，并探讨这一理论的根据。

许多人认为，一般发行银行特别是英格兰银行具有把钞票投

入流通领域从而任意提高价格的权力；他们认为，这种权力是没有任何限制的，如果说有，那也只是这些银行认为自己在行使这种权力时应该具有的克制态度；他们认为，这些银行的发行量一旦超过通常的数量，就会引起物价上涨，滋生商品投机心理，从而使物价进一步上涨，最后产生一种反作用力，使物价回跌，而在某些极端严重的情况下便形成商业危机；他们认为，英格兰曾经发生而商人们记忆犹新的这类危机，或者本来是这种原因所引起的，或者是由于这种原因而大大加重的。一些著名的政治经济学家所赞同的实际上只是这种通货理论的比较缓和的形式，他们没有将这一理论引申到这样极端的地步。但是，我并没有夸大这种通俗见解的夸大其词；这个事例充分表明，不是解决这类问题的能力往往受到蔑视的脱离实际的学者，而是自夸具有实际知识（他们至少有获得这种知识的足够机会）的深通世故的人和实业家，会将一种深受欢迎的理论推进到什么地步。他们固执地认为，通货是价格变动的首要原因，这使他们不愿承认影响人们对供给的预期的许许多多因素是几乎一切投机和几乎一切价格变动的真正原因，不仅如此，由于他们的理论要求银行发行额的变动与价格的变动在时间上必须一致，他们还在事实和日期上玩弄了一些荒唐的把戏，如果不是有一位著名的富有经验的权威不辞辛劳，纯粹根据历史详尽地加以揭露，人们也许会信以为真。凡是熟悉这个问题的人一定都知道，我在这里提到的权威是指《物价史》一书的作者图克先生。图克先生在 1832 年向英国下议院有关英格兰银行执照问题的委员会提供的证词中对自己的研究成果作了如下的说明（我们可以从他的著作中找到这句话）："根据我的研究，从事实上和历史上说，在每一个明显的实例中，物价的上涨或下跌都先于钞票发行额的扩大或缩减，所以物价的上涨或下跌不可能是钞票发行额扩大或缩减的结果。”

通货理论家们夸大其词，把物价的几乎一切上涨或下跌都归因于钞票发行额的扩大或缩减，这导致出现了一种与此正相反的理论，在科学的讨论中，这种理论最著名的代表是图克先生和富拉顿先生。这种相反的理论认为，只要可以自由兑换，钞票就不具有提高物价的能力；除由于交易量增加钞票发行额可以按比例增加以外，银行也不具有增加钞票发行额的能力。对于后一种说法，所有的地方银行家在接受历届国会有关这个问题的委员会的质询时，都一致表示赞同。他们都证实（用富拉顿先生的话来说[①]）：“地方银行的发行额，完全由各地交易和支出的数量调节，随着生产和价格的变动而变动，它们既不能超出交易和支出的数量所规定的限度来增加发行额，否则增发的钞票必定会立即流回来兑现，也不能减少发行额，否则其缺额必然会由其他源泉予以补足。”根据这些前提，图克先生和富拉顿先生作了如下的推论，即，如果需求没有增加，银行的发行额就不会增加，因此，银行发行的钞票不会提高物价，不会鼓励投机，也不会引起商业危机；试图用人为控制钞票发行额的办法来防止这种弊害，决不会实现所要达到的目的，而只会带来其他极其有害的后果。

① 《货币的调节》，第 85 页。

第二节　考察上述两种理论

上述学说中根据证词、而不是根据推理的部分，在我看来，是无可辩驳的。我完全相信地方银行家们所作的断言（方才从富拉顿先生的著述中摘引的那句话，十分清楚而正确地概述了这种断言）。我确信，除他们所说的情况外，他们在其他任何情况下都不会增加钞票发行额。我也相信，以这种事实为根据的富拉顿先生的理论包含着很多真理，它比任何形式的通货理论都更能表达全部真理。

市场状态有两种，一种可称为静止状态，另一种可称为期待状态或投机状态。在前一种状态下，大多数工商界人士都没有扩大经营规模的欲望。因为预料商品的销路不会急速扩大，生产者只按平时的产量生产商品，商人也只按平时的销售量进货。每个人都只按通常的营业额做交易，或者只是随着资本和顾客的增加而相应地扩大业务，或者只是随着社会繁荣所引起的对他的商品的需求逐渐增加而逐渐扩大业务。生产者和商人都不打算异乎寻常地扩大自己的业务，因而不需要从银行家和其他放款人那里获得多于平时的贷款；而由于银行家增加发行额只是为了扩大贷款，因此在这种情况下发行额即使增加，也只能是暂时的。如果一部分人在一年的某一时期同其他时期相比有较大的款项需要偿付，或者如果某一个人出于某种特殊的迫切需要而必须获得额外的贷款，这些人就会要求提供较多的钞票，并且会得到这些钞票；但是，这些钞票像英格兰银行为了支付股息而每 3 个月增发一次的钞票一样，是不会长久地流通的。最终得到这些钞票的债权人由于没有额外的支出，也没有特殊的迫切需要，会将这些钞票放在身边不用，或者将它们存入银行，或者用来偿还以前某个银行家向他提供的贷款；总之，他不用这些钞票购买商品，因为，按照我们的假定，没有发生什么事情诱使他贮存比过去更多的商品。即使我们假定，银行家们使自己的放款利率低于市场利率，人为地刺激对贷款的需求，他们所发行的钞票也不会停留在流通领域，因为当借主利用这些钞票做生意并偿还债务时，债权人或接受钞票的商人如果无须即时使用这些超出需要量的钞票，就会将它们存入银行。因此，在这种情况下，银行家不能随意增加一般流通媒介；他们所增发的钞票不是〔很快〕回到银行，就是搁置在一般国民身中，不会引起物价上涨。

但是，还有一种与上述状态显然不同的市场状态，即人们普遍认为（无论这种看法是否具有充分的根据），某种或若干种大宗商品的供给很可能满足不了通常的消费。对于这种状态，图克先生和富拉顿先生的理论并不那么明显地适用。在这种情况下，同那些商品有关联的一切人都想扩大业务。生产者或进口商想增加产量或输入额，投机商人想囤积商品以通过其所期待的价格上涨而牟利，持有这种商品的人则想获得更多的贷款以使自己得以继续掌握这种商品。上述各种人都想比平时更多地利用他们的信用，不容否认，对于这种要求，银行家们常常处置失当。无论什么事情，只要使人幻想能获得比平常高的利润，从而刺激工商业，都会产生与此性质相同的结果。例如，外国对我国的商品突然产生大规模需求（或人们预期会有这样的需求），就属于这种事情，当初我国与西属美洲国家通商时以及历次与美国通商时，都曾出现过这种情况。这类事情往往会抬高输出品的价格，引起投机。这种投机有时是合乎情理的，但也常常是不合情理的或无节制的（只要大部分工商界人士喜欢寻求刺激，而不喜欢安全）。在这种情况下，商人阶级或其中一部分人便比平时更想把信用转变为购买力。这种营业状态发展到极端，就会发生人们称为商业危机的突变；而且众所周知，这种投机在其发展过程中几乎总是伴随着钞票的大幅度增加。

然而，对此，图克先生和富拉顿先生作了如下的回答，即，通货总是伴随着、而不是先于物价的上涨而增加的，因而通货的增加不是物价上涨的原因，而是物价上涨的结果。因为，第一，促使物价上涨的投机性购买，不是用钞票，而是用支票或更为通常地是用账面信用进行的；第二，即使这种投机性购买是用为了这个特殊目的而从银行家那里借来的钞票进行的，这种钞票在用于这个目的之后，如果并非现时的交易所必需，则收取钞票的人又会将它存入银行。这一点我完全赞同。我还认为，在投机旺盛时期，只要投机仅限于商人与商人之间的交易，钞票发行额一般就不会显著增加，也不致促成投机性的物价上涨。这种看法在科学上和历史上都已得到证明。然而，在我看来，当投机进一步发展而影响到生产者时，就不能再坚持上述看法了。商人向制造商提出投机性的订单，诱使他们扩展业务，诱使他们向银行家申请增加贷款，如果银行家用钞票提供这种贷款，而且这种钞票不是付给会将它们送回银行贮存的人，而是部分地用以支付工资，从而流入零售商业的各种渠道，它们就会直接产生进一步提高物价的作用。我不能不认为，在

法律允许票面价值为1镑和2镑的钞票流通的年代，用于支付工资的钞票必然对物价产生了强有力的影响。尽管现在禁止发行5镑以下的钞票，大大限制了用钞票支付工资，因而钞票在这方面的作用相对来说已很微小；但是，在投机时期的后期，钞票还以另一种方式开始起作用，这已成为比较温和的通货理论的支持者的主要论据。虽然为进行投机性购买而要求银行家贷款的人很少，但是不成功的投机商人却为继续进行投机而纷纷提出贷款要求；这些投机商人为分得一份可贷资本而进行的竞争，甚至使没有从事投机活动的那些人为了获得他们所需要的贷款也比过去更多地依赖银行家。在投机的旺盛时期和急转直下时期之间有一段抵制物价下跌的间隔时间，为期几星期，有时长达几个月。趋势已出现转变的迹象，但投机的商品所有者仍不愿在价格下跌的市场上出售他们的商品，而在此期间，他们即使是为了履行通常的契约，也需要资金。这一时期的特征通常是钞票的流通额显著增加。谁也不会否认，钞票通常会在这时增加。但我认为，还必须承认，这种增加会使投机的持续时间延长，会使投机性的价格得以维持一段时间（如果没有这种增加，价格就会暴跌），因而会延长和增加贵金属的输出（这是商业危机发展过程中这一阶段的主要特征）；这种输出的持续最终会危及银行实现其凭票即付的保证的能力，使各银行不得不在物价回跌成为不可避免的时候非常突然和严厉地收缩它们的信用，而如果它们先前没有增加贷款来支持投机，它们就无须这么突然和严厉地收缩信用了。

第三节　为什么说1844年的通货条例在某种程度上产生了预期的有益结果

为了促使物价尽早回跌，以免最后造成更为严重的后果，奥弗斯通勋爵、诺曼先生和托伦斯上校率先提出了一项调节通货的计划，该计划经过稍许修改后，变成了一项法令。[①]

根据未经修改的最初计划，流通本票应当只由一个机构发行。而按照国会所通过的计划，现有的一切发行者都获准保留这种特权，但今后不再以这种特权授予更多的人，即使已经享有这种特权的人停止发行，其他人也不得替补；而且，对于除英格兰银行以外的一切银行都规定了最高发行额，并把这一发行额故意定得很低。虽然对英格兰银行的钞票发行总额没有规定最高限度，但对该行以证券（换句话说，以贷款）为担保发行的那部分钞票则规定了最

① 我认为可以肯定，1844年条例的真正惟一重大的目的，是缓和商业上的反冲。我十分清楚，该条例的支持者们（特别是在1847年以后）坚决认为，该条例极为有效地"维持了英格兰银行钞票的可兑换性"。但是，我必须申明，我并不像他们那样认为这是该条例所取得的一项重大成就。在旧制度下，人们曾不惜任何代价来维持英格兰银行钞票的可兑换性，即使不通过这项法案，人们也仍会这样做。奥弗斯通勋爵在他的证词中说得很好：英格兰银行经常能够通过对信用采取十分激烈的措施，牺牲广大商人的利益而挽救自己。1844年条例使这一过程的激烈程度得以减轻，仅凭这一点，它就有充分的理由得到人们的支持。此外，如果我们假定在未实施该条例时英格兰银行在经营上有很大的失误，以致难以维持钞票的可兑换性，那么，同一程度（或不到那一程度）的经营不当，在已经实施该条例的情况下，也足以引起银行部停止兑付；英格兰银行之被强制地分为两个部门（按：指发行部和银行部），使停止兑付的可能性较之过去大为增加，而且，这还可能会引起设在伦敦的一切私营银行停止兑付，以及对国债债权人停止付息；这当然是比钞票暂停兑付更为巨大的直接灾难；因而，为了使英格兰银行能够再行支付存款，如果事实表明暂停实行1844年条例尚嫌不够，政府就会毫不迟疑地立即停止兑付钞票。

高限度。这部分钞票的发行额决不能超过一定的限度，最初这一限度规定为1400万镑。[①]超出这一数额的全部钞票，都必须与金银块相交换；无论人们拿多少金银块到英格兰银行来卖，该行都必须按略低于造币厂的估价，用钞票买进。因此，就超出1400万镑这一限额发行钞票的任何行动来说，英格兰银行都完全是被动的，任何时候、任何人提出要求，它都有义务按照3镑17先令9便士的价格用钞票买进金银块，或按照3镑17先令10便士半的价格用金银块买进钞票。

这种机制想达到的目的是，使纸币数量的变动和纯金属通货数量的变动，在时间上和程度上完全相同。某种商品适于用作交换媒介，是由于它的价值在对价值有影响的一切情况下都具有不变性，而到目前为止贵金属一直是最接近于这种不变性的商品，因此，如果在1844年条例的作用下，钞票发行量的一切变动，从而（像人们所推断的那样）其价值的一切变动，与纯金属通货发生的变动完全一致，似乎就可以认为，1844年条例的优点已充分得到证明。

现在，这个条例的一切通情达理的反对者，同它的支持者一样认为，贵金属的代用品所必须具备的条件是，它的经常价值与金属本位的经常价值完全一致。他们说，只要贵金属的代用品可以随时兑换硬币，二者就是、而且必然是完全一致的。但是，当谈到金属通货或其他任何通货的价值时，有两点必须加以考虑，这就是经

① 这一最高限度容许有条件地超出，条件是与某地方银行达成协议，该行钞票停止发行，而由英格兰银行钞票取代；但是，即使在这个时候，其所增加的发行额也不得超出其所取代的地方行钞票的三分之二。在这种规定下，现今英格兰银行有权以证券为担保发行的钞票将近1450万镑。

常的或平均的价值及其变动。纸币的价值应与金属通货的经常价值相一致。但却没有理由认为纸币价值的变动必须与金属通货价值的变动相一致。这种一致想达到的惟一目的，是纸币价值的稳定不变；而对于纸币价值的变动，人们的惟一希望是变动的程度尽可能小一些。但通货(无论它是由黄金还是由纸片构成的)价值的变动不是由它的数量、而是由信用的扩大和收缩决定的。因此，要看出什么通货的价值与贵金属的经常价值几乎完全一致，我们就必须弄清，在什么通货之下，信用的变动最少、最小。然而，是不是靠金属通货(因而，是不是靠在数量上同金属通货完全一致的纸币)最能达到这种目的，这正是我们要解决的问题。如果能够证实，随着金属通货数量的变动而变动的纸币，同没有如此严格地保持一致的纸币相比，会使信用发生更为激烈的变动，那就可以说，在数量上与金属通货最为一致的通货，不是在价值上与金属通货最为一致的通货；也就是说，它不是人们所希望的其经常价值与金属通货的经常价值最为一致的通货。

现在我们来看一下，事情是不是真是这样。首先让我们考察一下1844年条例是否实现了其实际目标。在较为清醒的拥护者看来，该条例的实际目的，是在较早的时期，以较少的黄金的外流，从而以一种比较和缓和渐进的方法，防止投机性信用的扩大。我认为，应当承认，该条例在某种程度上实现了这一目的。

我知道，对于这种看法，人们会合情合理地提出什么样的反对意见。有人会说，当投机商为了还债而迫切要求银行增发贷款时，即使限制钞票发行额，也不能阻止愿意提供贷款的银行增发贷款；银行还有存款可以用来过度发放贷款；即使它们拒绝提供这种贷款，其结果也不过是，存款被提取，以满足存款人的需要；这会像增发钞票一样，使一般国民持有的钞票和硬币增多。这种见解是正确的，而且彻底驳斥了这样一些人的论调，这些人认为，之所以应该反对银行为支撑减弱的投机活动而提供贷款，主要是因为这会使通货增加。其实，真正应该反对的，是信用的扩张。如果各银行不增加贴现，而听任人们提取存款，则通货同样可以增加（至少在短期内是如此），但是，在贷款应当减少的时期，贷款是不会增加的。如果银行不用钞票、而只用存款来增加贴现，那么（严格意义上的）存款是有限的，是会用完的，而钞票的数量则可以随意增加，或者说，钞票回笼后，可以无限制地重新发行。固然，一家银行只要愿意无限增加它的债务，它就有能力使它的名义存款像它发行的钞票那样，成为一笔无限大的基金；它仅以账面信用的形式就可以发放贷款，也就是以银行本身的负债来创造存款，使银行负有偿付责任的货币，成为自己手中的存款，可以由人们凭支票来提取；而在人们用支票提款时，银行又无须借助于钞票，而只靠（在同一银行或在票据交换所）转账来结清。我认为，在投机时期，信用主要就是以这种方式扩张的。但是，一旦趋势开始转变，各银行大概就不会继续以这方式扩张信用了。当各银行的存款开始外流的时候，各银行恐怕就不会再创造那种并不代表真实存款而只代表新债务的存款账户了。但是，经验证明，以钞票方式进行的信用扩张，在过度投机所引起的物价回跌已经开始以后，仍会长期持续下去。如果采取措施使人们不能再依靠钞票阻碍物价的回跌，使银行只能利用存款和账面信用来过度发放贷款，那么人们开始感觉到过度投机带来的各种困难后，就不会如此经常或如此长久地阻

止利率提高了。相反，如果银行发现存款正在外流，而不能以本行钞票来填补这个空隙，那么，它为了保持自己的偿付能力，就会感到有必要减少贷款，而这将使利率加快上升。在这种情况下，持有商品的投机商便不得不忍受他们最终无法避免的损失，提前转卖商品；因而物价将提早回跌，一般信用也将提早崩溃。

为了理解加速危机的到来在减轻危机的激烈程度上所起的作用，我们想较为详细地谈一谈崩溃即将发生前的那一时期的主要特征——黄金外流的性质和后果。投机性的信用扩张所引起的物价上涨（如果持续的时间是够长的话），即使不以钞票为手段，也同样会产生使汇兑逆转的效果；而一旦汇兑由于这一原因而逆转，就只有靠物价下跌或利率提高才能使之恢复以前的状态，从而使黄金停止外流。物价的下跌可以消除黄金外流的原因，使运出货物比运出黄金更为有利（即使是为了偿还已经到期的债务），因而使黄金停止外流。利率的提高以及随之发生的证券价格的下跌，可以更快地达到上述目的，因为利率的提高和证券价格的下跌会诱使外国人不将应归于他们的黄金带走，而将黄金留在该国用以投资，甚至将黄金运入该国，以牟取利率提高的利益。关于后一种阻止黄金外流的方法，1847 年提供了一个明显的实例。但是，只有在发生了上述两件事情中的一件，即要么物价下跌，要么利率提高以后，才有可能阻止或减少黄金的外流。可是，只要银行家们继续提供贷款，使过度扩张的信用得到支持，物价就不会下跌，利率也不会提高。众所周知，一旦黄金开始外流，即使钞票的数量未尝增加，首先缩减的也仍将是钞票，因为所需输出的黄金总是用英格兰银行的钞票向该行换取的。但是，在1844年以前的制度下，英格

兰银行同其他银行一样，在人们强求提供新的贷款（这是这一时期的特征）时，可以而且经常也确实立即将由于人们换取金银块而收回的钞票重新发行出去。认为这种重新发行钞票的做法所带来的弊害主要在于妨碍通货收缩，的确是一个很大的错误。然而，这种做法确实像人们所想象的那样，是十分有害的。只要这种发行持续进行，黄金的外流就不会停止，因为在继续发放贷款期间，物价不会下跌，利率也不会提高。物价如果是在不增加钞票的情况下上涨的，那就完全可以在不缩减钞票的情况下下跌；但是，物价如果是由于信用扩张而上涨的，那就只有收缩信用才能使物价下跌。因此，在英格兰和其他银行坚持重新发行钞票期间，黄金将继续外流，直到英格兰银行存金过少，陷入停止兑现的危险，最后不得不大规模地、迅速地收缩贴现业务，从而使利率发生不必要的巨大的变化，使个人蒙受不必要的巨大损失和不幸，并使整个国家的信用遭受不必要的巨大损害。

我承认，（1847 年的经验也向以前忽略这一点的那些人证明）英格兰银行仅仅以其存款就可以在很大的程度上造成上述弊害。它可以在贴现和贷款应当缩减的时候继续进行甚或扩大贴现和贷款，最后结果是使紧缩来得更加猛烈得多和更加突然得多。然而，我不得不认为，利用存款犯这种错误的银行，如果不仅能利用存款而且还能利用钞票任意增加贷款，则会犯更大的错误。我也不得不认为，限制各银行增发钞票，实际上会阻止各银行发放那些力图挽回退潮但结果却使潮水暴落的贷款。虽然有人指责 1844 年条例，说它在需要提供方便而不是设置障碍的时候设置了障碍，但是，如果人们公认这种障碍确属有利，那么它还是应当受到称赞。因此，就这一点来说，我认为，不可否认，新制度对旧制度确实有所改进。

第四节 但1844年条例所造成的损害却大于它所带来的利益

尽管如此，在我看来，仍然可以肯定，上述这些利益，无论人们给予它们多高的估价，还是抵偿不了1844年条例所造成的损害。

首先，银行家们在信用已经处于膨胀状态，扩大信用只能延迟而加重崩溃的时候大规模地扩大信用，固然是非常有害的，但是，当崩溃已经发生，而且信用不是过多而是过少时，扩大信用却是极其有益的，因为这时增加贷款不是增加平常的流动信用额，而是用以补充突然受到破坏的大量其他信用。如果说1844年以前，英格兰银行常常延缓信用的崩溃，致使信用的崩溃更为猛烈，从而加重了危机的严重程度，那么同样可以说，该银行在商业危机期间也常常发挥非常有益的作用，即在其他一切票据和几乎所有商业信用都不大管用时，该银行总是站出来，用贷款支持有偿付能力的厂商。这种作用在空前严重的1825—1826年危机期间是非常显著的；在这次危机中，英格兰银行增加了几百万镑的所谓“流通额”，用来向它认为肯定具有最后偿付能力的厂商提供贷款；如果英格兰银行不提供这种贷款，那场危机就会更加严重。富拉顿先生正确地作了如下的评述[①]：如果英格兰银行答应这种要求，“它就必须

① 《通货的调节》，第106页。

为此而发行钞票，因为钞票是英格兰银行提供信用的惟一手段。但是，该行并不想使这些钞票流通，实际上它们也不流通。对通货的需求同过去一样。相反，按照我们所作的假设，物价的迅速下跌必然会缩减对通货的需求。钞票一经发出，就很快会以存款形式回到英格兰银行，或者会锁在伦敦私人银行家的抽屉里，或者由他们分给各地的客户，或者被其他资本家（他们在狂热的投机浪潮中负了债，也许还没有做好即刻偿还的准备）所截取。在这样的危急时刻，每一个靠借钱做生意的人，都不得不采取守势，他的全部目的就在于尽可能巩固自己的地位，而这个目的只有通过尽可能大量地贮备已由法律规定为合法货币的纸币，才能更为有效地实现。纸币本身决不会进入产品市场；如果说它有助于推迟（与其说推迟，不如说缓和）物价的下跌，那么，这不是由于它促进了对各种商品的有效需求，使消费者能够买较多的商品，从而使商业兴旺起来，而是由于正好相反的原因，即，它通过阻碍交易、抑制消费来使商品所有者能继续保持商品。”

在继信用过度扩张之后发生信用过度收缩之时，对信用给予及时的援救，是同新制度的原则相一致的；因为信用的异常收缩和物价的下跌，必然会使黄金流入国内，而这个制度的原则是，只要金属通货增加，总是容许甚至迫使钞票通货增加。但是，这种法律的原则所鼓励的，正是这种法律的条款在这个场合所阻止的，因为法律规定，在黄金实际流入以前，不许钞票发行额增加；而在危机的最严重阶段已经过去，随之造成的几乎一切损失和破产都达到顶点以前，黄金是决不会流入的。这种制度的理论所开的药方（作为适当的治疗方法），为这种制度的运行机制所扣留，以致不能及早地应用于许多目的。[①]

银行在弥补过度投机和过度收缩所造成的商业、信用缺口方面所具有的这一职能，是不可或缺的，因此，如果1844年条例还没有废止，那就不难想象，它的各项条款，在商业发生巨大困难、危机真正而全面地开始以后的每一时期，必然会像1847年那样中止实施。[②]假若问题仅限于此，则为防止危机而维持限制，又为消除危机而放宽限制，并非绝对不一致。但是，对于新制度还有一种更具根本而全面性质的反对意见。

该条例在理论上要求纸币数量的变动与金属通货数量的变动完全一致，因而它实际规定，每当黄金外流时，钞票数量都应当相应减少；换句话说，输出的全部黄金实际上都应取自流通领域；据认为，如果通货全部由贵金属构成，情况就是这样。这一理论和这些实际规定适用于黄金的外流源自物价上涨，而物价的上涨又源自通货或信用的过度膨胀这种情况，但也只适用于这种情况。

如果黄金的外流是通货增加或信用膨胀（其对物价的影响相当于通货增加）所造成的结果，我们就有理由认为，在纯粹的金属通货制度下，输出的黄金取自通货本身；因为这种外流实质上是没有限度的，只要通货和信用不减少，黄金就必然会持续外流。但是，贵金属的输出常常不是由影响通货或信用的原因造成的，而只

① 固然，英格兰银行可以用其存款扩大贷款，而存款的数额很可能是非常大的，因为在过度收缩时期，每个人都把自己的钱存入银行，以便随时取用。但是，这种存款并不总是够用的，这一点在1847年得到了确凿的证明，当时，英格兰银行以其存款所能提供的最大财力救援工商业，仍未能减轻危机，可是，政府一决定暂停实施1844年条例，危机就立即结束了。（1857年版注）

② 1857年再次发生的商业危机证实了这个预言；当时政府不得不再度自行中止实施这个条例的各项条款。（1862年版注）

是由于对外支付的异常庞大(这种情况或者是商品市场的状况造成的,或者是某些非商业性因素造成的)。这类原因中影响较大的有如下四种,过去50年英格兰的历史一再为此提供了例证。第一是政府在政治和军事上的巨额对外支出,例如在革命战争和克里米亚战争期间的支出。第二是用于对外投资的大量资本输出,例如对1825年危机的产生起过部分作用的那些贷款和开矿计划,以及成为1839年危机主要原因的对美投机。第三是供应重要工业原料的一些国家的农作物歉收,例如美国棉花的歉收,这使英格兰在1847年不得以较高的价格购买棉花,因而负债累累。第四是歉收和随之而来的粮食的大规模输入,关于这一点,1846年和1847年提供了比先前的一切经验更为明显的例证。

在上述各种情况下,即使通货是金属制成的,为上述目的而输出的黄金或白银也不一定,甚至不可能全部取自流通领域。这种金银往往取自窖藏的金银,在金属通货制度下,人们总是窖藏有大量金银;在未开化的国家,金银往往被富人所窖藏,而在文明国家,金银则主要作为银行家的准备金而被窖藏起来。图克先生在《通货原理研究》一书中证明了这一事实。但是,对此给予最明确和最令人满意的解释的是富拉顿先生。我不知道是否有其他著述家对通货理论的这一部分作过同样完满的阐述,所以我想从富拉顿先生的《通货的调节》这部才智洋溢的著作中略多引用一些。

“凡在亚洲各国居住过的人都知道,在那里,被窖藏的钱财相对于现有的财富来说,要远远多于欧洲各国窖藏的钱财,而且,由于世代相传的对财产安全的担心,以及难以找到安全而有利的投资场所,这种做法已经形成了根深蒂固的习惯,远非欧洲各国所能比拟——凡是对这种社会状况有亲身体验的人，都能想起无数的实例来说明，在金融窘迫时期，可以用高利贷作为诱惑，从个人的金库中吸引出大量的金银财宝，以应社会急需，也不难想起无数的实例来说明，如果使这些财富投入流通的诱惑不再起作用，则这些财富将再度为个人的金库所吸收。在文明和富裕程度高于亚洲国家的那些国家，虽然没有人害怕炫耀财富会引起当权者的贪欲，但商品的交换仍几乎普遍用金属流通媒介进行（欧洲大陆大多数商业国家的情况就是如此）。在这样的国家，积聚贵金属的动机也许不像大多数亚洲国家那样强烈，但其积聚能力却大为扩展，因而其积聚的绝对量，相对于人口而言，也许比亚洲国家要大得多。[①] 当然，在遭受外敌入侵威胁或社会状况不安定、危机四伏的那些欧洲大陆国家，积聚贵金属的动机仍很强烈；另一些欧洲大陆国家虽然在国外和国内都广泛进行商业活动，但却很少发行银行券，因而它们为保证拥有如期支付所必需的金银准备金，也必然会窖藏一部分流通铸币，窖藏的数量很难估计。

“在我国，银行制度已发展到远非欧洲其他各国所能比拟的水平，除零售交易和对外贸易外，铸币的使用可以说已经完全被银行制度所取代，因而私人已不再储藏金银，金银已全部转到银行手里，或者更确切地说，已全部转到英格兰银行手里。但是，在法国，钞票的流通还是比较有限的，根据最新的权威数字，该国现有的金银铸币数量估计达 1.2 亿英镑之巨，这种估计是完全合乎情理的。我们有充分的理由认为，这巨额财富的很大一部分，很可能是绝大

① 我们根据确凿的事实知道，法国农民一般很早就开始攒钱，他们手中随时都有很多钱，其数量比人们所能想象的要大得多；甚至在像爱尔兰这样贫穷的国家，最近也已查明，小农所储藏的钱与其看得见的生活资料简直不成比例。（1862 年版注）

部分，已由人们贮藏起来。如果你拿一张面额为一个法郎的汇票到法国银行家那里求兑，他会从保险库内取出一个密封的袋子，并将其中存放的白银付给你。不仅银行家是如此，每一个批发商和零售商也必须根据自己的财力储备充足的现金，以使自己除了能进行日常的支付外，还能应付意外的需要。不仅在法国，而且在银行制度尚未建立起来或者说银行制度很不完善的整个欧洲大陆，这样的保险库是不计其数的，所储藏的硬币数量极大，并且可以大量动用，甚至可以大规模地由一国转移到另一国，而对物价没有什么影响，也不致引起重大的混乱，这一点我们有一些明显的事例可以证明。”其中最明显的是：“欧洲的一些主要国家（俄国、奥地利、普鲁士、瑞典和丹麦）曾同时努力补充它们的国库，用铸币取代出于战争的需要而不得不发行的大量纸币（现已贬值的），正是在这个时候，全世界可用的贵金属库存由于英格兰致力恢复金属通货而减少，但是，这些国家的这一努力仍然取得了很大的成功。……不容置疑，这些共同执行的计划规模极大；但执行这些计划却没有明显地妨害商业或社会的繁荣，除了使汇兑发生暂时的混乱以外也没有其他什么影响；战争时期整个欧洲积聚在私人手里的金银，必然是这一切金银由以聚集的主要源泉。因而，我认为，任何人如果能够清楚地看到，巨额过剩的金银业经证明是一直存在的，虽然它处于不活动的、呆滞的状态，然而一旦出现十分强烈的需求，它总是会立即处于活性状态，那么，他就不能不承认，即使矿山关闭几年，完全停止生产贵金属，也不会使贵金属的交换价值发生可以感觉到的变化。”①

① 富拉顿：《通货的调节》，第 71—74 页。

富拉顿先生在谈到通货学说及其拥护者时说[①]："人们可以设想，通货学说的拥护者们是假定，完全使用金属通货的国家所外流的黄金，或者是一点一滴地从集市和市场收集的，或者是从杂货商和纺织品商人的钱柜收集的。他们甚至从未提到过人们窖藏有大量贵金属，尽管硬币流通国家之间的全部国际支付有赖于这种窖藏的贵金属，尽管即使根据通货学说的假说，窖藏的货币也完全不可能影响物价。根据过去的经验，我们知道，金银币流通国家可以在毫不妨害国内繁荣的情况下，及时地作出金额多么巨大的支付；但是根据什么理由我们认为这种支付完全是用贮藏的金银进行的呢？我们无妨想一想，只以贵金属为媒介进行一切交易的一国金融市场，在必须对外支付几百万镑时，大概会受到什么样的影响。当然，这种需要只能靠转移资本来满足；但是，这时为占有这种转移的资本而引起的竞争，不是必然会使市场利率提高吗？如果这几百万镑由政府来支付，政府不是多半要以比平时更加有利于出借者的条件举债吗？'如果这几百万镑由商人支付，那么商人不是会向银行提取存款，或者如果没有银行，从自行保存的准备金中提出，或者不得不作为借主到金融市场去借取所需要的硬币吗？'而所有这些不是必然会对贮藏的金银发生影响，使货币兑换商（有些货币兑换商窖藏金银，正是为了等待这种有利可图的机会）将他们所积聚的部分金银投入流通吗？……

"在过去的 4 年〔从 1844 年算起〕中，我国同几乎所有欧洲国家的收支差额都是顺差，黄金源源不断地流入我国，以致流入的黄金总额达到了前所未有的 1400 万英镑这一巨额数字。但是，在此

① 富拉顿：《通货的调节》，第 139—142 页。

期间，有谁听见欧洲大陆人民诉说深受其苦呢？欧洲大陆的物价是否以大大超过英格兰的幅度降低了呢？其工资是否下降了呢？或者商人是否由于他们的存货普遍贬值而大批破产了呢？这类事情都没有发生。欧洲大陆各国的商业和金融都很平稳；特别是在法国，岁入的增加和商业的扩展表明，该国的繁荣在继续发展。实际上，黄金的大量外流是否从该国真正流通的金属财富中取用过一枚拿破仑金币，是很令人怀疑的。而且，从信用状况平稳这一点可以推知，不仅零售市场上的交易所不可或缺的硬币供给从未间断，而且贮藏的财富依旧对正常的商业支付提供必需的便利。金属通货制度的本质在于，贮藏的财富在任何可能发生的情况下都应当有助于达到如下两个目的，即，第一，供给输出所需要的金银块，第二，补充国内通货，使之保持合理的数量。在这种制度下做生意的每一个人，在经营过程中也许时常要向外国汇付巨额硬币，因而不仅为了在必要时补足所须汇付的款项，而且为了使自己在国内能够不间断地进行通常的交易，都必须在自己手头保持足够的金银，或者具有向邻人借用的办法。”

就贵金属而言，像英格兰这样信用非常发达的国家，与欧洲大陆国家的情形有所不同。在欧洲大陆国家，金银储藏在许许多多人手里，而在英格兰，金银则全部掌握在英格兰银行这一个机构的手里。因此，通货学说的理论原理会提出这样的要求，即，应允许贵金属的外流（如果通货完全是金属通货，则这些贵金属往往取自窖藏的金银）自由动用英格兰银行金库中的准备金，而不要试图通过减少通货或收缩信用加以阻止。对于这种要求，人们也提不出有充分根据的理由来加以反对，除非贵金属外流的数量极大，有耗尽准备金从而停止兑付的危险；不过，对于这样的危险，人们可以采取适当的措施加以预防，因为在我们所考察的几种情况下，贵金属的外流都是对外支付一定数额的钱所引起的，这种支付一经实现，贵金属的外流立即就会停止。而且，人们承认，在任何〔通货〕制度下，英格兰银行经常拥有的准备金，都应超过经验证明这种外流可能达到的最大数量；富拉顿先生断言其极限应为700万镑，但是图克先生则建议保持平均为1000万镑的准备金，在他的最后一本著作中还提出要保持1200万镑。在这种情况下，英格兰银行经常拥有的准备金（这种准备金决不用于贴现，而只用以兑现支票或钞票），当足以应付这种危机；因此，不用紧缩信用或通货致使危机加重，危机就会过去。这是这种情况所能得到的最好结局，这一结局不仅同金属通货制度所公开宣称的原理相一致，而且也是这一原理所要求得到的结局，但金属通货制度的鼓吹者却声称，该制度最大的优点就是防止出现这种结局。他们夸大地说，黄金一旦外流（不论其原因如何，也不论在金属通货制度下是否会引起信用收缩），英格兰银行就不得不立即削减贷款。但是要记住，他们是认为，即使当时不存在必须纠正的物价上涨，也不存在需要紧缩的非同一般的信用扩张，而只是由于政府的对外支付引起了对黄金的需求，或只是由于歉收而需要大量输入谷物，英格兰银行也必须削减贷款。

如果假定这种准备金不足以应付对外支付，用以进行对外支付的资金必须取自国内的可贷资金，那么利率就必然会上升；在这种情况下，金融市场上一定程度的货币短缺是不可避免的；而把英格兰银行分为银行部与发行部则会大大加重货币的短缺。按照通常的说法，这时1844年条例只能以如下方式起作用，即阻止英格兰银行在以（例如）300万镑的金银块兑换成它发行的300万镑钞票以后，再以这些钞票进行贴现或用作其他贷款。但是，这个条例的作用实际上远不止此。众所周知，黄金的流出总是首先对银行部产生影响。银行存款构成一国可以自由使用的闲置资本的大部分；而对外支付所需要的资本几乎经常主要是从存款中提取的。假定所需金额为300万镑，300万镑的钞票从银行部提出（直接提出，或经由准备金主要存在英格兰银行的私营银行提出），如此取得的300万镑即由人们向发行部兑换用以输出的黄金。这样，就一国而言，流出的金额仅为300万镑，而就英格兰银行而言，实际流出的金额则为600万镑。存款减少了300万镑，发行部的准备金也减少了这么多。只要1844年条例还在实施，则这两个部即使处于极其窘困的境地也不能互相帮助，而必须各自为本身的安全采取预防措施。因此，在英格兰银行方面，在旧制度下，有600万镑的流出才需要采取某种措施，现在只要有300万镑的流出就有必要采取了。发行部以条例规定的方法来保护自己：不再发行已经回笼的300万镑钞票。但是，银行部则因其准备金减少了300万镑，必须采取措施予以补充。由于存款减少了300万镑，银行部所负的债务也减少了300万镑，按照通常的银行原则——准备金等于存款三分之一，其准备金可以减少100万镑。可是，其余的200万镑银行部必须以同一数额的贷款到期收回、不再展期的办法来取得。银行部不仅必须提高利率，而且无论采用什么方法，都得使票据贴现总额减少200万镑，否则就必须出售同一数额的证券。为了补充银行部的准备金而在金融市场上采取这种激烈行动，完

全是1844年条例引起的。如果没有这个条例所规定的各种限制,英格兰银行就不必缩小贴现额,而只需由发行部划拨200万镑黄金或钞票给银行部;这种划拨不是将它们借给一般国民,而是为了保证银行部今后在存户有意外需求时有能力偿付。除非黄金继续外流,以至流出额似乎可能超过两部储备的黄金总额,否则,即使在金融紧迫期间,英格兰银行也仍可按照与需求的增加相对应的利率向商业界发放其惯常所需的贷款,而无须停止贷放。①

我知道,有人会说,听任这种性质的黄金外流在自行停止以前自由地影响英格兰银行的储备,也不能阻止通货和信用的收缩,而只是使之延缓;因为如果不在这种外流开始时就为阻止外流而采取限制钞票发行额的办法,则以后为了通过影响物价收回大量黄金,以补足英格兰银行的准备金,就必须对发行额实行同样的或更大的限制。但是,这种议论忽略了某些事情。第一,黄金可以不通过物价下跌,而通过更为迅速而简便的方法,即提高利率来收回,

① 我曾称之为"外流的双重作用"的这种说法,不可思议地被人们理解为,似乎我坚持这样的看法,即英格兰银行由于300万镑的外流,而不得不放弃价值600万镑的财产。这样的看法当然十分荒谬,无须给予任何反驳。我所说的外流具有双重作用,不是就英格兰银行本身的金钱状况而言,而是就该行为了阻止黄金外流而不得不采取的措施而言。虽然英格兰银行本身的资力未减少,但是它的两种准备金,即银行部的准备金和发行部的准备金,却由于仅仅300万镑的外流而各自减少了300万镑。而且,在两部分立的情况下,如果两部想要互相援助,它们就必须像两部合并在一起时那么强大,因而在旧制度下600万镑的外流才会导致英格兰银行在金融市场上采取的那种严厉措施,现在300万镑的外流就会导致英格兰银行加以采用。由于发行部拥有多少金银块,银行部的准备金就会相应减少多少,由于外流的全部金额首先要由这一已经减少的准备金承付,因而,全部外流额加于半数准备金的压力,会使人们感到像两倍于此的流出额加于全部准备金的压力一样大,而要顶住前一种压力,就要采取像顶住后一种压力一样有力的措施。我在别处曾经说过:"这就像是不准一个必须举起某一重量的人使用双手,而每次只许他用一只手来举;在这种情况下,他的每一只手都必须像两手并用时一样有力。"(1857年就英格兰银行条例问题在下院委员会所作的证词)——1862年版注

利率的提高仅使证券价格下跌，其他物品的价格不会受影响。这时，或者外国人会购买英格兰的证券，或者英格兰会将其所持有的外国证券送到国外出售，1847 年商业困难时期，这两种交易都曾大量进行，它们不仅阻止了黄金外流，而且把局面扭转了过来，使黄金流回。因此，黄金的流回不是由于通货的收缩，尽管这时黄金确实是因贷款收缩而流回的。但是，甚至收缩贷款也不总是必需的。因为，第二，黄金的流回不必同它的外流一样迅速。其中的大部分很可能通过正常的商业途径，以外国抵偿输出品货款的形式收回。外国的商人和生产者由于取得英格兰的额外支付而获得的额外利益，很可能有一部分会用来增购英格兰的商品（或者为了消费，或者为了投机），虽然其作用也许不会很快显露出来，使黄金的输送自始即可省免。这种额外的购买将使收支差额转为对英格兰有利，从而使英格兰得以逐渐收回已输出的部分黄金；其余的黄金，无须英格兰大幅度提高利率，只靠外国的可贷资本增加几百万镑黄金所引起的利率下降，就很可能收回。实际上，金矿发现以后，澳大利亚每年生产的巨额黄金以及来自加利福尼亚的大量黄金，都是经由英格兰分配到其他各国的，几乎每个月都有大批黄金运到英格兰，因此，即使英格兰不重新输入过去外流的黄金，英格兰银行的准备金也可以自行补充。所需要的只是黄金输出的停顿，只要有短暂的停顿就足够了。

由于上述理由，据我看来，1844 年条例在某种商业危机（由过度危机引起的）的最初阶段虽然起过有益的作用，但总的说来，它实际上使商业恐慌更加严重了。再者，这个条例不仅使信用收缩更为激烈，而且使之更为频繁。乔治·沃克先生在阿伯丁《先驱报》上发表的一系列观点明确、不带偏见的具有结论性的论文（它们是目前有关这个问题的最好著述）中说："假定现有1800万镑黄金，其中1000万镑是在发行部，800万镑是在银行部。其结果同在金属通货制度下只有800万镑（不是1800万镑）准备金是一样的。……英格兰银行条例的作用是，在黄金外流时，英格兰银行的措施不是取决于该行保管库中的黄金总量，而是或者应当是取决于其中属于银行部的部分。英格兰银行如果有权支配全部黄金，则只要黄金流出时还留下适量的准备金，该行就无须干预信用，或抑低物价。但是，该行只能支配银行部的准备金，并在这一狭小的范围内运营，因而它不得不以或多或少强硬的抵制手段来对付一切外流，从而对商业界造成损害；如果它不这样做（这也是可能的），它就必然要破产。因此，在英格兰银行条例之下，利率的变动极大，而且颇为频繁。1847年以后，英格兰银行开始真正认识到了自己的处境，感到随着准备金的每次变动，都必须变动利率作为预防措施。"所以，要消除这个条例带来的危害，英格兰银行除了在发行部保留黄金外，还必须以黄金或钞票形式在银行部保护大量的准备金。其数额必须大得能像在旧制度下那样足以为发行和贷款两者担保。

第五节 是否只应该由一个机构发行钞票

关于钞票通货，还有以下两个问题近几年也引起了不少争论：一、发行钞票的特权应限定为一个机构（例如英格兰银行）专有，还是应当准许许多发行者共享？二、在后一种情况下，为了保护钞票持有者在发行者破产时不遭受损失，采取某些特殊的预防措施，是否必要，是否适当？

上述思考过程提示我们，同其他各种信用形式相比较，钞票的特殊重要性远远小于一般流行见解所承认的，因此，在信用总体中只占很小一部分的钞票的调节问题，在我们看来，不可能像有些人认为的那样具有重大的意义。然而，钞票目前也确实有这样一个特点，即，只有这种信用形式适用于流通的一切目的，只有这种信用形式能在国内的各种用途方面完全取代金属货币。虽然支票的推广使用，像它会使金镑和其他铸币（如果废除钞票，就会由它们取代钞票）的数量越来越少一样，也会使钞票的数量越来越少，但是，可以肯定，今后很长时期内，在存在必需的商业信任而且准许人们自由使用钞票的任何地方，钞票仍会大量供给。因此，如果发行钞票的独有特权由政府或某一机构保留，这将是一个巨大的金钱利益的源泉。将这种利益归于整个国家，是切实可行的，也是比较理想的；因而，如果像 1844 年条例所规定的那样，钞票通货的管理应当完全是机械式的，应当完全依据一成不变的规则来进行，则似乎没有任何理由不为国库、而为某一私人发行者的利益管理通货。然而，如果还是采用发行额任何程度的变动都听任发行者自由决定的方法，则在政府的职权已在不断增加的时候，再将如此琐细的一项职责加于政府，是不适当的；而且，也不应该转移政府首脑的注意力，使他们不去注意重大的问题，而被要求发行纸币的申请所包围，成为攻击的目标（任何有关通货调节的行为，无论如何细微，政府都被认为负有责任，因而无法避免这种攻击）。更合适的办法或许是，在不超过最低限度的钞票通货发行额的数额内，发

行一定数量的凭票即可兑换黄金的金库兑换券[①]，所需要的其余钞票则由一家或若干家私营金融机构自由供给。或者是，像英格兰银行这样的机构在向政府提供 1500 万镑或 2000 万镑无息贷款的条件下，可以向全国供给钞票；国家由此得到的金钱利益，同它亲自发行 1500 万镑或 2000 万镑钞票是一样的。

人们在指责多数发行者制度（1844 年条例以前这一制度曾经在英格兰实行，目前在一定的限制下仍在实行）时通常提出的理由是，这些发行者之间的竞争导致他们将钞票发行额增加到有害的程度。但是，前已提及，银行家所拥有的增加发行额的力量和他们凭借这种力量所能造成的损害程度，与现时的过高估计相比较，是微不足道的。正如富拉顿先生所说的[②]，事实证明，合股银行的设立虽然大大加剧了银行业的竞争（有时竞争非常激烈），但却丝毫没有扩大钞票流通总额；相反地，流通总额实际上减少了。如果没有任何特殊事例可以成为产业自由〔原则〕的例外，就应当贯彻执行一般原则。然而，似乎仍需要保持像英格兰银行这样的庞大机构，使其在如下一点上与其他的发行银行相区别，即，人们只对英格兰银行提出以黄金兑付钞票的要求，其他银行则可以自由地用这个中央机构的钞票来兑付它们自己的钞票。这样做的目的是，使一个机构负责保持足够数量的贵金属储备，以应付任何可能发生的黄金外流。把这个责任分散给若干家银行，任何银行都不会有效地承担责任；如果责令一家银行担负这个责任，则其他一切银行所保留的金属储备都会成为闲置资本，白白浪费掉，假如允许这

① treasury notes，英国发行的代替 1 镑（或 10 先令）金币的纸币。——译者

② 《通货的调节》，第 89—92 页。

些银行随意以英格兰银行的钞票来进行兑付，这种浪费就可以避免。

第六节　是否应以特殊方式保护钞票持有者，使其免遭银行无力兑付的损害

剩下来的问题是，在实行多数发行者制度的情况下，是否需要采取某些特殊的预防措施，使钞票持有者得以避免银行无力兑付的损失？1826 年以前，发行银行无力偿付，是屡见不鲜的、极为严重的一种弊害，常常使整个地区遭难，使勤俭的产业长期费心积蓄的成果一下子就丧失掉。这是使国会在那一年禁止发行面额在 5 镑以下的钞票，以至少使劳动阶级尽量免于遭受这种苦难的主要理由之一。作为附加的保护措施，有人曾建议，给予钞票持有者优先于其他债权者的权利，或者要求银行家们储存公债或其他政府证券，作为发行总额的担保。英格兰过去的钞票通货不可靠，部分是由法律造成的，这种法律为了给予英格兰银行一种经营金融业务的有限独占权，禁止城市或乡村设立有 6 名以上股东的银行（无论是发行银行还是储蓄银行），实际上是使组设各种可靠的金融机构成为应受处罚的犯法行为。这种规定确实是旧的独占制度和限制制度的一个独特的标本，在 1826 年，不分发行银行和储蓄银行，除了以伦敦为中心的半径 65 英里以内的地区以外，其他各地均已废除了这一规定，而在 1833 年，就储蓄银行而言，上述地区也废除了这种规定。人们曾经希望，此后设立的许多合股银行能够提供更可靠的通货，并希望在这些银行的影响下，英格兰的银行制度能

够几乎同过去两百年苏格兰的银行制度(在苏格兰,银行业始终是自由的)一样可靠。但是,新近这些机构经营失当(粗心大意和从事诈骗活动)的几乎难以令人置信的实例(虽然在一些最著名的事例中,失职的组织机构并不是发行银行)十分清楚地表明,至少在特威德河以南,合股原则运用于银行业,并不像人们过于自信地设想的那样,可以充分保护钞票持有者的利益;因此,如下信念现在已难以驳倒,即,如果允许存在许多发行者,就必须采取某种保护钞票持有者的特殊措施。

第二十五章 论各国在同一市场上的竞争

第一节 一国能以低价驱逐另一国的原因

重商主义的用语和学说，依然是所谓销售阶级（与购买者或消费者有别）政治经济学的基础。在重商主义的用语中，最常见或最危险的用语莫过于“廉价销售”（underselling）一词。过去人们说，现在人们还是时常说，应以低价驱逐别国，而不是被别国所驱逐，这几乎好像是生产和商品在世间的惟一目的。数百年来，各国商人之间普遍存在着敌对情绪，而看不到各商业国家利害关系的普遍一致，即商业国家可以从相互的繁荣中得到好处。这种注重商业的精神在欧洲历史上的某一时期曾是战争的主要原因，现在则是阻止战争的最强大因素之一。

虽然目前对于国际通商的性质和结果已有比较开明的见解，但是对商业上的敌对行为仍须用若干篇幅（尽管较少）来加以说明。国家像个体商人一样，在某些商品的市场上可能是利益相反的竞争者，而在另外一些商品的市场上，它们却具有较好的有来有往的顾客关系。通商的利益并非像过去人们所想象的那样在于商品的销售；但是，由于商品的销售是获得所购买的商品的手段，一个国家如果不能诱使其他国家购取它的某些商品，它就不能获得通商的真正利益，即输入品；因此，其他国家的竞争越激烈，迫使它出售商品的价格越低（只要不是低得根本无法出售），则它通过对外贸易获取输入品的费用就越大。

上述论点在前面几章中已经作过适当的（虽然是附带的）说明。但是，因为这个论题在经济理论中和在政治家、商人和制造商实际担忧的事情中一直占有而且今后仍将占有重要地位，所以在结束国际交换问题以前，简单讨论一下有哪些能使各国以低价相互驱逐，是适当的。

甲国要在某一市场上廉价出售商品，将乙国完全逐出市场，必须具备两个条件。第一，甲国在甲乙两国都输出的物品的生产上必须比乙国具有较大的优势；所谓较大的优势（如上文所详细说明的）不是绝对的，而是与其他商品比较而言的；第二，甲国对顾客国生产物的需求和顾客国对甲国生产物的需求的关系，从而国际价值的状态都必须是，甲国让给顾客国的利益多于竞争国（乙国）拥有的全部利益；否则竞争国仍能在市场上立足。

让我们回到前面设想的英格兰和德国之间以毛料和亚麻布进行贸易的假定上来。英格兰能够用与生产 15 码亚麻布相同的费用生产 10 码毛料，德国生产 10 码毛料的费用则与生产 20 码亚麻布的费用相等，而这两种商品系以某种中间的比例（比方说 10 比 17）在这两国之间（运费除外）进行交换。如果没有另一国家愿以 20 码以上（不仅是 17 码以上）的亚麻布来同 10 码毛料相交换，德国就不会被逐出英格兰市场。如果另一国的出价在 20 码亚麻布以下，则这种竞争仅仅使德国不得不以较高的代价来换取毛料，而不会使德国无法输出亚麻布。因此，能以低价出售将德国逐出英格兰市场的国家必须具备以下两个条件，第一，它能以低于德国的生产费用（与毛料相比）来生产亚麻布；第二，它必须对毛料和其他英格兰商品具有极大的需求，致使它一旦独占市场，仍不得不给予英格兰很大的利益（比德国放弃它的全部利益所能给予英格兰的还要大），例如以 21 码亚麻布来换取 10 码毛料。这是因为，如果不是这样，例如，如果在德国被逐出英格兰市场以后，由国际需求方程式规定的比率为 18 比 10，那么，德国仍可参加竞争；这时，德国将是低价出售亚麻布的国家；因而，有可能达到某一点（或许是 19 比 10），在那一点，两国都能够在英格兰市场上立足，而且可以按照新调整的交易条件，在英格兰出售足以偿付它们所需要的毛料或其他英格兰商品的亚麻布。同样，作为毛料输出国的英格兰，只有在存在如下竞争国的情况下才会被逐出德国市场，即，这个国家在毛料生产上占有较大的优势，因而能以 10 码毛料交换 15 码以下（不只是 17 码以下）的亚麻布，而该国对德国生产物的强烈需求，又使它不得不按这样的比例来进行交换。在这种情况下，英格兰若再进行这种贸易，就必然会遭受损失；但是，只要还没有达到上述程度，英格兰就只是不得不以码数多于过去的毛料向德国换取较少的亚麻布而已。

由此可见，人们也许过于担心自己被永远逐出市场了。实际可能发生的事情也许不是完全丧失贸易，而是进行贸易的优势有所减少，由此而遭受损失的主要不是输出品的生产者或商人，而是外国商品的消费者。即使某一国家在某一特定的时期在外国市场上出售毛料的价格略低于英格兰出售毛料的价格，这也不应成为英格兰毛料生产者担忧的充分理由。假定英格兰的生产者在外国市场上暂时失利，因而他们的输出减少；则输入将超过输出，贵金属的分配将有所变动，物价将下跌，从而他们的一切货币支出均将减少，他们也就能够再度同竞争对手竞争（如果这时的事态没有发展到上一段所描述的程度）。英格兰所受的损失不会落在输出商身上，而会落在消费输入品的那些人身上；这些人的货币收入总额减少了，但却不得不以同样的甚至更高的价格来购买外国生产的一切物品。

第二节　低工资究竟是不是使一国能以低价驱逐另一国的原因

我认为，上文已对“低价出售”的理论或基本原理作了正确的表述。有人会说，这种理论未考虑到我们常常听说的一些使一国被低价驱逐的原因。

按照上述学说，一国的某种商品被低价逐出外国市场，只是由于竞争国具有更为强烈的将其劳动和资本专用于生产这种商品的动机；这种动机是由如下的事实引起的，即，这样做可以节省大量的劳动力和资本，而由此产生的利益可以在该国和顾客之间分配——全世界的产品总量因而会增加。因此，“低价出售”虽然使被驱逐的国家遭受了损失，但却使整个世界得到了好处；代之而起的商业较之被取代的商业，可以节省较多的人类劳动和资本，增加较多的人类共同财富。这种利益自然在于，能够生产品质较好的商品，或者能以较少的劳动（与其他各种物品相比较）来生产这种商品，或者能以较少的时间（如果不是以较少的劳动），即缩短其所使用的资本的"滞留"(detention)时间来生产这种商品。这种利益的产生,或者是由于自然的优势(例如土壤、气候和矿山的富饶程度),或者是由于劳动者先天的或后天的能力较强,或者是由于分工、工具或机械比较优良。但是,这个理论却完全没有考虑到低工资这一因素。而在通常流行的各种理论中,低工资正是人们爱讲的一国能"低价出售"的原因。我们时常听到这样的说法:英国的生产者在外国市场上,甚至在本国市场上,都由于外国竞争者所付的工资较低而处于不利的地位。人们说,这种低工资使外国竞争者能够或者几乎总是能够以较低的价格出售商品,从而将英格兰的制造商从没有受到人为保护的一切市场上驱逐出去。

在从理论上考察这种见解以前,把它当作一个实际问题花费一点时间加以考察,是值得的。的确,外国制造业工人的工资比英格兰低,但这种低工资是否给资本家带来了好处呢?根特或里昂的手工业工人每天挣得的工资或许较少,但是他所做的工作不也较少吗?如果考虑到效率的大小,他的劳动对雇主来说花费较少吗?虽然欧洲大陆的工资或许低一些,但是劳动成本——这是竞争的真正要素——不是几乎相同吗?具有鉴别力的行家们的意见似乎都是这样,而英格兰和大陆各国之间利润率的差别很小更进一步证实了这一点。如果是这样,认为英格兰的生产者会由于这一原因而被欧洲大陆的竞争者逐出市场,这种看法就不合理了。只有在美国,这种看法似乎才是可以接受的。在美国,如果我们将工资一词解释为劳动者的日常收入,则劳动者的工资要比英格兰高得多;但是,美国的劳动生产力很高,劳动效率与使用劳动的有利环境相结合,使得这种劳动对于它的购买者具有很高的价值,以致美国的劳动成本还是低于英格兰；这一点，可以从美国一般利润率和利率都比较高的事实得到说明。

第三节　只有当某些产业部门的工资较低时，低工资才是使一国能以低价驱逐另一国的原因

但是，即使从低劳动成本的意义上说，低工资真能使一国以比较低廉的价格在外国市场上出售商品吗？当然，我在这里说的低工资，是指该国所有生产性行业的工资都比较低。

如果提供输出品的某个产业部门的工资，由于人为的或某种偶然的原因而低于该国的一般工资率，这将成为在外国市场上〔销售输出品〕的一个真正有利的条件。它减少了这些物品相对于其他各种物品的比较生产费用，与减少生产这些物品所需的劳动具有同样的效果。试以南北战争以前美国的某些商品为例。在该国，烟草和棉花这两大输出品是由奴隶劳动生产的，而粮食和制造品则一般是由为自己的利益而劳动或领取工资的自由劳动者生产的。尽管奴隶劳动的效率很低，但是不容置疑，在自由劳动的工资很高的国家，驱使奴隶干活对资本家来说是很有利的。不管对资本家有利到什么程度，这种较低的劳动成本（不是普遍如此，仅限于某些行业）都会使产品的价格在国内市场和外国市场上降低，恰如它们是以较少的劳动生产出来的一样。如果南部各州的奴隶全部获得解放，而且他们的工资上升到美国自由劳动者收入的一般水平，那么，该国也许不得不从输出品目录中删去这些由奴隶生

产的物品，而肯定不能再按照往常的价格在外国市场继续出售。这些物品的价格低廉在一定程度上是人为的，可以与生产或输出方面的奖励金引致的价格低廉相比拟，或者，如果考虑价格低廉的由来，与赃物的价格低廉相比拟更为恰当。

还有一种利益，虽然从道德上说不同于上述利益，但在经济上却类似于上述利益，这就是家庭工业所具有的利益；有些家庭利用闲暇时间织布，这些家庭不靠这种工业产品来维持生计，因而只要他们觉得值，他们就会以极低的价格出售自己所织的布。我在论述另一问题时曾经提到的苏黎士州的一份报告书中，有如下一段叙述[①]："苏黎士的劳动者今天是制造业者，明天又变成农场经营者，他们的职业随季节而变化，循环不已。制造业和耕作并进，不可分离地联结在一起。质朴而未受到教育的瑞士制造业工人之所以总是能够持续进行竞争，之所以能面对经济和技术（这是更重要的）力量都很强大的企业而不断发展壮大，个中秘密，当可从这两种职业的结合中发现。即使在苏黎士州制造业最为发达的地区，也只有七分之一的家庭是专门从事制造业的；七分之四的家庭是兼营制造业和农业的。这种家庭制造业的有利方面主要在于：它可以与其他一切副业相容，或者在一定的程度上可以认为它只是一种补充性的职业。在冬季，工人全家在住处从事家庭制造业，但是春天一到来，担负早春田间劳动的人们就放弃室内工作；许多织布机停止运转；随着田间劳动增多，家庭成员先后参加，到了收获时期，即所谓'农忙期'，终于全家的人都手执农具；但是，在天气不

① 《瑞士历史、地理及统计的描述》第1卷，1834年版，第105页。

好的时候，以及在其他一切空闲的时间，小屋内的工作重新开始；而当不宜于农作物生长的季节再次到来时，人们又按上述顺序逐渐回到室内工作，直到全家的人都重新开始进行这种工作。”

就这种家庭制造业来说，决定各国之间交换的比较生产费用，要远远低于所使用的劳动量。家庭制造业工人的实际生活费用，如果有赖于其织布机的收入，那也只是部分地依赖这种收入，因此，即使他们得到的报酬低于可能长期存在于各种职业中的最低工资（劳动者必须借此维持全家开支），他们也会继续工作。他们不是为雇主而劳动，而是为自己而劳动，因此，除了购置织布机和原料的少量费用以外，可以说不需任何费用就可以从事制造；而所生产的产品可以卖很低的价钱，因为他们并不以此为生，只要所得到的报酬足以使他们将闲暇时间用于这种社会工作而不感到厌烦就行了。

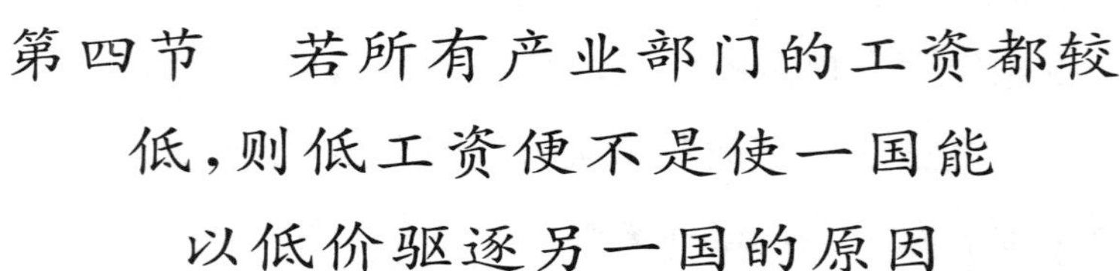

第四节　若所有产业部门的工资都较低，则低工资便不是使一国能以低价驱逐另一国的原因

上述奴隶劳动和家庭制造业这两个事例，说明了在什么条件下，低工资可以使一国在外国市场上廉价出售它的商品，从而将竞争国逐出这个市场，或者避免被他们所驱逐。但是，如果低工资通行于一切产业部门，该国就不能得到这种利益了，普遍的低工资决不会成为任何国家将竞争国逐出市场的原因，普遍的高工资也决不会阻碍任何国家将竞争国逐出市场。

要证明这一点，我们就必须回到前面[1]已经讲过的一条基本原理上来。在一国内部，普遍的低工资不是低物价的原因，高工资也不是高物价的原因。一般物价不会因工资提高而上涨，如同它不会因一切生产所必需的劳动量增加而上涨一样。对一切商品发生同等影响的费用，对物价毫无影响。如果宽幅毛料或刀具的制造者必须支付较高的工资，而其他的制造者都没有这个必要，那么，他的商品的价格就会上升，正如他必须雇用较多的劳动一样；因为，如果不是这样，他得到的利润就会比其他的生产者少，从而任何人都不会从事这种职业。但是，如果任何人都必须支付较高的工资，或者任何人都必须雇用较多的劳动，则这种损失大家都必须忍受；因为这种情况对任何人都具有同样的影响，谁都不能指望通过改变职业而得以避免，因此，每个人只好听任利润减少，而使物价停留在过去的水平上。同样，普遍的低工资，或劳动生产力的普遍提高，不会使物价降低，而只会使利润提高。工资（在这里，工资一词是指劳动成本）下降，为什么生产者要因此而降低价格呢？有人会说，他是由于想挤进他的行业的其他一些资本家的竞争而被迫降低价格的。但是，其他资本家也是支付较低的工资，他们同他竞争，除了他们所已获得的利益以外将一无所得。因而，劳动报酬的多少及所使用的劳动量，除为某种商品所特有，而非一般商品所共有者外，对商品的价值和价格都没有影响。

既然低工资在本国不是低物价的原因，也就不能使该国以较低的价格向外国市场提供商品。固然，如果美国的劳动成本低于英格兰，则美国可以按低于英格兰的价格向古巴出售棉制品，而仍

① 参阅第三编第四章。

能获得同英格兰制造商一样高的利润。但是，美国棉纺业主进行比较的对象不是英格兰制造商，而是美国的其他资本家。这些资本家同棉纺业主一样，都享有劳动成本低廉的利益，从而享有高额的利润。棉纺业主也一定要获得这种高额利润，而不会以英格兰的利润为满足。确实，在一定的时间内，他可以在那种低利润率下继续经营，而不愿改变行业；而且有时会在很长的时期内，在远比当初经营时所想象的为低的利润率下经营他的事业。劳动成本较低而利润较高的国家，虽然不能借此在削价竞争中击败其他国家，但是在遇到其他国家的削价竞争时却可以借此进行顽强不屈的抵抗，因为生产者往往在利润减少时仍能继续生产，甚至能扩大生产。不过，低劳动成本这一有利条件给予他们的好处仅此而已；一旦时势变化，他们能获得与国内其他资本家一样高的利润的希望显然无法实现，他们就不会长期坚持这种抵抗了。

第五节　一些反常事例

有一种进行贸易、从事输出的社会，似乎有必要略加说明。这种社会几乎不能看作与其他国家进行商品交换的国家，而看作从属于一个较大社会而远离中心的工业或农业区更为恰当。例如，英领西印度殖民地就不能视为具有自己的生产资本的国家。如果曼彻斯特不在现在的地方，而在北海的某块岩石上（但现今的产业仍继续经营），则它仍会是英格兰的一个城市，而不是与英格兰进行贸易的国家：它会同目前一样，只是英格兰便于经营棉纺业的一个地区。同样，西印度群岛是英格兰感到便于进行糖、咖啡及其他一些热带商品生产的地方。那里运用的一切资本都是英格兰的资本；其所经营的几乎全部产业都是供英国人利用的；除了上述大宗商品以外，那里几乎不生产其他物品，而这些大宗商品运到英格兰，不是为了交换各种物品而输往殖民地，供当地居民消费，而是为了住在英格兰的业主们的利益，在英格兰销售。因此，英格兰与西印度群岛的贸易几乎不能看作对外贸易，而更类似于城市与乡村之间的交易，并受国内贸易原理的支配。殖民地的利润率当由英国的利润规定；预期利润在殖民地必然与在英格兰大体相同，外加对在远地从事冒险事业所遇到的困难的补偿；在作了这种补偿以后，西印度群岛生产物在英格兰市场上的价值和价格，应当像英国生产的任何商品一样。由生产费用决定（或者更确切地说，先前就应当这样决定）。在过去 12 年或 15 年间，这个原理曾被搁置不用；价格起初是由于供给不足（供给由于劳动不足而不能增加）而持续超过生产费用的比率；近来由于允许外国参加竞争，又导入了另一因素，致使西印度群岛的一些产品在削价竞争中被逐出市场，究其原因，与其说是那里的工资高于古巴和巴西，不如说是那里的工资高于英格兰；因为，如果不是这样，则牙买加以古巴的价格售糖，虽然不能享有古巴那样的利润率，仍能获得英国那样的利润率。

还有一种基本上独立的小社会也值得注意。这种社会所赖以生存和致富的手段，几乎完全不是本地的生产物（除了船舶和港口设施外），而只是转运业和转口贸易，即购买某国的生产物，转售给其他国家，从中获得利润。例如威尼斯和参加汉萨同盟的一些城市就是如此。这种社会的情况是很简单的。它们不是将自己的资本用作生产工具,而是用以完成其他各国生产物之间的交换。这种交换给这些国家带来了好处,即增加了产业总收入。增加的收入一部分付给代理商,以补偿必需的运输费用,另一部分则用来向他们所使用的资本和所运用的商业才能提供报酬。这些国家本身没有可以从事这种贸易的资本。在威尼斯人成为南欧一般商业活动的代理人时,他们几乎没有竞争者;如果没有他们,南欧就无法与世界其他地方通商,因而他们的利润实际上是无限制的,如果说有,那也只是无知的封建贵族初次看到自己不知道的奢侈品时所能够并愿意支付的价格。后来有了竞争,这种经营活动的利润同其他经营活动一样,也要受自然法则的支配。荷兰(一个有本国生产物并积累了大量资本的国家)已开始从事转运业。欧洲其他国家现在也可以抽出资本,自行经营对外贸易;但是,由于种种原因,荷兰国内的利润率较低,因此,它在为其他各国运送货物的时候,其加于货物原价上的费用,可以低于其他各国资本家运送这些货物时所需增加的费用;所以荷兰承担了所有这些国家的绝大部分外贸运输业务,尽管这些国家也像英格兰那样制定有阻止外贸运输业务被别国承担的《航海法》。

第二十六章　论交换对分配的影响

第一节　交换和货币不影响工资法则

我们已在与我们讨论的宗旨和范围一致的限度内，说明了一国生产物借以在各阶级居民之间分配的机制；这个机制就是交换机制，而其作用的阐释者和价值法则和价格法则。现在，我们拟利用已获得的见解，回顾一下分配问题。生产物在劳动者、资本家和地主这三个阶级之间的分配，如果完全撇开交换来考察，似乎取决于某些一般法则。现在我们应当考察一下，当分配通过复杂的交换和货币机制进行时，这些法则是否仍发生作用。或者，这种机制的特性会不会干扰从而改变上述各种起支配作用的原理。

如前所述，人类通过努力和节约而得到的生产物，最初被分成三份，即工资、利润和地租；这三份是以货币的形式，并通过交换过程，分配给有权得到它们的人；或者更确切地说，按照通常的社会安排掌握生产物的资本家，用货币向其他两种分享者支付其劳动和土地的市场价值。如果我们探讨一下劳动的金钱价值和土地使用权的金钱价值取决于什么，我们就会发现，决定这些金钱价值的原因，同在没有货币和商品交换时决定工资和地租的原因是一样的。

第一，很明显，工资法则不受交换或货币是否存在的影响。工资取决于人口和资本之间的比率；即使世间的一切资本都是一个公司的资产，或者分得世间资本的资本家各自拥有自己的企业来生产社会所消费的各种物品，因而商品交换完全不存在，工资仍然取决于人口和资本之间的比率。由于资本和人口之间的比率，在一切古老的国家，都取决于对人口过快增长的抑制的强弱，所以，可以通俗地说，工资取决于对人口的控制，如果饥饿或疾病所引起的死亡抑制不了人口的增加，则工资就取决于劳动人民的精明和远虑；因而可以说，无论在哪一个国家，如果劳动者宁愿工资降低而不愿控制人口的增殖，则该国劳动者的工资就总是处于最低水平。

然而，这里所说的工资是指劳动者的实际生活水平，即劳动者获得的物品数量，这些物品是劳动者依天性或习惯所必需的或者是劳动者所喜爱的。该意义上的工资对于工资领取者来说是重要的。对工资支付者具有重要意义的工资，不完全取决于这种简单的原理。第一种意义上的工资是决定工人生活水平的工资，我们称之为实际工资或实物工资。第二种意义上的工资，我们可以暂且称之为货币工资；我们不妨假定，这时货币仍是一种恒定不变的标准，生产或获得流通媒介的条件也没有发生变化。如果货币本身的成本没有变动，则劳动的货币价格就是劳动成本的一种精确尺度，可以用作表示劳动成本的方便符号。

劳动的货币工资是两个要素的混合物。第一是实际工资或实物工资，换句话说，是劳动者所获得的日常消费品的数量；第二是这些物品的货币价格。在一切古老的国家（在这些国家，由于生活难以维持，人口的增加受到一定程度的抑制），劳动的惯常货币价格是使劳动者们勉强能够购买其所必需的各种商品（没有这些商品，他们就不能或者不愿保持惯常的人口增长率）的价格。在他们的生活水平（劳动阶级的生活水平，是指他们宁愿控制人口增加而不愿放弃的哪种生活）为已知的条件下，货币工资取决于劳动者惯常消费的各种物品的货币价格，从而取决于这些物品的生产费用；这是因为，如果他们不能获得一定数量的这些物品，他们人数的增加就会放慢，他们的工资就会提高。在这些物品中，最重要的是粮食及其他农产品，其他的物品影响都很小。

正是在这一点上，我们可以借助于本编阐述的那些原理。前面已分析了粮食和农产品的生产费用。它取决于迄今为止由于社会需要而不得不用于农业方面的肥力最低的土地和生产率最低的那部分资本所具有的生产力。如前所述，在这些最不利的情况下种植粮食的生产费用，决定全部粮食的交换价值和货币价格。因此，如果劳动者的习惯保持不变，他们的货币工资就取决于肥力最低的土地的生产力或生产率最低的农业资本的生产力，取决于耕作在“退化”（即耕作向贫瘠的土地扩展，同时较为肥沃的土地的肥力不断下降）的过程中所达到的那一点。目前，导致耕作“退化”的力量是人口的增加，而阻止耕作退化的反作用力是农业科学技术的进步（农业科学技术的进步可以使原来的土地在不增加劳动的情况下增加产量）。农产品中花费最大部分的费用，可以精确地告诉人们人口和农业技术在某一时刻相互竞赛的状况。

第二节　交换和货币不影响地租法则

查默斯博士说得好：政治经济学中许多最重要的思想，都得自"耕种的最后界限"(即人们在耕种土地而与各种自然力量作斗争时达到的最后一点)这一概念。这种最后界限的生产力程度，可以反映出生产物在劳动者、资本家和地主这三个阶级之间分配的现状。

当随同人口的增长而增加的对粮食的需求，不将耕作扩展到肥力较低的土地，或者不在已耕地上增加支出(尽管报酬率降低)，就不能得到满足时，增加农产品的必要条件，就是这种生产物的价值和价格首先必须上升。但是，价格一旦上升到足以向追加的资本支出提供通常利润的水平，就不会继续上升了，也就是说，价格的上升不会使新耕地或旧耕地的新支出既提供利润，又产生地租。最后使用的土地或资本，即处于查默斯博士所说的耕种界限的土地或资本，现在不产生任何地租，今后也仍然不产生任何地租。但尽管这种土地或资本不产生任何地租，可其他一切土地或农业资本则会产生地租，地租额正好等于这些土地或资本比最后使用的土地或资本多生产的产品。一般说来，粮食的价格将刚好使劣等土地和投在较优土地上的生产率最低的资本能够收回支出并得到通常的利润。如果条件最为不利的土地和资本能够做到这一点，那么，其他一切土地和资本当能产生一种额外利润，数额相当于它们较高的生产力所带来的额外生产物的收益；而这种额外利润会在竞争的作用下成为地主的收入。因此，交换和货币对地租法则没有什么影响；在人们进行交换和使用货币的情况下，地租法则仍同以前一样起作用。地租是农业资本在特别有利的条件下使用时所产生的额外收益；它恰好等于这种有利条件使生产者得以节省的生产费用，因为生产物的价值和价格取决于不具有有利条件的那些生产者的生产费用，即取决于在最不利的情况下使用的那部分农业资本的收益。

第三节　交换和货币不会影响利润法则

既然以货币支付的工资和地租，和以实物分配的工资和地租，都受同一法则支配，由此可以推知，利润也是如此，因为支付工资和地租以后的剩余就是利润。

我们在第二编的最后一章中指出，资本家的各种垫付，最终可以归结为劳动的购买费或维持费，或先前的资本家的利润；因此，利润最终取决于劳动成本，劳动成本增加则利润减少，劳动成本减少则利润增加。下面我们想比较详细地探讨一下这个法则的作用。

由劳动者的货币工资恰当表示（假定货币是不变的）的劳动成本可以通过两种方式增加。一、劳动者可以获得较多的舒适用品，即实物工资（实际工资）增加。二、人口的增长使人们不得不将耕作范围扩展到劣等土地，并采用花费较多的耕作方法；这就使劳动者消费的各种主要物品的生产费用、价值和价格都提高了。在任何一种假设下，利润率都会下降。

如果劳动者购得较多的商品，只是由于这些商品的价格比较低廉，即他购得的商品数量增加了，而其全部费用却没有增加，则实际工资当有所增加，但货币工资并不增加，因而利润率丝毫不受影响。但是，如果他购得的商品数量增加，而这些商品的生产费用并未降低，他就可以获得较多的费用，也就是说，他的货币工资将提高。由于货币工资提高而增加的支出，会全部由资本家负担。资本家无法摆脱这种负担。有人会说，资本家可以通过提高商品的价格来摆脱这种负担。但是，我们已经一再详尽地驳斥了这种看法。①

如前所述，工资提高会使物价相应提高的学说，实际上是自相矛盾的；因为如果真是这样，工资就等于没有提高；即使劳动者得到的货币工资大为增加，他所能得到的商品也不比过去多；实际工资也就不可能提高。这种情况同理论和事实都是相背离的，很明显，货币工资的提高不会使物价上涨；高工资不是高物价的原因。工资的普遍提高会使利润遭受损失。这是惟一可能产生的结果。

劳动者获得较多的实物工资，致使货币工资和劳动成本增加的情况，上文已经予以说明，现在，我们假定，货币工资和劳动成本的增加是由劳动者所消费的各种物品的生产费用增加引起的；而这些物品生产费用的增加，是由于人口增加而农业技术没有相应改进造成的。人口增长所要求扩大的供给，只有当粮食价格上涨的幅度足以补偿农场主所增付的生产费用时才能实现。然而，在这种情况下，农场主要蒙受双重的损失。他不得不在生产力比过去低的情况下进行耕作。由于这种损失他只是作为农场主才会受到，其他雇主并不分担，因此，按照有关价值的一般原理，他可以凭

① 参阅第三编第四章第二节和第二十五章第四节。

借他的商品价格的提高而得到补偿；实际上，在他的商品价格上涨以前，他不会将人们要求增加的生产物送进市场。但是，这种价格的上涨使他陷入另一种困难，而且他不能为此而得到补偿。他必须向他所雇用的工人支付较高的工资。这种困难是他和其他一切资本家所共有的，因而不能成为提高价格的理由。价格将上涨到他得到的利润同其他雇主得到的利润相等的程度，即上涨幅度必须使他现在雇用更多的劳动来生产一定数量的粮食能得到补偿。但是，这种劳动工资的增加是一切雇主的共同负担，谁都不能为此得到补偿。它完全要由利润偿付。

由此可见，如果各种生产性劳动者的工资都增加，并确实表示**劳动成本**增加，则增加的工资总是而且必然是由利润负担。反过来说，工资减少如果表示**劳动成本**降低，则等于利润增加。但是，资本家阶级和劳动阶级之间这种金钱利益的对立，在很大程度上只是表面上的。实际工资与**劳动成本**大不相同，它一般在如下的时候和地方最高，即由于土地可以按照便宜的条件生产出目前所需的一切农产品，因而粮食的价值和价格低廉，对雇主来说劳动成本也比较低廉（尽管劳动的报酬很丰厚），从而利润率很高。这样，我们原先提出的如下定理完全得到了证实，即，**利润**取决于**劳动成本**，或者更确切地说，利润率和劳动成本相互成反比，它们是相同作用力或原因产生的共同结果。

但是，如果考虑到资本家的开支中有一部分（虽然比较小）并不是他自己支付的工资，也不是偿付给以前的资本家的工资，而是以前的资本家们的利润，那么，这一命题是否需要稍许加以修正呢？例如，假设在皮革的制造方面人们进行了一项发明，它的好

处在于使生皮无须像过去那样长时间地放在鞣料坑内。鞋铺老板、制造马鞍的人和其他皮革制造者由此可以节省一部分材料费，它相当于鞣皮业者的资本“搁死”在鞣料坑期间的利润；有人会说，这种节约是他们在工资和劳动成本与过去完全相同的情况下获得较大利润的一个源泉。然而，在我们所假设的情况下，只有消费者能够得到利益，因为皮鞋、马具及使用皮革的其他一切物品的价格都将下跌，直到生产者的利润减少到一般水平为止。为了避开这种异议，我们假设一切生产部门在开支上同时出现类似的节约。在这种情况下，由于价值和价格不会受到任何影响，利润也许会提高；但是，如果比较仔细地考察这种情况，我们就会发现，利润提高是劳动成本降低所致。在这种情况下，如同在一般劳动生产力有所提高的任何其他情况下一样，如果劳动者只得到与过去相同的实际工资，利润就会提高；可是，所谓与过去相同的实际工资却意味着较低的劳动成本，因为根据假设，一切物品的生产费用已经减少。另一方面，如果劳动的实际工资相应提高，而对雇主来说劳动成本一仍其旧，则资本家的垫款与其收入的比率将同过去一样，利润率也不会变动。读者若想了解对这一问题更详细的考察，可以查阅前已提及的《略论》一书。[①] 这个问题与其重要性相比显得过于复杂，不值得在像本书这样的著作中深入讨论。因而，我只想在这里说一句：根据《略论》所进行的考察，似乎可以得出这样的结论，在本节所讨论的情形下，我们提出的那一理论的正确性丝毫不受影响（该理论断言，在利润率和劳动成本之间存在着精确的反比关系）。

① 《略论政治经济学的某些有待解决的问题》（四），论“利润和利息”。

第四编

社会进步对生产和分配的影响

第一章　财富增长状态的一般特征

第一节　绪言

在前三编中，我们已在本书篇幅所容许的限度内，详细考察了政治经济学的所谓静态理论(这一称呼巧妙地借自数学用语)。我们考察了大量的经济事实，考察了这些经济事实之间的因果关系；考察了生产额、劳动雇用额、资本额和人口数量是由哪些因素决定的；考察了地租、利润和工资是由哪些法则规定的；还考察了各种商品是在什么样的条件下，以什么样的比率，在个人与个人之间和国家与国家之间进行交换的。因此，对于一般认为是同时存在的各种社会经济现象，我们已有了概括的了解。我们还在一定程度上弄清了有关这些现象相互依存关系的各种原理；因而，一般地说，我们如果知道某些要素的情况，就可以由此推论出大多数其他要素的情况。然而，这一切只能使我们掌握静止的、不变的社会的经济法则。我们尚须考察易于变化的，而且实际上(在较先进的民族及其影响所及的一切地区)总在不断变化的人类经济状况。我们必须考察这些变化是什么，变化的法则是什么，变化的基本趋势又是什么；所以，我们必须在已有的均衡理论之外加上一种运动的理论，即在政治经济学的静态理论之外加上一种政治经济学的动态理论。

这种研究自然要从探讨大家知道并且公认的各种力量的作用开始。不管社会经济注定要发生其他什么变化，有一种变化实际上正在发生，则是无可争辩的。在世界上的一些主要国家以及受这些主要国家影响的其他一切国家，至少有一种向前的运动，在年复一年、一世代又一世代几无间断地进行；这就是财富的增长，就是所谓物质繁荣的增进。我们惯常称之为文明国家的一切国家，其生产和人口都在逐渐增加；并且不容置疑，不仅这些国家的生产和人口将在一段时间内继续增加，而且世界上大多数其他国家（包括某些尚未建立的）也将相继开始同样的历程。因此，考察这种发展变化的性质和结果、构成这种变化的各种要素，以及这种变化对各种经济事实（我们曾经探讨它们的法则），特别是对工资、利润、地租、价值和价格的影响，当为我们的首要目的。

第二节 社会进步有助于增加对自然力的支配，有助于增加安全，有助于增加合作能力

在文明国家的这种经济进步所具有的各种特征中，由于与生产现象密切关联而首先引起人们注意的，就是人类支配自然的力量的增加，这种增加是永恒的，而且在人类预见能力所及的范围内，是无限的。我们所具有的有关物质对象的特性和法则的知识，还没有迹象显示已经接近最后的界限；这种知识正以比以往任何时代或世代都要快的速度同时多方面地增长，常使我们得以窥见

未经探索的领域，因而我们有理由相信，我们对自然的认识几乎还处于初期阶段。而且这种不断增长的物理知识，现在正以比过去任何时期都快得多的速度通过巧妙的实际应用转变为物质力量。近代的各种发明中最令人惊奇的一种（不是隐喻地，而是确实将魔术般的虚构变成现实）是电报。这个发明在它所依据的科学理论确立以后不过几年就成为现实并且得到证明。最后，这种伟大的科学工作的体力部分，目前也决不落后于智力部分；在充斥于社会的大量劳动人手中，很容易寻找到或造就出足够数量的熟练工人，来完成将科学应用于各种实际用途的最精细的工作。由于具备这些条件，可以预期，节约劳动和增加劳动生产物的各种发明将大为增加并不断涌现，同时，这些发明的用途和利益也将更为广泛地散布。

另一种变化是人身和财产安全的不断增加，这种变化一直是文明社会进步的特征，今后无疑仍将如此。欧洲所有国家（最先进的和最落后的）的国民，由于具有越来越有效的司法和警察制度可用以抑制私人犯罪，同时也由于某些社会阶段所享有的可以不受惩罚地损害其他阶级的那些有害的特权已经削弱和消灭，正一代比一代地受到更好的保护，免受彼此之间暴力和掠夺行为的侵害。他们还或者依靠制度，或者依靠习俗和舆论，一代比一代受到更好的保护，免受政府专横行使权力的侵害。甚至在半开化的俄国，对于个人（除了那些政治上不受欢迎的人外）的掠夺行为，现在也已不常损害人们的安全感。在欧洲的一切国家，赋税本身和征税方法都渐渐变得不那么专横和暴虐了。战争及战争所引起的破坏，现今几乎在任何国家，通常只发生在那些边远地区，以及远离中心的与未开化的人接触的属地。甚至不可避免的自然灾害所引起的财产损失，也由于有益的保险业务的不断扩大而愈益减轻。

这种安全的增进必然产生的结果之一，是生产和积累的大幅度增加。如果从事劳动和节约的人对于自己能否享受劳动和节约的成果没有很大的把握，人们就不会努力干活和节俭了。这种把握越大，勤勉和节俭就越能成为国民共有的美德。经验表明，即使劳动和节欲的成果大部分为固定的赋税取走，也无损于这些美德（它们是庞大的生产和充裕的资本的来源），有时甚至具有激励这些美德的作用。但是，这些美德却不足以抵制高度的不确定性。政府可以取走一部分；不过，它必须保证自己不干预，也不许任何人干预其余的部分。

伴随着现代社会的进步而产生的最确实的一种变化，就是一般国民大众经营能力的增进。我不是说，个人的实际智能大于过去。我毋宁相信，目前经济的发展已产生与此相反的结果。同只知道所谓文明生活方式的绝大部分人相比，在野蛮的社会状态下，具有天赋优秀才能的个人可以大致不差地做更多的事情，更有能力使手段与目的相适应，也更能使自己和别人摆脱意外的困难。对作为个人的文明人来说，他们能力上的这种弱点在多大程度上得到了补救，以及采取什么方法可以得到更充分的补救，这不是这里所要探讨的问题。但是，就全体文明人而言，他们得到的补救是充分的。每个人的能力个别地看虽然较差，但在他们共同行动时能力却大为增加，而二者相抵而有余。他们去掉了野蛮人的各种习惯，变得遵守纪律；他们能够坚持实行事前议定的计划，而制定这种计划时他们也许没有参加商讨；他们也能够抑制个人的任性，而服从事先想好的决定，并分别执行共同事业分配给他们的那部分任务。野蛮人或半开化人不能干的各种工作，各文明民族每天在完成，这不是由于实际工作者的才能增加，而是由于每个人都确定无疑地相信别人能够完成他们分别承担的那部分工作。简言之，文明人的特征是具有合作的能力；而这种能力像其他能力一样，往往可以通过实践而不断提高，并且能够不断扩大活动范围。

因此，伴随着社会进步而将发生的最确定无疑的事情，是合作原则和实践的不断发展。由个人自动以小额股本结成的社团，现在经营着各种业务（具有产业性质的业务和具有其他许多性质的业务），这些业务以个人或少数人〔的资力〕是不能完成的，或者这些业务如果由少数人完成，这些人便会得到极高的报酬。随着财富的增加和经营能力的提高，我们可以预期由许多人共同出资组织的各种公司（为了工业和其他目的）将大大扩展；这些公司或者是专门术语所指的股份公司，或者是不很正式地组织起来的社团，这种社团在英格兰很多，其目的在于为公益或慈善事业筹集资金，最后，或者是工人们为了生产或购买他们共同消费的各种货物而组织的社团，现今特别以合作社这一名称为人们所熟知。

自然科学和技术方面可能取得的进步，加上财产保障的增加和处置财产的自由的扩大（这些都是现代国家文明的显著特征），以及合股原则更加广泛和熟练的运用，为资本和生产的无限增加，并为伴随这种增加而出现的人口增长，提供了充分的余地。我们没有理由担心人口的增长会超过生产的增加；也没有理由认为人口的增长和生产的增加会保持同一速度，因为这与国民中最贫苦阶级的生活状况将真正得到改善的推测是相矛盾的。然而，很可能出现如下情况，即工业蓬勃发展，国家欣欣向荣，财富总额大幅度增加，甚至在某些方面，财富的分配也有所改善；不仅富者更富，而且贫民中也会有许多人富裕起来，中等阶级的人数和力量会增加，舒适品会被愈来愈多的人所享用；但与此同时，处于社会底层的穷苦老百姓阶级却可能只是人数增多，而其生活水平和教养都无所改善。因此，我们在考察产业发展所产生的影响时必须假定（不管我们多么不希望事实果真如此），人口的增加同生产和积累的增加一样是长期持续不断的、无限的，甚至二者的速度也相同。

以上我们初步考察了经济处于发展状态的社会发生变化的原因，下面拟着手比较详细地考察这种变化本身。

第二章　产业发展和人口增长对价值和价格的影响

第一节　所有商品的价值和生产费用都趋于下降

产业发展在使生产条件发生变化的同时，必然会使商品价值也发生变化。

前已提及，既不处于自然垄断，也不处于人为垄断之下的一切物品的经常价值，取决于这些物品的生产费用。但是，人类不断获得的、越来越大的支配自然的能力，使人类劳动的效率愈益提高，换句话说，使生产费用不断降低。发明只要使人们能以同样的劳动生产较多的商品，或者能以较少的劳动生产等量的商品，或者能缩短生产过程从而使资本垫付时间不必像过去那样长久，就会降低商品的生产费用。但是，由于价值是相对的，如果生产上的各种发明和改进以同一程度普及于一切商品，价值就不会有任何变动。各种物品将以同过去一样的比率相互交换；在这种情况下，虽然人类可以获得数量较多的物品作为他们劳动和节欲的报酬，但这一较大的数量却不像只有一种物品的生产得到改进时那样，可以用商品交换价值的降低衡量出来和表示出来。

至于价格在这种情况下是否会受影响，则视生产上的改进是否扩展到贵金属而定。如果生产费用普遍降低而货币材料属于例外，则其他一切物品的价值相对于货币的价值而言均将下降，也就是说，全世界的一般物价均将下跌。但是，如果人们能像获得其他物品那样，以较为低廉的生产费用获得较多的货币，则价格便同价值一样不会受到影响，市场上也不会显示出任何变化，惟一的变化是，（如果人们仍像过去那样劳动）各种商品的数量增加了，但由于货币的数量也增加了，因而商品价格仍和以前一样。

在产业进步中，不仅仅是生产上的改良有助于降低生产或至少是获得各种商品的费用。有助于降低生产费用的另一因素是世界各个地区之间交往的增加。随着贸易的扩大和试图以关税抑制贸易的愚昧做法被愈来愈多的国家所放弃，人类将愈益能够在花费劳动和资本最少的地方生产各种商品。随着文明的传播，随着世界上的未开化地区逐步建立起保护人身和财产安全的制度，这些地方的生产能力将得以更充分地发挥，造福于当地居民和外来人。但是，许多自然资源最为丰富的地区，现在仍处于愚昧无知和管理不善的状态，它们要达到欧洲最文明地区目前的水平，也许还得经过许多世代的努力。而且，生产费用的降低还有赖于劳动和资本愈益向地球上未被占用的地区转移，人们通过运用现有的大量勘查手段已经查明，这些地方的土壤、气候和位置不仅能向产业提供很大的报酬，而且能为生产适合于各古老国家市场需要的各种商品提供很大的便利。固然地球上全体产业的效率很可能会由于科学和产业技术的推广而大大提高，但在未来的一段时间内，自由贸易的逐渐发展以及移民和殖民规模的日益扩大，却很可能成

为降低生产费用的更有活力的源泉。

只要以上因素不被其他因素所抵消，则事物的发展就会使一国不仅能以越来越低的实际费用获得本国的生产物，而且能以越来越低的费用获得外国的生产物。实际上，如前所述，只要该国本身的出口产品的生产费用降低，该国就能够以较低的实际费用获得输入品。

第二节　只有农产品和矿业品的价值和生产费用趋于上升

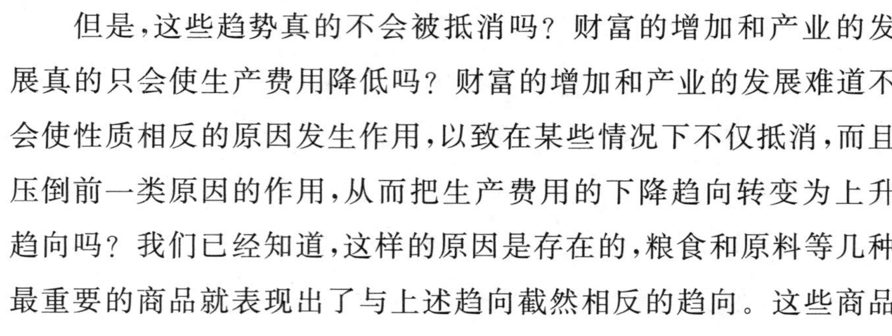

但是，这些趋势真的不会被抵消吗？财富的增加和产业的发展真的只会使生产费用降低吗？财富的增加和产业的发展难道不会使性质相反的原因发生作用，以致在某些情况下不仅抵消，而且压倒前一类原因的作用，从而把生产费用的下降趋向转变为上升趋向吗？我们已经知道，这样的原因是存在的，粮食和原料等几种最重要的商品就表现出了与上述趋向截然相反的趋向。这些商品的生产费用趋于增加。

这种趋向并不是这些商品固有的特性。如果人口静止不变，土地生产物的数量无须增加，生产费用增加的原因也就不存在。相反，人类还可以享受农业或附属于农业的各种产业的一切改良的全部利益，在这一点上，农产品和制造品之间将不存在任何差别。如果人口不增加，工业产品中生产费用有可能真正增加的，只是那些用不能再生，因而会耗尽或部分枯竭的原料生产出来的物品。这种原料包括煤和大部分（假如不是全部）金属，因为即使是铁(它是最丰饶和最有用的金属产品,并且是大部分矿物和几乎一切岩石的组成部分),就最富饶和最容易开采的铁矿来说,也是会枯竭的。

然而,当产业的发展和生活资料的增加为人口增长留有余地时,人口总是增长的,而在人口增长时,人们对大多数土地产品,特别是粮食的需求也会按比例增加。这时,我们已多次阐述的有关土地生产的基本法则(即,在一定的农业技术状态下,产品的增加总是赶不上人口的增加)便会发生作用。在其他条件不变的情况下,土地产品的生产费用,会随着需求的增加而增加。

对制造品来说,这种趋向是不存在的,制造品的趋向正好相反。一般说来,制造业的规模越大,生产费用越低。西尼耳先生甚至将如下一点说成是制造业的固有法则,即在制造业中,生产规模越大,生产费用越低,而在农业中,生产规模越大,生产费用越高。然而,我不能认为制造业的规模越大、生产费用越低是一条法则,这是一种或然的或通常的结果,但决不是一种必然的结果。

由于制造商所需的原材料仰仗于农业、矿业或土地的自然产物,因而就制造业的要素之一而言,它受与农业相同的法则支配;但是,未加工的原料费用在全部生产费用中通常只占很小一部分,因而该项费用即使可能存在一种递增的趋向,这种趋向也会被其他一切费用的不断减少(现在尚无法说出这些费用会减少到什么程度)绰绰有余地抵消。

再者,制造业劳动的生产力具有不断增加的趋势,而农业和矿业劳动的生产力则存在着相互冲突的增长和减退两种趋势,其生产费用由于生产方法的改进而减少,由于人口的增长而增加;因而，制造品的交换价值，与农产品和矿产品相比较，会因人口的增长和产业的发展而呈现必然而明显的下降趋势。货币是矿产品，因而随着社会的进步，制造品的货币价格趋于下跌，这也是一条规律。现代国家的产业史，特别是过去100年的产业史，充分证实了这个断言。

第三节　生产改良时常抵消农产品和矿产品价值和生产费用上升的趋势

农产品的绝对生产费用及比较生产费用是否增加，取决于两种具有相反作用的力量，即人口增长和农业技术改进之间的斗争。从整个世界来看，在一些（也许是大多数）社会状态下，农业技术和人口二者都是停滞的，或者增长得很慢，因而，粮食的生产费用几乎是静止不变的。在财富正在增长的社会里，人口的增长一般快于农业技术的改进，因此，粮食价格渐趋高昂；但是，有时农业的改进也会得到强有力的促进。在过去二三十年间，英国就曾呈现这样的情况。在英格兰和苏格兰，最近农业技术的改进要比人口的增长快得多，以致尽管人口增长，粮食和其他农产品仍能以低于30年前的费用生产出来；**谷物法**的废除又给予了改进精神另一种刺激。在其他一些国家，特别是在法国，农业的改进明显地超过人口的增长，这是因为，虽然农业的发展比较缓慢（除几个省外），但是人口的增长更为缓慢，甚至日益缓慢；人口的增加受到控制，不是由于贫困（它正在减轻），而是由于对未来生活的深谋远虑。

这两种具有相反作用的力量，在某一特定时期，哪一种占优势，可以相当准确地根据农产品的货币价格（假设金银块的价值不发生很大的变化）来推测，只要我们能根据足够多的年份计算出不受收成影响的平均价格。然而，这几乎是无法做到的，因为正像图克先生所指出的，即使在像半个世纪这样长的时期里，其所包含的丰年所占的比例也可能比应有的比例大得多，而荒年所占的比例则可能比应有的比例小。因此，单纯的平均数字，由于具有容易使人误解的“准确”的外衣，只会使人们得出更加错误的结论。仅取几年的平均数，并根据有关收获状况的估计加以修正，比相信较长时期的平均数而不加修正，发生差错的危险会小一些。几乎无须再说，在根据牌价下结论时，还应尽量考虑到贵金属一般交换价值的变化。①

第四节　社会进步有助于缓和价值的波动

上面我们论述了社会进步对商品经常的或平均的价值和价格的影响。尚待考察的是，社会进步以什么方式影响它们的变动。对于这个问题的答复是毋庸置疑的。社会进步在很大程度上有助于减少它们的变动。

在贫困和落后的社会里，例如在东方和中世纪的欧洲，公路和运河的缺乏、航海术的不完善以及交通的普遍不安全，阻碍了各种物品从价格低廉的地方输往价格高昂的地方，因此，同一商品的价格在相隔不很远的两地之间可能大不相同。价值最容易发生变动的，是直接受季节影响的那些物品，特别是很少运往远地的粮食。

① 用农产品估计工人工资的增减，或许比正文中提出的标准更好。

一般说来，每个地方都依赖本地和邻近地区的生产物。因而，在大多数年份，任何大国都会有某一地方出现粮食实际供应不足的现象。如果一国幅员辽阔，具有各种各样的土壤和气候，则几乎每个季节都必然对该国的某些地区是不利的；但与此同时，每一季节一般地说都对其他一些地区特别有利，所以全国的总产量只会偶然出现不足，而且不足的程度会低于单个地区粮食不足的程度；而从全世界看，粮食供应的严重不足几乎从未出现过。因此，过去曾经发生饥荒的地方，现时只是供应不足，昔时有些地方粮食不足而另一些地方粮食过剩，现在则到处都有足够的粮食。

其他一切商品也发生了同样的变化。安全而便宜的运输，使一地的商品不足能由另一地的商品剩余来弥补，价格只比正常价格高一些，甚至只略高于正常价格，因而价格的变动比过去缓和得多。这种作用由于所谓投机商人（他们的业务是购买货物转卖，以赚取利润）所拥有的大资本的存在而得到很大的促进。这些商人当然是在价格最低廉的时候买进各种物品，贮存起来，而在价格极高的时候将它们投放市场；他们的这种投机买卖有助于使价格相等，至少有助于减少价格的不相等。如果没有投机商人，各种物品的价格就会有时大跌，有时暴涨。

因此，投机商人在社会经济中发挥着一种非常有用的职能；而且（与一般的看法相反）他们当中对社会最为有益的，是那些对受季节变动影响的各种商品进行投机的人们。如果没有谷物商人，不仅谷物价格的变动会比现今大得多，而且在缺乏谷物的时期可能连必需的供给也得不到。如果没有人从事谷物投机，或者在没有商人的时候农场主不充当投机商人，则在丰收季节，除了必然发生的浪费以外，价格将无所限制或无所控制的下跌。能留下一年的剩余部分以补来年之不足，要归功于农场主或商人，前者不将谷物投放市场，后者则在谷物价格最低廉的时候购买谷物并贮存起来。

第五节　投机商人和谷物商人的影响

在那些没有深入思考过这个问题的人们当中存在着如下的看法，即，投机商人的利得常常是靠造成人为的供应不足取得的；他们是以自己的购买制造高价格，并借此取得利润。不难证明，这种看法是错误的。如果一个谷物商人从事投机性的购买，致使价格提高，而当时或其后除了他自己的活动以外不存在能使价格上涨的其他原因，那么毫无疑问，只要他继续购买，他的财富似乎就会增加，因为他所持有的物品的牌价会不断上升；但是，这种表面上的利得只有在他不想出售物品时才似乎为他所有。例如，假如他购买了100万夸脱〔粮食〕，储存起来不投放市场，因而每夸脱的价格提高10先令，那么当这100万夸脱运回市场时，其价格将回跌，回跌的幅度正好等于它们离开市场时上涨的幅度，谷物商人的最大希望只能是，除利息和各项费用以外不受其他损失。即使通过逐步的、谨慎的销售，他能将其所储存的一部分〔粮食〕高价出售，他对其所购买的一部分〔粮食〕，也无可怀疑地必须支付高价。他还得冒遭受更大损失的风险，因为暂时的价格上涨很可能诱使其他的人（他们与价格上涨的起因毫无关联，如果没有这种上涨，他们根本不会进入市场）将他们的谷物运到市场，截取一部分利益。

因而，他不能凭借自己造成的供应不足来牟取利润，他在谷物供应正常的市场上买进谷物以后，不得不在谷物供应过多的市场上出售，这种情况决不是不可能的。

一如个别投机商人不能靠他独自造成的价格上涨牟利，众多的投机商人也不能靠他们的投机人为地造成的价格上涨共同获利。在众多的投机商人中会有某些人由于在转卖时间的选择上判断准确或者运气好而获利，但是，他们获得这种利益不是靠损害消费者的利益，而是靠损害判断不那么准确的另外一些投机商人的利益。实际上，他们是将其他人的投机所造成的价格上涨转变为自己的利益，而将价格回跌所带来的损失留给这些人。因此，无可否认，投机商人可以靠损害他人致富。但是，他们是靠损害其他投机商人致富，一部分投机商有所得，另一部分投机商就有所失。

如果对于某种商品的投机对全体投机商人都有利可图，那只是因为，在他们购买和转变的间隔期间，价格因与他们无关、但被他们所预见到的某种原因而上涨了。在这种情况下，他们的购买使价格同没有这种购买时相比较早地开始上涨，从而使消费者感到匮乏的时期延长，但在价格涨到最高点时却会减少价格的变动，这显然对公众是有利的。然而，在这场合，我们是假设，他们对自己所盼望的价格上涨没有作过高的估计。因为人们进行投机性的购买，往往是预期需求将有所增加或供给将有所不足，而这样的预期最终往往不会成为事实，或即使成为事实，也不会达到投机商人所预期的程度。果真如此，则投机不仅不会缓和价格的变动，反而会引起价格的变动（否则价格是不会发生变动的），或者使可能发生的价格变动更为激烈。在这种情况下，虽然某些人可以靠投机得到很多利益，可是对全体投机商人来说，这种投机却是失败的。投机活动所引起的价格上涨，对全体投机商人来说不会产生任何利益，因为价格由于他们的购买而提高，也将由他们的销售而以同样的程度降低；他们不但不能由此获得任何利益，反而不仅会白费力气和钱财，而且会由于人为地提高价格而抑制消费，或意想不到地使供给增加，因而几乎总是会蒙受更大的损失。所以，投机商人的交易在对他们自己有利的时候，总是有益于公众；虽然由于这种交易有时加剧了价格的变动（它们的更通常的作用是减少价格的变动）从而损害公众，但是，每当发生这种情况时，遭受最大损失的总是投机商人。简言之，全体投机商人的利益同公众的利益是一致的；由于投机商人不为公众的利益服务就得不到他们自己的利益，因此促进公众利益的最好的方法，是听任投机商人完全自由地追求他们自己的利益。

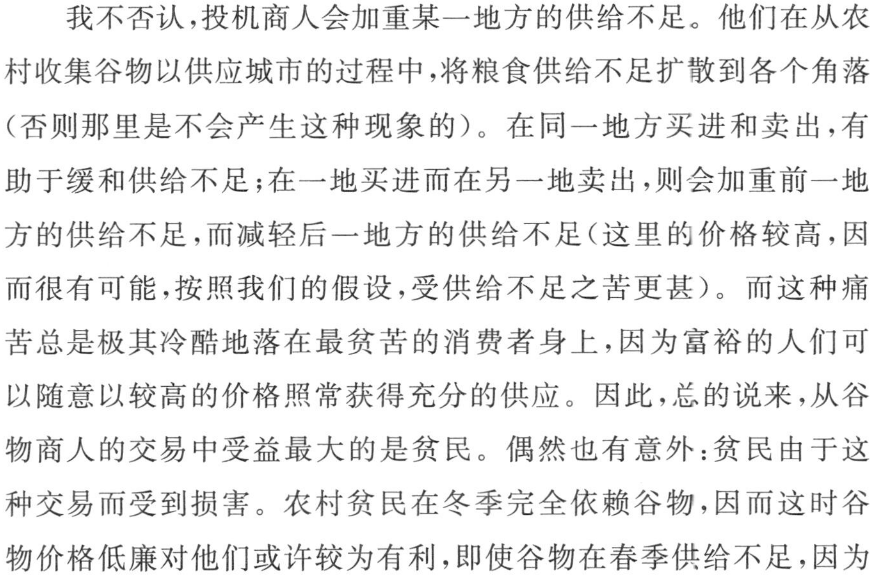

我不否认，投机商人会加重某一地方的供给不足。他们在从农村收集谷物以供应城市的过程中，将粮食供给不足扩散到各个角落（否则那里是不会产生这种现象的）。在同一地方买进和卖出，有助于缓和供给不足；在一地买进而在另一地卖出，则会加重前一地方的供给不足，而减轻后一地方的供给不足（这里的价格较高，因而很有可能，按照我们的假设，受供给不足之苦更甚）。而这种痛苦总是极其冷酷地落在最贫苦的消费者身上，因为富裕的人们可以随意以较高的价格照常获得充分的供应。因此，总的说来，从谷物商人的交易中受益最大的是贫民。偶然也有意外：贫民由于这种交易而受到损害。农村贫民在冬季完全依赖谷物，因而这时谷物价格低廉对他们或许较为有利，即使谷物在春季供给不足，因为这时他们应当可购得部分代用品。而在冬季他们却不能获得大量可用以代替主要粮食——做面包用的谷物的代用品；假如冬季可以获得大量代用品，那么到了春季，谷物的价格就会下跌，而不会像平常那样持续上涨到临近收获的时候。

在谷物商人和消费者之间，像在卖主和买主之间一样，总是存在着直接的利害关系的对立；粮食不足的时期，也是投机商人获得最大利润的时期，所以在这一时期他将成为人们（他们在他获利时受到损失）厌恶和忌妒的对象。然而，若以为谷物商人的业务可以给他提供极其巨大的利润，那就错了；他不是经常获利，而是在特定的时期获得利润，因而有时这种利润可能很大，但是，总的说来，竞争很激烈的行业，其获得利润的机会不会大于其他的各种行业。谷物商人在荒年获利丰厚，但其后往往出现的价格回跌，又使他们当中的许多人列入破产者的名单。1847 年是谷物商人获利最多的年头，而该年秋季则成了投机商人破产最多的季节。在这风险最大的行业中，偶尔获得的巨额利润被频繁的破产抵消了。如果谷物商人在粮食不足时销售谷物的价格低于消费者的竞争所确定的价格，那他就是为了博爱或慈善事业而牺牲了他的经营活动所应得的正当利润，因而也完全有理由要求具有同样资产的其他任何人作出这种牺牲。既然他的经营活动是有益的，因此激励他继续经营的各种通常的刺激因素就应当存在；同时，对于这种有益于公众但伴有私人利益（这种私人利益同完全而自由的竞争可以和谐共存）的行业，法律或舆论都不应该予以妨害；这些都是公众的利益所在。

再者，由供给的变动或实际需求（有别于投机造成的需求）的

变动引起的价值和价格的变动，似乎会随着社会的进步而逐渐缓和。至于由计算错误，特别是由信用过度膨胀和过度收缩的交替（这种交替在各种商业现象中占有显著的地位）引起的价值和价格的变动，是否会随着社会的进步而逐渐缓和，则不能同样有把握地予以肯定。到目前为止，这种以不合理的投机开始、以商业危机告终的变动，并没有随着资本的增加和产业的扩展而减少或减轻。相反地，这种变动却愈来愈频繁，愈来愈剧烈。人们常说，这是竞争不断加剧造成的；但我宁可说，这是低利润率和利率造成的，低利润率使资本家不满足于用普通方法获取可靠的商业利润。这种低利润率与人口和积累的增加的关系，是以下各章所要说明的要点之一。

第三章　产业发展和人口增长对地租、利润以及工资的影响

第一节　第一种情形：人口增长，资本保持不变

上面我们考察了处于产业发展状态的社会会发生什么样的经济变化，接下来我们将考察产业发展对总产品在各阶级之间的分配会产生什么样的影响。我们在这里所要考察的分配制度，是最为复杂的分配制度，而且实际上包括了所有其他分配制度。在这种制度下，工业品是在劳动者和资本家这两个阶级之间分配的，农产品是在劳动者、资本家和地主这三个阶级之间分配的。

通常所谓的产业发展，大体上有以下三个特征，即资本增加、人口增长和生产改良（这里的生产改良一词应按其最为广泛的意义来理解，不但包括改进生产商品的方法，而且还包括改进从远地获得商品的方法）。其他各种变化，基本上都是这三种变化造成的。举例来说，粮食生产费用不断增加的趋势，是需求增加造成的，而需求的增加要么是人口增加造成的，要么是资本和工资的增加使穷人得以增加消费造成的。我们最好先一个一个地分别考察这三个原因，然后再以我们认为适当的方式考察它们结合在一起的情形。

我们首先假设，人口增长，而资本和生产技术保持不变。这种

变化所带来的一个结果是十分明显的，就是工资将下降，劳动阶级的境况会恶化。相反，资本家的境况则将得到改善。资本家用同样多的资本可以购买到更多的劳动，获得更多的产品。他的利润率将提高。我们由此而可以证明，利润率依赖于劳动费用；因为劳动者得到的商品数量减少了，而在假定生产商品的条件没有改变的情况下，劳动者得到的商品数量的减少也就意味着劳动成本的降低。不仅劳动者得到的实际报酬减少了，而且劳动者得到的劳动产品数量也减少了。前者关系到劳动者自身的利益，后者则关系到雇主的利益。

到此为止，商品的价值尚未受到任何影响，所以也就没有理由认为地租会上升或下降。但是，我们如果进一步考察人口增加带来的一系列影响，就会看到这样的结果。随着劳动者人数的增加，他们的生活条件会相应降低，因为虽然劳动者人数增加了，但他们却只能得到与以前一样多的劳动产品。然而，他们会节省其他享乐，而不会节省粮食，每个人会消费同以前一样多、一样好的粮食；或者即使粮食的消费量有所减少，也不会按劳动者人数增加的比例减少。根据这种假设，尽管实际工资有所降低，增多的人口仍需要更多的粮食。但是，因为我们已经假设工业技术和知识保持不变，所以只能通过耕种劣质土地或采用相对于支出而言生产率不那么高的生产方法才能获得更多的粮食。人们不会缺少扩大农业所需的资本，因为虽然根据假设现有的资本没有增加，但由于劳动者不得不减少另外一些不那么迫切的需要，因而可以从生产这些物品的产业那里节省出足够的资本。所以，人们是可以生产出更多的粮食的，但却是用较高的费用生产出来的，农产品的交换价值

因此而必然上涨。有人也许会反驳说，既然利润上升了，生产粮食的额外费用就可以由利润来支付，而价格丝毫不会上涨。毫无疑问，额外的费用是能够由利润来支付的，但实际上却不会由利润来支付，因为如果由利润来支付的话，农民的处境就不如其他资本家了。利润的增加是工资下跌的结果，因而所有雇主的利润都会增加。粮食生产费用的增加，是不得不以较高费用耕种土地造成的，只影响到农民。这是一种特殊的负担，不管一般利润率是高是低，农民都必须为此而得到特殊的补偿。若其他资本家的利润不减少，农民就不会无限制地听凭自己的利润减少。只有当投入农业的新资本带来的利润同投资于其他方面带来的利润一样高时，农民才会扩大耕种面积。所以，农产品的价值将按生产费用增长的比例而上升。农民所承受的特殊负担因此而会得到补偿，农民会与所有资本家一样享有较高的利润率。

根据我们已经熟悉的原理，可以推知，在这种情况下，地租将上升。前面已经说过，如果必须用一定量的资本来耕种最差的土地，或如果必须在最为不利的条件下运用这种资本，那么相对于投入这种土地的资本而言，任何其他土地便会得到剩余产品，这些土地也就能用这种剩余产品支付地租，而且在自由竞争的条件下，也必须支付这种地租。所以，只要农民不得不耕种劣质土地，或不得不采用较为费工费时的耕种方法，地租就会上升。而且这种上升是双重的，这是因为，首先实物地租也即谷物地租会上升，其次，既然农产品的价值已经上升，所以用制造品或外国商品计算的地租（在其他条件不变的情况下，这可以用货币地租来表示）也会进一步上升。

上述过程的各个阶段(如果在作了以上说明之后,仍有必要加以回顾的话)可以叙述如下。谷物价格上升,为的是偿付在劣质土地上或用花费较多方法生产更多的谷物所需的资本及其普通利润。就这种增加的谷物来说,上涨的价格只不过相当于增加的费用;但是当所有谷物的价格都上升时,价格的上升便会给所有谷物(除了最后生产出来的那些外)带来超额利润。假设某一农民过去惯于按照每夸脱 40 先令的价格生产小麦,总共生产 100 夸脱,现在需要 120 夸脱,其中最后 20 夸脱只能按每夸脱 45 先令的价格生产,在这种情况下,这个农民就不仅仅是从最后 20 夸脱上每夸脱多获得 5 先令,而是从全部 120 夸脱上每夸脱多获得 5 先令。因而,他除了得到普通利润外,还可以得到 25 镑超额利润,不过,在自由竞争状态下,他并不能把超额利润据为己有。然而,也不能迫使他把超额利润转让给消费者,因为如果价格低于每夸脱 45 先令,他就不会生产那最后 20 夸脱。于是,价格会保持在每夸脱 45 先令这一水平上,而在竞争的作用下,那 25 镑超额利润不是转让给消费者,而是转让给地主。所以,在生产方法没有得到改进的情况下,若农产品的需求增加,则地租必然上涨。这是一条真理,在作了以上最后证明之后,我们在下文中将把这看作是理所当然的事情。

上面引入的这一新因素,即粮食需求的增加,除了使地租上升外,还会扰乱产品在资本家和劳动者之间的分配。人口的增加会减少劳动的报酬,而如果劳动成本与劳动的实际报酬按同一幅度减少的话,则利润便会相应增加。然而,如果人口的增加导致粮食产量增加,增加的粮食又必须以较高的费用来生产,那么,劳动成本与劳动的实际报酬就不会按同一幅度减少，因而利润也就不会相应地得到提高。甚至有可能一点也不提高。劳动者的生活也许一向很好，现在所遭受的损失只不过是减少其他方面的享受，而不必减少自己所吃的粮食，也不必降低自己所吃粮食的质量。为增加的人口生产粮食会使生产粮食的费用大大增加，以致工资虽然在数量上有所减少，但可能仍代表同以前一样多的劳动成本，可能仍是同从前一样多的劳动所生产的产品。根据这种假设，劳动者遭受的损失部分被生产最后那份农产品所需增加的劳动吸收了，其余部分为地主所得，只有地主总能分享到人口增加带来的好处。

第二节　第二种情形：资本增加，人口保持不变

现在让我们把假设颠倒过来，不假设资本保持不变，人口增加，而假设资本增加，人口保持不变；生产方法，无论是自然的还是人们通过努力后来获得的，都仍和以前一样假定未发生变化。在这种情况下，劳动的实际工资不会下降，而会上升；既然生产劳动者消费的物品所支付的费用没有减少，工资的上升也就意味着劳动成本的相应增加和利润的减少。换句话说就是，既然劳动者人数没有增加，劳动者的劳动生产力也同以前一样，总产品就不会增加，增加工资就必然使资本家遭受损失。劳动成本增加的幅度，也并非不可能大于实际劳动报酬增加的幅度。劳动者生活状况的改善会增加对粮食的需求。劳动者以前的生活也许很糟，甚至吃不饱，现在也许会增加粮食消费量，或用一部分或全部增加的收入来购买更好的粮食，例如不再吃燕麦或马铃薯，而改吃小麦，因此而

需要更多的劳动和土地。农业生产的扩大，通常意味着生产费用增加，价格上涨，结果，劳动成本不仅会因为劳动报酬增加而上升，而且还会因为构成劳动报酬的商品涨价而进一步上升（从而利润进一步下降）。这些因素会导致地租上升。此时，资本家的所失便会超过劳动者的所得，超过的这部分，有些会转给地主，有些会被在劣质土地上种粮食的费用或用生产率较低的方法种粮食的费用所吞噬。

第三节　第三种情形：人口和资本以相同的速度增加，生产技术保持不变

上面考察了两种简单情形，一种是人口增长，资本保持不变，另一种是资本增加，人口保持不变。现在我们要考察两种增长因素结合在一起的情形，即人口和资本同时增加的情形。如果其中一个因素的增加快于另一个因素，那就与前面讨论过的那两种情形没有什么不同了，所以我们假设它们以相同的速度增加；检验速度是否相同的方法，是看每个工人获得的商品是否和以前一样，数量是否和以前相等。让我们来考察一下这种双重增长对地租和利润的影响。

人口增长而劳动者的生活状况不恶化，当然会增加对粮食的需求。由于假设生产技术保持不变，增加的粮食必然要用较高的费用来生产。为补偿生产较多的粮食而支付的较高费用，农产品的价格必然上涨。尽管只是一部分粮食的生产费用有所上升，但价格的上涨却会扩展到所生产出来的全部粮食，超额利润由此而

会大大增加，在竞争的作用下，这种超额利润会转到地主手中。无论是用产品数量来衡量，还是用劳动成本来衡量，地租都会上升；与此同时，既然我们假定工资在数量上保持不变，则其所包含的劳动成本便会增加。劳动者得到的必需品同以前一样多，货币工资也就必然会提高；由于所有生产部门的货币工资都将提高，因而资本家无法通过改变经营项目来使自己得到补偿，损失也就必然要由利润来承担。

由此可见，资本和人口增加的趋势会在牺牲利润的情况下使地租上升，尽管地租并没有获得所损失的全部利润，其中一部分被增加的生产费用吸收了，也就是被用来雇用或养活更多的劳动者以获得一定数量的农产品。当然，这里的所谓利润应当理解为利润率；因为如果资本数量增加，即便利润率降低，从绝对数量上说，利润总额也仍会增加，尽管相对于总产品而言利润总额减少了。

这种利润下降的趋势经常被生产上的改良所抵消，不管这种改良是起因于知识的增加还是起因于更多地利用已经获得的知识。这就是前述三个因素中的第三个因素，该因素对产品分配的影响我们已答应要进行考察。为考察的方便起见，同考察另外两个因素时一样，我们将首先假设它是单独发生作用的。

第四节　第四种情形：生产技术进步，人口和资本保持不变

让我们假设资本和人口保持不变，生产技术突然得到了改良；生产技术得到改良的原因是：发明了效率更高的机器或较为省钱

的生产方法，或通过对外贸易可以得到较为便宜的商品。

生产上的改良所涉及的，可以是劳动阶级日常消费的某些必需品或享乐品，也可以是专供富人消费的奢侈品。不过，产业上的那些巨大改良只有极少数完全属于后一类。农业改良（除了那些只涉及珍稀产品的改良外）会直接影响劳动者的主要开支项目。蒸汽机以及其他各种提供动力的发明，适用于制造所有物品，当然也适用于制造劳动者消费的物品。甚至机动织机和多轴纺纱机，虽然当初只用来制造最为精美的纺织品，但也同样可以用来制造劳动阶级穿着的粗糙的棉织品和毛织品。对机车的各种改良，不但会降低奢侈品的运费，而且也会降低必需品的运费。新的贸易部门的设立，几乎总是会直接或间接地降低某些大众消费物品的生产费用或输入费用。所以，我们可以很有把握地断言，生产上的改良一般都会降低劳动阶级所消费的商品的价格。

若生产上的某项改良所影响的不是一般劳动者消费的商品，则该项改良便不会改变总产品的分配状况。的确，受到影响的那些特殊商品会降价；既然可以用较少的费用生产它们，它们的价值和价格也就会降低，所有那些消费它们的人，无论是地主、资本家还是有技术而享有特权的劳动者，也就会得到更多的享乐品。然而，利润率却不会提高。按商品数量计算，利润总额固然增大了，但如果按照这些受到改良影响的商品计算，资本的价值也提高了。因而资本的利润率同以前是一样的。资本家不是以资本家的身份而是以消费者的身份而受益。地主和享有特权的劳动阶级如果也消费这些商品，则可分享这种利益。

生产上的改良如果减少的是生活必需的生产费用或广大劳动

者日常消费的商品的生产费用，情况便会与此不同。在这里，各种不同力量的相互作用是相当复杂的，因而需要作较为仔细的分析。

前面曾说过，[①]农业方面的改良可分为两种。有些农业改良仅仅节省劳动，使一定数量的粮食可以用较少的费用生产出来，但并不减少土地的耕种面积。另外一些农业改良则不仅使一定面积的土地能以较少的劳动生产出同以前一样多的产品，而且还可以生产出比以前多的产品，因而如果不需要更多的产品，就会有一部分耕地被闲置，由于被闲置的往往是生产力最低的土地，所以调节市场的就将是比以前好的土地。

要说明农业改良的作用，我们就必须假设这种改良是突然发生的，以使在改良期间资本和人口不增加。其作用首先是使农产品的价值和价格下跌。这是上述两种农业改良，特别是后一种农业改良所带来的必然结果。

第一种改良既然没有增加产品，也就不会使任何土地闲置，耕种边际（查默斯博士语）就会同以前一样，农业无论从耕种面积上说还是从耕作的精细程度上说都不会后退，调节农产品价格的仍是过去那些土地和资本。但是，既然这些土地或资本以及其他所有生产粮食的土地或资本现在能以较少的费用生产粮食，因而粮食的价格也就会相应降低。若生产费用节省了十分之一，粮食的价格也就会下降十分之一。

但假设改良是第二种，不仅使土地能用比过去少十分之一的劳动生产出同以前一样多的粮食，而且使土地能用同以前一样多的劳动生产出比以前多十分之一的粮食。在这种情况下，改良所

① 前面第一编，第十三章，第三节。

带来的结果会更为明显。此时可以缩减耕种面积，用较少的土地便可以满足市场的需要。即使现在较少的土地和过去较多的土地平均说来质量是一样的，粮食价格也会下降十分之一，因为现在用比过去少十分之一的劳动便可以生产出同样多的粮食。但是，既然被放弃的那部分土地是肥力最低的土地，以后调节粮食价格的土地就将是比过去质量好的土地。所以，生产费用除了因为生产技术的改良而降低十分之一外，还会相应于农业的“边际”转向肥力较高的土地而进一步降低。因此，粮食价格的下降是双重的。

现在让我们来考察这种突然的改良对产品的分配产生的影响，先考察对地租产生的影响。两种改良的前一种将使地租下降，后一种将使地租更大幅度地下降。

假设对粮食的需求，要求人们耕种三级土地，这三级土地以相同的面积和相同的生产费用可以分别生产出 100、80 和 60 蒲式耳小麦。小麦的价格平均说来将正好使人们耕种第三级土地也能得到普通利润。所以，第一级土地将提供 40 蒲式耳超额利润，第二级土地将提供 20 蒲式耳超额利润，这些将构成地主的地租。首先让我们假设农业改良没有使土地能生产出更多的谷物，但却可以用比过去少四分之一的劳动生产出同以前一样多的谷物。在这种情况下，小麦的价格将下降四分之一，80 蒲式耳小麦的售价将与过去 60 蒲式耳小麦的售价相同。但第三级土地生产的产品仍然是为人们所需要的，由于生产费用与价格按同一幅度下降，所以耕种这级土地仍能带来普通利润。第一级和第二级土地也仍将分别提供 40 蒲式耳和 20 蒲式耳剩余利润，因而谷物地租仍将和以前一样。但既然谷物价格下降了四分之一，所以谷物地租所能换得的货币和所有其他商品也就减少了四分之一。由此可见，如果地主用其收入购买制造品或外国产品，那他的生活水平便下降了四分之一。他作为地主所得到的收入减少了四分之一，只有作为谷物的消费者，他的境况才和过去一样。

如果是另一种农业改良，则地租会以更大的幅度下降。假设现在生产市场所需要的产品数量，不仅所使用的劳动可以减少四分之一，而且所使用的土地也可以减少四分之一。如果继续耕种全部土地，生产出来的粮食就会远远超过市场的需要。现在必须放弃一部分土地，这部分土地生产出来的粮食等于所需粮食的四分之一；由于第二级土地生产的粮食正好等于所需粮食的四分之一（240 蒲式耳中的 60 蒲式耳），因而这级土地将被闲置。现在只耕种第一级和第二级便可以生产出 240 蒲式耳，第一级土地可以生产出 100 蒲式耳加三分之一即 133 $\frac{1}{3}$ 蒲式耳，第二级土地可以生产出 80 蒲式耳加三分之一即 106 $\frac{2}{3}$ 蒲式耳，总计正好 240 蒲式耳。现在最差的土地是第二级土地，而不是第三级土地，调节粮食价格的便也是第二级土地。现在要偿付资本外加普通利润，得用 106 $\frac{2}{3}$ 蒲式耳而不是 60 蒲式耳。因此，小麦的价格将不像在第一种农业改良的情况下那样按 60 与 80 之比下降，而是按 60 与 106 $\frac{2}{3}$ 之比下降。即便如此，也仍未能充分说明地租所受到的影响。现在第二级土地的全部产品都得用来偿付生产费用。第二级土地既然是最差的土地，也就不支付地租。第一级土地将只提供 26 $\frac{2}{3}$ 蒲式耳地租而不是 40 蒲式耳地租，即 133 $\frac{1}{3}$ 蒲式耳与 106 $\frac{2}{3}$ 蒲式耳之间的差额。全体地主仅就谷物地租而言就将损失60蒲

式耳中的 $33\frac{1}{3}$蒲式耳，与此同时，所剩下的谷物的价值和价格还将按 60 与 $106\frac{2}{3}$之比下跌。

由此可见，突然而普遍地实施农业改良无疑是有损于地主的利益的。人们一直认为这种观点是荒诞的，并据此而把最先提出这种观点的李嘉图称为精神变态者，这里就不再列举更难听的话了。我看不出这种观点有什么荒诞之处，相反，在我看来，倒是攻击这种观点的人思想方法有问题。只有当叙述得不得当时，这种观点才似乎是荒唐的。如果我们说某个地主会因为自己的地产得到改良而遭受损害，那肯定是站不住脚的，但我们只不过是说，该地主会因为他人的地产（当然也包括这个地主自己的地产）得到改良而遭受损害。谁都不会怀疑，倘若该地主能垄断农业改良，能把自有土地上产量的提高和农产品价格保持不变这两种利益结合在一起，那他就会通过农业改良获得很大利益。但是，如果所有土地的产品都同时增加，粮食价格又不如以前高，那就完全有理由认为，地主将受到损害，而不是得到好处。无论什么因素，只要能使农产品的价格永久降低，也就会使地租下降，这是大家所承认的；而且采取以下看法也是符合常识的，即如果由于土地生产力提高，不再需要耕种那么多土地，则土地的价值就会同其他物品的价值一样，由于需求减少而下降。

我非常乐于承认，地租实际上并没有因为农业改良而降低。这是为什么呢？这是因为农业改良从来不是突然发生的，而总是缓慢发生的，从未远远超过而常常是远远落后于资本和人口的增长。固然农业改良趋于降低地租，但资本和人口的增长却趋于提高地租，而且正如我们即将看到的，由于农业改良往往增加资本和人口的边际，因而资本和人口的增长会大大提高地租。但我们首先必须考察农产品价格的突然降低是如何影响利润和工资的。

最初，货币工资也许会保持不变，因而劳动者将会得到农产品价格下降的全部利益。他们可以增加粮食和其他物品的消费量，也就是说，他们可以用同样的费用购买更多的物品，至此，利润并没有受到影响。但是，劳动者的经常报酬实质上取决于前面我们所说的他们过惯的生活水平，即取决于他们在情愿要孩子以前作为一个阶级所要求达到的生活水平。如果生活状况的突然改善能对劳动者的嗜好和需要产生持久的影响，那么劳动阶级就会永远受益。但是，劳动者不仅有可能用相同的工资购买比以前多的舒适品和享乐品，而且也有可能用较少的工资购买同以前一样多的舒适品和享乐品，在后一种情况下，人口便会增加，而劳动者所习惯的生产水平却不会降低。到目前为止，劳动者还是这样来利用增加的生活资料的，他们把增加的生活资料径直转变成了粮食，用来养活更多的孩子。所以农业改良很可能会使人口受到刺激，一代人之后，劳动者的实际工资就不会再高于改良以前的工资了。实际工资之所以会下降，一方面是因为货币工资将降低，另一方面是因为粮食价格将上涨，粮食价格上涨的原因是人口增长导致需求增加，而需求的增加又使生产粮食的费用上涨。货币工资下降多少，利润就会上升多少，因为资本家不增加资本开支，就可以得到更多的效率同以前一样高的劳动。我们由此而看到，如果劳动者的习惯和需要没有改变和提高，那么生活费用的降低，无论是起因于农业改良还是起因于输入外国产品，通常都会降低货币工资

和地租，而提高一般利润率。

以上论述的是降低粮食生产费用的农业改良所带来的结果，若用较为便宜的粮食代替较昂贵的粮食，其结果与此是一样的。同样的土地使用同样的劳动，若种植玉米或土豆而不种植小麦，则可以为人类生产出数量大得多的粮食。如果劳动者不吃面包，而只吃玉米或土豆等较为便宜的粮食，同时所得到的补偿不是增加其他物品的消费量而是提早结婚，生育更多的子女，那么劳动成本就会大大减低，若劳动效率不降低，利润就会上升；而地租则会大大下降，因为全体人口所需要的粮食现在用一半或三分之一的麦地就可以生产出来。与此同时，很显然，在万不得已时，过于贫瘠而不能种植小麦的土地也可以用来种植土豆，生产出来的土豆是足以养活生产上所必需的那点劳动力的，因此，同种植谷物相比，在种植土豆或玉米的制度下，土地的边际最终会进一步下降，地租最终会进一步提高，因为土地在达到其生产能力的极限以前，可以养活多得多的人口。

如果我们假设改良不是发生在粮食生产上，而是发生在劳动阶级所消费的某些制造品的生产上，则工资和利润所受到的影响最初会与上述情形相同，但地租所受到的影响则有很大不同。地租不会降低；相反，如果生产改良的最终结果是增加了人口的话，地租甚至会上升，在这种情况下，利润则会降低，原因是显而易见的，无需加以说明。

第五节 第五种情形：三个要素都向前发展

前面我们一方面考察了人口和资本的正常增加会如何影响产品在地租、利润和工资之间的分配，另一方面考察了生产改良特别是农业改良对产品分配的影响。我们已经看到，人口和资本的增加会降低利润，提高地租和劳动成本，而农业改良则往往会降低地租，凡是能使劳动者消费的物品价格下降的生产改良，都会降低劳动成本而提高利润。既然已弄清了人口和资本的增加以及农业改良分别产生的影响，也就很容易确定它们同时起作用会产生什么影响，所谓同时起作用，就是资本和人口较为稳定地增加，与此同时，人们经常进行农业改良，新的农业知识和新的耕作方法不断普及。

若劳动阶级的习惯和需要（这决定了他们的实际工资）是给定的，则某一时期的地租、利润和货币工资便是上述各种竞争力量相互作用的结果。如果在某一时期农业改良的速度超过了人口的增长，该时期的地租和货币工资就趋于下降，利润趋于上升。如果人口的增长快于农业改良，劳动者就得减少自己吃的粮食，或吃较差的粮食，否则，地租和货币工资就会不断上升，利润不断下降。

农业技术和知识的发展往往是缓慢的，其传播往往更为缓慢。发明和发现也只是偶然才出现，而人口和资本却总是在不断增长。所以，哪怕是在短时期内，农业改良的速度也很少能大大超过人口和资本的增长，使地租有所下降，利润率有所提高。固然，在许多国家，人口和资本的增长并不快，但在这些国家，农业改良的速度甚至更慢。几乎每个国家的人口都紧跟着农业改良而增长，农业改良一产生结果，马上就被抵消了。

农业改良之所以很少降低地租，是因为它很少降低粮食价格，而只是阻止粮食价格上涨，很少使已经耕种的土地闲置，而只是使越来越差的土地能够被耕种以满足日益增长的粮食需求。人们有时谈到一个国家处于半开发的自然状态，即土地具有很高的生产力，花费很少的劳动就可以获得大量粮食，实际上只有先进民族的未开垦殖民地才处于这种状态。在美国甚至最差的耕地也具有很高的质量（有时紧靠市场或交通线的耕地不是这样，然而这些耕地虽然质量不太好，位置却很好），即便农业和运输方面不作进一步的改良也还有很多高质量的土地可以耕作，只有耕种完这些土地才会使人口和资本的增长停下来。可是500年前的欧洲虽然人口比现在稀少得多，但由于农业处于原始状态，也许那时最差的耕地便完全和现在最差的耕地一样缺乏生产力，并已接近了有利耕作的最后极限。自那时以来的农业改良所起的作用，实际上只不过是通过提高土地的一般生产能力，而使人们能耕种比到那时为止资本家认为有利可图的最差土地还要差得多的土地，从而使资本和人口有可能大大增加，一点一点地向后推移抑制资本和人口增加的障碍，但与此同时，人口也紧跟着增长，以致在人口和抑制人口增长的障碍之间从未留下空隙，农业改良把障碍向后每推移一步，增加的人口便马上把空隙填满。因此，与其说农业改良是抵消人口增长的力量，还不如说它部分解除了束缚人口增长的桎梏。

在人口和资本增加以及农业改良的共同作用下，产量的增长对产品的分配所产生的影响，同前面讨论过的那两种假设情形有

很大不同。特别是对地租的影响最为不同。我们曾说过，虽然突然而普遍的大规模农业改良最初会不可避免地降低地租，但随着社会的进步，这种改良会使地租逐渐上升到比以前高得多的水平，因为它们最终会使人们能够耕种更差得多的土地。但在我们现在所假设的接近于事物一般发展趋势的情形下，会立即产生这种最后的结果。假设对土地的耕种已达到了或几乎达到了产业技术状态所允许达到的极限，因而在现有的技术知识水平下，地租也已几乎达到了人口和资本的增加使它所能达到的最高点。此时如果突然进行大规模的农业改良，则这种改良或许会使地租大幅度下降，然后随着人口和资本的增加，地租又恢复到原来的水平，并进一步上升。但是，农业改良实际上总是非常缓慢地进行的，它既不会使地租下降，也不会使耕种面积缩小，而只会使地租不断上升，耕种面积不断扩大。这种改良甚至无需求助于较差的土地，不增加生产费用，就能使现有耕地生产出更多的产品。如果通过农业改良，土地用比过去多一倍的劳动和资本能生产出比过去多一倍的产品（假设与此同时人口也有所增加，对粮食的需求也增加了一倍），那么所有土地的地租就会上涨一倍。

为了说明这一点，让我们再来看一下前面某一页所举的数字例子。三个等级的土地以相同的面积和相同的支出可以分别生产100、80和60蒲式耳小麦。如果只是用比过去多一倍的支出，丝毫不增加生产费用，就可以使第一级土地生产200蒲式耳、第二级土地生产160蒲式耳、第三级土地生产120蒲式耳，如果人口也增加了一倍，从而需要所有这些增加的粮食，那么，第一级土地的地租就将是80而不是40蒲式耳，第二级土地的地租就将是40而不是 20 蒲式耳，而每蒲式耳的价格和价值则将保持不变，因而谷物地租和货币地租都将增加一倍。不用说，如果生产技术得到改良而对粮食的需求没有增加，则会产生与此不同的结果。

所以，农业改良最终总是给地主带来好处，而且一般总是立即给地主带来好处。我们还可以加上一句，在一般情况下，农业改良仅仅有益于地主。当粮食需求的增加与生产能力的提高完全一致时，粮食价格是不会降低的；劳动者甚至连暂时的好处也得不到；劳动成本不会降低，利润也不会提高。虽然总产量提高了，分配给劳动者的产品更多了，总利润也增加了，但工资却要由更多的人口分享，利润也要分摊在更多的资本上，因此，没有哪个劳动者的境况会比过去好，也没有哪个资本家不增加资本就能获得更多的收入。

以上冗长的讨论所得出的结论可以概括如下。在由地主、资本家和劳动者组成的社会中，经济进步往往使地主阶级越来越富有，而劳动者的生活费用整个说来则趋于增加，利润趋于下降。农业改良是抵消后两种结果的力量，但是农业改良虽然有时也会暂时抑制第一种结果，可最终却会大大加重第一种结果；而且人口的增加往往会把得自农业改良的全部利益完全转给地主。在由地主、资本家和劳动者组成的社会中，产业进步除了带来上述结果外，还会带来其他什么结果，或者说还会有什么结果修正上述结果，我将尽力在下一章中加以说明。

第四章　论利润降至最低限度的趋势

第一节　亚当·斯密的资本竞争学说

我们在前面一章已提到过，随着社会的进步，利润会趋于下降。论述工商业问题的作家很早就看出了这种趋势，但当时人们不了解支配利润的法则，对造成这种现象的原因抱有错误看法。亚当·斯密认为，利润是由所谓资本的竞争决定的，并断言，当资本增加时，这种竞争也必定会加剧，因而利润必然下降。亚当·斯密在这里所指的是哪一种竞争，不十分明确。他在"资本利润"一章中是这样说的："当许多富商的资本转入同一行业时，他们之间的相互竞争自然会趋于降低资本的利润；当同一社会中所有不同行业的资本都增加时，相同的竞争必然会在所有行业产生相同的结果。"[①] 这段话会使我们作出这样的推论，在亚当·斯密看来，资本的竞争是通过降低物价而降低利润的，因为增加对某一行业的资本投资通常会降低该行业的利润。但如果这是亚当·斯密的意思，那他就忽视了这样一点，即如果只是一种商品跌价，那确实会降低该商品生产者的利润，可一旦所有商品都跌价，就不会有这种作用了，因为当所有物品都跌价时，实际上就什么也不跌价，而

① 《国富论》，第一编，第九章。

只是在名义上跌价，甚至每个生产者用货币计算的支出也会同其报酬一样减少。除非当所有物品都跌价时，只有劳动这种商品不跌价，情况才不是这样，但如果是这样，工资实际上就上升了，降低资本利润的就是工资的上升，而不是物价的下跌了。亚当·斯密未注意到的另一件事情是，他所假设的由于资本之间的竞争加剧而导致的价格普遍下跌，实际上是不可能发生的事情。物价并非仅仅取决于卖主之间的竞争，而且还取决于买主之间的竞争，也就是说不仅取决于供给，而且还取决于需求。影响货币价格的需求，是由公众用来购买商品的全部货币构成的，只要这些货币与商品的比例不降低，价格就不会普遍下跌。因此，无论资本如何增加，无论资本的增加会使商品的产量提高多少，都会有充足的资本用来生产或输入货币，货币的数量和商品的数量都会按相同的比例增长。因为如果情况不是这样，如果像亚当·斯密的理论所设想的那样，货币的购买力不断增加，那么，那些生产或输入货币的人就会获得日益增多的利润，就会把其他行业的劳动和资本吸引到生产或输入货币的行业。假如价格真的普遍下跌，货币的价值真的上升，那只能是金矿逐渐被耗竭、生产费用增加的结果。

所以，认为资本的增加会使货币价格普遍下跌，这在理论上是站不住脚的。认为随着资本的增加，价格实际上已普遍下降了，这也是不正确的。如果说有什么物品的价格随着社会的进步而下跌了的话，那只是这样一些物品，这些物品在生产上得到的改良，要大于贵金属在生产上得到的改良，例如所有纺织品。其他物品的价格非但没有下降，反而上涨了，因为它们的生产费用相对于金银的生产费用来说都增加了，其中特别是各种粮食的价格同以前相比上涨了许多。所以，认为资本之间的竞争会通过降低价格而降低利润，这种学说不仅在原理上是错误的，而且也是不符合实际情况的。

但我们却不能肯定亚当·斯密是否真的持有这种学说，因为他讨论这一问题时所使用的语言是含糊不清的，表明他并没有融会贯通的明确观点。他有时似乎认为，资本的竞争是通过提高工资而降低利润的。在讨论新殖民地的利润率时，他几乎提出了完整的利润理论。他说："随着殖民地的增加，资本利润会逐渐减少。在最为肥沃而且位置最好的土地都被占用以后，耕种那些肥力和位置都较差的土地就只能得到较少的利润。"假如亚当·斯密更多地想一想这个问题，把他有关这个问题的各种观点加以协调和系统化，那他也许会看出，上述最后一点才是利润通常因为资本增加而下跌的真正原因。

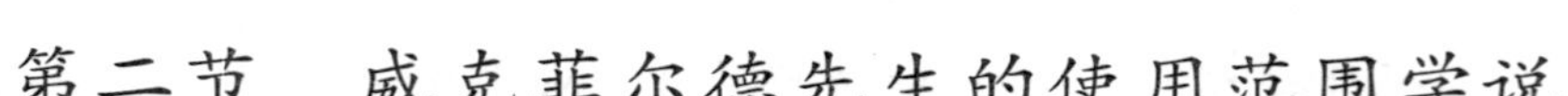

第二节　威克菲尔德先生的使用范围学说

威克菲尔德先生在其《亚当·斯密述评》和讨论殖民政策的重要著作中，对这一问题采取了明确得多的观点，而且通过一系列实质上是正确的推理，得出了在我看来是正当而且重要的实际结论，但遗憾的是，他没有把自己的宝贵见解同前人的思想成果结合在一起，也没有使它们与其他真理协调一致。查默斯博士在其"论资本的增加与限度"一章及随后的两章中也提出了一些理论，这些理论的思想倾向与威克菲尔德先生的理论是一致的，不过，虽然查默斯博士像往常一样把他的思想表述得很动人、很清晰，但实际上，他有关利润问题的思想要比亚当·斯密的思想混乱得多,并且更为明显地受到了那种经常遭到人们驳斥的看法的影响,这种看法认为,资本的竞争会降低一般价格。这位思想敏锐、焕发着朝气的著作家显然没有把货币问题包括在他已作了仔细研究的政治经济学的范围之内。

威克菲尔德先生对利润下降所作的解释可简述如下:生产不仅会受到资本和劳动数量的限制,而且还会受到"使用范围"的限制。资本的使用范围是双重的,一是一个国家所拥有的土地,一是外国市场吸收该国制造品的能力。在有限的土地面积上,只是有限的资本能够得到使用而获利。资本数量越接近这一限度,利润就越低,一旦达到这一限度,利润便会消失。此时要恢复利润,就得扩大资本的使用范围,扩大使用范围的方法或者是从其他国家那里获取肥沃的土地,或者是开辟新的国外市场,在这种市场上可以用本国资本生产的产品购买粮食和原料。我认为,这些命题基本上是正确的,甚至对于表述这些命题的词语,我也没有什么好反对的,尽管这些词语更加符合一般实际用法,而不符合科学用法。在我看来,威克菲尔德先生所犯的错误是,他认为自己的学说与前述那些最优秀的政治经济学家所提出的原理是相矛盾的,实际上,威克菲尔德的学说只不过是那些原理的推论,尽管那些政治经济学家自己也未必承认这些推论。

据我所知,是威廉·埃利斯先生[①]发表在《威斯敏斯特评论》

① 现在埃利斯先生已是非常著名的人物了,他用自己的那支笔、自己的钱财和人格的力量,不遗余力地鼓吹改良普通教育,特别是不遗余力地试图把政治经济学原理引入普通教育中。

1826年1月号上的一篇讨论机器的影响的论文，对利润问题作了最为科学的论述。毫无疑问，威克菲尔德先生不知道这篇论文，但这篇论文却在威克菲尔德之前得出了他的一些主要结论，尽管所采用的是不同的方法。该文之所以没有引起什么反响，一方面是因为它以匿名方式发表在定期刊物上，另一方面是因为它远远超过了当时政治经济学的发展水平。按照埃利斯先生对利润问题的看法，威克菲尔德的见解和查默斯博士的见解所引出的那些问题和困难是能够得到解决的，而且解决办法同本书论述的政治经济学的各项原理是并行不悖的。

第三节　什么决定最低利润率

无论在什么时间，也无论在什么地方，都有一特定的利润率，这一利润率是诱使该时和该地的人民进行储蓄和在生产上使用这些储蓄的最低利润率。这种最低利润率是随着情况的不同而变化的。它取决于以下两个因素。一个因素是，有效积累欲望的强度，也就是此时此地的人民是比较重视未来的利益还是比较重视现在的利益。这一因素主要影响储蓄倾向。另一因素是从事产业活动的资本在多大程度上是安全的，这一因素所影响的与其说是储蓄倾向，还不如说是在生产上使用储蓄的倾向。普遍的不安全状态，无疑也会影响储蓄倾向。窖藏钱财会给大财主增加危险，但与此同时窖藏钱财也是躲避危险的强有力手段，因而这两种作用也许会相互抵消。然而，同把钱保管在自己手边闲置不用相比，一个人若在生产上运用自己的钱或把自己的钱借给别人使用，则他便要冒更大的风险，这种额外的风险是与社会的普遍不安全状态成比例的，也许等于20%、30%或50%，也许还不到1%或2%，但不管怎么说总得是一确定的比例，预期的利润必须能对此给予补偿。

即使资本不产生利润，人们也有充足的理由进行一定量的储蓄。人们在年景好的时候会为坏年景做准备，会为年老体弱时的生活积蓄一些钱财，会为后半生过悠闲自在的生活或为抚育儿女进行储蓄。然而，从长期来看完全以此为目的的储蓄是不会大大增加资本数量的。这些动机只是促使人们在一生中的某一时期节省一些钱财，以便在另一个时期消费，或供他们未成年的儿女消费。能够增加一国资本的储蓄，通常产生于人们改善自身生活状况或为儿女或他人遗留财产的愿望。一定的自我克制能力能在多大程度上实现想要达到的目标，这对上述愿望的强度会产生很大影响，而自我克制能力又取决于利润率。每一国家都有一最低的利润率，若再低，人们就不会为了发财或遗留财产而储蓄了。所以能够增加一国资本的积累，需要有某一利润率作为必要条件，一般人会把这一利润率看作是对节欲的报酬和对所冒风险的补偿。当然，总是有一些人的有效积累欲望高于一般人，即使利润率低于最低水平，他们也会进行储蓄，但也总是有另外一些人，这些人的花钱嗜好和享乐嗜好大于一般人，他们非但不储蓄，反而挥霍掉所得到的全部钱财，这两种人正好相互抵消了。

我在前面已经说过，这种限定资本增长的最低利润率，在某些社会状态下要比在另一些社会状态下更低。我在这里可以加上一句，标志着当代文明的那种社会进步有降低这种最低利润率的趋势。首先，这种进步的公认结果之一，是一般安全的增加。战争的破坏以及私人和公家的暴力掠夺给人带来的忧虑越来越少；教育和司法可望得到改良，舆论也更受尊重了，这些都为防止欺诈和胡乱经营提供了越来越大的保证。所以，为补偿生产性投资所冒的风险而要求具有的利润率，现在已比一个世纪以前低了，今后还会比现在更低。其次，人类已不再是眼前利益的奴隶，而越来越习惯于在遥远的未来实现自己的愿望和目的，这也是文明进步的结果之一。远虑的这种增加，是人们能够在更大的程度上把握未来的自然结果，而且，工业生活对人类的感情和喜好所产生的影响，大都有利于远虑的增加。随着生活的变故日益减少，随着生活习惯日益固定，随着除了依靠长期坚持不懈的努力外用其他方法发横财的机会日益减少，人们愈来愈愿意牺牲眼前的享乐以实现未来的目标。先见能力和自制能力的提高，除了影响财富的增加外，肯定还会影响其他事情，这一问题下文马上就会讨论到。不过，当前的社会进步即使无助于增加人们的积累欲望，也显然有助于放松这种欲望所受到的束缚，有助于降低诱使人们进行储蓄所绝对必需的利润率。由于以上两个原因，即风险减少和远虑增加，当前在英格兰，百分之三四的利润或利息便足以促使资本增加，而在缅甸帝国或在约翰王统治时期的英格兰，则需要有百分之三四十的利润或利息才能促使资本增加。在荷兰，过去 100 年间公债的利率为 2%，这一利率虽然没有促使资本增加，但也没有使资本减少。尽管最低利润率的变化很大，尽管无法确切说出某一时期的最低利润率是多少，但无论如何总是存在着最低利润率；不管最低利润率是高还是低，一旦达到最低利润率，资本就会暂时停止增加。于是国家也就处于政治经济学家所说的那种停滞状态。

第四节 在富国，利润总是接近于最低点

我们由此便得到了本章所要阐明的那一基本命题。一国如果长期以来生产规模一直很大，一直有巨额纯收入供人们借以进行储蓄，因而长期以来一直有能力年年大大增加资本（但不像美国那样拥有大量未耕种的肥沃土地），那么该国的特征之一便是，利润率实际上总是接近于最低点，因而该国总是处于停滞状态的边缘。我并不是说欧洲各大国实际上马上就会处于停滞状态，也不是说资本产生的利润还不够多，不足以诱使这些国家的人民储蓄和积累。我的意思是，如果资本继续按现在的速度增加，与此同时不发生什么事情使利润率趋于提高，那要不了多少时间利润就会降到最低限度。如果资本增长的边界不继续向前推移，为进一步增长留有更大的余地，则资本的增长很快就会达到其最后的边界。

在英格兰，几乎没有风险的公债，其一般利率估计为3%强，所以，其他一切投资可望得到的利息或利润（不包括才能或努力应得的报酬）必须大大高于这一百分比，高出多少，要看资本所冒的风险有多大。让我们假设，在英格兰，只要有1%的纯利润（不包括风险补偿），就足以诱使人们储蓄，而纯利润低于1%，就无法诱使人们储蓄。我认为，在这种情况下，如果资本继续像现在这样年年增加，而又不发生什么事情抵消资本增加所造成的结果，那要不了多少年，纯利润率就会降低到1%。

要满足上述假说的条件，我们必须假设资本输往国外进行投资的过程完全中止。不再有资本输往国外建造铁路或放款；不再

有移民把资本带往殖民地或其他国家;银行家或商人也不再向其国外客户提供信贷。我们还必须假设,政府不再为非生产性支出举债,也不再通过抵押或其他方式借债;不再有资本因企业破产而被浪费(人们把资本投入有破产危险的企业,是想获得较高的收入,因为当前稳妥的投资利润率通常都很低)。我们必须假设,社会的全部储蓄每年都投资于真正的生产性事业,同时假设,不再有工业上的新发明,已知的先进生产方法不再大规模取代落后的生产方法,也就是说人们不再开辟新的投资出路。

大多数人都认为,要为每年新增的大量资本找到有利可图的投资出路是极为困难的,因而大多数人断言,将出现所谓普遍的生产过剩现象,即生产出来的商品卖不出去,或只能以赔本的价格卖出去。但是,我们在前面[①]对这一问题所作的全面考察已经表明,问题并不是出在这里,即困难并不在于缺乏市场。如果新增资本适当地分配在各种用途之间,人们便会对新增资本的产品产生需求,因而这些产品决不会比其他产品更难销售。问题实际上是,使用新增资本必然会迅速降低利润率。

随着资本的增加,人口有时也增加,有时则不增加。如果人口不增加,工资便会上升,就会有更多的资本用来向人数没有增加的劳动者支付工资。既然劳动没有增加,人们也没有进行提高劳动效率的改良,产品的数量也就不会增加。由于资本无论增加多少,所获得的总报酬都同以前一样多,因而每年的总储蓄都会从下一年的利润中扣除。不用说,在这种情况下,利润很快就会降到资本不再增加的那一点。如果劳动效率不通过发明和发现或身心教育的

① 第三编,第十四章。

改良而提高，如果懒人或非生产性劳动者不转变成生产性劳动者，那么远远快于人口增长的资本增长很快就会达到其增长的极限。

即使人口随着资本的增加而增加，而且按相同的比例增加，利润的下降也仍然是不可避免的。人口的增加会使人们对农产品的需求也增加。在没有产业改良的情况下，这种需求只能通过以下两种方法得到满足，一是耕种更差的土地，二是对现有耕地进行更为精细的耕作，这两种方法都会提高生产费用。因而劳动者的生活费用会增加，如果劳动者不甘忍受生活状况的恶化，利润就必然下降。在像英格兰这样的古老国家，如果我们假定国内的农业丝毫未得到改良，同时假定外国也不为英国市场生产更多的粮食，那么利润便会非常迅速地下跌。如果这两条增加粮食供给的道路都被堵塞了，而人口继续按照据说每天增加 1000 人的速度增加，那么在当前的知识水平下所有能被耕种的荒地很快就会被耕种完，生产费用和粮食价格会大大提高，以致如果劳动者的货币工资增加（这是补偿其增加的支出所必需），利润很快就会降至最低限度。假如货币工资不上升，或上升的幅度较小，利润的下降也许会得到延缓，但通过降低劳动者的生活所能得到的延缓时间是很有限的，一般说来，劳动者是不能够忍受生活水平大幅度下降的，当他们能够忍受时，他们所必需的生活水平也就有了提高，因而也就不愿意忍受。所以，我们大体上可以认为，在像英格兰这样的国家，如果每年的储蓄额像现在这样继续增加下去，而又不发生任何事情抵消储蓄降低利润的自然趋势，那么利润率便会迅速降至最低限度，资本的进一步积累就会马上停止。

第五节　商业突变往往会阻止利润降至最低点

利润率总是趋于降至最低点，而且如果没有抵消因素的话，会极为迅速地降至最低点。所谓抵消因素，就是在当前的情况下能够与利润下降趋势相抗衡、能阻止我国每年的巨额储蓄把利润率压至最低点的那些因素。那么，这些因素究竟是什么呢？我们可以把它们分为以下几类。

首先，我们可以提及这样一个因素，这个因素极为简单且极为明显，以致一些政治经济学家，特别是西斯蒙第先生和查默斯博士只注意到了这一因素，而忽视了所有其他因素。这就是在过量交易时期和疯狂投机时期以及在随之而来的商业突变中资本往往被大量浪费。固然，在这样的时期所损失的很大一部分资本并没有被毁灭，而只是像赌徒输的钱那样转给了较为成功的投机者。但是，即便在这些被转移的资本中，也有很大一部分被用来以高价购买比平常多的外国商品，从而转给了外国人。而且还有许多资本被完全浪费了。人们开矿，修筑铁路，架设桥梁，并兴办其他许多没有把握产生利润的工程，大量资本耗费在了这些工程上，而这些工程却不提供报酬，或所提供的报酬不足以补偿支出。人们超过市场需要建立起许多工厂，安装起许多机器设备，结果却得不到利用。即使这些工厂和设备能够得到利用，资本也还是被搁死了；流动资本被转变成了固定资本，已不再对工资或利润产生影响。除此之外，在继一般交易过渡时期之后的停滞时期，还会有大量资本被消耗在非生产方面。在停滞时期，许多企业倒闭，或即使不倒

闭也不赢利，大量工人被解雇，各个阶层都有很多人挣不到钱，不得不靠以前的储蓄过活，危机过后，都或多或少地陷入了贫困境地。这些都是商业突变带来的结果。商业突变几乎是周期性的，而这种周期性正是我们现在所考察的利润下降趋势造成的后果。只要几年不发生危机，所积累的资本就会大幅度增加，以致用他们来投资无法再得到通常的利润。所有公债的价格会大大提高，而最好的商业证券的利率则会降到很低水平，工商界人士会普遍抱怨赚不到钱。这十分清楚地表明，如果不发生什么事情抵消资本积累带来的结果，利润便会极为迅速地降至最低点，资本增长便会极为迅速地陷入停滞状态。但是，既然不再那么容易获得稳定的利润，人们就会随时注意那些虽然有赔本的风险但却有可能带来较高利润的买卖。于是便会出现投机活动，投机活动连同随后的商业危机，会消耗大量资本或把大量资本转移给外国人，从而暂时提高利息和利润，为新的资本积累创造条件，由此而开始同样的一轮循环。

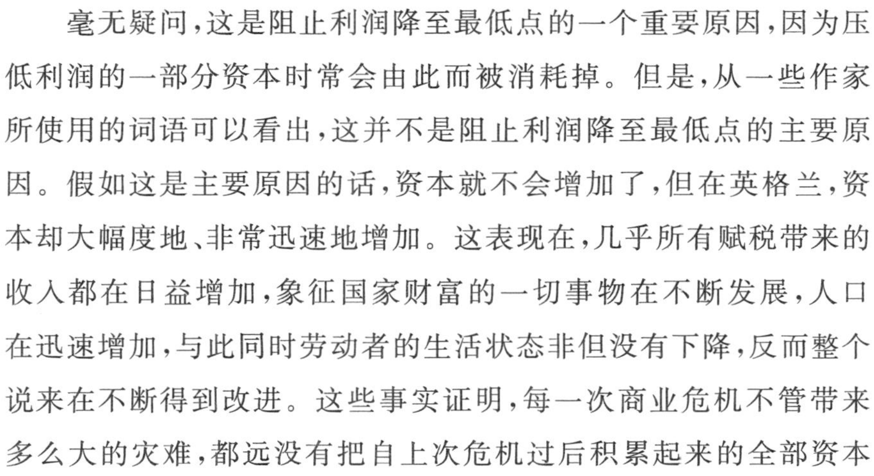

毫无疑问，这是阻止利润降至最低点的一个重要原因，因为压低利润的一部分资本时常会由此而被消耗掉。但是，从一些作家所使用的词语可以看出，这并不是阻止利润降至最低点的主要原因。假如这是主要原因的话，资本就不会增加了，但在英格兰，资本却大幅度地、非常迅速地增加。这表现在，几乎所有赋税带来的收入都在日益增加，象征国家财富的一切事物在不断发展，人口在迅速增加，与此同时劳动者的生活状态非但没有下降，反而整个说来在不断得到改进。这些事实证明，每一次商业危机不管带来多么大的灾难，都远没有把自上次危机过后积累起来的全部资本破坏掉，同时证明，人们总是能够为不断增加的资本找到或创造有利可图的出路，从而阻止利润率下降。

第六节　生产改良也会阻止利润降至最低点

这就把我们的讨论引向了第二种抵消因素，即生产上的改良。生产改良显然具有威克菲尔德先生所说的那种扩大使用范围的作用，也就是说，生产改良使人们能够积累和使用更多的资本，而不压低利润率。当然，生产改良要做到这一点，必须具备这样一个条件，即劳动者的习惯不因生产改良而改变，劳动者的需要不因生产改良而相应提高。如果劳动阶级获得了价格下降所带来的全部利益，换句话说，如果货币工资不下降，那么利润就不会提高，利润的下跌也不会受到阻遏。但是，如果劳动者由于生活状况得到改善而人数增加，致使生活状况降到以前的水平，那么利润就会上升。凡是能使劳动者消费的物品低廉的发明，只要劳动者的需要不相应提高，最终都会降低货币工资，而由于货币工资降低，在资本降到以前的水平之前，人们便可以积累和利用更多的资本。

那些只影响富人消费的物品的生产改良，则不完全是以上述方式起作用的。花边或丝绒价格的下跌，丝毫没有降低劳动成本的作用。所以也就不会提高利润率，不会在利润降到最低点以前为更多的资本创造投资机会。不过，这种价格下降实际上会产生一种与此相等的作用，它会降低或有助于降低利润的最低点。首先，消费品价格的下降，会助长储蓄倾向，因为消费品价格的下降使所有消费者在不改变自己所习惯的生活方式的条件下都享有一笔剩余收入，而只要以前的生活不困苦，不需要多少自我克制就至少可以把这种剩余收入的一部分节省下来。其次，人们如能以较少的收入生活得同以前一样好，那谁都会愿意为较低的利润率积累资本。如果过去人们每年有1000镑收入才能过舒服日子，而现在有500镑就能过舒服日子，那同希望较为渺茫的过去相比，人们现在就更愿意为过舒服日子而储蓄。所以，几乎所有商品的生产得到的改良，都在某种程度上有助于延缓静止状态的到来，但是，劳动者消费的物品得到的改良要在更大得多的程度上有助于静止状态的到来，因为这些物品的生产得到的改良会在以下两方面发挥这种作用，一方面它们会诱使人们为较低的利润积累，另一方面它们还会提高利润率本身。

第七节　输入廉价生活必需品和生产工具也会阻止利润降至最低点

一国若能从其他国家获得廉价商品，这也会产生与生产改良相同的作用。必需品价格的降低，无论是生产改良引起的，还是外国商品引起的，对工资和利润的影响都完全相同。只要劳动者不得到价格下降的全部利益，只要劳动者所习惯的生活水平不提高，从而劳动者不一直享有价格下降的全部利益，劳动成本就会降低，利润率就会提高。只要能继续较为便宜地为不断增加的人口输入粮食，就能遏制利润因为人口和资本增加而下降的趋势，资本积累就会持续进行下去而不会使利润愈来愈接近最低点。由于这一原因，一些人认为，谷物法的废除为我国开辟了一个新纪元，使我国的资本可以在很长一段时期内迅速增加而不降低利润率。

这种看法是否有道理？在考察这个问题以前，我们必须说明一点，这一点与人们通常的看法是大相径庭的。对外贸易并不一定会扩大资本的使用范围。仅仅为一国的产品开辟了市场，是不会提高利润率的。假如用这些产品只是换来了富人享用的奢侈品，那么资本家的支出是不会减少的，利润不会上升，资本的增加必然会降低利润，假如停滞状态的到来得到了延缓，那也只是因为享受一定程度的奢侈生活所需的费用减少了，从而人们甘心为比以前低的利润进行新的储蓄。如果说对外贸易为较多的资本创造了投资机会而没有降低利润，那是因为对外贸易使劳动者能够用较少的费用得到生活必需品或习惯用品。对外贸易可以通过以下两种方法做到这一点，一是输入这些商品本身，一是输入生产这些商品的手段和工具。廉价的生铁对利润和劳动成本的影响，在某种程度上与廉价的谷物是一样的，因为人们可以用廉价的生铁制造出廉价的农具，制造出廉价的纺织机器。对外贸易如果既不直接又不间接地降低劳动者消费的物品的价格，那它就会像不降低劳动者消费的物品的发明或发现那样，既无助于提高利润，又无助于延缓利润的下降，结果只是国内不再生产奢侈品，转而为国外市场生产商品，资本的使用范围既不比以前大也不比以前小。当然，在已经输入必需品或原料的国家，几乎没有哪种输出贸易会是这样，因为只要输出增加，该国获取各种输入品的价格就会比以前低。

一个国家如果像现在的英格兰这样，允许从世界各地自由输入各种粮食、各种必需品以及生产必需品所需的原料，那么这个国

家的利润率就不再取决于本国土地的肥力，而是取决于全世界土地的肥力。尚待考察的是，全世界的土地在很长一段时期内究竟能在多大程度上抵消利润随着资本的增加而下降的趋势。

当然，我们必须假设，随着资本的增加，人口也增加，因为如果人口不增加，尽管粮食价格下降，工资上升也会压低利润。因而我们假设，大不列颠的人口按现在的速度不断增加，每年对进口粮食的需求都远远超过上一年。出口国只能通过大大改良农业或大幅度增加生产粮食的资本，才能满足英国每年增加的粮食需求。改良农业很可能是很缓慢的过程，因为欧洲各粮食出口国的农业阶级仍处于愚昧无知的状态，而英国的各殖民地和美国已采用了适合它们各自情况的大部分改良。还有一种增加粮食供给的方法，就是扩大耕种面积。关于这种方法，需要指出的是，扩大耕种面积所需的大部分资本仍有待于人们去创造。在波兰、俄国、匈牙利和西班牙，资本的增加是极为缓慢的。在美国，资本增加得虽然很快，但还是赶不上人口的增长。目前美国为逐年向我国增加粮食出口，主要是使用了它每年积累的一部分资本，这部分资本以前是用来发展制造业的，但谷物自由贸易却使这部分资本转而用来为我国市场生产粮食。我们由此得到的粮食供给是很有限的，除非农业发生重大改良，否则这种供给便不会满足英国迅速增长的人口不断增大的需求。因此，如果我国的人口和资本按目前的速度增长下去的话，则要使人口继续得到廉价的粮食供给，就只得输出资本来生产粮食。

第八节 资本输出也阻止利润降至最低点

这便把我们的讨论引向了那些抵消因素中的最后一个，在资本增长快于邻国、从而利润更接近于最低点的国家，正是这些抵消因素遏制了利润的下降趋势。最后这个因素就是资本源源不断地流入殖民地或外国，寻求比国内高的利润。我认为，许多年来在英格兰主要正是这一因素阻止了利润的下降。这一因素有双重作用。首先，它可以起到火灾、洪水或商业危机的作用，消除一部分增加的资本，从而阻止利润下降。其次，由此而消除的资本并没有被毁灭，而主要是用于创建会大量输出廉价农产品的殖民地，或用于发展并改良旧殖民地的农业。我们能够寄予希望的，正是依靠输出资本来使廉价粮食和棉花的供给赶上我国人口的增长，从而使不断增加的资本能够在不降低利润的情况下在国内得到利用，用来生产偿付这些农产品的工业品。由此可见，输出资本特别有助于扩大未输出的资本的使用范围，因而可以说，在某种程度上，输出的资本愈多，能够留在国内的资本也愈多。

如果有些国家的工业较为先进，人口增长较快，因而利润率低于其他国家，那么这些国家，在远未达到真正的利润最低点以前，总是先达到一实际的利润最低点。所谓达到了实际的最低点，就是利润已下降到了大大低于其他国家的水平，以致再下降的话，进一步积累的全部资本就会输往国外。在当前整个世界的工业发展状况下，如果哪一个正在不断改良的富国要对利润的最低点加以认真考虑的话，那么需要考虑的就仅仅是这种实际的最低点。只要古老国家的资本增加得很快，新兴国家的利润仍然很高，古老国家的利润就不会降至积累停止的那一点，利润一旦下跌到资本被输往国外的那一点，就不会再下跌了。在像英格兰这样的国家，只有通过生产改良，特别是在生产劳动者消费的物品方面进行改良，才能阻止利润迅速降至实际最低点，阻止进一步积累的全部资本输往殖民地或其他国家。

第五章　利润降至最低点的趋势带来的种种后果

第一节　抽走资本并不一定会使国家遭受损失

前一章阐明了资本积累对利润的影响及有关这一问题的理论，这一理论在很大程度上修改了从政治经济学的基本原理得出的而且早已被政治经济学的最高权威所承认的许多实际结论。

政治经济学家一向非常重视某一事件或某一项政府措施在增加或减少一国的资本方面所起的作用，但前一章阐明的理论大大降低了这种作用，或者毋宁说，在低利润国家，完全消除了这种作用。我们已经看到，如果一个国家的利润较低，则证明该国人民积累资本的欲望太强了，资本增长的速度太快了，以致把生产改良和海外廉价必需品供给的增加这两个抵消因素抛在了后面，假如不毁掉或输出每年增加的很大一部分资本，则该国便会迅速达到资本停止积累的那一点，或资本积累至少会自动放慢，从而资本的增长不再快于生产生活必需品的技术发明。在这种情况下，如果该国资本的突然增加不伴随着生产力的提高，则这种增加是不会持久的，因为资本的突然增加会压低利润和利息，从而会相应减少当年或第二年收入中用于储蓄的部分，或者会使与此等量的资本输往国外，或浪费在肆无忌惮的投机活动中。另一方面，突然减少资本，如果减少额不过大的话，也不会使该国真正变穷。几个月或几年之后，该国的资本数量就会恢复以前的水平。突然减少资本会提高利润和利息，从而会刺激人们积累资本，迅速弥补减少的资本。实际上，资本突然减少带来的结果很可能只是，在一段时间内，输出的资本将减少，用于疯狂投机活动的资本也将减少。

因此，在富裕而勤俭的国家，上述观点首先会大大削弱那种反对政府为真正有价值的非生产事业花钱的论点所具有的说服力。现在，假如有人为了实现社会正义或慈善救济方面的某一伟大目标，例如复兴爱尔兰的产业、开拓殖民地或推广公共教育，建议通过举债筹集大笔资金，政治家就用不着再担心抽走这么多资本会抽干国家财富的源泉或者会减少劳动人口赖以为生的资本了。实现这种目标所需的费用再大，也不会使一个劳动者失业，不会使第二年少生产一尺布或一斤粮。在穷国，立法者必须悉心照料国家的资本，必须谨防国家的资本被侵占，必须尽力鼓励积累资本，尽力鼓励输入资本。但在人口众多、农业高度发展的富国，所缺少的却不是资本，而是肥沃的土地，因而立法者的目标便不应该是增加储蓄总量，而应该是通过改进耕作方法，或通过获取世界其他地方较为肥沃的土地的产品，来增加储蓄的报酬。在这样的国家，政府可以随意取用一部分资本作为岁入花费，而不会影响国家的财富，因为所取用的全部资本或者来自每年否则会输往国外的储蓄，或者来自下一年或第三年私人的非生产性支出，政府每花费 100 万镑，都会促使人们再储蓄 100 万镑，而不致使资本外流。因此，当所要达到的目标值得花许多钱，值得让人民的日常生活享受作出牺牲时，若有人在经济上反对直接从资本中取用所需的资金，那惟

一站得住脚的理由，便是为了偿付国债利息而课税会带来种种不便。

人们通常反对通过移民来救助劳动阶级的一个理由是，移民国外需要支付费用，如果带出国的资本同移民的人口一样多，那么劳动者是不会得到什么好处的。根据前一章阐述的理论，我们知道，这种反对论点是不值一驳的。我认为，即使就最大规模的殖民运动来说，现在也没有谁会再认为，多少人移居国外，就会有多少资本被带走，而且即使接受那一站不住脚的假设，认为劳动阶级得不到好处也是错误的。假如英格兰十分之一的劳动者迁往殖民地，并带走国内十分之一的流动资本，那么资本和人口对肥沃土地的压力就会减轻，从而工资或者利润便会大大受益，或两者都大大受益。对粮食的需求会减少，较差的耕地不再被耕种，而变成牧场；较好的耕地不再被过度耕种，带来的报酬相应提高；粮食价格下降，虽然货币工资不会提高，但每个劳动者的生活状况都会得到很大改善；如果人口不随之增加，工资不随之下降的话，则这种改善将是永久性的；而如果人口增加，工资随之下降的话，则资本将开始增加，补上所损失的资本。只有地主会在收入上遭受某种损失，但甚至地主，也只有当殖民活动实际减少资本和人口时才会遭受损失，如果殖民活动带走的仅仅是每年增加的资本和人口，地主是不会遭受损失的。

第二节　在富裕国家，机器的广泛使用不仅对劳动者无害，反而有益

依据上述原理，我们现在可以就机器和生产性投资对劳动阶级的当前利益和长远利益的影响得出最后的结论。这类产业改良的特征是把流动资本转变为固定资本。本书第一编已指出[①]，在资本积累缓慢的国家，机器的引入、土地的永久性改良等等，暂时往往对工人是极为有害的，因为用于这些方面的资本都直接取自工资基金，人民的生活费用和就业机会会因此而减少，每年的总产量会因此而下降。但在年积累额很大、利润较低的国家，则不用担心产生这种结果。其原因是，在这样的国家，即使输出资本，把资本用在非生产性支出上或把资本浪费掉，只要数额不是过大，就绝对不会减少工资基金的总额，而把流动资本转变为固定资本（固定资本仍然是生产性的）就更不会带来这种结果了。这只是使已经从一个孔流出的水从这个孔流出而已，如果不这样做的话，蓄水池中的水就会更多地外流，最终导致更多的水流入。因此，尽管对铁路的巨额投资使金融市场陷于一片混乱，给社会造成了损害，但我却决不能同意这样一些人的看法，这些人担心对铁路进行巨额投资会使我国的生产性资源遭受损失。我之所以觉得没有必要担这份心，并不是因为我认为铁路支出只不过是资本转手，资本丝毫不会遭受损失或破坏，凡是熟悉这一问题的人都知道，这样看铁路支

① 第一编，第六章，第一节。

出是荒谬的。购买土地的资本倒可以说只是资本转手,因为付给代理人、律师、工程师和测量员的钱有一部分会被储蓄起来,再次变为资本。但用来修建铁路的资本,实际上却被浪费和破坏掉了;这种资本一经支出,就无法再用来支付工资,无法再用来养活工人了;其结果是,耗费了大量粮食、衣物和工具,国家得到的却是一条铁路。但我所要强调的是,修建铁路的资本大都来自每年多余的资本,这部分资本如果不用来修建铁路,便会输往国外或被消费掉,因而既得不到铁路,也得不到任何其他看得见的东西。1844和1845年的铁路投机活动或许阻止了利润和利息的下跌,阻止了各种政府债券和私人债券的价格上涨,如果不是这样的话,很可能会出现更狂热的投机浪潮,而当其结果因粮食歉收而进一步加重时,最终带来的危机很可能要比实际发生的危机更为可怕。在较穷的欧洲国家,假如不是在很大程度上依靠外国资本来修建铁路的话,则修建铁路的狂潮很可能会带来比在英格兰更糟的后果。我们可以把世界各国修建铁路的活动看作是对剩余资本的一种争夺,这种剩余资本来自像英格兰和荷兰这样的资本充裕而利润较低的国家。英国的铁路投机活动力图把每年增加的资本保留在国内,而其他国家的铁路投机活动则力图获取英格兰每年增加的资本。①

由此可见,在富裕国家,因为修建铁路,或因为建立工厂,造船,制造机器,开凿运河,采矿或修建排水灌溉工程而把流动资本

① 几乎无需指出,后来的事实多么充分地证实了正文中的说法。我国的资本非但没有因为对铁路的大规模投资而减少,反而很快又多得不得不输往国外。(1852年版注)

转变为固定资本，并不会减少总产量，也不会减少劳动就业机会。再则，资本的这种转变还具有生产改良的性质，而生产改良非但最终不会减少流动资本，反而是流动资本增加的必要条件，因为如果一国想使其资本不断增加，而又不把利润率降至资本停止积累的水平，那它只有依靠生产改良才能做到这一点，这大大增强了我们的论点的说服力。一国的固定资本增加，最终几乎总会使该国的流动资本也增加，因为所创造的固定资本只要是成功的，就几乎总是会降低劳动者惯常消费的物品的价格。用于永久改良土地的全部资本会降低粮食和原料的价格；机器方面的几乎所有改良都会降低劳动者衣物、住房或生产这些东西的工具的价格；运输工具方面的改良，例如铁路的改良，会降低远地运来的消费品的价格。即便货币工资保持不变，所有这些改良也会使劳动者的处境有所改善，惟一的条件是劳动者的生殖率不提高。但是，即使劳动者的生殖率提高，导致工资下降，至少利润也会上升，从而积累会受到直接的刺激，在人们有充分的动机输出资本以前会给更多的资本创造投资机会。虽然有些改良不降低劳动者消费的物品的价格，从而不提高利润，也无助于把资本保留在国内，但如前所述，这些改良却会降低利润的最低点，从而在达到静止状态以前，会给资本的积累留出比以前大的余地。

我们由此可以得出这样的结论，生产改良以及资本输往世界上无人居住或人烟稀少的地区用来耕种较肥沃的土地或开矿，并不像表面看起来的那样会减少国内的总产量和国内对劳动的需求，与此相反，生产改良和资本输出是国内总产量和国内劳动需求赖以增长的主要原因，甚至是这两者长期而大幅度地增长的必要

条件。而且可以毫不夸张地说，在一定的但并非很窄的限度内，像英格兰这样的国家用于这两方面的资本愈多，它保有的资本也就愈多。

第六章 论静止状态

第一节 著作家们所惧怕和嫌恶的财富和人口的静止状态

前面几章阐明了有关社会经济进步的一般理论。所谓社会的经济进步通常指的是资本的增加、人口的增长以及生产技术的改进。但是人们在思考任何一种有限的前进运动时，往往并不仅仅满足于探索运动的规律，而会不由自主地进一步问道，这种运动会把我们带向何方？产业进步正在把社会引向什么样的终点？当进步停止时，人类会处于何种状况？

政治经济学家们肯定已或多或少清楚地意识到了，财富的增长并不是无限的，在所谓进步状态的尽头便是静止状态，财富的增长只不过延缓了静止状态的到来，我们每向前迈进一步，便向静止状态逼近一步。前面的论述已使我们知道，我们随时都看得见并且非常接近这一终点，而之所以一直没有到达终点，只是因为终点总在移动。如果生产技术不进一步改良的话，如果资本停止从最富裕和最繁荣的国家流向尚未开垦或未得到很好开垦的地区，那么最富裕和最繁荣的国家很快就会达到静止状态。

对于上两代政治经济学家来说，最终不可能避免静止状态，即人类工业的水流最终将不可抗拒地汇入表面静止的大海，肯定是令人不愉快的、叫人感到沮丧的前景，因为他们在论述中总是把经济上美好的东西同进步状态联系在一起，而且仅仅同进步状态联系在一起。例如，在麦克库洛赫先生看来，繁荣指的不是财富的大量生产和良好分配，而是财富的迅速增加；他检验繁荣的标准是利润的高低；由于他所谓的繁荣即财富的增加具有降低利润的趋势，因而在他看来，经济进步必然趋于消灭繁荣。亚当·斯密始终认为，在静止状态中，人民大众的生活虽然也许并不是绝对贫困的，但必然是很拮据的，只有在进步状态中，人民大众的生活才会是令人满意的。一些人认为，不管人们的不懈努力会把人类的末日推迟多久，社会进步都必然会“搁浅而落得悲惨结局”。这样的学说并不像许多人仍然认为的那样，是马尔萨斯先生的罪恶发明，相反，这一学说是马尔萨斯之前的一些最著名的学者明确提出或默认的，只有依据马尔萨斯提出的原理才能对其加以有效的驳斥。在人们尚未把人口原理看作是决定劳动报酬的能动力量时，人口的增长实际上被看作是常量，总之，人们认为，在自然和正常的人类事务状态下，人口必然是不断增长的，因而生活资料的不断增加对于全体人类的物质享受是至关重要的。马尔萨斯先生的《人口原理》的出版开创了新纪元，使人们对这一问题有了较为正确的看法。尽管该书第一版有许多世所公认的错误，但在后来的几版中，马尔萨斯所作的预言却要比任何其他作家所作的预言都更有根据，更令人充满希望。

即便是在古老的国家，在资本不断增加的状态下，也必须使人们出于良知和远虑对人口加以限制，以防止人口的增长超过资本的增长，防止社会最低层人民的生活状况进一步恶化。如果全体

人民或很大一部分人不下决心阻止生活状态的恶化，不下决心维护已经确立的生活水平，则最贫穷阶级的生活状况，即使在进步状态下，也会降到他们不得不忍受的最低点。这种决心在静止状态下会同样有效地维持最贫穷阶级的生活状况，而且似乎只有在静止状态下，人们才有这种决心。的确，现在在人口控制方面表现得最有远见的国家，常常是资本增加得最慢的国家。哪个国家有可能为增加的人口提供就业机会，哪个国家就会感到没有必要限制人口。而如果人们看得很清楚，新增加的工人要就业，就得取代已经有工作的工人，那么人们所具有的远虑和社会舆论就会在某种程度上发挥作用，限制未来一代人口的增长，使其刚好能补充这一代人。

第二节　静止状态本身并不可恶

所以，我不能以老派政治经济学家普遍表现出来的那种朴素的厌恶心情来看待资本和财富的静止状态。我倾向于认为，整个说来，静止状态要比我们当前的状态好得多。一些人认为，人类生活的正常状态就是生存竞争；认为相互倾轧和相互斗争，是激动人心的社会生活，是人类的最佳命运，而决不是产业进步诸阶段的可恶象征。坦白地说，我并不欣赏这种生活理想。这种状态也许是文明进步的一个必要阶段，那些至今幸运地没有经历这一阶段的欧洲国家，最终可能也逃不过这一阶段。这种状态是增长的伴随物，而不是衰落的标志，因为它不一定会使人丧失崇高的志向和英雄品质，正如美国在南北战争期间以其全体人民的行动和许多杰出人物的行动向全世界证明的那样，也正如人们期待英国在某一同样富有检验意义而令人激动的时机也将向全世界证明的那样。但是，这种状态并不是未来的博爱主义者们想要帮助实现的那种完美的社会状态。固然，在财富就是权力、人人都渴望发财的时候，发财致富的路应向一切人公平地敞开。但是，对于人类的本性来说，最良好的状态终究是，没有一人贫穷，没有人想比别人更富有，因而谁都不必担心别人抢先而自己落在后面。

毫无疑问，在头脑较清醒的人能说服人们关注更美好的事物以前，与其让人的精力无处发挥而生锈，还不如让人们为发财致富而忙碌，就像人们从前为战争忙碌那样。如果人是粗野的，则他们需要的刺激也将是粗野的，那就让他们接受这种刺激好了。但与此同时，如果有人并不认为当前人类改良的最初阶段是最后阶段，对普通政客感到欢欣鼓舞的那种经济进步，即人口和资本的单纯增长不那么感兴趣，则这些人也是有道理的。固然，对于国家的独立和安全来说，一国在人口和资本的增长方面不大大落后于邻国，是至关重要的。但是，如果人民大众从人口或任何其他东西的增长中得不到丝毫好处的话，则这种增长也就没有什么重要意义。我不明白，那些已经比他人富有的人钱财增加一倍（这几乎不会或根本不会增加他们的快乐，而只是使他们能炫耀自己的富有），或每年有一些人从中产阶级上升为有钱阶级，从有事可干的富人变为无所事事的富人，这一切究竟有什么值得庆贺的。只有在落后国家，增加生产仍是一项重要目标。在最先进的国家，经济上所需要的是更好地分配财产，而要更好地分配财产便离不开更为严格地限制人口。单靠消除差别的各项制度，无论这些制度是公平的

还是不公平的，都做不到这一点；它们只能降低社会最高层的生活，而不能长久提高社会最底层人民的生活。

另一方面，我们则可以想象，财产的这种更好的分配，可以通过个人的远虑与节俭以及一套有利于公平分配财产的法律制度的共同作用来达到（不过这种法律制度必须确保个人享有自己的劳动成果，不管这种成果是大还是小）。例如，根据前面某一章提出的建议[①]，可以利用法律来限定人们通过赠予或继承所能得到的财产不得超过维持中等自立生活所需的数额。在这种双重影响下，社会将表现出以下主要特征：大多数劳动者工资较高，生活富裕；人们除了自己挣得和积累的财富外，不拥有其他巨额财富；比现在多得多的人不仅可不再做繁重的粗活儿，而且还可不再做机械琐碎的工作，而有充足的闲暇，可在身心两方面培养高尚的生活情趣，为贫困阶级树立生活的榜样。这种比现在好得多的社会状况，不仅与静止状态是完全相容的，而且似乎可以和静止状态最为自然地结合在一起。

毫无疑问，如果生产技术进一步得到改良，资本继续增长的话，整个世界的人口，甚至古老国家的人口就仍有大大增长的余地。但说实在的，即使人口增长是无害的，我也认为没有理由再让人口增长。现在，在所有人口最为稠密的国家，人口密度都已达到了使人类能够从合作和社会交往中得到最大利益的限度。即使每个人都能得到充足的粮食和衣物供应，人口仍然有可能过分拥挤。人挤人、人撞人的状态是不好的。孤独，即人能经常一个人独处，

① 第二编，第二章，第四节。

是思想深刻和性格沉稳所必不可少的条件，而一个人面对大自然的美和壮丽，则是使人产生思想和抱负的摇篮，具有思想和抱负不仅对个人是有益的，而且对整个社会也是有益的。一想到世界将丧失其生机盎然的景象，变得一片光秃，每一寸能为人类种粮食的土地都将被耕种，每一块长满花木或青草的荒地都将被翻耕，所有野生禽兽都将因为与人争食而被灭绝，人工栽种的每一棵灌木或多余的树木都将被砍除，野生灌木和野花都将在农业改良的名义下被当作野草而予以铲除，想到这样的世界，就叫人不舒服。如果仅仅为了使地球能养活更多的而不是更好、更幸福的人口，财富和人口的无限增长将消灭地球给我们以快乐的许多事物，那我则为了子孙后代的利益而真诚地希望，我们的子孙最好能早一些满足于静止状态，而不要最后被逼得不得不满足于静止状态。

不用说，资本和人口处于静止状态，并不意味着人类的进步也处于静止状态。各种精神文化以及道德和社会的进步，会同以前一样具有广阔的发展前景，“生活方式”(Art of Living)也会同以前一样具有广阔的改进前景，而且当人们不再为生存而操劳时，生活方式会比以前更有可能加以改进。即使是工业技术也会同以前一样得到悉心培育，不断得到改进，同以前的区别只是，工业改良不再仅仅为增加财富服务，而会产生其应有的结果，即缩短人们的劳动时间。到目前为止，机械方面的各种发明是否减轻了人们每天繁重的劳动，仍很值得怀疑。这些发明使更多的人过上了同样艰苦和贫困的生活，使更多的制造商和其他人得以发财致富，并提高了中产阶级的生活水平。但这些发明却至今未按其性质和未来的发展趋势使人类的命运发生重大变化。只有当不仅有公平的制度，而且人口的增加也因为人类具有远见卓识而受到控制时，科学发明者的智力和活力对自然力量的征服，才会成为人类的共同财富，才会成为改变人类命运的手段。

第七章　论劳动阶级可能的未来

第一节　依附和保护理论已不适用于现代社会状况

前一章的论述主要是想驳斥一种错误的人类社会理想，告诫人们不要像现在这样只一味强调增加生产，而应把注意力放在改进分配和提高劳动报酬这样两件迫切需要做的事情上。总产量达到一定水平后，立法者和慈善家就无需再那么关心绝对产量的增加与否，此时最为重要的事情是，分享总产量的人数相对来说应该有所增加；而分享总产量的人数能否增加（无论人类的财富处于静止状态，还是以古老国家所曾达到的最快速度不断增加）则取决于我们对人数最多的阶级即体力劳动者阶级的看法和该阶级本身的生活习惯。

我在此处或别处谈到劳动阶级或把劳动者说成是一个"阶级"时，都是按习惯用法使用这些词语，用来指一种现存的，而决非必不可少的或永久的社会关系状态。我认为，如果社会中有不劳动的"阶级"，这种社会状态是不公正的，也是有害的，除了那些不能劳动的人或退休人员外，人人都应该承担人类生活中的一份必要劳动。然而，只要依然存在着不劳动阶级这一大社会弊害，劳动者也就构成了一个阶级，而且可以说成是一个阶级，尽管只是暂时这样说。

近来，人们从道德和社会角度对劳动人民的状况所作的思考和讨论要比过去多得多。人们普遍认为，当前劳动人民的状况是不能令人满意的。人们对一些枝节性的而并非根本性的问题发表了许多意见并对此展开了激烈争论。从这些意见和争论中可以看出关于体力劳动者所应享有的社会地位，存在着两种相互对立的理论。一种理论可以称为依赖和保护理论，另一种理论可以称为自立理论。

根据前一种理论，在所有影响到全体穷人的事情上，穷人的命运都应受别人摆布，而不应掌握在他们自己手里。不应要求或鼓励穷人独立思考，不应要求或鼓励他们对自身进行反思和展望，以对自己的命运有所掌握。该理论认为，上层阶级有义务考虑穷人的事，有义务对穷人的命运负责，就像军官应对士兵的命运负责那样。上层阶级应有意识地履行这一职能，他们的一言一行都应给穷人以信赖感，使穷人被动或主动地服从于为他们制定的各种规章制度，同时在所有其他方面安心在上层阶级的保护下不闻不问国事，过太太平平的日子。根据这种理论（该理论也适用于男人和女人之间的关系），富人和穷人之间的关系只应部分是命令式的，应是融洽的、合乎道德的、富有感情的，一方给予慈爱和保护，另一方感恩戴德，表示尊敬和服从。富人应是穷人的父母，像教导和管束孩子那样教导和管束穷人。穷人方面不应有自发行动，他们只要每天干活儿，品行端正，信仰宗教就行了。他们的道德和宗教应由上层阶级规定，上层阶级负责使他们受到应有的教育，确保他们的劳动和服从得到适当报偿，在衣、食、住以及精神和娱乐方面

都得到适当照顾。

这是那些不满意于现在而怀念过去的人，对未来所抱有的一种理想。像其他理想一样，这种理想对那些从未有过理想的人的思想和感情产生了不知不觉的影响。这种理想象其他理想一样，在历史上从未实现过。它诉诸我们的想象力和同情心，以恢复我们祖先的美好时代为感召力。但谁也说不出在哪个时代以及在哪个国家，上层阶级履行过哪怕是与该理论所说的职能有点相像的职能。它只不过是一种理想，依据的是这里或那里某个人的行为和品行。各享有特权和有权有势的阶级，实际上一直在运用所掌握的权力谋私利，一直表现得很狂妄自大，瞧不起而不是悉心爱护那些他们认为堕落的、不得不为他们干活的人。我并没有断言过去怎样将来肯定仍会怎样，也没有断言人类的进步不会消除那种产生于权力的强烈的自私自利之心，可是，虽然这种弊害有可能被减轻，但在权力被废除以前，这种弊害是决不会被消除的。我认为，不可否认的一点至少是，远在上层阶级能以保护人的方式进行统治以前，下层阶级就会取得很大进步而不再需要这种统治。

我十分清楚这种理论呈现的社会图景所具有的魅力。虽然这种社会图景过去没有事实原型，但却有感情方面的原型。这种观念的全部真实性就存在于感情中。由于人们从根本上厌恶那种完全由金钱利害关系和感情维系的社会，因而很自然地，那种充满了深厚的个人感情和无私奉献精神的社会，便具有某种吸引人的力量。应该承认，保护者和被保护者之间的关系，一向是这种感情最丰富的源泉。一般说来，人类寄予最深厚感情的往往是介于人与某种可怕的祸害之间的人或事物。因此，在可以滥施暴力、没有安全可言的野蛮粗鲁的时代(在这种时代,那些无权无势而又得不到保护的人,其生活的每一步都充满了危险与痛苦),慷慨地给予保护和怀着感激之情接受保护,便是连结人与人之间关系的最强有力的纽带,产生于这种关系的感情是人类最亲密的感情,所有最为敏感的激情和柔情都聚集在这种感情的周围,一方表现出来的忠诚和另一方表现出来的侠义,都由原则上升成了感情。我不想贬损这些品质。人们所犯的错误在于没有认识到,这些品德和感情同游牧的阿拉伯人的宗族观念和热情好客一样,显然是野蛮和不完善的社会状态所特有的,在没有严重的危险因而人们不需要保护的社会里,无论是在国王和其臣民之间,保护者和被保护者之间都不再可能具有那种美好而可爱的感情。在目前的社会状态下,具有正常体力和勇气的人,有什么理由要为所受到的保护表示最热烈的感激之情和最恭顺的效忠之心呢?今天,只要是在法律没有废弛的地方,法律就总会保护人们。一般说来,现在受到某人的保护,非但不像从前那样会得到安全,反而往往会遭受冤屈。在一般情况下,现在所谓的保护者正是需要加以提防的人。当今每一份有关残忍和暴虐行为的治安报道所涉及的,都是丈夫欺凌妻子,父母压迫子女这样的事情。法律未能阻止这种残暴行为,法律现在只是刚刚开始缩手缩脚地防止和惩处这种行为,这并不是法律本身的过错,而是立法者和执法者的奇耻大辱。无论男人还是女人,只要拥有独立生活的手段或能独立谋生,就只需要法律能够而且应该提供的保护。在这种情况下,如果有人仍想当然地认为,据以提供保护的那种关系必将永远存在,而看不到在不需要保护者的情况下,行使保护者的职责和权力,必将产生与忠顺相反的感

情，那这些人就太不了解人性了。

我们可以断言，至少在较为先进的欧洲国家，工人不会再屈从于宗法式的或家长式的政治制度了。我们之所以能这样说，是因为工人现在已经认识字，能够读报纸和政论书籍，各种持不同观点的人已走到工人中间，诉诸工人的官能和感情，反对上层阶级所宣传和支持的信仰，许许多多工人已聚集在同一场所从事社会化的生产，铁路已使工人能从一个地方迁往另一个地方，能像更换上衣那样更换老板和雇主，工人已可以通过选举参与政治生活。总之，工人阶级已开始自己照管自己的利益，并正在不断向世人表明，他们的利益非但与雇主的利益不一致，而且是正相反的。一些上层阶级人士自认为，上述趋势可以通过道德教育和宗教教育予以纠正，但殊不知能进行这种教育的时代已一去不复返了。宗教改革的原则同读书和写字的能力一样，已为社会底层的人民所掌握，穷人已不再接受他人规定的道德和宗教。我所谈论的主要是英国的情形，特别是英国城市人口以及苏格兰和英格兰北部农业最发达、工资最高的地区的情形。在南部各郡，由于农业人口惰性较大、现代化水平较低，在较长一段时间内，贵族们也许仍可使穷人像过去那样忠于和服从他们，办法是用高工资和固定职业引诱穷人，也就是确保穷人有饭吃，不要求他们做不愿做的事情。但这两个条件从未也决不可能长久地结合在一起。实际上，只有强迫穷人工作，并至少是通过道德上的强制来抑制人口的过快增殖，才能确保穷人有饭吃。因此，那些对古代一无所知而想复古的人们，肯定将一无所获。当前迫切需要的是济贫法，在这种需要面前，力图通过抚慰穷人重建宗法封建制度的梦想会被彻底粉碎。

第二节 劳动阶级未来的幸福主要依赖于他们自己的精神文明程度

由以上论述可以看出，劳动阶级的幸福和德行依赖的完全是另一种东西。穷人已毋须大人牵着带子学步，不能再把他们当孩子管教或对待了。现在应该让穷人自己照管自己的命运。现代国家应懂得，人民的幸福取决于每个公民是否得到公正对待和是否具有自我管理能力。依附理论想使各从属阶级不具备这种能力。但是现在，各从属阶级的依附性已愈来愈小，他们已愈来愈不满意于尚存的依附性，而日益感到需要独立。因此，我们在向他们提建议，给予他们劝告或指导时，必须把他们看作是与我们具有同等地位的人，必须让他们对我们所提的建议或给予的劝告有所了解。劳动阶级的未来取决于他们能在多大程度上成为具有理性的人。

我们没有理由认为劳动者成不了具有理性的人。固然这方面的进展至今一直很缓慢，而且现在仍很缓慢，但一种自发的教育运动正在人民群众中展开，这种自发的教育可以通过人为方式加以极大的促进和改进。虽然得自报纸和政治书籍的教育不是最扎实可靠的教育，但同根本没有教育相比，这却是巨大的进步。这种教育对人民群众的影响，可以从棉花危机期间兰开夏郡的纺纱工人和织布工人的表现中看得很清楚，在这场危机中，他们始终表现得很通情达理，很能忍耐，受到了应有的称赞，这只是因为他们阅读了报纸，知道了造成这场灾难的原因，知道这与雇主和政府毫无关系。假如这场灾难发生在政府未采取有力的财政措施，使廉价报纸得到扶持以前，那他们的行为是不是会这样具有理性，这样值得效仿，就很难说了。辩论会、演讲会、公共问题讨论会、工会、政治鼓动，所有这些都有利于唤醒人们热心于公益的精神，有利于在人民群众中传播各种各样的思想，有利于促使有识之士进行思考和反省。虽然知识水平最低的阶级过早地获得选举权非但不会促进反而会妨碍他们的进步，但毫无疑问，争取选举权的斗争极大地刺激了他们的上进心。而且，工人阶级现在已成了公众的组成部分。他们或他们当中的一部分人，现在参加了有关公共事务的所有讨论；所有那些以报纸为工具的人，都可以把工人阶级当作读者对象；中产阶级获取信息的途径，现在至少城市工人也可以利用。在这种情况下，毫无疑问，工人无需任何人帮助，就会变得比以前更聪明；与此同时，我们有理由认为，在政府和个人的努力下，学校教育的质量和数量都将得到很大改进，人民大众的精神文明程度和依赖于精神文明程度的道德品质，将比过去更为迅速、更为顺利地得到提高。

我们可以很有把握地预言，工人阶级知识水平的提高会带来以下几个结果。首先，他们会比现在更不愿意受上层阶级的指引和统治，更不愿意接受上层阶级为他们指出的道路。如果说他们现在就没有服从上层阶级的那种敬畏之心或宗教感情，那么他们今后会更加没有这种敬畏之心或宗教感情。依附和保护理论将越来越不能被他们所容忍，他们将要求自己支配自己的行为和生活。与此同时，在许多情况下，他们很可能会要求国会干预他们的事务，要求法律对有关他们的各种事情作出规定，尽管他们对自身利益的看法常常很成问题。他们会要求国会按照他们的意愿和想法进行干预，而不愿听别人指手画脚。与此丝毫不相矛盾的是，他们会尊重有才智有知识的人，并愿意在任何问题上听从那些他们认为熟悉问题的人的意见。这种尊重是深深植根于人性中的，但他们将自己判断谁值得这种尊重。

第三节　智力水平的提高也许会使人口得到较好的控制，妇女社会地位的独立也有助于人口得到较好的控制

我认为，随着工人阶级智力水平、知识水平和自立程度的提高，他们必然会变得越来越通情达理，越来越精明节俭，从而人口相对于资本和就业机会而言将逐渐减少。这种最令人满意的结果将会被另一种变化极大地促进，这种变化便是当代最有益的一种趋势：工业大门既对男人敞开，也对妇女敞开。使穷人不再依附于富人的那些原因，也同样将使妇女不再依附于男人，而且从正义的角度说，法律和习惯无论如何不应迫使（已能独立生活的）妇女依附于他人，即不应使未继承财产的妇女除了为人妻或为人母外，便无法谋生。妇女如果愿意为人妻或为人母，那就让她们为人妻、为人母好了；但是，如果绝大多数妇女只能在家里从事较为卑微的工作，别无其他选择，那就太不公正了。我们早就应该认识到，以纯属偶然的性别为根据赋予人们不平等的权利，强制规定不同的社会职能，这样做所依据的种种思想和制度，是阻碍道德、社会甚或智力进步的最大障碍。在这里，我只想指出，妇女社会地位的独立，很可能会大大减轻人口过剩这一弊害。增殖人口这一动物本

能之所以一直在人类生活中发挥过大的作用，正是由于有一半的人专门执行这种职能，由于这种职能成了女性的终生职能，同时又与男性的几乎全部生活目标交织在了一起。

第四节　雇佣关系将逐渐被废除

工人阶级势力的扩大和人数的增加，即使是在英国现行的制度下，也正在迅速使他们能表达自己的意愿，能对政府施加限制，这将带来什么样的政治后果，这个问题涉及的面太宽了，不是此处所能讨论的。不过仅就经济方面的影响来说，虽然工人阶级智力水平的提高以及公正的法律也许会使产品的分配更加有利于工人阶级，但我却认为，他们不会满足于永远处于被雇佣的地位。他们为了成为雇主，也许愿意先做雇工，但却不会愿意一辈子做雇工。在像美国和澳大利亚这样的财富和人口都在迅速增长的新兴国家，劳动者一般都是先当雇工，几年以后便独立干活，最后成为雇主。但在人口稠密的古老国家，那些一开始便当雇工的人，如果不沦为政府救济的对象，一般说来会一辈子当雇工的。在目前的人类发展阶段，平等的思想正日益广泛地在穷人当中传播，要阻止平等思想的传播就得完全取消出版自由，甚至完全取消言论自由，因而可以预言，人类是不会永远分为两个世袭阶级即雇主阶级和雇工阶级的。这两个阶级之间的关系不仅对雇工来说是不能令人满意的，而且对雇主来说也是不能令人满意的。富人认为穷人天经地义就是他们的奴仆和随从，而穷人则把富人看作是捕食对象和牧场，而且他们的欲望是无止境的，会得寸进尺。无论是雇工还是

雇主，在他们的相互关系中，都丝毫不尊重正义或公平。一般说来，工人阶级并不认为得到高工资就应好好干活，他们大都只想尽可能多地索取，尽可能少地回报。总有一天，雇主会无法再与雇工保持朝夕相处的亲密关系，因为二者的利益和感情是敌对的。资本家的利益所在几乎与工人的利益所在一样，就是把工业生产活动建立在这样的基础之上，使那些为他们干活的人像独立经营者那样，对工作具有同样的兴趣。

我在本书的前一编曾谈到我对小土地所有者和自耕农的看法。读者也许因此而认为，广泛分散土地的所有权，是我赖以至少使农业劳动者免于完全沦为雇佣劳动的方法。然而，这并不是我的看法。我确实认为，贬低那种农业经济形态是毫无道理的，并认为，就其对人类幸福的总的效果而言，这种经济形态远比目前存在的任何形态的雇佣劳动更可取。因为这种经济形态对人口的具有远见的抑制作用较为直接，而且经验表明也较为有效；还因为，在我国或其他任何古老的国家，无论从有保障、具有独立性方面来说，还是从除动物本能外的其他任何才能的发挥来说，自耕农的状况都远优于农业劳动者的状况。在自耕农制度已经存在、其运行基本令人满意的地方，如果人们学究气十足，认为农业改良在各种不同的条件下都是一付万应灵药，而在人类目前的智力水平下，废除自耕农制度以便为建立另一种制度铺平道路，那么我对此将深表遗憾。在像爱尔兰那样产业改良处于落后状态的地方，我认为与其采用排他性的雇佣劳动制度，还不如采用自耕农制度，因为后者比前者更能使一个民族摆脱疏散的半开化状态，而养成吃苦耐劳、深谋远虑的习惯。

但是，一个民族一旦在制造业或农业中采用了大规模生产制度，就不会放弃它；而且只要人口与生活手段相适应，他们也不应放弃它。毫无疑问，在大工业企业制度下，劳动具有更大的生产力；即使产品的绝对数量不比过去大，相对于所使用的劳动的产品数量也较大，因为在该制度下，可以用较少的辛劳和较多的闲暇，养活与过去相同的人口，而生活水平不变。整个说来，这是一种利益。一旦文明与改良发展到此种程度，全体的利益也就会成为构成全体的每个人的利益。而从这一问题的道德方面（这要比经济方面更为重要）来说，作为工业改良的目标，则应该追求比现在更为良好的道德状况。现在人类分散在地球上形成一个个独立的家族，每一家族由专制的家长统治，同本家族以外的其他人口几乎没有共同利益，也没有必要的思想交流。在这种情况下，家长对其家族的其他成员的统治是绝对的；他因此而往往把兴趣集中在自己的家族上，把这看作是自我的扩张，一心想为本家族占有更多的财产，心思全用在如何为本家族保持和获取财产上。固然，我们可以怀着喜悦的心情把这种道德状况看作是摆脱单纯的动物状态而向人类状态迈出的一步，看作是摆脱动物本能而向深谋远虑和自我管束迈出的一步。但是，如果我们希望得到的是热心于公益的精神、宽宏大量或真正的正义和平等，那么养成这些美德的环境就不是利益的互不相关，而是利益的相互关联。工业改良的目的并不是使人们老死不相往来，而是使人们在没有依附关系的情况下，相互合作或相互服务。到目前为止，那些靠自己劳动而生活的人，或者是仅仅为自己劳动，或者是为雇主劳动，别无其他选择。实际上，合伙经营推动文明和改良，以及大规模生产带来效率和节约，并不

一定要把生产者分为两个集团，利益和感情相互对立，从事劳动的大多数人仅仅是奴仆，受资金供给者的驱使，对企业的事丝毫不感兴趣，而只是盘算如何用尽可能少的劳动挣得工资。过去 50 年人们对这一问题的思考及讨论，以及过去 20 年所发生的事情充分证明了这一点。如果工业改良（即使是强大的军事独裁统治也只能延缓而不能停止这种改良）发展下去，则毫无疑问，只有那些道德素质低下不适于做独立工作的人，才会沦为雇佣劳动者，雇主与工人的关系将逐渐为合伙关系所取代。这种合伙关系将采取以下两种形式中的一种：在某些情况下，是劳动者与资本家合伙经营；在另外一些情况下，而且也许最终将是劳动者之间的合伙经营。

第五节　劳动者与资本家合伙经营的例子

人们早就在进行这种形式的合伙经营了，当然这不是普遍现象，而只是例外。各工业部门已有这样的事例，即凡是对企业做出贡献的人，不论是用劳动还是金钱做出这种贡献，都按其贡献的大小，像合伙人那样享有企业的股权。用利润的一定百分比奖励受到特别信赖的人，已成为惯例；这一原则有时推广应用于体力劳动者阶级也获得了极大成功。

在到中国做生意的美国船舶上，每一船员均有权享有航行的利润，这长期以来一直是一种习惯；据说，正是由于这一原因，这些船员一般品行都很好，而且极少同中国政府或中国人民发生冲突。英国也有这方面的例子。但世人对其不甚了解。“在康沃尔，矿山是严格按照共同经营原则开采的；矿工们与矿主的代理人签订合同，根据合同来开采某一段矿脉，然后把矿石运到市场上出售，按一定比例从销售款中得到报酬。这种合同的期限是一定的，通常为 2 个月，常年在矿山工作的人均可自由加入合同。这种制度的缺点是，工人的收入不稳定，以致有时不得不长期靠信贷生活；但这种制度也有其优点，而且优点补偿上述缺点而有余。在这种制度下，康沃尔矿山工人的智力、道德和独立精神均有提高，从而使他们的经济状况和性格习惯都远远高于劳动阶级的一般水平。巴哈姆博士告诉我们，'作为一个阶级，他们不仅是聪明能干的工人，而且是很有知识的人。'他还说，'他们有点像美国人，具有独立的性格，这种制度使他们享有充分的签约自由，以致每个人都觉得自己是企业的合伙人，能以几乎平等的地位与雇主打交道。'……既然他们聪明能干、具有独立精神，因而我们听到以下有关他们情况的报道并不感到奇怪：'很大一部分矿工现在都租了土地，期限为 3 代人或 90 年，在上面盖了房子。康沃尔各家银行的储蓄存款总额为 281541 英镑，估计其中三分之二是矿工的存款。'"①

巴毕奇先生也描述了这种制度，他说，捕鲸船船员的报酬也是按照与此相同的原则支付的；"在英格兰南海岸，捕鱼所得的利润按以下方式分配：捕获量的一半归渔船和渔网的主人，另一半在船员之间均分，但船员有义务帮助修补渔网。"巴毕奇先生的巨大功绩在于，他指出把这一原则一般地应用于制造业是可行的、有利的。②

---

① 这段话录自塞缪尔·莱因先生的获奖论文：《国民贫困的原因及救治方法》。其中的单引号部分录自《儿童就业委员会报告附录》。

② 《机械制造业的经济》，第 3 版，第 26 章。

大约16年前，巴黎的一个实业家，房屋油漆店主勒克莱尔先生[①]搞了一项性质与此相同的试验，并在1842年出版的一本小册子中描述了该试验，引起了某些人的注意。根据他的叙述，他平均雇用200名工人，用普通方法(即用固定的工资或薪金)支付报酬。他自己的报酬，除了资本利息外，还有一笔固定收入，以报偿他作为经理付出的劳动和担负的责任。每年年终，剩余利润按每个人薪金的比例，在包括他自己在内的全体人员之间分配。[②]勒克莱尔采用这一制度的原因，很有启发意义。当他不满意于工人的行为时，他先是提高工人的工资，力图以此使他们卖力地干活儿，不随便辞职另找工作。“他因此而在某种程度上稳定了企业的业务，从而希望以后不再那么操心费神。但结果却使他很失望。只有当他能够亲躬每一件事，从营业方针到最细小的琐事都予以监督过问时，他才在某种程度上感到称心；而一旦由于营业额增加，他只能发布命令和听取汇报时，从前的那些让人烦恼和不愉快的事便又发生了。”(转录自《议院杂志》摘录刊载的勒克莱尔的小册子[③])他只是轻描淡写地谈到了使实业家烦恼的其他事情，但却把工人不好好干活儿造成的损失称为困扰实业家的心病。雇主“会发现有这样的工人，他们如此不关心雇主的利益以致完成的工作量还不及所能完成的三分之二；雇主因此而陷入烦恼之中，看到自己的

① 他的企业设在圣·乔治大街11号。

② 不过，勒克莱尔先生似乎只是允许他所雇用的工人总数的一部分(远不及半数)分享利润。这可以用他的制度的另一部分来说明。勒克莱尔先生按充足的市场工资率支付所有工人的报酬。因而很显然，他允许工人分享的那部分利润，是高于工人阶级正常收入的增加额。他用这一增加额来奖励表现好的工人和受到特别信赖的工人，以此来促进企业的发展，这一做法很值得称赞。

③ 参看1845年9月27日出版的该杂志。

利益被忽视，他不能不认为，工人在合谋使养活他们的雇主破产。假如雇工的工作有保障，那他的处境在某些方面比雇主的处境还令人羡慕，因为无论他干多干少，他每天都会得到一定数额的工资。他不冒任何风险，除责任感外，没有任何其他动力促使他尽最大努力工作。另一方面，雇主的收入则在很大程度上取决于运气，而且雇主还经常处于烦恼和忧虑之中。如果雇主和工人的利益由某种共同的纽带，例如年度分红计划，连接在一起，情况就不会是这样了”。

勒克莱尔的试验甚至在全面展开的第一年，就取得了很大成功。那一年，他的雇工，凡是工作够 300 天的，没有一个挣得的收入少于 1500 法郎，而且有些雇工的收入远远高于这一数目。勒克莱尔规定的最高日工资率为 4 法郎，换句话说，工作 300 天应挣得 1200 法郎，因而剩下的那 300 法郎或 12 英镑，必定为工作够 300 天的雇工分得的最低剩余利润额。勒克莱尔先生生动地描述了他的工人在习惯和品行方面所取得的进步，这种进步不仅在工作时间和与雇主的关系上有所表现，而且在其他时间和与其他人的关系上也有所表现，他们更尊重他人和自己了。谢瓦利埃先生在 1848 年出版的一本著作[1]中，援引勒克莱尔先生的话说，工人干劲的增加，即使从金钱的意义上说，也完全补偿了勒克莱尔为工人放弃的利润。1857 年，维利奥梅先生说：[2]“虽然他那一行中欺诈行为很普遍而他从不搞欺诈，但他却总是能够在竞争中站住脚，尽管他放弃了很大一笔利润，但他的收入仍然相当可观。他能做到这

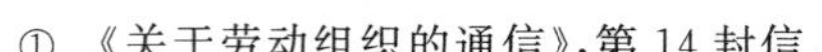

① 《关于劳动组织的通信》，第 14 封信。

② 《政治经济学新论》。

一点，全靠他的工人具有非凡的主动精神，全靠他们之间的相互监督，这补偿了他因为只满足于获得利润的一部分所作出的牺牲。”①

巴黎的其他一些大雇主竞相仿效勒克莱尔先生的做法，也都取得了很大成功；我可以从上面提到的《政治经济学新论》(该书是法国当代政治经济学家所写的许多优秀政治经济学著作中最优秀的一本)中摘出几个突出的例子，来说明这种令人钦佩的方法所带来的经济利益和道德利益。②

---

① 目前(1865 年)，勒克莱尔先生的企业已在某种程度上改变了经营方式，不过仍保留了分红原则。现在该企业有 3 个合伙人：勒克莱尔先生本人、另一个人(德富尔诺先生)和一个完全由勒克莱尔的雇员组成的叫作“共济会”的组织。(该共济会拥有一很像样的图书馆，并定期举办科学技术等方面的报告会。)3 个合伙人各向企业投资 100000 法郎；勒克莱尔先生提供了共济会所缺的资金。共济会的责任是有限的，勒克莱尔先生和德富尔诺先生的责任是无限的。勒克莱尔先生和德富尔诺先生每年各得到 6000 法郎(240 英镑)，作为监督管理的工资。虽然他们拥有该企业三分之二的资本，但他们只获取每年利润总额的一半。剩下的一半归职员和工人所有；其中五分之二归共济会，五分之三在全体职工中间分配。不过，勒克莱尔先生现在保留有这样的权利，即将由他来决定谁可以分享利润以及分享的数额；当然，他负有这样的义务，即他不得为自己保留利润，未分配完的利润归共济会所有。而且进一步规定，一旦这两位私人合伙人退休，则该企业的信誉和设备将无偿地成为共济会的财产。

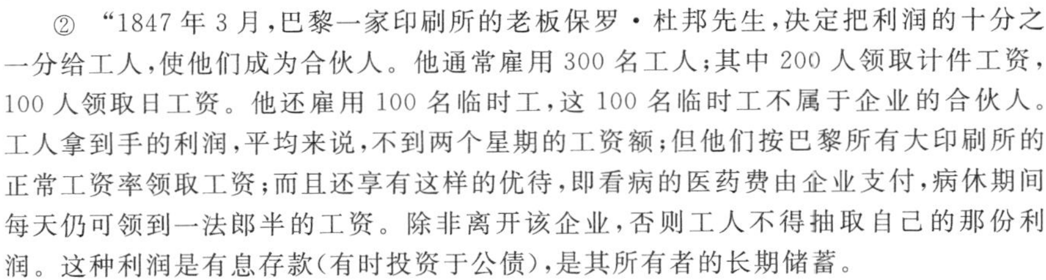

② “1847 年 3 月，巴黎一家印刷所的老板保罗·杜邦先生，决定把利润的十分之一分给工人，使他们成为合伙人。他通常雇用 300 名工人；其中 200 人领取计件工资，100 人领取日工资。他还雇用 100 名临时工，这 100 名临时工不属于企业的合伙人。工人拿到手的利润，平均来说，不到两个星期的工资额；但他们按巴黎所有大印刷所的正常工资率领取工资；而且还享有这样的优待，即看病的医药费由企业支付，病休期间每天仍可领到一法郎半的工资。除非离开该企业，否则工人不得抽取自己的那份利润。这种利润是有息存款(有时投资于公债)，是其所有者的长期储蓄。

“杜邦先生及其合伙人发现，实行这种合伙制后，他们的利润有很大增加；而工人也对其雇主的这个好主意赞不绝口。由于一些工人的努力，该企业 1849 年获得了一枚金质奖章，在 1855 年的万国博览会上获得了一枚荣誉奖章。某些工人由于自己的发明和劳动甚至得到了个人奖励。如果这些优秀的工人在一般的雇主手下干活，那他们是不会有空闲来搞发明的，除非他们把全部荣誉让给发明者以外的人；但在这种合伙

“有限责任法”通过以前，人们认为在英国不可能采用勒克莱尔先生那样的做法，因为按照以前的法律，工人如果不为亏损承担责任，是不能分享利润的。有限责任法的通过是立法方面的一大进步，它带来的好处之一就是使上述合伙经营成了可能的事情。因而现在可以真正采用合伙经营方法了。布里格斯兄弟公司已迈出了第一步，该公司经营惠特伍德和梅思莱两座煤矿，这两座煤矿在约克郡的诺曼顿附近。布里格斯兄弟建议，该公司三分之二

制下，倘若雇主不公平，只要有三分之二的工人即 200 名工人反对，雇主就不得不改正自己的错误。

“我参观过这个企业，得以亲眼看到了这种合伙经营方法使工人的品行习惯发生的变化。

“前巴黎警察局长吉斯孟先生，长期以来一直是设在丹尼斯的一家制油厂的老板，该制油厂仅次于达伯莱先生的设在科贝尔的制油厂，是法国第二大制油厂。1848 年，他开始亲自管理这座工厂，发现有些工人每个星期总有几天喝醉酒，上班时有些工人唱歌、抽烟，甚至吵架。为改变这种状况，他采用过许多方法，但都没有成功，最后还是采用以下方法取得了成效，即禁止工人在工作日酗酒，否则将被解雇，同时他保证每年拿出 5%的纯利润作为年度奖金与工人分享，每个工人得到的数额将与其工资成比例，而工人的工资是按现行工资率支付的。采用该方法后，一切便都发生了变化，工人充满了干劲和献身精神。少喝酒节省下来的钱和按时上班增加的收入，改善了工人的生活。年度奖金平均相当于工人 6 个星期的工资。

“贝斯雷先生 1830 至 1839 年任众议院议员，后来成为制宪会议的成员，他在巴黎的唐普尔区创建了一座很大的制造蒸汽机的工厂。该工厂一建立，他就同工人订立了合伙经营的契约，该契约是雇主和工人之间签订的最完善的契约之一。

据最近访问过马尼拉的一个人说，精明能干的中国移民早就采用了与此相类似的做法。“在马尼拉中国移民开的店铺里，店主通常能使他雇用的本国同胞尽最大努力干活儿，因为他让每个人都分享企业的利润，也就是说，实际上使工人都成为企业的小合伙人，当然，他会把最大一份利润留给自己，在这种情况下，工人卖力干活儿，既对店主有利，又给他们自己带来了好处。该原则贯彻实施到如此程度，以致通常连苦力的报酬也不是以固定工资的形式支付，而是让他们分享企业的利润。这种做法似乎很适合他们的脾性；如果说他们为固定工资劳动时在有雇主监视的情况下干活一般很卖劲儿，那么他们为利润干活时，就是最勤劳、最能干的工人了，即使是为最小一份利润干活，情况也是这样。”——麦米金：《回忆 1848、1849 和 1850 年在马尼拉和菲律宾群岛的日子》，第 24 页。

的资本仍由他们自己掌握，但剩下的三分之一资本将分成小股，优先让“本企业的职工”认购；更为重要的是，他们向股东建议，只要年利润超过10%，超过部分的一半就将在职工中间分配，不管是不是股东，凡该企业的职工都有权按其工资的比例分享这部分利润。这些大雇主这样做很值得人尊敬，他们首创的这种制度既对所雇用的职工有利，也对社会进步有利；他们说，“可以肯定，采用这种分红方法将大大增加企业成功的因素，股东的红利不但不会减少，反而会增加。”这表明，他们对这种方法抱有充分信心。

第六节　劳动者自己的合伙经营

如果人类不断进步的话，则应该预料到，最终占统治地位的合伙经营方式，将不是作为主人的资本家和没有管理权的工人之间的合伙经营，而是劳动者自己在平等基础之上的合伙经营，即工人共同拥有企业的资本，经理由工人选举产生并可由工人罢免。一般认为，这种思想只能停留在理论上，停留在欧文或路易·布朗的著作中，除非为劳动者夺取并没收现有的资本，否则是无法按照这一思想去做的；在英国和欧洲大陆，现在仍有许多人把没收现有资本看作是社会主义的宗旨和目标，而且有更多的人公开这样宣称。但人民大众是有奋勉和自我克制的能力的。除非有某种伟大的思想或高尚的感情作出召唤，否则这种能力是从不显露出来的。1848年的法国革命就作出了这种召唤。当时，法国工人阶级中的优秀分子第一次感到，他们有了这样一个政府，这个政府真诚希望大多数人获得自由和尊严，不认为工人为资本家干活、充当资本家的生产工具是自然合法的事。在这种形势下，社会主义作家传播的、通过合伙经营来解放劳动的思想，便开花结果了。许多工人不仅决心不再为店主或工厂老板干活，而组织起来为自己干活，同时还决心不惜付出任何劳动或忍受任何困苦，使自己不再为使用资本支付高昂代价；他们决心消除这种代价，所采用的方法不是剥夺资本家或其前辈通过劳动和节约获得的资本，而是用正当手段挣得资本。如果只有少数工人试图完成这一艰苦工作，或者，尽管有许多人这样做，但只有少数人取得成功，那就不应把这种制度看作是永久性的工业组织形式。然而，暂且不谈失败的例子，仅仅在巴黎，现在或不久前就有100多个成功的工人合伙企业，其中许多还很兴旺发达呢，外省也有不少这类企业。弗居里出版了一本书，题为《制造业和农业方面的工人合伙企业》，该书简略地介绍了这类企业的历史及其经营方法，很有启发意义。英国的报纸常常报道说，巴黎的工人合伙企业都已破产了，作这种报道的人似乎是把这类企业刚成立时其敌人的预言误当作了事实，因而我认为应该从弗居里先生的著作中摘引几段话来说明事情真相。事实上，英国报纸上的报道不仅与真实情况大相径庭，而且真实情况正好与其相反。事情的发展进一步证明了这一点。

大多数这类合伙企业的资本，最初只是创建者带来的几件工具，以及他们能够凑集的或从与他们一样贫穷的工人那里借得的数量很少的资金。不过，在某些情况下，共和政府也向它们提供贷款，但一般说来，获得这种借款的合伙企业，或至少是成功以前获得借款的企业，似乎并没有成为最兴旺发达的企业。干得最出色的是这样一些工人，他们除了自己的微薄力量和工人兄弟的少量贷款外一无所有，他们过着极为清苦的生活，而把全部节省下来的钱用于资本积累。弗居里先生说，[①]“他们常常身无分文，发不出工资。货物销不出去，欠款收不进来，票据不能贴现，原料库空空如也；他们不得不忍受困苦，尽量削减一切开支，有时仅仅靠面包和凉水维持生存。……正是在困苦和忧虑的煎熬下，这些创业时几乎身无分文而只有良好的愿望和双手的人，终于招来了顾客，获得了信用，拥有了自己的资本，建立起了发展前途稳定可靠的合伙企业。”

下面详尽引述的是这类合伙企业中一个企业的发展史，很值得我们注意：[②]

“该行业的人充分认识到，建立一座钢琴制造厂需要使用大量资本，因而1848年数百名工人合伙建立了一个大企业，他们选出代表，请求政府提供30万法郎（12000英镑）的资助，这占国民议会批准的资助金总额的十分之一。我记得，我当时作为分配该项资金的委员会的一名成员，曾枉费了两个小时的唇舌，试图使两位代表认识到，他们的要求太过分了。他们丝毫不为我的话所动，回答说，他们的行业是个特殊的行业，只有大干，投入大量资本，才有可能成功；30万法郎刚能满足要求，一分钱也不能少给。委员会当然拒绝了他们的要求。

“要求遭到拒绝后，建立大企业的计划也就成了泡影。但有14个工人决心自己建立一个制造钢琴的合伙企业，使人奇怪的是，其中竟包括那两个代表中的一个。对于这些自己没有钱也借不到钱的人来说，该计划确实有很大风险，但信仰就是信仰，它是

① 《制造业和农业方面的工人合伙企业》，第112页。

② 同上书，第113—116页。

不管什么风险不风险的。

“于是这14个人就干了起来。下面我引述科肖先生在《民族》日报上发表的一篇精彩文章，来说明他们最初是怎样干的。对于这篇报道的准确性，我可以担保。

“有几个从前单干的人，带来了工具和原料，价值约2000法郎(80英镑)。除此之外，还需要一笔流动资本。每个人好不容易各拿出了10法郎(8先令)。一些未加入该企业的工人也捐献了一些钱，以表示支持。1849年3月10日，共筹集到了229.5法郎(9镑3先令7.5便士)，于是该企业宣告成立。

“这笔钱少得连维持开业，支付一个车间的日常开支都不够。根本没有多余的钱开工资，将近两个月，他们手头没有分文。这期间他们是怎样生活的呢？他们像失业工人那样，靠分享在业工人的收入生活，或靠一点一点地典卖自己的少量财物生活。

“他们终于完成了几项订货，于5月4日那天接到了货款。这天对他们来说像是打了一场大胜仗，他们决心庆祝一下。付清所有到期的债款后，每个人可以分得6法郎61生丁。他们一致同意，每个人只领5法郎(4先令)作为工资，剩下的钱用来搞一次聚餐。14位股东大都一年没有喝酒了，那天他们带着妻子儿女一同参加了聚餐。每家花了32个苏(1先令4便士)。直到现在，他们谈到那一天仍很激动，听者往往也不知不觉受到感染。

“此后的1个月，他们每人每星期可以得到5法郎。6月，一面包店老板不知是因为喜爱音乐呢，还是为了投机，提出要购买1架钢琴，货款不用钱支付而是用面包支付。商定价钱为480法郎。这对该企业的合伙人来说确实是一福音，总算有了糊口的东西。

他们决定不把面包算在工资内。每个人能吃多少就吃多少,或更确切地说每个家庭能吃多少就吃多少,因为已结婚的股东可免费带面包回家给妻子儿女吃。

"在此期间,这个由优秀工人组成的合伙企业逐渐克服了其创立时遇到的艰难困苦。该企业的账册所显示出来的情况,最充分地证明它所制作的钢琴日益赢得了买主的信赖。从 1849 年 8 月开始,每个合伙人每周的报酬逐步上升,先是 10 法郎,后来是 15 法郎,再后来是 20 法郎;即使是每人每周分得 20 法郎,也并没有把赚得的全部利润分完,每个合伙人留在共同资本中的利润要比分得的利润多得多。的确,每个合伙人的实际境况是不能用他每周得到的报酬衡量出来的,而只能用他在该企业不断增大的资本总额中所占的份额来衡量。以下是该企业 1850 年 12 月 30 日清查存货时的境况。

"当时股东为 32 人。用 2000 法郎租得的宽敞的车间和库房已不够用。

	法郎	生丁
工具计值	5922	60
货物特别是原料计值	22972	28
手头现金	1021	10
待收票据	3540	
赊卖款①	5861	90
资产合计	39317	88
但欠款仅为	4737	86

① 最后两项由可靠的有价证券构成,后来几乎都收了回来。

欠80个赞助人[①]	1650	
负债合计	6387	86
余额	32930	02

（合1317英镑4先令）

这便是他们不可分的资本，也是该企业每个成员的储备金。当时该企业正在制作76架钢琴，而且还有一些尚未执行的订单。”

从后来的一篇报道中我们得知，该企业后来分成了两个独立的协会，其中一个1854年已拥有56000法郎（合2240英镑）流动资本。[②]1863年，其资本总额为6520英镑。

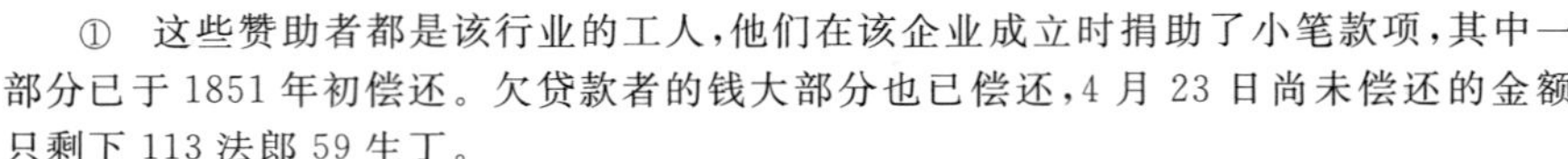

① 这些赞助者都是该行业的工人，他们在该企业成立时捐助了小笔款项，其中一部分已于1851年初偿还。欠贷款者的钱大部分也已偿还，4月23日尚未偿还的金额只剩下113法郎59生丁。

② 引自谢比利兹的文章《工人合伙企业》，载于《经济学杂志》1860年11月号。

另一些联合起来的工人也进行了很成功的试验，维利奥梅先生和谢比利兹先生详细介绍了这些试验的细节，兹引录如下。

谢比利兹先生说：“我们首先要列举的达到了其目的而且取得了一定成果的例子是雷奎创办的合伙企业，该企业设在巴黎的格朗西尔大街，雷奎1848年曾在雷诺尔先生的印刷厂担任工头。当时雷诺尔先生的印刷厂濒于倒闭，于是雷奎向该厂的工人提议，由工人自己来继续办这个工厂，向政府申请贷款，用来购买这座工厂并支付最初的费用。15名工人接受了这一建议，成立了一合伙企业，该企业的章程规定了各类工作的工资，并规定要扣除每个人工资或薪金的25%，借以逐渐形成一笔流动资本；扣除部分在该企业预定存在的10年中，不支付股息或利息。雷奎提出由他来负责全面管理该企业，只领取不高的固定工资，他的这一请求得到了允许。企业解散时，全部利润将按每个人所拥有的资本份额，也就是按每个人所做的工作，在全体职工中间分配。经过艰苦努力，他们获得了80000法郎的政府贷款，但借款条件很苛刻。尽管借款条件苛刻，尽管在当时法国的政治形势下环境很不利，但该企业却办得兴旺发达，以致解散时，偿还政府贷款后，仍净剩155000法郎（6200英镑），每个合伙人平均分得了10000至11000法郎，最少的分得了7000法郎，最多的分得了18000法郎。

“1848年3月，‘锡器工人和烛器工人兄弟会’宣告成立，有500名工人加入，几乎包括了该行业的所有工人。该企业是这些工人出于不切实际的幻想而成立的，该年6月便破产了。接着重新成立了一较小的企业，最初有40名成员，1849年开业，资本是这些协会在其最初斗争中表现出来的令人钦佩的品质，后来在它们日益繁荣的时候得以保持了下来。它们的规章制度不但不比一般工场松，反而更加严格；但由于是自己制定的，是为了大家的共同利益制定的，而不是为了具有相反利益的雇主制定的，因而这些规章得到了远为认真严格的遵守，而且是在不损害个人价值

该企业的成员认缴的，没有向政府申请贷款。该企业经历了种种变迁，合伙人先是减至 3 人，后来增至 14 人，再后来又降至 3 人，最后才稳定在 46 人，他们默默地修改了企业章程中那些已被经验证明有缺陷的条款，合伙人的数目一步一步地增加到了 100 人，1858 年他们拥有 50000 法郎共同财产，每年可以分配 20000 法郎。

"所有这类组织中历史最悠久的是'宝石工人协会'，它是 1831 年由 8 名工人创立的，当时拥有 200 法郎(8 英镑)资本，是这 8 名工人从自己的储蓄中拿出来的。1849 年，该协会得到 24000 法郎补助金，从而大大扩大了其业务。到 1858 年，该协会已拥有 140000 法郎，每年分给每个合伙人的红利相当于工资的两倍。"

以下引自维利奥梅先生的著述：

"1848 年 6 月的起义之后，圣安东尼区的工人都没有活儿干了。我们知道，居住在圣安东尼区的主要是制作家具的工人。几个制作扶手椅的工人呼吁家具制造工人联合起来。该行业的六七百名工人中有 400 名工人表示愿意联合。但由于缺少资本，后来还是由最热心的 9 名工人罄其所有先建立了一个协会；当时拥有价值 369 法郎的工具，拥有 135 法郎 20 生丁的现金。

"由于他们讲信用，诚实可靠，按时交活，因而业务不断增加，会员很快就增加到了 108 人。他们从国家那里得到 25000 法郎垫款，利率为 3.75%，分 14 年偿清。

"1857 年合伙人为 65 名，准合伙人为 100 名。所有合伙人均有选举权，由他们选举产生 1 至 8 名成员组成的理事会和 1 名经理，经理的名字将作为该企业的名称。工头由经理和理事会选派，负责所有工作的分配和监督。每 20 名或 25 名工人设一工头。

"工资实行计件制，比率由理事会决定。工人每天的收入根据每个人的干劲和能力而有所不同，从 3 法郎到 7 法郎不等。平均双周工资为 50 法郎(2 英镑)，没有哪个人的双周工资远远低于 40 法郎，但却有许多工人能挣得 80 法郎。一些雕刻工和模型工甚至能挣得 100 法郎，也就是说每月能挣得 200 法郎(8 英镑)。每个工人半个月要干 120 小时工作，即每天干 10 小时工作。根据规定，对于工作时间不够这一数目的懈怠者，30 小时之内，每小时罚款 10 生丁(1 便士)，超过 30 小时，每小时罚款 15 生丁(一个半便士)。作这一规定的目的，是为了防止由于星期天过于劳累而在星期一不好好干活，这一规定是奏效的。最近两年，该企业的成员表现得非常好，以致罚款制度已废而不用了。

和个人尊严的基础上自觉自愿地遵守的。这些联合起来的工人，很快就纠正了他们最初抱有的那些违反理性和经验的观念。几乎所有协会最初都拒绝采用计件工资制，不管干多干少一律付给相等的工资。现在几乎所有协会都放弃了这种做法，而支付给每个人以足够糊口的、固定数额的最低工资，然后根据每个人的工作情况分配所有剩下的报酬：大多数协会甚至还在年底按每个工人收

“该协会设在圣安东尼区圣约瑟夫街夏沃胡同的车间，创立时只有 359 法郎资本，但到 1851 年却已拥有 5713 法郎资本，该协会的资产，包括应收债款在内，则已达到 24000 法郎。自那时以来，该协会愈来愈兴旺发达，挫败了一切想要阻止其发展的企图。在巴黎，它已成为该行业规模最大、最重要的企业。其年营业额达 400000 法郎。”据维利奥梅先生说，1855 年 12 月，该协会财产目录上的净资产为 100398 法郎，但他说，该协会实际上拥有 123000 法郎。

然而，最重要的协会还是“泥瓦匠协会”。“‘泥瓦匠协会’创立于 1848 年 8 月 10 日，设在圣维克托大街 155 号。有正式会员 85 人，准会员 300 至 400 人。设有两个经理，一个管建筑，一个管财务。这两个人被认为是巴黎最能干、最有技术的泥瓦匠，但他们却满足于不高的薪金。最近，该协会在巴黎承建了三四座非常雄伟的大楼。虽然该协会比一般承包者要价低，但由于它允许客户长期赊款，因而它需要大量垫款。尽管如此，它还是很兴旺发达，其证明是，这一年它为其资本支付了比率高达 56%的股息，所有合伙人都分得了股息。该协会由以下 3 种人组成：一种是只出劳力的工人，另一种是既出劳力又出少量资本的工人，第三种是不干活、只出资本的人。

“这些泥瓦匠晚上开展互教互学活动。他们和制作扶手椅的工人一样，医疗费用由协会负担，生病的会员享有生活补助。后来这种保护扩展到了会员生活的各个方面。每个扶手椅制作工人很快就拥有了两三千法郎的资本，既可以用来为女儿准备嫁妆，也可以存起来防老。一些泥瓦匠则已拥有 4000 法郎，他们把这些钱留在了共同股本中。

“这些工人未联合起来以前，衣衫褴褛。由于不会安排生活，更由于没有工作可做，他们从来拿不出 60 法郎来买一件大衣。但现在他们大多数却和店主穿得一样好，有时甚至比店主穿得还高雅。这是因为，凡是经常向协会借钱的工人，只要在汇票上签章承兑就可以得到自己想要的东西；协会使这些工人偿付借款的方法是从他们的双周工资中扣留一部分钱，强迫他们进行储蓄。一些不欠协会钱的工人，为防止乱花钱，则可以在为期 5 个月的汇票上签章承兑。他们每两个星期的工资将被扣留 10 法郎，这样 5 个月便可储得一笔钱。”

下表是谢比利兹先生从休伯教授一部著作中摘录的。休伯是这种合作制度的一个最热心的并具有高度道德原则的倡导者。我们从该表中可以看到截止 1858 年“泥

入的比例分配利润。①

这些协会大都公开宣称信奉这样的原则，即它们的存在并不仅仅是为了增进单个会员的私利，而且还是为了促进合作事业的发展。所以，随着营业额的扩大，它们不断吸收新会员，这些新会员（只要协会仍忠于其最初的纲领）并不像雇佣劳动者那样仅仅领取工资，而是立即享受协会的全部利益，除劳动外，并不要求他们

瓦匠协会”迅速发展的情况：

年份	交易额（法郎）	利润（法郎）
1852	45530	1000
1853	297208	7000
1854	344240	20000
1855	614694	46000
1856	998240	80000
1857	1330000	100000
1858	1231461	130000

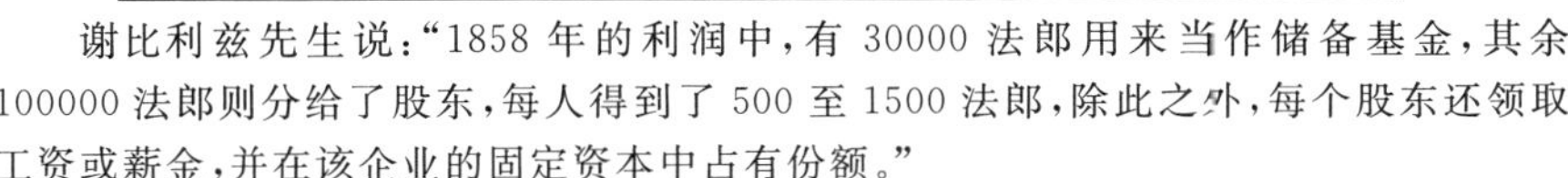

谢比利兹先生说：“1858 年的利润中，有 30000 法郎用来当作储备基金，其余 100000 法郎则分给了股东，每人得到了 500 至 1500 法郎，除此之外，每个股东还领取工资或薪金，并在该企业的固定资本中占有份额。”

关于这类协会的一般管理情况，维利奥梅先生说：“我个人对工人协会的经理和理事会的能力是感到满意的。这些经理人员无论是在智力上，干劲上，还是在待人接物上，都远远胜于各自行业中的私人雇主。联合起来的工人逐渐戒除了酗酒的坏习惯，也不再像从前那样由于太缺少教养而那么粗鲁无礼了。”

① 甚至路易·布朗建立的那个协会，即克利奇裁缝协会，也只试验了一年半那种做法，随后便采用了计件工资制。他们放弃最初的做法，其原因之一很值得摘录：“除了我提到的那些弊端外，裁缝们还抱怨，这种做法带来了无休无止的争吵，因为每个人都想使别人多干活儿。你盯着我，我盯着你，结果都变成了名副其实的奴隶。谁也不能自由地支配自己的时间和行动。”（福格里，第 88 页）近来，叫人丢脸的是，英国的一些工人竟反对计件工资制，这表明他们的道德水平很低下。如果是计件报酬不够高，那么反对它还情有可原。但如果是厌恶计件工资制本身，而这种厌恶不是由于误解所致，那就是厌恶正义和公平，就是想靠欺诈过活，而不是得到多少报酬就干多少活。计件工资制是最完美的契约形式；按照这种契约，就是要在所有劳动中，最彻底、最细致地贯彻按劳取酬的原则。同所有其他制度相比，在目前的社会状况和文明程度下，计件工资制对劳动者最为有利，而对想不劳而获的懒汉最为不利。

给协会带来什么，只要求他们服从这样一个条件，即在加入协会的最初几年年终分红时只领取较小的份额，以表示自己也像创立者那样作出了牺牲。会员有退会的自由，但退会时不得带走资本，因为资本是不可分割的财产，会员只能暂时使用，而不能随意处置。大多数协会的章程都规定，即使协会解散，也不得分配资本，而应把资本全部献给慈善事业或公用事业。每年的利润中一固定的而且一般说来很大的比例并不分配给会员，而是并入协会的资本，或用来偿还以前的借款；还从年利润中留出一部分用来补助病残会员，并用一部分年利润扩大合作事业，或援助其他遇到困难的协会。经理像其他会员一样也领取工资，只不过其工资率通常最高而已，但却严禁利用职权谋取私利。

这类协会即使在刚刚建立起来的时候，就能够同资本家进行有效的竞争。关于这一点，福格里先生说：[①]“过去两年（福格里先生是在 1851 年写这段话的）里建立起来的协会还有许多障碍要克服；它们大多数几乎完全没有资本，正在前人没有走过的道路上探索，像发明家和创始者那样要冒种种风险。尽管如此，在已经建立了工人协会的许多行业中，它们已成了老商号的可怕竞争对手，因此已引起了一部分资产阶级的怨忿。这不仅对饭馆、柠檬水店、理发店等可以平等合作的行业来说是如此，而且对不享有这种有利条件的行业来说也是如此。你只要向靠背椅、扶手椅和文件夹的制造商打听一下，就会知道他们各自行业中最重要的企业是不是工人协会了。”

这些协会的确具有很强大的生命力，其中大约 20 个不仅顶住

① 《制造业和农业工人的联合》，第 37—38 页。

了对社会主义的敌视（当时这种敌视败坏了工人谋求独立的一切努力的声誉），不仅顶住了警察的骚扰和篡位时代以来政府的敌对政策，而且还克服了1854至1858年金融和商业危机带来的所有困难。一些协会甚至在克服这些困难的同时还获得了发展，前面已给出了这方面的例子。在这种情况下，谁还能怀疑合作原则具有光明灿烂的未来呢。①

工人协会不仅仅是在法国一个国家开始兴旺发达。暂且不谈德国、皮埃蒙特或瑞士（瑞士的"苏黎士消费者联盟"是欧洲最成功的合作团体之一），就是英国也有许多成功的事例，甚至可以同我所引证的法国事例相媲美。英国的合作运动是由欧文发起的，后来一些支持者通过自己的著作和个人努力推进了这一运动，由此而播下了优良的种子。支持者主要是牧师和律师，他们的不懈努力值得大书特书。在仁慈而热心于公益事业的斯莱尼先生的倡议下，英国议会对合伙关系法作了必要的修改。许多产业协会和更多的合作零售商店建立了起来。其中已有许多取得显著成就的事例，最突出的便是"利兹面粉厂"和"罗奇代尔公平先锋者协会"。后者是所有协会中最为成功的，霍利约克已非常生动地记述了其

① 最近一两年，法国工人阶级的合作运动有了新发展。卡齐米尔·佩里埃先生写的一本小册子对"格雷诺伯尔供应协会"作了有趣的描述；在1864年11月4日的《泰晤士报》上，我们可以读到下面一段文字："虽然一些工人仍在为提高工资和减少工作时间而斗争，但另外一些也曾罢过工的工人现在则为了能自己经营自己的企业而联合了起来，并已筹集到了购买劳动工具的资金。他们已成立了一个协会，名为'供应和消费总协会'。该协会有三四百名会员，他们已在帕西开办了一'合作商店'，帕西现在属于巴黎市。他们认为，到明年5月，会有15个与此相同的自负盈亏的新协会开业；到那时，仅仅巴黎就会有五六十个工人协会。"

历史；[①]由于霍利约克的宣传和其他一些原因，“罗奇代尔公平先锋者协会”很快就名闻遐迩，并产生了巨大鼓舞力量，在兰开夏、约克郡和伦敦等地，具有相同宗旨的协会获得了迅速发展。

“罗奇代尔公平先锋者协会”最初只有 28 英镑资本，是由 40 来个劳动者每星期拿出两便士（后来增至每星期 3 便士）慢慢凑起来的。用这笔钱他们于 1844 年办了一个小商店，向该协会会员的家属供应若干种普通消费品。由于他们谨慎诚实，顾客和出资者不断增多，经营的消费品种类也愈来愈多，几年后便向一“合作面粉厂”投了一大笔资。霍利约克先生是这样叙述该协会截至 1857 年的发展情况的：

“罗奇代尔公平先锋者协会分为 7 个部门：即杂货部、衣料部、鲜肉部、制鞋部、木鞋部、缝纫部和批发部。

“各部门的账目是分开的，但每个季度总决算一次，以了解整个协会的经营情况。

“前面已指出，杂货业务始于 1844 年，最初只出售 4 种物品，现在则出售杂货店应出售的所有物品。

“衣料业务始于 1847 年，当时经营的品种少得可怜，但这项业务不断发展，于是 1854 年建立了一独立的衣料部门。

“1846 年该协会的杂货店开始出售鲜肉，所出售的肉是从市上一商人那里买来的，共买进了 80 至 100 磅。但没有多久，这项业务就中止了。1850 年该协会有了自己的肉店，由约翰·穆尔豪斯

① 《民众的自助——罗奇代尔合作史》。凯特林的约翰·普卢默在其 1862 年撰写的《年鉴指南》中也对“罗奇代尔公平先锋者协会”和其他合作社作了富有启发意义的叙述；普卢默本人也是个有很大鼓舞力量的榜样，他虽然是工人，但却通过自修，具有很高的文化道德修养。

经营，他有两个助手，每星期为协会购买和屠宰 3 头牛、8 只羊以及若干头小猪和小牛，一般可卖得现金 130 英镑。

“制鞋部创始于 1852 年，现有 3 名工人和 1 名学徒，备有现货出售。

“木鞋部和缝纫部也创始于 1852 年。

“批发部创始于 1852 年，它的创立标志着‘公平先锋者协会’获得了重要发展。设立这个部门一方面是为了满足协会会员对大宗物品的需要，另一方面是为了向兰开夏和约克郡的合作商店供应物品。这些合作商店由于缺少资本而无法从价格最便宜的市场进货，也不像一般商店那样有合格的采购员——所谓合格的采购员就是熟悉市场情况和采购业务的人，他知道应从哪里进货，以什么条件进货和进什么货。批发部确保所供应的货物的纯度、质量、价格公道和足秤足尺，但却坚持这样一条不变的原则，即所有货物都必须用现款支付。”

随着会员的增加，顾客住得愈来愈分散，愈来愈难于向他们提供服务，因而“开设了若干分店。1856 年，在离罗奇代尔 1 英里左右的奥德姆路开设了第一家分店，1857 年，在卡斯尔顿开设了第二家分店，在惠特沃思开设了第三家分店，在派福尔德开设了第四家分店”。

原合作商店的库房是协会 1849 年租用的一套房间，当时已破旧不堪。“租用后，对每个房间都进行整修和装饰，现在已很气派，成了像样的营业处所。现在其中一间房子布置得很漂亮，当作阅览室。还有一间布置得很整洁，当作图书室。……该阅览室布置得丝毫不亚于伦敦俱乐部的阅览室。”它现在“免费对会员开放，经费来自‘教育基金’”，该基金由35％的待分配利润总额构成，专门用于教育事业。“图书室有2200本极好的书，其中有许多是非常贵的书。该图书室对会员免费开放。1850至1855年为年轻人开办了一所学校，每月收两便士学费。1855年，理事会拨出了一间可容纳二三十人的房间，供14至40岁的会员每星期日和星期二开展互教互学活动用。……”

“面粉厂当然也是租来的，位于斯莫尔桥边，离城一英里半远。后来该协会自己在城里盖了一座全新的面粉厂。发动机和其他机器都是最结实、最先进的。投入该面粉厂的资本总额为8450英镑，其中3730英镑15先令2便士是公平先锋者协会的出资。该面粉厂雇有11名工人。”

后来，公平先锋者协会不断发展，其制造业务不再仅仅是面粉加工，而扩展到了纺织业，建立了一个棉纺和毛纺合作社。“投入这个合作社的资本为4000英镑，其中2042英镑为公平先锋者协会的投资。该合作社有96台动力织机，雇有26名男工，7名女工，4名男孩，5名女孩——共计42人。……”

1853年，罗奇代尔合作商店用745英镑在街对面购买了一座库房，他们在这里保存并零售面粉、鲜肉、土豆等物品。合作商店的经理部和办公室也设在这个库房里。他们还租用了该库房旁边的几间房子，当作服装店和鞋袜店。在这些房子里，参观者可以看到制鞋工人和缝纫工人，他们在干净舒适的环境中工作，对产品的销路似乎很有把握。库房像挪亚方舟那样，到处都堆着货物，一到傍晚，高高兴兴的顾客便涌到劳德街，每个柜台前都熙熙攘攘。周末的晚上，在英国的工业区，再没有像“罗奇代尔合作商店”这么热闹的地方了。[1]自从1849年"罗奇代尔储蓄银行"不光彩地倒闭后，该协会的合作商店实际上就成了这个地方的储蓄银行。

下表取自该协会发表的公报，所列出的是该协会从成立至1860年的经营成果。

年份	会员数	资本额			每年现售额			每年利润额		
		(镑)	(先令)	(便士)	(镑)	(先令)	(便士)	(镑)	(先令)	(便士)
1844	28	28	0	0		—			—	
1845	74	181	12	5	710	6	5	32	17	6
1846	86	252	7	$1\frac{1}{2}$	1146	17	7	80	16	$3\frac{1}{2}$

① 霍利约克接着说："但是，作者和读者最感兴趣的并不是一派兴旺的商业活动，而是使这种商业交往充满活力的焕然一新的精神。买者和卖者都像朋友那样相待，一方没有欺诈，另一方也没有怀疑。……这一群群卑贱的工人以前从未吃过好东西，每顿饭吃得都很差，鞋子穿不到一个月便露出了脚趾，外衣脏得发亮，他们的妻子穿的是不经洗的白布衣服。但现在这些工人在市场上却像百万富翁那样买东西，就吃的来说，他们的生活不亚于王公贵族。"而且从某种意义上来说，他们也许比王公贵族生活得好得多，因为在目前这种尔虞我诈的竞争中，王公贵族也免不了上当受骗。"他们自己织毛料，自己做鞋，自己缝制衣服，自己磨面。买的是最纯的糖、最好的茶叶，自己研咖啡。自己屠宰牛羊。罗奇代尔大街上走过去的膘肥体壮的牛羊，是供纺织工和补鞋匠享用的。（去年，该协会刊登了一则招聘采购员的广告，派他专门去爱尔兰采购粮食。）竞争何时使穷人享受过这样的好处呢？谁又能说在这种情况下穷人的德性没有进步呢？罗奇代尔的戒酒主义者承认，该合作商店开业以来，已使许许多多工人戒了酒，它所起的作用远远大于戒酒主义者在同一时期所作的全部努力。以前，做丈夫的从不知道不负债是什么滋味，而他们可怜的妻子40年来兜里从未装过自己可随意支配的6便士，现在他们则有了一点点积蓄，可以给自己盖房子了，而且兜里的钱叮当响，每周都可以去逛市场；他们去的是自己的市场，那里没有不信任，没有欺诈；没有掺假，也没有虚报的价格。整个市场洋溢着诚实的气氛。售货人员既不匆忙慌乱，又不耍手腕，也不阿谀奉承。欺骗顾客对他们并没有好处。他们只有一项义务要履行，就是给足分量，保证质量。在罗奇代尔市的其他地方，竞争仍是商业的最高原则，因而尽管有各种各样的说教，却无法产生上面那种道德效果。

"该商店从未欠过债，从未亏过本；在开业的13年中，收入达303852英镑，从未打过官司。协会的仲裁人在其任职期间一件案子也没有裁决过，反而不满意于没人争吵。"

1847	110	286	5	$3\frac{1}{2}$	1924	13	10	72	2	10
1848	140	397	0	0	2276	6	$5\frac{1}{2}$	117	16	$10\frac{1}{2}$
1849	390	1193	19	1	6611	18	0	561	3	9
1850	600	2299	10	5	13179	17	0	889	12	5
1851	630	2785	0	$1\frac{1}{2}$	17638	4	0	990	19	$8\frac{1}{2}$
1852	680	3471	0	6	16352	5	0	1206	15	$2\frac{1}{2}$
1853	720	5848	3	11	22760	0	0	1674	18	$11\frac{1}{2}$
1854	900	7172	15	7	33364	0	0	1763	11	$2\frac{1}{2}$
1855	1400	11032	12	$10\frac{1}{2}$	44902	12	0	3106	8	$4\frac{1}{2}$
1856	1600	12920	13	$1\frac{1}{2}$	63197	10	0	3921	13	$1\frac{1}{2}$
1857	1850	15142	1	2	79788	0	0	5470	6	$8\frac{1}{2}$
1858	1950	18160	0	4	71689	0	0	6284	17	$4\frac{1}{2}$
1859	2703	27060	14	2	104012	0	0	10739	18	$6\frac{1}{2}$
1860①	3450	37710	9	0	152063	0	0	15906	9	11

① 我手头上的最新报道是截至 1864 年 9 月 24 日那个季度的报道，这篇报道刊载在《合作者》杂志 11 月号上，这是一本很有价值的杂志，主办人是亨利・皮特曼，此人是合作事业最积极、最有见识的鼓吹者之一。兹从这篇报道作以下摘录："会员数为 4580 人，这 3 个月增加了 132 人。该协会的资本或资产为 59536 英镑 13 先令 7 便士，同上一季度相比，增加了 3687 英镑 13 先令 7 便士。售货所得的现金为 45806 英镑零10.5 便士，同前 3 个月相比，增加了 2283 英镑 12 先令 5.5 便士。实现利润 5713 英镑 2 先令 7.5 便士，其中 182 英镑 2 先令 4.5 便士用来支付固定资本折旧费，598 英镑 17 先令 6 便士用来支付股本的利息，2.5％的利润即 122 英镑 17 先令 9 便士用

关于“面粉厂协会”，无需在这里同样详加叙述。我只是要说，根据同一作者的记述，1860 年，该协会的资本额为 26618 英镑 14 先令 6 便士，那一年赚取的利润为 10164 英镑 12 先令 5 便士。关于制造业协会的情况，我没有比霍利约克先生更新的确切资料。霍利约克说，1857 年，该协会的资本为 5500 英镑。但是，1860 年 5 月 26 日的罗奇代尔《观察者报》发表了一封读者来信（据编者说，该信是一位消息灵通人士写的），此信说，1857 年制造业协会的资本达 50000 英镑。该信还提供了有关其他协会的十分令人满意的情况：“罗森代尔工业公司”的资本为 40000 英镑；“沃尔斯登合作公司”的资本为 8000 英镑；“巴卡普和沃德尔商业公司”的资本为 40000 英镑，“其中三分之一是以 5％的利息借来的，由于最近两年商业空前繁荣，该公司的股息率已上升到几乎令人难以置信的高度。”

关于此后英国合作运动的历史，我想就没有必要详述了，因为合作运动已公认为是现代进步的要素之一，而且近来在英国的大多数主要杂志上合作运动也成了许多文章的主题，这些文章写得都很精彩，其中最近发表的一篇，也是最优秀的一篇刊登在《爱丁堡评论》1864年10月号上；另外，《合作者》杂志逐月定期报道合

作教育基金，剩下的利润用于支付红利，会员认购的每英镑股金可得到 2 先令 4 便士红利。非会员认购的每英镑股金得到的红利为 1 先令 8 便士（他们共得到 261 英镑 18 先令 4 便士），即比会员的每英镑股金分得的红利少 8 便士，这 8 便士留给了协会，协会的储备基金因此而增加了 104 英镑 15 先令 4 便士，现在为 1352 英镑 7 先令 11.5 便士。此项基金建立于 1862 年 9 月，资金来于该协会的合作商店在与非会员的商业往来中赚得的利润。”

作运动的发展情况。然而，我却不能不提到合作商店最近向前迈出的一大步，那就是英格兰北部成立了一个批发协会(伦敦也正在筹备成立另一个批发协会)。成立批发协会的目的，是避开零售商和批发商，而直接从生产者那里购进国内商品和国外商品，提供给合作商店，正像各合作商店避开零售商和批发商直接向其会员提供商品那样。

上面几页记述的事实表明，英法两个世界大国的社会底层有许多纯朴的工人，他们正直诚实，通情达理，能自己约束自己，而且相互信任，这些品质使以上那些宏伟试验获得了圆满成功。我们因此而对人类的未来抱有无限希望。

合作运动的不断发展使我们可以预料，工业的总生产能力将获得很大提高。工业生产能力之所以会提高，是由于以下两个原因。首先，销售者阶级的人数将有所减少而保持在较为适当的水平上。销售者不是生产者，而是生产的辅助人员。现在销售者的人数过多，远远超过了资本家的收益所能负担的程度，正是由于这一原因，所生产出来的很大一部分财富没有落入生产者手中。销售者与生产者的不同之处是，若生产者的人数增加，则即使在生产者已经过多的工业部门，产量实际上也会提高，但如果是销售者的人数增加，则并不会因此而增加销售工作，或增加待销售的货物；销售人员增多，只会把相同数量的工作分配给更多的人去做，这样便很难降低销售费用。通过限制销售者的人数，使其恰好等于把商品提供给消费者所需要的数目——这正是合作制度所产生的直接结果——将为生产节省大批人手，他们所使用的资本和获得的报酬将用来向生产者提供资本和报酬。即使合作停留在购买与消费方面，而不扩展至生产领域，世界上的资源也会像上面所说的那样获得极大的节约。

合作运动还将以另外一种方式更有效地促进生产力的提高，那就是合作运动将极大地刺激劳动者的生产干劲，因为它将使全体劳动者与其所做的工作发生密切关系，他们将用最大的努力而不是尽量少的努力来换取自己的报酬，这将成为他们的行为准则，同时也是他们的利益所在（而现在的情况则不是这样）。由此而带来的物质利益，无论怎样评价都不过分，但这种物质利益却是无法和随之而来的社会道德革命相比拟的：资本和劳动之间的长期不合将被消除；人类的生活将不再是各阶级为了谋求相互对立的利益而展开的争斗，而将成为追求共同利益的友好竞争；劳动的尊严将得到提高，劳动阶级将具有安全感和独立感，每个人的日常工作将变为对社会同情心和实用智慧的培养。

这正是合作运动的发动者所抱的崇高理想。但要实现这些目标，所有劳动者（而不仅仅是一部分劳动者）的利益就必须与企业的繁荣一致。有些协会取得成功后便放弃了合作制度的这一根本原则，而变成了股东人数有限的股份公司，这些股东与其他公司的股东只有一点不同，即他们是工人；另一些协会则不准某些被雇用的工人分享协会的利润（令人悲痛的是，连罗奇代尔的制造业协会也采取了这种做法）；以上两种协会无疑都在行使自己的合法权利，正当地利用现存的社会制度来增进自己的利益，但我们却不能希望它们用更好的制度取代现存制度。而且从长期来看，这些协会也是抵挡不了个人竞争的。同各种集体经营制度相比，个人经营制度（即由一具有主要利害关系的人来经营）具有很多极为有利的条件，而合作制度只是在一个方面可以和这些有利条件相抗衡，那就是它使所有工人与企业享有共同的利益。但是，如果资本家也采取这种做法(他们确实将会这样做)，如果他们哪怕仅仅是为了增加利润，也采用合作社的做法，使每个工人的物质利益与企业最有效、最经济的经营联系起来，那他们便会轻而易举地挤垮合作社，因为合作社一方面保留着旧制度的缺陷，另一方面却不能充分利用旧制度的各种便利条件。

我们可以极为乐观地想象，在很长一段时间内，允许工人分享利润的私人资本家也许将和忠实于合作原则的合作社同时存在，这也是人们所希望发生的事情。权力集中在一人之手，可以干成许多事情，而如果权力分散在许多人手里，或经常更换掌握管理权的人，则将一事无成。私人资本家不受团体的控制，如果他很能干的话，他会比几乎任何协会都更愿意进行合理的冒险，更愿意以高昂代价改进生产方法。固然，新的生产方法试验成功后，合作社是会采用的，但个人更愿意做前人未做过的事。对于私人资本家来说，企业一旦破产，他将承担全部损失，若生意兴隆，则大部分利润将落入他的腰包，因而即使在一般的经营活动中，能干的资本家的竞争也会发挥很有益的作用，将使合作社的管理人员勤奋工作，保持适当的警惕性。

然而，当合作社增加到足够多时，除了最没有出息的工人外，哪个工人都不会再愿意终生仅仅为了工资而工作，无论是私人资本家还是合作社都会渐渐发觉，必须使所有劳动者都成为利润分享者。最终，在也许比人们的想象要近的将来，通过合作原则，我们也许将能变革社会。在变革后的社会中，个人的自由和独立将同集体生产在道德、智力和节约等方面的优势结合在一起，而且用不着采用暴力或掠夺方法，甚至也不突然打乱现存习惯和期望，就会结束社会分为勤劳者和懒惰者的状态，就会消除所有社会差别，而只保留通过个人努力正当获得的社会地位，从而至少在工业部门实现民主精神的最美好志愿。上述协会取得成功的过程本身，便是对道德性和主动性的一种锻炼，而有了这种道德性和主动性，成功也就有了保证。随着协会的增加，它们将逐渐把所有工人都吸引到自己周围，不能吸引到它们周围的仅仅是这样一些工人，这些工人由于理解力极差，道德修养极低，只知道根据狭隘的自私自利原则行事。随着这种变革的进行，资本所有人将逐渐发觉，他们的利益所在不是与最低劣的工人一起维护旧制度，而是把资本借给协会，并不断降低利率，最后甚至把资本换成定期年金。通过这种或与此相类似的方式，现存资本最终将正当地、自然而然地变成所有工人的共同财产，由此而实现的转变（当然假定男子和女子平等地享有协会的权利，平等地参与协会的管理）①将是实现社会正义的最简便途径，同时也是眼下所能想象出来的、最有利于普遍利益的对工业事务的安排。

① 正如在一般事务中所表现出来的良好辨别力和善良感情那样，在这方面，罗奇代尔公平先锋者协会也树立了理性和正义的榜样。霍利约克先生说，“罗奇代尔合作商店偶尔也向妇女伸出宝贵的援助之手，以使她们获得独立。妇女可以成为该合作商店的成员，并可参与合作商店的决策。无论独身妇女还是已婚妇女都可加入合作商店。许多已婚妇女之所以成为合作商店的成员，是因为她们的丈夫嫌麻烦不愿加入合作商店，另一些已婚妇女加入合作商店则是为了自卫，以免丈夫花她们的钱喝酒。如果妻子不在存款单上签名，丈夫是不能提取存入合作商店的钱的。当然，按照现行法律，丈夫可以通过法律程序得到妻子的存款。但这是需要时间的，在这期间，丈夫也许会变清醒些，改变主意。”

第七节　竞争非但无害，反而是有用而不可或缺的

因而我同意社会主义作家对工业生产活动随着社会的发展将采取什么形式的看法；而且我完全赞成他们的看法，认为开始这种转变的时机已经成熟了，应采取所有正当而有效的方法来帮助和鼓励这种转变。然而，尽管我赞同社会主义者的这一具体目标，但我却完全不赞同他们的学说中最惹人注目、最激烈的部分，不赞同他们对竞争的猛烈抨击。虽然社会主义者在许多道德问题上所持的见解远远优于现存的社会秩序，但一般说来，他们对现存社会秩序的实际运行方式却抱有非常糊涂和错误的看法；我认为，其中最大的错误便是把现存的所有经济弊病都归罪于竞争。他们忘记了，哪里没有竞争，哪里就有垄断；忘记了垄断不管以何种形式出现，都是向勤劳者征税（如不说掠夺的话）来养活懒惰者。他们还忘记了，除了劳动者之间的竞争外，所有其他竞争都对劳动者有利，都会使劳动者消费的物品更便宜；忘记了只要争取获得劳动力的竞争大于劳动力之间的竞争（美国、各殖民地和技术性行业的情况正是这样），劳动力市场上的竞争就不是低工资而是高工资的根源；除非劳动者的家庭人数过多，致使劳动力市场上供过于求，否则劳动力市场上的竞争就决不会是低工资的原因；但如果劳动者的供应量过多，即便是社会主义也阻止不了劳动者获得的报酬降低。而且，如果普遍建立起协会的话，劳动者之间就不会再有竞争了；而协会之间的竞争将对消费者有利，也就是对协会有利，对一

般劳动者阶级有利。

我并不认为竞争是没有缺点的，也不认为社会主义者从道德方面提出的反对竞争的观点是毫无道理的。社会主义者认为竞争是同一行业的人相互嫉妒和敌对的根源。但竞争虽有其弊病，却防止了更大的弊病。正如福格里先生说的，[①]“工业世界充满了罪恶与不公，其最深刻的根源不是竞争，而是劳动对资本的屈从，是工业工具的所有者能占有产量的巨大份额。……如果说竞争带来了罪恶的话，它也同样带来了利益，特别是在发展工业设施方面和促进革新方面。”社会主义者所犯的共同错误是，他们没有看到人类的天生懒惰，没有看到人类倾向于无所作为，倾向于做习惯的奴隶，倾向于墨守成规。一旦人类处于自己认为过得去的生存状态，人类所面临的危险便是他们就此止步不前，不再努力改善自己的处境，听凭自己的能力衰退，以致连维持现状的能力都丧失殆尽。竞争也许并不是可以想象的最好的刺激物，但它目前却是必不可少的刺激物，而且谁也说不出什么时候进步不再需要竞争。同其他部门相比，工业部门中应该有更多的人深知改良的好处，但即使在工业部门，也将很难促使某一协会的理事会不嫌麻烦地改变自己的习惯，采用某种新的、可望带来效益的革新，除非它意识到，如果它不采用这项革新，与其竞争的其他协会就会采用，从而使它在竞赛中落后。

我与大多数社会主义者不同，并不把竞争看作是有害的、反社会的原则，而是认为，在现在的社会状态和工业状态下，限制竞争是一种罪恶，而扩大竞争，即使暂时会损害某一劳动阶层，最终也

① 《制造业工人和农业工人的联合》，第 90 页。

将带来最大的利益。使人免受竞争，就是使人陷于无所事事、头脑发木的境地，就是使人不必像其他人那样积极进取、聪明智慧；若禁止低收入劳动者以较低的要价从事某项职业，则等于恢复旧习惯，恢复地方垄断或局部垄断，使某一工匠阶层与其他阶层相比较处于特权地位，而时代已发生了变化，维护少数人的特权已不再能增进普遍利益了。如果成衣商和其他商人的出现，使成衣工和其他工匠的工资取决于竞争而不是取决于习惯，从而降低他们的工资，那最终将给所有人带来好处。现在所需要的不是维护旧习惯，使劳动者的某些阶层获得不公平的收益，使他们因此而热心于维护现存社会体制，而是引入新体制，使所有的人都受益。如果有什么办法能使具有一技之长而享有特权的工匠阶级感到，他们与经济情况较差、自助能力较低的劳苦大众具有共同利益，所得到的报酬取决于相同的原因，处境的改善依赖于相同的补救措施，那么，我们将为此而欢欣鼓舞。

第 五 编

论政府的影响

第一章　论政府的一般职能

第一节　政府的必要职能与任选职能

在我们这个时代，无论是在政治科学中还是在实际政治中，争论最多的一个问题都是，政府的职能和作用的适当界限在哪里。在其他时代，人们争论的问题是，政府应该如何组成，政府应根据什么原则和规则行使权力；现在的问题则是，政府的权力应伸展到哪些人类事物领域。当潮流汹涌地转向变革政府和法律，以改善人类的境况时，人们讨论这个问题的兴趣很可能将增加，而不是减少。一方面，性急的改革者认为控制政府要比控制民众的理智和意向来得容易、方便，因而常常倾向于过分扩大政府的权限；另一方面，统治者则常常并非为了公众的利益而干预人类事物，或在错误地理解公众利益的情况下干预人类事物，同时一些真诚希望改良的人也提出了许许多多轻率的建议，主张通过强制性的法规来实现那些本来只有通过舆论和辩论才能有效地实现的目标，在这种情况下，对政府干预本身，便很自然地滋长了一种抵触情绪，并滋长了一种倾向，主张尽量限制政府的活动范围。由于各国的历史各不相同（此处不必详细讨论这一点），过分扩大政府权限的倾向，无论在理论上还是在实践上，都主要盛行于欧洲大陆各国，而相反的倾向则至今仍在英国占统治地位。

既然上述问题是原则性问题，我将在本编后面一章试着确定该问题的一般原理，在这样做以前，将首先考察政府在行使被普遍认为属于它的职能时所产生的影响。为此，必须先详细说明与政府这一概念密不可分的那些职能，或所有政府一向在行使而未遭到任何反对的那些职能；此类职能不同于那些是否应由政府行使尚有疑问的职能。前者可以称为必要的政府职能，后者可以称为可选择的政府职能。我们使用“任选”这个词，并不意味着，后一种政府职能是无关紧要的，政府行使不行使这些职能纯粹出于任意的选择；而只是意味着，政府并非必须行使这些职能，人们对于政府是否应行使这些职能可以有不同意见。

第二节　政府的必要职能是多种多样的

在试图列举必要的政府职能时，我们发现，必要的政府职能要比大多数人最初想象的多得多，不能像人们一般谈论这一问题那样，用很明确的分界线划定其范围。例如，我们有时听说，政府只是应该保护人们免遭暴力和欺诈，除了这两件事情外，人们应该是自由的，应该自己照顾自己，一个人只要不向他人或他人的财产施加暴力行为或欺诈行为，立法机关和政府就无需干预此人。但为什么除了利益特别明显的情况外，政府即人民的集体力量只应保护人们免遭暴力和欺诈，而不应保护人们免遭其他罪恶？如果政府只适宜做人们做不了的事，那么即使对于暴力，人们也应该以自己的本领和勇气自己保护自己，或求人或雇人提供这种保护，就像在政府无力提供保护的地方人们所实际做的那样；对于欺诈，则各人有各人的高着来加以对付。下面我们将不再预先讨论原理，而只考察事实。

我们应该把执行遗产法归入哪一项呢？是算作制止暴力呢，还是算作制止欺诈？无论哪一社会都得有遗产法。有人也许会说，在这件事情上，政府只要执行财产所有者的遗嘱就行了。然而，这种说法至少是极为成问题的；也许没有哪个国家可以通过法律使遗嘱具有完全绝对的权力。而且如果像经常发生的那样没有立遗嘱的话，难道法律即政府不应该根据一般便利的原则决定由谁来继承财产吗？如果继承者没有能力管理财产，难道法律不应该指定一个人（通常是政府官员）来为继承者管理财产吗？在另外许多情况下，则应由政府接管财产，因为公众利益，或者也许仅仅是有关人员的利益要求它这样做。在财产的归属发生争议和依法宣布破产的情况下，就常常要由政府接管财产。从未有人认为，政府在做上述事情的时候超越了其职能范围。

法律给财产本身下定义的职能也并非像人们想象的那么简单。有人也许以为，法律只要宣布并保护每个人对自己产生的产品或在自愿原则下正当地从生产者那里获得的产品的权利就行了。但是，难道除了人们生产出来的东西，就没有任何其他可以认作是财产的东西了吗？不是还有地球本身、地球上的森林、河流以及地球表面和地球之下的所有其他自然资源吗？这些是人类的遗产，必须制定法规来规定人类应如何共同享用它们。应允许一个人对上述共同遗产的一部分在何种条件下行使何种权利，是不能不作出决定的。无疑，对这些事情作出规定，是必要的政府职能，而且是完全包含在文明社会的概念中的。

还有，制止暴力和欺诈固然是合法的，但我们应把强迫人们履行契约归入哪一项呢？不履行契约并不必然意味着欺诈；签约人本来也许是真诚地想履行契约的；人们堂堂正正地有意毁约时，尚且不能使用欺诈这个词，由于疏忽大意而未能履行契约，就更不能使用欺诈这个词了。这里，不干预理论无疑会有所延伸，有人会说，强迫履行契约并不是按照政府的意愿管理个人事务，而只是帮助人们实现他们自己已表达的愿望。让我们默许限制理论的这种延伸，不管作这种延伸是否正当，姑且听任它延伸。但是，政府对于契约的关心并不仅仅限于强迫履行。政府还确定哪些契约适于强迫履行。一个人与他人订约，不受欺骗，不被强迫，光有这一点是不够的。有些契约虽然人们有能力履行，但却有损于公众的利益。且不说那些有悖于法律的契约，还有一些契约，出于对签约者利益的考虑，或出于国家所实施的一般政策，法律也是拒绝强迫人们履行的。在我国和大多数其他欧洲国家，法庭会宣布卖身契约为无效。几乎没有哪个国家的法律强迫人们履行卖淫契约或任何非法的婚约。但一旦承认，对于一些契约，出于一时的考虑，法律可以不强迫人们履行，那么对于所有契约，也就必然有相同的问题。例如，当工资太低，或工作时间太长时，法律是否应该强迫人们履行劳工契约；又如，一个人与另一个人签约，愿意在一段时期内做仆人，但他中途改变了主意，法律是否应强迫履行这样的契约；再如，婚约虽然是终生的，但如果签约双方或一方想终止它，法律是否应继续强迫人们履行。契约是否妥当，以及契约所确立的人与人之间的关系是否妥当，这方面可能出现的所有问题，都是应该由立法者解决的；这些问题是立法者不能逃避的，必须以这种或那种

方式作出裁决。

还有，防止和制止暴力和欺诈的工作固然可以由士兵、警察以及刑事法官来做，但还应该有民事法庭。惩处违法行为是司法机关的事，而解决纠纷也是司法机关的事。人与人之间发生无数的纠纷，并非由于哪一方不诚实，而是由于他们对自己的法定权利理解有误，或是由于对法定权利所依据的事实看法不一致。国家指派某些人澄清人们拿不准的事情从而解决这些纠纷，难道对普遍利益没有好处吗？然而，这不能说是绝对必需的。人们可以自己指派仲裁人，相约服从他的裁决；哪里没有法院，或哪里的法院不被信任，或哪里的法院判决迟缓、费用高昂、诉讼手续繁杂，以致人们不愿求助于法院，哪里的人们就往往自己指派仲裁人。尽管如此，人们还是普遍认为，国家应该设立民事法庭；虽然民事法庭有种种缺陷，人们常常不得不求助于其他解决纠纷的办法，但这些替代办法之所以有效力，却主要是因为人们有退路，可以向国家设立的民事法庭起诉。

国家不仅应解决纠纷，而且还应防止发生纠纷。大多数国家的法律都制定规则来决定许多事情，这样做并不是因为决定这些事情的方式多么重要，而是为了能以某种方式决定这些事情，对有关问题不致发生疑问。法律规定许多种契约的文字形式，为的是不致对契约的含义发生争议或误解。法律还规定，契约须由证人予以证明，签约须履行一定的手续，这样在发生争议时，便可获得证据进行裁决。法律还注册登记以下事实，如死亡、出生、婚嫁、遗嘱、契约以及诉讼事宜，以此保存具有法律意义的可靠的事实证据。政府在做上述事情时，从未有人说它越权行事。

还有，对于这样的学说，即个人有能力维护自己的利益，政府的责任只是使每个人不受他人侵犯，不管我们给予它多大的适用范围，它也仅仅适用于那些能独立行动的人。社会上还有未成年的人，还有精神病患者，还有低能者。法律当然不能不照顾这些人的利益。并不一定要由政府官员来做这种事，常常可以委托当事人的亲属去做。但政府的职责仅此而已吗？难道它把一个人的利益委托给另一个人照管，就可以免除监督的职责，就可以不督促受委托的人履行职责吗？

在许多情况下，政府承担责任，行使职能，之所以受到普遍欢迎，并不是由于别的什么原因，而只是由于这样一个简单的原因，即它这样做有助于增进普遍的便利。作为例子，我们可以举铸造货币的职能（这也是一种专利权）。政府铸造货币不是为了什么深奥的目的，而只是为了减少麻烦，省却人们称量和化验货币所花的时间和费用。就连最反对国家干预的人也没有把这称为越权行为。另一个例子是政府规定标准的度量衡单位。另一些例子是铺设道路，安装路灯，打扫街道，这类工作有时是由中央政府来做，但更多的时候而且一般说来也更为适当地是由市政当局来做。修建或扩建海港，建造灯塔，对土地和海洋进行勘测以绘制精确的地图和海图，筑造海堤和河堤，这些也都是恰当的例子。

此类毫无疑问属于政府职能范围内的例子，是不胜枚举的。但上面所举的例子已充分表明，被普遍承认的政府职能具有很广的范围，远非任何死框框所能限定，而行使这些职能所依据的共同理由除了增进普遍的便利外，不可能再找到其他任何理由；也不可能用任何普遍适用的准则来限制政府的干预，能限制政府干预的

只有这样一条简单而笼统的准则，即除非政府干预能带来很大便利，否则便决不允许政府进行干预。

第三节 分类

不过，我们谈谈以下问题也许是有益的，即政府干预的问题最可能取决于何种考虑，以及应以何种方式估计政府干预带来的相对便利程度。这将构成我们讨论的最后一部分，在讨论政府干预的原理和影响时，为便利起见，我们拟把这种讨论分为三部分。以下便是我们对这个题目的划分。

首先我们将考察政府行使其必要的、公认的职能会产生什么经济影响。

然后我们将考察某些我所谓的可选择的（即跨越了公认职能界限的）政府职能，在错误理论的影响下，政府曾经行使过这些职能，在某些情况下政府仍在行使这些职能。

最后要考察的是，撇开一切错误理论，正确看待管理人类事物的法律，看看在可选择的那类政府职能到底有没有符合人们需要的政府干预，如果有，它们又是哪些。

在所划分的三部分中，第一部分是极为混杂的，因为正如前面已指出的，必要的政府职能，以及那些显而易见增进普遍便利因而从未遭到人们反对或很少遭到人们反对的政府职能，纷繁复杂得无法用简单的方法加以分类。然而，那些具有头等重要意义的、必须在这里考察的职能，则可以分为以下三大项：

第一，税收是政府存在的条件，我们将讨论政府课税的方法。

第二,财产和契约是两个大问题,我们将讨论与此有关的法律的性质。

第三,我们将讨论政府执行法律所采用的方法的优缺点,也就是讨论司法和执法制度的优缺点。

下面我们就从第一项即税收理论着手。

第二章　论课税的一般原则

第一节　课税的四条根本原则

从经济上说，税收制度应该有的各种性质，已被亚当·斯密概括在四条原则中。这四条原则已被后来的著作家普遍接受，可以说已成为经典性原则，因而在本章的开头最好是引述一下这四条原则。①

“每个国家的国民，都应尽量按照各自能力的比例，即按照各自在国家保护下享有的收入的比例，缴纳赋税，以维持政府。所谓税收制度的平等或不平等，便取决于是遵守还是忽视这条原则。

“每个人必须缴纳的赋税应该是确定的，不得随意变动。缴纳的日期、缴纳的方法、缴纳的数额，都应该让一切纳税者及其他所有人了解得十分清楚明白。如果不然，每个纳税者就不免或多或少为税吏的权力所左右；税吏会借端加重赋税，或利用加重赋税的恐吓，勒索赠物或贿赂赋税。如不确定，哪怕是不专横不腐化的税吏，也会由此变得专横腐化，何况他们这类人本来就是不得人心的。据一切国家的经验，我相信，赋税再不平等，其有害程度也不及赋税的微小不确定。确定每个人应纳的税额，是极为重要的事情。

① 《国富论》，第五编，第二章。

“每种赋税应该在纳税人感到最方便的时候，应该以纳税人感到最方便的方式征收。地租税或房租税，应在人们通常缴纳地租或房租的时候征收，因为这时对纳税人来说最为便利，这时他最容易拿出钱来。对像奢侈品一类消费品征收的赋税，最终是要由消费者支付的，因而一般是用以下对消费者很便利的方式征收的。消费者是一点一点地缴纳这种赋税的，哪时购货哪时缴纳。买不买东西全在消费者自己，如果这种税使他感到很大不便，那就要怪他自己了。”

“每种赋税的征收应设计得使人民所拿出的尽量等于国库所得到的。如果某种赋税使人民所拿出的大大多于国库所得到的，那是由于以下四个原因：第一，要由大批税吏征收这种赋税，他们的薪俸吞掉了所征得的很大一部分税款，而且在征税之外，苛索人民，增加负担。”第二，由于征收这种税，社会上的一部分劳动和资本由生产性较高的用途转入生产性较低的用途。“第三，对于不幸的逃税未遂者所使用的充公及其他惩罚方法，往往会倾其家产，因而社会便失去由使用这部分资本所能获得的利益。不适当的赋税，实为逃税的大诱因。第四，税吏频繁的访问及可厌的稽查，常使纳税者遭受许多不必要的麻烦、困恼与压迫”；对此我要加上一句，为防止工商业逃税漏税而制定的种种限制性法规，不仅本身很招人讨厌，要花很多钱来执行它们，而且还常常会给工商业的改良设立不可逾越的障碍。

上述四条原则中的后三条，引文所作的解释或说明已足够了，毋庸另外再加以解释。某种赋税在多大程度上符合或违背这些原则，将在讨论各种赋税时予以考察。但这四条原则中的第一条即

赋税的平等,却需要作更为充分的考察。人们对这条原则理解得往往还不够全面,普通人的头脑中尚没有明确的判断的原则,以致在某种程度上已对它抱有许多错误观念。

第二节　赋税公平原则的依据

为什么平等应该是征税的原则?因为在一切政府事务中都应遵循平等原则。既然政府对所有的人或阶级向政府提出的要求都一视同仁,政府要求人民所作的牺牲也就应该尽量使所有的人承受同样的压力;必须指出,这正是使全体人民所作出的牺牲减至最低限度的方法。如果某人承担的赋税少于他应该承担的份额,另一个人就要多承担赋税,因而一般说来,某人承担的赋税减轻所带来的利益并不如另一个人的负担加重所带来的害处大。所以,作为一项政治原则,课税平等就意味着所作出的牺牲平等。这意味着,在分配每个人应为政府支出作出的贡献时,应使每个人因支付自己的份额而感到的不便,既不比别人多也不比别人少。这一标准同其他追求理想境界的标准一样,是无法完全实现的;但是,无论讨论哪一实际问题,其首要目标都应该是弄清什么是理想境界。

然而,有些人并不满足于以一般的公平原则为课税的原则,他们认为,还得有更切合课税的原则。他们最喜欢把每个社会成员缴纳的税款看作是该成员得到的服务的等价物;因而他们更喜欢这样看按财产额征税的公平性,认为这样做之所以公平,是因为如果某人有比其他人多一倍的财产,根据精确的计算,他就得到了比别人多一倍的保护,于是依照买卖原则,他付的价钱就应该比别人

多一倍。然而，假设政府仅仅是为了保护财产而存在的，这是站不住脚的，于是某些固守酬劳原则的人便进而说，需要保护的不仅有财产而且还有人身，每个人的人身得到的保护量是相同的，固而对每个人征收的固定数额的人头税，是对政府提供的这部分保护的适当回报，而政府提供的另外一部分保护，即对财产提供的保护，则应该按照财产的多寡支付报酬。这样调整一下，表面上可以自圆其说了，而且一些人也欣然接受了这种说法。但是首先，不能认为，保护人身和保护财产是政府的惟一目的。政府的目的同社会联合的目的一样，是极为广泛的。凡扬善避恶的事，都是政府应该做的，既可以直接去做，也可以间接去做。其次，在研究社会问题时，给实质上不明确的事物规定明确的价值，并把这种价值当作得出实际结论的依据，这样做特别容易陷于谬误。不能说被保护的财产是别人的 10 倍，所受到的保护也是别人的 10 倍。同样不能说，保护 1000 镑 1 年所耗费的国家资金，是保护 100 镑 1 年所耗资金的 10 倍，而不是两倍，或恰好相等。保护某个人的法官、陆军士兵和海军士兵，也同样保护另一个人；较多的收入并不必然需要较多的警察来保护，虽然有时会这样。无论是以保护所耗费的劳动和资金作标准，还是以任何其他明确的事物作标准，都不存在上述那种比例，或任何其他可以确定的比例。如果我们要估计每个人从政府的保护中得到的利益，我们就必须考虑，如果撤除政府的保护，谁遭受的损失最大。假如能回答这个问题的话，则答案一定是：遭受最大损失的是先天或后天身心最弱的人。这种人几乎必定会沦为奴隶。所以，如果我们所讨论的公平理论有任何公平可言的话，那些最没有能力帮助或保护自己的人既然最离不开政

府的保护，就应该支付保护价格的最大份额，而这正好与公平分配的本意背道而驰，公平分配不是要仿效大自然造成的不平等和不公平，而是要纠正这种不平等和不公平。

必须把政府看作是全体人民的政府，真正重要的问题并不是弄清谁从政府那里获得的利益最多。如果某个人或某一阶层的人得到的利益很少，以致有必要提出上述问题，则出毛病的不是赋税而是其他事情，应该做的是消除毛病，而不是放任它不管，把它当作要求减税的理由。通常在为某项大家共同关心的事业捐款时，每个人都根据自己的能力捐款，一般认为，大家在这样做时便是公平地尽了自己的一份力量，也就是说为共同的事业作出了平等的牺牲；与此相同，这也应该是强制性捐助的原则。为该原则寻找精巧或深奥的依据，是多余的。

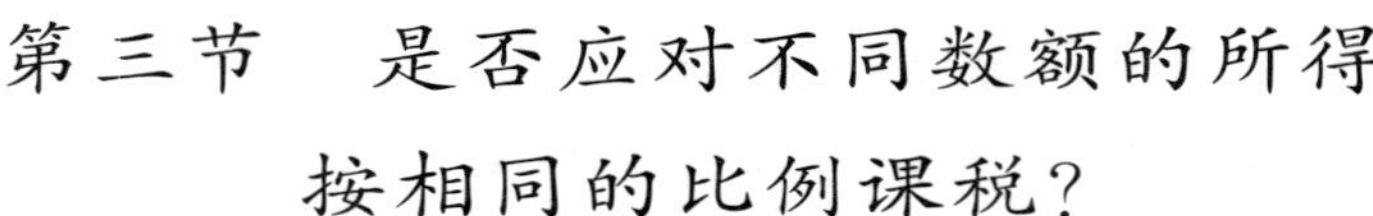

第三节　是否应对不同数额的所得按相同的比例课税?

上面我们讨论了，每个人作出的牺牲应该是平等的，根据这一原则，接下来我们要考察的是，对每个人的财产征收相同比率的赋税，是否符合上述原则。许多人的回答是否定的，他们认为，如果一个人的收入很少，另一个人的收入很多，但对两者都按十分之一的税率征税，则前者的负担较重。累进财产税这一很受人欢迎的计划依据的便是上述学说，所谓累进财产税是这样一种所得税，其税率随着收入额的增加而上升。

关于这个问题，我作了尽可能仔细的考察后认为，该学说所包含的真理成分，主要产生于以下两种赋税之间的差别，一种是可以从奢侈品中节约的赋税，另一种则是侵占生活必需品的赋税，而不管侵占得多么少。从收入为10000镑的人那里每年拿走1000镑，实际上不会使他失去任何生活必需品或舒适品；而如果从收入为50镑的人那里拿走5镑会产生上述结果的话，那么后者所作出的牺牲不仅大于前者，而且与前者是完全不成比例的。纠正这种负担不平等的最公平的方法，是由边沁提出来的，即对购买生活必需品所必需的一定数额的最低收入不征税。假如每年50镑的收入可以养活一家人，可以满足生活和健康上的需要，保持身体良好，但丝毫不能有所放纵，那么，就应该把50镑规定为最低收入，超过这一数额的收入就应纳税，但不是全部收入都纳税，而仅仅是超过50镑的剩余部分纳税。60镑收入应看作是10镑净收入，如果税率为10%，则每年应征收1镑的锐，而1000镑收入则应看作是950镑净收入，每年课征95镑税。因此，每个人都按其剩余收入的固定比例而不是总收入的固定比例纳税。[①]对不超过50镑的收入，不征任何税，既不直接征税，也不间接征税（即不对生活必需品征税），因为根据假设，50镑是劳动者应该支配的最低收入，政府不应再减少它了。然而，除了其他可以指出的原因外，以上安排就是对穷人消费的奢侈品应该征税的一个原因。对购买生活必需品所需要的收入免税与否，取决于这种收入是否真正用来购买生活必需品。即使是收入仅够购买必需品的穷人，若用一部分收入购买奢侈品，也应该像其他人那样，从购买奢侈品的那部分收入中拿出一定的

① 在上次恢复征收所得税的时候，格拉德斯通先生曾部分地采用了这种课税原则。当时规定，从起征点100镑至200镑，只对超过60镑的部分征税。

比例担负国家开支。

我认为，给予低收入的免税额，不应超过维持生活、保持身体健康和免受肉体痛苦所需要的收入额。如果为此每年50镑便已足够（够不够当然是有疑问的），那么在我看来，每年100镑的收入和每年1000镑的收入都以50镑为免税额，是完全合情合理的。的确，有人会说，如果对1000镑收入课以100镑的税（即使退还5镑），对10000镑收入课以1000镑的税（即使退还5镑），则前一种税比后一种税要重。但我认为这种说法是很成问题的，即使它是正确的，也不足以当作任何课税原则的依据。年收入10000镑的人对1000镑的在乎程度是否小于年收入1000镑的人对100镑的在乎程度，如果真是这样，又到底小多少，在我看来，这是个无法确切回答的问题，无论是立法者还是财政家都不应以此作为行动的依据。

有人确实认为，比例税制使中等收入承受的负担重于高收入承受的负担，因为按同一比例纳税更有可能降低中等收入者的社会地位。这一事实在我看来是很令人怀疑的。但即使承认这一事实，我也不能赞同政府据此而采取行动，而且也不能赞同这样的看法，即社会地位可以由开支的数额来决定。政府应以身作则，以真正的价值来估价所有事物，所以对于财富，应以它们所能换得的舒适或快乐以及用它们所能购买到的东西来估价；许多人以炫耀所拥有的财富为荣，以让人怀疑没有财富为耻，中产阶级的收入四分之三都是为此而开销的，政府不应助长这种庸俗习气。由于赋税使人们牺牲了真正的舒适和奢侈，政府当然有责任把所征得的税款尽可能公平地分配给所有人；但是，一些人认为尊严取决于开支的大小，则纯粹是一种幻觉，对于所牺牲的这种幻想出来的尊严，政府不必费心去估计其大小。

无论是在英国还是在欧洲大陆，人们都一直在鼓吹征收累进财产税，其公开宣称的理由是，政府应利用赋税来缓和财富分配的不均。我同其他人一样，热切希望采取措施来减少财富分配的不均，但我却不希望这种措施是用节俭者的钱来救济浪费者。对较高的收入征收较高的税，无异于勤劳节俭征税，无异于惩罚那些工作比邻人努力、生活比邻人节俭的人。受限制的，不应是通过劳动获得的财富，而应是不劳而获的财富。公平明智的法律应鼓励人们节省劳动所得而不是挥霍劳动所得。要做到对赛跑者不偏不倚，就应尽力使他们从同一起点起跑，而不是给跑得快的人拴上一重物，以缩小跑得快的人和跑得慢的人之间的距离。的确，有许多失败者比成功者更努力，其所以失败，不是由于努力程度上的差异，而是由于机会上的差异；但是，如果政府通过教育和法律尽其所能地减少了这种机会的不均等，人们也就没有理由再对劳动所得造成的财富不均感到愤慨了。现在来谈通过馈赠或继承获得的大宗财产，遗赠权是基于普遍便利的理由应加以限制的一种财产权；我在前面已提议，[①]应限制任何人通过馈赠、遗赠或继承获得的财产数量，以此来防止大宗财产不劳而获地积聚在少数人手里。在前面某一章中，我还曾提到边沁的建议，即应该废止无遗嘱的旁系继承，财产转归国家所有。除了我自己的建议和边沁的建议外，我还认为，超过一定数量的遗产是非常适当的课税对象，但这种税不宜太重，如果太重，人们生前就会通过馈赠或隐匿财产来逃避这种

① 前面第二编第二章。

税，而人们一旦这样做，是没有适当的办法加以制止的。所谓累进原则，就是对较高的收入征收比例较高的税，在我看来把该原则应用于一般的赋税是不适当的，但把该原则应用于遗产税，看来却是正当而有益的。

上述反对征收累进财产税的理由，可以在更大的程度上应用于认为只应该对所谓“实际财产”(realized property)征税的主张。实际财产指的是这样的财产，它不属于经营企业的资本，或更确切地说，不属于所有者亲自经营的企业的资本，如土地、公债、抵押借款以及股票(我想是股份公司的股票)。在我们的时代，除了一笔勾销公债的建议外，还没有哪项如此赤裸裸地违反一般诚实原则的建议，在英国得到那么热烈的支持，以致不得不对它加以考察。它连累进财产税都不如，累进财产税还能找到这样的理由，即谁最有能力，谁就应该纳最多的税；而“实际财产”的很大一部分则是没有工作能力的人的生活依靠，而且很大一部分是由零零碎碎的财产构成的。依照仅仅对实际财产征税的主张，对我国的大部分财产，即商人、制造业者、农场主和店主的财产，都应免除纳税的义务；这些人只有在停业后才应该开始纳税，而如果永不停业，就应该永不纳税，我想象不出还有比这更无耻的主张。但以上所列举的并未完全说出这种主张的不公正之处。依照这种主张，赋税将完全落在少数财富所有者身上，但并不是连续不断地落在那一阶级身上，而是落在开征这种税时恰好构成这一阶级的那些人身上。由于征收这种赋税以后，相对于资本的一般利息和营业利润而言，土地和股份公司股票产生的净收入将减少，因而只有通过这类财产的永久贬值才能恢复均势。未来的买者将以降低了的价格获得土地和

股票，价格降低额将等于赋税额，买者因此而将避免纳那种税，而原来的所有者即使把财产卖掉后，也仍然背着那一负担，因为他们是以降低了的价格出售其土地和股票的，降低额正好等于赋税额。由此可见，征收这种税无异于按一定的比例把他们的财产充公，该比例等于所征赋税的比例。这样的主张竟然受到欢迎，这突出地表明，在课税问题上是没有良知可言的，之所以没有良知，是因为公众的头脑中没有固定的准则，不知政治上的正义为何物。这项计划竟然得到大批人的支持，这一事实表明，在国家事务中金钱上的公正已不复存在，英国的这种状况同美国废弃公债的做法相比较，只不过是五十步与百步之别而已。

第四节　是否应对世袭性收入和非世袭性收入按相同的比例课税？

营业利润税的税率是否应该比利息税或地租税的税率低，这是一较为广泛的问题的一部分，即非世袭性收入是否应该与永久性收入纳同样比例的税，也就是例如薪金、年金或从事自由职业所得到的收入，是否应该与由所继承的财产得到的收入纳同样比例的税，这是人们在谈论现行所得税时经常争论的问题。

现行所得税同等看待一切收入，对于死后收入便消失的人，是1镑收入征收7便士（现在是6便士）的税，对于可以把财产原封不动地传给子孙的地主、股票持有者或发放抵押贷款的人，同样是1镑收入征收7便士的税。这显然是不公平的，但从数学上说，这并没有违反按财产的比例征税的原则。有人说，暂时性收入应比永久性收入纳较少的税，我们的回答是，现在正是这样做的，因为为期 10 年的收入只纳 10 年的税，而永久性收入则永远纳税，这一回答是无可反驳的。在这一点上，某些财政改革家犯了一个大错误。他们认为，所得税不应按年收入额的比例征收，而应该按年收入的资本化价值来征收；例如，如果 100 镑永久性年金的价值为 3000 镑，而相同数额的终身年金，由于其价值按年计算只及永久性年金的一半因而只能卖得 1500 镑，那么，永久性收入的所得税率就应该是限期性收入的 2 倍；若前者每年纳 10 镑税，则后者应该只纳 5 镑税。但该论点显然忽略了，它用一个标准估计收入的价值，而用另一个标准估计所纳税款的价值；它把收入化为资本的价值，却忘记了把所纳的税款也化为资本的价值。据称，对价值 3000 镑的年金征收的税款，应是价值 1500 镑的年金的两倍，这一主张是无可非议的；但人们忘记了，价值 3000 镑的收入是无限期地每年缴纳 10 镑所得税，根据假设，所纳的税款相当于 300 镑，而限期性收入只是在收入者活着的时候每年缴纳 10 镑所得税，根据同一假设，所纳的税款为 150 镑，而且实际上是能够用 150 镑买得的。所以，按照现在的比例税制，1500 镑收入所纳的税款，就已经是 3000 镑所纳税款的一半了；如果除此之外还要把其每年缴纳的税款从 10 镑减至 5 镑，那它缴纳的就不是永久性收入所纳税款的一半，而仅仅是四分之一了。在这样情况下，为了使 1500 镑收入每年缴纳的税款达到 3000 镑收入所纳税款的一半，前者纳税的年数就必须与后者相同，也就是说无限期地纳税。

如果只征收一次税以满足国家在非常时期的某种需要，那么上述那些财政改革家所鼓吹的征税原则也许是很妥当的。根据所有纳税者应做出平均牺牲的原则，凡拥有财产的人，包括未来的继承人在内，都应按其财产现时价值的比例纳税。我感到奇怪的是，那些改革家竟没有想到，正是因为他们所鼓吹的征税原则在只征一次税的情况下是正确的，它才不可能在征收永久性赋税的情况下也是正确的。当每个人只纳一次税的时候，每个人都不比其他人纳税的次数多；在这种情况下是正确的比例，不可能在一个人只纳一次税而另一个人要纳好几次税的情况下也是正确的。然而，这正是实际出现的那种情况。永久性收入纳税的次数总是多于暂时性收入纳税的次数，原因是永久性收入延续的时间总是长于限期性收入。

人们力图借助于数字偏袒限期性收入，简言之，就是力图证明比例税不是按比例征收的，但很显然，为此而作的所有证明都是荒谬可笑的。这种证明不应依据数字，而应依据人的需要和感情。对暂时性收入者应按较低的税率征税，并不是因为他的财力较小，而是因为他的需要较大。

设有 A B 二人，A 每年可获得暂时性收入 1000 镑，B 从世袭财产中每年也可得到 1000 镑。虽然 A 和 B 的收入在名义上是相等的，但 A 从其收入中拿出 100 镑纳税，并不像 B 那么轻松，因为 A 通常要为其儿女或其他人积蓄一笔钱，B 却没有此种必要；如果 A 的收入为薪金或从事自由职业的所得，则一般说来，他还要积蓄一笔钱来防老；而 B 则可以把其收入全部花掉，不必为晚年生活担忧，死后还可以把财产留给儿女。如果 A 为了应付那些需要必须从其收入中拿出 300 镑存起来，那么向他征收 100 镑所得税就是向 700 镑征 100 镑税，因为这 100 镑税只能从他可用于消费的那部分收入中支取。如果他把100镑税按比例分摊在每年的开支和每年的储蓄上，也就是说减少开支70镑，减少储蓄30镑，那么，固然他眼前所作的牺牲同B所作的牺牲比例相同，但他儿女的生活和他自己的晚年生活却会因为这种税而恶化。为儿女和晚年积累的资本额将减少十分之一；资本额减少，收入也就将减少，这等于是对A的继承者征收两次所得税，而B的继承者只被征收一次所得税。

所以，赋税公平的原则，按其惟一合理的意义，应解释为牺牲公平，它要求：如果一个人必须储蓄一部分收入来为晚年和儿女的生活作准备，那么此人确实用于这方面的那部分收入就应予以免税。

如果的确可以信赖纳税者的良心，或可以从别的方面充分证实纳税者申报的是实情，则征收所得税的适当方法就是只对用于开支的那部分收入征税，而对用于储蓄的收入予以免税。因为用于储蓄和投资（一般说来，所有的储蓄都可用来投资）时，收入还要因此而为所带来的利息或利润缴纳所得税，尽管它已为本金纳了税。所以，如果不对储蓄免税，纳税者用于储蓄的收入就会被征收两次税，而用于消费的收入则只被征收一次税。把全部收入花光的人，每镑收入纳税7便士，也就是说缴纳3％的税，仅此而已；但如果他储蓄一部分年收入，用来购买股票，则除了他已为本金缴纳的3％的所得税外（这将以相同的比例减少利息），他每年还要为利息支付3％的税，这等于是为本金再支付3％的税。因此，非生产性开支仅缴纳3％的税，而储蓄却要缴纳6％的税；或更正确地说，他为全部收入缴纳3％的税后，还要为剩下来的97％的收入再缴纳

3%的税。由此而造成的这种不利于节俭的差别，不仅是不得当的，而且也是不公平的。向用于投资的款项课税，然而又向投资所获得的收入课税，这等于是向纳税者的同一部分收入课两次税。本金与利息在纳税者的资财中并不是两部分，而只是同一部分计算两次：如果他得到利息，那是因为他储蓄了一部分本金，如果他把本金都花掉，他就得不到利息。然而，因为他既可以储蓄又可以花费，所以看起来他似乎可以同时做这两件事，一方面可以得到储蓄的利益，同时又可以得到花费的利益，于是便依据这种印象向他征税。

不赞成对储蓄实行免税的人一直认为，法律不应该通过人为的干预破坏储蓄动机和花费动机之间的自然竞争。但我们已经看到，破坏这种自然竞争的，是对储蓄征税的法律，而不是对储蓄免税的法律；由于储蓄用于投资后便要照章纳税，因而投资前对其实行免税，是使它不致纳两次税的必要措施，这样做是完全必要的，因为用于非生产性消费的钱也仅仅是纳一次税。另一种反对论点是，富人最有能力进行储蓄，给予储蓄以特权便是偏袒富人而损害穷人。我的回答是，享受这种特权的仅仅是那些节欲的富人，仅仅是那些不用于满足他们的需要而用于生产性投资的收入。这种收入不是被他们花费掉，而是以工资的形式分配给穷人。假如这有利于富人，我倒要知道哪种课税方法有利于穷人。

凡不对储蓄免税的所得税，实际上都是不公正的；而不具备以下条件，是不应该投票通过任何所得税的，这个条件就是，申报书的格式和所要求的证据的性质，能确保人们不滥用免税权，滥用免税权的表现形式有，一只手储蓄，而另一只手借债，或者今年把去

年的得以免税的储蓄花光。如果能防止滥用免税权，那么暂时性收入和永久性收入之间也就没有哪一方应较多地予以免税哪一方应较少地予以免税的问题了，因为如果暂时性收入比永久性收入纳的税少的话，那只是由于暂时性收入者必须作较多的储蓄，而所储蓄的钱理所当然地应予以免税。但如果没有办法保证免税权不被滥用，那么在公正方面退而求其次的做法便是，在征税时考虑到不同阶层的纳税者应该储蓄的金额。能够做到这一点的惟一权宜方法是采用两种不同的税率。我们很难把一种暂时性收入与另一种暂时性收入在延续时间上的差别考虑在内；就最常见的非世袭性收入而言，每个人的年龄和健康状况是千差万别的，根本无法考虑到每个人的具体情况。所以也许就有必要满足于对所有继承性收入采用一种统一的税率，而对所有非世袭性收入采用另一种统一税率。在确定这两种税率的比例时，当然不可避免地会有主观武断；也许，对非世袭性收入的四分之一给予免税，是人们所最容易接受的，因为一般认为，就各种年龄和各种健康状况的人来说，把非世袭性收入的四分之一为儿女和晚年生活储蓄起来，是适当的比例。①

① 哈伯德先生作为具有实践经验的立法者，第一个试图依据不容怀疑的公平原则修改所得税，他精心制订的计划几乎可以确保赋税公平，而且有办法付诸实施。他建议对工业收入和职业收入的三分之一而不是四分之一实行免税。他确定三分之一为免税额的理由是，不管人们认为工业阶级和职业阶级应该储蓄多少收入，可获得的证据都证明，平均说来，他们的实际储蓄额为收入的三分之一。这一比例要高于其他阶级的储蓄率。哈伯德先生指出，“得自投资财产的收入用于储蓄的份额估计为十分之一。工业收入用于储蓄的份额估计为十分之四。由于对这两个阶级将征收几乎相等的所得税，因而调整方法很简单，先对每方的收入免税十分之一，然后再对应税工业收入免税十分之三即三分之一。”——《拟议中的报告》(1861 年委员会的《报告和证词》第 14 页)在这样的估计中，必然有很大的猜测成分；但只要能作出这种估计，哈伯德先

前面讲过，实业家的纯利润中，一部分可以看作是资本的利息，具有永久性质，其余部分可以看作是对监督管理工作的报酬。是否有超过利息的剩余，取决于有关的实业家能活多久，甚至取决于他是否继续营业，因而这种剩余有权享有与限期性收入相同的免税额。而且我认为，由于这种剩余是不稳定的，它还有理由享有更高的免税额。相对于每年可得到 1000 镑永久性收入的人而言，拥有某一收入的人，若因为小变故，就有可能完全丧失这笔收入，甚至背上债，那么，即使平均说来他每年也可以得到 1000 镑，但感觉却是不同的。如果对于终身性收入按其数额的四分之三征税，那么对于扣除利息后的营业利润不仅也应按其数额的四分之三征税，而且还应进一步降低税率。或者，使包括利息在内的全部收入享有四分之一的免税额，或许也可以充分满足这方面的公平原则。

生得出的实际结论也就具有了可靠的依据。

关于这个题目，一些作家曾发表过议论，其中包括穆勒先生（见他的《政治经济学原理》）和麦克库洛赫先生（见他的《赋税论》）。他们主张，给予暂时性收入者的免税额，应相当于这样一笔金额，这笔金额将确保暂时性收入者的后代得到与暂时性收入者本人一样多的收入，因为这正是拥有世袭财产的人不用储蓄一分钱所能做到的事情；换句话说，这些作家主张，暂时性收入应转换为相等现值的永久性收入，并只对转换后的收入征税。如果非世袭性收入者确实把这么大比例的收入或更大比例的收入储蓄起来，我将欣然同意对他们的全部储蓄给予免税，因为如果他们的的确确能做到这一点，则我认为就应该对他们的全部储蓄免税。但我却不能同意根据这种想象出来的储蓄额来给予他们免税。终身性收入者没有义务一定要缩衣节食，把其收入的很大一部分储蓄起来，以使其子子孙孙能得到一笔与他们自己的暂时性收入相等的、足够维持闲居生活的收入；谁也不曾幻想这么去做。根本没有理由要求或指望那些靠自己劳动挣得收入的人，为其子孙后代留下一笔钱，使其能坐享一笔与其父辈祖辈相等的收入。对于儿女，他们应该做的仅仅是为他们创造靠自己的努力谋生的有利条件。然而，既然为儿女或其他人留遗产是合理合法的意向，若暂时性收入者只有储蓄一部分收入才能做到这一点，而拥有世袭财产的人不用储蓄就能做到这一点，那么在收入本身相等的情况下，就应该通过调整税率适当纠正这种真正的不平等，从而使暂时性收入者和永久性收入者作出的牺牲尽可能地相等。

以上便是解释赋税公平原则时会遇到困难的主要常见事例。正如我们在前面一个例子中所看到的，赋税公平的真正意义是，不应按收入额课税，而应按支出能力课税。无法始终一贯地把这一原则应用于所有场合，并不构成反对它的理由。设有甲乙二人，拥有相同数额的非世袭性收入，但甲身体不好，儿女很多，而乙身体健壮，儿女很少，在这种情况下，如果甲想在其死后为儿女留下遗产，那他就不得不比乙更加省吃俭用；由于征税时不能考虑到这种差别，有人便认为，只要收入的绝对额相等，就不必去考虑任何这种差别。但并不能因为很难做到完全的公平合理，我们就不尽最大的努力去争取公平合理。设有年金领取者甲和乙，甲渴望再活5年，乙渴望再活20年，但给予甲的免税额并不比乙大，对于甲来说，这样做尽管是残酷的，但同对双方丝毫不予以免税的做法相比还是要强一些。

第五节　应对自然增加的地租课以特别税

在结束赋税公平原则的讨论之前，我要说，在某些情况下，这一原则是有例外的，但这些例外并不与该原则的核心即公平合理相抵触。假设有这样一种收入，其所有者不花任何气力，也不作任何牺牲，它就会不断增长；拥有这种收入的人构成一社会阶级，他们采取完全消极被动的态度，听凭事情自然发展，就会变得愈来愈富有。在这种情况下，国家没收这种收入的全部增长额或一部分增长额，绝不违反私有财产制赖以建立的那些原则。这当然不是说把人们的所有财产都没收，而仅仅是没收由于事情的自然发展而增加的财富，用它来造福于社会，而不是听凭它成为某一阶级的不劳而获的财富。

地租实际上就正是这种情况。社会的进步和财富的增加，使地主的收入无时无刻不在增长；虽然他们不动一下手指不花一分钱，但他们的收入在社会财富总额中所占的绝对额和相对额却愈来愈大。他们不干活儿，不冒风险，不节省，就是睡大觉，也可以变得愈来愈富。依据社会正义的一般原则，他们究竟有什么权利获得这种自然增加的财富？如果国家从一开始就保留有权利，可以根据财政上的需要对地租的自然增长额课税，又有什么对不起地主的呢？我承认，不分青红皂白，把每一项地产的地租增加额都充公，是不公平的，因为对各种具体情况来说，尚没有办法把仅仅是由于一般社会环境造成的地租增加与土地所有者运用技术和进行投资而导致的地租增加区别开来。惟一可行的，是采取一项一般性的措施。第一步应是估计全国所有土地的价值。应对所有土地的现时价值实行免税；但过了一段时间以后，随着人口和资本的增加，地租也必然会上涨，这时便可粗略地估计出地租的增加额。估计的标准可以是农产品的平均价格。如果农产品的价格上涨，则可以肯定，地租也上涨了，而且（如前面已经说的）地租的上涨幅度甚至要比价格的上涨幅度大。根据由此而得到的数据和其他数据，就可大致估计出全国的土地因为自然原因而增加了多少价值；在制定一般土地税时，为了防止计算错误，应使税额大大低于估计出的地租增加额，这样便可确保由于土地所有者的投资和勤劳而增加的收入不受损害。

既然各国都宣称有权对地租的增长额课税，则很显然，国家这

样做的正义性是不容怀疑的，但一些国家却不行使这种权利，这难道不就等于放弃了这种权利吗？例如在英国，前一个世纪购买土地的人，不仅为现有的收入而且还要为预期的增长额支付价格，他们这样做不正是因为确信国家对土地将只按与其他收入相同的比例课税吗？他们的这种把握的有效性是因国而异的，取决于有关国家究竟在多大程度上放弃了那种本来毫无疑问地完全属于它的权利。大多数欧洲国家都从未放弃自己的权利，在需要的时候，都不加限制地对地租课税。在一些欧洲大陆国家，土地税是国家岁入的主要来源，其税率一直不受其他税的影响而单独提高或降低。在这些国家，无论谁购买土地，都得准备缴纳更高的土地税。英国的土地税则从上世纪初以来一直未发生变化。最近一次有关土地税的法令反而降低了土地税；虽然自那时以来，由于农业的发展、城市的扩展和建筑物的增加，地租的上涨幅度很大，但由于议会中地主占优势，却一直未能正当地对这种不劳而获的收入征税。在我看来，由此而产生的预期，已得到了足够的报偿，因为在这样一个长时期内，由于自然原因而并非由于努力或牺牲而增加的全部收入，一直被认为是神圣不可侵犯的，没有被专门征税。我认为，从现在起，或从议会认为适当的今后某一时刻起，便没有理由不赞成对地租的增加额专门课税。在这样做的时候，只要确保地主得到其土地的现时市场价格，对他们就没有什么不公平的，因为土地的现时市场价格便包含了全部未来预期的现值。关于这种税，较为可靠的征税标准也许不是地租的上涨或谷物价格的上涨，而是土地价格的一般上涨。征收这种税而不使土地的市场价值降低到最初估计的价值以下，这一点很容易做到；而只要做到这一点，则无论

征收多少税，也不致亏待土地所有者。

第六节 土地税有时并不是赋税，而是为公众利益收取的一种租费

国家分享未来因自然原因而增加的地租是否合法，人们尽可以有自己的看法，但却不应该把现有的土地税（遗憾的是，我国的土地税很少）看作是一种赋税，而应该看作是为公众利益收取的一种租费；这种租费是地租的一部分，从一开始就归国家所有，从来不是地主收入的一部分，因而不应把它看作是赋税的一部分，从而也就不应以此为借口来免除地主所应缴纳的其他赋税。如果把现有的土地税看作是赋税，那么什一税也可以看作是对地主征的税了；在孟加拉，全部地租都归国家所有，只把其中的十分之一给予地主，剩下的十分之九由国家掌握，依照上述那种看法，这十分之九也可以看作是对被赐予十分之一地租的人征收的不公平的赋税了。一个人拥有地租的一部分，并不等于他对地租的其余部分也拥有正当的、不可侵犯的权利。地主拥有地产，最初是要尽封建义务的，相对于封建义务来说，现在的土地税是微不足道的；他们被从封建义务下解放出来，本来应该付高得多的代价才对。自土地税问世以来，凡购买土地的人，就必须缴纳土地税。所以没有任何理由把土地税看作是对现在的地主征的税。

只有当土地税是特种税时，以上议论才适用于土地税，若从地主那里征得的税款与从其他阶级那里征得的税款相等，则以上议论就不适用于土地税了。例如在法国，对土地以外的其他财产和

收入(动产和专利)也征收特种税,假如土地税不比其他税高,就没有理由认为国家对土地收取了租费。但是如果土地除了按与其他财产相同的税率纳税外,还必须向国库另外缴纳一笔税,则这超出的部分严格说来就不是赋税,而是国家保有的一份土地所有权。在我国,只对地主征收土地税,对其他阶级不征收特种税。所以,全部土地税不是赋税,而是一种租费,如同国家保有的不是一部分地租,而是一部分土地一样。正如每个共同承租人担负的地租不是其他共同承租人的负担那样,土地税也不是地主的负担。地主无权因土地税而要求补偿,也无权要求把土地税算作其应缴赋税的一部分。像现在这样继续征收土地税并不违反"赋税公平"原则。①

接下来我们将考察赋税公平原则在多大程度上可应用于间接税,并考察在应用于间接税时应作什么修改。

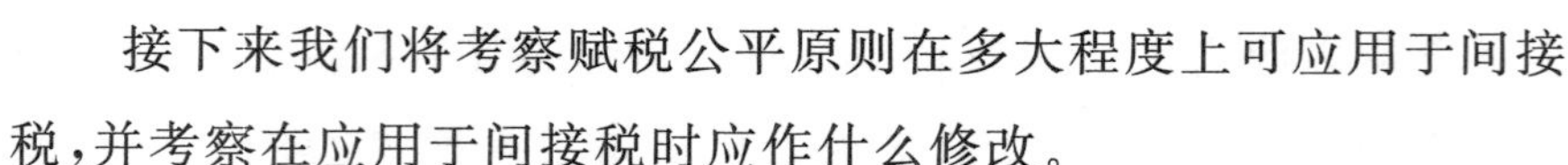

第七节　落在资本上的赋税不一定都应加以反对

除了前面提到的那些课税原则外,有人还提出了另外一项课税的一般原则,即课税的对象应该是收入而不应该是资本。赋税不侵蚀国家的资本额,当然是极为重要的;但赋税侵蚀资本,与其说是特定的课税方式的结果,还不如说是赋税过重的结果。赋税过

① 这些话显然也适用于地方税。正如残余的"保护主义者"所说,地方税的绝大部分都落在了土地所有权上,而且征收地方税具有很悠久的历史,所以应该把地方税看作是国家为公众利益而扣留或保有的一部分地租。最近土地税有所增加,但这或者是为了增进土地所有者的利益,或者是由土地所有者的过错引起的,因而无论在哪种情况下,土地所有者都没有抱怨的理由。

重到一定程度，即使最勤劳的人也会破产的，特别是当赋税随意变动，以致纳税人不清楚自己将可以保有多少收入时，或者当由于课税，勤劳和节俭反而成为不合算的事时，情况更是这样。但如果可以避免这些错误做法，如果所征收的税额不超过当今赋税最重的国家征收的税额，就不必担心赋税会使国家丧失一部分资本。

使赋税完全落在收入上，丝毫不落在资本上，这是哪一种财政制度也做不到的。无论哪一种税，如果予以免税的话，其中一部分都会被储蓄起来；无论哪一种税，如果实行免税的话，人们都不会把它全部用于增加开支，而不储蓄一部分来增加资本。所以从某种意义上说，所有赋税都部分地取自资本；在穷国，无论征收哪种税，都不可能不阻碍国民财富的增长。但在资本充裕、积累资金的精神强烈的国家，赋税阻碍国民财富增长的作用则几乎感觉不到。在后一类国家，资本积累已达到了这样的阶段，在该阶段，生产的不断改良使资本迅速增长——而且这种增长甚至有超过生产改良的强烈倾向，以致由于资本外流和所谓周期性的商业危机，利润仅仅保持在最低水平；由此可见，即使不通过课税拿走一部分利润，一部分资本也会外流或被商业危机毁掉，因而赋税所起的作用与资本外流或商业危机所起的作用是一样的，即为以后的储蓄腾地方。

所以我认为，反对征收遗产税，在富国没有什么意义。反对征收遗产税的人认为，对遗产征税就是对资本征税。实际情况确实如此。正如李嘉图所说，假定某人被征收房屋税和酒税 100 镑，那么这个人也许会改住租金较低的房屋，少喝酒，或缩减其他开支，以此节省出全部税款或一部分税款。但是如果向他征收100镑税是因为他获得了1000镑遗产,则他便会认为只获得了900镑遗产,并不感到有必要节省开支。所以,遗产税完全是由资本缴纳的,在一些国家,这会成为反对遗产税的重要理由。但首先,该论点不适用于发行国债而必须用一部分税收来偿付国债的国家,因为偿付国债的税收依然是资本,只不过是从纳税者手中转到了国债持有人手中。其次,该论点特别不适用于财富迅速增长的国家。在这样的国家,即使以极高的税率征收遗产税,每年征得的税款也只是年资本增长额的很小一部分;征收的遗产税只不过为相同数额的储蓄腾了地方,不征收遗产税,只会妨碍人们进行储蓄,或使已经储蓄的钱被送到国外进行投资。像英国这样不仅为自己而且还为半个世界积累资本的国家,可以说,其公共开支完全来自多余的资本;其财富目前多得也许根本感觉不到赋税的存在。其赋税所拿走的,不是生产资料,而是享乐资料;如果不征税,人们便会用由此而节省的钱纵情享乐,或用来满足某种目前尚未满足的欲望或嗜好。

第三章　论直接税

第一节　对所得或支出课征的直接税

赋税有直接税和间接税之分。所谓直接税，就是原意要谁缴纳就由谁来缴纳的税。所谓间接税，则是这样一种税，虽然表面上是对某人征收这种税，但实际上此人可以通过损害另一个人的利益来使自己得到补偿，货物税、关税便是间接税的例子。规定生产或进口某种商品的人要为该商品纳税，原意不是向该生产者或进口者课征一种特别税，而是想通过他向消费该商品的人课税，因为生产者或进口者可以通过提高售价来从消费者那里得到补偿。

直接税的课税对象或者是所得或者是支出。消费税大都是间接税，但有些也是直接税，当不是对物品的生产者或销售者课税，而是直接对消费者课税时，情况就是这样。例如房屋税，如果像通常所做的那样，课征于房屋的居住者，便是直接消费税，如果课征于修建者或所有者，便是间接税。窗税是直接消费税。车马税以及所谓财产税，也都是直接税。

所得的来源可以是地租、利润和工资。这包括除礼物或赃物外的各种所得。既可以对这三种所得中的任何一种征税，也可以对三者都征税。下面将依次对它们加以考察。

第二节　地租税

地租税是完全落在地主身上的。地主没有办法把这一负担转嫁给他人。地租税并不影响农产品的价值或价格，因为农产品的价值或价格是由最不利的条件下的生产费用决定的，正如我们已经多次指出的，在最不利的条件下，是不缴纳地租的。所以，地租税除了其显而易见的作用外，没有任何其他作用。地租税仅仅从地主那里课征赋税，而把税款转交给国家。

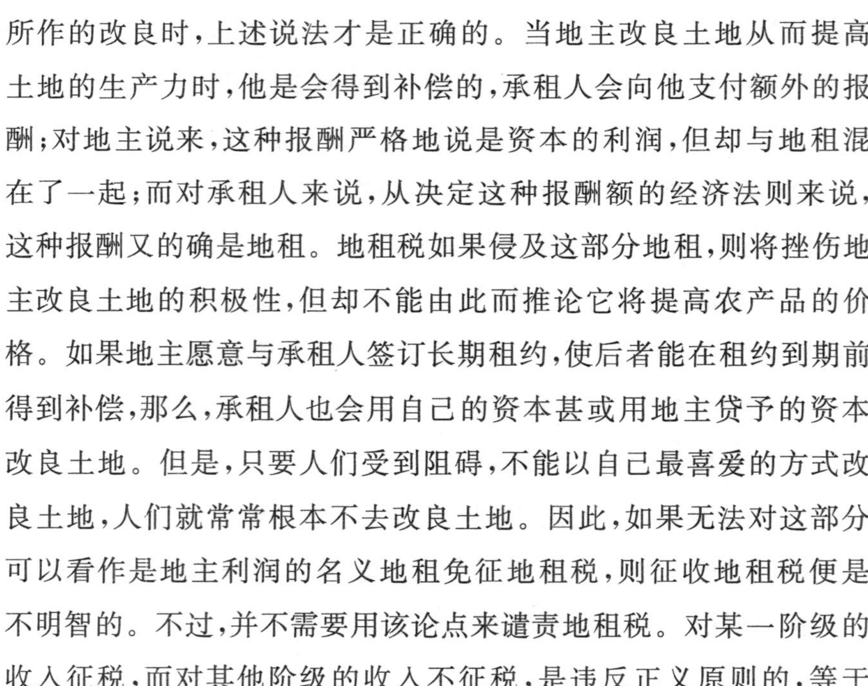

然而，严格说来，只有当地租产生于自然原因或产生于承租人所作的改良时，上述说法才是正确的。当地主改良土地从而提高土地的生产力时，他是会得到补偿的，承租人会向他支付额外的报酬；对地主说来，这种报酬严格地说是资本的利润，但却与地租混在了一起；而对承租人来说，从决定这种报酬额的经济法则来说，这种报酬又的确是地租。地租税如果侵及这部分地租，则将挫伤地主改良土地的积极性，但却不能由此而推论它将提高农产品的价格。如果地主愿意与承租人签订长期租约，使后者能在租约到期前得到补偿，那么，承租人也会用自己的资本甚或用地主贷予的资本改良土地。但是，只要人们受到阻碍，不能以自己最喜爱的方式改良土地，人们就常常根本不去改良土地。因此，如果无法对这部分可以看作是地主利润的名义地租免征地租税，则征收地租税便是不明智的。不过，并不需要用该论点来谴责地租税。对某一阶级的收入征税，而对其他阶级的收入不征税，是违反正义原则的，等于把被征税阶级的一部分收入予以没收。前面我已说明，如果不对现有地租课税，而只对未来因自然原因而增加的那部分地租课税，则可免除这种指责。但是，即使如此，若不保证维持土地的市场价格，仍不能说是公平的。假如并不仅仅是地租被征税，而且其他收入也被征税，则上述反对征收地租税的论点便不那么有力量了，因为不仅是地租，而且利润也被征税，在这种情况下，以地租形式出现的利润理所当然地应同其他收入一样纳税；但是，因为利润的税率由于前面指出的原因应低于狭义地租的税率，所以上述反对征收地租税的论点只是力量有所减弱，但并未被消除。

第三节　利润税

利润税同地租税一样，至少就其直接作用而言，应完全落在纳税者身上。由于所有利润都被课税，所以人们并不能因为改换行业而不纳税。假如只对某一生产性行业的利润课税，则这种税实际上会提高生产成本，从而物品的价值和价格也会上涨；这样，这种税就转嫁到了消费者身上，而不影响利润。但如果对所有利润普遍课征相等的税，则这种税就不会影响一般的价格，至少最初它将完全落在资本家身上。

不过，在繁荣富裕的国家，利润税还会产生一种隐蔽的影响，需要加以考虑。当某个国家积累起来的资本很多，年积累率很高，以致只有资本的外流和生产的不断改良才能使该国不陷入停滞状态时，任何实际降低利润率的做法都会严重影响资本的外流和生产的改良。这种影响可以通过不同的方式起作用。利润的缩减，会增加用资本赚钱或谋生的困难，从而会刺激发明，刺激发明被采用。如果生产改良的速度大大加快，如果这种改良直接或间接地使劳动者经常消费的物品更便宜，利润就会增加，增加额足以补偿利润税征走的全部利润。在这种情况下，课征利润税不会损害任何人，产量的增长会与税额相等，或远远超过税额。不过，即使在这种情况下，仍应把这种税看作是从利润中支付的，因为假如取消这种税，获利的仍是得到利润的人。

然而，尽管征走一部分利润有可能加速生产的改良，但实际上却不会使生产获得巨大的改良，或改良的程度不足以使利润普遍增加，或增加的利润不足以抵消因征收利润税而减少的利润。如果是这样，利润率就会更接近于它正在逼近的那一实际最低比率，而资本收益的减少将严重阻碍今后资本的积累，或者将使人们把每年增加的资本更多地送往国外，或者浪费在不产生利润的投机生意上。开始时，这种税会完全落在利润上，但征收这种税所减少的资本增加额与不征收这种税而资本继续增加的数额，都会趋于把利润减至同一水平，因而每隔 10 年或 20 年，我们都会发现征收这种税时与不征收这种税时的利润差别有所减少，直到最后不复存在差别，这种税落在劳动者或地主身上为止。课征利润税的实际结果，是使国家在某一时期拥有的资本和总产量减少，使停滞状态更早地到来，使国民财富总额减少。利润税甚至会减少国家的现有资本。如果利润率已经处于实际最低水平，也就是说处于这样一点，在该点，趋于减少利润的那部分年资本增加额，将被输送到国外或被用于投机活动，那么，如果再课税进一步减少利润，则一部分现有资本或许也会被输送到国外或被用于投机活动。由此可见，在像我国这样的资本积累状态下，课征利润税对国民财

富是极为有害的。并不仅仅是特别的因而本质上是不公平的利润税会产生这种结果。只要利润必须分担沉重的一般性赋税，那么这种一般的利润税就会与特殊的利润税一样，趋于把资本赶到国外，趋于减少可靠的利得而刺激投机活动，趋于挫伤人们积累资本的积极性，并趋于加速停滞状态的到来。有人认为，荷兰之所以衰落，或确切地说之所以停滞不前，就是因为课征了利润税。

即使在资本积累的速度不那么快因而近期内不会陷入停滞状态的国家，抽走一部分利润，也会在某种程度上阻碍资本积累（如果资本的确在积累的话）；如果刺激生产改良的作用不能充分抵消阻碍资本积累的作用，则一部分利润税就会不可避免地从资本家身上转嫁到劳动者或地主身上。积累率降低，受害者总是劳动者或地主。如果人口仍然像以前那样增长，受害的就是劳动者；如果人口不像以前那样增长，土地的耕种就会受到阻碍，地主就得不到地租的自然增长额。只有在没有新的积累因而资本处于停滞状态的国家，利润税才似乎有可能永久而完全地落在资本家身上。在这样的国家，资本得以保持不减少是由于习惯的力量，或由于人们不愿陷于贫困，因而课征利润税不会减少总资本，资本家会承担全部利润税。由此可见，课征利润税的结果，其复杂多样的程度和在某些方面变化不定的程度，远远超过了一般作家的想象。

第四节　工资税

现在我们来讨论工资税。工资税的归宿不能一概而论，要视被课税的是一般非熟练劳动的工资还是熟练的、享有特权的劳动的报酬而定。后者既可以是体力劳动又可以是脑力劳动，享有自然的或被授予的垄断权，处于竞争范围之外。

我已经说过，在目前教育水平较低的情况下，所有高级脑力劳动或需要知识的劳动都享有垄断价格，其高于普通工人工资的程度，远远超过了为获得从事熟练劳动的资格所支付的费用、招致的麻烦和损失的时间所应得的报酬。即使对这种利得课税，它们也仍将高于（或不低于）其公正的比例，所以这种税将落在缴纳者身上；纳税者无法把它转嫁给其他阶级。在像美国或新殖民地那样的地方，普通工资的情况也是这样，在这些地方，由于资本同人口增加得一样快，因而工资不下跌的原因，并不是由于劳动者坚持某一固定的舒适水平，而是由于资本不断增加。在这种情况下，即使通过课税或其他方法使他们的经济状况有所降低，也不会阻碍人口的增长。在这种情况下，赋税将落在劳动者自己身上，并将降低其生活水平，但即令不课税，根据有关劳动者习惯的假设，他们最终也会降低到那一水平，因为所有肥沃土地的被占用，将不可避免地降低资本增长率。

有些人会反对说，即使在这种情况下，课征工资税也不会损害劳动者，因为所征得的税款仍然用于国内，仍然用来购买劳动，所以又归还给了劳动者。本书第一编[①]已彻底揭露了这种理论的荒谬性，这里只要重复一下那一编的论述就行了。我在那一编中曾指出，非生产性资金除非用于直接购买劳动，否则是不会提高工资或保持工资不下跌的。如果政府对每个劳动者每周的工资课征1先令工资税，并用所征得的全部税款雇用工人从事军事、公共工程等

① 第一编，第五章，第九节。

方面的工作，那么毫无疑问，劳动者作为一个阶级得到了完全的补偿。这实际上是“把钱用在了人民当中”。但如果把征得的全部税款用于购买商品，或用于增加政府官吏的工资，这些官吏用增加的工资来购买商品，那么这就不会增加对劳动的需求，也就不会增加工资。我们不求助于那些一般性原则，而只使用一个显而易见的反证。如果向劳动者课税，用税款来购买商品等于是把钱还给了劳动者，那么，向其他阶级课税，用税款购买商品也等于是把钱还给了劳动者；照此推理，政府课征的税愈多，对劳动的需求就愈大，劳动者的经济状况也就愈好。谁都可以看出这一命题的荒谬可笑。

在大多数社会中，支配工资的是工人所坚持的习惯性生活水平，低于这一水平，工人就将无法生儿育女。只要存在这种水平，工资税就肯定暂时由劳动者自己承担；但如果生活状况的暂时下降没有降低生活水平本身，人口的增长就会受到抑制，从而将提高工资，使劳动者的生活恢复以前的状况。在这种情况下，工资税落在了谁的身上呢？根据亚当·斯密的说法，既然社会是由消费者组成的，因而一般说来，工资税就由社会来负担，因为他认为，工资的上升会提高物价。不过，我们已经看到，工资是由其他因素决定的，任何影响生产性事业的因素都决不会以相同方式和相同程度抬高物价。由赋税引起的工资上升，必然像由其他因素引起的劳动成本的上涨那样，是由利润来负担的。在古老的国家，对日工课税也就等于向普通劳动的雇主加征赋税，如果不是这样，其结果会比这更糟糕得多，即永远降低最穷阶级心目中舒适过日子的标准。

从以上的论述中，我们可以发现另一个论据来支持我们已经表达的那种看法，即直接税不应侵占仅够维持健康生活的所得。这

种数额很小的所得大都得自于体力劳动；我们现在又看到，对这种所得课税，或者会永久降低劳动阶级的生活水平，或者税款会落在利润上，使资本家除了应纳的直接税外，还缴纳一笔间接税。这从以下两方面来说都是应该加以反对的，一方面课征这种税违反基本的公平原则，另一方面由于前面已经说明的原因，课征这种税等于是向利润课征一种特别税，这不利于国民财富的增长，从而不利于社会拥有的纳税手段的增长。

第五节　所得税

上面讨论的是对不同收入分别课征的各种税，现在我们要讨论的是对所有收入不加区别地课征的一种税，换句话说，也就是所得税。前一章已先行讨论了使这种税符合公正原则的必要条件。所以我们假定，这些条件都能得到满足。第一个条件是，低于某一数额的收入应完全给予免税。这一最低额不应高于目前人们购买生活必需品所需要的数额。现行所得税对每年100镑以下的收入给予免税，对100镑至150镑的收入按较低税率课税，这样做的理由是，几乎所有间接税都沉重地压在50镑至150镑的收入上。第二个条件是，凡高于此限度的收入，仅仅应按照超出额的比例课税。第三，所有储蓄起来的收入和用于投资的收入都应予以免税；即使做不到这一点，对终生性收入以及营业性和职业性收入课征的所得税也应该低于对世袭性收入课征的所得税，也就是说应尽量照顾到前一种收入较多的节约需要；同时还应考虑到一些收入是不稳定的。

按上述原则公平地征收的所得税，从公正这一点来看，是所有赋税中缺点最少的。在目前道德水平较低的情况下，这种税的缺点是无法弄清纳税者的实际收入。迫使人们公布收入的数额虽然是有困难的，但我认为，这种困难并不像人们想象的那么严重。我国的社会弊病之一是，人们总是尽力装出收入很多的样子，这已形成了一种风俗。对于那些有这种缺点的人来说，如果他们收入的确切情况被公布，从而不再受到诱惑乱花钱，缩减真正的需要来充阔气，那对他们是有极大好处的。但即使在这一点上，也并不像一些人所想象的那样，有百利而无一害。只要某一国家的大众受其民族性的影响，处于卑劣的精神状态——只要他们对某人的尊敬（假如能够使用这个词的话）程度完全取决于此人有多少钱——则公布每个人的收入情况，就会使富人更加自以为了不起，对那些思想品格比他们高尚但财富比他们少的人采取傲慢态度。

而且，尽管所得税具有所谓调查的性质，但不管某一国家的人民具有多大的忍耐性，再大的调查权也无法使收税官依据对纳税人经济状况的实际了解估定所得税。地租、薪金、年金以及所有固定收入都能准确地查清。但变化不定的职业性收入，以及更加不稳定的营业利润，既然当事人自己都往往弄不清，收税官就更别想用任何公平的方法弄清了。估定所得税的主要依据应该是，而且实际上一直就是当事人提供的所得税申报书。账册并没有多大用处，只能用来防止较为明目张胆的谎报；但即使对于明目张胆的谎报，账册的抑制作用也是很有限的，因为如果当事人想谎报的话，一般说来他就能制作假账，收税官无论采取什么方法也是无法查清的。作假账的方法容易得很，只要故意漏填贷方的几项就行了，并不需要谎报负债或支出。所以，虽然无论根据哪条公平原则都可以课征所得税，但实际上所得税在以下意义上却是最不公平的，即谁最有良心，谁缴纳的所得税就最多。不讲道德的人可以偷漏许多税款；甚至在一般交易中诚实正直的人也会昧着良心偷税，至少在最不引人怀疑的方面，他们会这样做的。而坚守诚实原则的人缴纳的所得税则会多于国家想让他们缴纳的数额，因为国家赋予了收税官以一定的任意估税的权力，以此来抵消纳税者对收入的隐瞒。

因此，人们担心，虽然课征所得税依据的原则是公平的，但在实践中却可能毫无公平可言，虽然课征所得税表面上是筹集岁入的最公平的方式，但实际上却可能比其他许多表面上不那么公平的方式更为不公平。这种考虑会使我们同意不久前还很流行的一种看法，即应把课征所得税保留为国家处于紧急状态时采取的一种特别措施，因为处于紧急状态时，国家需要比平时多得多的税收，在这种需要面前，所有反对意见都不得不暂时退居次要地位。

既然要使所得税公平合理有这样许多困难，有人便主张，不按收入的百分比直接课税，而按支出的百分比直接课税，因为每个人的支出总额同收入总额一样，都可以根据纳税者本人提供的申报书来确定。提出这一建议的是雷万斯先生，他在那本讨论这个题目的优雅的小册子①中认为，人们提供的有关支出的申报书要比他们现在提供的有关收入的申报书更为可靠，因为支出按其性质来说要比收入更公开，谎报也更容易被察觉。我认为，他没有充分

① 《对国内支出课征比例税来提供全部财政收入》，约翰·雷万斯著，由哈查德于1847年出版。

考虑到，在大多数家庭的年支出中，只有少数几项可以根据外部迹象进行正确的判断。惟一可以依靠的仍然是每个人的诚实，没有任何理由认为，人们提供的支出申报书要比收入申报书更为可靠；特别是，同收入相比，大多数人的支出是由多得多的项目构成的，因而支出的细节要比收入的细节更容易隐瞒。

无论在我国还是在其他国家，目前课征的支出税都只限于几种特殊的支出，与货物税的区别仅仅在于，支出税是由消费或使用物品的人直接缴纳的，而不是由生产者或卖者预付，然后通过提高价格得到补偿。车马税、犬税和仆役税就都具有这种性质。这些税显然落在了纳税者身上，也就是落在了那些使用被课税商品的人身上。与此相类似但更为重要的一种税是房屋税，我们将较详尽地考察这种税。

第六节　房屋税

房租由两部分构成，其一为地皮租金，其二为亚当·斯密的所谓建筑物租金。前者是由普通的地租原理决定的，是房屋及其附属物所占用的土地应得的价值，其波动的下限是这块土地用于农业时的地租，上限是若这块土地处于繁华地段，即处于有利的位置而享有的垄断租金。房屋本身的租金，有别于地皮的租金，是对建房中所使用的劳动和资本的偿付。它可以每季度缴纳一次，也可以每年缴纳一次，但这并不影响支配它的原理。它由以下两部分构成，一是建筑者资本的普通利润，一是这样一笔年金，其数额在支付了房主所花的全部修理费用后，在房屋破损以前或租约到期以前，按现时利率足以补偿建房资本。

按一定百分比对房租总额课征的赋税，同时落在地皮租金和建筑物租金上。房租高，有时是因为位置好的缘故，有时是因为房屋本身好的缘故，但不管是由于哪一原因，房租愈高，所缴纳的税款也就愈多。然而，我们必须分开来考察这两部分赋税的归宿。

加在建筑物租金上的赋税，最终必然全部落在消费者身上，换句话说，也就是落在房客身上。其原因是，由于建房的利润并不高于普通利润率，因而如果这种税落在房主身上而不是房客身上，则建房的利润就会低于不纳税行业的利润，人们就会不再建房。不过，刚课征这种税的时候，它的很大一部分很可能暂时会落在房主身上而不是承租者身上。很大一部分消费者或者没有能力或者不愿意在原租金之外再缴纳一笔税款，而宁愿降低居住条件。所以，房屋的供给会暂时大于需求。对于大多数其他物品来说，若出现供过于求的情况，供给就会立即减少，但像房屋这样的耐用品，其供给量是不会很快减少的。需求减少时，除特殊原因外，新建住房确实会减少，但与此同时，暂时的供过于求又会压低房租，以致消费者支付的总金额即房租和赋税依然同以前一样，住房条件也几乎同以前没有什么不同。不过，慢慢地，随着现有房屋不断破损，随着人口不断增加，需求不断增长，房租会再次上涨，一直上涨到建房活动开始有利可图为止，固然，只有在赋税完全转嫁给房客以后，建房活动才会有利可图。所以，落在建筑物租金（不同于地皮租金）上的那部分房租税，最终还是由房客来担负的。

地皮租金税的情形与建筑物租金税的情形不尽相同。由于严格意义上的地租税是落在地主身上的，人们便认为，地皮租金税也

必然落在地皮所有者身上，至少在租约期满之后是如此。然而，除非在课征地皮租金税的同时也课征农业地租，否则地皮租金税是不会全部落在地皮所有者身上的。最低的地皮租金只稍稍高于农业地租，因为我们有理由认为，除特殊情况外，一旦土地用于建房比用于耕种能带来更多的租金，土地就会被出租或出售用于建房。所以，如果对地皮租金课税而对农业地租不课税，则这种税（除非数额极小）就会使地皮租金提供的报酬低于土地提供的普通报酬，从而会像对建筑物租金课税那样有效地阻止新的建房活动，直到需求因人口增长而增加，供给因房屋自然破损而减少，致使地皮租金有所提高，而且提高额完全与税额相等时为止。但是，提高最低地皮租金的那些因素，也会提高所有其他地皮租金，因为所有其他地皮租金都按其特殊的有利条件所具有的市场价值而高于最低的地皮租金。所以，如果对每平方英尺地皮课征固定数额的租金税，也就是说，如果位置较为有利的地皮并不比位置很不利的地皮多纳税，那么这种固定税最终就会落在房客身上。假设地皮租金最低为每英亩 10 镑，最高为每英亩 1000 镑，在这种情况下，对每英亩地皮租金课征 1 镑税，最终就会把前者提高到 11 镑，把后者提高到 1001 镑，因为这两者位置上的差别依然同以前一样，所以这一镑税要由房客来支付。但实际上，地皮租金税是房屋税的一部分，而房屋税是不固定的，是按房租的一定百分比课征的。所以，如果假设最便宜的地皮仍像以前那样缴纳 1 镑税，那么最贵的地皮就将缴纳 100 镑税，其中只有 1 镑可以转嫁给房客，因为地皮租金仍然只能提高到 1001 镑。因此，从最贵的地皮课征的 100 镑税有 99镑都落在地皮所有者身上。由此可见，应把房屋税分为两部

分来考察，一部分税落在房客身上，一部分税落在地皮租金上。

对于绝大多数房屋来说，地皮租金只占房租总额的很小一部分，因而几乎全部房屋税都落在房客身上。只是在特殊情况下，例如大城市中处于有利位置的房屋，地皮租金才在房租中占主要部分；在为数不多的几种特别适宜于课税的收入中，这种地皮租金便是主要的一种，因为很显然，这种租金是迅速获得的巨额财富，而且在许多情况下，是少数家族仅仅因为偶然占有某些土地而意外地获得的财富，它们获得这种财富不费丝毫气力，不花一分钱，不冒任何风险。所以，对落在地皮所有者身上的那一部分房屋税，几乎提不出任何正当的反对理由。

就落在房客身上的那部分房屋税来说，如果它刚好与房屋的价值成比例，则它便是所有赋税中最公平、最没有什么可以反对的一种税。在一个人的支出中，房租最能衡量出此人的财力，而且总的说来，也与他的财力最成比例。同直接对收入课税相比，较为公平的还是课征房屋税，因为课征所得税对许多事情是很难或根本不能予以考虑的，而房屋税则能毫不费力地考虑到这些事情，房屋税之所以能做到这一点，是因为如果说一个人支付的房租能衡量什么的话，那它衡量的并不是此人的收入，而是此人的支付能力。我们只能根据以下两个理由严重怀疑这种税的公平性。一是守财奴可以逃避这种税。该反对理由适用于所有支出税，只有直接对收入课税，守财奴才无法逃脱。但现在守财奴并不是把财富窖藏起来，而是把它投资于生产事业，因而不仅增加了国民财富，从而增加了一般纳税手段，而且对它课征的税只不过从本金那里转给了所获得的收入，因为只要使用这种收入，就得纳税。第二个反对理由是，某人租用较大、较贵的房屋，可能并不是因为收入较多，而是因为家庭人口较多。然而，他并没有什么好抱怨的，家庭人口多是他自己造成的；就公众利益来说，应该鼓励减少家庭人口而不是鼓励增加家庭人口。①

我国的税收很大一部分来自房屋税。城市的地方税全部是房租税，农村的地方税部分是房租税。窗税也是一种房屋税，但却是一种有害的房屋税，等于是课光线的税，由此而造成了房屋建筑上的缺陷。1851 年废除了这种税而改征真正的房屋税，但税率要比 1834 年以前低得多。令人痛惜的是，新房屋税保留了旧房屋税的不公平原则，正是由于课征这种税的原则不公平，自私自利的中产阶级才竭力反对课征这种税。当人们听说像查兹沃斯或贝尔瓦那样的宅邸每年仅按假想的 200 镑租金课税时，人们当然很愤怒，按 200 镑租金课税的借口是，维持这种宅邸的开支很大，它们不可能得到更高的租金。也许它们连 200 镑租金也得不到，而如果以上论点是正确的，就应该不向它们课征任何税。但是房屋税并不是

① 另一常见的反对理由是，人们需要又大又贵的房屋，常常不是为了居住，而是为了营业。而公认的原则是，专门用于营业的建筑物或建筑物的一部分，如商店、库房或制造厂，应该免征房屋税。有人说，商人是出于不得已而住在伦敦的繁华街道上的，但住在这样的地方却要支付垄断租金，在我看来，这种反对意见是不值一驳的，因为无论哪个商人住在这样的地方，都是预料到额外利润将大于额外费用。况且，对于垄断租金课征的税大部分并不是落在商人头上，而是落在地皮所有者身上。

还有人反对说，乡村的房租要比城市的房租低得多，有些城市和乡村的房租要比另一些城市和乡村的房租低，因而按房租的一定比例课税所产生的压力是不平等的。对此我们可以回答说，在房租低的地方，收入与高房租地方相等的人，往往居住较大、较好的房子，因而他们花在房租上的钱占其收入的比例，要比乍看起来更接近于房租高的地方。如果不是这样，那他们当中的许多人住在房租低的地方，就很可能是因为很穷不能住在其他地方，因而也就理所当然地应对他们课较少的税。在某些情况下，房租较低，正是因为人们穷的缘故。

要课加在得自房屋的收入上，而是要课加在租房屋的支出上，想要弄清的是一所房子使居住该房子的人花费了多少钱，而不是房子租出去会赚多少钱。当居住者不是房子的所有者，因而不负责房子的修缮时，他所支付的租金便衡量出了这所房子使他花费了多少钱。但当居住者是房子的所有者时，就应该寻求另外的衡量标准了。应该对房子进行估价，不是以它能卖得多少钱进行估价，而是以重建这所房子的开支进行估价，所估得的价值应按期予以修正，减去因破损所失掉的价值，加上因修缮和改建所增加的价值。这种经常修正的估定价值便构成了本金，其利息按国债的现行价格计算，计算出的利息就应该是估定这所房子每年应纳税款的依据。既然低于一定数额的收入应免交所得税，低于一定价值的房屋也就应免交房屋税，所依据的是这样一条普遍原则，即维持健康生存所必不可少的生活必需品应予以免税。为了使单个房间的居住者和整所房子的居住者都公平地享受到免税的好处，应允许房屋所有者按不同房客居住的不同房间分别估计房屋的价值和房屋税，就像现在估计公寓的价值时通常做的那样。

第四章　论货物税

第一节　若对所有商品课征货物税，则这种税会落在利润上

所谓货物税，通常是指对生产者课征的税，或指对介于生产者和最终消费者之间的运输者或商人课征的税。直接向某些货物的消费者课征的税，如房屋税或我国的车马税，虽然也可以称为货物税，但实际上并不是货物税，因为货物税这个词按习惯只用于指间接税，所谓间接税是这样一种税，某人缴纳了这种税后，可以从另一个人那里得到补偿。货物税或以国内的生产为课税对象，或以别国货物的输入为课税对象，或以国内运输或销售为课税对象，因而可分为消费税、关税、通行税、转口税等几类。无论货物税属于哪一类，也无论是在社会进步的哪一阶段课征这种税，它都会增加生产费用。我们是在最广泛的意义上使用生产费用这个词，这里的生产费用包括运输和分配的费用，一般还包括商品上市的费用。

当生产费用被一种税人为地提高时，所产生的结果同生产费用因自然原因而提高时是一样的。如果只有一种或几种商品受到影响，则其价值和价格将上升，从而被课税的生产者或商人将得到补偿；但假如对所有商品都按照其价值的比例课税，则生产者或商人将得不到补偿，因为无论是价值还是价格都不会普遍上升。价

值的普遍上升是荒谬的，价格的普遍上升则是完全不同的原因造成的。然而，正如麦克库洛赫指出的，由于各行业使用的资本具有不同的耐用性，因而对所有商品课征货物后，价值会发生变动，有些价值下降，有些价值上升，前面已讨论过了资本的耐用性对价值和价格的影响。工业的总产出是由两部分构成的，一部分用于重置所消耗的资本，另一部分则是利润。投入两个生产部门的相同资本额应该产生相同的预期利润；如果一个部门的固定资本比另一个部门的固定资本所占的份额大而且更为耐用，则该部门每年消耗的资本就较少，需要重置的资本也较少，从而如果两个部门的利润绝对相等的话，前一个部门的利润就将在年收益中占较大的份额。要从 1000 镑资本中获得 100 镑利润，一个部门也许不得不出售价值 1100 镑的产品，另一个部门也许只须出售价值 500 镑的产品。如果对这两个工业部门都课征 5％的从价税，则后一个部门将只被课征 25 镑税，前一个部门则将被课征 55 镑税；后一个部门将剩下 75 镑利润，前一个部门则只剩下 45 镑利润。因此，为了使它们的预期利润相等，一种商品的价格必须上升，另一种商品的价格必须下降，或两种商品的价格都上升或下降。相对于使用机器较多的商品而言，使用劳动较多的商品其价值必须上升。这方面的问题就不必作更深入的讨论了。

第二节　若只对某些商品课征货物税，则这种税会落在消费者身上

课加在某种商品上的货物税，无论是对其生产、输入、运输还

是销售课征这种税，也无论是对一定数量的商品课征固定金额的税还是课征从价税，一般说来都会提高该商品的价值和价格，提高的幅度至少与税额相等。而实际上提高的幅度几乎都比税额高。首先，对生产课税，几乎都得相应地制定防止制造商或商人偷税漏税的限制性规则。这些规则常常给制造商或商人带来麻烦和纷扰，使他们增加开支，为此，他们必须在商品的价格上得到补偿。这些规则还时常干预生产方法，迫使生产者采用最便于课税的生产方法，尽管对生产来说不是费用最低、效率最高的方法。无论什么样的强制性规则，都会妨碍生产者采用新的、更好的生产方法。再者，由于生产者和商人必须预付这种税，因而他们的经营资本就得大于不征收这种税时的资本，而全部这些资本都得享有普通利润率，虽然仅仅是其中的一部分用于支付真正的生产费用和输入费用。在这种情况下，商品的价格就必须超出其自然价值提供利润，而不是仅仅按照其自然价值提供利润。总而言之，国家的资本有一部分并不是用于生产，而是用于向国家预交税款，然后再从商品的价格中得到补偿；因而消费者必须使出售者得到赔偿，赔偿额等于全部这些资本如果真正用于生产所能赚得的利润。① 而且不应忘记，哪一种货物税，只要它使某一行业的营业资本不得不增加，它就会限制该行业的竞争，使少数生产者或销售者拥有某种垄断权，从而使他们或者能够提高价格，获得高于普通利润率的利

① 的确，并不像乍看起来那样，由此而从人民口袋中取走的会多于国家得到的，因为如果国家需要垫支并以课征货物税的方式得到这种垫支的话，它就能相应地不借款，也就是不发行国债或财政部证券。但是，更为经济的做法是，国家所需要的垫款，由放款阶级手中的闲置资本来提供，而不是人为地增加某一个或若干个生产或销售阶级的经营开支。

润，或者使他们仅花较少的气力去改进产品，降低产品价格，但却能获得普通利润率。在以上几种情况下，课征货物税因提高商品价格而使消费者多拿出的钱，常常远远多于国库因此而增加的收入。还有一点应该予以考虑。因课征货物税而造成的价格上涨，必然会限制对商品的需求；既然采用生产方面的许多改进都以一定数量的需求为条件，所以这种改进便会受到阻碍，其中许多改进甚至完全不能被采用。众所周知，改进最少的生产部门，是遭受税收官员干预的部门；一般说来，要刺激某种商品生产的改进，最有效的方法就是废除那种缩小该商品市场的赋税。

第三节　对生活必需品课税所产生的特殊影响

以上便是课征货物税的一般结果；但由于某些商品(劳动者的生活必需品)的价值对财富在社会各阶级之间的分配有影响，因而需要对课加在这些特殊商品上的货物税所产生的影响作更多一点的讨论。如果例如对谷物课税，谷物的价格因此而按这种税的比例上涨，则这种价格上涨会在以下两方面产生影响。首先，它会降低劳动阶级的生活水平；从短期来说，它几乎肯定会产生这种结果。如果它减少劳动阶级所消费的农产品，或使劳动阶级转而消费土地能更充裕从而更便宜地提供的粮食，那么在该范围内，它将有助于使农民重新耕种较肥沃的土地，采用费用较低的耕作方法，从而有助于降低谷物的价值和价格；所以，最终谷物价格的提高额不会与税额相等，而只会是税额的一部分。其次，谷物被课税后，其价格的上涨也许不会降低劳动者的生活水平，而是通过对人口产生的影响，从较短或较长时期来看，使工资上升，从而补偿劳动者缴纳的那部分税；当然，这种补偿是以牺牲利润为代价的。由此可见，对生活必需品课税必然会带来以上两种结果中的一种。这种税或者降低劳动阶级的生活水平，或者使资本所有者除了为自己的必需品纳税外，还得为劳动者的消费品纳税。在后一种情况下，课加在生活必需品上的税，与课加在工资上的税相类似，等于是向利润课征特别税；因而这种税同所有其他特别税一样，是不公正的，特别有害于国民财富的增长。

剩下来要说的是这种谷物税对地租的影响。假设（实际情况通常也是这样）粮食的消费并没有减少，为了供应社会对粮食的需要，仍须耕种和以前一样多的土地；用查默斯博士的话来说，就是边际耕地仍和以前一样多；总产品的价值和价格过去是由生产力最低的土地或资本规定的，现在仍然是由这样的土地或资本来规定的。农产品税是否会影响地租，取决于课征这种税是否会影响生产力最低的土地或资本得到的报酬与其他土地或资本得到的报酬之间的差额。而这又取决于如何课征这种税。如果是从价税，或换句话说，如果是按产出的固定比例例如十分之一课税，则它显然将降低谷物地租。因为较优的土地要比较差的土地多纳税，比别的土地优多少，就多纳多少；生产力比别的土地高一倍的土地，就要比别的土地多纳一倍的什一税。若从两个量中较大的一个减较大的数，从较小的量中减较小的数，则两者间的差额将缩小。对谷物课征什一税，也就等于是对谷物地租课征什一税，因为如果我们把一组级数中的每一个都缩小十分之一，则它们之间的差额也会缩

小十分之一。

例如，设有五个等级的土地，在面积相同和支出相等的条件下，产量分别为100、90、80、70和60蒲式耳小麦。其中最后一级土地是最差的土地，为了满足对粮食的需求，不得不耕种它。这些土地提供的地租有如下述：

生产100蒲式耳的土地提供地租40蒲式耳，即100与60之差。

生产90蒲式耳的土地提供地租30蒲式耳，即90与60之差。

生产80蒲式耳的土地提供地租20蒲式耳，即80与60之差。

生产70蒲式耳的土地提供地租10蒲式耳，即70与60之差。

生产60蒲式耳的土地不提供地租。

假设现在开始课征什一税，这五个等级的土地分别缴纳10、9、8、7和6蒲式耳小麦，第五级土地仍然是决定价格的土地，但纳税后，耕种第五级土地的农民则只得到54蒲式耳小麦：

生产100蒲式耳的土地，将减为90蒲式耳，提供地租36蒲式耳，即90与54之差。

生产90蒲式耳的土地，将减为81蒲式耳，提供地租27蒲式耳，即81与54之差。

生产80蒲式耳的土地，将减为72蒲式耳，提供地租18蒲式耳，即72与54之差。

生产70蒲式耳的土地，将减为63蒲式耳，提供地租9蒲式耳，即63与54之差。

生产60蒲式耳的土地，将减为54蒲式耳，同以前一样，不提供地租。这样，第一级土地的地租减少了4蒲式耳，第二级减少了3蒲式耳；第三级减少了2蒲式耳；第四级减少了1蒲式耳。也就是说，每一级刚好减少了十分之一。所以，按产量的某一固定比例课征的谷物税,会以相同的比例降低谷物地租。

但是,降低的仅仅是谷物地租,用货币或任何其他商品计算的地租并不会降低。因为,谷物地租的数量按多大比例减少,谷物的价值就按多大比例提高。课征什一税后,54 蒲式耳的市场价值将和以前的 60 蒲式耳相等;课税后剩下的产量卖得的价钱,将和以前未课税时卖得的价钱相等。所以,地主在数量上所受的损失将在价值和价格上得到补偿;只有当他们自己消费实物地租,或得到货币地租后用来购买农产品时,他们才会遭受损失。也就是说,只有当他们成为农产品的消费者时,他们才会遭受损失,他们的损失和所有其他消费者的损失是相同的。作为地主,他们的收入和以前相等;所以,什一税是落在消费者身上,而不是地主身上。

如果这种税不是按产量的固定比例课征,而是对每夸特或每蒲式耳课征固定的金额,则它会对地租产生相同的影响。每蒲式耳课征一先令税,仍然是使一块田地比另一块田地多纳税,多纳多少完全与其多出的产量成比例。因而这种税与什一税没有什么两样,只不过什一税不仅对所有土地课征相同比例的税,而且不论什么时候这种比例都不变,而如果是按每蒲式耳课征固定金额的税,则根据谷物价格的跌涨,谷物税在产量中所占的比例会有增有减。

还有另外一些课征农业税的方法,会对地租产生不同的影响。如果按照地租的比例课税,则这种税会全部落在地租上,丝毫不会提高谷物的价格,因为谷物的价格是由不支付地租的那部分产量决定的。如果按耕地的面积而不管价值的大小课征固定税,则这种税会带来与上面正好相反的结果。如果对最好的土地和最差的土地课征相同的税,则土地的差别仍将和以前一样,因而所提供的谷物地租也仍将和以前一样，地主就将充分利用价格的上涨来牟利。换句话说，价格的上涨幅度必须大得足以使最差的土地能够纳税，因而使所有其他土地不仅能够纳税，而且还能向地主提供更多的地租。然而，上面几种税与其说是土地产品税，还不如说是土地税。真正的土地产品税，不论是固定税还是从价税，都不影响地租，而是落在消费者身上。但一般说来，对劳动阶级的生活必需品课征的税，其全部或大部分是由利润来承担的。

第四节　利润趋于最低点的趋势是如何减轻上述影响的

我认为，以上论述正确说明了刚征收农产品税时这种税所产生的影响。然而，征收很长一段时间以后，这种税的影响就与此不同了，我认为，首先指出这一点的是西尼耳先生。我们已经看到，课征这种税的必然结果是减少利润，从而降低积累率。当资本积累像通常那样伴之以人口增长时，其作用便是提高粮食的价值和价格，提高地租并降低利润，这与课征农产品税所带来的结果是完全一样的，只不过农产品税不提高地租。所以，课征农产品税仅仅是使价格提早上升，利润提早下降，本来仅仅随着资本的积累，价格最终也会上升，利润也会下降的，而农产品税却阻碍了，至少是延迟了资本的积累。如果课征什一税以前利润率已较低，课税后利润率被降至实际最低水平，那么课征什一税就将使资本积累完全停止，或使资本流向国外；因而课征什一税的惟一结果就是使消费者提早支付本来可以晚一点支付的价格——固然，其中一部分价格，随着财富和人口的不断增长，他会立即开始支付的。过了一段时间以后，价格会随着财富的自然增长而上涨十分之一，这时消费者支付的价格就将和不课征什一税时的价格相等；他就将停止支付什一税，实际支付什一税的就将是地主，因为什一税使地主得到的地租不能随着时间的推移而增长。在这一时期内的每一连续点上，落在消费者身上的什一税将愈来愈少，落在地主身上的什一税将愈来愈多，最后的结果是，利润将达到最低额，同事物的正常趋势没有被这种税搅乱的情况相比，资本和人口将较少，地租将较低。另一方面，如果什一税或其他农产品税没有把利润减至最低水平，也就是说，如果课税后利润能保持在最低水平以上，则积累将不会停止，而只是减慢速度，如果人口也增长的话，则资本和人口的增长仍将像以前那样发挥其作用，使谷物的价格上涨，使地租上升。然而，谷物价格的上涨和地租的上升，将不会像利润率较高时那么快。同不课征这种税的情况相比，20 年后，国家的人口和资本将较少；地主的地租也较少；谷物的价格由于上涨较慢，因而到这一时期终了时，也不会上涨十分之一。所以，到这一时期终了时，这种税的一部分已不再落在消费者身上，而是落在地主身上；而且随着时间的推移，落在地主身上的比例将愈来愈大。

西尼耳先生把什一税或其他农产品税的影响比作土地自然贫瘠的影响，以此来说明上述观点。假如某一从外国得不到粮食供应的国家，其土地的品质突然永久性地降低，以致要生产出现有的产量得多花十分之一的劳动，那么谷物的价格毫无疑问将会上涨十分之一。但是却不能由此而推论出，如果该国的土地从一开始就比现在贫瘠十分之一，则谷物的价格也会比现在高十分之一。情况很可能是这样的，即由于该国自创立以来，劳动和资本的报酬就较少，因而每一代的劳动和资本都增长较慢，以致现在该国保有的资本和拥有的人口都较少，所以尽管土地贫瘠，谷物的价格却不会比现在高，利润也不会比现在低；只有地租肯定比现在低。我们可以假设有两个岛屿，它们的面积相同，自然肥力相同，工业发展水平也相同，因而到某一时候，它们拥有的人口和资本将相等，地租将相等，谷物的价格也将相等。让我们假设对其中一个岛屿课征什一税，而对另一个不课征什一税。在这种情况下，谷物的价格会立即出现差别，因而利润很可能也会出现差别。虽然两个岛屿的利润都不会下降，也就是说，虽然必需品的生产不断得到改良，完全赶得上人口的增长，但两个岛屿在价格和利润上的差别却会依然存在。然而，如果在不课征什一税的岛屿上，资本和人口的增长超过生产的改良，则谷物的价格将逐渐上升，利润将下降，地租将增加；而在课征什一税的岛屿上，资本和人口要么不增长（即增长额被生产改良所抵消），要么增长幅度较小，以致地租和谷物价格丝毫不上升，或上升得较慢。所以，在不课征什一税的岛屿上，地租将很快高于课税的岛屿，而同刚课征什一税的时候相比，利润高于课税岛屿的程度和谷物价格低于课税岛屿的程度则将降低。这些影响是逐渐发生的。每过 10 年，两个岛屿在地租、财富总额和人口总数方面的差距将增大，利润和谷物价格方面的差距则将缩小。

那么，两个岛屿在利润和谷物价格方面的差距将何时完全消失，农产品税的暂时性影响（即提高谷物的价格）将何时让位于最终的影响（即限制课税国的总产量）呢？虽然不课征什一税的岛屿的粮食价格将上升，逐渐接近于课税岛屿的粮食价格，但随着差距的缩小，逼近的速度会自然而然地放慢；其原因是，两个岛屿在积累速度方面的差距，取决于利润率的差距，随着两个岛屿利润率的接近，拉平两个岛屿积累速度的力量也就愈来愈小。实际上，只有当不课税的岛屿和课税的岛屿都达到最低利润水平时，前者的谷物价格才会赶上后者的谷物价格。在达到那一最低水平以前，课税岛屿的谷物价格总会高于不课税岛屿的谷物价格，如果离最低利润水平很远，则高出的幅度会很大，因而资本的积累较快；如果离最低利润水平很近，则高出的幅度会很小，因而资本的积累较慢。

以上论述的，是假设中的课征什一税的岛屿和不课征什一税的岛屿的情况，但现实中任何一课征什一税的国家与该国不课征什一税时相比较，情况也是这样。

在英国，利润率通常很低，投资活动猖獗，因而资本大量外流，商业危机几乎每隔一段时间便爆发一次，这些都表明，利润虽然尚未达到最后的最低水平，但已达到了实际的最低水平，并表明，所有超过生产改良（这种改良有助于降低必需品的价格）所能容纳的范围而储蓄下来的钱，都被送到了国外进行投资或周期性地被一扫而光。所以我认为，几乎可以肯定，即使英国从未课征什一税或其他任何农产品税，谷物的价格也依然会和现在一样高，利润率也依然会和现在一样低。假如不课征这种税，因而利润不被过早地降低，则资本将会较为迅速地增加，暂且不考虑这种情况，即使仅仅节约下一部分滥用于投机活动的资本并把送往国外的资本保留一部分在国内，也足以产生上面那种结果。所以，我同意西尼耳的看法，认为什一税甚至在被折换以前就已不再是价格上升和利润下降的原因，而只是使地租有所减少；如果说课征什一税还有什么别的影响的话，那就是使英国拥有的资本、产量和人口同假如土地比现在贫瘠十分之一或毋宁说二十分之一（鉴于大不列颠有很大一部分土地不纳什一税）的情形一样多。

如果课征什一税和其他农产品税的历史很长，则不会提高粮食价格，也不会降低利润，即使提高价格和降低利润，也不会与所课的税成比例；虽然如此，如果课征这种税后又废除它，则将降低价格，而且一般说来将提高利润率。废除什一税会使生产成本降低十分之一，从而使所有农产品的价格也降低十分之一；而且废除什一税如果不永久性地提高劳动者的需要，则将降低劳动成本，从而提高利润。地租若用货币或商品计算，一般将保持不变，而若用农产品计算，则将提高。国家因废除什一税而获得的发展，同国家刚课征什一税时受到的阻碍，程度是相同的。积累的速度将大大提高；如果人口也增加的话，则谷物的价格很快就会恢复到以前的水平，地租也会开始提高；所以，废除什一税带来的利益会从消费者那里转到地主那里。

废除什一税所带来的结果，也可以通过实施“折换法”（即把什一税折换成地租税）获得。当什一税不是课加在土地的全部产品上，而仅仅课加在支付地租的土地的产品上，不触及新开垦的土地时，这种税便不再构成不支付地租的土地的产品的生产成本。因而不支付地租的土地或资本，便能够以低于市价十分之一的价格出售其产品。所以，把什一税折换成地租税会使谷物的平均价格大幅度降低。假如这种作用来得不是那么缓慢，假如谷物的价格在此期间没有受到其他因素的影响，则其结果也许会异常明显。实际上，毫无疑问，我国生产成本的降低和国产谷物价格的降低，是与折换什一税有关系的；不过，在此期间农业获得的巨大改良所产生的作用，以及自由进口农产品所产生的作用，掩盖了折换什一税所产生的作用。价格的这种下跌并不会损害地主的利益，因为谷物地租增加的比例将等于谷物价格下降的比例。但价格的这种下跌也丝毫不会增加地主的收入。所以，取代什一税的地租税，在现有租约到期时，将成为地主的净损失，而且把什一税折换成地租税，并不仅仅是改变地主承受现有负担的方式，而是课征一种新的税；是牺牲地主的利益来使消费者得到好处，不过，由于资本积累和人口增长受到了刺激，地主很快就会在损害消费者的情况下逐渐得到补偿。

第五节　差别税的影响

至此我们考察了各种商品税的作用，我们假设它们是公平地课加在各种生产方法或上市方法上的。如果我们假设不是公平地课征这种税，假设这种税是课加在获得商品的某一特定方法上，则我们就需要作另外一种考察了。

设某种商品可以用两种不同的方法来制作；例如，某种制造品既可以用手工生产也可以用汽力生产；食糖既可以用甘蔗生产又可以用甜菜生产；牛既可以用干草和青饲料饲养又可以用油渣饼和酿酒厂废料饲养。为了社会的利益，生产者在这两种方法中应采用能以最低价钱生产最佳物品的方法。这对生产者也是有利的，假如生产者没有受到保护，因而必须面对竞争，不积极进取就将受到惩罚的话；对社会最为有利的方法，如果政府不加以干预的话，生产者最终将发现采用这种方法对自己也是有利的。然而，假设对其中一种方法课税，而对另一种方法不课税，或课较少的税。如果被课税的是生产者不采用的方法，那等于不课税。但如果像通常那样是向生产者所采用的方法课税，则课征这种税就会使生产者采用不课税的方法，尽管这种方法是两种方法中较差的一种。因此，如果说这种税有什么作用的话，那就是使商品的质量下降，使所花费的劳动增加；它使社会浪费大量的劳动，毫无益处地花费大量资本来养活和酬劳这些劳动，就如同雇人挖洞，然后又把洞填上一样。浪费的劳动和资本将增加商品的生产成本，这将相应地提高商品的价值和价格，从而资本的所有者将得到补偿。损失将落在消费者身上；不过，储蓄的手段和储蓄的动机也将减少，因而国家的资本最终也将减少。

所以，这种税可以归在差别税这个大类下，它违背了一条课税原则，即课税的方式应尽量使民之所出等于国库之所入。课征一种差别税，会使消费者缴纳两种不同的税，其中只有一种税是缴纳给政府的，而且时常是较轻的那个。假如对用甘蔗制成的食糖课税，而对用甜菜制成的食糖不课税，那么只要蔗糖仍被消费，课加在它上面的税就是缴给了国家，因而同大多数其他税一样，是没有什么可反对的；但如果蔗糖在课税前比甜菜糖便宜，现在则比甜菜糖贵，那么甜菜糖就会在很大程度上代替蔗糖，人们就会改种甜菜，建造起用甜菜制糖的工厂，在这种情况下，虽然政府从甜菜糖那里得不到任何税收，但消费甜菜糖的人实际上却要付一种税。他们现在为甜菜糖支付的价格，将高于他们过去为蔗糖支付的价格，其差额将用来补偿生产者白白浪费的那部分劳动，因为比方说以前用 200 个人的劳动就能生产出来的东西，课税后却不得不采用另一种方法来生产，需要用 300 个人的劳动。

课征差别税最常见的情形之一是，若一种商品既能在国内生产又能从国外进口，则对进口的商品课税，而对本国生产的商品不课税。如果某种商品经常不断地被进口，那一定是由于从国外获得该商品所花费的劳动和资本，总的说来要少于国内生产该商品所必须花费的劳动和资本。所以，如果对进口课税，使生产该物品比进口便宜，那就等于多花了劳动和资本，而所生产的商品却没有增加。劳动被白白浪费了，资本被用来雇人做费力而没有结果的事。因此，凡是旨在鼓励国内生产课税物品的关税，都是非常浪费的课税方式。

如果对进口外国的土地产品课征关税，而对本国的土地产品不相应地课征货物税，则这种关税便特别具有上述性质。同文明国家通常被课征的其他税相比较，这种税更严重地使民之所出多于国之所入。如果某个国家生产小麦 20000000 夸脱，消费量为 21000000 夸脱，每年进口 1000000 夸脱，如果对这 1000000 夸脱课征关税，使每夸脱的价格提高 10 先令，那么就不仅仅是 1000000 夸脱的价格将提高，而是全部 21000000 夸脱的价格都将提高。让我们作以下最为方便、但最不切合实际的假设，即进口没有被阻止，国内的生产也没有扩大，在这种情况下，国家将仅仅获得 500000 镑税收，而消费者则被课征了 10500000 镑税，剩下的 10000000 镑支付给了国内生产者，生产者则在竞争的压力下不得不把这 10000000 镑全部转给地主。因此，消费者缴纳给土地所有者一笔额外的税，相当于他缴纳给国家的 20 倍。现在让我们假设这种税实际上阻止了进口。假设在正常年景完全停止了进口；于是那 1000000 夸脱可以通过精耕细作或开垦劣质土地获得，每夸脱的价格将不是提高 10 先令，而是提高例如说 5 先令。因而国家将得不到任何税收，除非在歉收年份破例进口外国的土地产品。但消费者每年却要为全部 21000000 夸脱按每夸脱 5 先令的比例纳税，每年共纳税 5250000 镑。其中的零头用于补偿生产那最后 1000000 夸脱小麦的农民在法律的强制下所浪费的劳动和资本。剩下的那 5000000 镑则同以前一样进了地主的腰包。

“谷物法”刚实施的时候所产生的就是上述作用；而且只要谷物法仍在提高谷物的价格，这种作用就依然存在。但我并不认为，谷物法会像我们想象的那样，使高价格和高地租维持很长一段时间。上面我们就什一税和其他农产品税的作用所作的论述，在很大程度上也适用于谷物法。谷物法只是人为地使价格和地租提前上升，而即使不实施谷物法，随着人口的增长和生产的发展，价格和地租最终也是会上升的。设有两个国家，一个不实施谷物法，另一个则已实施谷物法很长一段时期，这两个国家的差别，与其说是后者的谷物价格较高或地租较高，还不如说是后者与前者的谷物价格和地租相等，但后者的资本总额和人口总数较少。实施谷物法会提高地租，但却阻碍了资本的积累，而如果资本积累不受到阻碍，地租不用很长时间也会提高的。废除谷物法会降低地租，但也释放出了一种力量，这种力量随着资本和人口的增长，将使地租恢复到以前的水平，甚或高于以前的水平。我们有一切理由认为，我国的统治者最终将不得不同意农产品的自由进口，在这种情况下，如果人口不断增长，粮食的价格将逐渐而稳定地上升；不过，由

于我国的农业科学及其应用正在迅猛发展(其影响已波及其他国家),因而上述作用可能会被暂时推迟。

以上我们就进口关税所作的论述,也适用于这样的差别关税,这种税优待从某个地方或以某种特殊方式进口的货物,而不优待从另一个地方或以另外的方式进口的货物。例如优待殖民地的产品,或优待同其订有商业条约的国家的产品,或像从前我国的航海法那样对非英国船只运入的货物课征较高的关税。假如实施这种差别待遇不是毫无作用的话,那么不管它们会带来其他什么好处,它们在经济上总是浪费的。实施这种差别待遇,会使人们采用花费较大的获取商品的方法,而不是采用花费较小的方法,从而将白白浪费一部分劳动。

第六节 进出口税对国际贸易产生的影响

关于进出口商品税的作用,还有一点需要加以注意,就是这种税对国际贸易的影响。对某种商品课税,会提高该商品的价格,从而在销售该商品的市场上减少对它的需求。所以,国际贸易税会扰乱和重新安排我们所谓的"国际需求方程式"。这将产生一些很不寻常的结果。我曾在一篇题为《国际贸易》的论文中指出了这些结果,本书已好几次引证了这篇论文。

对外贸易税分为两种,一种是进口税,另一种是出口税。初看起来,似乎这两种税都由消费者支付;出口税似乎完全落在外国消费者身上,进口税则似乎完全落在本国消费者身上。然而,实际情况要比这复杂得多。

“对出口商品课税，在某些情况下，可以使外贸利益的分配更加有利于我们自己。在一些场合，外国人的利益将被牺牲，我们的国库不仅可以得到全部出口税，而且还将超过出口税；在另一些场合，我们得到的将正好等于出口税；在另一些场合，我们得到的将少于出口税。在最后一种场合，出口税的一部分将由我们自己负担，正如我们将说明的，我们的负担等于全部出口税，甚至超过出口税，也不是不可能的。”

让我们再次来看我在题为《国际贸易》的那篇论文中使用的那个假想的例子，即英国和德国开展呢绒和亚麻布方面的贸易活动，“假设英国对其出口的呢绒课税，假设这种出口税尚未高到足以诱使德国自己生产呢绒的地步。这种税将提高呢绒在德国的售价。这也许将减少消费量。消费量也许会减少许多，以致即使在提高了的价格下，所需要的货币价值也不会比以前大。或者，消费量根本不减少，或减少得很少，以致价格提高后，所需要的货币价值将比以前大。在后一种情况下，德国将受到损害，英国将获益，不仅将获得全部出口税，而且还将超过出口税；因为，英国出口给德国的商品的货币价值提高了，而进口商品的货币价值则没有变，这样，货币将从德国流入英国。呢绒的价格在英国将上升，从而在德国也将上升；而亚麻布的价格在德国将下降，从而在英国也将下降。我们出口的呢绒将减少，进口的亚麻布将增加，直到均衡恢复为止。由此可见(而且初看起来有点令人感到意外的是)，英国课征出口税，在某些可以想象的情形中，不仅将从外国顾客那里获得全部出口税，而且还将较便宜地获得进口商品。它能够较便宜地获得进口商品，是由于以下两个原因，一是它可以用较少的货币获得

它们,一是它有更多的货币来购买它们。另一方面,德国则将遭受双重损失。它为呢绒支付的价格,不仅将因为英国课征出口税而提高,而且还将因为货币流入英国而提高,与此同时,流通媒介分配上的这种变化,将减少它可以用来购买呢绒的货币。

“然而,这只是三种可能的情形中的一种。如果课税后,德国所需要的呢绒减少,使所需要的呢绒的总价值恰好与以前相等,则贸易差额将不会受到破坏;英国将获得出口税,德国将因此而遭受损失,仅此而已。另一方面,如果课征出口税使需求量大为减少,以致德国所需要的呢绒的货币价值比以前少,则我国的出口将不再能抵付我国的进口;货币将必然从英国流入德国;从而德国所分享的贸易利益将增加。由于货币的分配发生了这种变化,呢绒的价格在英国将下降,当然在德国也将下降。因而出口税并非全由德国支付。由于同一原因,亚麻布的价格在德国将上升,从而在英国也将上升。当这种价格的变化调整了需求,使呢绒和亚麻布能够再次相互抵付时,所带来的结果是,德国支付的只是出口税的一部分,我国国库所得到的那部分出口税,则直接出自我国亚麻布消费者的腰包,因为对出口的呢绒课税,使他们不得不为进口的亚麻布支付较高的价格,与此同时,由于货币的流出和物价的下跌,他们可用来按那一提高了的价格购买亚麻布的货币收入将减少。

“对我国的出口商品课征的税,由于取自我们自己的腰包,因而我们不仅有可能从外国人那里什么也得不到,而且甚至还有可能迫使我国人民向外国人再纳一次税,这种情况并非不可能发生。同前面一样我们假设,课税后,德国对呢绒的需求大幅度减少,以致它所需要的呢绒的货币价值比以前少,但假设亚麻布在英国的

情形与此大不相同，当价格上升时，需求或者根本不减少，或者减少得很有限，以致所需要的亚麻布的货币价值比以前大。课征出口税的最初结果仍然是，出口的呢绒将不再能抵付进口的亚麻布。因而货币将从英国流入德国。结果是亚麻布的价格在德国将提高，从而在英国的价格也将提高。但根据假设，这非但不会阻止货币外流，反而会使更多的货币外流，因为价格越高，所消费的亚麻布的货币价值也就越大。所以，只能由同时带来的另一种结果来恢复平衡，这另一种结果就是，呢绒的价格在英国不断下降，从而在德国也不断下降。即使呢绒的价格跌得很低，致使其价格加上进口税仅仅等于不课税时的价格，呢绒价格的下跌也不会就此停止；因为同以前相等的出口额现在不足以抵付增加了的进口商品的货币价值。虽然现在德国的消费者不仅可以按照原来的价格获得呢绒，而且还获得了更多的货币收入，但他们却不一定会用增加的收入来购买更多的呢绒。所以，要恢复平衡，呢绒价格的下跌幅度，也许不得不大于出口税的总额；英国课征出口税，反而使德国能以较低的价格进口呢绒；德国将获得这种利益，而英国的亚麻布消费者将因此而受到损害；英国海关课征的呢绒出口税，实际上完全是由英国的亚麻布消费者支付的。”

不用说，呢绒和亚麻布在这里仅仅是一般出口商品和进口商品的代表；假如出口税会提高进口商品的成本的话，则受影响的将是从所有国家进口的商品，而不仅仅是从那一特定国家（即获得被课税的出口商品的国家）进口的物品。

“以上便是课征出口税可能给我们自己和我们的顾客带来的各种结果；由于决定这些结果的因素很难确定，因而即使在课征出口税以后，我们也几乎不能肯定，我们究竟是受益者，还是受害者。”不过，一般说来，毫无疑问，一个国家课征出口税会使其他国家对其财政收入有所贡献；但是，除非被课税的物品是它们极为迫切地需要的，否则它们是很少支付全部进口税的。[①]“不管怎么说，我们的所得，都是别人的所失，此外还有收税的支出。所以，假使能正确理解和遵守国际道德的话，就不会存在这种有损于共同福利的税。”

上面我们讨论的是出口税，现在来讨论更为常见的进口税。“前面已说明，出口税即课加在外国人身上的税，一部分会落在我们自己身上。所以，如果我们发现进口税即课加在我们自己身上的税，一部分会落在外国人身上，我们是不会感到奇怪的。

“假设我们不对出口的呢绒课税，而对进口的亚麻布课税。这种进口税不应是所谓的保护关税，即不应高得诱使我们自己生产亚麻布。如果这种税带来这样的结果，则它将完全破坏呢绒和亚麻布的贸易，我国和德国将丧失由以前交换这两种商品而得到的全部利益。我们假设，这种税会减少亚麻布的消费量，但不会妨碍我们像以前那样进口所消费的亚麻布。

“如果课征这种税使亚麻布的消费量有所减少，则贸易平衡将被破坏。其原因是，由于这种税是在我国的海关课征的，因而虽然我国的消费者支付的价格较高，但德国出口商得到的价格却和以前相同。在这种情况下，如果购买的数量有所减少，那么，尽管实

① 课征出口税而从外国人那里获得大笔收入的最著名的例子，也许是同中国的鸦片贸易。虽然在英国政府垄断下鸦片很昂贵（这等于课征很高的出口税），但这并没有减少鸦片的消费量，以致据说鸦片在中国的售价有时和白银相等。

际上花在亚麻布上的钱比以前多，但英国应支付给德国的钱却将减少，这笔钱将不足以抵付德国因进口呢绒而应支付给英国的钱，所以不得不用货币来支付差额。德国的物价将下跌；英国的物价将上涨；亚麻布的价格在德国市场上将下跌；呢绒的价格在英国市场上将上涨。德国人将为呢绒支付较高的价格，因而可用来购买呢绒的货币收入将减少；而英国人则将以较低的价格获得亚麻布，也就是说，新价格超过原价格的幅度将小于所课征的进口税额，由此英国人的货币收入将增加，从而他们可用来购买亚麻布的手段也将增加。

"如果课征进口税不减少需求，则贸易将不发生任何变化。我们的进口和出口都将和以前一样；全部进口税将由我们自己支付。

"但对某种商品课税，几乎总是会或多或少地减少对该商品的需求，而决不会或很少会增加对该商品的需求。所以，从原则上说，只要课征进口税的目的真正在于课税，而不在于完全禁止或部分禁止进口，则它就几乎总是会部分地落在消费我国商品的外国人身上；通过这种方法，一个国家便可以在牺牲外国人利益的情况下，获得（由于各国通商所导致的）劳动和资本生产力的普遍提高所带来的利益中的较大份额。"

所以，说进口税部分由外国人支付，是对的；但如果认为是由外国的生产者支付的，那就错了。进口税的一部分不是落在卖东西给我们的人身上，而是落在买我们东西的人身上。由于我们对外国商品课税而不得不为我国的出口商品支付较高价格的，是外国消费者。

只有在以下两种情况下，商品税才会落在生产者身上。一种情况是，被课税的商品受到严格的垄断而能以缺货价格出售。在这种情况下，价格只是受购买者欲望的限制；被限定的供给量所获得的金额，是买者愿意支付的最高金额，如果国库截留一部分，则不能进一步提高价格来作补偿，截留的部分必须从垄断利润中支付。若对昂贵的名葡萄酒课税，则这种税将全部落在葡萄种植者身上，或者更确切地说，将落在葡萄园主身上。生产者担负一部分商品税的第二种情况是，被课税的是土地产品或矿产品，这种情况比第一种情况更为重要。这种税可以高得大大减少对这些产品的需求，迫使人们放弃某些劣质土地或矿山。假如结果正是这样，那么消费者，无论是课税国的消费者还是与课税国有往来的国家的消费者，将能以较低的价钱获得土地产品或矿产品；而且落在购买者身上的，将只是这种税的一部分而不是全部，购买者主要是在生产国的地主或矿山主受到损害的情况下得到了补偿。

所以，进口税可以分为"两种，一种进口税会刺激国内某一特定工业部门的发展，另一种进口税则没有这种作用。前者无论对于课税国来说还是对于与该国有贸易往来的国家来说，都是绝对有害的。这种税会阻止劳动和资本的节约，而如果能节约的话，所节约的劳动和资本将以某种比例在进口国和购买该国出口商品的国家之间进行分配。

"另一种进口税则不刺激人们放弃获取物品的某种方法而采用另一种方法，贸易将像不存在这种税似的照常进行，劳动也像往常那样得到节约（节约劳动是进行国际贸易和所有其他贸易的动机）。以下两种税便属于这样的进口税，一种是课加在国内不能生产的进口商品上的税，另一种则是这样的进口税，它不足以抵消被课税物品在国内的生产费用和进口费用之间的差额。这种进口税给某一国家的国库带来的收入，只有一部分是由该国的人民支付的，其余部分则由消费该国商品的外国人支付。

“然而，这后一种进口税在原则上同前一种进口税是一样不可取的，虽然不足取的理由不完全一样。保护性关税对于课税国来说，决不会是获利的原因，而总是而且必然是受损的原因，课税的目的达到多大程度，遭受的损失也就达到多大程度。相反，非保护性关税对于课税国来说，在大多数情况下都是获利的原因，因为一部分税可以转嫁给其他国家的人民，能转嫁多少，也就能获利多少；但是，这种税也是不可取的，因为某一国家课征此税得到的利益，会很容易地被另一国家采取相同的措施所抵消。

“如果在上面假设的例子中，英国对亚麻布课征关税，试图以此在与德国的贸易中获得更多的利益，那么德国只需对呢绒课税，使呢绒需求量的减少幅度大致等于亚麻布需求量的减少幅度。这样，情况没有发生任何变化，各国课征的税将由自己支付。当然，两国课征的关税总额不得超过贸易利益的总和；如果超过的话，贸易及其利益将完全消失。

“所以，课征这种以获利为目的的进口税，并不会带来什么利益。但是，只要国家的税收有一部分得自商品税，这种进口税也就同商品税一样没有什么可以反对的。同时很显然，在讨论废除这种进口税的时候，互惠方面的考虑是极为重要的，而如果讨论的是保护性关税，互惠方面的考虑就无足轻重了。我们不能指望某一国家放弃课征关税的权力，除非其他国家也放弃课征关税的权力。一个国家要想使自己不受其他国家课征非保护性关税的损害，惟一的办法就是对其他国的商品也课征非保护性关税。不过必须注意,这种税不应过高,不应超过所剩下的全部贸易利益,不应使进口完全停止,以致不得不在国内生产被课税的物品,或从另一价格更高的市场进口该物品。”

第五章　论其他一些税

第一节　契约税

除了直接所得税和消费税外，大多数国家的财政制度中还有各种各样的杂税，严格说来，它们既不属于所得税也不属于消费税。欧洲各国的现代财政制度中就有许多这种税，虽然其数目和种类要比尚未受到欧洲影响的半野蛮国家少得多。在一些半野蛮国家，几乎生活中的每件事都逃不脱纳税的义务；除日常工作外，不管干什么，都必须得到政府的允许，否则便干不成，而要得到政府的允许，就得纳税，特别是如果所干的事需要政府机关的扶助和特许的话，就更是如此了。在本章中，我们将仅仅考察不久前曾存在于或目前仍存在于通常被认为是文明国家的这种税。

在几乎所有国家，很大一部分岁入都来自契约税。课征这种税的方法多种多样。一种方法是对法律文件课税，这种文件是签约的证据，而且常常是法律上所接受的惟一证据。在英国，几乎所有契约必须贴印花才有效，而印花便是向政府缴纳的税；直到最近，就产权契约来说，还是小交易比大交易要缴纳重得多的税；即使是现在，有些税仍然是这样。甚至对证明契约已得到履行的法律文件如收据和免除债务的证书，也课征印花税。契约税并不一定是用印花税票来课征的。罗伯特·皮尔爵士所废除的拍卖税，就是一恰当的例子。法国的地产转让税也是一个例子,不过在英国,地产转让税却是印花税。在一些国家,许多种契约只有注册登记后才有效,而注册登记时必须纳税。

在契约税中,最重要的是对财产的转让主要是买卖课征的税。对消费品的出售课税,也就是对消费品课税。如果只对若干种商品的出售课税,则这种税便会抬高这几种商品的价格,因而税款由消费者支付。如果对所有买卖行为课税(尽管这样做很荒唐,但西班牙却这样做了几百年),那就等于对所有商品课税,在这种情况下,价格是不会受到影响的,因为如果是对卖者课税,则税务负担会落在利润上,如果是对买者课税,则税务负担会落在消费行为上,卖者和买者都无法把税务负担转嫁给对方。如果只对某种销售方式如拍卖课税,则采用这种销售方式的人就会减少,如果课的税很重,就没有人再采用这种销售方式,除非是万不得已;在这种万不得已的情况下,由于卖者必须把东西卖掉,而买者却不一定买,所以税务负担就落在了卖者身上;这正是人们反对课征拍卖税的最有力的理由。拍卖税几乎总是落在陷入困境的人身上,而且总是在他们最为困难的时候落在他们身上。

在大多数国家,人们可以依据相同的理由反对土地买卖税。在欧洲,人们除非陷入困难或出于某种急需,否则是不会变卖地产的。所以,卖者往往是能卖什么价就卖什么价,而买者的目的是投资,他要盘算一下把钱投在其他方面会得到多少利息,如果买土地必须向政府纳税,他就会不买。[①] 的确,有人反对说,如果对所有

① 对于小土地所有者占支配地位的国家来说,正文中的说法需要加以修改。在这些国家,既然土地不是地位的象征,一般也不是依恋的对象,所以只要预付少许现

长期投资方式如购买公债、公司股票、抵押债券等等课征相同的税，则上述论点就站不住脚了。但即使如此，如果是由买者纳税的话，仍等于向利息课税。这种税如果很重，它就会打乱利息与利润之间已经确立的关系，只有通过利率的上升以及土地和证券价格的下跌才能恢复平衡。所以，在我看来，除特殊情况外，这种税一般是由卖者承担的。

凡是妨碍出售土地或其他生产工具的捐税，都应受到谴责。这种出售很自然地会使被出售的房地产更富有生产力。无论是被迫的卖者还是自愿的卖者，都很可能没有力量或能力在生产方面最有效地利用其房地产；另一方面，买者无论如何不会很穷，常常愿意而且也有能力更好地利用房地产。既然房地产对于这样的买者比对任何其他人更有价值，他们就会出最高的价钱。所以，对于买卖房地产课税，设置障碍以及收取费用，都肯定是有害的；特别是对于土地来说更是如此，因为土地是生活资料的来源，一切财富的源泉，其有效的利用具有重大意义。为了提高土地的生产能力，应尽可能多地提供方便，使土地能够转手，能够合并或分割。地产过大，转让就应予以免税，以利于地产的分割；地产过小，转让也应予以免税，以利于地产的合并。应废除所有地产转让税；但是，既然国家迄今为止一直在课征地租税，而地主无权不纳这种税，所以国家一般说来可以按地产转让税的平均值以土地税的形式课征转让税。

有些契约税是很有害的，实际上等于处罚立法者本应该鼓励

金，一些人就会把土地卖掉，而到其他地方再买土地；还有一些人不管价格如何，急于想买土地，即使课很重的税，也不会阻止他们。

的买卖活动。租约印花税就属于此类，而在实行大地产制的国家，出租土地却是使农业兴旺发达的一项必不可少的条件；保险税也属于此类，课征这种税直接挫伤了人们作长远考虑的积极性。直到最近所有国家都课征火险税，而且大多数国家现在仍课征火险税。火险税使普通险的保险费整整增加了一倍；政府因而迫使承保人多支付整整两倍的保险金额。假如法国课征火险税，那我们就不会看到几乎每个村舍或茅屋都钉有保险公司承保的金属牌子了，法国一些省份的情况正是这样。这固然得归功于把房产分给劳动阶级后养成的作长远考虑的习惯，但如果法国像其他许多国家那样课征很重的火险税，这种习惯的养成肯定会受到严重阻碍。

第二节　信息传递税

与契约税性质相近的是信息传递税。主要的信息传递税是邮政税；除此之外还有广告税和报纸税。这些都是对信息的传递课征的税。

对运送信件课税的一般方式是，授权政府充当运送信件的惟一机关，并索要垄断价格。如果像英国统一收取低廉的邮费这样，垄断价格很低，几乎不超过私人公司在最为自由的竞争条件下索要的价格，那么就不应把这种价格看作是一种税，而应看作是营业利润；如果这种利润比普通利润高的话，那是节约开支的结果，之所以能节约开支，是由于全国只有一个运送信件的机构，只有一套管理系统，而不是有好几个相互竞争。邮政业务既然能够而且也应该按固定的规则经营，所以也就是适宜政府从事的少数活动之一。因此,邮政局目前是英国最好的财源之一。但是,如果邮费远远高于自由竞争条件下的邮费,那它就不是合乎需要的税收了。主要负担会落在商业信件上,从而增加遥远地区间商业往来的费用。这无异于试图通过课征很重的通行税来获得大量收入,使货物从一个地方运到另一个地方受到阻碍,不鼓励一个地方生产的货物运到另一个地方消费;然而,货物的跨地区运输本身不仅是节约劳动的最好方法之一,而且还是各种生产改良的必要条件,是鼓励勤劳和推进文明发展的最有力因素之一。

广告税也会受到相同的责难,因为广告对工商业活动是有用的,可以使工商业者和消费者走到一起,而如果广告税很重,严重妨碍人们作广告的话,它就会延长货物库存和资本闲置的时间。

反对课征报纸税的理由,与其说是着眼于被课征这种税的人,还不如说是着眼于没有被课征这种税的人,也就是着眼于这种税阻碍了报纸的推广。对于大多数购买报纸的人来说,报纸同其他奢侈品一样,是他们买得起的一种奢侈品,因而是一无可非议的税收来源。但是,大多数社会成员却只是识字,很少受过其他方面的教育,对于他们来说,报纸几乎是他们掌握的全部信息的来源,只有通过读报,他们才能了解人类当今的思想和讨论的问题;而且,同书籍和其他更为复杂的知识来源相比,报纸更容易引起人们的兴趣。由于报纸对有用思想的产生所作出的直接贡献很少,许多人便常常低估报纸在传播有用思想方面的重要作用。报纸可以消除许多偏见和迷信,使人养成讨论问题的习惯,使人对公共事务感兴趣。没有报纸是思想停滞的一大原因。在那些没有有影响的或令人感兴趣的报纸的国家,中下阶层(假如不是所有阶层的话)的思想常常处于停滞状态。由此可见，不应对报纸课税，因为这种税会使中下阶层更加难于接触这一伟大的信息传递者，致使思想得不到刺激和锻炼，而中下阶层所最需要的，正是脱离自己的狭隘天地，使思想和兴趣活跃起来。

第三节　法律税

在我们所列举的有害的赋税中，法律税占有显著地位。这是对各种诉讼活动课征的一种税。同加在诉讼活动上的所有费用一样，这种税打击了伸张正义的行为，鼓励了违法行为。虽然这类税在英国已被废除，不再是税收的一般来源，但它们仍以法庭费的形式存在，用以支付法庭的开支；其依据的思想显然是，受益于司法活动的人，理所当然地应该承担司法费用。边沁有力地揭露了这种学说的荒谬之处。正如他所说的，那些不得不提出诉讼的人，是受益于法律和司法活动最少而不是最多的人。法律向他们提供的保护是不充分的，因为他们不得不诉诸法律来确认自己的权利或使自己的权利不受侵犯，而社会其他成员则在法律的保护下没有受到侵害，无需诉诸法律。

第四节　课征地方税的各种目的与方式

在所有国家或大多数国家，除了国税外，还有地方税。人们认为，有些公共开支最好是由地方政府控制或管理。地方税便用来支付这种开支。其中一些开支的用途完全或主要是地方性的，例如铺筑街道，打扫街道，为街道提供照明，或修建道路和桥梁；这些道路和桥梁也许对全国所有地方的人都是重要的，但只有当其他地方的人或他们的货物通过这些道路或桥梁时才是重要的。另一些开支虽然具有全国意义，但却由地方政府支付，因为人们认为这种开支更适宜于地方政府管理；这类支出在英国有救济穷人的款项和监狱的管理费用，在一些其他国家还有教育费用。哪些公共事业最适合地方政府监督管理，哪些事业应直接由中央政府来控制，哪些事业应由地方管理而由中央来监督，这类问题不是政治经济学范围内的问题，而是行政管理方面的问题。不过，有这样一条重要原则，即由于地方政府课征的税不像中央政府课征的税那么惹人注意，那么容易引起争论，因而这种税应该是特设的，是为了提供某种服务而课征的，不应超过提供这种服务支付的实际费用。作了这样限定后，只要能够做到，税收负担就应落在享受这种服务的人身上；修建道路和桥梁的费用就应由对旅客和对旅客运送的货物课征的通行税来支付，这样便把费用分摊在了旅客和消费货物的人身上。之所以应分摊在他们身上，是因为有了道路和桥梁，旅客得到了快乐和方便，货物能以较低的费用上市。不过，一旦通行税付清了修建道路和桥梁的费用及利息，就应废除通行税，准许自由通行，使那些交不起通行税的人也能利用道路和桥梁。修理费应由国家支付，或由受益最多的地方缴纳的税款支付。

在英国，几乎所有地方税都是直接税（伦敦市的煤税和少数类似的税是主要的例外），而国税则大都是间接税。与此相反，在法国和奥地利等国，国家主要课征直接税，而各城市所需的地方开支则主要由货物入市税支付。在城市课征这种间接税要比在边境上课征这种间接税有害得多,因为农村提供给城市的主要是生活必需品和工业原料,而从外国进口的通常大都是奢侈品。要通过货物入市税得到大量收入,就得把这种税沉重地压在城市劳动阶级身上,劳动者的工资就得相应提高,如果是这样的话,这种税在很大程度上就会落在城市产品的消费者身上,无论他们是住在城市还是农村,因为如果相对于农村而言,资本在城市得到的利润减少,资本就不会留在城市里了。

第六章　直接税与间接税的比较

第一节　赞成课征直接税和反对课征直接税的论点

到底应该课征直接税还是间接税？这个问题在任何时候都叫人很感兴趣，最近又引起了很多争论。在英国，人们有一种根深蒂固的感情，那就是对间接税有好感，而对直接税有恶感。这种感情并非产生于理智的判断，而是带有小孩子气。英国人厌恶的不是纳税，而是纳税的行为。他不愿看到收税员，不愿受其专横的盘问。也许只有直接从口袋中拿钱纳税，才会使他有纳税的感觉。固然，对每磅茶叶课一先令税，或对每瓶酒课两先令税，会提高他所消费的每磅茶叶和每瓶酒的价格，提高的幅度等于或高于所课征的税，这是不可否认的，是事实，是蓄意这样做的，而且他有时也完全清楚这一点，但这几乎没有引起他的实际感觉和联想。由此可以说明，仅仅知道是怎么回事与感觉到是怎么回事是有区别的。公众厌恶直接税，但却允许物品提高价格，心甘情愿地受压榨，这种情况促使许多支持改良的人采取了与上述思维方式完全不同的思维方式。他们认为，恰好是直接税那令人感到不快的一面，使直接税比间接税更可取。在直接税制下，人人都知道自己实际上纳了多少税，如果他投票赞成一场战争或任何其他耗资巨大的事业，那他是

知道这将需要花他多少钱的。如果所有税都是直接税，那么人们对税收的感觉就会比现在强烈得多，人们在使用公共支出时就肯定要比现在节约。

这一论点并非没有力量，但其分量很可能会不断下降。间接税实际落在了谁的头上，已越来越为人们所了解和认识。我认为，不管人类的思想倾向会发生什么其他变化，都不能否认，人们在评价事物时，会越来越多地依据事物本身的价值，而不是其非本质的伴随物。直接把税交给收税员和通过茶商或酒商交纳数额相同的税确实有区别，可这种区别不会再带来反对和默然接受这样截然相反的态度。尽管如此，只要公众的心理有这样的弱点，据此而提出的论点在某种程度上就触及了这个问题的另一面。如果我国当前大约7000万镑的岁入都通过直接税获得的话，人们对缴纳这么多税肯定会极为不满；但如果人们的头脑这么缺乏理性的指引，只因课税方式有变化就大动肝火，那么如此厌恶税收也许就不完全是好事了。在这7000万镑岁入中，将近3000万镑必须用来偿付国债，在这种债务尚未偿清时，如果人们对税收的厌恶大大增加，就会有还不清债务的危险，就像美国的一些州过去和现在由于同一原因所遇到的危险那样。的确，用于维持行政机构和军事机构的那部分公共支出（也就是刨除国债利息后的全部公共支出），在许多方面都大有缩减的余地。但是，当前在提供公共服务的借口下浪费了大量收入，而许许多多非常重要的事情还没有做，所以从被浪费的支出中节省下来的钱也许只够用来办这些有用的事情。无论是办教育，提高司法工作的效率，进行像奴隶解放运动这样的改革，还是做任何其他与此同样重要的事情，如供养足够数量的有才

干、有知识的公职人员以更好地开展立法和行政工作，每件事情都需要花大笔钱，其中许多事情被一拖再拖，因为总是不愿向国会申请更多的拨款，尽管（这里不考虑现有财力假如运用得当而够用的情况）就社会所得到的金钱利益来说，花费会得到补偿，而且常常是成百倍上千倍地得到补偿。如果完全用直接税来筹集所需的款项从而大大增加公众对税收的厌恶情绪，那么，那些因滥用公款而得到好处的阶级很可能会保全对自己有好处的支出，而牺牲对公众有用的支出。

不过，有一种常见的支持间接税的看法，我们必须坚决予以驳斥，这种看法是极为荒谬的。人们常说，同其他税相比，货物税给人们带来的负担要轻一些，因为人们只要不买被课税的商品就可以逃避这种税。毫无疑问，如果某个人存心逃避这种税，他确实可以使政府得不到他的钱；但他由此而牺牲了自己的享乐。如果他真这样做的话，则这同课征相同数额的直接税并没有什么两样。假设酒税使他每年为自己喝的酒多付了 5 英镑。据说，他只要每年少喝 5 英镑的酒，就可以逃避酒税。的确是这样，但如果不是对酒课征 5 英镑的税，而是通过课征所得税从他那里拿走 5 英镑，他同样可以少花 5 英镑买酒而节省下相同数额的税款，由此可见，这两种情况之间的差别实际上纯属幻觉。无论政府以什么方式课征这 5 英镑的税，纳税者都得从其消费中节省下这 5 英镑才能使自己的经济状况保持不变；无论以哪种方式课税，政府都强迫纳税人作出大小完全相同的牺牲。

另一方面，对间接税有利的是，课征间接税的时间和方式使纳税人感到很方便。间接税是在纳税人为购买的货物付款时缴纳

的，所以除了付款本身外，没有带来任何其他麻烦，而且（除非是对必需品课税）也没有带来什么不方便。除易腐烂的物品外，他还可以决定什么时候购买一些物品贮存起来，因而可以决定什么时候纳税。的确，间接税有时使预付这种税的生产者或商人感到不方便；但就进口货物来说，所谓“仓储制度”已最大限度地减少了这种不方便，在这种制度下，商人不是在进口时纳税，而是在从仓库中提取货物时才纳税，商人一般是在实际上已找到买主或有可能马上找到买主时才会提货。

不过，反对通过直接税获得全部或大部分岁入的最强有力的理由是，若没有纳税者的自觉合作，是不可能公平地课征直接税的，而在当前公共道德水平低下的情况下，是不能指望得到这种合作的。就所得税来说，前面已指出，如果找不到切实可行的方法使储蓄免交所得税的话，分配给工商业者和知识阶层的所得税负担就不会是公平的，大多数主张课征直接税的人实际上是承认这一点的。他们克服这个困难的方法，一般是不对那些阶层课征所得税，而只对“实际财产”课征所得税。这种所得税确实是一种很简便的掠夺方式，前面已对这种权宜之计作了充分的批判。不过，前面已指出，房屋税这种直接税却不像所得税那样有那么多缺点，而且确实像间接税那样缺点较少。但是，如果力图仅仅依靠房屋税来获得英国的大部分岁入，那会带来很糟的结果，人们会竭力通过缩小住房面积来逃避这种税，而使居住情况过分拥挤。另外，即使是房屋税也有不平等的地方，因而也有不公平的地方；哪一种税都免不了有不平等和不公平之处，而让一种税支付全部或大部分公共开支，使所有不平等都落在一处，既不公道，也不合适。英国现在

已有很大一部分地方税收来自房屋税，所以也许每年最多只能再课征 1000 万镑房屋税作为国家税收。

前面已指出，可以公平合理地通过特别地租税获得一定数量的岁入。我已说过，除了土地税和土地转让印花税外，将来还应课征另外一种税，以使国家能分享地主因自然原因而不断增加的收入。前面还指出，应对遗产课税，这也可以给国家带来一大笔收入。我认为，这些税加上适度的房屋税就应是课征直接税的范围，只有在遇到非常紧急的情况时，政府才能暂时不考虑平等和公平的问题而课征所得税。其余岁入应由各种消费税提供，问题是哪些消费税最不惹人反对。

第二节　哪种间接税最合适

有几种间接税是必须坚决予以反对的。为得到岁入而课征的货物税，一定不要成为保护性关税，而应公平地课加在以每一种方式获得的物品上，无论是在本国生产的，还是从外国进口的。而且不应对生活必需品课税，也不应对生产生活必需品的原料和工具课税。这种税往往侵蚀不应被课税的、仅够维持健康生活的收入；而在最为有利的假设下，即假设工资会提高以补偿劳动者因被课税所受到的损失，这便无异于对利润课征特别税，因而既不公平，又不利于国民财富的增长。[①] 剩下来的便是奢侈品税。奢侈品税

① 一些人认为，应对用于生产的原料和工具一律免税；但我认为，原料和工具作为制成品，如果不用来生产必需品的话，是适宜课税的。主要是就对外贸易而言，这种税才是有害的。从国际范围来说，可以把这种税看作是出口税，因而除非是应该课征出口税，否则被课征这种税的原料和工具在出口时，政府就应相应地退还税款。但只

有一些很可取的性质。首先，这种税决不会影响那些把全部收入用来购买必需品的人，而那些把本来应买必需品的钱用来购买奢侈品的人，则逃避不了这种税。其次，这种税有时可以起到节俭法令的作用。我并不赞成禁欲主义，也不愿看到法律或舆论阻碍人们追求真正的享乐，如果这种享乐是在人们的财力和义务允许的范围内的话。但是，大多数国家，特别是我国的上流社会和中产阶级，其很大一部分开销，却不是为了享受用钱买来的物品，而是为了满足虚荣心的需要，认为处在这样的地位上某些开销是必不可少的，我不能不认为这种开销最适宜课税。如果课税减少了这种开销，那是有好处的，如果没有减少，也没有什么害处，因为只要被课税的物品是为了满足虚荣心而被人们购买的，就没有谁会因为课征这种税会受到损害。当人们购买某一物品不是为了使用它，而是因为它价格昂贵时，该物品就没有必要便宜。正如西斯蒙第所说的，降低满足虚荣心的物品的价格，其结果不是使花在这种物品上的钱减少，而是使人们转而购买更昂贵的物品或质量更好的相同物品；既然质量较差的物品只要同样昂贵就能同样满足虚荣心，所以实际上谁也没有缴纳对这种物品课征的税，也就是说，这种税创造了公共收入，而谁也没有遭受损失。①

要原料和工具是用来生产适宜课税的物品，就没有充足的理由反对课征这种税。

① “如果我们假设钻石只能从某一遥远的国家获得，珍珠只能从另一国家获得，假设由于自然原因的作用，现在在矿山获得钻石和在渔场获得珍珠要比过去难一倍，则其结果只能是，最终只要有过去一半的钻石和珍珠便足以表示出人们的某种富裕程度和所享有的地位。但却需要用与过去相同数量的金币或某种最终可以折算为劳动的商品，来生产出现在减少了的钻石量和珍珠量。假如困难是由立法者的规定强加的……这丝毫也不会影响这些物品继续用来满足虚荣心。”假设人们发现了可以自由诱导珍珠生长的方法，使得获得每粒珍珠花费的劳动降低了500倍。“这种变化带来的最终结果取决于渔场是不是自由开放的。如果渔场对所有人是敞开的，人们只要打捞

第三节 课征间接税的实际原则

为了尽量减少货物税的不利之处而尽量增加其有利之处，以下几条实际原则是必须遵守的。第一，只要方便，就应尽可能多地对这样一些奢侈品课税，这些奢侈品主要与满足虚荣心有关，而与真正的享受无关，例如各种昂贵的个人器具和装饰品。第二，只要有可能，就不应对生产者课征货物税，而应直接对消费者课征货物税，因为若是对生产者课征货物税，这种税总会使价格提高的幅度高于而且常常是大大高于课税的幅度。我国课征的较为次要的货物税，大都注意到了这两条原则。至于马匹和马车，因为对于许多身体欠佳、体质较差的人来说，马匹和马车与其说是奢侈品还不如说是必需品，所以对那些只有一匹马或一辆马车的人课征的税应该较低，特别是当拥有的不是高级马或马车时，更应如此，但随着拥有的马匹或马车数量及其昂贵程度的增加，这种税则应迅速加重。第三，因为能够带来巨额税收的是对普遍或很普遍消费的物品课征的税，因为由此而不可避免地会对真正的奢侈品课税（所谓真正的奢侈品即人们为了享乐而不是为了价格昂贵而购买的物

便可以得到珍珠，那么花几便士就可以买到一串珍珠。很穷的人也就都戴得起珍珠了。珍珠也就因此而很快变得粗俗不堪，不再是时髦的玩意儿，最后变得一钱不值。然而，如果我们假设渔场不是自由开放的，而是归立法者所有，他完全控制了渔场，珍珠只能从他的渔场获得；由于发现了诱导珍珠生长的方法，他也许会对珍珠课税，其数额刚好等于获得珍珠所必需的劳动的减少额。在这种情形下，珍珠就会同以前一样富有价值。它们的质朴的美并没有发生变化。获得它们所要克服的困难虽然不同了，但却同样大，因而它们仍然可以用来显示拥有者的富有。”通过这种税获得的纯收入“不花费社会任何东西。如果不滥用的话，这种税显然会增加社会的财力”。——雷：《政治经济学新原理》，第369—371页。

品），所以如果可能的话，就应精细地调整这种税，使其给低收入、中等收入以及高收入带来的负担是相同的。这决不是件容易事，因为所课征的货物税带来的收入越多，被课以这种税的物品，相对来说就更多地是被穷人而不是富人所消费。几乎不可能精细地调整茶税、咖啡税、糖税、烟草税、酒税，以使穷人承受的负担不超过其应该承受的负担。当然，可以对富裕的消费者使用的优质物品课征远远高于其价值的税（而不是像在英国目前的税收制度下那样，几乎普遍对优质物品课征远远低于其价值的税）；但据说，根据货物价值调整货物税以阻止逃税是很困难的，在一些情况下，这种困难是无法克服的，我不知道这种说法究竟有多少根据；一些人由此而认为，应对各种品质的货物一视同仁，课征相同的固定税，这对较穷的纳税人来说是非常不公平的，除非他们能得到补偿，完全免除缴纳另外一些税，如现在的所得税。第四，在不违背上述原则的条件下，货物税与其分散在许多物品上，不如集中在少数几种物品上，以减少课税的费用并尽量减少受牵连的行业。第五，在普遍消费的奢侈品中，若选择课税对象，那就应该选择刺激性奢侈品为课税对象，其原因是，刺激性奢侈品虽然同其他奢侈品一样是合法的奢侈品，但却要比大多数其他物品更容易消费过量，所以总的说来，通过课税抑制其消费量是适宜的。第六，只要不违反其他原则，就应只对进口货物课税，因为同对本国的农产品和制造品课税相比，对进口货物课税给各行业带来的影响较少，有害的副作用也较少。若其他条件相同，关税的缺点要比国内货物税的缺点少得多，但必须只对这样的物品课征关税，这些物品是国内不能生产或不打算生产的；如果不是这样，那就必须禁止国内生产它们（例如

英国就禁止国内生产烟叶)，或对它们课征同关税相等的国内货物税。第七，任何税都不应过高，以致使人产生逃税的动机，而用一般方法又无法阻止人们逃税，特别是，对任何商品课征的税都不应高得产生出走私者、非法制酒者等不法之徒。

在英国的货物税和关税中，有许多是与良好的税收制度不相容的，不过，格拉德斯通先生进行的改革已废除了所有这些有问题的税。被废除的税有：所有普通食品税①，无论是人的食品还是牲畜的饲料都不再被课税；木材税，因为木材是修建住房的材料，而住房是生活必需品；所有五金税和五金制品税；肥皂税，因为肥皂是保持清洁所必需的物品；油脂税，因为油脂是制造肥皂和其他一些必需品的原料；纸税，因为纸张是几乎所有经营活动和教育活动必不可少的工具。英国现在的几乎全部关税收入和货物税收入，都来自糖税、咖啡税、茶税、葡萄酒税、啤酒税、烈性酒税以及烟草税，在需要有巨额岁入的国家，课征这些税是非常适宜的；不过，目前课征这些税的方式很不公平，给穷人带来了过重的负担，而且其中一些税(如烈性酒税和烟草税)太高了，带来了严重的走私问题。也许这些税大都可以大大地降低，而不会给国家的岁入带来很大损失。以何种方式对富人消费的高级制造品课税最为有利，我要把这个问题留给具有必要的实际知识的人去解决。困难是，如何课征这种税而又不使生产受到严重影响。在所消费的大部分高级制造品是从外国进口的国家，例如在美国，几乎不存在这种困难，甚至在只进口可以课税的原料，特别是进口专门用来生产富人使

① 不过仍对每夸特谷物课征一先令税，显然是为了支付登记费，人们几乎没有感到这是什么负担。

用的纺织品的原料的国家，也几乎不存在这种困难。因此，英国对生丝课征高额关税是符合课税原则的，对无论是在国内纺的还是进口的高级棉纱或亚麻纱课税，也是切实可行的。

第七章　论国债

第一节　是否应该通过借款应付特殊的公共支出

本章要考察的是，不通过课税而通过借款来为政府筹集款项，在多大程度上是适当的或便利的。这里的所谓借款，就是占用国家的一部分资本，而只用公共收入支付利息。这里无需讨论通过借款满足暂时需要的方法，例如通过发行财政部证券筹款，这种证券至多在一两年之内就用现有的税收予以偿还。这是一种方便的权宜方法，而且当政府没有财政储备时，一旦遇有异常的支出或通常的收入来源暂时断绝，这还是一种必要的方法。我们要讨论的是，应不应该发行永久性的国债，也就是说，应不应该通过借款支付战争费用或困难时期的费用，这种借款要么偿还遥遥无期，要么根本不偿还。

第一编已谈到了这个问题。[①]我们曾说，如果以借款形式占用的资本取自业已用于或准备用于生产的资金，那就等于以劳动阶级的工资中取走相同数额的资金。在这种情况下，借款也就等于在该年内以课税方式筹款。借款的政府确实在该年内拿走了款项，但它也可以通过专门向劳动阶级课税拿走这笔款项。如果政府以

① 第一编，第五章，第八节。

公开课税方式满足自己的需要，那它仅仅是课税而已，不会带来其他弊害；在这种情况下，课税这件事及所带来的弊害会随着突然事件的结束而消失；但如果采用那种迂回方法，则从劳动者身上榨取的价值，就不是被国家得到，而是落入了劳动的雇用者手中，国家除欠下债务外，还负有不断支付利息的责任。在这种情形下，可以说公债制度是一种最坏的制度，但在目前的文明阶段，该制度却仍然是政府筹款的一种权宜方法。

不过，我们曾说过，在另外一些情形下，国债则不会带来上述那些有害的结果。第一种情形是，所借的是外国资本，也就是说所借的是世界总积累的剩余额；第二种情形是，所借的资本若没有这种投资方式，就根本不会被节省下来，或即使被节省下来，也会被浪费，用在非生产性事业上，或被送到国外进行投资。当资本积累过快，利润因此而降至极限水平或实际最低水平，也就是降至这样的比率，低于这一比率，资本的增长就会停止，或全部新积累的资本就会被送往国外，只有在这时，政府每年截留新积累的资本，才不会减少本国或任何其他国家劳动阶级的就业人数和工资。所以，只有在这一限度内实施国债制度，才不会受到严厉的谴责，而如果超过这一限度，那它就应该受到谴责。所需要的是有个标准来确定在一定时期内，例如在上次大规模战争期间，国债是否超过了上述限度。

确实存在着这样一个标准，它既可靠又很容易识别。政府是否由于其借债活动而提高了利率？如果政府的借债活动只是为资本积累开辟了一条渠道，没有这条渠道，人们就不会积累这些资本，或即使积累了，也不会把它们用于国内，那就意味着，政府占用的资本在现行利率下不会得到利用。只要国债吸收的只是这种剩余资本,国债就会阻止利率的下降趋势,而不会使利率上升。如果国债提高了利率,例如在对法战争期间就曾大大提高了利率,那就确凿无疑地证明,政府正在同正常的生产性投资争夺资本,它所夺走的不仅有国内的非生产性资金而且还有生产性资金。所以,只要国债在战争期间使利率高于以前和以后的水平,国债也就具有上述所有弊害。如果有人反对这种论点,说利息的上升完全是利润上升的结果,那我要回答说,这非但没有削弱反而增强了上述论点的力量。如果国债由于吸收了大量资本而使利润上升,那么它除了通过降低劳动者的工资外,还能通过其他什么方法做到这一点呢?有人会说,战争期间的利润之所以会保持高水平,不是由于国债吸收了大量国内资本,而是由于工业得到了迅速改良。在很大程度上情况确实如此,工业的迅速改良无疑减轻了劳动阶级的困苦,减少了国债带来的害处,但发行国债仍同以前一样是有害无益的。改良使工业能吸收更多的资本;政府占用每年积累的很大一部分资本,固然没有使这些资本永远消失(因为一旦恢复和平,这些资本就会迅速得到偿还),但在当时却使这些资本消失了,减少了战争期间应分配给生产性劳动者的资本。假如政府没有通过发行公债的方式拿走这些资本,而是让劳动者得到这些资本,通过对劳动阶级直接课税来筹集自己所需要的资金,那么,由此而带来的经济结果虽然完全一样(在各方面都完全一样,只是多了收税的费用和不便),但国家却不会因此而负债。所以,政府实际采取的方法,要比当时可能采取的最糟的课税方法还糟。可以为之辩护的惟一理由(假如真的可以求助于这一理由的话),是当时不得不

这样做，也就是说，当时无法用课税方式筹集数目这么大的资金，课税会招致人们怨恨和逃税，因而是行不通的。

如果国债只触及国民资本的剩余部分，或只触及假如不是过多就不会积累的那部分资本，那么，国债至少不会受以上严厉的谴责，因为除了支付利息外，发行国债没有使任何人遭到剥夺，相反，在使用国债期间，也就是在用国债直接购买士兵和海员的劳动时，由于如果不是这样，这些资金就会外流，所以劳动阶级甚至会得到好处。因而，在这种情况下，问题实际上是人们常常遇到的一种需要进行抉择的情形，即是立即作出很大牺牲呢，还是在无限长的时期内一点一点地作出牺牲。在这件事情上，似乎可以认为，国家应像私人那样采取小心谨慎的态度，即在能够忍受的限度内，应尽可能立即作出牺牲，只有当进一步的负担会带来过重的负担时，才应以未来的收入为抵押，用借债的方法弥补不足。用现有的资源满足现有的需要，这是个极好的格言；未来有未来的需要必须满足。另一方面则应考虑到，在财富不断增加的国家，政府的必要支出往往不会与资本或人口按同一比率增加，因而负担总是越来越轻。既然政府的必要支出，不仅有益于这一代人，而且还有益于以后各代人，所以让后代人为此付出一部分代价，以使现代人少吃一点苦，少作一点牺牲，也许并非不公平。

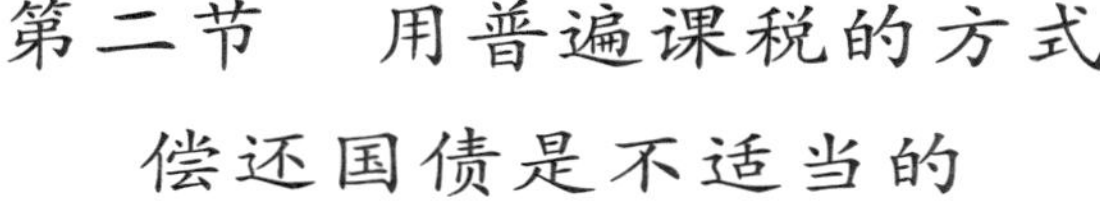

第二节　用普遍课税的方式偿还国债是不适当的

一个国家清醒明白地或糊里糊涂地负了债，是否应想办法偿还债务？从原则上说，只能给予肯定的回答。固然，当债权人是同一社会的成员时，支付国债利息只不过是一种转移。但是，这种转移是强制性的，是一种严重的罪恶，用课税方法筹集巨款支付利息，必然要花很多钱，会给人带来很多麻烦，必然会扰乱工业的发展，还会带来其他许许多多弊害，而不是仅仅支付政府所需要的钱就行了，因而任何时候都应尽力避免课征这种税。既然为避免负债值得作出很大牺牲，那么随后为清偿债务也值得作出很大牺牲。

一般认为有两种偿还国债的方法，一种方法是通过普遍课税一次偿清债务，另一种方法是用多余的财政收入慢慢偿还债务。第一种方法如果可行，无疑是无比好的方法；而如果能公平地仅仅对财产课税，则该方法也就是可行的。假如国债的全部利息都是由财产负担的，那么，通过对财产课税来偿清债务，对财产本身也是很有利的，因为这仅仅是把本金归还给债权人，而在法律上，本金的全部年收益已经归债权人所有了；这等于地主卖掉一部分地产来赎回其余的地产。但不用说，财产并没有支付国债的全部利息，而且要求它支付国债的全部利息也是不正当的。的确，有人断言，要求财产支付国债的全部利息是正当的，其理由是，如果要这一代人偿还其前辈欠下的债务的话，那就只应该用他们继承的财产偿还，而不应用其辛勤劳动的成果偿还。但是，难道仅仅是继承了财产的人从前人那里得到了好处吗？同开天辟地时相比，现在地球上的土地已被开垦，进行了种种改良，修建了道路，开凿了运河，建立了城市和制造业，难道这种翻天覆地的变化仅仅有利于土地所有者吗？难道前人通过劳动和忍欲积累的资本仅仅有利于资本的合法继承人吗？难道我们没有继承前人通过自己的聪明才智

和勤奋努力获得的科学知识和实际经验吗？难道科学知识和实际经验不是全人类的共同财富吗？生来便拥有财产的人，只不过在享有这些共同遗产的同时，还继承了单独一份遗产.调节赋税时应该注意的正是这种差别。应由国家的一般财政制度来适当考虑这一原则，我已说过，我认为顾及这一原则的适当方式是对所继承的财产课征重税。应直接和公开确定财产对国家所负的义务以及国家对财产所负的义务，据此调节国家的有关制度。一旦确定了财产负担国家一般支出的比例，财产就应按与此相同的比例支付国债的利息或偿还国债，而不应超过这一比例。

不过，如果承认了这一点，则试图通过对社会成员普遍课税的方法来偿还国债的计划，就会被否决。拥有财产的人可以通过牺牲财产来支付税款，因而其净收入不会变化；但是，如果要求那些没有财产而只有收入的人也一次付清为支付国债利息而课征的捐税，那么他们就只好借债了；由于他们大都不能提供充分的担保，他们为所负的私人债务支付的利息要比国债的利息高得多。而且，同把债务分散给私人相比，由赋税偿付的集体债务具有一巨大优点，就是集体债务实际上是由纳税人相互担保的。如果纳税人的财产减少，则他所交的税也会减少；如果他破产了，则他可以完全不交税，他的那部分税完全转给了有偿付能力的社会成员。但是，如果把集体债务变为私人债务，则纳税人即便在身无分文的时候，也摆脱不了债务。

国家如果拥有地产或其他财产，而又没有充足的理由为了国家的利益保留和支配这些财产，那就应该用它们来偿还国债。任何偶然的或意外的收入自然也应该用来偿还国债。除此之外，偿还国债的惟一正当而可行的方法，就是用财政盈余来偿还国债。

第三节　在哪种情况下适宜于用财政盈余偿还国债

用财政盈余偿还国债，我想这方法本身无疑是适当的。我们有时确实可以听到人们说，还不如把税款“留在人们的口袋里让其结果实”。用这一论点来反对为非生产性开支课征不必要的赋税，是合适的，但却不能用它来反对偿还国债。原因是，“结果实”一词的含义是什么？如果这个词有意义的话，那它就应该指对资金的生产性运用；因而就反对课征赋税来说，上述论点的含义必然是，如果把税款留在人们手中，人们就会把它们节省下来，把它们转变成资本。人们固然很可能会节省下一部分税款，但却绝对不可能节省下全部税款，而如果用课税的方法拿走这些资金用于偿还国债，则全部税款就会节省下来，用于生产目的。国债持有者得到偿付后，会把得到的款项看作是资本，而不是收入，会使它“结果实”，也就是让它继续提供收入。所以，反对用财政盈余偿还国债不仅是毫无根据的，而且实际情况正好相反，钱不“留在人们的口袋里”，反而更有可能结果实。

不过，并非在所有情况下都适宜于用保持财政盈余的方法偿还国债。举例来说，偿清英国国债的好处是，可以由此而废除我们的赋税中较为有害的那一半赋税。但在这较为有害的一半赋税中，有些肯定要比另一些更为有害，因而废除前者要比废除后者会带来更大的好处。假如放弃一部分财政盈余可以使我们免除一种赋税的话，那我们就应该想到，最有害的赋税正是我们为了废除不那么有害的赋税而正在课征的赋税。在财富不断增加的国家，日益增加的收入使其能够不时废除最令人讨厌的赋税。我认为，在这样的国家，只要仍有非常令人讨厌的赋税，增加的收入就与其用来偿还国债，还不如用来废除赋税。所以，我认为，在目前英国的状况下，当政府有永久性的财政盈余时，其政策应该是经过正确的挑选，用这种财政盈余来废除赋税。即使全部赋税都已符合永久性原则，仍应继续执行这种政策，不断减少赋税，直至达到这样一种水平，在该水平上，筹集一定数量的款项给纳税人带来的压力最小。我认为，达到了这一水平后，税收的增加带来的财政盈余就不应用于废除赋税，而应用于偿还国债了。最后，得自某些赋税的全部收入便应该专门用于偿还国债，因为如果偿债基金单独划出来，不与国家的一般财政收入混在一起，则国债的清偿会更有把握。遗产税就特别适宜用来偿还国债，因为这种用资本缴纳的税最好还是用来偿还资本，而不是用来支付经常费用。如果划出了专用的偿债基金，那么此后由于其他税收的增加而得到的财政盈余，以及由于越来越多的国债被偿还后不用再支付利息而得到的财政盈余，便可以用来免除赋税。

有人认为，发行一定数量的公债来为较贫穷的社会成员或经验较少的社会成员提供一种投资对象，不仅是合乎需要的，而且几乎是必不可少的。就这一点来说，国债提供的便利是不可否认的；但是，国债作为投资对象的优点，实际只不过是具有国家的担保，然而这种优点已并非只是由国债所特有，随着工业的发展，正在逐渐出现另外一些投资方法，例如持有大国营公司的股票或债券，这

些方法不涉及强制性课税，却与国债同样安全和方便。满足上述需要的一种方法，是建立一开展存款和贴现业务的国家银行，在全国各地普遍设立分行；接受人们的存款，像股份公司那样，或者支付固定利息，或者支付不定利息；当然，由于政府投资较为可靠，所支付的利息应低于个人借款利息；这种银行的开支由银行所支付的利息和所得到的利息之间的差额来支付，它可以把存款贷放给具有商业担保、地产担保或其他担保的人，由此而获得利息。在理论上没有真正站得住脚的理由反对建立这种银行，以此作为一种方便的投资方式，取代现在的国债，而且我认为在实践上也没有反对的理由。建立这种银行后，国家就成了大保险公司，确保依靠利息为生的那部分社会成员不会遭受损害，而如果没有这种银行，他们不得不把钱贷给私人的话，他们就有可能因为借款人破产而遭受损失。

第八章　论政府的一般职能及其经济影响

第一节　人身和财产不十分安全的影响

在我们讨论政府应该直接干预哪些事情，不应该直接干预哪些事情以前，有必要考察一下政府在行使其一般职能时带来的有害的或有益的影响。所谓一般职能是指政府在所有社会都行使的那些职能，指大家都赞成政府行使的那些职能。

政府的第一项一般职能，就是保护人身和财产的安全。不用说，政府能否很好地执行这项职能，对社会的经济利益是有影响的。人身和财产的安全得不到保障，也就等于说是人们所作出的牺牲或努力与目的的实现之间没有确定的关系。意味着播种人不一定能得到收获，生产者不一定能享用自己生产的产品，人们节俭日后不一定能享受。不仅意味着劳动和节俭不是致富之路，而且意味着暴力是致富之路。当人身和财产的不安全达到一定程度时，弱者的财产便会听凭强者宰割。生产者的自卫力若不及非生产者的掠夺力，生产者就无法保有自己生产的产品。所以，当不安全超过一定限度时，由于生产阶级无力抵抗掠夺阶级，生产阶级的成员就会一个个地投靠掠夺阶级的成员，宁愿受一人的掠夺，而逃避所有人的掠夺。正是由于这一原因，在中世纪，私有财产大都变成了封建财产，许多较贫穷的自由民都自愿世世代代做统兵贵族的农奴。

不过，在理所当然地重视人身和财产的这种极为必要的安全时，我们不应忘记，即使就经济目的来说，也有另外一些同样必不可少的事情，这些事情常常可以在很大程度上补救政府保护的不足。正如我们在前面一章中说的，[①]意大利、佛兰德和汉萨同盟的各自由城市，经常处于内乱和外患的状态，人身和财产受到的保护很不充分；然而，在数世纪内，这些自由城市却迅速繁荣起来，财富迅速增加，许多工业技艺达到了很高水平，极为成功地进行了多次遥远而危险的探险和商业航行，拥有足够的力量与大封建领主抗衡，并且甚至能保护自己不受欧洲各国君主的侵害，能做到所有这一切的原因是：在混乱与暴力中，这些城市的居民仍能相互结合与合作，并享有某种原始的自由，这些因素合在一起，使他们成了勇敢、精力充沛和高尚的民族，使他们热心于公益事业，具有很强的爱国主义精神。这些自由城市和另外一些自由国家在没有法律的时代的繁荣昌盛告诉我们，在一定条件下，由于某种程度的不安全使勤劳努力和实际才能成为安全的条件，因而这种不安全既有坏的一面也有好的一面。只有当不安全达到极为严重的程度，致使人类无法以自己的一般能力适当自卫时，不安全才会起瘫痪作用。主要正是由于这一原因，对于国家的繁荣来说，政府的压迫要比自由制度下几乎任何程度的没有法律的混乱状态有害得多，因为政府的权力一般说来是任何个人所无力反抗的。一些国家尽管处于四分五裂的近乎无政府的状态，却仍能积累一定数量的财富并取

① 第一编，第七章，第六节。

得一定程度的进步，但如果人民无限地遭受政府官吏的专横压榨，这样的国家则不可能继续保有工业和财富。在这样的政府统治下，要不了几代人的工夫，工业和财富就会消失殆尽。仅仅由于这一原因，地球上的一些最为美丽富饶的地区，先是在罗马人的统治下，后来在土耳其人的统治下，变成了一片荒漠。我说仅仅由于这一原因，是因为这些地区本来可以像其他国家那样极为迅速地从战争的破坏或其他暂时的灾难中恢复过来。艰难困苦通常只会激励人们努力奋斗，致人于死地的是白白努力而无结果。

第二节　过度课税的影响

政府课税过度虽然会造成很大危害，但从对经济的影响来说，所造成的危害却不如轻得多的政府官吏的压榨那么大，因为这种压榨或者使纳税人受到政府官吏的专横对待，或者使技艺、勤劳和节俭处于不利地位。在我国，赋税给人们带来的负担是很重的，可是由于人人都知道赋税的限度，缴纳的赋税很少超出人们的预料和计算，由于课税的方式不那么挫伤人们勤劳和节俭的积极性，因而赋税几乎没有减少繁荣；有人甚至认为，赋税反而增加了繁荣，因为它使人们更加勤劳以减轻赋税带来的压力。但在许多野蛮而专制的东方国家，课税就是要束缚那些已经获得了财产的人，没收他们的财产，除非他们用巨款进行疏通，因此，在这样的国家，人们是不会自愿勤奋工作的，只有巧取豪夺才能致富。甚至在较为文明的国家，课税方法不得当，也会产生与此相类似的结果，虽然程度要轻一些。革命之前，法国作家认为，法国的农业之所以落后，农民之所以处于悲惨境地，主要是由于课征人头税的缘故；其实不是因为这种税过重，而是因为它是按照农民的可见资本的多寡课征的，因而农民觉得越穷越好，由此而鼓励了懒惰。财政官员、监督官以及代理总督的滥用职权，要比沉重的赋税更加有害于繁荣，因为滥用权力会破坏安全；所以享有自治权的地区由于没有这种祸害，情况就要好得多。俄罗斯帝国尽管具有极为巨大的改良经济的潜在能力，但国家官吏的普遍贪污腐化却严重地拖了后腿，这是因为，国家官吏收入的多寡，要看他们能否制造麻烦，然后再接受贿赂消除这些麻烦。

不过，单纯的过度课税，即便是明确而有限的，撇开不公正不谈，也是一种严重的经济弊害。课税过度使勤劳得不到足够的报酬，因而会使人懈怠。在远未造成这一结果之前，课税过度就会极大地妨碍资本的积累，或使资本外流。落在利润上的赋税，即使没有超过这种收入应纳的份额，也必然会减少储蓄的动机，除非有利润较高的国外投资机会。例如，在荷兰，利润似乎早已达到了实际最低水平，因而在上一世纪，其富有的资本家就已把很大一部分资本投在了其他国家的公债和股票上。这种低利润率被归因于沉重的赋税，而沉重的赋税在某种程度上则是其地理位置和历史所强加的。的确，荷兰的赋税数额很大，其中许多是对必需品课征的税，这种税特别有害于工业的发展和资本的积累。但是，当赋税总额很大的时候，其中一部分就不可避免地是有害的。任何消费税，如果很重的话，即使不落在利润上，也往往会使中产阶级携带资本移居国外，因而其结果与课征利润税是一样的。虽然我并不像一些政治经济学家那样认为，一个国家只有财富迅速增加才算境况良好，但我却认为，一个独立国家若过早地处于停滞状态，而其邻国则在不断发展，那就会使它陷入严重不利境地。

第三节　法律不完善与司法不完善的影响

政府保护人身和财产安全这个大题目，还可以细分为许多小题目来谈。例如，司法机构是否完善或有效率等一系列问题就包括在内。如果司法机关的廉洁与能力存在问题，办案拖拉，程序繁琐，费用高昂，使诉讼人不堪忍受，宁愿有冤不上诉，也就是说，如果司法不完善，则不能认为人身和财产是安全的。在英国，司法机关毫无疑问是廉洁的；在其他一些欧洲国家，社会的进步也带来了相同的结果。但是，其他种类的法律和司法不完善却大量存在；特别是在英国，人民缴纳了巨额赋税，而政府作为回报提供的法律服务却如此不完善，由此而大大降低了这种服务的价值。首先，法律的暧昧不明（边沁语）和变化无常，使甚至是非常熟悉法律的人，在事实确凿无疑，无需提出起诉的情况下，也不得不求助于法院主持公道。其次，法院办案拖拉，程序繁琐，索费极高，因而人们与其为最后得到公道解决而付出高昂代价，还不如忍受冤屈；有罪的一方，即使是法院认定有罪的一方，也仍有许多机会胜诉，例如，对方可能由于缺少钱而撤回诉讼，或有可能在牺牲对方正当权利的情况下用折中方法了结诉讼，或玩弄花招，使法庭不根据是非曲直作判决。发生所列举的最后那种事情，常常不能归咎于法官，因为当前英国的法律制度已严重不适应变化了的社会情况，在很大程度上不是建立在与社会状况相适应的理性原则上，而是部分建立在

奇思异想上，部分建立在封建土地占有制上，尽管这种土地占有制已经仅仅是法律上的虚构。在英国的整个法律体系中，大法官法庭虽然拥有最好的实体法，但在办案拖拉，程序繁琐和费用高昂等方面也是无与伦比的；而大多数最为复杂的案件，例如公司案件和信托案件都要由该法庭来处理。最近对大法官法庭进行了改革，消除了一些弊病，但还远远未消除所有弊病。

幸运的是，对于英国的繁荣来说，大部分商业法律还算比较符合现代的需要。商业法律的产生很简单，法庭只是承认了商人为了便利而采用的习惯做法并赋予其法律效力。因此，至少这部分法律实际上是由利害关系最大的人制定的；与此同时，法庭的各种缺陷实际上对商业活动的损害也较少，因为对于商人来说，取决于名声的信用很重要，使舆论对那些一般认为是欺诈的商业行为施加了强有力的限制，尽管日常经验表明，这种限制还不够充分。

法律的不完善，无论是实体法的不完善还是程序法的不完善，都对法律上的所谓“不动产”（real property）造成的损害最大（在欧洲的一般法律术语中，不动产也叫作 immovable property）。就这部分社会财富来说，法律提供的保护是极不完善的。这首先是因为这方面的法律变化无常，技术细节一团混乱，人们无论花多少钱，也不能确保土地所有权不受侵害。其次是因为，在当前的法律下，不动产交易得不到适当的法律证明，也就是说，这种交易的法律文件得不到适当的注册登记。第三是因为，不动产的买卖，甚或租借、抵押，除了必须纳税外，还得签订和通过一些繁琐而费钱的文件和手续。第四是因为，在有关不动产的几乎所有案件中，诉讼费用的高昂和办案的拖拉都叫人不堪忍受。毫无疑问，民事高等法院的种种缺陷使土地所有者遭受的损害最大。我想，法律开支，无论是实际诉讼费还是填报各种法律文件的费用，恐怕在大多数大土地所有者的年支出中都是一不小的项目；土地所有者尽管为土地转让支付了法律费用，却很难使买者对土地所有权抱有充分的信心，土地的售价因此而被大大降低。然而，虽然至少从1688年起，土地所有者在英国的立法机构中就已占据了统治地位，但他们却从未在修改法律方面有所行动，不仅如此，还坚决反对某些对他们自己特别有利的土地法修正案；尤其是，由著名的不动产律师组成的一个委员会曾提出一法案，规定土地买卖契约必须登记备案，这项法案由坎贝尔勋爵提交给了下议院，但却触怒了大多数土地所有者，遭到了他们的否决，此后很长一段时间内没有人再敢提出这样的法案。[①] 土地所有者之所以如此不合情理地敌视这种对他们自己最为有利的法案，是因为他们在所有权问题上胆子极小，而这种胆小正是他们所不愿纠正的法律上的缺陷造成的，还因为他们在所有法律问题上愚昧无知，无法作出判断，完全听从法律顾问的意见，而没有注意到，法律的每一缺陷在给他们带来麻烦的同时，却给律师带来了好处。

法律制度的种种缺陷如果仅仅给土地所有者带来了麻烦，那并不会严重影响生产的源泉；但土地所有权的不确定则必然会严重挫伤人们为土地改良投资的积极性；而土地转让费必然会妨碍土地转入那些能最有效地利用土地的人之手；在买卖小块土地时，转让费常常高于土地的价格，所以除个别情况外，也就等于禁止买

① 韦斯特伯里勋爵最近提出的法案，如果获得通过，将大大减轻英国法律中的这种严重缺陷，而且很可能会导致英国法律得到进一步的改进。

卖小块土地。然而，这种买卖在几乎所有地方都是极为符合需要的，因为在几乎所有国家，地产不是过大就是过小，需要对大地产进行分割，对小地产进行合并。使土地的转让像资本那样容易，是国家最大的一项经济改良；前面我已一再说明，进行这项改良并不存在不可克服的困难。

此外，一个国家的法律和司法，作为达到直接实际目的的一套方法，其优劣即使从经济观点来看，在很大程度也取决于法律对道德的影响。我在前面曾说过，[①] 人类的产业活动和所有其他联合活动的效率，取决于人类能在多大程度上相互信任，遵守契约；由此可见，即便是一国的经济繁荣，也会受到其各项制度的很大影响，看它们是鼓励诚实守信，还是鼓励相反的品质。各国的法律至少表面上都鼓励人们在钱的问题上要诚实，要遵守契约；但是，如果法律为人们提供便利，使其能够玩弄花招，或依仗钱财打官司，从而逃避应负的义务，如果人们有办法合法地达到欺诈的目的，那么，法律便会败坏道德，甚至会败坏人们在钱的问题上的道德。不幸的是，在英国的制度下，这种情况很常见。另外，如果法律过于宽容，使游手好闲和挥霍浪费得不到应有的惩罚，或对犯罪行为处罚过轻，则会对勤俭的美德和其他社会美德产生不利的影响。如果法律依靠本身所包含的特许和禁令，在人与人之间制造不公正，例如所有承认奴隶制的法律、所有国家有关家庭关系的法律（尽管程度不尽相同）以及许多国家有关富人和穷人关系的法律（尽管程度更加不尽相同）就都在人与人之间制造了不公正，在这种情况下，法律会给人们的道德情操带来更为灾难性的影响。这类问题

① 第一卷，第七章，第五节。

在广度和深度上都远远超出了政治经济学的范围，我提及它们只是为了不完全忽略它们，因为它们要比我讨论的那些事情更为重要。

第九章　论政府的一般职能及其经济影响(续)

第一节　财产继承法

以上讨论了一般法律制度的优缺点所产生的影响,下面将讨论特定法律的特殊性质所产生的影响。既然讨论必须有所选择,我就只论述几个主要题目。在一国的民法中,除决定劳动者地位为奴隶、农奴或自由民的法律外,最具经济意义的是继承法和契约法。在契约法中,最具经济意义的则是公司法和破产法。恰巧就这三种法律而言,都有理由谴责英国法律的某些规定。

关于财产的继承,我在前面某一章中已考察了与此有关的一般原则,并撇开一切偏见,提出了法律所能采取的最佳处理办法。一般说来,遗赠自由只应受以下两个条件的限制:第一,如果遗赠人有后代生活尚不能自立而要由国家来负担,则应为其保留一部分遗产,数额应与国家提供的抚养费相等;第二,任何人获得的遗产都不应超过维持中等程度的自立生活所需的数额。在没有遗嘱的情况下,全部财产应归国家所有,只给财产所有者的后嗣留下正当而合理的一部分,就像父母或祖先根据其后嗣的具体情况、能力以及抚养方式而给其留下一部分财产那样。

不过,以上见解与人们当前的思维方式相距甚远,也许要经过若干阶段的改良,人们才会认真考虑这些见解。在现今得到人们承认的财产继承法当中,有些肯定较好,另一些肯定较差,我们必须考虑它们当中的哪一种要好一些。作为折中方法,我建议把英国现行的个人财产继承法推广应用到所有财产上。英国的动产继承法遵循的原则是:遗赠自由,在没有遗嘱的情况下,动产由后嗣平分,不过,旁系亲属无权继承动产,如果动产所有者既无后嗣又无上辈,而又没有立遗嘱,则其动产应归国家所有。

目前各国的法律从两个相反的方面违背了上述原则。在英国和法律仍受封建制度影响的大多数国家,法律的目的之一,就是要使地产和其他不动产保持集中,因而在没有遗嘱的情况下,一般说来,不动产全部归长子所有,只有少数地方的风俗与此不同。虽然长子继承权原则对遗嘱人没有约束力,在英国,遗嘱人在名义上享有随意遗赠财产的权力,但财产所有者也可以利用这一权力以限定继承人的方式,把财产永远留给其后嗣的某一分支,从而剥夺长子继承财产的权利,这除了确保财产按指定的方式继承外,还禁止出售财产,因为每一代所有者对于所继承的财产只享有一代的所有权,转让期不得超过所有者的寿命。在另一些国家,例如在法国,法律则规定必须平分遗产;不仅在没有遗嘱的情况下,由其子女或(如果没有子女)由其近亲平分,而且还不承认遗赠权,或只承认对有限的一部分财产享有遗赠权,其余的都得平分。

在实行这两种制度的国家,建立和维持这两种制度恐怕都不是出于正义的考虑,也不是出于对经济结果的预见,而主要是出于政治动机;在一种情况下是为了维护大世袭财产和土地贵族制度;在另一种情况下则是为了分割世袭财产,防止土地贵族制度的复

辟。第一个目的作为国家的政策目标来说，我认为是极为不适当的；至于第二个目的，如前所述，在我看来，还有更好的方法可以达到这一目的。不过，这两种目的的得与失属于一般政治科学论述的题目，而不属于这里所讨论的政治经济学论述的题目。对于各自所要达到的目的来说，这两种制度都是切实可行的有效手段；但我认为，每一种制度都是在带来大量弊害的情况下达到其目的的。

第二节　长子继承法与习惯

人们提出了两个经济方面的论点来支持长子继承权。一个论点是，长子继承权使其他子女不得不自创家业，因而会刺激他们勤奋努力并树立雄心。这个论点是约翰生博士提出来的，他在推荐长子继承权时说，长子继承权“使一个家庭只出一个白痴”，这话听起来很有说服力，而不像是在赞美世袭贵族制度。令人感到奇怪的是，贵族制度的捍卫者竟然宣称，不劳而获地继承财产会使人意志消沉，精神萎靡。不过，可以说，在目前的教育状态下，这种看法尽管不免有些夸张，但却是符合实际情况的。但是，无论该论点的说服力如何，它都告诉人们，应像对待其他子女那样对待长子，只让其继承仅够维持生存的财产，从而连约翰生博士所愿容忍的那“一个白痴”也不会出现。既然不劳而获的财富对于一个人的品德如此有害，那我就不明白了，为什么为了不使其他子女受毒害，就只能把毒药凑在一起，挑出长子让他一个人尽可能大量地吞吃毒药。我们不能仅仅因为不知道有什么其他办法处置大笔财产，就让长子遭受如此巨大的不幸。

不过,一些作家认为,长子继承权之能够刺激人们勤奋努力,与其说是由于年龄较小的子女处于贫困状态,还不如说是由于这种贫困与长子的富有形成了对照;他们认为,要使蜂群忙碌并保持活力,就得到处都有巨大的雄蜂,以使工蜂适当感觉到有蜂蜜的好处。麦克库洛赫在谈到年龄较小的子女时说,"他们在财富方面的不利处境以及他们想摆脱这种处境、想与其年长的兄弟平起平坐的愿望,激励着他们,使他们充满了干劲和活力。但是,不平分财产的好处并非仅限于对年龄较小的子女具有刺激作用,而且还会普遍提高人们努力的程度,使人们更加勤劳。大地主的生活方式是人人羡慕的;他们大手大脚花钱的习惯,虽然有时对他们自己也是有害的,但却可以强烈刺激其他阶级的才智和进取心,其他阶级除非能像大地主那样奢华,否则决不会认为自己已经很富有;因此,由长子继承遗产的习惯似乎会使各阶级更加勤劳,同时还会增加财富总额并提高享乐水平。"①

在我看来,这种观点不包含任何真理成分,而只是使人想到这样一条真理,即财富的完全均等,对于人们积极增加财富的努力来说是不利的。一般而言,如果人们拥有的东西和其邻人的一样多,或自认为和其邻人的一样多,则人们就往往不会努力获取更多的东西,无论是就财富来说,还是就才能、知识和美德来说,情况莫不如此。但是,社会并不因此而就需要有一些大富豪来让穷人妒忌和羡慕。靠劳动获得的财产同样可以达到上述目的,而且可以更好地达到上述目的;因为看到某人如何通过劳动致富要比仅仅看

① 麦克库洛赫:《政治经济学原理》,1843 年版,第 264 页。该作者在其最近发表的论著《论遗产的继承》中,对这种观点作了更为详尽的阐述。

到某人拥有财富，更能刺激人们勤奋努力；前者不仅肯定会给人们树立勤劳的榜样，而且还会树立远虑和节俭的榜样，而后者则往往会给人们树立挥霍钱财的榜样，因而不但不会像原来所设想的那样对贫穷阶级产生有利的影响，反而会产生有害的影响，也就是说，会使那些意志薄弱、讲虚荣的人醉心于“大地主的奢华”。美国几乎没有或根本没有世袭财产，但谁也不会说那里的人民工业干劲和积累资本的热情不如其他地方。正像战争是古代和中世纪从事的主要活动那样，工业是现代世界从事的主要活动。一个国家一旦走上工业道路，通过工业获取财富的欲望便不再需要加以人为的刺激，因为财富会自然而然地给人们带来好处，并往往成为衡量才能与成就的尺度，从而可充分确保人们满腔热情地追求财富。至于更深一层的考虑，即合乎需要的是财富的分散，而不是财富的集中，较为健全的社会状态不是由少数人拥有大量财产，使所有人眼馋，而是让尽可能多的人拥有并满足于人人都有可能获得的适量财产；我在这里提到这种看法，只是为了说明，在社会问题上，长子继承权辩护者的见解与本书作者的看法相距有多远。

赞成长子继承权的另一种经济论点，特别牵涉到地产。据认为，在子女之间均等地或近乎均等地分配遗产的习惯，会使人们把土地分成一块块很小的土地，以致无法进行有利的耕作。这种论点一再被人提出来，并且一次又一次地遭到英国作家和欧洲大陆作家的驳斥。它所依据的假设，同政治经济学的所有原理依据的假设是完全相反的。它假定，人类的所作所为一般总是损害其眼前明显的物质利益。其实，分割遗产并不一定意味着分割土地，遗产继承人可以共同拥有土地，在法国和比利时就常常可以看到这种情况;土地也可以归一个继承人所有,他以抵押方式得到其他继承人的土地;也可以把土地卖掉来分卖得的款项。当分割土地会降低土地的生产能力时,遗产继承人为了维护自己的利益便会采用上述方法中的一种方法。不过,我们可以像上述论点那样假定,或者由于存在着法律上的困难,或者由于继承人愚昧无知,他们不顾自己的切身利益,坚持平分土地,宁愿使自己变穷,假如是这样的话,我们便可以据此反对像法国那样的强制分割土地的法律,但我们并不能据此反对遗嘱制定人根据平等原则行使遗赠的权利,因为遗嘱制定人总是能够作出规定在分遗产时不准分割土地。前面我们已说明,长子继承权的拥护者力图用事实来反对平分遗产,也同样是徒劳的。无论在哪一国家或地区,平分遗产的做法之与小土地制相并行,都因为小土地制是该国的一般制度,即使是大地主的土地也分作小块供人耕种。

除非能充分证明长子继承权对社会是有益的,否则长子继承权就应受到正义原则的严厉谴责,因为长子继承权对子女所作的区别对待,依据的完全是偶然性。所以,没有必要举出经济上的理由来反对长子继承权。不过,这里也可以举出一很有分量的理由。长子继承权所带来的自然结果是使地主沦为贫穷阶级。这种制度或习惯的目的,是不使大地产分散,这一目的一般是能够达到的;但是,大地产的法定所有者,并不一定就是这种地产所产生的全部收入的真正所有者。大地产通常要负担每代人其余子女的生活费,常常还要负担地产所有者的奢靡支出。大土地所有者一般都不注意节省开支,有多少花多少,而且是按收入最高时的水平花,情况发生变化减少了收入,也不及时缩减开支。其他阶级的成员挥霍浪费，是会破产而从社会上消失的，但地主挥霍浪费，即使得到的地租刚好能偿还债务，通常也仍死死抓住自己的地产不放。长子继承权这一习惯之能够形成，是由于人们想保持家族的“荣耀”，这种欲望使地主不愿出售一部分土地以使其余土地摆脱债务；所以，他们表面拥有的资产往往多于他们实际拥有的资产，他们总是按表面资产而不是实际资产安排支出。由于这种种原因，在几乎所有实行大土地所有制的国家，大多数地产都已被抵押；大地主不但没有多余的资本改良土地，而且要用由于国家财富和人口激增而增加的全部土地价值来使自己免于贫困。

第三节　限定继承权

于是，为了避免陷于贫困，就采用了限定继承权的方法，也就是不可更改地规定继承顺序，每代所有者只能在其生存年期之内享有所有权，不得使其继承人负债。因此，土地便在不负债的情况下，由一个继承人转归另一个继承人，现有继承人的挥霍浪费也就毁灭不了自己的家族。这样处置财产所产生的经济弊害，同仅仅实施长子继承权的情况相比，有一部分是相同的，有一部分是不同的，但总的说来，所产生的经济弊害更大。土地所有者现在虽然不能使家族破产，却仍能使自己破产；他在限定继承权的情况下要比在仅仅实施长子继承权的情况下，更没有可能拥有改良土地所必需的资财，即使有，他也不会用于改良土地，因为改良土地带来的好处将由不是他指定的继承人得到，而他自己很可能有年纪较小的子女需要供养，却不能由他现在拥有的土地来负担。这样，他自己便不会改良土地,同时也不能把土地卖给有意改良的人,因为限定继承权禁止让渡土地。一般说来,他甚至不能签订超过其生存年限的租约,“其原因”正如布莱克斯通所说,“假如这种租约是有效的,则实际上就可以借助于长期租约剥夺后嗣的继承权。”在这种情况下,英国便不得不通过法令放松限定继承权的严格性,以使人们能够长期出租土地,能够用土地收益改良土地。还应该补充一句,由于被限定的继承人不管配不配,都知道自己将继承遗产,且从小就知道,因而他们大都好逸恶劳,挥霍放荡。

在英格兰,限定继承人的权力要比在苏格兰和大多数其他实行这种制度的国家,更受法律的制约。英格兰的土地所有者只能指定一些活着的人和一个未出世的人依次继承其财产,未出世者年满 21 岁,限定继承权便告期满,土地也就成为他的绝对财产。地产由此便可以经由签立遗嘱时活着的一个儿子或一个儿子和一个孙子传给这个孙子的一个尚未出世的孩子。人们一直认为,这种限定继承人的权力不是很大,不致造成什么危害,然而实际上,这种权力要比人们表面看到的大得多。这种限定继承权很少期满;被指定的第一个继承人达到成年时,往往会与现在的所有者重新指定继承人,以此延长限定继承权的期限。所以,大地产很少能摆脱严格的限定继承权的限制;不过,在一个方面还是减轻了危害,因为在这样重新限定继承权的时候,通常会让地产负担其他年龄较小的子女的生活费。

从经济观点看,最好的土地所有制度,是让土地完完全全成为商品,只要某一购买者所愿意出的价钱,高于现在的所有者得自土地的收入额,他就可以很容易地买到土地。这当然不包括撑门面

的地产，这种地产带来的仅仅是开销，而不是利润；我们指的只是用于工业目的的土地，人们持有这种土地是为了获得收入。对于整个社会来说，凡是便利土地买卖的制度，便往往使土地成为更具有生产能力的工具；凡是妨碍或限制土地买卖的制度，则往往减少土地的有用性。因此，不仅限定继承权会减少土地的有用性，而且长子继承权也会造成这种结果。大量保有土地的欲望，一般都不是出于增进土地生产能力的动机，往往阻碍土地的转让，阻碍土地利用效率的提高。

第四节　强迫均分遗产的法律

另一方面，法国等国家的法律则把遗赠权限制在很狭小的范围内，规定必须在子女之间平分全部财产或大部分财产。在我看来，制定这种法律虽然依据的是与前面不同的理由，但也同样是极为不妥当的。只有当父母明确表示愿意或有充足理由推测他们愿意时，子女才有权要求得到生活费以外的财产，以使自己能独创家业；父母处置自己财产的权利，不能因为他人要求得到不属于自己的东西而遭到践踏。通过为子女确立更高的合法权利限制合法所有者的赠予自由，就等于是把虚构的权利置于真正的权利之上。这是反对这种法律的最主要的理由，除此之外，还可以举出许多次要理由。固然，父母应公平对待子女，不应偏心于长子或某一受宠的孩子，这是人们所希望的，但公平分配遗产并不一定等于平分遗产。有些子女也许天生就比其他子女独立生活的能力差，而另一些子女也许生来自立的能力就较强，所以公平所要求遵循的不是均等原则而是补偿原则。即使以均等为目标,对于达到这一目标来说,有时也有比法律要求平分财产的硬性规定更好的方法。如果某一继承人生性好吵架,好打官司,一点儿不让人,那么法律便无法对遗产的划分作公平的调整,无法按照对于全体当事人最有利的方式分配遗产;在这种情况下,如果遗产是若干块土地,继承人们对于各块土地的价值无法取得一致意见,那依靠法律就不能一人分给一块土地,而必须卖掉每块土地或平分每块土地;如果遗产是一所房子,或一座公园,或一个游乐场,平分会毁掉它们,那就必须把它们卖掉,尽管这样做会使金钱遭受严重损失并会大伤感情。然而,法律所做不到的事情,父母却能做到。倘若有遗赠自由的话,则所有这些难点都会依据理性和当事人的共同利益得到解决;而且因为遗嘱人不受字面意义的约束,平分遗产的原则从精神实质上说反而会得到更好的体现。于是,法律也就不必像在强制性制度下那样,为了防止父母以赠予或其他转让的名义侵犯其继承人的权利,不仅在人去世时,而且在人的整个一生,专横地干涉私人事务。

总之,我认为,财产所有者均应有权通过立遗嘱处置自己的全部财产,但无权决定立遗嘱时一切活着的人都已死后应由谁继承财产。至于应在什么条件下允许人们把财产遗赠给一个人,同时指定该人死后由另一个已经出世的人继承,则属于一般立法方面的问题,而不属于政治经济学方面的问题。这种处置方法,不会比共同拥有财产的情形更多地妨碍财产的转让,因为在对财产作新的安排时,只要实际活着的当事人全体同意就行了。

第五节　公司法

以上讨论的是继承问题，现在我们来讨论契约问题，特别是讨论公司法这一重要问题。凡是认识到推行广义的合作原理是发展现代工业所必需的经济条件的人都清楚，公司法关系重大，应使其尽可能地完善。随着生产技术的进步，许多工业部门都需要用越来越大的资本来经营，因而如果小资本聚集成为大资本的过程受到阻碍，工业生产能力便必然会遭受损失。大多数国家都没有足够多的人拥有所需的资本，而如果法律促使财产分散而不是集中，则这样的人就会更少；另一方面，如果中、小资产者很难合资经营，致使所有那些经过改良的生产方法以及所有那些只有依靠巨额资金才能获得的省工省力的高效率生产手段，都被少数富人所垄断，那也是非常不好的。最后，我要重申我的信念，即工业经济把社会彻底分成了两部分，一部分是工资支付者，另一部分是工资接受者，前者以千计，后者则以百万计，这种经济既不适宜于也不能够无限期地存在下去。是否有可能把这种制度转变成合作制度，在这种制度下，没有人依附于人的现象，没有有组织的敌对，而只有利益的一致，这完全取决于公司原则的未来发展情况。

然而，几乎没有哪一个国家的法律不设置巨大的而且大都是有意的障碍，来阻止建立多人合伙公司。在英国，现已存在的一个严重障碍是：合伙人之间的争议实际上只能由大法院来裁断，这常常比不诉诸法律还要糟糕，因为如果争议一方不老实，好打官司，他就可以任意纠缠其他合伙人，使他们不得不花钱、劳神，并陷入

麻烦之中，这些都是在大法院打官司所不可避免的，而他们甚至无权解除合伙关系来摆脱这种困扰。[①] 此外，不久之前，任何合股公司都必须得到立法机构的专门批准，才能正式成立，才具有法人地位。几年前通过的一项法令，算是取消了这一规定；但是，一些行家则称该法令是“一团糟”的法令，说从来没有过哪项法令如此“折磨”过加入合伙公司的人。[①] 当一些人，不管是几个人还是许多人，自愿合资从事一项共同事业，既不要求得到任何特权，又不剥夺任何其他人的财产时，法律便毫无理由制造麻烦阻碍这种计划的实现。任何一些人，只要符合公开宣布的几条简单条件，都应有权建立合股公司，而无需得到政府官员或议会的批准。不过，由许多人组成的合伙公司，实际上要由少数人经营管理，所以应为合伙人提供一切便利来对少数经营管理者进行必要的控制与监督，不管这些经营管理者本身是合伙人，还是仅仅被雇来的。在这方面，英国的制度还很不完善。

① 破产法院院长塞西尔·费恩先生，在向公司法委员会提供证词时说：“我想起不久前读过两名著名律师的报告，他们说，有许多关于合伙公司的案件移送给了大法院，但却不知其下落……。那些想参加这种合伙公司(即工人合作协会)的人，很少知道事情的真相，即合伙人之间的纠纷实际上是无法得到解决的。

“他们难道不知道一个合伙人可以劫掠另一个合伙人而后者无处伸冤吗？实际情况确实是这样，但他们知道不知道，我却不能断言。”

在费恩先生看来，这种明目张胆的不公正，完全是大法院的缺陷造成的。他的原话是，“我认为，如果说有什么好办的事情的话，那就是解决合伙公司的纠纷，原因很简单：合伙公司所做的每一件事都记在了账簿上，证据就在手边；所以只要解决纠纷的方法得当，困难就将完全消失。”——《公司法特别委员会报告》所附的《证词记录》(1851年)，第85—87页。

② 《公司法特别委员会报告》，第167页。

第六节　有限责任公司和特许公司

不过，不管英国的法律会给予根据一般合伙原则建立的公司以什么便利，有一种合股公司直到 1855 年绝对不准成立，只有议会或国王颁布特别法令才能成立这种公司。我指的是有限责任公司。

有限责任公司分为两种：一种是所有合伙人的责任都是有限的，另一种是只有某些合伙人的责任是有限的。第一种公司用法国的法律术语来说，就是所谓“Anonymous Society”（股份有限公司），在英国则直到最近仍只有“特许公司”这个名称。所谓特许公司指的是这样一种合股公司，其股东根据国王的特许状或议会的特别法令，免负超过其出资额的债务责任。另一种有限责任公司，在法国的法律中叫作“commandite”（两合有限责任公司），这种公司在英国尚未得到承认，因而是非法的，我马上要谈到的就是这种公司。

如果有一些人愿意合伙从事某一项商业或工业活动，彼此之间同意而且告诉那些与他们做生意的人，该公司的成员不对超过其出资额的债务承担责任，那么，法律是否有理由反对这种做法，是否有理由强迫他们承担他们所不愿承担的无限责任呢？法律这样做又是为了谁呢？当然不是为了合伙人，因为限定责任正是有利于合伙人，也保护了合伙人。所以一定是为了第三方，即为了那些与该公司做生意的人，正是对于他们，公司有可能欠下超过认股额所能偿付的债务。但是，谁也没有被强迫与该公司做生意，更没有被强迫无限信任该公司。只要没有欺诈,人们从一开始就了解真实情况,一般说来,那些与这种公司做生意的人是完全有能力自己照顾自己的,似乎没有理由认为法律会比他们自己更能细心照料自己的利益。法律所应当做的,是不仅要求一切有限责任公司,其公开宣布拥有的营业资本已如数缴清或已得到担保(如果公司的一切是完全公开的话,这种要求就完全是必要的),而且要求公司的账目能被人查阅,并在需要时,能予以公布,以使人能随时了解公司的现实状况,了解其资本(这是人们与其订立契约的惟一保证)是否有减损。法律应以严厉的处罚确保这种账目的真实。每一个人在与这种公司打交道时,为谨慎起见,不得不对公司的情况有所了解,如果法律像上面所说的那样,能确保人们了解公司的情况,那便像在其他任何私人生活领域中一样,法律不再有必要干预私人与这种公司打交道时作出自己的判断。

人们为这种干预提出的理由通常是,有限责任公司的经营管理者在公司亏损时不是以自己的全部财产作抵押,而在赢利时却可获得大量利润,因而他们不会小心谨慎地经营,往往会用公司的资金进行不适当的冒险。可以肯定的是,如果有两家同样经营不当的公司,但一家是无限责任公司,其股东很富有,而另一家是有限责任公司,其股东只拥有所认购的资本,则前者得到的信用一定会远远超过后者。[①]这两种公司不论哪一种弊害较大,受影响较多的都是股东自己,而不是第三者;其原因是,在法律确保公司情况公开的条件下,有限责任公司的资本一旦超出其一般的营业范围从事冒险事业,就会被人所知,招致议论,公司的信用也就会相

① 《公司法特别委员会报告》,第145—158页。

应受到影响。假如在法律确保公司情况公开的条件下，人们实际发现，无限责任公司更善于经营，那么有限责任公司便无法与无限责任公司相竞争，人们也就不会建立这种公司了。实际上，人们建立有限责任公司，大都是因为只有限定责任，才能筹集到所需要的资本额，在这种情况下，说应该阻止建立有限责任公司，那是很荒唐的。

还可以进一步指出，虽然在资本相等的情况下，有限责任公司向其客户提供的担保，要少于无限责任公司，但有限责任公司在某些方面还是要强于单个的资本家。科克兰先生在 1843 年 7 月号的《两大陆评论》上发表了一篇卓越论文，对这一问题作了精辟论述。[①]

这位作者说，"与个人做生意的第三方，对个人有多少资本用来履行契约，知道得极为模糊，极为不肯定，而那些与有限责任公司做生意的人，只要进行调查，就可以充分了解情况，所以可以满怀信心地做生意，而同个人做生意时，则没有这种信心。另外，单个商人可以轻而易举地隐瞒其经营情况，除他自己外，谁都无法掌握他的经营情况。即使是他的心腹职员也可能对经营情况一无所知，因为他借出借入的款项不一定非得记入流水账不可。他可以保守秘密，这种秘密很少泄露，即使泄露，也总是泄露得很慢；只有在破产时，才会真相大白。相反，有限责任公司一借款，就会被所有人知道，无论是董事、职员、股东，还是公众都会知道。这种公司的经营活动，在某些方面具有政府活动的性质。它的所有一切都

---

① 引文摘自 H. C. 凯里先生在一本名为《亨氏商人杂志》的美国期刊上发表的译文，见该杂志 1845 年 5 月号和 6 月号。

是暴露在光天化日之下的，对于想了解情况的人来说，没有什么秘密能保守得住。因此，就有限责任公司来说，资本和债务的所有情况都是确定的、有记录的、为人所知晓的，而就单个商人来说，则所有一切都是不确定的，都是不被人所知晓的。我们要问读者，这两者究竟哪一个对与其做生意的人最有利、最可靠？

“再者，单个商人利用其经营情况的模糊不清(他总是想增加这种模糊不清)，在生意兴隆时，可以在其资产方面制造假象，从而建立虚假的信用。在亏损而有可能破产时，则谁都不了解情况，他可以远远超出其偿还能力继续借债。最后，当破产那天来到时，债权人会发现单个商人所欠的债务远比预料的要多，而偿付手段则远比预料的要少。事情到此并没有完。经营情况的模糊不清，以前被利用来夸大资本额，增加信用，现在则被利用来隐藏一部分资本，使债权人无法得到。资本现在减少了，甚至完全消失了。资本被隐藏了起来，即便采取法律措施，债权人百般调查，也不会从暗藏之处把资本找出来。……有限责任公司是否也能很容易地这么做，读者自己很明白。毫无疑问，有限责任公司也可以这么做，但我想，读者会同我们一样认为，有限责任公司的性质、组织及其一切活动所不可避免地具有的公开性，大大减少了它这样做的可能性。”

包括英国在内的大多数国家，其法律对于合股公司来说在以下两方面犯有错误。这种法律极为荒唐地限制建立这种公司，特别是限制建立有限责任合股公司，同时一般又没有强迫这种公司公布其资产负债情况，而这正是确保公众不受这种公司损害的最好保证，即使是法律特别批准建立的公司也需要有这种保证。虽然英格兰银行从立法机关那里获得了开办银行的垄断权，并部分控制着像货币发行这样公众极为关心的事情，但只是最近几年法律才要求银行公布其资产负债情况，而且这种公开性最初是极不充分的，现在对于大多数实际目的来说才算是充分了。

第七节　两合公司

另一种需要加以注意的有限公司是这样一种公司，在这种公司中，全体经营业务的合伙人以及一些不经营业务的合伙人，以其全部财产对公司的债务承担责任，而另一些合伙人则对公司的债务所负的责任只限于一定金额，对于超过这一金额的债务不负任何责任，但他们可按公司的所有规定分享利润。这种公司称作两合公司，责任有限的合伙人（按照法国的法律，他们不得干预公司的经营管理活动）叫作“有限责任股东”。英国的法律不准建立这种公司。按照英国法律，在私人公司中，凡是分享利润的人，都得像经营业务的合伙人那样，对债务承担全部责任。

据我所知，我没有人为这种禁止建立两合公司的法律作过令人满意的辩护。有人认为，在合股公司中，如果股东对公司的债务只承担有限的责任，则这种公司的经营必然不那么小心谨慎。即使是这种不充分的理由，在这里也是不适用的，因为所有参与公司管理的合伙人仍是以自己的全部财产对公司的债务负责，他们仍会同以前一样小心谨慎。对于第三方来说，由于有有限责任股东，他们得到了比以前更多的保障，因为有限责任股东认购的资本额都可用来赔偿债权人，在债权人遭受损失以前，有限责任股东必先失掉自己的全部投资;如果他们不以所投入的资本成为合伙人,而是按与利润相等的利率把这笔钱借给公司,那他们就会与其他债权人分享财产的剩余,从而相应减少所有债权人的收入。两合的做法既有利于债权人的利益,对于经营业务的合伙人也是非常有益的。经营者因此而能够得到的资本额,会远远多于他们以自己的资产担保所能得到的资本额;同时那些不愿轻率地用自己的全部财产来冒险的人,也会用有限的一部分资本来资助有用的事业。

也许有人会认为,只要向合股公司提供适当的便利,也就没有必要再建立两合公司了。但在一些情况下,采用两合原则肯定要比采用合股原则好。科克兰先生说:"假设有一发明家需要资本来使其发明转变为产品。为了得到资本家的资助,他必须让资本家分享预期的利润;资本家必须与发明家相联合,共享成功的可能性。在这种情况下,发明家会采用哪种原则呢?毫无疑问,肯定不会采用共同合伙原则;"原因是多种多样的,特别是因为很难找到既拥有资本又愿意以自己的全部财产来冒险的合伙人。[①]"他也不会

① 律师邓肯先生说:"人们对贫穷的发明家是深表同情的;发明家受到了高额专利申请费的压迫;但他所受到的主要压迫却是公司法,公司法阻止他从人们那里得到帮助来把他的发明转变为产品。发明家都很穷,无法向借钱给他的人提供担保,因而谁也不会借钱给他;无论多高的利息,都没有吸引力。但只要修改一下公司法,发明家就可以同资本家共享利益和利润,资本家只对其投入的资本承担风险,因而毫无疑问,发明家会经常从资本家那里得到资助;然而,在当前的公司法下,发明家却处于绝境,他的发明对他是毫无用处的;他一月又一月、一次又一次地央求资本家,但就是借不到钱。据我所知,有两三项已经取得了专利的发明就是这种情况;特别是其中有一项发明,几位拥有资本的人很想共同在利物浦办一大企业利用这一发明,但他们却无法这样做,都感到由于那该死的公司法而受到了极大的阻碍。"——《公司法特别委员会报告》,第155页。

费恩先生说,"在我担任破产法院院长期间,我了解到,世界上最不幸的人就是发明家了。发明家要得到资本,会遇到很大困难,会陷入麻烦之中,最终大都弄得家破人亡,发明被他人占有。"——《公司法特别委员会报告》,第82页。

采用有限责任公司的原则”，或任何其他合股公司的原则，“因为在这些公司中，他都不会享有经营者的地位。在这种公司中，他的地位不会高于其他股东，从而与他人没有什么两样；但如果公司是他自己建立的，则经营权当然归他掌握。另外，有些商人或制造商虽然自己不是发明家，但由于具有办企业的特殊才能，他们也无可争辩地应掌握企业的经营权。”科克兰先生继续说，“在许多情况下，既然有限责任原则如此必不可少，也就很难想象我们怎么能够取消它或用别的原则替换它了。”对于法国来说，科克兰的话很可能是对的。

在英国，即使不鼓励限定责任的做法，公众建立合股公司的热情也非常高；因而虽然禁止建立两合公司在原则上是完全站不住脚的，但从纯经济观点来看，两合原则也并不像科克兰先生所认为的那么绝对必不可少。不过，英国法律规定，凡是分享无限公司利润的人，都得对公司的全部债务承担责任，这种规定也间接地带来了许多不便。不知这种法律扼杀了多少建立公司的有益方式。若要谴责这种法律，只需指出以下一点就够了，即假如不有所放宽的话，则根据该法律，就应不准用一定百分比的利润支付工资，换句话说，就是不准工人与资本家结成实际的合伙关系。[①]

要改善劳动阶级的境况和提高劳动阶级的地位，最为重要的是必须让劳动者建立合伙公司享有完全的自由。前面一章所描述的诸如工人协会那样的组织，是使劳动者依靠自身道德品质的提高获得社会解放的最有力的手段。劳动者享有建立公司的自由，

① 据认为，只要通过一项有限责任法，允许资本家和工人共同建立公司，就可以解决这一问题，这条意见是布里格先生提出来的。

其重要性并非仅仅在于树立几个成功的样板,而且还在于能让他们作不成功的尝试,失败能给人以教训,这种教训要比不是亲身经历的事情深刻。每一种社会改良理论,如果能够通过试验加以检验,就应允许,甚至鼓励其经受这种检验。通过这种试验,劳动阶级中的活动分子可以学到许多东西,而这些东西他们是难以从他人的说教那里学到的,因为他们认为他人与他们具有相反的利益,对他们抱有偏见;通过这种试验,他们可以在丝毫不损害社会的情况下,纠正自己对自立的错误看法,并可以明白,要公平合理地实现他们所希望的那种社会改良,必须具备什么样的道德、知识和工业方面的条件。①

法国的公司法强于英国的地方是允许建立两合公司,没有像大法院那样不顺手的工具,所有商业案件都由一商业法庭判决,费用较低而速度较快。但在其他方面,法国的制度则要比英国的制度糟得多。有限责任合股公司只有得到一个叫作"国务委员会"的政府机构的专门批准才能成立,该机构由行政官员组成,他们一般是对工业活动一窍不通的外行人,往往认为设立该机构是要限制工业活动,因而要得到他们的批准得费很多时间,花很大气力,致使企业的建立受到很严重的阻碍,同时由于能否得到批准完全是未知数,许多资本家投资的积极性受到了很大挫伤。至于在英国大量存在而且很容易建立的无限责任合股公司,在法国则根本不能

① 1852 年通过的一项法案,允许工人建立的工业协会享有"互助会"所享有的那些法定特权。该法案叫作"工业和互助协会法",是在热心于公益事业的斯拉内先生的多方努力下被议会通过的。这项法案不仅规定工人建立的工业协会可免于办理合股公司必须办理的那些手续,而且还规定这种协会的合伙人之间的争议不必由大法院来解决。正如 1861 年的《罗奇代尔公平先驱者协会年报》所指出的,该法案仍有一些缺陷,在某些方面妨碍了这种协会的活动。

成立，因为法国的法律不准把资本分成可转让的股份。

现有的最好的公司法，似乎是新英格兰各州的公司法。按照凯里先生的说法，①“新英格兰的法规对公司的束缚比任何其他地方都要少；结果是，在新英格兰各州，特别是在马萨诸塞州和罗得艾兰州，公司原则比在世界其他任何地方都运用得更为充分。在这些州，人们为几乎每一种可以想象的事业都建立了有限责任公司即特许公司。每个城镇都有管理其道路、桥梁和学校的有限公司。所以，这些设施都在为其付钱的人的直接控制之下，因而管理得很好。大学和教堂文化馆和图书馆、储蓄协会和信托公司，其数目与人民的需要相适应，都以有限公司的形式来管理。每一地区都有自己的地方银行，其规模与该地区的需要相适应，银行的资本来自当地的小资本家，并由他们管理；其结果是，世界上没有哪个地方的银行系统如此完善，如此不受放款数额变化的影响，由此而带来的必然结果是，这种银行的资产所具有的价值，很少受到它自己改变通货数量和价值的影响。在我们特别提到的马萨诸塞州和罗得艾兰州，有将近两百家银行。仅仅马萨诸塞一个州，就有53家各种各样的保险机构，遍布该州各地，都是有限公司。工厂一律是有限公司，资本由股份构成；从采购原料到销售成品，每一参与公司经营管理的人，都是公司的股东；同时每一受雇于公司的人，也都有希望通过自己的勤俭努力成为公司的股东。慈善机构林立，且都是有限公司。渔船也以股份的形式为水手所共有。捕鲸船水手的报酬，即使不是完全取决于，也在很大程度上取决于他们能捕到多少鲸鱼。在南洋做生意的每只船的船长，都是股东，切身

① 见他为他所译的科克兰的论文加的一则注释。

利益使他克勤克俭，新英格兰人由此而迅速把其他国家的商人逐出了南洋贸易。新英格兰人无论在哪里定居；都表现出了这种联合行动的倾向。在纽约，他们是班轮公司的主要所有者，班轮公司的资本被分为股份，由造船工人、商人、船长和水手所有，水手最终一般由此也可以成为船长，正是由于这一原因，这些人都很勤奋地工作。这种制度是世界上最最民主的制度，为每个劳动者、每个水手、每个工人，无论是男还是女，都提供了升迁的机会，我们完全可以预料这会带来什么样的情景。世界上没有哪个地方，人们的才能、勤劳和节俭会如此确定无疑地得到丰厚报偿。”

在欧洲，特许公司的破产事件和欺诈事件，给人们带来了极大损失，引起了人们的极大愤怒，但在上面提到的美国的那几个州，却很少发生这种事情，而是在另外一些州经常发生这种事情，在这些州，建立公司的权利受到了法律的严重限制，因而合股公司在数量和种类上都无法同新英格兰相比。凯里先生补充说：“仔细考察一下这几个州的制度，读者必定认为，确实应该允许人们自行商定建立公司的条件，允许由此而建立的公司与公众自行商定相互打交道的条件，合伙人既可以负有限责任，也可以负无限责任。”这一原则已成为英国最近制定的一切公司法的基础。

第八节　破产法

下面要讨论的是破产法。

良好的破产法之所以重要，首先是因为破产法关系到公共道德；公共道德的好与坏，最受像破产法这样涉及商业道德的法律的影响。而且破产法即使从纯经济的观点来看，也是非常重要的。这首先是因为，一国人民乃至全人类的经济福利，特别有赖于人们能够在债务上相互信任。其次是因为，工业活动的风险和费用之一，通常是所谓遇到呆账的风险或为呆账支付的费用，节省下这种开支便可以降低生产费用，因为这种开支丝毫无助于达到想要达到的目的，而看其是特定的呆账还是一般的呆账，必须由商品消费者或资本的一般利润来支付。

关于这一问题，各国的法律与习惯几乎总是偏激的。古代大多数国家的法律都对债务人极其严厉，赋予债权人逼债的权力，这种权力或多或少是专横的，债权人可以逼迫无偿还能力的债务人交出隐藏的财产，或者可以惩罚债务人，以发泄怨恨。在一些国家，这种专横的权力得到了进一步的发展，债权人有权迫使债务人当自己的奴隶，这种办法并非毫无道理，因为由此可以使债务人用劳动偿还债务。在英国，逼债的方式较温和，即债权人可拘禁债务人。这些都是原始时代的野蛮方法，既不符合人道主义原则，又不符合正义原则。不幸的是，对这些方法的改革，像对刑法的改革一样，只被看作是人道问题，而没有被看作是正义问题。而现在流行的实质上是一种空想的人道主义，在这一场合同在其他场合一样，走向了古代严酷惩罚的反面，对浪费他人财产的行为采取了特别宽容的态度，逐渐放松甚至完全取消了破产法中一切令人不愉快的规定，以致严重败坏了道德，最近又不得不通过法令扭转方向。扭转方向是应该的，但扭转得还不够。

一些人主张对无偿付能力的人采取宽容态度，所依据的理由通常是，当债务人没有偿债能力时，法律的惟一目的，不是迫害债

务人的人身,而是没收其财产,公平地分给各债权人。我们可以假定这是而且也应该是法律的惟一目的,但问题首先是,法律的惩罚已轻得无法达到这一目的。实际上,债权人根据自己的意愿拘禁债务人,是一强有力的工具,可迫使债务人交出他隐藏的或以其他方式处理掉的财产,法律如果取消这一工具,它(即使在最终得到修改后)是否能向债权人提供同样有效的工具,这仍有待于经验的证明。一些人认为,只要法律使债权人占有了无偿债能力者的财产,法律也就做了它所应该做的全部事情,这种理论是人们根本无法接受的假人道主义。法律的责任是阻止不正当的行为,而不仅仅是弥补不当行为所造成的后果。法律应勿使人们从破产中占到便宜;勿使人们在未征得他人同意的情况下利用他人的财产从事冒险事业;勿使人们在企业成功时获取利润,而在企业破产时把债务推在合法所有者身上;勿使人们觉得挥霍他人的钱财而使自己无法偿还债务是合算的。一般认为,法律上的所谓欺骗性破产,即谎称没有偿债能力,一经查出,就应给予处罚。然而,是否因为真的没有偿债能力,破产就不是不当行为所造成的了呢?如果某人是败家子或赌徒,挥霍掉债权人的钱财或把债权人的钱财输光,那么是否因为事情已经过去,钱已没有了,他就可以不受惩罚呢?从道德上讲,这种行为与那种被称为欺诈或侵吞他人财产的不诚实行为究竟有什么重大区别呢?

这种情况并非少数,而在破产案件中占很大比例。有关破产的统计数字证明了这一点。“在全部破产案件中,很大一部分都是胡作非为造成的,这可以用负债破产人法院和破产法院的记录来证明。一些投机者瞎胡闹,超出自己的财力或市场需要做商品投机生意，他们这样做只是因为他们认为能得手，但是他们却说不出为什么能得手；另一些人则做自己根本不熟悉的生意，如鸦片生意、茶叶生意、丝绸生意或玉米生意；还有一些人疯狂购买外国公债或股票；这些都是造成破产的最天真无邪的原因。”[①] 这段话引自一位富有经验和才智的作家，他用破产法院的几个官方受托人提供的证词证实了自己的说法。一个受托人说，“从破产者提供的账簿和文件来看”，在他任职期间该法院受理的全部破产案件中，“有 14 件是因为人们从事自己不熟悉的商品投机生意而造成了破产；有 3 件是因为不记账而造成了破产；有 10 件是因为超出了自己的财力做生意，结果其融通票据无人承兑而造成了破产；有 49 件是因为支出超出预期营业利润而造成了破产，尽管以往的营业利润都很高；没有 1 件破产案件是一般的不景气或某一行业衰落而造成的。”另一个官方受托人说，在一年半的时间里，“我经手了 52 件破产案件。我认为，其中 32 件是乱花钱造成的，有 5 件是乱花钱和经营不当造成的。另外 15 件我认为是乱做投机生意并在许多情况下挥霍浪费造成的。”

这位作者除引证了他人的话外，还根据自己了解的情况指出：“许多破产案件都是商人自己的疏懒造成的；他们不记账，至少是不很好地记账，不平衡账目；从不清点资产；如果经营范围大的话，也雇人，但却懒得监督，于是便破产了。可以不夸张地说，在伦敦，有一半从事商业活动的人从不清点资产，一年一年的就这样过下去，对经营情况一无所知，最后像小学生那样，吃惊地发现口袋中

① 引自 J. H. 埃利奥特先生 1845 年发表的一部著作，名为《信用是商业的生命》。

只剩下一分钱了。我敢说,在全国各地的工商业界人士和农业界人士中,顶多有一半人记账,而且不是每天都记账。我很了解全国各地500个小商人的情况,因而我能够说,在这些商人中,顶多有五分之一的人清点过资产,或记过最普通的账。我对这些商人作过认真的统计,可以说,10个破产者中至少有9个是挥霍浪费和不诚实造成的,最多只有1个是'运气不佳'造成的。"①

既然法律使如此行事的人能把自己胡作非为造成的结果转嫁到不幸相信他们的人头上,既然法律实际上宣布它把由此而造成的破产看作是"不幸的事",而不是犯罪,那么,工商业阶级又怎么能诚实正直,富有正义感,具有廉耻心呢?

当然,不可否认,有些破产是债务人不能控制的原因造成的,在许多情况下,债务人对破产并不负有很大责任;因而法律对这类破产应采取宽容态度,但仍应把事情调查清楚,不应糊里糊涂地了结,应该尽可能查清破产事实,而且还应该查清破产原因。受人之托保管钱财而把钱财弄没有了或花光了,这显然是出了什么事,我们不应让债权人证明其中有犯罪行为,十之八九他是做不到这一点的,而是应让债务人公开其全部经营情况,表明没有不当行为,或不当行为是可以宽恕的,以此驳斥有罪的推定。如果债务人做不到这一点,那就应根据推定的犯罪程度,给他以处罚;不过,可以根据债务人为弥补损失所作的努力程度而减轻处罚。

那些赞成放松破产法的人通常提出的一个论点是,除了在大规模的商业活动中外,信用是一种弊害;而剥夺债权人的逼债权可以很好地防止滥用信用。毫无疑问,零售商允许非生产性消费者

① 《信用是商业的生命》,第50—51页。

过多地赊购货物，是一种很大的弊害。然而，这只适用于大规模的，特别是长期的信用；因为只要货款是在货物离开商店或至少离开卖主的保管后才支付的，就都运用了信用；而禁止这种信用会带来极大的不方便。破产法所触及的很大一部分债务，是小商人欠批发商的债务，因而法律松弛造成的道德败坏，会最为严重地影响这种债务的偿还。这种债务是商业信用，谁也不愿看到这种信用被缩减；其存在对于国家的整个工业具有重大意义，对于大量诚实正直的小资产者也具有重大意义，因为如果法律不理所当然地惩治那些不诚实的或轻率的借主，致使小资产者通融不到他们所急需而决不会滥用的资金，那会给他们带来极大的损害。

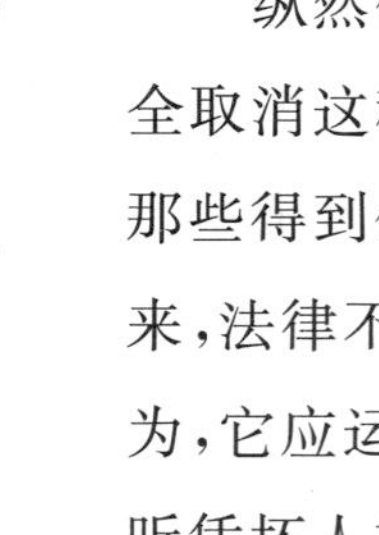

纵然他们承认非现金零售交易是一种弊害，承认法律应以完全取消这种交易为目的，但达到这一目的的最坏方法，莫过于让那些得到他人信任的人欺骗和掠夺他人而不受到惩罚。一般说来，法律不应利用人类的恶行惩处无辜者，如果法律要阻止某种行为，它应运用法律手段来阻止，而不应不保护那些如此行事的人，听凭坏人掠夺他们。一人犯了杀人罪，法律应判处他死刑，而不应听凭抢他钱包的人把他杀死而不给以处罚。轻率地相信他人的话，固然是不对的，但却不致为了阻止这种行为，听任轻信他人的人遭受掠夺。然而，自从放松破产法以来，这种情况却非常普遍。如果人们以为只要剥夺债权人的所有合法逼债权，实际上就会消除那种被认为是不好的信用，那就大错而特错了。流氓和骗子终究是极少数，人们还会相互信任的。生意兴隆的大商人固然可以拒绝赊欠，正像现在他们当中的许多人做的那样；但是在大城市的激烈竞争中，或者处于乡下小店主的卑微地位，由于每一主顾都十分重要,商人或那些正试图经商的新手会如何行事呢?即便风险再大一些,他们也会冒这一风险的;收不回欠款,固然会破产,但货物卖不出去,同样会破产。说他应仔细调查顾客的品行,不可轻易放款,也是毫无用处的。破产法院受理的一些大案中,债务人都肆意挥霍他人钱财,但这些骗子在骗取借款以前,都能提供极好的品行证明书。①

① 以下摘自"法国商法"的一段文字(借用费恩先生的译文)表明,法国的法律对各种破产作了认真的调查和仔细的区分。banqueroute 这个词只能译为破产,但在法国只是指应受惩罚的破产,应受惩罚的破产又分为普通破产和欺骗性破产两种。普通破产案件有如下述:

"经过调查,凡是犯有以下不法行为的无力偿还债务者,均可指控为普通破产者:

"假如其流水账中的家庭支出过大;

"假如他花费大笔金钱进行赌博或纯粹的投机交易;

"假如最后一次核对账目的结果已表明债务超过了资产的一半,他仍大量借款或仍以亏本的或低于市价的价格转卖商品;

"假如他发行的流通证券,根据其最后一次核对账目的结果计算,是其可支配资产的3倍;

"犯有以下不法行为的无力偿债者也可以指控为普通破产者:

"未按法律规定的方式宣布破产;

"在没有正当理由的情况下,未在规定时间内向有关当局报告破产情况;

"根本拿不出账本,或只能拿出记得很乱的账本(即使这种混乱也许并没有显示出欺诈行为)。"

给予"普通破产者"的处罚是,一个月以上、两年以下的监禁。给予欺骗性破产者的处罚则是做一定时期的苦役。有以下行为的无力偿债者可指控为欺骗性破产者:

"假如他虚报财产,或未申报其所有收入;

"假如他以欺诈为目的隐匿钱款、应收债款、商品或其他动产;

"假如他以欺诈为目的出售或赠予其财产;

"假如他用假债务减少自己的财产;

"假如他受托于他人的财产(不管仅仅是让他保管,还是对于其用途有专门指示)却擅自加以挪用;

"以别人名义购买不动产;

"隐匿账本;

"有以下行为的无力偿债者也可以指控为欺骗性破产者:

"未记账或账目不显示资产负债的真实情况;

"得到安全保护,却不按时出庭。"

以上种种规定只适用于商业破产案件。至于一般债务案件,法律给予债务人的处罚则要比这严厉得多。

第十章　论以错误理论为依据的政府干预

第一节　保护本国工业的学说

前面我们曾讨论了政府必须执行的各种职能，并讨论了有效地或拙劣地执行这些职能对社会经济利益产生的影响，下面我们进而讨论这样一些政府职能，由于没有更好的名称，我称其为任选职能，政府有时执行这些职能，有时不执行这些职能，而且人们对于是否应该执行这些职能，也没有取得一致意见。

在讨论这个问题的一般性原则以前，我们应该先清除掉所有这样的政府干预，即由于政府对干预的对象抱有错误的看法，因而干预带来了有害的结果。这样的干预不认为政府干预应有适当的限度。有些事情政府应当干预，有些事情则政府不应当干预。但无论干预本身是对还是错，如果政府不了解所干预的对象，干预必定会带来有害的结果。所以，我们首先将粗略看一看各种错误理论，这些错误理论常常为政府行动提供依据，而这些行动或多或少是有害于经济的。

以前的政治经济学家总觉得要用很多精力和篇幅来讨论这一问题。幸运的是，现在至少在英国，我们可以大大省略这种毫无意义的讨论。政治经济学中那些曾造成很大危害的错误理论，如今已在所有那些进步人士当中完全名誉扫地了。立法机构几乎已不再依据这些错误理论颁布法令，因而法律的形象也不再因此而受到损害了。我在本书其他地方已详尽阐述了反对这些理论的理由，这里只再作一些简要的说明。

在这些错误理论中，最为著名的是“保护本国工业”的理论；保护本国工业意味着用高额关税禁止或阻止国内能生产的外国商品的进口。如果这种理论是正确的，则根据这种理论得出的实际结论也应该是合理的。根据这种理论，购买本国物品会给国家带来好处，购买外国商品则会给国家带来害处。然而很明显，只要外国商品价廉质高，消费者就会购买外国商品而不购买本国商品，因而在这方面，消费者的利益似乎与公众利益是对立的；按照这一理论，如果允许消费者按照自己的意愿行事，他肯定会做有害于公众的事情。

然而，我们在分析国际贸易的影响时，已经像以前的作家经常做的那样告诉人们，在一般贸易活动中，除非进口外国商品从经济上说对一个国家是有利的，即能由此而用较少的劳动和资本获得同样数量的商品，否则就决不会进口外国商品。所以，禁止这种进口或课征关税阻止这种进口，就是降低该国劳动和资本的生产效率，就是把国内生产所需要的费用和从国外购买所需要的费用两者之间的差额浪费掉。由此而给国家造成的损失，可以用本国商品价格和进口商品价格之间的差额来衡量。就制造品来说，这两种价格之间的全部差额都被用于补偿生产者浪费的劳动和资本。那些被认为得到了好处的人，即被保护物品的制造者，除非他们能建立起一排他性的公司，不仅对外国人而且对本国人都拥有垄断权，否则他们是不会比他人获得更高利润的。无论是对于消费者来说，还是对于整个国家来说，所带来的都纯粹是损失。当被保护的商品是农产品时，由于所浪费的劳动并不是落在全部产品上，而只是落在所谓最后一部分产品上，因而所支付的高价只有一部分用来补偿浪费，剩下的则成为缴纳给地主的租税。

这种限制和禁止进口的政策，从根本上说依据的是“重商制度”。重商主义认为，对外贸易的利益仅仅在于输入货币，因而它主张人为地鼓励商品出口，而反对商品进口。不受这种限制的仅仅是重商制度所需要的那些东西。对于原料和生产工具采取鼓励进口的政策，然而目的是相同的；原料和生产工具可以自由进口，而不准出口，为的是制造商能以较便宜的价格得到工业必需品，能以较便宜的价格出售其产品，从而能更大量地出口。出于同样的理由，对于某一国家来说，如果另外一些国家从它那里输入的货物比输出给它的货物多，则不仅应允许甚至应鼓励从这些国家进口商品，因为贸易顺差会给它带来财富。作为重商制度的一部分，建立殖民地是为了迫使它们购买我们的商品，或迫使它们不购买其他国家的商品，为了回报，我们一般则愿意承担相等的义务，即只购买殖民地的主要产品。在这种理论的指导下，甚至常常奖励出口，用人为的低价诱使外国人购买我们的商品，不购买外国人的商品，而所谓人为的低价就是我们用自己的税款为外国人支付一部分价格。这做得太过分了，即便商人招揽顾客也不会这样做。我想，没有哪个店主会这样收买顾客，即永远按亏本价格向顾客出售货物，而用自己的其他钱款弥补损失。

现在，即使是仍然抱住限制主义不放的作家和政府，也已放弃

了重商主义原则。限制主义之所以仍能赢得一些人的支持，除了人们有道理或没有道理地担心放弃他会损害自己的利益外，依据的已不再是那种认为实行限制主义可以增加国内货币的旧观念，而是另外一些荒谬的看法。其中最有影响的一种貌似有理的看法是，应该雇用本国人和维护本国工业，而不应养活外国人和维护外国工业。根据前几章阐述的原则，对于这种看法的答复是不言自明的。关于劳动就业的性质和源泉，这里不必再讨论前面已讨论过的基本原理，①而只复述一遍自由贸易论者经常说的一句话就够了：这里可供选择的不是雇用本国人还是外国人，而是雇用本国的这一部分人还是那一部分人。进口商品总是直接或间接地用我们自己的工业产品来支付的，与此同时也就提高了我国工业的生产力，因为我们由此而能够用与以前相同数量的劳动和支出生产出更多的物品。那些没有认真考虑过这个问题的人往往以为，我们能否出口相同数量的产品来支付我们所消费的外国产品，取决于种种偶然事件，即取决于外国是否同意相应地放松进口限制，取决于外国出口商是否因此而更多地进口我国商品，如果没有发生这类事情的话，我们就必须用货币支付进口商品。实际上，首先，只要市场状况使得用货币偿付是最有利的偿付方式，用货币偿付就同用任何其他媒介偿付一样没有什么可以反对的；其次，用货币偿付进口货物很快就会降低我国产品的价格，从而停止一部分进口，或增加外国对我国产品的需求，由此而得到的货币足以偿付进口货物。我承认，国际需求的均衡因此而被打乱，在某种程度上会给我们购买其他进口商品带来不利；并承认，如果某一国家禁止输

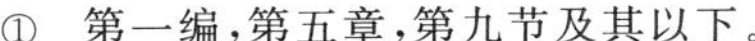

①　第一编，第五章，第九节及其以下。

入某些外国商品，则在其他一切条件不变的情况下，它确实会以较低的价格获得那些它不禁止输入的商品。换句话说，如果某一国家取消或完全阻止一部分对外贸易，从而使整个世界得不到这部分对外贸易可能带来的普遍利益（这种利益会按某种比例由它自己和其他国家分享），则在某种条件下，它确实可以使外国遭受损害，从它允许存在的那部分对外贸易中得到较大的利益份额。但只有当其他国家不采取相等的禁止或限制进口的措施时，它才能做到这一点。总之，毁灭两种利益中的一种，以占有剩下那种利益的较大份额，这样做是否公道，是否得当，是无需多加讨论的，况且，被毁灭的那种利益，按贸易额来说，肯定是两种利益中的较大者，因为如果听凭自然的话，它无疑是资本所选择的那一方。

保护主义作为一般理论虽然已经破产，但在某些情况下仍能得到人们的支持，这不仅仅是出于节省劳动的考虑，而是出于粮食自给自足和国防等方面的考虑。有关“谷物法”的讨论，已使人们熟悉了这样的观点，即我们在粮食供给方面不应依赖外国。颁布“航海法”的依据，无论从理论上说还是从公开宣称的意图上看，都是我们必须为海军培养水手。对于这一点，我愿立即承认，为达到这一目的是值得做出牺牲的；一个国家如果有从海上遭受侵略的威胁，在紧急情况下又不能得到充足的船只和水手来组成所需要的舰队，那它即便是在经济上作出牺牲 ，即不要低廉的运输，也应该培养自己的水手。当初英国颁布航海法时，荷兰人由于航海技术高超，国内航运利润较低，因而能够以较低的运费为包括英国在内的其他国家提供运输业务，由此而使所有其他国家很难为自己的舰只招募到有经验的水手。航海法补救了这种不足，同时削弱了当时经常与英国为敌的那个国家的海上力量，因而航海法虽然在经济上是有害的，但在政治上却可能是有利的。然而现在英国的船只和水手已经能够像任何其他国家的船只和水手那样以较低费用从事海上运输，能同任何其他国家展开势均力敌的竞争，甚至能争夺到他们的海运业务。由此可见，颁布航海法所依据的那些理由已经不复存在，已没有必要再违反一般自由贸易原则维持这个令人厌恶的例外了。

关于粮食的自给自足，保护主义的这种论调早已被驳得体无完肤了，这里无需再说什么了。一个国家只有依赖于最广大的土地，才能最充足而又最容易地得到粮食供应。一个国家同时与所有国家交战的可能性是微乎其微的，把一般政策建立在这样的可能性上是荒唐可笑的；认为一个国家（即便它的海军处于劣势）会像一座城镇那样被封锁，或者认为在我们希望得到外国农民的粮食时他们自己却希望丧失这一有利可图的市场，也是荒唐可笑的。不过，关于粮食自给自足问题，有一点是需要加以特别考虑的。当粮食实际歉收时，或当人们担心粮食将歉收时，许多欧洲国家往往会停止输出粮食。这究竟是不是健全的政策呢？毫无疑问，在目前的国际道德状态下，如果一国人民像一个人那样，不愿使自己挨饿来周济别人，我们是不能责怪他们的。但是，如果国际行为准则的目标是要使全人类得到最大的幸福，则这种集体吝啬就确实应该受到谴责。假设在正常情况下，粮食贸易是完全自由的，从而一国粮价高于其他国家粮价的幅度，通常不会超过运费外加适当的进口利润。假设后来粮食普遍歉收，所有国家都受到了影响，但程度却有所不同。假如某一国家粮价的上涨幅度大于其他国家，那

就证明该国的歉收最为严重，允许粮食自由地从其他国家输往该国，也就是让歉收较轻的国家节省一些粮食来周济歉收较重的国家。由此可见，当考虑到所有国家的利益时，自由输出是最符合人们需要的。单独就输出粮食的国家来说，至少在这种特殊情况下输出粮食是不方便的，但考虑到现在的输出国将来有一天也会成为输入国，考虑到现在受惠于自由输出的那个国家所得到的好处，我不能不认为，即便是粮食暴动者也会明白，在这种情况下，应该以希望他人对待自己的方式对待他人。

在像美国那样的保护主义正在衰落但还没有被完全放弃的国家，出现了一种介乎自由贸易与保护主义之间的理论，认为为保护而保护固然不妥当，但认为如果单单为获得财政收入而课征的关税附带产生了保护作用，则没有什么可反对的。甚至在英国，也有人对国家没有为获得财政收入而对谷物课征“适当的固定关税”表示惋惜。然而，且不谈对生活必需品课税是有害的，这种理论还忽略了这样一个事实，即财政收入只应来自进口谷物，而这种税却是由人们消费的全部谷物支付的。使公众付出甚多而国库得到的却很少，这不是获得财政收入的好方法。就制造品来说，这种理论则包含有显而易见的矛盾之处。如果关税是为获得财政收入课征的，那么它就决不会提供即便是附带的保护。只有当关税能阻止进口时，它才能起到保护作用，而如果关税能阻止进口，它也就得不到财政收入了。

依据政治经济学原理，只有在以下情形下课征保护性关税才是正当的，即为了把完全适合于外国情况的产业移植到本国而暂时课征保护性关税（特别是在正在兴起的年轻国家）。就某一生产

部门来说,某一国家优于另一国家,常常只是因为这个生产部门在前一个国家建立得较早。固有的优势或者劣势是不存在的,有的只是已经获得的技术和经验这种当前的优势。尚未获得这种技术和经验的国家,也许在其他方面比先走一步的国家更适合于这种生产,而且正如约翰·雷所说,最能改进某一生产部门的方法,莫过于在新条件下重新建立该生产部门。但我们不能指望生产者尚未受到充分训练,没有熟练掌握生产技术时,私人会甘冒风险或在明知会遭受损失的情况下,引入一种新的制造业并承受经营这种制造业的负担。在适当时间内课征保护性关税,有时是国家支持这种试验的最为便利的方法。但只有当确有把握所扶植的产业过一段时间以后便可以自立时,才应该提供这种保护,而决不应使国内生产者抱有这样的希望,即在试验成功所必需的时间过去以后,他们仍会得到保护。

现在仍抱住保护主义不放的惟一有名望的政治经济学家,就是 H.C. 凯里先生。从经济观点来说,他这样做依据的主要是以下两个理由。一个理由是,实行保护主义可以使人们在消费地点或离消费地点很近的地方生产商品,从而大大节省运输费用。他把全部运输费用,无论是进口商品的,还是出口商品的,都看作是落在生产者身上的直接负担,而不是正确地看作是落在消费者身上的直接负担。毫无疑问,运费无论落在谁身上,都对整个世界的产业是一种负担。但很显然,人们之所以承受这种负担,只是因为有更大的利益可图,而凯里却没有看到这一点,这确实是凯里的著作中叫人感到奇怪的许多事情之一。如果某种商品国内可以生产,人们却甘愿负担双倍的运费而到外国购买,那就证明,尽管运费很高,但节省的生产费用却大于运输费用，因而整个说来，该国的全体劳动者得到的报酬要高于在国内生产该物品得到的报酬。运输费用是一种天然的保护性关税，就是自由贸易也无法取消它。假如美国用它的谷物和棉花换取制造品所得到的利益，不是大于运费方面的损失的话，那么它就不会逐年增加资本来为外国市场生产谷物和棉花，而会把资本投入制造业。某一产业因运费较少而具有自然优势，至多只能成为提供暂时而纯粹尝试性的保护的理由。生产费用总是在一开始的时候最大，所以在国内建立某种产业即使确实非常有利，也只有在经受了一定时期金钱上的损失之后才会显现出来，而这种损失是不能指望私人投机者去承受的，因为承受这种损失只是为后代造福，而自己却会被毁灭。所以，前面我已承认，新兴国家暂时课征保护性关税，有时在经济上是有道理的，不过条件是，这种保护必须在时间上是有限的，而且必须规定，随着时间的推移，保护将逐渐减少。这种暂时的保护与专利权具有相同的性质，因而应该受相同条件的约束。

凯里先生认为实行保护主义会带来经济利益的另一论点，只适用于输出农产品的国家。他认为，这些国家在这种贸易中实际上是把自己的土地输送了出去，因为外国消费者不会像本国消费者那样，把取走的肥料还给土地。这种论点之值得我们注意，是因为它依据的是实实在在的真理；这一真理只是最近才被人们理解，但此后它在政治家的思想中必将成为一永久性要素，正如它一直是决定国家命运的要素那样。但是，该论点同我们所讨论的保护主义问题却毫不相干。说美国大量种植供欧洲消费的农产品正在逐步耗竭美国东部乃至西部各州的土地，说这些土地的生产力已大不如以前了，这是可信的，尽管没有人能证明这一点。但是，前面我就运输费用所说的那些话，也同样适用于施肥费用。自由贸易并没有强迫美国输出谷物；假如输出谷物对它不再有利，它会停止输出谷物。一旦美国输出原料和输入制造品节省的劳动不再超过运费给它带来的损失，它就不会再坚持输出原料和输入制造品；当它觉得有必要补充土壤中损失的肥料时，如果所节省的生产费用超过运费和肥料费而有余，它就会输入肥料，如果不输入肥料，就会停止输出谷物。很显然，假如不是经常可以获得肥沃的土地，耕种这些土地好歹可以使美国推迟考虑肥料问题，则美国就已经输入肥料或者停止输出谷物了。一旦开垦新土地不如给旧土地施肥合算，美国就会经常输入肥料，或者像凯里先生所希望的那样，在不课征保护性关税的情况下只为本国生产谷物，并在国内为自己生产制造品和肥料。①

由于以上种种显而易见的原因，我认为凯里先生赞成保护主义的经济论点是根本站不住脚的。不过，经济论点并不是凯里赞成保护主义的最强有力的论点。美国保护主义者的推理常常是糟糕透顶的，但如果认为他们的保护主义信仰依据的仅仅是极为荒谬的经济理论，那对他们则是不公正的。他们当中的许多人赞成

① 对此，凯里先生会回答说（实际上他已预先这样回答了），在所有商品中，肥料是最不易于运往远地的。污水和厩肥的情况确实是这样，但构成这些肥料的成分却不是这样。相反，这些成分是这样一些物质，这种物质体积小而肥力大，人体只需有少量就够了，因而特别易于进口。它们是无机碱和磷酸盐。这里的问题主要涉及磷酸盐；因为无机碱中的钠无论在哪儿都可以得到，无机碱中的钾是花岗岩和其他杂砂岩的成分之一，因而存在于多种亚土壤层中，随着亚土壤层的逐渐分解而不断更新；而且从河流的沉积物中也可以获得大量的钾。磷酸盐一般则以骨粉这种很方便的形式出现，因而是经常被买卖的物品。英国就大量进口磷酸盐，一旦磷酸盐工业得到发展，使磷酸盐的价格下降，其他国家也肯定会进口磷酸盐的。

保护主义，与其说是出于经济理由，还不如说是出于对人类更高利益的考虑。他们以及他们的带头人凯里认为，要改善人类的状况，城镇的繁多是一必要条件；并认为，不同职业、不同能力和不同文化教养的人相互接触，可以使才智敏锐，思想丰富，因而美国人应通过与其邻人不是与地球另一边的人相互交换产品来把其劳动结合在一起。他们认为，一个国家如果只从事一种生产活动，例如农业，则该国就不会达到较高的文明和文化水平。这种观点是很有道理的。假如能够做到这一点，则由于美国拥有自由制度，由于教育很普及，由于新闻出版业发达，美国正是应该这样做的国家；但能否做到这一点却是有疑问的。不过，如果目的只是在于阻止人口过于分散，威克菲尔德先生倒提出了一种较好的方法，即修改现在处理荒地的方法，也就是提高荒地的售价，而不是像自从颁布"霍姆斯蒂德法"以来经常做的那样降低荒地的售价。如果要像凯里所说的那样用保护主义解决一切问题，那就不仅应保护俄亥俄州和密执安州免受英国的侵害，而且还应保护它们免受马萨诸塞州的侵害，因为新英格兰的制造厂家与英国的制造厂家一样，也没有做到凯里认为最重要的那件事，即把制造业者带到西部农民的家门口。波士顿和纽约与曼彻斯特一样，同样没有使美国西部大草原上的城镇增多；从波士顿和纽约收回肥料，同从曼彻斯特收回肥料一样困难。

关于保护主义，只有以下一点需要再说一说，即对殖民地和海外属地所采取的政策，也就是强迫它们只与母国进行贸易的政策。一个国家由此而使其商品得到额外的海外需求，无疑会使自己在商业界一般利益的分配中获得某种好处。不过，因为这种政策使殖民地的劳动和资本不能流入最富于生产性的渠道，所以整个说来，世界的生产能力便遭受了损失，同时母国得到的利益要小于它使殖民地遭受的损失。所以，如果母国拒绝承担互惠义务，那就等于它强迫殖民地间接交纳贡金，这种间接贡金要比直接贡金沉重得多，有害得多。但是，如果母国较为公平，相应地采取有利于殖民地的措施，则全部贸易的结果将是非常可笑的，每一方都为另一方得到很少的利益，而自己作出很大的牺牲。

第二节　高利贷法

在对工业活动的自然发展进行的有害干预中，除保护主义外，还应提及对订立契约的干预。例子之一便是“高利贷法”的干预。高利贷法产生于对收取货币利息的宗教偏见，源于给近代欧洲带来了许许多多灾难的那一根源，即力图使得自犹太法律的教义和戒律适应于基督教。在回教国家，是正式禁止收取利息的，而且人民也严守这一戒律。西斯蒙第认为，欧洲天主教国家的产业落后于欧洲新教国家的原因之一，就是天主教会在中世纪支持了上述偏见，凡是信仰天主教的地方，都仍有这种偏见，虽已有所减弱，但并没有被完全消除。在法律或良心阻止放债取息的地方，非工商业界人士的资本便不会用于生产目的，或只有通过拉关系或玩弄花招才会用于生产目的。因此，产业资本便只能得自实业家，和得自实业家从这样一些人那里借得的钱，这些人不受实业家所遵守和信奉的法律和宗教的约束。在穆斯林国家，银行家和货币兑换商不是印度人、亚美尼亚人，就是犹太人。

在较为先进的国家，法律已不再禁止放债取息；但各国却都干预放款者和借款者的行动自由，其方法是规定利率的法定限额，并规定凡超过这一最高限额收取利息的人都将受到刑事处罚。这种限制虽然得到了亚当·斯密的支持，但自从边沁发表其“有关高利贷的书信”以来，却遭到了所有开明人士的谴责。这些书信成功地抨击了这种限制，仍可以称为迄今有关这一问题的最佳著作。

立法者制定和维护高利贷法，不外出于以下两个动机，一是出于公共政策方面的考虑，一是为有关当事人的利益着想(在这里只是为借方的利益着想)。就公共政策来说，立法者也许认为，低利率是有益于公共福利的。然而，如果以为可以不管供给和需求的自然作用，依靠法律便能压低利率，那就误解了影响商业活动的原因。如果借主的竞争不受限制，这种竞争把利率提高到6%，那便证明，若利率为5%，对借款的需求就会大于市场上的资本供应量。在这种情况下，如果法律不允许利率超过5%，有些放款者由于不想违背法律，同时也由于自己无法把资本用于其他方面，会满足于这种法定利率；但另一些放款者会发现，在需求高涨时期，把资本用于其他方面要比放款更合算，因而他们便不放款，致使对于需求来说本来就很少的借贷资本进一步减少。此时，在借不到款的那些人当中，便会有许多人愿意不惜任何代价来满足自己的需要，他们会很容易地发现另外一些放款者，这些放款者不怕违反法律，愿意搞欺诈性的间接交易，或者愿意依赖借主的信用。这种间接交易的额外费用，以及无力支付高额利息和遭受刑事处罚的风险，都要由借主来支付和承担，由此而付出的代价，远远大于一般市场状况本来要求借主支付的额外利息。因此，本来旨在降低借

主所付代价的法律，结果反而大大提高了借主所付的代价。这种法律还往往会直接败坏道德。如果两个人进行非法的金钱交易，没有第三者参加，保守秘密又符合当事双方的利益，那是很难被人发觉的。立法者了解到这种情况后，便采取了诱使借主告密的措施，即把取消债务作为处罚的一部分；由此而奖励了这样一些人，这些人先是以虚假的允诺获得了他人的财产，然后又拒绝偿还借款，而且还使那些在其困难时帮助过他们的人遭受刑事处罚。但人类是有道德观念的，债务人若以高利贷为理由拒绝偿还债务，那是会被人耻笑的，只有当放款人玩弄欺骗手法或敲诈勒索时，人们才会容忍以高利贷为正当合法的理由拒绝偿还债务。舆论的这种严肃性，使高利贷法很难贯彻实施，很少有人因放高利贷而遭受刑事处罚，如果有人遭受处罚的话，那也仅仅是使个别人成为牺牲品，而对人们的一般行为没有什么影响。

就限制利息的动机不是出于公共政策方面的考虑，而是为借主的利益着想而言，立法者的一片好心没有比这运用得更不是地方了。我们应该认为，已达到法定成年人年龄而且头脑健全的人，是能够照料自己的金钱利益的。如果法律不管他出售财产、转让财产或放弃所有财产，则法律也不必干涉他借款。法律似乎认为，放款者在与急需资金的人打交道时，会趁人之危，随意索要高利息。假如世界上只有一个放款者的话，情况也许是这样。但如果社会很富裕，货币资本充足，则借款者就决不会仅仅因为急需资金而在市场上受到勒索。如果他不能以一般利息借到钱，那必定是因为他不能像其他人那样提供可靠的担保；而此时在竞争条件下他所多付的利息必定相当于放款者为此而承担的风险。法律本来是要偏袒借款者,但在这种情况下,法律反而使借款者遭到了最不公正的待遇。只因为一个人不能提供可靠的担保,就阻止他借到钱,办法是不准那些愿意借钱给他的人为所担的风险收取相应的超额利息,难道还有比这更不公正的吗?在法律的这种不该有的好心照顾下,他要么借不到或许可以使他免遭大得多的损失的钱,要么不得不求助于法律无法或尚未禁止的更为有害得多的权宜方法。

亚当·斯密认为,只有两种人即"挥霍浪费者和企业发起人",会按高于市场的利率借钱,他的这种看法未免过于轻率了。他还应该把所有那些急需资金的人包括在内,而不管这种急需多么短暂。实业界人士常常遇到的情况是,他们本来盘算好用来偿还某项债务的款项却未能收上来,而在规定日期不偿还这笔债务,他们就会破产。发生商业危机时,许多兴旺发达的厂商都会陷入这种境地,它们相互竞争,争夺人们在普遍恐慌时期所愿意贷放的少量闲置资本。英国的高利贷法现在总算被废除了。未废除这种法律时,它所施加的限制常常会大大加重商业危机。商人本来按7%或8%的利息就可以得到所需要的资金,但在高利贷法下,有时竟不得不支付20%或30%的利息,否则就得遭受更大的损失,把货物拍卖掉。慢慢地,国会注意到了这种弊害,不得不作出妥协,英国法律中有许多这种妥协的例子,由此而使英国的法律和政策变成了前后矛盾、相互冲突的大杂烩。英国修改法律的方法,就如同一个人觉得鞋太紧,但又舍不得扔掉而在最紧的地方剪个洞继续穿那样。议会仍把错误的原则看作是一般准则,只是在弊害最为明显的地方,允许有例外。它没有废除高利贷法,但规定期限3个月以内的

汇票可以不受该法律的约束。若干年后,所有其他契约也不再受高利贷法的约束,但该法律依然对所有关于土地的契约有效。特意把有关土地的契约和其他契约区别开来是毫无道理的,然而"农业行家"却认为,土地抵押贷款的利息虽然几乎从未超过法律所允许的最高利率,可一旦没有了高利贷法,却会超过这一最高利率;他们认为,有了高利贷法,地主便可以按低于市场的利率借款,正像有了谷物法后,地主便可以按高于市场的价格出售谷物那样。这种看法实际上等于认为,所使用的手段无论如何都能达到想要达到的目的。

现在来看亚当·斯密所谈到的"挥霍浪费者和企业发起人"。法律是无法阻止挥霍浪费者破产的,除非像罗马法确立的不正当作法或像某些欧洲大陆国家依据罗马法确立的不正当制度那样,法律对挥霍浪费者或其财产加以实际的管束。高利贷法对挥霍浪费者产生的惟一作用,就是使他们更为迅速地破产,因为他们不得不向声名狼藉的放款者告贷,高利贷法增加的风险使借款条件更为苛刻。至于企业发起人(这个词的贬义,被很不公平地用来指所有那些具有某种计划的人),高利贷法的作用,是使那些纵有很好的计划但无充足的资本的人借不到钱。许多最伟大的改进最初都得不到资本家的支持,要花很长一段时间才能找到一个具有足够冒险精神敢迈出第一步的资本家。史蒂文森就花了很多年才使利物浦和曼彻斯特的商人相信,用铁路代替收费道路是有利的。有些已经耗费了巨大的人力、物力而尚未见成效的计划(此时也是盛传计划会失败的时候),如果最初的资金已用完,而法律却不允许按照与风险相适应的较高利率筹集更多的资金,那么这些计划就

会被无限期地中止或被完全取消。

第三节　控制商品价格的尝试

借贷并不是政府认为自己能比当事人更好地加以控制的惟一一种契约。几乎没有哪种商品，政府不曾在某地或某时力图加以控制，使其价格比在自由交换情形下更昂贵或更便宜。就人为地降低某种商品的价格而言，降低粮食价格似乎是最有道理的。降低粮价的好处是不可否认的。但是，因为粮食的平均价格像其他东西的平均价格一样，相当于生产费用加普通利润，所以，如果农民得不到这种价格，那么，除非法律采取强制性措施，否则农民就会只生产够自己食用的粮食，在这种情况下，法律如果仍决心降低粮价，那就得用刑罚代替一般促使人们耕种土地的动机。如果不愿这样做，那就只好向全国课税，以奖励或补贴谷物种植者或进口者，也就是使所有的人都作出牺牲来使每个人都得到便宜的面包。但实际上却是牺牲纳税者的利益，而慷慨地使不缴纳税款的人得到便宜的面包。这实际上是一种很坏的作法，无异于向劳动者赠送食物，把他们变成非劳动者。

不过，政府力图降低的，与其说是粮食的一般价格或平均价格，还不如说是紧急情况下偶然高涨的粮价。在某些情况下，政府之所以要对价格进行强制性的管制，例如1793年的革命政府之所以要规定著名的“最高价格”，乃是为了消除自己的行为带来的后果；政府往往一只手无限制地发行货币，另一只手又力图压低物价；很显然，如果是这样，则除了在极端恐怖的统治下，是无法压低

物价的。在真正缺乏粮食的时候，例如在1847年爱尔兰闹饥荒时，人们常常敦促政府采取某种措施限制粮价。但是，一样东西因供给不足而价格上涨，会相应地减少消费量。如果政府不允许通过价格上涨来减少消费量，则减少消费量就只有这样一种方法了，即像在被围困的城市中那样，政府把所有粮食收归公有，实行定量供应。在真正缺乏粮食的时候，惟一能缓和这种短缺的方法，就是富裕阶级决心减少自己的消费量。如果富裕阶级购买和消费的粮食量仍和往常一样，只是支付的粮价较高，那是无济于事的。粮价会被不断抬高，直到最穷的竞争者不再有力量竞争为止，因而粮食短缺带来的痛苦会全部落在穷人身上，其他阶级只是在金钱上受到影响。总之，供应不足时，总得有人减少消费，如果富人不愿减少消费，则他们补贴较穷的竞争者只会相应抬高粮价，结果只会使粮商发财，而这正好与建议采取奖励措施的人的愿望相反。政府在紧急情况下所能做的，只是劝人们普遍限制消费，禁止不十分重要的消费。如果由于特殊原因，私人投机商不愿从远地采购粮食，政府还可以直接出面从远地采购粮食。若情况不是这样，那政府这样做就大错而特错了。在特殊情况下，私人投机商是不敢与政府竞争的；然而，尽管政府所能做的事情要比任何一个商人所能做的事情多，但它却敌不过所有商人。

第四节　垄断

不过，人们更经常地不是指责政府用错误手段力图使物品便宜，而是指责政府总是极为成功地使物品昂贵。通常是用垄断的方法人为地使物品昂贵。赋予某个生产者或销售者以垄断权或赋予某些生产者或销售者(只要其数目不是多得妨碍他们采取联合行动)以垄断权,就是使他们有权为了私利随便向公众课税,惟一的限度是不要因此而使公众不使用他们生产或销售的商品。固然,如果享有垄断权的人很多,很分散,使他们无法采取联合行动,则弊害要少得多,但人数有限的竞争,毕竟不如人数无限的竞争那么活跃。那些有把握在整个商业利益中占有相当份额的人,很少愿意放弃一部分利润来争取得到更大的利益份额。对竞争不管是在多么小的范围内加以限制,都会带来极为有害的后果。如果某一国家不允许外国人参与某一工业部门的竞争而只允许本国人参与竞争,则该部门就会成为这个国家普遍工业繁荣的明显例外。我们知道,英国就发生了这种情况。由于禁止输入外国丝织品,英国的丝织品制造业仍远远落后于欧洲其他国家。在这种情况下,消费者除了要为垄断者的真实或假想利润纳税外,还得为垄断者的懒惰和无能纳税。一旦没有了竞争的直接刺激,生产者和销售者就不会那么迅速根据自己最终的金钱利益采取行动,而宁愿安于现状,墨守成规,放弃最有希望的前景。一个生意已经很兴隆的人,即使遇到有利可图的改进机会,也很少费劲去加以利用,除非他担心某个竞争对手会抢先利用而排挤掉他。

但我们不应把专利权等同于垄断权。所谓专利权,就是允许新生产方法的发明者在一定时期内享有利用新生产方法的特权。这并不是为了发明者的私利而使商品价格昂贵,而仅仅是为了补偿和奖赏发明者,推延一部分商品价格的降低。发明者应该得到补偿和奖赏,这是不可否认的,同样不可否认的是,如果发明者付出劳动和金钱使其设想成为现实后，那些没有付出劳动和金钱的人也可以同时利用他的发明，那么，除了非常富有和非常热心于公益事业的人外，谁都不会付出劳动和金钱来搞发明了，或者就得由国家来奖赏和资助发明者。在一些情况下，确实是由国家来奖赏和资助发明者的，如果发明给公众带来很明显的利益，这样做也并非不可以。但一般说来，较好的方法还是让发明者在一定时期内享有使用特权，因为这使任何人都不能为所欲为，因为由此而得到的奖赏取决于发明是否有用，用处愈大，奖赏也愈大，还因为奖赏是由得到好处的人即商品消费者支付的。上述考虑是非常重要的，如果用国家奖励制度取代专利制度，那么最好的方法是为发明者向所有使用者课征一种临时性的小额捐税。不过，这种制度，或任何其他使国家有权决定发明者是否应得到奖励的制度，都显然比专利制度具有更为严重、更为根本的缺陷。人们普遍承认，现行的专利法需要加以大大改进；但就专利权以及与此极为类似的版权来说，如果法律允许人们不征得发明人或作家的同意，不付出相应的代价，就可以自由利用他人的劳动成果，那是很不道德的。最近我看到一些具有一定身份的人力图全盘否定专利原则，实在叫人很吃惊。他们的企图如果得逞，那就会在自由贸易的名义下使自由偷窃享有无上崇高的地位，使聪明能干的人比现在更加贫穷，更加依附于有钱人。

第五节　禁止工人联合的法律

现在让我们来看另一种政府干预。这种干预的目的和手段都是令人憎恶的，但英国直到三四十年前，法国直到 1864 年还在进行这种干预。我指的是禁止工人联合起来要求提高工资的法律。颁布和实施这种法律的目的很明确，就是使工资保持低水平，例如由雇主占支配地位的国会通过的那项著名的"劳工法"，就是为了在大瘟疫减少了工人阶级人数从而竞争不那么激烈的情况下，阻止工人阶级获得较高的工资。这种法律所表现出来的正是奴隶主的那种残忍凶恶的本性，尽管已不再可能公开使工人阶级处于奴隶地位。

假如工人阶级联合起来能使其工资得到普遍提高的话，则几乎不用说，这不是应该加以惩罚的事情，而是可喜可贺的事情。不幸的是，工人阶级并不能通过联合达到提高工资的目的。工人阶级人数太多，又太分散，根本联合不起来，进行有效的联合就更困难了。如果他们能联合起来的话，他们无疑就能够缩短劳动时间，并能够在缩短劳动时间的同时使工资保持不变。但是，如果他们力图使工资高于供给和需求所规定的水平（正是这种水平规定的工资把国家的全部流动资本分配给了全体工人），那就只有使一部分工人永远失业才能做到这一点。公共救济机构当然不会管那些能够工作但不愿工作的人，这些人将不得不由工会来养活，由于仍然是用相同的工资总额养活相同数量的工人，因而整个说来，工人的境况不会比以前更好。不过，由此而可以迫使工人阶级注意到这样的事实，即他们的人数确实太多了，如果他们想得到高工资，就得使劳动的供给和需求保持一定比例。

有些行业由于工人人数较少，而且比较集中，工人有时是能够联合起来提高工资的。纺纱工人和织布工人能否联合起来对他们

得到的报酬产生影响，是值得怀疑的；但据说，铸字工人如果联合得很紧密的话，是能够使其工资远远超过艰苦程度和技术程度与其相同的行业的一般水平的；而且据说，人数较多的裁缝也在某种程度上做到了这一点。像这样只是限于某些行业的工资上升，同工资的普遍上升是不同的，不是由利润支付，而是抬高这些行业生产的物品的价值和价格，落在消费者身上；生产这些物品的资本家只是在价格高昂趋于缩小市场的情形下才会遭受损失，而即使在这时，如果市场缩小的程度不大于价格提高的程度的话，资本家也不会遭受损失，其原因是，虽然在工资较高时，资本家的一定资本所雇用的工人人数较少，但如果他能以较高价格把减少的商品全部卖掉的话，则他的利润仍会同以前一样多。

一部分工人的工资有所提高，如果不损害其他工人的利益，就不应被看作是一件坏事。消费者固然要为此付出代价，但物品价格的低廉，只有起因于生产耗费的劳动较少，而不是起因于工人的报酬较低时，才是可取的。的确，乍看起来，例如铸字工人的高工资，似乎是在损害工人阶级的一般利益的情况下获得的。这种高报酬或者使铸字行业的工人人数减少，或者必然在损害其他行业的情况下，增加对铸字行业的投资。前一种情形会使一般市场上的工人人数增多；后一种情形则会减少一般市场对劳动的需求，而这两种结果都有害于工人阶级。的确，某一行业或某些行业中的工人在成功地联合后的一段时间内，肯定会带来上述结果；但是，如果工人的联合是永久性的，则本书所一再强调的那些原则就会表明，永久性的联合是不会带来这种结果的。全体工人阶级的习惯工资只受工人的习惯需要的影响，固然工人的习惯需要是可以改变的，但只要工人的习惯需要保持不变，工人的工资就不会长久地低于这种需要水平，也不会长久地高于这种需要水平。假如某些行业中的工人从未组织工会，因而这些行业的工资从未高于一般水平，我们就没有理由认为，工人的一般工资水平会达到现在的高度。如果是那样的话，那就只会是工人的人数比现在多，而享有较高工资的工人人数则比现在少。

所以，如果工人阶级的一般境况没有希望得到改进的话，那么只要一部分工人，不管其人数是多么少，能够通过联合使其工资高于市场水平，也是值得高兴的事。但是，当全体工人的道德状况和经济状况有可能通过合理的努力来提高时，那些有技术的、报酬较高的工人就应该与其他工人兄弟一道来谋求自己的利益，而不应排斥其他工人兄弟。此时如果他们继续反对竞争以此保护自己，继续阻止他人进入他们的行业以此不使其工资降低，那他们就不会有任何慷慨无私的远大目标，而只会为小集团的利益争取提高工资和缩短工时，令人痛惜的是，"工程师联合会"在与雇主发生争执时，其所作所为和所发表的宣言就都表现出了这种倾向。保护工人当中的一部分人，即使能够做到这一点，现在也只会阻碍而不是帮助解放全体工人阶级。

然而，尽管很少能通过组织工会来提高工资，而且即使能做到这一点，由于上面列举的理由，这样做也是不可取的，但是如果剥夺任何一部分工人这样做的权利，那就是很不公平的，并会使他们严重误解决定他们处境的因素。不可否认，法律一直尽力使工资保持低水平，尽管法律毕竟不是低工资的真正原因。然而，只要法律禁止工人为提高工资而联合，法律在工人看来就似乎是低工资的真正原因。要知道，工资与劳动的供求有关。最能把这种关系告诉给工人阶级的，就是罢工的经验，因而最要紧的，就是不扰乱这种教育课程。

无论是工会还是集体罢工行动，从本质上绝对地对其加以谴责，都是大错而特错的。我承认，愚蠢的罢工是邪恶的，而只要罢工力图使工资高于供求决定的市场水平，罢工就是愚蠢的。但供给和需求并不是自然力，无需工人自己的意志和行动的参与而把一定数量的工资硬塞在工人手里。市场工资率不是由某种自动器械决定的，而是人与人讲条件的结果，也就是斯密所谓人们在市场上"讨价还价"的结果；那些不讨价还价的人，即便是在商店购买东西，其所付的价格也会长期高于市场价格。更何况穷工人是同富有的雇主打交道，如果他们不像俗语所说的那样"拼命争取"的话，他们就会长期得不到那种根据对他们劳动的需求而应该付给他们的工资额，但如果不组织起来，他们又怎么去拼命争取呢？一个工人单独罢工要求提高工资，又有什么用处呢？如果他不与其他工人商量（这很自然地会导致采取协调一致的行动），他又怎么能够知道市场状况是否允许提高工资呢？我可以毫不犹豫地说，像工会那样的工人组织，非但不会妨碍劳动市场的自由运行，反而会对劳动市场的自由运行提供必要的帮助。工会是劳动的出售者在竞争制度下借以自己照顾自己的必不可少的手段。还有一非常重要的考虑，是由福西特教授在《威斯敏斯特评论》上发表的一篇文章最先引起人们注意的。经验已最终使较为聪明的工人能够相当正确地估计出一场要求提高工资的罢工能否取胜。工人现在已几乎同雇主一样明了雇主货物的市场情况，能够计算出雇主的利得和

支出，知道雇主的生意什么时候兴隆，什么时候不兴隆，只是生意兴隆时，他们才罢工要求提高工资；他们知道，在这种情况下，雇主如果知道他们要罢工，多半是会同意增加工资的。由此可见，事物发展的这种趋势，实际上是使任何一个行业工资的提高都取决于该行业利润的增长。正如福西特先生所说，这种趋势标志着劳动者开始经常参与分享得自其劳动的利润。根据前面某一章[①]叙述过的理由，这种趋势是应该加以鼓励的，因为主要正是由于有这种趋势，劳动与资本之间的社会经济关系才可望得到根本的改善。所以，由于以上种种原因，罢工以及组织罢工的工会，非但不是现存社会机器上的有害部件，反而是有用的部件。

不过，允许成立工会有一必不可少的条件，那就是工会必须是自愿组织起来的。如果是以武力威胁强迫工人参加工会或参加罢工，那无论采取怎样严厉的措施来对付这种企图，都不过分。若只是通过发表言论从道义上迫使工人参加工会或参加罢工，则法律就不应加以干涉，在这种情况下，若要限制罢工，就应诉诸较为开明的舆论，提高国民的道德情操水平。但当自愿成立的工会力图达到违背公共利益的目标时，则会出现另外一些问题。提高工资和缩短工时一般说来是有益的目标，或至少也许是有益的目标，但许多工会都力图废除计件工作制，力图消除最有技术的工人和最没有技术的工人之间的工资差别，或力图使工会会员每周的工资不超过一定数额，以便使更多的人能够就业；例如，在“工程师联合会”的诸项要求中，取消计件工作制就占有显著的位置。工会所要达到的这类目标是有害的。哪怕是部分实现这些目标也会损害公

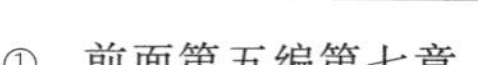

① 前面第五编第七章。

众利益，而如果完全实现这些目标，其祸害就会与有害的经济立法带来的祸害不相上下。根据劳动者应享有人身自由的原则，那些有关劳动和劳动报酬的法律，其最有害之处几乎可以说就是力图使勤劳者和懒惰者，有才能的人和无才能的人处于同一水平，而只要有可能，这也是工会力图达到的目标。不过，法律并不因此而就有理由禁止成立工会。暂且不谈天赋自由方面的种种考虑，人类的最高利益也无条件地要求完全允许人们进行各种自愿的经济试验，不允许较为不幸的社会阶级所做的事情，只是用暴力和欺诈手段来谋取私利。①

第六节　对思想和出版的限制

上面讨论了滥用政府权力的各种方式，但仅仅谈到了有理论依据的那些滥用，其所依据的理论在最文明的国家仍有一定的市场。我尚未讨论在不久之前造成更大危害、但现在至少在理论已被普遍放弃的那些滥用，尽管这当中仍有许多没有被放弃，还不能说其荒谬之处已遭到了彻底揭露。

例如，可以说人们已完全不再相信以下观点作为一般性论点所具有的有效性，即要由政府来决定其人民应具有什么样的思想

① 谁要想了解工人如何看待工会问题，谁就应读一读1860年出版的一本小册子，题为《工会与罢工，其哲学与意图》，作者是伦敦装订工人联合会干事T. J. 邓宁。这本杰出的小册子提出的观点，有许多我只是部分地赞同，有一些我则完全不敢苟同。但这本小册子也作了许多健全的论证，并揭露了反对工会和罢工的人常犯的错误，读来令人很受启发。其他阶级的读者不仅会吃惊地看到工会方面也有许多真理，而且还会吃惊地看到，若是站在工人的立场上，那他们的错误观点就不那么明显，也不那么令人厌恶了。

观点，政府在政治、道德、法律或宗教方面应禁止出版或公开宣讲它所不赞成的学说。现在人们都很清楚，这种制度对一切繁荣都有巨大危害，甚至对于经济繁荣也有巨大危害，因为人们如果惧怕法律，惧怕舆论，就不会在那些最为重要的问题上自由地运用自己的心智，人的精神就会普遍麻痹和萎缩，到了一定程度，人们甚至在一般生活中都不会有什么大作为，若进一步麻痹和萎缩，甚至会逐渐出现倒退的现象。这方面最能说明问题的例子，就是西班牙和葡萄牙在宗教改革后200年间的情形。当欧洲的几乎所有其他国家都在不断前进时，只有这两个国家无论在民族精神上还是在物质文明上都在衰落，这固然可以归因于各种各样的原因，但却有一最为根本的原因，那就是“宗教裁判”制度和它所代表的精神奴役制度在这两个国家颇为盛行。

然而，尽管以上事实得到了非常普遍的承认，尽管思想和言论自由在所有自由国家都被公认为是公理，但这种表面上的大气度和宽容态度尚未像已得到公认的原则那样享有权威地位，一旦遇到一种新思想，它就会变成恐惧和战栗。最近10年或15年内，一些人遭到监禁，只是因为他们有时以很温和的方式公开宣称不信仰宗教；一旦宪章主义和共产主义引起恐慌，公众和政府很可能也会迅速采取同样手段来阻止人们宣传民主学说和反对私有财产的学说。不过，在英国，对思想自由的限制，与其说来自法律和政府，还不如说来自国民心理的偏狭气性，而这种偏狭已不再是产生于固执和狂热这样尚不太坏的品性，而是产生于在思想和行为上已普遍养成的一种习惯，即习惯于把墨守成规当作生活的金科玉律，谁没有党派的支持敢于标新立异就惩罚谁。

第十一章　论自由放任或不干预原则的依据和所受到的限制

第一节　政府的干预可以分为命令式的和非命令式的两种

我们的讨论已接近了尾声。下面将根据本书的计划，从原则上而不是从细节上讨论政府的职权范围，也就是讨论这样的问题，即除了政府必须行使的那些职能外，政府对社会生活的干预可以或应该扩大到什么范围。这是当今争论得最为热烈的问题，不过，争论主要集中在若干点上，只是偶尔涉及这个问题的其他方面。固然，那些讨论过具体政府干预问题（例如国家是应该实施宗教教育还是世俗教育，是否应限定劳动时间，是否应该向穷人提供救济，等等）的人，也常常作一般性论证，远远超出就事论事的范围，从而或者表现出赞成自由放任的强烈倾向，或者表现出赞成政府干预的强烈倾向；但是他们却很少告诉人们，也很少在心里明确决定，他们将把自己赞成的原则推进到什么程度。支持政府干预的人，只是满足于坚持说，只要干预是有用的，政府就有权也有职责进行干预；而属于自由放任学派的人们，则力图明确限定政府的职权范围，往往把政府的职权范围限定为保护人身和财产的安全，使其免受暴力和欺诈的危害，但如果仔细想一想的话，无论他们自己还是其他人都不会同意这种限定，因为正如前面某一章[①]已经指出的，它排除了某些必不可少的、为人们一致承认的政府职责。

我认为，对于上述问题无法给予一般性的回答。因而我并不是要填补一般理论上的空白，而只是力图从一种最为广泛的观点考察一下政府干预的利弊得失，以对解决这类问题有所帮助。

首先，我们应区分两种政府干预，这两种干预虽然都与同一问题有关，但所具有的性质和所带来的结果却有很大不同。政府干预可以扩展到对个人自由加以限制。政府可以禁止所有人做某些事情，或规定没有它的允许就不能做某些事情；也可以规定所有人必须做某些事情，或规定必须以某种方式做那些可做可不做的事情。这就是所谓命令式的政府干预。还有另外一种干预，可以称为非命令式的，也就是说，政府不发布命令或法令，而是给予劝告和传播信息（这是一种政府本来可以加以广泛利用但实际上却很少采用的方法）；或者，政府允许个人自由地以自己的方式追求具有普遍利益的目标，不干预他们，但并不是把事情完全交给个人去做，而是也设立自己的机构来做同样的事情。因此，设立国教是一回事，不宽容其他宗教或不信仰宗教的人则是另一回事。建立中小学或大学是一回事，规定所有教师都必须得到政府批准则是另一回事。政府可以建立国家银行或官办工厂，但它们并不垄断银行业或制造业，除官办的外，还有私营银行或工厂。政府可以设立邮政局，但并不禁用其他方式投递信件。政府可以有自己的土

① 前面第五编，第一章。

木工程师队伍，但也允许人们自由从事土木工程师这一职业。政府可以建立公立医院，但并不限制私人开业行医。

第二节　反对政府干预的理由：干预本身是强制性的，课征干预所需的税款也是强制性的

读者一眼就可以看出，同非命令式的政府干预相比，命令式的政府干预所具有的正当活动范围要小得多。在任何情况下，都得有大得多的必要性作为前提，命令式的干预才是正当的；与此同时，在人类生活的很大范围内，必须毫无保留地、无条件地排除命令式的干预。无论我们信奉什么样的社会联合理论，也无论我们生活在什么制度下，每个人都享有一活动范围，这一范围是政府不应加以侵犯的，无论是一个人的政府、少数人的政府，还是多数人的政府，都不应对其加以侵犯。每一个已经成年的人，都应有一部分生活不受任何其他人或公众全体的控制。只要是稍许尊重人类自由和尊严的人都不会怀疑，人类生活中确实应该有这样一种受到保护的、不受干预的神圣空间。需要加以确定的只是，界限应该划在哪里，这种保留地应包括多大的生活范围。我认为，一切只与个人内部和外部生活有关、不影响他人利益或只是通过道德示范作用影响他人的那些部分，都应包括在内。我认为，在内心意识即思想和感情领域，以及在只涉及个人，也就是说不影响他人，或至少不会给他人带来痛苦或害处的外部行为领域，应允许所有人，特别是允许那些有思想、有教养的人，尽管发表关于善恶美丑的意见，只是不允许用非法的胁迫手段或法律手段强迫他人附同。

即使就影响他人利益的那部分行为来说，那些主张用法律禁止这类行为的人，也总是有义务讲明理由。仅仅推测这类行为会损害他人，并不能成为法律干预个人自由的理由。使人不能做自己想做的事，或不能根据自己的意愿行事，不仅总是使人不痛快，而且还常常甚至会阻碍身心方面的某些感觉或行动机能的发展；如果个人的良心遭受法律的限制，不能自由发展，那它在或大或小的程度上就会陷入受奴役的状态。除非绝对必要，除非能被一般人所接受，除非一般人已经相信或能够使他们相信，所禁止的事情是他们应该痛恨的事情，否则，不管能带来多大的好处，也没有理由颁布禁令。

不限制个人自由的政府干预情形则有所不同。当政府想办法达到某一目的，而又允许个人采用他们认为更好的其他方法达到这一目的时，自由便没有受到侵犯，也没有对自由施加令人讨厌、又使人堕落的限制。在这种情况下，反对政府干预的一主要理由也就不复存在了。不过，在政府的几乎所有干预活动中，有一件事情是强制性的，那就是政府必须有经费才能进行干预。而经费则来自税收；或者即使来自公共财产，它们仍然是强制课税的原因，因为如果把公共财产的年收益卖掉，便可以免除一部分赋税。[①] 与此同时，为了防止逃税漏税，必须花很多钱采取预防措施和实行严厉的限制，由此而大大加重了强制性赋税所固有的那些缺陷。

① 不带强制性的政府活动是很少的，只有当政府不实行人为的垄断，而能自己支付其活动所需的费用时，政府活动才不带强制性。一个恰当的例子是，政府用公款修建桥梁，但所收取的过桥费，不仅足以支付修建桥梁的费用，而且还足以支付这种费用的利息。另一个例子是比利时政府和德国政府修建的铁路。邮政局如果不实行垄断而能自己支付其活动费用的话，则也是这方面的一个例子。

第三节　政府职能的增加会增加政府的权力和影响

反对政府干预的第二条理由是，每增加一项政府职能，都会增加一分政府的权力，无论是就政府的权威来说，还是就政府的影响来说，都是如此。至少在英国，人们已充分认识到了这一点对政治自由所具有的重要性。但近来，许多人却倾向于认为，只有当政府组织得很糟糕，不代表全体人民的利益，堕落成为某个阶级或某些阶级的工具时，才有必要限制政府的权力；而对于充分代表民意的政府，则应赋予统治国民的权力，因为这种政府拥有的权力只不过是国民自己管理自己的权力。如果这里所说的国民指的实际上不仅仅是大多数国民，如果少数国民只是有可能压迫他人，而自己不会遭受压迫，那么上面的看法也许是正确的。然而，经验证明，即便是大多数人选举出来的当权者，也和寡头统治集团一样，当他们认为能够得到民众支持时，便很容易滥用权力，很容易非法侵犯个人生活的自由。公众全体很容易把其狭隘的利益观，把其抽象的观念，甚至把其爱好，作为法律强加给个人，使个人受到约束。在当前的文明程度下，个人以民众的名义行使的权力，很容易成为社会上惟一实在的权力，因而特别需要坚决保护每个人思想、言论和行为的独立，以维护人类精神的创造性和每个人的个性，因为这种创造性和个性是所有真正进步的惟一源泉，是使人类远远优越于动物的最重要的品质。因此，在民主政体下同在任何其他政体下一样，都应谨慎防止政府扩大干预范围、行使不必要的权力的倾

向。这一点在民主政体下也许比在任何其他政体下都更为重要，因为在公众舆论享有至高无上地位的地方，遭受至高无上的舆论压迫的个人，不像在大多数其他情形下那样，可以找到发泄不满的对象，或至少找到同情自己的人。

第四节　政府职能的增加会增加政府的工作和责任

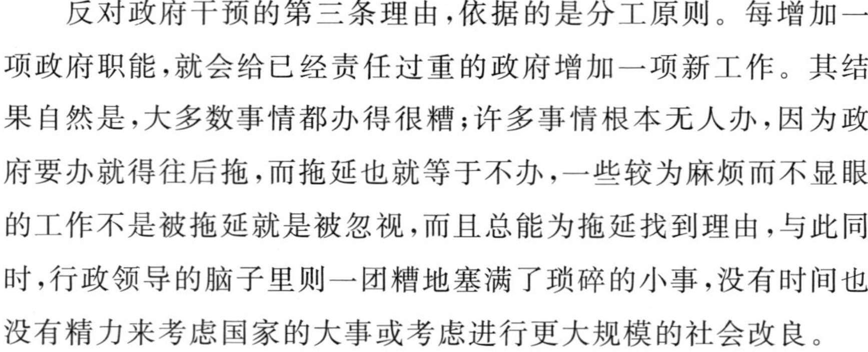

反对政府干预的第三条理由，依据的是分工原则。每增加一项政府职能，就会给已经责任过重的政府增加一项新工作。其结果自然是，大多数事情都办得很糟；许多事情根本无人办，因为政府要办就得往后拖，而拖延也就等于不办，一些较为麻烦而不显眼的工作不是被拖延就是被忽视，而且总能为拖延找到理由，与此同时，行政领导的脑子里则一团糟地塞满了琐碎的小事，没有时间也没有精力来考虑国家的大事或考虑进行更大规模的社会改良。

但是，这些实际存在而又很严重的弊害，与其说是政府肩负的责任过多和过重造成的，还不如说是政府组织得不好造成的。政府并不是某个官吏或某些官吏的名称，而是可以在其内部实行各种各样分工的行政机构。只有不实行分工的政府才会带来大量上述那种弊害，例如欧洲大陆一些国家的政府就不实行分工，在这些政府中，七八个被称为大臣的人住在首都，但却要求全国的所有公务都得由他们点头批准。如果在一个国家之内，政府职能被适当地分配给中央政府官员和地方政府官员共同承担，如果中央政府被分成足够数目的部，那么就能够把上述那些弊害减少到可以控制的范围内。在英国，当国会认为有必要授予政府监督和部分控制铁路的权力时，它不是把铁路划归内政部管，而是设立了铁路委员会。当国会决定让中央政府来监督管理济贫事业时，它设立了济贫法委员会。世界上几乎没有哪个国家像美国的一些州，特别是新英格兰各州那样，把那么多的职责交给政府官员去行使，而且公务方面的这种分工是非常彻底的；这些官员大都各有各的上司，除受市民选票的裁定和对法庭负有民事和刑事责任外，便可以自由行使职责。

毫无疑问，一个良好的政府所必须具备的条件是，其行政首脑，无论是永久性的还是暂时性的，都应对其管辖范围内的各种利害关系具有总的、全局性的调节控制权。但是，只要行政机器运转灵活自如，就应使下属，并尽量使地方官吏不仅有执行具体公务的权力，而且有决定具体事务的权力，只要下属的行为不触犯法律，就应使他们只对行为的结果负责，而不是对行为本身负责。良好的政府还应最有效地确保诚实而有才干的人得到任命；应为官吏的晋升开辟广阔道路；应使各级官吏享有较为广泛的行动自由，从而使最高一级的官吏能集中精力考虑各自管辖范围内的总体利益；如果做到了所有这一切，政府在那些适合它承担工作的方面也许就不会感到负担过重了，尽管如果政府承担不适合它做的工作，负担过重仍旧会带来严重的弊害。

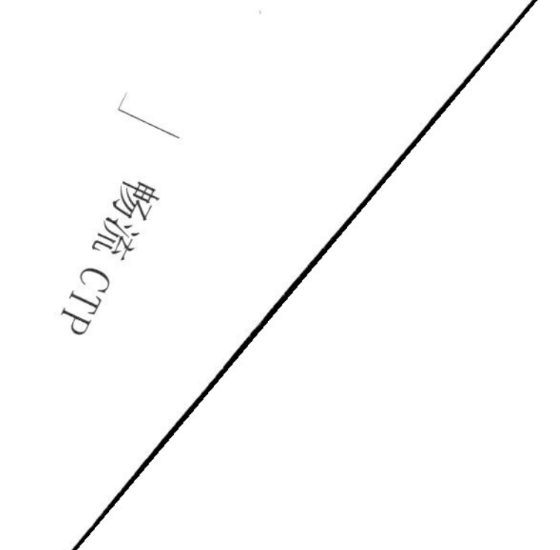

第五节　私人经营因为对所经营的对象具有较大的利害关系因而效率较高

虽然组织得较好的政府会使人们不再那么强烈地反对增加政府的职责；但即使如此，在所有较为文明的社会，政府插手做的绝大多数事情，还是不如由或者让具有最大利害关系的个人来做得那么好。其所以如此的原因，在一句人们常说的话中相当精确地道了出来：个人要比政府更了解自己的事情和利益，并能更好地照顾自己的事情和利益。这句话对于生活中的绝大部分事情来说都是正确的，因而在所有适用于这句话的方面，各种政府干预都应受到谴责。例如，政府是经营不好工商业的，这一点可用以下事实来证明，在个人具有足够的创业精神和能得到全部必要手段的那些方面，政府几乎无法与个人展开竞争。尽管政府消息灵通，资金雄厚，能在市场上雇用到最有才干的人，但所有这些却不足以抵消它的一个巨大弱点，即它不那么关心经营的结果。

而且，应该记住，尽管政府在智力和知识方面要强于某一个人，但它肯定不如全体个人。在干某一件事时，政府只能雇用全国一部分有学识、有才干的人。即使政府在招聘人才做某一工作时只以适合与否为条件，在政府招聘的人才以外，必定还有不少同样适合做此项工作的人，在个人经营制度下，这种工作常常会很自然地由这些人来做，因为他们能比别人更好，更省钱地做这项工作。既然如此，就很显然，排斥甚或取消个人经营的政府要么是用较差的手段取代了较优的手段，要么至少是用其自己完成工作的方式取代了许许多多同样合格的人会采用的各种各样的方式，而各种方法的相互竞争要远比方法的划一更有利于进步和改良。

第六节　使人民养成共同行动的习惯

我最后要谈的，是反对扩大政府干预的一个最强有力的理由。即便政府能把全国最有学识和才干的人都网罗到各个部门内，很大一部分社会事务仍应该留给具有直接利害关系的人去做。生活中的事务，乃是对人民进行实际教育的最主要部分；书本和学校教育固然是极为必要的，也是极为有益的，但如果没有实际生活的教育，却不足以使人们能很好地处理事务，不足以使手段适合于目的。学校教育只是提高智力的必要手段之一；另一几乎同样必不可少的手段，就是积极运用自己的各种活动能力，如劳动能力、发明能力、判断能力、自制能力等，而对这些能力的自然刺激则是生活中的困难。不应把这种理论与一种洋洋自得的乐观主义相混淆，这种理论把生活中的困难看作是好事情，认为生活中的困难可以使人养成与这些困难作斗争的各种品质。只是因为存在着困难，与困难作斗争的品质才有价值。实际上，我们应该使人类生活尽量减少困难，而不应像狩猎者为了练习追捕而不杀猎物那样把许多困难保留下来。但是，因为生活对实际才能和判断力的需要只会减少，而无论如何不会完全消失，所以重要的是不仅应在少数杰出人物中而且应在全体人民中培养上述能力，并且应该较为多样化地、较为全面地培养这种能力，而不是像大多数人那样只是在狭隘的个人利益范围内培养这种能力。如果一个民族没有养成为

集体利益而自觉行动的习惯，如果一个民族一遇到与共同利益有关的事情就习惯地依赖于政府发命令或采取措施，如果一个民族总是盼望政府为他们做好每件事情，而自己只做习惯性的工作和例行的工作，那么该民族的能力就只发挥了一半，该民族所受的教育就在一极为重要的方面存在着缺陷。

在全体国民中通过实际运用而培养出来的能力，是国家最为宝贵的财富之一，即使国家的大小官吏已具有较高的文化水平，仍需要在全体国民中培养此种能力。对于人类的幸福来说，最为危险的情形莫过于，只是统治集团具有较高水平的知识和才能，而统治集团以外的人则既无知识又无才能。这样一种制度要比任何其他制度都更为全面地体现了专制主义思想，因为它使那些已经掌权的人享有较高的知识水平，使他们掌握了统治人民的另一件武器。这种制度就如同牧羊人照看羊群，但却不关心羊的肥壮与否那样，由此而会造成人与其他动物之间在机体上的那种巨大差别。防止政治奴役的惟一保障，就是在被统治者中间传播知识，使他们充满活力，具有公益精神，以此约束统治者。经验证明，要使上面所说的那些能力永远保持足够高的水平，是极为困难的，而且随着文明程度和所受到的保障程度的提高，随着人们以前只能依靠自己的体力、技巧和勇气来对付的艰难困苦和危险一个个地被消除，保持上述能力的困难还会增加。所以极为重要的是，所有社会阶层，包括最低贱的阶层在内，都应有许多自己必须亲自做的事情，都应使他们在这方面尽可能多地运用智慧和德行，政府不仅应把与个人有关的事情尽可能留给个人去做，而且还应该允许或毋宁说鼓励个人尽可能多地通过自愿合作来处理他们共同的事务，因

为大家商量和处理集体事务:可以很好地培养公益精神,有效地产生处理公众事务的智慧,而这种公益精神和智慧一向被看作是自由国家的人民所具有的特殊品质。

民主制度如果不在小事情上贯彻民主原则,而只在中央政府一级实行民主原则,则不仅不会保障政治自由,反而会造成一种完全相反的气氛,致使社会最底层的人也对政治统治权怀有欲望和野心。在一些国家,人民所渴望的是不受暴政的统治,而在另一些国家,人民所渴望的则仅仅是人人享有实施暴政的平等机会。不幸的是,对于人类来说,后一种渴望同前一种渴望一样是非常自然的,而且在许多情况下,甚至在文明国家,后一种渴望要远比前一种渴望更常见。随着人民逐渐习惯于通过自己的积极干预来处理自己的事务,而不是把事情留给政府去做,他们就会渴望消灭暴政,而不是渴望实施暴政;另一方面,如果所有的主动性和创造性都来自政府,个人总是习惯于受政府的监督和指导,那么民主制度在人们心中培养的就不是对自由的渴望,而是对权力和地位的无限贪欲,人们的聪明才智就不会用在正经事情上,而是用来勾心斗角,争名逐利。

第七节 自由放任是一般原则

以上所述是主张把政府对社会事务的干预限制在最小范围的主要一般性理由。几乎没有人会怀疑这些理由的有效性,因而在所有情况下,都应由主张政府干预的人而不是反对政府干预的人来证明自己有理由。总之,一般应实行自由放任原则,除非某种巨大利益要求违背这一原则,否则,违背这一原则必然会带来弊害。

但是,迄今为止,即使在最明白不过地适用于上述原则的场合,政府仍违背这一原则行事,违背之严重,是后人也许无法想象的。迪诺耶先生的描述,[①] 可以使人对此有些了解。他对法国旧政府遵照干预和控制的法律精神限制工业活动的情况作了如下描述:

“国家对制造业的控制是毫无限制,极为专横的。它无所顾忌地随意处置制造业者的资源。谁可以办厂,应该生产什么,应使用什么原料,应采用什么工艺,应采用什么样的生产方式,这一切都由国家来决定。仅仅把事情做好,或做得较好,是不够的,还必须按规定去做。谁都知道1670年的那项法规规定,凡不符合规定的商品,一律没收,并连同制造者的姓名展览示众,如若再犯,则连同厂主的姓名也一起展览示众。人们必须时刻留意的,不是消费者的喜好,而是法律的命令。而命令则由许许多多检查官、专员、管理人、陪审员和监护人来执行。一旦不符合规定,机器便被拆除,产品便被烧毁,因而改进受到处罚,发明者被罚款。而且对国内消费的产品和出口产品有不同的规定。手艺人既不能为自己选择安身立业的地点,也不能在所有季节为所有顾客工作。1700年3月30日颁布的一道法令,限定18个城镇为可以纺织长统袜的地点。1723年6月18日颁布的一道法令命令鲁昂的制造业者从7月1日到9月15日暂时关闭他们的工厂,以帮助收割。路易十四因为要为卢浮宫修建柱廊,曾禁止一切私人擅自雇用建筑工人,违者罚款一万利佛尔,并禁止建筑工人为私人干活,初犯判处监禁,再犯

① 《论劳工自由》,第二卷,第353—354页。

则判处苦役。”

吉伦特派大臣罗朗的证词告诉我们，以上规定以及与此相类似的规定绝非一纸空文。这种多管闲事而刁难人的干预一直延续到法国大革命爆发时为止。罗朗说：“我亲眼看到80件、90件、100件棉织品或毛织品被剪碎，然后被完全销毁。许多年来，每个星期我都能看到类似的情景。我看到制造品被没收；制造商被课以很重的罚金；一些纺织品在赶集的日子被当众焚毁；另一些则被展览示众，上面标着制造商的名字，并威胁制造商，如果再犯，则将其本人也绑到公共场所示众。所有这些都是按照现行的法规或内阁的命令做的，是我在鲁昂亲眼看到的。究竟犯了什么罪，要给以如此残酷的处罚？难道就因为所使用的原料或纺织品的质地，甚或某几根经线上有某些纰疵吗？

“我经常看到一些官吏闯入制造业者的家中，乱翻一气，恐吓其家人，割断布匹，扯断经线，拿去作为违反规定的证据。随后制造业者便被传唤、审讯和定罪，产品被没收，没收产品的判决书被张贴在各公共场所。制造业者的财产、名誉和信用由此而丧失殆尽。他们到底犯了什么罪呢？因为他们用精纺毛线制作了一种叫作长绒粗呢的毛料，这种毛料虽然在英国有出产，甚至在法国也有人出售，但法国政府却规定这种毛料应该用安哥拉山羊毛来制作。我还看到另一些制造业者也受到了同样对待，因为他们制造了一种特殊宽度的羽纱，这种宽度的羽纱是英国和德国所使用的，西班牙、葡萄牙等国以及法国的一些地方对此也有很大需求，但这种羽纱却违反了法国政府有关羽纱宽度的规定。”

现在，即便是最不开化的欧洲国家，也不会应用这种“家长式的统治”原则了。在上面所引述的那些情形中，反对政府干预的所有一般性理由都是有效的，有些反对理由甚至是极为有效的。但我们现在则得转而讨论问题的第二部分，也就是讨论这样一些情形，在这些情形中，反对政府干预的一些一般性理由是完全无效的，而另外一些仍然有效的理由，却被更为重要的相反的考虑压倒了。

我们已经指出，一般说来，生活中的事务最好是由那些具有直接利害关系的人自由地去做，无论是法令还是政府官员都不应对其加以控制和干预。那些这样做的人或其中的某些人，很可能要比政府更清楚采用什么手段可以达到他们的目的。即便政府能够最全面地掌握个人在某一时期内积累的有关某一职业的全部知识（这实际上是不可能的），个人也要比政府对结果具有更强烈得多、更直接得多的利害关系，因而如果听凭他们选择，而不加以控制的话，则手段会更有可能得到改进和完善。然而，尽管劳动者一般说来能最好地选择手段，但能否在同样普遍的意义上断言，消费者或被服务者能最好地鉴别目的呢？买者是否总是能够鉴别商品？如果不能，则有利于市场竞争的推定便不适用于买者鉴别商品的情形，而如果商品的质量同社会有很大关系，那么权衡利弊得失，就应该由国家整体利益的全权代表以某种方式和在某种程度上进行干预。

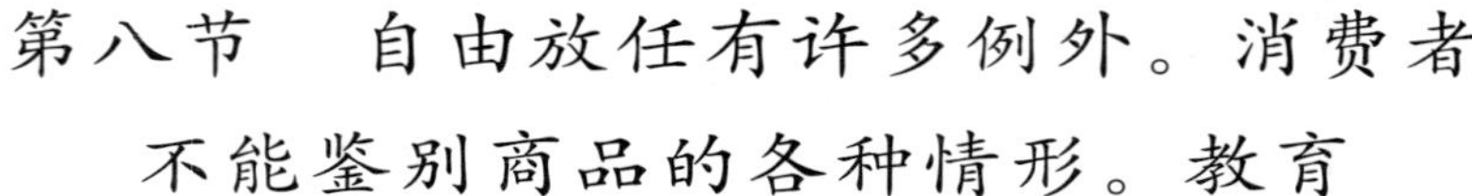

第八节　自由放任有许多例外。消费者不能鉴别商品的各种情形。教育

这里，我们在承认消费者能够鉴别商品的时候，必须加上许多

限制条件和例外。消费者一般说来是他自己所使用的物品的最好鉴别者(尽管在这方面也并非完全如此)。这些物品是用来满足物质上的某种需要,或用来满足某种嗜好或爱好的,而关于这种需要和嗜好,是无需请别人来帮助鉴别的;或者这些物品是某一行业的人从事工作时所使用的工具,因而可以认为他们能够鉴别日常工作中所使用的工具的优劣。但还有另外一些东西,这些东西的价值是决不能用市场上的需求来检验的;这些东西的效用并不在于满足人们的嗜好,也不在于满足日常生活的需要,最需要这些东西的人反而最不想得到它们。那些主要用来提高人类素质的东西,就是这样。未开化的人是不能很好地鉴别教化的价值的。那些最需要提高知识水平和道德水平的人,却往往最不想提高知识和道德水平,而即使想,靠他们自己也做不到这一点。在自愿制度下,情况仍将是,既然人们不想达到某一目的,也就无从谈论手段,或者那些需要改进提高的人对自己所需要的东西抱有不全面或完全错误的看法,因而市场需求带来的供给,根本不是人们所真正需要的东西。在这种情况下,任何善意的、较为文明的政府都可以认为自己具有或应该具有比其所统治的普通人高的教化水平,因而同大多数人的自发需要相比,应该能够向人民提供更好的教育。所以,从原则上说,就应该由政府向人民提供教育。这个例子说明,不干预原则在一些情况下不一定适用,或不一定普遍适用。[①]

① 迪诺耶先生反对这种观点。我虽然在许多方面同意迪诺耶的看法,但他对政府干预却似乎采取了一种不分青红皂白的完全敌视的态度。他说,无论教育本身多么好,也只有当公众愿意接受时,才会对公众有用,教育符合公众需要的最好证明,就是它能作为一项赚钱事业而取得成功。这种论点无论是对于启迪人类心灵的教育来说,还是对于医治人类身体的药物来说,都是没有说服力的。如果无法说服某个病人吃某种药,那么这种药就对他什么作用也没有。但我们不能由此而推论

我认为，自由放任这个一般原则，尤其不适用于初等教育。某些基本知识是来到世上的所有人在儿童时代无论如何应该加以掌握的。如果他们的父母或抚育他们的人有能力使他们得到这种教育，但却未能这样做，那他们就没有尽到两方面的职责，一是对孩子本身的职责，一是对一般社会成员的职责，因为一般社会成员会因为其同胞缺少教育而遭受严重损害。所以，政府可以运用自己的权力，规定父母在法律上负有使子女接受初等教育的职责。但要使父母承担这种职责，则政府就必须采取措施确保人们能够免费或以极低的费用接受初等教育。

当然一些人也许会反对说，教育子女的费用是父母应该负担的费用之一，即使是劳动阶段也不例外；父母应感到用自己的钱履行这项义务是自己义不容辞的责任；而由别人出钱提供教育，正像由政府提供生活费那样，会相应地降低必要工资的水平，会减少人们努力工作和自我克制的动力。这种论点至多只是在以下情形下才是正确的，即个人本来会自己料理的事情，改由公家代办，也就

说，他不需要任何人的帮助就可以挑选到合适的药。难道他所尊重的人劝他吃的药，不会比他自己挑选的药更好吗？就教育来说，这正是人们争论的问题。毫无疑问，如果教育远远超出人们的需要，以致不能说服人们接受教育，那么这种教育就等于不存在，对人们毫无价值。但在人们自发选择的东西和人们拒绝接受的东西之间，还有另外一些东西，这些东西的取舍则应尽可能听从高明者的劝告。而且，公众无法鉴别的东西，只有在很长一段时间内展示给公众，迫使他们注意它，用长期的经验证明它会带来的好处，才会使公众最终了解它；而如果没有采取行动迫使公众接受，而只是在理论上提出建议，则公众也许永远不会了解它。然而，赚钱的投机生意却不会等好几年或好几十年才成功，它要么立即成功，要么完全失败。迪诺耶先生所忽略的另一点是，一些教育设施和教育方式虽然决不会为普通人所享用，因而不会偿付它们所花的费用（连同利润），但对许多人来说却具有无比大的价值，因为它们向少数人提供了最高质量的教育，使人类的优秀分子得以代代相接，正是依靠这些优秀分子，人类的知识才不断得到增进，社会才不断向着更高的文明前进。

是说，劳动阶级中的所有父母已认识到自己有义务花钱使子女接受教育并已履行了这一职责。但是，如果父母没有履行这一职责，没有把教育费用列入其工资必须支付的费用中，那就说明，一般工资水平尚不足以承担这种费用，这种费用必须由其他来源来承担。在一些情况下，一旦提供了帮助，就必须永远提供帮助，但提供教育的情形则不是这样。真正的教育决不会削弱，反而会增强和扩展人的各种机能，无论以什么方式得到教育，都有利于培养人的自立精神。倘若情形是不免费提供教育，人们便根本得不到教育，那么在这种情形下提供帮助所带来的结果，就不同于在其他许多情形下提供帮助所带来的结果；不同之处在于，现在提供这种帮助有助于日后不需要人帮助。

在英国以及欧洲大多数国家，非熟练工人靠其普通工资是不能为其子女支付初等教育的全部费用的，而且即使能，恐怕也不肯支付。所以，我们便不应在政府负责和私人负责之间进行选择，而应该在政府资助和自愿捐助之间进行选择，也就是在政府干预和民间团体干预之间进行选择，所谓民间团体的干预，就是像那两个著名的“教育协会”那样，由私人捐钱办学校。当然，凡是靠私人捐助已经办得很好的事情，就不应该用强制课征来的税款来办。在学校教育方面，这一原则适用到什么程度，则要看具体实际情况来定。对于我国民办教育的情况，最近人们已作了大量讨论，因而这里就无须加以详细评论了，需要指出的只是我深信，民间教育的数量现在是远远不够的，以后很可能也仍将是远远不够的，而其质量虽然显示出了某种改进的趋向，但现在除极少数情况外，却很差，而且一般说来是糟糕透顶的，简直是徒有其名。所以我认为，政府有义务弥补这一缺陷，资助初等教育，以使穷人家的所有孩子能够免费或以微不足道的费用接受初等教育。

有一件事情是一定要坚持的，那就是政府不应垄断教育，无论是初等教育还是高等教育都不应加以垄断，不应运用权力和影响迫使人们就学于政府聘任的教师而不就学于其他教师，不应使受教于这些教师的学生享有特殊利益。一般说来，政府聘任的教师虽然也许要优于私人教师，但他们并非具有全体教师的知识和智慧，因而应敞开尽可能多的道路来达到提供教育的目的。政府在法律上或在事实上完全控制教育，是令人不能容忍的。拥有这种控制权并行使这种控制权，也就是实行专制统治。政府如果能从小塑造人民的思想和感情，那就可以对人民为所欲为。所以，虽然政府可以而且在许多情况下也应该设立各级学校，但它却不应强迫或诱使人们上公立学校，私人建立学校的权力也不应在任何程度上取决于政府的批准。要求一切人都必须接受一定程度的教育，是有道理的，但如果规定人们应如何接受教育，或应该从谁那里接受教育，那就没有道理了。

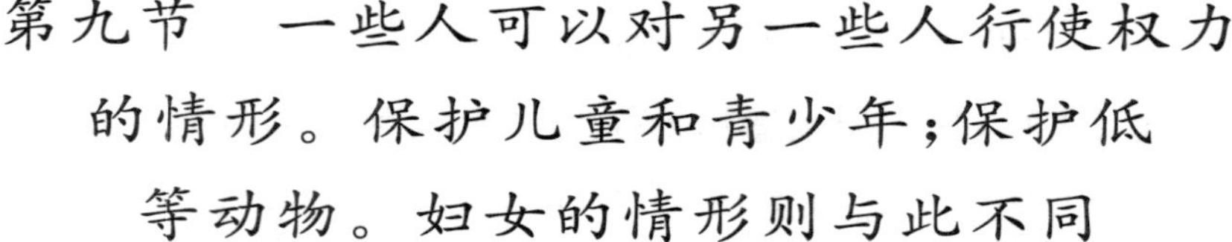

第九节　一些人可以对另一些人行使权力的情形。保护儿童和青少年；保护低等动物。妇女的情形则与此不同

在教育问题上，政府之所以有理由进行干预，是因为在这件事情上，消费者的利益和判断不足以确保提供优质商品。现在让我们来看另一类情形，在这类情形下，没有人处于消费者的地位，可

以依赖的只是当事者本人的利益和判断，例如当人们处理只关系到自身利益的事情时，或当人们订立私人契约时。

在这方面奉行不干预原则的理由是，同立法机关的一般法令或政府官员的命令相比，大多数人对自身的利益和促进自身利益的方法都具有更加正确和聪明的见解。这一格言作为一般原则来说，无疑是正确的，但也不难觉察到有一些很严重、很明显的例外，这些例外可以分成以下几类。

第一，虽然个人可以对自身利益作出最好的判断，但个人却也可能不具有判断和行动的能力，可能是疯子、白痴、幼儿，或虽然并非完全没有判断能力，却可能尚未达到能够作出成熟的判断的年龄。在这种情形下，不干预原则的基础便完全崩溃了。具有最大利害关系的人不仅不能对事情作出最好的判断，而且根本不能作出判断。无论在哪里，精神病患者都被看作是应该得到国家照顾的对象。① 至于儿童和少年，人们常说，虽然他们不能自己作出判断，但他们有父母或其他亲属可以替他们作出判断。然而，这样一来问

① 英国有关精神病患者的法律，特别是有关如何确定精神病的法律，亟待加以改进。目前，无论什么人，如果其财产值得垂涎，其亲属缺乏道德，或与其关系不好的话，都有可能被指控为患有精神病。一些人可以通过他人被宣判为患有精神病而获益。应这种人的请求，可以组成陪审团，进行审理，费用由被告者的财产承担。陪审团通常由 12 个小店主组成，在审理中，灌进这些易于轻信的小店主耳朵中的，都是被告的怪癖，外加仆人虚构的所有事情。这些小店主只了解自己的生活方式，对其他各种生活方式一无所知，把被告性格和爱好上的每一点与众不同之处都看作是怪癖，而又把怪癖看作是精神异常或邪恶。如果这种自作聪明的法庭作出指控者所希望的那种裁决，则财产也许就会转到合法所有者所最讨厌的人手中。最近，这种审理的一些实例已成了司法界的丑闻。这方面的法律需要大加修改，特别是必须作以下两点修改：第一，同在其他诉讼活动中一样，诉讼费不应由被告承担，而应由原告承担，只有在胜诉时，才赔偿原告的诉讼费；第二，被宣判为患有精神病的人，只要还活着，就决不应把其财产转给其继承人，而应由一位政府官员来管理其财产，直到他去世或恢复健康。

题的性质就变了，问题就不再是政府应不应该干预个人的行为和利益，而是政府应不应该让一些人的行为和利益完全听凭另一些人的摆布。父母的权力和任何其他权力一样，有可能被滥用，而且事实上也经常被滥用。如果法律不能阻止父母残暴地对待甚或杀害子女，那我们当然有理由认为，子女的利益会由于父母的自私和无知而经常被不知不觉地牺牲掉。无论什么事情，只要为了子女的利益显然是父母应该做的或不应该做的，法律在可能的范围内就应强迫父母去做或不做，一般说来，这也是法律的一项职责。试从政治经济学这一特殊领域举一个例子来加以说明。毫无疑问，只要国家照看得到，就应保护少年儿童，禁止雇用他们做过于繁重的工作。之所以应禁止少年儿童劳动的时间过长或劳动强度过大，是因为如果不加禁止的话，他们就总是被强制这样去做。就儿童来说，签约自由无异于强制自由，教育也是一个例子。不应允许父母或亲属由于漠不关心，嫉妒或贪婪而使儿童得不到他们可能得到的最好教育。为保护儿童的利益而在法律上进行干预的那些理由，也同样适用于那些不幸的奴隶和受人类虐待的低等动物。对于虐待这些没有防御能力的人和动物的行为，政府有时予以惩戒，一些人由于极为严重地误解了自由原则，而认为政府这样做超出了其权限，是对家庭生活的干预。实际上，家庭暴君所控制的家庭生活，正是最迫切地需要法律加以干预的事情之一。令人遗憾的是，人们对政府权力的性质与由来的模糊认识，竟使许多热心支持运用法律武器来惩治虐待动物的行为的人，不是在事情本身的是非曲直中寻找制定这种法律的理由，而是认为，之所以要制定这种法律，是因为一旦养成了虐待动物的残忍习惯，人类的利益也会

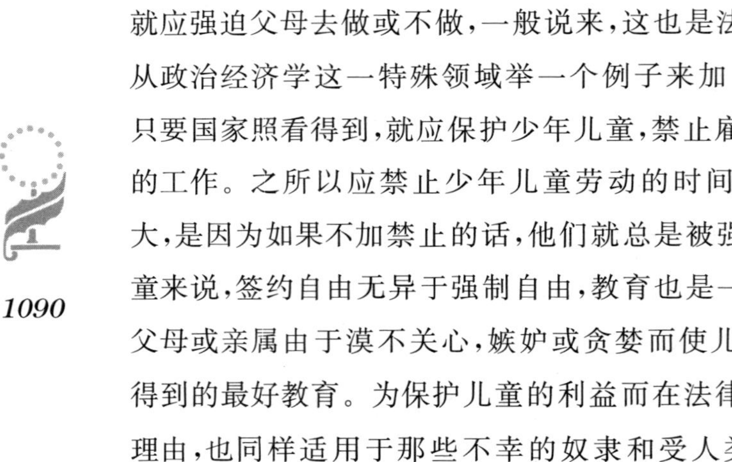

受到损害。如果说具有足够体力的人在看到动物被虐待时，有义务加以阻止，那么一般说来，社会也同样有义务加以阻止。在这方面，英国现行法律的主要缺陷是，即使是对于最为严重的虐待动物的行径，处罚也很轻，几乎往往等于不给予处罚。

一些社会成员处于依附地位，为了保护他们，应由法律限制他们的签约自由。常有人提议，妇女也应该包括在这些人中，而且现行的工厂法像对待未成年者那样对待妇女，对二者的劳动都作了特殊限制。但我认为，为了这一目的和其他目的而把妇女和儿童归为一类，不仅在理论上是站不住脚的，而且在实践上也是有害的。某一年龄以下的儿童是不能独立判断事物或行动的，在没有长大以前，他们必然或多或少地缺乏这种能力；但妇女却同男人一样有能力了解和处理自己的事情，妨碍她们这样做的惟一障碍是她们现在处在不公正的社会地位上。只要法律规定妻子得到的每样东西都是丈夫的财产，规定妻子必须与丈夫同居，从而迫使她忍受丈夫在精神和肉体上对她任意施加的虐待，那么就有理由认为，她是被强迫做每件事情的，而当代的改革家和慈善家所犯的一个大错误是，他们不是去纠正这种不公正本身，而是一点一点地对付不公正所造成的后果。如果妇女像男人那样，能完全支配自己的人身以及自己继承或挣得的财产，那就没有理由限制她们为自己劳动的时间，以使她们有时间为丈夫劳动，或者用鼓吹这种限制的人的话来说，以使她们有时间为丈夫的家庭劳动。在劳动阶段的妇女中，只有那些在工厂做工的妇女，不处于奴隶和苦役的地位，其所以如此，就因为她们到工厂工作和挣钱往往是自愿的。要改善妇女的状况，就应为她们开辟尽可能广的就业门路，而不是完全

或部分关闭已经向她们敞开的就业门路。

第十节　永久性契约

个人能对自己的利益作出最好的判断这种学说的第二个例外是，有时个人试图在现在不可改变地决定近期和遥远的未来什么对自己最为有利，此时就不适用于这种学说。只有当个人的判断依据的是个人实际的特别是现在的经验时，才有理由推论说个人能对自己的利益作出最好的判断，而如果这种判断形成于经验之前，即使在被经验推翻之后也不能反悔，那就没有理由作出上述推论。如果人们签订一项契约，不只是要做某件事，而是要永远或在很长一段时期内做某件事，绝不允许解除契约，那么，便不能认为坚持履行这种契约总是对人们有利的，何况签订这种契约时人们可能还很年轻，并不真正了解自己所做的事情，在这种情况下，即使是自愿签约，通常也没有什么意义。听凭人们自由签约这一实际原则，在应用于永久性契约时，应加以很大的限制；法律应对这种契约采取极为慎重的态度；若当事人尚不能对这种契约所规定的义务作出判断，法律就不应允许签订这种契约；若允许签订这种契约，法律就应尽可能确保当事人是在深思熟虑之后才签订这种契约；尽管当事人不能自行解除这种契约，但法律却应该允许当事人向公正无私的有关当局陈述了充足的理由后，解除契约。以上种种考虑显然适用于婚姻这种最为重要的终生契约。

第十一节　委托经营

对于政府不能像个人那么妥善地处理个人事务这种学说，我要指出的第三种例外，是个人委托他人经营的情形，在这种情形下，所谓私人经营，事实上与其说是当事人自己在经营，还不如说政府官员在经营。不管什么事情，若听其自然，股份公司能办好的话，则国家常常也能办好，而且就实际结果来说，有时还会办得更好。众所周知，政府的经营确实是拖沓的、不经心的、无效率的，但股份公司的经营一般说来也是如此。固然，股份公司的董事常常是股东，但政府官员也总是纳税人；公司董事同政府官员一样，可以在经营良好时得到一份利益，但暂且不说偷安的心理，他们有时也故意不好好经营以从中谋利。有人会反对说全体股东可以对董事进行某种控制，而且几乎总是有权解除董事的职务。但实际上，股东很难行使这种权力，只有当公司经营得很糟糕，接近于破产时，才会行使这种权力，而在这种情况下，政府一般也会撤换它所任命的管理人员的。股东大会以及股东个人的检查和调查提供的这种保障是很差的，与此相对，在自由国家，凡政府干预的事情，则较为公开，可以对其进行较为积极的讨论和评论。所以，同合股经营相比，政府经营的缺陷即使肯定要大一些，似乎也并不一定大得很多。

凡是人们通过自愿合伙所能做的事情，即使政府官员能做得一样好或更好，也应让人们自己去做，其原因我们在前面已经说过了，即这些事情如果让政府官员去做的话，会使政府主要官员的负担过重，分散他们的注意力，无法集中精力履行只有他们能履行

的职责，而去管理那些没有他们也能做得很好的事情；会不必要地使政府的直接权力和间接影响膨胀，并增加政府官员与老百姓发生冲突的机会；会不适当地把全国从事大规模经营的技术和经验以及采取集体行动的权力都集中在掌握统治权的官僚机构手中；这种做法会使人民和政府的关系变成孩子和监护者的关系，导致人民参与政治生活的能力低下，到目前为止，欧洲大陆上那些被代议制或非代议制政府过分干预的国家，情况正是如此。①

然而，虽然由于以上原因，可由私人公司办得相当好的事情，一般说来就应让私人公司去做，但却不能由此而推论说，政府应完全放任不管私人公司的经营方式。在许多情形下，提供某种服务的方式，由于其性质的缘故，实际上必然是独家的；在这种情况下，是无法阻止实际的垄断的，是无法阻止垄断者向社会课税的。我已不只一次地提到了煤气公司和自来水公司的情形，虽然完全允许这些公司展开自由竞争，但实际上却毫无竞争，而且他们实际上要比政府更加不负责任，更加不闻不问人们的抱怨。在这种情况下，多家经营只是增加了开支，而并没有带来好处，国民为不可或缺的服务支付的费用，实质上与法律强制课征的赋税没有什么两样：几乎每一户人家都不把“水费”同地方税区别开来。因而，我们有理由认为，这些特殊的服务，同铺设道路和清扫街道等服务一

---

① 与此相类似的事例是，在目前的社会状态下，全体妇女表现出了这样一个特征，那就是厌恶政治，缺乏公益精神；这是政治改革家经常感觉到和经常抱怨的，但他们却不愿承认也不想消除造成这种情况的原因。显然是各种制度的影响和妇女所接受的全部教育，使她们认为自己与政治完全无缘。妇女只要当上政治家，就会顺应时代的潮流，与同时代的男人一样，表现出对政治具有同样大的兴趣和同样大的才能。例如，在历史上，卡斯提尔的伊萨贝拉和英格兰的伊丽莎白，都绝非是罕见的例外，而只不过是欧洲有地位和有教养的妇女所普遍具有的那种精神和能力的光辉范例。

样，虽然肯定不应由中央政府来提供，但却应该由市政当局来提供，其费用应由地方税来支付，就像现在实际上是由地方税来支付的那样。但在许多与此相类似的最适宜于私人经营的领域，光有经营者的利益尚不足以确保社会得到适当的服务，还需要有另外的保障；政府应从一般利益着想使这些领域中的经营活动遵守合理的规定，或保留控制这类经营活动的权力，以使公众能享有垄断利润带来的好处。这适用于道路，运河和铁路的经营管理。在这些方面，实际上总是存在着很大程度的垄断。一国政府如果完全让某一私人公司享有这种垄断权，那就无异于让某一个人或某一家公司为了自己的私利随心所欲地对该国生产的全部麦芽或进口的全部棉花课税。固然，在一定时间内允许私人公司享有这种垄断权，根据发明人可以享有专利权的原则，是有道理的，但是，国家对于这类公共事业应保留将来收回的权利，或保留并自由行使规定最高收费的权利和经常变动最高收费的权利。也许有必要指出，国家可以拥有运河或铁路，而不亲自经营它们；运河或铁路由向国家租得一定期限经营权的公司来经营，往往经营得更好。

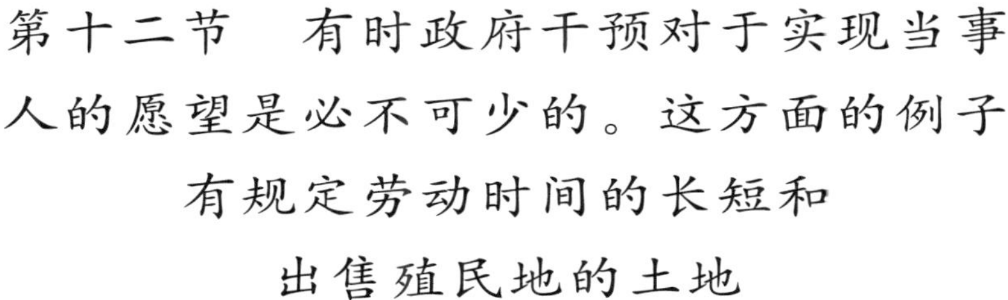

第十二节　有时政府干预对于实现当事人的愿望是必不可少的。这方面的例子有规定劳动时间的长短和出售殖民地的土地

我要请求人们特别注意第四种例外，因为我认为，政治经济学家至今尚未充分注意这种例外。有些事情需要法律进行干预，并

不是为了否决人们对自身利益所作的判断，而是为了使这种判断得以付诸实施，因为人们只有采取协调一致的行动才能实施其判断，而协调一致的行动只有得到法律的认可和批准才会奏效。为了举例说明同时也为了避免过早地作出判断，让我们来看缩短劳动时间的问题。不管是不是事实，我们至少可以假设，普遍把工厂的劳动时间例如从 10 小时缩减为 9 小时，对工人是有好处的；并可以假设工人劳动 9 小时得到的工资会和劳动 10 小时一样多或基本一样多。有人会说，如果结果是这样，如果工人都相信结果是这样，那么工人就会自动这样来限制劳动时间。但我认为，除非全体工人商量好相互遵守这种限制，否则这种限制是不会有效的。如果某一个工人不愿工作 9 个小时以上，而其他工人则愿意工作 10 个小时，那么这个工人要么会失业，要么会被扣掉工资的十分之一。由此可见，不管这个工人多么坚信缩短劳动时间对整个工人阶级是有好处的，但在他尚不能肯定所有工人或大多数工人都会同样做时，如果他率先行动，他自己就会遭殃。现在假设全体工人阶级已一致同意缩短工时，在这种情况下，是否没有法律的批准也能缩短工时呢？我们的回答是，除非有同法律一样严格的舆论，否则是不能做到这一点的。其原因是，不管遵守这一规定对整个阶级多么有利，违反这一规定却对每个人有直接的好处，而且遵守这一规定的人愈多，违反这一规定的人得到的好处也愈多。假如几乎所有工人都遵守缩短工时的限制，只工作 9 小时，那么那些愿意工作 10 小时的工人就会得到这种限制带来的全部好处，外加违反这种限制带来的利润，也就是说，他们的 9 小时工作会得到 10 小时的工资，另外那 1 小时的工作会再得到 1 小时的工资。我承认，

如果绝大多数工人工作9小时的话，那么没有哪个工人会受到损害，整个工人阶级都会得到好处，与此同时，那些愿意工作更长时间挣得更多工资的人也不会受到妨碍。这当然是人们所希望的理想状况。姑且假设能在不减少工资、不把劳动逐出某些市场的情况下缩短工时（是否能够做到这一点，不是在理论上所能决定的，而要看具体情况而定），那么做到这一点的最好方式，就是工人的一般劳动习惯慢慢地发生变化，也就是说，工人逐渐自愿地缩短工时，而那些不愿缩短工时的工人，其自由也丝毫不会受到限制。然而，在比以前好的报酬条件下，许多工人也许宁愿工作10小时，以致缩短工时不能成为一般准则，一些人自愿做的事情，会迅速成为另一些人不得不做的事情，那些为了得到较多工资而宁愿工作较长时间的人，最终也许并不会得到比以前多的工资。在这种情况下，即使工作9小时确实有利于每个工人的利益，即使每个工人都相信其他工人会工作9小时，要达到这一目标也得把这种信以为真的默契通过法律转变为具有约束力的契约。在这里，我并没有支持这种立法的意思，英国尚没有人要求颁布这种法令，在目前的情况下，我也不主张颁布这种法令。我不过是想借此说明，各阶级的人们有时会需求法律的帮助，使每个人确信其竞争者也会采取相同的作法，从而贯彻实施他们全体经过深思熟虑而取得的对自身利益的看法，如果没有法律的保障，人们是不会放心大胆地实施集体的看法的。

可以用来说明上述原则的另一个例子，是大家所知道的威克菲尔德的殖民计划。该计划所依据的重要原理是，土地和劳动的生产力取决于两者之间是否具有适当的比例；在新拓殖的国家，如果

少数人占有大量土地，或者如果每个工人都很快成为土地占有者和耕种者，则生产力便会降低，该殖民地在财富的积累和文明的进步方面便会受到极大阻碍；占有本能（几乎可以这样说）以及在故国养成的那种对土地所有权的感情，会诱使几乎每一个移民尽其所能地占有尽可能多的土地，会诱使每个工人立即占有土地，只靠家人帮助耕种土地。如果能在某种程度上限制这种立即占有土地的倾向，能诱使每个工人工作若干年后才占有土地，那就会长久地拥有大批雇佣工人，可雇用他们来修筑道路、运河以及水利设施等，可雇用他们建立和从事各项城市产业。在这种情况下，当工人最后成为土地所有者时，他会发现由于能很方便地到达市场和雇用到工人而大大提高了土地的价值。所以，威克菲尔德建议阻止人们过早地占有土地，阻止人口过于分散，其方法是凡尚未被占有的土地，都由国家规定高额售价，所得收入用于把外国工人运送到殖民地。

然而，这一有益的计划却遭到了人们的反对，说它违反了政治经济学中的一条著名原理，即个人能对自身的利益作出最好的判断。据说，只要听其自然，个人通过自由选择而占用的土地数量和占用土地的时机就是对每个人最有利的，从而对整个社会也是最有利的；人为地设置障碍阻止人们获得土地，就是承认立法者的狂妄想法，承认他比人民自己更知道什么对人民最有利，以此阻止人民按自己认为最有利于自身的方式行事。这完全误解了威克菲尔德的计划，也完全误解了据说它所违背的那条原理。疏忽之处类似于我们在前面以劳动时间问题为例子所说明的那种疏忽。任何人所占有的土地数量都不应超过他所能适当耕种的数量，任何工人都应等到有人替代他时才占有土地，这种想法尽管对整个殖民地是有利的，对殖民地中的每个人也是有利的，但是，除非某个人确信其他人也这样做，否则他进行这样的克制就决不会对自己有利。如果周围的定居者都拥有上千英亩土地，那他实行克制，只拥有 50 英亩土地，对自己有什么利益呢？或者，如果其他所有工人都立即用所得到的收入购买地产，这些地产相互之间的距离有数英里之遥，那么某个工人把自己获得土地的时间往后推迟几年，这对他有什么好处呢？如果所有其他工人都竞相购买土地，以致无法形成雇佣劳动阶级，那他推迟占有土地的时间，就不会在他获得土地时增加利用土地的效率；他为什么要在周围的人都已成了土地所有者时仍充当雇佣劳动者，从而使自己处于不利地位呢？做对大家都有好处的事情，是有益于每个人的，但只有当其他人也这样做时，才有益于每个人。

每个人能对自身的利益作出最好的判断这一原则，按照上述反对者的理解，可以解释为，政府不应当执行那些已得到公认的职责，也就是说，政府实际上根本就不应当存在。不相互偷盗和欺骗，无论对整个社会来说还是对社会的每一成员来说，都是非常有益的；但却仍然需要有惩处偷盗和欺骗的法律；其原因是，虽然不偷盗、不欺骗是有益于每一个人的，但如果允许所有其他人偷盗和欺骗他，那他不偷盗和欺骗其他人对自己就是不利的了。主要正是由于这一原因，才需要有刑法，因为即使人们一致同意某种行为对大家都有利，但这并不能确保大家总是照此行事。

第十三节　利他行为。济贫法

根据个人是自身利益的最好判断者这一原则而反对政府干预的论点，不适用于以下涉及面很广的一类情形，在这种情形下，政府所要干预的不是个人为自身利益采取的行动，而是为他人利益采取的行动。这特别包括公共救济这一十分重要而又引起很多争论的问题。虽然一般说来，凡是个人能够做的事情，都应该让他们自己去做，但是，如果他们不能自己去做，而要得到别人的帮助，便产生了这样的问题，他们是完全从别人那里从而很不可靠地、没有规律地得到这种帮助好呢，还是应该让社会经由国家这一工具来有组织、有计划地提供这种帮助。

这就涉及了济贫法的问题。如果各阶层的人都是有节制而节俭的，同时财产的分配又是令人满意的，则济贫法就不是很重要的问题，但英国当前这两方面的情况则与此相反，因而济贫法就是一极为重要的问题了。

不管我们如何看待道德原则和社会团结的基础，我们都必须承认，人类是应该相互帮助的，穷人更是需要帮助，而最需要帮助的人则是正在挨饿的人。所以，由贫穷提出的给予帮助的要求，是最有力的要求，显然有最为充分的理由通过社会组织来救济亟待救济的人。

另一方面，无论就哪种帮助来说，都需要考虑到两种结果，一种是帮助本身的结果，另一种是依赖于帮助的结果。前者一般是有益的，后者则大都是有害的，而且在许多情形下，害处是非常大的，以致弊大于利。最需要帮助的人往往最容易发生这种情况。养成依赖他人帮助的习惯是有害的，而最为有害的莫过于在生活资料上依赖他人的帮助，不幸的是，人们最容易养成这种习惯。因而需要解决的问题是微妙而重要的，即如何在最大的程度上给予必要的帮助，而又尽量使人不过分依赖这种帮助。

然而，帮助过多和没有帮助都会同样损害人的干劲和自立精神。努力而没有成功的希望，甚至要比不努力也肯定能获得成功，更加令人感到沮丧。当一个人境况极为糟糕，意志消沉，麻木不仁时，给予他帮助便是为他注射兴奋剂，而不是镇静剂，由此而可以增强而不是减弱他的活力。不过，这种帮助无论如何不应取代这个人自己的劳动、技能和节俭，不应使他丧失自助的能力，而只应通过这种合法的帮助使他更有希望获得成功。因此，这可以说是一项标准，所有慈善救济计划，无论是针对个人的还是针对各阶级的，无论是民间的还是官方的，都应接受这一标准的检验。

如果说在这一问题上有任何一般的理论或准则的话，那似乎就是，如果接受帮助的人和没有接受帮助的人处境相同，如果这种后果是可以预料到的，那么这种帮助就是有害的，另一方面，如果人人都可以得到帮助，但人人都尽力摆脱帮助，则这种帮助对大多数人来说就是有益的。这一原则应用于官方救济计划，就是1834年颁布的济贫法所依据的原则。如果接受救济的人生活得同自食其力的人一样好，那么这种救济制度就会从根本上使所有人丧失勤奋努力，刻苦自励的精神，如果真的实施这种制度，那么作为其补充，就需要一种有组织的强迫劳动制度，来迫使那些没有自立动机的人像牛马那样干活儿。但是，如果一方面能确保所有人不受绝对贫困之苦，另一方面能使那些靠政府救济的人的生活状况远远不如自食其力的人，那么能保证所有人不致饿死（除非自愿如此）的法律，便肯定会带来有益的结果。这种想法至少在英国是可以实现的，上个世纪结束以前很长一段时期的经验以及近来许多非常贫困的地区的经验，都证明了这一点，这些地区实施了严格的济贫规定以后，减少了大量贫民，给整个劳动阶级带来了巨大而长久的好处。无论哪一个国家的济贫制度，只要经常依据人民的性格调整救济方法，也许都会具备必要的条件而成为无害的制度。

我认为，具备了这种条件后，就完全应该由法律来规定应给予身体健康的穷人多少最低限度的救济，而不应让他们依赖私人施舍过活。首先，私人慈善机构提供的救济几乎总是不是过多，就是过少，在一个地方可能滥发救济，而在另一个地方则听凭人们挨饿。其次，既然国家必须向犯了法而服刑的穷人提供食物，那么不犯法便不提供食物，也就无异于鼓励人们犯罪。最后，如果让穷人依赖私人慈善机构过活，就不可避免地会有大量乞丐。国家可以而且也应该让私人慈善团体去做的事情，是分辨哪些人真正需要救济，哪些人不那么需要救济。对于较为需要救济的人，私人慈善团体可以给予较多的救济。而国家则必须按一般规则行事。国家无法分辨哪些穷人应得到救济，哪些穷人不那么需要救济，不能给予前者较多的救济，给予后者较少的救济。有人指责法律不公平，说法律未能给予单纯时运不济的穷人比行为不轨的穷人更好的待遇，他们这样说是由于误解了法律和公共权力机关的职权范围。发放救济的政府官员无权调查他人的私事。不应授权负责救济事务的人员去对申请救济的人的道德行为作出判

断，让他们根据这种判断想决定发放还是不发放他人的钱财。如果有人认为发放救济的政府官员（即便是最称职的）会不辞辛劳地仔细调查穷人过去的行为，以此作出合理的判断，那他就太不了解人类了。私人慈善团体会作这种区分，而且它们在发放自己的钱财时，也有权根据自己的判断这样做。人们应该懂得这是特别适宜于私人慈善团体做的事情，私人慈善团体的工作是好是坏，也就看它们执行这一职能时表现出来的明辨力是多还是少。但是，却不应要求公共基金的管理人员也这样做，他们只能对所有的穷人一视同仁，甚至对最坏的穷人也得给予适用于所有穷人的最低限度的救济。如果要求公共基金的管理人员也这样做，那么任意放宽救济尺度就会很快成为普遍现象，只有在极少的情况下，才会拒绝给予救济，而这种拒绝也是任意而专横的。

第十四节　开拓殖民地

另一类事例也适用于与公共救济一样的原理。在这类事例中，个人的所作所为，虽然完全是为了个人自身的利益，但其结果却远远超出了个人利益的范围，涉及整个国家和子孙后代的利益，而对于这种利益，社会只有用其整体的力量才能予以维护和促进。这方面的事例之一就是殖民地的开拓。谁都不会否认，殖民地的建立不应只照顾开创者的私利，而应认真考虑到殖民地今后长久的利益，如果人们这样认为的话，那么要做到这一点，就必须依照贤明的立法者的先见和远虑，订立种种法规，使建立殖民地的事业从一开始就遵守这些法规；而只有政府有能力制定和实施这种法规。

政府对殖民事业的干预,关系到人类文明本身的未来利益和长久利益,远远超出了较为狭隘的纯经济方面的考虑。但即使单单从经济方面来说,把人口从人满为患的地方迁移到无人居住的地方,也是一项对社会非常有用的工作。这项工作非常需要政府的干预,同时也会给政府干预带来最高的报酬。

要理解开拓殖民地带来的利益,就不应认为开拓殖民地只与某一国家有关,而应认为开拓殖民地关系到人类的整个经济利益。开拓殖民地的问题一般仅仅被看作是分配问题,即减轻一方劳力市场上的剩余,用这种剩余补充另一方劳力市场上的供应不足。固然这是分配问题,但同时也是生产问题,人们大谈特谈的一向是从价格最便宜的地方输入商品带来的经济利益,却很少想到在生产费用最低的地方生产商品也能带来经济利益。如果把消费品从供应过于充足的地方运送到供应不足的地方是有利可图的,那么把劳力和生产工具从供应过于充足的地方运送到供应不足的地方,不也同样是有利可图的吗?把劳力和资本从欧洲国家输往新兴国家,也就是把劳力和资本从生产力较低的地方输往生产力较高的地方,会相应增加整个世界劳动和资本的生产物总量,会增加欧洲国家和新兴国家的共同财富,在很短的时间内,财富的增加额就会是运费的好几倍。我们可以毫不踌躇地断言,在目前的世界状况下,开拓殖民地是欧洲富裕国家的资本所能从事的一项最为有利可图的商业事业。

但很明显,作为一项商业事业来说,大规模开拓殖民地这项工作,只能由政府来进行,或者在与政府达成完全的谅解的情况下由

私人团体来进行，只有在非常特殊的情况下，例如在爱尔兰发生饥荒后的那种情况下，情形才可能不是这样。自愿的移民对于减轻欧洲国家的人口压力没有多大作用，尽管这无疑会给殖民地带来好处。自愿移居的劳动者很少是很穷的人，往往是拥有少量资本的小农或已有若干积蓄的工人，这些人的移居固然减少了拥挤的劳力市场上的劳力，但同时也从自己国家的资本中带走了除他们自己外还可以养活和雇佣他人的资金。另外，这部分人的数量很有限，即便他们全都移居，也不会对人口数量产生什么影响，甚至连人口每年的增加额都不会受影响。要向国外迁移大量劳力，移居费用就必须由移居者以外的人来支付或至少是垫付。那么应该由谁垫付呢？人们很自然地会说应该由殖民地的资本家来垫付，他们需要劳力并想雇佣劳力。但问题是，资本家出资迁移工人后，却无法确保自己从这些工人那里得到好处。即使殖民地的所有资本家联合起来，通过捐款来承担这种费用，他们也仍然无法确保工人到了殖民地后为他们干活儿。这些工人工作很短一段时间，挣了一点钱后，如果政府不加以阻止的话，就会占据荒地，自行耕种。人们已进行过多次试验，看能否强制执行劳动合同，迫使移居者向垫款人偿还路费，但这样做却麻烦很多，开支很大，总是得不偿失。剩下的惟一办法就是借助于教区或个人的自愿捐助，来消除已经成为或即将成为地方济贫税负担的剩余劳力。假如普遍采用这种方法，也许会有相当一部分人移居，从而消除现有的失业人口，但却不会提高就业者的工资，而且每代人都得重做一遍这样的事情。

开拓殖民地的工作之所以应该由国家来进行，其主要原因之一是，除极为特殊的情况外，只有这样，移民费才能自行得到补偿。

既然正如前面所说的那样，把资本和劳动输往新兴国家，是最为有利可图的商业事业。那么如果它不能像其他商业事业那样偿付自己的开支，就未免太荒唐了。它极大地增加了整个世界的产量，那为什么不能从这种增加额中截留出充足的部分偿付进行这种事业所支付的费用呢？由于前面所说的原因，无论是个人还是私人团体，都无法使自己垫付的费用得到偿还，但政府却能做到这一点。政府可以从移民每年创造的财富增加额中拿出足够的一部分，用来连本带息地偿付移民开支。向某一殖民地移民所付出的费用，应由该殖民地来承担，但一般说来，只有当该殖民地的政府承担这种费用时才有可能做到这一点。

殖民地可以采用各种方法筹集移民所需的资金，但最好的方法莫过于威克菲尔德先生首先提出并一直不遗余力地鼓吹的那个计划，即为所有荒地标上价，用出售土地所得的收入支付移民费。一些人毫无根据而迂腐不堪地反对这种计划，我在本章的前一部分已对这种反对意见作了回答，因而我在这里只讨论该计划的优点。首先，它可以避免每年通过课税筹集大笔资金所带来的困难和不满；在人口分散的荒凉地区，是根本无法通过课税筹集大笔资金的，经验证明，很难迫使殖民地的人民缴纳直接税，即使能迫使他们缴纳，课征到的税款也远远不及课税所花的费用；与此同时，在新建立起来的社会中，间接税很快就会达到其极限。因此，出售土地是筹集所需资金最为便利的方法。除此之外，这一计划还有另外一些更为可取的地方。殖民地的居民常常采取野蛮人的生活方式，居住得很分散，以致享受不到商业、市场、分工以及合作的利益，威克菲尔德的计划正好可以有效地阻止这种倾向。按照该计划，靠公费移居的人，必须先挣得一大笔钱后，才能成为土地所有者，由此可以保证经常有一支雇佣劳动大军，而在每一个国家，雇佣工人都是一种极为重要的辅助力量，即使对于小自耕农来说也是如此；而且该计划会减少农业投机者增加土地的欲望，从而使定居者相互住得较近，能相互合作，使人们都居住在离外贸中心和工业中心不远的地方，确保城镇的迅速形成和发展以及城镇产品的迅速增加。人口的这种集中，同可以无偿占用荒地时经常出现的人口分散状态相比，会大大加速经济的繁荣，大大增加可以用来进一步移民的资金。未采用威克菲尔德的计划时，所有新殖民地在其创建初期都充满了艰难困苦，最近依据旧方法建立的最后一个殖民地"斯旺河定居区"，就是最典型的例子之一。后来开拓殖民地的工作便采用了威克菲尔德的方法，虽然并没有完全采用，只是把出售土地所得到的一部分收入用于移民，尽管如此，凡是采用了这种方法的地方，例如南澳大利亚、维多利亚以及新西兰，由于阻止了人口的分散，保证了人们能雇佣到工人，从而使资本大量涌入，还是克服了重重困难和管理上的许多失误，神话般地一下子就繁荣了起来。①

这种能自我维持的开拓殖民地的制度一旦建立起来，其效率就会与年俱增；其作用也会以几何级数增加，这是因为，在殖民地的人口饱和以前，每个健壮的移民都会在很短的时间内增加该地

① 在上述一些殖民地，有人极其恶毒地攻击威克菲尔德的计划.这种攻击即便是有道理的，也不适用于威克菲尔德的计划，而只适用于某些与该计划根本无关的规定，这些规定是毫无必要地而且极其错误地强加在该计划上的，例如规定只能出售数量有限的土地，必须采取拍卖的形式，所出售的每块土地不得小于640英亩，而不是像威克菲尔德的计划所要求的那样，按固定价格出售所有土地，无论是在数量还是在位置方面，都使买者享有充分的选择自由。

的财富，所增加的财富除足以满足他自己的消费外，还能支付另一个人移居的费用，由此可见，已经移入的人愈多，将来移入殖民地的人也就愈多，因为无需增加开支，每个移民就都会在很短的时间内为其他人的移入奠定基础，直到殖民地的人口饱和为止。所以，在开始时，为加速移居速度，母国应向殖民地提供垫款，这种垫款会由出售土地所得的收入来偿还。为大规模移民而垫付的这种款项，可以说是母国进行的一种投资，一种对殖民地最为有利的投资，而勤俭的移居者很快就能购买土地，使殖民地有钱偿还这种垫款。为避免劳力市场出现供过于求的现象，有必要与那些愿意把资本移往殖民地的人采取协调一致的行动。一旦人们了解到在生产力非常高的殖民地有大量雇佣工人，就肯定会有大量资本从像英国这样利润很低而积累速度很快的国家移往殖民地。惟一应该注意的事情是，一次运送出的工人不应过多，以免超过资本所能吸收的程度，不能以高工资雇用他们。

采用这种方法，只要垫付一定数量的钱，就不仅仅会使一批人移居，而是会使人们源源不断地迁往殖民地，而且迁往殖民地的人流会越来越宽，越来越深，由于这一原因，这种减轻人口压力的方法也就具有了其他方法（这些方法只是试图消除人口增长带来的后果而不是限制人口增长本身）所没有的一种优点，即它包含有不确定的因素，谁都无法精确地预料它作为剩余人口的出口究竟会产生多大影响。因此，像英国这样的国家，既然拥有过多的人口，又统治着若干无人居住的大陆，其政府就负有不可推卸的责任，应采用上述那种能自我维持的开拓殖民地的计划，在母国和这些大陆之间建立起一座桥梁，保证人们无须支付费用就可以移居到这

些殖民地，并保证移居的人数刚好与这些殖民地在某一时期所能容纳的人数相等。

就英伦诸岛来说，近来爱尔兰有空前多的人自发地向殖民地移居，这大大减少了上述种种考虑的重要性；爱尔兰的移民中不仅有小农，而且还有最为贫穷的农业工人，他们移居殖民地既是自愿的，费用又完全是自己筹集的，在他们之前移居到殖民地的亲戚朋友提供了所需的资金，由此保证了人们源源不断地移往殖民地。此外，还有大量的人自愿向发现了金矿的地方移居，这部分满足了我们的一些最为遥远的殖民地对劳力的需求，在这些遥远的殖民地，无论对当地的利益来说还是对整个国家的利益来说，最需要的都是劳力。然而，这两股移民洪流已大大减弱了，虽然爱尔兰的移民洪流在某种程度上已有所恢复，但却不能断言，以后不再需要政府依据上述自我维持原则有计划地提供资助，借此在英格兰寻找工作的人手和世界其他地方需要人手的工作之间建立起联系。

第十五节　其他事例

上面我们已说明，反对政府干预的那些主要理由，不适用于开拓殖民地的工作和救济穷人的工作，还有其他各种各样的事例也是这样，在这些事例中，需要人们提供某些重要的公益服务，但却没有人特别愿意提供这种服务，或即使提供了，也不会自然而然地得到报酬。例如地理考察航行或科学考察航行。探险所获得的知识也许具有很大的社会价值，但就个人来说，由此得到的好处却绝对补偿不了探险的费用，也无法从受益者那里截留一部分利益，用来报偿探险的发起人。这种探险可以依靠私人捐助来进行，但这种方法人们很少采用，同时也是靠不住的。较为常见的，是由国营公司或慈善团体承担探险费用；但一般说来，这种探险还是由政府出资进行的，由政府把这一工作交给它认为最有能力的人去完成。另外，确保航行安全的灯塔、浮标等设施，也应该由政府来建立和维护，因为虽然船舶在海上航行时受益于灯塔，却不可能让船舶在每次使用灯塔时支付受益费，所以谁也不会出于个人利益的动机建立灯塔，除非国家强制课税，用税款报偿建立灯塔的人。有许多科学研究工作对于国家和人类具有重大价值，但却需要人们付出大量的时间和艰苦的劳动，常常还需要花很多钱，而这些人如果从事其他工作，是会获得很高的报酬的。如果政府不能对所花的钱给予补偿，对所付出的时间和劳动给予报酬，那就只有极少数人能从事这种研究工作，这些人拥有财产，掌握有专门知识，吃苦耐劳，并热心于公益事业，或渴望在科学上有所建树。

与此相关联的，是用薪金养活所谓学者阶级的问题。发展理论知识，虽然是最为有用的一项工作，但却是一项有益于整个社会而不是有益于个人的工作，所以显而易见，应由整个社会来为这种工作支付报酬。谁都无法以这种工作来谋取金钱上的报酬，如果不依靠某种公共基金来为这种工作提供报酬的话，那么这种工作不但不会得到促进，反而会受到阻碍，因为从事这种工作的人是无法以此来谋生的，结果有能力从事这种工作的绝大部分人不得不用绝大部分时间来养家糊口。不过，这种弊害实际上并不像表面看来的那么大。据说，最伟大的工作一般都是由余暇时间最少的人完成的，每天从事几小时呆板的日常工作，并不会妨碍人们在大学和哲学方面取得最辉煌的成就。然而，有些研究和实验不仅要求人们长期坚持不懈付出时间与精力，而且是很耗费脑力，很累人的，人们从事了这种工作，就不可能再运用脑力做其他事情，即使是在闲暇时间。因此，应该以某种方式保证科学家以及其他学者的生活，使他们有充分的时间从事自己的研究工作，从而使社会由此而受益。大学的研究员制度就特别适合于达到这一目的，但却很少用于这一目的，研究员基金大都用来奖励过去的功绩，用来纪念人们已取得的成就，而不是用来为研究人员发放薪金，保证他们能从事研究工作，以增进知识的发展。一些国家已在自然科学、考古、历史等方面建立了研究机构，在这些机构实行薪金制度。但最有效的同时也是最不容易被人滥用的方法，乃是授予一些人以教授职务，让他们承担教学任务。讲授某一门知识，至少是讲授某一门较为高级的知识，往往会促进而不是阻碍这门知识的发展。教学工作以外，往往还会有大量时间可以从事富于创造性的研究工作。在各门科学（无论是精神科学还是物理科学）中，最伟大的业绩一向都是由那些公开讲授这些科学的人开创的，其中有柏拉图和亚里士多德，以及苏格兰、法国和德国等大学的著名人物。我没有提到英格兰，是因为众所周知，直到最近，英格兰的教授制度还是有名无实的。另外，就高等学府中的讲师来说，公众即使无法鉴别其讲课的质量，至少也能看出他们是否有才能，是否勤勉，因此在这方面不那么容易滥用任命权，而胡乱任命那些不直接与公众接触的人则比较容易。

一般可以这样说，无论什么事情，如果为了人类或子孙后代的

一般利益是应该做的,或如果为了那些需要他人帮助的社会成员的当前利益是应该做的,而个人或私人团体做这种事情又不会得到报酬,那么就宜于由政府做这种事情。不过,在做这种事情以前,政府应该想一想,这种事情是否有可能依据所谓自愿原则由私人去做,如果有这种可能,政府又是否有可能比充满热情而又乐于解囊相助的私人更好,更有效地做这种事情。

第十六节　对于适宜于私人去做但却没有人做的事情,政府便有必要进行干预

我认为,以上几节论述了那条实际原则的全部例外,那条实际原则就是,社会事务最好是由私人自愿地去做。然而,应该补充一句,政府干预实际上并非无论如何不能超出其固有的适用范围。在某一时期或某一国家的特殊情况下,那些真正关系到全体利益的事情,只要私人不愿意做(而并非不能高效率地做),就应该而且也必须由政府来做。有时在某些地方,道路、码头、港口、运河、灌溉设施、医院、大中小学、印刷厂等等,如果政府不出面建设,也就没有人去建设,因为民众太穷了,拿不出所需要的钱,或知识水平太低,看不出这样做的好处,或联合行动的经验不足,无法共同办这样的事情。所有专制国家的情形都或多或少是这样,这样一些国家的情形也是这样,在这些国家,国民与政府就所达到的文明程度来说存在着很大差距,例如那些被更富有活力、更加文明的国家所征服和统治的国家。在世界许多地方,凡是需要投入大量财力、需要采取联合行动的事情,人民都无法去做;这些事情如果政府不去

做，就没有人会去做。在这种情况下，政府如果真心要最大限度地增进国民的幸福，就应承担人民无力做的事情，而且在这样做时，应注意不要加重人民的这种无能为力的状态，不要使人民永远处于这种状态，而应想方设法消除这种状态。好似政府在提供帮助时会鼓励和培养它所看到的任何一点自立精神，会不懈地消除有碍于个人发挥主动精神的各种障碍，会全力向个人提供必要的便利和指导，会尽力运用自己的财力帮助个人发挥主动性，而不是压抑个人的主动性，而且会利用各种奖励和荣誉制度来诱发个人的主动性，假如政府提供帮助仅仅是由于个人缺乏主动性，那这种帮助就应尽量发挥示范作用，告诉人们如何依靠个人努力和自愿合作来达到伟大的目标。

在政府的各项职能中，大家都认为必不可少的一项职能是：禁止个人在行使自己的自由权利时明显侵害他人利益，并惩罚这种行为，不论这种侵害是使用暴力或欺诈手段造成的，还是由于疏忽大意造成的。我认为，在这里没有必要特别强调这一职能。即使目前所建立的最好的社会，也仍然要花费精力和才能来阻止人们相互侵害，想到这一点，就不禁令人感慨万端。政府应把这种极大的浪费减少到最低限度，采取措施把人类现在用来相互侵害或用来保护自己不受侵害的力量用于正道，即用来征服自然，使其在物质和精神两方面日益造福于人类。

译　后　记

本书作者约翰·斯图亚特·穆勒是19世纪英国著名经济学家和哲学家,詹姆斯·穆勒的长子。1823—1858年在东印度公司任职,1865—1868年任英国下议院议员。著有《逻辑体系》(1843年)、《略论政治经济学的某些有待解决的问题》(1844年)、《论自由》(1859年)和《功利主义》(1861年)等书。

本书是约翰·穆勒在政治经济学方面的主要著作之一,初版1848年在伦敦出版,在他生前曾重版六次(1849、1852、1857、1862、1865和1871年),此外,1865年还印行了大众版。为便于读者了解各版增订情况,穆勒序言是据格林·朗曼出版公司1923年版译出的。

著名经济学家陈岱孙先生以九十高龄热情地为本书中译本写序,李宗正、蒋自强教授和张纯音同志对本书译事也给予了不少支持和协助,谨在此表示深切的谢意。

本书上卷穆勒序言、绪论、第一编第一至十三章、第二编第一至十章,由赵荣潜译出,第二编第十一至十六章,由桑炳彦译出,余均由朱泱、胡企林译出。

图书在版编目(CIP)数据

政治经济学原理:及其在社会哲学上的若干应用/(英)约翰·穆勒著;赵荣潜等译. —北京:商务印书馆,2024
(汉译世界学术名著丛书:120年纪念版:珍藏本:增订本)
ISBN 978-7-100-23808-3

Ⅰ.①政… Ⅱ.①约…②赵… Ⅲ.①政治经济学 Ⅳ.①F0

中国国家版本馆CIP数据核字(2024)第078641号

汉译世界学术名著丛书
(120年纪念版·珍藏本·增订本)
政治经济学原理
及其在社会哲学上的若干应用
〔英〕约翰·穆勒 著
上卷
赵荣潜 桑炳彦 朱 泱 胡企林 译
胡企林 朱 泱 校
下卷
胡企林 朱 泱 译

商 务 印 书 馆 出 版
(北京王府井大街36号 邮政编码100710)
商 务 印 书 馆 发 行
北京新华印刷有限公司印刷
ISBN 978-7-100-23808-3

2024年5月第1版 开本710×1000 1/16
2024年5月北京第1次印刷 印张71½
定价:390.00元